IMF
International Management and Finance

Herausgegeben von o. Professor Dr. Klaus Spremann
(Universität St. Gallen und University of Hongkong)

Bisher erschienene Werke:

Spremann, Vermögensverwaltung
Spremann, Portfoliomanagement
Spremann, Wirtschaft, Investition und Finanzierung, 5. Auflage
Yamashiro, Japanische Managementlehre – Keieigaku,
Japanisch-Deutsch mit Transkription,
1., deutschsprachige Auflage

Portfolio-
management

Von

Dr. Klaus Spremann

o. Professor für Betriebswirtschaftslehre
an der Universität St. Gallen – HSG
und Direktor am Schweizerischen Institut für
Banken und Finanzen

R. Oldenbourg Verlag München Wien

Die Deutsche Bibliothek – CIP-Einheitsaufnahme

Spremann, Klaus:
Portfoliomanagement / von Klaus Spremann. – München ; Wien :
Oldenbourg, 2000
   (International Management and Finance)
   ISBN 3-486-25384-0

© 2000 Oldenbourg Wissenschaftsverlag GmbH
Rosenheimer Straße 145, D-81671 München
Telefon: (089) 45051-0, Internet: http://www.oldenbourg.de

Das Werk einschließlich aller Abbildungen ist urheberrechtlich geschützt. Jede Verwertung außerhalb der Grenzen des Urheberrechtsgesetzes ist ohne Zustimmung des Verlages unzulässig und strafbar. Das gilt insbesondere für Vervielfältigungen, Übersetzungen, Mikroverfilmungen und die Einspeicherung und Bearbeitung in elektronischen Systemen.

Gedruckt auf säure- und chlorfreiem Papier
Druck: Grafik + Druck, München
Bindung: R. Oldenbourg Graphische Betriebe Binderei GmbH

ISBN 3-486-25384-0

Inhalt: Im Mittelpunkt steht die zentrale Aufgabe des Portfoliomanagements: die Wahl der Asset-Allokation: Welches Gewicht sollten risikobehaftete Instrumente im Portfolio haben (vornehmlich sind damit Aktien gemeint)? Wichtig sind hierbei die zu erwartenden Renditeunterschiede zwischen eher risikobetonteren und risikoärmeren Anlageformen sowie die Risikotoleranz des Investors. Die Asset-Allokation wird aus strategischer wie aus taktischer Perspektive behandelt. Sodann soll der Anlagehorizont und seine Auswirkung auf das Anlageergebnis genauer betrachtet werden. Schließlich wird der Einsatz von Derivaten, vornehmlich von Optionen, dargestellt. Es wird untersucht, ob einem Anleger zu empfehlen ist, das Portfolio abzusichern (beispielsweise durch Puts) oder ob es interessant ist, Calls auf den Aktienbestand zu schreiben.

Niveau: Das Buch macht von Mathematik in einem mittleren Schwierigkeitsgrad Gebrauch, erläutert aber alle erforderlichen Begriffe und Methoden. Es ist daher zugleich eine Einführung in die grundlegenden Elemente der im Gebiet "Finance" verwendeten Mathematik.

Für wen: Dieses Buch wendet sich an Studierende, die eine berufliche Tätigkeit im Portfoliomanagement und in der Vermögensverwaltung anstreben — sei es bei einer Bank, einer Versicherungsgesellschaft, in einer Consulting-Firma oder als Selbständiger. Sodann möchte das Buch all jene Personen ansprechen, die bereits im Beruf stehen und Funktionen des Portfoliomanagements wahrnehmen. Natürlich ist das Buch ebenso offen und zugänglich für alle, die ein Interesse an der Finanzinvestition haben, vielleicht weil sie privat Investitionen tätigen.

Der Autor: Prof. Dr. KLAUS SPREMANN, geboren 1947, lehrt im Bereich Banken und Finanzen an der Universität St. Gallen — HSG und ist Direktor am Schweizerischen Institut für Banken und Finanzen (seit 1990). SPREMANN studierte Mathematik an der Technischen Universität *München*: 1972 Dipl.-Math., 1973 Dr.rer.nat.; Habilitation in *Karlsruhe* 1975 an der wirtschaftswissenschaftlichen Fakultät. Von 1977-90 Ordinariat für Wirtschaftswissenschaften im Studiengang Wirtschaftsmathematik an der Universität *Ulm*. Gastprofessuren an der University of British Columbia in *Vancouver* B.C. (1982) und an der National Taiwan University in *Taipeh* (1987). In den Jahren 1993-94 war SPREMANN der HongkongBank Professor of International Finance an der University of *Hong Kong* und ist dort noch Honorarprofessor. Homepage unter www.sbf.unisg.ch, E-mail: klaus.spremann@unisg.ch

Keywords: Asset-Allokation, Aktives Portfoliomanagement, Brown'sche Bewegung, Capital Asset Pricing Model (CAPM), Effizienzkurve, Faktor-Modelle, Kapitalmarktlinie (CML), Kaufkraftschutz, Klassische Portfoliotheorie, Konfidenzintervalle, Marktportfolio, Median, Modus, Musterportfolios, Performancemessung, Portfoliomanagement, Portfolio-Insurance, Optimizer, Optionen, Parameterschätzung, Random Walk, Rendite, Risiko, Risikoaversion, Tangentialportfolio, Value-at-Risk, Wertschriftenlinie (SML).

Inhalt

1. Prolog	…	7
2. Rendite	…	27
3. Risiko	…	75
4. Effizienz	…	125
5. Marktportfolio	…	163
6. CAPM und Faktor-Modelle	…	207
7. Performance	…	261
8. Risikoaversion	…	297
9. Random Walk	…	351
10. Langer Horizont	…	389
11. Kaufkraftschutz	…	421
12. Optionen	…	455
13. Konklusion	…	495

Die Feingliederungen der einzelnen Kapitel finden sich jeweils zu Beginn auf den hier angegebenen Seiten.

1. Prolog

Für wen das Buch gedacht ist, Aufbau und Didaktik, Vorschlag für eine Handbibliothek, Fachzeitschriften, Hinweise zu Berufsvereinigungen. Hier zunächst die Inhaltsübersicht zum Prolog als Feingliederung:

1. Prolog	**7**
1.1 Für wen?	**7**
1.1.1 Einführung und Orientierung	7
1.1.2 Inhaltspunkte	10
1.1.3 Gebiet allgemeiner Bedeutung	12
1.1.4 Arbeitsteilung	14
1.2 Hinweise	**16**
1.2.1 Didaktische Elemente	16
1.2.2 Literatur	18
1.2.3 Fachzeitschriften	19
1.2.4 Berufsvereinigungen	22
1.2.5 Dank	23
1.3 Thema: Berufswahl	**24**

1.1 Für wen?

1.1.1 Einführung und Orientierung

Das Buch empfiehlt sich Ihnen, wenn Sie eine berufliche Tätigkeit in der Finanzanalyse oder im Portfoliomanagement anstreben — sei es als Analyst, Consultant, Portfoliomanager, Investment Banker oder Anlageberater.

Personen wie Sie wünschen sich Lehrmaterialien zum Portfoliomanagement. In Beratungsprojekten und bei Schulungen ist mir immer wieder deutlich geworden, daß Menschen mit diesen beruflichen Interessen die Grundideen der *Portfoliotheorie* durchaus schon gehört hatten, allerdings war für die handwerkliche Umsetzung und die Interpretation stets zu wenig Zeit. Wir wollen uns der Portfoliotheorie ebenso widmen wie den Fragen "...was bedeutet das nun" und "... was macht man damit in der Praxis." Kurz und gut geht es hier einerseits um eine Darstellung der *Grundideen* sowie um die *praktische* Umsetzung.

Das Buch eignet sich für einen *Kurs* oder für eine *Seminarreihe*, bei der das Portfoliomanagement inhaltlich integriert ist oder sogar den Schwerpunkt bildet. Die Materialien sind auch in solchen Kursen getestet worden. Selbstverständlich soll auch das *Selbststudium* unterstützt werden. Gleichzeitig soll die Lehreinheit als Vorbereitung für Prüfungen dienen, die zur Zertifizierung von Finanzanalysten und Finanzplanern führen. Ferner sollte die Darstellung jenen unternehmerisch eingestellten Personen Orientierung bieten, die investieren, Investitionen beurteilen und die sich für den Dialog mit ihrer Bank oder Vermögensverwaltung wappnen wollen. Letztendlich möge es allen Leserinnen und Lesern Freude bereiten, die an finanziellen Dingen Interesse haben.

Das Buch soll dem so umrissenen Personenkreis eine *Einführung* bieten. Zudem legt es eine systematische Grundlage, so daß Erfahrungen und Fakten, die berufsbegleitend gesammelt werden, besser eingeordnet werden können. Es möchte solcherart eine Struktur bieten, die es erlaubt, den *Überblick* zu gewinnen und zu wahren.

Im *Schwierigkeitsgrad* dürfte die Darstellung so bemessen sein, daß es sich für Studierende an Fachhochschulen und an Universitäten eignet, die sich in den mittleren Semestern befinden. Indessen ist die Darstellung *praktisch* orientiert.

Zwar ist das Buch einführender Natur, elementare Kenntnisse werden aber vorausgesetzt. Der dafür zu geringe Umfang zeigt zudem, daß es kein Sammelwerk aller einschlägigen Fakten sein kann. Das war auch nicht die Absicht: Faktenwissen unterliegt einem Fortgang ständiger Erneuerung. An diesem Prozeß nehmen im eigentlichen Sie teil, etwa durch die Berufstätigkeit und die damit verbundene ständige Aufnahme von Materialien, oder durch die permanente Auseinandersetzung mit Berichten und Artikeln.

Schließlich muß ein Wort zur Rolle der Mathematik gesagt werden. Ein Buch zum Portfoliomanagement muß *quantitativ* werden. Immerhin wurde 1990 der Nobelpreis für Wirtschaftswissenschaften an MARKOWITZ, SHARPE und an MILLER vergeben. Die drei Geehrten haben neben anderen das Wissensgebiet *Finance* mit *quantitativen Methoden* um einen Quantensprung vorangebracht; MARKOWITZ und SHARPE gehören zu den Begründern der Modernen Portfoliotheorie.

Ganz ohne Mathematik lassen sich also Themen des *Finance* — und das Rüstzeug des Portfoliomanagements stammt aus dem Gebiet, das am ehesten mit "Finanzierung, Investition und Finanzmärkte" umschrieben werden kann — nicht tief genug verstehen. Die Mathematisierung von Themen der Investition und Portfolioselektion darf nicht ausgeklammert bleiben. Die heutigen Erkenntnisse hinsichtlich der wichtigsten Zusammenhänge zwischen Renditeerwartung und Risi-

1. PROLOG

ko, die Behandlung von Entscheidungen unter Unsicherheit, der qualifizierten Diskussion von Risiken, der Bestimmung marktgerechter Preise von Anlageinstrumenten (Asset Pricing) und die Theorie von Optionen wären ohne Mathematik unvorstellbar.

Bild 1-1: JOHN VON NEUMANN (1903 geboren in Budapest, 1957 verstorben in Washington), jüdischer Herkunft, offensichtlich ein Genius: JÁNOS (wie er hieß, nur in Amerika wurde daraus JOHN) ist schon als Kind für seine Intelligenz, Sprachgewandheit und sein Gedächtnis aufgefallen. Nach dem Studium und der Promotion (1926) in Mathematik in Budapest übernahm er Dozenturen in Berlin, Hamburg und Göttingen (1926-1929). In diesen Jahren wurde er weltweit für seine Genialität bekannt. Auf Einladung nahm er in Princeton 1929 zunächst eine Gastprofessur und 1930 einen Lehrstuhl an, kehrte aber bis 1933 immer wieder im Sommer nach Deutschland zurück. Die Einladungen, die er in seinem Haus in Princeton gab, so wird berichtet, *"were frequent, and famous, and long"*. JOHN VON NEUMANN gehört zu jenen Mathematikern dieses Jahrhunderts, die tiefe mathematische Arbeiten schufen (Algebra) und sich zugleich den Anwendungen öffneten und zeigten, wie dort mit Hilfe der Mathematik völlig neue Erkenntnisse gewonnen werden können. So bereicherte VON NEUMANN die Physik (Quantenmechanik), die Informatik und die Wirtschaftswissenschaften. In den Wirtschaftswissenschaften schuf er die Grundlagen der Spieltheorie und baute sie zusammen mit OSKAR MORGENSTERN aus. Bei dieser Zusammenarbeit entstand 1944 das Buch: *Theory of Games and Economic Behavior*. Diese Arbeiten haben die Anwendung der Mathematik für die Behandlung wirtschaftlicher Fragen zu Anerkennung gebracht, ermutigt und befruchtet. Die durch JOHN VON NEUMANN geförderte Denkrichtung hat in den vierziger und fünfziger Jahren des zwanzigsten Jahrhunderts ein geistiges Klima gefördert, in dem auch andere mathematische Ansätze in den Wirtschaftswissenschaften entstanden sind, darunter die Moderne Portfoliotheorie.

- Die Mathematik wird einerseits für die Modellierung der zu betrachteten ökonomischen Größen und ihrer Zusammenhänge verwendet.
- Andererseits ist die Statistik als Teilgebiet der Mathematik immer dann im Finance erforderlich, wenn es um die Messung von Größen geht, etwa um die Bestimmung empirischer Renditen und um den Tests von Hypothesen.

Keine Angst, wir entwickeln die benötigte Mathematik Schritt für Schritt, so daß niemand überfordert werden sollte. Zudem halten Sie, liebe Leserin, lieber Leser *kein* Mathematikbuch in ihren Händen, wohl aber eine Darstellung, die Mathematik anwenden *muß*, um den Gegenstand adäquat zu behandeln. Hinzugefügt sei, daß es dem Autor hierbei darauf ankam, die Intuition zu fördern. Die Didaktik möchte anwendbares Verständnis fördern und nicht "hochgestochener" mathematischer Herleitung frönen.

1.1.2 Inhaltspunkte

Inhaltlich soll hier soll das methodische Rüstzeug für die zentrale Grundaufgabe des Portfoliomanagements entfaltet werden: für die Wahl der Asset-Allokation und die Strukturierung des Portfolios aus einer strategischen beziehungsweise taktischen Perspektive.

Was ist eigentlich *Portfoliomanagement*?

Eine Person oder Institution hat in der Regel mehrere Kapitalanlagen getätigt und sie ist vielleicht auch Verpflichtungen eingegangen.

Bei den Kapitalanlagen (Assets) kann es sich um Sachwerte handeln, Immobilien oder Unternehmensbeteiligungen. In den meisten Fällen stehen Wertpapiere im Vordergrund wie Anleihen, Aktien, Investmentfonds, Optionen, Futures, Indexkontrakte, strukturierte Produkte.

Bei den Verpflichtungen (Liabilities) kann es sich um Schulden handeln, die der Inhaber des Portfolios etwa gegenüber seiner Bank hat. Darüber hinaus könnte eine Person wünschen, auch jene Ausgaben, die sie in der Zukunft für den eigenen Lebensunterhalt und den der Familie benötigt (Lebenshaltungs-Liability) — und mithin sich selbst gegenüber in der Zukunft schuldig ist — in die Betrachtung einzubeziehen.

> Es ist sinnvoll, diese Positionen *nicht* einzeln und unabhängig voneinander zu betrachten, sondern sie gedanklich und rechnerisch zusammenzufassen. Dabei entsteht ein Portfolio.

1. PROLOG

Warum diese gedankliche und rechnerische Zusammenfassung?

Wichtige Merkmale eines Portfolios, besonders die mit den Kapitalanlagen insgesamt verbundenen Risiken, sind nicht als *Summe* der mit den einzelnen Positionen verbundenen Merkmale zu sehen. Es gibt eine *Interaktion* der einzelnen Anlagen und auch der Schuldpositionen. Die wichtigste und bekannteste Form der Interaktion ist die *Diversifikation*.

Aufgrund der Interaktion lautet die Frage nicht allein, ob eine Kapitalanlage "an sich" vorteilhaft ist. Hinzu kommt die Frage, ob sich die Kapitalanlage für die Aufnahme in ein *bestimmtes* Portfolio eignet oder nicht. Außerdem geht es immer um das Portfolio eines *bestimmten* Anlegers, der durch seine finanzielle Situation, durch ein gewisses Vermögen und Verpflichtungen, durch einen auf die persönliche Situation bezogenen Anlagehorizont und durch eine individuelle Risikotoleranz spezifische Merkmale erhält.

Das Portfolio wird deshalb gesamthaft gewählt, das heißt, aus einer einheitlichen Perspektive heraus strukturiert und geführt oder — wie gesagt wird — gemanagt. Die Sichtweise der gedanklichen und rechnerischen Zusammenfassung bedeutet, daß eine Person oder ein Haushalt *ein* Portfolio hat, *nicht* etwa zwei oder drei Portfolios. Selbstverständlich kann eine Person oder ein Haushalt durchaus mehrere Depots bei einer oder mehreren Banken unterhalten, vielleicht werden diese Portfolios auch nach unterschiedlichen Vorgaben gemanagt, jedoch verlangt die Portfolioperspektive, daß die einzelnen Depots gedanklich und rechnerisch zusammengeführt werden.

Das "Management" eines Portfolios umfaßt vor allem die Aufgabe der *Portfolioselektion*: Aus welchen Positionen sollte sich das Portfolio einer Person zusammensetzen?

Da die Thematik der Portfolioselektion umfangreich ist, wird sie aus unterschiedlichen Richtungen und vor allem mit unterschiedlichem Grad der Detaillierung angegangen. Es ist üblich, Anlageinstrumente mit ähnlichen Eigenschaften — etwa im Hinblick auf Risiko und Liquidierbarkeit — zu einer Klasse zusammenzufassen. Bei einer solchen Zusammenfassung ähnlicher Vermögenspositionen entstehen *Assetklassen*. Die erste Entscheidung im Portfoliomanagement betrifft demnach die Gewichtung, mit der die möglichen Assetklassen im Portfolio eines Anlegers berücksichtigt werden sollen.

Diese Entscheidung ist die **Asset-Allokation**. Asset-Allokation bezeichnet einerseits die Gewichtung der Assetklassen im Portfolio, andererseits den Entscheidungsprozeß, diese Gewichtung zu finden.

Die Entscheidungen zur Asset-Allokation werden einerseits aus einer grundlegenden und längerfristigen Perspektive getroffen. Entsprechend wird von der *strategischen* Asset-Allokation gesprochen. Andererseits wird im Hinblick auf die augenblickliche Situation an den Märkten gelegentlich von der strategischen Perspektive abgewichen: Das Portfolio wird dann teilweise aus *taktischen* Gesichtspunkten zusammengestellt. Entsprechend wird von der *taktischen* Asset-Allokation gesprochen.[1]

Im Mittelpunkt steht die strategische Asset-Allokation: Welches Gewicht sollte die Assetklasse risikobehafteter Instrumente — vornehmlich sind damit Aktien gemeint — im Portfolio haben? Wichtige Rollen spielen hierbei

- die zu erwartenden Renditeunterschiede zwischen eher risikobetonteren und risikoärmeren Anlageformen
- sowie die Risikotoleranz oder allgemeiner die Nutzenvorstellung des Investors.

Sodann soll der Anlagehorizont und seine Auswirkung auf das Anlageergebnis genauer betrachtet werden. Schließlich wird der Einsatz von Derivaten, vornehmlich von Optionen betrachtet und untersucht, ob einem Anleger zu empfehlen ist, das Portfolio (beispielsweise durch Puts) abzusichern und wann es interessant ist, Calls auf den Aktienbestand zu schreiben.

1.1.3 Gebiet allgemeiner Bedeutung

In einer entfalteten Wirtschaft gibt es nicht nur Sachkapital, das irgendeinen Eigentümer hat, der es nützt oder nutzbringend einsetzt. Eine entwickelte Volkswirtschaft verfügt über ein Finanzsystem.

Im Finanzsystem geht es um Verträge, die Zahlungen vereinbaren: Kreditverträge, Beteiligungen, Wertpapiere.

> **Finanzinstrumente** sind direkte und indirekte Rechte auf Geldzahlungen, deren *Hintergrund* von Sachanlagen, Realinvestitionen und deren produktiver Verwendung gebildet wird.

Beispiele sind der Kredit, die Anleihe, die Beteiligung an einer Unternehmung, die Aktie. Weitere Finanzinstrumente schreiben Rechte auf Geldzahlungen fest, deren direkter Hintergrund zunähst *andere Finanzinstrumente* sind. So zum Beispiel Anlagefonds, Indexkontrakte, Optionen, strukturierte Finanzprodukte.

Diese Verträge ermöglichen durch Stückelung eine feine Aufteilung der vereinbarten Zahlungen. Finanzinstrumente gestatten daher eine Aufteilung der mit Realinvestitionen verbundenen Vorteile auf viele Personen sowie die differenzierte Ausgestaltung der jeweiligen Ansprüche.

---

[1] SHARPE hat eine Dreiteilung in strategische, taktische und abgesicherte (insured) Asset-Allokation vorgeschlagen: WILLIAM F. SHARPE: Integrated Asset Allocation. *Financial Analysts Journal* (Spetember-October 1987), pp. 25-32.

Finanzwerte erlauben *keine* direkte Nutzung im Sinne einer Verwendung eines realen Objektes, aber sie werfen Geld aufgrund vertraglicher Verpflichtungen ab.

- Aus diesem Grund sind Finanzwerte für ausgesprochen viele Personen interessant und können deshalb im Regelfall leicht weiterverkauft werden. Die prinzipielle und leichte Möglichkeit der Veräußerung ist eine Folge des allgemeinen Nutzens, den Geld in einer arbeitsteiligen Wirtschaft stiftet.

- Die meisten Finanzwerte sind demnach recht *liquide*. Die Liquidität ist ein weiterer Pluspunkt, der mit Finanzwerten verbunden ist. Finanzkontrakte eigen sich daher nicht nur für Anleger, die überraschend Liquiditätsbedarf haben können, sondern auch für jene Investoren, die sich durchaus direkt in (weniger liquide) Sachanlagen engagieren *könnten*.

- Seine volle Kraft entfaltet ein Finanzsystem demzufolge erst, wenn die Verträge als Wertpapiere verbrieft sind und gehandelt werden können. Denn der Handel mit Wertpapieren erlaubt, genau wie der Tausch von Gütern, eine bessere Allokation von Geld, Risiken und Informationen.

- Damit der Tausch und Handel mit Wertpapieren mit möglichst geringer Friktion funktionieren kann, sind Märkte ins Leben gerufen worden. In der Tat hat die differenzierte Ausgestaltung und die Bedeutung von *Finanzmärkten* in den vergangenen Jahrzehnten generell zugenommen.

- Durch die mit Finanzinstrumenten mögliche Aufteilung kann sich ein Kapitalanleger mit kleinen Beträgen engagieren. Dadurch ist es möglich, sich gleichzeitig bei mehreren Investitionen zu beteiligen. Portfolios werden gebildet, Diversifikation ist erreichbar. Durch den lebendigen Handel an den Finanzmärkten können Investoren praktisch jederzeit das Portfolio neu zusammensetzen.

> Damit ist die Selektion von Portfolios, das gleichzeitige Halten von Kapitalanlagen zu einer grundlegenden und *bedeutungsvollen Aufgabe im modernen Wirtschaftsleben* geworden.

In der Folge dieses allgemeinen Bedeutungswandels haben auch Unternehmen selbst ihre Realinvestitionen gedanklich zu Planungszwecken in "Portfolios" zusammengefaßt.

Portfolios werden gemanagt, das heißt die Komponenten des Portfolios werden nicht einfach "gehalten", sondern laufend bewertet. Im Portfolio gehaltene Investitionen werden ab und zu verkauft, neue Objekte und Instrumente werden gekauft und dem Portfolio hinzugefügt.

Das Denken in *einer* bilateralen Beziehung zwischen Kapitalgeber und Kapitalnehmer ist dem *Denken in Portfolios* gewichen.

So sind die Finanzanalyse und das Portfoliomanagement zu einem Thema geworden, das nicht wie früher nur einen sehr kleinen Kreis, sondern einen immer größeren Teil wirtschaftlich denkender Menschen betrifft. Die neuen Lehrpläne der Hochschulen und Fachschulen tragen diesem Bedeutungswandel Rechnung.[2]

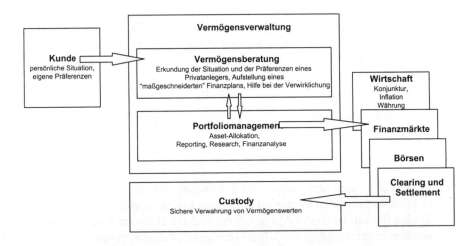

Bild 1-2: Das Portfoliomanagement ist neben der Beratung Teil der Vermögensverwaltung (im weiteren Sinn). Banken kombinieren das Leistungsbündel mit dem Service des Custody — der sicheren Verwahrung.

1.1.4 Arbeitsteilung

Im Zusammenhang mit dem Portfoliomanagement stehen verschiedene Aufgaben. Es ist nur natürlich, daß sich durch Arbeitsteilung und Spezialisierung meh-

---

[2] Vor Jahrzehnten hatten im Zusammenhang mit Finanzinstrumenten diese Fragen dominante Bedeutung: 1. Wie sollte sich die Unternehmung finanzieren? 2. Wo wird das für Realinvestitionen erforderliche Geld aufgenommen? 3. Sollte die Unternehmung Eigenkapitalgeber oder Fremdkapitalgeber ansprechen? Finanzierungskontrakte waren oft rein bilateral zwischen Kapitalgeber und Kapitalnehmer (der Unternehmung) ausgehandelt und geschlossen. Das Gebiet der *Finanzierung* wurde zusammen mit dem der *Investition* kombiniert, bildete eine der Funktionen der Unternehmung und wurde dergestalt Teil der Betriebswirtschaftslehre. Immer mehr ist inzwischen die Portfoliotheorie in das Zentrum der Lehre von Investition und Finanzierung gerückt, in das Gebiet, welches heute als *Finance* bezeichnet wird.

rere Berufe herausgebildet haben. Drei dieser Berufsgruppen seien hervorgehoben:

1. *Transaktionen müssen ausgeführt werden*: Sachobjekte und Wertpapiere werden gekauft und verkauft. Bei diesen Transaktionen helfen Makler, Market-Maker[3] und Broker[4]. Market-Maker und Broker entwickeln vielfach eine Handelsmentalität. Ihre Devise lautet: schnell kaufen und wieder verkaufen. Wer die damit einhergehende *Handelsmentalität* entfaltet, wird auf kurzfristige Trends achten und laufend die Liquidität beobachten: Wie schnell könnte eine Kapitalanlage wieder veräußert werden? Hierbei ist die momentane Marktsituation wichtig und auch die Frage, wie die Marktteilnehmer im Augenblick denken, wie groß das augenblickliche "Vertrauen in die Märkte" ist. Wer Transaktionen ausführt, muß schnell handeln und den Markt überblicken können.

2. *Die Zusammensetzung des Portfolios ist laufend zu beurteilen*. Dazu werden die Rentabilitäten der Komponenten des Portfolios betrachtet, Risiken beobachtet, und die Entscheidungen aus der Perspektive der Vorgaben oder Wünsche des Eigentümers (Prinzipals) getroffen. Diese Aufgaben bewältigen Finanzanalysten und Portfoliomanager. Sie entwickeln eine Fähigkeit, in Finanzkategorien zu denken, was heißen soll, Renditen und Risiken zu sehen. Sie entfalten die Tugend, laufend zu vergleichen, das heißt, zu bewerten. Da Finanzanalysten und Portfoliomanager vielfach das "Geld anderer Leute" einsetzen, müssen sie ihre Entscheidungen Dritten gegenüber rechtfertigen können. Hierbei hilft, wenn sie bei ihren Entscheidungen nicht der eigenen Stimmung oder ihrer Intuition folgen son-

---

[3] Ein **Makler** koordiniert Nachfrage und Angebot von Personen, die nicht direkt in eine Transaktion eintreten können, beispielsweise weil sie nicht einmal die Transaktionsbereitschaft anderer Personen kennen. Ein Makler sammelt dazu Informationen über das Angebot und die Nachfrage und schlägt dann jeweils zwei Parteien einen Vertrag vor. Ein Makler ist aber nicht selbst transaktionsbereit. Ein Market-Maker tritt dagegen bezüglich gewisser Handelsobjekte, auf die er sich spezialisiert hat, stets als Gegenpartei ein. Will ein Anbieter verkaufen, kauft der Market-Maker und legt das Objekt auf Lager. Will ein Nachfrager kaufen, verkauft der Market-Maker von seinem Lager.

[4] Ein **Broker** verschafft seinen Kunden den Zugang zu Börsen. Wertpapiermärkte stehen nur zugelassenen Händlern offen, weshalb sich die Allgemeinheit an einen Intermediär wenden muß, der den Transaktionswunsch der Kunden zur Ausführung an Händler weiterleitet. Die erforderliche Schnelligkeit und Zuverlässigkeit des Handels verlangt, daß der Stil, in dem Angebot und Nachfrage geäußert werden, und die Verbindlichkeit der Offerten zweifelsfrei feststehen. Zu diesem Zweck haben sich Usancen und Kodizes entwickelt, deren Beachtung Voraussetzung für die Teilnahme am Handelsgeschehen sind. Deshalb sind Börsen nur für zugelassene Händler offen — eigentlich ein Widerspruch zur intendierten Offenheit von Märkten. Jeder Händler arbeitet mit einigen Brokern zusammen. Der Broker gibt außerdem Informationen an Kunden weiter. Zwar bietet er keinen kundenspezifischen Rat, orientiert Kunden aber über die augenblickliche Börsensituation. Auch dazu steht der Broker in häufigem, direkten Kontakt mit Händlern und läßt sich von ihnen über das augenblickliche Handelsgeschehen berichten.

dern quantitative Modelle oder andere Methoden einsetzen, deren Aussagekraft allgemein in professionellen Kreisen akzeptiert sind. Sie streben nach *Objektivität*.

3. *Jede einzelne Kapitalanlage muß für sich wirtschaftlich eingesetzt werden.* Eine Immobilie braucht einen Verwalter. Eine Unternehmung braucht einen Manager. Das sind typische Aufgaben für Unternehmer und Führungspersönlichkeiten. Der Mann oder die Frau als Boß entwickelt eine Mentalität, anhand realer Objekte Visionen zu entwickeln und diese durch Vorbild und Anweisungen im eigenen Bereich in die Wirklichkeit umzusetzen. Dazu müssen sie in ihrer Unternehmung oder in ihrem Fachbereich *führen*, und dies verlangt eine empathische, gelegentlich auch eine parteiliche Persönlichkeit. Führungskräfte setzen mit "ihren Leuten" um, woran sie "glauben".

In diesem Buch steht die zweite Aufgabe im Vordergrund: Kapitalanlagen zu bewerten, auszuwählen und im Portfolio zu halten.

Beruf	Anforderung	Begabung
Makler, Market-Maker, Broker	Den Markt schnell überblicken können, das augenblickliche Vertrauen und die Stimmung der Marktteilnehmer einschätzen können	Schnelle Auffassung und Handlungsbereitschaft
Finanzanalyst und Portfoliomanager	Anlageobjekte und Alternativen bewerten können, Entscheidungen Dritten gegenüber erklären und rechtfertigen können	Methodik, Rechnung, Objektivität
Unternehmer und Manager	Visionen haben, mit Charisma Ziele umsetzen, andere für sich gewinnen können	Empathische, parteiliche Führungskraft

Bild 1-3: Drei Berufsgruppen und ihre jeweiligen Anforderungen sind das Ergebnis der Arbeitsteilung im Bereich des Portfoliomanagements.

1.2 Hinweise

1.2.1 Didaktische Elemente

Das Buch ist nach diesem Prolog in die Kapitel 2 bis 13 unterteilt. Jedes Kapitel ist in Abschnitte untergliedert, etwa in 1.1, 1.2, 1.3. Innerhalb eines längeren Abschnittes finden sich auch Überschriften, wie beispielsweise "Didaktische Elemente" zu eben diesem Punkt. Sie tragen dann eine dreistellige Gliederungsnummer. Die Überschriften zu den einzelnen Punkten innerhalb eines Abschnitts haben den Charakter von Marginalien. Punkte sollen den roten Faden der Gedanken hervorheben.

Außerdem endet jedes Kapitel mit einem *Thema*. Praktiker betonen immer wieder, man müsse zu *Results* und zu *Solutions* geführt werden. Unter der Rubrik *Thema* wird ein praktisches Problem herausgegriffen und behandelt, das in Verbindung zum Gegenstand des jeweiligen Kapitels steht. Zur Wiederholung und zum Lernen endet das Buch schließlich mit dem Kapitel 13, das Materialien bietet, die eine Rekapitulation und Gesamtschau ermöglichen.

Weiter sind im Text wichtige Begriffe **fett** hervorgehoben, und zwar an jener Textstelle, wo sie definiert, eingeführt und erläutert sind. Worte, die beim *Lesen* eine besondere Betonung verlangen, erscheinen kursiv.

> Besondere **Eckpunkte** (Ergebnisse, Merksätze, Zusammenfassungen) sind in einem Kasten gerahmt.

📖 Ergänzungen und Illustrationen werden durch das Logo des Buches eingeleitet. Auch erscheinen sie in etwas kleinerer Schrift.

Noch ein Hinweis: Wenn eine auf Seitenmitte zentrierte Formel einen Satz beendet und eigentlich ein Punkt gesetzt werden sollte, dann fehlt dieser Punkt gelegentlich. Gleiches gilt, wenn eine zentrierte Formel ein Komma verlangte, wie etwa in

$$\beta_k \equiv \frac{Cov[\tilde{r}_k, \tilde{r}_M]}{Var[\tilde{r}_M]} = \frac{\rho_{k,M} \cdot \sigma_k \cdot \sigma_M}{\sigma_M^2} = \frac{\rho_{k,M} \cdot \sigma_k}{\sigma_M}$$

denn auch dann sind die Satzzeichen unterdrückt, sofern sie das Formelbild stören. Übrigens ist die eben gebrachte Formel im linken Teil die Definition von Beta, weshalb das **Identitätszeichen** $\equiv$ verwendet wurde; Beta ist die Kovarianz der betreffenden Rendite mit der Rendite des Marktportfolios, dividiert durch die Rendite im Marktportfolio. Die weiteren, in der Formel enthaltenen Gleichungen drücken die Kovarianz beziehungsweise die Varianz durch Parameter aus. Da ist zunächst das **Rho** ρ, mit dem der Korrelationskoeffizient bezeichnet wird. Das **Sigma** σ dient dazu, die Streuung der jeweiligen Rendite zu bezeichnen. Die **Indizes** k und M verweisen auf die betreffenden Finanzinstrumente oder Portfolios. Die Rendite schließlich ist mit dem Buchstaben r bezeichnet, und wenn es sich um die noch zufällige Rendite einer zukünftigen Anlageperiode handelt, ist sie durch die **Tilde** (Schlange) als Zufallsvariable $\tilde{r}$ gekennzeichnet.

Es wird schon beim Blättern auffallen: Das Buch enthält Portraits.[5] Ein Foto von JOHN VON NEUMANN mit Anmerkungen zu seinem Leben war bereits einige Seiten zuvor wiedergegeben. Damit soll kein Personenkult entfaltet werden. Aber die *didaktische* Erfahrung zeigt, daß wir uns wissenschaftliche Ergebnisse und Ansätze besser merken können, wenn eine Assoziation zu jener Person bildlich konkret wird, der wir den betreffenden Denkansatz verdanken.

Außerdem soll durch die Portraits deutlich werden, daß jedes Lehrgebäude von Menschen geschaffen wurde, deshalb auch teils unfertig ist, und daß die kritische Weiterentwicklung wieder Menschen und ihre intellektuellen Fragen und ihre Kreativität verlangt. Ein Lehrgebiet hat sich nie "allein" entwickelt, trotz des Strebens nach objektiven Erkenntnissen.

Leider sind alle Personen in einem Alter abgebildet, in dem sie schon zu Amt und Würde gelangt waren. Eigentlich sollten sie als Kinder und Jugendliche gezeigt werden. Der polnische Schriftsteller JANUSZ KORCZAK (1878-1942) drückte es so aus: "Ich halte es überhaupt für besser, Bilder von Königen, Reisenden und Schriftstellern zu bringen, auf denen man sieht, als sie noch nicht erwachsen und alt waren, denn sonst könnte man ja auf den Gedanken kommen, sie wären schon immer so klug und niemals klein gewesen. Die Kinder denken dann, sie selbst könnten niemals Minister, Reisender oder Schriftsteller werden, und dabei stimmt das gar nicht." Ihnen, dem jungen Leser oder der jungen Leserin möchte der Autor die Steigbügel halten, auf daß sie im Portfoliomanagement und im Finance weit kommen mögen ...

1.2.2 Literatur

Auf Quellen und weiterführende Literatur wird an den jeweiligen Stellen verwiesen — entweder im Text selbst oder in Fußnoten. Alle zitierten Quellen sind nochmals zum Schluß des Buches zusammengetragen.

An den Zitaten werden Sie auch erkennen, welche Fachzeitschriften (Journale) Sie vielleicht regelmäßig auf Neuerscheinungen durchsehen sollten.

Da sich Teilnehmer und Teilnehmerinnen an Seminaren oft nicht so sehr Hinweise auf vertiefende Literatur wünschen, sondern Tips zum Aufbau einer *Handbibliothek*, hier einige Vorschläge. Eigentlich ist dieser oft geäußerte Wunsch jetzt verfrüht — wo Sie gerade ein Buch in den Händen halten, von dem ich hoffe, daß es Ihren Wissensdurst aufs Erste befriedigen kann.

---

[5] In Kapitel 1 sind es diese zwei Persönlichkeiten: VON NEUMANN und SCHMALENBACH, in Kapitel 2 sind EULER, KEYNES und COASE portraitiert, in Kapitel 3 GAUSS und JACOB BERNOULLI, in Kapitel 4 MARKOWITZ und PARETO, In Kapitel 5 TOBIN und FAMA, in Kapitel 6 SHARPE und ROLL, in Kapitel 7 BRENNAN und ROSENBERG, in Kapitel 8 ARROW und DANIEL BERNOULLI, in Kapitel 9 MARKOV und SAMUELSON, in Kapitel 10 BROWN und WIENER, in Kapitel 11 MERTON, in Kapitel 12 BLACK und in Kapitel 13 KUHN.

Alas, die Welt ist offen, und hier sind Alternativen und Hinweise auf andere Bücher, die sich aus Sicht des Autors zum Aufbau einer Handbibliothek eignen. Ich bin recht selektiv vorgegangen — trotz des Nachteils einer zwangsläufig subjektiven Einfärbung.

1. Für den angehenden Portfoliomanager lautet meine erste Empfehlung: PETER L. **BERNSTEIN**: *Capital Ideas — The Improbable Origins of Modern Wall Street*. The Free Press, New York 1992. Dieses Buch geht historisch vor und liest sich wie ein Kriminalroman der Geschichte der Entdeckungen in diesem Gebiet.

2. Nachdem die *Capital Ideas* durchgearbeitet sind, kann der Portfoliomanager etwas technischer werden, ohne gleich überfordert zu werden; vom selben Autor, PETER L. BERNSTEIN (Editor), stammt: *The Portable MBA in Investment*. John Wiley & Sons, New York, 1995. Noch ein "tragbares" Buch: MARK **KRITZMAN**: *The Portable Financial Analyst — What Practitioners Need to Know*. Probus Publishing, Chicago Illinois, 1995, auch erschienen bei Irwin Publishing.

3. Ein traditionelles, umfangreiches und seriöses Arbeitsbuch ist: WILLIAM F. **SHARPE** und GORDON J. **ALEXANDER**: *Investments*, oder als Alternative, ALEXANDER, SHARPE und JEFFERY V. **BAILEY**: *Fundamentals of Investments*. Beide Bücher sind als Prentice-Hall International Editions erhältlich. Die fünfte Auflage von 1995 ist aktuell.

4. Das Standardwerk zu Optionen: JOHN C. **HULL**: *Options, Futures, and other Derivatives*. Prentice Hall, Upper Saddle River, New Jersey, 3rd ed., 1997.

5. Ein tiefgreifendes, wenngleich sehr formales Arbeitsbuch: JONATHAN E. **INGERSOLL**, JR.: *Theory of Financial Decision Making*. Rowman & Littlefield, Savage, Maryland, 1987.

6. JOHN Y. **CAMPBELL**, ANDREW W. **LO** und A. CRAIG **MACKINLAY**: *The Econometrics of Financial Markets*. Princeton University Press, Princeton, New Jersey, 1997. Die drei Autoren erkennen *Financial Economics* als eine "highly empirical discipline" und schlagen eine Brücke zwischen Finanzmarkttheorie, Statistik und Ökonometrie.

7. Als Ergänzung eigenen sich die Aufsätze der 50 Autorinnen und Autoren in dem über eintausend Seiten umfassenden *Handbuch Portfoliomanagement*, herausgegeben von JOCHEN M. **KLEEBERG** und HEINZ **REHKUGLER** im Uhlenbruch Verlag, Bad Soden, 1998.

1.2.3 Fachzeitschriften

Ein bewährtes Vorgehen, mit dem sich an einem Wissensgebiet Interessierte auf dem Laufenden halten und Neuerungen und Weiterentwicklungen zur Kenntnis nehmen, ist das regelmäßige Studium einer Fachzeitschrift. Hilfreich ist die Gewöhnung an regelmäßige Besuche einer Bibliothek.

Viele Fachzeitschriften differenzieren die Abonnementpreise, und für Privatpersonen oder Studierende ist meistens ein geringer Tarif eingerichtet, während Unternehmen, Banken und andere Institutionen deutlich mehr bezahlen müssen. Einige Fachverbände pflegen eine Zeitschrift, und deren Bezug durch die Mitglieder ist im Mitgliedsbeitrag inbegriffen.

Hier sind einige wenige Empfehlungen. Wer damit beginnt, Aufsätze in einer dieser Fachzeitschriften zu lesen, durch über die Literaturhinweise schnell zu anderen Journalen geführt. Weitere Informationen sind über das Internet zugänglich.

> Ein Tip: Wenn Sie ein "Journalanfänger" sind, sollten Sie bei einem Fachaufsatz zunächst einmal die Literaturhinweise *überlesen*, damit Sie nicht gleich von der Komplexität überrollt werden.
>
> Im Laufe der Zeit entdecken Sie dann, bei welchen Quellen es sich für Sie persönlich vielleicht lohnt, tiefer in die Materie einzusteigen.

1. Wer sich ganz allgemein über Denkansätze und Arbeitsrichtungen der Wirtschaftswissenschaften orientieren möchte, sei auf das **Journal of Economic Literature** (*JEL*) verwiesen. Mehr noch: Das *JEL* ist meine Empfehlung. Es enthält Übersichtsartikel, Buchrezensionen und eine Liste von neuen Aufsätzen in den gängigen ökonomischen Fachzeitschriften.[6]

2. Zu den Flaggschiffen der amerikanischen Literatur zur Finanzmarkttheorie gehören das **Journal of Finance**, das **Journal of Financial Economics** und das **Journal of Financial and Quantitative Analysis**. Diese drei renommierten Fachzeitschriften veröffentlichen rein wissenschaftlich ausgerichtete Arbeiten zum *Finance*.[7]

---

[6] Die Mitglieder der American Economic Association (2014 Broadway, Suite 305, Nashville, TN 37203, USA) erhalten das *JEL* auf Wunsch neben dem *American Economic Review* und dem *Journal of Economic Perspectives*.

[7] 1. Das *Journal of Finance* erscheint fünfmal jährlich und wird von der American Finance Association betreut. Anschrift der Association: 44 Fourth Street, Suite 9-190, New York, NY 10012, USA. Für die Fachzeitschrift kontaktiere man: Journal of Finance, 806 Fisher Hall, 2100 Neil Avenue, Columbus OH 43210, USA; http://www.cob.ohio-state.edu/dept/fin/journal/jof.html. 2. Anfragen zum *Journal of Financial Economics* an den Verlag Elsevier Science Inc., 655 Avenue of the Americas, New York, N.Y. 10010; http://www.jfe.rochester.edu/jfe.htm. 3. Anfragen zur quartalsweise erscheinenden Fachzeitschrift *Journal of Financial and Quantitative Analysis* bei der University of Washington, School of Business Administration, 115 Lewis Hall Box 353200, Seattle, WA 98195-3200, USA.

1. PROLOG

3. Eine Auswahl jener Fachzeitschriften, die sich primär an Leser und Leserinnen richten, die in der Praxis tätig sind: 1. Das **Journal of Portfolio Management**, 2. das **Financial Analysts Journal**, 3. die Zeitschrift **Finanzmarkt und Portfolio Management**.[8]

4. Zu den traditionellen deutschsprachigen Fachzeitschriften im Bereich *Finance* gehört **Kredit und Kapital**.[9] Für den in der Bank tätigen Portfoliomanager sehr zu empfehlen ist schließlich **Die Bank — Zeitschrift für Bankpolitik und Bankpraxis**.[10]

5. Zu den renommiertesten deutschsprachigen Zeitschriften, in denen immer wieder Aufsätze zum Gebiet des *Finance* erscheinen, gehören: 1. Die eher volkswirtschaftlich orientierte **Zeitschrift für Wirtschafts- und Sozialwissenschaften**, 2. **Schmalenbachs Zeitschrift für betriebswirtschaftliche Forschung** (*ZfbF*).[11]

6. Ebenso renommiert, aber eher mit allgemeinen Themen der Betriebswirtschaftslehre und dem Management befaßt ist in Deutschland die **Zeitschrift für Betriebswirtschaft**. In der Schweiz vergleichbar: **Die Unternehmung**.[12]

---

[8] 1. *Journal of Portfolio Management* (Bestellungen bei CMS — Business Intelligence Service; URL = http://www.textor.com/cms/dIIJPM.html). 2. Das *Financial Analysts Journal* ist das Organ der Association for Investment Management and Research (AIMR), P.O. Box 3668, Charlottesville, VA 22903, USA, URL = http://www.aimr.org/knowledge/ pubs/faj/ Alle zwei Monate erscheint ein Heft. 3. Die Zeitschrift *Finanzmarkt und Portfolio Management* erscheint quartalsweise. Sie ist das Organ der Schweizerischen Vereinigung für Finanzanalyse und Vermögensverwaltung SVFV und wird von der Schweizerischen Gesellschaft für Finanzmarktforschung herausgegeben (http://www.svfvasag.ch /fmpm). Subskriptionen: Polygrafica GmbH, Giselistrasse 2, CH-6006 Luzern.

[9] Die renommierte Zeitschrift erscheint vierteljährlich; im Jahr sind es etwa 600 Seiten. Verlag: Duncker und Humblot GmbH, Carl-Heinrich-Becker-Weg 9, D-12165 Berlin.

[10] Die Hefte erscheinen monatlich und werden vom Bundesverband Deutscher Banken, Köln, herausgegeben. URL = http://www.bdb.de, Verlag: Bank-Verlag GmbH, Melatengürtel 113, D-50825 Köln.

[11] 1. Die *Zeitschrift für Wirtschafts- und Sozialwissenschaften* (Verlag Duncker und Humblot GmbH, Carl-Heinrich-Becker-Weg 9, D-12165 Berlin) ist eine Vierteljahresschrift der Gesellschaft für Wirtschafts- und Sozialwissenschaften — Verein für Socialpolitik (Hinweis: Bei Gründung, schrieb sich Sozialpolitik noch mit "c"). 2. *Schmalenbachs Zeitschrift für betriebswirtschaftliche Forschung* (*ZfbF*), begründet von SCHMALENBACH im Jahre 1906, wird von der Schmalenbach-Gesellschaft e.V. geführt. Das Jahresabonnement ist im Mitgliedsbeitrag enthalten (Postanschrift: Geschäftsstelle der Schmalenbach Gesellschaft e.V., Bunzlauer Straße 1, D-50858 Köln).

[12] Sechs Hefte jährlich, Organ der Schweizerischen Gesellschaft für Betriebswirtschaft, Verlag Paul Haupt, Falkenplatz 14, CH-3001 Bern.

Bild 1-4: EUGEN SCHMALENBACH (1873-1955) hat grundlegende Arbeiten zur Unternehmensfinanzierung und zur Bilanzlehre geleistet. Professor in Köln von 1906-1933, in den Anfangszeiten der Betriebswirtschaftslehre (BWL) wohl deren bedeutendster Hochschullehrer. "Nicht die Vergangenheit, sondern die *Zukunft* bestimmt den Wert einer Sache" hat Schmalenbach bereits 1919 betont, als viele seiner Zeitgenossen noch meinten, der Wert leite sich einzig aus der Vergangenheit ab.

1.2.4 Berufsvereinigungen

Berufsvereinigungen bieten Kurse und Schulungen an, die zur Lizenzierung führen. Ansonsten verfügen sie über eigene Lehrbriefe und Unterrichtsmaterialien. Sie organisieren Tagungen und Kongresse, auf denen Besucher andere Personen mit gleichen Interessen kennenlernen können. Schließlich bemühen sich Berufsvereinigungen auch um die Entwicklung und Pflege ethischer Standards.

In den USA gibt es als Grad den **Chartered Financial Analyst** (CFA), er wird von der Association for Investment Management and Research in Charlottesville, Virginia (Telefon: +1-804-980-3668), nach einer anspruchsvollen dreijährigen Ausbildung zu Themen der Investition und der Finanzanalyse vergeben. Achtung, der Grad des CFA ist nicht mit dem CFP zu verwechseln, dem *Certified Financial Planner*.

Die **Deutsche Vereinigung für Finanzanalyse und Anlageberatung** e.V. DVFA ist der Berufsverband der Kapitalmarktexperten in Deutschland. Sie umfaßt als Mitglieder etwa 1.000 *Investment Professionals*. Die DVFA sorgt für Standesrichtlinien, sie betreut die Aus- und Weiterbildung, sie gibt Publikationen heraus (darunter die regelmäßige Veröffentlichung "Die Methodenkommission informiert") und pflegt das Arbeitsgebiet der Kapitalexpertise in Kommissionen,

Arbeitskreisen und mit Tagungen. Die Vereinigung ist auf DVFA-Seiten in Informationsdiensten (Bloomberg, Reuters) und im Internet (http://www.dvfa.de) präsent. Die Aus- und Weiterbildung — bisher 600 Absolventinnen und Absolventen — führt zum DVFA-Diplom als *Investmentanalyst*. Anschrift: DVFA GmbH, Einsteinstraße 5, D-63303 Dreieich, Tel.: +49-6103-5833-0.

Die Berufsvereinigung in der Schweiz ist die **Schweizerische Vereinigung für Finanzanalyse und Vermögensverwaltung** (SVFV). Die SVFV hat ihr Ausbildungswesen delegiert; Kurse werden vom *Ausbildungszentrum für Experten der Kapitalanlage* AG angeboten (AZEK, Feldstrasse 80, CH-8180 Bülach, http://www.azek.ch). Das AZEK bietet nach Kursen (8 Module von zusammen 240 Stunden Unterricht) höhere Fachprüfungen für Finanzanalytiker und Vermögensverwalter an. Sie sollen zum eidgenössischen Diplom für Finanzanalytiker und Vermögensverwalter führen. Ein getrennter AZEK-Lehrgang (7 Module mit insgesamt 240 Stunden Unterricht) bereitet auf das Diplom für Finanzberater vor.

Eine weltweite Berufsvereinigung ist die **Financial Management Association International** FMA. Die FMA versteht sich als *a global leader in developing and disseminating knowledge about financial decision making*. Sie ist eine *non-profit organization*. Für Informationen kontaktieren Sie: FMA, University of South Florida, College of Business Administration, Tampa, FL 33620-5500, USA; Fax: +1-813-974-3318, URL = http://www.fma.org

1.2.5 Dank

Eigentlich jede Person kann sich die Grundlagen des Portfoliomanagements aneignen und sich damit auseinandersetzen. Indes ist diese Auseinandersetzung wie das Erlernen eines Handwerks ein Weg, der Zeit erfordert und Mühen kostet. Hierbei eine Hilfestellung anzubieten, war das Motiv des Autors. Den Weg müssen Sie, wie bei jedem anderen Lernprozeß, selbst gehen, wenngleich nicht allein. Ihr Begleiter wünscht Freude und Erfolg. K.S.

Noch ein Wort des Dankes.

Zunächst gilt er verschiedenen Einrichtungen für die Erlaubnis, die Portraits der gezeigten Wissenschaftler abzudrucken. MARTIN MATTMÜLLER von der Bernoulli-Edition verdanke ich einige Details zu Dichtung und Wahrheit. Bei der Recherche der Literatur hat mich MARTIN BAER unterstützt. Für Fachgespräche, Vorschläge und Hinweise zum Text danke ich: MARC BUERMEYER, KLAUS KRÄNZLEIN, DR. ERNST W. LÖBACH, JOST MATHIS, DR. STEFAN LATERNSER, OLIVER PFEIL, DR. GERHARD SCHEUENSTUHL und FABIAN WENNER. Mein besonderer Dank gilt DR. PASCAL GANTENBEIN, TOBIAS KILB und DR. STEPHANIE WINHART, die sich der Mühe unterzogen, das Manuskript in seinen verschiedenen Fassungen immer wieder kritisch zu lesen.

Es versteht sich von selbst, daß ich mit meinem Dank nicht die Verantwortung von mir weisen möchte.

Hervorheben möchte ich schließlich die angenehme Zusammenarbeit mit meinem Freund und Verleger MARTIN M. WEIGERT. K.S.

1.3 Thema: Berufswahl

Kann ein Prolog bereits Ergebnisse bieten oder die Lösung für ein Problem aufzeigen?

Nun, ein Punkt soll nochmals herausgegriffen und hervorgehoben werden. Es geht um die Berufswahl oder um die Frage: "Kann *ich* ein guter Portfoliomanager werden?"

Wer mit Investitionen und Entscheidungen über Investitionen umgehen möchte, hat dazu in der arbeitsteiligen Welt die verschiedensten Möglichkeiten.

1. Unter allen ist der Portfoliomanager jene Person, die mehrere Vermögenswerte und ihre jeweiligen finanziellen Merkmale — Rendite, Risiko, Liquidität — im Überblick behält und geistig wie rechnerisch in ihren wichtigsten finanziellen Merkmalen zusammenführt.

2. Der Portfoliomanager denkt in diesen Finanzkategorien und beurteilt, wie die finanziellen Merkmale der einzelnen Komponenten des Portfolios in ihrem Zusammenwirken etwas entstehen läßt, das nicht einfach die Summe der Teile ist.

3. Wie die finanziellen Merkmale des Portfolios sich aus den Merkmalen der Komponenten ergeben, verlangt aber Analyse und Systematik, was auch bedeutet: Mühe. Portfoliomanagement setzt eher Finanzmathematik und empirische Arbeit als die Kunst voraus oder die Selbstsicherheit, der eignen Überzeugung folgen zu wollen.

4. Da der Portfoliomanager seine Entscheidungen Dritten gegenüber rechtfertigen muß, wird er nicht der eigenen Stimmung oder der Intuition folgen sondern Modelle und Methoden einsetzen, deren Aussagekraft allgemein in professionellen Kreisen akzeptiert ist. Portfoliomanager streben nach *Objektivität*. Dazu gehört Disziplin. Man muß sich den in professionellen Kreisen akzeptierten Standards unterwerfen.

Wer dagegen eher eigene Vorstellungen entfalten kann und verwirklichen möchte, dürfte seine Neigungen vielleicht besser als Unternehmer an den Tag legen. *Unternehmer* und *Manager* haben eigene Visionen. Sie setzen mit Charisma ihre

Ziele um, können dabei andere für die Gefolgschaft gewinnen und sie zeigen eine empathische und durchaus parteiliche Führung.

Wen vielleicht eine ausgeprochen schnelle Auffassung und Handlungsbereitschaft auszeichnet, und wer eine Situation oder den Markt schnell überblicken kann, dabei noch in der Lage ist, die Stimmung der Marktteilnehmer einschätzen zu können, wird sich erfolgreich als Broker, Makler oder Market-Maker entrollen. Hierzu gehören der *Investmentbanker* und alle Personen, die im Bereich des Mergers & Akquisitions ihre Talente zur Geltung bringen werden.

Um nochmals auf den Portfoliomanager zurückzukommen: Er wird dann gut, wenn er *seine* Aufgaben erkennt, und wenn er weiß, mit welchen Methoden sie angegangen werden sollen. Der Portfoliomanager wird kaum Erfolg haben oder sogar scheitern, wenn er sich bei seiner Aufgabe wie ein Unternehmer oder wie ein Broker verhält.

2. Rendite

Die Rendite ist wohl der wichtigste Begriff des Portfoliomanagements. Die Rendite soll das Anlageergebnis in einer einzigen Zahl zusammenfassend ausdrücken.

2. Rendite	**27**
2.1 Zeitgewichtung	**28**
2.1.1 Die Rendite als Kennzahl	28
2.1.2 Einfache Rendite	29
2.1.3 Geometrische Durchschnittsrendite	32
2.1.4 Logarithmus	34
2.1.5 Statistiken lügen	37
2.1.6 Geldgewichtung	38
2.1.7 Yield to Maturity	43
2.1.8 Kupon-Rendite-Effekt	44
2.1.9 Schönheitswettbewerb	47
2.2 Stetige Rendite	**49**
2.2.1 Rechnung mit dem Logarithmus	49
2.2.2 Logarithmen in der Finanzrechnung	50
2.2.3 Continuous Compounding	54
2.3 Empirische Renditen	**55**
2.3.1 Aktien und Bonds	55
2.3.2 Survival Bias	57
2.3.3 Pictet-Daten für die Schweiz	59
2.3.4 Lehren aus der Vergangenheit?	61
2.3.5 Inflation	63
2.3.6 Währungsparitäten	63
2.4 Thema: Gebühren	**66**

Wie immer bei Kennzahlen, die einen eigentlich komplexen Sachverhalt in einer einzigen Zahl ausdrücken, gibt es auch bei der Rendite unterschiedliche Definitionen. Welche Definition zugrunde gelegt wird, was die Rendite also im Genauen aussagt und für welche Vergleiche sie geeignet sein soll, hängt vom jeweiligen Kontext ab.

Als Einstieg werden in diesem Kapitel die Grundlagen dargestellt. Wichtig ist die Unterscheidung zwischen Zeitgewichtung und Geldgewichtung. Außerdem soll die Bedeutung der stetigen Rendite deutlich werden.

Sodann werden die empirischen Renditen betrachtet, die mit Anleihen und mit Aktien verbunden waren. Die Betrachtung der Historie dient später dazu, Erwartungen hinsichtlich der Zukunft zu bilden. Für eine abgelaufene Periode ist die Rendite eine gegebene oder berechenbare Zahl. Für eine gerade erst beginnende Anlageperiode ist die Rendite, die später exakt berechnet werden kann, zunächst noch unsicher, weil viele das Anlageergebnis beeinflussende Faktoren nicht im Detail bekannt sind. Mehr dazu im nachfolgenden Kapitel.

2.1 Zeitgewichtung

2.1.1 Die Rendite als Kennzahl

Das mit einer Geldanlage über eine gewisse Zeitdauer hinweg erzielte *Ergebnis in Relation zum anfänglich investierten Betrag* wird als **Rendite** bezeichnet.

Das primäre Ziel der Geldanlage ist, gegenwärtigen Konsumverzicht in zukünftige Konsummöglichkeiten zu transferieren. Dazu werden Geldbeträge oder Zahlungen von der Gegenwart in die Zukunft übertragen. Im Spiegelbild dieser Zielsetzung wird der *Erfolg einer Geldanlage* einzig an den mit ihr verbundenen Zahlungen beziehungsweise deren Kaufkraft festgemacht. Die Rendite möchte in einer Kennzahl messen und ausdrücken, wie gut es mit der Geldanlage gelungen ist, Zahlungen beziehungsweise Kaufkraft zwischen verschiedenen Zeitpunkten zu transferieren. Natürlich spielt dabei die Länge der Anlageperiode hinein.

Wird der durch die Rendite ausgedrückte Erfolg der Geldanlage als *Betrag* in einer Währung ausgedrückt, dann wird die entsprechenden Rendite als *nominal* bezeichnet. Wenn dagegen der Erfolg der Geldanlage durch die mit dem Anlageergebnis verbundene *Kaufkraft* ausgedrückt werden soll, dann wird von der *realen* Rendite gesprochen.

Wenn der an sich komplexe Vorgang der Geldanlage in einer einzigen Zahl zusammengefaßt wird, entsteht immer ein vereinfachtes Bild. Es muß dadurch aber nicht notwendig verzerrt sein. Vereinfachungen können unverzerrt sein. Gleichwohl können nicht alle Details in einer einzigen Kennzahl ausgedrückt werden. Wie bei jeder vereinfachenden Abbildung ist auch bei der Rendite auf jene Aspekte zu achten, die trotz der Vereinfachung noch erkennbar bleiben müssen.

Die Rendite wird definiert im Hinblick auf das, was sie mitteilen soll. Je nach Verwendungsabsicht wird die Kennzahl *Rendite* auf Grund dessen unterschiedlich definiert. Durch verbale Zusätze wird versucht anzudeuten, welcher Definition gefolgt wurde.

Ein wichtiger Punkt ist die Frage, ob die Anlageperiode in der Vergangenheit oder in der Zukunft liegt.

- Für den Rückblick, *ex post*, dürfen die Daten, aus denen die Rendite ermittelt wird, als konkrete Zahlen vorausgesetzt werden.

- Wird von heute ein Blick in die Zukunft gewagt, *ex ante*, ist das finanzielle Ergebnis unsicher. Somit wäre auch die Rendite eine unsichere Größe. Es wäre schon gut, wenn für sie eine Wahrscheinlichkeitsverteilung bekannt ist. Dann ist die Rendite für eine zukünftige Anlageperiode als *Zufallsvariable* zu verstehen. Es werden dann wichtige Parameter der Verteilung betrachtet. So etwa deren Erwartungswert — man spricht von der *erwarteten* Rendite. Ebenso wird die Varianz oder die Streuung der *Zufallsvariable Rendite* betrachtet. Die Streuung wird vielfach als Maß für das mit einer Anlage verbundene Risiko angesehen.

Von der Rentabilität zu unterscheiden ist schließlich die *Performance*. Mit Kennzahlen, welche die Performance einer Kapitalanlage beschreiben sollen, ist die Frage verbunden, wie hoch die Rendite in Relation zu den mit der Anlage verbundenen Risiken war oder sein wird.

> Die Rendite soll beantworten, wie gut es gelungen ist, oder voraussichtlich gelingen wird, frühere Geldbeträge in spätere Geldbeträge zu transformieren. Maßzahlen für die Performance korrigieren oder adjustieren die Rendite im Hinblick auf das mit der Anlage verbundene Risiko.

2.1.2 Einfache Rendite

Zu Beginn wird die sogenannte **einfache Rendite** betrachtet. Hatte die Geldanlage zu Beginn der Jahresperiode einen Startwert s_0, am Ende einen Wert s_1, und sind dem Anleger während des Jahres zusätzlich Zahlungen in Höhe von d zugeflossen — wir verwenden einen Buchstaben, der an eine Dividende erinnert und weisen darauf hin, daß nicht gefragt, *wann* genau die Zahlungen zugeflossen sind — so wird

$$r_{ein} = \frac{s_1 + d - s_0}{s_0} = \frac{s_1 + d}{s_0} - 1$$

als einfache Rendite bezeichnet. Im Angelsächsischen wird vom **Holding-Period-Return** gesprochen. Die einfache Rendite ist demzufolge gleich dem Einkommen während des Jahres plus der Kursänderung, dividiert durch den *anfänglichen* Wert der Investition. Die einfache Rendite steht immer dann im Vordergrund, wenn für die Beurteilung der Geldanlage nur *zwei* Zeitpunkte Bedeutung haben, der Zeitpunkt der Anlage oder Investition sowie der Zeitpunkt, zu dem das Anlageergebnis realisiert wird und wieder als Geldbetrag zur Verfügung steht.

Wichtig: Die Rendite setzt sich aus *zwei* Komponenten zusammen. Zum einen fließen einem Anleger Barerträge zu, zum anderen kommt es zu einer Wertänderung der Kapitalanlage — hoffentlich zu einer Wertsteigerung.

📖 Samuel Stein hat in seinem Depot Aktien einer einzigen Gesellschaft. Zu Anfang des abgelaufenen Jahres hatte die Aktie einen Kurs von 32,65 Euro, zu Ende einen Wert von 34,20 Euro. Irgendwann im Sommer hat der Aktionär Stein auch eine Dividende (abzüglich einer einbehaltenen Quellensteuer) erhalten, und zwar 0,85 Euro pro Aktie. Die Rendite betrug $r_{ein} = (34{,}20 - 32{,}65 + 0{,}85) / 32{,}65 = 2{,}40 / 32{,}65 = +7{,}35\%$.

📖 Petra Paul hält in ihrem Portfolio Anleihen und Aktien. Zum Jahresanfang hatten die Anleihen einen Wert von 220 Tausend Euro, die der Aktien einen Wert von 130 Tausend Euro. Die Anleiherendite war +5%, die Aktienrendite +12%. Es läßt sich schnell nachvollziehen: Bei den Anleihen hatte sie eine Summe aus Kursgewinn und Zinsen von $220 \cdot 0{,}05 = 11$ Tausend Euro, bei den Aktien hatte sie eine Summe aus Kursgewinn und Dividenden von $130 \cdot 0{,}12 = 15{,}6$ Tausend Euro. Auf das gesamte Portfolio bezogen erzielte sie folglich eine Rendite von $r_{ein} = (220 \cdot 0{,}05 + 130 \cdot 0{,}12) / (220 + 130) = 7{,}6\%$.

> Was leistet die getroffene Festlegung? Die einfache Rendite beschreibt, welches Endvermögen $s_1 + d$ insgesamt aus einem Startbetrag s_0 am Ende des Anlagehorizontes entstanden *wäre*, wenn zwischenzeitliche Zinsen, Entnahmen und Dividenden z nominal — ohne weitere Verzinsung, aber auch ohne Verlust — aufbewahrt worden wären: $(s_1 + d) = s_0 \cdot (1 + r_{ein})$.

Die einfache Rendite gestattet es, aus dem Anfangsbetrag den Endbetrag zu errechnen. Wer ein Interesse am Endvermögen hat, orientiert sich an der einfachen Rendite.

Gelegentlich sprechen wir auch von der Rendite in "einfacher Notation" und wollen damit ausdrücken, daß man ein und dasselbe Ergebnis einer Geldanlage — die *Rendite* — in verschiedener Schreibweise darstellen kann. Hier wirken solche sprachlichen Zusätze noch schwerfällig, gleiches gilt für den Index *"ein"* am Symbol r. Wenn wir jedoch später die Rendite auch in stetiger Notation behandeln, wird es hilfreich sein, auf die Unterschiede durch Zusätze hinzuweisen.

2. RENDITE

Oft hinterfragt: Bei der einfachen Rendite wird durch den *anfänglichen* Wert der Investition dividiert, und nicht durch eine Größe wie das "im Mittel investierte Kapital". Definierte man die Rendite so, daß die Einnahmen plus Kursgewinne durch den mittleren Portfoliowert in der Anlageperiode dividiert werden, würde natürlich nicht die eben dargestellte Eigenschaft gelten, daß mit Hilfe der einfachen Rendite das Anlageergebnis *aus dem Anfangswert* berechnet wird.

📖 Das Vermögen von Daniela Dope hatte zu Jahresbeginn einen Wert von 88.000 und zu Jahresende (ohne Zinsen und Dividenden) einen Wert von 94.000 Euro. Im Verlauf des Jahres hat sie Zinsen und Dividenden vereinnahmt, des weiteren verkaufte sie erhaltene Bezugsrechte. Zusammen waren das 3.000 Euro. Die erzielte Rendite beträgt 10,23%. Es wird nicht gefragt, wann sie die 3.000 Euro an Zinsen und Dividenden vereinnahmt hat, und ob dieser Betrag womöglich in der Zwischenzeit zinsbringend angelegt worden war.

Noch ein Beispiel zur Bedeutung des Anfangsvermögens und zur Tatsache, daß interime Einlagen oder Entnahmen nicht weiter terminiert werden: Ein Investor startet nach der Silvesternacht ein neues Anlagejahr mit $s_0 = 100$ als Bestand auf einem Fondskonto am 1. Januar. Sogleich am 3. Januar hebt er $d = 50$ ab und behält das Geld unverzinslich auf einem Girokonto. Das Fondskonto entwickelt sich eigentlich recht gut, und am Jahresende hat es einen Bestand von $s_1 = 60$. Es ist also seit dem 3. Januar um 20% gewachsen. Der Investor aber rechnet anders: Anfangsbestand $s_0 = 100$, Endbestand $s_1 = 60$, Entnahmen während des Jahres, all das ergibt eine Rendite von $r_{ein} = 10\%$. Diese Rechnung ist insofern richtig, als sie genau der Definition folgt. Das Beispiel unterstreicht, daß die Rendite eine ganz bestimmte Aussage oder Interpretation erlaubt, und daß *andere* Interpretationen nicht immer möglich sind.

Bei der einfachen Rendite wird strenggenommen nicht gefragt, wie lang der Anlagezeitraum gewesen ist. Deshalb wird auch von der **Gesamtrendite** gesprochen. Durchaus sagt eine Person: "Auf meine Kapitalanlagen habe ich im letzten *Jahrzehnt* +150% erhalten." Gleichermaßen kann sich die Gesamtrendite auf eine Anlageperiode beziehen, die kürzer als ein Jahr ist. Jemand könnte sagen: "Mit meinen Geldmarktanlagen habe ich im letzten *Monat* +0,5% erhalten."

Dennoch wird überall die *Norm* praktiziert, die Rendite als Zahl immer so auszudrücken, *als ob sie sich auf ein Jahr beziehe*, selbst wenn der tatsächliche Anlagehorizont eine andere Dauer hat oder hatte. Für die Umrechnung auf **Jahresbasis** dient die Potenzrechnung.

- Wer in 10 Jahren sein Kapital um 150% erhöht, hat dasselbe Ergebnis erzielt wie eine Person, die ihr Kapital jedes Jahr mit jener einfachen Rendite r_{ein} anlegen konnte, die sich gemäß $(1+r_{ein})^{10} = 2,5$ errechnet, also wird dann von einer Rendite in Höhe von $r_{ein} = 9,6\%$ gesprochen.

- Wer in einem Monat das Vermögen um +0,5% erhöht — und dies über ein Jahr so fortsetzen kann — würde nach 12 Monaten ein Kapitalwachstum um $1+r_{ein} = 1{,}005^{12} = 1{,}0617$ erreichen, also eine Rendite in Höhe von 6,17% erreichen.

2.1.3 Geometrische Durchschnittsrendite

Vielfach soll die Rendite gesamthaft für einen zurückliegenden Zeitraum *mehrerer* Jahre ermittelt werden. Es wird angenommen, daß die jeweiligen Renditen für die einzelnen Jahre vorliegen. Im allgemeinen aber werden sie unterschiedlich sein. Gesucht ist dann eine Durchschnittsrendite, eine Kennzahl, welche die Renditen der Einzelperioden aussagekräftig zusammenfaßt.

Was heißt "aussagekräftig"?

> Die Durchschnittsrendite soll jenes Kapitalwachstum beschreiben, welches aufgrund der einzelnen Periodenrenditen insgesamt möglich gewesen wäre.

Die wesentlichen Punkte werden bereits beim Fall deutlich, in dem der längere Zeitraum zwei Jahre umfaßt, die mit 1 und 2 bezeichnet seien. Ein Anleger habe mit einem Startwert s_0 begonnen. Das Vermögen hat am Ende des ersten Jahres den Wert s_1 gehabt und am Ende des zweiten Jahres den Wert s_2. Daneben sind dem Anleger im Jahr 1 bare Erträge von d_1 und im Jahr 2 bare Erträge d_2 zugeflossen.

Der Anleger hätte die ersten Zahlungen d_1, die er am Ende des ersten Jahres in den Händen hielt, wieder anlegen können. Damit hätte sich der Endwert der Kapitalanlagen gegenüber s_1 etwas erhöht und auch die im Jahr 2 zugeflossenen Barerträge wären vielleicht etwas höher als d_2 ausgefallen. Diese Annahme wird als **Wiederanlageprämisse** bezeichnet. Unter der Wiederanlageprämisse hätte der Anleger am Ende des Jahres 2 einen Gesamtbetrag von $s_2 = s_0 \cdot (1+r_1) \cdot (1+r_2)$ zur Verfügung, wobei r_1, r_2 die einfachen Renditen der beiden Jahre bezeichnen mögen.

Mit der beabsichtigten Definition der Durchschnittsrendite wird nun die folgende Frage gestellt: Wie hoch ist *rein kalkulatorisch* eine über beide Jahre hinweg *als konstant angesehene* Rendite — wir wählen die Bezeichnung r_{ein}^D, um mit dem Buchstaben D auf die Durchschnittsbildung hinzuweisen — die ein Anfangsvermögen s_0 auf $s_0 \cdot (1+r_1) \cdot (1+r_2)$ anwachsen läßt? Die Antwort ist gegeben durch

$$s_0 \cdot \left(1+r_{ein}^D\right)^2 = s_0 \cdot (1+r_1) \cdot (1+r_2)$$

2. RENDITE

Die Rendite r_{ein}^D, die das Geschehen in beiden Jahren zu einer einzigen Zahl zusammenfaßt, ist das *geometrische Mittel* der Einzelrenditen im Sinne von

$$1 + r_{ein}^D = \sqrt{(1+r_1) \cdot (1+r_2)} \ .$$

📖 Mark Müller erzielte mit seiner Anlage im ersten Jahr eine Rendite von +30%, im zweiten Jahr war die Rendite allerdings -30%. Insgesamt ist sein Vermögen von 100 auf 91 gefallen. Die Durchschnittsrendite beträgt

$$r_{ein}^D = \sqrt{0{,}91} - 1 = 0{,}954 - 1 = -0{,}046 = -4{,}6\%.$$

Die geometrisch gemittelte Durchschnittsrendite — oder kürzer **geometrische Durchschnittsrendite** — wird gelegentlich einfach Durchschnittsrendite genannt. Letztere Bezeichnung ist etwas zu knapp, da der Begriff "Durchschnitt" meistens für *arithmetische* Mittel gebraucht wird. Wir bleiben daher bei der Bezeichnung *geometrische Durchshcnittsrendite*.

Als Alternative zu *geometrische Durchschnittsrendite* dient vielfach der Begriff **zeitgewichtete Rendite** oder, angelsächsisch, **Time-Weighted-Return** (TWR). Die Begriffe *zeitgewichtete Rendite* und *geometrische Durchschnittsrendite* sind Synonyme.

Der Begriff der *Zeitgewichtung* wird manchmal dazu gebraucht, den Unterschied zu einer *Geldgewichtung* hervorzuheben, die später noch besprochen wird und der internen Rendite entspricht.

> Geometrische Durchshcnittsrendite =
> Zeitgewichtete Rendite =
> Time-Weighted-Return

Die Verallgemeinerung der geometrischen Durchschnittsrendite von zwei auf n Jahre ist entsprechend zu bewerkstelligen. Die kalkulatorische Rendite r, die ein Vermögen unter der Wiederanlageprämisse auf dasselbe Endvermögen führt wie Renditen von $r_1, r_2, \ldots, r_n$ in den einzelnen Jahren, ist durch

$$(1 + r_{ein}^D)^n = (1+r_1) \cdot (1+r_2) \cdot \ldots \cdot (1+r_n)$$

definiert. Sie wird wieder nach dem geometrischen Durchschnitt ermittelt,

$$1 + r_{ein}^D = \sqrt[n]{(1+r_1)\cdot(1+r_2)\cdot\ldots\cdot(1+r_n)} \ .$$

Die praktische Berechnung wird am besten mit Hilfe von *Logarithmen* durchgeführt. Denn durch logarithmieren der Bestimmungsgleichung folgt

$$n \cdot \ln(1+r_{ein}^D) \ = \ \ln(1+r_1) + \ln(1+r_2) + \ldots + \ln(1+r_n),$$

und daraus weiter:

$$1 + r_{ein}^D \ = \ \exp\left(\frac{\ln(1+r_1) + \ln(1+r_2) + \ldots + \ln(1+r_n)}{n}\right) \ .$$

2.1.4 Logarithmus

Bekanntlich wird unter dem **Logarithmus** eine ganze Familie von Funktionen verstanden, wobei die einzelne Funktion dadurch spezifiziert wird, daß die sogenannte *Basis* festgelegt wird.

Der Logarithmus zur Basis b einer Zahl x ist jene Zahl y, welche, als Hochzahl zur Basis genommen, gerade x ergibt. In Formeln:

$$y = \log_b x \text{ genau dann, wenn } b^y = x \ .$$

In den Ingenieurwissenschaften wird häufig mit der Basis $b = 10$ gearbeitet. Man spricht dann vom *Zehner-Logarithmus*. Der Zehner-Logarithmus einer Zahl x ist gerade jene Zahl $y = \log_{10} x$, für die $10^y = x$ gilt. So etwa ist der Zehner-Logarithmus von 100 gleich 2, der Zehner-Logarithmus von 1000 ist gleich 3, und der Zehner-Logarithmus von 500 ist gleich 2,7.

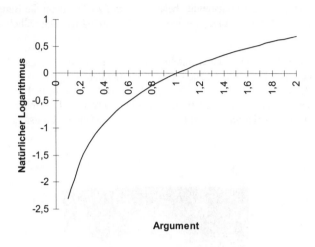

Bild 2-1: Verlauf des natürlichen Logarithmus für Argumente zwischen 0,1 und 2,0.

In der Finanzmathematik und in anderen Wissensbereichen wird vielfach ein Logarithmus verwendet, der sich auf die Basis $b = 2{,}71828...$ bezieht. Diese Basis ist die Eulersche Zahl, die üblicherweise mit dem Buchstaben e bezeichnet wird. Die Eulersche Zahl ist der Grenzwert der Folge

$$1+1, \quad (1+\frac{1}{2})^2, \quad (1+\frac{1}{3})^3, \quad (1+\frac{1}{4})^4, ...$$

Bezieht sich der Logarithmus auf diese Basis $e = 2{,}71828...$, dann wird $\ln x$ anstelle von $\log_e x$ geschrieben, und man spricht vom **natürlichen Logarithmus**.

Der natürliche Logarithmus einer Zahl x ist also jene Zahl $y = \ln x$, für die $e^y = x$ gilt. Beispielsweise ist der natürliche Logarithmus von 100 gleich 6,605 und der von 1000 ist gleich 6,908 und der von 500 ist gleich 6,215. Wie allgemein üblich, wird anstelle von e^y auch die Bezeichnung $\exp(y)$ verwendet. Also ist der natürliche Logarithmus von x jene Zahl y, für die $\exp(y) = x$ gilt.

📖 Samuela Strong hatte in den vergangenen fünf Jahren Renditen auf ihr Portfolio von +12%, -2%, +22%, -16%, +3%. Insgesamt ist ihr Vermögen von 100 über 112, 109,76, 133,91, 112,48 auf 115,86 gewachsen.

- Die geometrische Durchschnittsrendite beläuft sich auf zu 3%, denn die Berechnung der Wurzel liefert ln 1,1586 = 0,1472, weiter 0,1472/5 = 0,0294 und schließlich exp(0,0294) = 1,03.

- Die Berechnung der geometrisch ermittelten Durchschnittsrendite ist auch direkt aus den Periodenrenditen +12%, -2%, +22%, -16%, +3% möglich. Es wird so vorgegangen: ln 1,12 = 0,113, ln 0,98 = -0,020, ln 1,22 = 0,199, ln 0,84 = -0,174, ln 1,03 = 0,029. Die Summe dieser Zahlen ist 0,133-0,020+0,199-0,174+0,029 = 0,147. Weiter gilt 0,147/5 = 0,0294 und daraus wiederum über exp(0,0294) = 1,03 die Durchschnittsrendite 3%. .

Bild 2-1: Der Mathematiker LEONHARD EULER (geboren 1707 in Basel, gestorben 1783 in Petersburg) war Schüler des Mathematikers JOHANN BERNOULLI (1667-1748) in Basel, der seine Begabung erkannte und ihn förderte. Bereits im Alter von 20 Jahren hatte EULER den 2. Preis der Pariser Akademie für das optimale Arrangement von Masten auf Segelschiffen gewonnen — in den Jahren 1738 und 1740 wurden ihm die ersten Preise der Pariser Akademie verliehen. EULER war befreundet mit den jüngeren Familienmitgliedern NIKOLAUS und DANIEL BERNOULLI — die ihm in St. Petersburg, wohin EULER 1727 gereist war, zu einer Stelle verhalfen. EULER wurde 1730 dort Professor für Physik und 1733 Professor für Mathematik. Ein Jahr später heiratete er KATHARINA GSELL; beide hatten 13 Kinder. Später, 1741, folgte er noch einer Berufung nach Berlin. In den 25 Lebensjahren dort schrieb er 380 Aufsätze. EULER ging dann wieder zurück nach Petersburg. Auf vielen Portraits ist erkennbar, daß er erblindete; eine "Anleitung zur Algebra" diktierte er vollständig aus dem Gedächtnis. Neben anderen Werken zur Mathematik verdankt die Nachwelt LEONHARD EULER die Grundlegung der Variationsrechnung. Internet: http://www-history.mcs.st-and.ac.uk/history/Mathematicians/Euler.html

2.1.5 Statistiken lügen

Einige Zahlenbeispiele für die Berechnung der geometrischen Durchschnittsrendite sind in nachstehender Tabelle zusammengestellt.

r_1	r_2	r_{ein}^D
9%	11%	10%
8%	12%	9,98%
0%	20%	9,54%
-10%	30%	8,17%
-30%	50%	2,47%

Bild 2-2: Bei allen in den Zeilen der Tabelle angeführten Beispielen ist das arithmetische Mittel, der Durchschnitt der Einzelrenditen r_1, r_2 gleich 10%, die geometrische Durchschnittsrendite liegt um so mehr darunter, je größer der Unterschied zwischen den beiden Renditen ist.

Sie zeigen für verschiedene Kombinationen von Renditen in $n = 2$ einzelnen Jahren, welche Durchschnittsrendite sich als geometrisches Mittel berechnet. Das arithmetische Mittel der beiden Periodenrenditen stimmt in allen in der Tabelle zusammengetragenen Zahlenbeispielen überein.

Die geometrische Durchschnittsrendite r_{ein}^D liegt stets unter dem arithmetischen Mittel der Periodenrenditen. Der Unterschied zwischen dem geometrischen und dem arithmetischen Mittel fällt umso größer aus, je ausgeprägter die Unterschiede der beiden Renditen der einzelnen Jahre sind.

Die Tabelle soll eine allgemein gültige Beziehung illustrieren: Es handelt sich um eine Anwendung der Jensenschen Ungleichung

> Wenn die Renditen der einzelnen Jahre unterschiedlich sind, dann ist die *geometrisch berechnete* Durchschnittsrendite, die das Kapitalwachstum über den Gesamtzeitraum mehrerer Jahre beschreibt, stets **kleiner** als der *arithmetische* Durchschnitt der Einzelrenditen.
>
> Der Effekt ist um so deutlicher, je stärker die Renditen über die einzelnen Jahre schwanken.

Die Jensensche Ungleichung[1] besagt in allgemeiner Form: Es sei $\tilde{x}$ eine Zufallsvariable und f eine konkave Funktion. Dann gilt:

$$E[f(\tilde{x})] < f(E[\tilde{x}]).$$

Der genannte Effekt hat große praktische Bedeutung: Da Statistiken gelegentlich einen Sachverhalt *beschönigen* sollen, wird in diesen Fällen zum arithmetischen Mittel gegriffen.

- Wenn ein Marktindex erst um 50% steigt und dann um 33% fällt, ist wieder das Ausgangsniveau erreicht, aber die Arithmetik weist immer noch ein Plus von 17% aus.

- Wenn ein Markt um 70% fällt, und gleich anschließend um 70% steigt, spiegelt die Arithmetik ein neutrales Ergebnis vor; beide Veränderungen zusammen bewirken immer noch ein Rückgang um 49% auf 51% des Ausgangsniveaus.

📖 Ein Vermögensverwalter meint, man könne mit einer Aktienanlage "im Mittel auf 10% Rendite kommen. Es sei zwar mal auch nur -30%, dafür gebe es auch Jahre mit +50% Rendite, führt der Verwalter belehrend aus. In der Tat blickt ein Anleger auf zwei konkrete Anlagejahre zurück. In einem hat das Portfolio um 30% an Wert verloren, im zweiten um 50% gewonnen. Insgesamt sind aus 100.000 aber nur 105.000 geworden und nicht 100.000 mal 1,10 mal 1,10, was 121.000 ergeben würde.

2.1.6 Geldgewichtung

Um das Wachstum eines Kapitals, welches sich über mehrere Jahre hinweg mit unterschiedlichen Periodenrenditen entwickelte, in einer einzigen Renditezahl zusammenzufassen, wurde im letzten Abschnitt über Zeitgewichtung die Wiederanlageprämisse unterstellt und mit der geometrischen Durchschnittsrendite gearbeitet.

Einige Investoren legen jedoch nicht wieder an, andere tätigen während einer (mehrjährigen) Anlageperiode Entnahmen, oder fügen neue Anlagegelder etwa aus dem Arbeitseinkommen oder dem Finanzvermögen hinzu. Dadurch kann der Effekt eintreten, daß die zeitgewichtete Rendite (geometrische Durchschnittsrendite) *nicht* beschreibt, was der Anleger am Ende des Anlagehorizontes tatsächlich als Wert der Kapitalanlage und als Anlageergebnis verzeichnen kann.

---

[1] Die Ungleichung wird nach dem Physiker HANS DANIEL JENSEN (1907-1973) benannt, der Professor in Hannover und Heidelberg war, und 1963 für die Entwicklung des Schalenmodells des Atomkerns (zusammen mit M. GOEPPERT-MAYER und E.P. WIGNER) den Nobelpreis für Physik erhielt.

2. RENDITE

Wenn trotz zwischenzeitlicher Einlagen oder Entnahmen nur über die zeitgewichtete Rendite berichtet wird, können gelegentlich sogar grotesk anmutende Diskrepanzen zwischen der berichteten geometrischen Durchschnittsrendite und dem tatsächlichen Anlageergebnis entstehen.

Ein Beispiel möge diese Diskrepanz illustrieren: Der Anlagehorizont betrage 2 Jahre. Im ersten Jahr zeitigen die Finanzmärkte eine Rendite von $r_1 = +100\%$, im zweiten Jahre eine Rendite von $r_2 = -50\%$. Über

$$1 + r = \sqrt{(1+r_1)(1+r_2)} = \sqrt{2 \cdot 0{,}5} = \sqrt{1} = 1$$

errechnet sich für die zwei Jahre als zeitgewichtete Rendite $r = 0\%$. In der Tat hat sich das Kapital im ersten Jahr verdoppelt und im zweiten Jahr halbiert. Insofern läßt die zeitgewichtete Rendite in diesem Beispiel vermuten, ein Investor habe im Zeitraum zweier Jahre zwar nichts gewonnen, aber auch nichts verloren.

Unser Investor habe mit einer Erstanlage von 100 Euro begonnen. Leider ist er von der Wiederanlageprämisse abgewichen. Nach dem großen Erfolg im ersten Anlagejahr hat er weitere 300 Euro zusätzlich angelegt, das heißt, er ist mit einem Kapital von 500 Euro in das zweite Jahr gestartet. Am Ende blieben davon 250 Euro übrig.

Nun wird der Investor argumentieren: Ich habe zuerst 100, dann nochmals 300 Euro angelegt, zusammen also 400 Euro. Am Ende hatte ich noch 250 Euro, das ist ein erheblicher Verlust. Die zeitgewichtete Rendite von $r = 0\%$ täuscht über diesen Verlust hinweg.

Es ist keine mathematische Formulierung erforderlich um einzusehen: Entnahmen, die zufälligerweise vor einem Kursrückgang vorgenommen worden sind, wirken sich renditeerhöhend aus. Gleiches gilt für Einlagen, die gerade vor einem Kursanstieg getätigt worden sind. Umgekehrt senken Entnahmen vor Kurssteigerungen ebenso wie Einlagen vor Kursrückgängen die Rendite.

Angesichts von intertemporalen Einlagen und Entnahmen lautet die Aufgabe: Finde eine "Rendite" als Kennzahl, welche die Wertentwicklung einer Kapitalanlage beschreibt, wobei die Zeitpunkte und die Höhe von zwischenzeitlichen Einlagen und Entnahmen Berücksichtigung findet. Die gesuchte "Rendite" soll also das Anlageergebnis ausdrücken, welches faktisch durch *zwei* Einflußfaktoren zustande gekommen ist:

- Zum einen hängt das Anlageergebnis von den Periodenrenditen der Teilperioden ab, in welche sich der Berichtszeitraum — auf den sich die Rendite bezieht — zerlegen läßt.
- Zum anderen wird das Anlageergebnis vom "Timing" der Zahlungen beeinflußt.

Die Lösung besteht in der sogenannten **geldgewichteten Rendite**, amerikanisch *Dollar-Weighted-Rate of Return* (DWR).

Wie ist diese Kennzahl definiert?

Die Anlage wird durch Geldbeträge beschrieben, mit denen der Anleger seine Kapitalanlage begründet, erhöht, reduziert, oder auflöst. Zur Vereinfachung der Darstellung sollen diese Zahlungen genau im Abstand eines Jahres erfolgen.

Die erste Zahlung, welche die Kapitalanlage begründet, sei s_0. Als nächste Zahlung wird d_1 am Ende des ersten Anlagejahres berücksichtigt. Wiederum als nächste Zahlung wird d_2 am Ende des zweiten Anlagejahres in die Renditeberechnung einbezogen, und so fort. Als letzte Zahlung soll d_{n-1} Beachtung finden.

Konvention: **Einzahlungen sollen durch einen positiven d – Wert, Entnahmen durch einen negativen d – Wert beschrieben sein.**

Nach der letzten Zahlung d_{n-1} bleibe das Vermögen noch ein Jahr angelegt und habe am Schluß, insgesamt nach n Jahren, den Wert s_n. Die geldgewichtete Rendite ist dann jene *kalkulatorische* Rendite y, welche die Zahlungsreihe zum Ausgleich bringt, die also

$$s_0 \cdot (1+y)^n + d_1 \cdot (1+y)^{n-1} + d_2 \cdot (1+y)^{n-2} + \ldots + d_{n-1} \cdot (1+y) = s_n$$

bewirkt.

Diese Gleichung definiert die gesuchte Größe y. Die geldgewichtete Rendite ist nichts anderes als der **Interne Zinssatz** (*Internal Rate of Return*, IRR) der Zahlungsreihe.

Bei der Bestimmungsgleichung für y handelt sich um eine algebraische Gleichung des Grades n, für die es nur in Spezialfällen eine explizite Lösungsformel gibt.

Zu den wenigen Spezialfällen mit explizit angebbarer Rendite gehören:

1. Keine zwischenzeitlichen Zahlungen: Es gibt, abgesehen von der Anfangseinlage in Höhe von s_0 und der eventuellen Entnahme des Anlageergebnisses s_n keine intertemporalen Einlagen oder Entnahmen, daß heißt, $d_1 = d_2 = \ldots = d_{n-1} = 0$. In diesem Fall lautet die Bestimmungsgleichung für die interne Rendite $s_0 \cdot (1+y)^n = s_n$. Also ist sie durch $1 + y = \sqrt[n]{s_n / s_0}$ bestimmt. Haben sich auf dem Finanzmarkt, in dem die Anlage getätigt wurde, für die betrachteten n Jahre die Periodenrenditen $r_1, r_2, \ldots, r_n$ realisiert, was

2. RENDITE

$$s_n = s_0 \cdot (1+r_1) \cdot (1+r_2) \cdot \ldots \cdot (1+r_n)$$

bedeutet, dann gilt zudem

$$1+y = \sqrt[n]{(1+r_1) \cdot (1+r_2) \cdot \ldots \cdot (1+r_n)}.$$

Also haben im Fall keiner intertemporalen Zahlungen die geldgewichtete und die zeitgewichtete Rendite denselben Wert.

2. Eine einzige intertemporale Zahlung: Es gibt zwei Teilperioden, $n = 2$, und abgesehen von der Anfangseinlage in Höhe von s_0 und der eventuellen Entnahme des Anlageergebnisses s_2 gibt es nur eine einzige intertemporale Einlagen oder Entnahme d_1 zu berücksichtigen. Die quadratische Bestimmungsgleichung für die geldgewichtete Rendite ist dann $s_0 \cdot (1+y)^2 + d_1 \cdot (1+y) = s_2$ und die relevante Lösung lautet

$$1+y = \frac{-d_1 + \sqrt{d_1^2 + 4 \cdot s_0 \cdot s_2}}{2 \cdot s_0}.$$

3. Es handelt sich um einen konstanten Zahlungsstrom von Entnahmen c (eine gewisse Assoziation mit "Kupon" ist möglich), was unter Beachtung der Vorzeichenkonvention $d_1 = d_2 = \ldots = d_{n-1} = -c$ heißt. Außerdem soll $s_0 = s_n$ gelten, daß heißt, es tritt kein Kapitalwachstum ein. Dann ist die geldgewichtete Rendite durch die relativen Entnahmen gegeben, $y = c / s_0$.

Im allgemeinen kann mit Näherungsverfahren eine Lösung der algebraischen Bestimmungsgleichung für die geldgewichtete Rendite nur numerisch bestimmt werden. Hierzu wird meistens das *Newtonverfahren* herangezogen.[2]

Im obigen Zahlenbeispiel gilt

$$n = 2, s_0 = 100, d_1 = 300, s_2 = 250.$$

Gesucht ist die kalkulatorische Rendite y, die

$$100 \cdot (1+y)^2 + 300 \cdot (1+y) = 250$$

bewirkt. Diese algebraische Gleichung läßt sich mit Hilfe der expliziten Formel für quadratische Gleichungen lösen. Die relevante Lösung liegt bei $y = -32\%$. In der Tat: 100 Euro auf zwei Jahre mit einer Rendite von -32% angelegt, ergeben

---

[2] Das nach dem englischen Mathematiker, Physiker und Astronom SIR ISAAC NEWTON (1643-1727) benannte Verfahren ermittelt in aufeinanderfolgenden Rechenschritten die gesuchte Nullstelle einer reellen Funktion immer genauer. Es linearisiert die Funktion (Approximation des Kuvenzugs durch die Tangente) und berechnet jenen Wert, bei dem die Tangente den Nullwert annimmt. Dieser Wert ist Ausgangspunkt für die nächste Linearisierung. Das Verfahren wird abgebrochen, wenn die gewünschte Genauigkeit erreicht ist.

46 Euro; 300 Euro auf ein Jahr mit dieser Rendite angelegt ergeben 204 Euro. Die Beträge 46 und 204 Euro zusammen ergeben 250 Euro.

Ein weiteres Zahlenbeispiel[3]: Ein Privatanleger beginne mit einer anfänglichen Einlage von 5.000 Euro und lege in den folgenden Jahren noch weiter ein: 10.000, 15.000, und 20.000 Euro. Ein Jahr nach der letzten Einlage ist der Wert der Kapitalanlage gleich 63.133. Ohne daß etwas über die Asset-Allokation und über die Periodenrenditen an den Finanzmärkten in den einzelnen Jahren bekannt sein müßte, errechnet sich die interne Rendite: $y = 12\%$.

Zur Verifikation:

$$5.000 \cdot (1{,}12)^4 + 10.000 \cdot (1{,}12)^3 + 15.000 \cdot (1{,}12) = 63.133 \ .$$

Banken verwenden gelegentlich in ihrer jährlichen Berichterstattung gegenüber dem Kunden die *geldgewichtete* Rendite. Üblich ist dann, der Berechnung der geldgewichteten Rendite eine Monatsbetrachtung zugrunde zu legen. Viele Privatanleger tätigen während eines Jahres mehrere Transaktionen und legen dabei immer wieder Beträge aus ihrem Arbeitseinkommen an. Oder beim Verkauf von Wertpapieren werden die Erlöse dem Konto gutgeschrieben, daß für die Lebenshaltung verwendet wird. Dann hängt das Anlageergebnis insgesamt nicht nur von den Entwicklungen an den Finanzmärkten und der jeweiligen Gewichtung der Assetklassen ab, sondern auch davon, wann und in welcher Höhe Beträge dem Finanzvermögen hinzugefügt beziehungsweise entnommen worden sind.

> Die geldgewichtete Rendite drückt beide Effekte — die allgemeine Entwicklung an den Finanzmärkten und das persönliche Timing des Kunden durch Einlagen und Entnahmen — in *einer* Kennzahl aus.

Dabei entsteht für den so berichtenden Vermögensverwalter ein Dilemma: Wenn der Portfoliomanager nur über die Entwicklung an den Finanzmärkten berichtet, dürften diese Marktindizes kaum die Entwicklung des persönlichen Vermögens des einzelnen Kunden widerspiegeln. Denn zum einen wird die Gewichtung der Anlageinstrumente im Kundenportfolio wohl nicht exakt jener entsprochen haben, die durch den Marktindex abgebildet werden. Zum anderen — und das ist hier der wichtige Punkt — hat durch Einlagen und Entnahmen das Exposure im Anlagezeitraum geschwankt. Dadurch gibt es ausgeprägte *Timing-Effekte*.

Der Kunde würde dann einen Bericht der Bank über die Marktindizes als für ihn irrelevant ablehnen. Deshalb berechnet die Bank für jeden Kunden die jeweils erzielte geldgewichtete Rendite.

---

[3] Vgl. MARK KRITZMAN: *What Practitioners Need To Know ... About Return and Risk.* Financial Analysts Journal (May-June 1993), pp. 14-17.

2. RENDITE

Das Dilemma besteht darin, daß damit die Bank über eine "Performance" berichtet, zu der sie selbst wenig beigetragen hat, denn die Entscheidung über Einlagen und Entnahmen werden bei vielen Vertragstypen in der Vermögensverwaltung vom Privatanleger selbst getroffen — und nicht vom Portfoliomanager der Bank.

> Deshalb ist es wichtig, daß die Bank beim Bericht über die geldgewichtete Rendite herausstellt, daß sie hier nur zur Erleichterung der Orientierung des Kunden eine Rechnung ausgeführt hat, die vor allem die Auswirkung von Entscheidungen (über Einlagen und Entnahmen) darstellt, welche der Kunde *selbst* getroffen hat.

Keinesfalls handelt es sich um einen "Rechenschaftsbericht" der Tätigkeit der Bank.

Ganz anders sieht die Situation aus, wenn die Bank dem Kunden einen Sparplan oder ein anderes Produkt anbietet, bei dem alle Zahlungen durch das Produkt beschrieben und vorgegeben sind. Hier hat ja der Kunde keinen weiteren Einfluß auf intertemporale Einzahlungen und Entnahmen. Folglich übernimmt die Bank das Timing und muß die Performance anhand der geldgewichteten Rendite berichten. Bei der Präsentation solcher Finanzprodukte wird die geldgewichtete Rendite als **Effektivverzinsung** bezeichnet.

Ähnliches gilt, wenn ein Vermögensverwalter in der persönlichen Beratung dem Kunden zu intertemporalen Einlagen oder Entnahmen rät. Auch in diesem Fall liegt die Verantwortung über den Zeitpunkt und die Höhe der Zahlungen eher beim Portfoliomanager. Folglich ist auch in diesen Fällen die geldgewichtete Rendite für eine adäquate Darstellung der Performance zu wählen.

2.1.7 Yield to Maturity

Die geldgewichtete Rendite drückt in einer Kennzahl das Anlageergebnis aus, welches faktisch durch zwei Einflußfaktoren zustande gekommen ist: Zum einen hängt das Anlageergebnis von den Periodenrenditen der Teilperioden ab, in welche sich der Berichtszeitraum zerlegen läßt. Zum anderen wird das Anlageergebnis vom Timing der intertemporalen Einlagen und Entnahmen beeinflußt. Die Kennzahl wird daher auch als interessant für die Beurteilung einzelner Finanzinstrumente angesehen, die sowohl Kuponzahlungen oder Dividenden abwerfen und zugleich gewisse Kursveränderungen zeitigen. Üblicherweise wird bei dieser Anwendung von einem *Yield* gesprochen, und wir stellen das Wichtigste am Fall einer Anleihe dar.

Es werde eine Person betrachtet, die vorhat, eine Anleihe bis zu ihrer Tilgung zu halten. Die Anleihe habe heute den Kurs p, und die nächste Kuponzahlung in

Höhe von c ist in einem Jahr fällig. Wieder ein Jahr später wird der Kupon c bezahlt und so fort. Heute in T Jahren werde ein letztes Mal der Kupon c bezahlt und gleichzeitig die Anleihe im Nominalwert von 100 getilgt.

Aus diesen Angaben — ohne daß etwas über die derzeitigen Marktzinssätze bekannt sein muß — läßt sich als Kennzahl jene Rendite y berechnen, für die der heutige Kurs p der Anleihe gleich dem Barwert aller zukünftigen Zahlungen ist,

$$p = \frac{c}{(1+y)} + \frac{c}{(1+y)^2} + \ldots + \frac{c}{(1+y)^{T-1}} + \frac{100+c}{(1+y)^T}.$$

Diese Rendite heißt **Yield-To-Maturity** (YTM), kurz **Yield** oder auch Rendite bis Verfall. Der Yield ist also nichts anderes als die geldgewichtete Rendite der mit einer Anleihe verbundenen Zahlungen, ihre interne Rendite,

$$p \cdot (1+y)^T - c \cdot (1+y)^{T-1} - c \cdot (1+y)^{t-2} - \ldots - c \cdot (1+y) = 100 + c.$$

Der mit dem Yield aufgezinste heutige Kurs ist gleich der Summe aller mit Effektivverzinsung aufgezinsten Rückflüsse an den Inhaber des Anlageinstruments. Dem Yield wird in der Praxis einige Beachtung geschenkt. Die Wirtschaftspresse publiziert nicht nur die Zinssätze, sondern auch *Yields*, die sich aus den Anleihen für verschiedene Restlaufzeiten ergeben. In den USA werden praktisch nur die Yields der Staatsanleihen betrachtet und als Indikatoren für die Zinssätze angesehen.

2.1.8 Kupon-Rendite-Effekt

Eine vielfach von Privatanlegern gestellte Frage lautet, wie sich die geldgewichtete Rendite (Yield) bei einer Anleihe verändert, wenn sich ihr Kupon verändert. Nun steht der Kupon *einer* Anlage durch die Beschreibung der Anleihe fest und ist nicht variabel. Aber man kann die Yields *mehrerer* Anleihen vergleichen, die mit unterschiedlichem Kupon ausgestattet sind, dieselbe Restlaufzeit haben und ansonsten marktgerechte Kurse haben.

In der Tat: Wer Geld in Anleihen anlegen möchte, kann in aller Regel aus mehreren Bonds wählen. Wenn die Wahl eingeschränkt wird auf Anleihen derselben Restlaufzeit n und der höchsten Bonität, bieten sich in der Praxis immer noch einige Anleihen zur Auswahl.

2. RENDITE

Wir betrachten zwei Bonds. Der eine habe einen geringen Kupon und dafür auch einen niedrigeren Kurs, der andere habe einen höheren Kupon und einen höheren Kurs. Welche der beiden Anleihen sollte der Anleger wählen?

Zunächst ist festzuhalten: Beide Anleihen werden mit dem Barwert der jeweils an den Inhaber gehenden Zahlungen, Kupons und Tilgung, bewertet.

Grundlage für die Berechnung der Barwerte ist die augenblickliche Zinsstruktur, $i_1, i_2, ..., i_n$, wobei i_t der Zinssatz für eine Anlage von heute bis in t Jahren ist. Ein Euro, der in t Jahren zufließt, hat mithin den Barwert $1/(1+i_t)^t$. Insofern bietet weder der eine noch der andere Bond Vorteile.

In der Praxis werden zwei Aspekte beachtet:[4] Erstens vorprogrammierte Kursgewinne oder Kursverluste, zweitens die Rendite (Yield) des Bonds.

Ad 1: Programmierte Kursgewinne.

Wird ein Bond aufgrund seines hohen Kupons *über pari* notiert (der Kurs ist höher als der Nominalwert), dann ist schon vorprogrammiert, daß der Kurs im Laufe der restlichen Laufzeit bis auf den Nominalwert sinkt. In manchen Bilanzen institutioneller Investoren müssen diese Kursverluste als Abschreibungen ausgewiesen werden. Aufsichtspersonen beurteilen Abschreibungen oft negativ und berücksichtigen nicht, daß ihnen hohe Kuponeinzahlungen gegenüberstehen könnten.

Andererseits ist bei Bonds, deren Kurs aufgrund eines geringen Kupons *unter pari* liegt, ein Kursanstieg auf den Nominalwert bis zum Zeitpunkt der Tilgung vorprogrammiert.

Viele Aufsichtspersonen werten Kursanstiege als Zeichen superiorer Selektion und guten Portfoliomanagements. Sie sehen nicht, daß die vorprogrammierten Kurssteigerungen durch vergleichsweise geringe Kuponzahlungen erkauft worden sein könnten. Institutionelle Investoren haben deshalb oftmals eine Präferenz für Bonds, die bei geringem Kupon *unter pari* notieren.

Ad 2: Die Rendite.

Private Anleger fragen nach der Rendite des Bonds, nach der Yield to Maturity, und sie wählen fast immer denjenigen Bond mit der höheren Yield. Zwar wurde schon 1955 von ALCHIAN erkannt, daß die Rendite für die Auswahl von Anleihen wenig leistet.[5] Dennoch leitet die Rendite die *Intuition* privater Anleger.

---

[4] Erwähnt sei, daß die Anleihe mit einem geringeren Kupon eine leicht höhere *Duration* hat — im Mittel bekommt der Anleger das Geld etwas später als bei einem Bond mit dem höheren Kupon.

[5] ARMEN A. ALCHIAN: The Rate of Interest, Fisher's Rate of Return Over Cost, and Keynes' Internal Rate of Return. *American Economic Review* 45 (1955), pp. 938-943.

Wird bei einer gegebenen Zinsstruktur gedanklich der Kupon eines Bonds variiert, dann gibt es zwei Wirkungen:

- Zum einen bewirken höhere Kupons auch einen höheren Yield,
- zum anderen bewirken höhere Kupons höhere Kurse, wodurch der Yield sinkt.

Beide Wirkungen sind gegenläufig, und es hängt von der Situation ab, welche Wirkung eine Variation des Kupons per Saldo hat.

> Der Zusammenhang zwischen dem Kupon eines Bonds und seinem Yield wird als **Kupon-Rendite-Effekt** bezeichnet. Ein häufig genanntes Resultat besagt: Wenn die Zinsstruktur steigt, $i_1 < i_2 < .... < i_n$, also eine normale Zinsstruktur vorliegt, gilt: Je höher der Kupon eines Bonds ist, desto geringer ist seine Rendite.

Insbesondere haben alle Bonds mit positivem Kupon eine Rendite, die unter dem Zinssatz i_n liegt, welcher zugleich die Rendite des Zerobonds ist. Eigentlich ist das einsichtig: Denn die frühen Kuponzahlungen werden nur mit $i_1, i_2, ...$ verzinst, während der Teil des Kurses des Bonds, welcher der späteren Tilgung entspricht, mit i_n verzinst wird.

Bei einer fallenden (inversen) Zinsstruktur gilt dagegen: Je höher der Kupon, desto höher auch die Rendite des Bonds.

Etwas verallgemeinert gilt für die Richtung des Kupon-Rendite-Effekts:[6]

Man berechne den Yield y eines Bonds mit positivem Kupon und der Restlaufzeit n und vergleiche sie mit i_n.

> Wenn y größer als i_n ist, dann bewirken Kuponerhöhungen auch einen höheren Yield, während geringere Kupons auf geringere Renditen führen. Wenn dagegen die Rendite y geringer als der Zinssatz i_n ist, dann haben Bonds mit einem höheren Kupon als i_n eine niedrigere Rendite, und Bonds mit geringerem Kupon haben höhere Renditen.

Dieses Ergebnis ist insbesondere dann nützlich, wenn die Zinsstruktur weder monoton steigt noch fällt, also irgendwie oszilliert.

Nochmals:

---

[6] CHULSSON KHANG: Expectations, Prices, Coupons and Yields: Comment. *Journal of Finance*, vol. 30 (1975) 4, pp. 1137-1140.

1. Der Kupon-Rendite-Effekt betrifft eine bestimmte Kennzahl, den Yield.
2. Alle im Kapitalmarkt gehandelten Bonds werden marktgerecht bewertet: Ihr Kurs ist gleich dem Barwert aller Rückflüsse, die an den Inhaber gehen werden: Kuponzahlungen und Tilgung.
3. Der Kupon-Rendite-Effekt führt nicht zu einer Identifikation von Anleihen, die überbewertet oder unterbewertet sind — solche Fehlbewertungen gibt es in einem gut funktionierenden Kapitalmarkt nicht.
4. Wenn aber ein Anleger aus bestimmten persönlichen Gründen auf den Yield achtet, gibt der Kupon-Rendite-Effekt einen Hinweis, worauf er achten sollte. In einem Kapitalmarkt mit steigender Zinsstruktur beispielsweise sollte er auf Anleihen mit einem möglichst geringen Kupon achten, denn diese haben einen höheren Yield als Anleihen mit höherem Kupon.

Abschließend sei bemerkt, daß sich ähnliche Probleme zeigen, wenn durch zwischenzeitliche Entnahmen oder durch Einlagen die Rendite verändert wird.[7]

2.1.9 Schönheitswettbewerb

In einem berühmten *Gleichnis* machte KEYNES darauf aufmerksam, daß die mit Wertpapieren erzielbare Rendite davon abhänge, wie das Instrument verkauft werden. Eine Aktie ist natürlich umso attraktiver, je höhere Kursavancen erwartet werden können.

Wenn der Anleger eine Aktie kauft, wird er aus diesem Grunde raten oder schätzen, zu welchen Kursen er die Aktie wieder verkaufen könnte. Das freilich hängt davon ab, wie *andere* Anleger die Aktie einschätzen. Zudem werden die anderen Anleger die gleiche Überlegung anstellen. Sie werden ebenso versuchen zu raten und zu schätzen, wie Dritte denken, man könne die Aktie wieder einmal verkaufen.

KEYNES zeichnete für diesen Sachverhalt die *Metapher* des Schönheitswettbewerbs, bei denen derjenige Juror beim Publikum die meiste Anerkennung findet, wenn er rät, welches Modell schließlich (aufgrund der Voten aller Juroren) gewinnt.

Die Juroren könnten dann schnell darauf verzichten, sich eine "eigene" Meinung zu bilden. Sie wollen nur noch erraten, was die anderen so denken, um sich darauf einzustellen. Eben das tun die anderen Juroren auch.

---

[7] KLAUS SPREMANN: Zur Abhängigkeit der Rendite von Entnahmen und Einlagen. *Finanzmarkt und Portfolio Management* 6 (1992) 2, pp. 179-192.

> Solche Argumentationen führen auf einen nicht auflösbaren Kreis sich selbst erfüllender Prophezeiung: Eine Aktie ist gut, wenn alle denken, sie sei gut. Weil das alle Anleger so denken, ist sie dann tatsächlich eine rentable Anlage. Das ursprüngliche Vorurteil wird voll bestätigt.
>
> Eine Aktie könnte dagegen das Image haben, nur eine geringe Rendite zu bieten. Folglich wird sie von vielen Anlegern gemieden, weshalb die Verkaufsmöglichkeiten beschränkt sind. Aus diesem Grund wird die Aktie tatsächlich eine uninteressante Anlage.

Die sich selbst erfüllende Prophezeiung deutet darauf hin, daß die mit einer Aktie erzielbare Rendite losgelöst von den "fundamentalen" wirtschaftlichen Erfolgen oder Mißerfolgen der Unternehmung ein "Eigenleben" haben könnten. Es komme am Ende nur darauf an, der Aktie ein gutes Image zu verschaffen, ein positives Vorurteil aufzubauen, und schon werde es sich bewahrheiten.

Bild 2-3: JOHN MAYNARD KEYNES (1883 - 1946) ist neben ADAM SMITH der wohl bekannteste Nationalökonom. KEYNES stammte aus einer angesehenen englischen Familie. Im Jahr 1909 wurde er Mitglied der Fakultät des *King's College* in *Cambridge*. Abgesehen von seinen wissenschaftlichen und wirtschaftspolitischen Leistungen managte er nicht nur sein eigenes Vermögen sondern verwaltete und mehrte auch das Vermögen *des King's College*. Eine erste Buchpublikation behandelte den Goldstandard. Schon darin entwickelte KEYNES die Lehre, daß der Kapitalismus zur Instabilität neige. Seine *General Theory* erschien 1936 und erregte großes Aufsehen in den USA. So paßten die Berater des Präsidenten FRANKLIN D. ROOSEVELT (1882-1945) ihre Wirtschaftspolitik seiner Lehre von der antizyklischen Konjunkturpolitik an.

2.2 Stetige Rendite

2.2.1 Rechnung mit dem Logarithmus

Bei einer einfachen Rendite von r_{ein} wächst ein Kapital in einem Jahr von s_0 auf s_1 an, $s_1 = s_0 \cdot (1+r_{ein})$. Das Ergebnis ist als Produkt aus dem Anfangsvermögen s_0 und einem "Verzinsungsfaktor" $(1+r_{ein})$ dargestellt, der im wesentlichen die einfache Rendite wiedergibt.

Mit der Logarithmenrechnung kann ein Produkt in eine Summe transformiert werden, und im folgenden soll davon Gebrauch gemacht werden. Ungeachtet der Basis gelten für den Logarithmus verschiedene Rechengesetze. Insbesondere ist wie zuvor erwähnt der Logarithmus des Produktes zweier Zahlen gleich der Summe der Logarithmen der Multiplikanden. Das sei für die Beschreibung des Kapitalwachstums verwendet:

$$s_1 = s_0 \cdot (1+r_{ein}), \text{ also:}$$

$$\ln s_1 = \ln s_0 + \ln(1+r_{ein}).$$

Wird das Kapitalwachstum in zwei Perioden betrachtet, und bezeichnen r_1, r_2 die Periodenrenditen, dann gilt

$$s_1 = s_0 \cdot (1+r_1) \cdot (1+r_2), \text{ also:}$$

$$\ln s_1 = \ln s_0 + \ln(1+r_1) + \ln(1+r_2).$$

Stimmen die beiden Periodenrenditen überein, $r_{ein} \equiv r_1 = r_2$, dann wächst das Kapital in den beiden Jahren von s_0 auf s_2 an, $s_2 = s_0 \cdot (1+r_{ein})^2$, wobei sich diesmal $\ln s_2 = \ln s_0 + 2 \cdot \ln(1+r_{ein})$ schreiben läßt.

In allen diesen Fällen spielt der Logarithmus des Verzinsungsfaktors $1+r$ eine besondere Rolle.

> Es bezeichne r_{ein} die auf Jahresbasis ausgedrückte, *einfache* Rendite. Dann wird $r^* = \ln(1+r_{ein})$ als die äquivalente **stetige Rendite** bezeichnet, oder auch als Rendite in stetiger Notation.
>
> Aus einer stetigen Rendite r^* wird demnach gemäß $r_{ein} = \exp(r^*) - 1$ die ihr entsprechende Rendite in einfacher Notation gewonnen.

Die stetigen Renditen eignen sich aufgrund der mit dem Logarithmus verbundenen Rechenvorteile besonders gut zur Behandlung mehrperiodiger Wachstumsvorgänge.

Einfache Rendite	0%	+5%	+10%	+50%	-5%	-10%	-50%
Stetige Rendite	0%	+4,9%	+9,5%	+40,5%	-5,1%	-10,5%	-69,3%

Bild 2-4: Für betragsmäßig kleine Renditezahlen stimmen der einfache und der stetige Wert praktisch überein, immer ist die einfache Rendite größer als die äquivalente stetige Rendite. Bei negativen Renditen ist mithin der Zahlenwert der stetigen Rendite eine größere Zahl als der Betrag der einfachen Rendite.

2.2.2 Logarithmen in der Finanzrechnung

Als erstes verwenden wir die Mathematik stetiger Renditen um zu fragen, nach welcher Zeit oder nach wie vielen Jahren T sich ein Kapital s_0 *verdoppelt*.

Bei der einfachen Rendite r_{ein} ist die gesuchte Anzahl von Jahren T durch die Gleichung

$$2 \cdot s_0 = s_0 \cdot (1 + r_{ein})^T$$

bestimmt. Unter Verwendung der entsprechenden stetigen Rendite — sie sei mit r^*, bezeichnet, also $r^* = \ln(1+r_{ein})$ — ist die Bestimmungsgleichung äquivalent zu: $\ln 2 + \ln s_0 = \ln s_0 + T \cdot r^*$. Eine leichte Umformulierung ergibt

$$T = \frac{\ln 2}{r^*} = \frac{0{,}693}{r^*}.$$

2. RENDITE

Da im interessanten Bereich von vielleicht 1% bis 10% die einfachen und die stetigen Renditen numerisch sehr nahe beieinander liegen, ist damit die folgende Näherungsformel begründet:

> Teile 70 durch den in Prozent ausgedrückten Zinssatz, und das Ergebnis gibt an, nach wie vielen Jahren sich ein Kapital verdoppelt.

Etwa bei einfachen Zinssätzen von $r_{ein} = 5\%$ oder $r_{ein} = 7\%$ besagt diese Näherungsformel, das sich das Kapital nach 14 beziehungsweise nach 10 Jahren verdoppeln würde. Die exakte Rechnung liefert 14,21 beziehungsweise 10,24 Jahre.

📖 Frau Zuhausen, 80 Jahre alt, rechnet mit einer Inflationsrate von 3,5% und meint zu ihrem Enkel: "Du wirst es schon noch sehen: In der Vergangenheit haben sich alle zwanzig Jahre mit schöner Regelmäßigkeit die Preise verdoppelt".

Elegant lassen sich mehrperiodige Wachstumsvorgänge mit Hilfe stetiger Renditen beschreiben, wenn die Rendite von Periode zu Periode variiert. Der Fall von zwei Perioden wurde bereits behandelt. Der Fall $n > 2$ ist damit elementar. Es sei also ein Kapital betrachtet, daß über n Jahre hinweg wächst, beziehungsweise sich jedenfalls verändert. Um das Anfangskapital s_0 in den Rechnungen nicht immer eigens "mitschleppen" zu müssen, kann es in Höhe von $s_0 = 1$ angenommen werden. Im ersten Jahr entwickle sich das Kapital mit der einfachen Rendite r_1, im zweiten Jahr mit der einfachen Rendite r_2 und so fort. Also gilt für das am Ende des Jahres n erreichte Kapital

$$s_n = s_0 \cdot (1+r_1) \cdot (1+r_2) \cdot \ldots \cdot (1+r_n) .$$

Logarithmiert ergibt sich:

$$\ln s_n = \ln s_0 + r_1^* + r_2^* + \ldots + r_n^* .$$

> In logarithmischer Skala ausgedrückt ist der Wert s_n, abgesehen von der durch den Logarithmus des Anfangskapitals s_0 gegebenen Niveauhöhe, gleich der Summe der stetigen Renditen $r_1^*, r_2^*, \ldots, r_n^*$. Anders ausgedrückt: Wird die dem Wachstumsprozeß unterliegende Größe, der Kapitalbetrag, in logarithmischer Skala dargestellt, so ist der relative Unterschied zwischen dem Wert zu Ende und zu Anfang eines mehrperiodigen Zeitabschnitts gleich der Summe der stetigen Renditen der Einzelperioden.

Dieser Sachverhalt gilt sogar unabhängig davon, ob die Einzelperioden Jahre sind oder eine andere Dauer haben.

Beispielsweise könnte sich ein Finanzanalytiker die Wochenschlußkurse einer Aktie der 52 Wochen eines Jahres besorgen. Die 53 Kursdaten seien mit $s_0, s_1, ..., s_{52}$ bezeichnet. Es möge keine Dividenden gegeben haben oder andere Formen einer Wertzuwendung. Die einfachen (nicht annualisierten) Wochenrenditen werden über

$$r_1 = s_1 / s_0, \ r_2 = s_2 / s_1, ... r_{52} = s_{52} / s_{51}$$

definiert. Also gilt:

$$\frac{s_{52}}{s_0} = (1+r_1) \cdot (1+r_2) \cdot ... \cdot (1+r_{52}) \ .$$

Logarithmieren liefert

$$\ln s_{52} - \ln s_0 = r_1^* + r_2^* + ... + r_{52}^* \ .$$

📖 Reiner Ruhm ist ein begnadeter Rechenkünstler. Aus einer Datenbank holt er sich immer wieder die Kurse eines Börsenindex. Die Periodenlänge ist ein Tag, eine Woche oder ein Monat. Der Forscher denkt: "Egal ob es sich um Tages-, Wochen- oder Monatsperioden handelt, ich muß nur die stetigen Renditen berechnen und diese dann summieren. So habe ich schon die Wertveränderung über den gesamten Zeitraum errechnet." Das Ergebnis ist dann zwar in logarithmischer Skala ausgedrückt, wenn aber absolute Werte gewünscht werden, kann immer mit Hilfe der *Exponentialfunktion* der Logarithmus "rückgängig" gemacht werden.

Schließlich werde die geometrische *Durchschnittsrendite* r_{ein}^D betrachtet, die zuvor durch

$$(1+r_{ein}^D)^n = (1+r_1) \cdot (1+r_2) \cdot ... \cdot (1+r_n)$$

definiert war. Diese Beziehung soll in die Schreibweise stetiger Renditen übertragen werden. Durch Logarithmieren entsteht

2. RENDITE

$$n \cdot r^* = r_1^* + r_2^* + \ldots + r_n^*,$$

oder umformuliert:

$$r^* = \frac{r_1^* + r_2^* + \ldots + r_n^*}{n}.$$

> Die geometrische Durchschnittsrendite (die zeitgewichtete Rendite) in stetiger Schreibweise ist gleich dem *arithmetischen* Durchschnitt der stetigen Einzelrenditen.

Zahlenbeispiel: Eine Aktienanlage wird über vier Jahre betrachtet, die einfachen Renditen der einzelnen Jahre sind

$$+30\%, -10\%, +50\%, -20\%.$$

Also: Das Vermögen ist von 100 auf 140,4 gestiegen. Die geometrisch ermittelte Durchschnittsrendite beträgt

$$r_{ein}^D = \sqrt[4]{1{,}404} - 1 = 8{,}85\%$$

Die Einzelrenditen in stetiger Schreibweise betragen:

$$+26{,}2\%, -10{,}5\%, +40{,}5\%, -22{,}3\%$$

und

$$\frac{0{,}262 - 0{,}105 + 0{,}405 - 0{,}223}{4} = 8{,}48\%$$

ist der arithmetische Durchschnitt der vier Einzelrenditen. In der Tat: Wie gezeigt, beträgt die geometrisch ermittelte Durchschnittsrendite (als einfache Rendite geschrieben) gerade 8,85%, in stetiger Schreibweise folglich $\ln(1{,}0885) = 8{,}48\%$.

Nochmals sei der Wachstumsmultiplikator von 1,404 betrachtet; das Vermögen war in vier Jahren von 100 auf 140,4 gewachsen. Dieser Multiplikator kann mit Hilfe der Durchschnittsrendite in einfacher Schreibweise gewonnen werden: $(1 + 0{,}0885)^4 = 1{,}404$. Alternativ dazu kann der Multiplikator mit Hilfe der Durchschnittsrendite in stetiger Schreibweise und der Exponentialfunktion berechnet werden, das heißt, in der Form $\exp(0{,}0848 \cdot 4) = \exp(0{,}3392) = 1{,}404$.

2.2.3 Continuous Compounding

Die Hauptbedeutung der stetigen Rendite liegt jedoch nicht in der Vereinfachung eines Rechenweges, sondern in der Berücksichtigung des gleichsam stetig wirkenden Zinseszinseffektes.

> Stetige Renditen, und analog dazu stetige Zinssätze, sind jene (auf Jahresbasis bezogene) Renditen oder Zinssätze, die auf dasselbe Endvermögen führen wie die entsprechenden einfachen Renditen oder Zinssätze, sofern das Anlageergebnis stets nach kürzester Zeit für eine rentierende oder verzinste Wiederanlage zur Verfügung steht.

Um diesen *Zinseszinseffekt* zu studieren, sei ein Zinssatz — diesmal mit y bezeichnet — betrachtet. Zunächst werde der Zins am Ende eines Anlagejahres ausbezahlt. Aus einem Kapital s würde innert Jahresfrist der Betrag $s \cdot (1+y)$.

Nun könnte der Schuldner etwas großzügig den Zinsbetrag $s \cdot y$ nicht in einer Summe am Jahresende bezahlen, sondern in Raten schon während des Jahres. Beispielsweise bestünde die Möglichkeit, den Betrag $s \cdot y / 2$ bereits nach 6 Monaten zahlen und dann ein zweites Mal den Zins nach weiteren 6 Monaten. Dieses zweite Mal wird der Zinssatz $y/2$ auf das *dann* angelegte Kapital fällig, also auf $s \cdot (1 + y/2)$. Durch Wiederanlage des Zinses, den **Zinseszinseffekt**, würde das Kapital von s bis zum Ende des einen Anlagejahres auf $s \cdot (1+y/2)^2$ anwachsen, das ergibt offensichtlich einen etwas höheren Betrag als $s \cdot (1+y)$ — sofern y positiv ist.

Allgemein gilt: Wenn jeweils am Ende einer Periode der Länge $1/n$ Jahr der Zinsbetrag y/n auf das entsprechende Kapital bezahlt und wieder angelegt wird, wächst das Kapital s in der Frist eines Jahres auf $s \cdot (1 + y/n)^n$.

Die Zahl $s \cdot (1 + y/n)^n$ wird um so größer, je größer n wird, das heißt, je öfter die Zinsen ausgeschüttet und wieder angelegt werden.

Aber sie wächst nicht ins unermeßliche, sondern strebt einem Grenzwert zu. Dieser Grenzwert ist $s \cdot e^y$, wobei $e = 2{,}71828\ldots$ wieder die Euler'sche Zahl bezeichnet.

Zur Interpretation könnte man sagen, der Zins mit dem Satz y werde laufend nach kleinsten Zeitintervallen ausgeschüttet. Kurz: Der Zins wird **stetig** bezahlt und stetig wieder angelegt. Im Angelsächsischen wird dies als *Continuous Compounding* bezeichnet.

> Denselben Effekt, den ein stetig bezahlter Zins der Höhe y bewirkt — nämlich das Kapitalwachstum von s auf $s \cdot e^y$ innert Frist eines Anlagejahres — würde ein einfacher (also nur am Ende des Jahres zu zahlender Zins) der Höhe i bewirken, sofern $(1+i) = e^y$ gilt. Umgeformt bedeutet das
>
> $$\ln(1+i) = i^* = y \; .$$
>
> Eine einfache Verzinsung mit dem Satz i bewirkt nach einer Periode eines Jahres dasselbe Ergebnis wie ein stetig gezahlter und stetig wieder angelegter Zins (*continuous compounding*) mit dem Satz $i^* = \ln(1+i)$.

Beispielsweise liefert ein Zins von auf Jahresbasis ausgedrückt 7,7%, der täglich dem Kapital gutgeschrieben wird, dasselbe Kapitalwachstum wie ein einfacher Zins von 8%, der jeweils am Jahresende dem Kapital gutgeschrieben wird.

2.3 Empirische Renditen

2.3.1 Aktien und Bonds

Um ein möglichst umfangreiches Datenmaterial zu den Renditen von Assetklassen wie "Aktien" und "Anleihen" heranziehen zu können, ist der Blick auf Länder zu richten, die über viele Jahre hinweg gut funktionierende Sekundärmärkte hatten und sich gleichzeitig über den gesamten Zeithorizont einer (einzigen) Währung erfreuen konnten.

Für Deutschland ist die Rekonstruktion entsprechender Daten bis zum Jahre 1954 zurück erstmals STEHLE (Humboldt-Universität Berlin) gelungen.[8] Die Untersuchungen belegen, daß in den vergangenen Jahrzehnten Anlagen in deutschen Aktien "mit merklich höheren Durchschnittsrenditen" verbunden waren als Anlagen in festverzinslichen Wertpapieren.[9] Zu diesem Resultat kommen auch andere

---

[8] Frühere Quellen ließen oft Dividenden und andere, den Aktionären zukommende Vorteile — wie beispielsweise Bezugsrechte bei Kapitalerhöhungen — unberücksichtigt

[9] Hierzu: 1. RICHARD STEHLE und ANETTE HARTMOND: Durchschnittsrenditen deutscher Aktien 1954-1988. *Kredit und Kapital* 24 (1991) 3, pp. 371-411. 2. RICHARD STEHLE, RAINER HUBER und JÜRGEN MAIER: Rückberechnung des Dax für die Jahre 1955 bis 1987, *Kredit und Kapital* 29 (1996) 2, pp. 277-304. 3. JÜRGEN MAIER und RICHARD STEHLE: Berechnung von Nachsteuerrenditen für den deutschen Rentenmarkt auf Basis des REX und des REXP, *Kredit und Kapital* 32 (1999) 1, pp. 125-145.

Studien.[10] Einige dieser Untersuchungen behandeln auch die Frage, wie hoch die Renditen bei verschiedenen Steuerbelastungen gewesen sind.

Deutschland				
Zeitperiode	Nominale Aktienrendite	Reale Aktienrendite	Nominale Bondrendite	Reale Bondrendite
1954-1988	12,1%	8,7%	7,5%	3,9%

Bild 2-5: Geometrische Durchschnittsrenditen für Deutschland. Ohne Berücksichtigung von Steuern. Zitiert nach STEHLE (1998), p. 825.

Soll sehr langfristig zurück gegangen werden, bieten sich Daten für die USA an. Sie werden von IBBOTSON ASSOCIATES, INC. (Chicago) in Jahrbüchern publiziert. Eine Studie für Amerika und die Jahre ab 1802 stammt von SIEGEL.[11]

USA				
Zeitperiode	Nominale Aktienrendite	Reale Aktienrendite	Nominale Bondrendite	Reale Bondrendite
1802-1870	5,8%	5,7%	5,0%	4,9%
1871-1925	7,2%	6,6%	4,4%	3,8%
1926-1990	9,8%	6,4%	4,6%	1,4%

Bild 2-6: Geometrische Durchschnittsrenditen für die USA. Ohne Berücksichtigung von Steuern. Zitiert nach STEHLE (1998), p. 827.

Die Genfer Privatbank PICTET & CIE BANQUIERS[12] stellt Untersuchungen zur Verfügung, die sich auf die Schweiz beziehen und den Zeitraum ab 1925 umfassen. Die Pictet-Daten sind weiter unten in einer eigenen Tabelle jahresweise wiedergegeben.

Zuvor das Gesamtergebnis:

---

[10] Eine Übersicht hierzu bietet RICHARD STEHLE: Aktien versus Renten. In: Handbuch Altersversorgung (CRAMER, FÖRSTER, RULAND, eds.), Frankfurt (1998), pp. 815-831.

[11] JEREMY J. SIEGEL: The equity premium: Stock and bond returns since 1802. *Financial Analysts Journal* 48 (1992) 1, pp. 28-38.

[12] Quelle: DANIEL WYDLER (Pictet Asset Management AG, Zürich) und AMANDA GRENDON (Pictet Institutionelle Abteilung, Genf), 29, bd Georges-Favon, 1204 Genf, Tel.: +41-1-225 4451, +41-22-318 2247. Ausserdem: DANIEL WYDLER: Swiss stocks, bonds and inflation 1926-1987. *The Journal of Portfolio Management*, Winter 1989, pp. 27-32.

2. RENDITE

Schweiz				
Zeitperiode	Nominale Aktienrendite	Reale Aktienrendite	Nominale Bondrendite	Reale Bondrendite
1926-1997	8,6%	5,1%	4,6%	1,5%

Bild 2-7: Geometrische Durchschnittsrenditen für die Schweiz. Ohne Berücksichtigung von Steuern. Berechnet anhand der für die einzelnen Jahre von PICTET genannten Zahlen.

2.3.2 Survival Bias

Zuerst anhand der US-Daten wurde entdeckt, daß über sehr lange Zeiträume Aktien gegenüber Bonds *stets* eine höhere Rendite erbracht haben.[13] Dieses Ergebnis wurde später auch für viele andere Länder bestätigt, wenngleich es sich nicht überall zeigte.

> Die Differenz zwischen der langfristigen Durchschnittsrendite auf Aktien und der auf Anleihen wird üblicherweise kurzum als **Risikoprämie** bezeichnet.
>
> Die Tabellen belegen, daß die Risikoprämie im abgelaufenen Jahrhundert zwischen 4% und 5% betrug.

Sollten Investoren mit einem ausgesprochen langen Anlagehorizont — Versicherungen und Pensionskassen — angesichts dermaßen hoher Risikoprämien nicht *ausschließlich* in Aktien anlegen?

Wenn das so wäre, müßten die Unternehmen recht leicht Aktionäre finden. Eine Folge wäre dann, daß die Unternehmen auch bei geringeren Renditeperspektiven immer noch Eigenkapital aufnehmen könnten. Irgendwann wären die von Unternehmen offerierten Renditeperspektiven kaum höher als die Zinssätze.

Aktienanlagen könnten dann keine "Prämie" gegenüber Anleihen bieten.

---

[13] 1. RICHARD STEHLE: Aktien versus Renten. In: Handbuch Altersversorgung (CRAMER, FÖRSTER, RULAND, eds.), Frankfurt (1998), pp. 815-831. 2. Historisch interessant ist auch das 129-seitige Buch von EDGAR LAWRENCE SMITH: *Common Stocks as Long Term Investments*, erscheinen 1929 bei Macmillan in New York. SMITH war einer der ersten, der die Performance von Aktien mit denen von Bonds quantitativ untersuchte.

> Diese Überlegung führt auf das heute als **Risikoprämien-Puzzle** (*Equity Premium Puzzle*) bezeichnete Rätsel. Es wurde 1985 von MEHRA und PRESCOTT entdeckt:[14] Warum bieten Aktien gegenüber Anleihen für sehr langfristig orientierte Investoren dermaßen ausgeprägte Renditevorteile, die sich mit ökonomischen Modellen und mit sonstigen empirischen Daten *nicht* in Einklang bringen lassen?

Als ersten Versuch, das Puzzle zu lösen, könnte vorgebracht werden, daß Aktienrenditen eben doch schwanken und die damit assoziierten Risiken von Investoren ungern übernommen werden, weil sie *risikoavers* sind. Damit angesichts der Risikoaversion doch noch Kapital als Risikokapital investiert wird —weltweit gesehen ist immerhin die Hälfte des Finanzkapitals in der Form von *Equity* zur Verfügung gestellt — muß dieses Risikokapital gegenüber den risikoarmen Anlageinstrumenten eben eine höhere Rendite erwarten lassen.

Qualitativ ist diese Argumentation richtig. Der Punkt jedoch ist die empirisch festgestellte Höhe der Risikoprämie von 4% bis 5%. Um eine dermaßen *substantielle* Risikoprämie zu erklären, muß die Risikoaversion der Investoren ausgesprochen *hoch* sein, und zwar erstens noch höher als sie in direkten Messungen und Beobachtungen von Investoren ermittelt worden ist und höher, als sie zweitens durch ökonomische Modelle theoretisch begründbar ist.

Anders ausgedrückt: Direkte Messungen der Risikoaversion und andere ökonomische Modelle rechtfertigen allenfalls eine Risikoprämie von 1% bis 2%, nicht aber die Höhe der beobachtbaren 4% bis 5%.

Als Versuch, das Puzzle zu lösen, wurde der **Survival-Bias** ins Spiel gebracht: Danach soll es früher durchaus Aktienmärkte mit sehr schlechten Renditen gegeben haben. Jedoch sind gerade diese verschwunden. Die dadurch verschollenen schlechten Daten finden keinen Eingang in heutige Statistiken, die lediglich die (guten) Renditen der Überlebenden zeigen. Deshalb findet man in publizierten Statistiken eine hohe Risikoprämie, die sich eigentlich im Mittel über alle Märkte nie gezeigt hatte.[15]

Dennoch ist das Puzzle der hohen Risikoprämie mit dem Verweis auf den Survival-Bias *nicht* gelöst. Es wird heute zwar eingestanden, daß der Survival Bias eine Rolle bei der hohen Zahl von 4% bis 5% für die Risikoprämie spielt, aber die

---

[14] RAJNISH MEHRA und EDWARD C. PRESCOTT: The Equity Premium: A Puzzle. *Journal of Monetary Economics* 15 (March 1985) 2, pp. 145-161.

[15] WILL GOETZMAN (University of Yale) und PHILIPPE JORION (University of California) haben neben dem US-amerikanischen Aktienmarkt 38 Börsen seit 1920 untersucht — Börsen, die es teilweise wegen Revolution, Nationalisierung und Finanzkollaps heute nicht mehr gibt — und im Ergebnis haben diese 38 Börsen dem Aktionär gesamthaft betrachtet eine *reale Rendite von 1,5%* offeriert (The Economist, 19.12.1998, p. 37-38).

2. RENDITE

Verzerrung zahlenmäßig nicht den gesamten Renditeunterschied zwischen Aktien und Anleihen erklärt.[16]

Infolgedessen ist das Risikoprämien-Puzzle *nur teilweise* gelöst. So nimmt es auch nicht wunder, wenn immer wieder Propheten den ganz großen Crash der Equity-Märkte prognostizieren.

2.3.3 Pictet-Daten für die Schweiz

	Equity	Rendite	Bonds	Rendite	Preisindex	Inflation
1925	100,00		100,00		166,80	
1926	121,69	21,7%	106,20	6,2%	160,90	-3,5%
1927	153,45	26,1%	111,90	5,4%	162,00	0,7%
1928	185,85	21,1%	117,47	5,0%	162,20	0,1%
1929	174,36	-6,2%	123,32	5,0%	161,50	-0,4%
1930	164,67	-5,6%	131,02	6,2%	156,20	-3,3%
1931	115,12	-30,1%	139,28	6,3%	144,80	-7,3%
1932	121,06	5,2%	146,39	5,1%	134,40	-7,2%
1933	132,61	9,5%	152,06	3,9%	131,30	-2,3%
1934	123,00	-7,2%	157,41	3,5%	128,80	-1,9%
1935	109,07	-11,3%	163,58	3,9%	130,00	0,9%
1936	166,35	52,5%	172,98	5,7%	132,00	1,5%
1937	179,30	7,8%	180,40	4,3%	137,80	4,4%
1938	182,52	1,8%	191,18	6,0%	136,90	-0,7%
1939	152,41	-16,5%	194,55	1,8%	142,00	3,7%
1940	157,93	3,6%	198,05	1,8%	159,90	12,6%
1941	212,67	34,7%	210,91	6,5%	184,30	15,3%
1942	226,34	6,4%	218,40	3,6%	199,60	8,3%
1943	222,72	-1,6%	226,00	3,5%	205,30	2,9%
1944	235,13	5,6%	232,89	3,0%	208,20	1,4%
1945	272,86	16,0%	239,11	2,7%	206,70	-0,7%
1946	293,57	7,6%	247,41	3,5%	212,00	2,6%
1947	322,54	9,9%	255,07	3,1%	223,30	5,3%
1948	305,72	-5,2%	261,33	2,5%	224,60	0,6%
1949	348,71	14,1%	273,30	4,6%	220,30	-1,9%
1950	382,47	9,7%	289,95	6,1%	220,30	0,0%
1951	457,18	19,5%	291,87	0,7%	234,30	6,4%
1952	495,44	8,4%	298,37	2,2%	234,60	0,1%
1953	547,34	10,5%	310,36	4,0%	233,30	-0,6%
1954	690,43	26,1%	320,47	3,3%	236,80	1,5%
1955	731,78	6,0%	325,28	1,5%	238,20	0,6%
1956	747,29	2,1%	332,23	2,1%	243,40	2,2%
1957	670,66	-10,3%	334,88	0,8%	248,30	2,0%
1958	823,33	22,8%	344,55	2,9%	250,50	0,9%
1959	1.063,71	29,2%	368,60	7,0%	249,00	-0,6%

---

[16] Eine Übersicht bietet: NARAYANA R. KOCHERLAKOTA: The Equity Premium: It's Still a Puzzle. *Journal of Economic Literature* XXXIV (March 1996) 1, pp. 42-71.

Jahr	Aktien	Rendite	Bonds	Rendite	Preisindex	Inflation
1960	1.536,64	44,5%	391,49	6,2%	253,40	1,8%
1961	2.295,59	49,4%	406,38	3,8%	262,30	3,5%
1962	1.888,94	-17,7%	416,00	2,4%	270,80	3,2%
1963	1.885,96	-0,2%	421,09	1,2%	281,30	3,9%
1964	1.755,23	-6,9%	430,05	2,1%	287,80	2,3%
1965	1.632,37	-7,0%	450,80	4,8%	302,00	4,9%
1966	1.434,94	-12,1%	461,23	2,3%	315,80	4,6%
1967	2.112,10	47,2%	488,36	5,9%	326,90	3,5%
1968	2.946,26	39,5%	519,25	6,3%	334,10	2,2%
1969	3.078,38	4,5%	521,27	0,4%	341,80	2,3%
1970	2.750,54	-10,6%	541,14	3,8%	360,40	5,4%
1971	3.176,88	15,5%	603,07	11,4%	384,30	6,6%
1972	3.835,42	20,7%	627,06	4,0%	410,60	6,8%
1973	3.068,38	-20,0%	625,18	-0,3%	459,60	11,9%
1974	2.051,58	-33,1%	637,13	1,9%	494,30	7,6%
1975	3.010,83	46,8%	742,77	16,6%	511,30	3,4%
1976	3.248,25	7,9%	864,26	16,4%	517,90	1,3%
1977	3.511,09	8,1%	941,77	9,0%	523,80	1,1%
1978	3.493,12	-0,5%	1.019,84	8,3%	527,80	0,8%
1979	3.874,88	10,9%	998,91	-2,1%	555,10	5,2%
1980	4.109,96	6,1%	1.022,09	2,3%	579,50	4,4%
1981	3.620,66	-11,9%	1.041,81	1,9%	617,70	6,6%
1982	4.100,60	13,3%	1.166,84	12,0%	651,40	5,5%
1983	5.219,84	27,3%	1.206,46	3,4%	665,10	2,1%
1984	5.455,78	4,5%	1.247,12	3,4%	684,60	2,9%
1985	8.803,26	61,4%	1.319,63	5,8%	707,00	3,3%
1986	9.658,27	9,7%	1.397,08	5,9%	707,00	0,0%
1987	7.003,98	-27,5%	1.467,90	5,1%	721,80	2,0%
1988	8.657,62	23,6%	1.531,75	4,3%	735,00	2,0%
1989	10.613,00	22,6%	1.470,63	-4,0%	771,75	5,0%
1990	8.563,13	-19,3%	1.488,72	1,2%	812,70	5,3%
1991	10.076,24	17,7%	1.610,80	8,2%	855,00	5,2%
1992	11.853,69	17,6%	1.804,42	12,0%	884,30	3,4%
1993	17.876,55	50,8%	2.038,63	13,0%	906,40	2,5%
1994	16.514,36	-7,6%	2.026,81	-0,6%	910,30	0,4%
1995	20.322,57	23,1%	2.275,70	12,3%	927,87	1,9%
1996	24.039,56	18,3%	2.398,13	5,4%	935,32	0,8%
1997	37.307,63	55,2%	2.534,07	5,7%	939,04	0,4%

Bild 2-8: Die Entwicklung einer Geldanlage in Schweizer Aktien (Equity) und in Obligationen (Bonds) bei Wiederanlage aller Erträge, sowie die entsprechenden Jahresrenditen, für die Zeit von Jahresanfang 1926 bis Jahresende 1997. Die Indexstände beziehen sich auf das Ende des in der linken Spalte angegebenen Jahres. Ergänzend ist in der Tabelle der Preisindex Schweiz (Jahresende) wiedergegeben sowie die entsprechenden Inflationsraten (während des links angegebenen Jahres).

2.3.4 Lehren aus der Vergangenheit?

Was zeigt die Rückblende?

1. Eine erste, aus dieser Tabelle zu gewinnende Größe ist die geometrisch gemittelte *Durchschnittsrendite*, welche — wäre sie in allen 72 Anlagejahren gleichermaßen zur Anwendung gekommen — dasselbe Endergebnis gebracht hätte.

   Im Fall von Aktien wäre das ein Wertanstieg von 100 auf 37.307,63. Für die geometrische Durchschnittsrendite (zeitgewichtete Rendite) in einfacher Notation folgt $r^D_{Equity} = 8{,}57\%$, denn $1{,}0857^{72} = 373$.

   Im Fall von Anleihen wäre das ein Wertanstieg von 100 auf 2.534,07. Für die geometrische Durchschnittsrendite folgt in einfacher Notation $r^D_{Bonds} = 4{,}59\%$, denn $1{,}04592^{72} = 25{,}34$.

2. Es gab aber immer wieder *ausgedehnte* Perioden, in denen die Aktienanlage ungünstig war. Die Börsenjahre von 1925 bis 1939 waren schlecht. Der Index ist von 100 (Ende 1925) bis Ende 1939, also in 14 Anlagejahren, nur auf 152 gestiegen. Ausgesprochen schlecht waren die Börsenjahre von 1962 bis 1974. Der Börsenindex war Anfang 1962 bei 2.295 und stand, 13 Jahre später, am Jahresende 1974 lediglich bei 2.051.

3. Gelegentlich dauerte es nach einem Kurseinbruch *lange*, bis wieder das Anfangsniveau erreicht war. Wer zu Jahresanfang 1929 investierte, mußte drei Jahre lang Kursrückgänge hinnehmen und kam erst im Verlauf des Jahres 1941 wieder auf den ursprünglichen Anfangsbetrag. Wer bei Höchstständen Ende 1961 oder 1972 investierte, mußte sieben Jahre durchhalten, bis die sogleich eingetretenen Wertverluste wieder wettgemacht waren.

4. Die ungünstigen Perioden dauerten nie länger als 14 Jahre. Wer also für ungefähr zwanzig Jahre in Aktien anlegte, konnte in der Vergangenheit immer eine ansehnliche Gesamtrendite erzielen.[17]

5. Zudem gab es zwei ausgesprochen exzellente Perioden, und zwar von 1957 bis 1961 sowie von 1990 bis 1997.

Wer eine Rendite von 0% als Marke nimmt: Von 72 Aktienjahren hatten 22 Jahre, also knapp ein Drittel, eine negative Rendite, 50 Anlagejahre eine positive Rendite. Wer Aktien mit Bonds vergleicht: In 25 der 72 Jahre lag die Aktienrendite unter der von Bonds, in 47 Jahren hat sie die Rendite auf Obligationen übertroffen.

---

[17] Der bereits zitierte JEREMY SIEGEL (Wharton School) weist darauf hin, daß man in den USA bis in den Zeitraum 1831-1861 zurückgehen muß, um eine dreißigjährige Periode zu finden, in der Anleihen insgesamt bessere Renditen erbrachten als Aktien.

Tabellen der Wertentwicklungen lassen sich graphisch gut veranschaulichen. Es ist wie allgemein bei Wachstumsprozessen zweckmäßig, den Indexstand in logarithmischer Skala abzutragen.

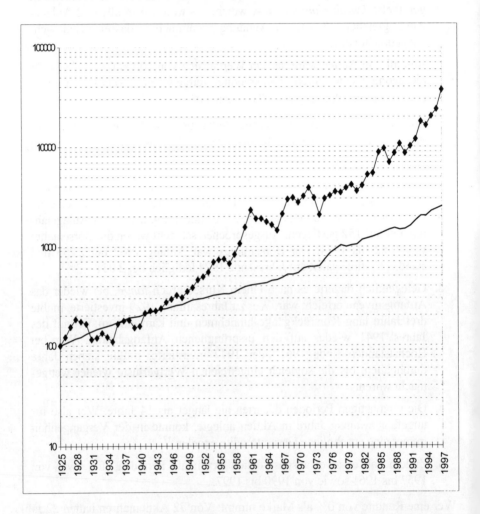

Bild 2-9: Der Wertverlauf zweier Assetklassen — Schweizer Aktien und Schweizer Obligationen — von Jahresbeginn 1926 bis Jahresende 1997, ausgedrückt in Frankenbeträgen (nominal), dargestellt in logarithmischer Skala. Der Aktienindex ist im Verlauf der dargestellten 72 Anlagejahre von 100 auf 37.307 gestiegen, wenngleich unter beträchtlichen Schwankungen. Der Obligationenindex ist von 100 auf 2.534 gestiegen.

2.3.5 Inflation

Wer an realen Ergebnissen — ausgedrückt in Kaufkraft — interessiert ist: Der *Preisindex* in der Schweiz ist von 100 (Anfang 1926) auf 939,04 (Ende 1997) gestiegen. Folglich betrug die geometrisch gemittelte Inflationsrate der Schweiz 3,16%.

Dabei gab es einige Jahre mit einer Deflation, am stärksten war sie 1931 und 1932 mit einem Kaufkraftgewinn des Frankens von jeweils etwa 7%. Die Inflation hatte in der Schweiz ihre höchsten Werte 1940, 1941 und 1973 mit Preissteigerungen zwischen 12% und 15%.

Inflationsraten werden ermittelt, in dem gefragt wird, was ein bestimmter Warenkorb am Anfang und am Ende eines Jahres gekostet hat. Die publizierten Inflationsraten beziehen sich auf einen Warenkorb, der für die allgemeine Bevölkerung typisch ist. Wohlhabende Personen haben jedoch einen Warenkorb, in dem Dienstleistungen mehr Gewicht haben als im Warenkorb der allgemeinen Bevölkerung. Preise für Dienstleistungen sind in diesem Jahrhundert viel stärker gestiegen, als die allgemeine Inflationsrate widerspiegelt. Beispielsweise klagen Wohlhabende immer darüber, wie teuer das *Personal* geworden ist.

📖 Vor 70 Jahren hat ein Silvestermenü mit fünf Gängen im — mittlerweile abgerissenen — Luxushotel auf dem *Monte Generoso* 7,50 Franken gekostet. Würde darauf die Inflationsrate von 3,16% angewendet, sollte heute ein Silvestermenü in einem *Luxushotel* in der Schweiz 66,20 Franken kosten. Danach kann man heute lange suchen.

Deshalb ist es etwas zu vereinfachend, als Ziel der Kapitalanlage für eine vermögende Privatperson zu postulieren, das Kapital solle *real* erhalten werden. Denn vielfach wird diese Zielsetzung so interpretiert, daß die Rendite nicht kleiner als 3% sein möge. Die Mindestrendite von 3% jedoch ist zu gering, als daß sie einem Reichen angesichts dessen Konsumgewohnheiten Kaufkraftschutz bieten würde. Wer heute sehr wohlhabend ist, kann sich bei Erhaltung der realen Kaufkraft — gemeint ist eine Rendite von 3% — nach einigen Jahrzehnten *nicht* mehr die gewohnten Dienste leisten.

2.3.6 Währungsparitäten

Werden beispielsweise Aktienanlagen in der Schweiz und in den USA verglichen, und die erzielten Ergebnisse währungskorrigiert (gemeinsam entweder auf Dollar, auf Franken, oder auf eine dritte Währung bezogen), dann erweist sich eine Anlage in US-Aktien nicht mehr als überlegen.

Trotzdem wäre es für einen Aktionär mit der Referenzwährung Franken interessant gewesen, in US-Aktien anzulegen. Denn die Korrelation der Renditen war nicht so hoch, so daß ein gewisser Diversifikationseffekt zu verzeichnen gewesen wäre.

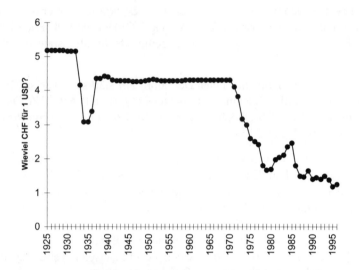

Bild 2-10: Zwar waren im Zeitraum von 1926 bis heute die durchschnittlichen Renditen auf US-Wertpapieren höher als in auf Schweizer Wertschriften, jedoch hat sich in den drei betrachteten Generationen auch der Dollar (hier gegenüber dem Franken) abgeschwächt.

Viele Privatinvestoren spielen oft mit dem Gedanken, in Fremdwährungsanleihen anzulegen, wenn sie gegenüber Anleihen in der heimischen Währung einen höheren Zins versprechen. Hier ist der sogenannte *Internationale-Fisher-Effekt* zu beobachten.

Im Vergleich der genannten Länder bleibt nachzutragen, daß sich auch die Währungsparitäten geändert haben.

Es gibt auch einen gewöhnlichen *Fisher-Effekt*, der zuerst genannt sei: Der **Fisher-Effekt** besagt, daß die Zinsunterschiede zwischen zwei Ländern den unterschiedlichen Inflationsraten entsprechen. Anders ausgedrückt: Der nominale Zinssatz ist gleich dem Realzinssatz plus der Inflationsrate, wobei von FISHER argumentiert wurde, die Realzinssätze sollten in allen Ländern eigentlich übereinstimmen.

Nun der Internationale-Fisher-Effekt:

> Nach dem **Internationale-Fisher-Effekt** (IFE) entsprechen die nominalen Zinsunterschiede genau der zu erwartenden Änderung der Währungsparitäten.

Mit anderen Worten: Wenn in der heimischen Währung die Zinsen geringer sind als die Zinsen in einem Fremdwährungsgebiet, ist nach dem IFE mit einer Abwertung der Fremdwährung zu rechnen.

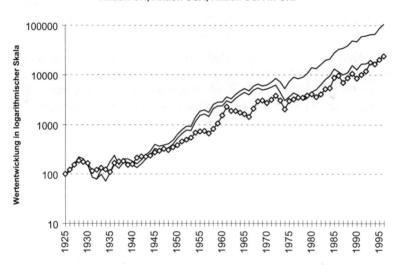

Bild 2-11: Wie hat sich eine einmalige Anlage zu Jahresende 1925 entwickelt? Die mit den hohlen Rauten markierte Wertentwicklung zeigt eine Anlage von 100 Franken in Schweizer Aktien. Die oberste, ohne Marken versehene Entwicklung entspricht einer Anlage von 100 Dollar in US-Aktien (Index: Standard&Poors 500), Werte in Dollar. Die untere der beiden Entwicklungen ohne Marken beschreibt, stets in Franken umgerechnet, wie sich eine Anlage in US-Aktien (für einen Investor mit Referenzwährung Franken) entwickelt hatte.

Natürlich gibt es dabei noch viele Unsicherheiten, aber es ist zu erwarten, daß die Abwertungsverluste für den Anleger in Fremdwährungsanleihen genau den Zinsvorteil kompensieren. So kann ein Anleger in Fremdwährungsanleihen mit relativ hohem Zins Glück haben, nämlich dann, wenn die nach dem IFE zu erwartende Abwertung nicht oder nicht in der prognostizierten Höhe eintritt. Ebenso kann ein Anleger in Fremdwährungsanleihen Pech haben, nämlich dann, wenn eine Abwertung sich in einem größeren Umfang realisiert als vom IFE prognostiziert wird.

Dennoch kann sich eine Anlage in Fremdwährungsanleihen lohnen, und zwar aus drei Gründen.

1. Anleger, die in Währungsgebieten mit hohen Zinsen leben und die Zinseinkünfte versteuern. Sie sollten Anleihen aus "stabilen" Ländern oder Währungsgebieten (geringe Inflation, geringer Zins) wählen. Sie haben dann zwar einen geringeren Zins, damit aber auch eine geringe Steuerbelastung. Als Ausgleich können sie die vom IFE prognostizierten Währungsaufwertungen erwarten.
2. Anleger, die ohnehin ein Exposure in Fremdwährungen haben, könnten diversifizieren. Auch Zinsänderungsrisiken lassen sich teilweise verringern, wenn Anleihen in mehreren Währungsgebieten gehalten werden.
3. Der Anleger könnte darauf spekulieren, daß sich die Änderung der Währungsparitäten anders realisieren wird, als vom IFE prognostiziert wird. Attraktiv bei einem solchen Spekulationswunsch sind Währungsgebiete, in denen die Zentralbank die Inflation bekämpft: Derzeit sind die Zinsen hoch, aber der Außenwert der Währung dürfte stabil bleiben.

2.4 Thema: Gebühren

Wenn über die mit einer Geldanlage verbundenen Rendite gesprochen wird, sollten Gebühren und Transaktionskosten nicht vernachlässigt werden. Um die Wirkung von Gebühren zu untersuchen, greifen wir auf die Pictet-Daten für den Wertverlauf der beiden Assetklassen Aktien und Anleihen zurück.

Diese beiden Gruppen von Instrumenten eröffnen natürlich eine Spektrum von Asset-Allokationen: Aktien und Anleihen lassen sich mit verschiedenen Gewichten kombinieren. Aus den Pictet-Daten können leicht die Wertentwicklungen für alle Asset-Allokationen ermittelt werden, die sich aus Aktien und Anleihen zusammensetzen.

In der Praxis sind Asset-Allokationen beliebt, die eine Aktienquote von einem Drittel beziehungsweise von zwei Dritteln verwirklichen. Der Rest sei jeweils in Anleihen angelegt. Solche Asset-Allokationen werden von Banken auch als sogenannte **Strategiefonds** aufgelegt und besonders den Privatinvestoren angeboten.

Es muß jetzt nicht kümmern, daß diese Strategiefonds auch einen Teil des Vermögens — vielleicht zehn Prozent — in liquider Form als Geldmarktinstrumente halten.

Für die nachfolgenden Überlegungen wollen wir uns die Asset-Allokationen allein aus Aktien und Anleihen zusammengesetzt vorstellen.

Die genannten Asset-Allokationen haben Namen erhalten, die auf die Gewichtung von Aktien und Anleihen hinweisen oder den jeweils beabsichtigten Anlagezweck ausdrücken. Üblich sind die Bezeichnungen **Ertrag** (für ein Portfolio mit einer Aktienquote von einem Drittel) und **Wachstum** (für ein Portfolio mit einer Aktienquote von zwei Dritteln).

Daneben werden auch die beiden Asset-Allokationen, die nur aus Aktien beziehungsweise nur aus Anleihen bestehen, betrachtet. Die ihnen entsprechenden Strategiefonds werden von den Banken entweder als "Aktien" oder "Equity" beziehungsweise als "Renten" oder als "Festzins" bezeichnet.

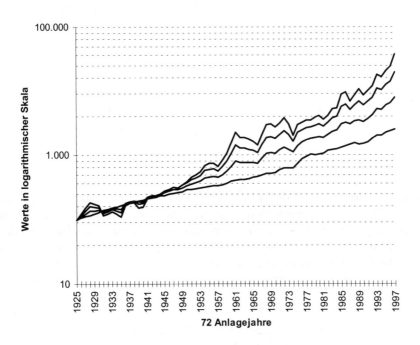

Bild 2-12: Die Wertentwicklungen der vier Asset-Allokationen *Festzins*, *Ertrag*, *Wachstum* und *Aktien* im Verlauf der 72 Anlagejahre vom 31.12.1925 bis zum 31.12.1997. Selbstverständlich sind jene Wertentwicklungen, die später — etwa ab 1945, nachdem die großen Turbulenzen für Aktien überstanden sind — den oberen Kurvenzügen entsprechen, mit einer höheren Aktienquote verbunden.

Damit wir uns nicht in Zahlen verlieren, sei das wesentliche durch grafische Darstellungen der entsprechenden Wertverläufe ausgedrückt. Das nächste Bild zeigt die Wertentwicklung für die genannten vier Asset-Allokationen.

Ein Hinweis: bei den beiden mittleren Asset-Allokationen *Ertrag* und *Wachstum* muß periodisch eine sogenannte **Adjustierung** vorgenommen werden, damit die mit der Asset-Allokation beabsichtigte Aktienquote wieder hergestellt wird, wenn sich der Aktienteil und der Anleiheteil ungleich entwickelt haben — was natürlich die Regel ist. In den nachstehenden Übersichten ist unterstellt, daß die Adjustierung jährlich vorgenommen wird. Hatten in einem Jahr die Aktien eine höhere Rendite als Anleihen erzielt, wird ein Teil der Aktien verkauft und es werden Anleihen hinzu gekauft. Hatten die Aktien in einem Jahr eine geringere Rendite als Anleihen zu verzeichnen gehabt, werden die Anleihen teilweise verkauft und es wird wieder die Aktienquote auf das Sollniveau von einem Drittel beziehungsweise von zwei Dritteln gebracht.

Banken geben sich Mühe, die private Anlegerkundschaft genau dahingehend zu beraten, ob nun beispielsweise eine Aktienquote von einem Drittel oder von zwei Dritteln zu empfehlen sei. Es darf wohl vermutet werden, daß den meisten Privatanlegern zu einer dieser "mittleren" Asset-Allokationen geraten wird. Einige Banken bieten auch *balancierte* Strategiefonds an, die jeweils die Hälfte des Vermögens in Aktien und die andere Hälfte in zinstragenden Instrumenten anlegen. Durch diese breite Palette von Aktienquoten zwischen 1/3, ½, 2/3 signalisieren die Banken der Kundschaft, wie *genau* sie auf die individuellen Anlagebedürfnisse eingehen. Selbstverständlich gibt es besondere Situationen, in denen einem Privatanleger dann doch ein reines Rentenportfolio oder eine reines Aktienportfolio empfohlen wird.

Leider sind die Wertentwicklungen, die in der Praxis erzielt werden, jenen unterlegen, die der "Marktentwicklung" entsprechen. In der Praxis ist es nicht einmal leicht, ein Rentenportfolio so zu führen, daß es den Index ganz genau nachführt. Erst recht gilt das für ein Aktienportfolio. Die Empirie zeigt, daß die Mehrzahl der Aktienportfolios nicht in der Lage ist, den Markt zu schlagen. Diese Probleme sollen in diesem Kapitel nur angesprochen, aber nicht weiter vertieft werden.

Hier soll es um Gebühren gehen.

Natürlich entstehen einem Investor Kosten für die Führung eines Portfolios. Investoren, die sich selbst um die Geldanlage kümmern, haben in der Regel nur die Gebühr für das Depot und Preise für Transaktionen — und da besonders die Courtagen — zu entrichten. Außerdem entstehen den Investoren natürlich persönliche Mühen durch den Zeitaufwand und Informationskosten.

Bequemer ist es, das Portfoliomanagement zu delegieren. Hierfür gibt es im wesentlichen zwei Möglichkeiten.

2. RENDITE

- Die meisten Privatinvestoren, die nicht über sehr hohe Vermögen verfügen, kaufen einen oder mehrere Investmentfonds. Früher wurden die Investmentfonds nur mit einem Ausgabeaufschlag verkauft, der einmalige Kosten zwischen 2% und 5% bedeutete. Inzwischen sind diese Aufschläge durch den Wettbewerb der Fondsgesellschaften stark gesunken oder ganz verschwunden. Was aber bleibt, ist eine Honorierung des Portfoliomanagements. Diese Gebühr wird meist in Monatsraten dem Fondsvermögen entnommen und beläuft sich auf jährlich etwa 1% bis 2%. Der Manager eines reinen Rentenportfolios wird vielleicht sogar mit etwas weniger als 1% honoriert, der Manager eines Aktienportfolios verlangt um 1,5% und der Manager eines Portfolios aus speziellen Instrumenten besteht gelegentlich auf eine Performance-Fee, die zusammen mit dem Honorar schnell 2% des verwalteten Vermögens übersteigt. Selbstverständlich werden direkte Kosten für Transaktionen zusätzlich dem Portfolio belastet.

- Privatinvestoren, die über ein höheres Vermögen verfügen, erteilen oft im *Private Banking* ein Mandat. Hier führt der Portfoliomanager das Vermögen des Kunden praktisch genau wie es bei einem Anlagefonds geschieht. Allerdings hat der Investor nicht Eigentumsrechte an einem Fondsvermögen, sondern ihm gehören Aktien und Anleihen, die der Manager im Auftrag und auf Rechnung des Kunden gekauft hat. Die Zusammensetzung des Kundendepots wird vom Portfoliomanager der Privatbank oder Vermögensverwaltung festgelegt. Für dieses Management und Begleitdienste (wie etwa die Beratung und Information des Kunden) verlangt die Privatbank oder Vermögensverwaltung jährlich auch zwischen 1% bis 2% des Vermögens.

Selbstverständlich gibt es weitere Varianten. Beispielsweise bieten einige Vermögensverwaltungen ein *Switchen* zwischen Investmentfonds an. Der Manager, der darüber entscheidet, in welchen Anlagefonds die Mittel gerade angelegt ein sollen, verlangt allein dafür typischerweise 1%. Zusätzlich muß der Kunde damit rechnen, daß auch die Portfoliomanager der Anlagefonds zwischen 1% und 2% für ihre Dienste nehmen.

Zusammenfassend darf gesagt werden, daß das Portfoliomanagement jährlich zwischen 1% und 2% der Mittel kostet. Eine mittlere Schätzung dieser Gebühren von 1,5% wird für die folgenden Berechnungen zugrunde gelegt.

So erhebt sich die Frage, welche Wertentwicklung ein Vermögen in den letzten 72 Anlagejahren genommen hätte, wenn jedes Jahr 1,5% an Gebühren abzuziehen gewesen wäre.

Diese Frage soll für die Asset-Allokationen Aktien, Wachstum und Ertrag beantwortet und grafisch dargestellt werden.

Damit die Abbildung nicht überladen wird, ist die Rechnung nicht auch noch für das Rentenportfolio ausgeführt. Zudem darf angenommen werden, daß ein Privatanleger ein reines Rentenportfolio ohne große Mühe mit hinreichend gutem Ergebnis selbst bewerkstelligen kann und hierfür *nicht* die Dienste eines Portfoliomanagers bemüht, die eben mit 1,5% per annum berechnet werden.

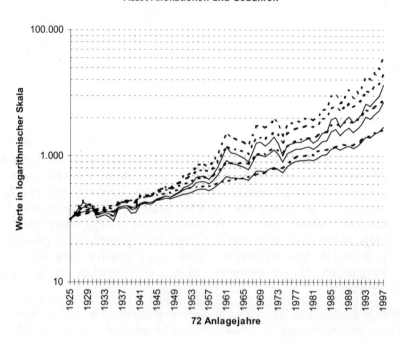

Bild 2-13: Als fette, diesmal aber gestrichelte Kurvenzüge gezeigt: Die Wertentwicklungen der vier Asset-Allokationen *Festzins*, *Ertrag*, *Wachstum* und *Aktien* im Verlauf der 72 Anlagejahre vom 31.12.1925 bis zum 31.12.1997. Zusätzlich sind als magere Kurvenzüge die Wertentwicklungen der drei Assetklassen *Ertrag*, *Wachstum* und *Aktien* nach Abzug einer jährlichen Gebühr von 1,5% dargestellt.

Leider zeigt sich, daß die ursprüngliche Unterscheidung von Assetklassen wie Wachstum und Ertrag in einer Rechnung, welche die Wertentwicklung nach Gebühren darstellt, unbedeutend wird. Ein reines Aktienportfolio nach Gebühren ist nicht besser als ein Portfolio mit einem Drittel Aktien ohne Gebühren. Die Asset-Allokation *Wachstum* (Aktienquote 2/3) ist nach Gebühren deutlich schlechter als ein Portfolio mit einem Drittel Aktien ohne Gebühren. Die Asset-Allokation *Er-*

trag (Aktienquote 1/3) ist nach Gebühren nicht besser als ein reines Rentenportfolio ohne Gebühren.

Die nachstehende Tabelle zeigt die erreichten Endvermögen, wenn eine mit 100 Franken beginnende Anlage über 72 Jahren zu den entsprechenden Renditen angelegt gewesen wäre. Die Portfolios mit Aktien schneiden nach Gebühren eigentlich nur deshalb so gut ab, weil das Jahr 1997 mit einer Aktienrendite von 55,2% außergewöhnlich gut war.

	Festzins	Ertrag	Wachstum	Aktien
ohne Gebühren	2.534	8.037	19.710	37.308
nach Gebühren		2.880	7.111	13.451

Bild 2-14: Die Ergebnisse einer Anlage von 100 Franken über die 72 Jahre von 1926 bis 1997 für die Assetklassen *Ertrag*, *Wachstum* und *Aktien* vor und nach Gebühren (daraus könnten schnell die geometrischen Durchschnittsrenditen berechnet werden). Oft in der Literatur beklagt: Nach einem langen Anlagehorizont ist die Hälfte des Ergebnisses oder noch mehr durch Gebühren verzehrt worden.

Diese Betrachtungen legen folgende Schlüsse nahe:

1. Gebühren sind für lang anlegende Investoren zumindest ebenso bedeutsam zu prüfen wie die Wahl der Asset-Allokation.

2. Reine Rentenportfolios, die vielleicht ohne oder mit sehr geringen Gebühren selbst geführt werden können, sind im Vergleich zu Strategiefonds oder zu Mandaten mit einem Drittel Aktien durchaus attraktiv, obwohl Aktien eine höhere Rendite erwarten lassen. Privatanleger, die ein geringes Aktienexposure einzugehen bereit sind (etwa 1/3) und an einen Strategiefonds oder ein Verwaltungsmandat für ihr gesamtes Finanzvermögen denken, sollten sich überlegen, ob sie mit der Selbstverwaltung eines reinen Rentendepots nicht doch besser fahren.

3. Wenn dennoch ein gewisses Aktienexposure gewünscht wird (etwa 2/3), dann ist zu prüfen, in welcher institutionellen Form und zu welchen Kosten es verwirklicht werden kann. Unter Umständen wiegt, wenn einige Aktien direkt gekauft und im Depot gehalten werden, der Nachteil der nicht so guten Diversifikation geringer als der Nachteil der Gebühren, die mit einem professionell diversifizierten Portfolio verbunden sind.

Wer nur ein geringes Aktienexposure wünscht, ist vielleicht so risikoavers, daß gut diversifiziert werden sollte. Dann bieten sich Indexkontrakte an, das Exposure gegenüber dem Markt zu verwirklichen. Die Indexkontrakte allerdings verlangen ein gewisses Anlagevolumen.

Wenn durchaus ein höheres Aktienvolumen möglich ist oder erwünscht wird, muß durch Diversifikation erreichte Risikodiversifikation nicht so perfekt sein (wenn dadurch die Gebühren gesenkt werden). In diesem Fall empfehlen sich Indexkontrakte oder einzelne Aktien in Kombination der Selbstverwaltung eines Rentenportfolios.

Bild 2-15: RONALD COASE, geboren 1910, hat die Lehre von den Institutionen begründet. COASE argumentierte in seinem Aufsatz *The Nature of the Firm* (erschienen 1937 in *Economica*), daß der Existenzgrund von Unternehmungen in Transaktionskosten zu sehen ist, die entstünden, wenn die entsprechenden Prozesse und Kontrakte nicht innerhalb und durch die Firma sondern direkt über den Markt koordiniert würden. Neben Märkten gibt es im Wirtschaftsleben mithin Institutionen deshalb, weil sie im Endeffekt geringere Transaktionskosten haben als bei einer direkten Nutzung des Marktes entstünden. COASE erhielt 1991 den Nobelpreis.

Mit diesen Überlegungen soll die Leistung der Portfoliomanager nicht geschmälert werden. Es ist auch klar, daß eine professionelle und verantwortungsvolle Tätigkeit honoriert werden muß. Allerdings ist festzuhalten, daß Investmentfonds und Mandate in der Vermögensverwaltung eben doch so viel an Rendite verzehren, daß die Frage der richtigen Aktiengewichtung leicht in den Hintergrund rükken kann. Wie immer, gibt es Ausnahmen und Besonderheiten. In vielen Kantonen der Schweiz werden die Wertsteigerungen thesaurierender SICAV-Fonds steuerlich nicht als Einkommen betrachtet, selbst wenn die Wertsteigerungen des Fonds auf Zinseinnahmen oder auf Dividenden zurückgehen. In der Nachsteuer-Betrachtung sind diese Fonds daher attraktiv, besonders für Investoren, die einen Teil des Vermögens in Bonds anlegen möchten — obwohl natürlich die Fondsverwaltung mit Gebühren verbunden ist.

Trotz der Kosten sind Strategiefonds, oder allgemeiner Investmentfonds beziehungsweise Mandate in folgenden Situationen bedeutsam und zu empfehlen:

- Ein Privatanleger möchte sich selbst binden und einen Sparplan einhalten. Hierfür bieten praktisch alle Anbieter von Investmentfonds entsprechende Konti, bei denen auch mit kleinen Beträgen ein Finanzvermögen aufgebaut werden kann.
- Ein Privatanleger mit mangelhafter Selbstkontrolle führt über einen Discount Broker zu häufige Transaktionen aus. Auch hier kann eine Anlage in Investmentfonds die Selbstbindung fördern.
- Ein Privatanleger wünscht, daß spezielle Anlagestile umgesetzt werden oder daß spezielle Instrumente gekauft werden. Auch hier gibt es vielfach keinen anderen Weg als den des Kaufs eines Investmentfonds.
- Steuerliche Besonderheiten, bei denen es möglich ist, eigentlich steuerpflichtige Einkünfte wie Dividenden und Zinseinnahmen in steuerfreie Kapitalgewinne zu transformieren.

Auch im Portfoliomanagement ist es nicht notwendig so, daß der Finanzmarkt oder ein elektronisches Handelssystem alle Intermediäre verdrängen würde, nur weil die Intermediäre — Banken, Vermögensverwaltungen — mit Kosten verbunden sind, die sie ihrer Kundschaft belasten. Investoren sind sich bewußt, daß auch die direkte Nutzung des Finanzmarkts mit gewissen Transaktionskosten verbunden ist. Einige wurden genannt; sie gehen auf die mangelnde Selbstbindung von Privatinvestoren zurück oder liegen in der Handhabung kleiner Beträge begründet.

3. Risiko

Eine Betrachtung des historischen Kursverlaufs, wie sie für Anleihen und Aktien im letzten Kapitel vorgestellt wurde, dient der Bildung von Erwartungen hinsichtlich der Zukunft. Für eine abgelaufene Periode ist die Rendite eine gegebene oder berechenbare Zahl. Für eine gerade erst beginnende Anlageperiode ist die Rendite (die später einmal in einer Rückblende berechnet werden kann) zunächst noch unsicher, weil der Verlauf vieler das Anlageergebnis beeinflussender Faktoren nicht im Detail bekannt ist.

3. Risiko	**75**
3.1 Rendite als Zufallsvariable	**76**
3.1.1 Historische Simulation	76
3.1.2 Risiko als Streuung	77
3.1.3 Einjahres-Rendite als Zufallsvariable	79
3.1.4 Verteilung	81
3.1.5 Bestimmung der Verteilung der Renditen	83
3.2 Statistische Methode	**85**
3.2.1 Erwartungsbildung	85
3.2.2 Verteilungstyp	88
3.2.3 Parameter	90
3.2.4 Korrelation	95
3.3 Normalverteilte Renditen	**98**
3.3.1 Dichtefunktion	98
3.3.2 Verteilungsfunktion	99
3.3.3 Umrechnung	102
3.3.4 Value-at-Risk	107
3.4 Konfidenzintervalle	**111**
3.4.1 Konfidenzintervall Erwartungswert	112
3.4.2 Monatsdaten?	114
3.4.3 Konfidenzintervall Streuung	116
3.4.4 Skedastizität	118
3.5 Thema: Risikodarstellung	**121**
3.5.1 Dilemma	121
3.5.2 Interpretationen der Renditestreuung	122

Zukünftige Renditen werden als Zufallsvariable beschrieben. Aus der Vergangenheit können die Verteilungsparamter geschätzt werden, namentlich der Erwartungswert und die Streuung der Rendite.

3.1 Rendite als Zufallsvariable

3.1.1 Historische Simulation

Grafische Darstellungen wie die der Renditeentwicklung von 1926 bis 1997 für Schweizer Wertschriften zeigen die Geschichte dieser Jahrzehnte in ihrem Entwicklungspfad. Es gibt für Aktien und für Anleihen jeweils *eine* Historie. Mit dem Blick zurück, der *Ex-Post*-Betrachtung, liegt diese *eine* geschichtliche Entwicklung zweifelsfrei offen.

Bei Rückbetrachtungen kann der Gedanke aufkommen, die Geschichte sei quasi deterministisch abgelaufen und eigentlich nicht so riskant gewesen. Zwar habe es immer wieder Aufs und Abs gegeben, *am Ende sei aber doch alles gut gegangen*. Solche Gedanken spiegeln den **Survival Bias** wieder:

- Jene, die überlebt haben, geben zu Protokoll, daß alles gut und problemlos verlaufen sei, und daß es eigentlich keine nennenswerten Gefahren gab — beziehungsweise, daß sie alles mit ihrem Können und mit ihrem Einsatz haben meistern können.

- Jene, die nicht überlebt haben, kommen nicht mehr zu Wort (auch sie waren größtenteils fleißig und haben sich eingesetzt).

Die Tatsache, daß die Geschichte einmalig ist, verwischt aber einen wichtigen Punkt: *Ex ante*, zu Beginn einer Anlageperiode, ist die Wertentwicklung *unsicher*. Mehrere Entwicklungen sind möglich, und es ist offen, welche eintreten wird.

Um die Ex-Ante-Unsicherheit besser zu illustrieren, zerlegen wir die 72 Anlagejahre von Januar 1926 bis Dezember 1997 in neun Teilabschnitte von je acht Jahren. Es handelt sich um die Achtjahres-Zeiträume 1926-33, 1934-41, ... 1982-89, 1990-97. Für jede dieser neun Perioden wird dargestellt, wie sich eine anfängliche Anlage von 100 Franken in Aktien beziehungsweise in Bonds entwickelt hatte. So entstehen neun Szenarien für Aktien und neun Szenarien für Bonds, die auf tatsächliche historische Entwicklungen zurückgehen.

3. RISIKO

Die Darstellung dieser neun Szenarien illustriert, welch *unterschiedliche* Entwicklungen in einem Achtjahres-Zeitraum eingetreten sind und daß deshalb, *ex ante*, die Anlage *unsicher* ist.[1]

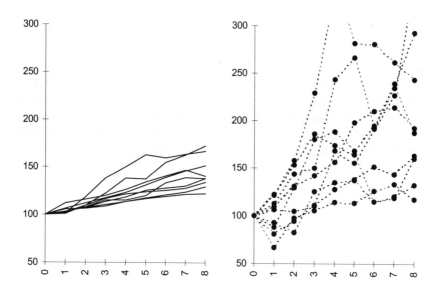

Bild 3-1: Die historischen Wertentwicklungen von Anleihen (links, durchgezogene Linien) und Aktien (rechts, gestrichelte Linien mit Punkten) in den neun Achtjahres-Zeiträumen von 1926-33, 1934-41,..., 1982-89, 1990-97. Beide Abbildungen zeigen die Wertentwicklungen, die mit einem Anfangsbetrag von 100 Franken zu verzeichnen waren, im Skalenbereich von 0 bis 300 Franken. Es wird erkennbar, daß in vier der neun dargestellten historischen Achtjahres-Zeiträumen Aktien im wesentlichen jene Wertentwicklung brachten, die auch Bonds erzielten. Bonds erzielten Ergebnisse zwischen 119 und 159 Franken, und die betreffenden 4 Wertentwicklungen bei Aktien lieferten Anlageergebnisse zwischen 115 und 152 Franken. In den fünf besten Szenarien jedoch erbrachten Aktien Endergebnisse zwischen 191 und 352 Franken — der entsprechende Endpunkt ist aufgrund der bei 300 begrenzten Skala nicht mehr dargestellt.

---

[1] Deutlich wird, daß eine Aktienanlage gerade im ersten und zweiten Anlagejahr unangenehme Überraschungen mit sich bringen kann. Eine Anlage in Aktien in der Periode 1974-81 fiel von 100 Franken zu Jahresanfang 1974 binnen Jahresfrist zunächst auf 67 Franken, wenngleich das Portfolio am Ende der acht Jahre dann noch bis auf 128 Franken stieg. Die Abbildung legt das Wort nahe, dem zufolge ein Anleger gleich nach dem Kauf von Aktien "Schlaftabletten für die gesamte Anlageperiode" nehmen sollte, wie stets der Börsenguru ANDRÉ KOSTOLANY (1906-1999) meinte. Wenigstens sollten die Schlaftabletten drei Jahre wirken. Der Anleger, der Bonds kauft, braucht viel weniger Nervenkraft.

Die Vorgehensweise war, mögliche zukünftige Entwicklungen dadurch zu erzeugen, daß aus entsprechenden Entwicklungen der Vergangenheit "zufällig" ausgewählt wird. Solche Vorgehensweisen, verschiedene Szenarien zu erzeigen, werden als **historische Simulation** bezeichnet.

3.1.2 Risiko als Streuung

Leserinnen und Leser seien nun dazu eingeladen, nochmals das Bild 3-1 zu betrachten, um zu versuchen, den Begriff "Risiko" zu definieren. Es ist offenkundig, daß die Streuung der Kursentwicklungen oder die Streuung der (nicht grafisch dargestellten) Renditen mit dem "Risiko" assoziierbar sind. Die Darstellungen der neun Aktienszenarien und der neun Bondszenarien lassen es zu, *erwartete* Entwicklungen zu definieren. Sie werden durch die mittleren Szenarien geschätzt. Historische Entwicklungen leiten bei dieser Vorgehensweise die Erwartungsbildung. Das mit einer Anlage verbundene Risiko wäre dann durch die Streuung der Szenarien um die mittleren Entwicklungen ausgedrückt.

> In der Portfoliotheorie wird **Risiko als Streuung der Renditen** definiert, mithin als Maß, wie stark die Renditen und damit die Anlageergebnisse von ihrem Erwartungswert abweichen könnten.

Zunächst ist das so definierte Risiko ein technischer Begriff. Er sagt nichts darüber aus, wie nachteilig Risiken für den einen oder anderen Anleger sind.

In der Tat ist der Begriff des Risikos einer der schillerndsten der Finanzsprache. Das Lexikon[2] definiert: **Risiko ist die Möglichkeit eines unerwünschten Ausganges wirtschaftlicher Aktivität.** Wir könnten noch ergänzen: unerwünscht oder sogar abträglich. Was *unerwünscht* oder *abträglich* ist, hängt

1. von den Wünschen (Präferenzen) und

2. von der individuellen Situation ab.

Deshalb wäre Risiko als ein Phänomen zu verstehen, das 1. aufgrund der persönlichen Präferenz und 2. aufgrund der finanziellen Situation des Anlegers dessen Nutzen reduziert. **Der Begriff des Risikos ist folglich aus der Präferenz und aus der Situation des Anlegers zu definieren und zu messen.**

Da sich nun jede individuelle Situation und Präferenz anders darstellt, käme der Portfoliomanager auf ein Universum verschiedener Risikobegriffe. Diese Vielfalt soll keineswegs geleugnet werden, aber sie darf den Fortgang der Entwicklung von Methoden für das Portfoliomanagement nicht behindern.

---

[2] Meyers Enzyklopädisches Lexikon in 25 Bänden, Bibliographisches Institut, Mannheim, 9. Auflage 1977, Band 20, p. 197.

3. RISIKO

Deshalb sollte gefragt werden, was für die *Mehrzahl der Anleger* der wichtigste Grund dafür ist, daß für sie mit der "wirtschaftlichen Aktivität" einer Finanzinvestition "unerwünschte oder abträgliche Ausgänge" möglich sind. Typischerweise werden Anleger dann folgendes bekunden: Mit einer Abweichung des Anlageergebnisses nach *oben* — als Vergleich dient der Erwartungswert oder die Prognose — geht ein Nutzenvorteil einher, der jedoch geringer ist als der Nutzennachteil, der mit einer Abweichung nach *unten* desselben Betrags verbunden ist.

Schwankungen bedeuten daher einerseits, sofern es "nach oben" geht, *kleine* Nutzenvorteile und andererseits, wenn es "nach unten" geht, *große* Nutzennachteile.

Je größer die zu vermutenden Schwankungen sind, desto ausgeprägter sind einerseits kleine Nutzenvorteile und andererseits große Nutzennachteile. Größere Schwankungen bedeuten daher, daß *per Saldo* die Nachteile stärker überwiegen. Die Größe der Schwankungen ist daher durchaus als ein Maß für die per Saldo entstehenden Nutzennachteile anzusehen. Deshalb ist es sinnvoll, die Streuung (Standardabweichung) als Quantifizierung des Risikos gelten zu lassen.

3.1.3 Einjahres-Rendite als Zufallsvariable

Mit der historischen Simulation ist der erste Schritt zu einer *statistischen* Betrachtung der 72 Anlagejahre getan. Die Vergangenheit wurde so interpretiert, als ob sie *verschiedene* Szenarien für die zukünftige Entwicklung liefert. Die Betonung bei der historischen Simulation liegt darauf, daß die Vergangenheit nicht *ein* Szenario liefert — so als ob die Geschichte deterministisch abgelaufen wäre und sich wiederholen müßte — sondern mehrere Szenarien. Welches dieser Szenarien in der Zukunft eintreten könnte ist offen. Auf diese Weise wird die Unsicherheit aus *Ex-Ante-Sicht* betont.

Wir führen diesen Denkschritt weiter und wenden uns zunächst der Anlage in Aktien zu. Diesmal sollen die 72 Anlagejahre gedanklich in 72 Einjahres-Zeiträume zerlegt und die 72 historischen Szenarien betrachtet werden. Die Streuung der (einfachen) Jahresrenditen unterstreicht das mit einer Aktienanlage innerhalb eines Jahres verbundene Risiko.

Das Bild 3-2 zeigt die einfachen Renditen für die 72 Anlagejahre. Es gibt daraus keinen Hinweis, ob überhaupt und wie gute und schlechte Börsenzeiten im Sinne mehrjähriger Perioden identifiziert werden könnten. Das Stabdiagramm der einfachen Jahresrenditen wirkt eher so, als ob zu Beginn eines Jahres die sich dann im Jahr manifestierende Rendite *nicht prognostizierbar* wäre und damit recht *zufällig* sei. Die Rendite für ein beginnendes Anlagejahr soll — angesichts mangelnder anderer Informationen — als *zufällig* betrachtet werden.

Viele Menschen akzeptieren nur mit Widerwillen, die zukünftige Rendite als zufällig zu bezeichnen und sie als Zufallsvariable zu verstehen. Deshalb ist wichtig:

Einen Vorgang *als zufällig zu betrachten* bedeutet nicht, daß er in Wirklichkeit und seinem Wesen nach zufällig sein muß. Der Sachverhalt kann vielmehr in einem Mangel an Information liegen: Wir sind nicht vollständig informiert. Der große griechische Philosoph DEMOKRIT (um 470-380 A. D.) meinte, daß die Menschen von Zufall *zur Beschönigung ihrer eigenen Unberatenheit* sprechen. Ergo beschreiben wir aufgrund unvollständiger Information einen Vorgang als zufällig, obwohl der Vorgang an sich vielleicht nach logischen Prinzipien abläuft, wir allerdings *nicht* alle Gesetzmäßigkeiten und alle Einflußfaktoren im Detail kennen und überblicken. Durchaus kann es sein, daß für einen Beobachter mit tieferer Kenntnis und einem präziseren Informationsstand der Vorgang berechenbar und präziser prognostizierbar abläuft.

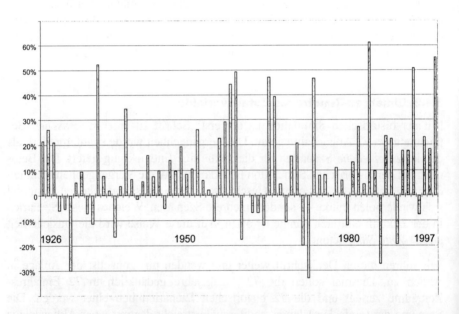

Bild 3-2: Die erzielten (einfachen) Jahresrenditen auf eine Anlage in Schweizer Aktien von Anfang Januar 1926 bis Ende Dezember 1997. In diesen 72 Jahren hatte die Rendite ihren höchsten Wert von 61,36% im Jahr 1985 und ihren geringsten Wert von -33,14% 1974. Andere, ausgesprochen schlechte Börsenjahre waren 1931 (-30,09%) und 1987 (-27,48%). In 22 der 72 Jahre war die Rendite negativ, in 50 Jahren war sie positiv. Also ging es ungefähr in einem Drittel der Jahre an der Börse abwärts, in zwei Drittel der Jahre aufwärts.

Wir betrachten einen Vorgang als **zufällig,** wenn beim Stand unserer Kenntnisse nur gesagt werden kann, daß der Vorgang zu einem **mehrerer**

3. RISIKO

> möglicher Ergebnisse führen wird, und wenn wir bereit sind, den möglichen Ergebnissen **Wahrscheinlichkeiten** zuzuordnen.
>
> Ebenso sprechen wir einen Vorgang als zufällig an, wenn zwar eine Prognose des Ergebnisses möglich scheint, aber der **Prognosefehler** von wesentlicher Größenordnung sein dürfte.

Beide Betrachtungen laufen auf dasselbe hinaus, jedoch wecken sie eine unterschiedliche *Assoziation*. Einmal an ein Glücksspiel, das andere Mal an einen ernsthaften, logisch ablaufenden Vorgang, dessen Details nur nicht bekannt sind. Die Sprechweise, nach der eine Rendite "nur mit großem Fehler prognostizierbar ist," klingt freilich akzeptabler als wenn einem Kunden gesagt wird, die Rendite "ist zufällig". Wenn ein Privatanleger hört, die Rendite sei zufällig, wird er unwillkürlich an ein Spielkasino denken.

Im folgenden verwenden wir die beiden Ausdrucksweisen "zufällig" und "nicht exakt prognostizierbar" synonym. Wir sprechen von der Rendite als Zufallsvariable und wir sagen, die Rendite sei nicht exakt prognostizierbar. Zukünftige Renditen lassen sich "prognostizieren", etwa in Höhe ihres Erwartungswertes. Der Prognosefehler jedoch ist beträchtlich. Wenn die Frage aufgeworfen wird, ob die Zinssätze oder die Aktienrenditen prognostiziert werden können, ist stets die Frage gemeint, ob es durch Verarbeitung von Informationen, die aus dem Research oder aus der Finanzanalyse stammen, möglich ist, die Rendite der Anlageinstrumente genauer und besser zu prognostizieren, als dies aufgrund der allgemeinen, "im Markt" vorhandenen Informationen möglich ist.

Ein kurzer Blick auf das, was unter "wahrscheinlich" zu verstehen ist. Der Wahrscheinlichkeitsbegriff gehört zu jenen Begriffen, die höchst erfolgreiche Anwendungen gefunden haben, und dennoch auf unterschiedlichste Weise verstanden und interpretiert werden. Der Begriff "Wahrscheinlichkeit" ist in der Geschichte des Denkens in zwei Bedeutungen verwendet worden.[3]

- Unter der **epistemischen Wahrscheinlichkeit** wird der *Grad des Vertrauens einer Person* in die Glaubwürdigkeit einer Aussage verstanden, gleichzeitig damit auch die Bereitschaft der Person, eine Wette darüber abzuschließen. In der Antike und im Mittelalter wurde mit *probabilis* eine Meinung bezeichnet, die eine Autorität bekundet hatte.

- Unter der **aleatorischen Wahrscheinlichkeit** wird jene Eigenschaft verstanden, die bei der *Wiederholung von Zufallsexperimenten* zu stochastischen Gesetzmäßigkeiten führt, wie etwa die *Stabilität der relativen Häufigkeit* (Gesetz der Großen Zahl). Wird ein Zufallsexperiment immer wieder durchgeführt, zeigt sich bei der einzelnen Ausführung eine

---

[3] Hierzu: ROBERT INEICHEN: *Würfel und Wahrscheinlichkeit*. Spektrum Akademischer Verlag, Heidelberg 1996.

ausgesprochene Regellosigkeit. Beim öfteren Wiederholen des Experiments jedoch tritt die Stabilität der relativen Häufigkeit als Regel zu Tage.

Im Axiomensystem von KOLMOGOROW von 1933 werden Wahrscheinlichkeiten implizit definiert, und sie erlangen semantische Bedeutung allenfalls durch die formale Handhabung des Axiomensystems.

3.1.4 Verteilung

Eine Zufallsvariable wird durch ihre Verteilungsfunktion definiert — Im Sprachgebrauch haben "Zufallsvariable" und "Verteilung" dieselbe Bedeutung.

Gewisse Typen von Verteilungsfunktionen tauchen immer wieder bei zufälligen Vorgängen auf. Dazu gehört beispielsweise die *Normalverteilung*. Eine normalverteilte Zufallsvariable kann jede reelle Zahl annehmen, und sie ist deshalb eine *stetige* Verteilung. Es gibt eine Reihe weiterer stetiger Verteilungen. Wiederum andere Verteilungen sind diskret. Hier nimmt die Zufallsvariable einen von endlich vielen Werten an. Anschauliche Beispiele für die diskrete Verteilung sind der Münzwurf oder das Würfeln.

Die Verteilungsfunktionen enthalten noch gewisse *Parameter*, die im Einzelfall konkret festzulegen sind. Sobald der Typ der Verteilungsfunktion feststeht, würde es genügen, die Parameter zu bestimmen, und die Verteilungsfunktion wäre damit vollständig beschrieben. Wichtige Parameter einer Zufallsvariable $\tilde{z}$ sind der Erwartungswert $E[\tilde{z}]$ und die Varianz $Var[\tilde{z}]$.

Der Erwartungswert ist als gewichteter Mittelwert der möglichen Realisationen definiert. Die Gewichte sind die Wahrscheinlichkeiten, mit denen die Realisationen auftreten können. Die Varianz ist die gewichtete Summe der Quadrate der Abweichungen der Realisationen vom Erwartungswert, kurz die mittlere quadratische Abweichung. Die Formeln sind weiter unten in Abschnitt 3.2.3 angegeben, und dort werden auch die Schiefe und die Kurtosis definiert. Oft möchte ein Wissenschaftler oder eine Wissenschaftlerin ein reales Phänomen als zufällig beschreiben, weil die genauen Einflußfaktoren und Wirkungszusammenhänge nicht bekannt sind.

- Vielfach ergibt sich dann aus grundsätzlichen Überlegungen der Verteilungstyp, der wohl zu unterstellen ist.
- Die Werte der Verteilungsparameter sind eigentlich nie gegeben.

Beispielsweise könnte man die Annahme treffen, die Rendite auf ein Aktienportfolio sei normalverteilt. Allerdings sind damit weder der Zahlenwert der erwarteten Rendite noch der Zahlenwert der Varianz bekannt.

Diese sogenannten *wahren* Verteilungsparameter sind mithin fast immer unbekannt. Dann wird zunächst versucht, aus einer Stichprobe des als zufällig modellierten Phänomens die Verteilungsparameter zu *schätzen*. Schätzungen der unbekannten Parameter werden gewonnen, indem aus der Verteilung eine Stichprobe gezogen wird, und die erhaltenen Stichprobenwerte rechnerisch aufbereitet werden. Natürlich hängen die so berechneten Schätzwerte von der konkreten Stichprobe ab, die (zufälligerweise) gezogen wurde. Eine erneute Stichprobe würde wohl auf etwas andere Schätzwerte für die Verteilungsparameter führen.

📖 Wer einen Würfel unbekannter und nicht ganz symmetrischer Konstruktion viermal wirft und 1, 5, 2, 4 Augen findet, würde vielleicht den Mittelwert dieser Zahlen, 3, als Schätzwert für die erwartete Augenzahl nehmen. Wird derselbe Würfel vier weitere Male geworfen, erhielte man beispielsweise 6, 2, 1, 4 Augen. Es bietet sich aufgrund dieser Stichprobe an, den Erwartungswert der Augenzahl mit 3,25 zu schätzen. Sowohl der erste als auch der zweite Schätzwert können vom wahren Erwartungswert abweichen, der — weil es sich um einen Würfel unbekannter und nicht symmetrischer Konstruktion handelt, nicht bekannt ist.

Es gibt insofern *Schätzfehler*.

Die aus der Stichprobe berechneten Schätzungen dürfen nur als Näherungen der wahren Parameter betrachtet werden. Die Statistik entwickelt aber Aussagen darüber, wie genau die aufgrund von Stichproben durchgeführten Schätzungen die wahren Parameter treffen. Im Regelfall läßt sich die Genauigkeit — fachtechnisch: die Größe der *Konfidenzintervalle* — durch Erhöhung des Stichprobenumfangs verbessern.

3.1.5 Bestimmung der Verteilung der Renditen

Es wird nun die Wahrscheinlichkeitsverteilung der "zufälligen" oder eben "nicht genau prognostizierbaren" Jahresrendite anhand der historischen Daten bestimmt. Die Daten bieten eine *Stichprobe* vom Umfang 72. Hieraus wollen wir erstens eine Hypothese zur Verteilung der "zufälligen Einflüsse" erhalten und zweitens de Parameter schätzen.

-40% bis -30%	-30% bis -20%	-20% bis -10%	-10% bis 0%	0% bis 10%	10% bis 20%	20% bis 30%	30% bis 40%	mehr als 40%
				1986				
				1984				
				1980				
				1977				
			1994	1976				
			1978	1969		1995		
			1965	1952	1996	1989		
			1990	1964	1950	1992	1988	
			1981	1963	1947	1991	1983	1997
			1973	1956	1946	1982	1972	1993
			1970	1955	1944	1979	1959	1985
			1966	1948	1942	1971	1958	1975
			1962	1943	1940	1953	1954	1967
			1957	1934	1938	1951	1928	1961
		1987	1939	1930	1937	1949	1927	1968	1960
1974		1931	1935	1929	1933	1945	1926	1941	1936

Bild 3-3: Das Histogramm der Aktienrenditen für Schweizer Valoren von 1926 bis 1997. Am häufigsten, und zwar in 16 der 72 Jahre, waren Aktienrenditen zwischen Null und zehn Prozent. Recht häufig, und zwar in acht der 72 Jahre, waren außerordentlich hohe Renditen von mehr als 40% zu verzeichnen.

Eine Idee über den Verteilungstyp liefert das Histogramm. Allgemein werden empirische Häufigkeiten, also die Ergebnisse einer Stichprobe, durch ein **Histogramm** dargestellt. Hierbei handelt es sich um ein Balkendiagramm. Die möglichen Realisationen der Zufallsvariablen werden in Klassen eingeteilt, etwa bei der Rendite von -40% bis -30%, von -30% bis -20% und so fort. Die Höhe des Balkens gibt an, wie viele der Realisationen in die jeweilige Klasse fielen.

Für die 72 Börsenjahre hat das Histogramm eine Gestalt, die der einer Normalverteilung *ähnelt*.

Als nächstes wird der Erwartungswert der zufälligen Rendite geschätzt. Dafür wird der Mittelwert der Stichprobe — abgekürzt mit *AV* wie *Average Value* — herangezogen. Ungeachtet der Verteilung ist der Mittelwert der Stichprobe ein unverzerrter Schätzer für den Erwartungswert. Zur Schätzung der Renditeerwartung wird demnach der *arithmetische* Mittelwert der Stichprobenwerte verwendet, das sind die *einfachen* Renditen, wie sie sich in der Vergangenheit ereignet haben. Wir verwenden die im Kapitel zuvor genannten Pictet-Daten, die sich auf die Schweiz und den Zeitraum 1926-1997 beziehen. Das arithmetische Mittel der Stichprobenwerte, eben der einfachen Aktienrenditen der 72 Jahre, ist

$$AV_{Equity} \;=\; \frac{1}{72}\cdot(0{,}217+0{,}261+\ldots 0{,}552)\;.$$

Es folgt

$$AV_{Equity} \;=\; 10{,}5\%\;.$$

Weiterhin läßt sich die Standardabweichung oder *Standard Deviation*, bezeichnet mit SD, der 72 Renditen angeben. Die Streuung der Stichprobe ist definiert als die Wurzel aus der Stichprobenvarianz. Die Stichprobenvarianz, sie sei sinngemäß mit SD^2 bezeichnet, ist die mittlere quadratische Abweichung der Stichprobenwerte vom Stichprobenmittel,[4]

$$SD^2 \;=\; \frac{1}{71}\cdot\left[(0{,}217-0{,}105)^2+(0{,}261-0{,}105)^2+\ldots+(0{,}552-0{,}105)^2\right]\;.$$

Es folgt

$$SD_{Equity} = 0{,}208\;.$$

Ähnlich wie die Renditeerwartung wird auch die Streuung der Rendite meist als Prozentzahl ausgedrückt. Die Streuung der einfachen Aktienrenditen beträgt somit 20,8%.

Ganz analog wird bei den Bondrenditen vorgegangen. Auch die Renditen auf eine Anlage in Bonds schwanken — oder sind nicht fehlerfrei prognostizierbar. Der Mittelwert der einzelnen Jahresrenditen beträgt 4,63% und die Streuung beträgt 3,7%.

$$AV_{Bonds}=0{,}0463,\quad SD_{Bonds}=0{,}037\;.$$

Ein abschließender Hinweis:

Wenn die Renditen der einzelnen Jahre unterschiedlich sind, dann ist die *geometrisch berechnete* Durchschnittsrendite, die das Kapitalwachstum über mehrere Jahre beschreibt, stets kleiner als der *arithmetische* Durchschnitt der Einzelrenditen. Das hat sich hier bestätigt: Sowohl bei Aktien als auch bei Bonds ist die geometrische Durchschnittsrendite verschieden vom arithmetischen Mittelwert der Jahresrenditen, und zwar ist die geometrische Durchschnittsrendite etwas kleiner.

Bei Aktien errechnete sich aufgrund der angegebenen Jahresrenditen für 1926 bis 1997 die geometrische Durchschnittsrendite zu $r=8{,}57\%$, der Mittelwert der 72

---

[4] Ungeachtet der Verteilung ist die Stichprobenvarianz ein unverzerrter Schätzer für die Varianz der Verteilung. Weil in der Formel das Stichprobenmittel verwendet wird, ist die Summe der Quadrate durch die Anzahl der Freiheitsgrade $n-1=71$ zu teilen. Wäre der wahre Erwartungswert der Verteilung bekannt, würde durch den Stichprobenumfang n geteilt werden.

Jahresrenditen war dagegen wie eben festgestellt $AV_{Equity} = 10{,}5\%$. Bei Bonds sind die beiden Renditen 4,59% und $AV_{Bonds} = 4{,}63\%$. Die Frage entsteht, welche Größe was beschreibt. Wir werden später darauf zurückkommen.

3.2 Statistische Methode

3.2.1 Erwartungsbildung

Ein Investor stellt vielfach drei Fragen:

1. Welche Verteilungstypen sollen für die Renditen angenommen werden?
2. Wie kann die Renditeerwartung zahlenmäßig bestimmt werden?
3. Welche Risiken sind mit einer einzelnen Anlage oder einer Klasse von Anlageinstrumenten (Assetklasse) in der Zukunft verbunden?

Antworten darauf zu geben, wird im *Finance* als Erwartungsbildung bezeichnet.

> **Erwartungsbildung** bezeichnet den Prozeß der Sammlung und Aufbereitung von Informationen mit dem Ziel, die Unsicherheit der zukünftigen Renditen zu fassen, indem eine Wahrscheinlichkeitsverteilung aufgestellt und die Parameter dieser Wahrscheinlichkeitsverteilung geschätzt werden. Das Ergebnis der Erwartungsbildung wird **Informationsstand** genannt.

Natürlich ist die Erwartungsbildung so schwer, wie es generell problematisch ist, Fragen über die Zukunft zu beantworten. Ein oft gehörtes Argument lautet, wer die Zukunft anhand der Vergangenheit versuche zu fassen, ist wie jemand, der auf einer kurvenreichen Bergstrecke das Auto lenkt und, weil die Windschutzscheibe blind ist, einfach in den Rückspiegel blickt.

Das ist schon richtig; niemand gibt uns die Garantie, daß das Modell, nach dem wir vorgehen, überhaupt noch die Zukunft beschreiben kann. Da schlägt die Stunde der Futuristen, der Wahrsager, der Deuter ebenso wie die der Planer und Extrapolierer. Sie alle haben ihre Methode, nach der sie zu einer Prognose gelangen.

Einen anderen Weg für die Erwartungsbildung weist die Statistische Methode.

3. RISIKO

> *Ein* Weg zur Gewinnung einer Informationsbasis ist die Statistische Methode. Bei der **Statistischen Methode** bilden die Realisationen der Anlageergebnisse in der Vergangenheit, aufgefaßt als ein Kollektiv von Anlagejahren, die Grundlage zur Bestimmung des Verteilungstyps und zur Schätzung der Parameter *Renditeerwartung* und *Risiko*.

Die Statistische Methode unterstellt also, daß sich die Vergangenheit ebenso wie die Zukunft durch ein und dasselbe *Modell* beschreiben lassen. Es wird also davon ausgegangen, daß nicht die Vergangenheit einem Modell folgte, heute ein **Modellbruch** eintritt, und die Zukunft mit einem ganz anderen Modell zu beschreiben wäre. Das Vertrauen in diese Annahme nehmen die Menschen, die der Statistischen Methode folgen aus vielen Erscheinungen der Konstanz und Stabilität unserer Welt — Zugegeben kann Vertrauen trügen. Nach der Statistischen Methode wird also ein Modell als weiterhin gültig unterstellt und es wird versucht, die Parameter dieses Modells anhand der Vergangenheit zu schätzen.

Die Statistische Methode hat einige Vorteile. Zum Beispiel stehen die Daten — historische Zeitreihen — praktisch kostenlos zur Verfügung. Der Hauptvorteil der Statistischen Methode liegt darin, daß sich die **Eigenschaften dieser Methode der Informationsgewinnung genau angeben** lassen. Es handelt sich folglich nicht um *irgendeinen* Weg. Schon gar nicht handelt es sich um einen Weg der Informationsgewinnung, der nur intuitiv wäre und nicht einmal verdiente, als "Methode" bezeichnet zu werden. Bei der Statistischen Methode kann das Vorgehen Dritten gegenüber erklärt werden, und die Eigenschaften dieser Methode der Erwartungsbildung sind einer wissenschaftlichen Untersuchung zugänglich.

Die Statistik liefert Informationen, die *methodisch* gewonnen werden. Das erlaubt Aussagen, die durch Dritte *nachprüfbar* sind.

> Statistische Methode:
>
> 1. Wenn *keine bessere* Informationsbasis gefunden wird und wenn keine weitere Informationsbasis existiert, deren Eigenschaften sich prüfen ließen, dann verstehe man das zu prognostizierende Einzelphänomen als Teil eines Kollektivs (Grundgesamtheit) ähnlicher Phänomene.
>
> 2. Teilerhebung: Sodann beschaffe man sich Informationen, die das Kollektiv beschreiben. Solche Informationen sind *Stichproben*. Hinterher werden die Ergebnisse der Stichprobe ausgewertet: Die *Verteilungsparameter* der Grundgesamtheit werden geschätzt. Diese Parameter dienen zur Prognose des Verlaufs des noch unsicheren Einzelphänomens.

> 3. Kein Modellbruch: Schließlich wird angenommen, daß sich die Grundgesamtheit nicht nach der Erhebung und Auswertung der Stichproben verändert.

📖 Es sei der Frage nachgegangen: "Welche Freuden und welche Gefahren werden damit verbunden sein, wenn ich mir einen *Alligator* als Haustier in die Wohnung nehme?" Im letzteren Fall gibt es viele individuelle Aspekte, aber auch Unsicherheiten. Um eine Aussage zu treffen, die auf einer Informationsbasis beruht, die sich genau beschreiben läßt, würde man eine Statistik zu Rate ziehen und Berichten nachgehen, wie es einem Kollektiv von Tierfreunden erging. Geschichten einzelner Tierfreunde, und womöglich daraus abgeleitete "Theorien", obschon sie interessante Illustrationen liefern, wären eine zu *unmethodische* Informationsbeschaffung — nicht mehr als sogenannte *annecdotal evidence*.

📖 Der Trainer des Fußballclubs Kickers Fortuna sagt zum Chef des Clubs: "Am kommenden Sonntag gibt es ein Superspiel, wir werden garantiert gewinnen. Die Umstände sind einmalig und sehr günstig." Der Clubchef hat jedoch schon dies und das von seinem Trainer gehört und findet es auch gut, daß dieser immer so begeistert ist, auch wenn er sich in seinen optimistischen Prognosen meistens irrt. Richtig ist, daß die Spiele immer woanders und mit immer anderen Gegnern stattfinden. Richtig ist auch, daß die Kondition der Spieler schwankt, und daß die Umstände stark variieren. Eine Aufzeichnung belegt jedoch dem Clubchef, daß die Spieler bisher von 100 Spielen 30 gewonnen haben. Er beschließt deshalb für das Spiel am kommenden Sonntag die Finanzmittel so einzusetzen, *als ob das kommende Spiel mit Wahrscheinlichkeit* 0,3 *gewonnen und mit Wahrscheinlichkeit* 0,7 *verloren würde*. Dieses Verhalten kann er auch dem Vorstand gegenüber begründen.

3.2.2 Verteilungstyp

Zurück zum Verteilungstyp: Bislang wurde festgestellt, daß die Verteilung der historischen Aktienrenditen einer Normalverteilung *ähnelt*. Die Normalverteilung ist grafisch durch die nach GAUSS benannte *Glockenkurve* dargestellt.

Für die Annahme der Gauss'schen Glockenkurve spricht eine theoretische Begründung. Der Zentrale Grenzwertsatz, einer der Hauptsätze der Statistik, besagt im wesentlichen dies: Wenn sich sehr viele verschiedene, voneinander unabhängige, zufällige Einflüsse addieren, ist das Ergebnis (angenähert) normalverteilt.

> Formaler besagt der **Zentrale Grenzwertsatz**: Angenommen, es gäbe eine Serie von Zufallsvariablen $\tilde{x}_1, \tilde{x}_2, \ldots$. Sie sollen voneinander unabhängig sein und eine identische Wahrscheinlichkeitsverteilung haben[5] — nicht notwendig aber müssen sie normalverteilt sein. Ihr gemeinsamer Mittelwert sei μ und ihre gemeinsame Streuung sei mit σ bezeichnet.

---

[5] Eine Abschwächung dieser Annahmen, auf die wir nicht eingehen, stammt von ANDREI ANDREYEVICH MARKOV.

> Dann gilt: Die Wahrscheinlichkeitsverteilung der Summe
> $$\tilde{z}_n = \tilde{x}_1 + \tilde{x}_2 + ... + \tilde{x}_n$$
> ähnelt mit wachsendem n immer genauer einer Normalverteilung, welche den Mittelwert $n \cdot \mu$ und die Streuung $\sqrt{n} \cdot \sigma$ hat.

Nun kann man sich auf kurze Sicht die einfache Rendite als Summe vieler einzelner zufälliger Einflüsse entstanden denken. Folglich gibt es einen theoretischen Grund, der für die Normalverteilungsannahme spricht.

Erst wenn sich die Rendite auf einen so langen Zeitraum bezieht, daß die vielen einzelnen Einflußfaktoren *zeitlich nacheinander* wirken, dann haben wir *multiplikative* Effekte. Für das unsichere spätere Vermögen wäre dann eine *Lognormalverteilung* zu unterstellen. Diese Verteilungsannahme scheint der Wirklichkeit zu entsprechen, wenn die Frist einige Jahre beträgt. Bei Zeiträumen bis zu einem Jahr darf jedoch die Normalverteilung als für die meisten Zwecke hinreichend genaue Beschreibung der Renditeverteilung gelten.

Die Statistik stellt Testmethoden bereit, mit denen Hypothesen über Verteilungen — ungeachtet der Frage, wie stark sie durch theoretische Überlegungen gestützt sind — empirisch überprüft werden können. Der bekannteste Test für Verteilungsfunktionen ist der **Chi-Quadrat-Test**. Der Grundgedanke: Für jede der gewählten Klassen wird die theoretische Wahrscheinlichkeit berechnet, daß jene Verteilung, die hypothetisch unterstellt wird, einen Wert in dieser Klasse annimmt. Für alle Klassen werden diese Zahlen mit den relativen Häufigkeiten verglichen, die anhand der Stichprobe gefunden worden sind. Ist die Diskrepanz zu groß, wird die Hypothese abgelehnt. Die Hypothese einer Normalverteilung wird zudem danach beurteilt, welche Werte die *höheren Momente* der Stichprobe haben. Das dritte Moment, die *Schiefe* der Verteilung, müßte gleich 0 sein, wenn es sich exakt um eine Normalverteilung handeln würde. Das vierte Moment, die *Kurtosis*, ist bei einer Normalverteilung gleich 3.

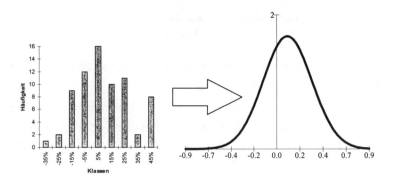

Bild 3-4: Vom Histogramm der historischen Renditen auf ein Aktienportfolio zur Annahme, die Rendite für ein zukünftiges Jahr sei normalverteilt mit dem Erwartungswert 10,5% und der Streuung 20,8%.

Selbstverständlich wurde die Hypothese, Aktienrenditen seien normalverteilt, von vielen Wissenschaftlern anhand empirischer Daten überprüft.

Die untersuchten Zeiträume und die untersuchten Aktienmärkte sind in diesen Untersuchungen verschieden. Das macht verständlich, daß die Empirie zu keinem einhelligen Bild kommt, wenngleich die Normalverteilungshypothese vereinzelt auch widerlegt worden ist. Insgesamt lassen sich die Untersuchungsergebnisse vereinfacht so darstellen:

1. Empirische Untersuchungen sprechen in ihrer Mehrzahl *nicht ausgesprochen gegen* die Annahme, nach der die einfachen Renditen normalverteilt sind, besonders wenn es sich um Renditen handelt, die sich auf ein Jahr oder etwas länger beziehen. Der zugrunde gelegte Zeithorizont darf aber nicht zu lang sein, weil bei längeren Anlagehorizonten die geometrisch ermittelte Durchschnittsrendite nicht symmetrisch wie die Gauss'sche Glockenkurve verteilt ist, sondern eine gewisse **Rechtsschiefe** aufweist.

2. Die Empirie deutet darauf hin, daß extreme Renditen auf Aktien (etwa: unter -25% und über 45%) häufiger auftreten, als es der Normalverteilung entspricht. Ein ausgesprochener *Bull-Markt* und ein *Crash* sind empirisch gesehen etwas wahrscheinlicher, als es die GAUSSsche Glockenkurve postuliert. Dieses Phänomen heißt **Leptokurtosis** oder, besonders im Angelsächsischen, **Fat-Tails**.

Trotz einer gewissen Kritik der Hypothese wird vielfach die *Annahme* getroffen, die (einfachen) Jahresrenditen seien normalverteilt. Auch wir schlagen für die Kapitel 4 und 5 diesen Weg ein. Erst in den späteren Kapiteln betrachten wir die *einfachen* Renditen als lognormalverteilt (und die *stetigen* Renditen als normalverteilt). Die Rechtsschiefe wird damit dann explizit berücksichtigt. Das Phänomen der Fat-Tails (Leptokurtosis) wird dagegen nicht weiter formal betrachtet.

3.2.3 Parameter

Nochmals zu den Parametern. Bei der Zufallsvariable "Rendite", sie sei fortan einfacher mit $\tilde{r}$ bezeichnet, sind als Parameter besonders relevant:

Der **Erwartungswert**. Die erwartete Rendite, oder kürzer, die Renditeerwartung wird als Erwartungswert der einfachen Jahresrendite verstanden und üblicherweise mit dem griechischen Buchstaben μ bezeichnet, also $\mu = E[\tilde{r}]$. Die Renditeerwartung wird im Angelsächsischen einfach **Return** genannt — Sprechweisen sind nicht immer präzise. Wichtig ist: Die Rendite für eine kommende Planungsperiode, etwa von einem Jahr, ist eine unsichere Größe. Wenn es dem Individuum akzeptabel erscheint, für diese unsichere Größe eine Wahrscheinlichkeitsverteilung anzunehmen, dann wird sie als Zufallsgröße behandelt. Die Rendite, als Zufallsgröße, ist aber zu unterscheiden von Verteilungsparametern, die ihre Verteilung beschreiben. Einer dieser Parameter ist der Erwartungswert, die erwartete Rendite. Oft wird die *erwartete Rendite* leider verkürzt einfach als "Rendite" oder "Return" bezeichnet.

Zur Rekapitulation: Wird die Rendite als eine diskrete Zufallsvariable aufgefaßt, für die es endlich viele Realisationsmöglichkeiten $r_1, r_2, ..., r_n$ gibt, wobei diesen Werten die Wahrscheinlichkeiten $p_1, p_2, ..., p_n$ zugeordnet seinen, dann ist der Erwartungswert durch

$$\mu \equiv \sum_{k=1}^{n} p_k \cdot r_k$$

definiert. Falls die Rendite eine stetige Zufallsgröße mit der Wahrscheinlichkeitsdichte $f(.)$ ist, wird der Erwartungswert mit dem Integral in der Form

$$\mu \equiv \int_{-\infty}^{\infty} r \cdot f(r) dr$$

geschrieben. Der Erwartungswert $E[...]$ erhält seine Bedeutung durch das Gesetz der Großen Zahl. Wird das Zufallsexperiment sehr oft *wiederholt*, ist der Erwartungswert die geeignete Beschreibung für das mittlere Ergebnis der Vielzahl von Versuchen.

Bild 3-5: Das Gesetz der Großen Zahl wurde von dem Mathematiker JACOB I BERNOULLI (geboren 1654 in Basel, 1705 dort verstorben) entdeckt und so formuliert: *Durch Vermehrung der Beobachtung wächst beständig auch die Wahrscheinlichkeit dafür, daß die Zahl der günstigen zu der Zahl der ungünstigen Beobachtungen das wahre Verhältnis erreicht — und zwar in dem Masse, dass diese Wahrscheinlichkeit schließlich jeden beliebigen Grad der Gewißheit übertrifft*. JACOB I BERNOULLI erwarb 1671 den Magister der Philosophie und 1676 das Lizentiat der Theologie, zeigte zugleich Interesse an der Astronomie und hielt ab 1683 Vorlesungen über Experimentalphysik in Basel. Oft wird gesagt, durch Reisen nach Holland und England sei BERNOULLI mit den Werken bedeutender Mathematiker vertraut worden; er ist dort aber weder HUYGENS noch NEWTON begegnet und die Infinitesimalrechnung hat er nachweislich erst nach 1685 kennengelernt, als er wieder in Basel war. JACOB I BERNOULLI wurde 1687 in Basel Professor und widmete sich der Mathematik. Er war Sohn des NICOLAUS BERNOULLI, der Ratsherr in Basel war und 1623-1708 lebte; die Familie BERNOULLI war vor 1570 von Antwerpen nach Frankfurt gegangen und von dort nach Basel gezogen. Sie hat noch weitere Mathematiker und Astronomen hervorgebracht; so wird noch der Neffe DANIEL von JACOB I vorgestellt werden. Weitere Informationen bei der Bernoulli-Edition: http://www.ub.unibas.ch/spez/bernoull.htm

Der Erwartungswert des Anlageergebnisses ist für einen Finanzinvestor dann wichtig, wenn das Zufallsexperiment "Aktienanlage in einem Jahr" oft wiederholt wird und der Anleger das mittlere Ergebnis bei allen diesen "Ziehungen" prognostizieren möchte.

Das **Gesetz der Großen Zahl** bezieht sich auf die Wiederholung eines Zufallexperiments. Wenn das Zufallsexperiment sehr häufig durchgeführt wird, dann kann man immer sicherer sein, dass der Mittelwert der Ergebnisse der Ziehungen sehr nahe beim Erwartungswert liegen wird.

3. RISIKO

Formaler formuliert: Für jede beliebig vorgegebene kleine Zahl ε konvergiert mit der Anzahl n der Versuche die Wahrscheinlichkeit, daß das Stichprobenmittel oder der arithmetische Mittelwert der Ziehungen um weniger als ε vom Erwartungswert abweicht, gegen 1.

Die **Streuung** ist ein statistischer Parameter, der die Größe der Abweichungen einer stochastischen Variablen von ihrem Erwartungswert — nach oben und nach unten — quantifiziert. Die Streuung drückt die "Schwankungsbreite" der unsicheren Rendite aus und damit, wie zuvor argumentiert, das Risiko.[6] Die Streuung der Rendite wird üblicherweise mit σ bezeichnet. Sie ist als Wurzel der Varianz $\sigma^2 = Var[\tilde{r}]$ definiert. Im diskreten Fall gilt für die Varianz

$$\sigma^2 \equiv \sum_{k=1}^{n} p_k \cdot (r_k - \mu)^2$$

und im Fall stetiger Verteilungen

$$\sigma^2 \equiv \int_{-\infty}^{\infty} (r - \mu)^2 \cdot f(r) dr .$$

In der Tat besagt der sogenannte Verschiebungssatz

$$\sigma^2 = E\left[(\tilde{r} - \mu)^2\right],$$

und die Varianz ist gleich dem Erwartungswert der quadrierten Abweichungen.

Wie gesagt, liegen für diese beiden Parameter Schätzwerte vor. Sie sind mit den Pictet-Daten aufgrund der 72 Jahresrenditen 1926-1997 ermittelt. Da es sich um die Parameter der einfachen Rendite handelt, ergänzen wir die Bezeichnung durch einen daran erinnernden Zusatz. Aufgrund der historischen Zeitreihe wurde die Renditeerwartung $\mu_{ein} = E[\tilde{r}]$ von Aktien durch

- $\hat{\mu}_{ein} = 10{,}5\%$,

- die Streuung $\sigma_{ein} = \sqrt{Var[\tilde{r}]}$ durch $\hat{\sigma}_{ein} = 20{,}8\%$

geschätzt.

Neben dem Erwartungswert (sogenanntes Moment erster Ordnung) und der Varianz (Moment zweiter Ordnung) einer Zufallsvariablen werden Momente höherer Ordnung betrachtet. In der Finanzmathematik ist üblich, die **Schiefe** (*skewness*) der Rendite $\tilde{r}$ so zu definieren:

$$S[\tilde{r}] \equiv E\left[\frac{(\tilde{r} - \mu)^3}{\sigma^3}\right].$$

---

[6] Eine Präzisierung: Hier sprechen wir von der Streuung der einfachen Rendite. Mit *Volatilität* wird die Streuung der *stetigen* Rendite bezeichnet. Wir kommen darauf später zurück.

Bei der Schiefe wird also gefragt, wie sich die möglichen Abweichungen der Rendite von ihrem Erwartungswert μ dahingehend auswirken, wenn ihre *dritte* Potenz berücksichtigt wird. Die dritte Potenz wirkt sich so aus, daß Abweichungen nach unten stark negativ gewertet und Abweichungen nach oben stark positiv gewertet werden.

Da die Normalverteilung symmetrisch ist, hätte eine exakt normalverteilte Rendite eine Schiefe von 0. Ist die Rendite aber nicht symmetrisch verteilt und hat sie oberhalb des Erwartungswertes einige recht große Werte, tritt das Phänomen der Rechtsschiefe ein. Die eben definierte Schiefe-Kennzahl ist in diesem Fall positiv.

Völlig klar ist, daß langfristige Aktienrenditen — die geometrischen Durchschnittsrenditen (ausgedrückt als einfache, nicht als stetige Rendite) für zehn, zwanzig oder noch mehr Jahre — eine gewisse Rechtsschiefe aufweisen werden. Denn immerhin sind diese Renditen nach unten begrenzt, und zwar durch -100% (Haftungsbegrenzung des Aktionärs auf die Einlage), während nach oben über viele Jahre hinweg auch sehr große Wertsteigerungen möglich sind.

> Aktienrenditen für Fristen bis zu einem Jahr dürfen angesichts der theoretischen Zusammenhänge und angesichts der Empirie noch als symmetrisch betrachtet werden, vielleicht sogar als normalverteilt. Aktienrenditen für Fristen mehrerer Jahre — gemeint sind die geometrischen Durchschnittsrenditen (ausgedrückt als einfache Rendite) — müssen angesichts der theoretischen Zusammenhänge und angesichts der Empirie als unsymmetrisch aufgefaßt werden: Sie weisen eine Rechtsschiefe auf und dürfen nicht mehr als normalverteilt angenommen werden.

Die **Kurtosis** der Rendite wird durch

$$K[\tilde{r}] \equiv E\left[\frac{(\tilde{r}-\mu)^4}{\sigma^4}\right]$$

definiert. Das Besondere an dieser Definition ist, daß Abweichungen der Rendite von ihrem Erwartungswert mit der *vierten* Potenz gewichtet werden. Das heißt, größere Abweichungen, seien sie nun nach oben oder nach unten, werden durch die vierte Potenz viel stärker gewichtet als kleinere Abweichungen. Die Kurtosis mißt daher, mit welchen Wahrscheinlichkeiten *extreme* Werte eintreten können.

Normalverteilte Zufallsgrößen haben eine Kurtosis von 3. Ist die Kurtosis-Kennzahl größer als 3, wird von *Fat-Tails (Leptokurtosis)* gesprochen. Es gibt es dann mehr Wahrscheinlichkeitsmasse in den Extremwerten als bei der Normalverteilung. Hat beispielsweise bei Aktien die Verteilung der Jahresrendite Fat-Tails, dann sind extrem hohe (vielleicht um 30% bis 50%) und extrem geringe Renditen (vielleicht um -10% bis -30%) etwas wahrscheinlicher als es bei einer Normalverteilung der Fall ist. Die Empirie deutet darauf hin, daß die Monats-

oder Jahresrenditen von Aktienrenditen zwar *angenähert* normalverteilt sind, aber eben Fat Tails zeigen.

Die Formeln zusammenfassend: Wenn eine Zeitreihe $r_1, r_2, ..., r_T$ von T einfachen Jahresrenditen vorliegt — aufgefaßt als Stichprobe der Zufallsvariablen $\tilde{r}$ — dann sind die Schätzgrößen für die genannten vier Parameter Erwartungswert, Varianz, Schiefe, Kurtosis so zu berechnen:

$$\hat{\mu} = \frac{1}{T} \cdot \sum_{t=1}^{n} r_t ,$$

$$\hat{\sigma}^2 = \frac{1}{T-1} \cdot \sum (r_t - \hat{\mu})^2 ,$$

$$\hat{S} = \frac{\sum (r_t - \hat{\mu})^3}{(T-2) \cdot \hat{\sigma}^3} ,$$

$$\hat{K} = \frac{\sum (r_t - \hat{\mu})^4}{(T-2) \cdot \hat{\sigma}^4} .$$

Die Schiefe und die Kurtosis werden auch dazu verwendet, die Hypothese zu testen, Renditen seien normalverteilt. Angenommen, es liege eine große Stichprobe von T Renditen vor. Dann sind die Schätzgrößen für die Schiefe und für die Kurtosis (ziemlich genau) normalverteilt. Die beiden Schätzer für die Schiefe beziehungsweise die Kurtosis haben den Erwartungswert 0 beziehungsweise 3 und eine Varianz von $6/T$ beziehungsweise $24/T$. Weichen die tatsächlichen Zahlenwerte der Schätzer (gemessen an ihren Varianzen) zu stark von den genannten Erwartungswerten ab, wird die Hypothese der Normalverteilung verworfen.

3.2.4 Korrelation

Wer zwei oder noch mehr Zufallsvariablen beobachtet, stellt die Frage, ob es einen statistischen Zusammenhang zwischen beiden Variablen gibt. Als die beiden betreffenden Variablen betrachten wir die Aktienrendite und die Obligationenrendite. Die Frage lautet, ob in Jahren, in denen die erste Zufallsvariable Realisationen über (unter) ihrem Mittelwert hatte, typischerweise auch die zweite Zufallsvariable Realisationen über (unter) ihrem Mittelwert hatte. Ist das der Fall, werden die Zufallsvariablen als miteinander **korreliert** bezeichnet.[7]

Um vor einer quantitativen Rechnung in einer Vorprüfung herauszufinden, ob zwei Variablen als korreliert zu betrachten sind, eignet sich eine Grafik, ein **Scatterdiagramm**. Jeder Punkt im Scatterdiagramm repräsentiert das Paar der Rendite in einem und im darauffolgenden Jahr. Als Achsenkreuz des Scatterdiagramms werden die jeweiligen *Mittelwerte* eingetragen. So entstehen vier Quadranten.

- Finden sich die meisten Punkte in den Quadranten I und III, kann eine positive Korrelation unterstellt werden.

- Finden sich die meisten Punkte in den Quadranten II und IV, darf eine negative Korrelation angenommen werden.

- Sind die Punkte über alle vier Quadranten verteilt, sind die Variablen als unkorreliert zu betrachten.

Quantitativ wird das Ausmaß der Korrelation zweier Zufallsvariablen durch den **Korrelationskoeffizienten** berechnet.

Während der Korrelationskoeffizient zweier Reihen von *Zahlen* hier mit den Buchstaben R bezeichnet werden soll (wir verwechseln ihn nicht mit Bezeichnungen für die Rendite), wird für den Korrelationskoeffizienten zweier *Zufallsvariablen* der griechische Buchstabe *Rho* ρ gewählt. Wenn betont werden soll, daß die zur Schätzung von ρ herangezogenen Daten aus einer Stichprobe stammen, wird oftmals wieder die Bezeichnung R verwendet, und es wird von der empirischen Korrelation gesprochen. Das Quadrat, R^2, spielt eine wichtige Rolle zur Beurteilung der Güte eines linearen statistischen Zusammenhangs.

---

[7] Ist es aber so, daß in Jahren, in denen die erste Zufallsvariable Realisationen über ihrem Mittelwert hatte, die zweite tendenziell Realisationen unter ihrem Mittelwert hatte (und wenn die erste Zufallsvariable Realisationen unter ihrem Mittelwert hatte, die zweite tendenziell Realisationen über ihrem Mittelwert hatte), dann werden die Zufallsvariablen als *negativ korreliert* bezeichnet. Ist es so, daß sich keine derartige statistische Regelmäßigkeit ausmachen läßt, dann werden die beiden Zufallsvariablen als unkorreliert bezeichnet.

3. RISIKO

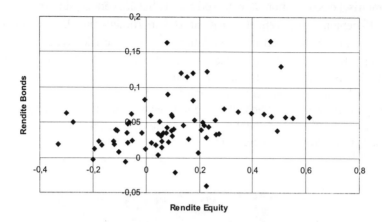

Bild 3-6: Das Scatterdiagramm zwischen den Aktienrenditen (x-Achse) und den Obligationenrenditen (y-Achse) für die Anlagejahre 1926 bis 1997. Nicht eingetragen ist der Punkt mit den Mittelwerten x=0,105 und y=0,046, welcher die vier Quadranten trennt. Die Abbildung deutet auf eine schwach ausgeprägte Korrelation zwischen den Aktienrenditen und den Bondrenditen hin. Es gab viele Jahre, in denen gleichzeitig die Aktienrenditen oberhalb ihres Mittelwertes von 10,5% lagen und die Bondrenditen oberhalb ihres Mittelwertes von 4,6%. Auch in den Jahren mit schlechten Aktienrenditen waren die Bondrenditen unterhalb ihres Mittelwertes von 4,6% — allerdings waren sie dann fast immer wenigstens positiv, könnte jemand einwenden. Die Korrelation jedoch ist schwach: Es gab doch oftmals Jahre mit erfreulichen Aktienrenditen und recht mageren Bondrenditen.

Zur Rekapitulation: Zur Schätzung anhand einer Stichprobe wird zunächst die Kovarianz COV der Stichprobe berechnet. Im vorliegenden Kontext von Aktien- und Bondrenditen werden, für alle Jahre, die Differenzen zwischen der jeweiligen Aktienrendite und ihrem Mittelwert (10,5%) multipliziert mit der Differenz aus der jeweiligen Bondrendite und deren Mittelwert (4,6%). Diese Zahlen werden summiert und durch den Stichprobenumfang beziehungsweise die Anzahl der Freiheitsgrade dividiert:

$$COV = \frac{1}{71}\left[(0,217-0,105)\cdot(0,062-0,046)+\ldots+(0,552-0,105)\cdot(0,057-0,046)\right].$$

Alsdann wird die Kovarianz durch die Stichprobenstreuungen der beiden Variablen dividiert,

$$R = \frac{COV}{SD_{Equity}\cdot SD_{Bonds}}.$$

Die empirische Korrelation R wird sodann als Schätzwert $\hat{\rho}$ für den Korrelationskoeffizienten ρ verwendet. Im Kontext von Aktien- und Bondrenditen errechnet sich der Schätzwert der Korrelation zu 0,4. Eine Kleinigkeit zur Notation: Korrelationskoeffizienten werden *nicht* oder *selten* als Prozentzahl ausgedrückt. Das ist aus Tradition bei einer Rendite anders. Und weil die Renditen häufig als Prozentzahl ausgedrückt werden, ist diese Schreibweise auch für die Streuungen der Rendite üblich. Wenn ein Taschenrechner zur Verfügung steht, kann der Korrelationskoeffizient mit dem für die Lineare Regression zur Verfügung stehenden Programm berechnet werden.

Bild 3-7: CARL FRIEDRICH GAUSS (1777-1855), Mathematiker, Astronom und Physiker war einer der vielseitigsten Mathematiker überhaupt. Die statistischen Arbeiten und die Fehlerrechnung (Methode Kleinster Quadrate) entwickelte GAUSS im Zusammenhang der Wiederauffindung des Planetoiden *Ceres*, für die er die Position prognostizierte. GAUSS hatte 1795-1799 in Göttingen studiert und in Helmstedt mit dem ersten vollständigen Beweis für den *Fundamentalsatz der Algebra* promoviert. Das gezeigte Portrait von SCHWARTZ zeigt den jungen GAUSS — er war damals 26 Jahre alt — in eben dieser Zeit. Die Wiederentdeckung des Planetoiden brachte ihm einen Ruf an die Sternwarte St. Petersburg ein, den GAUSS ablehnte, um 1807 eine Professur für Astronomie in Göttingen anzunehmen. Dieser Stadt blieb GAUSS treu, als ihn in den späteren Jahren Berufungen nach Berlin, Paris und Petersburg erreichten. GAUSS hat zahlreiche Probleme der angewandten Mathematik und der Physik behandelt, in späteren Jahren auch solche der reinen Mathematik.

3.3 Normalverteilte Renditen

3.3.1 Dichtefunktion

Die Normalverteilung, die Wahrscheinlichkeitsverteilung einer Gauss'schen Zufallsgröße $\tilde{x}$, sei zunächst durch ihre **Dichte** $f(x)$ beschrieben,

$$f(x) = \frac{1}{\sqrt{2\pi}\sigma} \cdot \exp\left(-\frac{(x-\mu)^2}{2\cdot\sigma^2}\right),$$

wobei μ den Erwartungswert und σ^2 die Varianz bezeichnet. Die Normalverteilung ist somit durch ihren Erwartungswert und die Streuung *vollständig* festgelegt. Im Fall von $\mu = 0$ und $\sigma = 1$ spricht man von der **standardisierten** Normalverteilung.

Die Funktion f beschreibt die bekannte Gauss'sche Glockenkurve. Sie hat einen maximalen Wert an der Stelle $x = \mu$ und ist symmetrisch.

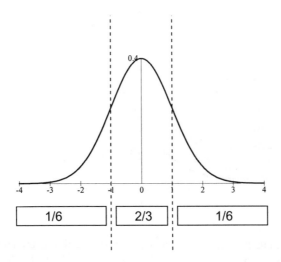

Bild 3-8: Die Dichtefunktion der Standard Normalverteilung ($\mu = 0$, $\sigma = 1$).

Die Zufallsvariable nimmt mit Wahrscheinlichkeit $0{,}6827 \approx 2/3$ einen Wert im Sigma-Band an, und folglich, aufgrund der Symmetrie der Verteilung, jeweils mit Wahrscheinlichkeit $(1-0{,}6827)/2 = 0{,}1586 \approx 1/6$ einen Wert, der kleiner ist als $\mu - \sigma$ beziehungsweise größer als $\mu + \sigma$. Bei der hier gezeigten Standard-Normalverteilung liegen daher etwa $2/3$ der Realisationen zwischen -1 und $+1$.

Die Wahrscheinlichkeit, daß eine normalverteilte Zufallsvariable $\tilde{x}$ einen Wert zwischen zwei Zahlen x_1 und x_2 annimmt, $\Pr(x_1 < \tilde{x} \leq x_2)$, ist durch die Fläche zwischen x_1 und x_2 unterhalb der Dichtefunktion gegeben. Formal handelt es sich um das *Integral* von $f(x)$ zwischen den beiden genannten Integrationsgrenzen.

> Sehr häufig wird das sogenannte **Sigma-Band** betrachtet. Es ist der Bereich mit der Untergrenze $\mu - \sigma$ bis zur Obergrenze $\mu + \sigma$. Eine normalverteilte Zufallsgröße nimmt bei ihrer Realisation mit Wahrscheinlichkeit 68,27% — das ist ungefähr 2/3 — ihren Wert in diesem Bereich an,
>
> $$\Pr(\mu - \sigma < \tilde{x} \leq \mu + \sigma) = 0{,}6827.$$

3.3.2 Verteilungsfunktion

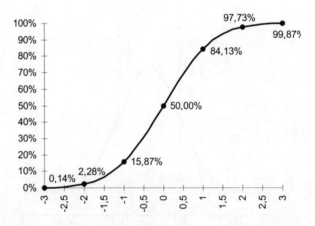

Bild 3-9: Darstellung der Verteilungsfunktion einer standardisiert normalverteilten Zufallsgröße. Praktisch alle Werte liegen zwischen -3 und +3. Mit Wahrscheinlichkeit 2,28% nimmt die Zufallsgröße einen Wert an, der kleiner oder gleich -2 ist; mit Wahrscheinlichkeit 15,87% nimmt sie einen Wert an, der kleiner oder gleich -1 ist.

Die Wahrscheinlichkeit, mit der eine normalverteilte Zufallsvariable einen Wert kleiner oder gleich x annimmt, ist durch die Fläche zwischen $-\infty$ und x unterhalb der Dichtefunktion gegeben. Im Falle der standardisierten Normalverteilung wird diese Wahrscheinlichkeit wird mit $N(x)$ bezeichnet,

3. RISIKO

$$\Pr(\tilde{x} \le x) \;=\; N(x) \;=\; \int_{-\infty}^{x} \frac{1}{\sqrt{2\pi}} \cdot \exp\!\left(-\frac{u^2}{2}\right) du \;.$$

Also: $N(x)$ ist die Wahrscheinlichkeit, daß eine standardisiert (Erwartungswert 0, Streuung 1) normalverteilte Zufallsgröße $\tilde{x}$ einen Wert kleiner oder gleich x annimmt,

$$\Pr(\tilde{x} \le x) \;\equiv\; N(x) \;.$$

In nachstehender Tabelle ist $N(x)$ für verschiedene Werte von x wiedergegeben. Aufgrund der Symmetrie der Normalverteilung gilt $N(-x) = 1 - N(x)$.

x	$N(x)$	$1-N(x)$	$2 \cdot N(x) - 1$
0	0,50000	0,50000	0
0,2	0,57926	0,42074	0,15852
0,4	0,65542	0,34458	0,31084
0,6	0,72575	0,27425	0,45150
0,8	0,78815	0,21185	0,57629
1,0	0,84135	0,15865	0,68270
1,2	0,88493	0,11507	0,76986
1,4	0,91924	0,08076	0,83849
1,6	0,94520	0,05480	0,89040
1,8	0,96407	0,03593	0,92814
2,0	0,97725	0,02275	0,95450
2,2	0,98610	0,01390	0,97219
2,4	0,99180	0,00820	0,98360
2,6	0,99534	0,00466	0,99068
2,8	0,99745	0,00255	0,99489
3,0	0,99865	0,00135	0,99730

Bild 3-10: Tabelle zur Normalverteilung. Beispielsweise beträgt die Wahrscheinlichkeit, daß eine standardisiert normalverteilte Zufallsvariable einen Wert annimmt, der gleich oder kleiner als 2 ist, 97,72%. Die Wahrscheinlichkeit, mit der diese Zufallsvariable einen Wert größer als 2 (oder, was auf dasselbe hinausläuft, kleiner als -2) annimmt, beträgt 2,28%. Die Wahrscheinlichkeit, daß die Zufallsgröße einen Wert zwischen -2 und +2 annimmt, beträgt folglich 95,45%.

Außerdem ist in der Tabelle $2 \cdot N(x) - 1$ angegeben, das heißt, die Wahrscheinlichkeit mit der die Zufallsvariable einen Wert zwischen $-x$ und x annimmt, $\Pr(-x \leq \tilde{x} \leq x) = 2 \cdot N(x) - 1$.

Es gibt für die Normalverteilung *keine* geschlossene, funktionale Darstellung der kumulierten Verteilungsfunktion. Die gewünschten Werte müßten jedesmal durch numerische Integration der Dichtefunktion gewonnen werden. Eben um diese wiederholten Integrationen zu ersparen, sind in allen einschlägigen Büchern Tabellen der Normalverteilung enthalten.

Durch Interpolation können auch Werte für jene Zwischenargumente ermittelt werden, die in den Tabellen nicht angeführt sind.

Zwar gibt es keine exakte analytische Darstellung des Integrals, aber es sind *Polynome* gefunden worden, welche die Werte der Verteilungsfunktion sehr genau approximieren. Polynome lassen sich numerisch eher leichter auswerten, als es Berechnungen eines Integrals sind. Deshalb sind diese **polynomialen Approximationen** der Normalverteilung sehr praktisch.[8] Die publizierten Tabellen werden meist mit einem Spreadsheet und einer polynomialen Approximation berechnet.

Eine erste polynomiale Approximation lautet

$$N(x) \approx 1 - N'(x) \cdot (a_1 \cdot u + a_2 \cdot u^2 + a_3 \cdot u^3) \text{ für } x \geq 0 .$$

Dabei bezeichnet $N'(x)$ die erste Ableitung der Verteilungsfunktion, also den Wert der Dichtefunktion der Standard-Normalverteilung:

$$N'(x) = f(x) = (1/\sqrt{2\pi}) \cdot \exp(-x^2/2) .$$

Die weiteren Terme sind:

$$u = \frac{1}{1 + 0{,}33267 \cdot x} ,$$

$$a_1 = 0{,}4361836, \; a_2 = -0{,}1201676, \; a_3 = 0{,}937298 .$$

Diese Approximation liefert im allgemeinen auf vier Dezimalstellen genaue Werte von $N(x)$, in jedem Fall aber ist der Fehler kleiner als $0{,}0002$.

---

[8] Die polynomialen Approximationen sind dem eingangs empfohlenen Buch "Options ..." von JOHN C. HULL entnommen, aber auch in vielen Handbüchern über mathematische Funktionen angegeben.

Für eine Genauigkeit von sechs Dezimalstellen gibt es eine zweite polynomiale Approximation:

$$N(x) \approx 1 - N'(x) \cdot (a_1 \cdot v + a_2 \cdot v^2 + a_3 \cdot v^3 + a_4 \cdot v^4 + a_5 \cdot v^5) \text{ für } x \geq 0,$$

$$v = \frac{1}{1 + 0{,}2316419 \cdot x},$$

$a_1 = 0{,}319381530$, $a_2 = -0{,}356563782$, $a_3 = 1{,}7781477937$,

$a_4 = -1{,}821255978$, $a_5 = 1{,}330274429$.

3.3.3 Umrechnung

Aus den Werten der Standard-Normalverteilung (Tabellen oder polynomiale Approximation) lassen sich auch Wahrscheinlichkeiten für normalverteilte Zufallsvariable bestimmen, die *nicht* den Erwartungswert 0 und die Streuung 1 haben. Dazu ist zu bedenken:

Ist eine Zufallsgröße $\tilde{z}$ normalverteilt mit dem Erwartungswert μ und der Varianz σ^2, dann ist die Zufallsvariable $\tilde{x}$,

$$\tilde{x} \equiv \frac{\tilde{z} - \mu}{\sigma},$$

standardisiert normalverteilt.

Beispielsweise sei die Rendite $\tilde{r}$ auf ein Aktienportfolio normalverteilt mit dem Erwartungswert μ und der Streuung σ. Dann ist die Verteilungsfunktion der Rendite durch

$$\Pr(\tilde{r} \leq x) = N\left(\frac{x - \mu}{\sigma}\right)$$

gegeben.

Für die zuvor betrachtete Wahrscheinlichkeit $\Pr(x_1 < \tilde{z} \leq x_2)$, daß eine — nicht notwendigerweise standardisierte — Normalverteilung $\tilde{z}$ einen Wert zwischen zwei Werten x_1 und x_2 annimmt, gilt folglich

$$\Pr(x_1 < \tilde{z} \leq x_2) = N\left(\frac{x_2 - \mu}{\sigma}\right) - N\left(\frac{x_1 - \mu}{\sigma}\right).$$

Die Werte der standardisierten Normalverteilung $N(x)$ sind deshalb ganz allgemein der Ausgangspunkt für die Wahrscheinlichkeiten normalverteilter Zufallsereignisse.

Hierzu zwei Rechenbeispiele.

- In beiden wird die Wahrscheinlichkeit ermittelt, daß eine Rendite unterhalb eines "Zielwerts" liegt oder diesen gerade erreicht. Im ersten Rechenbeispiel ist die **Zielrendite** $m = 0$, im zweiten Beispiel ist sie $m = -5\%$ gewählt.

- In beiden Rechenbeispielen geht es darum, die **Ausfallwahrscheinlichkeit** zu berechnen, das heißt, jene Wahrscheinlichkeit, mit der die zufällige Rendite die als Zahl vorgegebene Zielrendite m unterschreitet beziehungsweise gerade erreicht.

Das erste Rechenbeispiel mit der Zielrendite $m = 0$ geht der Frage nach: Mit welcher Wahrscheinlichkeit nimmt die Rendite $\tilde{r}_{Equity}$ auf ein Aktienportfolio einen Wert an, der kleiner oder gleich 0 ist? Gesucht ist mithin die Ausfallwahrscheinlichkeit $\Pr(\tilde{r}_{Equity} \leq 0)$.

Die Ausfallwahrscheinlichkeit beträgt

$$\Pr(\tilde{r}_{Equity} \leq 0) = N(-\mu/\sigma).$$

Für die bereits gefundenen Werte $\mu = 10{,}5\%$ und $\sigma = 20{,}8\%$ (wir nehmen die Schätzungen für die Parameter) folgt, daß die Ausfallwahrscheinlichkeit $N(-0{,}505)$ beträgt.

Nun wird die Tabelle benutzt. Da die Normalverteilung symmetrisch ist, gilt $N(-0{,}505) = 1 - N(0{,}505) = 1 - 0{,}693 = 0{,}307$. Die Wahrscheinlichkeit für eine nicht positive Aktienrendite beträgt mithin 30,7%. In der Tat: Ein Blick auf das Histogramm der historischen Aktienrenditen zeigt, daß es in den 72 Jahren 22 Jahre mit negativen Aktienrenditen, sowie 50 Jahre mit positiven Aktienrenditen gab. Das bedeutet, daß es in rund 30% der Jahre negative und in 70% positive Aktienrenditen zu verzeichnen waren.

> In sieben von zehn Jahren geht es mit der Börse aufwärts, in drei von zehn Jahren abwärts.

3. RISIKO

Das zweite Rechenbeispiel bezieht sich auf die Zielrendite $m = -5\%$, wird aber in drei Abschnitten vorgeführt, die sich auf Aktien, auf Anleihen sowie auf ein aus Aktien und Anleihen gleichgewichtet zusammengesetztes Portfolio beziehen.

Im ersten Abschnitt hält der Anleger ein Aktienportfolio.

Er möchte gern wissen, mit welcher Wahrscheinlichkeit Q_{Equity} die Jahresrendite nicht einmal oder gerade den Wert von -5% erreicht. Gesucht ist die Ausfallwahrscheinlichkeit $Q_{Equity} \equiv \Pr(\tilde{r}_{Equity} \leq -0{,}05)$. Die Antwort lautet 23%, denn:

$$Q_{Equity} = N\left(\frac{-0{,}05 - 0{,}105}{0{,}208}\right) = N(-0{,}7452) = 1 - N(0{,}7452) = 1 - 0{,}7719 = 0{,}2281$$

In Übereinstimmung mit den Pictet-Daten 1926-1997 wurde hierzu wieder davon ausgegangen, daß die einfache Jahresrendite $\tilde{r}_{Equity}$ normalverteilt ist mit dem als gegeben betrachteten Erwartungswert von 10,5% und einer Streuung der Jahresrendite von 20,8%.

Im zweiten Abschnitt halte der Anleger ein Portfolio Schweizer Obligationen.

Die einfache Jahresrendite $\tilde{r}_{Bonds}$ sei normalverteilt mit dem Erwartungswert 4,63% und der Streuung 3,7%. Wieder möchte der Anleger wissen, mit welcher Ausfallwahrscheinlichkeit Q_{Bonds} die Jahresrendite nicht einmal oder gerade die Zielrendite von -5% erreicht, $Q_{Bonds} \equiv \Pr(\tilde{r}_{Bonds} \leq -0{,}05)$.

Die Antwort: Die Ausfallwahrscheinlichkeit ist kleiner als ein halbes Prozent, denn:

$$Q_{Bonds} = N\left(\frac{-0{,}05 - 0{,}0463}{0{,}037}\right) = N(-2{,}603) = 1 - N(2{,}603) = 1 - 0{,}9954 = 0{,}0046.$$

Im dritten Abschnitt wird ein "balanciertes" Portfolio betrachtet, bei dem die Hälfte in Schweizer Aktien und die andere Hälfte in Obligationen angelegt werden.

Es sei fortan als *Fifty-Fifty-Portfolio* bezeichnet und mit *FF* symbolisiert.

Die zufällige Jahresrendite des Fifty-Fifty-Portfolios $\tilde{r}_{FF}$ berechnet sich gemäß

$$\tilde{r}_{FF} = \frac{1}{2} \cdot \tilde{r}_{Equity} + \frac{1}{2} \cdot \tilde{r}_{Bonds}.$$

Denn aus einem gegebenen Anfangsbetrag s_0 würde, wenn dieser je zur Hälfte in Aktien und in Anleihen investiert wird, nach einem Jahr sowohl das zufällige Ergebnis $(1/2) \cdot s_0 \cdot (1 + \tilde{r}_{Equity})$ als auch $(1/2) \cdot s_0 \cdot (1 + \tilde{r}_{Bonds})$ entstehen.

Folglich berechnet sich die einfache Jahresrendite gemäß

$$\widetilde{r}_{FF} = \frac{(1/2) \cdot s_0 \cdot (1 + \widetilde{r}_{Equity}) + (1/2) \cdot s_0 \cdot (1 + \widetilde{r}_{Bonds}) - s_0}{s_0},$$

und mit elementaren Umformungen zeigt sich die oben dargestellte Gleichung $\widetilde{r}_{FF} = (\widetilde{r}_{Equity} + \widetilde{r}_{Bonds})/2$.

Die bereits angegebenen Verteilungsparameter ergänzend sei angenommen, daß die einfachen Jahresrenditen von Aktien und Bonds mit dem Koeffizienten 0,4 korreliert sind. Wieder möchte der Anleger wissen, mit welcher Wahrscheinlichkeit p_{FF} die Rendite des Fifty-Fifty-Portfolios den Wert von -5% nicht übersteigt.

Die Antwort muß jetzt in *zwei* Schritten gefunden werden.

Zunächst wird die Renditeerwartung und die Renditestreuung ihres Portfolios berechnet. Hierzu greifen wir auf zwei aus der Statistik bekannte Formeln für die Berechnung des Erwartungswerts und der Varianz einer Summe zweier Zufallsvariablen $\widetilde{x}$ und $\widetilde{y}$ zurück:

$$E[\widetilde{x} + \widetilde{y}] = E[\widetilde{x}] + E[\widetilde{y}] \quad \text{und}$$
$$Var[\widetilde{x} + \widetilde{y}] = Var[\widetilde{x}] + Var[\widetilde{y}] + 2 \cdot Cov[\widetilde{x}, \widetilde{y}].$$

Außerdem wird noch verwendet, daß für Skalare b gilt:

$$Var[b \cdot \widetilde{x}] = b^2 \cdot Var[\widetilde{x}].$$

Diese drei Formeln liefern im Fall der Rendite:

$$E[\widetilde{r}_{FF}] = E\left[\frac{1}{2} \cdot \widetilde{r}_{Equity} + \frac{1}{2} \cdot \widetilde{r}_{Bonds}\right] = \frac{1}{2} \cdot E[\widetilde{r}_{Equity}] + \frac{1}{2} \cdot E[\widetilde{r}_{Bonds}] =$$
$$= \frac{0,105}{2} + \frac{0,0463}{2} = 0,076$$

und

3. RISIKO

$$Var[\tilde{r}_{FF}] = Var\left[\frac{1}{2}\cdot\tilde{r}_{Equity} + \frac{1}{2}\cdot\tilde{r}_{Bonds}\right] =$$

$$= Var\left[\frac{1}{2}\cdot\tilde{r}_{Equity}\right] + Var\left[\frac{1}{2}\cdot\tilde{r}_{Bonds}\right] + 2\cdot Cov\left[\frac{1}{2}\tilde{r}_{Equity}, \frac{1}{2}\tilde{r}_{Bonds}\right] =$$

$$= \frac{1}{4}\cdot\sigma^2_{Equity} + \frac{1}{4}\cdot\sigma^2_{Bonds} + \frac{1}{2}\cdot\rho\cdot\sigma_{Equity}\cdot\sigma_{Bonds} =$$

$$= \frac{0{,}208^2}{4} + \frac{0{,}037^2}{4} + \frac{0{,}4\cdot 0{,}208\cdot 0{,}037}{2} = \frac{0{,}043264 + 0{,}001369 + 0{,}006157}{4} =$$

$$= 0{,}012698$$

Die Wurzel daraus liefert die Streuung $\sigma_{FF} = \sqrt{Var[\tilde{r}_{FF}]}$ der Rendite des Portfolios. Sie beträgt 11,27%.

Nun zur Ermittlung der gesuchten Wahrscheinlichkeit $Q_{FF} \equiv \Pr(\tilde{r}_{FF} \leq -0{,}05)$. Sie beträgt ein wenig mehr als 13%, denn:

$$Q_{FF} = N\left(\frac{-0{,}05 - 0{,}076}{0{,}1127}\right) = N(-1{,}115) = 1 - N(1{,}115) = 1 - 0{,}8675 = 0{,}1325.$$

Zusammenfassung der Rechenergebnisse des zweiten Zahlenbeispiels:

Ein reines Aktienportfolio erreicht mit Wahrscheinlichkeit von 23% nicht mehr als die Zielrendite von -5%, während ein Bondportfolio nur mit der recht geringen Wahrscheinlichkeit von 0,5% die angegebene Zielrendite nicht erreichen dürfte.

Für das gleichgewichtig aus Aktien und Bonds bestehende Fifty-Fifty-Portfolio wurde berechnet, daß gerade mit einer Wahrscheinlichkeit von 13% die angegebene Zielrendite erreicht würde. Wegen $13{,}25\% \approx 1/7$ würde letzteres nach dem Gesetz der Großen Zahl bedeuten:

> Mit einem Fifty-Fifty-Portfolio hat man in sieben Jahren einmal ein mageres Jahr, was heißen soll, eine Jahresrendite unter -5%.

Anhand der Ausfallwahrscheinlichkeit in bezug auf eine Zielrendite von 0 oder von -5% geführte Interpretationen können das mit einer Anlage verbundene Risiko anschaulich darstellen, wogegen die quantitative Angabe der Streuung gerade bei Privatanlegern vielfach abstrakt bleibt.

In den Beispielen war die Zielrendite m vorgegeben, zunächst als $m=0$ und dann als $m=-5\%$. Berechnet wurde die Ausfallwahrscheinlichkeit — die Wahrscheinlichkeit, mit der die Zielrendite entweder unterschritten oder eben gerade erreicht wurde.

1. Als Alternative zu diesem Weg "Zielrendite m gegeben, Ausfallwahrscheinlichkeit Q gesucht" könnte eine Ausfallwahrscheinlichkeit Q vorgegeben werden und gefragt werden, welches die Zielrendite m ist, die mit dieser Wahrscheinlichkeit unterschritten oder gerade erreicht wird.
2. Außerdem könnte die Überlegung für Geldbeträge angestellt werden, anstatt sie auf die Rendite zu beziehen.

Beide Variationen führen auf den Value-at-Risk.

3.3.4 Value-at-Risk

Eine normalverteilte Zufallsgröße nimmt mit Wahrscheinlichkeit von 68,37%, also von rund 2/3, einen Wert zwischen $\mu - \sigma$ und $\mu + \sigma$ an (Einfaches Sigma-Band). Das einfache Sigma-Band ist in Tabellenform nochmals für die drei Anlagestrategien Aktien, Bonds und Fifty-Fifty dargesetllt:

	μ	σ	$\mu - \sigma$	$\mu + \sigma$
Equity	10,5%	20,8%	-10,3%	31,3%
Bonds	4,63%	3,7%	0,93%	8,33%
FF	7,6%	11,3%	-3,7%	18,9%

Bild 3-11: Zum einfachen Sigma-Band für die drei Anlagestrategien Aktien, Bonds und Fifty-Fifty.

Für eine Illustration des Risikos eignet sich besonders die untere Grenze des jeweiligen Sigma-Bandes als Zielrendite.

Mit Wahrscheinlichkeit $1 - 0,6837 = 31,63\%$, das ist rund 1/3, nimmt eine normalverteilte Größe einen Wert *außerhalb* des Sigma-Bandes an. Weil die Normalverteilung symmetrisch ist, nimmt die Zufallsvariable mit Wahrscheinlichkeit $(1 - 0,6837) / 2 = 15,865\%$ einen Wert *unterhalb* von $\mu - \sigma$ an oder erreicht gerade einmal diesen unteren Grenzwert des Sigma-Bandes.

Die Parameter der Renditen erlauben daher eine direkte Interpretation in Form von Geldbeträgen, die "auf dem Spiel stehen" und im Vergleich zum erwarteten Anlageergebnis verloren gehen könnten. Viele Privatanleger stellen eher die Frage, wieviel Franken, Euro oder Dollar sie verlieren könnten, als die Frage, welchen Zielwert die Rendite vielleicht unterschreiten könnte.

- Wer heute 100.000 Franken in Aktien anlegt, kann — ohne über weitere Informationen zu verfügen — mit 15,8% Wahrscheinlichkeit davon ausgehen, daß der Wert des Aktienportfolios in einem Jahr unterhalb von 89.700 Franken liegen wird.

3. RISIKO

- Wer 100.000 Franken in Obligationen anlegt, kann mit 15,8% Wahrscheinlichkeit davon ausgehen, daß der Wert des Bondportfolios in einem Jahr unter 100.900 Franken liegen wird.

- Wer 100.000 Franken in das Fifty-Fifty-Portfolio aus 50% Aktien und 50% Anleihen anlegt, muß mit 15,8% Wahrscheinlichkeit damit rechnen, daß der Wert in einem Jahr unter 96.300 Franken liegen wird.

Wahrscheinlichkeiten von 15,8% oder von 1/6 sind freilich *substantiell*. Das Gesetz der Großen Zahl würde darauf hindeuten, daß ein Anleger in 6 Anlagejahren es etwa einmal erlebt (eben mit Wahrscheinlichkeit von etwa 1/6), daß die Rendite kleiner ist als $\mu - \sigma$.

Häufig wird diejenige Zielrendite betrachtet, die sich um das k – fache der Streuung vom Erwartungswert unterscheidet. Diese Zielrendite

$$m = \mu - k \cdot \sigma$$

wird mit der Wahrscheinlichkeit

$$Q_k \equiv \Pr(\tilde{r} \leq m) = N(k)$$

unterschritten oder gerade erreicht. Diese Wahrscheinlichkeit eines unerwünschten Ergebnisses bei der Anlage heißt **Ausfallwahrscheinlichkeit**.

Die Gegenwahrscheinlichkeit $1 - Q_k = \Pr(\tilde{r} > m) = 1 - N(k)$ wird auch als **Konfidenzwahrscheinlichkeit** bezeichnet, um mit diesem Begriff zu assoziieren, daß es sich um das bei einer Anlage erwünschte Ergebnis handelt.

k	1	1,6	2	2,33	3	3,1	3,7	4
Q_k	0,15815	0,05	2,275%	1%	0,135%	0,1%	0,01%	0,003%

In der Portfoliotheorie wird vielfach $k = 2$ gewählt. So wird die Aufmerksamkeit auf die Untergrenze des zweifachen Sigma-Bandes als Zielrendite gelenkt. Die Ausfallwahrscheinlichkeit zu $k = 2$ beträgt $Q_2 = 2,275\%$. Anders ausgedrückt: Eine normalverteilte Zufallsvariable hat die Ausfallwahrscheinlichkeit $Q_2 = 2,275\%$ hinsichtlich der Zielrendite $m = \mu - 2 \cdot \sigma$.

Die Konfidenzwahrscheinlichkeit beträgt 97,725%. Mit dieser Wahrscheinlichkeit nimmt die normalverteilte Zufallsvariable einen Wert oberhalb von $m = \mu - 2 \cdot \sigma$ an. Für eine so hohe Konfidenzwahrscheinlichkeit, die sich auf die Untergrenze des zweifachen Sigma-Bandes bezieht, werden wir auch die Redewendung **fast sicher** gebrauchen. Das soll also bedeuten: Mit einer Wahrscheinlichkeit von wenigstens 97,725%.

Die Grenzen des zweifachen Sigma-Bandes haben eigene Begriffe erhalten. Unter der **Minimalen Erwarteten Rendite** (*Minimum Expected Return*), versteht man den Erwartungswert der Rendite minus ihre zweifache Standardabweichung $MinER \equiv \mu - 2 \cdot \sigma$.

Unterstellt man, daß die Rendite normalverteilt ist, erreicht sie mit Wahrscheinlichkeit 2,275% nicht einmal oder gerade $MinER$, $\Pr(\tilde{r} \leq MinER) = 2,275\%$.

Unter der *Maximalen Erwarteten Rendite* (*Maximum Expected Return*) wird die Summe aus Renditeerwartung und der zweifachen Standardabweichung verstanden, $MaxER \equiv \mu + 2 \cdot \sigma$.

Die Minimale Erwartete Rendite auf Aktien Schweiz beträgt -31,1%, die auf Obligationen -2,8% und die auf das Fifty-Fifty-Portfolio -15,0%.

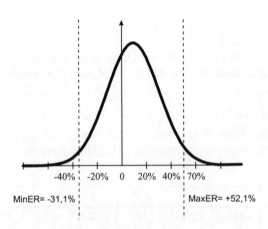

Bild 3-12: Für die zufällige Rendite auf ein Aktienportfolio $\mu = 10,5\%$, $\sigma = 20,8\%$ sind angegeben die Minimale Erwartete Rendite $MinER = \mu - 2 \cdot \sigma$ sowie die Maximale Erwartete Rendite $MaxER = \mu + 2 \cdot \sigma$. Mit Wahrscheinlichkeit 2,275% liegt die Rendite unterhalb von MinER oder erreicht gerade diesen Wert. Mit Wahrscheinlichkeit 95,45% nimmt die Rendite einen Wert zwischen diesen Bereichsgrenzen des zweifachen Sigma-Bandes an.

Eine sehr vorsichtige Person könnte demnach so denken: "Mit einer Finanzanlage kann durchaus der schlechteste aller denkbaren Fälle eintreten, das heißt, alles geht verloren. Das wäre der *Worst Case*. Mit dem Blick auf den *Worst Case* sollte man jedoch nicht planen. Es kann schon schlecht kommen, schlechter als erwartet wird. Vernünftig scheint, durchaus damit zu rechnen, daß die Erwartung nicht erfüllt wird. Wenn überlegt wird, was in ungünstigen Fällen passieren kann, sollten jedoch die wirklich katastrophalen Resultate ausgeklammert werden. Es ist zu betrachten, was schlimmstenfalls passieren kann, wenn von den wirklichen Katastrophen abgesehen wird.

Die Frage stellt sich deshalb: **Welches ist der größte Wertverlust bei einer Anlagestrategie, wenn die vielleicht 2,275% der allerschlechtesten Fälle nicht betrachtet und ausklammert werden?**

Üblicherweise wird der bis Ende der Betrachtungsperiode maximal mögliche "Wertverlust" bei Nichtberücksichtigung der $Q \cdot 100\%$ der allerschlechtesten Ergebnisse auf den Erwartungswert des Kapitals am Ende der Betrachtungsperiode bezogen. Dann lautet die Formel:

$$Maximaler\ Wertverlust\ =\ Anlagebetrag \cdot \left\{(1 + E[\tilde{r}]) - k \cdot \sqrt{Var[\tilde{r}]}\right\}.$$

Wird wieder eine Anlage von 100.000 Franken betrachtet, wäre für die drei Anlagestrategien die Antwort:

- Bei Aktien könnte man im Vergleich mit dem erwarteten Anlageergebnis in einem Jahr 31.100 Franken verlieren,
- bei Obligationen 2.800 und
- beim Fifty-Fifty-Portfolio 15.000 Franken,

sofern die 2,275% der allerschlechtesten Ergebnisse ausgeklammert werden.

In diesem Sinn wären bei den drei betrachteten Anlagestrategien die Beträge von 31.100 oder 2.800 beziehungsweise von 15.000 **dem Risiko ausgesetzt**, *at-risk* (wie gesagt wird). Der *Value-at-Risk* beträgt 31.100 Franken bei einem reinen Aktienportfolio mit einem Anfangswert von 100.000 Franken, 2.800 bei einem entsprechenden Bondportfolio und 15.000 beim Fifty-Fifty-Portfolio.

> Unter **Value-at-Risk** (VaR) wird der maximale Verlust verstanden, wenn die $Q \cdot 100\%$ (Ausfallwahrscheinlichkeit) der allerschlechtesten Ergebnisse unberücksichtigt bleiben.

Typischerweise werden hierbei für die Ausfallwahrscheinlichkeit Zahlen in der Größenordnung um 1% gewählt, oder wie eben $Q = 2,275\%$. Ganz klar: Wer die Ausfallwahrscheinlichkeit kleiner wählt, hält *pessimistische* Szenarien noch für möglich. Wer die Ausfallwahrscheinlichkeit etwas größer wählt, lenkt den Blick auf *vorsichtige* Szenarien.

Der Messung des Value-at-Risk liegt zudem eine gewisse Zeitspanne zugrunde. Im Zahlenbeispiel war das ein Jahr. Bei professionell geführten Portfolios wird jedoch auch mit Fristen von zehn Tagen gearbeitet — innerhalb dieser Frist kann eine Kommission Entscheidungen treffen und umsetzen.[9]

Selbstverständlich ist auch der Value-at-Risk wieder *nur* ein Parameter, der zur Messung des Risikos herangezogen wird — zur Messung also des komplexen Phänomens der Möglichkeit "unerwünschter und abträglicher Ergebnisse" einer Investition.[10]

3.4 Konfidenzintervalle

Die Rendite für eine zukünftige Anlageperiode wurde als Zufallsvariable verstanden. Die Verteilungsparameter dieser Zufallsvariablen sind eigentlich nicht bekannt. Sie müssen erst geschätzt werden.

Hierfür wurde, wenn keine anderen Informationsquellen zur Verfügung stehen, die statistische Methode vorgeschlagen. Die Parameter werden anhand einer Stichprobe geschätzt. Im Fall von Renditen wird eine Zeitreihe von Realisationen der Rendite beobachtet. Die gefundenen Schätzwerte, wie etwa das Stichprobenmittel und die Stichprobenstreuung, werden jedoch kaum die "wahren Werte" der Parameter genau treffen.

Es gibt Schätzfehler. Die Frage erhebt sich dann, ob eine Aussage über die Größe der Schätzfehler getroffen werden kann.

Es zeigt sich, daß die Renditeparameter für Anlagen in Obligationen keine großen Schätzungenauigkeiten mit sich bringen, wohl aber für Aktien.

Die Frage lautet deshalb: **Wie genau ist der Erwartungswert und wie genau ist die Streuung der Rendite einer Aktienanlage bekannt?** Anders ausgedrückt: Wie breit sind die Konfidenzintervalle für die Renditeerwartung und die Renditestreuung bei Aktien?

---

[9] Literaturhinweise: 1. HELMUT BEECK, LUTZ JOHANNING, BERND RUDOLPH: Value-at-Risk-Limitstrukturen zur Steuerung und Begrenzung von Marktrisiken im Aktienbereich. *OR Spektrum* 21 (1999), pp. 259-286. 2. OTTO BRUDERER und KONRAD HUMMLER (Hrsg.): *Value at Risk im Vermögensverwaltungsgeschäft*, Stämpfli Verlag Bern 1997, und in diesem Band insbesondere die Beiträge von ANDREAS GRÜNBICHLER und ZENO STAUB: Value-at-Risk: Ein Ansatz für die Risikosteuerung im Asset Management, pp. 59-85, sowie von STEFFEN TOLLE: Zur Risikodarstellung von Finanzinstrumenten, pp. 87-107.

[10] Zur Kritik am VaR etwa: TANYA STYBLO BEDER: VAR: Seductive but Dangerous. *Financial Analysts Journal* 51 (September/October 1995), pp. 12-24.

3. RISIKO

Vorweg: Erstens sind erwartungstreue Schätzer verwendet worden, daß heißt: Das Verfahren läßt erwarten, den wahren Parameter zu treffen. Zweitens wurden Schätzer verwendet, von denen bekannt ist, daß sie mit einer Vergrößerung der Stichprobe immer kleinere Schätzfehler erwarten lassen. Schätzer mit dieser Eigenschaft heißen **konsistent**.

Da wir Zeitreihen ab Jahresbeginn 1926 haben, lautet also die Frage: Wie genau kennen wir den wahren Erwartungswert der Aktienrendite und wie genau kennen wir die wahre Streuung der Aktienrendite, wenn wir alle Daten bis zurück zum Jahresanfang 1926 für die Schätzung verwenden?

> Die Antwort sei vorweggenommen: Die wahre *Renditeerwartung* für Aktien kennen wir nur *grob* auf vielleicht ±2% bis ±5% genau, die wahre *Streuung* der Aktienrendite kennen wir dagegen *sehr genau*.

3.4.1 Konfidenzintervall Erwartungswert

Das Konfidenzintervall für den Mittelwert einer Verteilung, das ist hier die Renditeverteilung $\tilde{r}$, wird wie folgt berechnet. Es liege eine Stichprobe vom Umfang T vor, und AV (wie *Average Value*) bezeichne das Stichprobenmittel.

- Nach Ziehen der Stichprobe ist das aus den Stichprobenwerten berechnete Stichprobenmittel eine konkrete Zahl.

- Vor Ziehen der Stichprobe — wo noch unsicher ist, welche Werte gezogen werden — ist das Stichprobenmittel eine Zufallsgröße. Sie hat einen Erwartungswert, der mit dem Erwartungswert $E[R] = \mu$ der Grundgesamtheit übereinstimmt. Ihre Varianz ist $1/T$ mal so groß wie die Varianz $Var[R] = \sigma^2$ der Grundgesamtheit. Also beträgt die Streuung des Stichprobenmittels $\sqrt{(1/T)} \cdot \sigma$. Ist der Stichprobenumfang groß — in der Praxis soll das heißen: mehr als 25 — darf das Stichprobenmittel zudem als normalverteilt angesehen werden.

Die Tabelle der Normalverteilung zeigt dann, daß das Stichprobenmittel mit Wahrscheinlichkeit $p = 95\%$ nicht mehr als um ein $l = 1{,}96$ faches seiner Streuung $\sqrt{(1/T)} \cdot \sigma$ vom Erwartungswert μ entfernt ist. Anders ausgedrückt: Mit der Konfidenzwahrscheinlichkeit p liegt der wahre Erwartungswert μ im Intervall von

$$AV - l \cdot \sqrt{(1/T)} \cdot \sigma \text{ bis } AV + l \cdot \sqrt{(1/T)} \cdot \sigma \,.$$

Andere Werte für p und l sind nachstehend wiedergegeben, es handelt sich um einen Auszug aus der Tabelle der Normalverteilung.

p	95%	99%	99,9%
l	1,96	2,58	3,29

Mit den erhobenen Daten gilt $T = 72$, $\sigma \approx 0{,}208$, also

$$l \cdot \sqrt{(1/T)} \cdot \sigma \approx 1{,}96 \cdot 0{,}118 \cdot 0{,}208 = 0{,}048.$$

Folglich reicht das 95%-Konfidenzintervall für den Erwartungswert der Aktienrendite

$$\text{von} \quad AV - l \cdot \sqrt{(1/T)} \cdot \sigma \;=\; 0{,}105 - 0{,}048 \;=\; 0{,}057 \;=\; 5{,}7\%$$

$$\text{bis} \quad AV + l \cdot \sqrt{(1/T)} \cdot \sigma \;=\; 0{,}105 + 0{,}048 \;=\; 15{,}3\%.$$

Was besagt diese Rechnung?

> Wir können zum Konfidenzniveau 95% darauf vertrauen, daß die wahre Renditeerwartung von Aktien zwischen 5,7% und 15,3% liegt.

Das ist eine sehr *enttäuschendes* Ergebnis. Brauchte es die 72 Jahresdaten von 1926 bis 1997 um festzustellen, daß der Erwartungswert der Aktienrendite *vermutlich irgendwo* zwischen 5,7% und 15,3% liegt?

Hätten wir nur die Daten weniger Jahre gehabt, sähe das Ergebnis noch ungünstiger aus:

- Beispielsweise für einen Fünfjahreszeitraum wäre das Konfidenzintervall zur Konfidenzwahrscheinlichkeit $p = 95\%$ um $\pm 1{,}96 \cdot \sqrt{1/5} \cdot \sigma$ um den gefundenen Stichprobenmittelwert AV gelegen. Wieder mit $\sigma \approx 0{,}208$ rechnend, wäre die einfache Breite des Konfidenzintervalls durch $\pm 18\%$ gegeben. Wer die Aktenrenditen von fünf Jahren heranzieht, kennt folglich die wahre Renditeerwartung nur auf plus / minus 18% genau.

- Bei einem Datenzeitraum von zehn Jahren liegt das Konfidenzintervall $\pm 13\%$, bei zwanzig Jahren Datenzeitraum liegt es $\pm 9\%$ um das Stichprobenmittel. Wer die Aktienrenditen von zehn oder zwanzig Jahren heranzieht, kennt die wahre Renditeerwartung auf plus / minus 13% beziehungsweise 9% genau.

Dieses Beispiel verdeutlicht, daß Investoren, die Verteilungsparameter allein mit den Daten ihrer eigenen Erfahrung schätzen, im Laufe der Jahre und Jahrzehnte ihrer Geldanlage *lernen* wollen.[11]

3.4.2 Monatsdaten?

Man könnte nun vermuten, daß durch einen Übergang auf Monatsdaten oder sogar Wochendaten die Genauigkeit der Schätzungen verbessert werden kann.

Was die Renditeerwartung betrifft, ist diese Vermutung leider falsch. Korrekt ist: Wenn anstelle von 72 Jahresrenditen $T = 72 \cdot 12 = 864$ Monatsrenditen gegeben sind, dann ist das Konfidenzintervall kleiner. Hierfür sind zwei Effekte maßgebend:

1. Die Wurzel aus $1/T$, die bei der Größe des Konfidenzintervalls für die Renditeerwartung eine Rolle spielt, ist durch den Übergang auf Monatsrenditen schon einmal um den Faktor $\sqrt{1/12} = 0{,}2887$ kleiner geworden, einfach weil es 12*mal* so viele Daten gibt.

2. Monatsrenditen haben eine geringere Streuung als Jahresrenditen, und wir werden später sehen, daß $\sigma_{Monat} = \sqrt{1/12} \cdot \sigma_{Jahr}$ gilt.

Beide Effekte zusammen genommen ist durch den Übergang von Jahresdaten auf Monatsdaten das Konfidenzintervall um den Faktor $\sqrt{1/12} \cdot \sqrt{1/12} = 1/12$ geschrumpft. Allerdings: Das neue und *engere* Konfidenzintervall bezieht sich auf *Monatsrenditen*, nicht mehr auf Jahresrenditen.

Durch den Übergang auf Monatsrenditen wird das Konfidenzintervall kleiner, allerdings handelt es sich nun um ein Konfidenzintervall für die Monatsrendite. Da die Jahresrenditen *ungefähr* das Zwölffache der Monatsrenditen betragen — *ungefähr*, weil wir immer noch von einfachen Renditen sprechen — ist kein Genauigkeitsgewinn zu verzeichnen.

> Leider lassen sich die *Renditeerwartungen* nur mit vergleichsweise großen Fehlern schätzen. Auch ein Übergang von Jahresdaten auf Monats-, Wochen- oder Tagesdaten bringt keine größere Genauigkeit.

---

[11] Hierzu: 1. MICHAEL J. BRENNAN: The individual investor. *Journal of Financial Reserach* XVIII (Spring 1995) 1, pp. 59-74. 2. MICHAEL J. BRENNAN: The Role of Learning in Dynamic Portfolio Decisions. *European Finance Review* 1 (1998), pp. 295-306. 3. STEPHANIE WINHART: *Der Einfluß des Zeithorizonts auf die Asset Allocation in Abhängigkeit des Investment Opportunity Set und der individuellen Riiskoaversion*. Bank- und Finanzwirtschaftliche Forschungen ccc, Haupt, Bern 1999, Kapitel 4.

Wichtig ist:

- Es wurde *nicht* behauptet, der Zufallsgenerator, der über 72 Jahre die Renditen auf ein Portfolio Schweizer Aktien erzeugt habe, sei über alle Jahre hinweg konstant geblieben. Das war bislang nur eine stillschweigend getroffene Annahme. Eigentlich ist es uns wenig vorstellbar, daß angesichts der offenkundigen technologischen und wirtschaftlichen Veränderungen der Erwartungswert der Aktienrendite die ganze Zeit über konstant denselben Wert gehabt haben sollte.

- Die Aussage ist: Selbst wenn der Erwartungswert konstant geblieben wäre, läßt er sich nur grob schätzen: Das 95%-Konfidenzintervall für die Renditeerwartung reicht von 5,5% bis 15,4%.

Vielfach wurde versucht, die Renditeerwartung für gewisse Zeitabschnitte zu schätzen, auch um die Behauptung plausibel zu machen, die Renditeerwartung habe sich verändert. Leider sind Schätzungen, die sich auf nur wenige Jahre beziehen, noch ungenauer. Wer beispielsweise die historischen Renditen nur für 10 Jahre verwendet, erhält als *einfache* Breite des Konfidenzintervalls

$$l \cdot \sqrt{(1/T)} \cdot \sigma \approx 1{,}96 \cdot 0{,}316 \cdot 0{,}208 = 0{,}129.$$

Nun kommt es noch auf den gefundenen Schätzwert an.

1. Angenommen, es handle sich um die zehn Jahre 1987-1996. Dann wäre der Mittelwert der zehn Jahresrenditen 11,9%, mithin wäre als Konfidenzintervall für den wahren Erwartungswert der Rendite das Intervall von 11,9% − 12,9% = −1% bis 11,9% + 12,9% = 24,8% gefunden.

2. Angenommen, es handle sich um die zehn Jahre 1988-1997. Dann wäre der Mittelwert der zehn Jahresrenditen 20,2%, mithin würde das Konfidenzintervall für den wahren Erwartungswert der Rendite von 20,2% − 12,9% = 7,3% bis 20,2% + 12,9% = 33,1% reichen.

> Aussagen über eine genau als Zahl angegebene Renditeerwartung sind daher ebenso wie Aussagen, daß sich die Renditeerwartung im Zeitablauf geändert habe, mit größter Skepsis zu betrachten.

3. RISIKO

Ebenso sind Entscheidungen über die "richtige" Gewichtung von Anlageinstrumenten oder von Assetklassen im Portfolio, die *sensitiv* von der unterstellten Renditeerwartung abhängen, mit größter Vorsicht zu betrachten.[12]

3.4.3 Konfidenzintervall Streuung

Anders ist die Situation, wenn es um die Schätzung der Streuung oder der Varianz der Rendite geht. Zunächst sind in Lehrbüchern der Statistik die Konfidenzintervalle für die Bestimmung der Varianz enthalten.

Zur Wiederholung: Die Statistik für die Schätzung der Varianz der Rendite ist

$$SD^2 = \frac{1}{T-1} \cdot \sum (r_t - AV)^2 \ .$$

Nach Ziehen der Stichprobe ist die aus den Stichprobenwerten $r_1, r_2, \ldots, r_T$ berechnete Stichprobenvarianz natürlich eine konkrete Zahl.

Vor Ziehen der Stichprobe — wo noch unsicher ist, welche Werte gezogen werden — ist die Stichprobenvarianz eine Zufallsgröße. Sie hat einen Erwartungswert, der mit der Varianz $Var[\tilde{r}] = \sigma^2$ der Grundgesamtheit übereinstimmt. Die Stichprobenvarianz ist im wesentlichen eine Summe von Quadraten der zufälligen Stichprobenwerte und genügt daher der *Chi-Quadrat-Verteilung*. Diese Verteilung bestimmt die Grenzen des Konfidenzintervalls.

Ohne auf weitere Einzelheiten einzugehen, sollen für das Konfidenzniveau von $p = 95\%$ die gefundenen Grenzen für das Konfidenzintervall angegeben sein, und zwar in Abhängigkeit der Anzahl von Jahresdaten.

Insofern zeichnet sich für die Genauigkeit der Schätzung der Streuung der Aktienrendite dasselbe Bild ab, das zuvor für die Schätzung des Erwartungswertes gezeichnet werden mußte. Selbst mit 72 Jahresrenditen ist der wahre Parameter σ^2 nur ungenau bekannt.

---

[12] Hierzu: 1. RICHARD O. MICHAUS: The Markowitz Optimization Enigma: Is 'Optimized' Optimal? *Financial Analysts Journal* 45 (January-February 1989), pp. 31-42. 2. MICHAEL J. BEST and ROBERT R. GRAUER: On the Sensitivity of Mean-Variance-Efficient Portfolios to Changes in Asset Means: Some Analytical and Computational Results. *Review of Financial Studies* 4 (1991), pp. 315-342. 3. VIJAY K. CHOPRA und WILLIAM T. ZIEMBA: The Effect of Errors in Means, Variances, and Covariances on Optimal Portfolio Choice. *Journal of Portfolio Management* 19 (Winter 1993), pp. 6-11. 4. KLAUS SCHÄFER und PETER ZIMMERMANN: Portfolio Selection und Schätzfehler bei den erwratteten Renditen: Ergebnisse für den deutschen Aktienmarkt. *Finanzmarkt und Portfolio Management* 12 (1998) 2, pp. 131-149.

Anzahl historischer Jahresrenditen	Untere Grenze des Konfidenzintervalls der Streuung der Aktienrendite	Obere Grenze des Konfidenzintervalls der Streuung der Aktienrendite
$T = 5$	5%	380%
$T = 10$	9%	66%
$T = 100$	15%	27%

Allerdings bringt im Fall der Schätzung der Varianz oder der Streuung ein Übergang von Jahresdaten zu Monatsdaten, Wochendaten, Tagesdaten oder sogar zu Intraday-Renditen eine erhebliche Verbesserung der Genauigkeit der Schätzung.

Wie ist das zu erklären und zu verstehen?

Die Jahresrendite (von Aktien) schwankt nicht einfach so, daß es eben *einmal* im Jahr, etwa in der Sylvesternacht, einen Sprung gibt. Vielmehr zeitigen die Kurse und damit die Aktienrenditen *von Handelsminute zu Handelsminute* "zittrige" Bewegungen.[13]

Unserem Verständnis von der Natur des stochastischen Renditeprozesses ist das Jahresgeschehen als Ergebnis aller kleinen Renditeschwankungen von Handelsminute zu Handelsminute in jenem Jahr aufzufassen. Anders ausgedrückt: Die Schwankungen von Minute zu Minute, von Tag zu Tag, Woche zu Woche sind ein *getreues Abbild* der Renditeschwankungen, die zwischen den einzelnen Jahresrenditen zu verzeichnen sind.

Deshalb können die Schwankungseigenschaften des stochastischen Renditeprozesses bereits gut studiert werden, wenn die Renditen von Minute zu Minute oder von Tag zu Tag als Daten vorliegen.

Der Umfang dieser Daten ist aber sehr groß. Deshalb gilt:

> Die Streuung der Aktienrendite kann praktisch beliebig genau geschätzt werden, wenn von Jahresdaten auf Monatsrenditen, Wochenrenditen, Tagesrenditen oder sogar Intraday-Renditen übergegangen wird.

Neben den Streuungen der Renditen können auch die Korrelationskoeffizienten und die aus Streuungen und Korrelationskoeffizienten abgeleiteten Beta-Koeffizienten praktisch mit beliebig hoher Genauigkeit bestimmt werden.

---

[13] In Kapitel 7 werden wir die Bewegung der stetigen Rendite einer Aktie oder eines Aktienportfolios als Brown'sche Bewegung beschreiben — die Aktienkurse folgen einer geometrischen Brown'schen Bewegung. Zu einer Demonstration sei nachdrücklich diese URL empfohlen: http://www.aci.net/kalliste/brown.htm

3.4.4 Skedastizität

Durch die Möglichkeit, Varianzen und Korrelationskoeffizienten recht genau schätzen zu können, kann empirisch untersucht werden, ob sich diese Größen im Zeitablauf ändern. Im Unterschied zur Renditeerwartung sind beispielsweise Aussagen der Art möglich, daß sich die Renditestreuung im letzten halben Jahr zurückgebildet hat oder daß sie zugenommen hat.[14]

Aus solchen Untersuchungen geht hervor, daß sich die Streuung der Aktienrenditen im Verlauf von Wochen und Monaten durchaus verändert. Die ersten Untersuchungen hierzu gehen auf MANDELBROT 1963 und FAMA 1965 zurück.[15] Wir kennen heute einige Einflußfaktoren auf die Renditestreuung:

- So etwa verändert sich die Streuung von Aktienrenditen mit dem Zinssatz.[16]

- Auch der Kurs einer Aktie selbst beeinflußt die Renditestreuung: Steigt der Kurs, geht die Streuung zurück; fällt der Kurs, nimmt das Risiko zu.[17]

Dennoch gehen die meisten Modelle aus Gründen der Vereinfachung von einer über die Zeit hinweg konstanten Streuung aus. Man spricht von **Homoskedastizität**, um die Annahme oder den Sachverhalt einer in der Zeit konstanten Streuung auszudrücken.

Wie gesagt sind allerdings, was die Renditestreuung anbelangt, Modelle näher an der empirischen Realität, wenn die Streuung als nicht konstant im Zeitverlauf unterstellt wird. Dieses Phänomen wird als **Heteroskedastizität** bezeichnet.

Zu den bekanntesten ökonometrischen Modellen, die unter *Heteroskedastizität* den zeitlicher Verlauf der Volatilität beschreiben und die Grundlage für die Schätzung der entsprechenden Parameter bilden, gehören ARCH und GARCH. **ARCH** heißt *Autoregressive Conditional Heteroskedasticity*.

---

[14] FISCHER BLACK schreibt: *Explaining variance is easy. We can use daily (or more frequent) data to estimate covariances. Our estimates are accurate enough that we can see the covariances change through time... Estimating expected return is hard. Daily data hardly help. Only longer time periods help. We need decades of data for accurate estimates of average expected return. We need such a long period to estimate the average that we have little hope of seeing changes in expected return.*(in "Estimating Expected Return. *Financial Analysts Journal* (September/October 1993), pp. 36-38.

[15] BENOIT MANDELBROT: The Variation of certain speculative Prices. *Journal of Business* 36 (1963), pp. 394-419. EUGENE F. FAMA: The behavior of stock market prices. *Journal of Business* 38 (1965), pp. 34-105,

[16] PETER S. SPIRO: The Impact of Interest Rate Changes on Stock Price Volatility. *Journal of Portfolio Management* 16 (1990), pp. 63-68.

[17] FISHER BLACK: Living up to the Model. *Risk Magazine* (March 1990).

Das Modell dieses Typs wurden 1982 von ENGLE vorgestellt.[18] Ein ARCH-Modell ist ein stochastischer Prozeß in diskreter Zeit, das heißt, eine Folge Zufallsvariabler $\tilde{e}_1, \tilde{e}_2, \ldots$, die so konstruiert sind:

$$\tilde{e}_t = \tilde{z}_t \cdot \sigma_t .$$

Die Zufallsgrößen $\tilde{z}_t, t = 1, 2, \ldots$ sollen alle dieselbe Verteilung haben, ihre Erwartungswerte sind alle gleich Null, $E[\tilde{z}_t = 0]$, ihre Varianzen alle gleich 1, $Var[\tilde{z}_t] = 1$ und sie sollen alle paarweise stochastisch voneinander unabhängig sein. Die σ_t sind Zahlen, die erstens mit der Zeit variieren können und zweitens auch von der Geschichte des Prozesses selbst abhängen dürfen.

Beispielsweise hat ENGLE den Fall betrachtet, in dem die Varianz σ_t^2 eine lineare Funktion der letzten q quadrierten Werte des Prozesses ist,

$$\sigma_t^2 \equiv \omega + \sum_{k=1}^{q} \alpha_k \cdot e_{t-k}^2 ,$$

und dieses Modell wird ARCH(q) bezeichnet.

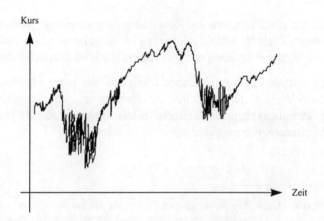

Bild 3-13: Veranschaulichung zum Phänomen der Volatilitäts-Cluster.

ARCH-Modelle sind daher geeignet, das oftmals bei Aktienkursen beobachtete Phänomen der **Volatilitäts-Cluster** zu beschreiben: Es gibt Zeitabschnitte mit ausgesprochen hoher Renditestreuung (Volatilität), die plötzlich von ruhigeren

---

[18] ROBERT F. ENGLE: Autoregressive conditional hetroscedasticity with estimates of the variance ofunited kingdom inflation. *Econometrica* 50 (July 1982) 4, pp. 987-1007.

Perioden abgelöst werden. Plötzlich schlägt dann eine Phase mit geringerer Renditestreuung wieder in eine solche mit hoher Renditestreuung um. Die Volatilitäts-Cluster haben eine Dauer von vielleicht drei Monaten bis über ein Jahr.

Das ARCH-Modell wurde später zum GARCH-Modell verallgemeinert; die Abkürzung GARCH steht für *Generalized Autoregressive Conditional Heteroskedasticity*.[19]

Akzeptiert ein Portfoliomanager die Heteroskedastizität, dann stellt sich gleich als nächste Frage, ob die Korrelationen sich nicht auch im Zeitablauf ändern könnten. In der Tat dürfen die Korrelationen zwischen verschiedenen Instrumenten und besonders zwischen Wertpapieren, die verschiedenen Ländern zuzuordnen sind, aufgrund der empirischen Evidenz eigentlich nicht als über die Jahre hinweg konstant angesehen werden.

Zudem scheinen die Korrelationskoeffizienten in Phasen hoher Volatilität größer zu sein als in Phasen geringer Volatilität. Auch wurde verschiedentlich darauf aufmerksam gemacht, daß besonders in Phasen negativer Kursentwicklungen die Korrelationen stark erhöht sind.

Anschaulich: Wenn sich ein Crash ereignet, dann überall. Wir werden gleich sehen, daß die Korrelation maßgeblich die Diversifikationsmöglichkeiten beschreibt — je geringer der Korrelationskoeffizient, desto besser kann durch Diversifikation die Renditestreuung im Portfolio verringert werden. **Die erwähnte empirische Evidenz besagt demnach, daß die Diversifikationsmöglichkeiten gerade dann entgleiten, wenn der Investor sie sich am dringlichsten wünscht**: in Zeiten hoher Volatilität. Das hat erhebliche Konsequenzen für das Portfoliomanagement.[20]

---

[19] 1. TIM BOLLERSLEV, RAY Y. CHOU und KENNETH F. KRONER: ARCH modeling in finance. *Journal of Econometrics* 52 (1992), pp. 5-59. 2. A. K. BERA UND M. L. HIGGINS: ARCH models: Properties, estimation and testing. *Journal of Economic Survey* 7 (1993) 4, pp. 305-362. 3. CHRISTIAN JOCHUM: *Stock Market Volatility: Estimation and Causes*. Dissertation 2228 der Universität St. Gallen, 1999.

[20] Literatur: 1. BRUNO SOLNIK und FRANCOIS LONGIN: Is the correlation in international equity returns constant: 1960-1990? *Journal of International Money and Finance* 14 (1995), pp. 3-26. 2. BRUNO SOLNIK, CYRIL BOUCRELLE UND YANN LE FUR: International Market Correlation and volatility. *Financial Analysts Journal* (1996), pp. 17-34. 3. KLAUS SPREMANN: Diversifikation im Normalfall und im Streßfall. *Zeitschrift für Betriebswirtschaft* 67 (1997), pp. 865-886.

3.5 Thema: Risikodarstellung

3.5.1 Dilemma

Ein Investor wird vom Portfoliomanager erwarten, daß die mit einer Anlage eingegangenen Risiken transparent gemacht werden. Nun wurde "Risiko" zuvor als die Möglichkeit eines *unerwünschten* Ausganges wirtschaftlicher Aktivität definiert — Risiko als etwas, das den persönlichen Nutzen reduziert. Ein so verstandenes Risiko wäre zwar in nutzentheoretischen Modellen meßbar, es könnte jedoch ohne Quantifizierung der Präferenz des Investors kaum dargestellt oder mitgeteilt werden.

> Der Portfoliomanager steht hier vor einer praktischen Schwierigkeit. Risiko ist etwas *persönlich* Unerwünschtes. Wie aber soll etwas "Persönliches" auf objektive Art und Weise dargestellt werden?

Die allgemein praktizierte Lösung beruht auf drei Punkten:

1. Es werden gleichsam *objektive* Maße für das Risiko eingeführt, die allerdings wenig Bezug auf die spezielle Präferenz und Situation des Investors nehmen. "Risiko" wird dann *nicht* als etwas verstanden, das von dem *betreffenden* Investor als unerwünscht erlebt würde, sondern das *von den meisten Investoren und im allgemeinen* als unerwünscht gilt.

2. Das Risiko wird für das Finanzvermögen ausgewiesen; andere Positionen wie Sachanlagen (etwa Immobilien), das Humankapital, Schulden, die Lebenshaltungs-Liability und Rentenansprüche *bleiben ausgeklammert*. Es wird auch nicht gefragt, ob und wie stark die Werte dieser Positionen eventuell genau mit jenen Faktoren schwanken (Inflation, Zinsen, Währungsparitäten, Unternehmensgewinne), deren Einwirken auf das Finanzvermögen dargestellt wird.

3. Die Beantwortung der Frage, welche Nutzennachteile mit dem Risiko für einen konkreten Anleger aufgrund dessen Präferenz verbunden sind, wird dem Anleger selbst überlassen.

So unbefriedigend das wirkt, geht es hier um ein Abwägen. Je individueller die mit Risiken verbundenen Nutzennachteile ausgedrückt werden sollen, desto weiter entfernt man sich von einem überindividuellen Maß, und desto weniger vergleichbar und nachprüfbar wird die Darstellung des eingegangenen Risikos. Je objektiver die Kategorie, in der Risiko gemessen wird, desto unklarer wird, welche Nachteile im Einzelfall damit verbunden sind.

Die genannten drei Punkte setzen bei diesem Abwägen auf die Objektivierbarkeit, Vergleichbarkeit und Nachprüfbarkeit.

In der Art der gewählten objektiven Meßkategorien für das Risiko bestehen jedoch Qualitätsunterschiede.

Wohl die einfachste Art besteht darin, einem Investor zu zeigen, wie sich die Depotbestände dem Wert nach auf verschiedene Kategorien von Wertpapieren aufteilen. Hier werden dann meist vier Kategorien gelistet, die Liquidität, Anleihen, Aktien und Instrumente mit "besonderen" Risiken, wie etwa Derivate.

Bei den Kontobeständen und bei den Anleihen wird noch nach der Währung unterschieden, bei den Anleihen nach dem Land des Sitzes der Aktiengesellschaft. Bei großen Aktienbeständen wird zudem nach der Branche eingeteilt.

In einigen Fällen wird die Aktienquote als Verhältnis des Marktwerts aller Aktien dividiert durch den Wert der eher sicheren Anklagen errechnet, oder sie ist unschwer erkennbar.

Leider vermittelt diese Darstellung nur ein grobes Bild.

- Der Investor kann nicht das jeweilige *quantitative* Maß jener Risiken erkennen, denen die einzelnen Positionen ausgesetzt sind.
- Die verschiedenen Risikoquellen — Währungsrisiken, Preisrisiken, Liquiditätsrisiken — werden nicht untereinander verglichen und in einer einheitlichen Basis dargestellt.
- Es wird nicht erkennbar, ob und wie gut das Portfolio diversifiziert ist.

Andererseits wird häufig die Summe aller Geldzahlungen dargestellt, die dem Investor zufließen. Hierzu werden die Kuponzahlungen der Anleihen sowie die Dividenden (die durch ihre Vorjahreshöhen) bei Aktien geschätzt.

3.5.2 Interpretationen der Renditestreuung

Bei einer etwas sophistizierteren Form der Risikodarstellung wird zunächst vom Portfoliomanager die Renditestreuung des Portfolios ermittelt. Anschließend wird die Renditestreuung auf eine geeignete Weise interpretiert.

Erstens kann der Portfoliomanager die Streuung in eine Kategorie von Asset-Allokationen übersetzen, wie etwa die bereits genannten Allokationen *Festzins*, *Ertrag*, *Wachstum* und *Aktien*, die in etwa diese Streuung aufweisen.

	Festzins	Ertrag	Wachstum	Aktien
Renditestreuung	0 *bis* 3%	5% *bis* 7%	12% *bis* 14%	19% *bis* 21%

Zweitens kann die Streuung dazu dienen den Value-at-Risk zu berechnen.

Drittens kann die Streuung dazu dienen, die Ausfallwahrscheinlichkeit in Bezug auf eine Zielrendite auszudrücken.

📖 Beate Bauz sieht die einzelnen Positionen in ihrem Depot gelistet, möchte aber das Risiko, das sie nach Diversifikation noch eingeht, anders ausgedrückt sehen. Der Portfoliomanager meint: Die Wahrscheinlichkeit, daß in einem Jahr mehr als fünf Prozent Verlust eintreten, beträgt 1/10. Darunter kann sich die Anlegerin etwas vorstellen.

4. Effizienz

Die Klassische Portfoliotheorie hat die Relation zwischen Risiko und Rendite in das Zentrum der Betrachtung gerückt. Alle Anlageinstrumente werden anhand der beiden Verteilungsparameter Renditeerwartung (Return) und Renditestreuung (Risk) im Risk-Return-Diagramm positioniert. Die mit dieser grafischen Darstellung verbundene Analyse der Portfolioselektion und der Diversifikation geht vor allem auf MARKOWITZ zurück.

4. Effizienz	**125**
4.1 Was ist alt, was neu?	**126**
4.1.1 Hauptpunkt sind Marktrisiken	128
4.1.2 Asset-Allokation	131
4.1.3 Risikoaversion	134
4.2 Effiziente Portfolios	**136**
4.2.1 Zwei Finanzanlagen	136
4.2.2 Effizienzkurve	142
4.2.3 Wichtiger Nachsatz	147
4.2.4 Algorithmus	150
4.2.5 Die "two-fund separation"	153
4.3 Thema: Internationale Diversifikation	**155**
4.3.1 Erweiterung der Menge von Instrumenten	155
4.3.2 Währungsfutures	158
4.3.3 Integration der Finanzmärkte	159

MARKOWITZ *definierte hinsichtlich der beiden Merkmale Risk und Return unübertroffene Portfolios als "effizient." Später entwarf er Algorithmen zur Ermittlung aller effizienten Portfolios. Sie sind im Risk-Return-Diagramm auf der sogenannten Effizienzkurve positioniert — einem Teilstück einer Hyperbel. Wichtig ist die Überlegung, daß die Portfoliotheorie in dieser Form praktisch auf einen Planungszeitraum von vielleicht einem Jahr und auf Aktien und Anleihen als Instrumente beschränkt ist.*

4.1 Was ist alt, was neu?

Wohl die meisten Menschen wollen ihr Geld auf längere Sicht anlegen und achten infolgedessen verstärkt auf die mit *Anlagen* erzielbare *Rendite*. Bekanntermaßen wirken sich auf längere Sicht selbst geringe Renditeunterschiede stark aus. Also sollte auch in den Teilabschnitten eines längeren Anlagehorizonts, wenn etwa auf ein Jahr *zunächst* angelegt wird, auf die Rendite geachtet werden.

Etwa ab 1980 wurde auch in Europa die *Rendite* zum wichtigsten Thema bei der Geldanlage. Die wichtigsten Lebensbedürfnisse der Nachkriegszeit waren befriedigt, es gab zunehmend Wohlstand auch in breiteren Bevölkerungskreisen, und die Menschen konnten allgemein einen Teil ihrer Arbeitseinkommen sparen und anlegen. Immer mehr wählten die Menschen für ihre freien Mittel nicht mehr wie früher einfach ein Sparbuch. Sie eröffneten ein Depot, kauften Anleihen, Investmentfonds und bald auch Aktien.

Um mehr Rendite erwarten zu können, mußten zugleich gewisse Risiken eingegangen werden. Der Menschheit war seit jeher bewußt: Eine höhere Rentabilität kann nur erhoffen, wer gewisse Risiken eingeht. Man sprach natürlich früher eher von Wagnis, Gefahr und Chance. "Wer nichts wagt, der nichts gewinnt" meint die sprichwörtliche Weisheit. Wer in eine Gefahr geriet, mußte schon immer vor allem *persönliche* Nachteile hinnehmen. Selbstverständlich hatten die Menschen immer schon Chancen und Nachteile abgewogen, wenngleich die Folgen ihrer Entscheidungen wenig präzisiert und erst recht nicht quantifiziert waren.

Es ist auch eine alte Geschichte, daß Risiken bis zu einem gewissen Umfang diversifiziert werden können. *"Don't put all your eggs in one basket"* sagen die Angelsachsen. Der Diversifikationseffekt ist seit Jahrtausenden bekannt. Es wäre für den einzelnen Anleger ein unnötiger Nachteil — ein vermeidbarer Nutzenentgang, eine *Disutility* — wenn er Risiken übernehmen und tragen würde, die durch Diversifikation ausgeglichen werden *könnten*.

> Somit darf niemand hoffen, in unserer Welt für die Übernahme diversifizierbarer Risiken irgendeine Entschädigung zu erhalten.

Die schwierige Entscheidung, wieviele Anlagerisiken eingegangen werden sollten, um mehr Rendite erwarten zu können, konnte jedoch bis vor 50 Jahren eigentlich nur intuitiv getroffen werden, unterstützt von unzähligen Anekdoten, die das Schicksal Wohlhabender mit ihrer Geldanlage zeichneten.

Gleiches gilt für die Diversifikation. Sie wurde auf eine traditionelle oder auch auf eine naive Art bewerkstelligt.

Beispielsweise hat der *Talmud*, Zusammenfassung der beiden großen Literaturwerke des Judentums, bereits vor über zwei Jahrtausenden die Diversifikation

4. EFFIZIENZ

empfohlen: Ein Drittel des Vermögens sollte in Land, ein Drittel in Geschäften angelegt werden, und ein Drittel sollte liquide gehalten werden. Auf die heutige Welt übertragen würde das heißen:

1. Lege ein Drittel Deines Vermögens in Immobilien an,
2. ein Drittel in Aktien,
3. und ein Drittel halte liquide oder in Staatsanleihen, die jederzeit verkauft werden können.

In der modernen Fachsprache wird diese Diversifikation als *naiv* bezeichnet, weil sie die genauen Diversifikationseffekte, die mit diesen Klassen von Anlageinstrumenten verbunden sind, nicht statistisch und quantitativ untersucht, sondern die Gewichtung — eben jeweils ein Drittel — ohne weiteres Fachwissen festsetzt. Dennoch ist dieser Rat nicht weit von dem entfernt, was heute Banken empfehlen.[1]

Der Ratschlag ist zudem nicht falsch, wenn unser Wissen über die Renditeerwartung als eher dürftig, ungewiß oder höchst ungenau eingestuft wird. Man erinnere sich an das weite Konfidenzintervall für die Renditeerwartung.

Der Grund für traditionelle und naive Ansätze ist jedenfalls darin zu sehen, daß es früher kaum präzise Fassungen des Risikobegriffs gab. Insbesondere konnte das *Risiko* früher nicht quantitativ definiert und gemessen werden. Es waren keine Modelle entworfen, anhand derer die Fragen hätten geklärt werden können, wieviele Risiken ein Investor eingehen und wie ein Investor "bestmöglich" diversifizieren sollte.

Hier hat die angelsächsische Forschung zur Portfoliotheorie einen grundlegenden Wandel eingeleitet. Die Grundlagen der heute mit dem Begriff **Klassische Portfoliotheorie** bezeichneten[2] Denkrichtung wurden von MARKOWITZ, SHARPE, TOBIN und anderen gelegt. Ihre Arbeiten sind zwischen 1950 und 1970 publiziert worden und haben im Laufe der Zeit herausragende Anerkennung gefunden.[3]

---

[1] Literatur: 1. MEIR TAMARI: *With All Your Possessions; Jewish Ethics and Economic Life*. The Free Press, New York, 1987. 2. KENNETH L. FISHER UND MEIR STATMAN: *Investment Advice from Mutual Fund Companies*. Journal of Portfolio Management (Fall 1997), pp. 9-25. 3. WOLFGANG BREUER: Naive Diversifikation. *Wirtschaftswissenschaftliches Studium* (Mai 1999) 5, pp. 259-263.

[2] Einige Autoren sprechen von der "Modernen Portfoliotheorie." Wir folgen PETER L. BERNSTEIN, wenn er hervorhebt: *Although I have not heard anyone refer to this body of theory as classical, its balance, cohesion, clarity, and consistency provide all the necessary hallmarks of classical forms.* (Risk as a History of Ideas, *Financial Analysts Journal* (January-February 1995), pp. 7-11, hier Seite 10.

[3] HARRY MARKOWITZ und WILLIAM SHARPE erhielten den Nobelpreis 1990 (zusammen mit dem eingangs erwähnten MERTON MILLER), JAMES TOBIN erhielt den Nobelpreis bereits 1981 (wenngleich für andere Arbeiten).

Im Kern der Klassischen Portfoliotheorie steht erstens die quantitative Beschreibung des mit einer Anlage verbundenen Risikos, zweitens die mathematische und statistische Untersuchung der Diversifikation sowie drittens die quantitative Beschreibung des Zusammenhangs zwischen Risiko und Renditeerwartung.

1. Damit wurde es möglich, über Risiken zu sprechen, und es konnten mit Blick auf die Empirie Zusammenhänge zwischen Risiko und Renditeerwartung durch Zahlen gemessen werden.
2. Die Bausteine der Klassischen Portfoliotheorie konnten Dritten gegenüber erklärt werden. Sie wurden nachvollziehbar und legten die Grundlagen für ein neues wissenschaftliche Gebiet. Durch die Klassische Portfoliotheorie haben die mit der Geldanlage verbundenen Probleme wissenschaftliche Qualität erhalten.
3. Die Geldanlage sollte daher heute nicht mehr auf die Kunst des Umgangs mit Anekdoten angewiesen sein, sondern bildet den Gegenstand theoretischer und empirischer Methoden wissenschaftlicher Problemlösung.

Dieser große Fortschritt erlaubte es eigentlich erst, allgemein für die Bevölkerung eine Empfehlung zur Renditeorientierung auszusprechen, eben weil Risiken kalkulierbar wurden.

Der Wandel zur Renditeorientierung wurde durch die angelsächsische Forschung zur Portfoliotheorie gefördert.

> Im Kern der Klassischen Portfoliotheorie steht die *quantitative* Beschreibung des Risikos, die Analyse der Diversifikation und der Zusammenhang zwischen Rendite und Risiko. Damit wurden die Probleme der Geldanlage einer wissenschaftlichen Untersuchung zugänglich und konnten mit theoretischen und empirischen *Methoden* beantwortet werden.

4.1.1 Hauptpunkt sind Marktrisiken

Auch die heutige Renditeorientierung des Anlegers lenkt den Blick auf jene Risiken, die mit einer Investition eingegangen werden, sei es als einerseits als abträgliches Übel (persönliche Nachteile), sei es andererseits jener Faktor, der den Anleger auf eine höhere Rendite hoffen läßt.

Bei Finanzanlagen stehen fünf Arten von Risiken im Vordergrund:

1. *Preis- oder Marktrisiken*: Der Marktwert der Finanzanlagen schwankt im Zeitablauf, weil sich die Zinssätze, die Kurse von Aktien und die Währungsparitäten auf wenig prognostizierbare Weise *zufällig* verändern.
2. *Bonitätsrisiken, Gegenparteirisiken, Delkredere*: Gefahr, daß der Vertragspartner oder Kapitalnehmer aufgrund wesentlicher Veränderungen

seiner wirtschaftlichen Lage und seines Umfeldes die gegenüber dem Kapitalgeber gegebenen Zusicherungen nicht erfüllen kann (*Default*). Die Gegenpartei des Finanzinvestors bittet in diesen Fällen des Default um Zahlungsaufschub, um einen Erlaß von Schulden, oder sie gerät in Konkurs und überläßt damit die Verwertung eines eventuell verbleibenden Vermögens einer gesetzlich geregelten Prozedur.

3. *Liquiditätsrisiken*: Die Realisierung der Werte durch Weitergabe oder Verkauf weniger liquider Finanzinstrumente an einen anderen Kapitalgeber könnte relativ hohe Kosten verursachen oder eine überdurchschnittlich lange Zeit erfordern.

4. *Operationelle Risiken*: die Gefahr, daß in Abwicklungssystemen, bei der Transaktion, bei der Verwaltung und Sicherung von Aufzeichnungen Fehler eintreten. Operationelle Risiken sind ein großes Problem für Banken. Sie treten besonders häufig bei Medienbrüchen auf, also an den Schnittstellen zwischen Papier und Elektronik, Telefon und Informatik, Banknote und Buchgeld.

5. *Verhaltensrisiken*: Eine bei der Vermögensverwaltung tätige Person verhält sich anders als vorgeschrieben oder anders als erwartet. Das Spektrum reicht hier von Opportunismus bis zur Veruntreuung und zum Betrug.

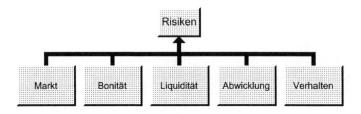

Im Vordergrund dieses Buches stehen — wie in den Modellen der Klassischen Portfoliotheorie — die Preis- oder Marktrisiken.

Kurz und gut werden Bonitätsrisiken ausgeklammert, und es wird angenommen, daß Liquiditätsrisiken deshalb keine Rolle spielen, weil alle betrachteten Finanzinstrumente gleichsam ohne Friktion und ohne Transaktionskosten auf einem Finanzmarkt handelbar sind. Ähnliches wird für operationelle Risiken und für Verhaltensrisiken unterstellt. Es verbleiben die Marktrisiken und auf sie soll sich die Untersuchung konzentrieren.

Warum gibt es Marktrisiken?

1. Die Kurse der Finanzinstrumente schwanken in erster Linie, weil die Wertpapiere im Spiegel eines Stroms neuer Nachrichten permanent neu zu

beurteilen sind, und weil Investoren mit Kauf- und Verkaufsorders entsprechend reagieren. Diese Sicht entspricht der Hypothese der *Informationseffizienz*: Neue Nachrichten — sofern sie wirklich neu sind und sich nicht aus bekannten Meldungen antizipieren lassen — sind *überraschend* oder *zufällig*. Wenn aber, der These der Informationseffizienz folgend, die Kurse der Wertpapiere ohne große zeitliche Verzögerung und ohne Verzerrung den jeweiligen Informationsstand reflektieren, dann müssen sich die Kurse im Spiegelbild der zufälligen Nachrichten auf ebenso zufällige Weise ändern.

2. Andererseits belegt die Empirie, daß die Kurse der Anlageinstrumente in zweiter Linie bereits einfach deshalb schwanken, weil Handel stattfindet, selbst wenn es keine neuen Nachrichten gibt, die für eine Neubewertung sprechen würden.

Zu diesem zweiten Punkt wurde empirisch untersucht, ob und wie die Volatilität eines börsengehandelten Finanzinstruments davon abhängt, ob die Börse offen oder geschlossen ist. Am besten eignen sich hierzu neben Feiertagen die Wochenenden.

Selbstverständlich kommen auch am Samstag und Sonntag neue Informationen — viele wirtschaftlich relevante Entscheidungen von Politikern werden oft am Sonntag getroffen und bekannt. Entsprechend der zeitlichen Länge des Wochenendes müßte die Varianz der Rendite zwischen Freitag und Montag um das Dreifache größer sein als zwischen den einzelnen Handelstagen.

Diese theoretisch gestützte Hypothese mußte jedoch aus empirischer verworfen werden. Studien hierzu stammen von FAMA 1965 und FRENCH 1980, beide Autoren fanden, daß die Varianz der Aktienrendite übers Wochenende nur um 19% beziehungsweise 22% höher, nicht aber dreimal so hoch ist wie die Volatilität der Rendite zwischen direkt aufeinanderfolgenden Handelstagen.[4] Mit anderen Worten:

> Die durch den Strom neuer Finanzmeldungen bewirkten Kursänderungen können nicht die einzige Ursache für Volatilität sein. Eine zweite Ursache ist offenbar der Handel selbst. Da er am Wochenende ausbleibt, ist die Volatilität über diese Zeit hinweg geringer.

Selbstredend sind die Marktrisiken für die einzelnen Anlageinstrumente unterschiedlich.

---

[4] Quellen: 1. EUGENE F. FAMA: The Behavior of Stock Market Prices. *Journal of Business* 38 (January 1965), pp. 34-105. 2. KENNETH R. FRENCH: Stock Returns and the Weekend Effect. *Journal of Financial Economics* 8 (March 1980), pp. 55-69.

4. EFFIZIENZ

> Um die Übersicht nicht zu verlieren ist es zweckmäßig, Anlageinstrumente, die für einen Anleger überhaupt in Frage kommen, und die sich hinsichtlich ihrer Risiken ähnlich verhalten, in einer Gruppe zusammenzufassen. So entstehen **Assetklassen**.

Wir hatten diese Aggregation schon implizit unterstellt, als wir von "Aktien" und von "Anleihen" sprachen und erwähnten, daß es sich hierbei jeweils um Zusammenfassungen (Portfolios) aus einzelnen Aktien beziehungsweise Anleihen handelte.

Assetklassen, die im Vergleich zu Anleihen *starke* Marktrisiken zeitigen, bestehen aus den Aktien der großen Gesellschaften in den Industrieländern (*Blue Chips*), und des weiteren aus Anlagen in mittelgroße Firmen (*Mid Caps*) oder kleine Firmen (*Small Caps*) und vielleicht in Emerging Markets. Diese Assetklasse der Aktien läßt auch eine hohe Renditen erwarten.

Als Alternative dazu gibt es Assetklassen, die nur geringen Marktrisiken ausgesetzt sind. Bei Festgeld gibt es eigentlich kein Marktrisiko — das Anlageergebnis wird sich so realisieren, wie es zu Beginn der Anlage erwartet wird. Aber auch Geldmarktinstrumente und Anleihen mit kurzer Restlaufzeit von 1 bis vielleicht 3 Jahren in heimischer Währung sind sehr risikoarm. Anleihen mit einer Duration von 10 Jahren und mehr sowie Fremdwährungsanleihen haben dann schon mittleres Risiko.

Im Vergleich zu Aktien dürfte das Anlageergebnis bei Geldmarktinstrumenten und Bonds aber deutlich genauer durch die Erwartung prognostiziert sein. Bei Aktien können die Anlageergebnisse deutlich von ihrem Erwartungswert abweichen, und solche Abweichungen sind auch zu erwarten.

4.1.2 Asset-Allokation

> Die zentrale Entscheidung, die ein Anleger zu treffen hat, betrifft daher die **Aufteilung** seines Finanzvermögens — hierüber kann er disponieren, während weniger konkrete (Humankapital) und weniger liquide (Immobilien) Vermögenswerte nur einen geringen Gestaltungsspielraum eröffnen — **in risikobetonte und risikoarme Assetklassen**. Diese Entscheidung ist die **Asset-Allokation**. Auch das Ergebnis dieser Entscheidung wird so bezeichnet. Der Begriff der Asset-Allokation steht ebenso für die anteilmäßige Aufteilung des Portfolios auf die Assetklassen.

Ist der Anlagehorizont sehr lang oder wird auf unbestimmte Dauer angelegt, dann wird für die Asset-Allokation eine kürzere Zeitspanne festgelegt und umgesetzt. Diese Zeitspanne heißt **Planungszeitraum** oder **Implementationshorizont**.

Die Asset-Allokation wird für eine bestimmte Zeit festgelegt. Für einen Privatanleger ist es durchaus sinnvoll zu fragen, wie das Vermögen strukturiert werden soll, wenn es auf zehn oder zwanzig oder noch mehr Jahre anzulegen wäre. Würde dieser Anleger darauf hingewiesen, daß sich die Lebenssituation überraschend ändern kann, wäre vermutlich noch eine Planung über fünf Jahre erwünscht. Sicher wäre ein Privatinvestor wenig zufrieden, wenn vorgeschlagen würde, die Mittel einfach zunächst einmal für einen Monat anzulegen und dann wieder neu zu entscheiden.

Auch institutionelle Investoren haben oft die Möglichkeit, ihre wirtschaftliche Situation, Einnahmen und Ausgaben auf fünf Jahre zu budgetieren. Auch für sie bietet sich daher ein Implementationshorizont von fünf Jahren an.

Leider sind wir in der Wahl der Länge des Planungszeitraums nicht ganz frei, wenn die Ergebnisse der Portfoliotheorie umgesetzt werden sollen. Der Grund dafür, daß nicht hier schon Planungshorizonte von vielleicht fünf oder noch mehr Jahren betrachtet werden können, liegt in einer Voraussetzung. Die später zu diskutierende Voraussetzung lautet, daß die Anlageergebnisse normalverteilt sein sollen. Deshalb sollen die (einfachen) Renditen normalverteilt sein.

Wie wir im letzten Kapitel gesehen haben, darf diese Voraussetzung als erfüllt betrachtet werden, sofern als risikobehaftete Anlageinstrumente Aktien und Bonds (mit langer Restlaufzeit) betrachtet werden — nicht aber zum Beispiel Optionen, die asymmetrische Renditen bewirken. Außerdem muß der Planungshorizont ein Jahr (oder weniger) betragen, jedenfalls nicht wesentlich länger. Andernfalls würde sich ausgeprägt bemerkbar machen, daß die Anlageergebnisse mit den genannten risikobehafteten Anlageinstrumenten (Aktien, Anleihen) lognormalverteilt sind und damit nicht mehr als angenähert normalverteilt angenommen werden können.

Wir sind also praktisch gezwungen, uns unter dem Planungshorizont ein Jahr vorzustellen. Später wird die Asset-Allokation für lange Horizonte von zehn, zwanzig und dreißig Jahren diskutiert.

Das Prinzipielle der Entscheidung *Asset-Allokation* und ihrer Einflußfaktoren wird deutlich, wenn nur zwei Assetklassen betrachtet werden: Aktien und eine risikofreie Geldanlage. Einstweilen betrachten wir also nur diese beiden Assetklassen: Aktien und die sichere Anlage (später nehmen wir dann noch Anleihen längerer Laufzeit als eigene Assetklasse hinzu).

Bei der sicheren Geldanlage wird unterstellt, daß es sich um Anlagen handelt, die eine bekannte und damit risikofreie Rendite über den Planungszeitraum besitzen. Offensichtlich muß es sich hierbei um verzinsliche Anlagen mit festgeschriebener

Tilgung handeln, um Festgeld und um Bonds sehr kurzer Restlaufzeit — sie sollen ja für den Planungszeitraum von einem Jahr als "risikofrei" gelten können. In einem gewissen Sinn ist die "risikofreie Anlage" eine Idealisierung. Die Idee der sicheren Geldanlage wird aber gut durch die genannten Instrumente approximativ verwirklicht.

Damit lautet die Frage der Asset-Allokation: **Welchen Teil des Finanzvermögens sollte ein Anleger in Aktien anlegen?** Das ist die **Aktienquote** oder das Exposure gegenüber Aktien. Sie bestimmt zugleich, welches der restliche Teil ist, der risikofrei angelegt wird.

In der *Essenz* geht es bei der Entscheidung über die Aktienquote um ein Abwägen zwischen den beiden Zielen *Rentabilität* und *Sicherheit,* die nicht gleichzeitig zu haben sind.

Immer wieder wurde Privatanlegern gegenüber betont, sie sollten doch als erstes die Asset-Allokation festlegen. Erst anschließend, wenn die Gewichte der Assetklassen bestimmt seien, dürfe man mit der Auswahl einzelner Finanzinstrumente beginnen. Diese Vorgehensweise "von oben nach unten" wird als **Top-Down-Ansatz** bezeichnet. Portfoliomanager favorisieren eindeutig den Top-Down-Ansatz.

1. Einem Anleger wird zunächst empfohlen, wie das Finanzvermögen auf Geldmarktinstrumente und Anleihen sowie auf Aktien aufgeteilt werden sollte.
2. Anschließend werden, gleichsam in einer unteren Stufe größerer Detaillierung, die genannten Assetklassen differenziert zusammengesetzt. Der für Anleihen vorgesehene Betrag etwa wird auf die Währungsgebiete von Euro, Dollar, Franken verteilt und es wird auch entschieden, ob nur Staatsanleihen oder vielleicht auch Anleihen nicht allerhöchster Bonität oder Liquidität gekauft werden sollen. Außerdem wird entschieden, welche Duration die Anleihen haben sollten. Ähnlich wird der für Aktien vorgesehene Betrag auf die einzelnen Industrien und Branchen verteilt.
3. Schließlich werden, dem Top-Down-Ansatz noch eine Stufe nach unten folgend, einzelne Anleihen und einzelne Aktien gewählt.

Dem Top-Down-Ansatz gegenüber steht der **Bottom-Up-Ansatz**, der "von unten nach oben" führt. Dabei werden zuerst einzelne Wertpapiere selektiert, und anschliessend wird gefragt, welche Gewichtungen durch dieses Picken die einzelnen Assetklassen überhaupt erfahren. Private Anleger favorisieren vielfach den Bottom-Up-Approach. Sie lesen gern Empfehlungen über einzelne Aktien und picken dann einzelne Unternehmen und einzelne Anleihen aufgrund von Tips. So bauen sie ihr Depot sukzessiv auf. Das Portfolio entsteht als Summe des über die Zeit hinweg praktizierten *Picking*. Jedoch entstehen nach einiger Zeit Portfolios, die zerfleddert wirken.

4.1.3 Risikoaversion

Der gegenläufige Zusammenhang (*Trade-off*) zwischen Rendite und Sicherheit (man beachte: es gibt *keinen* Trade-off zwischen "Risk" und "Return") ist das Ergebnis zweier Fakten. Ein Faktum betrifft die Finanzmärkte, das andere den individuellen Anleger.

- Eine höhere Rendite — eine Risikoprämie — kann nur erwartet und begründet erhofft werden, wenn Risiken eingegangen werden. Diese Risiken bedeuten, daß die spätere Realisation der Rendite deutlich von der zuvor gebildeten Erwartung abweichen kann.
- Alle Investoren wünschen sich höhere Renditen und alle verabscheuen das Risiko. Alle Menschen werden in mehr oder weniger abträglicher Weise beeinträchtigt, wenn sie (substantielle) Risiken übernehmen. Investoren sind risikoavers.

Risiko wurde definiert als Möglichkeit eines unerwünschten oder abträglichen Ausgangs wirtschaftlicher Aktivität; es hängt somit von den Wünschen und persönlichen Vorstellungen des Investors ab ebenso wie von dessen individueller Situation.

Deshalb ist Risiko für einen Anleger als Phänomen zu verstehen, das erstens aufgrund der persönlichen subjektiven Vorstellungen und zweitens aufgrund der objektiv erfaßbaren finanziellen Situation des Anlegers dessen Nutzen reduziert (Disutility).

Der Nutzen bei Risiko wird durch eine sogenannte Risikonutzenfunktion oder durch ein Entscheidungskriterium formal beschrieben. Die wichtigste Kenngröße der Risikonutzenfunktion beziehungsweise des Entscheidungskriteriums ist die **Risikoaversion**.

Sie erfaßt in Form einer einzigen Kenngröße, wie stark Risiko den Nutzen des betrachteten Investors beeinträchtigt — weil er einerseits *subjektiven* Vorstellungen folgt und andererseits *objektiv*, in seiner individuellen Situation, durch Risiko in eine abträgliche Lage geraten kann.

Folglich hängt das für einen Investor optimale Exposure gegenüber dem Risiko einerseits davon ab, wie stark Finanzmärkte das Tragen von Risiken *belohnen*, wie hoch die Risikoprämie "im Markt" ist.

4. EFFIZIENZ

Andererseits hängt das für eine Person optimale Exposure von der individuellen Risikoaversion ab — wie stark das betreffende Individuum die Übernahme von Risiken verabscheut, eben in abträglicher Weise darunter leidet, eine *Disutility* verspürt, persönliche psychologische Kosten und objektiv nachvollziehbare Nachteile hat.

Die mit Risiken verbundene Disutility soll später im übernächsten Kapitel 5 präzisiert werden. Auch ohne jetzt die eine oder andere Quantifizierung schon ausgeführt zu haben, läßt sich festhalten: Wie stark Finanzmärkte insgesamt das Tragen von Risiken belohnen, hängt von der "mittleren Risikoaversion" im Kollektiv aller Investoren ab. In einer Welt von Feiglingen gereicht schon wenig Mut zu hohem sozialen Ruhm. In einer Welt von Hasardeuren findet ein wenig Mut kaum Anerkennung.

Deshalb kann die Risikoprämie, mit der im Finanzmarkt das Tragen von Risiken belohnt wird, im Laufe der Zeit schwanken. Sind in einer Zeit die Anleger besonders risikoavers, dann ist auch die Risikoprämie höher. Entsprechend mehr können jene erwarten, die dennoch Risiken eingehen. Einige Beobachter meinen, daß kurz vor oder nach einem Einbruch der Kurse viele Anleger auf einmal vorsichtig (risikoaverser als bisher) werden. Deshalb ist dann die Risikoprämie um so höher. Kurz: Die Risikoprämie muß nicht über die Zeit hinweg konstant sein.

Nur als Randbemerkung sei der Hinweis verstanden, daß in unserer Welt im Sport wie im Beruf immer wieder die Herausforderung gesucht wird. Einige Menschen lieben also das Risiko, ja sogar die Gefahr. Neuere Forschungen haben scheinbar das Gen D4DR identifiziert, das als "*novelty- or thrill-seeking gene*" bekannt geworden ist. Gene führen zwar nicht direkt zu einem bestimmten Verhalten, öffnen aber eine Disposition.[5]

Auf den *einzelnen* Investor bezogen wird immer wieder festzustellen sein, daß er entweder eher *überdurchschnittlich* risikoavers oder eben *unterdurchschnittlich* risikoavers ist.

- Eine Person mit überdurchschnittlicher Risikoaversion wird die im Finanzmarkt (aufgrund der durchschnittlichen Risikoaversion) zustande kommende Risikoprämie als gering ansehen, folglich vorsichtig anlegen und ein geringes Exposure gegenüber risikobehafteten Assetklassen wählen.

- Eine Person mit unterdurchschnittlicher Risikoaversion wird die im Finanzmarkt zustande kommende Risikoprämie als relativ hoch ansehen und riskanter investieren.

Eine pauschale Annahme hinsichtlich der individuellen Risikobereitschaft zu treffen wäre folglich zu vereinfachend. Es ist erforderlich, sich genau mit dem opti-

---

[5] KARL TARO GREENFELD: Life on the Edge. *Time*, 6. September 1999, pp. 57-64. Der Artikel enthält auch einen von FRANK FARLEY entworfenen Fragebogen.

malen Exposure an Risiko für die *einzelne* Person auseinanderzusetzen. Wenn eine Anlagepolitik für die betrachtete Person zu sehr auf der sicheren Seite konzipiert ist, ist eine geringe Rentabilität die Folge. Über die Jahre hinweg ist eine zu sichere Anlage daher eine *Politik der versäumten Gelegenheiten*. Wenn eine Anlagepolitik zu riskant ist, dann können zwar höhere Renditen *erwartet* werden. Aber die Wahrscheinlichkeit ist dann doch substantiell, daß recht störende Ereignisse und für den Anleger abträgliche Situationen eintreten.

4.2 Effiziente Portfolios

4.2.1 Zwei Finanzanlagen

In der Klassischen Portfoliotheorie wird der Vorstellung gefolgt, nach der Anleger sich nur aufgrund der *finanziellen Ergebnisse* einer Kapitalanlage entscheidet. Eine Grundidee liegt dann in der Annahme: Die finanziellen Ergebnisse sind zu Beginn der Anlageperiode unsicher, jedoch läßt sich für sie eine Wahrscheinlichkeitsverteilung finden und angeben.

Betrachtet man einen Planungshorizont einer bestimmten Dauer, etwa von einem Jahr, kann die zukünftige Rendite einer Anlage — wir meinen die einfache Rendite — als *Zufallsvariable* verstanden werden.[6] Die einzelnen Finanzinstrumente oder Assetklassen werden durch die Wahrscheinlichkeitsverteilung und durch die Parameter der Verteilung der als zufällig betrachteten Renditen quantitativ be-

---

[6] Nochmals: Wir betrachten Vorgänge als zufällig, wenn beim Stand unserer Kenntnisse gesagt werden kann, daß der Vorgang zu einem mehrerer möglicher Ergebnisse führen wird, und wenn wir bereit sind, den möglichen Ergebnissen Wahrscheinlichkeiten zuzuordnen. Es wird nicht behauptet, der Kursverlauf bei einer Aktiengesellschaft sei dem Wesen nach rein zufällig — und nicht Ergebnis fundamentaler Entwicklungen, die ökonomischen Gesetzen folgten, und über die im Prinzip Insider genaueste Kenntnis haben könnten. Nur: Angesichts des Fehlens besserer Informationen sollte ein nicht perfekt informierter Anleger die Rendite als Zufallsvariable beschreiben, wenn er in einem Kalkül das für sich aufgrund seines Informationsstandes beste Portfolio zusammenstellt. Einen Vorgang als zufällig zu betrachten bedeutet nicht, daß er in Wirklichkeit und seinem Wesen nach zufällig sein müßte. Der Sachverhalt kann vielmehr so sein: Wir sind nicht vollständig informiert. Aufgrund unserer unvollständigen Information beschreiben wir einen Vorgang als zufällig, obwohl der Vorgang an sich nach logischen Prinzipien abläuft, wir aber nicht alle Gesetzmäßigkeiten und alle Einflußfaktoren kennen und überblicken. Durchaus kann für einen Beobachter mit tiefergehender Kenntnis und einem präziserem Informationsstand der Vorgang berechenbar und präzise prognostizierbar ablaufen.

4. EFFIZIENZ

schrieben. Diese Ideen waren, als sie um 1950 entwickelt worden sind, revolutionär.[7]

> Unter Risiko versteht man *Abweichungen des Anlageergebnisses von der Erwartung*. Risiko ist demnach mit den zufälligen Schwankungen der Kurse der Anlageinstrumente im Zeitablauf gleichzusetzen. Bezogen auf einen festen Planungszeitraum kann das Risiko durch die Standardabweichung der Rendite gemessen werden.

Damit sind für die quantitative Beschreibung der Zufallsvariable "Rendite" wichtig: Der Typ der Verteilung der Zufallsvariable, ihr Erwartungswert (die Renditeerwartung), ihre Streuung: das Risiko.

Die wichtigsten Größen zur Beschreibung einer *einzelnen* Anlageform, etwa einer einzelnen Aktie, einer einzelnen Anleihe oder eines Anlagefonds, sind mithin der Erwartungswert μ und die Streuung σ der einfachen Rendite $\tilde{r}$. MARKOWITZ identifizierte das "Risiko" einer Anlage mit der Unsicherheit der Rendite und schlug vor, es durch die Streuung der als zufällig betrachteten Rendite quantitativ zu messen. Betrachtet man ein *einzelnes* Anlageinstrument, so stehen nur zwei Parameter im Vordergrund: Die Renditeerwartung (*Return*) und die Streuung der Rendite (*Risk*). Betrachtet man *mehrere* Finanzinstrumente und die Möglichkeit, aus ihnen ein Portfolio zu bilden, so ergibt sich aus den Rechenregeln der Statistik folgendes:

> Die Streuung der Rendite eines Portfolios hängt nicht allein von den Streuungen der Renditen der einzelnen Wertpapiere, die das Portfolio ausmachen, ab, sondern zudem von den *Korrelationen* der Einzelrenditen untereinander.

Um Diversifikationseffekte zu quantifizieren, werden deshalb neben den Erwartungswerten und den Streuungen der Renditen der Einzelanlagen auch die Korrelationskoeffizienten benötigt.

MARKOWITZ hat Diversifikationseffekte mathematisch untersucht. Sein Ziel war, anhand der mathematischen Modellierung die Gewichtung der einzelnen Finanzinstrumente im Portfolio so berechnen zu können, daß gleichsam auf optimale Weise diversifiziert wird.

---

[7] Der mehrfach wiederabgedruckte Artikel: HARRY M. MARKOWITZ: Portfolio Selection. *Journal of Finance* VII (March 1952) 1, pp. 77-91. MARKOWITZ hat seine Untersuchungen 1959 als Buch *Portfolio Selection: Efficient Diversification of Investments* bei Wiley & Sons, New York, publiziert und später an verschiedenen Stellen über Algorithmen zur Ermittlung effizienter Portfolios mit Hilfe von Computern berichtet.

Bild 4-1: HARRY M. MARKOWITZ, geboren 1927, modellierte das Problem der Portfolioselektion mathematisch und befaßte sich mit Computeralgorithmen zur Berechnung der effizienten Portfolios. Nach dem Studium an der University of Chicago veröffentlichte MARKOWITZ erste Ideen zur Diversifikation und zur Bestimmung effizienter Portfolios in einem Aufsatz, der 1952 im *Journal of Finance* erschien. Er erwarb den Ph.D. im Jahre 1955 und publizierte seinen Ansatz 1959 in dem Buch *Portfolio Selection: Efficient Diversification of Investments*. Im Jahr 1987 hat MARKOWITZ eine Zusammenfassung seines Werkes unter dem Titel *Mean-Variance-Analysis* als Buch veröffentlicht. Seine größte Entdeckung ist, daß zwischen dem Risiko eines Portfolios und den Risiken der Einzelanlagen streng unterschieden werden muß. Das Risiko eines Portfolios ist nicht etwa gleich dem durchschnittlichen Risiko der Komponenten, sondern es hängt wesentlich von den Kovarianzen der Einzelrenditen ab.

Zunächst wurde eine instruktive grafische Illustration entwickelt: Das **Risk-Return-Diagramm**.

Viele Argumentationen der Portfoliotheorie werden anhand der beiden Parameter Renditeerwartung (Return) und Renditestreuung (Risk) geführt. Deshalb ist es nützlich, einzelne Finanzinstrumente ebenso wie Portfolios in einer zweidimensionalen Grafik zu positionieren. Die Renditen werden anhand ihrer jeweiligen Parameter Risk (x-Achse, Abszisse) und Return (y-Achse, Ordinate) dargestellt.

Wir behandeln ein praktisches Beispiel. Es werden zwei "risikobehaftete Finanzinstrumente" betrachtet.

4. EFFIZIENZ

- Das könnten einzelne Aktien sein, Gruppen aus Aktien, Anleihen mit langer Restlaufzeit (deren Rendite auf einen Planungshorizont von ein Jahr bezogen eine positive Streuung aufweist) oder Gruppen solcher Anleihen.
- Um nicht jedesmal den schwerfälligen Ausdruck *risikobehaftete Finanzinstrumente* verwenden zu müssen, sprechen wir immer wieder kurz und anschaulich von *Aktien*.
- Die beiden Aktien sollen mit dem Index $k = 1,2$ bezeichnet werden; die Rendite der Aktie k im Planungshorizont sei $\tilde{r}_k$ und habe die Verteilungsparameter Return $\mu_k = E[\tilde{r}_k]$ und Risk $\sigma_k = \sqrt{Var[\tilde{r}_k]}$. Neben diesen Parametern der einzelnen Verteilungen soll $\rho_{1,2} = Cov[\tilde{r}_1, \tilde{r}_2]/(\sigma_1 \cdot \sigma_2)$, der Korrelationskoeffizient zwischen $\tilde{r}_1$ und $\tilde{r}_2$ gegeben sein.

Nun werde ein Portfolio betrachtet, welches insgesamt den Betrag s_0 in die beiden Aktien investiert, und zwar den Betrag $x \cdot s_0$ in die zweite Aktie und folglich den Betrag $(1-x) \cdot s_0$ in die erste Aktie.

Die so erzeugte Portfoliorendite sei mit $\tilde{r}(x)$ bezeichnet. Nach der Definition "Endbetrag minus Anfangsbetrag geteilt durch Anfangsbetrag" ist die Portfoliorendite ein gewichtetes Mittel der Einzelrenditen:

$$\tilde{r}(x) = \frac{(1-x) \cdot s_0 \cdot (1+\tilde{r}_1) + x \cdot s_0 \cdot (1+\tilde{r}_2) - s_0}{s_0} = (1-x) \cdot \tilde{r}_1 + x \cdot \tilde{r}_2 .$$

Aufgrund der Linearitätseigenschaft des Erwartungswerts ist auch der Return des Portfolios ein gewichtetes Mittel der Renditeerwartungen der Einzelanlagen:

$$\begin{aligned} \mu(x) \equiv E[\tilde{r}(x)] &= E[(1-x) \cdot \tilde{r}_1 + x \cdot \tilde{r}_2] = \\ &= (1-x) \cdot E[\tilde{r}_1] + x \cdot E[\tilde{r}_2] = \\ &= (1-x) \cdot \mu_1 + x \cdot \mu_2 = \mu_1 + x \cdot (\mu_2 - \mu_1) . \end{aligned}$$

Deshalb verändert sich, wenn die als Variable betrachtete Quote x der zweiten Aktie sich von 0 bis 1 ändert, der Return des Portfolios von μ_1 bis μ_2, und zwar in einer zu x proportionalen Weise.

Interessant wird es, wenn das Risk des Portfolios betrachtet wird: Für die Varianz der Portfoliorendite $\tilde{r}(x)$ gilt:

$$\begin{aligned} Var[\tilde{r}(x)] &= Var[(1-x)\cdot\tilde{r}_1 + x\cdot\tilde{r}_2] = \\ &= (1-x)^2 \cdot Var[\tilde{r}_1] + x^2 \cdot Var[\tilde{r}_2] + 2\cdot Cov[(1-x)\cdot\tilde{r}_1, x\cdot\tilde{r}_2] = \\ &= (1-x)^2 \cdot \sigma_1^2 + x^2 \cdot \sigma_2^2 + 2\cdot(1-x)\cdot x\cdot\sigma_1\cdot\sigma_2\cdot\rho_{1,2} \end{aligned}$$

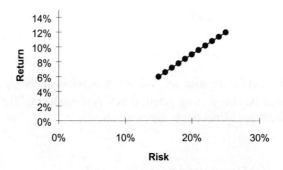

Positionen der Portfoliorendite: Korr=1

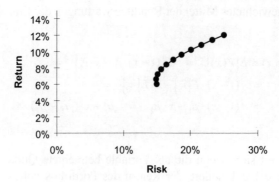

Positionen der Portfoliorendit: Korr=0,5

4. EFFIZIENZ

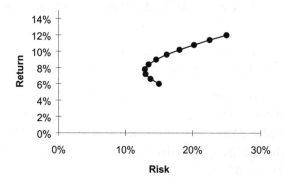

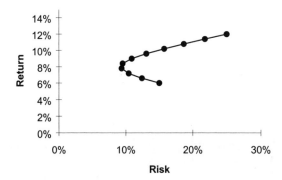

Bild 4-2: Die vier Abbildungen veranschaulichen Return und Risk des Portfolios für verschiedene Koeffizienten der Korrelation.

Deshalb ist das Risk des Portfolios ein im allgemeinen nicht proportional, sondern nicht-linear mit x variierender Term:

$$\sigma(x) \equiv \sqrt{Var[\tilde{r}(x)]} = \sqrt{(1-2x+x^2)\cdot\sigma_1^2 + x^2\cdot\sigma_2^2 + 2\cdot(x-x^2)\cdot\sigma_1\cdot\sigma_2\cdot\rho_{1,2}}$$

Das Verhalten dieses Terms ist interessant, weil für gewisse Kombinationen der beiden Aktien, also für gewisse Werte von x ein Risk $\sigma(x)$ entstehen kann, welches kleiner ist als der kleinere der beiden Werte σ_1 und σ_2. Das ist ein starker Beweis für die Diversifikation.

In den gezeigten vier Risk-Return-Diagrammen sind die Verteilungsparameter der beiden betrachteten Aktien $\mu_1 = 6\%$, $\sigma_1 = 15\%$, $\mu_2 = 12\%$ und $\sigma_1 = 25\%$.

Die vier Darstellungen unterscheiden sich nur durch den Koeffizienten der Korrelation. Er hat die Werte $\rho_{1,2} = 1$, (perfekte Korrelation) $\rho_{1,2} = +0,5$, $\rho_{1,2} = 0$ (Renditen der beiden Aktien sind unkorreliert) und $\rho_{1,2} = -0,5$. Die 11 Punkte auf den Kurven stehen für die Quoten der zweiten Aktie von $x = 0$ über $x = 0,1$ und $x = 0,2$ weiter bis $x = 0,9$ und $x = 1$.

4.2.2 Effizienzkurve

Diese Betrachtung kann direkt auf mehr als 2 risikobehaftete Anlageinstrumente ausgedehnt werden.

Das nachstehende Risk-Return-Diagramm illustriert den Fall von $n = 4$ als gegeben betrachteten Aktien. Die vier mit A, B, C, D bezeichneten Aktien seien anhand der Erwartungswerte $\mu_A, \mu_B, \mu_C, \mu_D$ und der Streuungen $\sigma_A, \sigma_B, \sigma_C, \sigma_D$ ihrer jeweiligen Rendite positioniert.

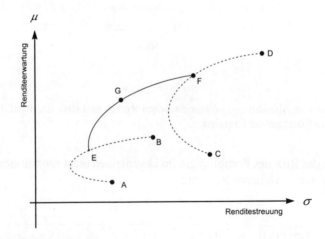

Bild 4-3: Veranschaulichung der Position eines Portfolios G im Risk-Return-Diagramm. Es ist durch Kombination der ursprünglichen vier Portfolios A, B, C, D entstanden.

4. EFFIZIENZ

Sodann werden durch Mischung von A und B Portfolios erzeugt. Deren Renditen sind auf der einen gestrichelten Kurve (Hyperbel) positioniert, die A und B verbindet; E ist ein konkretes Portfolio, welches aus A und B zusammengesetzt wurde. Ferner werden durch Mischung von C und D Portfolios erzeugt. Deren Renditen sind auf der anderen gestrichelten Kurve positioniert; F ist ein konkretes Portfolio, welches aus C und D zusammengesetzt wurde. Schließlich werden alle Portfolios betrachtet, die in variabler Gewichtung wiederum aus E und F zusammengesetzt sind.

Die so entstehenden Portfolios sind auf der durchgezogenen Kurve positioniert; G ist eines der so erzeugten Portfolios. Das Portfolio G setzt sich also aus A, B, C und D zusammen. Für diese Mischungen müssen die $6 = 4 \cdot (4-1)/2$ Korrelationskoeffizienten $\rho_{AB}, \rho_{AC}, \rho_{AD}, \rho_{BC}, \rho_{BD}, \rho_{CD}$ bekannt sein.

Es ist unschwer einzusehen, daß die Renditeparameter Risk und Return von G variieren, wenn sich die Gewichte verändern — anders ausgedrückt: Wenn E auf der gestrichelten Kurve variiert, die von A nach B führt, und wenn F auf der gestrichelten Kurve variiert, die von C nach D führt. Das nachstehende Bild 4-4 zeigt *eine* solche Variation.

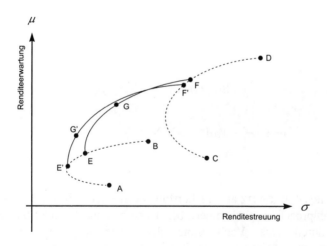

Bild 4-4: Um Unterschied zum letzten Bild ist eine weitere Kombination der vier Aktien gezeigt. Sie führt auf das mit G' bezeichnete Portfolio.

Selbstverständlich kann auf diese Weise eine Vielzahl von Portfolios erzeugt werden, und anstandslos lassen sich diese Überlegungen auf jenen Fall übertragen, in dem n risikobehaftete Anlageinstrumente — auch mehr als vier Aktien —

ursprünglich gegeben sind, aus denen dann durch Variation der Gewichtungen Portfolios generiert werden.

Ein kurze formale Betrachtung:

Die n ursprünglich gegebenen Aktien sollen im betrachteten Planungszeitraum die mit $\tilde{r}_k$ bezeichneten (einfachen) Renditen haben. Mit $\mu_k \equiv E[\tilde{r}_k]$ sind die Renditeerwartungen und mit $\sigma_k \equiv \sqrt{Var[\tilde{r}_k]}$ die Streuungen der Renditen bezeichnet, $k = 1, 2, ..., n$.

Diese $2 \cdot n$ Parameter sollen gegeben sein sowie außerdem die $n \cdot (n-1)/2$ Koeffizienten der Korrelation, $\rho_{j,k}$, $\rho_{j,k} \equiv Cov[\tilde{r}_j, \tilde{r}_k]/(\sigma_j \cdot \sigma_k)$.

Die Entscheidungsvariable, welche die Asset-Allokation festlegen, sind die Gewichte, welche die Aktien zu Beginn des Planungszeitraums haben sollen. Sie werden mit $x_1, x_2, ..., x_n$ bezeichnet.

Diese Entscheidungsvariablen sollen zunächst als nicht-negativ vorausgesetzt werden (keine Short-Positionen oder Leerverkäufe), $x_k \geq 0$, und außerdem sollen sie sich zu 1 summieren: $x_1 + x_2 + ... + x_n = 1$. Die Rendite $\tilde{r}_P(x_1, x_2, ..., x_n)$ des durch diese Gewichte definierten Portfolios und ihre Parameter sind:

$$\tilde{r}_P = \sum_{k=1}^{n} x_k \cdot \tilde{r}_k ,$$

also $\mu_P \equiv E[\tilde{r}_P] = \sum_{k=1}^{n} x_k \cdot \mu_k$

und $\sigma_P^2 \equiv Var[\tilde{r}_P] = \sum_{j=1}^{n} \sum_{k=1}^{n} x_j \cdot x_k \cdot \sigma_j \cdot \sigma_k \cdot \rho_{j,k}$.

Sodann hatte MARKOWITZ all jene Portfolios von einer weiteren Berücksichtigung im Auswahlprozeß ausgeklammert, bei denen es ohne Nachteil hinsichtlich des Returns durch eine Veränderung der Gewichtung der einzelnen Finanzinstrumente möglich wäre, das Portfoliorisiko zu reduzieren.

Wird beispielsweise das Portfolio G' mit dem Portfolio E verglichen, so fällt auf, daß G' sowohl hinsichtlich der Renditeerwartung als auch hinsichtlich des Risikos überlegen ist. Das Portfolio E ist klar von G' dominiert.

Ein Portfolio, zu dem es ein anderes, ebenso aus den ursprünglich zur Auswahl stehenden risikobehafteten Anlageinstrumenten zusammengesetztes Portfolio gibt, das hinsichtlich Renditeerwartung (ohne Nachteil hinsichtlich des Risikos)

4. EFFIZIENZ

oder hinsichtlich des Risikos (ohne Nachteil bei der Renditeerwartung) überlegen wäre, wird als **dominiert** oder als **nicht-effizient** bezeichnet.

> Ein Portfolio wird als **effizient** bezeichnet, wenn es folgende Eigenschaft besitzt: Durch eine Veränderung der Gewichtung der einzelnen Finanzinstrumente kann nicht erreicht werden, daß sich — ohne Nachteil hinsichtlich des Returns — das Portfoliorisiko weiter reduzieren läßt. Es kann auch nicht durch eine Veränderung der Gewichtung der ursprünglich gegebenen Finanzinstrumente erreicht werden, daß — ohne Nachteil hinsichtlich der Streuung der Rendite — ein Portfolio mit einer höheren Renditeerwartung entsteht.

Effiziente Portfolios sind gleichsam solche, welche auf optimale Weise die Möglichkeiten der Risikoreduktion durch Diversifikation verwirklichen.

Wichtig: Da die Diversifikationsmöglichkeiten quantitativ durch Parameter wie die erwarteten Renditen, ihre Streuungen und die Korrelationskoeffizienten beschrieben werden konnten, hängt die Zusammensetzung **optimal diversifizierter Portfolios** allein von eben diesen Parametern ab. Insbesondere spielt die Korrelation eine wichtige Rolle für die Diversifikation.

Die Bestimmung der Effizienzkurve sollte deshalb vorangehen können, sobald die Parameter der Wahrscheinlichkeitsverteilungen der Renditen bekannt sind.[8]

Nicht-effiziente Portfolios scheiden **in dieser Modellwelt** für eine Anlage aus. Offensichtlich gibt es aber viele effiziente Portfolios.

- Keines von ihnen ist durch ein anderes Portfolio dominiert. Zwar haben einige der effizienten Portfolios höhere Renditeerwartungen als andere, aber gleichzeitig auch höhere Renditestreuungen.
- Ohne weitere Annahmen ist es nicht möglich, eine Auswahl aus der Menge effizienter Portfolios zu treffen.

MARKOWITZ war daher bestrebt, die Menge aller effizienten Portfolios zu *berechnen* und entwickelte hierzu verschiedene Computerprogramme.

Außerdem konnte gezeigt werden, daß alle effizienten Portfolios im Risk-Return-Diagramm auf einer Kurve zu positionieren sind. Es handelt sich dabei um die

---

[8] An dieser Stelle muß ein Punkt wiederholt werden, der häufig zu Mißverständnissen führt: Vielfach ist zu hören, die Portfoliotheorie behaupte, man *müsse* die Wahrscheinlichkeitsverteilung für die unsichere, zukünftige Rendite aus den Renditen der Vergangenheit schätzen. Das ist nicht ganz korrekt. Zunächst ist noch gar nichts darüber gesagt, woher ein Finanzinvestor die Informationen nimmt, um die Wahrscheinlichkeitsverteilung der unsicheren, zukünftigen Rendite zu beschreiben. Natürlich liefert ein Blick in die Vergangenheit vielfach ein brauchbares Indiz. Aber es können bei der Bildung von Erwartungen durchaus weitere Informationen einfließen, wie sie etwa das Research und die Finanzanalyse bieten.

obere Einhüllende aller aus den ursprünglich gegebenen n risikobehafteten Anlageinstrumenten erzeugbaren Portfolios. Diese Kurve heißt **Effizienzkurve** oder MARKOWITZ'sche Effizienzkurve.

Mit etwas Mathematik — die wir uns ersparen — läßt sich zeigen: Die Effizienzkurve ist der obere Ast einer sich nach rechts öffnenden Hyperbel. In einem Diagramm mit den Achsen Erwartungswert und *Varianz* der Rendite wäre die Effizienzkurve eine Parabel. Eine Hyperbel nähert sich asymptotisch einer Geraden. Deshalb ist es falsch, die Effizienzkurve wie ein Ei gekrümmt zu zeichnen.

Der Scheitelpunkt ist dasjenige Portfolio, welches unter allen aus den n ursprünglich gegebenen Aktien die geringste Streuung, das geringste Risiko besitzt. Es ist hier mit dem Buchstaben R bezeichnet, weil die Bedeutung dieses Portfolios zuerst von ROY aufgezeigt wurde.[9]

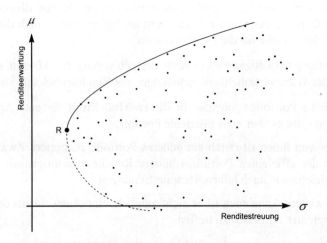

Bild 4-5: Die Effizienzkurve als obere Einhüllende der aus den ursprünglich gegebenen Aktien durch Variation der Gewichte erzeugbaren Portfolios, positioniert anhand ihrer Renditeerwartung und Renditestreuung im Risk-Return-Diagramm. Die Effizienzkurve ist der obere Ast einer sich nach rechts öffnenden Hyperbel. Der Scheitelpunkt ist die Position des von Roy entdeckten Safety-First-Portfolios.

---

[9] ARTHUR D. ROY: Safety First and the Holding of Assets. *Econometrica* 20 (July 1952), pp. 431-439.

ROY charakterisierte dieses Portfolio R als *"safety first"*. In der Tat löst dieses Portfolio R, das **Safety-First-Portfolio**, die Aufgabe, aus den n ursprünglich gegebenen Aktien ein Portfolio mit möglichst geringem Risiko zu erzeugen.

- Das Safety-First-Portfolio ist effizient: Zwar ist es möglich, durch eine kleine Erhöhung des Risk einen sogar beträchtlichen Zugewinn an Renditeerwartung zu erhalten, aber ganz ohne Erhöhung des Risk läßt sich kein Portfolio finden, welches eine im Vergleich zu R höhere Renditeerwartung hätte.

- Zugleich ist das Portfolio R als Grenzpunkt auf der MARKOWITZ'schen Effizienzkurve positioniert: es ist der Scheitelpunkt der Hyperbel, dessen oberer Ast die Markowitz'sche Effizienzkurve darstellt.

4.2.3 Wichtiger Nachsatz

Einige Leser und Leserinnen werden es als intuitiv klar akzeptieren, daß einem Anleger davon *abgeraten* werden soll, ein nicht-effizientes Portfolio zu wählen. Schließlich ist die Renditeerwartung ein wünschenswertes Merkmal des Portfolios, Renditestreuung dagegen ist für alle Investoren ein nachteiliges Merkmal.

Wenn es also ein Portfolio P mit den beiden Parametern μ_P und σ_P nicht-effizient ist, dann heißt das nichts anderes, als daß es ein Portfolio Q mit den Parametern μ_Q und σ_Q gibt, wobei $\mu_P < \mu_Q$ und $\sigma_P > \sigma_Q$ gilt. Genauer gesagt sollte $\mu_P < \mu_Q$ und $\sigma_P \geq \sigma_Q$ oder $\mu_P \leq \mu_Q$ und $\sigma_P > \sigma_Q$ gelten, aber diese Feinheit spielt für unseren Punkt keine Rolle.

Jedenfalls ist Q hinsichtlich der betrachteten Parameter besser als P, es dominiert P. Wer würde dann noch das Portfolio P empfehlen?

Leider ist die Überlegung recht partiell geführt. Ein Beispiel aus einem anderen Lebensbereich soll den Punkt erhellen.

Jemand möchte ein Auto kaufen. Der Interessent denkt, die in Kilowatt (KW) gemessene Stärke des Motors sei für alle Autobesitzer ein wünschenswertes Merkmal, und der Benzinverbrauch sei für alle Personen ein nachteiliges Merkmal. Automodelle, die für einen Kauf in Frage kommen, werden anhand dieser für alle Menschen wichtigen Merkmale in einem "KW-Verbrauch-Diagramm" positioniert. Es wird einige effiziente Autos geben und es wird auch andere Autos geben, die hinsichtlich der beiden Merkmale dominiert sind. Ist nun davon abzuraten, ein hinsichtlich der beiden Merkmale nicht-effizientes Auto zu kaufen?

Nein! Denn bei Autos sind *weitere* Merkmale ebenso wünschenswert. Dazu gehören zweifellos die Sicherheit, der Komfort, das Design und Kaufinteressenten achten auch auf den Preis. Durchaus kann der Fall eintreten, daß ein hinsichtlich Motorstärke und Benzinverbrauch klar dominiertes, also nicht-effizientes Modell, hinsichtlich der anderen Merkmale Sicherheit, Komfort und Design so herausragt, daß es der Kaufinteressent allen hinsichtlich Motorstärke und Benzinverbrauch effizienten Modellen vorzieht.

Nun gehen wir zurück zur Auswahl von Portfolios. Es mag schon zweckmäßig sein, bei der Zusammenstellung eines Portfolios nur auf die Rendite im Planungszeitraum zu achten. Die Rendite ist eine Wahrscheinlichkeitsverteilung. Wir hatten in Kapitel 3 gesehen, daß es angezeigt sein kann, die Wahrscheinlichkeitsverteilung nicht allein durch zwei Parameter, die Renditeerwartung und die Renditestreuung zu beschreiben. Beispielsweise wurden noch die Schiefe und die Kurtosis genannt.

1. Durchaus kann es sein, daß in der Präferenz eines Investors die Schiefe eine große Rolle einnimmt. Eine Rechtsschiefe beispielsweise drückt die Chancen eines großen Vermögensgewinns aus.

2. Die Kurtosis hatte ausgedrückt, wie wahrscheinlich extreme Werte bei der betrachteten Renditeverteilung sind. Auch dieser Aspekt kann für einen Investor wichtig sein, besonders dann, wenn Wertverlusten eine größere Wahrscheinlichkeit zukommt als gemeinhin angenommen.

3. Es könnte auch sein, daß ein Investor der Minimalen Erwarteten Rendite oder den Value-at-Risk als für sich persönlich wichtiges Risikomaß betrachtet und von zwei Portfolios mit derselben Renditeerwartung jenes bevorzugt, das eine größere Minimale Erwartete Rendite beziehungsweise einen geringeren VaR aufweist. Auch die Zielsetzung, den VaR zu minimieren, führt in gewissen Situationen auf Portfolios, die nicht-effizient bezüglich Renditeerwartung und Renditestreuung sind.[10]

Es ist demnach nicht schwer Beispiele zu konstruieren, bei denen ein konkreter Investor sich am Ende für eine hinsichtlich der beiden Merkmale Renditeerwartung und Renditestreuung nicht-effizientes Portfolio entscheidet, weil die getroffene Wahl gerade hinsichtlich Schiefe und Kurtosis dem Investor besonders wünschenswert erscheint.

---

[10] Hierzu etwa: DIETER GRAMLICH, BENJAMIN TOBIAS PEYLO, MARTIN STAADEN: Effiziente Portefeuilles im $\mu-$/VaR-Raum. *Die Bank* (1999) 6, pp. 422-425.

4. EFFIZIENZ

Bild 4-6: Wer in den Wirtschaftswissenschaften von "Effizienz" spricht, denkt vielfach zunächst an die Pareto-Effizienz, benannt nach VILFREDO PARETO (geboren 1848 in Paris, verstorben 1923 in Celigny, Schweiz): Mathematiker, Ingenieur, Ökonom und Soziologe. Der Vater, Italiener, und seine französische Frau gingen mit dem jungen VILFREDO nach Italien wo dieser am "*Reale Politecnico*" in Turin Ingenieurwesen studierte. Von 1870-1892 wohnte PARETO in Florenz, wo er als Ingenieur arbeitete und sich nebenbei mit Philosophie und Staatswissenschaften befaßte. Hier schrieb er Aufsätze, in denen die Mathematik auf Fragen der Wirtschaftswissenschaften übertragen worden ist. Aufgrund seiner mathematischen Begabung wurde PARETO 1893 an die Universität Lausanne berufen, wo er den Lehrstuhl von LÉON WALRAS (1834-1910) übernahm und die von WALRAS begründete "Lausanner Schule" fortführte und ausbaute. Diese Denkschule untersuchte mit Hilfe des Grenznutzens (*Marginalismus*) Gleichgewichte, die als Ergebnis des Marktgeschehens entstehen. Von PARETO stammen grundlegende Beiträge zur Stellung der Wirtschaftswissenschaften als Teilgebiet der Sozialwissenschaften und zur Methodologie. Auf ihn geht die Unterscheidung von "kardinalen" und "ordinalen" Nutzenfunktionen zurück, und er präzisierte den persönlichen Nutzen eines Individuums als begrifflich losgelöst von der Wohlfahrt des Kollektivs. Eine Allokation von Gütern wird heute als Pareto-Effizient bezeichnet, wenn keine andere Güterverteilung möglich ist, bei der wenigstens eine Person einen höheren (individuellen) Nutzen hätte, niemand aber eine Nutzeneinbuße erleiden müßte.

Nutzenfunktionen und Präferenzen, anhand derer Entscheidungen unter Risiko getroffen werden, wurden bislang überhaupt nicht betrachtet (wir holen das in dem mit "Risikoaversion" überschriebenen Kapitel nach).

Haben wir also mit der bisherigen Entwicklung der Klassischen Portfoliotheorie einen Fehler begangen?

Nein! Alle Aussagen waren insoweit richtig. Nur werden wir später eine Feststellung machen, wenn Nutzenfunktionen und Präferenzen für Entscheidungen unter Risiko besprochen werden.

> Es ist eine geeignete Einschränkung erforderlich, damit tatsächlich die Investoren ein Portfolio Q, welches hinsichtlich der beiden Merkmale Renditeerwartung und Renditestreuung einem Portfolio P überlegen ist, für wünschenswerter oder persönlich nützlicher halten als das nicht-effiziente Portfolio P. Andernfalls dürfen Aussagen wie "Nicht-effiziente Portfolios scheiden für eine Anlage aus" nicht getroffen werden.

Es wird sich zeigen, daß hier zwei Wege der Einschränkung möglich sind.

Ein Weg besteht darin, die Präferenz des Investors auf einen speziellen Typ (Quadratische Nutzenfunktion) einzuschränken, wohl aber für die Renditeverteilungen alle Verteilungstypen zuzulassen. Allerdings ist die hier zu treffende Annahme über die Nutzenfunktion empirisch und sachlogisch wenig haltbar.

Ein zweiter Weg besteht darin, die zulässigen Renditeverteilungen auf den Typus der Normalverteilung einzuschränken.

Wie zuvor ausgeführt, ist diese Annahme durchaus mit der Empirie in Einklang zu bringen. Die hierfür eingangs genannten Bedingungen lauten:

1. Bei den risikobehafteten Anlageinstrumenten handelt es sich um Aktien und Bonds (mit langer Restlaufzeit) — nicht aber um Instrumente (wie Optionen), die asymmetrische Renditen bewirken.

2. Der Planungshorizont beträgt ein Jahr (oder weniger), jedenfalls nicht wesentlich mehr als ein Jahr. Denn andernfalls würde sich markant bemerkbar machen, daß die Anlageergebnisse mit den genannten risikobehafteten Anlageinstrumenten (Aktien, Anleihen) nicht mehr als normalverteilt angenommen werden können.

4.2.4 Algorithmus

In die Computerprogramme zur Berechnung der Effizienzkurve wurden zunächst n und die Parameter $\mu_1,...,\mu_n$, $\sigma_1,...,\sigma_n$, $\rho_{1,2},...,\rho_{1,n},\rho_{2,3},...,\rho_{2,n},...,\rho_{n-1,n}$ der Aktien eingegeben.

Dann gingen die Algorithmen **parametrisch** vor. Das heißt, es wurde das Niveau h der Rendite $\mu_P = h$ als Parameter vorgegeben, und es wurde sodann für dieses h rechnerisch versucht, über Variation der Entscheidungsvariablen $x_1, x_2,..., x_n$

4. EFFIZIENZ

das Risiko zu minimieren — oder was auf dasselbe hinausläuft, das Quadrat des Risikos zu minimieren.

$$\sigma_P^2(x_1, x_2, ..., x_n) \equiv \sum_{j=1}^{n} \sum_{k=1}^{n} x_j \cdot x_k \cdot \sigma_j \cdot \sigma_k \cdot \rho_{j,k} \longrightarrow Min .$$

Dabei sind diese Nebenbedingungen zu beachten:

$$h = \sum_{k=1}^{n} x_k \cdot \mu_k ,$$

$$x_1 + x_2 + ... + x_n = 1,$$

$$x_k \geq 0, \quad k = 1, 2, ..., n .$$

Die gefundene Lösung stellt ein effizientes Portfolio mit der Renditeerwartung $h = \mu_P$ dar. Anschließend wird der Parameter h variiert und so die Schar effizienter Portfolios berechnet.

- Selbstverständlich findet der Algorithmus für Werte von h, die kleiner gewählt sind als die Renditeerwartung des Safety-First-Portfolios, Portfolios auf dem unteren Ast der Hyperbel (die nicht effizient sind),
- und selbstredend bedeuten die Nebenbedingungen $x_1 + x_2 + ... + x_n = 1$ und $x_k \geq 0$, $k = 1, 2, ..., n$, daß kein Portfolio mit einer Renditeerwartung konstruiert werden kann, die größer wäre als der größte Return der n Aktien.

Die im Algorithmus gewählte Zielfunktion ist quadratisch und daher besonders leicht zu behandeln: Die partielle Ableitung von $\sigma_P^2(x_1, x_2, ..., x_n)$ nach x_j ist

$$\frac{\partial \sigma_P^2(x_1, x_2, ..., x_n)}{\partial x_j} = 2 \cdot \sum_{k=1}^{n} x_k \cdot \sigma_j \cdot \sigma_k \cdot \rho_{j,k} .$$

Die erste Nebenbedingung in Form der Gleichung $x_1 + x_2 + ... + x_n = 1$ wird mit der Technik der Lagrangemultiplikatoren berücksichtigt; die Nebenbedingungen in Form der Ungleichungen $x_k \geq 0$, $k = 1, 2, ..., n$ werden durch den Kuhn-Tucker-Ansatz berücksichtigt.

Insgesamt wird mit einigen Umformungen die Lösung $x_1, x_2, ..., x_n$ in Abhängigkeit des Parameters h durch ein lineares Gleichungssystem bestimmt. Um es zu lösen, können numerische Verfahren eingesetzt werden. Im Fall $n = 2$ kann sogar eine explizite Lösung angegeben werden. Wir werden die Lösung weiter unten wiedergeben und können es an dieser Stelle bei den Bemerkungen über den Algorithmus zur Berechnung aller effizienten Portfolios der Effizienzkurve bewenden lassen.

Zur Rekapitulation: Die nach LAGRANGE[11] benannte Methode betrifft eine Funktion f einer oder mehrerer Variablen $x_1, x_2, ..., x_n$, die unter der Nebenbedingung in Gleichungsform $g(x_1, x_2, ..., x_n) = 0$ zu maximieren (beziehungsweise zu minimieren, was wir nicht weiter eigens betonen).

Unter gewissen Voraussetzungen der Differenzierbarkeit ist die gesuchte Lösung zugleich ein Maximum (Minimum) der sogenannten Lagrangefunktion

$$L(x_1, x_2, ..., x_n, \lambda) \equiv f(x_1, x_2, ..., x_n) - \lambda \cdot g(x_1, x_2, ..., x_n).$$

Die gesuchte Lösung — sie sei mit $x_1^*, x_2^*, ..., x_n^*$ bezeichnet — kann deshalb über eine Maximierung (Minimierung) der Lagrangefunktion gefunden werden. Hierbei handelt es sich um eine Maximierungsaufgabe *ohne* Nebenbedingungen. Der Lagrangemultiplikator λ drückt aus, was es in Einheiten der Zielfunktion kostet, daß die Nebenbedingung zu beachten ist.

Das heißt,

$$\lambda = \sum_{k=1}^{n} \left(\frac{\partial f}{\partial x_k}\right) \bigg/ \left(\frac{\partial g}{\partial x_k}\right).$$

Der Kuhn-Tucker-Ansatz ist eine Verallgemeinerung und behandelt die Aufgabe, $f(x_1, x_2, ..., x_n)$ unter der Nebenbedingung $g(x_1, x_2, ..., x_n) \geq 0$ in Ungleichungsform zu maximieren.[12] Es gilt:

---

[11] JOSEPH LOUIS LAGRANGE (1736-1813) wurde früh (zwischen 16 und 19 Jahren) Professor in Turin, ging dann 1766 an die Preußische Akademie der Wissenschaften nach Berlin. Nach dem Tod von Friedrich II der Große (1712-1786) nahm LAGRANGE 1797 in Paris eine Professur an der neugegründeten École Polytechnique an. LAGRANGE dachte analytisch, abstrakt und formal. So gilt er als Wegbereiter des modernen mathematischen Formalismus.

[12] HAROLD W. KUHN und ALBERT W. TUCKER publizierten ihre gemeinsame Arbeit 1951, mit der die "Nichtlineare Programmierung" entstand. KUHN ist Professor Emeritus für Mathematische Ökonimie der Princeton University und wurde 1994 mit dem Nobelpreis geehrt, er hatte wesentliche Beiträge zur Spieltheorie geleistet.

- Liegt das gesuchte Optimum $x_1^*, x_2^*, ..., x_n^*$ im Innern des zulässigen Bereichs, das heißt, $g(x_1^*, x_2^*, ..., x_n^*) > 0$, dann ist der entsprechende Lagrangemultiplikator gleich 0.

- Liegt das Optimum dagegen auf dem Rand des zulässigen Bereichs, $g(x_1^*, x_2^*, ..., x_n^*) = 0$, dann ist der entsprechende Lagrangemultiplikator positiv.

Wenn es nicht nur eine Nebenbedingung, sondern m Funktionen $g_1, g_2, ..., g_m$ der n Variablen $x_1, x_2, ..., x_n$ gibt, dann hat man m Lagrangemultiplikatoren $\lambda_1, \lambda_2, ..., \lambda_m$ und ansonsten gelten die eben getroffenen Aussagen.[13]

4.2.5 Die "two-fund separation"

Die Effizienzkurve ist als Abschnitt einer (spezielle) Hyperbel bereits festgelegt, wenn zwei auf ihr liegende Punkte bekannt sind. Das bedeutet: Sofern, woher auch immer, die Renditeerwartungen und die Renditestreuungen sowie der Korrelationskoeffizient für zwei effiziente Portfolios bekannt ist, dann lassen sich aus diesen fünf Parametern die Gleichung der Hyperbel (Effizienzkurve) analytisch bestimmen. Alle anderen effizienten Portfolios sind durch diese beiden Portfolios bereits bestimmt. Alle effizienten Portfolios lassen sich durch Kombination der beiden effizienten Portfolios gewinnen.

Dieses Ergebnis wir als **"two-fund separation"** bezeichnet.[14]

Das Ergebnis sei formal notiert. Die beiden Portfolios, von denen bekannt sei, daß sie effizient sind, sollen mit F und G bezeichnet werden; die fünf Verteilungsparamter sind $\mu_F, \mu_G, \sigma_F, \sigma_G$ und ρ_{FG}. Ohne Beschränkung der Allgemeinheit setzen wir $\mu_F < \mu_G$ und $0 < \sigma_F < \sigma_G$ voraus.

Zur Vereinfachung der Notation bestimmen wir aus den Parametern die fünf Größen $a, b, ..., e$ wie folgt:

$$a = \mu_F, \quad b = \mu_G - \mu_F, \quad c = \sigma_F^2,$$

---

[13] Zur Mathematik etwa: AKIRA TAKAYAMA: *Mathematical Economics*. Dryden Press, Hinsdale, Illinois 1974. Direkt auf die Portfolioselektion bezogen ist: MARKUS RODOLF: *Algorithms for Portfolio Optimization and Portfolio Insurance*. Bank- und finanzwirtschaftliche Forschungen, Verlag Haupt, Bern 1994.

[14] Hierzu: 1. JONATHAN E. INGERSOLL, Jr.: *Theory of Finacial Decision Making*. Rowman & Littlefields, Bollman Place, Savage, Maryland, 1987, pp.151-165. 2. ROBERT C. MERTON: An Analytic Derivation of the Efficient Portfolio Frontier. *Journal of Financial and Quantitative Analysis* 7 (1972), pp. 1850-1872.

$$d = 2 \cdot (\sigma_F \cdot \sigma_G \cdot \rho_{FG} - \sigma_F^2),$$

$$e = \sigma_F^2 + \sigma_G^2 - 2 \cdot \sigma_F \cdot \sigma_G \cdot \rho_{FG}.$$

Dann lautet die Gleichung der Hyperbel, auf der neben F und G alle anderen effizienten Portfolios P positioniert sind:

$$\sigma_P = \sqrt{\left(c - \frac{a \cdot d}{b} + \frac{a^2 \cdot e}{b^2}\right) + \left(\frac{d}{b} - \frac{2 \cdot a \cdot e}{b^2}\right) \cdot \mu_P + \frac{e}{b^2} \cdot \mu_P^2}.$$

Außerdem läßt sich zeigen, daß die obere Asymptote, gegen die sich die Effizienzkurve für wachsendes Risk immer mehr anschmiegt, die folgende Gleichung besitzt:

$$\mu = Kon + Steigung \cdot \sigma,$$

wobei die Konstante und die Steigung sich wie folgt errechnen:

$$Kon = \frac{\mu_F \cdot \sigma_G \cdot (\sigma_F - \rho_{FG} \cdot \sigma_G) + \mu_G \cdot \sigma_F \cdot (\sigma_G - \rho_{FG} \cdot \sigma_F)}{2 \cdot \sigma_F \cdot \sigma_G - \rho_{FG} \cdot (\sigma_F^2 + \sigma_G^2)},$$

$$Steigung = \frac{\mu_G - \mu_F}{\sqrt{\sigma_F^2 + \sigma_G^2 - 2\sigma_F \cdot \sigma_G \cdot \rho_{FG}}}.$$

📖 Hubert Hauser betrachtet 110 risikobehaftete Anlageinstrumente, wovon 100 Aktien sind und 10 Anleihen, deren Restlaufzeit länger als der Planungshorizont ist und die daher auch als "risikobehaftet" anzusehen sind. Hubert möchte aus diesen 110 Instrumenten effiziente Portfolios bilden.

Der Portfoliomanager erklärt: "Der Marktindex Aktien (ein Portfolio, welches die 100 Aktien kombiniert) ist effizient. Zunächst einmal soll das bedeuten, daß es durch andere Gewichtung der 100 Aktien nicht möglich ist, ein Portfolio zu bestimmen, das den Marktindex Aktien dominieren würde." Dann fügt der Portfoliomanager hinzu: "Ich würde sogar behaupten, der Marktindex Aktien sei sogar effizient bezüglich aller 110 Instrumente. Es sollte durch keine Gewichtung der 100 Aktien und durch Kombination mit den 10 Anleihen möglich sein, ein Portfolio zu bestimmen, welches den Marktindex Aktien dominieren würde."

Sodann fährt der Portfoliomanager fort: Auch der Marktindex Anleihen (ein Portfolio, welches die 10 Anleihen kombiniert) ist effizient und zwar nicht nur bezüglich der 10 Anleihen, sondern bezüglich aller 110 Instrumente.

4. EFFIZIENZ

Hubert beschafft sich die Renditeparameter der beiden Marktindizes und den Koeffizienten der Korrelation. Damit kennt er (die Positionen, daß heißt die Parameter Renditeerwartung und Renditestreuung) *aller* effizienten Portfolios. Außerdem kennt er die genauen Gewichtungen aller effizienten Portfolios: Es handelt sich um die gewichteten Kombinationen des Marktindex Aktien und des Marktindex Anleihen.

Fragen	Lösung durch MARKOWITZ
Anlageziel:	Für den gewählten Planungszeitraum sollen der Erwartungswert des Anlageergebnisses möglichst groß und dabei die Schwankungen möglichst klein werden. Folglich sind nur zwei Parameter relevant. Anstelle der Anlageergebnisse kann die einfache Rendite betrachtet werden.
Risiko:	Definiert als Streuung der (einfachen) Rendite im Planungszeitraum
Diversifikation:	Effiziente Portfolios sind im Risk-Return-Diagramm auf der Effizienzkurve positioniert, dem oberen Ast einer sich nach rechts öffnenden Hyperbel
Berechnung effizienter Portfolios:	Entwicklung von Algorithmen

Bild 4-7: Drei Hauptleistungen von MARKOWITZ bei der Entwicklung der Klassischen Portfoliotheorie.

4.3 Thema: Internationale Diversifikation

4.3.1 Erweiterung der Menge von Instrumenten

Die Lage und Form der Effizienzkurve hängen von jenen n risikobehafteten Instrumenten ab, die zur Auswahl stehen. Selbstverständlich ist es wünschenswert, durch geschickte Wahl der betrachteten Instrumente die Effizienzkurve möglichst weit nach oben in Richtung höherer Renditeerwartung zu verschieben. Die einfachste Maßnahme hierzu ist die Hinzunahme weiterer Instrumente. Durch die Erweiterung der Möglichkeiten wird das erreichbare Ergebnis eher verbessert, in keinem Fall wird es verschlechtert.

In vielen Anwendungen werden ursprünglich n Aktien *aus dem Land* des betrachteten Investors als möglich erachtet. Dieser Kreis läßt sich erweitern, wenn

Aktien ausländischer Gesellschaften hinzugefügt werden. Die ersten Ansätze zur internationalen Diversifikation gehen auf SOLNIK zurück.

Zur Veranschaulichung sei ein Investor mit der Referenzwährung CHF untersucht, der für sich zwei risikobehaftete Anlagemöglichkeiten als möglich betrachtet. Die eine risikobehaftete Anlagemöglichkeit besteht aus einem Portfolio Schweizer Aktien, so wie es durch die Pictet-Daten beschrieben ist. Die andere besteht aus einem Portfolio amerikanischer Aktien, das dem Index S&P500 entsprechen soll. Die Anlageergebnisse des Engagements in den USA werden in Franken abgebildet.

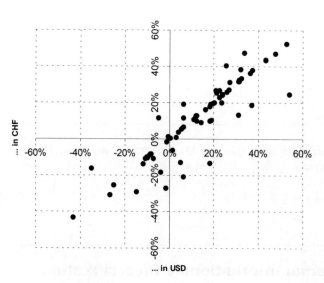

Bild 4-8: Die Jahresrenditen 1926-1996 auf den S&P500, zum einen für einen Investor mit Referenzwährung Dollar ausgedrückt (x-Achse), zum anderen für einen Investor mit Referenzwährung Franken (y-Achse). Es gab viele Jahre in denen die Währungsparität zwischen Dollar und Franken stabil blieb. Jedoch zeigten doch einige Jahre für den Investor mit Referenzwährung Franken deutliche Währungsgewinne; in ganz wenigen Jahren kam es zu Währungsverlusten.

Beispielsweise betrug 1989 die Rendite auf den S&P500 in USD ausgedrückt 25,50%. Im selben Jahr kam es zu einer beträchtlichen Aufwertung des Dollars gegenüber dem Franken; ein Dollar kostete am 1.1.1989 CHF 1,4623 und am 31.12.1989 CHF 1,6351. Die Währungsgewinne aus der USD-Position betrugen daher $(1,6351 - 1,4623)/1,4623 = 11,82\%$ in jenem Jahr. In Franken ausgedrückt

4. EFFIZIENZ

hatte der Anleger daher in jenem Jahr aus der Anlage in US-Aktien eine Gesamtrendite von $1{,}2550 \cdot 1{,}1182 - 1 = 40{,}33\%$.

Man sieht übrigens, daß diese 40,33% sich doch etwas davon unterscheidet, wenn einfach zur die Aktienrendite von 25,50% der Währungsgewinn von 11,82% addiert würde.

Im Folgejahr 1990 erzielten Anleger mit dem S&P500 eine Rendite von $-3{,}90\%$ und gleichzeitig kam es zu Währungsverlusten aus Sicht der Referenzwährung Franken; die Währungsposition rentierte im Jahr 1990 mit $-15{,}06\%$. In Franken ausgedrückt hatte der Anleger folglich 1990 aus der Anlage in US-Aktien eine Gesamtrendite von $0{,}9610 \cdot 0{,}8494 - 1 = -18{,}37\%$.

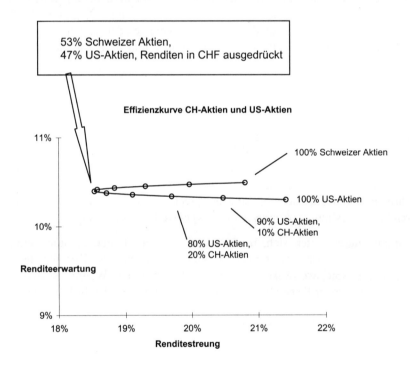

Bild 4-9: Kombinationen der beiden risikobehafteten Anlagemöglichkeiten — Aktienportfolio Schweiz und S&P500 währungsbereinigt — im Risk-Return-Diagramm. Man beachte, daß die Achse der Renditestreuung bereits bei 18% und die der Renditeerwartung bei 9% beginnt. Wohl alle Investoren mit Referenzwährung Franken werden ein Portfolio wählen, das etwa zur Hälfte aus Aktien Schweiz und zur Hälfte aus Aktien USA besteht. Das gezeigte Portfolio, das sich zu 53% aus CH-Aktien und zu 47% aus US-Aktien zusammensetzt, hat das geringste Risiko; die Renditeerwartung beträgt 10,4% und die Ren-

ditestreuung 18,5%. Dagegen hätte das rein aus Schweizer Aktien gebildete Portfolio eine Renditeerwartung von 10,5% und eine Renditestreuung von 20,8%. Durch die "internationale Diversifikation" gelingt also selbst ohne Währungsabsicherung eine nicht unbeträchtliche Reduktion des Risikos.

Ohne daß die Jahresrenditen im einzelnen in einer Tabelle wiedergegeben sind, soll das Ergebnis der deskriptiven Statistik angegeben werden:

Korrelation = 0,54	CH-Aktien	US-Aktien, ausgedrückt in Franken
Mittelwert der Renditen	10,5%	10,3%
Streuung der Renditen	20,8%	21,41%

Mit diesen Zahlen kann die Effizienzkurve dargestellt werden, was in dem zuvor gezeigten Bild 4-9 geschehen ist. Dort sind im Risk-Return-Diagramm die Positionen aller Portfolios gezeigt, die sich aus Mischungen der beiden risikobehafteten Anlagen ergeben — Aktienportfolio Schweiz und S&P500 währungsbereinigt.

4.3.2 Währungsfutures

Wenn ein Investor mit einer gewissen Referenzwährung international diversifiziert, dann ist er offensichtlich nicht nur den unternehmerischen Risiken ausgesetzt, sondern auch Währungsrisiken. Die internationale Diversifikation wurde daher schon früh unter Einbezug von Instrumenten studiert, die geeignet sind, die Währungsrisiken abzusichern. Eine entsprechende *Hedge* kann beispielsweise durch Währungsfutures (*Currency Futures*) bewerkstelligt werden.

Währungsfutures lassen sich, bezogen auf den unterstellten Planungszeitraum, ebenso durch Renditeerwartungen, Renditestreuungen und Korrelationen beschreiben. Beispielsweise ist die erwartete Änderung der Währungsparität nach dem Internationalen-Fisher-Effekt durch die Differenzen der Inflationsraten gegeben.

4. EFFIZIENZ

Die Hinzunahme von Währungsfutures stellt daher eine zweite Erweiterung der Menge möglicher Anlagen dar und läßt sich formal gesehen nach dem bisherigen Schema behandeln.[15]

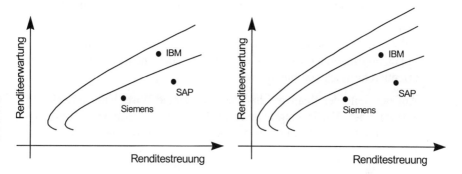

Bild 4-10: Links: Werden neben den Aktien inländischer Unternehmen auch Aktien ausländischer Firmen möglich, entsteht eine neue Effizienzkurve, die hinsichtlich Renditestreuung und Renditeerwartung günstigere Portfolios erlaubt. Rechts: Werden außerdem Devisentermingeschäfte oder Devisen-Futures zulässig, dann lassen sich Währungsrisiken absichern. Dadurch entsteht eine für die in Referenzwährung ausgedrückte Renditeerwartung nochmals nach verbesserte Situation.

4.3.3 Integration der Finanzmärkte

Darstellungen der internationalen Diversifikation schließen immer Tabellen der Korrelationen zwischen den Indizes nationaler Finanzmärkte ein. Diese Tabellen beruhen oft auf Daten der letzten zwanzig Jahre oder so, jedoch zeigen empirische Studien, daß sich die Korrelationen in den letzten Jahren stark erhöht haben (es

---

[15] Literatur: 1. BRUNO H. SOLNIK: Why not Diversify Internationally Rather than Domestically? *Financial Analysts Journal* (July/August 1974). 2. BRUNO H. SOLNIK: An Equilibrium Model of International Capital Markets. *Journal of Economic Theory* 8 (1974), pp. 500-524. 3. BRUNO H. SOLNIK und BERNARD NOETZLIN: Optimal international asset allocation. *Journal of Portfolio Management* (Fall 1982), pp. 11-21. 3. FISCHER BLACK: Universal Hedging: Optimizing Currency Risk and Reward in International Equity Portfolios. *Financial Analysts Journal* (July/August 1989), pp. 16-22. 4. MARTIN DRUMMEN und HEINZ ZIMMERMANN: Portfolioeffekte des Währungsrisikos. *Finanzmarkt und Portfolio Management* 6 (1992), pp. 81-102. 5. JACK GLEN und PHILIPPE JORION: Currency Hedging for International Portfolios. *Journal of Finance* 48 (1993) 5, pp. 1865-1886. 6. HAIM LEVY und KOK C. LIM: Forward Exchange Bias, Hedging and the Gains from International Diversification of Investment Portfolios. *Journal of International Money and Finance* 59 (1994), pp. 159-170. 7. RONALD N. KAHN, JACQUES ROULET und SHAHRAM TAJBAKHSH: Three Steps to Global Asset Allocation. Journal of Portfolio Management (Fall 1996), pp. 23-31.

wurde darauf hingewiesen, daß Streuungen und Korrelationen mit geringem Konfidenzintervall, also recht genau geschätzt werden können.

Um 1985 zeigten die Aktienmärkte der wichtigsten Länder Korrelationen um 0,3, die Bondmärkte um 0,1 und 0,2. Heute liegen die Korrelationskoeffizienten für die Aktien- und Bondmärkte der wichtigsten Länder zwischen 0,5 und 0,7.

Zweifellos sind die nationalen Finanzmärkte immer mehr zusammengewachsen.

- Auf der Seite der Finanzmärkte und der Finanzintermediäre wurden institutionelle Restriktionen abgebaut und auch die Praxis des Handels und der Finanzinformationen ist in den einzelnen Ländern heute deutlich globaler orientiert als noch vor einigen Jahren.

- Auf der Seite der Realwirtschaft hat die globale Wirtschaftsverflechtung zugenommen. Die Hauptgründe dafür liegen in den geringeren Transportkosten für physische Güter, in der Bedeutung weltweit akzeptierter Markennamen in der Konsumgesellschaft dieser Welt sowie in der leichteren Koordination des Management durch die moderne Kommunikationstechnologie.

Ein Finanzmarkt wird heute als **integriert** bezeichnet, wenn Instrumente mit denselben Risiken oder Risikomerkmalen identische Renditeerwartungen haben (was sich daran zeigen soll, daß sich die tatsächlichen, mittleren Renditen nicht zu stark unterscheiden), und zwar unabhängig von der nationalen Zugehörigkeit der Instrumente.[16]

Von daher hat sich die Bedeutung der internationalen Diversifikation gewandelt. Vor zwanzig Jahren war mit internationaler Diversifikation noch eine erhebliche Reduktion des Portfoliorisikos möglich. Landesspezifische Faktoren erklärten die Rendite besser als branchenspezifische Faktoren. Heute hat sich der Akzent etwas zugunsten von Untersuchungen der Diversifikation über Branchen verändert und es sieht so aus, also ob die Rendite besser durch branchenspezifische als durch landesspezifische Faktoren erklärt wird.[17]

---

[16] G. BEKAERT und C. HARVEY: Time-Varying World Market Integration. *Journal of Finance* 50 (1995), pp. 403-444.

[17] Zu dieser Thematik: 1. RICHARD ROLL: Industrial structure and the comparative behavior of international stock market indexes. *Journal of Finance* 47 (1992), pp. 3-42. 2. S. HESTON und G. ROUWENHORST: Does industrial structure explain the benefits of international diversification? *Journal of Financial Economics* 36 (1994), pp. 3-27. 3. MARKUS RUDOLF und HEINZ ZIMMERMANN: Diversifikationseffekte internationaler Branchenportfolios; in: JOCHEN M. KLEEBERG und HEINZ REHKUGLER (Hrsg.), *Handbuch Portfoliomanagement*. Uhlenbruch Verlag, Bad Soden / Taunus, 1998, pp. 914-929.

4. EFFIZIENZ

Gleichwohl gibt es in der "Internationalen Finanzierung" immer wieder ökonomische Veränderungen, die nicht ohne Einfluß auf das Portfoliomanagement bleiben. So etwa die Einführung des Euro.[18]

---

[18] Literatur: 1. MARKUS RUDOLF: Die Europäische Währungsunion: Konsequenzen für das Portfoliomanagement. *Finanzmarkt und Portfolio Management* 10 (1996) 2, pp. 206-230. 2. DANIEL WYDLER: Zur Auswirkung des Euro auf die Anlagestrategie. *Finanzmarkt und Portfolio Management* 12 (1998) 2, pp. 119-123.

5. Marktportfolio

TOBIN *hatte die Situation untersucht, in der dem Investor nicht nur die von* MARKOWITZ *betrachteten risikobehafteten Finanzinstrumente zur Auswahl stehen, sondern auch die Möglichkeit einer risikofreien Anlage (zum Zinssatz) gegeben ist. Dann gilt: Die gesuchten effizienten Portfolios sind im Risk-Return-Diagramm sämtlich auf der Kapitalmarktlinie (CML) positioniert.*

Die CML stellt damit eine wichtige Beziehung zwischen Risiko und Rendite dar.

Wie aber wird das Marktportfolio bestimmt? Wir besprechen zwei Wege: die Kapitalisierungs-Methode und die Berechnung mit einem Optimizer. Hierzu ist ein lineares Gleichungssystem zu lösen.

5. Marktportfolio	**163**
5.1 CML und Tobin-Separation	**164**
5.1.1 Kapitalmarktlinie	164
5.1.2 Tobin-Separation	168
5.1.3 Musterportfolios	170
5.2 Ermittlung des Marktportfolios	**175**
5.2.1 IOS	175
5.2.2 Kapitalisierungs-Methode	178
5.2.3 Marktportfolio bleibt Marktportfolio	182
5.2.4 Optimizer — Der Ansatz	186
5.2.5 Optimizer — Die Lösung	188
5.2.6 Zur Sensitivität	191
5.3 Asset-Allokation in der Praxis	**193**
5.3.1 Zahlenbeispiel	193
5.3.2 Asset-Allokation als Puzzle	194
5.3.3 Europäische Situation	198
5.3.4 Variable Risikobereitschaft	201
5.3.5 Aktien mit Anleihen kombinieren	202
5.4 Thema: Musterportfolios	**203**

Ferner werden praktische Fragen der Asset-Allokation behandelt. Der Grundtenor lautet: *Auf den bei der Klassischen Portfoliotheorie zugrunde gelegten Planungshorizont von einem Jahr bezogen sind auch Bonds risikobehaftet. Deswegen sind Anleihen Bestandteil des Marktportfolios.*

5.1 CML und Tobin-Separation

5.1.1 Kapitalmarktlinie

Im Jahr 1958 hat TOBIN durch eine einfach scheinende Variation der Aufgabe, die Effizienzkurve zu finden, völlig neuartige Aspekte aufgeworfen. Er traf eine weitere Annahme: Finanzinvestoren sollen neben risikobehafteten Anlagemöglichkeiten zugleich die Möglichkeit haben, ihre Mittel oder einen Teil ihrer Mittel *sicher* anzulegen, das heißt, ganz ohne Schwankungsbreite des Anlageergebnisses im betrachteten Planungszeitraum.[1] Den Weg dazu bieten Geldmarktinstrumente. Die "Rendite" auf die sichere Anlagemöglichkeit ist folglich der Zins. Die von TOBIN getroffene Annahme ist zweifellos in der Praxis immer erfüllt.

Angenommen, der Investor betrachte zwei Anlagemöglichkeiten.

- Die erste sei risikobehaftet, sie soll die Rendite $\tilde{r}_P$ mit den Verteilungsparametern μ_P und σ_P haben.

- Die zweite sei die als möglich angenommene risikofreie Anlage; der Zinssatz sei mit i bezeichnet. Zur Notation: Der volkswirtschaftlichen Literatur folgend, wird in diesem Buch der Zinssatz mit dem Buchstaben i bezeichnet (wie **i**nterest rate). In der finanzierungstheoretischen Literatur ist dafür auch die Bezeichnung r_f (nach *return* und *free of risk*) üblich.

Der Investor habe zu Beginn des betrachteten Planungshorizonts den Betrag s_0 anzulegen; davon soll der Anteil x risikobehaftet und der restliche Teil $(1-x)$ risikofrei angelegt werden. Die Rendite des so gebildeten Portfolios, $\tilde{r}(x)$ ist so definiert:

---

[1] JAMES TOBIN: Liquidity Preference as Behavior Towards Risk. *Review of Economic Studies* 25 (February 1958), pp. 65-86.

5. MARKTPORTFOLIO

$$\tilde{r}(x) = \frac{x \cdot s_0 \cdot (1+\tilde{r}_P) + (1-x) \cdot s_0 \cdot (1+i) - s_0}{s_0} = i + x \cdot (\tilde{r}_P - i).$$

Sie besitzt demnach den Erwartungswert

$$\mu(x) = i + x \cdot (\mu_P - i)$$

und die Streuung

$$\sigma(x) = x \cdot \sigma_P.$$

Im Risk-Return-Diagramm sind diese Renditen auf einer Geraden positioniert. Denn die beiden Gleichungen für $\mu(x)$ und für $\sigma(x)$ lassen sich so zu einer Gleichung zusammenfassen:

$$\mu(x) = i + b \cdot \sigma(x),$$

wobei die Zahl b durch $b \equiv (\mu_P - i)/\sigma_P$ festgelegt ist.

Jedenfalls besagt $\mu(x) = i + b \cdot \sigma(x)$ als Gleichung, daß die Renditestreuung und die Renditeerwartung, wie auch immer x variiert, auf einer Geraden liegen. Für eine Renditestreuung von 0 geht diese Gerade durch den Zinssatz i. Sie weist die Steigung b auf. Die Gerade geht folglich auch durch den Punkt mit der Abszisse σ_P und der Ordinate μ_P.

- Zunächst gelten diese Berechnungen nur für den Fall $0 \leq x \leq 1$. Es erleichtert jedoch die Darstellung, wenn zusätzlich angenommen wird, der Investor könne zum gleichen Zinssatz einen Kredit nehmen.
- Die Kreditnahme wird durch einen Wert der Entscheidungsvariablen x von größer als 1 beschrieben. Eine Portfolioentscheidung $x > 1$ bedeute, daß der Investor einen Kredit über den Betrag $(x-1) \cdot s_0$ nimmt und anschließend den Gesamtbetrag $x \cdot s_0$ für den betrachteten Planungszeitraum risikobehaftet investiert. Alle zuvor geführten Berechnungen sind dann gültig, weshalb die Entscheidungsvariable x im folgenden alle positiven Werte annehmen kann.

Nun stelle man sich die betrachtete risikobehaftete Rendite $\tilde{r}_P$ als die eines vorher schon gebildeten Portfolios vor, welches wiederum aus den n ursprünglich gegebenen Aktien besteht. Die Gewichtung der Aktien sei noch veränderbar. Entsprechend lassen sich, wenn man das jeweils entstandene Portfolio dann anschließend mit der risikofreien Anlage zum Zinssatz i kombiniert, Portfolios generieren, die auf einer Schar von Geraden im Risk-Return-Diagramm zu positionieren sind.

Alle diese Geraden gehen durch den Punkt $(0, i)$ und durch die Position der Rendite des jeweiligen Aktienportfolios.

Einige solcher Geraden der Schar sind in der nachstehenden Abbildung veranschaulicht. Aus Effizienzüberlegungen sind bei diesem Verfahren, Portfolios zu generieren, Geraden umso interessanter, je größere Steigung sie haben.

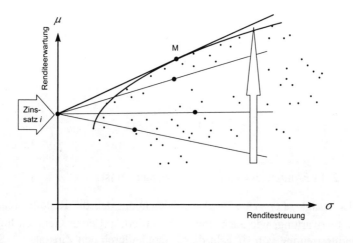

Bild 5-1: Wird die risikofreie Anlage mit einem Aktienportfolio kombiniert, entstehen Portfolios, die auf der Verbindungsgeraden positioniert sind. Aus Effizienzüberlegungen sind bei diesem Verfahren Geraden umso interessanter, je größere Steigung sie haben.

Auf der anderen Seite muß das verwendete Aktienportfolios ja irgendwie durch Kombination der n ursprünglich gegebenen Aktien wirklich zustande gekommen sein. Es muß also auf oder unter der MARKOWITZ'schen Effizienzkurve liegen.

Jene Gerade der Schar, welche die größtmögliche Steigung aufweist, ist die Tangente an die Effizienzkurve.

- Das Portfolio, das im Tangentialpunkt positioniert ist, heißt Tangentialportfolio oder **Marktportfolio**.
- Die Tangente selbst wird als **Kapitalmarktlinie** (Capital Market Line, CML) bezeichnet.

5. MARKTPORTFOLIO

Wird einmal vom Marktportfolio M selbst abgesehen, so ist unmittelbar einsichtig: Zu jedem Aktienportfolio gibt es ein Portfolio auf der Kapitalmarktlinie, welches dasselbe Risiko und eine höhere Renditeerwartung aufweist.

Anders ausgedrückt: Alle reinen Aktienportfolios, mit Ausnahme des Marktportfolios M, sind dominiert. Selbst die Aktienportfolios auf der Markowitz'schen Effizienzkurve — wieder muß das Marktportfolio ausgenommen werden — sind nicht mehr effizient, wenn es die Möglichkeit gibt, Mittel zu einem gewissen Zinssatz (risikofrei) anzulegen oder (zum gleichen Zinssatz) aufzunehmen.

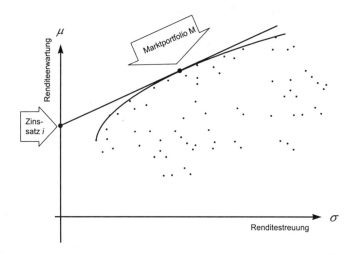

Bild 5-2: Wenn die Investoren Mittel auch risikofrei anlegen und zum selben Zinssatz Kredit nehmen können, dann verbleibt auf der Markowitzschen Effizienzkurve nur noch ein *einziges* Portfolio, welches weiterhin effizient ist: das Marktportfolio. Es ist bestimmt durch die Tangente an die Effizienzkurve, welche durch den Punkt geht, der die sichere Anlage repräsentiert.

Andererseits sind die auf der Kapitalmarktlinie positionierten Portfolios nicht dominiert; sie sind effizient. Überhaupt liegen alle effizienten Portfolios auf der Kapitalmarktlinie.

TOBIN entdeckte und bewies nun folgendes:

1. Unter der Voraussetzung der Möglichkeit, einen Teil der Mittel risikofrei anlegen beziehungsweise einen Kredit nehmen zu können, gilt: Für die Kombination der risikobehafteten Anlagen kommt nur ein *einziges* Portfolio in Frage, das sogenannte *Marktportfolio*.

2. Das Marktportfolio ist im Risk-Return-Diagramm als *Tangentialpunkt* positioniert, dort, wo sich die durch den Zinssatz gehende Tangente und die Effizienzkurve berühren.

3. Alle effizienten Portfolios entstehen dadurch, daß ein Teil des anzulegenden Betrags in dieses Marktportfolio investiert wird, während der restliche Teil risikofrei angelegt wird. Die Kapitalmarktlinie gibt alle effizienten Portfolios wieder.

5.1.2 Tobin-Separation

Zur Bestimmung des Marktportfolios wird neben den Parametern — Erwartungswerte, Streuungen, Korrelationen der n risikobehafteten Instrumente — der Zinssatz i benötigt.

Das Marktportfolio hängt für einen Investor insofern von dessen Erwartungen ab, wie dieser Investor die Wahrscheinlichkeitsverteilungen der Renditen und ihre Korrelationen untereinander einschätzt. Das Marktportfolio ist von der Präferenz und von der Risikoaversion des Investors *unabhängig*.

Nun kann argumentiert werden, daß verschiedene Anleger durchaus denselben Informationsstand haben. Immerhin kann es sich um den allgemeinen Informationsstand handeln. Die meisten Finanzinformationen sind öffentlich. Alle Investoren werden mehr oder weniger ähnliche Erwartungen bilden. Diese Annahme wird als die **homogener Erwartungen** bezeichnet.

Von homogenen Erwartungen darf besonders dann ausgegangen werden, wenn die Erwartungsbildung der Statistischen Methode folgt: Insoweit die Parameter der Renditen aufgrund historischer Zeitreihen geschätzt werden, sollten Analysten in Athen, Berlin, oder Chicago zu denselben Schätzungen hinsichtlich AXA, Novartis und Cisco Systems kommen.

Unter homogenen Erwartungen kommen alle Investoren auf *dasselbe* Tangentialportfolio (selbst wenn ihre Präferenzen unterschiedlich sind). Folglich würden alle Investoren ihre Portfolios mit identischer Gewichtung der Aktien zusammenstellen. Diese Gründe erlauben die Bezeichnung *Marktportfolio*.

Lediglich die Frage, welcher Teil seines Anfangsvermögens ein einzelner Investor risikobehaftet zum Marktportfolio, und welcher Teil risikofrei zum Zinssatz angelegt werden soll, hängt von der individuellen Präferenz oder Risikoaversion ab.

Damit zerfällt die Aufgabe der Portfolioselektion in zwei separiert voneinander lösbare Teilaufgaben:

1. Bestimmung des Marktportfolios (hierzu müssen vorweg die Renditeparameter und der Zinssatz bestimmt werden — entweder handelt es sich dabei um die allgemein im Markt zugänglichen Informationen oder um

5. MARKTPORTFOLIO

jene persönlichen Erwartungen des Investors, auf die er bereit ist, seine Portfolioentscheidung zu stützen).

2. Ermittlung des für einen einzelnen Investor optimalen Exposures (hierzu muß die persönliche Präferenz oder Risikoaversion des Anlegers bestimmt werden)

Die Aussage, daß beide Teilaufgaben getrennt und unabhängig voneinander gelöst werden können, wird als **Tobin-Separation** bezeichnet.[2] Die Zusammensetzung desjenigen Teiles des Portfolios, der aus den risikobehafteten Anlagen besteht, ist bei homogenen Erwartungen für alle Investoren *identisch*. Folglich kann dieses Portfolio, das Marktportfolio, zusammengestellt werden, *ohne* daß über den jeweiligen Investor etwas näheres zu dessen Präferenzen bekannt sein muß.

Bild 5-3: JAMES TOBIN entdeckte die Kapitalmarktlinie (Capital Market Line). TOBIN, geboren 1918, hat in Harvard studiert, Graduierung 1939, Doktorat (gemeint ist der Ph.D.) 1947. Er erhielt 1950 ein Angebot von Yale und wurde dort 1957 Sterling Professor of Economics. In seiner Autobiographie erwähnt TOBIN das anregende wissenschaftliche Klima, das die Cowles Foundation verbreitete — *one of the most productive research centers in history* — und nennt TJALLING KOOPMANS und JACOB MARSCHAK, unter deren Leitung die moderne Ökonometrie und Aktivitätsanalysis gefördert wurde. TOBIN selbst war von 1955-1961 und von 1964-1965 Direktor der Cowles Foundation. Nobelpreis 1981. URL: http://www.nobel.se/laureates/economy-1981-1-bio.html

---

[2] Hierzu auch: GÜNTER FRANKE: Kapitalmarkt und Separation. *Zeitschrift für Betriebswirtschaft* 53 (1983), pp. 239-260.

Das Separationstheorem hat die Vermögensverwaltung grundlegend verändert.

Dem Postulat zufolge wollen alle Anleger dasselbe, nämlich den risikobehafteten Teil ihres Portfolios so strukturieren, daß die Gewichtung der einzelnen, risikobehafteten Instrumente genau der des Marktportfolios entspricht. Infolgedessen konnten und können die Vermögensverwalter *poolen*: Die Depots für kleine wie für größere Anlegergruppen wurden und werden nach demselben Muster verwaltet.

Auch wenn die Aussage aus einer Modellbetrachtung deduziert wurde — und sich in der Realität immer Aspekte finden lassen, die nicht ganz in Einklang mit einem Modell stehen — hat sie die Vermögensverwaltung nachhaltig beeinflußt:

Die Vermögensverwalter legten noch verschiedene, repräsentative Anlegertypen hinsichtlich der Risikotoleranz fest und stellten sodann **Musterportfolios** auf. Fundmanager bieten eine Auswahl dieser oder ähnlicher Musterportfolios als Investmentfonds an, die als **Strategiefonds** bezeichnet werden. Die Strategiefonds tragen Namen, die einen Hinweis auf die Risikotoleranz der jeweiligen Anlagekundschaft vermitteln.

5.1.3 Musterportfolios

Das Bisherige zusammenfassend: 1. Jeder Anleger teilt seinen Anlagebetrag auf in einen sicher anzulegenden Teil und in einen risikobehaftet anzulegenden Teil. 2. Der risikobehaftet anzulegende Teil ist bei allen Anlegern *identisch* strukturiert — es ist das *Marktportfolio*. 3. Lediglich die Frage, welcher Teil seines Vermögens ein Investor risikobehaftet, und welcher Teil sicher angelegt werden soll, hängt von der individuellen Präferenz, der *Risikotoleranz* ab.

Jeder Investor wählt ein Portfolio, welches auf der CML positioniert ist.

- Ein stark risikoaverser Anleger wählt ein Portfolio in der Nähe des Zinssatzes oder legt seine gesamten Mittel sicher zum Zinssatz an.

- Ein weniger stark risikoaverser Investor wählt sein Portfolio in der Nähe des Marktportfolios oder legt sogar den gesamten Betrag im Marktportfolio an.

- Investoren mittlerer Risikoaversion gewichten beide Assetklassen in etwa gleich; sie legen 50% auf dem Geldmarkt und 50% zum Marktportfolio an.

- Investoren mit ausgeprägt geringer Risikoaversion, die noch dazu die zuvor unterstellte Möglichkeit einer Kreditaufnahme verwirklichen können, legen vielleicht das 1½-fache ihres Finanzvermögens in das Marktportfolio an, indem sie einen entsprechenden Lombardkredit nehmen.

5. MARKTPORTFOLIO

Für die folgenden Bilder bestehe das Marktportfolio nur aus Aktien Schweiz, so wie sie den Pictet-Daten zugrunde liegen. Die zuvor gefundenen Schätzungen lauteten $\mu_M = 10{,}5\%$ für die erwartete Rendite und $\sigma_M = 20{,}8\%$ für die Streuung der Rendite auf das so spezifizierte Marktportfolio. Für die Illustrationen betrage weiter der Zinssatz $i = 6\%$. Die Risikoprämie — die Differenz zwischen der Renditeerwartung auf das gut diversifizierte Aktienportfolio und dem Zinssatz auf die sichere Anlage — ergibt sich damit zu $\mu_M - i = 4{,}5\%$. Das ist in sehr guter Übereinstimmung mit empirischen Schätzungen der Risikoprämie, die im Bereich von 4% bis 5% liegen.

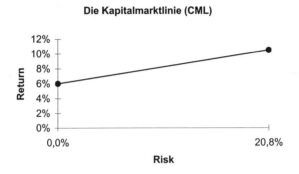

Bild 5-4: Ist das Marktportfolio — hier als Aktienportfolio mit dem Risk 20,8% und dem Return 10,5% positioniert — bekannt, dann ist die Kapitalmarktlinie schnell bestimmt. Sie ist die Gerade, die vom Zinssatz — hier 6% Return bei einem Risk von 0 — ausgeht und durch das Marktportfolio führt. Die CML ist hier nicht weiter über das Marktportfolio hinaus gezeichnet, das heißt, durch Kreditaufnahme entstehende Portfolios sind nicht dargestellt.

> Die Capital Market Line (CML) gibt wieder, wie die erreichbare Renditeerwartung steigt, wenn das eingegangene Risikoexposure zunimmt.

Die CML zeigt insofern ein optimistisches Bild, als die zu erwartende Rendite ansteigt (hier von 6% auf 10,5%), wenn das Risiko (hier von 0 auf 20,8% steigt). Allerdings wird *nicht* veranschaulicht, *was es bedeutet*, ein Risiko von 20,8% zu tragen.

Um nun genauer zu erörtern, welches der auf der CML positionierten Portfolios ein Investor wählen sollte, werden vier Portfolios herausgegriffen, die bereits in einem früheren Kapitel angesprochen worden sind. Sie sollen wiederum als **Fest-**

zins, **Ertrag**, **Wachstum** beziehungsweise **Aktien** bezeichnet werden. Das als *Festzins* bezeichnete Portfolio besteht einzig aus der sicheren Anlage. Das Portfolio *Ertrag* kombiniert die risikofreie Anlage im Gewicht von zwei Dritteln mit einem Drittel des Marktportfolios. Beim Portfolio *Wachstum* werden 1/3 der sicheren Anlage mit 2/3 Marktportfolio kombiniert. Das mit der Bezeichnung *Aktien* versehene Portfolio legt den gesamten Betrag des Investors in das Marktportfolio an.

Andere Fundmanager bieten außerdem Strategiefonds, die etwa zur Hälfte risikofrei und zur Hälfte in das Marktportfolio aus Aktien anlegen. Solche Strategiefonds werden dann mit Namen versehen, die an *Fifty-Fifty* oder an *Balance* erinnern sollen.

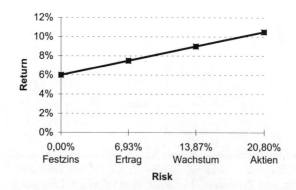

Bild 5-5: Die Kapitalmarktlinie mit den vier hervorgehobenen Portfolios *Festzins*, *Rendite*, *Wachstum* und *Aktien*. Das Fifty-Fifty-Portfolio ist nicht positioniert; Gebühren bleiben unberücksichtigt.

Bei dieser Betrachtung folgten wir der Vorstellung, das Marktportfolio bestehe aus Aktien. Bei Aktien, das haben die Pictet-Daten gezeigt, liegt die Renditestreuung bei 20,8%. Entsprechend errechneten sich die Renditestreuungen der anderen Strategiefonds "Ertrag" und "Fifty-Fifty" sowie "Wachstum" zu 6,9%, zu 10,4% beziehungsweise zu 13,9%..

Später werden wir den Kreis jener risikobehafteten Instrumente, aus denen das Tangentialportfolio oder Marktportfolio zusammengestellt werden kann, weiter ziehen. Dann wird es nicht nur aus Aktien bestehen, und vielleicht auch eine an-

5. MARKTPORTFOLIO

dere, von 20,8% abweichende Renditestreuung aufweisen. Dennoch wollen wir an folgender Sprechweise festhalten:

> Ein Portfolio oder Strategiefonds werde *Ertrag* genannt, wenn die Streuung der einfachen Rendite etwa 6% bis 7% betrage. Ein Portfolio oder Strategiefonds werde *Balance* genannt, wenn das Risiko 10% bis 11% betrage. Ein Portfolio oder Strategiefonds heiße *Wachstum*, wenn die Streuung der einfachen Rendite 13% bis 14% sowie *Aktien*, sie um 20% bis 21% beträgt.

Weiterhin soll eine Tabelle die vier Musterportfolios mit konkreten Zahlen veranschaulichen. Zusätzlich zu den beiden Parametern Risk und Return sind auch die Minimal Erwartete Rendite MinER und die Maximal Erwartete Rendite MaxER angegeben. Diese beiden Werte dienen einer weiteren Veranschaulichung des Risikos insofern als sie die Grenzen des zweifachen Sigma-Bandes wiedergeben. Es sei an die Zahlen zur Normalverteilung erinnert: Die Rendite liegt mit Wahrscheinlichkeit 95,45% zwischen MinER und MaxER. Mit Wahrscheinlichkeit 2,275% wird nicht einmal MinER erreicht.

Musterportfolio	Aktienanteil	Renditeerwartung	Risiko	MinER	MaxER
"Festzins"	0%	6,0%	0	6,0%	6,0%
"Ertrag"	33%	7,5%	6,9%	-6,4%	21,4%
"Wachstum"	66%	9,0%	13,9%	-18,7%	36,7%
"Aktien"	100%	10,5%	20,8%	-31,1%	52,1%

Bild 5-6: Wenn der Aktienanteil von 0% auf 100% wächst, erhöht sich die Renditeerwartung vom Zinssatz (hier 6%) bis zur Renditeerwartung, die mit dem Marktportfolio verbunden ist (hier 10,5%). Aber auch das Risiko nimmt proportional mit der Aktienquote zu. Die Streuungen der Portfolios mit 33%, 66% beziehungsweise 100% Aktien betragen 7% sowie 14% beziehungsweise 21%.

Da — normalverteilte Renditen unterstellt — die Rendite *praktisch sicher* (mit Wahrscheinlichkeit 95,45%) zwischen der Minimalen und der Maximalen Erwarteten Rendite liegt, läßt sich die Zunahme des Risikos bei Erhöhung des Aktienanteils auch so ausdrücken:

- Für das Portfolio "Festzins" mit einem Drittel Aktien wird *praktisch sicher* ein Ergebnis zwischen −6% und 21% eintreten.
- Für das Portfolio "Wachstum" (zwei Drittel Aktien) wird *praktisch sicher* ein Ergebnis zwischen −19% und 37% eintreten.
- Für ein reines Aktienportfolio wird sich *praktisch sicher* die Rendite zwischen −31% und 52% einstellen.

Um die Risiken deutlicher herauszuheben, sollen die Portfolios auf der CML noch in einer Variante dargestellt werden. Wie gesagt, stellt die CML den Zusammenhang zwischen Risk (*Standardabweichung* der Rendite) und Return (*Erwartungswert* der Rendite) dar.

- Ein vorsichtiger Investor könnte zusätzlich fragen: "Wie hängt die Minimale Erwartete Rendite (MinER) vom Risiko ab, das ich eingehe?"
- Ein ausgesprochen optimistischer Investor könnte fragen: "Wie hängt die Maximale Erwartete Rendite (MaxER) vom Risiko ab?"
- Ein dritter Anleger würde so argumentieren: "Risiko bedeutet ja gerade, daß mit Abweichungen vom Erwartungswert zu rechnen ist. Es ist anschaulicher, wenn die Bandbreite, innerhalb der Realisationen der Rendite wohl auftreten, grafisch gezeigt wird." Hierzu sollte entweder das einfache Sigma-Band oder das zweifache Sigma-Band — eben das Intervall von MinER bis MaxER — dargestellt werden.

Eine etwas umfassendere grafische Illustration des Zusammenhangs zwischen Risk und Return ist erreichbar, wenn nicht nur die Kapitalmarktlinie selbst dargestellt wird, sondern wenn zusätzlich die Zusammenhänge zwischen MinER und Risiko abgebildet werden oder wenn beispielsweise das zweifache Sigma-Band veranschaulicht wird.

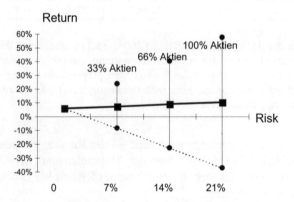

Bild 5-7: Der Zusammenhang zwischen Renditeerwartung und Risiko, die CML (mittlere Linie), sowie der Zusammenhang zwischen der Minimalen Erwarteten Rendite MinER und dem Risiko (untere, gestrichelte Linie) und der Zusammenhang zwischen der Maximalen Erwarteten Rendite MaxER und dem Risiko (obere gestrichelte Linie). Hervorgehoben sind zudem die Schwankungsbreiten zwischen MinER und MaxER für die Portfolios mit einem Aktienanteil von 33%, 66% und 100%.

Wird die CML allein dargestellt, dann ist der Betrachter über die Bedeutung der Risiken möglicherweise getäuscht, wenngleich das jeweilige Risiko als Zahl, als Standardabweichung der Rendite, auf der Abszisse angetragen ist. Das Risiko ist aber eben sonst nicht grafisch veranschaulicht, wenn nur die CML dargestellt wird. Die CML betont stark, wie die Rendite*erwartung* steigt, wenn etwas mehr an Risiko eingegangen wird. Ohne weitere grafische Interpretationen des Risikos, wie sie beispielsweise durch MinER gegeben werden, bleibt es abstrakt, weil es einfach nur als Standardabweichung auf der Abszisse angetragen bleibt.

5.2 Ermittlung des Marktportfolios

5.2.1 IOS

Jeder ältere Geldanleger weiß, daß IOS die Abkürzung der Finanzfirma *Investors Overseas Services* war, mit der CORNFIELD um 1970 Anleger um ihr Geld brachte.[3] Hier steht IOS für **Investment Opportunity Set**. Das ist die Bedeutung der Abkürzung IOS — das Universum der einem Anleger zugänglichen Finanzinstrumente.

Zuvor eine Rekapitulation.

Die Klassische Portfoliotheorie hat die Bedeutung des Marktportfolios herausgestellt. Die fünf wichtigsten Punkte der Argumentation waren:

1. Die Aufgabe, das Portfolio zu strukturieren, wird für die Dauer eines Jahres betrachtet, jedenfalls nicht für wesentlich längere Horizonte. Als Anlagemöglichkeiten werden Aktien und Anleihen oder aus diesen Instrumenten gebildete Assetklassen betrachtet, allerdings keine Optionen. Aufgrund dieser beiden Rahmenbedingungen darf die Prämisse als erfüllt gelten, daß die *einfachen* Renditen *normalverteilt* sind. Folglich sind auch die Anlageergebnisse als Beträge normalverteilt. Es ist auf Grund dessen zulässig, anstelle der gesamten Wahrscheinlichkeitsverteilung nur die beiden Parameter Renditeerwartung und Renditestreuung zu betrachten.

2. Zweitens soll neben den risikobehafteten Investitionsmöglichkeiten die Möglichkeit gegeben sein, risikofrei anzulegen.

3. Wer nun die Verteilungsparameter (Renditeerwartungen, Streuungen, Korrelationen) und den Zinssatz kennt, kann ein "Marktportfolio" ermitteln: Es ist im Risk-Return-Diagramm als Tangentialportfolio auf der Kapitalmarktlinie positioniert.

---

[3] STEFAN KANFER: Pigs Always Get Slaughtered. *Time*, 26. Februar 1960, p.44.

4. Alle Investoren, die diese Erwartungen teilen, bilden ihre jeweiligen Portfolios wie folgt: Jeder teilt den anzulegenden Betrag in zwei Teile. Ein Teil wird risikobehaftet in dieses "Marktportfolio" investiert, der restliche Teil wird risikofrei angelegt. Die angesprochene Aufteilung hängt von der Präferenz des Investors ab, ist also individuell. Der risikobehaftet investierte Teil der Portfolios der betrachteten Gruppe von Investoren (mit übereinstimmenden Erwartungen) ist dagegen identisch strukturiert.

5. Wieviele Anleger die zuvor betrachteten Erwartungen teilen, ist noch völlig offen. Wenn aber überhaupt alle Investoren diese Erwartungen haben (Annahme homogener Erwartungen), dann kommen sie alle auf dasselbe Marktportfolio (weshalb die Bezeichnung in diesem Fall wirklich angebracht ist).

Soweit die Modellwelt. Offen ist die Frage, wie das Marktportfolio praktisch bestimmt werden kann. Hierfür gibt es zwei Wege.

Erstens kann das Marktportfolio *berechnet* werden. Das geschieht in drei Schritten.

Der erste Schritt verlangt festzulegen, welches "Universum von Investitionen" überhaupt der Portfolioselektion zugrunde gelegt werden soll. Es soll gesagt werden, wie groß die Anzahl n risikobehafteter Anlagemöglichkeiten ist und um welche Anlageinstrumente es sich dabei handelt.

Dieses Universum von Anlagemöglichkeiten kann selbstverständlich von Anleger zu Anleger anders sein. Zwar sollte ein Finanzmarkt allen "offen" zugänglich sein, aber es gibt auch persönliche Gründe, weshalb beispielsweise ein Anleger, was die Aktien anbelangt, nur die zehn größten Unternehmen (Blue Chips) im Land seiner Residenz berücksichtigen möchte, während ein anderer Anleger auch die Aktien kleinerer Gesellschaften zu berücksichtigen bereit ist, sich für ausländische Gesellschaften öffnet, und vielleicht sogar Investitionen in Emerging Markets mit in seine Auswahl einbezieht.

> Das für die Portfolioentscheidung als möglich betrachtete Universum von Anlageinstrumenten wird als **Investment-Opportunity-Set (IOS)** bezeichnet.

📖 Anne Anselm hat etwas Geld auf dem Sparbuch. Für die "richtige" Geldanlage betrachtet sie nur Bundesanleihen sowie vier große deutsche Blue Chips, die sie etwas genauer über die letzten Jahre beobachtet hat, als "erlaubt."

📖 Beat Bindiger betrachtet neben Frankenanleihen alle jene Aktien als mögliche Instrumente, die an der Schweizer Börse gehandelt werden. Das sind nicht nur die Titel der in der Schweiz domizilierten Aktiengesellschaften, sondern auch jene ausländischen Gesellschaften, die in der Schweiz gehandelt werden. Er meint: "Da sind die Courtagen niedriger, und ich kann erst noch in Franken zahlen, spare also die Gebühren für die Change."

📖 Clous Clatek hat ein Investment-Opportunity-Set, das nur aus *zwei* Instrumenten besteht. Beim einen handelt es sich um einen *"Bond Fund"* mit Referenzwährung Euro, der hauptsächlich in Euro dominierte Anleihen erstklassiger Emittenten anlegt, wobei der Manager die Laufzeit der Anleihen dem aktuellen Zinsumfeld anpaßt. Beim zweiten handelt es sich um einen Aktienfonds, der den Index der 100 größten Unternehmen in der Schweiz nachbildet.

Der zweite Schritt verlangt vom Investor zu sagen, wie er seine Erwartungen bilden möchte, wie er zu den numerischen Werten der Verteilungsparameter kommen möchte und mit welchem Zinssatz er rechnen muß.

- Viele institutionelle Anleger vertrauen auf das gute Funktionieren des Marktes, haben längst die "Jagd nach unterbewerteten Titeln" aufgegeben und können den Sport des Publikums nur belächeln, eilig in die Märkte hinein zu springen, um diese sogleich panisch zu verlassen. Diese Investoren adjustieren ihr Portfolio ruhig und mit Bedacht. Sie achten zwar auf sorgfältige Information, übernehmen aber ansonsten die im Markt verfügbaren Informationen. Der Stil des Portfoliomanagements ist überwiegend als passiv und langfristig orientiert zu bezeichnen. Ein Manager meint: "Ich schaue überhaupt nur alle drei Tage, was an der Börse passiert, sonst komme ich nur in Versuchung, von meiner Strategie abzuweichen und in einen Stil des Durchwurstelns zu verfallen."

- Große Privatanleger besorgen sich oft Research und Analystenreporte bei Banken, sie lesen Kommentare zu einzelnen Aktien im Internet und bilden darauf Erwartungen. Sie denken, daß sich schon unterbewertete Titel finden lassen, besonders unter den Nebenwerten, weil diese oft vom Publikum nicht so beachtet werden und deshalb von den Analysten nicht so intensiv verfolgt werden. Einer dieser Anleger meint: "Wer einen aktiven Stil verfolgt, wird schnell gewahr, daß die gute und erfolgreiche Geldanlage nicht in der Hektik der Transaktion liegt, sondern im Fleiß. Alle Informationen zu beschaffen und auszuwerten ist mühsam und kostet Zeit. Aber dann kann man schon begründet den einen oder anderen Kauf tätigen. Selbstverständlich muß man dann diese Titel für ein oder zwei Jahre halten und geduldig warten."

- Kleine Privatanleger haben vielfach wenig Vertrauen, wenn ihnen über Renditeerwartungen berichtet wird, die aus dem Research kommen, aus der Finanzanalyse, oder die Ergebnis von Schätzungen sind, die auf historischen Zeitreihen basieren. Diese Menschen wollen selbst lernen und im Laufe der Zeit durch Beobachtung erfahren, wie sich eine Aktienanlage so entwickelt. Sie beginnen vielleicht mit einer Erwartungsbildung, bei der die Renditeerwartung für Aktien noch vergleichsweise gering bemessen ist. Im Laufe der Jahre lernen sie und fassen mehr Vertrauen. Ein solcher

Anleger meint: "Früher habe ich alles gekauft, was in der Zeitung eine Nummer und einen Kurs hatte. Im Laufe der Jahre habe ich dann von alleine verstanden, daß ich mich auf einige wenige Blue Chips konzentrieren sollte, die ich dann verfolgen kann. Über diese Unternehmen weiß ich heute genauer Bescheid als die meisten der Aktionäre, und selbstverständlich besuche ich die Hauptversammlungen."

Auch die Tatsache, daß Investoren mit kleinerem Anlagevolumen einen anderen Zinssatz haben können als institutionelle Investoren, unterstreicht: Die Erwartungsbildung dürfte in der Praxis von Investor zu Investor auf unterschiedliche numerische Werte führen.

Im dritten Schritt wird das Tangentialportfolio oder Marktportfolio berechnet. Eingangsdaten sind die durch die Erwartungsbildung gegebenen

1. Renditeerwartungen und Renditestreuungen der im IOS genannten n Instrumente
2. Korrelationen der Renditen untereinander,
3. derjenige Zinssatz, mit dem der betrachtete Anleger kalkulieren muß.

Die Ermittlung jenes Portfolios, welches im Risk-Return-Diagramm als Tangentialportfolio positioniert ist, läuft auf eine mathematische Optimierung hinaus. Computerprogramme, die aus den Parametern der Verteilungen der Renditen (Erwartungswerte, Streuungen, Korrelationen) sowie aus dem Zinssatz die Gewichte berechnen, mit denen die einzelnen risikobehafteten Anlagemöglichkeiten im Marktportfolio vertreten sind, heißen *Optimizer*. Wir werden weiter unten die in Optimizern verwendeten Rechenvorschriften ableiten und wiedergeben.

5.2.2 Kapitalisierungs-Methode

Der zweite Weg zur Ermittlung des Marktportfolios nutzt die Tobin-Separation aus. Wenn, das sei einmal unterstellt, alle Anleger dasselbe IOS haben und die Parameter in Übereinstimmung schätzen (homogene Erwartungen), dann würden sie alle die risikobehafteten Anlagen identisch gewichten.

Wie gerade zuvor ausgeführt, sind das IOS ebenso wie die Erwartungsbildung in der Praxis als individuell unterschiedlich anzusehen, weshalb jeder Investor sein eigenes "Marktportfolio" hat (wir sprechen in Situationen, in denen diese Individualität wichtig ist, deshalb besser vom Tangentialportfolio).

Dennoch ist der zweite Weg viel direkter und einfacher als die Berechnung des Marktportfolios mit einem Optimizer. Deshalb wollen wir durchaus der Annahme folgen, für alle Investoren seien IOS und Erwartungsbildung gleich. Dann haben alle Investoren dasselbe Tangentialportfolio und dieses eine Portfolio verdient es somit, als Marktportfolio bezeichnet zu werden.

5. MARKTPORTFOLIO

Es bezeichne n die Anzahl der möglichen, risikobehafteten Finanzinstrumente und $w_1, w_2, ..., w_n$ die Gewichte, $w_1 + w_2 + ... + w_n = 1$, mit denen sie im Marktportfolio dieses Universums vertreten sind. Diese Gewichte sind dann für alle Anleger dieser Welt identisch.

Die Argumentation lautet: Dann müssen die Kapitalisierungen der Aktiengesellschaften genau diese Gewichte widerspiegeln. Deshalb ergeben sich die gesuchten Gewichte, die das Marktportfolio festlegen, direkt aus den (leicht beobachtbaren) Marktkapitalisierungen. Hier sind die vier Schritte der Schlußfolgerung:

1. In dieser Welt sollen die Anleger $l = 1, 2, ..., N$ leben. Anleger l verfügt über den anzulegenden Geldbetrag $s_0^{(l)}$ und entscheidet sich aufgrund seiner Präferenz den Teil $q^{(l)}$ dieses Betrags in das Marktportfolio zu investieren. Weltweit legen die Anleger folglich den Gesamtbetrag
$$b = \sum_{l=1}^{N} q^{(l)} \cdot s_0^{(l)}$$
in das Marktportfolio an. Wer möchte, kann sich unter b die 15 Billionen Dollar vorstellen, die weltweit derzeit etwa in Aktien angelegt sind.

2. Da $w_1, w_2, ..., w_n$ die Gewichte der einzelnen risikobehafteten Anlagemöglichkeiten (kurz: Aktien) bezeichnen, ist in der Unternehmung j, $j = 1, 2, ..., n$, der Gesamtbetrag $w_j \cdot b$ angelegt. Das ist gerade die Marktkapitalisierung der Unternehmung j, der Börsenkurs multipliziert mit der Anzahl ausgegebener Aktien. Wir notieren den Marktwert als M_j, also $M_j \equiv w_j \cdot b$.

3. Die Marktkapitalisierungen der Aktiengesellschaften lassen sich mühelos beobachten. Sie werden laufend von den Börsenorganisationen und den Wirtschaftsmedien publiziert. Werden die Kapitalisierungen zweier Gesellschaften j und k verglichen, so liefert der Vergleich direkt die (gesuchten) Gewichte der Instrumente, die das Marktportfolio bestimmen,

$$\frac{M_j}{M_k} = \frac{w_j \cdot b}{w_k \cdot b} = \frac{w_j}{w_k}.$$

4. Da sich die Gewichte aller betrachteten n Instrumente zu eins summieren, ergeben sich die gesuchten Gewichte einfach aus den relativen Kapitalisierung der Unternehmen,

$$w_k = \frac{M_k}{M_1 + M_2 + ... + M_n}$$

Dieser zweite Weg für die Bestimmung des Marktportfolios wird als **Kapitalisierungs-Methode** bezeichnet.

Hinter der Anwendung der Kapitalisierungs-Methode durch einen Privatanleger steht diese Annahme: Große institutionelle Investoren errechnen ihre Kaufentscheidungen direkt mit einem Optimizer aufgrund der von ihnen gebildeten Erwartungen. Deshalb kann ein kleiner Anleger darauf vertrauen, daß die in der Presse veröffentlichten Kapitalisierungen die allgemein geteilten Einschätzungen der Verteilungsparameter adäquat widerspiegeln.

So kann vom kleinen Anleger das Marktportfolio ermittelt werden — ohne daß er sich Gedanken über erwartete Renditen, Volatilitäten und Korrelationen machen muß und ohne daß er einen Optimizer benötigt.

📖 Dick Datterton möchte 1 Million Euro in Aktien anlegen. Der Wirtschaftspresse entnimmt er, daß die Finanzanalysten in einer Statistik 10 Branchen unterschieden haben. Zudem nennt die Statistik die gesamte Marktkapitalisierung aller Unternehmen, die diesen Branchen zugerechnet werden.

Der Portfoliomanager meint: "Unsere Bank bietet Branchenfonds an. Am besten teilen Sie die 1 Million genau entsprechend den Kapitalisierungen und investieren die zehn Teilbeträge in die Branchenfonds.

Dick antwortet: Die Idee der Aufteilung der Million Euro in die zehn Teilbeträge ist gut. Ich kaufe aber keine Branchenfonds. Aus jeder Branche suche ich mir jetzt eine große Unternehmung heraus, und ich lege die Teilbeträge in die so ausgewählten zehn Aktiengesellschaften an, die ich als Repräsentant der für die Branche typischen Risiken betrachte. So bin ich optimal diversifiziert.

📖 Ignaz Ibis ist über die Jahre hinweg dem *Stock-Picking* und dem Bottom-Up-Ansatz gefolgt: Immer wenn er Geld anzulegen hatte und "interessante" Empfehlungen zu einer einzelnen Aktie aufnahm, hat er das Wertpapier gekauft. Der Portfoliomanager liefert eine Aufstellung nach Branchen. Ignaz meint: "Man sieht sofort, wo mein Portfolio nicht der Marktkapitalisierung entspricht. Bei den nächsten Transaktionen werde ich das korrigieren."

📖 Für Jane Jones sind die USA die Welt. Außerdem engt sie das Universum risikobehafteter Anlagemöglichkeiten noch weiter auf nur fünf *Stocks* ein: die von Boeing, Ford Motor, Citicorp, IBM, Coca-Cola. Aus der BUSINESS WEEK vom 18. Mai 1998 entnimmt sie als Marktwerte (in Millionen USD)

Boeing	Ford	Citicorp	IBM	Coca-Cola
49.344	54.662	70.446	113.630	181.900

Daraus errechnet sie zunächst die relativen Gewichte zu

5. MARKTPORTFOLIO

$$w_{Boeing} = 0{,}106,\ w_{Ford} = 0{,}117,\ w_{Citi} = 0{,}15,\ w_{IBM} = 0{,}24,\ w_{Coca} = 0{,}387\ .$$

Nun hat das Portfolio von Jane gerade einen Wert von 1 Mio. USD und sie möchte aufgrund ihrer persönlichen Risikotoleranz 40% davon risikofrei anlegen und 60% in die ausgewählten fünf Aktien investieren.

Die Investorin hatte bisher naiv diversifiziert und von den vorgesehenen 600 Tausend Dollar jeweils 120 Tausend in jede der fünf Aktien angelegt.

Nun sieht Jane, daß sie, um optimal zu diversifizieren, fast viermal soviel Geld in Coca-Cola anlegen sollte wie in Boeing. Entsprechend der relativen Marktkapitalisierungen der fünf Firmen strukturiert sie ihr Portfolio um, so daß sie folgende Beträge in den einzelnen Aktien hält: Boeing: 63.600 USD, Ford: 70.200 USD, Citicorp: 90.000 USD, IBM: 144.000 USD, Coca-Cola: 232.200 USD.

- Zuletzt bemerkt Jane: "Wenn sich jetzt die Kurse irgendwie ändern, spiegelt sich dies genau in meinem Portfolio wider und ich muß nichts neu berechnen."

- Ihr Portfoliomanager bemerkt zu dem letzten Gedanken: "Ganz richtig, Marktportfolio bleibt Marktportfolio. Wer einmal das Marktportfolio hält, braucht nichts mehr korrigieren. Selbst wenn sich die Kurse ändern, hält man immer noch das Marktportfolio. So wird ein passiver Anlagestil möglich."

Dann aber wird der Portfoliomanager (auch für ihn besteht das Universum nur aus den USA) kritisch: "Die Kapitalisierungs-Methode ist einfach umzusetzen. Aber man darf die Methode nicht einfach auf *fünf* im voraus selektierte Aktien einschränken.

Immerhin haben wir in den USA 500 große Aktiengesellschaften. Es gibt so viele institutionelle Anleger, die sorgfältig ihr Geld auf diese 500 Unternehmen der USA streuen. Im Ergebnis liefert die Marktkapitalisierung dieser 500 Firmen, die wir tatsächlich haben, die Gewichte im Marktportfolio. Dieses Marktportfolio ist tatsächlich *optimal diversifiziert* im Hinblick auf die Möglichkeit, in die 500 Unternehmen zu investieren.

Man darf allerdings nicht einfach fünf beliebige Aktien auswählen und das Anlageuniversum darauf einschränken. Die relative Gewichtung dieser fünf Unternehmen wäre nur richtig, wenn es eben auch die anderen 495 Aktien noch gibt. Ein Profi, der sein Geld nur in die fünf Titel geben darf, würde, um optimal zu diversifizieren, andere Gewichtungen finden und wählen."

📖 Karin van Kat wird von ihrer Großmutter dazu eingeladen, das Vermögen zu verwalten. Die Großmutter hat ihr gesamtes Geld auf einem Sparkonto, das mit 2% verzinst ist, und meint: Mit einem Drittel des Gesparten darfst Du es jetzt einmal versuchen und auch Aktien kaufen.

Karin läßt sich bei einer Bank beraten und es wird ihr ein Anlagefonds empfohlen, der "genau dem Marktportfolio entspricht." Karin entgegnet: Das Marktportfolio hängt doch auch vom Zinssatz ab. Mit welchem Zinssatz arbeitet denn der Manager des Anlagefonds?" Worauf der Banker entgegnet: "Na mit dem Geldmarktzinssatz, der ist jetzt so bei 4%."

Karin ist hartnäckig: "Aber dieser Zinssatz von 4% ist für meine Großmutter nicht von Bedeutung. Für sie stellt sich nur die Frage, ob sie mehr oder weniger auf ihrem mit 2% verzinsten Sparbuch halten soll. Dann ist sie doch, streng genommen, nicht optimal diversifiziert."

Der Banker ist etwas irritiert: Unser Anlagefonds bildet auch nicht das Marktportfolio ab, sondern den Marktindex, und der ist zunächst einmal ganz unabhängig von der Höhe des Zinssatzes definiert worden." Karin entschuldigt das nicht: "Dann ist der Marktindex eben nur eine *Proxy* für das Marktportfolio."

5.2.3 Marktportfolio bleibt Marktportfolio

Aus den Beispielen zur Kapitalisierungs-Methode folgen verschiedene Lehren. Zunächst zwei Pluspunkte:

1. Die Kapitalisierungs-Methode ist ein bequemer Weg. Er liefert die relativen Gewichte der Aktien im Marktportfolio ohne eigenes Research, ohne eigene Erwartungsbildung und ohne kompliziertere Berechnungen.

2. Die Kapitalisierungs-Methode verlangt vom einzelnen Anleger *nicht*, 500 verschiedene Aktien zu kaufen — oder eben so viele, wie im Marktportfolio der großen institutionellen Investoren berücksichtigt sind.

Die Kapitalisierungs-Methode kann auf *Branchen* oder andere *Assetklassen* angewendet werden, und der Privatinvestor kann jede Branche oder Assetklasse durch eine Aktie oder einige wenige Aktien in seinem Portfolio vertreten.

Nun zwei Minuspunkte:

1. Vorsicht ist bei eingeschränktem IOS angebracht: Die Kapitalisierungs-Methode liefert das optimal diversifizierte Portfolio unter der Bedingung, daß eben alle Assets für die Portfoliobildung zur Verfügung stehen. Hat ein Privatanleger ein eingeschränktes Investment-Opportunity-Set, beispielsweise weil er eine gewisse Vorselektion trifft (und sich beispielsweise auf Aktien nationaler Gesellschaften beschränkt oder auf Blue Chips), dann müßte er, um hinsichtlich *seines* IOS optimal zu diversifizieren, die Gewichte *anders* wählen.

2. *Das Tangentialportfolio oder das Marktportfolio verändert sich mit dem Zinssatz.* Die Kapitalisierungs-Methode liefert das Marktportfolio für jenen Zinssatz, mit dem die überwältigende Mehrheit der großen Investoren rechnen muß. Muß ein Privatinvestor mit einem anderen Zinssatz kalkulieren, dann sieht das für ihn optimal diversifizierte Aktienportfolio etwas anders aus als für die großen Investoren.

> Die bekannten Marktindizes sind *nur Näherungen* für das Marktportfolio, weil die Indizes unabhängig vom Zinssatz definiert sind.

Dennoch ist ein Index als eine für die *Anlagepraxis* gute **Proxy** für das eigentlich gesuchte Portfolio anzusehen. Anders sieht es in der Theorie oder bei wissenschaftlichen Untersuchungen aus.

Ob mit der Wahl eines Indexes als Proxy für das Marktportfolio beim Testen von Hypothesen nicht doch ein größerer oder jedenfalls nicht kontrollierbarer Fehler begangen wird, ist umstritten. Es geht um statistische Probleme, die als *errors-invariables problem* bezeichnet werden. Selbstverständlich spielt hinein, welche weiteren Aussagen auf das möglicherweise fehlspezifizierte Marktportfolio basiert werden.[4]

Schließlich ist ein Punkt wichtig: *Marktportfolio bleibt Marktportfolio.* Hält ein Investor, was den risikobehaftet angelegten Teil seines Vermögens betrifft, genau das Marktportfolio, und ändern sich die Kurse der einzelnen Instrumente, dann hält der Investor ohne weitere Transaktionen zu tätigen nach den Kursänderungen das neue Marktportfolio. *Das erlaubt einen passiven Anlagestil.*

> Wer nicht genau, sondern nur ungefähr das Marktportfolio hält, kann nach Kursänderungen unter Umständen weiter vom neuen Marktportfolio entfernt sein.

📖 Roy Ramaswami lebt in Singapur. Sein IOS besteht nur aus Aktien in Singapur. Er hält die etwa 30 Aktiengesellschaften des Stadtstaats genau in den Proportionen, die ihrer jeweiligen Marktkapitalisierung entsprechen. Dazu gehörte im Sommer 1998 auch ein Anteil von 2% in "Singapore Land." Diese Aktie war durch die Asienkrise besonders stark betroffen. Roy war schon dabei, diese Aktie aus Enttäuschung zu verkaufen, und nur die Disziplin, sich am Marktportfolio zu orientieren, hielt ihn davon ab. Im Verlauf von 1998/99 haben sich die Aktien in Singapur erholt, besonders und überproportional jedoch ist der Kurs von "Singapore Land" gestiegen, nämlich auf das über Zehnfache seines Tiefstkurses. Im Sommer 1999 umfaßt das Marktportfolio zu 9% die Aktie "Singapore Land." Roy sieht sich die Zusammensetzung seines eigenen Portfolios an: "Ich muß gar nichts tun, ich habe 9% Singapore Land in meinem Depot."

Die als "Marktportfolio bleibt Marktportfolio" bezeichnete Tatsache, daß ein optimal diversifiziertes Portfolio auch nach Kursänderungen einzelner Titel immer noch optimal diversifiziert ist, erlaubt einen *passiven* Anlagestil: Kaufe und halte das Marktportfolio.

Man könnte nun einwenden, ein aktiver Stil des Portfoliomanagements sei dennoch angezeigt, um solche Titel einzubeziehen, die "unterbewertet" scheinen, während "überbewertete" Titel eher reduziert werden sollten. Hierzu sind natürlich eigene Anstrengungen zur Beschaffung und Auswertung von Informationen erforderlich und eben dann die entsprechenden Transaktionen. Um Fehlbewertungen auszunutzen, sei eben doch ein aktiver Stil des Portfoliomanagements erforderlich.

---

[4] Literatur: 1. BENNETT T. MCCALLUM: Relative asymptotic bias from errors of omission and measurement, *Econometrica* 40 (1972), pp. 757-758. 2. DONGCHEOL KIM: The Errors in the Variables Problem in the Cross-Section of Expected Stock Returns, *Journal of Finance* (December 1995) 5, pp. 1605-1634.

Im *Finance* wird andererseits von der Mehrheit der Forscher die These der **Informationseffizienz** als in der Realität in etwa erfüllt betrachtet. Nach dieser These fließen an den Wertpapierbörsen praktisch ohne zeitliche Verzögerung und auf korrekte Weise alle bekannt werdenden Informationen in die Kursbildung ein. Wenn etwas zwar noch nicht sicher feststeht, aber "antizipierbar" ist, dann haben sich die Kurse bereits entsprechend geändert. Folglich lohnt es sich für den einzelnen Investor nicht, eigene Informationen zu beschaffen und auszuwerten.

Bild 5-8: EUGENE F. FAMA (Foto von Joan Hackett). Zahlreiche theoretische wie empirische Untersuchungen in der *Finance* stammen von FAMA, Distinguished Professor of Finance an der University of Chicago, wo er 1960 auch den Ph.D. erworben hat. FAMA griff früh die Ideen der *Informationseffizienz* auf und entwarf dazu Tests. FAMA zitiert HARRY V. ROBERTS, Professor ebenso an der University of Chicago, der die Ideen der Informationseffizienz für die Kursbildung an Finanzmärkten zwischen 1950 und 1960 aufbrachte und die drei Formen *schwacher*, *semi-starker* und *starker* Informationseffizienz unterschied. Die Informationseffizienz liefert die Begründung für ein passiv geführtes Portfolio. Eine ebenso bekannte empirische Arbeit, gemeinsam publiziert mit KENNETH R. FRENCH, betont die Bedeutung zweier Unternehmenskennzahlen für die Renditeerwartung: Die Relation zwischen Marktwert und Buchwert sowie die Größe der Unternehmung — deren Bedeutung für die Erklärung der Renditeerwartung erstmals 1981 von ROLF W. BANZ aufgezeigt worden ist (FAMA and FRENCH: *The cross-section of expected stock returns* im *Journal of Finance* 47 (1992), pp. 427-465).

Nach der These der Informationseffizienz ist es nicht möglich, durch eigene Recherche "überbewertete" oder "unterbewertete" Wertpapiere entdecken.[5]

An der University of Chicago wird in den Wirtschaftswissenschaften eine prononciert marktorientierte Perspektive gelehrt, wozu auch die These der Informationseffizienz gehört. Ein in Chicago oft zu hörender Spruch drückt diese These prägnant aus: *You get, what you pay for it*: Der Preis entspricht immer dem, was der Käufer erhält und der Verkäufer abgibt.

> Der Sachverhalt *Marktportfolio bleibt Marktportfolio* und die *These der Informationseffizienz* empfehlen einen *passiven* Anlagestil: **Kaufe und halte das Marktportfolio.**

Die These der Informationseffizienz ist indessen nicht umstritten. Die Befürworter betonen denn auch, daß sie "in etwa" erfüllt ist.

Selbstverständlich gibt es auch unter den theoretisch orientierten Forschern Gegner. Mit Strategien, die auf den Momenten der bisherigen Kursentwicklung beruhen — sei es in prozyklischer oder antizyklischer Weise— scheint es möglich zu sein, eine gegenüber Buy-And-Hold bessere Performance zu erzielen.[6]

Prozykliker setzen auf Gewinner *(winner)*, auf Aktien, deren Kurse sich in den letzten zwölf Monaten im Vergleich zu den der anderen Unternehmen herausragend entwickelt haben — aus welchen Gründen auch immer. Der Börsenspruch der Prozykliker lautet: *The trend is your friend*. Diese Untersuchungen werfen neues Licht auf die *Chart-Analyse*. Mit der als Chart-Analyse oder als Technische Analyse bezeichneten Methode wird seit je her versucht, aus den zittrigen Kursbewegungen eines Finanzinstruments eine Prognose des weiteren Verlaufs abzuleiten.

Antizykliker oder Kontrarians setzen auf Verlierer *(loser)*, also auf Aktien, deren Kurse sich in den letzten zwölf Monaten im Vergleich zu den der anderen Unternehmen auffallend schlecht entwickelt haben — aus welchen Gründen auch immer. Ihr Börsenspruch lautet: *Nur tote Fische schwimmen mit dem Strom.*

---

[5] Literatur zur Informationseffizienz: 1. EUGENE F. FAMA: Efficient Capital Markets: A Review of Theory and Empirical Work, *Journal of Finance* 25 (1970), pp. 383-417. 2. Eugene F. FAMA: Efficient Capital Markets: II, *Journal of Finance* 46 (1991) 5, pp. 1575-1617. 3. STEPHEN F. LEROY, Efficient capital markets and martingales, *Journal of Economic Literature* 27 (1989), pp. 1583-1621.

[6] JOSEF LAKONISHOK, ANDREW SHLEIFER UND ROBERT W. VISHNY: Contrarian Investment, Extrapolation and Risk. *Journal of Finance* 49 (December 1994), pp. 1541-1578.

In der Praxis pflegen die Portfoliomanager etwa zur Hälfte einen passiven Anlagestil, während die andere Hälfte mit verschiedenen Schwerpunkten ein aktives Portfoliomanagement empfiehlt.[7]

5.2.4 Optimizer — Der Ansatz

Nun soll auf den als erstes genannten Weg zur Ermittlung des Marktportfolios eingegangen werden. Ein **Optimizer** ist ein Computerprogramm zur Berechnung des Marktportfolios. Als Eingangsdaten dienen

1. die Anzahl n der risikobehafteten Anlagemöglichkeiten, die Erwartungswerte μ_k und die Streuungen σ_k aller Renditen $\tilde{r}_k$ der zur Auswahl stehenden Instrumente $k = 1, 2, ..., n$.

2. alle Korrelationskoeffizienten $\rho_{j,k}$ für jedes Paar j, k von Renditen — das sind im wesentlichen $n \cdot (n-1)/2$ Koeffizienten.

3. der Zinssatz i.

Der Optimizer liefert die n Gewichte $x_1, x_2, ..., x_n$, $x_1 + x_2 + ... + x_n = 1$, mit denen die betrachteten risikobehafteten Anlagemöglichkeiten kombiniert werden müssen, damit das Tangentialportfolio entsteht. Die Tangente ist die Gerade mit der maximalen Steigung.

Demgemäß lautet die Aufgabe: Bestimme die n Entscheidungsvariablen $x_1, x_2, ..., x_n$ so, daß für das durch sie definierte Portfolio P mit der Rendite

$$\tilde{r}_P \equiv x_1 \cdot \tilde{r}_1 + x_2 \cdot \tilde{r}_2 + ... + x_n \cdot \tilde{r}_n$$

dem Erwartungswert

$$\mu_P \equiv E[\tilde{r}_P] = \sum_{k=1}^{n} x_k \cdot \mu_k$$

und der Streuung

---

[7] Literatur: 1. PETER J. TANOUS: *Investment Gurus*: New York Institute of Finance, New York NY, 1997. TANOUS bemerkt in der Vorrede zu seinem Interview mit EUGENE F. FAMA, dieser habe als Undergraduate für einen Professor gearbeitet, ... *who was trying to develop "buy" and "sell" signals based on price momentum. Although the theories the professor devised worked well when applied to the past, they worked poorly when Fama tested them in real time* (p.167). 2. ROBERT A. HAUGEN: *The New Finance — The Case Against Efficient Markets*. Prentice Hall, Upper Saddle River, NJ, 2nd edition 1999.

5. MARKTPORTFOLIO

$$\sigma_P \equiv \sqrt{Var[\tilde{r}_p]} = \sqrt{\sum_{j=1}^{n}\sum_{k=1}^{n} x_j \cdot x_k \cdot \sigma_j \cdot \sigma_k \cdot \rho_{jk}}$$

die Aufgabe

$$\frac{\mu_p - i}{\sigma_p} \rightarrow Max!$$

unter der Nebenbedingung $x_1 + x_2 + ... + x_n = 1$ gelöst wird.

Das sieht zunächst recht kompliziert aus, ist aber leicht zu bewältigen. Sowohl die Renditeerwartung als auch die Streuung sind Funktionen der Variablen $x_1, x_2, ..., x_n$, was wir in der Form $\mu_P(x_1, x_2, ..., x_n)$ und $\sigma_P(x_1, x_2, ..., x_n)$ notieren.

Also lautet die mit f bezeichnete Zielfunktion, die es zu maximieren gilt:

$$f(x_1, x_2, ..., x_n) \equiv (\mu_P(x_1, x_2, ..., x_n) - i) \cdot (\sigma_P(x_1, x_2, ..., x_n))^{-1}.$$

Als wichtigste Nebenbedingung wird $x_1 + x_2 + ... + x_n = 1$ betrachtet. Wir notieren dies mit Hilfe der durch $g(x_1, x_2, ..., x_n) \equiv x_1 + x_2 + ... + x_n$ definierten Funktion g in der Form

$$g(x_1, x_2, ..., x_n) = 0.$$

Nun wenden wir den Ansatz von LAGRANGE an. Die Lagrangefunktion L lautet:

$$L(x_1, x_2, ..., x_n) \equiv f(x_1, x_2, ..., x_n) - \lambda \cdot g(x_1, x_2, ..., x_n).$$

Sie soll nun bezüglich ihrer Argumente $x_1, x_2, ..., x_n$ maximiert werden; anschließend wird der mit dem griechischen Buchstaben λ (*Lambda*) bezeichnete Lagrangemultiplikator so bestimmt, daß die Nebenbedingung erfüllt ist.

Ein Hinweis: Eventuell wird auch $x_1 \geq 0, x_2 \geq 0, ..., x_n \geq 0$ als weitere Nebenbedingungen gefordert.

- Wollten wir auch noch diese Nicht-Negativitätsbedingungen berücksichtigen, müßten wir weitere Multiplikatoren einführen und dem Kuhn-Tucker-Ansatz folgen. Das ersparen wir uns hier.

- Folglich könnte es durchaus sein, daß die von uns gefundene Lösung der oben formulierten Aufgabe den Leerverkauf einer oder mehrerer Aktien vorsieht, und den erhaltenen Betrag in eine oder mehrere Aktien zusätzlich anlegt — immerhin bleibt $x_1 + x_2 + ... + x_n = 1$ erfüllt.

- Die hier berechnete Lösung kann demnach aus diesem Grunde ergeben, daß für eine oder mehrere Aktien j durchaus ein $x_j > 1$ ermittelt wird.
  Wir betrachten das als wertvolle Information und werden uns Gedanken machen, welche Substitute für das *Shorten* eines Instruments sich eventuell finden lassen.

Nun also zur Maximierung der Lagrangefunktion.

Um ihr Maximum zu bestimmen, werden die partiellen Ableitungen bezüglich der Variablen $x_1, x_2, ..., x_n$ berechnet und gleich Null gesetzt.

- Bei der Ableitung der Funktion f, die ja ein Produkt zweier Funktionen der Variablen ist, kommt die **Produktregel** zur Anwendung. Zur Erinnerung: Die Ableitung des Produkts $y = u(x) \cdot v(x)$ zweier Funktionen ist durch $y' = u'(x) \cdot v(x) + u(x) \cdot v'(x)$ bestimmt.

- Außerdem muß man berücksichtigen, daß für $y = u(x)^{-1}$ die Ableitung durch $y' = -u(x)^{-2}$ gegeben ist. Diese Regeln sind für die Ableitung von Funktionen einer Variablen zur Erinnerung ins Gedächtnis gerufen. Sie gelten genauso für die Bestimmung der partiellen Ableitung von Funktionen mehrerer Variablen.

5.2.5 Optimizer — Die Lösung

Im Ergebnis der gleich Null gesetzten partiellen Ableitungen der Lagrangefunktion entsteht dieses *lineare Gleichungssystem* für die gesuchten Variablen $x_1, x_2, ..., x_n$:

$$a_{11} \cdot x_1 + a_{12} \cdot x_2 + ... + a_{1n} \cdot x_n = b_1$$
$$a_{21} \cdot x_1 + a_{22} \cdot x_2 + ... + a_{2n} \cdot x_n = b_2$$
$$...$$
$$a_{n1} \cdot x_1 + a_{n2} \cdot x_2 + ... + a_{nn} \cdot x_n = b_n$$

Die Koeffizienten a_{jk}, $j, k = 1, 2, ..., n$, dieses linearen Gleichungssystems sind gleich dem Produkt aus Lagrangemultiplikator und der den Indizes entsprechenden Kovarianz gegeben durch:

5. MARKTPORTFOLIO

$$a_{jk} = \lambda \cdot \sigma_j \cdot \sigma_k \cdot \rho_{jk}.$$

Die rechte Seite, b_j, $j = 1, 2, ..., n$, des linearen Gleichungssystems ist durch die "Überrenditen" der n zur Verfügung stehenden, risikobehafteten Instrumente gegeben:

$$b_j = \mu_j - i.$$

Zur Bestimmung des noch auftauchenden Lagrangemultiplikators steht dann noch die Bedingung $x_1 + x_2 + ... + x_n = 1$ zur Verfügung. Im Grunde bewirkt der Lagrangemultiplikator eine Skalierung. Es ist deshalb möglich, das Gleichungssystem etwa für $\lambda = 1$ zu lösen und anschließend die gefundene Lösung, sie sei mit $x_1^{(1)}, x_2^{(1)}, ..., x_n^{(1)}$ bezeichnet, so zu skalieren, daß die Summe der Gewichte 1 ergibt. Hierzu kann man, nachdem das Gleichungssystem für den speziellen Wert $\lambda = 1$ gelöst ist, die Gewichte $w_1, w_2, ..., w_n$ so definieren:

$$w_1 \equiv \frac{x_1^{(1)}}{x_1^{(1)} + x_2^{(1)} + ... + x_n^{(1)}}, \; w_2 \equiv \frac{x_2^{(1)}}{x_1^{(1)} + x_2^{(1)} + ... + x_n^{(1)}}, \; ..., \; w_n \equiv \frac{x_n^{(1)}}{x_1^{(1)} + x_2^{(1)} + ... + x_n^{(1)}}$$

Per Konstruktion summieren sich die so skalierten Gewichte $w_1, w_2, ..., w_n$ zu 1 und stellen die gesuchten Gewichte der n Anlagemöglichkeiten im Marktportfolio dar.

Selbstverständlich läßt sich das lineare Gleichungssystem und die anschließende Skalierung in Matrizenschreibweise ausdrücken. In diesem Buch soll aber die Notation nicht zu stark komprimiert werden.

- Eine explizite analytische Angabe der Lösung des linearen Gleichungssystems ist nur für den Fall $n = 2$ möglich. Der Fall $n = 1$ ist natürlich höchst trivial: Das Marktportfolio wäre das eine betrachtete Instrument selbst. Die Lösung für den Fall $n = 2$ wird sogleich angegeben, und wir werden damit auch einige Aufgaben lösen.

- Im Fall $n > 2$ muß das lineare Gleichungssystem entweder sukzessiv mit einem *Eliminationsverfahren* oder mit anderen numerischen Methoden gelöst werden. Alle Spreadsheet-Programme bieten sogenannte *Solver*, und wenn die Anzahl der Instrumente nicht zu groß ist, genügen diese Hilfen vollauf. Etwas aufwendiger ist, die *Inverse* der Kovarianzmatrix numerisch zu berechnen.

Zur Existenz und Eindeutigkeit läßt sich noch folgendes bemerken: *Nichtexistenz* besteht genau dann, wenn negativ korrelierte Renditen in der Form auftreten, daß es durch Kombinieren möglich ist, eine fast sichere Anlage zu simulieren, deren

Rendite vom Zinssatz i abweichen würde. *Nichteindeutigkeit* liegt vor, wenn die risikobehaftete Anlagemöglichkeit in dem Sinne abhängig sind, daß sich die Zufallsrendite wenigstens einer der Risikoanlagen, beschrieben durch Erwartungswert, Varianz sowie Kovarianzen, durch Kombinieren mit anderen Zufallsrenditen simulieren läßt.

Nun der Fall $n = 2$. Es gibt also neben der Möglichkeit, zum Zinssatz i risikofrei anzulegen, zwei mögliche risikobehaftete Instrumente, bezeichnet mit dem Index 1 und 2. Ihre Renditen haben die Erwartungswerte μ_1, μ_2, die Streuungen σ_1, σ_2 und den Korrelationskoeffizienten ρ. Die Lösung des linearen Gleichungssystems für $\lambda = 1$ oder irgendeinen Wert $\lambda \neq 0$ kann in diesem Fall explizit angegeben werden. Sie lautet:

$$x_1^{(\lambda)} = \frac{(\mu_1 - i) - \left(\dfrac{\rho \cdot \sigma_1}{\sigma_2}\right) \cdot (\mu_2 - i)}{\lambda \cdot \sigma_1^2 \cdot (1 - \rho^2)}$$

$$x_2^{(\lambda)} = \frac{(\mu_2 - i) - \left(\dfrac{\rho \cdot \sigma_2}{\sigma_1}\right) \cdot (\mu_1 - i)}{\lambda \cdot \sigma_2^2 \cdot (1 - \rho^2)}$$

Es ist nun ein Leichtes, die besprochene Skalierung vorzunehmen. Sie liefert mit

$$w_1 \equiv \frac{x_1^{(\lambda)}}{x_1^{(\lambda)} + x_2^{(\lambda)}} \quad \text{und} \quad w_2 \equiv \frac{x_2^{(\lambda)}}{x_1^{(\lambda)} + x_2^{(\lambda)}}$$

die gesuchten Gewichte des Marktportfolios.

Nochmals sei darauf hingewiesen, daß die so bestimmte Lösung w_1, w_2 zwar Gewichte wiedergibt, die sich zu 1 summieren. Diese Nebenbedingung wurde bei der Berechnung des Tangentialportfolios berücksichtigt. Weitere Nebenbedingungen, die sicher stellen sollen, daß die Gewichte nur zwischen 0 und 1 variieren dürfen, sind jedoch ausgeklammert worden. Wer sie explizit einbeziehen möchte, muß dann dafür den Kuhn-Tucker-Ansatz wählen. Hier muß die Lösung numerisch bestimmt werden.

In den USA sind gleich nach dem theoretischen Wurf der Klassischen Portfoliotheorie Firmen entstanden, die Software für die verschiedenen Rechenaufgaben entwickelten und zugleich damit begannen, historische Zeitreihen und andere Finanzdaten zu pflegen und anzubieten. Die ersten Kunden dieser Firmen waren Pensionskassen und Fondsmanager.[8]

5.2.6 Zur Sensitivität

Selbstverständlich hängt die vom Optimizer gelieferte Lösung von den Parametern ab. Wenn die Eingangsdaten variieren, verändert sich das berechnete, optimal diversifizierte Portfolio.

Die Sensitivität des mit einem Optimizer ermittelten Tangentialportfolios kann recht unterschiedlich sein.

Wir illustrieren dies anhand zweier Beispiele. Es wird jeweils von zwei Aktien ausgegangen. Zu Anfang sollen symmetrische Verhältnisse herrschen: Beide Aktien sollen fürs erste die Renditeerwartung $\mu_1 = \mu_2 = 10\%$ und die Streuung $\sigma_1 = \sigma_2 = 20\%$ aufweisen. Wir werden sodann die Renditeerwartung μ_2 der zweiten Aktie als Parameter betrachten und gegenüber $\mu_2 = 10\%$ nach oben und unten variieren. Der Zinssatz sei stets $i = 4\%$.

Im ersten Beispiel unterstellen wir einen Korrelationskoeffizienten $\rho = 0,1$. Hier sind die vom Optimizer gelieferten Resultate: $w_1 \; w_2$

$\rho = 0,1$							
μ_2	7%	8%	9%	10%	11%	12%	13%
w_1	70%	62%	56%	50%	45%	41%	38%
w_2	30%	38%	44%	50%	55%	59%	62%

Es wird nochmals deutlich, daß auch eine nicht-effiziente Aktie durchaus in die Portfoliobildung mit einbezogen wird: Für Renditeerwartungen $\mu_2 < 10\%$ ist die zweite Aktie nicht-effizient, für Werte $\mu_2 > 10\%$ ist die erste Aktie nicht-effizient. Dennoch umfaßt das Tangentialportfolio stets beide Aktien.

---

[8] Zu den bekanntesten Firmen zählt BARRA, die um 1975 von BARR ROSENBERG (damals ein junger Professor in Berkeley) zusammen mit ANDREW RUDD ins Leben gerufen wurde. ROSENBERG hat 1985 eine neue Gesellschaft gegründet, die Barr Rosenberg Investment Management (BRIM), die sich dem Ziel verschrieben hat, *"mispriced stocks"* zu identifizieren und aus ihnen effiziente Portfolios zu bilden. URL: http://www.barra.com/ResearchResources/BarraPub/20yrs-n.asp

Da die beiden Aktien wegen $\rho = 0{,}1$ fast unkorreliert sind, können sie *nicht* als substituierbar betrachtet werden. Beide sind für die Diversifikation wichtig, und beide werden einbezogen. Das gilt auch, wenn sich die Renditeerwartungen deutlich unterscheiden.

Eine Folge dieser Überlegung ist, daß die Sensitivität der Gewichte w_1, w_2 des Tangentialportfolios nicht unbedingt groß sein muß. Die oben tabellierten Zahlen veranschaulichen das.

Bei anderen Datenkonstellationen können Optimizer jedoch eine sehr große Sensitivität aufweisen.

Wir verändern den Korrelationskoeffizienten auf $\rho = 0{,}9$ und führen die Rechnungen für ansonsten unveränderte Daten durch. Bei $\rho = 0{,}9$ sind die Renditen der beiden Aktien fast vollständig miteinander korreliert. Daher kann jede Aktie quasi als Substitut der anderen betrachtet werden. In einer solchen Situation dürfte es viel ausmachen, wenn die Renditeerwartungen der Aktien unterschiedlich sind.[9]

In der Tat wirken sich bereits kleine Differenzen in der Renditeerwartung erheblich auf die Zusammensetzung des Tangentialportfolios aus.

$\rho = 0{,}9$							
μ_2	9,4%	9,5%	9,9%	10%	10,1%	10,5%	10,7%
w_1	100%	91%	58%	50%	42%	12%	0
w_2	0	9%	42%	50%	58%	88%	100%

Hier reagiert die Zusammensetzung des Tangentialportfolios äußerst sensitiv.

- Würde man für die zweite Aktie beispielsweise eine Renditeerwartung von $\mu_2 = 9{,}3$ eingeben, würde der Optimizer empfehlen, diese Aktie leer zu verkaufen und den Gesamtbetrag allein in die erste Aktie zu investieren, das heißt, $1 < w_1$, $w_2 < 0$.

- Mit der zusätzlichen Nebenbedingung $0 \le w_2, w_1 \le 1$ würde der Optimizer bei $\mu_2 = 9{,}3$ empfehlen, alles in die erste Aktie zu investieren und die zweite Aktie ganz unberücksichtigt zu lassen, das heißt, $w_1 = 1$, $w_2 = 0$.

---

[9] MICHAEL J. BEST und ROBERT R. GRAUER: On the Sensitivity of Mean-Variance-Efficient Portfolios to Changes in Asset Means: Some Analytical and Computational Results. *Review of Financial Studies* 4 (1991) 2, pp. 315-342.

Ganz analog: Wenn für die zweite Aktie beispielsweise eine Renditeerwartung von $\mu_2 = 10{,}8\%$ eingegeben wird, dann empfiehlt der Optimizer, die erste Aktie leer zu verkaufen und den Gesamtbetrag allein in die zweite Aktie zu investieren. Mit der zusätzlichen Nebenbedingung der Einschränkung der Gewichte auf zwischen Null und Einhundert Prozent würde der Optimizer bei $\mu_2 = 10{,}8\%$ empfehlen, die erste Aktie ganz unberücksichtigt zu lassen.

Wenn es beispielsweise möglich ist, die risikobehafteten Anlagemöglichkeiten zu einem Portfolio mit vergleichsweise geringer Rendite zu kombinieren, wenn also die Renditestreuung des Safety-First-Portfolios gering ist, dann reagiert das vom Optimizer gelieferte Tangentialportfolio sehr sensitiv auf Änderungen des Zinssatzes.

Praktiker verwenden deshalb beide Methoden, die Kapitalisierungs-Methode und den Optimizer, parallel.

Wer mit einem Optimizer praktisch arbeitet, kann über zahlreiche Situationen berichten, in denen die vom Optimizer gelieferten Gewichte *äußerst sensitiv* auf Änderungen der Eingangsdaten reagieren.

5.3 Asset-Allokation in der Praxis

5.3.1 Zahlenbeispiel

Die gefundene und für den Fall $n = 2$ explizit angegebene Lösungsformel für das Marktportfolio soll für ein Beispiel im Detail rechnerisch vorgeführt werden.

Im Beispiel werden die beiden risikobehafteten Instrumente mit B und mit E bezeichnet. Die mit CMW abgekürzten Daten sind in nachstehender Tabelle wiedergegeben:

CMW-Daten		
Korrelation $\rho = 0{,}3$	Renditeerwartung	Renditestreuung
Asset B	$\mu_B = 5\%$	$\sigma_B = 10\%$
Asset E	$\mu_E = 9\%$	$\sigma_E = 20\%$

Als Zinssatz wird $i = 4\%$ unterstellt. Eingesetzt (wir nehmen $\lambda = 1$ an), folgt:

$$x_B^{(1)} = \frac{(0{,}05 - 0{,}04) - \left(\dfrac{0{,}3 \cdot 0{,}1}{0{,}2}\right) \cdot (0{,}09 - 0{,}04)}{0{,}1^2 \cdot (1 - 0{,}3^2)} = 0{,}275$$

$$x_E^{(1)} = \frac{(0{,}09 - 0{,}04) - \left(\dfrac{0{,}3 \cdot 0{,}2}{0{,}1}\right) \cdot (0{,}05 - 0{,}04)}{0{,}2^2 \cdot (1 - 0{,}3^2)} = 1{,}209$$

also

$$w_B \equiv \frac{0{,}275}{0{,}275 + 1{,}209} = 0{,}185 \quad \text{und} \quad w_E \equiv \frac{1{,}209}{0{,}275 + 1{,}209} = 0{,}815 \ .$$

Das Marktportfolio setzt sich mithin zu 18,5% aus dem Asset B und zu 81,5% aus dem Asset E zusammen. Jeder Anleger würde sein Vermögen zu einem Teil risikofrei zum Zinssatz $i = 4\%$ anlegen und den Rest risikobehaftet investieren, wobei von diesem Rest eben 18,5% im Asset B und 81,5% im Asset E investiert werden.

Die CMW-Daten dieses Beispiels waren nicht willkürlich vorgegeben. Sie stammen aus einer Arbeit, die 1997 von CANNER, MANKIW und WEIL publiziert wurde.[10] Bei den beiden Assets B und E handelt es sich um Bonds und um Equity (Aktien).

5.3.2 Asset-Allokation als Puzzle

In der Tat sind, bezogen auf den stets unterstellten Planungszeitraum von einem Jahr, Anleihen *nicht* frei von Preisrisiken. Dies gilt in besonderem Maße für die USA, weil dort Anleihen mit einer langen Restlaufzeit von 30 Jahren üblich sind.

Kursänderungen bei Anleihen gehen auf Zinsänderungen zurück. Das Zinsänderungsrisiko ist in erster Ordnung proportional zur sogenannten **Duration** der Anleihe. Das ist der mittlere Zeitpunkt, zu dem ein Anleger "sein Geld zurückerhält." Bei einer Anleihe sind hier die Kuponzahlungen und die Tilgung gemeint. Bei einer langen Restlaufzeit erfolgt gerade die Tilgung eben sehr spät. Entsprechend

---

[10] NIKO CANNER, N. GREGORY MANKIW, und DAVID N. WEIL: An Asset Allocation Puzzle. *American Economic Review* (March 1997), pp. 181-191.

länger ist die Duration, und entsprechend größer sind die Zinsrisiken der Anleihe.[11]

Jede *einzelne* Anleihe ist risikobehaftet, weil sie dem Zinsrisiko unterliegt. Allerdings nimmt ihre Duration im Laufe der Zeit immer weiter ab, wenn der Zeitpunkt der Tilgung naht. Das mit einer einzelnen Anleihe verbundene Risiko nimmt daher ab, je näher der Tilgungszeitpunkt naht. Gleiches gilt eigentlich auch für ein Bondportfolio, daß gekauft und gehalten wird. Die Duration des Portfolios wird im Laufe der Zeit immer geringer. Viele Portfolios aus Anleihen werden jedoch so geführt, daß sie in etwa eine konstante Duration über die Zeit hinweg aufweisen. Hierzu werden mit den Geldern, die durch Kuponzahlungen und durch Tilgungen frei werden, neue Anleihen entsprechender Duration gekauft.

Empirische Studien für amerikanische Anleihen zeigen, daß die Streuung der Rendite eines Bondportfolios mit ungefähr $\sigma_B = 10\%$ zu veranschlagen ist. In Europa sind überwiegend Anleihen mit einer Laufzeit von bis zu zehn Jahren in Umlauf. Entsprechend ist die Renditestreuung eines aus Anleihen gebildeten Portfolios geringer. Rekapitulieren wir die Pictet-Daten: Die einfache Rendite von Obligationen hatte eine Streuung von 3,7%.

> Ein Portfolio aus Bonds ist risikobehaftet. Bonds müssen daher für einen Investor, dessen Portfolio optimal diversifiziert sein sollte, zusammen mit Aktien in die Gruppe der risikobehafteten Instrumente genommen werden. Das Marktportfolio besteht nicht nur aus Aktien, es setzt sich aus Aktien und Anleihen zusammen.

Ein jeder Investor sollte seinen Anlagebetrag wie folgt aufteilen: Ein Teil wird praktisch sicher zum Zinssatz angelegt — wie groß dieser Teil ist, hängt von der individuellen Risikoaversion ab. Der Rest wird einerseits in langlaufende Bonds und andererseits in Aktien investiert.

Die risikofreie Anlage und die langlaufenden Bonds lassen sich wiederum kombinieren und durch Anleihen mittlerer Restlaufzeit ersetzen. Mit dieser Bemerkung ist die eben getroffene Aussage leicht anders zu formulieren: Ein jeder Investor wird seinen Anlagebetrag wie folgt aufteilen: Ein Teil wird in Anleihen an-

---

[11] 1. MARTIN LEIBOWITZ und ALFRED WEINBERGER: Contingent Immunization, Part I (Risk Control Procedures) und Part II (Problem Areas). *Financial Analysts Journal* (1982), pp. 17-31 und (1983), pp. 35-50. 2. G. O. BIERWAG, GEORGE G. KAUFMANN und ALDEN TOEVS: Duration: Its Development and Use in Bond Portfolio Management. *Financial Analysts Journal* (1983), pp. 15-35. 3. BERND RUDOLPH und BERNHARD WONDRAK: Modelle zur Planung von Zinsänderungsrisiken und Zinsänderungschancen. *Zeitschrift für Wirtschafts- und Sozialwissenschaften* 106 (1986), pp. 337-361.

gelegt, wobei die Restlaufzeit noch Gegenstand einer genauen Optimierung ist. Der Rest wird in Aktien investiert.

Das aus Anleihen und Aktien bestehende Marktportfolio hängt selbstverständlich vom Zinssatz ab. Die Rechenergebnisse für verschiedene Zinssätze und die CMW-Daten sind nachstehend wiedergegeben:

CMW-Daten						
Zinssatz	0%	1%	2%	2,87%	3%	4%
Bonds	70,9%	66,7%	60%	50%	47,8%	18,5%
Equity	29,1%	33,3%	40%	50%	52,2%	81,5%

Bild 5-9: Die Zusammensetzung des Marktportfolios aus Bonds und Aktien in Abhängigkeit des Zinssatzes. Zugrunde gelegt sind die CMW-Daten, die amerikanische Verhältnisse widerspiegeln.

Einsichtig ist: Je geringer der Zinssatz, desto attraktiver wird die Überrendite von Bonds in Relation zur Überrendite von Aktien.

- Bei einem Zinssatz von $i = 4\%$ beträgt die Überrendite von Bonds nur $\mu_B - i = 1\%$ während die von Aktien $\mu_E - i = 4\%$ ist.
- Bei einem Zinssatz von $i = 1\%$ beispielsweise ist die Überrendite von Bonds bereits $\mu_B - i = 4\%$ während die von Aktien $\mu_E - i = 8\%$ beträgt.

In Relation zu den Risiken sind damit Bonds vergleichsweise attraktiv geworden.

Wie die Tabelle (Bild 5-9) zeigt, besteht bei einem Zinssatz von $i = 1\%$ das Marktportfolio bereits zu zwei Dritteln aus Anleihen und nur zu einem Drittel aus Aktien, während bei einem Zinssatz von $i = 4\%$ das Marktportfolio sich immerhin zu 81,5% aus Aktien und nur zu 18,5% aus Bonds zusammensetzt.

> Für die CMW-Daten setzt sich bei einem (nicht unrealistischen) Zinssatz von $i = 2,87\%$ das Marktportfolio je zur Hälfte aus Aktien und Bonds zusammen. Im Hinblick auf das Faktum, daß viele Menschen das Marktportfolio als reines Aktienportfolio verstehen, sprechen CANNER, MANKIW, WEIL vom *Asset Allocation Puzzle*.

Rechenbeispiel: Eine amerikanische Person hat ihr Finanzvermögen von einer Million USD bisher vollständig auf einem *Savings-Account* angelegt, das eine *simple interest rate* von 2% bietet. Die Bank schlägt vor, einen Teil in das Marktportfolio anzulegen. Die Person willigt ein, möchte aber nicht zu riskant investieren.

5. MARKTPORTFOLIO

Werden die CMW-Daten zugrunde gelegt, dann besteht das Marktportfolio, es sei mit M bezeichnet, bei einem Zinssatz $i = 2\%$ zu $q_B = 60\%$ aus Bonds und zu $q_E = 40\%$ aus Equity.

Bei diesen Gewichten ergeben sich die Renditeparameter des Marktportfolios mit Formeln, die wir inzwischen auswendig wissen, wie folgt:

$$\mu_M = w_B \cdot \mu_B + w_E \cdot \mu_E = 0{,}6 \cdot 0{,}05 + 0{,}4 \cdot 0{,}09 = 0{,}066 = 6{,}6\%$$

$$\sigma_M^2 = w_B^2 \cdot \sigma_B^2 + w_E^2 \cdot \sigma_E^2 + 2 \cdot w_B \cdot w_E \cdot \sigma_B \cdot \sigma_E \cdot \rho =$$
$$= 0{,}6^2 \cdot 0{,}1^2 + 0{,}4^2 \cdot 0{,}2^2 + 2 \cdot 0{,}6 \cdot 0{,}4 \cdot 0{,}1 \cdot 0{,}2 \cdot 0{,}3 = 0{,}01288$$

also $\sigma_M = 11{,}35\%$.

1. Die Person meint, daß die Renditeerwartung $\mu_M = 6{,}6\%$ gegenüber der Verzinsung $i = 2\%$ attraktiv sei, sie möchte aber dennoch nicht den gesamten Betrag vom Savings-Account in dieses Portfolio M geben, weil ihr die Renditestreuung von $\sigma_M = 11{,}35\%$ ein zu hohes Risiko bedeutet.

2. Der Banker antwortet, daß die meisten Kunden im Hinblick auf das Risikoexposure die vier Programme *Festzins*, *Ertrag*, *Wachstum* und *Aktien* unterscheiden. Die Empfehlung wäre in diesem Fall *Ertrag*, was vom Risiko her einem Drittel Aktien entspreche. Genau gerechnet, hätte ein Portfolio, welches zu einem Drittel aus Equity besteht, die Renditestreuung $\sigma_E / 3 = 0{,}2 / 3 = 6{,}67\%$.

3. Die Person meint, die Asset-Allokation *Ertrag* sei ihr recht, eine Streuung ihrer Portfoliorendite von 6,67% sei in Ordnung, aber die zuvor ermittelten $\sigma_M = 11{,}35\%$ seien wie gesagt zu hoch.

4. Der Banker antwortet: "Dazu investieren wir das Vermögen nur zum Teil t in das Marktportfolio, der durch $t = 6{,}67\% / 11{,}35\% = 0{,}59$ bestimmt wird.

5. Daraufhin werden $t = 59\%$ des Betrags vom Savings-Account abgebucht, und dieser Teil wird im Marktportfolio angelegt. Insgesamt gesehen wird von dem Gesamtvermögen der Teil $t \cdot w_B = 0{,}59 \cdot 0{,}6 = 35\%$ in Bonds angelegt, der Teil $t \cdot w_E = 0{,}59 \cdot 0{,}4 = 24\%$ in Aktien, und der restliche Teil $1 - t = 1 - 0{,}59 = 41\%$ der Finanzmittel bleiben weiter auf dem Savings-Account.

5.3.3 Europäische Situation

Wir übertragen diese Überlegungen und Rechnungen auf die Pictet-Daten. Zwar beziehen sich diese Daten auf die Schweiz, aber sie spiegeln gut die europäischen Verhältnisse wider, weil in Europa nicht so langlaufende Bonds wie in den USA üblich sind und daher die Streuung der Renditen von Bondportfolios in europäischen Ländern deutlich geringer ist als in den USA. Die Pictet-Daten in Tabellenform lauten:

Pictet-Daten		
Korrelation $\rho = 0{,}4$	Renditeerwartung	Renditestreuung
Bonds	$\mu_{Bonds} = 4{,}6\%$	$\sigma_{Bonds} = 3{,}7\%$
Equity	$\mu_{Equity} = 10{,}5\%$	$\sigma_{Equity} = 20{,}8\%$

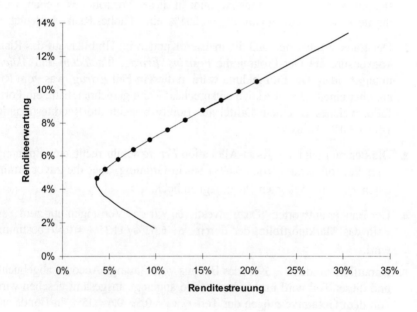

Bild 5-10: Für die Pictet-Daten ist die Markowitz'sche Effizienzkurve dargestellt. Das Anlageuniversum besteht aus Frankenanleihen und Aktien Schweiz. Wird ein reines Bondportfolio als effizient im Hinblick auf Renditeerwartung und Renditestreuung unterstellt, und dieselbe Aussage für ein reines Aktienportfolio getroffen, dann können nach der "two-

fund separation" alle effizienten Portfolios als Kombination der beiden Assets "Obligationen" und "Aktien" dargestellt werden. Diese beiden Assets sind als die beiden äußeren der 11 Punkte positioniert. Die Effizienzkurve ist jenes Teilstück der Hyperbel, das vom Scheitel der Hyperbel (Safety-First-Portfolio) über den ersten Punkt (Position des reinen Obligationenportfolios) bis zum Punkt rechts oben (reines Aktienportfolio) führt. Die 11 Punkte beschreiben die Positionen von Portfolios, welche (von links unten nach rechts oben) wie folgt zusammengesetzt sind: 100% Bonds und 0% Aktien, 90% Bonds und 10% Aktien, 80% Bonds und 20% Aktien, ..., 100% Aktien.

Das Marktportfolio hängt selbstredend vom Zinssatz ab. Für verschiedene Zinssätze ist das aus Anleihen und Aktien gebildete Marktportfolio in nachstehender Tabelle wiedergegeben.

Marktportfolio bei Zinssatz ...	0	0,5%	1%	2%	3%	4%
Anleihen	99,3%	98,7%	97,9%	95,5%	89,5%	54,9%
Aktien	0,7%	1,3%	2,1%	4,5%	10,5%	45,1%

Bild 5-11: Die Zusammensetzung des Marktportfolios aus Anleihen und Aktien in Abhängigkeit der Höhe des Zinssatzes. Zugrunde gelegt sind die Pictet-Daten, die europäische Verhältnisse widerspiegeln. Für einen Zinssatz von -0,9% bestünde das Marktportfolio vollständig aus Anleihen; für einen Zinssatz von 4,2% besteht es vollständig aus Aktien.

Es gibt eine Besonderheit zu erkennen.

- Selbst wenn der Zinssatz beinahe so hoch ist wie die erwartete Rendite auf Anleihen, $i = 4\%$, besteht das Marktportfolio immer noch zu einem beträchtlichem Teil (54,9%) aus Anleihen. Das liegt eben daran, daß das mit Anleihen in Europa verbundene Risiko in Relation zu dem mit Aktien verbundenen Risiko *ausgesprochen gering* ist. Schließlich hat die Rendite für Anleihen nur eine Streuung von 3,7% während die für Aktien doch 20,8% ausmacht. Anleihen in Europa sind zwar nicht ganz frei von Kursrisiken, aber doch *wesentlich* risikoärmer als Aktien.

- Bewegt sich der Zinssatz unter dieses Niveau von 4%, werden Anleihen in Relation zu Aktien nur *noch attraktiver*. Das drückt sich darin aus, daß für Zinssätze von etwa 3% oder 2% der Anteil Aktien am Marktportfolio bereits auf wenige Prozentpunkte herabfällt.

Fast ist man versucht zu sagen: In Europa besteht das Marktportfolio nur aus Anleihen. Allerdings wird deutlich: Ein reines Bondportfolio ist *nicht* gut diversifiziert. Einige Aktien müssen immer dabei sein. Interessant ist ein Zinssatz $i = 0$. Dieser Zinssatz ist für einen Anleger relevant, der wesentliche Teile seines Finanzvermögens unverzinst als Liquidität hält. Bei diesem Zinssatz besteht das

Marktportfolio zu 99,3% aus Anleihen kombiniert mit wenigen Aktien, die insgesamt 0,7% ausmachen.

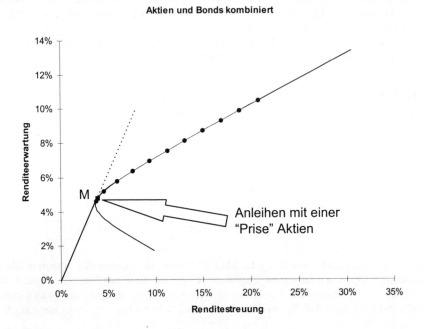

Bild 5-12: Für einen Anleger mit einem geringen Zinssatz wäre das Marktportfolio auf der Effizienzkurve vielleicht sogar noch links unterhalb eines reinen Bondportfolios positioniert. Es würde dann zu einem kleinen Teil Short-Positionen auf Aktien vorsehen. Wenn für das *Shorten* von Aktien Hedgefunds als Substitut angesehen werden, darf gesagt werden: Das Marktportfolio besteht aus Anleihen, kombiniert mit einer Prise Hedgefunds.

Mit leicht anderen Daten ergeben sich auch Marktportfolios, die in geringem Umfang Short-Positionen von Aktien beinhalten. Es ist aber bekannt, daß die meisten Hedgefunds Renditen haben, die mit Aktienrenditen *negativ* korreliert sind. Deshalb darf ein Hedgefund als Substitut für eine Short-Position auf Aktien angesehen werden.

Einem Anleger, der mit einem recht geringen Zinssatz kalkuliert, beispielsweise, weil er sonst nur sehr gering verzinste Spargelder hält, muß also der Rat gegeben werden, nur in Anleihen anzulegen, und nicht zu vergessen, noch eine "Prise" von Aktien beziehungsweise sehr riskanter und exotischer Instrumente beizufügen. Dieser Anleger sollte aber sonst in *keinem bedeutendem Umfang* Aktien kaufen.

Man sieht: Bei den Pictet-Daten hängt die Zusammensetzung des Marktportfolios *sehr sensitiv* vom Zinssatz ab. Buchstäblich kommt es zu einem Umschalten.

- Ist der Zinssatz, mit dem ein Anleger kalkulieren muß, kleiner als etwa 3%, dann besteht das Marktportfolio für diesen Investor praktisch nur aus Bonds (kombiniert mit einer Prise Hedgefonds oder wenigen Aktien).
- Ist der Zinssatz, mit dem der Investor kalkulieren muß, größer als etwa 4%, dann besteht das Marktportfolio praktisch nur aus Aktien.

Die erstgenannte Situation, $i < 3\%$, trifft für jene Privatanleger zu, die noch über beträchtliche Spargelder verfügen. Wollen diese Personen ein wenig mehr an Risiko eingehen, um eine etwas höhere Rendite erwarten zu können, sollten ihnen keine Aktien empfohlen werden, sondern Anleihen (mit einer Prise Hedgefonds).

5.3.4 Variable Risikobereitschaft

Es muß gesehen werden, daß Personen, für die das Marktportfolio praktisch allein aus Anleihen besteht, nur auf eine Renditeerwartung von $\mu_{Bonds} = 4{,}6\%$ bei einem Risiko von $\sigma_{Bonds} = 3{,}7\%$ kommen können.

Was ist zu tun, wenn sie mehr Risiko bereit sind einzugehen?

1. Einfach wäre die Antwort, wenn sich diese Personen zu dem geringen Zinssatz $i < 3\%$ auch Mittel aufnehmen könnten. Dann würden diese Anleger sich verschulden und den Gesamtbetrag in Bonds anlegen (kombiniert mit einer Prise Hedgefonds). Sie würden also Portfolios verwirklichen, die in Bild 5-12 auf der Verlängerung der CML nach rechts oben positioniert wären.
2. Es ist allerdings unrealistisch anzunehmen, daß ein Privatanleger, der bisher sein ganzes Geld auf dem Sparbuch hatte und schließlich bereit ist, wenigstens Anleihen zu kaufen, auf einmal eine größere Risikobereitschaft zeigt und sich verschulden möchte, um mehr Anleihen zu kaufen, als er aufgrund seines Finanzvermögens könnte.
3. Noch unrealistischer ist freilich die Annahme, die Bank oder ein anderer Gläubiger würde diesen Kredit zu eben diesem Zinssatz zur Verfügung stellen.

Sind einem solchen Anleger die erwarteten $\mu_{Bonds} = 4{,}6\%$ zu wenig und die damit eingegangenen Risiken von $\sigma_{Bonds} = 3{,}7\%$ nicht zu hoch, gibt es praktisch nur die Möglichkeit, Portfolios auf der Effizienzkurve zu wählen: Der Anleger muß neben Anleihen auch Aktien zu kaufen. Besser wäre es jedenfalls, wenn zu dem geringen Zinssatz $i < 3\%$ doch noch eine Verpflichtung eingegangen werden könnte, um diesen Betrag in Anleihen oder jedenfalls langfristig verzinslich anzulegen. Genau das zu tun gehört zum Kerngeschäft von Banken.

Banken nehmen täglich fällige Kundengelder auf und legen sie in längerfristig laufende Kredite an. Wenn unser Privatanleger sich schon *nicht selbst* als Bankier betätigen kann, sollte er von daher überlegen, ob nicht *Bankaktien* als Ersatz für die beabsichtigte Transaktion dienen können.

> Wenn ein Privatanleger praktisch sein gesamtes Finanzvermögen in Anleihen hält und bereit ist, etwas mehr an Risiken einzugehen, empfiehlt sich eventuell der Kauf von Bankaktien oder der Kauf von Aktien mit einer Überbetonung von Finanztiteln.

5.3.5 Aktien mit Anleihen kombinieren

Nimmt die Risikobereitschaft unseres Anlegers dann noch weiter zu, funktioniert irgendwann dieses Substitut für die Idee, zu geringem Zins Mittel aufzunehmen und in Bonds anzulegen, nicht mehr.

- Der Anleger hält dann sein Finanzvermögen in einer Kombination aus Anleihen und Aktien.
- Er hält aber keine wesentlichen Beträge mehr in Geldmarktinstrumenten. Das Portfolio ist in dieser Situation auf der Effizienzkurve positioniert.
- Mit zunehmender Risikobereitschaft wandert das Portfolio immer weiter auf der Effizienzkurve, bis es irgendwann nur aus Aktien besteht.

Die in zuvor als *Festzins*, *Ertrag*, *Balance*, *Wachstum* sowie *Aktien* bezeichneten Portfolios unterschieden sich durch ihre jeweiligen Risiken. Die Renditestreuungen betrugen 0 bei *Festzins*, etwa 6,9% bei *Ertrag*, etwa 10,4% bei *Balance* sowie etwa 13,9% bei *Wachstum* und schließlich ungefähr 20,8% bei *Aktien*. Für diese Renditestreuungen berechnen wir nun für die Pictet-Daten die optimalen Kombinationen von Anleihen und Aktien. Das Ergebnis ist in einer Tabelle festgehalten.

Musterportfolio ...	... mit Renditestreuung	Anteil Anleihen	Anteil Aktien
"Festzins"	0	nur Geldmarkt	0%
"Rendite"	6,9%	79%	21%
"Balance"	10,4%	58%	42%
"Wachstum"	13,9%	45%	55%
"Aktien"	20,8%	0%	100%

Bild 5-13: Neben Aktien müssen auch Anleihen in der Praxis als risikobehaftete Instrumente in die Portfolioselektion einbezogen werden.

> Die drei mittleren Asset-Allokationen *Ertrag*, *Balance* und *Wachstum* wurden zuvor so definiert, daß sie ein Risiko aufweisen, das in Relation zum Risiko eines reinen Aktienportfolios 1/3, 1/2 beziehungsweise 2/3 dessen betrage.
>
> Die bestmögliche Diversifikation unter Einbezug von Anleihen in das Investment Opportunity Set zeigt, daß es besser ist, die drei gesuchten Portfolios so zu bilden, daß sie im Fall von *Ertrag* zu 80% aus Bonds und zu 20% aus Aktien bestehen, im Falle *Balance* zu 58% aus Bonds und zu 42% aus Aktien und im Fall von *Wachstum* zu 45% aus Bonds und zu 55% aus Aktien.

Hat unser Anleger dann eine immer noch höhere Risikobereitschaft, muß er zu einem Lombardkredit greifen. Der Zinssatz hierfür dürfte allerdings hoch sein. Günstiger als einen hohen Zinssatz zu zahlen wäre es, *Anleihen* zu *shorten*. Anders ausgedrückt, der Investor sollte im Fall einer geringeren Risikoaversion einen Kredit *mit langer Zinsbindung* aufnehmen.

Auch eine Unternehmer nimmt diese Position ein. Das Eigenkapital plus ein (in der Regel länger laufender Kredit) werden in die risikobehaftete wirtschaftliche Aktivität der Unternehmung investiert.

Einem Privatinvestor ist die Aufnahme eines Kredits mit langer Zinsbindung vielfach möglich, wenn der Bank aus dem privaten Lebensbereich entsprechende Sicherheiten geboten werden können, beispielsweise durch Immobilien. Es kann also für einen Privatanleger durchaus angezeigt sein, einen Hypothekarkredit *nicht* zu tilgen und die gesamten Mittel in einem reinen Aktienportfolio zu halten.

Allerdings ist als Einschränkung zu betonen, daß die Immobilie selbst hier nicht als weitere Assetklasse mit wiederum eigener Renditeerwartung, Renditestreuung und Korrelationen zu Anleihen und zu Aktien in die Betrachtung mit einbezogen wurde.

5.4 Thema: Musterportfolios

Die Aufstellung von Musterportfolios und die Publikation von Vorschlägen zur Asset-Allokation ist gängige Praxis. Musterportfolios sind nützlich, weil ein Investor an Hand der gezeigten konkreten Beispiele oftmals besser in der Lage ist, seine eigenen Wünsche und Ziele zu artikulieren.

Im letzten Kapitel wurden im Zusammenhang mit der Diskussion der Tobin-Separation und der Kapitalmarktlinie bereits vier beziehungsweise fünf Musterportfolios genannt, die von vielen Banken angeboten werden. Wir hatten für sie die Bezeichnungen *Festzins, Ertrag, Balance, Wachstum, Aktien* zitiert, und alle diese Portfolios bestanden in leicht idealisierte Betrachtung aus Kombinationen der risikofreien Anlage (Festgeld, Geldmarktinstrumente) mit einem "gut diversifizierten" Aktienportfolio — letzteres wurde als Marktportfolio gesehen.

Dieses Bild wurde durch die in diesem Kapitel geführte Untersuchung in dreifacher Weise geändert.

1. Der Zinssatz — die Rendite auf die risikofreie Anlage — dürfte für verschiedene Investoren oder Gruppen von Investoren jeweils eine andere Höhe haben. Personen, die aus irgendwelchen Überlegungen sehr viele Mittel liquide zu einem geringen Zinssatz halten, rechnen eben mit einem anderen Zinssatz als Investoren, die einen Liquiditätsengpaß haben und immer wieder auf Kredite angewiesen sind. Entsprechend hängt das Marktportfolio, oder besser gesagt, das Tangentialportfolio, vom betrachteten Investor ab.

2. Wird der Zinssatz, mit dem ein bestimmter Investor rechnet, als eher gering angesehen, besteht das Tangentialportfolio praktisch nur aus Anleihen. Dieser Investor würde also Portfolios wählen, die Geldmarktinstrumente mit Anleihen kombinieren. Ist jedoch die Risikobereitschaft des Investors so hoch, daß Anleihen als "zu konservativ" empfunden werden, würde der Investor nach Portfolios mit stärkeren Risiken suchen. Mit Aufnahme eines Lombardkredits jedoch dürften vergleichsweise hohe Zinssätze verbunden sein. Hier ergibt sich als Lösungsvorschlag, Anleihen mit Bankaktien zu kombinieren. Nimmt die Risikobereitschaft immer weiter zu, wäre jedoch irgendwann der Kauf eines über alle Branchen diversifizierten Aktienportfolios angezeigt.

3. Risikofreie Anlagen (Festgeld, Geldmarktinstrumente) und Anleihen längerer Laufzeit können durch Anleihen mittlerer Laufzeit kombiniert werden.

4. Anleger, die eine gesteigerte Risikobereitschaft aufweisen und ein Exposure eingehen wollen, daß das von Aktien übersteigt, sollen als Alternative zu einem variabel verzinsten Lombardkredit einen Kredit mit langer Zinsbindungsfrist wählen.

Die genannten Ergebnisse der Untersuchung führen letztlich auf verschiedene Musterportfolios für Privatinvestoren, die in Abhängigkeit der Risikobereitschaft den richtige Weg für die Anlage weisen.

Unsere Untersuchung hatte acht solche Musterportfolios identifiziert. Die Übersicht ist in Tabellenform gegeben.

5. MARKTPORTFOLIO

Die Risikobereitschaft des Privatinvestors ist ...	Optimale Geldanlage	Risiko
... nicht vorhanden	Sparkonto, oder besser, Geldmarktinstrumente; weder Anleihen noch Aktien	0
... nur andeutungsweise erkennbar	Zum Teil in ein Sparkonto (oder in Geldmarktinstrumente), zum restlichen Teil in Anleihen — kombiniert nur mit einer Prise Aktien	bis zu 4%
... eher gering	Vollständig in Anleihen kombiniert mit einer Prise Aktien	4%
... mittel	Anleihen sowie einige Bankaktien	4% bis 7%
... mittel bis hoch	Anleihen kombiniert mit Aktien verschiedener Branchen	7% bis 21%
... hoch	100% Aktien	21%
... gesteigert	Mehr als 100% Aktien, finanziert beispielsweise mit einer Hypothek	25%
... extrem	Aktien, Emerging Markets, Warrants	30% und mehr

Bild 5-14: Die Diskussion führte auf die Zusammensetzung von acht Musterportfolios für Privatanleger mit unterschiedlicher Risikobereitschaft.

Noch ein Blick auf den Bereich "mittlerer bis hoher Risikobereitschaft." Die drei mittleren Asset-Allokationen *Ertrag*, *Balance* und *Wachstum* waren so definiert worden, daß sie ein Risiko aufweisen, das in Relation zum Risiko eines reinen Aktienportfolios 1/3, 1/2 beziehungsweise 2/3 dessen betragen sollte, das heißt, Renditestreuungen von etwa 7%, 10%, beziehungsweise 14%.

Die bestmögliche Diversifikation unter Einbezug von Anleihen in das Investment Opportunity Set zeigt, daß es besser ist, die drei gesuchten Portfolios so zu bilden, daß sie im Fall von

- *Ertrag* zu 80% aus Bonds und zu 20% aus Aktien bestehen,
- im Falle *Balance* zu 58% aus Bonds und zu 42% aus Aktien und
- im Fall von *Wachstum* zu 45% aus Bonds und zu 55% aus Aktien.

📖 Andrea Anderson hält ihr Finanzvermögen zum großen Teil in Geldmarktinstrumenten und zum restlichen Teil in Anleihen. Sie liest in der Zeitung "Sie sollten unbedingt Aktien kaufen." Ihr Berater jedoch meint, das Portfolio sei durchaus gut diversifiziert und in Ordnung. Solange sie immer noch Geldmarktinstrumente zu einem wesentlichen Teil halte, wäre es *falsch*, Aktien zu kaufen. Allenfalls könnte man daran denken, die von ihr gehaltenen Anleihen durch eine Prise von Aktien oder von Hedgefonds zu ergänzen. Jedenfalls: *keine* Aktien in wesentlichem Umfang.

📖 Sven Stewart hat sein Finanzvermögen zur Hälfte in ein gut diversifiziertes Aktienportfolio investiert und zur anderen Hälfte auf dem Geldmarkt angelegt. Er denkt, das Risiko sei etwa 10% und man könne das Portfolio als balanciert bezeichnen. Sein Portfoliomanager meint, das Risiko betrage tatsächlich etwa 10% und die Bezeichnung sei durchaus richtig. Wenn er aber nur 42% seines Finanzvermögens in Aktien, 58% dafür in Anleihen, und nichts auf dem Geldmarkt anlegen würde, hätte er dasselbe Risiko ("Balance") und dabei eine *höhere* Renditeerwartung.

📖 Chen Cheung hält das gesamte Finanzvermögen der Familie in Aktien. Ein Freund erklärt ihm: "Du mußt in jedem Fall das Marktportfolio kaufen. Wenn auch Anleihen berücksichtigt werden können, enthält das Marktportfolio jedoch auch Anleihen. Also ist es falsch, 100% des Vermögens in Aktien zu halten." Chen antwortet: "Richtig, *in der Regel* besteht das Marktportfolio nicht nur aus Aktien. Aber die genaue Zusammensetzung des Marktportfolios oder des Tangentialportfolios hängt vom Zinssatz ab, mit dem der Investor kalkulieren muß. Beispielsweise besteht das Tangentialportfolio (Pictet-Daten) bei einem Zinssatz von 0,34% gänzlich aus Bonds und bei einem Zinssatz von 4,27% zu 100% aus Aktien. Das letztgenannte Portfolio hat ein Risiko von 20,8%, und es ist genau richtig für mich."

6. CAPM und Faktor-Modelle

Die Klassische Portfoliotheorie hat die Relation zwischen Risiko und Rendite in das Zentrum der Betrachtung gerückt. Besondere Bedeutung kommt dabei dem Marktportfolio zu. Das Marktportfolio kann mit einem Optimizer berechnet werden. Im Prinzip können alle Zahlen als Daten in den Optimizer eingegeben werden.

6. CAPM und Faktor-Modelle	**207**
6.1 Systematische Risiken	**208**
6.1.1 Übersicht zum CAPM	208
6.1.2 Beta	211
6.1.3 Zur Natur des Modells	214
6.2 Theorie und Empirie	**218**
6.2.1 Herleitung des CAPM	218
6.2.2 Ergänzungen und Erweiterungen	221
6.2.3 Empirischer Gehalt?	223
6.2.4 Historische Betas	225
6.2.5 Proxy für das Marktportfolio	227
6.2.6 Konfidenz	229
6.2.7 Empirische Ergebnisse	231
6.2.8 Was bleibt?	233
6.3 Faktor-Modelle	**237**
6.3.1 Grundlagen	237
6.3.2 Varianzdekomposition	239
6.3.3 Trackingerror	239
6.3.4 Erzeugung der Korrelationsstruktur	241
6.3.5 Diversifikation	242
6.3.6 Multifaktor-Modelle	244
6.3.7 Wie die Faktoren wählen?	248
6.3.8 Tracking	250
6.3.9 APT	253
6.4 Thema: Branchenmodelle	**255**
6.4.1 Anwendung der APT	256
6.4.2 Heuristik	258

Ein genauerer Blick zeigt jedoch, daß die Renditeparameter der in das Investment Opportunity Set einbezogenen Anlagemöglichkeiten in einem gewissen Zusammenhang zueinander stehen müssen. Dieser Zusammenhang ist das Capital Asset Pricing Model (CAPM). Es besagt, daß die Renditeerwartungen auf Einzelanlagen linear vom sogenannten Beta abhängen. Das Beta mißt das systematische Risiko der Einzelanlage.

Das CAPM geht auf SHARPE (1964), LINTNER (1965) und MOSSIN (1966) zurück. Wir besprechen es als ein zunächst rein mathematisch und logisch ableitbares Ergebnis; weil das CAPM korrekt aus den Prämissen abgeleitet wurde, ist es richtig. Anschließend wird die Frage nach dem empirischen Gehalt des CAPM gestellt: Kann es die wirklichen Finanzmärkte gut beschreiben? Die empirischen Untersuchungen lieferten ein gemischtes Bild; "Beta" wurde schon totgesagt.

Indessen haben die empirischen Untersuchungen zum CAPM den Raum für sogenannte Faktor-Modelle geöffnet. Die Kalibrierung von Multifaktor-Modellen hat zur Entdeckung makroökonomischer Faktoren geführt, die für die Erklärung der Renditen empirische Relevanz besitzen. Diese Entdeckungen begründen Möglichkeiten für ein aktives Portfoliomanagement.

6.1 Systematische Risiken

6.1.1 Übersicht zum CAPM

Es ist eine alte Geschichte, daß Risiken bis zu einem gewissen Umfang diversifiziert werden können. Es wäre für den einzelnen Anleger ein unnötiger Nachteil, solche Risiken zu übernehmen und zu tragen, die durch Diversifikation ausgeglichen werden *könnten*. Sofern sich ein risikoaverser Investor rational verhält, ist er optimal diversifiziert.

Immer wieder passiert es, daß Anleger Portfolios halten, die nicht so gut diversifiziert sind und entsprechend Risiken ausgesetzt sind, die wenigstens zum Teil diversifizierbar wären. Niemand darf dabei hoffen, für die Übernahme diversifizierbarer Risiken irgendeine Entschädigung zu erhalten. Risiken, die im Prinzip mit den zur Verfügung stehenden Instrumenten diversifizierbar wären, heißen **unsystematisch**. Finanzmärkte bieten *keinen* Renditevorteil für das Tragen unsystematischer Risiken.

Andererseits stellen Finanzmärkte — aufgefaßt als Ausdruck kollektiver Wertvorstellungen — für das Tragen nicht mehr weiter finanziell diversifizierbarer Risiken einen Renditevorteil in Aussicht, eine Risikoprämie. Der Grund: Das Kollektiv der Investoren ist risikoavers. Ohne eine Entschädigung dafür zu erhalten, wollte niemand Risiken übernehmen. Solche, nicht weiter diversifizierbare Risiken, deren Übernahme vergütet wird, heißen **systematisch**.

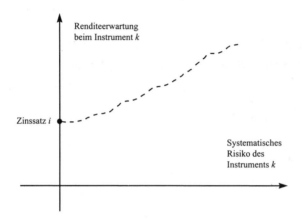

Bild 6-1: Zwar kann argumentiert werden, die Renditeerwartung eines Instruments müsse irgendwie mit dem systematischen Risiko zunehmen. Jedoch ist zunächst offen, wie das unsystematische Risiko quantifiziert werden kann und auf welche funktionale Weise die Renditeerwartung vom systematischen Risiko abhängt.

Diese Argumentation führt zur Vorstellung, die mit einem einzelnen Instrument, etwa einer Aktie, verbundene Renditeerwartung sei umso höher, je größer das systematische Risiko ist. Liegt kein systematisches Risiko vor, sollte das Instrument als Rendite den Zinssatz bieten. Eine Abbildung soll diese Vorstellung illustrieren. Jedoch wirft sie zwei Fragen auf:

1. Wir kann das systematische Risiko präzisiert werden und wie hängt es mit der bislang betrachteten Streuung der Rendite zusammen?

2. Wie sieht der genaue Verlauf der Funktion aus, die wiedergibt, wie in Finanzmärkten die Renditeerwartung einer Einzelanlage von ihrem systematischen Risiko abhängt?

Die Antworten auf beide Fragen gibt das *Capital Asset Pricing Model* (*CAPM*). Das CAPM trifft Aussagen, die für alle Einzelanlagen $k = 1, 2, ..., n$ gelten, aus denen ein Marktportfolio M gebildet wurde.

Das systematische Risiko des mit k bezeichneten Instruments ist gleich dem Produkt des Risikos dieses Instruments (Renditestreuung σ_k) und dem Koeffizienten der Korrelation $\rho_{k,M}$ zwischen der Rendite dieses Instruments und der Rendite des Marktportfolios,

$$\textit{Systematisches Risiko} \;=\; \sigma_k \cdot \rho_{k,M} \;.$$

Die erwartete Rendite μ_k dieses Instruments ist gleich dem Zinssatz i plus einer Prämie, die *proportional* zu dem so definierten systematischen Risiko ist,

$$\mu_k \;=\; i + p \cdot \sigma_k \cdot \rho_{k,M} \;.$$

Dabei ist p der Proportionalitätsfaktor. Damit sind die beiden Fragen beantwortet.

Das systematische Risiko einer jeden Anlagemöglichkeit k, jener Teil des Risikos, der nicht weiter diversifiziert werden kann (wenn wir uns im Rahmen jener Portfolios bewegen, die aus den n gegebenen Instrumenten gebildet werden können), ist das Risiko σ_k multipliziert mit dem Korrelationskoeffizienten $\rho_{k,M}$. Infolgedessen ist $\sigma_k \cdot (1 - \rho_{k,M})$ das unsystematische Risiko, jener Teil des Risikos, der bei optimaler Diversifikation verschwindet:

$$\textit{Risiko} \;=\; \textit{Systematisches Risiko} \;+\; \textit{Unsystematisches Risiko}$$

$$\sigma_k \;=\; \sigma_k \cdot \rho_{k,M} \;+\; \sigma_k \cdot (1 - \rho_{k,M})$$

Sodann beantwortet das CAPM die Frage nach dem genauen Verlauf der Abhängigkeit der Renditeerwartung μ_k von dem derart spezifizierten systematischen Risiko: Die Abhängigkeit ist linear.

Das CAPM spezifiziert überdies die Höhe des bei dieser Linearität auftauchenden Proportionalitätsfaktors:

$$p \;=\; \frac{\mu_M - i}{\sigma_M} \;.$$

Er ist durch die Überrendite des Marktportfolios in Relation zum Risiko des Marktportfolios bestimmt. Dahinter verbirgt sich nichts anderes als die Steigung der Kapitalmarktlinie (CML).

6.1.2 Beta

Üblicherweise wird die Grundgleichung des CAPM in leicht veränderter Form geschrieben, wozu das sogenannte Beta β_k der Einzelanlage k eingeführt wird:

$$\beta_k \equiv \frac{\sigma_k \cdot \rho_{k,M}}{\sigma_M}.$$

Beta mißt demzufolge das systematische Risiko des Instruments in Relation zum Risiko des Marktportfolios. Anders ausgedrückt: **Beta** ist das **relative systematische Risiko**. Unter Verwendung dieser Notation besagt das CAPM:

$$\mu_k = i + (\mu_M - i) \cdot \beta_k$$

Diese Beziehung gilt für alle in das Portfolio M einbezogenen Instrumente $k = 1, 2, ..., n$.

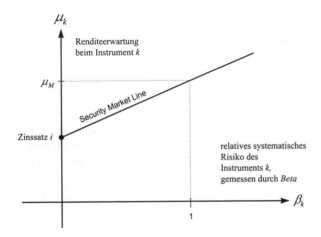

Bild 6-2: Die Renditeerwartung eines Instruments muß mit dem systematischen Risiko zunehmen. Das CAPM besagt: 1. Das systematische Risiko (in Relation zum Marktportfolio) wird durch das Beta gemessen. 2. Die funktionale Beziehung zwischen Renditeerwartung und systematischem Risiko ist linear. 3. Ein Instrument mit einem Beta von 1 hätte eine Renditeerwartung in Höhe der Renditeerwartung des Marktportfolios. Die Darstellung der Aussagen des CAPM im Beta-Return-Diagramm ist die Security Market Line (SML). Alle einzelnen Instrumente sind auf der SML zu positionieren.

Das CAPM wurde um 1962-1965 entwickelt. Als Schöpfer gilt SHARPE. In seiner Autobiographie schreibt SHARPE, daß er seinen Aufsatz zum CAPM 1962 beim *Journal of Finance* eingereicht habe. Die Arbeit ist aber erst 1964 erschienen.[1] SHARPE erwähnt, daß TREYNOR ähnliche Ergebnisse erzielte und 1963 an amerikanischen Universitäten in unveröffentlichter Form kursieren ließ. Auch LINTNER hatte in dieser Richtung gearbeitet, sein Aufsatz wurde 1965 publiziert.[2] Einige Forscher sprechen von der **Sharpe-Lintner-Version des CAPM**. MOSSIN ist 1966 eine Verallgemeinerung gelungen.[3] Es ist deswegen nicht falsch zu sagen, die Klassische Portfoliotheorie sei zwischen 1950 und 1970 entstanden. Hier nochmals die bereits genannten Meilensteine:

Wann?	Wer?	Was?
1952	HARRY MARKOWITZ	Effizienzkurve
1958	JAMES TOBIN	Kapitalmarktlinie
1959	HARRY ROBERTS	Informationseffizienz
1964	WILLIAM SHARPE	Beta, CAPM und SML

Bild 6-3: Die frühen vier Meilensteine der Klassischen Portfoliotheorie. Nicht in der Tabelle erwähnt sind die Publikation 1952 von ARTHUR D. ROY zum Safety-First-Portfolio, der Ausbau der Ideen zur Informationseffizienz von Märkten durch EUGENE F. FAMA bis 1970, die Arbeiten von JACK L. TREYNOR (1963), JOHN LINTNER (1965) und JAN MOSSIN (1966) zum Kapitalmarktgleichgewicht.

Bald danach haben diese Publikationen überall in der Welt die theoretische und empirische Forschung befruchtet. Im deutschen Sprachraum wurde die Bekanntheit dieser Arbeiten wesentlich durch GÖPPL gefördert, der kurze Zeit nach der Entwicklung des CAPM die Ideen der Klassischen Portfoliotheorie aufgriff, ausbaute, internationale Seminare und Tagungen organisierte und an der Universität Karlsruhe eine *Datenbank* errichtete. Daraus ist die von GÖPPL gemeinsam mit BÜHLER (Mannheim) und MÖLLER (RWTH Aachen) betreute *Deutsche Finanzdatenbank* (DFDB) entstanden.[4]

---

[1] WILLIAM F. SHARPE: Capital Asset Prices: A Theory of Market Equilibrium under Conditions of Risk. *Journal of Finance* 19 (September 1964), pp. 425-442.

[2] JOHN LINTNER: The Valuation of Risk Assets and the Selection of Risky Investments in Stock Portfolios and Capital Budgets. *Review of Economics and Statistics* 47 (February 1965), pp. 13-37.

[3] JAN MOSSIN: Equilibrium in a Capital Asset Market, *Econometrica* 34 (October 1966), pp. 261-276.

[4] Die Datenbank ist beschrieben in: WOLFGANG BÜHLER, HERMANN GÖPPL, HANS-PETER MÖLLER et al.: Die Deutsche Finanzdatenbank; in WOLFGANG BÜHLER, HERBERT HAX, REINHART SCHMIDT

6. CAPM UND FAKTOR-MODELLE

Bild 6-4: Auf WILLIAM F. SHARPE (geboren 1934 in Boston) geht das Capital Asset Pricing Model (CAPM) zurück, das die Bedeutung des Betas als die wichtigste Bestimmungsgröße der zu erwartenden Überrendite einer einzelnen Anlagemöglichkeit begründet. Sharpe hat 1951 das Studium in Berkeley begonnen, dann an der University of California at Los Angeles (UCLA) fortgesetzt und 1955 als Bachelor beziehungsweise 1955 als Master of Arts abgeschlossen. In dieser Zeit hatte er J. FRED WESTON und ARMEN ALCHIAN als Lehrer. Anschließend nahm Sharpe eine Stelle als Ökonom an der RAND Corporation an, lernte *computer programming* und da zu jener Zeit MARKOWITZ dort wirkte, begann Sharpe mit der Vereinfachung von Algorithmen zur Ermittlung effizienter Portfolios. Im Jahr 1961 wurde seine Ph. D. Thesis über *Portfolio Analysis Based on a Simplified Model of the Relationships Among Securities* angenommen. In dieser Arbeit entwickelte er das *one-factor model*. SHARPE nahm alsdann eine Stelle in Seattle an der University of Washington an, wo er zwischen 1961-1968 produktive Arbeitsjahre hatte.

Von Seattle wechselte SHARPE 1968 nach Irvine und wurde schließlich 1973 Timken Professor of Finance in Stanford. In dieser Zeit publizierte er 1978 sein Textbuch *"Investments"* und führte verschiedene Beratungsmandate für Merrill Lynch, Wells Fargo und andere Organisationen aus. Im Jahr 1980 wurde Sharpe zum Präsidenten der American Economic Association gewählt. Im Alter von 55 Jahren gründete Sharpe eine eigene Investment-Beratungsfirma, gab seinen Lehrstuhl auf und wurde Professor Emeritus. Mit dem Nobelpreis wurde SHARPE 1990 geehrt. Internet: www.nobel.se/laureates/economy-1990-3-autobio.html

Die weite Verbreitung wurde dadurch gefördert, daß die Anwendungen nicht auf die Finanzmarktforschung und die Geldanlage beschränkt sind. Das CAPM lehrt, daß eine Investition eine umso höhere Rendite erwarten läßt, je höher das damit verbundene (unsystematische) Risiko ist. Ein derartiger Zusammenhang gilt

(eds.): Empirische Kapitalmarktforschung, *Zeitschrift für betriebswirtschaftliche Forschung*, Spezialheft 31 (1993), pp. 287-331.

ebenso innerhalb der Unternehmung. Folglich liefert das CAPM die Kapitalkosten, mit denen ein Unternehmer kalkulieren muß, wenn über die Vorteilhaftigkeit eines Projekts entschieden wird. Das ist die sogenannte *hurdle rate*. Das CAPM hat den Managern von Konzernen fernerhin bewußt gemacht, daß die von einem Projekt oder von einer Geschäftseinheit zu fordernde Rendite von den *jeweiligen* Risiken des Projekts oder der Einheit *abhängen*. Es gibt also *keinen* einheitlichen Satz für die Kapitalkosten, der überall innerhalb einer Unternehmung für alle deren Projekte anzuwenden wäre.

Augenscheinlich ist es für einen Unternehmer nicht leicht, das Beta eines Investitionsvorhabens oder einer Geschäftseinheit zu bestimmen, weil diese wirtschaftlichen Einheiten Teil der Unternehmung sind und deshalb ihre Renditen nicht über historische Finanzmarktdaten geschätzt werden können. Aber in vielen Fällen gibt es Vergleichsmöglichkeiten und die gesuchten Betas können durch Analogien geschätzt werden.

Jedenfalls hat das CAPM eine neue Ära für die Bewertung von Unternehmen geöffnet. Sie werden als Barwert diskontierter freier Cashflows verstanden, wobei die für die Diskontierung verwendeten Kapitalkosten über die Betas und das CAPM bestimmt werden.

6.1.3 Zur Natur des Modells

Trotz der unvergleichlichen Verbreitung des CAPM müssen Charakter und Art der vermittelten Erkenntnisse beleuchtet werden. Hierzu sollen drei Punkte ausgeführt werden.

Erstens: Das CAPM ist ein **Gleichgewichtsmodell**.

In einem Marktgleichgewicht haben die gehandelten Güter Preise. Der Preis, der sich in einem Gleichgewicht für ein konkretes Gut einstellt, hängt von den Raten ab, mit denen die Produzenten und die Konsumenten dieses Gut gegen andere Güter substituieren können. Würde ein Gut billiger angeboten werden, als es dem Marktgleichgewicht entspricht, dann würden sich sofort alle Konsumenten darauf stürzen und die Nachfrage nach diesem Gut zu Lasten des Kaufs anderer Güter erhöhen. Würde dagegen das betrachtete Gut teurer angeboten, als es dem Marktgleichgewicht entspricht, dann würden sich sofort alle Konsumenten davon abwenden und ihre Nachfrage einstellen. In beiden Fällen wäre das Gut nicht mehr Teil des Marktgleichgewichts.

Genau eine Aussage dieser Art trifft das CAPM. Angenommen ein Asset — wir geben ihm die Nummer n — bietet eine Rendite, die nicht der Beziehung des CAPM entspricht. Beispielsweise darf angenommen werden, der Erwartungswert der Rendite sei zu gering. Wir stellen uns die Aktie einer Unternehmung vor, und das Management habe durch die Ankündigung eines Geschäftsplans erkennen lassen, welcher Gewinn pro Aktie zu erwarten ist. Der Geschäftsplan gibt natürlich auch Hinweise auf die Risiken. Die Finanzinvestoren beobachten den augenblicklichen Kurs der Aktie und setzten die Gewinnerwartung in Relation zu diesem Kurs. Ist die so errechnete Rendite zu gering in Relation zu den Renditen der anderen Aktien, beginnen die Anleger damit, die Aktie zu verkaufen. Mit anderen Worten ist der Preis der Aktie zu hoch.

Die Investoren wollen, wenn die Rendite der Aktie n im Vergleich zu den Renditen der anderen Instrumente zu gering ist, ihre Portfolios allein aus den Instrumenten $1, 2, ..., n-1$ zusammenstellen. Das Marktportfolio würde nur aus diesen ersten $n-1$ Instrumenten bestehen. Ein Optimizer würde das Rechenergebnis $w_n = 0$ oder $w_n \leq 0$ liefern.

Also beginnen die Investoren damit, die Aktie der Unternehmung n zu verkaufen. Der Kurs bricht ein. Im Verlauf des Kursrückgangs wird dann irgendwann ein Kursniveau erreicht, von dem aus die angekündigte Geschäftspolitik wieder eine interessante Rendite verspricht. Würde diese neue Rendite in den Optimizer eingegeben, wäre $w_n > 0$ die Folge, und in der Tat erfüllt nun die Rendite der Aktie n wieder das CAPM.

Zweitens: Das CAPM ist ursprünglich gesehen eine rein **theoretisch** in einem Modellrahmen **bewiesene Aussage**.

Ohne daß der Schöpfer einer Theorie es ausdrücklich sagt, wird stets *postuliert*, die Theorie habe empirischen Gehalt. Deshalb wird das CAPM ebenso zur Beschreibung der Wirklichkeit herangezogen. Genauer gesagt wird eine empirisch testbare Variante des CAPM mit wirklichen Finanzmarktdaten geprüft.

- Das CAPM *begründet* die Beziehung zwischen Überrendite und Beta insofern, als es mathematisch aus den sonst in der Klassischen Portfoliotheorie getroffenen Prämissen deduziert wurde (wir werden die an sich einfache Herleitung im Punkt 6.1.3 vorführen). In diesem Sinn ist das CAPM bewiesen, und da der Beweis keinen Fehler enthält, ist das CAPM formal korrekt und deshalb richtig.

- Das CAPM *postuliert* die Bedeutung des Betas als *die* oder *die einzige* oder *die wichtigste* Bestimmungsgröße für die Überrendite einer einzelnen Anlagemöglichkeit im wirklichen Finanzleben.

Parallel zum theoretischen Ausbau der Klassischen Portfoliotheorie wurde in unzähligen empirischen Studien überprüft, ob sich an den Finanzmärkten die Kurse der Instrumente *wirklich* so einstellen, daß die bei einem Instrument zu erwartende Rendite den Zinssatz um eine Prämie übertrifft, die proportional zu Beta ist. Dabei zeigten sich jedoch Ungenauigkeiten zwischen den wirklichen Renditen und den nach dem CAPM berechneten Renditen.

Drittens: Weil die Renditeerwartung mit Hilfe eines einzigen Faktors erklärt wird — eben des Betas — ist das CAPM eng mit einem **Einfaktor-Modell** verwandt.

Es sind in der Folgezeit auch Multifaktor-Modelle entworfen worden. Um die mit dem CAPM in der Wirklichkeit verbundenen Ungenauigkeiten zu verringern, wurde zu komplizierteren Ansätzen gegriffen. Die an realen Finanzmärkten sich einstellenden Kurse hängen offensichtlich von so vielschichtigen Einflüssen ab, daß eine genauere Beschreibung der Renditeerwartungen nur dann möglich ist, wenn mehr als ein Faktor zur Erklärung herangezogen wird. So ist verständlich, daß die Aufmerksamkeit auf Multifaktor-Modelle gelenkt wurde.

Multifaktor-Modelle gehen davon aus, daß die Art und Weise, in der sich in Finanzmärkten die Preisbildung für Assets vollzieht — wodurch natürlich die Renditeerwartungen bestimmt werden — komplexer ist, als es das CAPM beschreibt. Es genüge nicht, hierfür einen einzigen Faktor (etwa das Marktportfolio beziehungsweise dessen Risiko oder einen einzigen anderen Faktor) heranzuziehen. Vielmehr ließen sich, so die Befürworter der Multifaktor-Modelle, *empirisch* gute Beschreibungen der Realität der letzten zehn, zwanzig oder dreißig Jahre erzielen, wenn mehrere erklärende Faktoren herangezogen würden.[5]

Insoweit sind die Multifaktor-Modelle als Ansätze gezeichnet, die *historische* Daten noch etwas genauer beschreiben als dies mit einem Einfaktor-Modell gelingt. Die Multifaktor-Modelle haben demnach vor allem den Charakter von Regressionsanalysen, und wir haben ihnen zunächst keinen theoretischen Gehalt zugesprochen.

Das ist erst durch die sogenannte **Arbitrage Pricing Theorie** (APT) geschehen, die maßgeblich auf ROSS zurückgeht.[6] Es wäre jedoch vorschnell, die APT als dem CAPM überlegen darzustellen, nur weil hier mehrere Risikofaktoren modelliert werden, während im CAPM es nur einen Risikofaktor gibt.[7]

Was bleibt?

Bei den Überlegungen von MARKOWITZ und von TOBIN kann der Leser oder die Leserin eigentlich nur applaudieren. Wir alle wollen, wenn es ohnehin nur auf Renditeerwartung und auf die Renditestreuung ankommt — und das ist eben die Annahme der Klassischen Portfoliotheorie — ein *effizientes* Portfolio. Auch die *Algorithmen* zur Berechnung des Tangentialportfolios und die *Tobin-Separation* sind nachvollziehbar. Wo sollte hier Kritik ansetzen?

Derjenige Meilenstein der Klassischen Portfoliotheorie, der eine doch recht weitgehende Aussage hinsichtlich der Renditeerwartungen trifft, ist das CAPM. Hier

---

[5] Eine Übersicht zu relevanten Studien verschaffen THOMAS E. COPELAND und J. FRED WESTON: *Financial Theory and Corporate Policy*. Addison-Wesley, Reading, (3rd edition 1992), p. 215.

[6] STEPHEN A. ROSS: The Arbitrage Theory of Capital Asset Pricing. *Journal of Economic Theory* (December 1976), pp. 343-362.

[7] LUTZ KRUSCHWITZ und ANDREAS LÖFFLER: Ross' APT ist gescheitert. Was nun? *Zeitschrift für betriebswirtschaftliche Forschung* 49 (1997) 7/8, pp. 644-651.

glaubten viele Forscher, sei nun der Punkt gekommen, das Denkgebäude der Klassischen Portfoliotheorie mit echten Daten an der Wirklichkeit der Finanzmärkte zu prüfen.

Alas, die Empirie ist nie so klar und eindeutig wie die Theorie. Die Anwendungen des CAPM in der Realität haben ein gemischtes Bild ergeben.

Das spricht aber in keiner Weise gegen die mit der Aufstellung des Modells verbundene intellektuelle Leistung und Originalität. Zudem besteht heute Unklarheit darüber, wie die Evidenz gegen den empirischen Gehalt des CAPM interpretiert werden solle.

- Mehrere Faktoren sind besser als einer: Einige Forscher argumentieren, das CAPM müsse durch Multifaktor-Modelle ersetzt und abgelöst werden. Allerdings neigen diese Forscher gelegentlich dazu, die Anpassung an historische Daten höher zu bewerten als die Verträglichkeit mit einem theoretisch begründeten Modellansatz.

- Das CAPM ist hinreichend gut: In einer zweiten Gruppe von Wissenschaftlern herrscht die Meinung vor, die empirische Evidenz gegen das CAPM dürfe nicht überbetont werden. Es könne in den statistischen Arbeiten immer noch Fehler bei der Identifikation des Marktportfolios und andere Verzerrungen geben.

- *Behavioristische Finance* wäre ein besserer Forschungsansatz: Eine dritte Gruppe von Forschern betont schließlich, kein lineares Modell — gleich, ob es einen oder mehrere Faktoren besitzt — könne die entdeckten Anomalien oder die damit verbundenen Regularitäten adäquat erfassen. Deshalb gehen Diskussion, ob nun ein Einfaktor-Modell hinreichend gut sei oder ob Multifaktor-Modelle zu verwenden seien, in die falsche Richtung. Der Forschungsansatz müsse lauten, durch nicht-rationales Verhalten der Marktteilnehmer die Regularitäten zu erklären.

Alle Forscher stimmen indes darin überein: Es gibt kein ähnlich einfaches Modell, das bei den Anwendungen auf die Wirklichkeit dem CAPM in allen Aspekten überlegen wäre. In einem Wort: Bei Anwendungen auf die Realität ist das CAPM rundherum gut aber nicht exzellent. Jedoch gibt es kein anderes, ebenso einfaches, allgemein gutes Modell.[8]

---

[8] MANFRED STEINER und MARTIN WALLMEIER: Totgesagte leben länger! Zeitschrift für betriebswirtschaftliche Forschung 49 (1997) 12, pp. 1084-1088.

6.2 Theorie und Empirie

6.2.1 Herleitung des CAPM

Wir betrachten ein Investment-Opportunity-Set aus n risikobehafteten Anlagemöglichkeiten.

- Die Verteilungsparameter der (einfachen) Renditen seien sämtlich gegeben, also die Erwartungswerte μ_k und die Streuungen σ_k der Renditen $\tilde{r}_k$ der Instrumente $k = 1, 2, ..., n$ sowie die Korrelationskoeffizienten $\rho_{j,k}$ für jedes Paar j, k von Renditen.
- Außerdem sei eine risikofreie Anlage zum Zinssatz i möglich.

Hierfür werde das Marktportfolio — wiederum mit M bezeichnet — berechnet; es ist durch die Gewichte $w_1, w_2, ..., w_n$ bestimmt, mit denen die n risikobehafteten Anlagen zu kombinieren sind. Das Marktportfolio hat also die Rendite

$$\tilde{r}_M \equiv w_1 \cdot \tilde{r}_1 + w_2 \cdot \tilde{r}_2 + ... + w_n \cdot \tilde{r}_n .$$

Diese Rendite hat den Erwartungswert

$$\mu_M = w_1 \cdot \mu_1 + w_2 \cdot \mu_2 + ... + w_n \cdot \mu_n$$

und die Varianz

$$\begin{aligned}\sigma_M^2 &= \sum_{j=1}^{n}\sum_{k=1}^{n} w_j \cdot w_k \cdot \sigma_j \cdot \sigma_k \cdot \rho_{j,k} = \\ &= w_1^2 \cdot \sigma_1^2 + w_1 \cdot w_2 \cdot \sigma_1 \cdot \sigma_2 \cdot \rho_{1,2} + ... + w_1 \cdot w_n \cdot \sigma_1 \cdot \sigma_n \cdot \rho_{1,n} + \\ &+ w_2 \cdot w_1 \cdot \sigma_2 \cdot \sigma_1 \cdot \rho_{2,1} + w_2^2 \cdot \sigma_2^2 + ... + w_2 \cdot w_n \cdot \sigma_2 \cdot \sigma_n \cdot \rho_{2,n} + \\ &+ ... + \\ &+ w_n \cdot w_1 \cdot \sigma_n \cdot \sigma_1 \cdot \rho_{n,1} + w_n \cdot w_2 \cdot \sigma_n \cdot \sigma_2 \cdot \rho_{n,2} + ... + w_n^2 \cdot \sigma_n^2\end{aligned}$$

Eigentlich wollen wir statt von *Marktportfolio* von *Tangentialportfolio* sprechen. Denn es ist zunächst nicht vorausgesetzt, daß die betrachteten risikobehafteten Anlagemöglichkeiten gerade alle Aktien sind, die in einem Markt oder an einer

6. CAPM UND FAKTOR-MODELLE

Börse gehandelt werden — die betrachteten Anlagemöglichkeiten sind jene, die der Anleger in seinem *Investment Opportunity Set* als für sich möglich erachtet. Auch ist nicht vorausgesetzt worden, daß die Verteilungsparameter mit den im Markt verfügbaren Informationen bestimmt worden sind — der Anleger kann die Erwartungen nach eigenen Vorstellungen gebildet haben. Schließlich muß es sich bei dem Zinssatz nicht um den im Geldmarkt der implizit zugrunde gelegten Währung handeln — es der Zinssatz, mit dem der Anleger kalkuliert.

Die einzige Voraussetzung, die insoweit getroffen worden ist, betraf das Portfolio M: Die Gewichte $w_1, w_2, ..., w_n$ waren nicht beliebig, sondern Ergebnis einer Optimierung. Sie bestimmen das Tangentialportfolio. Folglich erfüllen die Gewichte die Optimalitätsbedingungen, die im letzten Kapitel hergeleitet worden sind.

Die Optimalitätsbedingungen seien kurz ins Gedächtnis gerufen: Die Gewichte $w_1, w_2, ..., w_n$ erfüllen das lineare Gleichungssystem

$$\lambda \sigma_1^2 \cdot w_1 + \lambda \sigma_1 \sigma_2 \rho_{1,2} \cdot w_2 + ... + \lambda \sigma_1 \sigma_n \rho_{1,n} \cdot w_n = \mu_1 - i$$

$$\lambda \sigma_2 \sigma_1 \rho_{2,1} \cdot w_1 + \lambda \sigma_2^2 \cdot w_2 + ... + \lambda \sigma_2 \sigma_n \rho_{2,n} \cdot w_n = \mu_2 - i$$

$$...$$

$$\lambda \sigma_n \sigma_1 \rho_{n,1} \cdot w_1 + \lambda \sigma_n \sigma_2 \rho_{n,2} \cdot w_2 + ... + \lambda \sigma_n^2 \cdot w_n = \mu_n - i$$

wobei der Lagrangemultiplikator λ noch so zu bestimmen ist, daß sich die Gewichte zu 1 summieren, $w_1 + w_2 + ... + w_n = 1$. Von diesem Gleichungssystem wird die k-te Zeile benötigt, weshalb sie nochmals eigens notiert werden soll:

$$\lambda \sigma_k \sigma_1 \rho_{k,1} \cdot w_1 + \lambda \sigma_k \sigma_2 \rho_{k,2} \cdot w_2 + ... + \lambda \cdot \sigma_k \sigma_n \rho_{k,n} \cdot w_n = \mu_k - i \ .$$

Der Lagrangemultiplikator kann schnell bestimmt werden: Wir bringen in allen Gleichungen des Systems das λ auf die rechte Seite. Sodann multiplizieren wir die erste Gleichung mit w_1, die zweite Gleichung mit w_2, und so fort. Die k-te Gleichung nimmt damit diese Form an:

$$w_k w_1 \sigma_k \sigma_1 \rho_{k,1} + w_k w_2 \sigma_k \sigma_2 \rho_{k,2} + ... + w_k w_n \sigma_k \sigma_n \rho_{k,n} = \frac{1}{\lambda} w_k \cdot (\mu_k - i) \ .$$

Schließlich summieren wir alle linken und alle rechten Seiten dieser Gleichungen. Wir erhalten links genau den Ausdruck, der zuvor als Varianz der Rendite des Tangentialportfolios aufgeschrieben wurde, σ_M^2, während rechts

$$\frac{1}{\lambda} \cdot (w_1 \cdot (\mu_1 - i) + w_2 \cdot (\mu_2 - i) + \ldots + w_n \cdot (\mu_n - i)) = \frac{1}{\lambda} \cdot (\mu_M - i)$$

steht, wobei eben $w_1 + w_2 + \ldots + w_n = 1$ ausgenutzt wurde. Insgesamt haben wir damit λ näher bestimmt:

$$\lambda = \frac{\mu_M - i}{\sigma_M^2}.$$

Nun betrachten wir die Kovarianz zwischen der Einzelrendite $\tilde{r}_k$ und der Rendite des Tangentialportfolios $\tilde{r}_M$. Zunächst bezeichnen wir mit $\rho_{k,M}$ den Koeffizienten der Korrelation zwischen der Rendite der Einzelanlage und der des Tangentialportfolios, $Cov[\tilde{r}_k, \tilde{r}_M] = \sigma_k \cdot \sigma_M \cdot \rho_{k,M}$, und erhalten:

$$\begin{aligned}
\sigma_k \cdot \sigma_M \cdot \rho_{k,M} &= \\
&= Cov[\tilde{r}_k, \tilde{r}_M] = \\
&= Cov[\tilde{r}_k, w_1 \cdot \tilde{r}_1 + w_2 \cdot \tilde{r}_2 + \ldots + w_n \cdot \tilde{r}_n] = \\
&= w_1 \cdot Cov[\tilde{r}_k, \tilde{r}_1] + w_2 \cdot Cov[\tilde{r}_k, \tilde{r}_2] + \ldots + w_n \cdot Cov[\tilde{r}_k, \tilde{r}_n] = \\
&= w_1 \cdot \sigma_k \cdot \sigma_1 \cdot \rho_{k,1} + w_2 \cdot \sigma_k \cdot \sigma_2 \cdot \rho_{k,2} + \ldots + w_n \cdot \sigma_k \cdot \sigma_n \cdot \rho_{k,n}
\end{aligned}$$

Das λ – fache der untersten Zeile stimmt mit der linken Seite der k – ten Zeile des linearen Gleichungssystems überein, das heißt,

$$\lambda \cdot \sigma_k \cdot \sigma_M \cdot \rho_{k,M} = \mu_k - i.$$

Wird noch die eben gefundene Beziehung für λ eingesetzt, entsteht:

$$\mu_k = i + \frac{\mu_M - i}{\sigma_M} \cdot \sigma_k \cdot \rho_{k,M}.$$

Außerdem soll eine Abkürzung eingeführt werden. Mit

$$\beta_k = \frac{\sigma_k \cdot \rho_{k,M}}{\sigma_M}$$

wird das Beta der Einzelanlage k bezeichnet. Also folgt

6. CAPM UND FAKTOR-MODELLE

$$\mu_k = i + (\mu_M - i) \cdot \beta_k$$

und diese Gleichung, die für alle in das Portfolio eingebundenen Instrumente $k = 1, 2, ..., n$ gilt, ist das Capital Asset Pricing Model (CAPM).

Das CAPM besagt somit:

- Die Renditeerwartung μ_k einer jeden einzelnen Anlagemöglichkeit ist gleich dem Zinssatz i **plus einer Risikoprämie**.
- Die Risikoprämie ist **proportional** zum **Beta** β_k der Einzelanlage.
- Der **Proportionalitätsfaktor** ist **gleich** der **Überrendite** $\mu_M - i$ des Tangentialportfolios (Marktportfolios).

6.2.2 Ergänzungen und Erweiterungen

Das Beta und das CAPM beziehen sich auf eine als vorgegeben betrachtete Grundmenge von n risikobehafteten Anlagemöglichkeiten, die durch die Parameter der Renditeverteilungen gegeben sein sollen, sowie auf einen Zinssatz, der auch gegeben sein muß.

Ändert sich das Investment-Opportunity-Set, oder ändert sich die Erwartungsbildung, oder ändert sich der Zinssatz, dann ändert sich auch das mit M bezeichnete Tangentialportfolio. Folglich werden sich sowohl σ_M als auch die Korrelationen $\rho_{k,M}$, $k = 1, 2, ..., n$, ändern, weshalb der Beta-Wert $\beta_k = \sigma_k \cdot \rho_{k,M} / \sigma_M$ vom IOS, von den Erwartungen und vom Zinssatz abhängt.

Wird aus verschiedenen der möglichen Einzelanlagen *irgendein* Portfolio Q gebildet, in dem diese Einzelanlagen mit den Gewichten $q_1, q_2, ..., q_n$ kombiniert werden,

$$\tilde{r}_Q \equiv q_1 \cdot \tilde{r}_1 + q_2 \cdot \tilde{r}_2 + ... + q_n \cdot \tilde{r}_n ,$$

dann ist mit einigen Zeilen formaler Argumentation schnell gezeigt: Das Portfolio Q besitzt den Beta-Wert

$$\beta_Q \equiv q_1 \cdot \beta_1 + q_2 \cdot \beta_2 + ... + q_n \cdot \beta_n$$

und genügt selbstverständlich auch dem CAPM, das heißt,

$$\mu_Q = i + (\mu_M - i) \cdot \beta_Q .$$

Damit ist die Gültigkeit des CAPM auf alle aus den ursprünglich gegebenen Einzelanlagen erzeugbaren Portfolios erweitert.

Ein ganz spezieller Fall ist das Tangentialportfolio M selbst; sein Beta-Wert ist gleich 1.

Hierbei muß nicht einmal $q_1 + q_2 + ... + q_n \leq 1$ vorausgesetzt werden. Das bedeutet, daß auch Gewichte möglich sind, die größer als 1 sind, so daß die *Leveragepolitik* mit in die Analyse einbezogen wurde.

> Wer das q-fache des anzulegenden Betrags, $q > 1$, in eine risikobehaftete Anlage mit dem Beta β investiert, und sich zur Finanzierung einen Kredit in Höhe des $(q-1)$-fachen der Eigenmittel besorgt, hat mit seinem Portfolio demnach einen Beta-Wert in Höhe von $q \cdot \beta$.

Schließlich hat das CAPM in der vorgestellten und auf SHARPE (1964), LINTNER (1965) und MOSSIN (1966) zurückgehenden Version Verallgemeinerungen erfahren.

BLACK hat 1972 eine Fassung des CAPM publiziert, die *ohne* die Annahme der Existenz einer risikofreien Anlagemöglichkeit auskommt. In diesem Ansatz spielt das sogenannte *Zero-Beta-Portfolio* eine Rolle.[9] Es wird immer noch ein "Marktportfolio" M definiert, was keineswegs trivial ist, weil es keine Möglichkeit der risikofreien Anlage gibt. Das Marktportfolio wird gefunden, indem die Investoren jeweils für sich Portfolios auf der Markowitz'schen Effizienzkurve wählen.

Faßt man die Portfolios aller Investoren zusammen, entsteht ein Portfolio, das nach der *fund separation* ebenso effizient ist. Das soll das Marktportfolio M sein. Weil M effizient bezüglich Renditeerwartung und Renditestreuung ist, läßt sich M als Tangentialportfolio darstellen. Die Tangente, die CML, nimmt für einen kleinen Wert von $\sigma = \varepsilon$ eine gewisse Renditeerwartung an, die mit μ_Z bezeichnet sei. Wäre es die Position eines Portfolios Z, das wirklich existierte, dann wäre die Rendite von Z mit der des Marktportfolios M unkorreliert.

In der Tat: Wenn die Renditen von Z und M unkorreliert sind, dann liegen im Risk-Return-Diagramm alle durch Kombination von Z und M erzeugten Portfolios auf der Verbindungs*geraden* der Positionen dieser beiden Portfolios. Portfolios, die mit dem Marktportfolio unkorreliert sind, haben ein $\beta = 0$.

Als **Zero-Beta-Portfolio** Z wird dasjenige Portfolio definiert, welches die geringste Renditestreuung unter all jenen Portfolios hat, deren Rendite mit der von M unkorreliert ist. Es zeigt sich, daß dafür die Beziehung

---

[9] FISHER BLACK: Capital Market Equilibrium with Restricted Borrowing. *Journal of Business* 45 (July 1972), pp. 444-454.

$$\mu_k = \mu_Z + \beta_k \cdot (\mu_M - \mu_Z)$$

gilt. Diese Gleichung wird als **Black-Version des CAPM** bezeichnet. Sie unterscheidet sich formal von der Sharpe-Lintner-Version dadurch, daß der Zinssatz durch die Renditeerwartung des Zero-Beta-Portfolios ersetzt wird. Die Black-Version hat auch zu Modifikationen des CAPM für die praktisch bedeutsame Situation geführt, in der der Habenzins für Geldanlagen geringer ist als der Sollzins für Kredite.[10]

Bislang wurde das CAPM wie die zuvor diskutierte Aufgabe der Portfolioselektion auf einen gewissen Planungszeitraum (von einem Jahr) bezogen. Es handelt sich um Einperioden-Modelle, wobei die Periode durch zwei Zeitpunkte definiert ist: Zu Beginn wird investiert, dann spielt der Zufall hinein, und zum zweiten Zeitpunkt wird die Realisation entgegen genommen. Selbstverständlich bilden die Investoren zum ersten Zeitpunkt Erwartungen, und das CAPM hilft ihnen bei der Einschätzung der Renditeerwartungen der Einzelanlagen. Vielfach erwähnt ist eine Erweiterung des CAPM, die mehrere Perioden überdeckt.

Sie geht auf MERTON (1973) zurück, der eine Version des CAPM in stetiger Zeit hergeleitet hat. Weitere Verallgemeinerungen von BREEDEN (1979) haben auch Konsumentscheidungen einbezogen.[11]

6.2.3 Empirischer Gehalt?

Das CAPM lädt gerade dazu ein, anhand empirischer Kapitalmarktdaten zu prüfen, ob es sich dazu *eignet*, die Preisbildung der Wirklichkeit zu beschreiben. Man beachte: Wir sagten nicht, die "Gültigkeit" des Modells solle anhand der Wirklichkeit beurteilt werden. Es geht um den empirischen Gehalt einer theoretisch korrekt abgeleiteten Aussage.

Wir wollen zunächst fragen, aus welchen Gründen es sein könnte, daß das CAPM die Preisbildung in den Finanzmärkten der Wirklichkeit vielleicht nicht so gut beschreibt.

Eine erste Antwort liegt auf der Hand und wurde schon skizziert. Die Investoren unserer Welt sind verschieden.

---

[10] MICHAEL BRENNAN: Capital Market Equilibrium with Divergent Lending and Borrowing Rates. *Journal of Financial and Quantitative Analysis* 6 (1971), pp. 1197-1205.

[11] Literatur: 1. ROBERT MERTON: An Intertemporal Capital Asset Pricing Model. *Econometrica* 41 (1973), pp. 867-887. 2. DOUGLAS BREEDEN: An Intertemporal Asset Pricing Model with Stochastic Consumption and Investment Opportunities. *Journal of Financial Economics* 7 (1979), pp. 265-296.

Jeder hat sein eigenes Investment-Opportunity-Set und jeder verfolgt bei der Erwartungsbildung eigenen Wegen. Folglich hätte jeder Investor (sofern die anderen Prämissen der Klassischen Portfoliotheorie erfüllt sind) sein eigenes Tangentialportfolio. Die Annahme, alle Investoren würden alle Anlagemöglichkeiten dieser Welt nützen und hätten dazu homogene Erwartungen, hat zwar die Entwicklung der Theorie erleichtert, dürfte aber dennoch in der Realität allenfalls *ungefähr* erfüllt sein — jedoch *nicht so exakt*, daß das CAPM als theoretische Ableitung aus dieser Annahme die Realität genau beschreiben würde.

Ein zweiter Grund: Die Klassische Portfoliotheorie ging von gewissen Prämissen aus. Die wohl wichtigste Annahme, die der Normalverteilung, verlangt praktisch einen Planungszeitraum von einem Jahr und die Einschränkung auf Anlagen wie Anleihen und Aktien.

Wir erwähnten aber Instrumente wie Optionen und Phänomene wie Leptokurtosis (Fat-Tails), die bewirken, daß die Renditen nicht mehr als symmetrisch beziehungsweise nicht einmal mehr als normalverteilt angesehen werden können. Es muß also davon ausgegangen werden, daß zumindest einige Investoren ihre Portfolios anders zusammenstellen, als es die Portfoliotheorie darstellt. Folglich richten diese Investoren ihre Nachfrage nach Anlagen nicht einzig an den vom CAPM suggerierten Renditeerwartungen aus.

Beispielsweise könnten zahlreiche Privatinvestoren Schutz wünschen. Eine Anlage, deren Rendite Fat-Tails zeigt, ist daher für sie weniger interessant, auch wenn sie nach dem CAPM korrekt bewertet ist. Der Kurs dieser Anlage würde deshalb weiter fallen, und sie würde deshalb bald eine Renditeerwartung bieten, die über dem vom CAPM prognostizierten Wert liegt. Das CAPM würde die tatsächliche Rendite falsch spezifizieren.

Ein dritter Grund: Das CAPM ist ein statisches Modell. Es trifft eine Aussage für die eine betrachtete Planungsperiode: das kommende Jahr. Bei einer empirischen Verwendung des Modells wird es jedoch mit den Daten einiger Jahre "kalibriert" und dann auf die Zukunft zur Prognose der Renditeerwartungen angewendet.

Während der Jahre der Kalibrierung haben sich jedoch die Gewichte $w_1, w_2, ..., w_n$, welche die Zusammensetzung des Marktportfolios beschreiben, ganz offensichtlich immer wieder verändert. Andererseits wird eine gewisse Anzahl von Jahren einfach benötigt, um die im CAPM auftauchenden Renditeparameter zu schätzen.

Dieser Sachverhalt läßt vermuten, daß ein CAPM, welches mit Daten einer längere Zeit zurück reichenden Periode kalibriert wurde, *nicht exakt* sondern vielleicht *nur ungefähr* das Geschehen in einem dann gewählten Zeitfenster beschreibt.

6.2.4 Historische Betas

Zunächst haben sich alle empirischen Forscher daran gemacht, Betas numerisch zu bestimmen. Bei den Bestimmungsgrößen des Betas $\beta_K = \sigma_k \cdot \rho_{k,M} / \sigma_M$ handelt es sich um die Streuungen zweier Zufallsgrößen (hier: Einzelrendite und Marktrendite) sowie deren Korrelation.

Nun spielen die Streuungen zweier Zufallsgrößen, für die Zeitreihen vorliegen, sowie deren Korrelation eine zentrale Rolle bei der Linearen Regression. Deshalb kann das Beta für eine Einzelanlage geschätzt werden, indem eine Regression der Renditerealisationen der Einzelanlage (y – Variable) auf die Renditen des Marktportfolios (x – Variable) durchgeführt wird. Die Steigung der Regressionsgeraden liefert die Schätzung für den gesuchten Beta-Wert.[12]

Wir rekapitulieren kurz die Lineare Regression: Es werden zwei Zahlenreihen $x_1, x_2, ..., x_N$ und $y_1, y_2, ..., y_N$ als gegeben betrachtet, und es wird angenommen, für alle $t = 1, 2, ..., N$ sei die Zahl y_t eine Realisation der Zufallsgröße $\tilde{y}_t$, die gemäß

$$\tilde{y}_t = a + b \cdot x_t + \tilde{e}_t$$

mit der Zahl x_t zusammenhängt.

Diese Gleichung beschreibt ein Modell, und die Zahlen $y_1, y_2, ..., y_N$ werden als Stichprobe aufgefaßt. Des weiteren sind a und b Parameter, deren Werte gesucht sind. Die zufälligen Fehlergrößen $\tilde{e}_1, \tilde{e}_2, ..., \tilde{e}_N$ sollen sämtlich den Erwartungswert 0 besitzen, übereinstimmende Varianz haben, und paarweise unkorreliert sein.

Die Standardmethode zur Schätzung der Parameter a und b ist die der kleinsten Quadrate. Dazu werden die Parameter a und b der sogenannten Regressionsgeraden so bestimmt, daß die Summe der Quadrate der Abweichungen $e_1^2 + e_2^2 + ... + e_N^2$ möglichst klein wird. Die Lösung liefert Schätzwerte, die mit einem *Hut* bezeichnet sind:

---

[12] Quellen: 1. MARSHALL BLUME: On the Assessment of Risk. *Journal of Finance* 26 (1971), pp. 1-10. 2. MARSHALL BLUME: Betas and their Regression Tendencies. *Journal of Finance* 30 (1975), pp. 785-795.

$$\hat{b} = \frac{\sum_{t=1}^{N}(x_t - \bar{x})(y_t - \bar{y})}{\sum_{t=1}^{N}(x_t - \bar{x})^2}$$

$$\hat{a} = \bar{y} - \hat{b} \cdot \bar{x}$$

- Im Zähler der Formel für $\hat{b}$ steht die aufgrund der Stichprobe geschätzte Kovarianz zwischen den x – Werten und den y – Werten.
- Im Nenner steht die Stichprobenvarianz der x – Werte.
- Folglich stimmt der Schätzwert $\hat{b}$ überein mit der Stichprobenstreuung der y – Werte, multipliziert mit dem empirischen Korrelationskoeffizienten der beiden Zeitreihen, geteilt durch die Stichprobenstreuung der x – Werte.

Mit $\bar{x}$ wird das arithmetische Mittel aller x – Werte bezeichnet,

$$\bar{x} = \frac{1}{N}\sum_{t=1}^{N} x_t$$

und $\bar{y}$ bezeichnet das arithmetische Mittel der Zahlen $y_1, y_2, ..., y_N$. Die Methode kleinster Quadrate für die Regressionsrechnung ist in Taschenrechnern und Programmen für Tabellenkalkulation implementiert.

Das Regressionsverfahren läßt sich direkt für die Schätzung von Betas einsetzen, wenn folgende Identifikation vorgenommen wird:

CAPM	Regression
Historische Renditen $r_{t,M}$ des Marktportfolios in Perioden $t = 1, 2, ..., N$	Werte $x_1, x_2, ..., x_N$
Historische Renditen $r_{t,k}$ der betrachteten Einzelanlage k in den Perioden $t = 1, 2, ..., N$	Werte $y_1, y_2, ..., y_N$
Schätzwert für β_k	Steigung $\hat{b}$ der Regressionsgeraden

Die so berechneten Betas werden als **historische Betas** bezeichnet.[13]

Nun hatten wir überlegt, daß die Verteilungsparameter der Renditen aufgrund einer historischen Zeitreihe nicht bestimmt, sondern nur *geschätzt* sind, und daß es Schätzfehler gibt. Weiter wurde deutlich, daß es möglich ist, die Renditestreuung und damit verwandte Verteilungsparameter, wie etwa die Korrelation, mit den Daten aus einem Beobachtungszeitraum nützlicher Länge *sehr genau* zu bestimmen. Für die Betas hat man von daher enge Konfidenzintervalle, und die immer wieder in Tabellen publizierten historischen Betas von Aktiengesellschaften sollten die wahren Betas deshalb ziemlich genau treffen.

Diese Genauigkeit hat es auch immer wieder erlaubt, der Frage nachzugehen, ob die Betas "stabil" sind, oder ob vielmehr damit gerechnet werden muß, daß sich die Betas im Zeitablauf verändern. Dabei wurde versucht, zwischen Betas, die aufgrund "kurzfristiger" Daten geschätzt worden sind, und "langfristigen" Betas zu mitteln, um zu besseren Schätzungen für das eigentlich gesuchte "zukünftige" Beta zu gelangen.

Beispielsweise wurde entdeckt, daß sehr hohe historische Betas (größer als 1) die wahren Betas oft überschätzten, während sehr geringe Betas (kleiner als 1) das wahre Beta oftmals unterschätzten.

Um solche Fehler auszugleichen, wurden verschiedene **Adjustierungen** vorgeschlagen. Sie sind besonders von Firmen entwickelt worden, die Finanzdaten und das Investment-Consulting anbieten, so von Blume, Bloomberg, Merill-Lynch, BARRA und anderen.[14] Bloomberg verwendet diese Adjustierung:

$$Adjustiertes\ Beta\ =\ \frac{1}{3}\ +\ \frac{2}{3} \cdot Historisches\ Beta\ .$$

6.2.5 Proxy für das Marktportfolio

Die empirischen Studien zum CAPM müssen ein geeignetes Portfolio als Marktportfolio identifizieren. Das Marktportfolio der wirklichen Finanzwelt ist zunächst nicht bekannt. Selbstverständlich darf gesagt werden, daß es sich als Kom-

---

[13] Dieses Verfahren zur Schätzung von Betas hatte SHARPE schon vor dem CAPM publiziert: WILLIAM F. SHARPE: A Simplified Model for Portfolio Analysis. *Management Science* (1963), pp. 277-293.

[14] 1. BARR ROSENBERG: Prediction of common stock betas. *Journal of Portfolio Management* (Winter 1985). 2. JÖRG SCHULTZ und HEINZ ZIMMERMANN: Risikoanalyse schweizerischer Aktien: Stabilität und Prognose von Betas. *Finanzmarkt und Portfolio Management* 3 (1989) 3, pp. 196-209.

bination aller in der Realität möglichen Assets auffassen läßt, und wenn es sich hierbei um n Assets handelt, lassen sich die Gewichte auch mit $w_1, w_2, ..., w_n$ bezeichnen. Wollte man die Gewichte schätzen, wird es schon deshalb schwierig, weil sie sich laufend verändern.

📖 Um 1960 hatte Thyssen und um 1980 hatte Siemens einen beträchtlichen Anteil in einem gut diversifizierten Aktienportfolio deutscher Gesellschaften, um 2000 nahm SAP diese Rolle ein. Es sei daran erinnert, daß die Gewichte relative Beträge (Anteile des Anfangsvermögens) darstellten, die in die entsprechenden Assets investiert werden sollten, nicht aber Stückzahlen von Aktien.

Die empirischen Studien zum CAPM bemühen sich deshalb nicht, die Renditeparameter der einzelnen Assets zu schätzen, um daraus mit einem Optimizer das Marktportfolio zu berechnen. Die Studien ersetzen das Marktportfolio im CAPM durch einen Marktindex. Selbstverständlich ist jeder Marktindex nur eine Näherung des Marktportfolios, eine Proxy. Dadurch entsteht ein grundsätzliches Problem, auf das ROLL 1977 aufmerksam gemacht hat.[15]

Wenn das Anlageuniversum durch n Assets und ihre Renditeverteilungen gegeben wäre, ließe sich immer das Tangentialportfolio berechnen, für das die Aussage des CAPM gültig wäre, nämlich daß die Renditeerwartungen aller Assets linear mit ihren Betas zusammenhängen.

Wenn man nun eine empirische Überprüfung des CAPM durchführt und einen Index als Proxy dafür verwendet, kann folgende Situation eintreten:

1. Vielleicht verwirft man die Eignung des CAPM zur Beschreibung der Realität, aber in Wahrheit liegt das nur daran, daß die verwendete Proxy eben nicht mit dem eigentlichen Marktportfolio übereinstimmt.

2. Vielleicht wird das CAPM als zur Beschreibung der Realität höchst geeignet angesehen, aber in Wahrheit ist das CAPM gar nicht gut geeignet, die Wirklichkeit zu beschreiben. Das positive Urteil kam nur zustande, weil eine Proxy verwendet wurde, die nicht mit dem eigentlichen Marktportfolio übereinstimmt, und die gewählte Proxy gerade zu einer günstigen Beurteilung führt.

Kurz: Wird das CAPM verworfen, könnte es dennoch in Wahrheit eine gute Beschreibung der Wirklichkeit bieten, nur hatte man einen Fehler bei der Identifikation des Marktportfolios begangen. Wird das CAPM nicht verworfen, hatte der Forscher vielleicht nur mit glücklicher Hand die Tests gerade für ein "Marktportfolio" durchgeführt, bei denen sich eben kein signifikanter Widerspruch zu den historischen Renditen zeigte — während in Wahrheit das Modell (würde man das wahre Marktportfolio einsetzen) die Realität nicht gut beschreibt. ROLL hat auch ausgeführt, weshalb man nicht hoffen kann, das wahre Marktportfolio zu finden:

---

[15] RICHARD W. ROLL: A Critique of the Asset Pricing Theory's Tests: Part I: On Past and Potential Testability of the Theory. *Journal of Financial Economics* 4 (1977), pp. 129-176.

Jeder Investor hat ein eigenes Investment-Opportunity-Set, es gibt nicht gehandelte Assets wie Humankapital, und es ist deshalb für einen konkreten Menschen praktisch unmöglich zu sagen, wie dieser Mensch in seiner Situation im Sinne der Klassischen Portfoliotheorie optimal diversifizieren solle.

Die empirische Forschung zum CAPM ist durch die erläuterte Kritik nicht gestoppt worden. Sie wurde intensiviert und hat die Frage aufgegriffen, welche Fehler mit der Verwendung von Proxies einhergehen.

Bild 6-5: RICHARD W. ROLL, geboren 1939, ist Inhaber des Allstate Chair in Finance an der *Anderson School der UCLA*. ROLL begann Ingenieurwesen für Aeronautik zu studieren, und er hat 1963 seinen MBA absolviert. Den Ph.D. erwarb ROLL 1968 an der University of *Chicago* mit einer Arbeit, die mit dem *Irving-Fisher-Preis* als beste amerikanische Dissertation in Wirtschaftswissenschaften ausgezeichnet wurde. Zweimal wurde ihm der nach GRAHAM und DODD benannte *Award for financial writing* verliehen. Besonders bekannt wurde RICHARD ROLL durch seine Kritik, das CAPM sei grundsätzlich *nicht* testbar.

6.2.6 Konfidenz

Das CAPM trifft eine Aussage über die *Erwartungswerte* $\mu_1, \mu_2, ..., \mu_n$ beziehungsweise deren Beziehungen untereinander. Es ist aber nicht so genau möglich, Erwartungswerte zu schätzen, wenn die Streuung der betreffenden Variable groß ist. Anders ausgedrückt: Renditeerwartungen $\mu_1, \mu_2, ..., \mu_n$ lassen sich nur in großen Konfidenzintervallen lokalisieren.

Darin liegt eine grundsätzliche Schwierigkeit.

Wir nehmen einmal an, ein wissender Helfer hätte uns den *wahren* Erwartungswert μ_M des *wahren* Marktportfolios verraten und uns weiter die *wahren* Betas genannt. Des weiteren sei unterstellt, daß es keine Schwierigkeiten gibt, die Höhe des Zinssatzes festzustellen.

Dann würde uns das CAPM eine Aussage der Art liefern: "Der wahre Erwartungswert der Rendite einer Anlage in IBM-Aktien sollte $\mu_M = 9{,}87654321\%$ betragen." Ohne gleich an sophistizierte Tests zu denken würden wir uns eine Zeitreihe der Renditen dieser Aktie (etwa über die letzten N Jahre) besorgen und mit dieser Stichprobe die Hypothese testen, daß der Erwartungswert eben $\mu_M = 9{,}87654321\%$ beträgt.

Nun hatten wir zuvor überlegt, daß die Verteilungsparameter der Renditen aufgrund einer historischen Zeitreihe nicht bestimmt, sondern nur *geschätzt* sind, und daß es Schätzfehler gibt.

Während es möglich ist, die Renditestreuung und damit verwandte Verteilungsparameter, wie etwa die Korrelation, mit den Daten aus einem Beobachtungszeitraum praktikabler Länge sehr genau zu bestimmen, ist das Konfidenzintervall für den Erwartungswert *sehr weit*, selbst wenn die Daten für die letzten N Jahre vorhanden sind, N eine große Zahl ist (wir hatten $N = 72$) und im übrigen unterstellt wird, daß sich in dieser Zeit an der Struktur, nach der die Renditen zustande kommen, nichts geändert hat. Konkret erwähnten wir ein Konfidenzintervall für die Renditeerwartung in der Größenordnung von $\pm 5\%$.

Jetzt unterstellen wir einmal eine Überrendite auf das Marktportfolio von 5%. Die empirischen Betas der an einer Börse gehandelten Aktien bewegen sich zwischen 0,8 und 1,2. Das CAPM würde den Aktien demnach Überrenditen zwischen $0{,}8 \cdot 5\% = 4\%$ und $1{,}2 \cdot 5\% = 6\%$ zuweisen.

Wir haben also einerseits ein theoretisch begründetes Instrument, welches jeder einzelnen Aktie eine Überrendite zuweist, die numerisch zwischen 4% und 6% liegt. Andererseits ist es uns empirisch unmöglich, die wahre Rendite auf wesentlich genauer als $\pm 5\%$ zu bestimmen.

Da ist kaum zu erwarten, empirische Fakten entdecken zu können, die gegen das CAPM sprechen würden.

📖 Es ist, als ob jemandem ein medizinisches Modell erklärt wird, das für verschiedene Populationen von Bakterien genau die jeweilige Größe erklärt. Das medizinische Modell kommt auf Zahlen für die beobachteten Populationen zwischen 4 und 6 Mikrometer. Die Person erhält nun ein Mikroskop, mit dem es möglich ist, die Größe von Bakterien in etwa auf eine Genauigkeit von ± 5 Mikrometer zu bestimmen. Damit soll die Person die empirische Relevanz des medizinischen Modells beurteilen.

Selbstverständlich sind die empirischen Tests zur Beurteilung des CAPM im Laufe der Jahre immer sophistizierter geworden.[16] In den empirischen Untersuchungen wurden immer drei Eigenschaften des CAPM überprüft.

1. Mit den historischen Renditerealisationen werden für jedes Instrument die Parameter geschätzt. Alle Instrumente werden sodann anhand der geschätzten Parameter im Beta-Return-Diagramm positioniert. Durch die Punktewolke wird eine Gerade gelegt. Sodann wird die Hypothese getestet, daß diese Gerade für ein Beta von Null durch den Zinssatz geht.

2. Sofern das CAPM gültig ist, sollte die Risikoprämie des Marktes $(\mu_k - i) / \beta_{k,M}$ betragen. Diese Größen sollten für alle $k = 1, 2, ..., n$ positiv sein. Also wird die Hypothese formuliert, daß diese Größen positiv sind. Kann die Hypothese verworfen werden, wird die Eignung des CAPM für die Wirklichkeit verneint.

3. Es werden die sogenannten *cross-sectional variations of expected excess returns* betrachtet, also die Differenzen $(\mu_k - i) - (\mu_j - i) = \mu_k - \mu_j$. Sie sollten für alle $j, k = 1, 2, ..., n$ vollständig durch die Differenzen in den Betas erklärt werden — und nicht durch andere Einflüsse.

Gerade der dritte Ansatz hat in jüngster Zeit durch Arbeiten von FAMA und FRENCH große Beachtung gefunden.

6.2.7 Empirische Ergebnisse

Insgesamt zeichnen die empirischen Untersuchungen dieses Bild:

1. Die Beziehung zwischen den geschätzten Betas und den Mittelwerten der historischen Renditen ist für gewisse Zeitabschnitte *viel schwächer*, als es das CAPM postuliert.

2. Die *Größe* einer Unternehmung erklärt zum Teil die Mittelwerte der historischen Renditen: Kleinere Unternehmen hatten tendenziell größere Renditen.[17]

---

[16] Eine Übersicht bieten: JOHN Y. CAMPBELL, ANDREW W. LO und A. CRAIG MACKINLAY: *The Econometrics of Financial Markets*. Princeton University Press, Princeton, New Jersey 1997, pp. 182-218

[17] Dieser Sachverhalt gilt international. Er läßt sich *nicht* dadurch erklären, daß angeführt wird, kleinere Unternehmen haben auch größere Betas. Literaturauswahl: 1. ROLF W. BANZ: The relationship between return and market value of common stocks. *Journal of Financial Economics* 9 (1981), pp. 3-18. 2. RICHARD ROLL: A possible explanation of the small firm effect. *Journal of Finance* 36 (1981), pp. 879-888. 3. MARC R. REINGANUM: A revival of the small-firm effect: Far from being dead. *Journal of Portfolio Management* 18 (1992) 3, pp. 55-62. 4. PETER OERTMANN: Firm-Size-Effekt am deutschen Aktienmarkt. *Zeitschrift für betriebswirtschaftliche Forschung* 46 (1994), pp. 229-259. 5. RICHARD STEHLE: Der Size-Effekt am deutschen Aktienmarkt. *Zeitschrift für Bankrecht und Bankwirtschaft* 3 (1997), pp. 237-260.

3. Aktien mit einer vergleichsweise geringen M/B-Kennzahl — die als *Verhältnis von Marktwert zu Buchwert* definiert ist — haben tendenziell höhere Mittelwerte historischer Renditen.[18]

4. Aktien, die in einer Periode von etwa drei bis zwölf Monaten überdurchschnittlich hohe Renditen hatten (*Gewinner*), hatten tendenziell in der Folgeperiode wieder über dem Durchschnitt liegende Renditen.[19]

5. Langfristig wirken *contrarian strategies*: Aktien, die über eine Periode von 3 bis 5 Jahren Dauer unterdurchschnittlich performen, haben die Tendenz zu überdurchschnittlichen Renditen in den folgenden 3 bis 5 Jahren.[20]

6. Aktien mit einem hohen P/E — die *Price-Earnings-Ratio* ist das Verhältnis zwischen Kurs und Gewinn und eine sehr beliebte Kennzahl — haben tendenziell eine geringere Rendite, als die ihnen durch ihr Beta und das CAPM zugerechnete Rendite.

7. Aktien mit einer hohen *Dividendenrendite* haben tendenziell eine höhere Rendite, als ihnen durch ihr Beta und das CAPM zugerechnet wird.

Mit feineren statistischen Verfahren konnte also gezeigt werden, daß die Empirie teilweise gegen das CAPM spricht — genauer gegen das Postulat, das CAPM würde die Realität beschreiben.

Unsere vorangestellten Überlegungen sollten indessen zeigen, *weshalb* bei diesen Tests die Diskussion um das zugrunde gelegte statistische Verfahren so wichtig ist. Die Überlegung macht auch plausibel, warum es 50 Jahre gedauert hat, die statistischen Verfahren so zu verbessern, daß wir heute einigermaßen zuverlässige Aussagen über die Eignung des CAPM in der Wirklichkeit treffen können. Vielleicht macht unsere Überlegung verständlich, weshalb die empirische Forschung heute noch nicht abgeschlossen ist und die Suche nach alternativen Modellen zur empirisch gehaltvollen Erklärung von Renditeerwartungen weiter geht.

---

[18] 1. EUGENE F. FAMA and KENNETH R. FRENCH: The cross-section of expected stock returns. *Journal of Finance* 47 (1992), pp. 427-465. 2. FAMA and FRENCH: Common risk factors in the returns on stocks and bonds. *Journal of Financial Economics* 33 (1993), pp. 3-56. 3. FAMA and FRENCH: Size and book-to-market factors in earnings and returns. *Journal of Finance* 50 (1995), pp. 131-155.

[19] NARASIMHAN JEGADEESH und SHERIDAN TITMAN: Returns to Buying Winners and Selling Losers: Implications for Stock Market Efficiency. *Journal of Finance* 48 (1993), pp. 65-91.

[20] 1. WERNER DEBONDT und RICHARD THALER: Does the Stock Market overreact? *Journal of Finance* 40 (1985), pp. 793-805. 2. JOSEF LAKONISHOK, ANDREI SHLEIFER und ROBERT VISHNY: Contrarian Investment, Extrapolation, and Risk. *Journal of Finance* 49 (December 1994) 5, pp.1541-1578.

📖 Sam Sand hat eine Million USD einem Fondsmanager übertragen, der sich als "Style-Investor" darstellt. Der Fondsmanager kauft bevorzugt Aktien mit einem geringen P/E, mit einem geringen M/B und einer hohen Dividendenrendite. Konkurrenten meinen, er sei nichts weiter als ein "Value-Investor" alten Stils, der noch Probleme bekommen werde, weil er "Wachstumswerte" vernachlässigt.

📖 Tim Torens hat eine Million USD einem Fondsmanager übertragen, der seinen Anlagestil als "aktiv" und "timing-orientiert" darstellt. Der Fondsmanager beobachtet, welche Aktien in den letzten 3 bis 6 Monaten gut gekommen sind, kauft sie dann (obwohl die Kurse schon gestiegen sind) und macht sich einen Terminvermerk, sie ein halbes Jahr später wieder zu verkaufen — wie auch immer sich die Kurse in diesem halben Jahr entfalten werden. Außerdem beobachtet der Fondsmanager Aktien, die in den letzten 3 Jahren "vergessen" worden und gegenüber dem Markt "zurückgeblieben" sind. Für diese Aktien wird eine Halteperiode von 3 Jahren vorprogrammiert.

Eins ist wichtig: Die sieben angeführten empirischen Widersprüchlichkeiten zum CAPM haben sämtlich diese Form der Aussage: Es können Einzelanlagen identifiziert werden, bei denen aufgrund der Renditerealisationen (in der Vergangenheit — das ist hier der Punkt) eine Renditeerwartung geschätzt wird, die von jener abweicht, die anhand des Betas unter Verwendung des CAPM prognostiziert würde.

Wer denkt, sein Risiko sei ganz exakt durch die Renditestreuung oder durch Beta erfaßt, macht mit diesen Aktien einen Fang. Gemessen an *diesem* Risiko sind sie unterbewertet. Allerdings könnte es eben sein, das der Finanzmarkt insgesamt doch *leicht anders* einstuft, was Risiko ist. Beispielsweise könnte es sein, daß Unternehmen mit einem geringen M/B ein besonderes "Distress-Risiko" aufweisen, und daß der Finanzmarkt die Übernahme dieses Distress-Risikos mit einer Prämie vergütet. Dann wären die entsprechenden Aktien eben doch *nicht unterbewertet*.

6.2.8 Was bleibt?

Einer Anlageberaterin wurde von ihrer Vermögensverwaltung die Kundengruppe "Akademiker" zugewiesen. Sie hat heute sechs Kunden zu beraten. Alle haben bereits ansehnliche Depots. Jeder Kunde meint, etwas Geld direkt anlegen zu wollen, das heißt, Aktien *einer* Unternehmung zu kaufen und dem Depot zuzufügen. Gegenstand der Beratung soll lediglich sein, *welche* Aktie zu empfehlen ist.

Die Anlageberaterin hat eine Vorauswahl getroffen und kommt zu zwei Empfehlungen: *Allianz* oder *Bayer*. Die Quants der Vermögensverwaltung haben errechnet, daß die Aktien beider Gesellschaften dasselbe Beta haben und, genau wie es das CAPM besagt, die Kurse sich am Markt so eingespielt haben, daß beide Aktien dieselbe Renditeerwartung aufweisen (wenn die Gewinnschätzungen der Analysten zugrunde gelegt werden). Die Beraterin erklärt dieses empirische Ergebnis ihren Kunden.

1. Der erste ist Ökologe und meint: "Von Modellen wie dem CAPM habe ich auch schon gehört, und es mag ja durchaus richtig sein, daß sowohl die Aktie von Allianz wie die von Bayer in dieser Modellwelt korrekt bewertet wirken. Dennoch leuchtet ein, daß mit Chemie in dieser Welt stets besondere Gefahren verbunden sind: Eine Umweltkatastrophe ist nie auszuschließen. Ungeachtet dessen, daß ich persönlich Chemiefirmen überhaupt nicht liebe, was aber nicht hierher gehört, weil ich als Geldanleger gekommen bin, wirken sich diese Gefahren zum Nachteil der Aktionäre aus. Denn die Firmen haften heute immer mehr für verursachte Schäden. Diese Risiken sind real, werden aber durch das Beta nicht erfaßt. Wenn diese Risiken mit ins Kalkül gezogen werden, dann ist die Aktie von Bayer eindeutig überbewertet. Ich kaufe die Aktie der Allianz."

2. Der zweite ist Betriebswirt und meint: "Unsere Professoren hatten das CAPM in allen Semestern immer wieder von neuem erklärt. Diese Wiederholungen sind nicht ohne Wirkung auf mich geblieben. Für mich kommt es bei der Anlage nur auf die Renditeerwartung und auf die Renditestreuung an. Beta mißt jenes Risiko, das ich zusätzlich trage, wenn ich die Aktie meinem Portfolio zufüge. Da Allianz und Bayer dasselbe Beta haben, sind sie für perfekte Substitute. Am besten ist es, zu würfeln. Ja, ein Münzwurf soll entscheiden, ob ich Allianz oder Bayer kaufe."

3. Der dritte ist Volkswirt und meint: "Wichtig ist der empirische Gehalt des CAPM. Nun belegen verschiedene Studien, daß Aktien mit einer hohen Dividendenrendite und Aktien mit einem geringen P/E eher höhere Renditen erwarten lassen, als es ihrem Beta und dem CAPM entspricht. Eine hohe Dividendenrendite und ein geringes P/E haben wir klar bei Bayer, dagegen nicht bei der Allianz. Für mich ist aber das Risiko immer nur das Beta — unser Professor hat uns das so eingebleut. Folglich ist für mich die Aktie von Bayer unterbewertet. Als Risiko trage ich das, was durch ihr Beta ausgedrückt wird. Aus dieser Sicht haben für mich Allianz und Bayer dasselbe Risiko. Als Renditeerwartung habe ich nach den empirischen Studien bei Bayer mehr als bei der Allianz. Also ist Bayer ein klarer Kauf."

4. Der vierte ist Mathematiker und meint: "Allianz und Bayer haben dasselbe Beta. Sie sind so bewertet, wie es das CAPM prognostiziert. Die Empirie jedoch besagt, daß Bayer wohl eine höhere Rendite als die Allianz haben wird. Allerdings darf man nun nicht schließen, daß Bayer im Vergleich zur Allianz eine interessantere Anlage wäre. Es kann durchaus sein, daß uns die empirischen Untersuchungen des CAPM lehren wollen, daß wir Risiko und Beta nicht gleichsetzen können. Dann wäre es so, daß der Anleger bei Bayer andere Risiken hat als bei der Allianz — und eben auch andere Renditeerwartungen, so ist unklar, welche der beiden Aktien attraktiver ist. Dazu müßte man erst studieren, welche Risiken *genau* mit Allianz und Bayer assoziiert sind, und wie im Finanzmarkt diese verschie-

denen Risiken bewertet sind. Bevor ich das nicht modelliert und untersucht habe, kann ich mich weder für die Aktie der Allianz, noch für die von Bayer entscheiden.

5. Der fünfte ist Theologe und meint: "Sie können mit den Leuten reden und hören unterschiedlichste Meinungen darüber, was nun korrekt bewertet ist und was nicht. In solchen Situationen benötigt der Mensch klare Grundprinzipien, an die er glaubt, und die ihn leiten. Ich glaube an die These der Informationseffizienz. Sie sagt, daß alle diese Modelle und Bewertungen mit ihren jeweiligen Empfehlungen bereits zu Transaktionen geführt haben, und in der Summe aller dieser modellgestützten Transaktionen sind die Kurse zustande gekommen, die wir jetzt haben. Folglich sind alle Wertpapiere korrekt bewertet, wenn als Maßstab die Summe aller dieser Bewertungsmodelle genommen wird. Sie müssen mir nicht so viel vom CAPM erzählen; ich glaube, daß beide Aktien korrekt bewertet sind. Nur sollten wir uns mit dem Kauf beeilen. Welche Aktie auch immer: Es könnten neue Nachrichten kommen, die uns überraschen. Und da ich kaufen möchte, ist es am besten, *sofort* zu kaufen."

6. Der sechste ist Medienwissenschaftler und meint: "Du mußt des Volkes Stimme hören. Wenn ich mit Bekannten spreche, höre ich nur, welche Schwierigkeiten sie haben, ihre beruflichen und geschäftlichen Dinge voran zu bringen. Das Klima verschlechtert sich zusehends. Ich habe mir daher überlegt, mein Geld auf dem Sparkonto zu parken."

Die Beraterin ist verwirrt. Sie überdenkt die erhaltenen Antworten und kommt zu dem Schluß, daß ihre Kunden unterschiedliche Entscheidungsperspektiven haben. Sie entgegnet folgendes:

1. Dem Ökologen sagt sie: Sie haben recht. Die Risiken werden von uns vor allem anhand der Renditestreuung historischer Kurse geschätzt. Es kann durchaus sein, daß eine Unternehmung im Unterschied zu einer anderen Unternehmung eine "innere Mechanik" besitzt, die irgendwann zu einer finanziellen Katastrophe führt, die sich nicht bereits vorher durch Renditeschwankungen bemerkbar gemacht hat. Technisch gesprochen, verwerfen Sie die Annahme, Kurse folgten einer geometrischen Brown'schen Bewegung. Wenn Sie denken, superiore Erwartungen bilden zu können, dann sollten Sie ihrer Meinung durchaus folgen.

2. Dem Betriebswirt sagt sie: Sie haben recht. Nichts ist nützlicher als eine gute Theorie, besonders wenn sie einfach ist und sich in einem Diagramm grafisch darstellen läßt, das allen einleuchtet. Einfache Prinzipien und Theorien haben stets das Handeln der Menschheit geleitet, und sie hat damit überlebt. Als Theoretiker darf man sich auch einmal darüber hinwegsetzen, wenn die Empiriker immer mit ihren lästigen Widersprüchlichkeiten kommen.

3. Dem Volkswirt sagt sie: Sie haben recht. Theorie in Ehren, verlangt die tägliche Arbeit der Geldanlage doch die Mühsal, sich mit den Fakten im Detail auseinanderzusetzen. Sie haben allerdings einen Januskopf: Einerseits glauben Sie noch an das CAPM, insofern als Sie daran festhalten, das Risiko sei durch Beta gegeben. Andererseits lehnen Sie das CAPM ab, weil die Empirie lehrt, daß die Renditeerwartung nicht linear von Beta abhängt.

4. Dem Mathematiker sagt sie: Sie haben recht. Wer das CAPM ablehnt, weil es mit der Empirie nicht in Einklang zu bringen ist, muß auch die Basis als ungesichert ansehen, nämlich daß das Risiko weiterhin durch Beta zu messen sei. Sie haben völlig recht zu behaupten, es sei zu wenig klar, welche Risiken sich nun genau hinter der Aktienanlage verbergen, wenn es schon nicht Beta ist. Sie haben auch recht zu fragen, welche Prämien der Markt für diese Risiken zahlt. Allerdings sind Sie zu unentschlossen, und gehen durch das Zaudern ein neues Risiko ein. Sie wollen ja eine Aktie kaufen. Wenn Sie jetzt keine Aktie kaufen, gehen Sie das Risiko ein, dies später vielleicht nur zu ungünstigeren Konditionen tun zu können.

5. Dem Theologen sagt sie: Sie haben recht. Jedes Modell, dem man vertraut, ist ein spezielles Modell. Zu viele Modelle sind schon vorgeschlagen worden. Es kommt in der Realität darauf an, welche Bewertungsrichtung sich durchsetzt. Das hängt auch davon ab, wieviel Kapital der Modellbauer verwalten darf. Am Ende spiegelt der Kurs den mittleren Konsens aller Informationen und aller Bewertungsmodelle wieder. Ihre positive Einstellung zur Informationseffizienz ist klar, und sie ermöglicht ein einfaches Leben. Sie müssen nicht mehr Daten sammeln oder sich mit einem Modell auseinander setzen. Sie profitieren davon, daß hinreichend viele andere das tun.

6. Dem Medienwissenschaftler sagt sie: Sie haben Recht. Ihre Perspektive ist die der *Self-Fulfilling-Prophecy*. Wenn so viele Menschen negativ über die Zukunft reden, werden auch andere immer nur dieses negative Bild weitergeben. Nie wird jemand dagegen sprechen. So entstehen Stimmungen. Es spielt dann überhaupt keine Rolle mehr, ob die Stimmungen den Fakten entsprechen, **weil sich die Fakten den Stimmungen anpassen**. Denn wenn jemand *bullish* ist, aber alle reden *bearish*, dann wird auch der Bulle verkaufen.

6.3 Faktor-Modelle

6.3.1 Grundlagen

Es sollte deutlich sein, daß das CAPM eine Aussage über Rendite*erwartungen* trifft,

$$\mu_k = i + (\mu_M - i) \cdot \beta_k \ .$$

Gelegentlich wurde diese Aussage so *interpretiert*: "Wenn der Markt nach oben geht, sollte man Aktien mit einem hohen Beta kaufen, wenn der Markt nach unten geht, sollte man defensive Titel, das heißt, Aktien mit einem kleinen Beta kaufen." Hinter solchen Aussagen steht das Bild, sich abzeichnende Realisationen der Marktrendite $\tilde{r}_M$ als Prädiktor für die Realisation der Einzelrendite $\tilde{r}_K$ anzusehen. Formal würde man diese Vorstellung durch

$$\tilde{r}_k = i + (\tilde{r}_M - i) \cdot \beta_k + \tilde{e}_k$$

fassen, wobei $\tilde{e}_k$ den Fehler beschreibt, der begangen wird, wenn die Einzelrendite mit Hilfe der Marktrendite prognostiziert wird. Die zweite Gleichung ist jedoch nicht das CAPM.

- Die Aussage des CAPM ist in der ersten Gleichung wiedergegeben.
- Die zweite Gleichung beschreibt ein spezielles Faktor-Modell: Es handelt sich um ein Faktor-Modell mit *einem* Faktor, bei dem dieser Faktor gleich dem *Marktportfolio* gesetzt ist.

Obwohl beide Gleichungen eine ähnliche Struktur haben, sagen sie doch Unterschiedliches aus.

> Das CAPM erklärt *Renditeerwartungen* einzelner Anlagen.
>
> Faktor-Modelle erklären die zufälligen *Renditen* einzelner Anlagen, also ganze Verteilungen — wird dann speziell der Erwartungswert genommen, ergibt sich aus ihnen auch eine Erklärung für die Renditeerwartungen.

Jedes Einfaktor-Modell setzt die zufällige Rendite $\tilde{r}_k$ für alle in die Betrachtung einbezogenen Assets $k = 1, 2, ..., n$ in Beziehung zu einem Zufallsfaktor $\tilde{F}$. Hierunter kann man sich eine noch kommende Meldung über die Konjunktur, die Kapazitätsauslastung der Industrie oder eine andere makroökonomische Variable vorstellen oder eben die Rendite des Marktes.

Ist ein solcher Faktor identifiziert worden, wird nach einer Größe gesucht, die ihn repräsentiert, und für die Zeitreihen vorliegen. Hierzu wird vielfach ein Portfolio aus gewissen Anleihen oder Aktien als repräsentativ für den Faktor angesehen.

Wenn beispielsweise der gewählte Faktor die Zinssätze widerspiegelt, könnte ein Portfolio aus Anleihen oder aus Bankaktien diesen Faktor repräsentieren. Wenn der Faktor die Inflationserwartungen wiedergibt, könnte ein Portfolio aus den Aktien von Rohstoffunternehmen als repräsentativ für diesen Faktor angesehen werden.

Die Beziehung des Einfaktor-Modells lautet

$$\tilde{r}_k = a_k + b_k \cdot \tilde{F} + \tilde{e}_k .$$

Das Modell hat die $2 \cdot n$ Parameter $a_1, a_2, ..., a_n, b_1, b_2, ..., b_n$.

Bei dem Faktor darf angenommen werden, er habe den Erwartungswert $E[\tilde{F}] = 0$. Dann liefern die Parameter $a_1, a_2, ..., a_n$ die Renditeerwartungen der Assets $k = 1, 2, ..., n$ ohne Kenntnis der Realisation des Faktors.

Die Parameter $b_1, b_2, ..., b_n$ sind die **Faktorsensitivitäten**.

Die Zufallsgrößen $\tilde{e}_1, \tilde{e}_2, ..., \tilde{e}_n$ heißen **Residuen**. Sie werden jeweils als mit dem Faktor $\tilde{F}$ unkorreliert vorausgesetzt. Das ist keine große Einschränkung, weil allenfalls eine für das Asset k im Residuum vorhandene Korrelation mit dem Faktor beseitigt werden kann, indem der Parameter b_k etwas vergrößert wird.

Gelegentlich wird das Einfaktormodell auf die Überrenditen bezogen. Es lautet dann

$$\tilde{r}_k - i = a_k + b_k \cdot (\tilde{F} - i) + \tilde{e}_k .$$

6.3.2 Varianzdekomposition

Unabhängig davon, ob mit dem Faktor-Modell die Renditen oder die Überrenditen erklärt werden, läßt sich eine *Varianzdekomposition* durchführen. Den Hintergrund dafür liefert die Annahme, daß die Residuen und der Faktor unkorreliert sind. Die **Varianzdekomposition** besagt

$$Var[\tilde{r}_k] = b_k^2 \cdot Var[\tilde{F}] + Var[\tilde{e}_k] \quad \text{für} \quad k = 1, 2, ..., n,$$

und sie wird wie folgt interpretiert:

- Links steht die Renditevarianz, die sogenannte **Variation** oder, wie auch gesagt wird, das "Risiko" der Einzelanlage k — Achtung: Hier wird nicht mehr die Renditestreuung, sondern die Varianz als "Risiko" angesprochen.
- Rechts steht mit $Var[\tilde{F}]$ das sogenannte **Faktorrisiko**, das heißt, die Variation des Faktors
- und $Var[\tilde{e}_k]$ ist das sogenannte **unspezifische Risiko** der Einzelanlage.

> Die Variation der Rendite oder Überrendite einer jeden Einzelanlage ist demnach gleich der Summe aus dem Quadrat der jeweiligen Sensitivität multipliziert mit der Variation des Faktors sowie dem unspezifischen Risiko.

Die formulierte Varianzdekomposition ist eine Grundeigenschaft der Regression; im nächsten Kapitel werden wir sie als Fundamentalgleichung der Regressionsanalysis noch näher betrachten. Es ist daraus ein Werkzeug entstanden, das im Portfoliomanagement immer mehr eingesetzt wird. Man möchte "Renditen erklären" und zieht dazu einen (oder mehrere) Faktoren heran. Wie gut diese Erklärung gelingt, wird durch die Variation der Rendite und die Variation des Faktors beschrieben. Das unspezifische Risiko heißt deshalb auch Unerklärte Variation.

6.3.3 Trackingerror

Die Zusammenhänge des Einfaktor-Modells erlauben es, den *Trackingerror* zu definieren. Ein Portfoliomanager wird aufgefordert, sich bei seinen Entscheidungen an einem Index oder an einem Portfolio zu orientieren. Dieser Index oder dieses Portfolio wird als **Benchmark** bezeichnet.

- Oftmals unterliegt der Portfoliomanager aber gewissen Restriktionen, die es verbieten, einfach das Benchmark-Portfolio dadurch zu replizieren, daß alle dort enthaltenen Instrumente gekauft und gehalten werden. Entweder ist der Portfoliomanager so eingeschränkt, daß er gewisse Restriktionen zu beachten hat. Beispielsweise könnte ein Auflage sein, nicht mehr als 5% des Vermögens in eine einzige Aktie zu investieren. Wenn aber der Benchmark mehr als 5% einer Aktie enthält, versagt die direkte Nachbildung.

- Oder dem Portfoliomanager sind weitere Freiheiten gegeben. Es könnte ihm erlaubt sein, Aktien zu kaufen, die nicht im Benchmark-Portfolio enthalten sind. Beispielsweise könnte dem Manager einer Pensionskasse in der Schweiz das Ziel gegeben sein, sich am SMI, dem Swiss Market Index zu orientieren, gleichzeitig könnte ihm erlaubt sein, in Aktien von Unternehmen nicht nur aus der Schweiz zu investieren. Schließlich könnte einem Manager auch das Timing erlaubt werden; beispielsweise könnte ihm die Vorgabe gemacht werden, daß ein Aktienportfolio wenigstens zu 60% "investiert" sein muß. Mit der Gewährung solcher Freiheiten wird oft die Hoffnung verbunden, der Manager könne den Benchmark schlagen.

Es sei unterstellt, der Faktor $\tilde{F}$ repräsentiere den Benchmark, und P bezeichne das vom Manager geführte Portfolio.

Im abgelaufenen Berichtsjahr mögen $r_{F,1}, r_{F,2}, ..., r_{F,12}$ die zwölf Monatsrenditen des Benchmark-Portfolio gewesen sein sowie $r_{P,1}, r_{P,2}, ..., r_{P,12}$ die zwölf Monatsrenditen des vom Manager geführten Portfolios; außerdem bezeichne i_{12} den auf einen Monat umgerechneten Zinssatz für die Einjahresanlage.

Sodann wird eine lineare Regression gerechnet,

$$r_{P,t} = a_P + b_P \cdot r_{F,t} + e_{P,t}.$$

Die Schätzung der Parameter a_P und b_P erlaubt verschiedene Einblicke in den Zusammenhang zwischen dem gemanagten Portfolio und dem Benchmark:

- Das Vorzeichen von a_P sagt etwas darüber aus, ob der Portfoliomanager in dem Jahr Erfolg hatte oder nicht. Diese Größe wird uns bei der Performancemessung wieder begegnen; sie heißt Jensen's Alpha.

- Die Sensitivität b_P drückt das mittlere Exposure gegenüber dem Benchmark aus. Typischerweise ist b_P positiv und es kann größer oder kleiner als 1 sein. Wenn $b_P < 1$ gilt, hatte der Manager vielleicht das Timing versucht und war über das Jahr hinweg nicht stets zu 100% investiert. Es kann aber auch durchaus der Fall vorliegen, daß der Manager zwar stets zu

6. CAPM UND FAKTOR-MODELLE

100% in irgendwelchen Aktien investiert war, nur hat es sich um Aktien gehandelt, deren Renditen nicht vollständig positiv mit der des Benchmarks korreliert sind. Der Manager hat dann die Karte des unspezifischen Risikos gespielt.

- Die Residuen $e_{P,1}, e_{P,2}, \ldots, e_{P,12}$ messen, wie stark der Manager unspezifische Risiken eingegangen war. Diese Größen drücken das unspezifische Risiko auf Monatsbasis aus.

Das $\sqrt{12}$ – fache der Streuungen der monatlichen Residuen $e_{P,1}, e_{P,2}, \ldots, e_{P,12}$ und damit die auf ein Jahr hochgerechnete Streuung der Residualgröße heißt **Trackingerror**. Der Trackingerror ist die auf das Jahr bezogene Streuung des unspezifischen Risikos.

Selbstverständlich gilt das für Monate Vorgeführte analog, wenn die Renditen des Benchmark-Portfolios und des gemanagten Portfolios für Wochen beziehungsweise für Tage vorliegt.

Auch läßt sich der Trackingerror nicht nur im nachhinein errechnen, sondern auch als ex ante Größe definieren.

6.3.4 Erzeugung der Korrelationsstruktur

Die bisherige Beschreibung des Einfaktor-Modells wird noch ergänzt um die Annahme, die Residuen $\tilde{e}_1, \tilde{e}_2, \ldots, \tilde{e}_n$ seien auch *untereinander* unkorreliert. Es soll also *nicht* möglich sein, etwa hinter $\tilde{e}_j$ und $\tilde{e}_k$ noch eine "Gemeinsamkeit" zu entdecken. Anders ausgedrückt: Zwar haben die betrachteten Assets $k = 1, 2, \ldots, n$ den einen Faktor $\tilde{F}$ aber *keinen* weiteren Faktor gemein.

Es ist mithin ein Einfaktor-Modell aufgestellt, nicht etwa weil der Forscher keine Zeit hatte, nach weiteren Faktoren zu suchen, sondern weil es in der betreffenden Situation keinen weiteren Faktor gibt.

Nur eine technische Randbemerkung: In einer *beschränkten* Welt, in der es nur eine *kleine* Anzahl von Assets gibt, muß eigentlich noch eine gewisse, wenn auch kleine Korrelation vorausgesetzt werden; wir vertiefen diesen Sachverhalt aber nicht.

Mit dieser Annahme — die Residuen $\tilde{e}_1, \tilde{e}_2, \ldots, \tilde{e}_n$ seien untereinander unkorreliert — kann die Korrelation zwischen zwei Einzelanlagen j, k bestimmt werden. Es gilt:

$$Cov[\tilde{r}_j, \tilde{r}_k] = Cov[a_j + b_j \cdot \tilde{F} + \tilde{e}_j, a_k + b_k \cdot \tilde{F} + \tilde{e}_k] = b_j \cdot b_k \cdot Var[\tilde{F}].$$

Die **Faktorsensitivitäten** $b_1, b_2, ..., b_n$ **erzeugen mithin die Korrelationsstruktur**.

In der Tat wurden Einfaktor-Modelle anfänglich dazu entworfen, die Schätzungen der Korrelationen von n Einzelanlagen zu erleichtern. Immerhin hat die Kovarianzmatrix, wenn einmal von ihrer Diagonale abgesehen wird, $n \cdot (n-1)/2$ wesentliche Einträge. Bei 40 Einzelanlagen sind das 780 und bei 200 Einzelanlagen 19.900 Korrelationskoeffizienten, wie gesagt, ohne die Diagonale. Sie alle zu schätzen ist nicht nur aufwendig, sondern mit Fehlern behaftet. Mit einem Einfaktor-Modell erzeugen bereits die n Faktorsensitivitäten $b_1, b_2, ..., b_n$ alle Kovarianzen. Realistische Studien berücksichtigen zwischen 40 und 200 Einzelanlagen. Da macht sich der Unterschied zwischen $n \cdot (n-1)/2$ und n deutlich bemerkbar.

Später wurde entdeckt, daß die Einfaktor-Modelle die Arbeit mit Daten nicht nur vereinfachen, sondern die Schätzgenauigkeit erhöhen.

6.3.5 Diversifikation

Das Faktor-Modell erlaubt auch eine Aussage über diversifizierbare Risiken. Um das Prinzip zu sehen, soll ein Portfolio aus den n Einzelanlagen gebildet werden, das (in naiver Diversifikation) den anzulegenden Betrag zu gleichen Teilen von $1/n$ auf diese Assets verteilt. Dieses Portfolio sei mit P bezeichnet. Es hat die Rendite

$$\tilde{r}_P = \frac{1}{n} \cdot \tilde{r}_1 + ... + \frac{1}{n} \cdot \tilde{r}_n = \frac{a_1 + ... + a_n}{n} + \frac{b_1 + ... + b_n}{n} \cdot F + \frac{1}{n} \cdot \tilde{e}_1 + ... + \frac{1}{n} \cdot \tilde{e}_n$$

Die Varianzdekomposition liefert:

$$Var[\tilde{r}_P] = b_P^2 \cdot Var[\tilde{F}] + \frac{1}{n} \cdot \left(\frac{Var[\tilde{e}_1] + ... + Var[\tilde{e}_n]}{n} \right)$$

wobei das arithmetische Mittel $b_P \equiv (b_1 + ... + b_n)/n$ der einzelnen Faktorsensitivitäten die Sensitivität des naiv diversifizierten Portfolios wiedergibt. Die Varianzdekomposition zeigt:

> Das spezifische Risiko des Portfolios ist $1/n$ so groß wie das durchschnittliche spezifische Risiko der Einzelanlagen.

Die Streuung des spezifischen Risikos ist daher nur $1/\sqrt{n}$ so groß. Verändert sich die Anzahl n der in ein naiv diversifiziertes Portfolio einbezogenen Instrumente, dann verändert sich auch das spezifische Risiko proportional zu $1/\sqrt{n}$.

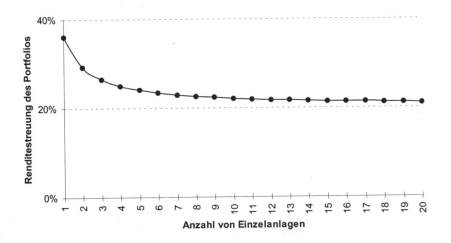

Bild 6-6: Das Einfaktor-Modell lehrt: Wird ein Portfolio mit naiver Diversifikation aus immer mehr Einzelanlagen aufgebaut, dann fällt die Renditestreuung schnell auf die Renditestreuung des Faktors herab, das sind hier 20%. Mit den gezeigten, realistischen Daten hat ein Portfolio, das nur aus einer einzelnen Aktie besteht, noch eine Renditestreuung von 36%. Bei zwei Anlagen sind es bereits nur 29%, bei drei 26% und bei vier Einzelanlagen 25%. Mit Einbezug der elften Anlage ist die Renditestreuung unter 22% gefallen. Mit der zweiundzwanzigsten Einzelanlage liegt die Streuung der Portfoliorendite unter 21%.

Der Sachverhalt ist in einer Grafik veranschaulicht, wobei realistische Zahlen gewählt werden. Der Faktor soll eine Streuung von 20% aufweisen, und die Residuen aller Assets sollen jeweils eine Streuung von 30% haben.

Ein Asset mit einer Sensitivität von 1 hätte dann wegen $\sqrt{0{,}2^2 + 0{,}3^2} = 0{,}36$ eine Renditestreuung von 36%. Weiter wird angenommen, die Faktorsensitivitäten der gebildeten Portfolios seien alle 1. Dann besitzt das aus $n = 1, 2, 3, \ldots$ Einzelanlagen gebildete Portfolio die Renditestreuung:

$$\sigma_P(n) \equiv \sqrt{Var[\tilde{r}_P]} = \sqrt{0{,}2^2 + (1/n) \cdot 0{,}3^2} \ .$$

Die Formel für die Varianz der Portfoliorendite läßt übrigens auch erkennen, wie die Diversifikation in einem Fall zu beurteilen ist, in der das spezifische Risiko einer der Einzelanlagen wesentlich größer ist als das der anderen Anlagen.

Gilt beispielsweise

$$Var[\tilde{e}_1] \gg Var[\tilde{e}_2] \approx Var[\tilde{e}_3] \approx \ldots \approx Var[\tilde{e}_n],$$

dann nimmt das spezifische Risiko des Portfolios sogar proportional etwa mit $1/n$ ab.

6.3.6 Multifaktor-Modelle

In der Finanzmarktforschung wird zunächst versucht, mit einem Einfaktor-Modell auszukommen. Das bedeutet: Es wird ein Universum von n Einzelanlagen betrachtet, und für diese Instrumente sollen für eine gewisse Vergangenheit die historischen Renditen gegeben sein. Außerdem soll klar sein, mit welchem Faktor der empirische Rechenversuch starten soll. Die Werte dieses Faktors mögen ebenso gegeben sein.

Sodann wird das Einfaktor-Modell probeweise in Form von Regressionen gerechnet. Für jede Einzelanlage $k = 1, 2, \ldots, n$ erhält man eine Regressionsgerade, das heißt, die Schätzwerte für die Parameter a_k und b_k.

Anschließend werden die verbleibenden Residuen für die Anlagen $k = 1, 2, \ldots, n$ daraufhin untersucht, ob sie noch untereinander korreliert sind. Erweisen sie sich als unkorreliert, ist das Einfaktor-Modell spezifiziert.

Gibt es aber noch Korrelationen zwischen Paaren j, k von Einzelanlagen, dann bestehen zwei Möglichkeiten:

1. Der bisher gewählte Faktor war nicht besonders kraftvoll und es ist vielleicht möglich, ihn durch *einen* anderen Faktor zu ersetzen, insgesamt aber bei einem Einfaktor-Modell zu bleiben.

2. Jener Faktor, der hinter der noch zu verzeichnenden Korrelation zwischen den Residuen steht, oder ein damit korrelierter Faktor, sollte als zweiter Faktor in das Modell einbezogen werden. Insgesamt wird ein Multifaktor-

Modell gebildet, um letztlich zu unkorrelierten Residuen gelangen zu können.[21]

Wenn nicht nur ein Faktor sondern mehrere Faktoren betrachtet werden, entstehen Multifaktor-Modelle.

Die Faktoren sollen mit $\tilde{F}, \tilde{G}, \tilde{H},...$ bezeichnet werden. Die Gleichung des Multifaktor-Modells lautet:

$$\tilde{r}_k = a_k + b_{k,F} \cdot \tilde{F} + b_{k,G} \cdot \tilde{G} + b_{k,H} \cdot \tilde{H} + ... + \tilde{e}_k .$$

So werden die Einzelrenditen $\tilde{r}_k$ der Assets $k = 1, 2, ..., n$ erklärt. Als Alternative wird gelegentlich eine Formulierung gewählt, bei der die Überrenditen erklärt werden sollen. Die Gleichung des Multifaktor-Modells lautet in diesem Fall

$$\tilde{r}_k - i = a_k + b_{k,F} \cdot (\tilde{F} - i) + b_{k,G} \cdot (\tilde{G} - i) + b_{k,H} \cdot (\tilde{H} - i) + ... + \tilde{e}_k .$$

In beiden Formulierungen hat das Modell die Parameter

$$a_1, b_{1,F}, b_{1,G}, b_{1,H}, ..., a_2, b_{2,F}, b_{2,G}, b_{2,H}, ..., a_n, b_{n,F}, b_{n,G}, b_{n,H}, ...$$

Wenn es also m Faktoren und n Anlageinstrumente gibt, deren Renditen durch das Modell erklärt werden sollen, dann kommt man auf $(m+1) \cdot n$ Parameter.

Bei einem Multifaktor-Modell sollen die Faktoren und die Residuen unkorreliert sein. Die Zufallsgrößen $\tilde{e}_1, \tilde{e}_2, ..., \tilde{e}_n$ werden jeweils als mit allen Faktoren $\tilde{F}, \tilde{G}, \tilde{H}, ...$ unkorreliert vorausgesetzt. Diese Voraussetzung überrascht nicht weiter, weil sie im Prinzip vom Einfaktor-Modell bekannt ist.

Bei einem Multifaktor-Modell wird aber zusätzlich verlangt, daß die **Faktoren untereinander nicht korreliert** sind. Dann ist wieder eine Varianzdekomposition möglich:

---

[21] In der Tat startet die Faktorenanalyse mit einer Untersuchung der Kovarianzstruktur und gelangt zur Identifikation jener Faktoren, die sie am besten erklären. Vergleiche RICHARD ROLL und STEPHEN A. ROSS: An Empirical Investigation of the Arbitrage Pricing Theory. *Journal of Finance* 35 (1980), pp. 1073-1103.

$$Var[\tilde{r}_k] =$$
$$= b_{k,F}^2 \cdot Var[\tilde{F}] + b_{k,G}^2 \cdot Var[\tilde{G}] + b_{k,H}^2 \cdot Var[\tilde{H}] + \dots$$
$$+ Var[\tilde{e}_k]$$

Die Variation der Rendite der betrachteten Einzelanlage ergibt sich, wenn die Variationen der Faktoren mit den Quadraten der Sensitivitäten multipliziert und addiert werden. Hinzu kommt die Unerklärte Variation, das unspezifische Risiko.

Die Varianzdekomposition hat höchst interessante Anwendungen gefunden.

Beispielsweise könnte man als Faktor F den Index des nationalen Marktes wählen, für G einen Branchenindex, und für H eine Währungsparität. Dann kann durch eine dem Modell entsprechende lineare Regression (mit mehreren Faktoren) herausgefunden werden, wie für eine konkrete Aktie, zum Beispiel die der UBS, sich das "Risiko"

$$Var[\tilde{r}_{UBS}]$$

darstellen läßt als Summe

1. eines "Marktrisikos" $b_{UBS,F}^2 \cdot Var[\tilde{F}]$,

2. eines "Branchenrisikos" $b_{UBS,G}^2 \cdot Var[\tilde{G}]$,

3. eines "Währungsrisikos" $b_{UBS,H}^2 \cdot Var[\tilde{H}]$ und

4. eines unternehmensspezifischen Risikos $Var[\tilde{e}_{UBS}]$.

Wie gesagt, sind die Faktoren eventuell so zu modifizieren, daß sie keine Korrelationen untereinander mehr zeigen, und es darf auch keinen weiteren Faktor geben, der möglicherweise hinter den Residuen und den Faktoren steht.

Die Kovarianzstruktur wird durch

$$Cov[\tilde{r}_j, \tilde{r}_k] = \sum_{X=F,G,H,\dots} \sum_{Y=F,G,H,\dots} b_{j,X} \cdot b_{k,Y} \cdot Cov[\tilde{X}, \tilde{Y}]$$

erzeugt. Gibt es beispielsweise nur zwei Faktoren, F und G, dann lautet diese Formel

$$\begin{aligned}
Cov[\tilde{r}_j, \tilde{r}_k] &= b_{j,F} \cdot b_{k,F} \cdot Var[\tilde{F}] + \\
&+ \left(b_{j,F} \cdot b_{k,G} + b_{j,G} \cdot b_{k,F}\right) \cdot Cov[\tilde{F}, \tilde{G}] + \\
&+ b_{j,G} \cdot b_{j,G} \cdot Var[\tilde{G}]
\end{aligned}$$

Es wurde untersucht, welche Faktoren am besten die Kovarianzen der Einzelrenditen erklären. Für den amerikanischen Aktienmarkt erwiesen sich diese Faktoren als besonders aussagekräftig:

1. Änderungen der monatlichen Wachstumsraten des Bruttosozialprodukts — offensichtlich weil diese wiederum die Erwartungen der Investoren hinsichtlich der zukünftigen Industrieproduktion und der zukünftigen Unternehmensgewinne beeinflussen.

2. Änderungen der Risikoprämie im Hinblick auf Schuldner verschiedener Bonität, das heißt, der Renditedifferenz zwischen Bonds (ähnlicher Laufzeit) die mit AAA beziehungsweise Baa geratet sind — denn wenn diese Risikoprämie zunimmt, befürchten die Investoren eine Zunahme der Konkurse und sehen die Zukunft düsterer.

3. Änderungen im Unterschied zwischen den Zinssätzen am Kapital- und am Geldmarkt, das heißt, die mittlere Steilheit der Zinsstrukturkurve — denn wird diese steiler, wird ein Anziehen der Zinssätze in der Zukunft als wahrscheinlicher angesehen.

4. Unerwartete Änderungen der Inflationsrate, sei es nach oben oder nach unten — durch unerwartete Änderungen der Inflation werden die meisten Finanzkontrakte ebenso wie Realinvestitionen und deren Werte stark beeinflußt.

5. Änderungen der erwarteten Inflation, die sich nach dem Fisher-Effekt sofort in entsprechenden Änderungen des Einjahreszinssatzes niederschlagen — denn sie beeinflussen die Wirtschaftspolitik und das Konsumentenvertrauen.

Es ist daher zu vermuten, daß diese **makroökonomischen Faktoren** auch geeignet sind, Renditen zu prognostizieren.

Die Literatur zu Mehrfaktor-Modellen ist inzwischen überwältigend.[22] Die Vielfalt der publizierten Arbeiten unterstreicht die Leistungsfähigkeit der Erklärungskraft.

📖 Samaswanyi Sen hatte mit seinem Team für einen amerikanischen Fondsmanager ein Computerprogramm geschrieben. Das Programm bezog von einem Anbieter von Finanzinformationen verschiedene makroökonomische Daten in Echtzeit. Diese Daten gingen sofort in ein Multifaktor-Modell ein. Wenn sich die prognostizierten Renditeerwartungen änderte, leitete das Programm ohne weitere Entscheidung eines Menschen Kaufaufträge oder Verkaufaufträge in ein elektronisches Handelssystem. Die beim Fondsmanager arbeitenden Menschen waren oft selbst überrascht, wenn das Programm Transaktionen auslöste.

6.3.7 Wie die Faktoren wählen?

Multifaktor-Modelle sind ein Werkzeug universeller Einsatzbreite. Sie tauchen im Portfoliomanagement an verschiedenen Stellen auf und die gewählten Faktoren variieren erheblich mit der jeweiligen Anwendung. Aus diesem Grunde sind einige Bemerkungen zur Art der Faktoren angebracht.

1. Multifaktor-Modelle, die dazu dienen, das CAPM empirisch zu untersuchen, betrachten als Faktoren in der Regel solche Indizes, bei denen vermutet wird, daß sei einen Einfluß auf die Aktienrendite haben könnten. Dazu gehören die Größe der Unternehmung, das Verhältnis M/B zwischen dem Markwert und dem Buchwert des Eigenkapitals der betreffenden Unternehmung, das P/E, die Dividendenrendite und andere Kennzahlen. Im Ergebnis liefern diese Faktor-Modelle Hinweise für die Selektion von Aktien und den Investmentstil.

2. Multifaktor-Modelle, die dazu dienen, Signale für den Kauf und ein Frühwarnsystem für den Verkauf von Finanzinstrumenten zu liefern: Hierzu scheinen makroökonomische Faktoren besonders geeignet zu sein; sie können im Rahmen des volkswirtschaftlichen Research erfaßt werden und ihre Änderungen werden durch die veröffentlichten Statistiken, etwa

---

[22] Literatur: 1. NAI-FU CHEN, RICHARD ROLL und STEPHEN A. ROSS: Economic Forces and the Stock Market. *Journal of Business* 59 (July 1986), pp. 383-403. 2. K. C. CHAN, NAI-FU CHEN und DAVID HSIEH: An Exploratory Investigation on the Firm Size Effect, *Journal of Financial Economics* 14 (September 1985), pp. 451-471. 3. STAN BECKERS, PAUL CUMMINS und CHRIS WOODS: The Estimation of Multiple Factor Models and their Applications: The Swiss Equity Market. Finanzmarkt und Portfolio Management 7 (1993) 1, pp. 24-45. 4. RETO R. GALLATI: *Multifaktor-Modell für den Schweizer Aktienmarkt*. Bank- und finanzwirtschaftliche Forschungen 181, Verlag Haupt, Bern 1994. 5. MARK GRINBLATT und SHERIDAN TITMAN: Financial Markets and Corporate Strategy, Irwin/McGraw-Hill, Boston, Massachusetts, 1998, pp. 202-205. 6. OTTO L. ADELBERGER und GERD LOCKERT: An Investigation into the Number of Factors Generating German Stock Returns, in: WOLFGANG BÜHLER, HERBERT HAX und REINHART SCHMIDT (eds.): *Empirical Reserach on the German Capital Market*, Physica-Verlag 1999, pp. 151-170.

zur Lage am Arbeitsmarkt oder zu Änderungen des Konsumentenpreisindexes bekannt. Wirksame makroökonomische Faktoren wurden gerade zuvor genannt: Änderungen der Wachstumsraten des Bruttosozialprodukts, Änderungen der Risikoprämie für Anleihen geringerer Bonität, die Steigung der Zinskurve, unerwartete Änderungen der Inflation und Inflations- beziehungsweise Zinsänderungen, die wirtschaftspolitische Maßnahmen nach sich ziehen.

3. Einige Investoren, insbesondere institutionelle Investoren, möchten das Exposure und die Sensitivität ihres Portfolios im Hinblick auf verschiedene "Risikofaktoren" ermitteln. Risikofaktoren, die für einen solchen Investor Bedeutung haben können, sind zum Beispiel die Währungsparität (wenn der Investor Verpflichtungen in der Referenzwährung zu befriedigen hat) oder die Inflation (wenn der institutionelle Investor Ansprüche zu erfüllen hat, die sich eher an der Kaufkraft als an der nominellen Höhe eines Geldbetrags orientieren). Der Investor wird dann in einem Multifaktor-Modell die Faktoren so wählen, daß sie die für ihn relevanten Risikofaktoren repräsentieren. Die Faktorsensitivitäten liefern dann wichtige Informationen über das eingegangene Exposure.

4. Wissenschaftliche Forschungen gehen oft der Frage nach, welchen Einfluß die Branche oder das Land auf die Rendite von Aktien hat. Hierzu werden in einem Mehrfaktor-Modell die Faktoren so gewählt, daß der gewünschte Untersuchungsgegenstand behandelt werden kann.

Entsprechend vielfältig sind die Ergebnisse, die mit Multifaktor-Modellen erzielt werden können.[23] Leserinnen und Leser sollten sich infolgedessen nicht auf die Frage konzentrieren, ob "Mehrfaktor-Modelle dem CAPM den Rang abgelaufen" haben. Der Punkt ist ein anderer: Mehrfaktor-Modelle eröffnen ein unüberschaubares Reich empirischer Arbeitsmöglichkeiten. Sei es, daß neue Erkenntnisse zur Bedeutung von Unternehmenskennzahlen gesucht werden, sei es, daß frühe Signale auf ihre Eignung für das Trading überprüft werden sollen. Das sich öffnende Reich fordert die Kreativität des ökonomischen Geistes, verlangt aber auch den Fleiß und die Mühe, die mit empirischer Arbeit verbunden ist. Wie schön wäre es, wenn aktives Portfoliomanagement das kunstvoll-willkürliche Kaufen oder Verkaufen einzelner Aktien geblieben wäre, so wie es früher war. Die Zeiten haben sich durch das Werkzeug der Multifaktor-Modelle geändert.

---

[23] 1. GREGORY CONNOR: The Three Types of Factor Models: A Comparison of Their Explanatory Power. *Financial Analysts Journal* (May-June 1995), pp. 42-46. 2. KLAUS RIPPER und THEO KEMPF: Bedeutung der Risikofaktoren am deutschen Aktienmarkt. *Die Bank* 12 (Dezember 1998), pp. 754-758.

6.3.8 Tracking

Im Portfoliomanagement ist oft ein gewisses Portfolio als Ziel oder Benchmark gegeben. In der Regel handelt es sich um einen Marktindex, der aus zahlreichen Instrumenten besteht, weshalb wir die Bezeichnung I (wie Index) wählen.

Wir hatten bereits den Trackingerror *definiert*. Hat der Manager das Portfolio in einer gewissen Weise geführt, dann läßt sich rechnerisch zeigen, wie gut er es geschafft hat, sich am Index zu orientieren und dabei sogar vielleicht eine kleine Überrendite erzielt hat, in dem er auf die Karte unspezifischer Risiken gesetzt hat.

Insoweit war nicht verlangt worden, den Index möglichst gut zu replizieren. In vielen Situationen wird dem Manager jedoch die Aufgabe gestellt, aus deutlich weniger Instrumenten, eventuell durch eine Modifikation ihrer Gewichtung, ein Portfolio P zu erzeugen, welches die Wertentwicklung oder Rendite des Zielportfolios I — wie sie auch immer in ihrer Zufälligkeit verlaufen möge — möglichst gut nachbildet. Diese Aufgabe heißt **Tracking**. Sie soll nun behandelt werden.

Das mit P bezeichnete Portfolio ist nun das Tracking-Portfolio.

Das Tracking wird wie folgt gelöst.

1. Es wird ein Multifaktor-Modell aufgestellt (wir notieren hier den Ansatz für zwei Faktoren F und G).

2. Das als Ziel oder Benchmark vorgegebene Portfolio sei I, und $\tilde{r}_I$ sei die Rendite. Der Index kann sich beispielsweise aus 500 Aktien zusammensetzen (die wir hier nicht näher kennen müssen) oder auf ganz andere Weise definiert sein.

3. Mit Hilfe einer multiplen Regression werden aus den Zeitreihen der beiden Faktoren und aus der Zeitreihe des Indexes die Koeffizienten $a_I, b_{I,F}, b_{I,G}$ des Multifaktor-Modells $\tilde{r}_I = a_I + b_{I,F} \cdot \tilde{F} + b_{I,G} \cdot \tilde{G} + \tilde{e}_I$ geschätzt. Die gefundenen Schätzwerte seien $\hat{a}_I, \hat{b}_{I,F}, \hat{b}_{I,G}$.

4. Es wird festgelegt, welche Einzelanlagen aus dem Universum aller im Prinzip möglichen Instrumente für das Tracking-Portfolio verwendet werden können oder erlaubt sind; sie seien mit $k = 1, 2, ..., n$ bezeichnet. Sodann werden für jede dieser Einzelanlagen $k = 1, 2, ..., n$ die Koeffizienten $a_k, b_{k,F}, b_{k,G}$ in der Gleichung $\tilde{r}_k = a_k + b_{k,F} \cdot \tilde{F} + b_{k,G} \cdot \tilde{G} + \tilde{e}_k$ geschätzt. Die gefundenen Schätzwerte seien $\hat{a}_k, \hat{b}_{k,F}, \hat{b}_{k,G}$. Hierzu dienen wieder multiple Regressionen der Zeitreihen.

5. Das Tracking-Portfolio P kombiniere die gewählten Instrumente $k = 1, 2, ..., n$ mit den Gewichten $x_1, x_2, ..., x_n$. Die Gewichte sind gesucht. Nach den zuvor hergeleiteten Beziehungen hat das Tracking-Portfolio P

6. CAPM UND FAKTOR-MODELLE

bezüglich der (zwei hier betrachteten) Faktoren F und G die Sensitivitäten $b_{P,F} = x_1 \cdot \hat{b}_{1,F} + ... + x_n \cdot \hat{b}_{n,F}$ und $b_{P,G} = x_1 \cdot \hat{b}_{1,G} + ... + x_n \cdot \hat{b}_{n,G}$.

6. Nun werden die Gewichte $x_1, x_2, ..., x_n$ so bestimmt, daß die ihnen entsprechenden Sensitivitäten des Tracking-Portfolios möglichst genau mit den Sensitivitäten des Indexes übereinstimmen, $b_{P,F} \approx b_{I,F}$ und $b_{P,G} \approx b_{I,G}$.

Für den in Punkt 6 genannten Schritt muß ein lineares Gleichungssystem gelöst werden. Es lautet:

$$\hat{b}_{1,F} \cdot x_1 + \hat{b}_{2,F} \cdot x_2 + ... + \hat{b}_{n,F} \cdot x_n = \hat{b}_{I,F},$$

$$\hat{b}_{1,G} \cdot x_1 + \hat{b}_{2,G} \cdot x_2 + ... + \hat{b}_{n,G} \cdot x_n = \hat{b}_{I,G}.$$

Dieses System hat so viele Gleichungen, wie es Faktoren gibt; hier sind es zwei Faktoren. Die Anzahl der Variablen ist gleich der Anzahl jener Instrumente, die für das Tracking ausgewählt worden sind.

Wenn n größer ist als die Anzahl der gewählten Faktoren, was in der Praxis stets der Fall sein dürfte, ist das Gleichungssystem *unterbestimmt*. In diesem Fall muß *eine* Lösung bestimmt werden, und dabei können auch noch Nebenziele verfolgt werden.

- Ein Nebenziel ist natürlich die Bedingung $x_1 + x_2 + ... + x_n = 1$.

- Es kann auch versucht werden, die Renditeerwartung des Tracking-Portfolios zu maximieren (auch wenn bei Arbitragefreiheit diese Zielsetzung keinen Erfolg verspricht).

- Ebenso kann eine Bedingung lauten, unter den möglichen Lösungen jene zu wählen, die von den für das Tracking erlaubten Einzelanlagen möglichst *gleichmäßig* Gebrauch macht oder bei der nicht zu stark auf einzelne Instrumente gesetzt wird.

Eben weil das System unterbestimmt ist, gibt es noch Freiheiten.

Wenn dagegen das Modell mehr Faktoren hat, als Einzelanlagen zur Verfügung stehen, ist das Gleichungssystem schnell *überbestimmt*. Dann wird eine Lösung $x_1, x_2, ..., x_n$ bestimmt, für welche die Faktorsensitivitäten des Portfolios möglichst genau mit denen des Benchmarks übereinstimmen. Hier greift die Mathematik der verallgemeinerten Inversen.[24]

Selbstverständlich wird es stets kleine Renditeunterschiede zwischen der Benchmark-Rendite $\tilde{r}_I$ und der Rendite des Tracking-Portfolios $\tilde{r}_P$ geben. Selbst wenn die Faktorsensitivitäten des Tracking-Portfolios genau die des Benchmark-Portfolios erreichen, bleibt das jeweilige, spezifische Risiko beider Portfolios. Das Tracking führt aber auf ein Portfolio, welches die durch die verwendeten Faktoren festgelegten "Risikocharakteristika" des Zielportfolios genau wiederspiegelt.

📖 Tobias Toller arbeitet für die Luxemburger Niederlassung einer Bank. Seine Aufgabe ist es, einen neuen Branchenfonds "Pharma Europa" zu konzipieren. Zuerst hat er die Faktorsensitivitäten der größten amerikanischen und japanischen Pharmaunternehmen berechnet. Grundlage ist ein Multifaktor-Modell, das ein Anbieter von Finanzsoftware pflegt. Dann hat er sich eine Liste der europäischen Unternehmen besorgt und für jede die Faktorsensitivitäten ermittelt. Nun bestimmt er die Gewichte in seinem Portfolio so, daß die amerikanischen und japanischen Faktorsensitivitäten möglichst gut durch das Portfolio europäischer Unternehmen approximiert werden. Zu seinem Erstaunen muß Tobias ein französisches Unternehmen aus dem Bereich Chemie/Biotechnik recht hoch gewichten, während ein britisches Pharmaunternehmen mit vergleichsweise geringem Gewicht im neuen Branchenfonds vertreten sein wird.

📖 Veronika von Versteif verwaltet das Vermögen ihrer Familie. Dem Fondsmanager teilt sie mit, die Familie denke in Euro und in Aktien aus Deutschland, wünsche aber kein passives Nachführen des Indexes (DAX). Der Portfoliomanager diskutiert mit Frau von Versteif drei wichtige makroökonomische Faktoren — Industrieproduktion in Deutschland, Währungsparität zwischen Euro und Dollar, Euro-Zinsniveau — und verspricht ein Portfolio aus überwiegend deutschen Aktien zu bilden, das dieselben Sensitivitäten bezüglich dieser drei Faktoren aufweist wie der DAX. Das läßt ihm noch einen erheblichen Freiraum für eine aktive Wahl des Portfolios. Sogar einige Aktien aus Asia Pacific können einbezogen werden.

📖 Urs Unselm ist Direktor einer Pensionskasse in Bern. Ein Teil des Vermögens soll in Aktien angelegt werden. Dem Fondsmanager teilt er mit, daß Inflation und Zinsänderungen für die Pensionskasse besondere "Risiken" seien, während alle anderen Aufs und Abs an der Börse "durch die Zeit geheilt würden." Das Gesetz verlange, nur Aktien von Unternehmen mit einem Sitz in der Schweiz zu kaufen. Der Fondsmanager arbeitet mit einem Multifaktor-Modell, das fünf Faktoren berücksichtigt. Zwei der betrachteten Faktoren spiegeln die Inflation beziehungsweise das Zinsniveau wieder. Das Portfolio wird so bestimmt, daß die Sensitivitäten bezüglich jener beiden "Risikofaktoren" minimiert werden, die besonders nachteilig für die Pensionskasse sind. Daß ein beträchtliches Exposure hinsichtlich der anderen Risikofaktoren bleibt, ist für Direktor Unselm weniger wichtig.

---

[24] 1. GILBERT STRANG: Linear Algebra and its Applications. Academic Press, New York 1980. 2. KLAUS SPREMANN und GÜNTER BAMBERG: Repräsentative Informationen in linearen Systemen. *OR Spektrum* (1984) 6, pp. 23-37.

6.3.9 APT

Vom Multifaktor-Modell ist es nur ein kleiner Schritt bis zur Arbitrage Pricing Theory (APT). Dieser Schritt wurde zuerst 1976 von ROSS vorgeführt:[25]

Wir betrachten einen wirklichen Finanzmarkt; n sei die Anzahl der dort gehandelten Instrumente. Diese Anzahl sei groß. Ferner nehmen wir an, den Finanzmarkt und die dort gehandelten Instrumente $k = 1, 2, ..., n$ durch Multifaktor-Modell mit m Faktoren $\tilde{F}_1, \tilde{F}_2, ..., \tilde{F}_m$ beschreiben zu können:

$$\tilde{r}_k = a_k + b_{k,1} \cdot \tilde{F}_1 + b_{k,2} \cdot \tilde{F}_2 + ... + b_{k,m} \cdot \tilde{F}_m + ... + \tilde{e}_k \ .$$

Das soll bedeuten: Bezüglich dieses Modells sind die auftretenden Residuen bereits unkorreliert, es muß demzufolge nicht noch ein weiterer Faktor $\tilde{F}_{m+1}$ gesucht und eingeführt werden, um die Unkorreliertheit der spezifischen Risiken untereinander zu erreichen.

Zur Vereinfachung der Notation sollen die Faktoren $\tilde{F}_1, \tilde{F}_2, ..., \tilde{F}_m$ sämtlich den Erwartungswert 0 besitzen. Dann wissen wir $E[\tilde{r}_k] = a_k$, für alle $k = 1, 2, ..., n$.

Die APT besagt:

Wenn der betrachtete Finanzmarkt keine Arbitrage mehr erlaubt, dann gibt es positive Zahlen $p_1, p_2, ..., p_m$, die beschreiben — genau wie es Prämien tun — welche Renditeerwartung mit einem Exposure gegenüber den Faktoren $\tilde{F}_1, \tilde{F}_2, ..., \tilde{F}_m$ verbunden ist.

Für *alle* Einzelanlagen $k = 1, 2, ..., n$ muß daher gelten:

$$a_k = p_1 \cdot b_{k,1} + p_2 \cdot b_{k,2} + ... + p_m \cdot b_{k,m} \ .$$

Die APT postuliert mithin die Existenz klar definierter **Risikoprämien** für die Faktoren des Multifaktor-Modells.

---

[25] 1. STEPHEN A. ROSS: The Arbitrage Theory of Capital Asset Pricing. *Journal of Economic Theory* 13 (1976), pp. 341-360. 2. STEPHEN A. ROSS: A Simple Approach to the Valuation of Risky Streams. *Journal of Business* 51 (1978) 3, pp. 453-475. 3. RICHARD ROLL und STEPHEN A. ROSS: An Empirical Investigation of the Arbitrage Pricing Theory. *Journal of Finance* 35 (1980) 5, pp. 1073-1103.

> Diese Risikoprämien sollten folglich der Höhe nach empirisch bestimmt werden können. Jedes in dem Markt gehandelte Instrument muß dann eine Renditeerwartung besitzen, die sich genau als Summe zusammensetzt. Summiert werden die Exposures (Faktorsensitivitäten) bezüglich der Risikofaktoren $\tilde{F}_1, \tilde{F}_2, ..., \tilde{F}_m$, multipliziert mit den Risikoprämien $p_1, p_2, ..., p_m$.

Der Beweis der APT vollzieht sich in zwei Schritten.

Im ersten Schritt wird davon ausgegangen, daß die spezifischen Renditen $\tilde{e}_1, \tilde{e}_2, ..., \tilde{e}_n$ der betrachteten Instrumente nicht mehr relevant sind. Sie werden durch Diversifikation im gebildeten Portfolio praktisch nicht mehr auftauchen — vorausgesetzt, daß n eine hinreichend große Anzahl von Instrumenten ist.

Im zweiten Schritte des Beweises der APT wird von einem Satz der Funktionalanalysis Gebrauch gemacht. Es wird ein Investor betrachtet, der die n Einzelanlagen mit den Gewichten $x_1, x_2, ..., x_n$ zu seinem Portfolio P kombiniert. Die erwartete Rendite dieses Portfolios ist durch

$$a_P(x_1, x_2, ..., x_n) \equiv x_1 \cdot a_1 + x_2 \cdot a_2 + ... + x_n \cdot a_n$$

gegeben. Aufgrund der Diversifikation der spezifischen Risiken ist das Portfolio P nur noch jenen Risiken ausgesetzt, die mit den Faktoren $\tilde{F}_1, \tilde{F}_2, ..., \tilde{F}_m$ verbunden sind. Sein Exposure gegenüber dem Faktor $\tilde{F}_l$, $l = 1, 2, ..., m$ beträgt

$$b_{P,l}(x_1, x_2, ..., x_n) \equiv x_1 \cdot b_{1,l} + x_2 \cdot b_{2,l} + ... + x_n \cdot b_{n,l} .$$

Der Investor wird nun prüfen, ob er sein Portfolio nicht *umstrukturieren* kann, so daß nach Umstrukturierung die Renditeerwartung gestiegen ist, ohne daß sich bezüglich irgendeiner der Faktoren $\tilde{F}_1, \tilde{F}_2, ..., \tilde{F}_m$ das Exposure erhöht hätte.

Eine Umstrukturierung mit dieser Eigenschaft wird als **Arbitrage** bezeichnet.

Jede **Umstrukturierung** ist durch Zahlen $z_1, z_2, ..., z_n$ gegeben, die zum Teil positiv, zum Teil negativ sein werden. Die Zahl z_k gibt an, sofern sie positiv ist, in welchem auf das Anfangsvermögen bezogenen Teil die Einzelanlage k bei der Umstrukturierung hinzu gekauft werden soll — beziehungsweise, falls sie negativ ist, in welchem relativen Umfang die Einzelanlage verkauft werden soll. Nach einer solchen Umstrukturierung umfaßt das **revidierte Portfolio** die n Einzelanlagen in den Anteilen $x_1 + z_1, x_2 + z_2, ..., x_n + z_n$.

Die Suche nach Arbitrage ist demnach die Suche nach einer Umstrukturierung $z_1, z_2, ..., z_n$ mit dieser doppelten Eigenschaft:

$$a_P(x_1, x_2, ..., x_n) < a_P(x_1 + z_1, x_2 + z_2, ..., x_n + z_n) \text{ und}$$

$$b_{P,l}(x_1, x_2, ..., x_n) \geq b_{P,l}(x_1 + z_1, x_2 + z_2, ..., x_n + z_n) \text{ für alle } l = 1, 2, ..., m.$$

Nun läßt sich mit einem Satz der Funktionalanalysis, dem Minkowski-Farkas-Lemma,[26] folgendes beweisen:

- Entweder gibt es noch tatsächlich Arbitrage,
- oder aber es gibt nicht-negative Zahlen $p_1, p_2, ..., p_m$, die zudem nicht alle gleich Null sind, so daß $a_k = p_1 \cdot b_{k,1} + p_2 \cdot b_{k,2} + ... + p_m \cdot b_{k,m}$ für alle Einzelanlagen $k = 1, 2, ..., n$ gilt.

Die Aussage also lautet: Entweder gibt es noch wenigstens eine Möglichkeit zur Arbitrage (durch Umstrukturierung des Portfolios) oder es existieren die benannten Prämien. Die Prämien besagen, daß bei jeder Einzelanlage die Renditeerwartung genau gleich der Summe der mit den Prämien multiplizierten Faktorsensitivitäten ist. Es gibt keine dritte Möglichkeit.

6.4 Thema: Branchenmodelle

Zu den gängigsten Faktor-Modellen gehören Branchenmodelle. Empirische Studien lassen erkennen, daß bei Aktien die jeweilige *Branche* und das Branchengeschehen eine hohe Erklärungskraft besitzen.[27]

---

[26] Näheres etwa in: 1. AKIRA TAKAYAMA: *Mathematical Economics*. Dryden Press, Hinsdale, Illinois 1974, p. 42. 2. HUKUKANE NIKAIDO: *Convex Structures and Economic Theory*. Academic Press, New York, 1968, p. 38.

[27] Ansätze zu derartigen Untersuchungen gehen zurück auf RICHARD ROLL: Industrial Structure and the Comparative Behavior of International Stock Market Indices. *Journal of Finance* XLVII (1992) Nr. 1, pp.3-41. Die Philosophie wurde zuvor erklärt in RICHARD GRINOLD, ANDREW RUDD und DAN STEFEK: Global factors: Fact or fiction? *Journal of Portfolio Management* (Fall 1989), pp.79-88. Eine empirische Ausarbeitung bieten: MARTIN DRUMMEN und HEINZ ZIMMERMANN: The Structure of European Stock Returns. *Financial Analysts Journal* (July/August 1992), pp. 15-26.

Variationen des Branchengeschehens schlagen besonders deutlich auf den Absatz einer einzelnen Unternehmung dieser Branche durch und damit auf ihren Gewinn.

📖 Der Kurs etwa von Novartis variiert nicht so sehr mit dem Kurs anderer Großunternehmen, er variiert auch nicht so sehr mit den Kursen anderer Gesellschaften mit Sitz in der Schweiz, er variiert auch nicht so stark mit der Konjunktur in Europa. Am deutlichsten variiert er mit dem Kurs anderer Unternehmen aus der Branche Pharma, Biotechnologie und Lifescience, seien sie aus der Schweiz oder aus einem anderen Land.

6.4.1 Anwendung der APT

Der für Chemie, Pharma und Biotechnologie zuständige Finanzanalyst einer Investmentbank hat die Analystenpräsentation der Unternehmung *Zeta* AG besucht, eine nationale Pharma-Unternehmung mittlerer Größe. Allgemein teilen die anwesenden Analysten von verschiedenen Banken die Überzeugung, die Aktie sei unterbewertet und habe "Potential". Die Frage lautet, wie hoch das "Kursziel" beziffert werden soll.

Unser Finanzanalyst möchte ein Multifaktor-Modell anwenden. Hierzu müssen einerseits die n zu berücksichtigenden Aktien gewählt werden, andererseits die Faktoren $\tilde{F}_1, \tilde{F}_2, ..., \tilde{F}_m$.

Ein Mitglied im Team meint: "Hierzu müssen wir überlegen, ob die Aktie der *Zeta* AG eher vor dem Hintergrund der Börse allgemein und des makroökonomischen Umfelds unterbewertet erscheint, oder nur im Branchenvergleich. Die Erörterung dieses Punktes führt zur Vorentscheidung, die *Zeta* AG eher im Branchenvergleich beurteilen zu wollen. Die Wahl der n Einzelaktien fällt demnach auf internationale Unternehmen der Sektoren Pharma, Chemie, Biotechnik.

Es wird ein Einfaktor-Modell versucht. Als Faktor werden einfach die Renditen des Branchenindexes genommen. Man subtrahiert von ihnen noch den Mittelwert, um zu erreichen, daß dieser "Risikofaktor" im Mittel den Wert Null hat.

Nun wird mit den historischen Monatsrenditen der letzten drei Jahre gearbeitet. Für jede Rendite der n Einzelaktien wird eine Regression bezüglich des Branchenindex "Pharma" gerechnet. Man erhält so für jede Unternehmung die Faktorsensitivität, und natürlich auch die spezifischen Risiken.

Leider zeigt sich, daß die Residuen der n Aktien untereinander nicht unkorreliert sind. Es wird deshalb ein zweiter Faktor gesucht. Ein Teammitglied meint: "Vielleicht ist der Markt als Ganzes doch von Bedeutung." Man nimmt daher den Index der nationalen Börse als zweiten Faktor. Offenkundig sind die beiden Faktoren untereinander nicht unkorreliert, aber das ist auch nicht vorausgesetzt.

Es wird eine multiple Regression gerechnet, bei der die n historischen Renditen durch die historischen Renditen der beiden Faktoren erklärt werden sollen. Man

6. CAPM UND FAKTOR-MODELLE

erhält so für jede Unternehmung die beiden Faktorsensitivitäten, und natürlich auch die verbleibenden, spezifischen Risiken. Es zeigt sich, daß diese Residuen praktisch unkorreliert sind.

Jetzt kann das Gleichungssystem für die beiden Unbekannten p_1, p_2 aufgestellt werden. Es lautet:

$$a_1 = p_1 \cdot b_{1,1} + p_2 \cdot b_{1,2}$$

$$a_2 = p_1 \cdot b_{2,1} + p_2 \cdot b_{2,2}$$

$$\ldots$$

$$a_n = p_1 \cdot b_{n,1} + p_2 \cdot b_{n,2}$$

Würde keine Arbitrage mehr bestehen, wäre dieses System aus n Gleichungen für die 2 Unbekannten *nicht* überbestimmt. Mit den konkreten Zahlen zeigt sich jedoch, daß das System bei exakter Betrachtung unlösbar, eben überbestimmt ist. Aus der Perspektive des Zweifaktor-Modells wären demnach noch "kleine" Möglichkeiten der Arbitrage gegeben. Man kann aber eine Lösung p_1, p_2 finden, die das System ziemlich genau erfüllt, so daß für diese Werte

$$a_k \approx p_1 \cdot b_{k,1} + p_2 \cdot b_{k,2} \quad \text{und alle Gleichungen } k = 1, 2, \ldots, n$$

gilt. Hierzu werden wieder die Techniken der verallgemeinerten Inversen verwendet.

Mit den so bestimmten Prämien p_1, p_2 wird schließlich die Aktie der *Zeta* AG bewertet. Aus ihren historischen Renditen werden mit dem Zweifaktor-Modell die Sensitivitäten $b_{Zeta,1}$ und $b_{Zeta,2}$ durch Regression ermittelt. Die "Sollrendite"

$$a_{Zeta} \equiv p_1 \cdot b_{Zet,1} + p_2 \cdot b_{Zet,2}$$

wird bestimmt. Sie ist um den Faktor 1,5 geringer als die bisherige, mittlere Rendite. Derzeit notiert der Kurs der *Zeta* AG bei 80 Euro. Der Analyst schreibt eine Kaufempfehlung und nennt als Kursziel 120 Euro. Seine Chefin überfliegt den Report und stellt dem Analysten die Frage: "Wie sind Sie auf das Kursziel von 120 gekommen? Haben Sie das einfach so über den Daumen gepeilt?" Der Analyst antwortet: "Die 120 Euro kann man sachverständigen Dritten erklären, weil sie mit anerkannten Verfahren berechnet worden sind." Darauf wird der Report von der Investmentbank groß der Presse mitgeteilt.

6.4.2 Heuristik

Die empirische Entdeckung der *Branchenereignisse als erklärender Faktor für die Kurse* hat eine wichtige Konsequenz: Aktiendiversifikation heißt in erster Linie eben gerade *nicht*, Aktien aus verschiedenen Ländern zu kaufen.

> Diversifikation verlangt in erster Linie, Aktien aus allen Branchen im Portfolio zu halten.

📖 Wer sein Portfolio aus Pfizer (USA), Hoechst (Deutschland), Novartis (Schweiz) und SmithKlineBeacham (Großbritannien) aufgebaut hat ist schlecht diversifiziert, obwohl die vier Aktien aus vier verschiedenen Staaten gewählt sind. Wer sein Portfolio aus Allianz (Versicherungen), Bayer (Chemie), Volkswagen (Automobil), Siemens (Technologie) zusammensetzt, ist besser diversifiziert, obwohl die Aktiengesellschaften alle in Deutschland domiziliert sind.

Selbstverständlich könnte ein Aktionär versuchen, in sein Aktienportfolio alle Gesellschaften aller Branchen aus allen Ländern aufzunehmen. Das wäre für einen Privatinvestor durch den Kauf eines Investmentfonds möglich, der weltweit diversifiziert.

Privatinvestoren ziehen jedoch oft Einzeltitel als Anlageinstrumente vor. Selbst wer aus jeder Branche nur einen Titel kauft, hätte bei 12 Branchen und fünf Ländern immer noch 60 Aktien zu kaufen, wenn aus jeder Branche *und* aus jedem Land (wenigstens) eine Aktie genommen wird. Das geringe Vermögen vieler der Privatperson erlaubt dann aber nur, zehn oder fünfzehn verschiedene Aktien zu kaufen. Es muß dann eine Auswahl getroffen werden.

Das praktische Verfahren zur Lösung dieses Dilemmas besteht darin, in erster Linie Aktien aus verschiedenen Branchen zu kaufen und in zweiter Linie ausländische Werte zu berücksichtigen.

Es ist klar, daß für einen Investor ausländische Aktien oftmals mit mehr Risiken verbunden sind als inländische Aktien. Es gibt "Transaktionskosten." Denn bei Unternehmen mit Sitz im Ausland spielen Währungsrisiken hinein — meistens werden dann doch keine Devisengeschäfte getätigt, um Währungsrisiken zu hedgen. Ferner gibt es Unsicherheiten im Hinblick auf die Wirtschaftsordnung und die Wirtschaftspolitik des ausländischen Staates. Gelegentlich gibt es höhere Gebühren für den Kauf und Verkauf, und die Beobachtung des ausländischen Titels kann sich als aufwendiger herausstellen.

Im Licht dieser Argumente darf unterstellt werden, daß der Investor eine gewisse Präferenz für inländische Titel hat.

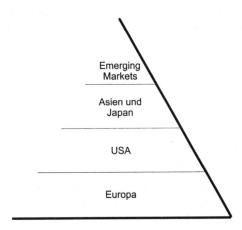

Bild 6-7: Veranschaulichung der Schichtenpräferenz durch eine Pyramide. In der Sicht eines europäischen Anlegers bilden die Aktien europäischer Gesellschaften die Grundlage.

Die Zusammenstellung des Portfolios erfolgt also stufenweise.

1. In erster Linie werden inländische Aktien aus jenen Branchen gewählt, für die das Inland weltweit Anerkennung findet.
2. In einem das Portfolio ergänzenden Schritt werden jene Branchen, die damit noch nicht abgedeckt sind, durch Aktien ausländischer Gesellschaften berücksichtigt.

Vielleicht schichtet der inländische Investor die Wirtschaftsräume nach einer Entfernung, die den zuvor genannten Risiken entspricht. Ein deutscher Investor wird also beispielsweise von Deutschland ausgehend zunächst nach Europa blicken, von dort in die USA, dann weiter nach Asien und Japan, und schließlich in die Emerging Markets.

Der Finanzanleger würde zunächst prüfen, welche Branchen durch inländische Aktiengesellschaften vertreten sind. Aus ihnen wählt er in erster Linie Aktien. Für die im Inland nicht vertretenen Branchen wählt der Investor Aktien ausländischer Gesellschaften.

Als Beispiel werde ein Schweizer Investor betrachtet.

1. Schicht — die Basis der Pyramide: Zunächst kauft sich der Investor Aktien von Unternehmen aller Branchen, die in der Schweiz vertreten sind. Als Branchen sind das vor allem: 1. Banken (UBS, CS Group, Bank Bär), 2. Pharma (Novartis, Roche), 3. Maschinenbau (Sulzer, Saurer).
2. Schicht — Mittelkörper: Dann kauft sich der Investor — damit noch geringe Währungsrisiken unterstellend — im Euroland Aktien von Gesell-

schaften in jenen Branchen, die noch nicht in seinem Portfolio vertreten sind. Dazu gehören 4. Automobilbau (Volkswagen, DaimlerChrysler), 5. Distribution (Karstadt, Iberdrola) und Branchen wie zum Beispiel 6. Mode (Benetton, H&M).

3. Schicht — Pyramidenspitze: Schließlich, deutlicher Währungsrisiken eingehend, blickt der Investor in den Dollarraum und erwirbt dort die Aktien von Gesellschaften, die er bei diesem hierarchischen Vorgehen noch nicht einbezogen hat. So etwa 7. Konsum und Unterhaltung (Coca-Cola, Disney, Gilette), 8. Technologie und Informatik (IBM, Cisco, Sun), 9. Flugzeugbau und Verteidigung (Boeing, United Systems) sowie 10. Investmentbanken (Morgan Stanley Dean Witter).

Inzwischen bieten die großen Investmenthäuser Futures an, die sich auf Branchenindizies beziehen. Branchenfonds und solche Branchen-Futures sind interessante Alternativen zu der eben dargestellten Heuristik, aus jeder Branche einen Repräsentanten zu wählen, und bei der Wahl der Repräsentanten aus den genannten Transaktionskosten einer inländischen Unternehmung den Vorzug zu geben.

7. Performance

Die Grundidee der Performancemessung lautet: Setze das mit einem Portfolio vielleicht aufgrund eines aktiven Managements erzielte Ergebnis in Relation zu jenem Anlageergebnis, das in derselben Periode mit einem Benchmark-Portfolio hätte erzielt werden können, also mit einem Vergleichsportfolio.

7. Performance	**261**
7.1 Grundlagen	**262**
7.1.1 Aktives Portfoliomanagement	262
7.1.2 Performancemessung	264
7.1.3 Phasen der Forschung	266
7.2 Basismaße	**268**
7.2.1 Sharpe-Ratio	268
7.2.2 Treynor-Ratio	272
7.2.3 Alpha und Appraisal	274
7.2.4 MM	279
7.3 Style-Analyse	**281**
7.4 Thema: Lineare Regression	**284**
7.4.1 Daten	284
7.4.2 Kleinste Quadrate	286
7.4.3 Korrelation	287
7.4.4 Grundmodell	289
7.4.5 Gauss-Markov-Theorem	291
7.4.6 Varianzdekomposition	291
7.4.7 T-Statistik	294

Dem Benchmark-Portfolio sollte erstens eine "einfach" zu verwirklichende Anlage zugrunde liegen — etwa ein durch Futures replizierbarer (nachbildbarer) Marktindex. Zweitens sollte die Benchmark so skaliert werden, daß die Risiken vergleichbar sind.

Fünf Basismaße werden vorgestellt: Die Sharpe-Ratio ist am bekanntesten und ihre Kenntnis und Eigenschaften sind Allgemeinwissen im Portfoliomanagement. Daneben stehen die Treynor-Ratio, Jensen's Alpha, die Appraisal-Ratio und die MM-Ratio von MODIGLIANI *und seiner Enkelin.*

Außerdem besprechen wir die auf SHARPE *zurückgehende Style-Analyse.*

Eine Notiz rekapituliert das Wichtigste zur Linearen Regression und zur Varianzdekomposition

7.1 Grundlagen

7.1.1 Aktives Portfoliomanagement

Die empirische Überprüfung des CAPM hat verschiedene Anregungen für das aktive Management gegeben, besonders für das von Aktienportfolios. Gleichermaßen haben die Arbeiten zu den Multifaktor-Modellen Hinweise für ein aktives Portfoliomanagement geliefert. Hier sind nochmals die wichtigsten, empirisch gestützten Anregungen zusammengestellt:

1. Der Portfoliomanager könnte einen bestimmten Stil einschlagen und etwa auf Value-Aktien setzen oder Aktien kleiner Unternehmen dem Portfolio beimischen.

2. Ebenso könnte der Portfoliomanager Aktien kaufen, die gegenüber dem Markt in den letzten drei Jahren zurückgeblieben sind, um sie für drei Jahre zu halten.

3. Weiters könnte der Portfoliomanager versuchen, die Zeitpunkte für ein Engagement zu wählen (Timing), etwa indem die Gewinner der letzten drei bis sechs Monate gekauft, obwohl deren Kurse schon gestiegen sind, und für weitere drei bis sechs Monate gehalten werden. Hierzu eignen sich besonders die Charts, Durchschnittslinien und andere Methoden der Technischen Analyse.

4. Einige Manager beobachten die Volatilität. Ihre Devise lautet: Beobachte die implizite Volatilität; steigt sie über eine bestimmte Schwelle bei gleichzeitig schlechten volkswirtschaftlichen Rahmendaten, dann gehe in Geldmarktinstrumente und verkaufe sowohl Aktien als auch Bonds. Geht die implizite Volatilität dagegen zurück, und sind gleichzeitig die volkswirtschaftlichen Rahmendaten versprechend, dann kaufe.

5. Betrachte die monatlichen Wachstumsraten des Bruttosozialprodukts — ziehen sie an, kaufe, gehen sie zurück, verkaufe

6. Betrachte den Spread zwischen der Rendite von AAA und Baa Anleihen. Wird er größer, sehen die Marktteilnehmer schwierige Zeiten voraus.

7. Beobachte den Zinsunterschied am Geld- und am Kapitalmarkt. Wird die Zinskurve steiler, verkaufe. Wird sie flacher, kaufe.

8. Beobachte Anzeichen für einen Sprung der Inflation nach oben oder nach unten (Deflation). Beides ist Gift für die Kurse.

9. Beobachte Zinsänderungen und die vielleicht von ihnen ausgelösten Änderungen der Wirtschaftspolitik: welche Folgen dürften sie für die Kurse haben?

Die genannten empirischen Untersuchungen haben die positive Einstellung zum aktiven Portfoliomanagement gefördert und zugleich inhaltlich verändert.[1]

In der Praxis hat es stets eine positive Haltung zum aktiven Management gegeben. Sie war etwa um 1960 bis 1980 in der Wissenschaft etwas verpönt. Die Theoretiker lobten damals uneingeschränkt das CAPM und die These der Informationseffizienz. Vereinzelte Forscher, die von Anomalien (Finanzmarktregularitäten) berichteten, gehörten sicher nicht zur Hauptgruppe der Vertreter des Gebiets.

Erst die empirischen Untersuchungen zum CAPM und die Kalibrierung von Multifaktor-Modellen öffneten die etwas pharisäerhafte und kategorische reine Lehre, wie sie vor zwanzig Jahren herrschte. Viele Wissenschaftler äußern heute auch Zweifel, ob die These der Informationseffizienz aus empirischer Sicht nicht nur mit *Einschränkungen* akzeptiert werden kann.

Deshalb hat sich auch die Praxis des Portfoliomanagements etwa von 1980 bis 2000 gewandelt.

Immer noch wird aktives Portfoliomanagement gepflegt. Aber erstens wird es ohne Schuldgefühl nach außen bekundet. Zweitens ist aktives Portfoliomanagement nicht mehr — wie es früher vielfach der Fall war — eine kaum erklärbare und nachvollziehbare Kunst des Managers.

---

[1] *Can you really Beat The Market* ist der Titel eines Artikels in der Business Week (31. Mai 1999, pp. 44-45), mit dem zwei neue Bücher vorgestellt werden, die gegensätzliche Positionen einnehmen: BURTON G. MALKIEL, Professor in Princeton, hat die 7. Auflage seines Bestsellers "*A Random Walk Down Wall Street*" herausgebracht — eine leicht lesbare Anleitung der Geldanlage, die seit ihrer Publikation 1973 die Perspektive der "Zufälligkeit" von Kursentwicklungen populär machte und damit auch den Gedanken des passiven Kaufens und Haltens förderte. Auf den Buchtitel nahmen ANDREW W. LO (Massachusetts Institute of Technology) und A. CRAIG MACKINLAY (Wharton School der University of Pennsylvania) Bezug, wenn sie unter "*A Non-Random Walk Down Wall Street*" ausführen, wie mit schnellen Computern eine genauere Kursprognose und eine Identifikation von falsch bewerteten Titeln möglich ist und so der Markt geschlagen werden kann.

> Das aktive Portfoliomanagement ist heute eine ungeheure Fleißarbeit mit empirischen Daten und mit Computern. Begründet hoffen, dem Finanzmarkt noch ein Quentchen mehr an Rendite herauspressen zu können, kann nur noch der fleißige Quant. Aktives Portfoliomanagement ist heute *wissensbasiert*.

7.1.2 Performancemessung

Diese Entwicklungen blieben nicht ohne Einfluß auf die Organisation der Vermögensverwaltungs-Industrie und auf die Beziehung zwischen Portfoliomanager und Anleger.

Aktives Portfoliomanagement der alten Art und Schule — mal hier, mal dort etwas kaufen oder verkaufen — kann eigentlich jeder. Große Institutionen hatten beim Portfoliomanagement gegenüber kleinen daher bei dieser Vorgehensweise weder Vorteile noch Nachteile. Aktives Portfoliomanagement neuer Art — Fleißarbeit mit empirischen Daten und mit Computern — setzt zweifellos eine gewisse Größe des Portfoliomanagements der Institution voraus.

Große Institutionen haben gegenüber kleinen beim wissensbasierten Portfoliomanagement Vorteile.

Andererseits gibt es bei der Kundenberatung tendenziell keine *Economies*. Im Gegenteil. Kleinere Vermögensverwalter sind häufig "näher" beim Kunden. Sie haben von daher einen komparativen Vorteil bei der Kundenberatung. Das bedeutet, daß die (kleineren) Vermögensverwalter sich in Zukunft immer weniger selbst im Portfoliomanagement versuchen werden.

- Die (kleinen) Vermögensverwalter werden im Laufe der kommenden Jahre ihre bisherige Zwitterrolle — mittelmäßige Kundenberatung kombiniert mit mittelmäßigem Portfoliomanagement — unter dem Druck der Marktkräfte verändern.

- Sie werden sich auf die Kundenberatung konzentrieren und sich spezialisieren, um das "Advisory Banking" — Erfassung der Situation des Kunden, Finanzplanung, Kundenbegleitung — sehr gut auszuführen.

- Sie werden ihrer Kundschaft deshalb in zunehmenden Umfang Investmentfonds in die Depots legen, Fonds, die sie von den (großen) Institutionen beziehen, deren Stärke im wissensbasierten Portfoliomanagement liegt.

Selbstverständlich öffnet sich ein Markt zwischen Portfoliomanager und Vermögensverwaltung. Viele der großen Institutionen konkurrieren mit denen von ihnen aufgelegten Investmentfonds. Sie stehen aber primär keinen Laien (so seien einmal die Privatanleger bezeichnet) gegenüber, sondern Profis: den Vermögensverwaltern, den institutionellen Anlegern und den Finanzmedien.

Bild 7-1: MICHAEL BRENNAN, geboren 1942, ist der Irwin und Goldyne Hearsh Professor für Banken und Finanzen an der University of California, Los Angeles, sowie Professor of Finance an der London Business School. Seine Forschungsinteressen umfassen das Asset Pricing, Corporate Finance, die Bewertung und der Einsatz von Derivaten, die Mikrostruktur von Finanzmärkten und die Rolle der Information in Finanzmärkten. BRENNAN hat zahlreiche Veröffentlichungen in allen genannten Gebieten. Er gehörte zu den Gründungsherausgebern des *Review of Financial Studies*, wirkt im Herausgeberkreis weiterer Fachzeitschriften an, und war Präsident der *American Finance Association*.

Diese Profis beurteilen die Investmentfonds und die dahinter stehende Leistung des Portfoliomanagements in zunehmendem Umfang nach professionellen Kriterien. Die professionellen Kriterien wiederum liefert die Wissenschaft. Es handelt sich um die Ansätze der Performancemessung.

Die Kontrolle des Anlageerfolgs ist nur einer der Gründe, aus denen die Performancemessung Bedeutung hat. Anläßlich der Präsentation des Anlageergebnisses gegenüber den Investoren kann ein Dialog zwischen ihnen und dem Portfoliomanager entstehen, der dabei hilft, die Präferenzen der Investoren genauer zu fassen und die Ziele der Anlagepolitik zu präzisieren. Des weiteren dient die Performancemessung internen Aufgaben der Führung von großen Institutionen, die das Portfoliomanagement anbieten. Zum einen können intern Personen und andere Ressourcen anhand der gezeigten Performance den einzelnen Teilaufgaben zugewiesen werden. Zum anderen dient die Performance der Entlohnung von Portfoliomanagern.

7.1.3 Phasen der Forschung

Im Kern der entwickelten Ansätze geht es um den risikoadjustierten Ausweis der im Berichtsjahr — **Stets sei die Berichtsperiode ein Jahr lang**[2] — erzielten Rendite. Hierzu wurden einige Varianten vorgeschlagen, und dieses Kapital dient dazu, die Basisvarianten zu besprechen. Es soll deutlich werden, daß dadurch in diesem Kapitel die Diskussion der Faktor-Modelle abgerundet wird.

Die Basisvarianten zur Performancemessung stammen von SHARPE, TREYNOR, JENSEN und anderen. Diese Maße für die Risiko-Adjustierung und die klassische Performancemessung sind zwischen 1966 und 1980 entstanden.[3]

In jener Phase zur Untersuchung der Performancemessung lag das Hauptaugenmerk auf der Entwicklung von Kennzahlen. Alle Kennzahlen sind letztlich Variationen dieses Themas:

1. Messe das Risiko des zu beurteilenden Portfolios entweder durch die Renditestreuung in der Berichtsperiode oder durch das Beta bezüglich einer Benchmark.

2. Sodann adjustiere die erzielte Portfoliorendite, indem von dieser ein Abzug für das Risiko vorgenommen wird oder indem es in Relation zum Risiko gesetzt wird. Eventuell wird das risiko-adjustierte Portfolio noch in Bezug zur Performance der Benchmark gesetzt.

Aus dieser Phase stammt auch eine frühe Kritik

Die Performance-Maße bringen die zu beurteilenden Portfolios nicht in eine klare Rangfolge, wenn die verwendete Benchmark kein effizientes Portfolio ist.[4]

---

[2] Allerdings: Alle nachstehenden Ratios liefern Kennzahlen, die unterschiedlich stark von der Länge der Berichtsperiode abhängen. Hierzu: 1. JACK C. FRANCIS und CHENG FEW LEE: Investment Horizon, Risk Proxies, Skewness, and Mutual Fund Performance: A Theoretical Analysis and Empirical Investigation. *Reserach in Finance* 4 (1983), pp. 1-19. 2. HAIM LEVY: Measuring Risk and Performance over Alternative Investment Horizons. *Financial Anlaysts Journal* 40 (1984), pp. 61-68.

[3] Frühe Arbeiten: 1. JACK L. TREYNOR: How to Rate Management of Investment Funds. *Harvard Business Review* 43 (January-February 1965) 1, pp. 63-75. 2. WILLIAM F. SHARPE: Mutual Fund Performance. *Journal of Business* 39 (1966) 1, pp. 119-138. 3. MICHAEL C. JENSEN: The Performance of Mutual Funds in the Period 1945-1964. *Journal of Finance* 23 (May 1968) 2, pp. 389-416. 4. MICHAEL C. JENSEN: Risk, the Pricing of Capital Assets, and the Evaluation of Investment Portfolios. *Journal of Business* 42 (April 1969) 2, pp. 167-185. 5. RICHARD ROLL: Performance Evaluation and Benchmark Errors (I), *Journal of Portfolio Management* 6 (Summer 1980) 4, pp. 5-12, sowie Teil (II), *Journal of Portfolio Management* 7 (Winter 1981) 2, pp. 17-22.

Diese Untersuchungen haben dann eine zweite Phase der Forschung eingeleitet.

Etwa zwischen 1980 und 1988 wurde die Problematik, die mit nicht-effizienten Benchmarks verbunden ist, geklärt. Außerdem ist deutlich geworden, daß die Beurteilung der Performance von Anleihen gegenüber der von Aktien eigene Besonderheiten zeigt.[5]

In einem dritten Abschnitt der Forschungen zur Performancemessung, etwa ab 1980 bis 2000 wurden Ansätze entwickelt, mit denen die Anforderungen an Benchmarks reduziert werden konnten oder die ohne Benchmark auskommen. Ein Beispiel hierzu ist die Style-Analyse, bei der aus dem zu beurteilenden Portfolio die Benchmark im nachhinein errechnet wird.[6]

Parallel dazu wurde im dritten Abschnitt untersucht, wie die Performance-Maße die Entlohnung der Portfoliomanager bestimmen könnte. Hier standen besonders die von den Entlohnungsschemata ausgehenden Motivationswirkungen im Zentrum der Untersuchungen, die aus dem Blickwinkel des Anlegers abträglich sein können.[7]

Natürlich gab es auch viel Kritik.[8] Gelegentlich ist zu hören, diese Performance-Maße seien zu kompliziert und würden "in der Praxis nicht angewendet". Solche Aussagen gehen am Kern vorbei.

Zweifellos wird die sophistizierte Performancemessung kaum in der Beziehung zwischen der Vermögensverwaltung und ihrer Privatkundschaft eingesetzt, wenngleich auch die Privatkundschaft zunehmend verlangt, neben dem Anlageergebnis auch die Risiken zu erfahren, die mit der Anlage verbunden gewesen ist.

Dennoch wird in diesem Kapitel nicht propagiert, risikoadjustierte Performancemessung gehöre in die Berichterstattung gegenüber Privatanlegern.

---

[4] Hinweise: 1. RICHARD ROLL: Ambiguity When Performance Is Measured by the Security Market Line. *Journal of Finance* 33 (September 1978) 4, pp. 1051-1069. 2. RICHARD GRINOLD: Are Benchmark Portfolios Efficient? *Journal of Portfolio Management* 18 (1992), pp. 34-40. 3. PETER REICHLING und INGRID VETTER: Verzerrte Performance. *Die Bank* (November 1995), pp. 676-681.

[5] Hierzu: 1. CHRISTOPHER BLAKE, EDWIN ELTON und MARTIN J. GRUBER: The Performance of Bond Mutual Funds. *Journal of Business* 66 (1993), pp. 371-403. 2. ERIK THEISSEN und MARIO GREIFZU: Performance deutscher Rentenfonds. *Zeitschrift für betriebswirtschaftliche Forschung* 50 (1998), pp. 436-461. 3. BERNHARD SCHWETZLER und NIKLAS DARIJTSCHUK: Performance deutscher Rentenfonds — Anmerkungen. *Zeitschrift für betriebswirtschaftliche Forschung* 51 (1999) 9, pp. 867-885.

[6] MARK GRINBLATT und SHERIDAN TITMAN: Portfolio Performance Evaluation: Old Issues and New Insights. *Review of Financial Studies* 2 (1989), pp. 393-421.

[7] MICHAEL BRENNAN: The individual investor. *Journal of Financial Research* XVIII, (1995) 1, pp. 59-74, besonders p. 70.

[8] ROBERT FERGUSON: The Trouble with Performance Measurement. *Journal of Portfolio Management* 12 (1986), pp. 4-9.

Das Schwergewicht der Performancemessung liegt eindeutig im professionellen Bericht, den die Portfoliomanager gegenüber den Vermögensverwaltern geben, gegenüber institutionellen Anlegern und gegenüber der Presse.

7.2 Basismaße

7.2.1 Sharpe-Ratio

Die **Sharpe-Ratio** hat sich in der Praxis am meisten durchgesetzt.[9]

Die Kennzahl orientiert sich an der Idee der Konstruktion des Tangentialportfolios.

Wir rekapitulieren kurz: Gegeben waren die Markowitz'sche Effizienzkurve sowie der Zinssatz. Das Tangentialportfolio ergab sich, indem die *Gerade mit der höchsten Steigung* konstruiert wurde, die von der Position des Zinssatzes (mit den beiden Koordinaten Renditeerwartung = Zinssatz und Renditestreuung = 0) ausging und im Risk-Return-Diagramm durch die Position eines Portfolios führte, das noch wirklich durch Kombination der Einzelanlagen gebildet werden konnte.

Im Licht dieser Konstruktion hat SHARPE vorgeschlagen, die Performance eines Portfolios P im Berichtsjahr durch die *Steigung* jener Geraden zu messen, die wiederum vom Zinssatz i zu jenem Punkt führt, der die Rendite $r^{(P)}$ und die Streuung $SD^{(P)}$ dieses Portfolio im Berichtsjahr darstellt. Je größer diese Steigung, desto besser ist die Performance:

$$SR^{(P)} \equiv \frac{r^{(P)} - i}{SD^{(P)}} .$$

Die Sharpe-Ratio SR drückt jene Überrendite aus, die mit einem Risiko von 100% — gemessen durch die Streuung der einfachen Rendite in der Berichtsperiode — hätte erzielt werden können.

---

[9] Er wird auch als *Reward-to-Variability Ratio* bezeichnet und wurde von WILLIAM F. SHARPE 1966 eingeführt in seinem Artikel: Mutual Fund Performance. *Journal of Business* 39 (1966) 1, pp. 119-138.

7. PERFORMANCE

Da ein gut diversifiziertes Aktienportfolio, bei einem Risiko von etwa 20%, in sehr guten Jahren bis zu 40% Überrendite und in sehr schlechten Jahren bis zu −30% Überrendite zeitigt, können die vielfach publizierten Übersichten zur Sharpe-Ratio Werte zwischen −150% und +200% annehmen. In einem "normalen" Jahr mit einer Überrendite von +5% wäre die Sharpe-Ratio gleich 25%.

Um die Sharpe-Ratio zu berechnen, wird die einfache Rendite des Portfolios im Berichtsjahr benötigt sowie der Einjahreszinssatz — so, wie er zu Beginn des Berichtsjahres gegolten hat. Soweit sind die Datenanforderungen minimal.

Die tatsächlich erzielte Überrendite wird durch die Streuung der Portfoliorendite geteilt. Hier wird es etwas schwieriger, was die Daten anbelangt: Ist nur der Portfoliowert zu Beginn und zu Ende des Berichtsjahres bekannt, weiß man zunächst nichts über die Renditestreuung.

- Einfach ist es, wenn der Portfoliomanager die Renditen für einige der letzten Jahre angibt und beteuert, eine im Hinblick auf das Risiko gleichmäßige Anlagepolitik verfolgt zu haben. Dann würden wir die Streuung als Stichprobenstreuung schätzen.

- Ansonsten müßte der Portfoliomanager unterjährige Renditen nennen, beispielsweise Monatsrenditen. Dann ist die Stichprobenstreuung der Monatsrenditen natürlich auf den Monat als Anlageperiode bezogen. Um von da auf die Streuung der Jahresrendite zu kommen, wird sie mit $\sqrt{12}$ multipliziert.[10]

Ein Zahlenbeispiel: Die in Euro ausgedrückten Werte zweier Portfolios A und B haben sich wie tabelliert entwickelt — es gab keine zwischenzeitlichen Einlagen oder Entnahmen.

Tag	1.1	1.2	1.3	1.4	1.5	1.6	1.7	1.8	1.9	1.10	1.11	1.12	31.12
A	40	41	39	42	44	40	38	38	41	37	38	45	50
B	80	80	81	79	80	82	81	82	83	84	83	84	88

Selbstverständlich erzielte das Portfolio A eine Rendite von 25% während das Portfolio B eine Rendite von 10% erbrachte. Aus den Werten zum Monatsende werden die Monatsrenditen bestimmt (Angaben in Prozent):

---

[10] Streng genommen gilt diese Hochrechnung nur für die Streuung stetiger Renditen, sofern diese einer Brown'schen Bewegung folgen. Deshalb sei betont, daß hier von einfachen Renditen gesprochen wird und von der Streuung der einfachen Renditen. Der Unterschied jedoch ist nicht allzu groß, weshalb wir wie beschrieben verfahren, und die Stichprobenstreuung der Monatsrenditen mit der Wurzel aus 12 multiplizieren, um die gesuchte Streuung der einfachen Jahresrendite zu finden.

Monat	J	F	M	A	M	J	J	A	S	O	N	D
A	2,5	-4,9	7,7	4,8	-9,1	-5,0	0	7,9	-9,8	2,7	18,4	11,1
B	0	1,3	-2,5	1,3	2,5	-1,2	1,2	1,2	1,2	-1,2	1,2	4,8

Hieraus werden die Streuungen der Monatsrenditen berechnet, sie betragen 8,5% bei A und 1,9% bei B. Diese Zahlen mit $\sqrt{12} = 3,46$ multipliziert liefern die auf ein Jahr bezogenen Renditestreuungen. Die numerischen Werte hierfür sind 29,4% beim Portfolio A und 6,6% beim Portfolio B.

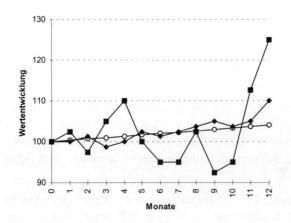

Bild 7-2: Darstellung der Entwicklung einer jeweils mit dem Anfangskapital 100 Euro beginnenden Anlage in das Portfolio A (Kurvenzug mit Quadraten), in das Portfolio B (Kurvenzug mit Rauten) sowie zum Zinssatz (hohe Punkte). Obwohl das Portfolio A den höchsten Wertgewinn in der Periode zeigt, hat es eine geringere Sharpe-Ratio als das Portfolio B, weil dessen Renditestreuung wesentlich geringer ist.

Nun kommt es noch auf den Zinssatz an. Der Einjahreszinssatz betrug zu Beginn des Berichtsjahrs $i = 4\%$. Daraus folgt:

$$SR^{(A)} = \frac{0,25 - 0,04}{0,294} = 0,71 = 71\%$$

$$SR^{(B)} = \frac{0,10 - 0,04}{0,066} = 0,91 = 91\%$$

Die Sharpe-Ratio nach war die Anlage B dem Portfolio A überlegen. Der Finanzmathematiker führt zur Erläuterung aus: "Hätten Sie, neben einer Anlage von 100 Euro noch zum Zinssatz $i = 4\%$ einen Kredit in Höhe von 345 Euro genommen, und den Gesamtbetrag von 445 Euro zur Politik B angelegt, dann hätte ihre, auf das Eigenkapital von 100 bezogene Rendite, eine Streuung von $(1 + 3{,}45) \cdot 6{,}6\% = 29{,}4\%$ gehabt, also dasselbe Risiko wie eine Anlage zur Politik A. Das Portfolio mit Leverage hätte aber ein Gesamtergebnis von $445 \cdot 1{,}1 = 489{,}5$ Euro gebracht. Abzüglich $345 \cdot 1{,}04 = 358{,}8$ Euro für Zins und Tilgung des Lombardkredits, hätten Sie aus ihren 100 Euro $489{,}5 - 358{,}8 = 130{,}7$ Euro gemacht. Das ist, bei gleichem Risiko, mehr als die 25% der Anlage A."

Was muß man als Portfoliomanager tun, um bei der Sharpe-Ratio gut abzuschneiden?

1. Der erste Verhaltenshinweis lautet: Diversifizieren! Da die erzielte Überrendite durch die Streuung dividiert wird, ist zu vermeiden, in dem Portfolio noch Risiken zu haben, die diversifizierbar wären. Diversifizierbare Risiken lassen keine Rendite erhoffen und folglich wird sie ein Manager, der nach der Sharpe-Ratio beurteilt wird, von vornherein vermeiden.

2. Zweitens wird ein Portfoliomanager versuchen — stets unter der Nebenbedingung, spezifische Risiken zu diversifizieren — jene Einzeltitel überzugewichten, die gemessen an ihrem Beta eine höhere Rendite erwarten lassen als durch das CAPM prognostiziert wird. Einige Ideen, in welcher Richtung hier zu suchen ist, sind genannt worden.

So bleibt die Frage, welche Anleger zufrieden sind, wenn der Portfoliomanager nach der Sharpe-Ratio beurteilt wird.

Sicher handelt es sich um Kunden, die das vom Manager geführte Portfolio als Endprodukt und Gesamtanlage betrachten und nicht als Komponente in ein noch größeres Portfolio einbeziehen. Sonst würden sie die erzielte Überrendite nicht durch die Renditestreuung dividieren, sondern durch das Beta, das bekanntlich im Rahmen des CAPM die systematischen Risiken ausdrückt.

Es handelt sich mithin um Kunden, die eine breite Diversifikation wünschen. Zum anderen handelt es sich um Kunden, die nicht in der Lage sind, das erzielte Ergebnis in Bezug zu einer Benchmark zu setzen, vielleicht weil sie zuvor keine Benchmark definiert haben. Die Sharpe-Ratio ist *benchmarkfrei*.

Allerdings ist die Sharpe-Ratio nicht frei von der Höhe des Zinssatzes.

Deshalb ist bei Vergleichen der Performance internationaler Anlagefonds, die oft mit der Sharpe-Ratio geführt werden, zu hinterfragen, welcher Zinssatz denn der Berechnung zugrunde gelegt worden ist, und ob sich die Reihenfolge der Investmentfonds nicht ändert, wenn die Rendite der risikofreien Analge anders spezifiziert wird.

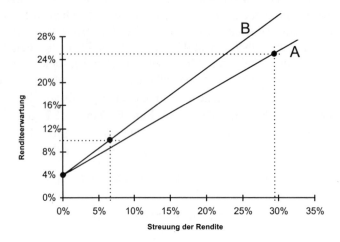

Bild 7-3: Darstellung der Berechnungsmethode der Sharpe-Ratio, gezeigt für die beiden Portfolios A (Rendite 25%, Streuung 29,4%) und B (Rendite 10%, Streuung 6,6%) und den Zinssatz von 4%. Gelegentlich werden die Geraden als Ex-post-CML bezeichnet.

7.2.2 Treynor-Ratio

Einige Anleger wünschen vom Manager die Führung eines ausgesprochenen Spezialitätenfonds. Es wäre dann nicht angemessen, das Risiko durch die Streuung der Rendite zu messen, weil unterstellt werden muß, daß diese Anleger mit dem Spezialitätenfonds ihre sonstigen Anlagen nur ergänzen. Der Manager weiß dann, daß das diversifizierbare Risiko des Spezialitätenfonds eigentlich nicht stört. Folglich muß, wenn das Anlageergebnis risiko-adjustiert wird, das Risiko durch das Beta des Spezialitätenfonds gemessen werden.

Diese Überlegungen führen auf die **Treynor-Ratio** als unser zweites Basismaß.[11] Sie ist definiert durch

$$TR^{(P)} \equiv \frac{r^{(P)} - i}{\beta_P}.$$

---

[11] Die Treynor-Ratio wird auch als *Reward-to-Volatility Ratio* bezeichnet. Er geht zurück auf JACK L. TREYNOR: How to Rate Management of Investment Funds. *Harvard Business Review* 43 (January-February 1965) 1, pp. 63-75.

Hier wird die im Berichtsjahr erzielte Überrendite $r^{(P)} - i$ durch das Beta β_P des Portfolios dividiert.

> Die Treynor-Ratio drückt jene Überrendite aus, die mit einem Risiko — gemessen durch das Beta der Vergangenheit — von 1 hätte erzielt werden können.

Da sich mögliche Überrenditen vielleicht im Bereich zwischen -30% bis 40% bewegen, während Betas für Aktienportfolios oberhalb von 0,75 liegen dürften, zeigen Übersichten zur Treynor-Ratio Zahlen im Bereich von -40% bis über $+50\%$. In einem "normalen" Jahr, wenn mit Aktien mit einem Beta von 1 vielleicht 5% Überrendite erzielt worden sind, beträgt die Treynor-Ratio 5%.

Was die erforderlichen Daten anbelangt, gilt das bei der Sharpe-Ratio Gesagte. Bei der Treynor-Ratio allerdings kommt noch etwas hinzu. Es muß zuvor genau festgelegt worden sein, welches das Portfolio, der Index oder die Benchmark ist, bezüglich dessen das Beta ermittelt werden soll. Jedenfalls ist die Treynor-Ratio *nicht benchmarkfrei*. Benötigt wird das Benchmark-Portfolio aber nur, um das Beta zu berechnen. Hier kommt es auf das Risiko der Benchmark im Berichtsjahr und die Korrelation seiner Rendite mit der des zu beurteilenden Portfolios an.

Gelegentlich liegt auf der Hand und wird nicht weiter erwähnt. Wenn beispielsweise ein Manager einen Branchenfonds deutscher Automobilaktien führt, werden alle vermuten, das Beta werde bezüglich des DAX berechnet.

Wenn dem Manager des Spezialitätenfonds die Benchmark nicht genau genannt wurde, wird er sie selbst wählen.

Es ist dann zu unterstellen, daß er ein Portfolio als Benchmark wählen wird, bezüglich dessen das Beta seines Spezialitätenfonds möglichst gering ausfällt. Beispielsweise wird ein Manager eines Thailand-Fonds als Benchmark weder einen Index für Südostasien noch einen für Emerging Markets wählen, weil bezüglich dieser Indizes Thailand noch eine hohe Korrelation aufweist. Statt dessen wird er einen Weltindex wählen und darauf vertrauen, daß die Korrelation zwischen Thailand und der Welt nicht allzu groß ist.

> Oft wird diese Frage gestellt: Sharpe-Ratio oder Treynor-Ratio? Sind im Portfolio keine oder nur wenige andere Assets enthalten, und ist das Gesamtrisiko von Interesse, dann ist von beiden Maßen der Sharpe-Ratio zu wählen. Sind im Portfolio des Investors noch viele andere Assets enthalten, und soll deshalb der Risikobeitrag des gemanagten Portfolios zum Risiko des Gesamtportfolios als Beurteilungsmaßstab gewählt werden, dann ist die Treynor-Ratio geeigneter.

ROLL hat 1978 an einem Beispiel gezeigt und allgemein bewiesen, daß die Benchmark für die Treynor-Ratio von kritischer Bedeutung ist.

Hierzu wurden zwei Portfolios betrachtet, die anhand ihrer Performance in eine Reihenfolge gebracht werden sollten.

- Ist das gewählte Benchmark-Portfolio effizient, dann gibt es einen linearen Zusammenhang zwischen den Betas dieser beiden Portfolios und den korrespondierenden Renditeerwartungen. Die Portfolios wären damit gleich gut.

- Wird dagegen eine Benchmark gewählt, der nicht effizient ist, dann können die zu beurteilenden Portfolios zwar hinsichtlich ihrer Performance verglichen werden, jedoch kann die entstehende Reihenfolge durch Verwendung eines anderen Benchmark-Portfolios umgekehrt werden.[12] Spätere Arbeiten haben die hohe *Sensitivität* der berechneten Maße bezüglich der Wahl der Benchmark bestätigt.[13]

7.2.3 Alpha und Appraisal

Angenommen, eine Benchmark M wurde festgelegt, und im Berichtsjahr hat die Benchmark die Rendite r_M erbracht, also die Überrendite $r_M - i$.

- Wenn man sich die Benchmark als den einen Faktor eines Einfaktor-Modells denkt, und wenn weiter β_P die Sensitivität des zu beurteilenden Portfolios P bezüglich dieses Faktors M beschreibt, dann hätte man als Überrendite des Portfolios $\beta_P \cdot (r_M - i)$ erwartet, nur noch gestört durch das spezifische Risiko des Portfolios P.

- Wie sich das spezifische Risiko des Portfolios im Berichtsjahr einmal realisiert hat, soll ausgeklammert werden. Dann wäre die Differenz zwischen der tatsächlichen Überrendite des Portfolios $r_P - i$ und der aufgrund des Einfaktor-Modells errechneten Überrendite $\beta_P \cdot (r_M - i)$ Ausdruck für das Resultat der besonderen Anstrengungen des Portfoliomanagers.

Die Differenz $\alpha_P \equiv (r_P - i) - \beta_P \cdot (r_M - i)$ heißt **Jensen's Alpha**.[14]

---

[12] RICHARD ROLL: Ambiguity when Performance is Measured by the Security Market Line. *Journal of Finance* 33 (1978), pp. 1051-1069.

[13] BRUCE N. LEHMANN und DAVID M. MODEST: Mutual Fund Performance Evaluation: Comparison of Benchmarks and Benchmark Comparisons. *Journal of Finance* 42 (1987), pp. 233-265.

[14] Dieses Performancae-Maß geht zurück auf MICHAEL C. JENSEN: The Performance of Mutual Funds in the Period 1945-1964. *Journal of Finance* 23 (May 1968), pp. 389-416.

7. PERFORMANCE

Um Alpha zu berechnen, werden für das Berichtsjahr die Monatsrenditen der Benchmark und des Portfolios benötigt. Dann wird zunächst die Sensitivität des Portfolios P bezüglich des Faktors M mit Hilfe einer linearen Regression bestimmt.

Als Beispiel sollen die nachstehenden Daten dienen. Sie geben die Werte des Portfolios sowie der Benchmark in Euro wieder.

Tag	1.1	1.2	1.3	1.4	1.5	1.6	1.7	1.8	1.9	1.10	1.11	1.12	31.12
P	40	41	39	42	44	40	38	38	41	37	38	45	50
M	160	165	158	164	173	159	150	156	160	158	172	186	192

Selbstverständlich erzielte das Portfolio P eine Rendite von 25% während die Benchmark M eine Rendite von 20% erbrachte. Aus den Werten zum Monatsende werden die Monatsrenditen bestimmt (Angaben in Prozent):

Monat	J	F	M	A	M	J	J	A	S	O	N	D
P	2.5	-4,9	7,7	4,8	-9,1	-5,0	0	7,9	-9,8	2,7	18,4	11,1
M	3,1	-4,2	3,8	5,5	-8,1	-5,7	4,0	2,6	-1,3	8,9	8,1	3,2

Der Jahreszinssatz von 4% wird vermöge $(1+i_{12})^{12} = (1+i)$ auf einen äquivalenten Monatszinssatz von 0,33% umgerechnet. Somit ist es möglich, für die Benchmark und für das Portfolio die jeweiligen Überrenditen zu berechnen:

Monat	J	F	M	A	M	J	J	A	S	O	N	D
P	2.2	-5,2	7,4	4,4	-9,4	-5,3	-0,3	7,6	-10,1	2,4	18,1	10,8
M	2,8	-4,6	3,5	5,2	-8,4	-6,0	3,7	2,2	-1,6	8,5	7,8	2,9

Die Monatsüberrenditen werden nun dazu verwendet, die Faktorsensitivität zu schätzen. Das geschieht nach folgender Regressionsgleichung:

$$Monatsüberrendite(P) = 0 + \beta \cdot Monatsüberrendite(M).$$

Die Methode kleinster Quadrate liefert mit der Steigung der Regressionsgeraden die gesuchte Faktorsensitivität.

Nun sollte eine Anlage mit der Faktorsensitivität von $\beta_P = 1{,}23$ eigentlich eine Überrendite von

$$\beta_P(r_M - i) = 1{,}23 \cdot (0{,}2 - 0{,}04) = 19{,}7\%$$

bringen. Tatsächlich hatte das Portfolio P eine Überrendite von

$$r_P - i = 0{,}25 - 0{,}04 = 21\%.$$

Folglich hat das Portfolio besser abgeschnitten, als aufgrund der Faktorsensitivität von 1,23 sowie des mit der Benchmark erzielten Ergebnisses $r_M = 20\%$ zu erwarten gewesen wäre. Das Alpha ist positiv,

$$\alpha_P \equiv (r_P - i) - \beta_P \cdot (r_M - i) = 0{,}21 - 0{,}197 = 1{,}3\%.$$

Das ist ein guter Erfolg des Managers von Portfolio P, der offenbar ganz auf das spezifische Risiko gesetzt hatte. Dabei ist dem Manager entweder Glück widerfahren oder Talent hat ihn zum Erfolg geführt. Ein Manager, der nach Jensen's Alpha beurteilt wird, ist versucht, spezifische Risiken einzugehen. Nur eine Anmerkung: Vielfach werden die Berechnung der Sensitivität und die Ermittlung des Alpha zu einer Regression zusammengefaßt.

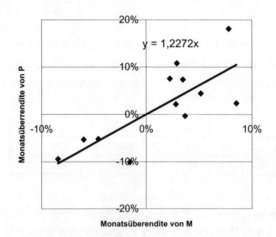

Bild 7-4: Zur Regression der Monatsüberrenditen des zu beurteilenden Portfolios auf die Monatsüberrenditen der Benchmark. Die Faktorsensitivität wird zu 1,23 geschätzt. Die Abbildung zeigt zudem, daß die Überrenditen von P doch nicht so genau mit den Überrenditen von M variieren: Das ist das spezifische Risiko von P.

7. PERFORMANCE

Es sollte deutlich geworden sein, daß Jensen's Alpha nur so aussieht, als habe es mit dem CAPM zu tun. Nochmals: Das CAPM trifft eine Aussage über *Renditeerwartungen*, sagt aber wenig über den Zusammenhang zwischen den Renditen für eine *abgelaufene* Periode. Genau das macht das Faktor-Modell.

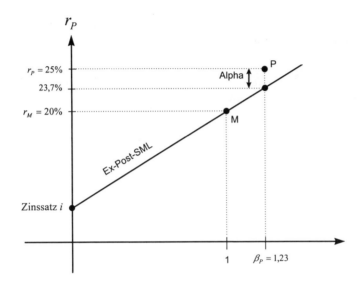

Bild 7-5: Die Rendite der Benchmark M betrug im Berichtsjahr 20%, der Zinssatz 4%. Wird ein Einfaktor-Modell mit M als Faktor zugrunde gelegt, dann hätte ein Portfolio P mit einer Faktorsensitivität von 1,23 — ohne Berücksichtigung des spezifischen Risikos — eine Überrendite von 1,23 mal (20% - 4%), also von 19,7% erbringen müssen. Das wäre eine Rendite von 23,7% gewesen. Tatsächlich hat das Portfolio eine Rendite von 25% erbracht. Also beträgt das Alpha 1,3%.

Jensen's Alpha wird oft in der im Bild gezeigten Weise im Beta-Return-Diagramm veranschaulicht: Es wird die Gerade gezeichnet, die jedem Beta (aufgefaßt als Sensitivität bezüglich des Faktors M) jene Rendite zuordnet, die das Portfolio mit diesem Beta im Berichtsjahr erzielt hätte, wenn es kein spezifisches Risiko gegeben hätte. Die Gerade, die diesen Zusammenhang zeigt, wird dann als **Ex-post-SML** bezeichnet; SML war die Security Market Line.

Im Faktor-Modell wird andererseits deutlich, daß die tatsächliche Rendite eines Portfolios — oder die Überrendite — nicht ganz exakt gleich dem Produkt aus Faktorsensitivität und der Rendite beziehungsweise Überrendite des Faktors ist, weil es noch das spezifische Risiko des Portfolios gibt.

- Man könnte den Erfolg des Portfoliomanagers, ein positives Jensen's Alpha erzielt zu haben, von daher umso höher bewerten, je geringer das spezifische Risiko gewesen ist.

- War andererseits das spezifische Risiko des Portfolios recht groß, hatte der Manager selbst bei einem positiven Alpha vielleicht nur Glück gehabt: Er hat einfach die Karte des spezifischen Risikos gezogen und gehofft, daß ihm das Glück hold sein möge.

Diese Überlegung machen die auf TREYNOR und BLACK zurückgehenden **Appraisal-Ratio** als Kennzahl einsichtig:[15]

$$AR \equiv \frac{Jensen's\ Alpha}{Streuung(e_P)}\ .$$

Die Streuung der Residuen wird geschätzt, wenn die Regression zur Bestimmung der Faktorsensitivität gerechnet wird. Im vorliegenden Beispiel liefert die Regression $R^2 = 0{,}5915$.

Von der Regressionsrechnung her ist bekannt: Das R-Quadrat ist der Quotient zwischen der Erklärten und der Totalen Variation.

Anders ausgedrückt ist R^2 jener Anteil der Variation, welcher durch das Regressionsmodell erklärt wird.

Es bezeichne, wie in der Regressionsrechnung üblich, SSY die Summe der quadratischen Abweichungen der y-Werte von ihrem arithmetischen Mittelwert und SSE die Summe der Quadrate der Residuen. Es gilt

$$R^2 = \frac{SSY - SSE}{SSY}$$

oder umgeformt:

$$SSE = (1 - R^2) \cdot SSY\ .$$

---

[15] 1. JACK L. TREYNOR und FISHER BLACK: How to Use Security Analysis to Improve Portfolio Selection. *Journal of Business* 46 (1973), pp. 66-86. 2. Zum praktischen Einsatz: ROBERT FERGUSON: Performance Measurement Doesn't Make Sense. *Financial Analysts Journal* 36 (1980), pp. 59-69.

1. In unserem Anwendungsbeispiel waren die Monatsrenditen des Portfolios P die Zahlen $y_1 = 2{,}5\%$, $y_2 = -4{,}9\%,\ldots, y_{12} = 11{,}1\%$

2. Ihr Mittelwert beträgt $\bar{y} = 0{,}01663$ und die Quadratsumme der Abweichungen $SSY = ((y_1 - \bar{y})^2 + \ldots + (y_{12} - \bar{y})^2)$ beträgt $0{,}0316$.

3. Die Zahlenwerte $SSY = 0{,}316$ und $R^2 = 0{,}5915$ liefern $SSE = 0{,}0129$. Folglich ist $SSE/11 = 0{,}00117$ die Stichprobenvarianz der Residuen und $0{,}0343$ ist die Streuung der monatlichen Residuen.

4. Wieder rechnen wir die Streuung der Monatsdaten auf die Streuung der Jahresdaten um, indem wir mit $\sqrt{12}$ multiplizieren. Es folgt eine auf das Jahr bezogene Streuung von $11{,}9\%$ für die Residuen.

Im Zahlenbeispiel beträgt daher die Appraisal-Ratio $AR = 1{,}3\% / 11{,}9\% = 0{,}11$.

7.2.4 MM

Kürzlich haben der Nobelpreisträger MODIGLIANI und seine Enkelin eine weitere Form der Risiko-Adjustierung vorgeschlagen.[16]

- Sie gehen genau wie beim Alpha vor und fragen, um wieviel Prozent das zu beurteilende Portfolio im Berichtsjahr besser oder schlechter rentierte als die Benchmark.
- Nur betrachten sie als Risikomaß nicht die Faktorsensitivität, sondern die Renditestreuungen.

Die mit **MM-Ratio** bezeichnete Kennzahl — die Autoren nennen sie schlicht "risk-adjusted performance" — ist also definiert durch

$$MM \equiv (r_P - i) \cdot \frac{SD_M}{SD_P} - (r_M - i).$$

Es handelt sich dabei um jene Überrendite, die im Vergleich zur tatsächlichen Rendite der Benchmark hätte erzielt werden können, wenn das zu beurteilende Portfolio dieselbe Renditestreuung gehabt hätte wie das Benchmark-Portfolio.

Die mit dem zu beurteilenden Portfolio erzielte Überrendite $r_P - i$ wird demzufolge so skaliert, als ob das gemanagte Portfolio dieselbe Renditestreuung gehabt hätte wie die Benchmark. Die derart skalierte Überrendite wird mit jener Überrendite $r_M - i$ verglichen, die im Berichtsjahr die Benchmark zeitigte. Die Differenz beider ist das Performance-Maß MM.

---

[16] FRANCO MODIGLIANI und LEAH MODIGLIANI: Risk-Adjusted Performance. *Journal of Portfolio Management* (Winter 1997), pp. 45-54.

Zunächst fällt auf, daß sich die MM-Ratio so leicht berechnen läßt wie die Sharpe-Ratio. Man benötigt die Monatsrenditen des Portfolios und der Benchmark, und daraus sind schnell die Streuungen SD_P beziehungsweise SD_M ermittelt.

Wird diese Kennzahl durch die Streuung des Marktportfolios dividiert,

$$\frac{MM}{SD_M} \equiv \frac{(r_P - i)}{SD_P} - \frac{(r_M - i)}{SD_M} = SR^{(P)} - SR^{(M)}$$

dann tritt eine Verwandtschaft zur Sharpe-Ratio zu Tage: Die von den beiden MODIGLIANI propagierte Maßzahl ist, vom Faktor $1/SD_M$ (dem Kehrwert der Streuung der Benchmark-Rendite) abgesehen, einfach die Differenz zwischen der Sharpe-Ratio des zu beurteilenden Portfolios und der Sharpe-Ratio der Benchmark.

Diese Eigenschaft macht die MM-Ratio eher interessant: Abgesehen vom Kehrwert der Streuung der Benchmark-Rendite wird durch MM die Sharpe-Ratio des Portfolios mit der Sharpe-Ratio der Benchmark verglichen. So wird einem Anleger sofort klar, ob nun eine Outperformance verzeichnet werden konnte oder nicht.

Basismaß	Definition	Rolle der Benchmark
Sharpe-Ratio	Überrendite, die mit einer Renditestreuung von 1 hätte erzielt werden können	eine Benchmark wird nicht benötigt
Treynor-Ratio	Überrendite, die mit einem Beta von 1 hätte erzielt werden können	eine Benchmark wird nur dazu benötigt, das Beta des Portfolios zu bestimmen
Jensen's Alpha	Gegenüber dem Benchmark (Ex-post-SML) beim Beta des zu beurteilenden Portfolios erreichter Renditeunterschied	die Benchmark ist einerseits erforderlich, das Beta zu berechnen, andererseits ist das Benchmark-Ergebnis im Berichtsjahr Basis für die Berechnung des Renditeunterschieds
Appraisal-Ratio	Jensen's Alpha in Relation zur Streuung des spezifischen Risikos	die Benchmark ist der betrachtete eine Faktor und definiert das spezifische Risiko
MM-Ratio	Gegenüber dem Benchmark (Ex-post-CML) erreichter Renditeunterschied, hätte das zu beurteilende Portfolio die selbe Renditestreuung wie der Benchmark gehabt	das Benchmark-Ergebnis im Berichtsjahr ist die Basis für die Berechnung des Renditeunterschieds und es liefert auch mit dem Benchmark-Risiko die Skalierung

Bild 7-6: Wichtige Merkmale der fünf Basismaße.

7.3 Style-Analyse

Alle vorgestellten Kennzahlen sind letztlich Variationen des Themas: Messe das Risiko des zu beurteilenden Portfolios entweder durch die Renditestreuung in der Berichtsperiode oder durch das Beta bezüglich einer Benchmark. Sodann adjustiere die erzielte Portfoliorendite, indem von dieser ein Abzug für das Risiko vorgenommen wird oder indem es in Relation zum Risiko gesetzt wird. Eventuell wird das risiko-adjustierte Anlageergebnis noch in Bezug zur Benchmark gesetzt.

Entsprechend teilen die vorgestellten Varianten die Perspektive, nach der das Risiko entweder durch die Renditestreuung oder durch Beta erfaßt wird — die Sensitivität bezüglich *eines* Faktors. Rein theoretisch gesehen ist es deshalb leicht, eine Outperformance zu erzielen: Setze auf Einzelanlagen oder auf Gruppen von Einzelanlagen, bei denen die empirischen Untersuchungen zum CAPM vermuten lassen, daß die Renditeerwartung im Vergleich zu Renditestreuung oder zu Beta höher ist, als das CAPM besagt.

Die empirischen Untersuchungen des CAPM und der Einfaktor-Modelle haben aber gerade zur Formulierung von Multifaktor-Modellen geführt. Aus der Perspektive der Multifaktor-Modelle könnten die vorgestellten Performance-Maße verfeinert werden.

Wenn wir an die Definition von Jensen's Alpha denken, tritt die enge Beziehung zum Einfaktor-Modell zum Vorschein. Die Vorgehensweise lautete:

1. Wähle die Benchmark M als Faktor eines Einfaktor-Modells.
2. Ermittle die gesuchte Faktorsensitivität β durch eine Regression der Form $Monatsüberrendite(P) = 0 + \beta \cdot Monatsüberrendite(M)$.
3. Berechne $\beta \cdot (r_M - i)$, also welches im Berichtsjahr die Überrendite eines Portfolios mit diesem β gewesen wäre, wenn es kein spezifisches Risiko gegeben hätte.
4. Vergleiche die tatsächliche Überrendite $r_P - i$ mit der so bestimmten Überrendite $\beta \cdot (r_M - i)$. Die Differenz ist das Alpha.

Dieser Ansatz kann direkt auf ein Mehrfaktor-Modell übertragen werden. Um die Betonung nicht zu sehr auf den Zinssatz zu legen, stellen wir die Sprechweise auf Überrenditen ab. Die Übertragung Jensen's Alpha auf ein Mehrfaktor-Modell lautet dann:

1. Wähle m risikobehaftete Anlagen oder Gruppen von Anlagen oder Indizes $\tilde{F}_1, \tilde{F}_2, ..., \tilde{F}_m$, die als Faktoren eines Multifaktor-Modells betrachtet werden. Beispielsweise könnte es sich hier um ein Bond-Portfolio handeln, um ein Aktienportfolio Europa, ein Aktienportfolio USA, um Branchen, Rohstoffwerte, um kleinere Unternehmen, und so fort. Die Faktoren

sollen im Berichtsjahr die Überrenditen $f_1 - i, f_2 - i, ..., f_m - i$ gehabt haben.

2. Nun wird durch eine multiple Regression festgestellt, welche Sensitivität das zu beurteilende Portfolio in Bezug auf diese Faktoren hat. Diese Sensitivitäten seien mit $\beta_1, \beta_2, ..., \beta_m$ bezeichnet.

3. Berechne, $\beta_1 \cdot (f_1 - i) + \beta_2 \cdot (f_2 - i) + ... + \beta_m \cdot (f_m - i)$, das heißt, die Überrendite eines Portfolios im Berichtsjahr, welches die Faktorsensitivitäten $\beta_1, \beta_2, ..., \beta_m$, aber kein spezifisches Risiko gehabt hätte.

4. Vergleiche die tatsächliche Überrendite $r_P - i$ mit der so bestimmten Überrendite $\beta_1 \cdot (f_1 - i) + \beta_2 \cdot (f_2 - i) + ... + \beta_m \cdot (f_m - i)$. Die Differenz ist wieder das Alpha.

Der Ansatz sieht zunächst wie eine unnötige Verfeinerung von Jensen's Alpha aus. Der Punkt aber ist, daß mit diesem Ansatz die Sensitivitäten $\beta_1, \beta_2, ..., \beta_m$ bestimmt werden. Sie drücken folgendes aus:

> Das tatsächliche Portfolio hat in seinen monatlichen (oder wöchentlichen oder täglichen — je nach Daten) Wertbewegungen sich so verhalten — wenn einmal vom spezifischen Risiko abgesehen wird, wie ein Portfolio, das sich gemäß der Gewichte $\beta_1, \beta_2, ..., \beta_m$ aus jenen Anlagen oder Indizes zusammensetzt, welche die Faktoren repräsentieren. Diese Gewichte werden als **Style** des Portfolios bezeichnet.
>
> Die Berechnung und Interpretation der Sensitivitäten $\beta_1, \beta_2, ..., \beta_m$ heißt **Style-Analyse**.

Die Style-Analyse geht zurück auf SHARPE und wird zur Beurteilung der Anlagepolitik von Institutionen eingesetzt.[17] SHARPE führt aus: *Ultimately one is interested in the investor's exposures to the key asset classes.*

In der Tat liefern die Gewichte $\beta_1, \beta_2, ..., \beta_m$ das Exposure, das mit dem zu beurteilenden Portfolio eingegangen wurde. Dabei werden vielleicht ein Dutzend ($m = 12$) Faktoren verwendet. Alle Faktoren werden durch Assetklassen repräsentiert.

Beispielsweise nennt SHARPE die folgenden zwölf Assetklassen, aber selbstverständlich muß für einen europäischen Investor eine andere Auswahl getroffen

---

[17] 1. WILLIAM F. SHARPE: Determining a Fund's Effective Asset Mix. *Investment Management Review* (December 1988), pp. 59-69. 2. WILLIAM F. SHARPE: Asset Allocation: Management style and performance measurement. *Journal of Portfolio Management* (1992), pp. 7-19. 3. J. A. CHRISTOPHERSON. Equity Style Classifications. *Journal of Portfolio Management* (Spring 1995), pp. 32-46.

werden. 1. Geldmarktpapiere (USD), 2. Staatsanleihen mittlerer Restlaufzeit (USA), 3. Staatsanleihen langer Laufzeit (USA), 4. Anleihen mit geringerer Bonität und Liquidität, 5. Pfandbriefe und *Mortgage-Related Securities*, 6. Blue-Chips Value (USA), 7. Blue-Chips Growth (USA), 8. Aktien mittelgroßer Unternehmen, 9. Aktien kleiner Unternehmen, 10. Ausländische Bonds, 11. Europäische Aktien, 12. Japanische Aktien.

Die multiplen Regression wird mit Tagesdaten gerechnet. Deshalb ist es durchaus möglich, Veränderungen im Style während des Berichtsjahres zu erkennen. Neben der Regression wird die Quadratische Programmierung als Methode zur Bestimmung der Sensitivitäten $\beta_1, \beta_2, ..., \beta_m$ eingesetzt.[18]

Das R-Quadrat R^2 der Regression gibt wieder, welchen Teil der Variabilität der Rendite im Beobachtungszeitraum durch die Renditen der m Assetklassen (Faktoren) erklärt wird. Diese Größe heißt deshalb **Style**. Der Teil der Variabilität der Rendite im Beobachtungszeitraum, der nicht durch die Renditen der m Assetklassen (Faktoren) erklärt wird, der also im Modell ungeklärt bleibt, heißt **Selektivität**. Die Selektivität wird durch $1 - R^2$ gemessen.

Beispiel:

Eine Pensionskasse in Basel läßt sich im Investment-Consulting eine Style-Analyse durchführen. Die Beratungsfirma erachtet diese Indizes als relevant: 1. Frankenobligationen mit langer Laufzeit. 2. Frankenobligationen mit kurzer Laufzeit. 3. Anleihen Euro. 4. Marktindex Immobilien Schweiz. 4. Aktien Blue Chips Schweiz. 5. Aktien Schweiz Mid Caps. 6. Aktien Europa. 7. Aktien USA. 8. Emerging Markets.

Die Regression liefert diese Exposures:

$$\beta_1 = 30\%, \beta_2 = 10\%, ..., \beta_7 = 15\%, \beta_8 = 4\%$$

sowie ein R-Quadrat von 0,88. Der Manager beteuert, sicher nicht 4% des Vermögens in Emerging Markets angelegt zu haben, und überhaupt stimmen die berechneten Proportionen nicht genau mit seinen Gewichten überein. Der Consultant antwortet: "Mag sein, aber in ihren Risikoeigenschaften ist Ihr Portfolio bezüglich der gewählten acht Faktoren genau durch die ermittelten Exposures

---

[18] SHARPE favoroisiert diese Methode: "The use of quadratic programming for the purpose of determinig a fund's exposures to changes in the returns of major asset classes is termed *style analysis*" (p.11, op. cit.) und verweist auf eine frühere Arbeit: WILLIAM F. SHARPE: Determining a Fund's Effective Asset Mix. *Investment Management Review* (December 1988), pp. 59-69. Eine Software-Umsetzung mitsamt der Datenbasis wird unter dem geschützten Produktnamen Style-Analyzer von der Firma Barra vertrieben (URL = http//:www.barra.com)

erfaßt. Ihr Portfolio verhält sich so, *als ob* es so zusammengesetzt gewesen *wäre*. Jetzt sehen wir noch das Alpha an."

Leider erweist sich im Beispiel das Alpha,

$$\alpha \equiv (r_P - i) - [\beta_1 \cdot (f_1 - i) + \beta_2 \cdot (f_2 - i) + \ldots + \beta_m \cdot (f_m - i)],$$

als negativ. Der Consultant interpretiert das negative Alpha mit dem Urteil: "Wenn sie im Berichtsjahr einfach die genannten acht Portfolios mit den Gewichten $\beta_1 = 30\%$, $\beta_2 = 10\%$, ..., $\beta_8 = 4\%$ angelegt und gehalten hätten, wäre die Rendite ihres Portfolios — abgesehen von einem Residuum — monatlich (wöchentlich, täglich) genauso verlaufen wie die ihres tatsächlichen Portfolios. Nur hätten Sie am Jahresende etwas mehr erreicht."

Die Style-Analyse darf als Werkzeug für die benchmarkfreie Performancemessung aufgefaßt werden. In der Tat darf der Manager sein Portfolio managen, ohne daß zuvor eine Benchmark definiert wäre. Erst im nachhinein wird eine Benchmark errechnet, die unter allen aus den Faktoren erzeugbaren Benchmarks dem tatsächlichen Portfolio am nächsten kommt.

Die Style-Analyse ist natürlich bereits während der Zeit der Führung eines Portfolios geeignet, dem Manager wichtige Informationen zu geben. So könnte etwa während eines Anlagejahres bei den wöchentlichen oder monatlichen Sitzungen des Anlagekomitees eine interime Style-Analyse gerechnet werden. Auf diese Weise können frühzeitig die wahren Exposures ermittelt und Korrekturen eingeleitet werden.

7.4 Thema: Lineare Regression

7.4.1 Daten

Gelegentlich ist eine Reihe von Beobachtungswerten $x_1, x_2, \ldots, x_n$ für einen Faktor x zu vergangenen Zeitpunkten oder Perioden $t = 1, 2, \ldots, n$ gegeben. Parallel dazu sei bekannt, welchen Wert $y_1, y_2, \ldots, y_n$, ein Instrument oder Portfolio zu jenen Zeitpunkten oder Perioden hatte.

Bild 7-7: BARR ROSENBERG, geboren 1942, hat zwischen 1975 und 1984 BARRA (Barr Rosenberg Associates) gegründet, eine Gesellschaft, die institutionellen Investoren die für Rechenaufgaben im Bereich des Portfoliomanagements erforderliche Technologie bietet, Software und Know-how. ROSENBERG hat bereits während seiner Zeit in der High School (1956-1959) mehrere Preise gewonnen, darunter den *California Polytechnic University Statewide Mathematics Contest* und den *National Merit Scholarship*. Während seines Studiums 1959-1963 und danach hat sich die Kette höchster Auszeichnungen beschleunigt fortgesetzt. ROSENBERG war von 1963-1965 an der *London School of Economics* und 1965-1968 in *Harvard*. In den Jahren 1968-1983 durchlief er an der School of Business der University of California at Berkeley die akademische Karriere vom *Assistant Professor* über den *Associate Professor* bis zum *Professor*. Er hielt Vorlesungen über Wirtschaftswissenschaften, Ökonometrie, Statistik, Finance und hat auf diesen Gebieten mehr als 50 Aufsätze publiziert. In dieser Zeit hat der das *Berkeley Programm in Finance* begründet und als erster *Chairman* betreut. ROSENBERG hat eine breite Palette von Modellen im Finance gestaltet und in Software umgesetzt; er ist Pionier auf dem Gebiet der Multifaktor-Modelle, der Prognose von Risiken anhand von Fundamentals und der Performance-Attribution. Heute ist ROSENBERG *Managing Director* im Barr Rosenberg Research Center und *Chairman* im Board der Rosenberg Group LLC.

Oft kann dann ein *statistischer Zusammenhang* zwischen den x-Werten und den y-Werten angenommen werden. Beispielsweise könnten die $y_1, y_2, ..., y_n$ in einem linearen Zusammenhang zu den Werten $x_1, x_2, ..., x_n$ des Faktors stehen,

$$y_t = a + b \cdot x_t + e_t,$$

wobei die $e_1, e_2, ..., e_n$ sogenannte **Fehler** (*errors*) darstellen.

Die Zahlen a und b sind **Parameter**. In aller Regel sind zwar die Werte $x_1, x_2, ..., x_n$ und die Zahlenwerte $y_1, y_2, ..., y_n$ gegeben, nicht aber die Werte der Parameter a und b. Es wird zwar *unterstellt*, daß es einen *linearen Zusammenhang* gibt, und es wird versucht, die ihrem Wert nach unbekannten Parameter wenigstens näherungsweise zu bestimmen, zu schätzen. Die Vorgehensweise heißt **Regression**.[19]

Mit den Schätzungen der Parameter steht die Sensitivität der y-Werte in Bezug auf die x-Werte fest. Sie ist durch b gegeben, die Steigung der Geraden, welche den unterstellten linearen Zusammenhang grafisch wiedergibt.

7.4.2 Kleinste Quadrate

Die Standardmethode zur Schätzung der Parameter a und b ist die der kleinsten Quadrate. Dazu werden die Parameter a und b der Geraden so bestimmt, daß die Summe der Quadrate der Abweichungen $e_1^2 + e_2^2 + ... + e_n^2$ möglichst klein wird.

Die Methode kleinster Quadrate für die Regressionsrechnung ist in Taschenrechnern und Programmen für Tabellenkalkulation implementiert. Die Lösungen lauten:

$$\hat{b} = \frac{\sum_{t=1}^{n}(x_t - \bar{x})(y_t - \bar{y})}{\sum_{t=1}^{n}(x_t - \bar{x})^2}$$

$$\hat{a} = \bar{y} - \hat{b} \cdot \bar{x}.$$

---

[19] *Regression*, lateinisch "zurück schreiten": Approximation abhängiger Variablen durch Funktionen unabhängiger Variablen, wobei die Parameter der jeweiligen Funktion zum Beispiel mit der Methode kleinster Quadrate geschätzt werden. Darstellungen der Linearen Regression finden sich in allen Lehrbüchern zu Statistik und Ökonometrie. Eines davon ist: DAVID G. KLEINBAUM, LAWRENCE L. KUPPER und KEITH E. MULLER: *Applied Regression Analysis and Other Multivariable Methods*. PWS-Kent Publishing Company, Boston 1988.

7. PERFORMANCE

Mit dem "Dach" auf den Symbolen für die Parameter a und b soll *zunächst* verdeutlicht werden, daß es sich um Lösungen der Aufgabe handelt, die Summe $e_1^2 + e_2^2 + \ldots + e_n^2$ der Fehlerquadrate zu minimieren. Später werden wir $\hat{a}$ und $\hat{b}$ als *Schätzungen* der Parameter a und b interpretieren, und ein Schätzwert wird in der Statistik üblicherweise durch ein Dach auf dem betreffenden Symbol gekennzeichnet.

Mit $\bar{x}$ wird das arithmetische Mittel aller x – Werte bezeichnet,

$$\bar{x} = \frac{1}{n}\sum_{t=1}^{n} x_t$$

und $\bar{y}$ ist das arithmetische Mittel der Zahlen $y_1, y_2, \ldots, y_n$.

Nachzutragen bleibt: Wird von Hand gerechnet, wird die Formel für $\hat{b}$ in einer äquivalenten Form verwendet, die leichter auszuwerten ist:

$$\hat{b} = \frac{n \cdot \sum_{t=1}^{n} x_t y_t - \left(\sum_{t=1}^{n} x_t\right)\left(\sum_{t=1}^{n} y_t\right)}{n \cdot \sum_{t=1}^{n} x_t^2 - \left(\sum_{t=1}^{n} x_t\right)^2}.$$

Um in einer Anwendung die mit Hilfe der Regressionsrechnung berechnete Sensitivität akzeptieren zu können, sind einige Prüfungen erforderlich. Eine dieser Bedingungen ist, daß der Fehler, gemessen durch die Summe der Fehlerquadrate $SSE = e_1^2 + e_2^2 + \ldots + e_n^2$ keinen zu hohen Wert hat. Genaueres hierzu folgt im nächsten Abschnitt.

7.4.3 Korrelation

Zwei Variablen werden als *positiv* korreliert bezeichnet, wenn "hohe" Werte der einen Variablen typischerweise mit "hohen" Werten der anderen einher gehen, und wenn ein "geringer" Wert der einen Variablen häufig dann anzutreffen ist, wenn auch die andere Variable einen "geringen" Wert aufweist. Die Begriffe "hoch" und "gering" beziehen sich dabei auf einen Vergleich mit den jeweiligen arithmetischen Mittelwerten.

Zwei Variablen werden als *negativ* korreliert bezeichnet, wenn überdurchschnittliche Werte der einen Variablen häufig dann anzutreffen sind, wenn die andere Variable einen Wert unter ihrem Durchschnitt aufweist.

Entsprechend würde in einem ersten Versuch die Korrelation zwischen den Werten $x_1, x_2, ..., x_n$ und $y_1, y_2, ..., y_n$ quantitativ durch die Summe der Produkte

$$(x_1 - \bar{x})(y_1 - \bar{y}) + (x_2 - \bar{x})(y_2 - \bar{y}) + ... + (x_n - \bar{x})(y_n - \bar{y})$$

gemessen werden. In der Tat wird diese Größe noch durch einen Term dividiert, der von den Streuungen der x – Werte sowie der y – Werte abhängt.

> Formal ist der Koeffizient der Korrelation zwischen den Zahlen $x_1, x_2, ..., x_n$ und $y_1, y_2, ..., y_n$ definiert durch:
>
> $$R = \frac{\sum_{t=1}^{n}(x_t - \bar{x})(y_t - \bar{y})}{\sqrt{\sum (x_t - \bar{x})^2 \cdot \sum (y_t - \bar{y})^2}}.$$
>
> So liegt der Korrelationskoeffizient[20] zwischen -1 und $+1$.

Wer von Hand rechnet, wird diese Definition in leicht geänderter Form auswerten:

$$R = \frac{n \cdot \sum x_t y_t - \left(\sum x_t\right)\left(\sum y_t\right)}{\left\{\left[n \cdot \sum x_t^2 - \left(\sum x_t\right)^2\right] \cdot \left[n \cdot \sum y_t^2 - \left(\sum y_t\right)^2\right]\right\}^{1/2}}.$$

Eine dritte, wiederum äquivalente Formel für den Korrelationskoeffizienten unterstreicht den Zusammenhang zwischen Regressionsrechnung und Korrelationsrechnung. Es gilt

$$R = \frac{SD_x}{SD_y} \cdot \hat{b}$$

---

[20] Dieser Korrelationskoeffizient wird auch nach KARL PEARSON benannt — der britische Mathematiker und Biologie lebte von 1857-1936 und war ab 1884 Professor in London. Er steht im Unterschied zu anderen Koeffizienten zur Korrelationsmessung, die für nicht-parametrische Assoziationen entwickelt wurden. Die bekanntesten hierzu wurden von CHARLES EDWARD SPEARMAN entwickelt — der britische Psychologe (1863-1945) schuf um 1904 die Grundlagen der Faktorenanalyse — und von MAURICE G. KENDALL.

7. PERFORMANCE

wobei

$$SD_x = \sqrt{\frac{1}{n-1} \cdot \sum_{t=1}^{n}(x_t - \bar{x})^2}$$

die Streuung der Werte $x_1, x_2, ..., x_n$ bezeichnet und in ganz analoger Definition SD_y die Streuung der Zahlen $y_1, y_2, ..., y_n$ ist.

7.4.4 Grundmodell

Um die Ergebnisse der Regressionsrechnung interpretieren zu können und damit Genauigkeitsaussagen möglich werden, ist ein über die rein rechnerische Verarbeitung von Zahlen hinausgehender modelltheoretischer Rahmen vorauszusetzen.[21]

Ein jedes Modell wird durch Annahmen definiert. Im **Modell der Linearen Regression**

- wird ein Zusammenhang zwischen einer y-Variablen und einer x-Variablen postuliert. Die x-Variable heißt **unabhängig**, die y-Variable **abhängig** — weil jeder y-Wert gleichsam von dem x-Wert abhängt. Die y-Werte werden mit Hilfe der x-Werte "erklärt"; die x-Werte dienen als **Prädiktoren** für die y-Werte.

- Es liegt eine bestimmte Anzahl, sie sei mit n bezeichnet, von **Beobachtungen** $t = 1, 2, ..., n$ vor, für die jeweils der Wert x_t der unabhängigen Variablen feststeht sowie der Wert y_t der abhängigen Variablen.

Annahme 1:

Für jeden Wert der unabhängigen Variablen, insbesondere für die Werte $x_1, x_2, ..., x_n$, wird die jeweilige abhängige Variable als *Zufallsvariable* verstanden.

Sie ergibt sich als Summe einer linearen Transformation des x-Werts und eines zufälligen **Fehlerterms**,

$$\tilde{y}_1 = a + b \cdot x_1 + \tilde{e}_1,$$

---

[21] Überlegungen hierzu und zahlreiche Quellangaben finden sich bei DEIRDRE N. MCCLOSKEY und STEPHEN T. ZILIAK: The Standard Error of Regressions. *Journal of Economic Literature* XXXIV (March 1996), pp. 97-114.

$$\tilde{y}_2 = a + b \cdot x_2 + \tilde{e}_2,$$

$$\ldots$$

$$\tilde{y}_n = a + b \cdot x_n + \tilde{e}_n.$$

Die $\tilde{e}_1, \tilde{e}_2, \ldots, \tilde{e}_n$ sind die mit den n Beobachtungen assoziierten Fehlerterme. Weil diese als *zufällig* erklärt wurden, sind auch die derart definierten abhängigen Variablen $\tilde{y}_1, \tilde{y}_2, \ldots, \tilde{y}_n$ zufällig.

Annahme 2:

Für die den einzelnen Beobachtungen zugeordneten Fehlerterme $\tilde{e}_1, \tilde{e}_2, \ldots, \tilde{e}_n$ gelte:

1. Sie sollen sämtlich den Erwartungswert 0 haben,
2. statistisch voneinander unabhängig sein,
3. alle dieselbe Varianz besitzen, die mit σ^2 bezeichnet sei (Homoskedastizität).
4. Im Hinblick auf statistische Auswertungen wird gefordert, daß die Fehlerterme normalverteilt sind.

Unter der Bedingung normalverteilter Fehlerterme lassen sich die vorangestellten Punkte 1, 2 und 3 der Annahme 2 in folgender Form schreiben:

$$E[\tilde{e}_t] = 0, \; Var[\tilde{e}_t] = \sigma^2, \; \text{für } t = 1, 2, \ldots, n$$

$$\text{und } Cov[\tilde{e}_j, \tilde{e}_k] = 0 \text{ für } j \neq k.$$

Annahme 3:

Zu den n Beobachtungen sind Werte $y_1, y_2, \ldots, y_n$ der abhängigen Variablen gefunden. Der konkrete Zahlenwert y_1 wird als eine Realisation (eine Ziehung) der Zufallsvariablen $\tilde{y}_1$ aufgefaßt, der konkrete Zahlenwert y_2 wird als eine Realisation der Zufallsvariablen $\tilde{y}_2$ verstanden, ... , und die Zahl y_n sei eine Stichprobe der Zufallsvariablen $\tilde{y}_n$.

Im Modell der Linearen Regression tauchen demnach drei Parameter auf, a, b, σ^2, deren Rollen im Modell zwar klar, deren "wahre Werte" jedoch unbekannt sind. Ziel ist es, anhand der Beobachtungen $y_1, y_2, \ldots, y_n$ die Werte der drei Parameter zu schätzen.

7.4.5 Gauss-Markov-Theorem

Unter den getroffenen Modellannahmen 1,2,3 wurden in der Statistik wichtige Aussagen bewiesen. Als bedeutendstes Beispiel sei das Gauss-Markov-Theorem[22] hervorgehoben. Das Theorem besagt, daß die Methode kleinster Quadrate, nun interpretiert als Schätzverfahren, zwei willkommene **statistische Qualitäten** besitzt. Es sei daran erinnert, daß bislang die Methode kleinster Quadrate keine "statistische Schätzmethode" war, sondern lediglich ein Rechenverfahren im Zusammenhang mit konkreten Zahlen, welches der geometrisch anschaulichen und eingängigen Zielsetzung folgte, eine "Gerade durch eine Punktewolke" zu legen.

1. Die mit der Methode kleinster Quadrate berechneten Schätzwerte $\hat{a}$ und $\hat{b}$ der Parameter sind *unverzerrt*. Das heißt, die Schätzmethode — das Rechenverfahren zur Ermittlung der Schätzwerte — läßt erwarten, die wahren Parameter zu treffen. Natürlich kann es im Einzelfall immer Fehler geben. Aber das Verfahren ist so konstruiert, daß zu erwarten ist, die wahren Parameter zu treffen.

2. Die zweite Eigenschaft verlangt eine Vorbemerkung. Es wird wohl auch andere Methoden geben, die Parameter zu schätzen. Jede Methode wird gewisse Fehler aufweisen, die unter anderem von den Zufälligkeiten der Beobachtungen abhängen werden. Die Genauigkeit einer Methode kann durch die Varianz des Schätzfehlers gemessen werden. Die Methode kleinster Quadrate hat nun die *geringste Fehlervarianz* unter allen Methoden oder Schätzverfahren, die unverzerrt und linear sind — Gemeint ist: Die Schätzwerte sind eine lineare Funktion der Realisationen $y_1, y_2, ..., y_n$ der Zufalls*variablen* $\tilde{y}_1, \tilde{y}_2, ..., \tilde{y}_n$. Durchaus dürfen die Schätzwerte in nicht-linearer Weise von den Zahlen $x_1, x_2, ..., x_n$ abhängen, die im Modell "Daten" sind.

7.4.6 Varianzdekomposition

Nachdem die Schätzwerte $\hat{a}$ und $\hat{b}$ berechnet sind, ist die Güte des Modells der Linearen Regression zu beurteilen. Hierzu werden üblicherweise drei Fragen gestellt; die erste und zweite beurteilen die Güte der Erklärung des vorliegenden Datensatzes.

1. War es überhaupt angemessen, einen *linearen* Zusammenhang zu postulieren? Oder wäre ein nicht-linearer Zusammenhang zwischen den Zufallsvariablen $\tilde{y}_t$ und den Daten $x_1, x_2, ..., x_n$ nicht richtiger gewesen?

---

[22] Benannt nach CARL FRIEDRICH GAUSS (1777-1855), dem "König der Mathematiker," und ANDREI A. MARKOV (1856-1922), der noch vorgestellt wird.

2. Wenn hier die Antwort "Ja" lautet: Sind die Fehlerterme klein, so daß die Erklärungskraft des linearen Zusammenhangs *wesentlich* ist?

3. Welches Vertrauen (*Konfidenz*) darf in Prognosen gelegt werden, die mit dem Modell und den Schätzwerten der Parameter durchgeführt werden?

Zur Beantwortung solcher Fragen wird mit Kennzahlen vor allem gemessen, *wie genau* sich unter Kenntnis der Schätzungen $\hat{a}$ und $\hat{b}$ die Werte $y_1, y_2, ..., y_n$ mit Hilfe der Daten $x_1, x_2, ..., x_n$ vorhersagen lassen.

Wir betonen im folgenden die zweite der eben genannten drei Fragen. Zur Beantwortung ist der R^2 – Koeffizient bedeutend, wenngleich dieser Koeffizient nicht allein die endgültige Antwort vermittelt.

Der Koeffizient ist definiert durch

$$R^2 = \frac{SSY - SSE}{SSY}$$

wobei die darin auftauchenden Größen sogleich erklärt werden. Die Bezeichnung ist gerechtfertigt, weil mit einigen Umrechnungen beweisbar ist, daß es sich in der Tat um das Quadrat des zuvor erklärten Korrelationskoeffizienten R handelt.

- Angenommen, es gäbe *kein Modell* zur Erklärung der abhängigen Variablen, der Zufallsvariablen $\tilde{y}_1, \tilde{y}_2, ..., \tilde{y}_n$. Ohne weitere Information würde man ihre Verteilungen vielleicht als identisch unterstellen und anhand der konkreten Werte $y_1, y_2, ..., y_n$ den Mittelwert $\bar{y}$ der Realisationen berechnen,

$$\bar{y} = \frac{1}{n} \cdot \sum_{t=1}^{n} y_t .$$

- Der Aufforderung folgend, *ohne weiteres Wissen* einen Wert für $\tilde{y}_t$ zu prognostizieren, wäre es folglich eine gute Antwort, $\bar{y}$ zu nennen. Die Genauigkeit oder Ungenauigkeit dieses Prädiktors ist durch die Summe der Quadrate der Abweichungen gegeben, durch die *Sum of Squares*, oder wie auch gesagt wird, die **Totale Variation**

$$SSY = \sum_{t=1}^{n} (y_t - \bar{y})^2 .$$

7. PERFORMANCE

- Nun soll zur Vorhersage des Wertes von $\tilde{y}_t$ zweierlei bekannt sein. Erstens soll der Wert x_t der unabhängigen Variablen bekannt sein, und zweitens sollen die Schätzwerte $\hat{a}$ und $\hat{b}$ der Parameter vorliegen. Dann würde der Wert der abhängigen Variablen durch $\hat{y}_t = \hat{a} + \hat{b} \cdot x_t$ prognostiziert werden. Auch hierbei gibt es einen Fehler, nämlich

$$y_t - \hat{y}_t = y_t - \hat{a} - \hat{b} \cdot x_t = e_t.$$

- Die Güte der Prädiktion mit dem Modell kann deshalb durch die Summe der Fehlerquadrate beurteilt werden, durch die **Unerklärte Variation**

$$SSE = \sum_{t=1}^{n}(y_t - \hat{y}_t)^2 = \sum_{t=1}^{n} e_t^2.$$

Also:

- Ohne Modell würde ein Fehler begangen werden, der durch die Totale Variation SSY zu messen ist.
- Mit Modell ist der Fehler durch die Unerklärte Variation SSE gegeben.
- Das Modell wird daher als wesentlich angesehen, wenn SSE deutlich geringer ist als SSY, oder anders ausgedrückt, wenn $R^2 = (SSY - SSE)/SSY$ sehr nahe bei 1 liegt.

Die Bedeutung des R^2 - Koeffizienten soll nun noch etwas anders interpretiert werden. Einige Umrechnungen zeigen, daß

$$SSY - SSE = \sum_{t=1}^{n}(\hat{y}_t - \bar{y})^2$$

gilt. Hierbei handelt es sich um die Quadrate der Unterschiede zwischen den mit dem Modell vorhergesagten Werten $\hat{y}_1, \hat{y}_2, ..., \hat{y}_n$ und dem Mittel $\bar{y}$, also um die auf die Regression zurückgehende Variation, auf die im Modell **Erklärte Variation**.

Die Identität $SSY = (SSY - SSE) + SSE$ oder

$$\sum_{t=1}^{n}(y_t - \bar{y})^2 = \sum_{t=1}^{n}(\hat{y}_t - \bar{y})^2 + \sum_{t=1}^{n}(y_t - \hat{y}_t)^2$$

ist ein grundlegender Zusammenhang, der als *Fundamentalgleichung der Regressionsanalysis* angesprochen wird.

> **Fundamentalgleichung der Regressionsanalysis**: Die Totale Variation ist gleich der Summe aus der Erklärten Variation und der Unerklärten Variation.

Damit ist R-Quadrat der Quotient zwischen der Erklärten und der Totalen Variation. Anders ausgedrückt: R^2 ist jener **Anteil der Variation, der durch das Regressionsmodell erklärt wird**.

7.4.7 T-Statistik

Das Regressionsmodell erscheint damit "leistungsfähig", wenn R-Quadrat nahe bei 1 liegt, beziehungsweise wenn SSE klein in Relation zu SSY ist. Von daher besteht die Versuchung, das Modell zu akzeptieren, sobald R^2 oberhalb einer kritischen Grenze liegt.

- Jedoch gilt zu bedenken, daß R^2 *kein absolutes Maß für die Bestimmtheit* ist. R^2 hängt nämlich von der Steigung der Regressionsgeraden ab und ist deshalb nicht invariant gegenüber Veränderungen der Skalen, in denen die Variablen gemessen werden. Typischerweise nimmt R^2 einen "großen" Wert an, wenn die Regressionsgerade steil ist, und einen "kleinen" Wert, wenn die Regressionsgerade eher flach ist.

- Zwar ist R^2 ein Maß für den Anteil der Variation, der durch das Regressionsmodell erklärt wird, aber anhand von R^2 läßt sich letztlich doch nicht entscheiden, ob der im Modell postulierte lineare Zusammenhang zu verwerfen ist oder nicht.

Es zeigt sich also, daß anders vorgegangen werden muß: Das Regressionsmodell, welches zunächst postuliert, daß der y - Wert vom x - Wert abhängt, verliert seinen Kern, wenn der wahre Parameter b in dieser Beziehung gleich Null wäre, denn dann hätten die x - Werte keinerlei Einfluß. Das Modell wäre demnach als "wesentlich" zu akzeptieren, wenn die Hypothese H_0: $b = 0$ verworfen werden kann.

Würde die Hypothese $b = 0$ akzeptiert (nicht verworfen), dann würde gelten: Entweder hätte im Modell des linearen Zusammenhangs die Kenntnis des x-Werts keinen Wert für die Prognose von $\tilde{y}$ oder aber die wahre Beziehung zwischen den x- Werten und den $\tilde{y}$ wäre nicht-linearer Natur (beispielsweise quadratisch). Wird dagegen die Hypothese $b = 0$ verworfen, dann haben das Modell und die Kenntnis des x- Werts signifikante Bedeutung für die Prognose von $\tilde{y}$. Es kann aber sein, daß es zusätzlich zu dem "linearen" Trend noch eine ihn überlagernde nicht-lineare Komponente in der wahren Beziehung zwischen den Variablen gibt.

Im Prinzip kann diese Hypothese *nicht* verworfen werden, wenn der Schätzwert $\hat{b}$ nahe bei Null liegt. Genaueres liefert die Teststatistik oder Prüfgröße

$$T = \sqrt{n-1} \cdot \frac{SD_x}{\hat{\sigma}} \cdot \hat{b},$$

bei der die geschätzte Steigung $\hat{b}$ der Regressionsgeraden noch mit einem Multiplikator versehen ist. In der Teststatistik bezeichnet SD_x die bereits eingeführte Streuung der Zahlen $x_1, x_2, ..., x_n$, und $\hat{\sigma}$ ist der Schätzwert der Streuung der Fehler. Im Regressionsmodell wird die Varianz der zufälligen Fehler geschätzt durch:

$$\hat{\sigma}^2 = \frac{1}{n-2} \cdot SSE = \frac{1}{n-2} \cdot \sum_{t=1}^{n}(y_t - \hat{y}_t)^2.$$

Für die eben definierte T- Statistik errechnet sich im Fall einer Anwendung eine konkrete Zahl. Im Rahmen des Regressionsmodells ist die Teststatistik jedoch eine Zufallsgröße: Ihr konkreter Zahlenwert hängt davon ab, welche Realisationen $y_1, y_2, ..., y_n$ der Zufallsvariablen $\tilde{y}_1, \tilde{y}_2, ..., \tilde{y}_n$ gerade gezogen worden sind. Sofern die Nullhypothese $H_0: b = 0$ wahr ist, dann folgt die Zufallsgröße T einer t- Verteilung mit $n-2$ Freiheitsgraden.

Die t- Verteilung ist tabelliert, und aus einer Tabelle können "kritische Werte" entnommen werden.

Auch ohne eine Tabelle zur Hand zu nehmen läßt sich als Faustregel sagen, daß die Teststatistik — für n größer als 6 — Werte oberhalb von 2 mit einer Wahrscheinlichkeit von 2,5% und Werte oberhalb von 2,5 mit einer Wahrscheinlichkeit von 1% annimmt.

Hat im konkreten Fall die T – Statistik einen Wert, der *größer* als 2 oder als 2,5 ist, dann ist die Hypothese $H_0: b = 0$ als *äußerst unwahrscheinlich* zu werten. Entsprechend kann geschlossen werden, daß der wahre Parameter von Null verschieden ist, $b \neq 0$. Die im Modell postulierte lineare Abhängigkeit der $\tilde{y}$ – Variablen von den x – Werten ist dann ein signifikanter Informationsgewinn.

8. Risikoaversion

Die Portfoliotheorie gipfelt in der Aussage, alle Anleger würden ein Portfolio wählen, welches eine Kombination der sicheren Anlage und des Marktportfolios ist, und das folglich auf der Kapitalmarktlinie (CML) positioniert liegt. Nun stellt sich die Frage, welches der auf der CML positionierten Portfolios ein bestimmter Anleger wählen sollte.

Die bisherige Antwort lautete: Es kommt auf die Risikoaversion des Investors an. Die Risikoaversion ist ein Fachbegriff der Entscheidungstheorie, eng verknüpft mit der Theorie des Erwartungsnutzens. Das Entscheidungskriterium des Erwartungsnutzens ebenso wie ein klassischer Ansatz müssen besprochen werden.

8. Risikoaversion	**297**
8.1 Entscheidung unter Risiko	**298**
8.1.1 Aus Wahrscheinlichkeitsverteilungen wählen	298
8.1.2 Reserviertes versus freies Kapital	302
8.1.3 Utility minus Disutility	305
8.1.4 Zeithorizont-Effekte?	307
8.1.5 Empfehlung: Konstantes Exposure	308
8.1.6 Die Risikoaversion bestimmen	309
8.2 Bernoulli-Prinzip	**314**
8.2.1 Risikoneutralität	314
8.2.2 Daniel Bernoulli	316
8.2.3 Sicherheitsäquivalent und Risikoaversion	322
8.2.4 Das Hybride Modell	324
8.2.5 Demand for Risk	Error! Bookmark not defined.
8.2.6 Sensitivität	326
8.2.7 Absolute versus relative Risikoaversion	329
8.2.8 Rationalität	331
8.3 Shortfall-Ansatz	**335**
8.3.1 Grundlagen	335
8.3.2 Shortfall-Geraden	338
8.3.3 Praktisches Beispiel	342
8.4 Thema: Risk Ruler	**345**
8.4.1 Alternative	345
8.4.2 Fragenkatalog	346
8.4.3 Ökonometrische Kalibrierung	347

Leider gibt es Diskrepanzen zwischen Modell und Realität. Deshalb soll das Entscheidungsverhalten eines Investors aus verschiedenen Perspektiven behandelt werden.

Um die Risikopräferenz auch in der Praxis erfassen zu können, wird die Frage nach dem nutzenmaximalen Risikoexposure für das freie und das reservierte Vermögen getrennt behandelt — die Unterscheidung dürfte in der Wirklichkeit wesentlich sein und wird im Text erklärt.

Beim freien Vermögen ist die Risikoaversion des Anlegers maßgebend. Beim reservierten Vermögen steht der Shortfall-Ansatz im Mittelpunkt.

8.1 Entscheidung unter Risiko

8.1.1 Aus Wahrscheinlichkeitsverteilungen wählen

Aufgrund der Ergebnisse der Klassischen Portfoliotheorie (Kapitel 4 und 5) wird ein Investor die auf der Kapitalmarktlinie (CML) positionierten Portfolios oder Asset-Allokationen als jene betrachten, aus der es nun *ein* Portfolio oder *eine* Asset-Allokation *auszuwählen* gilt. Nun hatten wir im Kapitel 5 die CML anhand der Pictet-Daten genauer bestimmt und untersucht; es zeigte sich, daß man nicht einfach das Marktportfolio mit einem "gut diversifizierten Portfolio aus Aktien" identifizieren darf. Wir wollen uns aber in diesem Kapitel nicht mit zu vielen Fallunterscheidungen belasten, damit der Kern und die Hauptbotschaft deutlicher zu Tage treten. Aus diesem Grunde wird das Marktportfolio jetzt sprachlich mit einem Aktienportfolio gleich gesetzt. Auch bei der grafischen Veranschaulichung wählen wir die zuvor gefundenen numerischen Parameter der Renditeverteilung eines *Aktienportfolios* als Repräsentanten für das Marktportfolio. Schließlich werden die Portfolios auf der Kapitalmarktlinie als Kombinationen der *sicheren Anlage* und des *Aktienportfolios* angesprochen.

Offensichtlich wäre es einseitig, die Wahl zwischen den zur Wahl stehenden Asset-Allokationen (etwa: Aktiengewichtungen von 0%, 33%, 50%, 66%, 100%) als Auswahl einer Rendite*erwartung* zu sehen. Vielmehr muß ein Investor unter verschiedenen *Wahrscheinlichkeitsverteilungen* wählen. Neben dem Erwartungswert der Renditeverteilung sind auch andere Merkmale der Wahrscheinlichkeitsverteilung relevant, insbesondere natürlich die Renditestreuung — das Risiko.

8. RISIKOAVERSION

Eigentlich wird sich ein Investor nicht direkt für die *Rendite*verteilung interessieren, sondern vielmehr für die Verteilung des Anlage*ergebnisses* zu Ende des Zeitraums, für die jetzt die Asset-Allokation gewählt werden soll. Noch allgemeiner wird sich der Investor für sein Vermögen interessieren, aufgefaßt als Geld*betrag*, das ihm wohl zur Verfügung stehen wird.

Das Vermögen setzt sich selbstverständlich nicht nur aus dem Finanzvermögen allein, sondern ebenso aus den anderen Vermögenspositionen sowie aus Verpflichtungen zusammen. Diese Verallgemeinerung wollen wir hier ausklammern und unterstellen, es komme wesentlich auf das Finanzvermögen an, über das der Investor am Ende der Anlageperiode wohl verfügen können wird. Verschiedene Asset-Allokationen bewirken verschiedene Wahrscheinlichkeitsverteilungen für dieses Endvermögen.

Nun sei angenommen, es gebe keine weiteren stochastischen Teile des Finanzvermögens. Der heute anzulegende Geldbetrag s_0 sei bekannt und beschreibe das derzeit vorhandene Vermögen. Am Ende der Anlageperiode wird also ein Finanzvermögen $\tilde{s}_1 \equiv s_0 \cdot (1+\tilde{r})$ zur Verfügung stehen. Es ist zufällig, genau wie die einfache Rendite $\tilde{r}$ zufällig ist.

> Folglich sind die Beträge, um die es geht, und die einfachen Renditen proportional, das heißt, vom Maßstab abgesehen identisch. Deshalb gelten viele Betrachtungen, die eigentlich auf Beträge abzielen, ebenso für die *einfachen* Renditen.

Die Verteilungen der Programme *Ertrag* mit einer Aktienquote von einem Drittel, *Wachstum* mit zwei Drittel und *Aktien* mit 100% Aktien sollen durch ihre jeweiligen Dichtefunktionen grafisch dargestellt werden.

Angesichts von Illustrationen wie der in Bild 8-1 wird sich ein Anleger schon fragen, ob es sich bei der vergleichsweise geringfügigen Erhöhung der Renditeerwartung von 7,5% bei *Ertrag* auf 9% bei *Wachstum* und 10,5% bei *Aktien* lohnt, das doppelte beziehungsweise das dreifache Risiko einzugehen.

Selbstverständlich darf die Illustration nicht die Argumentation ersetzen. Wie eine Person unter Risiko entscheiden sollte, ist eine Thematik von allgemeiner Bedeutung. Gerade weil die Ergebnisse sowohl von der Entscheidung als auch von extern hinein spielenden Zufallsereignissen abhängen, kann das Pech eine "an sich gute" Entscheidung nachträglich als "Fehler" brandmarken, während durchaus bei Menschen selbst bei geringer Entscheidungsqualität durch Glück in das Licht der Begabten gerückt werden.

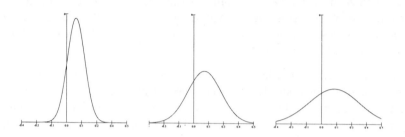

Bild 8-1: Die Verteilungen der drei Programme *Ertrag* (33% Aktien), *Wachstum* (66% Aktien) und *Aktien* (100% Aktien). Die Skalen reichen jeweils von -40% bis +50%. Die Erwartungswerte der drei Verteilungen unterscheiden sich eigentlich nur geringfügig (7,5%, 9%, beziehungsweise 10,5%), aber die Streuungen (Risiken) unterscheiden sich erheblich: 7% bei *Ertrag*, 14% bei *Wachstum* und 20,8% bei *Aktien*. Die Dichtefunktion der schlankeren Verteilung bei 33% Aktien (Erwartungswert 7,5%, Streuung 7%) ist höher als die Dichtefunktion der etwas dickeren Verteilungen bei 66% Aktien (Erwartungswert 9%, Streuung 14%) sowie bei 100% Aktien, weil die Fläche unterhalb der Dichtefunktion stets 1 ergibt. Zugrundegelegt sind wiederum die Pictet-Daten.

Es wurde von daher schon früh versucht, Kriterien aufzustellen, deren Beachtung die Entscheidungsqualität verbessert und die es erlauben — selbst wenn sich später Pech einstellen sollte — die angewandte Sorgfalt und Methodik der Entscheidungsfindung Dritten gegenüber erklären zu können. Überlegungen hierzu stammen aus der Geburtsstunde der Wahrscheinlichkeitsrechnung, als es um die Untersuchung von Glücksspielen ging. Obwohl die Glücksspieler sich vor allem nach dem Erwartungswert orientierten, war bei sequentiellen Spielen auch die Wahrscheinlichkeit eines Ruins von Interesse.

Der wissenschaftliche Durchbruch einer "rationalen" Entscheidungsfindung geht auf VON NEUMANN und MORGENSTERN zurück, die 1944 in ihrem Buch *Theory of Games and Economic Behavior* argumentierten, Entscheidungsträger sollten nicht *ad hoc* vorgehen, sondern sich an solche Vorgehensweisen halten, die gewisse Axiome erfüllten.

Dabei trat zu Tage, daß die für Entscheidungen unter Risiko in Frage kommenden Kriterien alle eine Grundform haben, die bereits 1738 von BERNOULLI vorgeschlagen und begründet worden ist. Es handelt sich bei dieser Grundform um den sogenannten *Erwartungsnutzen*. Hierbei wählt der Entscheidungsträger aus den zur Wahl stehenden "Alternativen" so, daß der Erwartungswert der mit einer Risikonutzenfunktion transformierten Ergebnisse möglichst groß wird.

8. RISIKOAVERSION

Bild 8-2: KENNETH JOSEPH ARROW, geboren 1921, Professor der Stanford University. Er erhielt den Nobelpreis 1972 (zusammen mit SIR JOHN HICKS). ARROW studierte an der Columbia University und schloß mit dem Master in Mathematik 1941 ab. Nach den Jahren des Kriegs und einer Zeit bei der Cowles Commission sowie bei der RAND Corporation begann die Zeit als akademischer Lehrer. Als Orte seines Wirkens sind neben Stanford noch Chicago, Cambridge, Wien und Harvard zu nennen. Vielen Studierenden des Gebiets gesellschaftlicher Wahlhandlungen ist er durch das Arrow'sche Unmöglichkeitstheorem bekannt. In der Tat hat ARROW in mehreren Bereichen der Wirtschaftstheorie hervorragende Arbeiten geleistet, darunter zur Allgemeinen Gleichgewichtstheorie, die er zusammen mit GERARD DEBREU um 1960 entwickelte. In diesem Buch ist ARROW aufgrund seiner Beiträge zur Theorie des Risikos genannt. Durch aktive Teilnahme an einer für das Gebiet richtungsweisenden Tagung über Entscheidungen unter Risiko 1952 in Paris und verschiedene Publikationen, darunter die *Essays in the Theory of Risk-Bearing*, hat er die Theorie des Risikos in der Ökonomie maßgeblich geprägt. ARROW meinte "*... most individuals underestimate the uncertainty of the world. Vast ills have followed a belief in certainty, whether historical inevitability, grand diplomatic designs, or extreme views on economic policy.*"

Das Kriterium des Erwartungsnutzens überzeugt in ökonomischen Modellen. Auf die Entscheidungssituation übertragen könnte gesagt werden: Wenn die Nutzenfunktion des Investors gegeben ist, kann die optimale Asset-Allokation exakt berechnet werden.

Der *Theoretiker* des Finance ist also am Ziel. Leider ist der *praktisch* denkende Portfoliomanager mit dem Kriterium noch nicht viel weiter gekommen.

- Zum einen belegt die Beobachtung von Menschen, daß sie nicht immer die erwähnten Axiome befolgen und ihr Entscheidungsverhalten deshalb auch nicht als Maximierung des Erwartungsnutzens abgebildet werden kann.

- Zum anderen: Selbst wenn unterstellt wird, daß ein Investor nach dem Kriterium des Erwartungsnutzens entscheidet, ist es nicht einfach, die Risikonutzenfunktion für diesen Investor zu bestimmen. Zudem reagiert die Lösung — hier die optimale Asset-Allokation — sehr sensibel auf kleine Variationen bei der Beschreibung des Investors.

Um zu mehr Robustheit zu gelangen, muß eine Palette von Ansätzen besprochen werden.

8.1.2 Reserviertes versus freies Kapital

In jedem Fall soll es auf die Präferenz ankommen, die ein Investor aufgrund seiner finanziellen Situation und im Spiegelbild seiner persönlichen Gefühle und Wertungen letztlich der Entscheidung über die Asset-Allokation zugrunde legt.

Die Präferenz wird unter anderem ausdrücken, wie wichtig dem Investor Chancen sind, also die Möglichkeit zu überdurchschnittlichen Gewinnen.

Die Präferenz wird nichtsdestoweniger ausdrücken, wie nachteilig für den Investor die Möglichkeit zu größeren Verlusten ist. Hierbei ist vermutlich maßgebend, was objektiv sachlich und im subjektiven Fühlen *passiert*, wenn das Anlageergebnis erheblich geringer als erwartet ausfällt. Wenn ein Investor aus dem Anlageergebnis Verpflichtungen zu bedienen hat, dürften die Konsequenzen nicht ausreichender Ergebnisse nachteiliger sein, als wenn der Investor in der Verwendung des Anlageergebnisses weitgehend flexibel ist.

Entsprechend soll vorweg eine *Unterscheidung* getroffen werden. Wie gesagt, dient sie als Hilfe bei der Formulierung der Präferenz des Investors. Viele private und institutionelle Investoren lassen sich dahingehend beraten, welche Präferenz sie der Entscheidung über das Risikoexposure eigentlich zugrunde legen sollten.

Der Ratgeber erhebt als wichtige Determinante der zum Investor "passenden" Präferenz den beabsichtigten **Verwendungszweck** des Anlageergebnisses. Die Frage lautet: "Wozu sparen Sie und mit welchem Ziel wollen Sie die Mittel anlegen?"

- Das Anlageziel kann *konkret* und *spezifisch* sein, weil ein späterer Verwendungszweck bereits geplant ist.

- Das Anlageziel kann andererseits recht allgemeiner Natur sein, beispielsweise wenn der Investor eher das Potential sieht, das Anlageergebnis später einmal doch noch für das eine oder für das andere verwenden zu können, ohne daß zum Zeitpunkt der Anlage bereits ein konkreter Verwendungszweck feststünde.

Wenn das spätere Anlageergebnis oder ein wesentlicher Teil bereits für einen konkrete Absicht geplant ist, dann hat der Investor es sich in seiner Planung gleichsam zur Pflicht gemacht, das Vorhaben zu erfüllen.

Damit ist gemeint, daß der Anleger den Verwendungszweck *inhaltlich* konkret benennen, ihn der finanziellen Größenordnung (dem *Betrag* nach) umschreiben und den *Zeitpunkt* oder den Zeitraum der späteren Verwendung spezifizieren kann.

Der Investor bezieht die Vorhaben und Planungen als Verpflichtung ein, wenn er seine Präferenz bildet. Es werden dann Anlagestrategien gewählt, bei denen es praktisch sicher ist, die Verpflichtung erfüllen zu können. Diese Betrachtung ist eng mit dem Namen LEIBOWITZ verbunden, der entsprechende Fragestellungen mehrfach für institutionelle Investoren (wie Pensionskassen) angegangen ist, die Leistungsversprechen geben und diese Verpflichtungen aus dem Anlageergebnis bedienen müssen.[1]

> Derjenige Teil des Vermögens, der nach realistischem Wertzuwachs zur Erfüllung der geplanten Zwecke oder zur Deckung der Verpflichtung dienen soll, heißt **reserviert** beziehungsweise **gebunden**.
>
> Der Zeitpunkt, zu dem die Verpflichtung fällig wird, ist der **Anlagehorizont**. Reserviertes Vermögen muß vorsichtig angelegt werden, damit mit möglichst großer Wahrscheinlichkeit die Verpflichtung erfüllt werden kann.

Marion Müller verfügt über finanzielle Mittel in Höhe von 100 Tausend Euro. Sie hat eigentlich nur einen Wunsch, der "definitiv erfüllt werden müsse: In fünf Jahren soll es auf Weltreise gehen. Bei heutigen Preisen würde diese Reise mit allem was dazu gehört 50.000 Euro kosten. Es ist aber damit zu rechnen, daß die Reise aufgrund der Teuerung in fünf Jahren 60.000 Euro kosten wird. Andererseits sollte eine Anlagerendite von 8% zu verwirklichen sein. Bei dieser Rendite sind 60.000 Euro in 5 Jahren soviel wert wie 40.000 Euro heute, denn $60 / (1{,}08)^5 = 60 / 1{,}47 \approx 41$. Demzufolge sind von den 100 Tausend 41 Tausend Euro als reserviertes Kapital zu betrachten.

---

[1] 1. MARTIN LEIBOWITZ: Total Portfolio Duration: A New Perspective on Asset-Allokation. Financial Analysts Journal (Spetember-October 1986), pp. 18-29, 77. 2. MARTIN L. LEIBOWITZ und ROY D. HENRIKSSON: Portfolio Optimization with Shortfall Constraints. A Confidence-Limit Approach to Managing Downside Risk. *Financial Analysts Journal* (March-April 1989), pp. 31-41. 3. MARTIN L. LEIBOWITZ und STANLEY KOGELMAN: Asset-Allokation under Shortfall Constraints. *Journal of Portfolio Management* 17 (1991), pp. 5-13.

Wir werden am Ende dieses Kapitels vorschlagen, die Präferenz für das gebundene Vermögen als *Shortfall-Ansatz* zu modellieren. Hierbei wählt der Investor eine *Mindestrendite*, die aufgrund des Anlagezwecks oder der zu erfüllenden Verpflichtung unbedingt erreicht werden sollte. Die Asset-Allokation wird dann so gewählt, daß die Wahrscheinlichkeit, die Mindestrendite nicht zu erreichen, klein bleibt.

Ein wichtiger Punkt bei der Anlage des reservierten Kapitals ist, wie *flexibel* oder wie starr der Anleger bei dem genannten Verwendungszweck ist. Wenn ein Anleger beispielsweise eine Hypothek tilgen muß, möchte er nicht Gefahr laufen, daß das Anlageergebnis nicht ausreicht, die Schulden zu decken.

Um in solchen Fällen einer starren Verwendungsplanung ganz sicher zu gehen, muß das reservierte Vermögen praktisch frei von Risiken angelegt werden. Wenn der Anleger hingegen vorhat, seine Pension aufzubessern, darf von einer größeren *Elastizität* ausgegangen werden. In solchen Situationen darf das reservierte Vermögen durchaus mit etwas Risiko angelegt werden, ohne daß gleich unvorsichtig vorgegangen wird.

📖 Alfred Alfons, Beamter, hat 200.000 Euro gespart und möchte in zehn Jahren mit den Kapitalerträgen seine an sich ausreichende Beamtenpension aufbessern. Hier ist eine große Elastizität zu vermuten. Beate Bauer dagegen war stets freiberuflich tätig. Sie hat 800.000 Euro gespart und möchte in zehn Jahren ganz von den Kapitalerträgen leben. Ein Rente wird sie nicht beziehen. Bei ihr besteht nur geringe Elastizität.

Viele Personen benötigen *nicht* ihr gesamtes Vermögen, um Verwendungszwecke der eben besprochenen, spezifischen Art abzudecken.

Für den restlichen Teil gibt es dann (zunächst) keinen konkreten Verwendungszweck. Weder läßt sich ein solcher zeitlich noch thematisch-inhaltlich spezifizieren. Selbstredend werden befragte Anleger einen allgemeinen Kommentar abgeben, etwa daß sie "für die Zukunft" sparen, oder "etwas im Rückhalt für alle Fälle" wünschen.

> Jener Teil des Vermögens, der nicht reserviert ist, soll als **frei** bezeichnet werden. Das freie Vermögen liefert das Potential, später noch eine Verwendung zu spezifizieren. Zunächst gibt es aber kein "Anlageziel" und auch keinen "Anlagehorizont" für das freie Vermögen. Anders formuliert: Der Anlagehorizont ist unbestimmt.

Allerdings kann der Investor jederzeit freie Mittel in reservierte umwidmen, indem er aus eigenem Antrieb oder in Reaktion auf äußere Veränderungen die Absichten ändert. In diesem Sinn dürften viele freie Mittel nur *bis auf weiteres* frei sein.

Für eine Person, die sich bei der Geldanlage beraten läßt, wäre es daher zweckmäßig, die Wahrscheinlichkeit zu schätzen, mit der es innerhalb der nächsten Jahre zu einer Umwidmung der freien Mittel kommt. Hierbei können die Lebensumstände ein Indiz sein. Oder es ist ein Zeitraum zu bestimmen, innerhalb dessen eine Umwidmung als unwahrscheinlich gilt.

Die freien Mittel werden so angelegt, daß die Person sich mit der dadurch möglichen Renditeerwartung und den eingegangenen Risiken wohl fühlt und nicht in abträglicher Weise unter Wertschwankungen leidet.

Zusammenfassung: Das Vermögen einer Person sollte gedanklich in zwei Teile zerlegt werden.

1. Der eine Teil dient dazu, mit dem Anlageergebnis einen *spezifischen* Zweck zu erfüllen. Dieser Vermögensteil ist nicht frei, sondern *reserviert* beziehungsweise gebunden. Der Verwendungszweck sollte der Art, der Höhe und dem Zeitpunkt oder Zeitraum nach bekannt sein, um als "spezifisch" zu gelten. Der Zeitpunkt oder Zeitraum legt den *Anlagehorizont* fest. Das reservierte Vermögen wird *sicherheitsorientiert* angelegt: Am Ende des Anlagehorizontes soll der geplante Verwendungszweck mit großer Wahrscheinlichkeit erfüllt werden können.

2. Der andere, freie Teil des Vermögens wird nur aus ganz allgemeinen Motiven in Finanzinstrumenten gehalten — für die "Zukunft". Dieser Vermögensteil ist *frei* und wird auf *unbestimmte Zeit* angelegt. Das freie Vermögen wird im Hinblick auf Rendite oder auf Kapitalwachstum investiert. Es ist aber damit zu rechnen, daß der heute vom Anleger als frei deklarierte Vermögensteil irgendwann reserviert wird, indem die Person durch Willensänderung oder aufgrund einer Situationsänderung einen Verwendungszweck spezifiziert.

8.1.3 Utility minus Disutility

Wir beginnen mit der Entscheidung über die Anlage der freien Mittel. Selbstverständlich wird ein Anleger den Erwartungswert der zufälligen Ergebnisse, das heißt, den Erwartungswert der einfachen Rendite, als positiv in das Entscheidungskalkül einbeziehen. Zusätzlich werden aber als negativ die möglichen Abweichungen vom Erwartungswert berücksichtigt.

Niemand würde einzig anhand des Erwartungswertes entscheiden, ohne Abweichungen vom Erwartungswert Aufmerksamkeit zu schenken.[2]

---

[2] Insbesondere werden die Personen nicht in ein Glücksspiel einwilligen, selbst wenn sie erwarten können, genau soviel zu gewinnen, wie sie einsetzen müssen. DANIEL BERNOULLI bemerkt hierzu: *Jeder der beiden Teilnehmer an einem Glücksspiel erleidet selbst dann Nutzeneinbußen, wenn man die Spielbedingungen noch so fair macht — gewiß ein deutlicher Wink der Natur, die Finger vom Glücksspiel zu lassen.*

ROY bemerkt:[3] *"The ordinary man has to consider the possible outcomes of a given course of action on one occasion only ... The average (or expected) outcome, if this conduct were repeated a large number of times under similar conditions, is irrelevant."*

Hier eine Argumentationskette:

1. Ein gutes Maß für Abweichungen vom Erwartungswert ist die Streuung. Folglich würde die Person eine Lotterie gleichsam durch ihren Erwartungswert bewerten, aber davon einen Abzug für die Streuung vornehmen, denn die Streuung erzeugt eine Nutzeneinbuße, Abneigung oder *Disutility*.
2. Dabei ist eine geringe Streuung vielleicht nicht so abträglich. Wenn aber die Streuung immer mehr zunimmt, würde die Disutility stärker als proportional zunehmen.
3. Deshalb darf im Kalkül eines Entscheidungsträgers, der Lotterien zu bewerten hat, der Abzug vom Erwartungswert nicht proportional zur Streuung sein, er muß sich *überproportional* mit der Streuung erhöhen. Eine einfache funktionale Form, die dies ausdrückt, ist ein Abzug in Höhe des Quadrats der Streuung, also ein Abzug in Höhe der Varianz.

Diese Untersuchung führt auf das folgende, klassische Entscheidungskriterium. Es besagt: Was dem Anleger gut tut, ist die erwartete Rendite — eine *Utility*. Was ihm in der Empfindung schlecht bekommt, ist die Varianz — eine *Disutility*. In der Nutzenbilanz wird die Renditeerwartung verglichen mit der Varianz: Utility abzüglich Disutility.

> **Klassisches Entscheidungskriterium**: Der Investor beurteilt jede Anlagestrategie (Asset-Allokation) A aufgrund der in einem Jahr möglichen, zufälligen Ergebnisse Z_A (Wert oder Betrag des Portfolios in einem Jahr) anhand der Zahl
>
> $$E[Z_A] - \frac{\alpha}{2} Var[Z_A]$$
>
> und wählt dann jene Anlagestrategie, bei der diese Zahl am größten ist. Der Parameter Alpha α beschreibt die **Risikoaversion** des Investors; der Kehrwert $1/\alpha$ wird als **Risikotoleranz** bezeichnet.

Die Disutility ist hier proportional zu $\alpha/2$ gewählt, nicht proportional zu α, weil die präsentierte Entscheidungsregel auf diese Weise mit dem hybriden Modell

---

[3] Der Aufsatz von ANDREW D. ROY *Safety First and the Holding of Assets*, aus dem das Zitat stammt, wäre geeignet gewesen, die Portfoliotheorie zu begründen. Er ist 1952 in *Econometrica* erschienen, für ROY leider erst drei Monate nach der Veröffentlichung des Textes von MARKOWITZ.

verträglich ist; α ist dann das bekannte, nach ARROW und PRATT benannte Maß für Risikoaversion ist.

Nun ist das Risiko nach dem in der Portfoliotheorie gepflegten Sprachgebrauch *nicht* die Varianz, sondern die *Streuung* der Rendite. Kurz: Was beim Anleger die Risikoabneigung bewirkt und vom Nutzenempfinden her schlecht bekommt, ist das Quadrat des Risikos. In der Tat wurde eben argumentiert, daß kleine Risiken nicht so abträglich sind. Es kann also durchaus dem Nutzenempfinden der Menschen entsprechen, wenn die Abneigung nicht mit dem Risiko selbst, sondern mit dem Quadrat des Risikos identifiziert wird.

8.1.4 Zeithorizont-Effekte?

Wenn das klassische Entscheidungskriterium so akzeptiert ist, gibt es erhebliche Konsequenzen für die Zeithorizont-Effekte.

- Wir werden später sehen: Mit längerem Anlagehorizont T ist der Erwartungswert der für den ganzen Anlagezeitraum zu berechnenden Rendite (Gesamtrendite) proportional zur Anlagedauer.

- Fernerhin werden wir sehen: Die Streuung der Gesamtrendite wächst nur proportional zur Wurzel $\sqrt{T}$ aus dem Anlagehorizont. Anders ausgedrückt: Die Varianz der Gesamtrendite wächst proportional mit dem Zeithorizont an.

- Der Anleger rechnet so: Utility = Erwartungswert, und das ist eine Größe, die proportional mit dem Zeithorizont wächst. Disutility = Varianz, das ist eine Größe, die ebenso proportional mit dem Zeithorizont wächst.

> Also ist die für diesen Anleger richtige Asset-Allokation *unabhängig* von der Länge des Anlagehorizontes.

Diese Aussage wird bei vielen Lesern und Leserinnen Unverständnis wecken. Ist es nicht so, daß bei einem kurzen Anlagehorizont sichere Anlageformen betont werden sollten, während bei einem langen Anlagehorizont etwas gewagt werden kann? Achtung: Wir sprechen hier von der Asset-Allokation des freien Vermögens. Dieser Vermögensteil wird auf unbestimmte Zeit angelegt, ein Anlagehorizont läßt sich nicht spezifizieren.

Stellen Sie, liebe Leserin, lieber Leser sich vor, sie hätten ein freies Vermögen von 100.000 Euro anzulegen. Ihre Beraterin schlägt dafür 50% Aktien vor, und eigentlich sind sie zufrieden. Ihre Beraterin möchte schon die Börsenaufträge eingeben. Plötzlich kommt es Ihnen in den Sinn: Wenn nur der erste Monat des unbestimmt langen Horizontes betrachtet wird, dann könnte ja in diesem Monat sehr viel an der Börse passieren. Sollte, auf einen Monat bezogen, das mit einer Aktienquote von 50% verbundene Risiko eingegangen werden? Und Sie sagen: "Nein, deshalb möchte ich im ersten Monat der unbestimmt langen

Anlagedauer meines freien Vermögens noch auf Nummer Sicher gehen — keine Aktien im ersten Monat, nur Festgeld." Und Sie erklären weiter: "Heute in einem Monat dann, wenn die unbestimmt lange Anlagedauer beginnt, sprechen wir nochmals über die richtige Aktienquote." Und das Spiel wiederholt sich Monat für Monat.

Zugegeben, die Vertreter der Meinung, Zeithorizont-Effekte existierten und seien positiv, argumentieren anders: Sie wiederholen: Risiko ist gleich Streuung, und die Streuung wächst nur proportional zur Wurzel aus T. Also nehme die Renditeerwartung proportional mit T und das Risiko nur proportional mit $\sqrt{T}$ zu (beides ist richtig). Folglich nimmt bei länger werdendem Horizont das Risiko weniger schnell zu als die Erwartung.

Anders ausgedrückt: In Relation zur Erwartung nimmt das Risiko ab (richtig). Deshalb, so der Schluß, würde es ein Anleger optimal finden, bei längerem Horizont ein höheres Exposure (Aktienquote) zu wählen. Diese letzte Schlußfolgerung ist nur korrekt, wenn die Disutility des Anlegers *proportional zum Risiko* ist — und nicht, wie oben argumentiert, *proportional zum Quadrat des Risikos*.

Advokaten positiver Zeithorizont-Effekte kommen mit einer Konstruktion der Nutzenfunktion des Anlegers, bei der die Disutility eher mit der Renditestreuung als mit der Renditevarianz zusammenhängt: Sie sagen, der Anleger habe eine Mindestrendite und messe die Ausfallwahrscheinlichkeit, also die Wahrscheinlichkeit, die Mindestrendite zu verfehlen. Bei dem dieser Nutzenvorstellung entsprechenden Shortfall-Ansatz ergeben sich positive Zeithorizont-Effekte. Wir kommen darauf im letzten Abschnitt dieses Kapitels und im nächsten Kapitel zurück. In der Tat greifen wir diese Argumentation auf und erachten sie als relevant, allerdings nur für das noch zu erklärende *reservierte* Vermögen.

8.1.5 Empfehlung: Konstantes Exposure

Die für das freie Vermögen gewählte Asset-Allokation sollte der Kunde über den Planungszeitraum beibehalten. Warum?

> Das Gesamtrisiko über diesen Planungszeitraum — und damit die totale Disutility — wird minimiert, wenn das Aktienexposure *nicht* laufend verändert wird.

Ein Kunde, der beispielsweise in der Hälfte des Planungszeitraums 100% Aktien hält und in der anderen Hälfte keine Aktien, hat zwar dieselbe erwartete Rendite, wie wenn er die ganze Zeit über 50% Aktien hielte. Die mit dem Exposure verbundene Disutility ist im letzten Fall jedoch geringer. Zur Veranschaulichung: Die erwartete Gesamtrendite wächst proportional mit der mittleren Aktienquote, das Risiko aber wächst proportional mit dem Mittelwert der Quadratwurzel aus der über die Zeit möglicherweise variierenden Aktienquote. Es liegt also im Interesse des Kunden, die einmal gewählte Aktienquote "durchzuhalten".

- In der Praxis kommt es leider oft dazu, daß die Aktienquote — gemessen an der Präferenz des Investors und der Risikoprämie des Marktes — zu gering festgelegt wird, und daß nach einiger Zeit der Kunde gewahr wird, "Chancen" nicht ergriffen zu haben.

- Ebenso kommt es in der Praxis der Vermögensverwaltung vor, daß die Aktienquote aufgrund einer zu gering eingeschätzten Risikoaversion zu hoch gewählt wird. Plötzlich — meist bei einem Wertrückgang — wird sich der Kunde der Risiken bewußt und ändert die Asset-Allokation.

Wenn eine Anlagepolitik zu sehr auf der sicheren Seite konzipiert ist, ist eine nur mäßige Rentabilität die Folge. Über die Jahre hinweg ist eine zu sichere Anlage eine Politik der versäumten Gelegenheiten, die niemals zurückkehren. Wenn eine Anlagepolitik zu riskant ist, dann können zwar höhere Renditen erwartet werden. Aber die Wahrscheinlichkeit ist dann doch substantiell, daß recht störende Ereignisse und für den Anleger abträgliche Situationen eintreten können.

Vermögensverwalter versuchen, dem Ereignis einer plötzlichen Änderung der Asset-Allokation vorzubeugen.

- Wie ausgeführt, liegt es im Interesse des Kunden, das Risikoexposure über den gesamten Zeitraum konstant zu halten.

- Zum anderen sind die Änderungen der Asset-Allokation ausgesprochen oder unausgesprochen mit einer Kritik an der Beratungsarbeit der Vermögensverwaltung verbunden, und vielfach wechseln die Kunden die Bank.

Aus beiden Gründen widmen Vermögensverwalter bei ihrer Anlagekundschaft der Bestimmung der individuellen Risikoaversion Aufmerksamkeit.

8.1.6 Die Risikoaversion bestimmen

Der Parameter α muß für jeden einzelnen Investor gesondert herausgefunden werden. Zahlreiche Versuchsanordnungen und Befragungen wurden vorgeschlagen, die letztlich zu einer Bestimmung der individuellen Risikotoleranz führen. Solche Tests werden als **Risk Ruler** bezeichnet.

Was kommt am Ende bei einem Risk Ruler für den großen Teil der Bevölkerung heraus? Von FRIEND und BLUME stammt eine empirische Untersuchung, die breite Bevölkerungskreise abdeckt.[4] Die Ergebnisse lassen sich interpretieren:

---

[4] 1. IRWIN FRIEND und MARSHALL E. BLUME: The Demand for Risky Assets. *American Economic Review* (1975), pp. 900-922. 2. IRWIN FRIEND: The Demand for Risky Assets: Some Extensions, in: H. LEVY und M. SARNAT (eds.): *Financial Decision Making under Uncertainty*. Academic Press 1977, pp. 65-82.

Das Produkt aus Risikoaversion α und dem Vermögen liegt bei einer Mehrzahl der privaten Haushalte zwischen 1 und 2.

Es bezeichne b diesen Vermögensbetrag, für den die Asset-Allokation bestimmt werden soll. Aufgrund der Empirie darf für die Mehrheit der Anleger also $1 \leq \alpha \cdot b \leq 2$ angenommen werden.

- Personen mit $\alpha \cdot b \approx 2$ sind stärker risikoavers als der Durchschnitt,
- Personen mit $\alpha \cdot b \approx 1$ sind weniger risikoavers als der Durchschnitt.

Selbstverständlich gibt es auch einige Personen, deren Risikoaversion sich außerhalb des angegebenen Bereichs bewegt. Es handelt sich dabei aber nicht um die Mehrheit.

Indizien für die Risikopräferenz der Anleger bieten auch Umfragen.

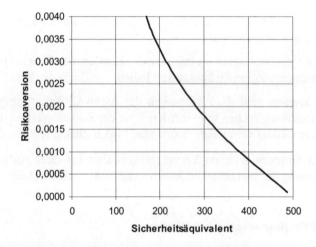

Bild 8-3: Einer Person wird eine Lotterie vorgestellt. Mit Wahrscheinlichkeit ½ gewinnt man 1000 Euro und mit Wahrscheinlichkeit ½ erhält man nichts. Die Person wird gefragt, welchen Betrag sie bereit wäre, für diese Lotterie zu setzen. Ihre Antwort dürfte kleiner als 500 Euro sein, weil das der Erwartungswert der Lotterie ist und risikoaverse Personen es vorziehen würden, anstatt die Lotterie spielen zu dürfen, den Erwartungswert behalten zu können. Viele befragte Personen werden ein Sicherheitsäquivalent zwischen 200 und 400 Euro nennen. Die entsprechenden Werte der Risikoaversion sind angegeben. Grundlage der Berechnung ist das Prinzip des Erwartungsnutzens mit einer exponentiellen Risikonutzenfunktion.

8. RISIKOAVERSION

Sind die Risikoaversion α und der anzulegende Vermögensbetrag b bekannt, kann daraus der optimale Aktienanteil x berechnet werden — die Rechenschritte sind weiter unten ausgeführt. Im Ergebnis findet es die Person optimal, diesen Anteil in Aktien anzulegen:

$$\text{Optimaler Aktienanteil} \quad x = \frac{\mu - i}{\alpha \cdot b \cdot \sigma^2}.$$

Werden die empirisch für die Schweiz gefundenen Zahlen (Pictet-Daten) eingesetzt, eine Risikoprämie von $\mu - i = 0{,}045 = 4{,}5\%$ und eine Streuung $\sigma = 20{,}8\%$ (was eine Varianz von $\sigma^2 = 0{,}043$ bedeutet), dann errechnet sich der gesuchte Aktienanteil, der den Nutzen maximiert, zu

$$\text{Aktienquote} = \frac{0{,}105 - 0{,}06}{\alpha \cdot b \cdot 0{,}043} = \frac{1{,}0465}{\alpha \cdot b} \approx \frac{1}{\alpha \cdot b}$$

Diese Formel ist also anhand der Daten der Finanzmärkte Schweiz bestimmt worden. Leider kennen wir jetzt aufgrund der Untersuchungen von FRIEND und BLUME nur die Risikoaversion der amerikanischen Investoren — bei der Mehrheit liegt das Produkt $\alpha \cdot b$ zwischen 1 und 2 liegt. Trotzdem versuchen wir jetzt nicht, die eben hergeleitete Formel für die Aktienquote nochmals für die Daten der US-Finanzmärkte eigens neu zu berechnen. Setzen wir dennoch $1 \leq \alpha \cdot b \leq 2$ in die anhand der Zahlen Schweiz kalibrierten Formel für die Aktienquote ein, dann zeigt sich: Der überwiegende Teil der Bevölkerung in den USA dürfte sich mit Aktiengewichtungen zwischen fünfzig und einhundert Prozent komfortabel fühlen.

Wie gesagt bezieht sich die zitierte Feldstudie zur Risikotoleranz von FRIEND und BLUME auf die USA. Jüngere Untersuchungen für den deutschen Sprachraum deuten auf eine *eher geringere* Risikotoleranz hierzulande hin.[5] Auch andere Befunde belegen, daß die meisten Personen in Deutschland eine deutliche Sicherheitsorientierung bei der Geldanlage zeigen.

Allerdings trennen die erwähnten Studien nicht zwischen dem reservierten Vermögensteil — jenen Mitteln, die lediglich für eine kurze Zeit *geparkt* werden, weil konkrete Verwendungszwecke oder sogar Verpflichtungen bekannt sind — und dem freien Vermögensteil.

Deshalb kann aus Berichten über die geringe, faktisch von Deutschen, Schweizern und Österreichern gehaltene Aktienquote *nicht* der Schluß gezogen werden, Personen in diesen Ländern wären generell recht risikoavers. Durchaus kann sein, daß die weitaus meisten Mittel deutschsprachiger Anleger dazu dienen, einen nur kurzen bis mittleren Zeitraum bis zur spezifischen Verwendung zu überbrücken.

Dennoch scheint es angebracht, α als etwas größer für Deutsche, Schweizer und Österreicher im Vergleich zu Amerikanern anzunehmen. Der optimale Aktienanteil für das freie Vermögen x wird dadurch kleiner als in den USA. Anscheinend gibt es keine publizierten quantitativen Ergebnisse für Europa. Banken publizieren ihre Daten nicht.

Der Autor hat eine Erhebung in zwei Stufen durchgeführt.

Erste Stufe:

Die Befragten sollten zwischen einem Anlageprogramm *Ertrag* mit 33% und einem Programm *Wachstum* mit 66% Aktienanteil dasjenige wählen, welches ihnen am ehesten für sie persönlich geeignet schien. Die Befragten sollten also direkt wählen. Von über zweihundert Befragten haben 53% sich für "Ertrag" entschieden, 47% für die Asset-Allokation "Wachstum".

> Der empirische Befund lautet, daß im Mittel über die untersuchten Anleger die Aktienquote mit 50% bemessen ist.

Zweite Stufe:

Die Personen waren anschließend aufgefordert, Hinweise zu einigen persönlichen Charakteristika zu geben. Die Gegenüberstellung der persönlichen Charakteristika und der zuvor getroffenen Wahl zwischen "Ertrag" und "Wachstum" deutete darauf hin, daß 80% der Befragten *konsistent* geantwortet hatten: Sie hatten ihre Wahl richtig getroffen in dem Sinn, daß ihre Charakteristika die zuvor direkt getroffene Wahl begründeten.

---

[5] Siehe HORST MÜLLER: Zur Risikobereitschaft privater Geldanleger. *Kredit und Kapital* 11 (1995) 1, pp. 134-160 sowie die dort angegebene Literatur.

8. RISIKOAVERSION

Bei 20% der Befragten hatte es den Anschein, als ob die Charakteristika eine andere Asset-Allokation als die zuvor direkt gewählte nahelegten. Die Vermutung lautet: Bei 20% der Anleger besteht ein tieferer und genauer Beratungsbedarf hinsichtlich der anzuratenden Asset-Allokation, während vielleicht 80% eine konsistente Asset-Allokation direkt benennen können.

	Ertrag: **33% Aktien**	Wachstum: **66% Aktien**
Selbstwahl	53% der Befragten	47% der Befragten
Aufgrund von persönlichen Charakteristika erteilte **Anlageempfehlung**	49% der Beratenen	51% der Beratenen

Bild 8-4: Wenn nur eine Wahl zwischen zwei Asset Allokationen ansteht — 33% beziehungsweise 66% Aktien — deuten die Ergebnisse einer Erhebung darauf hin, daß deutschsprachige Anleger in etwa zur Hälfte mit 33% Aktien zufrieden und richtig beraten sind, und zur anderen Hälfte eben mit 66% Aktien.

Diese mittlere Aktienquote von 50% kann dazu dienen, Investoren zu klassifizieren: Solche mit einer gewünschten Aktienquote von unter 50% sind eher konservativ in ihrer Asset-Allokation, solche mit einer Aktienquote von über 50% sind risikobereiter als der Durchschnitt.

Der Mehrheit der Bevölkerung hierzulande ist *für das freie Vermögen* eine Asset-Allokation zu empfehlen, die zwischen 33% und 66% Aktien liegt.

Zwar gibt es Anleger, die sich mit 0% Aktien am besten fühlen, aber sie sind zunehmend eine Minderheit. Ebenso gehören Anleger, die sich mit 100% Aktien in ihrem Nutzenmaximum fühlen, eine ausgesprochene Minderheit. Der Befund lautet: 33% oder 66% Aktien für das freie Vermögen deutschsprachiger Anleger.

Die Frage steht im Raum, ob in Deutschland, in der Schweiz und in Österreich eine Veränderung für die kommenden Jahre zu erwarten ist.

Zweifellos sprechen Anzeichen dafür, daß die Anleger hierzulande renditebewußter werden. Die Anlagen in Investmentfonds nehmen zu, das klassische Sparbuch-Sparen ist rückläufig. Bildung und Kompetenz in Finanzfragen sind allgemein gestiegen.

Vielleicht ist dieser Trend zu einer etwas geringeren Risikoaversion vor allem in gewissen Teilgruppen anzutreffen. Zwei dieser Gruppen sind offensichtlich die jungen, schon vermögenden Personen (Erbengeneration) und ältere Bürger, die in der richtigen Geldanlage eine neue Herausforderung und einen Lebensinhalt sehen.

8.2 Bernoulli-Prinzip

8.2.1 Risikoneutralität

Stellen Sie sich einen Anleger vor, der einen substantiellen Betrag zunächst für ein Jahr investieren möchte, und hierzu zwei Möglichkeiten X und Y hat. Bei X ist ein Zinssatz von 5% sicher, bei der zweiten Anlagemöglichkeit Y ist die Rendite unsicher, sie wird, jeweils mit Wahrscheinlichkeit ½, entweder -50% oder +62% betragen.

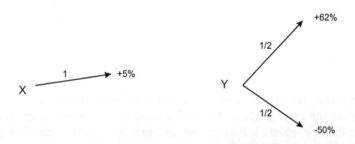

Die Renditeerwartung beträgt folglich $E[Y] = +6\%$. Im Vergleich zum Zinssatz von 5% ist das zwar um 1% mehr, aber diese kleine Erhöhung des Erwartungswerts ist bei Y mit einem beträchtlichen Risiko erkauft.

Ein risikoaverser Anleger, der sich entweder für X oder für Y zu entscheiden hat, wird daher die mit der Erhöhung der Renditeerwartung verbundene Utility bei Y (im Vergleich zu X) der mit dem Risiko von Y verbundenen Disutility gegenüberstellen.

Es ist anzunehmen, daß bei den genannten Zahlen kein *Alltagsmensch* Y gegenüber X vorziehen würde. Immerhin kann bei Y die Hälfte des Einsatzes verloren gehen.

Jedoch könnte man sich in einem *Gedankenexperiment* vorstellen, daß die Risikoaversion einer Versuchsperson, die vor die Entscheidung zwischen X und Y gestellt ist, immer weiter *abnehmen* würde.

Irgendwann ist dann die mit dem Risiko von Y verbundene Disutility so gering, daß die bei Y gegenüber X zu verzeichnende Utility aufgrund der um 1% höheren Renditeerwartung überwiegt. Die Versuchsperson würde ab dann Y vorziehen. Wird die Risikoaversion dann noch kleiner und strebt gegen 0, dann spielt das Risiko überhaupt keine Rolle mehr. Die Versuchsperson achtet dann praktisch nur auf den Erwartungswert.

8. RISIKOAVERSION

> Personen, die bei Entscheidungen unter Risiko die zur Wahl stehenden Möglichkeiten einzig anhand ihres Erwartungswertes beurteilen, werden als **risikoneutral** bezeichnet.

Wie stellt sich ein risikoneutraler Investor das Portfolio aus risikobehafteten Einzelanlagen zusammen?

Als erstes ist festzuhalten: Ein risikoneutraler Investor legt keinen Wert auf Diversifikation. Da Risiken mit keinerlei Disutility verbunden sind, sind Maßnahmen für ihn *nutzlos*, welche die Risiken verringern. Der Risikoneutrale wird daher bei den zur Auswahl stehenden Einzelanlagen in Betracht ziehen, nur eine einzige zu selektieren. Er wird die Einzelanlage mit der höchsten Risikoerwartung auswählen, um die gesamten Mittel auf diese Einzelanlage zu *konzentrieren*.

Als Zweites wird der Investor die Frage stellen, ob er durch einen Lombardkredit den Erwartungswert seiner Anlage noch erhöhen könnte.

Es bezeichne, ähnlich zu den bereits vorgeführten Rechnungen, b den Betrag, über den der Investor verfügt, i_L sei der Zinssatz, zu dem er einen Lombardkredit erhalten kann, y sei die Höhe des gewählten Kredits in Relation zum Anfangsbetrag — das ist die Entscheidungsvariable im Hinblick auf die Verschuldungspolitik (Leverage), also: $y = \textit{Lombardkredit}/b$. Banken beschränken diese Größe — je nach sonstiger Kundenbonität und nach Art der gekauften Wertpapiere — auf etwa 50%.

Zusammen wird von dem betrachteten risikoneutralen Investor der Betrag $b \cdot (1+y)$ auf die eine Einzelanlage mit der höchsten Renditeerwartung konzentriert. Sie habe die Rendite $\tilde{r}_k$, die Renditeerwartung $E[\tilde{r}_k] = \mu_k$ und das Risiko σ_k, $\sigma_k^2 = Var[\tilde{r}_k]$. Es sei $\mu_k > i_L$ angenommen, das heißt, die erwartete Rendite auf die risikobehaftete Anlagemöglichkeit soll größer sein als der Zinssatz für den Lombardkredit.

Am Ende des Jahres ist $b \cdot (1+y) \cdot \tilde{r}_k - b \cdot y \cdot i_L$ als Anlageergebnis erzielt. Das ist eine Zufallsgröße, weil $\tilde{r}_k$ eine Zufallsvariable ist. Bezogen auf die selbst eingesetzten Mittel in Höhe b beträgt die durch Leverage erzeugte Rendite $\tilde{r}(y) = \left(b \cdot (1+y) \cdot \tilde{r}_k - b \cdot y \cdot i_L - b \right) / b$.

Einfache Umformungen zeigen: Die mit Leverage

- erzielte Renditeerwartung beträgt $\mu(y) = \mu_k + (\mu_k - i_L) \cdot y$,
- während das Risiko der Anlage mit Leverage gleich $\sigma(y) = (1+y) \cdot \sigma_k$ ist.

Mit Leverage (Verschuldungspolitik) steigen sowohl die Renditeerwartung als auch das Risiko an.

Ein risikoneutraler Investor wird die mit Leverage verbundene Erhöhung des Risikos nicht als Disutility spüren, wohl aber wird er das "Anhebeln" der Renditeerwartung als Utility erleben. Folglich wird ein risikoneutraler Investor Leverage befürworten.

Wie stark möchte er sich verschulden?

Der risikoneutrale Investor wird sich immer weiter verschulden wollen, solange nur die Bedingung $\mu_k > i_L$ erfüllt bleibt. Es ist dabei zu vermuten, daß dies nicht grenzenlos gilt. Irgendwann wird der Gläubiger den Zins erhöhen, so daß, sobald $\mu_k = i_L$ gilt, eine weitere Verschuldung nicht zu einer weiteren Erhöhung der Renditeerwartung führt.

Jedenfalls wird der risikoneutrale Investor immer weiter Geld aufnehmen und alles auf die gewählte risikobehaftete Anlage setzen. Dieses "Eintauchen" heißt **Plunging Behavior** (von *to plunge* = sich hinein stürzen, hinein tauchen).

Diese Betrachtung erlaubt den für das praktische Portfoliomanagement wichtigen Schluß:

1. Je *geringer* die Risikoaversion eines Investors ist, desto geringer ist der mit Diversifikation verbundene Nutzenvorteil und desto eher können im Portfolio nach ihrer Renditeerwartung selektierte Einzelanlagen gewichtet werden, wobei durchaus *vom Marktportfolio etwas abgewichen* wird. Außerdem kann bei sehr geringer Risikoaversion eines Investors ein eventueller Lombardkredit den Nutzen erhöhen.

2. Je *größer* die Risikoaversion eines Investors ist, desto höher ist auch der mit Diversifikation verbundene Nutzenvorteil. Es muß sorgfältiger diversifiziert werden. Abweichungen vom Marktportfolio zugunsten der Selektion "interessanter" Titel sind zu vermeiden. Eine Verschuldungspolitik verbietet sich.

8.2.2 Daniel Bernoulli

Daß Menschen ein abträgliches Nutzenempfinden gegenüber Risikosituationen haben, welches von der Risikoneutralität deutlich abweicht, ist seit Jahrhunderten bekannt. Ein zahlenmäßiges Beispiel liefert das **Petersburger Spiel**.

Ein Spieler zahlt einen bestimmten Geldbetrag als Einsatz an den anderen Spieler oder an die Bank und beginnt eine Münze zu werfen. Hier die Spielregeln. Im Original sind die Auszahlungen halb so groß, wie hier aus didaktischen Gründen angegeben:

- Kommt beim ersten Wurf *Kopf*, erhält der Spieler von der Bank 2 Rubel und das Spiel ist beendet — dieser Spielausgang hat die Wahrscheinlichkeit ½.

8. RISIKOAVERSION

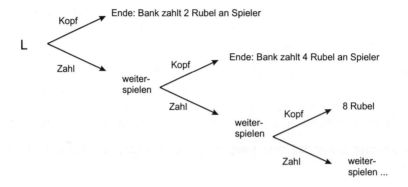

- Kommt beim ersten Wurf *Zahl* und beim zweiten Wurf *Kopf*, erhält der Spieler 4 Rubel und das Spiel ist beendet — dieser Spielausgang hat die Wahrscheinlichkeit ¼.
- Kommt zum ersten Mal beim dritten Wurf *Kopf*, erhält der Spieler 8 Rubel und so fort:

Kommt erst beim n-ten Wurf *Kopf*, erhält der Spieler 2^n Rubel. Dieser Spielausgang hat die Wahrscheinlichkeit $1/2^n$. Insgesamt berechnet sich der Erwartungswert $E[L]$ dieser Lotterie L so:

$$E[L] \;=\; \frac{1}{2}\cdot 2 + \frac{1}{4}\cdot 4 + \frac{1}{8}\cdot 8 + \ldots + \frac{1}{2^n}\cdot 2^n + \ldots \;=\; 1+1+1+\ldots+1+\ldots \;=\; \infty$$

Ein Spieler kann erwarten, unendlich viel zu gewinnen.

Wäre ein Spieler risikoneutral, würde er das Petersburger Spiel selbst dann als attraktiv empfinden, wenn der von der Bank verlangte Einsatz sehr groß wäre, etwa eine Million Rubel. Das Spiel wurde in Petersburg vor 300 Jahren gern gespielt, wobei berichtet wird, daß die Spieler eigentlich nie mehr als einige wenige Rubel zu setzen bereit waren. Versuche der Bank, den von ihr verlangten Einsatz zu erhöhen, endeten stets damit, daß niemand aus dem Publikum mehr bereit war zu setzen, obwohl allen Spielern bekannt war, daß der Erwartungswert der Auszahlungen unendlich ist. Voraussetzung ist, daß die Bank das Spiel, falls es der Spielgang erfordert, ohne Beschränkung durchhalten kann.

Wenn die Bank nur 2 Rubel in ihrer Kasse hätte, müßte sie schon zugeben, gesprengt zu sein, wenn beim ersten Wurf Zahl kommt. Wenn die Bank nur 4 Rubel in ihrer Kasse hätte, müßte sie sich schon geschlagen geben, wenn der Spieler zweimal Zahl werfen würde. Wenn die Bank nur über 2^m Rubel verfügt, müßte sie passen, wenn der Spieler die ersten m – mal Zahl wirft. Denn angenommen, der Spieler habe bereits $(m-1)$ – mal Zahl geworfen.

Jetzt kommt der m – te Wurf der Münze. Kommt Kopf, wird das Spiel regulär beendet und die Bank zahlt ihren Kassenbestand von 2^m Rubel an den Spieler. Kommt Zahl, muß sich die Bank geschlagen geben, Konkurs anmelden, und der Spieler nimmt sich, was in der Kasse der Bank liegt, das heißt, 2^m Rubel.

Der Erwartungswert bei einem auf 2^m Rubel beschränktem Kassenbestand ist daher

$$E[L_m] = \frac{1}{2} \cdot 2 + \frac{1}{4} \cdot 4 + \ldots + \frac{1}{2^{m-1}} \cdot 2^{m-1} + \frac{1}{2^m} \cdot 2^m + \frac{1}{2^m} \cdot 2^m = m - 1 + 1 + 1 = m + 1$$

Hat die Bank beispielsweise $2^{20} = 1048576$ Rubel, also etwas mehr als eine Million, kann der Spieler erwarten, 21 Rubel zu gewinnen. Auch bei begrenzter Kasse der Bank ist der Erwartungswert für den Spieler, wenngleich nicht unendlich, recht groß.

Dennoch waren die Spieler nur zu verhältnismäßig geringen Einsätzen bereit. Dieser Sachverhalt des Auseinanderklaffens von Einsatz und Erwartung wird heute als das **St. Petersburger Paradox** bezeichnet.

Diese und andere Beobachtungen haben DANIEL BERNOULLI 1738 zunächst dazu veranlaßt, zu untersuchen, wie eine "vernünftige" Person unter Risiko entscheiden sollte.[6] Er betont, daß eine Person eine Lotterie *nicht* anhand des Erwartungswertes *der Ergebnisse (Geldbeträge)* beurteilen sollte.

Statt dessen empfiehlt BERNOULLI als Grundregel:

> Eine Person solle bei einer Lotterie zunächst bestimmen, welcher Nutzen jeweils mit den möglichen Gewinnbeträgen verbunden ist. Darauf solle sie eine Lotterie durch den Erwartungswert der Nutzen bewerten.

8. RISIKOAVERSION

Bild 8-5: DANIEL BERNOULLI (geboren 1700 in Groningen, gestorben 1782 in Basel), Arzt, Physiker und Mathematiker. Der Vater war JOHANN I. BERNOULLI (1667-1748) und dessen älterer Bruder der bereits erwähnte JACOB I BERNOULLI — von dem das Gesetz der Großen Zahl stammt. JOHANN I hatte fünf Söhne, von denen DANIEL, NICOLAUS II (1695-1726) und JOHANN II (1710-1790) Akademiker waren. DANIEL sollte Kaufmann werden, durfte dann aber doch Medizin studieren und wurde praktischer Arzt in Venedig. Im Jahr 1725 erregte DANIEL mit der Integration der später nach RICCATI (1674-1754) benannten Differentialgleichung Aufsehen; er wurde daraufhin nach St. Petersburg auf den Lehrstuhl für Mechanik berufen. Im Jahr 1733 kehrte DANIEL in die Schweiz zurück: Er hatte an der Universität Basel zunächst den Lehrstuhl für Anatomie und Botanik und ab 1750 den für Physik inne. Die Familie BERNOULLI war vor 1570 von Antwerpen nach Frankfurt gegangen und von dort nach Basel gezogen. Sie hat noch weitere Mathematiker und Astronomen hervorgebracht. Für weitere Informationen vergleiche die Internet-Präsentation der Bernoulli-Edition unter http://www.ub.unibas.ch/spez/bernoull.htm

Zitat: "Man darf freilich den Gewinn nicht nach seinem Geldbetrag, sondern muß ihn nach dem jeweiligen Nutzen bemessen, den jemand daraus zieht. Der Geldbetrag hängt von der Sache selbst ab und ist für alle derselbe; der Nutzen dagegen wird von den persönlichen Verhältnissen des einzelnen beeinflußt. So hat ein Gewinn von 1000 Dukaten für einen Armen zweifellos größeren Nutzen als für einen Reichen, obwohl der Geldbetrag für beide gleich ist."

---

[6] DANIEL BERNOULLI: Specimen Theoriae Novae de Mensura Sortis. *Commentarii Academiae Scientiarum Imperiales Petropolitanae* 5 (1738), pp. 175-192. Englische Übersetzung von L. SOMMER: Exposition of a New Theory on the Measurement of Risk. *Econometrica* 22 (1954), pp. 23-36. Deutsche Übersetzung aus dem Lateinischen von LUTZ KRUSCHWITZ und PETER KRUSCHWITZ in: *Die Betriebswirtschaft* 56 (1996) 6, pp. 733-742. Aus dieser Übersetzung des Berliner Professors und seines Sohns sind die nachstehenden Zitate entnommen.

- Eine Person wird eine Lotterie X, bei der die Ergebnisse $x_1, x_2, ..., x_n$ möglich sind und mit den Wahrscheinlichkeiten $p_1, p_2, ..., p_n$ eintreten, anhand des **Erwartungsnutzens** bewerten.

- Dazu hat die Person eine individuelle Funktion u, die sogenannte **Risikonutzenfunktion**. Mit dieser Funktion werden die einzelnen Ergebnisse, die auftreten können, bewertet, $u(x_1), u(x_2), ..., u(x_n)$.

- Darauf wird der Erwartungswert dieser Nutzen der Einzelergebnisse gebildet. Insgesamt wird die Lotterie X bewertet anhand

$$E[u(X)] = p_1 \cdot u(x_1) + p_2 \cdot u(x_2) + ... + p_n \cdot u(x_n).$$

- Soll die Person zwischen dieser Lotterie X und einer weiteren Lotterie Y wählen, wobei Y die Ergebnisse $y_1, y_2, ..., y_m$ habe, welche mit den Wahrscheinlichkeiten $q_1, q_2, ..., q_m$ eintreten mögen, dann verhilft die Risikonutzenfunktion u der Person auch zur Berechnung des Erwartungsnutzens von Y,

$$E[u(Y)] = q_1 \cdot u(y_1) + q_2 \cdot u(y_2) + ... + q_m \cdot u(y_m).$$

- Sofern der Erwartungsnutzen von Y größer ist als der von X, $E[u(Y)] > E[u(X)]$, hat die Person bei Y einen höheren Nutzen und zieht Y vor.

Ein Beispiel, es stammt von BERNOULLI selbst. Wir verwenden auch die von ihm unterstellte Risikonutzenfunktion, den Logarithmus, $u(x) = \ln(a+x)$; a ist ein Parameter, der diese Risikonutzenfunktion näher für die betrachtete Person spezifiziert; durchaus darf sie als das "Vermögen" der Person interpretiert werden.

Wir werden später noch andere Beispiele für die Risikonutzenfunktion betrachten, aber jetzt halten wir uns am historischen Beispiel:

"Gaius, der in Petersburg lebt, hat in Amsterdam Ware gekauft, die er in Petersburg für 10.000 Rubel verkaufen könnte, wenn sie denn dort wäre. Er bemüht sich also um die Verschiffung nach Petersburg, ist aber nicht sicher, ob er die Ware versichern soll oder nicht. Dabei weiß er, daß von 100 Schiffen, die um diese Jahreszeit von Amsterdam nach Petersburg aufbrechen, durchschnittlich 5 verloren gehen. Jedoch kann er keine Transportversicherung für weniger als 800 Rubel finden, was er für überzogen hält. Gefragt wird nun, wie groß das Vermögen des Gaius — sieht man von der Ware ab — sein muß, damit er vernünftigerweise auf die Versicherung verzichten könnte."

Die Wahl besteht zwischen zwei Lotterien:

8. RISIKOAVERSION

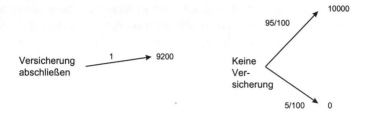

Die beiden Erwartungsnutzen stimmen überein, wenn

$$\ln(b+9200) = \frac{95}{100} \cdot \ln(b+10000) + \frac{5}{100} \cdot \ln(b+0)$$

gilt, und das ist der Fall für $b = 5042$. BERNOULLI führt dieses Beispiel noch fort und fragt, …"wie groß das Vermögen von jemandem vernünftigerweise mindestens sein muß, der sich für 800 Rubel als Versicherer zur Verfügung stellt." Der Versicherer, er habe die Risikonutzenfunktion $u(x) = \ln(c+x)$, ist also gerade indifferent zwischen den beiden Lotterien:

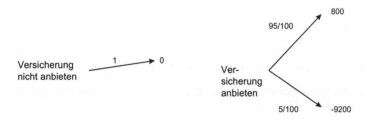

Also gilt $\ln c = \frac{95}{100} \cdot \ln(c+800) + \frac{5}{100} \cdot \ln(c+9200)$, und daraus folgt $c = 14242$.

BERNOULLI führt dieses Beispiel noch fort und bemerkt schließlich:

"Obwohl allerdings jemand mit gesundem Menschenverstand das meiste davon recht gut versteht und auch entsprechend handelt, so dürfte doch kaum jemand geglaubt haben, daß es möglich sei, die Dinge so präzise zu definieren wie das in unseren Beispielen geschehen ist."

Nur noch eine Schlußbemerkung. Mit der Risikonutzenfunktion wird das in Geld ausgedrückte **Gesamtergebnis** eine Person ausgedrückt, nicht nur die von der anstehenden Entscheidung beeinflußten Ergebnisse selbst. Entsprechend findet man oft Formulierungen der Art, bei denen der Risikonutzen beispielsweise mit $\ln(w+x)$ bezeichnet wird; w (wie *wealth*) ist dann das Vermögen, über das die Person ohnehin verfügt, und x ist das Ergebnis einer Entscheidung, das zu w noch hinzukäme. Genau das hat Bernoulli in seinen Beispielen gemacht, etwa als er den Parameter w als **Vermögen** bezeichnete. Diese spezielle Risikonutzenfunktion, der Logarithmus, wird heute als **Bernoullinutzen** bezeichnet.

8.2.3 Sicherheitsäquivalent und Risikoaversion

Die vorgeführten Beispiele untersuchten immer Situationen, in denen die Person *indifferent* war, eine sichere Zahlung zu erhalten beziehungsweise eine Lotterie.

> Ein Geldbetrag, dessen Höhe so bemessen ist, daß er im Sinne der Nutzenvorstellung des Individuums äquivalent zu einer Lotterie ist, heißt **Sicherheitsäquivalent** dieser Lotterie.

Es sei Z eines der unsicheren Ergebnisse, aus denen die Person wählt. Ferner bezeichne c_Z jenes — vielleicht hypothetische — *sichere* Ergebnis, welches für die Person denselben Nutzen wie die Lotterie Z bietet,

$$E[u(w+Z)] \equiv E[u(w+c_Z)] = u(w+c_Z) \ .$$

Kurz, c_Z ist sicher und hinsichtlich des Nutzens äquivalent zu Z. Deshalb wird c_Z als *Sicherheitsäquivalent* von Z bezeichnet. Wieder haben wir mit w das Vermögen bezeichnet, über das die Person ohnehin verfügt.

Wir wollen diesen Punkt aber nicht überbetonen, und schreiben die letzte Gleichung einfacher in der Form

$$E[u(Z)] \equiv E[u(c_Z)] = u(c_Z)$$

Wenn die Umkehrfunktion u^{-1} von u existiert (und davon ist auszugehen, weil die Risikonutzenfunktion monoton zunehmen wird), dann kann das Sicherheitsäquivalent in dieser Form geschrieben werden:

$$c_Z = u^{-1}\bigl(E[u(Z)]\bigr)$$

> Definition: Eine Person wird als **risikoavers** bezeichnet, wenn ihr Sicherheitsäquivalent stets kleiner ist als der Erwartungswert einer Lotterie. Anders ausgedrückt: Die Person ist risikoavers, wenn sie, vor die Wahl gestellt, entweder eine risikobehaftete Lotterie L zu nehmen oder eine sichere Zahlung in Höhe des Erwartungswertes $l = E[L]$, die sichere Zahlung in Höhe des Erwartungswertes der Lotterie vorzieht.

Diese Definition geht auf ARROW zurück.[7] Offensichtlich werden bei allen Personen die Risikonutzenfunktionen eine Gemeinsamkeit haben: Sie werden, wie bereits erwähnt, alle monoton steigen — die erste Ableitung der Risikonutzenfunktion einer jeden Person wird positiv sein, $u' > 0$. Überdies gilt: Genau dann, wenn die Funktion u konkav ist, wenn mithin ihre erste Ableitung immer kleiner wird, zeigt die Person risikoaverses Entscheidungsverhalten. Äquivalent zu der Aussage, die erste Ableitung der Risikonutzenfunktion werde immer kleiner, ist die, daß die zweite Ableitung negativ ist, $u'' < 0$.

Personen mit einer linearen Risikonutzenfunktion, $u'' \equiv 0$, verhalten sich risikoneutral; sie wählen zwischen zwei Lotterien jene, die den höheren Erwartungswert hat. Risikoneutrale Entscheidungsträger orientieren sich nicht an den weiteren Parametern oder Momenten einer Verteilung; sie urteilen einzig aufgrund des Erwartungswerts.

Das Ausmaß der Risikoaversion kann deshalb durch die **Stärke der Konkavität** der Risikonutzenfunktion gemessen werden. PRATT hat 1964 vorgeschlagen, die Risikoaversion durch

$$RAV(x) = -\frac{u''(x)}{u'(x)}$$

zu messen, und er zeigte, daß die so definierte Risikoaversion sich in verschiedenen Abschätzungen gut verwenden läßt.[8]

---

[7] Man kann versuchen, die Risikoaversion auf unsichere Handlungskonsequenzen auszudehnen, bei denen Wahrscheinlichkeiten *nicht* angegeben werden können, hierzu: ROLF KOTZ und KLAUS SPREMANN: Risk-Aversion and Mixing. *Journal of Economics* 41 (1981) 2-4, pp. 307-328.

[8] Literatur: 1. JOHN W. PRATT: Risk Aversion in the Small and in the Large. *Econometrica* 32 (1964), pp. 122-136. 2. KENNETH J. ARROW: The Role of Securities in the Optimal Allocation of Risk-Bearing, *Review of Economic Studies* 1964, pp. 91-96. 3. STEPHEN ROSS: Some stronger measures of risk aversion in the small and large with applications. *Econometrica* 49 (1981), pp. 621-638. 4. JOHN W. PRATT und R. J. ZECKHAUSER: Proper Risk Aversion. *Econometrica* 55 (1987), pp. 143-154. 5. MILES S. KIMBALL: Precautionary Saving in the Small and in the Large. *Econometrica* 58 (1990) 1, pp. 53-73. 6. K. G. KALLBERG und WILLIAM T. ZIEMBA: Comaprison of alternative utility functions in portfolio selection problems. *Management Science* 29 (1983), pp. 1257-1276. 7. Einen neueren Überblick bieten YUMING LI und WILLIAM T. ZIEMBA: Univariate and multivariate measures of risk aversion and risk premiums. *Annals of Operations Research* 45 (1993), pp. 265-296.

Die Risikoaversion $RAV(x)$ hängt im allgemeinen noch vom Argument x ab. Für die spezielle Klasse exponentieller Nutzenfunktionen

$$u(x) = -\exp(-\alpha \cdot x), \; \alpha > 0,$$

jedoch ist die Risikoaversion konstant, $RAV(x) \equiv \alpha$.

> **Konstante Risikoaversion** liegt vor, wenn die Person anhand des Erwartungsnutzens entscheidet und dabei als Risikonutzenfunktion eine Exponentialfunktion zugrunde legt.

Konstante Risikoaversion hat eine besondere Implikation. Wenn eine Person bereits über das Vermögen w verfügt und nun noch die Wahl zwischen Lotterien $\tilde{x}$ und $\tilde{y}$ hat, wobei die Ergebnisse der gewählten Lotterie dann zum Vermögen w noch hinzukommen, dann ist das Entscheidungsverhalten unabhängig von der Höhe dieses Vermögens. Insbesondere ist das Sicherheitsäquivalent, mit dem die Person eine Lotterie bewertet, unabhängig davon, was sie "sonst noch and Geld hat." Vermutlich werden viele Leserinnen und Leser darin übereinstimmen, daß diese Eigenschaft zumindest dann gelten soll, wenn die möglichen Variationen des Vermögens klein sind. Wenn beispielsweise ein Investor sich für ein bestimmtes Portfolio entschieden hat und nun einen Bescheid seiner Rentenversicherung erhält, in dem ihm seine Ansprüche mitgeteilt werden, diese aber um 100 Euro kleiner ausfallen, als der Investor ursprünglich dachte, dann würde bei konstanter Risikoaversion sein Portfolio nicht revidieren. Es soll damit nicht gesagt werden, daß dies bei den meisten Menschen so sei, aber diese Eigenschaft des durch konstante Risikoaversion abgebildeten Entscheidungsverhaltens sollte doch erwähnt sein.

Bei der von BERNOULLI verwendeten logarithmischen Nutzenfunktion war diese Eigenschaft gerade nicht gegeben. Das Entscheidungsverhalten hängt sehr wohl vom Vermögen ab, und BERNOULLI hat diese Tatsache gerade dazu verwendet, das "kritische" Vermögen zu errechnen.

8.2.4 Das Hybride Modell

Nun hatten wir zuvor den Investor so beschrieben, daß er nach dem klassischen Kriterium vorging und Alternativen anhand ihres Erwartungswertes bewertete, wobei noch das $(\alpha/2)$-fache der Varianz abgezogen wurde. Steht dieses traditionelle Entscheidungskriterium im *Widerspruch* zum Erwartungsnutzen (und beschreibt daher *nicht-rationales* Verhalten)?

Die Antwort lautet: Es gibt spezielle Situationen, in denen das angegebene und verwendete traditionelle Kriterium *in Einklang* mit dem Prinzip des Erwartungs-

8. RISIKOAVERSION

nutzens steht. In diesen Situationen erfüllt das Vorgehen nach dem traditionellen Kriterium somit die Axiome rationalen Verhaltens.

Eine wichtige solche Situation beschreibt das **Hybride Modell**. Es besteht aus zwei Annahmen:

1. Alle zur Auswahl stehenden Lotterien oder Zufallsvariablen $\tilde{x},...$, aus denen die Person eine herauszugreifen hat, sollen *normalverteilt* sein.
2. Die Person habe eine konstante Risikoaversion α, mithin eine Risikonutzenfunktion vom exponentiellen Typ.

Dann kann mathematisch bewiesen werden:

Für jede Lotterie $\tilde{x}$ ist das Sicherheitsäquivalent $c_{\tilde{x}} = u^{-1}\left(E[u(\tilde{x})]\right)$ gegeben durch:

$$c_{\tilde{x}} = E[\tilde{x}] - \frac{\alpha}{2} \cdot Var[\tilde{x}].$$

Sind die **Annahmen des Hybriden Modells** erfüllt — die Renditen sind **normalverteilt**, die Risikoaversion ist **konstant** — dann steht das **klassische Entscheidungskriterium in Einklang mit den Axiomen rationalen Entscheidungsverhaltens im Sinne des Bernoulli-Prinzips**. [9]

Wo nun eine gewisse Rechtfertigung für das traditionelle Kriterium gefunden wurde, bleibt abschließend noch ein Punkt auszuführen.

Es geht um eine Rechnung, deren Ergebnis schon zuvor verwendet wurde:

Ein Anleger, der den Betrag b zur Verfügung hat und die Risikoaversion α besitzt, wählt den Aktienanteil $x = (\mu - i)/(\alpha \cdot b \cdot \sigma^2)$ — entweder weil er dem klassischen Entscheidungskriterium folgt oder weil er nach dem Erwartungsnutzen handelt und zugleich das hybride Modell gilt.

Wir führen die Rechnung in sieben Schritten vor:

1. Der Anleger ist durch den Betrag b und die Risikoaversion α beschrieben, und er kann über die Aktienquote x entscheiden.
2. Zwei Anlagemöglichkeiten bieten sich. Die eine ist sicher und durch den Zinssatz i beschrieben. Die andere, kurz als "Aktien" bezeichnet, ist risi-

---

[9] Hierzu und zu anderen Folgerungen der konstanten Risikoaversion: GÜNTER BAMBERG und KLAUS SPREMANN: Implications of Constant Risk Aversion. *Zeitschrift für Operations Research* 25 (1981), pp. 205-224. Umfassende Analysen von diesen und anderen Risikonutzenfunktionen finden sich in: 1. HANS SCHNEEWEISS: *Entscheidungskriterien bei Risiko*. Springer-Verlag, Heidelberg 1967. 2. JACK C. FRANCIS und STEPHEN H. ARCHER: *Portfolio Analysis*. Prentice Hall, Englewood Cliffs, New Jersey 1979.

kobehaftet. Die Rendite auf Aktien habe den Erwartungswert μ und die Streuung σ.

3. Folglich erzielt der Anleger bei der Aktienquote x mit seiner Asset-Allokation eine Renditeerwartung $\mu(x) = i + x \cdot (\mu - i)$, einhergehend mit dem Risiko $\sigma(x) = x \cdot \sigma$.

4. Das Endvermögen — der unsichere Portfoliowert nach einem Jahr — hat folglich einen Erwartungswert von $b \cdot (1 + \mu(x))$ und eine Streuung von $b \cdot \sigma(x)$.

5. Der Investor beurteilt — wie zuvor beim klassischen Entscheidungsprinzip dargelegt — den unsicheren Portfoliowert anhand des Erwartungswertes abzüglich einer Disutility, die proportional zur Varianz des Endvermögens ist, wobei der Faktor gleich $\alpha/2$ ist. Also bewertet er die durch die Aktienquote x festgelegte Asset-Allokation durch die Zahl $F(x) = b \cdot (1 + \mu(x)) - (\alpha/2) \cdot b^2 \cdot \sigma(x)^2$.

6. Hierin die unter Punkt 3 gegebenen Darstellungen eingesetzt, folgt $F(x) = b \cdot (1 + i + x \cdot (\mu - i)) - (\alpha/2) \cdot b^2 \cdot x^2 \cdot \sigma^2$. Das zeigt: $F(x)$ ist eine quadratische Funktion in x.

7. Ihre erste Ableitung beträgt $F'(x) = b \cdot (\mu - i) - \alpha \cdot x \cdot b^2 \cdot \sigma^2$, und diese hat eine Nullstelle — Bedingung für ein Maximum der Funktion — bei $x = (\mu - i) / (\alpha \cdot b \cdot \sigma^2)$.

Damit ist die nutzenmaximale Aktienquote errechnet. Um zu beweisen, daß hier die notwendige Bedingung auch hinreichend für ein Maximum ist, wäre noch zu zeigen, daß $F(x)$ konkav ist. In der Tat ist die zweite Ableitung dieser Funktion negativ. Außerdem ist die Beschränkung von x auf das Intervall von 0 bis 1 zu prüfen.

8.2.5 Sensitivität

Wir betrachten einen Investor, der den Betrag von $b = 100$ Geldeinheiten anlegen möchte. Eine Geldeinheit sei entweder ein Euro, Eintausend Euro oder eine Million Euro. Dem Investor werden von der Bank die fünf Anlageprogramme *Festzins*, *Rendite*, *Balanciert*, *Wachstum* und *Aktien* angeboten.

Der Anleger soll die Parameter — Zinssatz $i = 6\%$, Renditeerwartung Aktienportfolio $\mu = 10{,}5\%$, Renditestreuung $\sigma = 20{,}8\%$ — kennen, und er soll von sich selbst wissen, konstante Risikoaversion zu haben und er soll seine eigene Risikoaversion α kennen. Nach einer kleinen Rechnung findet der Anleger, daß genau eine Aktienquote von ½ für ihn richtig ist.

Die bereits hergeleitete Formel

8. RISIKOAVERSION

$$\text{Aktienquote} = \frac{1{,}0465}{\alpha \cdot b}$$

liefert

$$\alpha = 0{,}021.$$

Die Bank ist sofort bereit, dem Anleger den Investmentfonds *Balanciert* zu bieten, und der Anleger findet das damit verwirklichte Aktienexposure optimal. Um ganz sicher zu gehen, berechnet der Investor noch die Nutzeneinbuße, die mit einer suboptimalen Entscheidung verbunden wäre.

Hierzu wählt er das Konzept des Sicherheitsäquivalents. Er stellt sich also die Frage, wie hoch sein Sicherheitsäquivalent wäre, wenn er seine ganzen 100 Geldeinheiten mit einem Aktienexposure von 0, einem Drittel, ½, zwei Drittel, beziehungsweise 100% anlegen würde. Hierzu ermittelt er jeweils das erwartete Endvermögen, ausgedrückt in Geldeinheiten und zieht das $(\alpha/2)$-fache der Streuung des Endvermögens ab. Die Rechnung sei beispielsweise für das Anlageprogramm *Wachstum* ausgeführt. Die Aktienquote ist $x = 2/3$.

Allgemein beträgt die mit der Aktienquote x verbundene Renditeerwartung $\mu(x) = 0{,}06 + x \cdot 0{,}045$, also ist der Erwartungswert des Endvermögens gleich

$$E[\tilde{s}_1] = b \cdot (1 + \mu(x)) = 100 + 100 \cdot \mu(x) = 100 + 6 + x \cdot 4{,}5.$$

Die Renditestreuung beträgt $\sigma(x) = x \cdot 0{,}208$, folglich beträgt die Varianz des Endvermögens

$$\text{Var}[\tilde{s}_1] = x^2 \cdot 100 \cdot 100 \cdot 0{,}208 \cdot 0{,}208 = x^2 \cdot 432{,}6.$$

Das Sicherheitsäquivalent bei der Aktienquote x — jener Geldbetrag, den der Investor als äquivalent zu dem risikobehafteten Endergebnis ansieht, ist daher

$$c(x) = E[\tilde{s}_1] - \frac{\alpha}{2} \cdot \text{Var}[\tilde{s}_1] =$$
$$= 100 + 6 + 4{,}5 \cdot x - \frac{0{,}021}{2} \cdot 432{,}6 \cdot x^2 = 106 + 4{,}5 \cdot x - 4{,}5423 \cdot x^2$$

Der Verlauf des Sicherheitsäquivalents in Abhängigkeit der Aktienquote x ist in nachstehender Grafik dargestellt.

Wie es sein muß, nimmt die Funktion ein Maximum für $x = 50\%$ an. Immerhin war ½ aufgrund der Risikoaversion des Investors die nutzenmaximale Aktienquote (die Risikoaversion war eigens so bestimmt, daß der Investor bei dieser

Aktienquote ½ den höchsten Nutzen hat). Das Sicherheitsäquivalent nimmt den Wert $c(0,5) = 107,11$ an.

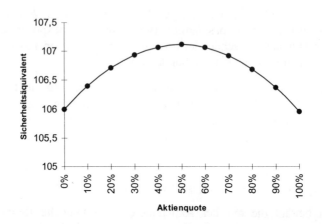

Bild 8-6: Das Sicherheitsäquivalent einer Anlage von 100 Geldeinheiten in Abhängigkeit der gewählten Aktienquote, dargestellt für einen Investor, für den es optimal wäre, die Hälfte in Aktien anzulegen.

Was verwirrt, ist der geringe, in Geld ausgedrückte Nutzennachteil, der mit einer falschen Asset-Allokation verbunden wäre.

Würde dem Anleger — vielleicht weil der Fonds Balanciert nicht verfügbar ist — ein Investmentfonds Rendite (mit einem Drittel Aktien) oder Wachstum (mit zwei Drittel Aktien) gegeben, so wäre zweifellos gegenüber dem Optimum $c(0,5) = 107,11$ ein Nachteil zu verzeichnen. Er ist aber ausgesprochen klein, und deutlich kleiner als Transaktionskosten.

Beispielsweise gilt $c(0,3333) = 107,00$ und $c(0,6666) = 106,98$. Der Unterschied zwischen diesen in Geld ausgedrückten Nutzen und dem maximalen Nutzen, ebenso ausgedrückt als Sicherheitsäquivalent, ist ausgesprochen gering; beispielsweise gilt $c(0,5) / c(0,6666) = 107,11 / 106,98 = 1,0012$.

> Investiert ein Anleger, für den eigentlich eine Aktienquote von ½ richtig wäre, nur zu einem oder zu zwei Drittel in Aktien, dann erwächst ihm ein in Geld ausgedrückter, relativer Nutzennachteil von etwa 1,2 Promille.

Selbst wenn dieser Investor von der Bank mit einer "ganz falschen" Aktienquote bedient wird, ist die relative Nutzeneinbuße ausgesprochen gering.

Beispielsweise gilt $c(0) = 106$ und $c(1) = 105{,}96$.

Anders ausgedrückt: Investiert ein Anleger, für den eigentlich eine Aktienquote von ½ richtig wäre, überhaupt nicht oder vollständig in Aktien, dann erwächst ihm ein in Geld ausgedrückter, relativer Nutzennachteil von gut einem Prozent.

Dieses Ergebnis dürfte enttäuschen.

Es läßt sich auf verschiedene Weise interpretieren.

1. Es besagt erstens, daß — besonders an Transaktionskosten gemessen — es eigentlich nicht so sehr darauf ankommt, möglichst fein und exakt die Aktienquote auf die individuelle Risikoaversion abzustellen. Selbstverständlich würde ein Privatanleger, der 50% Aktien wünscht und dem das Depot mit einem Drittel Aktien geführt wird, entrüstet beklagen: "Sie haben mich nicht richtig verstanden und bedienen mich falsch." Die Antwort jedoch müßte lauten: "Rechnen Sie einmal nach. Der Nutzennachteil, den Sie dadurch erleiden, ist vernachlässigbar gering."

2. Zweitens könnte argumentiert werden, daß die Theorie des Erwartungsnutzens ein hoch komplizierter Ansatz ist, der wohl zu einem exakt berechenbaren, individuell nutzenmaximalen Risikoexposure führt. Anhand der im Rahmen des Ansatzes selbst zur Verfügung gestellten Beurteilung — Sicherheitsäquivalent — sind jedoch selbst größere Abweichungen vom nutzenmaximalen Risikoexposure eigentlich unbedeutend.

Der Praktiker wird daraus zwei Konsequenzen ziehen. Erstens sollten Investoren für das freie Vermögen nur wenige Asset-Allokationen zur Auswahl gestellt werden. Eine weitere Verfeinerung hat eher mit Mode als mit Rationalität zu tun. Zweitens sollte zur Bestimmung des nutzenmaximalen Risikoexposures nicht als Weg die Theorie des Erwartungsnutzens aufgrund einer Messung der Risikoaversion eingeschlagen werden. Es sind andere Zugänge verlangt, auch alternative Befragungen der Anleger.

8.2.6 Absolute und relative Risikoaversion

Nun kann noch eingewendet werden, die bislang verwendete, exponentielle Risikonutzenfunktion sei genau wie die Annahme konstanter *absoluter* Risikoaversion

$$RAV(x) \equiv -\frac{u''(x)}{u'(x)} = const$$

doch recht speziell. Berechnen wir doch einmal die Risikoaversion für den von Bernoulli als Risikonutzenfunktion verwendeten Logarithmus. Wegen $\ln(x)' = 1/x$ und $(1/x)' = -1/x^2$ ergibt sich

$$RAV(x) \equiv -\frac{u''(x)}{u'(x)} = \frac{1}{x}.$$

Das heißt, die Risikoaversion wird umso kleiner, je größer das Argument der Risikonutzenfunktion ist. Die Risikoaversion ist umgekehrt proportional zum Argument. Der Faktor 1 im Zähler rührt daher, daß der natürliche Logarithmus verwendet wurde; der Logarithmus zu einer anderen Basis liefert einen anderen Proportionalitätsfaktor. Im Hinblick auf diese Eigenschaft wird vielfach die *relative* Risikoaversion $RRAV(x)$ definiert und als konstant angenommen:

$$RRAV(x) \equiv -\frac{u''(x)}{u'(x)} \cdot x = const$$

Personen, die konstante *relative* Risikoaversion haben, würden zu einer immer geringeren absoluten Risikoaversion kommen, je größer ihr Vermögen ist. Das scheint ziemlich plausibel. Diese Risikonutzenfunktionen, die konstante relative Risikoaversion aufweisen, heißen auch **isoelastisch**.

Eine noch umfassendere Klasse von Risikonutzenfunktionen wird mit **HARA** bezeichnet, das für *hyperbolic absolute risk aversion* steht. Identisch damit ist die Klasse **LRT** von Risikonutzenfunktionen; LRT steht für *linear risk tolerance*. Formal werden die damit charakterisierten Risikonutzenfunktionen beschrieben durch

$$u(x) = \frac{1-\gamma}{\gamma} \cdot \left(\frac{a \cdot x}{1-\gamma} + b\right)^{\gamma}, b > 0.$$

Durch geeignete Anpassung der Parameter entstehen in dieser Schar isoelastische Risikonutzenfunktionen (konstante relative Risikoaversion), exponentielle Risikonutzenfunktionen (konstante absolute Risikoaversion) sowie quadratische Risikonutzenfunktionen. Allgemein läßt sich für die HARA-Risikonutzenfunktionen die Risikoaversion wie folgt angeben; es erleichtert die Notation, wenn anstelle der Risikoaversion $RAV(x)$ ihr Kehrwert, die **Risikotoleranz** $RT(x)$, dargestellt wird,

$$RT(x) \equiv 1/RAV(x).$$

Es zeigt sich:

$$RT(x) = \frac{x}{1-\gamma} + \frac{b}{a}.$$

Die HARA-Risikonutzenfunktionen weisen daher eine Risikotoleranz auf, die sich linear mit dem Argument (Vermögen) verändert.

Die auch in dieser Klasse enthaltenen quadratischen Risikonutzenfunktionen werden als wenig realistisch beurteilt. In der Entscheidung, ob ein Investor nun eher konstante proportionale oder konstante absolute Risikoaversion habe, ist schon folgendes bemerkt worden: Die Nutzenfunktionen approximieren sich recht gut im relevanten Bereich. Was ist der relevante Bereich? Nun, wenn wir von der Klassischen Portfoliotheorie ausgehen, geht es um Anlagen über ein Jahr. Unterstellen wir eine Anlage in Aktien, kann sich ein Startvermögen von 100 Geldeinheiten in einem Jahr durchaus auf 70 verringern oder auf 140 erhöhen. In diesem Bereich führt die Diskussion verschiedener Risikonutzenfunktionen *nicht* zu einer besseren Modellierung der Entscheidungssituation des Investors.

Das ist jedoch anders, wenn mit dem Prinzip des Erwartungsnutzens zwischen Asset-Allokationen entscheiden werden soll, die dann für einen sehr langen Horizont von einem Jahrzehnt oder mehrerer Dekaden gedacht sind. In diesen Zeitbereichen sind erhebliche Änderungen des Argumentbereichs der Risikonutzenfunktion nicht unwahrscheinlich. Dann macht sich schon bemerkbar, welche Risikonutzenfunktion genau unterstellt wird. Allerdings muß dazu auch modelliert werden, welche Anlageergebnisse mit welcher Wahrscheinlichkeit eintreten. Bei längerem Zeithorizont wird die Schiefe der Vermögensverteilung wesentlich und die Diskussion der Wahlentscheidung mit dem Prinzip des Erwartungsnutzens nimmt dann einen ausgesprochen technischen Charakter an.

Allerdings entsteht, wenn auf sehr lange Zeithorizonte mit dem Erwartungsnutzen entscheiden wird, eine neue Frage: Ist eine Person, die vielleicht nach fünf Jahren einen ansehnlichen Vermögenszuwachs erzielt hat, immer noch "die alte," oder muß sie aufgrund ihrer neuen Situation nicht völlig neu in Modellen abgebildet werden und hat dann möglicherweise eine ganz andere Nutzenfunktion?

Gleichwohl ist die Diskussion verschiedener Konzepte zur Abbildung der Nutzenvorstellungen von Personen in Risikoentscheidungen äußerst wichtig. Mit Optionen können die Verteilungsfunktionen "in ihrer Form" verändert werden. Es entsteht so die Frage, welche Form der Verteilungsfunktion — unter allen Verteilungsfunktionen, die ökonomisch denselben Wert haben — ein Investor am liebsten hätte. So können beispielsweise Eigenschaften der Risikonutzenfunktion identifiziert werden, die zu einer Präferenz für Portfolio-Insurance führen.[10]

---

[10] Hierzu: 1. PATRICK L. BROCKETT und YEHUDA KAHANE: Risk, Return, Skewness and Preference. *Management Science* 38 (June 1992) 6, pp. 851-866. 2. MICHAEL J. BRENNAN und EDUARDO S. SCHWARTZ: Portfolio Insurance and Financial Market Equilibrium. *Journal of Business* 62 (1989) 4, pp. 455-472.

8.2.7 Rationalität

Das Postulat, eine Person solle in einer Entscheidungssituation unter Risiko die Allokation so wählen, daß ihr Erwartungsnutzen möglichst groß wird, könnte zunächst recht willkürlich aussehen. Angeregt durch VON NEUMANN und MORGENSTERN und ihr 1944 publiziertes Buch wurden verschiedene Axiome (Grundsätze) des Entscheidungsverhaltens diskutiert. Viele Forscher betrachten sie als "Axiome für rationales Entscheidungsverhalten".

Ohne daß die erwähnten Axiome hier im einzelnen dargestellt werden,[11] sei festgehalten, daß aus ihnen ein Postulat spricht: Eine Person, die Wahlhandlungen unter Risiko zu treffen hat, *soll* so vorgehen, daß sie die Axiome befolgt — weil genau dann sachverständige Dritte dieses Vorgehen billigen würden. Im Sinne dieser normativen Perspektive können wir die erwähnten Axiome als **Axiome rationaler Entscheidungen** ansprechen.

- Eine Person, die nach dem Prinzip vorgeht, den Erwartungsnutzen zu maximieren, befolgt die Axiome rationaler Entscheidungen.

- Auch die Umkehrung gilt: Wenn eine Person bei ihrem Verhalten in Risikosituationen die Axiome rationaler Entscheidungen befolgt, dann gibt es eine Risikonutzenfunktion derart, daß ihr Entscheidungsverhalten durch die Maximierung des Erwartungsnutzens repräsentiert werden kann.

Beide Richtungen zusammengefaßt gilt:

> Genau dann, wenn eine Person ihre Entscheidungen unter Risiko so trifft, *als ob* sie den Erwartungsnutzen maximieren würde, befolgt sie die Axiome rationaler Entscheidungen. Diese Äquivalenz wird als **Bernoulli-Prinzip** bezeichnet.

Das Bernoulli-Prinzip liefert also, wenngleich umstritten, ein Plädoyer zugunsten der Verwendung des Erwartungsnutzens *in Modellen*.

- Achtung: Das Prinzip besagt *nicht*, daß nun ein Alltagsmensch im praktischen Leben bei jeder Entscheidung unter Risiko den Erwartungsnutzen für jede sich bietende Wahlmöglichkeit berechnen sollte, um anschließend die Alternative mit dem höchsten Erwartungsnutzen rechnerisch zu ermitteln.

---

[11] 1. ISRAEL I. HERSTEIN und JOHN MILTON: An Axiomatic Approach to Measurable Utility. *Econometrica* 21 (1953), pp. 291-297. 2. PAUL J. H. SHOEMAKER: The Expected Utility Model: Its Variants, Purposes, Evidence and Limitations. *Journal of Economic Literature* XX (1982) 2, pp. 529-563. 3. PETER C. FISHBURN: Foundations of Decision Analysis: Along the Way. *Management Science* 35 (April 1989) 4, pp. 387-405.

- Statt dessen gibt das Bernoulli-Prinzip einen Hinweis darauf, wie Modelle — auch Modelle der Wahl der Asset-Allokation — zu formulieren sind. Es sei davon ausgegangen, daß in einem Modell "rationales" Entscheidungsverhalten untersucht werden soll — und nicht das vielleicht davon abweichende, tatsächliche Entscheidungsverhalten von Alltagsmenschen zu beschreiben ist. Dann *muß* im Modell die Präferenz der Entscheidungsträger mit dem Erwartungsnutzen beschrieben werden oder beschrieben werden können.

Die Gleichstellung der erwähnten Axiome mit "Rationalität" blieb nicht unumstritten. Die ersten Beiträge zu dieser in der Literatur umfangreichen Diskussion zeigten auf, daß Menschen in ihrem praktischen Entscheidungsverhalten Abweichungen von jenen Axiomen zeigen.

Diese Widersprüchlichkeiten heißen **Antinomien**. Die ersten wurden von ALLAIS 1952 präsentiert.[12]

Ein Beispiel für die von dem französischen Professor entdeckten Antinomien ist die **Präferenzumkehrung**.

Wir betrachten zwei Lotterien H und L.

H (*High*) gibt eine hohe Gewinnchance (für einen geringeren Betrag), L (*Low*) bietet eine geringe Gewinnchance (für einen höheren Betrag).

Den Versuchspersonen werden zwei Fragen gestellt:

1. Ist Ihnen H lieber als L, oder präferieren Sie L vor H?

2. Nehmen Sie an, die Lotterie H beziehungsweise L gehörte Ihnen bereits. Welches wäre für H beziehungsweise für L der geringste Preis, zu dem Sie bereit wären, die Lotterie zu verkaufen?

Bei Frage 1 präferieren die meisten Personen H. Bei Frage 2 nennen die meisten Personen für L einen höheren Preis als für H. Eine einfache Rechnung zeigt, daß sich hier ein Widerspruch zu der Annahme ergibt, die Personen würden sich nach dem Erwartungsnutzen hinsichtlich irgendeiner Risikonutzenfunktion verhalten.

Dieses Phänomen der Präferenzumkehrung zeigt, welche Schwierigkeiten Menschen im allgemeinen im Umgang mit abstrakten Beschreibungen risikobehafteter Situationen haben.

---

[12] MAURICE ALLAIS: Le Comportement de l'Homme Rationnel davant le Risque, Critique des Postulates et Axiomes de L'Ecole Americaine. *Econometrica* 21 (1953), pp. 503-546. Der 1911 in Paris geborene MAURICE FÉLIX ALLAIS hat 1931-1936 studiert. Von 1944 bis 1985 hatte er verschiedene Professuren und Institutsleitungen inne. ALLAIS wurde mit zahlreichen Preisen geehrt und 1988 mit dem Nobelpreis ausgezeichnet.

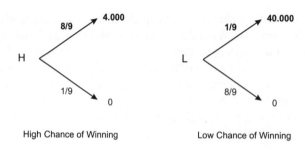

High Chance of Winning Low Chance of Winning

De Präferenzumkehrung ist nicht nur eine Widersprüchlichkeit zur Annahme, Personen würden anhand eines Kriteriums in der speziellen Form des Erwartungsnutzens entscheiden. Sie ist ein Widerspruch zwischen praktischem Verhalten und der Annahme, Personen würden zur Wahl stehende Alternativen mit einem quantitativen Kriterium überhaupt bewerten.

In der Diskussion der Antinomien sind vielleicht zwei Argumentationslinien hervorzuheben.[13]

- MACHINA hat eines der Axiome, das *Axiom der Unabhängigkeit von irrelevanten Alternativen*, als Hauptquelle der entdeckten Abweichungen zwischen dem praktischen Entscheidungsverhalten der Alltagsmenschen und dem Erwartungsnutzen identifiziert.[14]

- KAHNEMAN UND TVERSKY heben die Unfähigkeit vieler Alltagsmenschen hervor, Wahrscheinlichkeiten im Sinne des Erwartungsnutzens zu interpretieren:[15]

Die Forscher vertreten heute drei Richtungen.

Vorweg: Niemand leugnet das Bernoulli-Prinzip, das heißt den (mathematisch beweisbaren) Satz, daß eine Person genau dann die erwähnten Axiome beachtet, wenn sich ihr Entscheidungsverhalten durch das Kriterium des Erwartungsnutzens repräsentieren läßt.

Die Meinungsverschiedenheiten entzünden sich an dem Punkt, ob es richtig sei, die Axiome mit dem Begriff "Rationalität" gleichzusetzen.

---

[13] Zum Stand der Diskussion zwei Aufsätze, die weitere Literaturhinweise geben: 1. MICHAEL H. BIRNBAUM: Issues in Utility Measurement. *Organizational Behavior and Human Decision Processes* 52 (1992), pp. 319-330. 2. GÜNTER BAMBERG und RALF TROST: Entscheidungen unter Risiko: Empirische Evidenz und Praktikabilität. *Betriebswirtschaftliche Forschung und Praxis* 6 (1996) 6, pp. 640-662.

[14] MARK J. MACHINA: Expected Utility without the Independence Axiom. *Econometrica* 50 (March 1982) 2, pp. 277-324.

[15] DANIEL KAHNEMAN und AMOS TVERSKY: Prospect theory: An analysis of decisions under risk. *Econometrica* 47 (1979) 2, pp. 263-291.

1. Die einen Forscher halten am normativen Postulat fest, eine Person *solle* unter Risiko so entscheiden, als ob sie versuchen würde, den Erwartungsnutzen zu maximieren, einfach weil für sie die erwähnten Axiome eine überzeugende Umsetzung der mit "Rationalität" zu verbindenden Merkmale seien. Gegebenenfalls müssen wichtige Entscheidungsträger geeignet geschult werden.

2. Die zweite Gruppe verwerfen den Anspruch, Entscheidungsverhalten nur dann als "rational" zu bezeichnen, wenn es sich durch das Kriterium des Erwartungsnutzens beschreiben läßt. Daher solle man das Kriterium auch nicht so intensiv in der Forschungsarbeit weiter verfolgen.

3. Die dritte Gruppe von Forschern wollen zwar die Axiome nicht mit "Rationalität" gleichsetzen, sehen aber auch kein anderes Entscheidungskriterium, welches dem Erwartungsnutzen überlegen wäre. Deshalb gehen sie in ihren Modellen zwar vom Kriterium des Erwartungsnutzens aus, sind aber höchst vorsichtig mit Urteilen über die Vernunft oder Unvernunft der Menschen.

8.3 Shortfall-Ansatz

8.3.1 Grundlagen

Wenn ein Investor für sein Vermögen oder für einen Teil seines Vermögens bereits einen konkreten Verwendungszweck geplant hat, dann möchte er einen Fall vermeiden: Das Anlageergebnis reicht nicht aus, den beabsichtigten Zweck zu erfüllen. Aus der Verwendungsabsicht ist gleichsam ein "Versprechen gegenüber sich selbst" entstanden, das es einzulösen gilt. Noch schärfer formuliert: Das konkrete Anlageziel oder die Verwendungsabsicht begründen eine Verpflichtung.

Entsprechend wird das Kriterium für die Beurteilung der möglichen Portfolios, Asset-Allokationen oder Risikoexposures für das reservierte Vermögen festgelegt. Die positiven Aspekte der Zufriedenheit, die mit einer höheren Renditeerwartung verbunden sind, bleiben. Allerdings soll die Wahrscheinlichkeit, mit der das Anlageergebnis nicht ausreichen wird, das Versprechen einzulösen oder die Verpflichtung zu decken, auf eine recht kleine Zahl begrenzt bleiben.

Aus der Verwendungsabsicht oder Verpflichtung leitet der Investor zunächst eine Mindestrendite r_{min} ab, die das Portfolio nicht unterschreiten sollte. Diese Mindestrendite trennt für den Investor gleichsam den Bereich der *Zufriedenheit* vom *Desaster*.

Praktische Werte für solche eine Mindestrendite (*Target*) können in Höhe der Rate der Geldentwertung liegen, dann wäre $r_{min} \approx 3\%$, um auf diese Weise das Kapital wenigstens *real* zu erhalten. Wenn das Anlageziel als *nominale* Kapitalerhaltung verstanden wird, beträgt der Target $r_{min} = 0$. Selbstverständlich bieten sich auch andere Werte für die Mindestrendite an. Beispielsweise könnte ein Anleger sagen, daß er noch bereit wäre, einen Verlust von 10% hinzunehmen, nicht aber mehr. Dann wäre $r_{min} = -0{,}10$.

Situationen, in denen die gewählte Mindestrendite verfehlt werden, subsumiert man heute unter dem Begriff **Shortfall** — das klingt harmloser als der von ROY gebrauchte Begriff des *Desasters*. ROY war aber der erste, der den Shortfall-Ansatz vorschlug und entwickelte.[16]

In Abhängigkeit der Anlagestrategie x wird die Wahrscheinlichkeit für den Shortfall, die sogenannte **Ausfallwahrscheinlichkeit**, mehr oder minder groß sein. In vielen Situationen scheint es so zu sein, daß mit einer höheren Aktienquote der Shortfall eher wahrscheinlicher wird — genauer wird das noch in Kapitel 11 untersucht.

Jedenfalls werden die möglichen Anlagerenditen dahingehend beurteilt, wie groß die Ausfallwahrscheinlichkeit ist. ROY bezeichnete den Ansatz, die Anlagestrategie so zu wählen, daß die Ausfallwahrscheinlichkeit möglichst gering wird, als **Safety-First**.[17]

Bei dieser Betrachtung ist somit der bisherige Renditebegriff — **Streuung** der Rendite — durch die **Ausfallwahrscheinlichkeit** in Bezug auf eine festgelegte **Mindestrendite** ersetzt.

Wir werden nun eine Optimierungsaufgabe betrachten, die auf diesen Risikobegriff abstellt. Sie lautet: Maximiere die Renditeerwartung unter der Nebenbedingung, daß die Ausfallwahrscheinlichkeit eine bestimmte Größe nicht überschreitet.

Die gerade noch erlaubte Ausfallwahrscheinlichkeit wollen wir mit ω bezeichnen, dem griechischen Buchstaben *Omega*. Typische Werte für ω, die in der Praxis angewendet werden, liegen zwischen $\omega = 1\%$ und $\omega = 5\%$. Satt "gerade noch erlaubte Ausfallwahrscheinlichkeit" sagen wir einfach "Ausfallwahr-

---

[16] ANDREW D. ROY: Safety First and the Holding of Assets. *Econometrica* 20 (1952), pp. 431-449.

[17] ROY erwähnte auch, daß der Ansatz mit dem Prinzip des Erwartungsnutzens verträglich ist: Der Investor muß eine Riisonutzenfunktion haben, die für alle Argumente unterhalb der Mindestrendite den Wert 0 besitzt, und für alle Werte oderhalb der Mindestrendite einen positiven, konstanten Wert aufweist. Der Investor, der mit dieser Risikonutzenfunktion seinen Erwartungsnutzen maximiert, möchte dann die Wahrscheinlichkeit maximieren, die Mindestrendite zu übertreffen. Anders ausgedrückt, der Investor möchte die Ausfallwahrscheinlichkeit minimieren.

scheinlichkeit," wenn der Verwendungszusammenhang die Bedeutung klar werden läßt.

Es werden nur noch Allokationen x betrachtet (unter x kann man sich beispielsweise die Aktienquote vorstellen), bei denen die entsprechende Portfoliorendite $\tilde{r}(x)$ die Bedingung

$$\Pr\{\tilde{r}(x) < r_{min}\} \leq \omega$$

erfüllt. Diese Nebenbedingung heißt **Shortfall-Constraint**.

> Die Optimierungsaufgabe lautet dann: Finde ein oder das Portfolio, welches unter Einhaltung der Shortfall-Constraint die größtmögliche Renditeerwartung aufweist.

So besehen ist das "Risiko" durch zwei Zahlen oder Parameter beschränkt: Da sind die Mindestrendite r_{min} und die maximale Ausfallwahrscheinlichkeit ω festgelegt.

Selbstverständlich können diese Parameter verändert werden. Üblich ist es, die Ergebnisse einer Variation der Ausfallwahrscheinlichkeit zu untersuchen, die Mindestrendite aber als Datum festzuhalten. Der Hintergrund: Investor und Portfoliomanager sind sich in der Praxis nie so ganz im klaren, wie die Ausfallwahrscheinlichkeit spezifiziert werden sollte. Da bietet es sich an, die erreichbaren Ergebnisse in Abhängigkeit desjenigen Parameters zu untersuchen, über dessen Wert Unklarheit besteht. Analog zum Vorgehen von MARKOWITZ und TOBIN wird dann nach *shortfall-effizienten* Portfolios gefragt. Darunter sollen jene Portfolios verstanden werden, die hinsichtlich der beiden Merkmale Renditeerwartung und Ausfallwahrscheinlichkeit effizient sind, also nicht dominiert. Im Hintergrund einer Darstellung der shortfall-effizienten Portfolios steht eine gewisse Mindestrendite r_{min} als Datum.

Man kann die Menge shortfall-effizienter Portfolios darstellen, indem man die Ausfallwahrscheinlichkeit variiert und zu jeder Ausfallwahrscheinlichkeit fragt, welches die größte Renditeerwartung bei allen Portfolios ist, die noch die Shortfall-Constraint erfüllen.

Andererseits wäre es denkbar zu fragen, wie sich die erzielbaren Merkmale der möglichen Renditen — Ausfallwahrscheinlichkeit und Renditeerwartung — verändern, wenn die Mindestrendite variiert wird. Dieser Frage wird eher selten nachgegangen. Eine Optimierung über die Mindestrendite ist *nicht* vorgesehen.

Die Mindestrendite r_{min} ergibt sich aus dem Anlageziel, dem Verwendungszweck oder der Verpflichtung des Investors. Sie ist mithin durch die finanzielle Situation gegeben und wird für die dann beginnende Portfolioentscheidung als Datum betrachtet.

Die Formulierung der beschriebenen Präferenz geht nach den Vorarbeiten von ROY 1952 auf TELSER 1955, KATAOKA 1963, LEIBOWITZ 1989, HARLOW 1991 und weitere Autoren zurück. Sie empfehlen die Identifikation des Risikos mit der Ausfallwahrscheinlichkeit besonders für institutionelle Investoren, die Leistungsversprechen gegeben haben und die Gefahr kontrollieren wollen, diese Verpflichtung nicht mit dem Anlageergebnis erfüllen zu können. Der Shortfall-Ansatz wird andererseits auch für Privatinvestoren eingesetzt, insbesondere bei der Planung der Asset-Allokation für das reservierte Vermögen. Viele Privatinvestoren treten gern in eine Kommunikation über die Mindestrendite ein, weil sie verständlich ist. [18]

8.3.2 Shortfall-Geraden

Die genannten Autoren sind — oft ohne dies explizit zu erwähnen — der *Annahme normalverteilter Anlagerenditen* gefolgt. Unter dieser Annahme lassen sich im Risk-Return-Diagramm schnell all jene Portfolios finden, die als Lösung des Shortfall-Ansatzes in Frage kommen.

> Ein erstes Ergebnis hierzu lautet: Alle Portfolios, die (bezüglich einer gegebenen Mindestrendite r_{min} dieselbe Ausfallwahrscheinlichkeit aufweisen, sind im Risk-Return-Diagramm auf einer Geraden positioniert. Alle diese (für variierende Ausfallwahrscheinlichkeit unterschiedlichen) Geraden gehen durch den Punkt, der durch die festgesetzte Mindestrendite r_{min} führt. Diese Geraden heißen **Shortfall-Geraden**.

---

[18] Literaturauswahl: 1. LESTER G. TELSER: Safety First and Hedging. *Review of Economic Studies* 23 (1955), pp. 1-16. 2. SHINJI KATAOKA: A Stochastic Programming Model. *Econometrica* 31 (1963), pp. 181-196. 3. MARTIN L. LEIBOWITZ und ROY D. HENRIKSSON: Portfolio Optimization with Shortfall Constraints. A Confidence-Limit Approach to Managing Downside Risk. *Financial Analysts Journal* (March-April 1989), pp. 31-41. 4. MARTIN L. LEIBOWITZ und STANLEY KOGELMAN: Asset-Allokation under Shortfall Constraints. *Journal of Portfolio Management* 17 (1991), pp. 5-13. 5. W. VAN HARLOW: Asset-Allokation in a downside risk framework. *Financial Analysts Journal* 24 (September-October 1991), pp. 28-40. 6. STEFAN JAEGER, MARKUS RUDOLF und HEINZ ZIMMERMANN: Efficient Shortfall Frontier. *Zeitschrift für betriebswirtschaftliche Forschung* 47 (1995) 4, pp. 355-365. 7. JOCHEN V. KADUFF und KLAUS SPREMANN: Sicherheit und Diversifikation bei Shortfall-Risk. *Zeitschrift für betriebswirtschaftliche Forschung* 48 (1996) 9, pp. 779-802. 8. JOCHEN V. KADUFF: *Shortfall-Risk-basierte Portfolio-Strategien*. Bank- und finanzwirtschaftliche Forschungen, Band 239. Verlag Haupt, Bern 1996. 9. VERA ANNA KUPPER: *Asset-Liability-Management für private Investoren*. Bank- und finanzwirtschaftliche Forschungen, Band 247. Verlag Haupt, Bern 1996. 10. KLAUS SPREMANN: Diversifikation im Normalfall und im Streßfall. *Zeitschrift für Betriebswirtschaft* 67 (1997), pp. 865-886.

8. RISIKOAVERSION

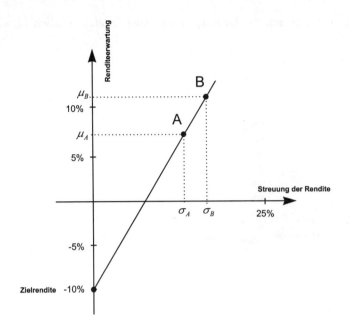

Bild 8-7: Die beiden im Risk-Return-Diagramm positionierten Portfolios A und B besitzen bezüglich der Mindestrendite (gezeichnet für die Mindestrendite von -10%) dieselbe Ausfallwahrscheinlichkeit.

Die Steigung einer Shortfall-Geraden gibt die betreffende Ausfallwahrscheinlichkeit wieder: Je steiler die Gerade, desto geringer ist die Ausfallwahrscheinlichkeit.

Zum Beweis dieser Aussage betrachten wir zwei Portfolios A und B mit den Parametern μ_A, σ_A sowie μ_B, σ_B der beiden Renditeverteilungen.

Unter der Annahme normalverteilter Renditen ist die Ausfallwahrscheinlichkeit bei A hinsichtlich der Mindestrendite r_{min} durch

$$\Pr\{\tilde{r}_A \leq r_{min}\} = \Pr\left\{\frac{\tilde{r}_A - \mu_A}{\sigma_A} \leq \frac{r_{min} - \mu_A}{\sigma_A}\right\} = N\left(\frac{r_{min} - \mu_A}{\sigma_A}\right)$$

gegeben. N gibt wieder die kumulierte Wahrscheinlichkeit der Standard-Normalverteilung wieder. Man beachte, daß ihr Argument, $(r_{min} - \mu_A)/\sigma_A$, für übliche Portfolios, die in diesem Zusammenhang diskutiert werden, negativ ist,

$(\mu_A - r_{\min})/\sigma_A$ ist positiv. Deshalb ist die Ausfallwahrscheinlichkeit kleiner als ½.

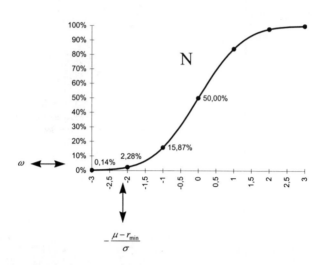

Bild 8-8: Der Zusammenhang zwischen der Ausfallwahrscheinlichkeit und der Steigung der Shortfall-Geraden, multipliziert mit -1.

Ganz analog gilt $\Pr\{\tilde{r}_B \leq r_{\min}\} = N((r_{\min} - \mu_B)/\sigma_B)$ bei B.

Die Ausfallwahrscheinlichkeit sei wieder mit ω bezeichnet. Die Ausfallwahrscheinlichkeit von A, $\omega_A = N((r_{\min} - \mu_A)/\sigma_A)$ stimmt mit der von B überein, sofern $N((r_{\min} - \mu_A)/\sigma_A) = N((r_{\min} - \mu_B)/\sigma_B)$ gilt. Das ist genau dann der Fall, wenn $(r_{\min} - \mu_A)/\sigma_A = (r_{\min} - \mu_B)/\sigma_B$ zutrifft. Die Überrenditen der Anlagen oder der beiden Portfolios in Bezug auf die Mindestrendite $r_{\min}$ müssen also proportional zu den jeweiligen Renditestreuungen sein.

Anders ausgedrückt: Alle Portfolios mit derselben Ausfallwahrscheinlichkeit erfüllen hinsichtlich ihrer Renditeerwartung und ihrer Renditestreuung die folgende Beziehung: Die Renditeerwartung abzüglich der Mindestrendite ist proportional zur Renditestreuung. Sie sind im Risk-Return-Diagramm daher alle auf einer Geraden positioniert.

8. RISIKOAVERSION

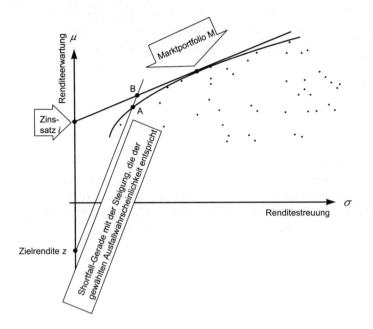

Bild 8-9: Ist (neben der Mindestrendite) die zulässige Ausfallwahrscheinlichkeit ω bekannt, dann liegen alle Portfolios mit dieser Ausfallwahrscheinlichkeit auf der entsprechenden Shortfall-Geraden, deren Steigung durch $N(-Steigung) = \omega$ definiert ist. Die größtmögliche Renditeerwartung ist für jenes Portfolio A erreicht, welches zugleich auf der Effizienzkurve liegt, beziehungsweise, sofern die risikofreie Anlage zum Zinssatz i möglich ist, für das auf der Kapitalmarktlinie positionierte Portfolio B.

Die Steigung der Shortfall-Geraden erfüllt

$$N(-Steigung) = -(\mu_A - r_{\min})/\sigma_A = -(\mu_B - r_{\min})/\sigma_B \; .$$

Anders ausgedrückt: Man ziehe von der erwarteten Rendite die Mindestrendite ab, dividiere durch die Renditestreuung und multipliziere mit -1. Das als Argument der Funktion N liefert die Ausfallwahrscheinlichkeit. Zweifellos darf die Beziehung

$$\omega \; = \; N(-Steigung) \; = \; 1 - N(Steigung) \; = 1 - N\!\left(\frac{\mu - r_{\min}}{\sigma}\right)$$

ausgenutzt werden. In Wiederholung eines früheren Tabelleneinschubs sollen für einige Ausfallwahrscheinlichkeiten die Steigungen der Shortfall-Geraden wiedergegeben werden.

Steigung	1	1,6	1,96	2	2,33	3	3,1	3,7
Ausfallwahrscheinlichkeit	15,815%	5%	2,5%	2,275%	1%	0,135%	0,1%	0,01%

Unter allen Portfolios mit derselben Ausfallwahrscheinlichkeit ist jenen der Vorzug zu geben, die eine möglichst hohe Renditeerwartung besitzen. Im Risk-Return-Diagramm sind die Portfolios mit der höchsten Renditeerwartung auf der Effizienzkurve positioniert. Falls eine risikofreie Anlage möglich ist, sind die gesuchten Portfolios auf der Kapitalmarktlinie positioniert. Folglich sind die in Frage kommenden Portfolios durch den Schnittpunkt der Shortfall-Geraden mit der Effizienzkurve beziehungsweise mit der CML festgelegt.

8.3.3 Praktisches Beispiel

Ein Fondsmanager geht nach einem Shortfall-Ansatz vor weil die Erfahrung mit Kunden zeigt, daß sich über Mindestrenditen gut sprechen läßt. Privatanleger zeigen für entsprechende Fragen Verständnis und können sie einigermaßen verständig beantworten. Der Fundmanager erkundigt sich zu Beginn des Beratungsgesprächs bei seinen Anlegern nach den Anlagezielen.

Einige der Kunden nennen sofort die *Kapitalerhaltung* als ihr wichtigstes Anlageziel. Bei diesen Kunden wird dann nachgefragt, ob sie unbedingt die Kaufkraft ihres Portfolios erhalten wollen oder müssen. Solche Kunden werden intern mit der Mindestrendite $r_{min} = 3\%$ charakterisiert. Kunden, die nur eine nominale Kapitalerhaltung verlangen, werden intern mit $r_{min} = 0$ beschrieben.

Die anderen Kunden sind im Hinblick auf mögliche Wertverluste flexibler. Ihnen wird als Testfrage vorgelegt. Sie lautet: Was trifft eher zu?

- "Wenn der Wert meiner Anlage in einem Jahr um 5% fiele, würde ich das nicht aushalten."

- Oder: "Selbst wenn der Wert einmal um 10% fällt, muß man sehen, daß es andere Jahre gibt, in denen er deutlich ansteigt."

Seiner Antwort hierauf entsprechend wird der Kunde mit einer Mindestrendite von $r_{min} = -5\%$ beziehungsweise $r_{min} = -10\%$ abgebildet.

Insgesamt werden die Kunden hinsichtlich der vier Mindestrenditen $r_{min} = 3\%, 0, -5\%, -10\%$ unterscheiden, das heißt, es gibt vier Kundentypen.

Die jeweils im Gespräch bestimmte Mindestrendite wird den Kunden mitgeteilt, und es wird ihnen auch gesagt, die Anlagepolitik werde darauf abgestellt, daß die Mindestrendite *praktisch sicher* innert Jahresfrist erreicht werde.

Intern wird diese Mitteilung als eine Ausfallwahrscheinlichkeit von $\omega = 2{,}275\%$ interpretiert, das heißt, man arbeitet mit dem zweifachen Sigma-Band.

Ebenso bankintern werden die vier *Kundentypen* mit den Mindestrenditen von $r_{min} = 3\%, 0, -5\%, -10\%$ auf zulässige Aktienquoten umgerechnet.

Hierzu wird mit den hinlänglich bekannten Parametern gerechnet: Es sei x die Aktienquote. Die Renditeerwartung ist $\mu(x) = 0{,}06 + x \cdot 0{,}045$ und die Streuung $\sigma(x) = x \cdot 0{,}208$.

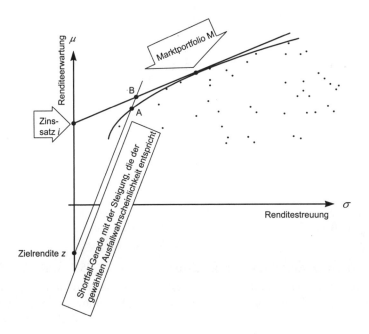

Bild 8-10: Gesucht ist die Aktienquote des in B positionierten Portfolios. Ist die Steigung k der Shortfall-Geraden bekannt, dann ist eine gleichwertige Konstruktion möglich: Ziehe von den Renditeerwartungen der auf der Kapitalmarktlinie positionierten Portfolios das k-fache der jeweiligen Renditestreuungen ab und frage, für welches Aktienexposure die durch die Mindestrendite z gegebene Niveaulinie erreicht wird.

Die Untergrenze des zweifachen Sigma-Bandes, die Minimale Erwartete Rendite MinER ist folglich

$$MinER(x) \equiv \mu(x) - 2 \cdot \sigma(x)$$
$$= 0{,}06 + x \cdot 0{,}045 - x \cdot 0{,}416 = 0{,}06 - x \cdot 0{,}371$$

Anschließend wird gefragt, für welche Aktienquoten x die so berechnete $MinER(x)$ mit der Mindestrendite z übereinstimmt. Die Rechenergebnisse liefern als zulässige Aktienquoten 8%, 16%, 30%, 43%.

Sie sind in nachstehender Tabelle genannt.

Mindestrendite	Zulässige Aktienquote
3%	8% bis 18%
0	16% bis 37%
-5%	30% bis 67%
-10%	43% bis 98%

Bild 8-11: Für die vier Mindestrenditen sind Bereiche für die zulässige Aktienquote genannt. Die Untergrenze ergibt sich aus einer Ausfallwahrscheinlichkeit von 2,275%, die Obergrenze korrespondiert mit einer Ausfallwahrscheinlichkeit von 15,8%. Diese Ausfallwahrscheinlichkeiten entsprechen der Untergrenze des einfachen beziehungsweise zweifachen Sigma-Bandes.

Die verwendete Ausfallwahrscheinlichkeit von $\omega = 2{,}275\%$ wird den Kunden gegenüber zwar nicht zahlenmäßig mitgeteilt, aber es wird ihnen gesagt, daß "praktisch sicher" nicht "absolut sicher" bedeutet. Es könne auf lange Sicht, was heißen soll: etwa einmal in 44 Jahren durchaus passieren, daß die Mindestrendite doch unterschritten wird. Außerdem wird ihnen mitgeteilt, daß der Ansatz kleine und größere Unterschreitungen gleich bewertet.

- Einige Kunden akzeptieren diese Betrachtung als für sie richtig.
- Andere Kunden jedoch entgegen, daß für sie die Mindestrendite nicht mit diesem Grad der Sicherheit erreicht werden müsse. Ihre Nennung der Mindestrendite sei nur indikativ gewesen, und man besitze durchaus Flexibilität.

Diese Kunden werden sodann mit einer geänderten Ausfallwahrscheinlichkeit von $\omega = 15{,}815\%$ neu klassifiziert, das heißt, die Untergrenze des *einfachen* Sigma-Bandes soll nun der zuvor genannten Mindestrendite entsprechen.

Hierzu wird $r_{\min} = \mu(x) - \sigma(x) = 0{,}06 + x \cdot 0{,}045 - x \cdot 0{,}208 = 0{,}06 - x \cdot 0{,}163$ ausgewertet. Für die vier Mindestrenditen $r_{\min} = 3\%, 0, -5\%, -10\%$ ergeben sich die folgenden zulässigen Aktienquoten: $18\%, 37\%, 67\%, 98\%$. Sie sind ebenso in die Tabelle aufgenommen.

Nur ein Punkt zum Schluß: Die in der Tabelle (Bild 8-12) gezeigten Aktienquoten gelten für einen Anlagehorizont von einem Jahr. Es ist möglich, die Berechnungen auch für Situationen anzustellen, in denen die Shortfall-Constraint beispielsweise erst nach zwei oder vielleicht nach fünf Jahren erfüllt sein muß. Für diese Rechnungen wird ein etwas anderer Zugang benötigt, weil die Anlageergebnisse nach zwei oder nach fünf Jahren oder jedenfalls nach einem längeren Anlagehorizont nicht mehr normalverteilt sind, sondern lognormal. Die entsprechenden Berechnungen sind in Kapitel 11 ausgeführt. Die Ergebnisse sind dort in eine Reihe von Tabellen festgehalten.

8.4 Thema: Risk Ruler

8.4.1 Alternative

Für deutschsprachige Anleger wurde in Punkt 8.1.6 eine mittlere Aktienquote von etwa ½ begründet und es wurde argumentiert, daß großen Teilen der Bevölkerung für das freie Vermögen eine Asset-Allokation zu empfehlen ist, die *zwischen* 33% und 66% Aktien umfaßt.

> Im Licht dieser Untersuchungen ist es ein *guter Ausgangspunkt für ein Beratungsgespräch*, für Privatinvestoren an eine Aktiengewichtung von eher 33% (ertragsorientierte Asset-Allokation) oder von 66% (wachstumsorientierte Asset-Allokation) zu denken.

Die Befragung eines Privatanlegers soll nun so geführt werden, als ob *ausschließlich* die ertragsorientierte und die wachstumsorientierte Asset-Allokation zur Wahl stehen. Die Antworten des Investors sollen helfen, zwischen den *beiden* Möglichkeiten zu entscheiden.

Fragen zu ...	Antworten A	Antworten B
1. Anlagehorizont	Ich benötige das Anlageergebnis in einigen Jahren wieder	Ich lege für einen langen oder sehr langen Horizont an
2. Anlagehorizont	Ich bin über 50 Jahre alt	Ich bin noch nicht 50
3. Anlagehorizont	Ich habe schon einen konkreten Sparzweck im Auge, den ich verwirklichen möchte oder muß	Ich lege eher aus allgemeinen Gründen und für die Zukunft an
4. finanzielle Situation	Die jetzt zu tätigende Anlage ist mein einziges Vermögen	Abgesehen von der jetzigen Anlage habe ich noch weiteres Vermögen
5. finanzielle Situation	Es kann durchaus sein, daß ich vor Ende des Anlagehorizontes bereits Entnahmen (Rückzüge) tätigen möchte oder muß	Ich kann während der Zeit der Anlage vielleicht sogar noch weitere Einlagen tätigen
6. finanzielle Situation	Was meine Lebenshaltung anbelangt, so gibt es gewisse finanzielle Verpflichtungen	Bei meiner Lebensgestaltung bin ich eher frei und eigentlich nicht so sehr von den Finanzen abhängig
7. Risikobereitschaft	Wenn ich sehe, daß der Wert meines Vermögens dauernd schwankt, würde ich besorgt sein und mich nicht wohl fühlen	Selbst beachtliche Wertschwankungen würde ich ertragen und aushalten, weil damit eine höhere Renditeerwartung verbunden ist
8. Risikobereitschaft	Wenn der Wert meiner Anlage in einem Jahr um 5% fiele, würde ich das nicht aushalten	Selbst wenn der Wert einmal um 10% fällt muß man sehen, daß es andere Jahre gibt, wo er deutlich ansteigt.
9. Risikobereitschaft	Eigentlich habe ich bisher wenig Erfahrungen mit Geldanlagen gesammelt und mein Wissen in Finanzfragen ist auch nicht groß	Ich habe schon einige Erfahrungen mit Investitionen und zumindest Grundkenntnisse darüber, wie die Welt der Finanzen funktioniert
10. Risikobereitschaft	Ich denke, Menschen in unserer Zeit sollten sich eher schützen, weil sie ohnehin die Ereignisse nicht steuern können	Man kann schon die Ereignisse im Leben etwas gestalten und sollte deshalb aktiv etwas unternehmen

Bild 8-12: Ein Risk Ruler in der Form eines Kataloges von 10 Fragen. Die ersten sechs Fragen betreffen die finanzielle Situation. Personen, die überwiegend mit A antworten, haben eher eine enge finanzielle Situation. Für sie ist das *freie* Vermögen tendenziell geringer als das *vorhandene* Finanzvermögen. Sie müssen daher das *vorhandene* Finanzvermögen vorsichtiger anlegen, als es der persönlichen Risikoaversion entspricht. Personen, die überwiegend mit B antworten, haben eher eine weite finanzielle Situation. Für sie ist das *freie* Vermögen tendenziell höher als das *vorhandene* Finanzvermögen und sie können daher mit dem *vorhandenen* Finanzvermögen eher mehr Risiken eingehen, als es der persönlichen Risikoaversion entspricht. Die Fragen 7 bis 10 betreffen dann die Risikoaversion Personen, die überwiegend mit A antworten, besitzen eine eher ausgeprägte Risikoaversion. Personen, die hier überwiegend mit B antworten, haben eine eher geringere Risikoaversion. Alle zehn Fragen zusammen, ist das vorhandene Finanzvermögen eher vorsichtige anzulegen, wenn bei den zehn Fragen überwiegend mit A geantwortet wird. Das vorhandene Finanzvermögen kann durchaus mit mehr Risikoexposure angelegt werden, wenn di

8. RISIKOAVERSION

Person bei den zehn Fragen überwiegend mit B antwortet. Da sich die Mehrzahl der Anlegerbevölkerung mit Aktienquoten zwischen 33% und 66% komfortabel fühlt, lautet die Empfehlung dieses Risk Rulers: Überwiegen die Antworten A, dann 33% Aktien. Überwiegen die Antworten B, dann 66% Aktien.

Für die Praxis soll dazu ein Risk Ruler konzipiert und kalibriert werden. Wie gesagt, soll der Risk Ruler herausfinden, welche Alternative — Aktienquote von einem oder von zwei Drittel — zu empfehlen ist. In dem Risk Ruler wird versucht, die Risikoaversion durch Fragen zu bestimmen, die vier Aspekte betreffen. Es handelt sich um die nachstehend genannten Fragen 1 bis 10. Der zu beratende Anleger soll bei diesen Fragen entweder die Antwort A oder B ankreuzen, je nachdem, was *eher* zutrifft. Kann sich eine Person nicht entscheiden, soll sie kein Kreuz machen und zur nächsten Frage übergehen.

Hat der befragte Privatinvestor mehr Kreuze bei A als bei B gemacht, 33% Aktienanteil vorgeschlagen. Hat der Befragte mehr Kreuze bei B als bei A gemacht, werden 66% Aktienanteil vorgeschlagen. Einem befragten Neuanleger, der für sich Antworten A und B gleichermaßen für zutreffend hielt, werden 50% Aktien vorgeschlagen.

Die hier gestellten Fragen wird man wörtlich oder in ähnlicher Formulierung schon gehört und gelesen haben. Sie orientieren sich an den Themen, die von vielen in der Beratung tätigen Personen als "relevant" betrachtet werden: Der Anlagehorizont und das Alter, die finanzielle Situation, die Risikobereitschaft, und schließlich, ob ein Anleger über Erfahrungen mit Geldanlagen verfügt.

8.4.2 Ökonometrische Kalibrierung

Bislang haben wir die Antworten so ausgewertet, daß bei einem Überwiegen von Antworten A eher zur ertragsorientierten Asset-Allokation und bei einem Überwiegen der Antworten B zu einer wachstumsorientierten Asset-Allokation geraten wurde.

Eine genaue Kalibrierung der Punkte ist mit ökonometrischen Verfahren möglich.

Bei der ökonometrischen Kalibrierung wird dieser Leitidee gefolgt: Die Punkte, die bei den möglichen Antworten vergeben werden, werden so bestimmt, daß für ein Kollektiv untersuchter Versuchspersonen das jeweilige unabhängige Merkmal (die Asset-Allokation) möglichst gut durch die Punktesumme der jeweils gegebenen Antworten beschrieben wird. Da die unabhängige Variable die Antwort "entweder *Ertrag* oder *Wachstum*" darstellt, handelt es sich hier um eine Nominalskala. Deshalb kommen Modelle der Ökonometrie zum Einsatz, die für *qualitative Daten* entwickelt worden sind.

Der Autor hat dazu eine Gruppe von 112 Personen (verschiedener Provenienz, unterschiedlichen Alters — 61 Personen waren über 50 Jahre alt) befragt und die

Antworten mit einem *Logit-Modell* aufbereitet. Die logistische Regression lieferte die nachstehend, mit leichten Transformationen wiedergegebene Punkteskala.

Ein Neukunde addiert die aufgrund seiner Antworten gegebenen Punkte.

- Ist die Punktesumme größer als 200, wird die Asset-Allokation *Wachstum* empfohlen,
- ist die Punktesumme kleiner als 200, wird die Allokation *Ertrag* empfohlen.

Wichtig ist dabei, daß der Neukunde alle Fragen beantwortet.

Die Punkteverteilung zeigt, daß manche Fragen sehr wenig zur Unterscheidung beitragen.

Beispielsweise hat die in der praktischen Beratungsarbeit oft gestellte Frage, ob neben den gerade jetzt anzulegenden Mitteln noch weiteres Finanzvermögen vorhanden ist (Frage 4), überhaupt keinen Erklärungswert.

Auch andere für wichtig gehaltene Fragen, wie zum Beispiel die nach dem Alter (Frage 2), haben nur einen vergleichsweise geringen Informationswert für die Entscheidung, ob einem Neukunden eine eher konservative oder eine risikobetonte Anlage passen würde.

Punkte	Antwort A	Antwort B
Frage 1 zum Anlagehorizont	10	27
Frage 2: Alter	19	23
Frage 3: Verwendungszweck	18	22
Frage 4: noch weiteres Vermögen?	20	20
Frage 5: Entnahmen erforderlich?	19	21
Frage 6: Verpflichtungen?	20	21
Frage 7: Schwankungen?	15	28
Frage 8: -5% oder -10%	0	23
Frage 9: Wissen	13	24
Frage 10: Schutz oder Beeinflussung?	10	25

Bild 8-13: Ergebnis der Eichung des Risk Rulers mit dem Logit-Modell anhand der von 112 deutschsprachigen Personen unterschiedlichster Herkunft gegebenen Antworten.

Andererseits gibt es einige wenige Fragen, bei denen die Punktesumme sehr stark davon abhängt, ob hierbei mit A oder mit B geantwortet wird.

8. RISIKOAVERSION

Am deutlichsten ist das bei Frage 8. Eine genauere Untersuchung zeigt, daß diese Frage jene ist, die den größten Wert für die zu treffende Entscheidung "*Ertrag* oder *Wachstum*" hat, wenn nur *eine* der zehn Fragen gestellt werden kann.

Außerdem zeigt sich, daß allein die Antwort auf Frage 8 bereits sehr gut erklärt, ob eine Person *Ertrag* oder *Wachstum* vorzieht.

Schließlich ergibt die weitere Auswertung des Modells, daß die Erklärungskraft der Antwort auf Frage 8 nur *wenig* gesteigert werden kann, wenn die anderen Fragen hinzu genommen werden.

> Um einem Neukunden die passende Asset-Allokation zu empfehlen, ist es aufgrund der ökonometrischen Analyse gerechtfertigt, nur eine einzige Frage zu stellen: *Was trifft eher zu?*
>
> A) *"Wenn der Wert meiner Anlage in einem Jahr um 5% fiele, würde ich das nicht aushalten."*
>
> B) *"Selbst wenn der Wert einmal um 10% fällt muß man sehen, daß es andere Jahre gibt, in denen er deutlich ansteigt."*
>
> Wer mit A) antwortet, für den ist die Asset-Allokation *Ertrag* mit 33% Aktien passend. Für einen Neukunden, der mit B) antwortet, ist die Allokation *Wachstum* mit 66% Aktien passend.

Werden die Antworten zu *zwei* der zehn Fragen zur Erklärung herangezogen, stellen sich die Fragen 7 und 8 als am wirksamsten heraus. Wer bei Frage 7 und bei Frage 8 mit A antwortet, *gehört ganz* sicher zu jenen Personen, zu denen die Asset-Allokation *Ertrag* paßt. Wer bei Frage 7 und 8 mit B antwortet, gehört *ganz sicher* zu jenen Personen, zu denen *Wachstum* paßt. Wer bei Frage 7 mit B und bei Frage 8 mit A antwortet, sollte *sicherlich* noch *Ertrag* als Rat erhalten. Wer, was vorkommen könnte, bei Frage 7 mit A und bei Frage 8 mit B antwortet, bei dem besteht eine *leichte* Vermutung, *Ertrag* sei passend.

9. Random Walk

In diesem und im nächsten Kapitel geht es um die Wertentwicklung über einen langen Zeitraum mehrerer Jahre oder Jahrzehnte. Dabei steht in diesem Kapitel das freie Vermögen im Vordergrund; im Folgekapitel geht es um den reservierten Vermögensteil.

Bei einem langen Anlagehorizont ist zu beachten, daß die zufälligen Ereignisse während der einzelnen Jahre das Gesamtergebnis in multiplikativer Weise bestimmen.

Folglich ist der Logarithmus des Anlageergebnisses durch additive Effekte geprägt, weshalb der Logarithmus des Endvermögens nach dem Zentralen Grenzwertsatz als normalverteilt gelten darf.

9. Random Walk	**351**
9.1 Einführung	**352**
9.2 Zufallsprozeß	**353**
9.2.1 Random Walk	353
9.2.2 Parameterschätzung — Drift	358
9.2.3 Parameterschätzung — Volatilität	360
9.2.4 Stetige Renditen normalverteilt	361
9.2.5 Ergänzungen	363
9.3 Schiefe der Verteilung	**365**
9.3.1 Erwartungswert, Median, Modus	365
9.3.2 Was die erwartete Rendite aussagt	370
9.3.3 Zwei Anlagejahre	372
9.3.4 Berechnung des Medians	375
9.3.5 Lognormalverteilung	378
9.4 Thema: Chart-Analyse	**382**
9.4.1 Trends und Relative Stärke	382
9.4.2 Beurteilung	384
9.4.3 Zweidimensionale Signale	385

Der Logarithmus des Vermögens entwickelt sich nach einem Zufallsprozeß, der als Random Walk bezeichnet wird. Wenn der Logarithmus des Anlageergebnisses normalverteilt ist, dann ist das Anlageergebnis selbst lognormalverteilt.

Lognormalverteilte Ergebnisse zeigen eine ausgeprägte Schiefe. Deshalb genügen Erwartungswert und Varianz nicht mehr, die "Lage" der Verteilung hinreichend genau zu beschreiben. Als weitere Lageparameter werden der Modus und der Median und ihre jeweiligen Bedeutungen besprochen.

9.1 Einführung

Viele Portfoliomanager teilen die Meinung, daß es im Hinblick auf einen langen Anlagehorizont besondere Phänomene und Probleme gibt, die mit dem Kalkül der Klassischen Portfoliotheorie nicht erfaßt oder behandelt werden.

- Es wurde begründet, weshalb die Klassische Portfoliotheorie die Annahme treffen muß, einfache Renditen seien normalverteilt. Diese Annahme ist hinreichend genau erfüllt, wenn der unterstellte Zeithorizont nicht zu lang ist (und wenn von Optionen und von anderen Instrumenten abgesehen wird, die zu Anlageergebnissen führen, die nicht mehr symmetrisch verteilt sind).

- Bei langen Anlagehorizonten ist das Anlageergebnis aber nicht mehr normalverteilt, nicht einmal mehr symmetrisch. Bei einem langen Anlagehorizont bestimmen die zufälligen Ereignisse während der einzelnen Jahre das Gesamtergebnis in multiplikativer Weise. Folglich ist der Logarithmus des Anlageergebnisses durch additive Effekte geprägt. Deshalb darf der Logarithmus des Endvermögens nach dem Zentralen Grenzwertsatz als normalverteilt gelten. Entsprechend ist das Anlageergebnis selbst lognormalverteilt.

Die *Lognormalverteilung* zeigt eine ausgeprägte Schiefe nach Rechts. Nach einem langen Anlagehorizont können demnach "gigantisch" hohe Vermögen eintreten. Auch wenn ihre Wahrscheinlichkeiten vielleicht gering sind, bewirkt ihre extreme Größenordnung, daß der *Erwartungswert* der Vermögensentwicklung *recht hoch* ist.

Jedoch muß für einen einzelnen Anleger vermutet werden, daß die persönlich erzielte Vermögensentwicklung jene mit der höchsten Eintrittswahrscheinlichkeit sein wird. Sie wird durch den *Modus* beschrieben. Der Modus des zukünftigen Vermögens ist bei langem Zeithorizont aber *deutlich geringer* als der Erwartungswert. Deshalb ist wichtig, neben dem Erwartungswert den Modus zu betrachte. Als Drittes dient auch der *Median* des Vermögens als Orientierungshilfe.

Die Bedeutungen dieser drei Parameter — Erwartungswert, Modus, Median — sollen erarbeitet und ihre Werte für den Fall einer Aktienanlage explizit berechnet werden. Anschließend wird etwas zu den Entscheidungen des Portfoliomanagers über die Asset-Allokation in Situationen ausgeführt, in denen die Anlageergebnisse die erwähnte Schiefe aufweisen. Wir beginnen dadurch, den Prozeß besser zu verstehen, der zu lognormalverteilten Anlageergebnissen führt.

9.2 Zufallsprozeß

9.2.1 Random Walk

In Kapitel 3 ist einiges über die Schätzung der Parameter der zufälligen Rendite gesagt worden. Es wurde aber nicht explizit jenes Modell beschrieben, welches stillschweigend hinter dem "Zufallsprozeß Rendite" gesehen worden ist. Ein jedes Modell wird durch Annahmen beschrieben. Für den Zufallsprozeß der Rendite von Aktien, Anleihen und Portfolios aus Aktien und Anleihen werden drei Annahmen getroffen:

1. Wir fassen die Rendite eines Jahres als Zufallsgröße auf. Anschaulich gesprochen: Das Schicksal — das Geschehen an den Finanzmärkten — bestimmt die Rendite durch Würfeln. Vielleicht hängt die Rendite auf durchaus logische Art und Weise von zahlreichen Einflußfaktoren ab, die sich jedoch nicht im Einzelnen prognostizieren lassen. Deshalb weicht die Rendite von ihrem prognostizierten Wert in "zufälliger" Weise ab.

2. Außerdem nehmen wir an, die Renditen der betrachtenden Jahre hätten alle *dieselbe* Verteilung. Es ist also nicht so, daß die Renditen von 1925-1980 aus einer Verteilung stammten und die der Jahre danach aus einer anderen Verteilung mit vielleicht anderem Erwartungswert und anderer Varianz. Anschaulich gesprochen: Wenn wir zehnmal würfeln, hat sich der Würfel dadurch nicht verändert. Es ist auch beim elften Mal derselbe Würfel, den wir werfen. Insbesondere wird

durch diese Annahme unterstellt, daß der Erwartungswert sich im Laufe der Jahrzehnte nicht verändert hat und daß ebenso die Streuung der Rendite konstant ist (Homoskedastizität).

3. Die Wahrscheinlichkeitsverteilung der Rendite im Jahr t ist *unabhängig* von den zuvor realisierten Renditen. Anschaulich gesprochen: Der Würfel hat kein Gedächtnis. Jeder neue Wurf bietet die gleichen Chancen, ungeachtet der zuvor gefallenen Augenzahl. Denn andernfalls könnten aus der Realisation der Rendite im letzten Jahr genauere Prognosen für die Rendite im kommenden Jahr abgeleitet werden. Sicher könnte es immer wieder Personen geben, die das Geschehen des kommenden Jahres t teilweise antizipieren können. Die Investoren mit überlegener Information werden sofort entsprechende Transaktionen tätigen, wodurch die Kurse zu Beginn des Jahres t schnell alle Informationen widerspiegeln werden, welche die Investoren mit superioren Kenntnissen antizipieren konnten. Was sie nicht antizipieren konnten, muß als "zufällig" gelten, weshalb die Renditeverteilung für das beginnende Jahr unabhängig ist vom Geschehen im Jahr $t-1$.

Diese drei Annahmen bilden unser Modell. Es besagt: Aus heutiger Sicht, zum Zeitpunkt 0 und bei bekanntem heutigen Kurs oder Anfangswert des Portfolios s_0, entwickeln sich die zukünftigen Kurse oder Werte wie folgt:

$$\tilde{s}_1 = s_0 \cdot (1+\tilde{r}_1) \; ,$$

$$\tilde{s}_2 = \tilde{s}_1 \cdot (1+\tilde{r}_2) = s_0 \cdot (1+\tilde{r}_1) \cdot (1+\tilde{r}_2) \; ,$$

$$\ldots,$$

$$\tilde{s}_t = \tilde{s}_{t-1} \cdot (1+\tilde{r}_t) = s_0 \cdot (1+\tilde{r}_1) \cdot (1+\tilde{r}_2) \cdot \ldots \cdot (1+\tilde{r}_t) \; .$$

Da die zukünftigen Kurse $\tilde{s}_1, \tilde{s}_2, \ldots$ aus heutiger Sicht unsicher sind, sollen ihre Bezeichnungen — wie bei Zufallsvariablen üblich — mit einer Schlange (Tilde) versehen werden. Weiter sind $\tilde{r}_1, \tilde{r}_2, \ldots$ die zufälligen einfachen Renditen (Annahme 1) der kommenden Jahre; sie haben alle dieselbe Verteilung (Annahme 2) und sind stochastisch unabhängig (Annahme 3).

Wie auch sonst bei Wachstumsvorgängen ist es üblich, die *multiplikativen* Zusammenhänge mehrerer Jahre in *additive* zu transformieren, indem die wachsende Größe in logarithmischer Skala dargestellt wird:

$$\ln \tilde{s}_t \;=\; \ln s_0 \;+\; \ln(1+\tilde{r}_1) + \ln(1+\tilde{r}_2) + \ldots + (1+\tilde{r}_t) \; .$$

Der **Logarithmus des Kurses** ist **gleich** (dem Logarithmus des anfänglichen Kurses plus) der **Summe der zwischenzeitlichen Jahresrenditen in stetiger Schreibweise.**

9. RANDOM WALK

Wir kürzen die Kurse in logarithmischer Skala mit dem Buchstaben x ab, schreiben

$$\tilde{x}_t = \ln \tilde{s}_t \text{ für alle } t = 1,2\ldots ,$$

und ergänzen $x_0 = \ln s_0$. Die Renditen in stetiger Schreibweise sollen mit einem Stern gekennzeichnet sein, also $r_t^* \equiv \ln(1+r_t)$. Dann erhält die Bestimmungsgleichung die Form

$$\tilde{x}_t = x_0 + \tilde{r}_1^* + \tilde{r}_2^* + \ldots + \tilde{r}_t^* .$$

Dies ist das Bildungsgesetz für einen *Random-Walk*. Der Random-Walk ist einer der grundlegenden stochastischen Prozeße, die in der Finanzmarkttheorie Anwendung finden.

> Unter einem **Random-Walk** wird ein diskreter Zufallsprozeß verstanden, das heißt, eine Sequenz von Zufallsgrößen $\tilde{x}_1, \tilde{x}_2, \ldots, \tilde{x}_t, \ldots$, die wie folgt miteinander verknüpft sind: Jede einzelne Zufallsvariable ist gleich dem Wert der vorangegangenen Zufallsvariablen plus einer zufälligen Änderung
>
> $$\tilde{x}_1 = x_0 + \tilde{z}_1,$$
>
> $$\tilde{x}_2 = \tilde{x}_1 + \tilde{z}_2, \ldots,$$
>
> $$\tilde{x}_t = x_{t-1} + \tilde{z}_t, \ldots$$
>
> Dabei bezeichnet x_0 den als Zahl gegebenen Anfangswert. Die Änderungen $\tilde{z}_1, \tilde{z}_2, \ldots, \tilde{z}_t, \ldots$ sind identisch verteilte, unabhängige Zufallsvariable. Sie haben denselben Erwartungswert μ und dieselbe Varianz σ^2. Beide Parameter sollen μ und σ bekannt sein.

Die Bezeichnung *Random-Walk* leitet sich ab vom Weg, den ein Betrunkener nimmt. In jeder Zeiteinheit mache er einen Schritt vorwärts, weicht dabei aber auf zufällige Weise entweder nach links oder nach rechts von seiner Richtung ab. Über die Differenzen ist bekannt, daß für sie μ erwartet werden darf. Diese Größe heißt *Drift*. Der **Drift** ist im Random-Walk der Erwartungswert

$$\mu \equiv E[\tilde{z}_1] = E[\tilde{z}_2] = \ldots = E[\tilde{z}_t]$$

derjenigen Änderungen, die in jeder Periode additiv auf den Zustand des Random-Walk einwirken.

> Werden die Aktienkurse nach Logarithmieren als Random-Walk aufgefaßt, dann ist der Drift gleich dem Erwartungswert der stetigen Renditen.

Der Wert des Random-Walk zu einem bestimmten Zeitpunkt sei bekannt — ohne Beschränkung der Allgemeinheit nehmen wir an, dies sei der mit 0 bezeichnete Anfangszeitpunkt. Dann können die Zufallsgrößen $\tilde{x}_1, \tilde{x}_2, \ldots$ aus Sicht des Anfangszeitpunkts und unter Kenntnis von x_0 wie folgt beschrieben werden.

Zunächst die Erwartungswerte:

$$E[\tilde{x}_1] = E[x_0 + \tilde{z}_1] = x_0 + E[\tilde{z}_1] = x_0 + \mu ,$$

$$E[\tilde{x}_2] = E[\tilde{x}_1 + \tilde{z}_2] = x_0 + E[\tilde{z}_1] + E[\tilde{z}_2] = x_0 + 2 \cdot \mu .$$

Allgemein gilt:

$$E[\tilde{x}_t] = x_0 + t \cdot \mu.$$

Der Erwartungswert des zukünftigen Werts zu irgendeinem Zeitpunkt t stimmt überein mit der Summe aus dem letzten bekannten Wert des Random-Walk (das ist hier x_0) plus dem t-fachen des Drifts.

Für die Abweichungen von diesem Erwartungswert werde nun die Varianz berechnet:

$$Var[\tilde{x}_1] = Var[\tilde{x}_0 + \tilde{z}_1] = Var[\tilde{z}_1] = \sigma^2 ,$$

$$Var[\tilde{x}_2] = Var[\tilde{x}_1 + \tilde{z}_2] = Var[x_0 + \tilde{z}_1 + \tilde{z}_2] =$$
$$= Var[\tilde{z}_1 + \tilde{z}_2] = Var[\tilde{z}_1] + Var[\tilde{z}_2] + 2 \cdot Cov[\tilde{z}_1, \tilde{z}_2] =$$
$$= \sigma^2 + \sigma^2 + 0 = 2 \cdot \sigma^2 .$$

Dabei ist $Cov[\tilde{z}_1, \tilde{z}_2] = 0$ eine Folge der zuvor getroffenen Annahme, die zufälligen Änderungen seien stochastisch unabhängig.

Allgemein gilt

$$Var[\tilde{x}_t] = t \cdot \sigma^2 .$$

Die Varianz des Werts $\tilde{x}_t$ des Random-Walk zum Zeitpunkt t, beurteilt aus Sicht der zum Zeitpunkt 0 gegebenen Information, beträgt das t-fache der Varianz der zufälligen Änderungen pro Periode. Kurz: Die Varianz nimmt proportional mit der Zeit zu. Das bedeutet: Die Streuungen der Werte des

Random-Walk erhöhen sich *proportional zur Wurzel* aus der Zeit. Wie die Herleitung zeigte, ist für diese Aussage wichtig, daß die Renditen der einzelnen Perioden stochastisch voneinander unabhängig sind.

Bild 9-1: ANDREI ANDREYEVICH MARKOV (1856-1922), russischer Mathematiker, Schüler des bekannten Wahrscheinlichkeitstheoretikers PAFNTY CHEBYSHEV (von dem unter anderem die bekannte *Chebyshev-Ungleichung* stammt). MARKOV studierte Sequenzen von Zufallsvariablen und lieferte auch einen Beweis für den Zentralen Grenzwertsatz unter sehr schwachen Voraussetzungen. Nach ihm als Markov-Prozesse oder Markov-Ketten benannte stochastische Prozesse sind solche, welche die sogenannte *Markov-Eigenschaft* besitzen: Die Verteilung der nächsten Zufallsvariablen darf zwar vom gegenwärtigen Wert des Prozesses abhängen, nicht aber vom Pfad, das heißt, von den Realisationen der früheren Zufallsvariablen im Prozeß. Anschaulich ausgedrückt: Die gesamte für die Wahrscheinlichkeitsverteilung der nächsten Bewegung relevante Information ist im augenblicklichen Zustand enthalten. Die Kenntnis der Geschichte, wie es zu dem augenblicklichen Zustand kam, erlaubt keine genauere Prognose. Ein Random-Walk ist ein Markov-Prozeß, wobei zusätzlich die Wahrscheinlichkeitsverteilung noch als stationär angesehen wird. Praktisch alle Kursprozesse im Finance sind Markov-Prozesse. Der Prozeß der Durchschnitte, etwa der Wertentwicklung über 30-Tage oder 250-Tage wie sie in Charts üblich sind, ist dagegen *kein* Markov-Prozeß. Es gibt neuerdings auch einige speziell konstruierte Optionen, deren Wert vom Kursverlauf des zugrunde liegenden Instruments abhängt — man spricht von *Pfadabhängigkeit* — und deren Preisverlauf daher ebenfalls keinen Markov-Prozeß darstellen.

Die erwähnte Chebyshev-Ungleichung trifft übrigens eine Aussage über die Wahrscheinlichkeit, daß eine Zufallsvariable einen Wert außerhalb des k-fachen Sigma-Bandes annimmt, ohne daß dazu der Verteilungstyp bekannt sein müßte: Eine Zufallsvariable $\tilde{z}$, deren Erwartungswert μ und Varianz σ^2 existieren, nimmt einen Wert auf den Grenzen oder außerhalb des k-fachen Sigma-Bandes mit einer Wahrscheinlichkeit an, die kleiner oder gleich ist dem Kehrwert des Quadrats von k:

$$\Pr(|\tilde{z}-\mu| \geq k \cdot \sigma) \leq \frac{1}{k^2}.$$

Beispielsweise besagt die Chebyshev-Ungleichung für $k=2$, daß eine Zufallsvariable Werte außerhalb des zweifachen Sigma-Bandes mit einer Wahrscheinlichkeit annimmt, die jedenfalls nicht größer ist als 0,25. Anders ausgedrückt: Wenigstens 75% ihrer Realisationen liegen innerhalb des zweifachen Sigma-Bandes. Ist bekannt, daß die Zufallsvariable normalverteilt ist, dann lassen sich die Zahlen genau angeben; wir hatten bei einer Normalverteilung $\Pr(|\tilde{z}-\mu| \geq 2 \cdot \sigma) = 0{,}0455$ gefunden. Das ist wesentlich schärfer als die Aussage $\Pr(|\tilde{z}-\mu| \geq 2 \cdot \sigma) \leq 0{,}25$, aber es mußte die zusätzliche Information der Normalverteilung gegeben sein.

9.2.2 Parameterschätzung — Drift

Mit diesen Vorbereitungen ist es leicht, anhand historischer Renditerealisationen die Parameter der Normalverteilung "Stetige Rendite" zu schätzen. Gemeint ist die auf ein Jahr bezogene Rendite auf ein Aktienportfolio in stetiger Notation.

Wir verwenden wieder die 72 Jahre der Pictet-Daten und betrachten zunächst Aktien. Die Tabelle — man blättere zu Bild 2-7 zurück — zeigt diese Indexstände: 100; 121,69; 153,45; … 24039,56; 37307,63.

Daraus folgen unmittelbar die stetigen Renditen,

$$r^*_{1926} = \ln\frac{121{,}69}{100} = 19{,}63\%,$$

$$r^*_{1927} = \ln\frac{153{,}45}{121{,}69} = 26{,}10\%,$$

$$\ldots$$

$$r^*_{1997} = \ln\frac{37307{,}63}{24039{,}56} = 43{,}95\%.$$

9. RANDOM WALK

Der Erwartungswert der stetigen Rendite wird durch das Stichprobenmittel geschätzt. Es sei mit AV^* bezeichnet,

$$AV^* = \frac{1}{72} \cdot (0{,}1963 + 0{,}2610 + \ldots + 0{,}4395) = 0{,}0822 \ .$$

Was bedeutet das?

Erstens: Der Erwartungswert der stetigen Rendite beträgt (wenn von einem Schätzfehler abgesehen wird) 8,22%. Wenn das Anfangsvermögen 1 beträgt, so ist nach den beim Random-Walk gültigen Beziehungen zu *erwarten*, daß der Logarithmus des Anlageergebnisses $E[\ln \tilde{s}_1] = \ln 1 + 0{,}0822 = 0{,}0822$ beträgt.

> Der Erwartungswert der stetigen Rendite bestimmt den Erwartungswert des logarithmierten Anlageergebnisses.

Zweitens: Es bedeutet aber *nicht*, daß der Erwartungswert des Vermögens nach einem Anlagejahr, $E[\tilde{s}_1]$, durch 1,0857 gegeben wäre. Immerhin ist der Erwartungswert des *logarithmierten* Anlageergebnisses etwas anderes als der Erwartungswert des Anlageergebnisses.

In der Tat wäre eine solche Vermutung falsch. Wir hatten das erwartete Anlageergebnis $E[\tilde{s}_1]$ bereits früher berechnet. Wegen $\tilde{s}_1 = s_0 \cdot (1 + \tilde{r}_{ein})$ gilt

$$E[\tilde{s}_1] = s_0 \cdot (1 + E[\tilde{r}_{ein}]) = s_0 \cdot (1 + \mu_{ein}) \ .$$

Da der Erwartungswert der einfachen Renditen bereits durch 10,5% geschätzt war, ist $E[\tilde{s}_1] = 1{,}105$ die korrekte Berechnung des Erwartungswerts des Anlageergebnisses — wieder von einem Schätzfehler abgesehen.

Achtung: Viele Anleger fragen nach dem Erwartungswert des Anlageergebnisses, wenige Personen erkunden sich danach, wie hoch der Erwartungswert des logarithmierten Anlageergebnisses sein wird.

Man könnte noch weiter rechnerisch folgern, daß

$$\exp(E[\ln \tilde{s}_1]) = \exp(0{,}0822) = 1{,}0857$$

gilt, jedoch ist $\exp(E[\ln \tilde{s}_1])$ eine Zahl, die wir noch nicht direkt interpretieren können. Nur dieser Hinweis: Es wird sich zeigen, daß diese Größe der Median des Anlageergebnisses ist.

Drittens: Da eine Summe von Logarithmen gleich ist dem Logarithmus des Produkts, gilt

$$AV^* = (1/72) \cdot \ln(37307{,}63/100) \; ,$$

oder anders ausgedrückt,

$$\exp(AV^*) = \sqrt[72]{373{,}0763} \; .$$

> Der Schätzwert 0,0822 für den Erwartungswert der stetigen Rendite ist eng mit der geometrischen Durchschnittsrendite verwandt:
>
> Das arithmetische Mittel der stetigen Renditen ist gleich der in stetiger Notation geschriebenen geometrischen Durchschnittsrendite.

Man verifiziert: Die geometrische Durchschnittsrendite auf Aktien wurde zuvor mit 8,57% beziffert, denn der Index war in den 72 Jahren von 100 auf 37307,63 gestiegen, und es gilt $1{,}0857^{72} \approx 373$. Wegen $\ln 1{,}0857 = 0{,}0822$ sind deshalb die eben errechneten 8,22% wirklich gleich der geometrischen Durchschnittsrendite in stetiger Schreibweise.

Es ist demnach einsichtig: Das **Stichprobenmittel der stetigen Rendite** stimmt mit der **geometrischen Durchschnittsrendite in stetiger Schreibweise** überein.

9.2.3 Parameterschätzung — Volatilität

Die Wurzel der Varianz der stetigen, auf ein Jahr bezogenen Rendite wird als **Volatilität** bezeichnet.

Umgangssprachlich erinnert "Volatilität" an die *Flüchtigkeit des Federviehs* — das lateinische Wort *volare* bedeutet sich heben, fliegen, die Flügel bewegen, sich in der Luft bewegen, sich schnell bewegen. In der Fachsprache ist **Volatilität die Streuung der stetigen Rendite**. Deshalb hatten wir in der Klassischen Portfoliotheorie, in deren Zentrum die *einfache* Rendite steht, sorgfältig versucht, nicht den Begriff der Volatilität für die Renditestreuung zu verwenden. Die Volatilität bezeichnet in der Fachsprache weder die Streuung der einfachen Rendite noch die Streuung der Kurse; sie ist die Streuung der stetigen Renditen.

Die Volatilität wird über die Stichprobenvarianz der stetigen Renditen geschätzt,

$(SD^*)^2 =$

$= \frac{1}{71} \cdot \left((0{,}1963 - 0{,}0822)^2 + (0{,}2610 - 0{,}0822)^2 + ... + (0{,}4395 - 0{,}0822)^2 \right) =$

$= 0{,}03572 ,$

woraus sich 18,9% als Schätzwert für die Volatilität der Aktienrendite ergibt. Analog dazu können die Parameter für die stetige Rendite auf ein Rentenportfolio geschätzt werden. Das gleiche Vorgehen gilt für Portfolios wie etwa das Fifty-Fifty-Portfolio, welches jeweils zu Beginn eines Anlagejahres zur Hälfte in Aktien und zur Hälfte in Anleihen investiert ist.

Einfache Rendite	Erwartungswert = 10,50%	Streuung = 20,8%
Geometrische Durchschnittsrendite	8,57%	
Stetige Rendite	Erwartungswert = 8,22%	Volatilität = 18,9%

9.2.4 Stetige Renditen normalverteilt

Noch ein Wort zur Wahrscheinlichkeitsverteilung der Zustände $\tilde{x}_1, \tilde{x}_2, ...$ des Random Walk. Ist zu einem Zeitpunkt (wieder sei dies der Zeitpunkt 0) die Realisation x_0 des Zustands bekannt, dann gilt:

1. Der Verteilungstyp des nächsten, nun zufälligen Werts $\tilde{z}_1$ ist durch die Verteilung der Änderungen gegeben. Hierzu wurde *keine* Annahme getroffen und bei einem Random-Walk ist *jede* Verteilung erlaubt.

2. Was die Verteilung eines weit in der Zukunft liegenden Werts betrifft, etwa $\tilde{x}_t$, so entsteht sie aus x_0 durch Addition der Summe $\tilde{z}_1 + \tilde{z}_2 + ... + \tilde{z}_t$ der t *unabhängigen, identisch verteilten* Zufallsgrößen $\tilde{z}_1, \tilde{z}_2, ..., \tilde{z}_t$. Nach dem zentralen Grenzwertsatz nähert sich die Verteilung dieser Summe immer genauer einer Normalverteilung.

In der Anwendung auf den Kursprozeß gilt daher:

Der Logarithmus der Kurse für einen (hinreichend weit) in der Zukunft liegenden Zeitpunkt ist (angenähert) normalverteilt.

Aus diesen Gründen bedeutet es eigentlich keine große Einschränkung, wenn die zufälligen Differenzen $\tilde{z}_1, \tilde{z}_2, ...$ von *vornherein* als normalverteilt vorausgesetzt werden.

> In der Anwendung des Random-Walk auf den Kursprozeß für Aktien würden diese Argumente bedeuten, daß die **stetigen Renditen** als **normalverteilt** unterstellt werden.

Die Annahme, daß die *stetigen* Renditen normalverteilt sind, entspricht gut der Empirie und stellt auch keinen Widerspruch zu der früher für die Klassische Portfoliotheorie getroffenen Annahme dar, die *einfachen* Renditen seien normalverteilt.

Die stetigen Jahresrenditen und die einfachen Jahresrenditen haben für kleine Zahlenwerte der Rendite ungefähr denselben Wert.

Streng genommen, gilt:

1. Wenn die einfache Rendite (für das kommende Jahr) normalverteilt ist, dann erweist sich das Anlageergebnis als normalverteilt.
2. Wenn die stetige Rendite (für das kommende Jahr) normalverteilt ist, dann muß das Anlageergebnis lognormalverteilt sein.
3. Auf ein Jahr bezogen, stimmen die Wahrscheinlichkeiten für bestimmte Anlageergebnisse recht gut überein, wenn diese als normalverteilt *oder* als lognormalverteilt unterstellt werden.
4. Erst bei längeren Anlagehorizonten machen sich die Unterschiede empirisch bemerkbar und werden für einen Investor essentiell.

Nun realisiert sich die Rendite nicht wie beim Random Walk zu diskreten Zeitpunkten, etwa von Jahr zu Jahr. Zufällige Kurs- und Renditebewegungen sind in sehr kurzen Zeitabständen festzustellen, etwa im Bereich weniger Sekunden und Minuten.

Deshalb sind mathematische Äquivalente des Random Walk entwickelt worden, bei denen die Zeit nicht diskrete Werte $t = 0, 1, 2,...$ durchläuft, sondern ein "stetiger" Parameter ist. So entsteht ein stochastischer Prozeß, der *Brown'sche Bewegung* (*Brownian Motion*) genannt wird.

Bei der Brown'schen Bewegung sind, genau wie beim Random Walk, der Drift und die Volatilität im Zeitablauf konstant. Wird diese Annahme aufgegeben, entsteht eine *verallgemeinerte* Brown'sche Bewegung (oder ein sogenannter Itô-Prozeß).

9.2.5 Ergänzungen

Wir haben hier einen Random-Walk *mit Drift* definiert. Gelegentlich wird der "Random-Walk" so definiert, daß die Erwartungswerte der Differenzen $\tilde{z}_1, \tilde{z}_2, \ldots$ alle gleich Null sind. Der so speziell definierte Random-Walk ohne Drift — genauer: mit einem Drift von Null — ist zugleich ein stochastischer Prozeß jener Kategorie von Prozessen, die als *Martingal* bezeichnet werden.

Ein **Martingal** ist durch folgende Eigenschaft definiert: Der Erwartungswert von $\tilde{x}_{t+1}$, unter der Bedingung, daß die Realisationen $x_t, x_{t-1}, x_{t-2}, \ldots$ der vorangegangenen Zustände bekannt sind, stimmt mit x_t überein:

$$E[\tilde{x}_{t+1} | x_t, x_{t-1}, x_{t-2}, \ldots] = x_t .$$

Für einen Vergleich der Definitionen von Martingal und Markov-Prozeß betrachte man als Formel die bislang nur in Worten gefaßte **Markov-Eigenschaft**:

$$\Pr[\tilde{x}_{t+1} \leq a | x_t, x_{t-1}, x_{t-2}, \ldots] = \Pr[\tilde{x}_{t+1} \leq a | x_t] .$$

1. Im Unterschied zur Definition des Martingals besagt die Markov-Eigenschaft nicht nur etwas über den Erwartungswert des nächsten Zustandes $\tilde{x}_{t+1}$, sondern sie trifft eine Aussage über die ganze Verteilungsfunktion. Hier macht das Martingal also eine schwächere Aussage als die Markov-Eigenschaft.

2. Was den Erwartungswert anbelangt, so sind Markov-Prozesse jedoch allgemeiner als Martingale, weil bei einem Markov-Prozeß der erwartete nächste Zustand zwar vom jetzigen Zustand x_t abhängen darf, nicht notwendigerweise jedoch mit ihm übereinstimmen muß. Hier trifft das Martingal eine speziellere Annahme im Vergleich zum Markov-Prozeß.

Martingale wurden früher stets als Formalisierung "fairer Spiele" verzeichnet. Diese Auffassung geht auf CARDANO[1] zurück, der 1565 eine Theorie der

---

[1] Der Mathematiker und Naturphilosoph lebte 1501-1576 in Norditalien. Er publizierte Lösungen von Gleichungen dritten und vierten Grades. Die sogenannten Cardanoschen Formeln stammten eigentlich von TARTAGLIA, und CARDANO hat sie nur unter Bruch eines Schweigeversprechens publiziert.

Glücksspiele verfaßte und darin schrieb: "Das Fundamentalprinzip in allen Glücksspielen verlangt gleiche Konditionen ... In dem Ausmaß, in dem Du von dieser Gleichheit abweichst, bist Du ein Narr, sofern es zu Gunsten des Gegenspielers ist, und Du bist ungerecht, sofern es zu Deinen eigenen Gunsten ist."

Bild 9-2: PAUL A. SAMUELSON, geboren 1915, einer der bekanntesten amerikanischen Ökonomen. SAMUELSON erwirbt 1941 den *Doctor of Philosophy* in Harvard und lehrt ab 1947 als Professor am M.I.T. Im Alter von 32 Jahren wird er bereits mit der *John-Bates-Clark-Medaille* als jener Wirtschaftswissenschaftler unter 40 Jahren ausgezeichnet, *"who has made the most distinguished contribution to the main body of economic thought and knowledge."* Das Werk von SAMUELSON ist weit gespannt; es dürfte niemanden geben, der nicht das Lehrbuch *Volkswirtschaftslehre* des Autors studiert hätte. Unter seinen vielen wissenschaftlichen Arbeiten finden sich grundlegende Beiträge zur Dynamik in wirtschaftswissenschaftlichen Modellen, darunter der Beweis des Zusammenhangs zwischen der Informationseffizienz und dem Martingale (1965). SAMUELSON wurde 1970 mit dem Nobelpreis geehrt.

Weiter hat SAMUELSON 1965 gezeigt, daß genau die Klasse der als Martingale bezeichneten stochastischen Prozesse in folgendem Sinn "fair" sind:

Besser Informierte können sich nicht auf Kosten der Uninformierten bereichern, sofern der Kursprozeß einem *Martingale* folgt.[2]

Martingale und Random-Walks ohne Drift haben große Beachtung gefunden, vor allem weil hier statistische Tests noch vergleichsweise einfach umzusetzen sind. Beim Random-Walk mit Drift ergeben sich gewisse statistische Schwierigkeiten dadurch, daß in den Anwendungen der Drift nicht gegeben, sondern erst aus den Zeitreihen selbst geschätzt wird.

Andererseits liegt auf der Hand, daß risikoaverse Investoren nicht in einen Kursprozeß investieren, der einem Martingal folgt, weil sie billigerweise eine Prämie für die Übernahme von Risiken verlangen. Das ist der große Unterschied zwischen Glücksspielen, die fair sein sollen, und der Finanzmathematik. In der Finanzmathematik gibt es Prämien für die Übernahme spezifischer / systematischer Risiken.

9.3 Schiefe der Verteilung

9.3.1 Erwartungswert, Median, Modus

Bislang hatten wir den Erwartungswert E als den neben der Varianz wichtigsten Parameter zur Beschreibung einer Verteilung angesehen. Eine Normalverteilung ist durch die beiden genannten Parameter Erwartungswert und Varianz sogar vollständig charakterisiert.

Wie ausgeführt, ist der Erwartungswert aufgrund des Gesetzes der Großen Zahlen eng mit dem Mittelwert vieler Durchführungen eines Zufallsexperiments verbunden und daher mit der *aleatorischen* Wahrscheinlichkeit assoziierbar, welche die Stabilität der relativen Häufigkeit als statistische Regelmäßigkeit betont.

---

[2] Das Zitat von CARDANO ist einem Buch unserer eingangs zusammengestellten Handbibliothek entnommen: JOHN Y. CAMPBELL, ANDREW W. LO und A. CRAIG MACKINLAY: *The Econometrics of Financial Markets*, Princeton University Press 1997. Als weitere, vertiefende Literatur zum Random-Walk und zu Martingalen in der Finanzierungstheorie sei verwiesen auf: 1. NICHOLAS H. BINGHAM und RÜDIGER KIESEL: *Risk-Neutral Valuation. Pricing and Hedging of Financial Derivatives.* Springer-Verlag London 1998. 2. MAREK MUSIELA UND MAREK RUTHOWSKI: *Martingale Methods in Financial Modelling.* Springer-Verlag Berlin, 2nd Printing 1998. 3. PAUL A. SAMUELSON: Proof that Properly Anticipated Prices Fluctuate Randomly. *Ind. Management Review* 6 (1965), pp. 41-49.

Wer ein Zufallsexperiment ausübt oder Stichproben erhebt, betrachtet in aller Regel neben dem Erwartungswert noch weitere Lageparameter, eben weil nicht immer angenommen werden darf, daß die Grundgesamtheit normalverteilt ist.

Vielfach werden dann der Median M und der L der Verteilung beachtet und bestimmt.

- Der **Median** M ist so definiert, daß die Zufallsgröße mit Wahrscheinlichkeit ½ einen kleineren, und mit Wahrscheinlichkeit ½ einen größeren Wert annimmt, genauer: $\Pr(\tilde{x} \leq M) = \Pr(\tilde{x} \geq M)$. Der Median wird deshalb auch als **Zentralwert** bezeichnet.

- Der **Modus** L der Verteilung ist jene der möglichen Realisationen, welche die größte Eintrittswahrscheinlichkeit hat.

Drei Bemerkungen zum Modus:

1. Die gegebene Definition gilt für eine *diskrete* Verteilung. Bei einer *stetigen* Verteilung müssen wir sagen: Der Modus ist jener Wert, bei dem die Dichtefunktion ein Maximum annimmt.

2. Der Buchstabe L soll an *Likelihood* erinnern.

3. Der Modus ist mit der *epistemischen* Wahrscheinlichkeit assoziierbar, die auf den Grad des Vertrauens abhebt.

Karin Koch hat eine Urne mit 8 Kugeln zusammengestellt, auf denen als Zahl der "Gewinn" einer Ziehung geschrieben steht. Vier Kugeln zeigen als Zahl die 1, drei Kugeln zeigen eine 2 und eine Kugel trägt 70. Als Erwartungswert des Zufallsexperiments errechnet man 10. Der Median ist 2. Der Modus ist 1. Karin sagt:

Wenn ich sehr oft aus der Urne eine Kugel ziehen darf, würde ich nach dem Gesetz der Großen Zahl damit rechnen, über alle Ziehungen hinweg im Mittel 10 zu erreichen.

Wenn ich nur ein einziges mal das Zufallsexperiment ausführe, würde ich vermuten, eine Kugel mit der 1 zu ziehen. Denn immerhin besitzt von den drei möglichen Ereignissen 1, 2 und 70 das Ergebnis der 1 die höchste Wahrscheinlichkeit von ½, während die beiden anderen möglichen Ergebnisse nur eine Wahrscheinlichkeit von 3/8 beziehungsweise 1/8 haben.

Auf eine sehr kurze Sicht, bis etwa zu einem Jahr, darf davon ausgegangen werden, daß das unsichere Vermögen am Ende der Anlageperiode symmetrisch verteilt ist — wir hatten hier die Normalverteilung favorisiert. Das theoretische Argument hierzu lautete, auf kurze Sicht sei das Ergebnis als *Summe* verschiedener Zufallseinflüsse zu sehen.

Der Zentrale Grenzwertsatz ist dann das theoretische Argument für (approximativ) normalverteilte Ergebnisse. Im Fall einer symmetrischen

Verteilung stimmen Erwartungswert, Median und Modus überein, $E = M = L$.

Bei längeren Anlageperioden, etwa über 5, 10 oder noch mehr Jahre, zeigt die Wahrscheinlichkeitsverteilung des Anlageergebnisses jedoch eine ausgeprägte Schiefe nach rechts.

Wir hatten gerade mit dem Random-Walk argumentiert, daß sich der Logarithmus des Anlageergebnisses als Summe des Logarithmus des Anfangsbetrags und der stetigen Renditen berechnen läßt. Nach dem Zentralen Grenzwertsatz sollte deshalb der Logarithmus des Anlageergebnisses (angenähert) normalverteilt sein. Das Anlageergebnis selbst würde demnach einer Lognormalverteilung folgen.

Die Lognormalverteilung zeigt eine Schiefe nach rechts. Für sie ist der Median kleiner als der Erwartungswert, $M < E$. Auch ist bei der Lognormalverteilung der Modus noch kleiner als der Median, $L < M$. Zusammengefaßt gilt:

$$L < M < E.$$

Für einen Investor haben alle drei Lageparameter Bedeutung.

Wir wollen die Bedeutung der Lageparameter für den Investor herausstellen und zeigen, wie sie anhand der Parameter der Aktienrendite berechnet werden können.

Aus der Definition der drei Lageparameter ist schon klar:

1. Der Erwartungswert gibt eine mittlere Prognose wieder, die sich als arithmetisches Mittel aller denkbaren Ergebnisse oder Szenarien berechnet. Der Erwartungswert E erhält seine Bedeutung vor allem durch das Gesetz der Großen Zahlen. Wird das betrachtete Zufallsexperiment sehr oft *wiederholt*, dann ist der Erwartungswert die geeignete Beschreibung für das mittlere Ergebnis der Vielzahl wiederholter Versuche. Der **Erwartungswert des Anlageergebnisses** ist für einen Finanzinvestor **wichtig, sofern** dieser Investor **das Zufallsexperiment "Aktienanlage in einem Jahr" oft wiederholen** kann und er für sich das mittlere Ergebnis aller dieser "Ziehungen" prognostizieren möchte.

2. Der Median M einer Verteilung trennt als Zentralwert die möglichen Ergebnisse: Mit Wahrscheinlichkeit ½ tritt ein besseres, mit Wahrscheinlichkeit ½ tritt ein schlechteres Ergebnis im Vergleich zum Median ein. Der Median ist für einen Investor dann wichtig, wenn die optimistischeren Wertentwicklungen von den pessimistischeren Prognosen getrennt werden sollen. Der Median bietet in diesem Sinn ei-

ne neutrale Prognose. **Der Median des Anlageergebnisses ist für einen Finanzanleger wichtig, weil der Median die Grenze zwischen Optimismus und Pessimismus zieht.**

3. Als Drittes wird der Modalwert L des Vermögens betrachtet. Immer wenn ein Zufallsereignis wie das Schicksal in das Leben einer einzelnen Person hineinspielt, wird im Grunde nur eine *einzige* Realisation gewonnen. Die Frage lautet daher: Welches wird wohl das Ergebnis sein, welches man bei *einmaliger* Ziehung erhält? Hierauf kann nur diese Antwort gegeben werden: Das Ergebnis, welches durch den Modus beschrieben wird, hat von allen möglichen Ergebnissen die höchste Wahrscheinlichkeit. Bei einer einmaligen Realisation des Zufallsereignisses ist deshalb zu *vermuten*, daß man den Modus erhält. **Der Modus ist für einen Finanzanleger bedeutend, weil er das wahrscheinlichste, das am ehesten zu vermutende Szenario beschreibt.**

Erwartungswert	Mittleres Ergebnis bei *zahlreichen*, wiederholten Versuchen
Median	*Neutrale Prognose* des Ergebnisses in dem Sinn, daß mit 50% Wahrscheinlichkeit bessere und mit 50% Wahrscheinlichkeit schlechtere Resultate als durch den Median angegeben eintreten werden
Modus	Jenes Ergebnis, welches die *höchste Eintrittswahrscheinlichkeit* besitzt. Bei einmaligem "Ziehen" ist zu *vermuten*, daß ein Ergebnis wie der Modus eintritt

Ein Anleger hält ein Aktienportfolio. Er meint: "Mein Anlagehorizont ist fünf Jahre lang, jedes einzelne Jahr ist für mich eine Ziehung, genau wie bei einer Lotterie. Ich möchte die einzelne Jahreslotterie beschrieben erhalten." Eine Entgegnung lautet, daß sich im Mittel in einem Jahr ein Anfangskapital von 100 wohl auf 110,5 erhöht. Denn 10,5% ist bei der Schätzung der Erwartung der einfachen Rendite μ_{ein} gewonnen worden. Der Mittelwert aller möglichen Szenarien über den gesamten Zeitraum von fünf Jahren beträgt demnach 165, denn $1{,}105^5 = 1{,}65$. Allgemein gilt:

$$E[\tilde{s}_5] = s_0 \cdot (1+\mu_{ein})^5 \quad .$$

Nun meint der Anleger: "Was ich wohl nach fünf Jahren der Anlage haben werde, ist schwer zu beurteilen. Wenn ich Freunde und Bekannte frage, höre ich zum Teil sehr optimistische, teils auch recht pessimistische Vorhersagen."

Der Median ist jenes Anlageergebnis, welches die möglichen Szenarien in die eher bessere Hälfte und die eher schlechtere Hälfte trennt. Nun wurde der

Erwartungswert der stetigen Rendite durch 8,22% geschätzt. Es wurde argumentiert, die stetige Rendite sei als normalverteilt und damit symmetrisch anzunehmen. Folglich liegt die stetige Rendite mit Wahrscheinlichkeit ½ unter 8,22% und mit Wahrscheinlichkeit ½ über 8,22%. Bezogen auf einen Zeitraum von fünf Jahren gilt für den Median des Endvermögens daher

$$\ln M[\tilde{s}_5] = \ln s_0 + 5 \cdot \mu \text{ also}$$

$$M[\tilde{s}_5] = s_0 \cdot \exp(5 \cdot \mu).$$

Der Median des Anlageergebnisses nach fünf Jahren läßt sich also durch den Mittelwert der stetigen Rendite wiedergeben,

$$M = s_0 \cdot \exp(t \cdot \mu).$$

Wird hier für μ mit dem Schätzwert 8,22% gerechnet, so gilt wegen $\exp(5 \cdot 0{,}0822) = \exp(0{,}411) = 1{,}51$ das Folgende: Wer 100 anlegt, hat nach fünf Jahren ein Anlageergebnis mit dem Median 151.

Alternativ zu diesem Berechnungsweg für den Median darf er mit der geometrischen Durchschnittsrendite berechnet werden. Sie beträgt bei Aktien 8,57%. Anders ausgedrückt: Wer 100 anlegt hat nach fünf Jahren ein Anlageergebnis mit dem Median 151, denn $1{,}0857^5 = 1{,}51$.

Drittens meint der Anleger: "Ich habe nur ein Leben und ziehe einmal mein Schicksal. Auch bei der Geldanlage ist es so. Wenn mein Anlagehorizont von fünf Jahren abgelaufen ist, habe ich *einmal* das Glücksrad gedreht. Ich möchte gern vorher wissen, welches Ergebnis ich nach fünf Jahren mit einer Aktienanlage vermutlich haben werde?

Die Antwort lautet: Von allen möglichen Anlageergebnissen hat der Modus die höchste Wahrscheinlichkeit. Die Formel für den Modus wird weiter unten diskutiert, das Resultat sei hier vorweggenommen: Der Modus ist durch

$$M = s_0 \cdot \exp(t \cdot (\mu - \sigma^2))$$

beschrieben, und da hier $s_0 = 100$, $t = 5$, $\mu = 8{,}22\%$, $\sigma = 18{,}9\%$ gilt, beträgt der Modus 126.

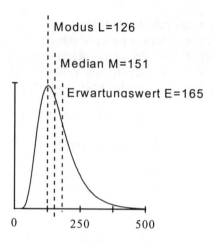

Bild 9-3: Für einen Anfangsbetrag von 100 Franken, angelegt in ein Portfolio Schweizer Aktien, wird das unsichere Vermögen nach 5 Jahren betrachtet. Dargestellt ist die Dichtefunktion der Wahrscheinlichkeitsverteilung. Sie zeigt eine deutliche Schiefe nach rechts.

Der Erwartungswert des Vermögens beträgt 165, der Median 151 und der Modus, wie bereits gesagt, 126 Franken. Es handelt sich um eine Lognormalverteilung mit den Parametern $\mu_5 = 0{,}41$, $\sigma_5 = 0{,}42$. Wie diese beiden Parameter und die Lageparameter L, M, E zu berechnen sind, wird im nächsten Abschnitt gezeigt.

Für einen Investor ist neben dem Erwartungswert der Median M instruktiv, weil er als Zentralwert eine neutrale Prognose herausstellt, die Optimismus und Pessimismus trennt. Besonders instruktiv scheint sodann der Modus L zu sein — jenes Ergebnis, welchem die höchste Wahrscheinlichkeit zukommt. Die beiden letztgenannten Lageparameter M und L der Verteilung des Finanzvermögens am Ende des Anlagehorizontes sind für die Beratung von Anlagekundschaft vielleicht sogar informativer und geeigneter als die Nennung des Erwartungswerts E des Anlageergebnisses. Denn am Erwartungswert sollte sich nur jemand orientieren, dem eine Vielzahl von wiederholten Ziehungen möglich ist.

9.3.2 Was die erwartete Rendite aussagt

Zur eingehenden Analyse der Frage, welche Aussage mit welcher Rendite verbunden ist, soll ein Zufallsprozeß über mehrere Jahre betrachtet werden. In jedem Jahr kann die Rendite entweder +100% oder −50% betragen. Entweder verdoppelt sich das Kapital oder es halbiert sich. Beide Möglichkeiten sollen mit Wahrscheinlichkeit ½ eintreten. Beträgt das Startkapital $s_0 = 100$, ergibt sich für das erste Jahr dieses Bild.

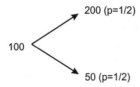

Hinter den möglichen Werten sind die Wahrscheinlichkeiten p angegeben, mit denen sie eintreten. Welches ist der Endwert, den ein Anleger **erwarten** kann?

- Wenn der Anleger für ein Jahr anlegt, wird er eine Rendite von *entweder* +100% *oder* -50% haben. Anders ausgedrückt: Aus dem Startbetrag $s_0 = 100$ wird entweder das Kapital $s_1 = 200$ oder das Kapital $s_1 = 50$. Das Kapital $\tilde{s}_1$ am Ende der Anlageperiode ist *aus Sicht des Periodenbeginns* noch *zufällig*.

- Für den Erwartungswert des Endvermögens folgt: $E[\tilde{s}_1] = (200 + 50)/2 = 125$. Der Anleger kann *erwarten*, daß sein Kapital von 100 auf 125 steigen wird.

- Würde der Anleger das "Anlageexperiment" sehr oft wiederholen, käme er im Durchschnitt ziemlich genau auf einen Betrag von 125.

Die zufällige (einfache) Jahresrendite sei mit $\tilde{r}_{ein}$ bezeichnet. Sie nimmt also den Wert *entweder* +100% *oder* -50% an. Der Erwartungswert der Rendite beträgt demnach $E[\tilde{r}_{ein}] = (1 - 0{,}5)/2 = 0{,}25 = 25\%$. Eine einfache Regel des Rechnens mit Erwartungswerten besagt dann, daß man die Zahl s_0 als Skalar "herausziehen" kann, das heißt,.

$$E[\tilde{s}_1] = E[s_0 \cdot (1 + \tilde{r})] = s_0 \cdot E[1 + \tilde{r}] = s_0 \cdot (1 + E[\tilde{r}_0]) \;.$$

Der Erwartungswert des Kapitals nach einem Jahr errechnet sich mithin, indem man das Startkapital mit der erwarteten Rendite verzinst. Die erwartete einfache Rendite dient gut dazu, den Erwartungswert des Anlageergebnisses zu beschreiben und zu berechnen. Der Erwartungswert des

Endvermögens ist gleich dem Anfangsbetrag, "verzinst" mit der erwarteten Rendite.

9.3.3 Zwei Anlagejahre

Der Prozeß soll nun für zwei Anlagejahre betrachtet werden. Die im zweiten Jahr möglichen Renditen und ihre Wahrscheinlichkeiten sollen unverändert sein, sie betragen also wiederum entweder +100% oder -50%, beides mit Wahrscheinlichkeit von ½. Insbesondere wird das Geschehen im zweiten Jahr als *unabhängig* angenommen von dem, was zuvor im ersten Jahr eingetreten ist: Stochastische Unabhängigkeit.

Dann hat der Entwicklungsbaum folgende Gestalt:

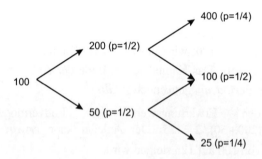

Am Ende der zweiten Anlageperiode kann das Kapital 25, 100, oder 400 betragen; der Wert von 100 wird mit Wahrscheinlichkeit ½ erreicht, die anderen beiden mit Wahrscheinlichkeit von je ¼.

Als Erwartungswert dieses Kapitals $\tilde{s}_2$ erhält man $E[\tilde{s}_2] = 625/4 = 156{,}25$. Es wäre überhaupt nicht möglich, ein Kapital von 156,25 in zwei Jahren zu erreichen. Der Anleger realisiert entweder 25, 100, oder 400. Würde aber das Zufallsexperiment "Zweijahresanlage" sehr oft wiederholt werden, so könnte man nach dem Gesetz der Großen Zahlen zuversichtlich sein, als Mittelwert aus diesen vielen Versuchen ein Vermögen von ziemlich genau 156,25 zu erzielen.

Drückt man dieses für die Zweijahresanlage erwartete Anlageergebnis 156,25 durch die geometrische Durchschnittsrendite aus, so errechnet sich diese zu 25%, denn $1{,}25^2 = 1{,}5625$. Das ist gerade die erwartete Rendite für die Einjahresanlage. Wieder verifizieren wir, daß die erwartete Rendite gut dazu dient, den Erwartungswert des Anlageergebnisses zu beschreiben:

9. RANDOM WALK

$$E[\tilde{s}_2] = s_0 \cdot (1 + E[\tilde{r}])^2 \ .$$

Dieses Resultat ist *keine Selbstverständlichkeit*. Zwar läßt sich die Zufallsvariable $\tilde{s}_2$ über

$$\tilde{s}_2 = s_0 \cdot (1 + \tilde{r}_1) \cdot (1 + \tilde{r}_2)$$

definieren, wobei $\tilde{r}_1$ die zufällige Rendite im ersten Jahr und $\tilde{r}_2$ die zufällige Rendite im zweiten Jahr bezeichnet. Beide Renditen haben dieselbe Wahrscheinlichkeitsverteilung und sind voneinander stochastisch unabhängig.

> Im allgemeinen gilt für den Erwartungswert eines *Produktes* $\tilde{x} \cdot \tilde{y}$ zweier Zufallsvariablen $\tilde{x}$ und $\tilde{y}$ die Beziehung:
>
> $$E[\tilde{x} \cdot \tilde{y}] = E[\tilde{x}] \cdot E[\tilde{y}] + Cov[\tilde{x}, \tilde{y}] \ ,$$
>
> wobei $Cov[\tilde{x}, \tilde{y}]$ die Kovarianz der beiden Variablen bezeichnet. Die Kovarianz zweier Zufallsvariablen drückt aus, wie wahrscheinlich grosse (kleine) Werte von $\tilde{x}$ einher gehen mit großen (kleinen) Werten von $\tilde{y}$ in dem Sinn
>
> $$Cov[\tilde{x}, \tilde{y}] = \left(E[\tilde{x} - E[\tilde{x}]]\right) \cdot \left(E[\tilde{y} - E[\tilde{y}]]\right) .$$

Also würde bei der Berechnung von $E[(1 + \tilde{r}_1) \cdot (1 + \tilde{r}_2)]$ eigentlich auch die Kovarianz eine Rolle spielen. Hier ist sie ist aber gleich 0, weil die Renditen in den beiden Jahren als stochastisch *unabhängig* vorausgesetzt waren.

Der zufällig verlaufende Prozeß der Wertentwicklung soll nun von zwei auf vier Jahre erweitert werden. Wir können uns kurz fassen. Nachstehend ist der Baum möglicher Entwicklungen wiedergegeben.

Das zum Zeitpunkt des Beginns noch zufällige Kapital $\tilde{s}_4$ am Ende des Experimentes "Vierjahresanlage" kann die Werte 6,25 sowie 25, 100, 400 oder 1600 annehmen. Die Wahrscheinlichkeiten sind 1/16, 4/16, 6/16, 4/16, 1/16, wie angegeben.

Im Prinzip könnte ein Portfoliomanager einem Investor diese Zahlen nennen und sagen: Die so gegebene Wahrscheinlichkeitsverteilung beschreibt das aus heutiger Sicht unsichere Anlageergebnis.

Ein Anleger möchte jedoch nicht die ganze Wahrscheinlichkeitsverteilung erfahren, sondern nur wichtige Kenngrößen.

Drei solcher Kenngrößen waren eingangs genannt:

Erstens der *Erwartungswert* $E[\tilde{s}_4]$ des Anlageergebnisses. Zweitens der *Median* $M[\tilde{s}_4]$ des Anlageergebnisses. Drittens der *Modus* $L[\tilde{s}_4]$ des Anlageergebnisses $\tilde{s}_4$.

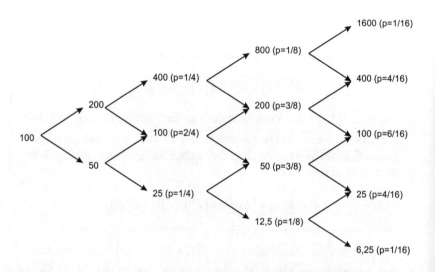

Der Erwartungswert des Ergebnisses der Vierjahresanlage $\tilde{s}_4$ ist schnell berechnet:

$$E[\tilde{s}_4] = \frac{1}{16} \cdot 6{,}25 + \frac{4}{16} \cdot 25 + \frac{6}{16} \cdot 100 + \frac{4}{16} \cdot 400 + \frac{1}{16} \cdot 1600 = 244{,}14 \ .$$

Dieses Ergebnis hätte man direkter mit Hilfe des Erwartungswerts der einfachen Rendite, $E[\tilde{r}] = 0{,}25$, und der zuvor begründeten Beziehung

$$E[\tilde{s}_4] = s_0 \cdot (1 + E[\tilde{r}])^4 = 100 \cdot 1{,}25^4 = 244{,}14$$

finden können. Wie gesagt kann mit der Renditeerwartung das erwartete Endvermögen unmittelbar beschrieben werden.

Bei einer einmaligen Durchführung des Zufallsexperimentes "Vierjahresanlage" kann 244,14 als Ergebnis gar nicht eintreten. Dennoch ist der Erwartungswert der Anlage eine nützliche Information: Würde das Experiment "Vierjahresanlage" sehr oft durchgeführt, würde das Gesetz der Großen Zahl besagen, daß das mittlere Anlageergebnis bei allen diesen Experimenten praktisch ziemlich genau 244,14 beträgt.

Der Erwartungswert von 244,14 ist groß im Vergleich zu den beiden anderen Werten, dem Median und dem Modalwert, die nun berechnet werden. Das liegt an folgendem Sachverhalt: In die Berechnung des Erwartungswerts fließt explizit ein, daß die beiden höchsten Anlageergebnisse so hohe Werte wie 400 und 1600 haben. Daß diese Werte so hoch sind, spielt weder beim Median noch beim Modus eine Rolle.

Nun zum Median: Der Median des Zufallsexperimentes "Vierjahresanlage" beträgt $M[\tilde{s}_4] = 100$. Warum?

Mit Wahrscheinlichkeit 5/16 treten grössere Resultate, mit gleich grosser Wahrscheinlichkeit 5/16 treten kleinere Werte als $M = 100$ ein. Wie groß oder wie klein diese besseren oder schlechteren Werte dann sind, spielt bei der Berechnung des Medians keine Rolle.

Die dritte Frage, welches konkrete Ergebnis die höchste Wahrscheinlichkeit besitzt, bezieht sich auf den Modalwert. Aus obigen Zahlen ergibt sich unmittelbar $L[\tilde{s}_4] = 100$, denn dieses Ergebnis tritt mit Wahrscheinlichkeit 6/16 ein, während die anderen Ergebnisse nur mit Wahrscheinlichkeit 4/16 beziehungsweise 1/16 realisiert werden.[3]

9.3.4 Berechnung des Medians

Wir wenden uns nochmals dem Median zu, für den beim Zufallsexperiment "Vierjahresanlage" $M[\tilde{s}_4] = 100$ gefunden worden ist.

Hinter diesem Zahlenwert steht eine Intuition. Die zufällige Rendite war so beschrieben, daß sich das Kapital in einem Jahr entweder verdoppelt oder

---

[3] Bei der konkreten Vierjahresanlage war der Modalwert gleich dem Medianwert, es lassen sich jedoch schnell Beispiele finden, die zeigen, daß Median und Modalwert verschieden sein können. Eigentlich ist es der Regelfall, daß der Modus kleiner als der Median ist. Nur aufgrund der diskreten Verteilung stimmen in diesem Beispiel Modus und Median überein.

halbiert, und zwar mit gleicher Wahrscheinlichkeit. Spielt man dieses Anlagespiel sehr häufig, so hat man eben einigemal das Kapital verdoppelt und einigemal das Kapital halbiert. Ein Glückspilz wird es öfters verdoppeln als halbieren, ein Pechvogel wird es öfters halbieren und nur selten verdoppeln.

Zwischen dem Optimismus, zu den Glückspilzen zu gehören, und dem Pessimismus, doch nur ein Pechvogel zu sein, steht die "neutrale" Erwartungshaltung, *genauso oft* Glück wie Pech zu haben.

Folglich ist der Median im dargelegten Beispiel dadurch bestimmt, daß ein Anleger sein Kapital genauso oft verdoppelt, wie er es halbiert. Im Endeffekt bleibt das Kapital dann (bei den hier gewählten Zahlen für die Rendite) unverändert. Der Median entspricht hier dem Startwert.

Etwas verallgemeinert errechnet sich der **Median einer** Anlage über viele Jahre so, **als ob die guten Renditen wie die schlechten Renditen alle gleich oft** eintreten. **Den Median erhält man folglich, indem angenommen wird, daß alle möglichen Renditen einmal eintreten würden**, gleichsam der Reihe nach.

Im vorliegenden Fall sind als einfache Renditen eines Jahres nur $r_1 = +100\%$ und $r_2 = -50\%$ möglich. Der Median für eine Anlage über zwei Jahre beträgt:

$$M_2 = s_0 \cdot (1+r_1) \cdot (1+r_2) = 100 \cdot 2 \cdot 0{,}5 = 100 \ .$$

Dieser Wert kann unmittelbar auf 4 oder 6 oder noch mehr Jahre ausgedehnt werden. Sinngemäß läßt sich der Median auch für ein Jahr definieren: Wenn in zwei Anlagejahren alle möglichen Renditerealisationen "an die Reihe gekommen" sind, und das entsprechende Kapitalwachstum durch den Faktor $(1+r_1) \cdot (1+r_2)$ beschrieben ist, dann würde gerade die geometrische Durchschnittsrendite r, definiert durch $1+r = \sqrt{(1+r_1)(1+r_2)}$, dazu verhelfen, den Median zu berechnen, $M_1 = (1+r)$.

Nach t Anlagejahren beträgt der Median dann $M_t = (1+r)^t$. Diese Berechnungen lassen sich direkt generalisieren.

In einem einzelnen Anlagejahr seien die Renditen $r_1, r_2, \ldots r_n$ möglich und alle gleich wahrscheinlich; jede habe also die Wahrscheinlichkeit $1/n$. Dann ist die geometrisch gemittelte Rendite r, definiert durch

$$1+r \ = \ \sqrt[n]{(1+r_1) \cdot (1+r_2) \cdot \ldots \cdot (1+r_n)}$$

jene **Rendite, die den Median bestimmt** (als einfache Rendite geschrieben.

> Die geometrische Durchschnittsrendite führt über
>
> $$M_t = s_0 \cdot (1+r)^t$$
>
> auf jenes Anlageergebnis nach t Jahren, welches Optimismus (mehr gute als schlechte Renditerealisationen) und Pessimismus (mehr schlechte als gute Renditerealisationen) trennt.
>
> Mit Hilfe stetiger Renditen lassen sich die Berechnungen praktischer gestalten; mit $r^* = (r_1^* + r_2^* + ... + r_n^*)/n$ folgt $\ln M_t = \ln s_0 + t \cdot r^*$ oder
>
> $$M_t = s_0 \cdot \exp(t \cdot r^*)$$
>
> Im Unterschied dazu ist die arithmetisch gemittelte Rendite, definiert durch $\bar{r} = (r_1 + r_2 + ... + r_n)/n$, die erwartete Rendite. Sie führt über
>
> $$E_t = s_0 \cdot (1+\bar{r})^t$$
>
> auf das nach t Jahren zu erwartende Anlageergebnis.
>
> Zusammengefaßt: Die **erwartete Rendite** ist gleich dem **arithmetisch berechneten Durchschnitt der einfachen Renditen**. Der **Median** des Anlageergebnisses ist bestimmt durch den **geometrisch berechneten Durchschnitt der Renditen**.

Wie ist vorzugehen, wenn eine historische Zeitreihe von Kursen oder von Vermögenswerten gegeben ist?

1. Wir fassen die Beobachtungen als Stichprobe eines Zufallsprozesses auf. Zunächst berechne man die Serie der einfachen Renditen und daraus ermittle man die stetigen Renditen — oder es werden die stetigen Renditen direkt aus den Kursen berechnet.

2. Das arithmetische Mittel der stetigen Renditen — es handelt sich um die geometrische Durchschnittsrendite geschrieben als stetige Rendite — sei mit r^* bezeichnet. Diese Größe bestimmt den Median.

Rechenbeispiel: Ein Portfoliomanager hat die Entwicklung des Marktindexes während der letzten sieben Jahre für einen Emerging Market beobachtet. Die acht Indexstände betragen

$$212, 368, 163, 93, 198, 390, 356, 510.$$

Daraus werden die sieben stetigen Jahresrenditen ermittelt: Sie betragen

$$\ln\frac{368}{212} = 0{,}5515 = 55{,}15\%,$$

$$\ln\frac{163}{368} = -0{,}8143 = -81{,}43\%,$$

$$-56{,}12\%, \; 75{,}57\%, \; 67{,}79\%, \; -9{,}12\%,$$

$$\ln\frac{510}{356} = 0{,}3595 = 35{,}95\% \;.$$

Daraus ist schnell das arithmetische Mittel der stetigen Renditen berechnet,

$$\bar{r}^* = \frac{1}{7}(0{,}5515 + \ldots + 0{,}2595) = 0{,}1254 = 12{,}54\% \;.$$

Wir wissen bereits, daß der Mittelwert der stetigen Renditen auch direkter über

$$\bar{r}^* = (1/7) \cdot \ln(510/212)$$

hätte gefunden werden können und wir wissen ebenso, daß $\exp(\bar{r}^*) - 1$ die geometrische Durchschnittsrendite (ausgedrückt als einfache Rendite) ist. Dennoch hat der Portfoliomanager die stetigen Renditen für alle sieben Jahre explizit berechnet. Der Grund: Es soll auch die Volatilität geschätzt werden.

Die gefundene Zahl $\bar{r}^* = 12{,}54\%$ (der arithmetische Mittelwert der stetigen Renditen) wird üblicherweise als Schätzwert für den wahren aber unbekannten Erwartungswert der stetigen Rendite genommen. Von einem Schätzfehler sei abgesehen, daß heißt, die Zahl 12,54% werde als der wahre Erwartungswert der stetigen Rendite angenommen.

Entsprechend lautet der Schluß:

Wer 100 auf ein Jahr in diesem Markt anlegt, hat ein (unsicheres) Anlageergebnis, dessen Median durch $M_1 = 100 \cdot \exp(0{,}1254) = 113{,}36$ gegeben ist. Wer etwa auf fünf Jahre anlegt, hat ein (unsicheres) Anlageergebnis, dessen Median durch $M_5 = 100 \cdot \exp(5 \cdot 0{,}1254) = 188{,}17$ gegeben ist.

9.3.5 Lognormalverteilung

Der oben dargestellte Verzweigungsbaum für das Zufallsexperiment Vierjahresanlage läßt erkennen, weshalb Median und Erwartungswert verschieden sind: Die Verteilung der möglichen Anlageergebnisse hat eine ausgeprägte Schiefe.

Die weniger wahrscheinlichen Ergebnisse im unteren Feld, so das Ergebnis 6,25 und 25, liegen numerisch näher als die weniger wahrscheinlichen Ergebnisse im oberen Feld, namentlich 400 und 1600.

Obwohl dem Anlageergebnis 1600 nur eine geringe Wahrscheinlichkeit zukommt, hebt es doch den Erwartungswert (als arithmetisches Mittel) stark nach oben.

> Die Wahrscheinlichkeitsverteilung einer zufälligen Größe wird üblicherweise als nach **rechts schief** bezeichnet, wenn ihr Median kleiner als der Erwartungswert ist. Anders ausgedrückt: Eine Wahrscheinlichkeitsverteilung heißt nach *rechts schief*, wenn die Wahrscheinlichkeit für Realisationen rechts vom Erwartungswert kleiner als 50% beträgt.

Einhergehend damit beläuft sich die Wahrscheinlichkeit, daß die Zufallsvariable Werte kleiner als der Erwartungswert annimmt, auf mehr ½.

Folglich müssen bei einer rechtsschiefen Verteilung die hohen der möglichen Werte *sehr viel größer* als der Erwartungswert sein, während die geringen Werte vergleichsweise *nur wenig* links vom Erwartungswert liegen.

Das Phänomen der Rechtsschiefe tritt generell bei Wachstumsvorgängen auf, denen eine gewisse Zufälligkeit innewohnt. Die Rechtsschiefe nimmt dabei mit der Dauer des Wachstumsprozesses zu. Ursache dafür sind die bei einem Wachstumsprozeß wirkenden multiplikativen Effekte.

Oft ist es so, daß die in einem kurzen Zeitabschnitt eintretenden Veränderungen sich als eine *Summe* zahlreicher kleiner zufälliger Einflüsse auffassen lassen. Mit dem Zentralen Grenzwertsatz läßt sich dann argumentieren — sofern noch einige weitere Annahmen getroffen werden — daß die zufällige Veränderung in dem kurzen Zeitabschnitt *normalverteilt* ist, so wie es die nach GAUSS benannte Glockenkurve beschreibt. Wird der Prozeß über einen längeren Zeitabschnitt betrachtet, und liegt Wachstum vor, dann wirken die zufälligen, normalverteilten Veränderungen der einzelnen kurzen Zeitabschnitte *multiplikativ* zusammen. Das Ergebnis entsteht als Produkt der Veränderungen der einzelnen Teilabschnitte.

Anders ausgedrückt: Die Logarithmen der Einzelveränderungen summieren sich und liefern den Logarithmus der Gesamtveränderung.

Die so für das Gesamtergebnis zustande kommende Wahrscheinlichkeitsverteilung ist die *Lognormalverteilung*. Diese Verteilung ist rechtsschief: Numerisch extrem große Werte sind möglich, wenngleich mit geringer Wahrscheinlichkeit.

> Eine Zufallsgröße $\tilde{s}$ wird als **lognormal** verteilt bezeichnet, wenn die Zufallsvariable $\tilde{x} = \ln \tilde{s}$ normalverteilt ist.

📖 Man betrachte die Größenverteilung kleinerer und mittlerer Firmen. Alle diese Firmen haben ja nicht in dieselbe Börse investiert, sondern jede hat ihr eigenes Anlageexperiment mit ihrem eigenen physischen Kapital und einer eigenen Verwendungsstrategie durchgeführt. Selbst wenn die Möglichkeiten und ihre Wahrscheinlichkeiten für alle Firmen identisch sind, entstehen die verschiedensten Ergebnisse, weil jede Firma gleichsam unabhängig von den anderen ihr eigenes Anlageexperiment durchführt. Nach vielen Jahren beobachtet man ein Kollektiv von Unternehmen, und was sie erreicht haben, läßt sich durch die Lognormalverteilung beschreiben: Viele sind im unteren Feld, ganz wenige haben sehr, sehr viel erreicht. Im Mittel ist das Ergebnis recht ansehnlich — aber nur weil der Durchschnitt durch die ganz wenigen Superstars angehoben wird. Greift man willkürlich eine einzige Unternehmung heraus, hat man mit größter Wahrscheinlichkeit eine *unterdurchschnittliche* Firma gezogen.

📖 Kindern wird mit Märchen oft von Prinzessinnen, von Prinzen, von Schlössern und von Königreichen erzählt. Natürlich taucht auch der arme Fischer im Märchen auf oder das Aschenputtel. Es sei durchaus unterstellt, daß die Märchen die Wirklichkeit gut repräsentieren. Im Mittel sieht die Welt für Kinder ziemlich attraktiv aus. Sie träumen davon, selbst Königin oder König zu werden, geben sich aber in Gedanken zufrieden, wenn sie das spätere Schicksal auf das mittlere Leben eines oder einer Bürgerlichen führt. Zieht man aber aus dem Querschnitt der Gesamtbevölkerung eine einzelne Person, trifft man einen Arbeiter mit unterdurchschnittlichem Einkommen und Vermögen. Ja, es gibt auch Reiche, aber sie sind erstens selten und besitzen zweitens sehr, sehr viel. Das hebt den Durchschnitt.

> Die Standardannahme für den Wertverlauf von Finanzvermögen (in Assets wie Aktien, Bonds oder im Geldmarkt gehalten) lautet: Das **Vermögen**, das zu einem zukünftigen Zeitpunkt unter Wiederanlage zwischenzeitlicher Erträge angesammelt sein wird und aus heutiger Sicht unsicher ist, wird als **lognormal** verteilt angesehen. Das Endvermögen, dargestellt in logarithmischer Skala, ist normalverteilt.

Diese Annahme scheint plausibel, wenn der eben geführten Argumentation gefolgt wird.

Ob die Annahme auch einer Konfrontation mit der Wirklichkeit standhält, war und ist Gegenstand empirischer Untersuchungen. Die empirisch gefundenen Antworten sind — wie könnte es anders sein — nicht eindeutig.

Dennoch hat die Empirie nicht dazu geführt, ein anderes Modell zu favorisieren. Zwar gibt es verschiedene Vorschläge, aber kein anderes Modell, wel-

9. RANDOM WALK

ches dem hier vorgestellten in weithin anerkannter Weise überlegen wäre. In diesem Sinn darf das zukünftige Vermögen als lognormal verteilt betrachtet werden.

Zu ergänzen ist, daß für kürzere Zeithorizonte — bis vielleicht ein Jahr — die Lognormalverteilung wenig Schiefe zeigt und sich kaum von einer Normalverteilung unterscheidet. Deshalb ist es empirisch gesehen nicht abwegig, das zukünftige Vermögen bei sehr kurzem Horizont als normalverteilt anzusehen.

Zum Abschluß eine Definition: Die Lognormalverteilung hat die Dichtefunktion

$$f(x) = \frac{1}{x \cdot \sqrt{2\pi}\sigma_{LN}} \cdot \exp\left(\frac{-(\ln x - \mu_{LN})^2}{2\sigma_{LN}^2}\right).$$

Sie wird vollkommen beschrieben durch die beiden Parameter μ_{LN} und $\sigma_{LN} > 0$. Die Lognormalverteilung ist für $x > 0$ definiert.

Sie hat diese Parameter:

$$\text{Erwartungswert: } \exp\left(\mu_{LN} + \frac{\sigma_{LN}^2}{2}\right),$$

$$\text{Varianz: } \exp(2\mu_{LN} + \sigma_{LN}^2) \cdot \left(\exp(\sigma_{LN}^2) - 1\right),$$

$$\text{Median: } \exp(\mu_{LN}),$$

$$\text{Modalwert: } \exp(\mu_{LN} - \sigma_{LN}^2).$$

Dabei bezeichnen μ_{LN} und σ_{LN} die Parameter der normalverteilten Zufallsvariablen, welche mit der Lognormalverteilung korrespondieren: Anders ausgedrückt, sei $\tilde{s}$ die lognormalverteilte Zufallsvariable; die normalverteilte Zufallsvariable $\ln \tilde{s}$ habe den Erwartungswert μ_{LN} und die Streuung σ_{LN}.

9.4 Thema: Chart-Analyse

9.4.1 Trends und Relative Stärke

Seit je her ist die Chart-Analyse oder die **Technische Analyse** aufgrund ihrer prägnanten Anschaulichkeit allgemein beliebt. Einige Portfoliomanager setzen sie sogar als ihr Hauptwerkzeug bei der Selektion von Instrumenten und beim Timing ein.

Die Anhänger der Technischen Analyse, die **Markttechniker**, nehmen an, daß Kurse letztlich nicht exakt einem reinen Random Walk folgen, sondern gewisse regelmäßige Formationen zeigen, die eine etwas bessere Prognose des zukünftigen Kursverlaufs gestatten.[4]

Zum Zweck der Entdeckung und Auswertung solcher Kursformationen ziehen die "Chartisten" oder Markttechniker das historische Kursbild der letzten Tage, Wochen oder Monate heran und "analysieren" es, indem sie versuchen, Formationen zu identifizieren, die zu ihrem Regelwerk grafischer Konfigurationen gehören: Trendlinien, Unterstützungslinien, Kopf-Schulter-Formation.

Selbstverständlich vollzieht sich die Analyse heute nicht an Darstellungen der historischen Kurse auf Papier, weshalb der Bezeichnung "Chart-Analyse" nicht mehr so gebräuchlich ist. Für die Technische Analyse gibt es mittlerweile eine unübersichtliche Auswahl von Programmen, die direkt auf Finanzmarktdaten zugreifen.

Untersucht werden nicht nur Aktien und Branchen und Aktienmärkte; die Technische Analyse wird ebenso bei Währungen und bei Zinsinstrumenten angewandt, zum Beispiel bei Zinsfutures.

Ungeachtet der genannten Formationen konzentriert sich die Technische Analyse auf zwei Begriffe:

---

[4] 1. MARK P. TAYLOR und HELEN ALLEN: The use of technical analysis in the foreign exchange market. *Journal of International Money and Finance* 11 (1992), pp. 304-314. 2. WILLIAM BROCK, JOSEF LAKONISHOK und BLAKE LeBARON: Simple Technical Trading Rules and the Stochastic Properties of Stock Returns. *Journal of Finance* XLVII (December 1992) 5, pp. 1731-1764. 3. CHRISTOPHER J. NEELEY: Technical Analysis in the Foreign Exchange Market: A Layman's Guide. *Review, Federal Reserve Bank of St. Louis*, Spetember/October 1997, pp. 23-38. 4. PETER C. LIU: The effects of the fundamentalists' and chartists' expectations on market survey. *Applied Financial Economics* 6 (1996), pp. 363-366. 5. L. MENKHOFF: The noise trading approach — questionnaire evidence from foreign exchange. *Journal of International Money and Finance* 17 (1998), pp. 547-564.

1. Trend,
2. Relative Stärke.

Was ein **Trend** ist, muß nicht weiter erklärt werden. Wichtig ist, daß er sich immer auf die *absolute* Bewegung des Kurses eines Titels oder eines Marktes bezieht.

Die **Relative Stärke** setzt dagegen den Kurs einer Aktie in Relation zum Indexverlauf der Branche oder des Marktes. Selbstverständlich kann die Relative Stärke auch für eine Branche untersucht werden, indem der Branchenindex in Beziehung zum Marktindex gesetzt wird, wobei es sich wiederum um einen Länderindex oder um den Weltindex handelt.

Selbstverständlich haben die Vertreter der Technischen Analyse ihre Methoden verfeinert. Insbesondere betrachten sie heute nicht mehr den Kursverlauf eines Instruments oder eines Marktes allein. Heute untersuchen sie parallel zum Kursverlauf weitere Merkmale.

Wichtig erscheinen die Handelsvolumina und deren Veränderung.

- Wenn beispielsweise ein Trend identifiziert wurde und zugleich hohe Handelsvolumina zu verzeichnen sind, gilt der Trend als fest bestätigt.
- Dagegen unterstreichen dünne Handelsvolumina bei unklarer Richtung die vorhandene Unsicherheit.

Außerdem ziehen die Vertreter der Technischen Analyse für ihre Empfehlungen neuerdings die allgemeinen Rahmenbedingungen in die Betrachtung ein.

- Was die Rahmenbedingungen anbelangt, haben die Chartisten einen Vorzug für das Denkgebäude der *Zykliker*: welches ist die *Phase*, in der sich die Wirtschaft augenblicklich befindet, und welches sind folglich die kommenden Phasen. Sie denken also in Zyklen und in Wellen, was diese Dimension der von ihnen verwendeten Signale anbelangt.
- Ein Teil der Technischen Analytiker berücksichtigt die Rahmenbedingungen so, wie sie vom volkswirtschaftlichen Research gezeichnet werden. Diese Technischen Analytiker schlagen somit die Brücke zur Fundamentalanalyse.

9.4.2 Beurteilung

Früher wurden die "Methoden" der Chartisten von wissenschaftlicher Seite als wirkungslose Zauberei abgetan und ihr nur Unterhaltungswert zugebilligt. Heute ist das Urteil differenzierter.

> Die empirische Forschung zum CAPM und zu den Multifaktor-Modellen bestätigt die Grundannahme der Chartisten: Grob gesprochen folgen die Renditen zwar einem Random Walk, aber bei feinerer Betrachtung sind Elemente einer Prognostizierbarkeit der Kursentwicklung erkennbar.

Mit Strategien, die auf den Momenten der bisherigen Kursentwicklung beruhen — sei es in prozyklischer oder antizyklischer Weise — scheint es in der Tat möglich zu sein, eine gegenüber Buy-And-Hold bessere Performance zu erzielen.[5] Prozykliker setzen auf Gewinner, Antizykliker oder Kontrarians setzen auf Verlierer.

Zunächst scheint es widersprüchlich zu sein, daß sowohl eine prozyklische als auch eine antizyklische Taktik zur Outperformance von Buy-And-Hold führen sollte. Jedoch sind die Fristen, auf die sich diese zyklischen Strategien beziehen, völlig verschieden.

- Wer prozyklischer Taktik folgt, beobachtet Kursverläufe über Fristen von drei Monaten bis zu einem halben Jahr, kauft die Gewinner, und hält diese Titel dann wieder für eine Frist von drei Monaten oder einem halben Jahr.

- Wer eine antizyklische taktische Asset-Allokation praktiziert, beobachtet Aktien, die in einem Zeitraum von drei bis fünf Jahren gegenüber dem Markt zurückgeblieben sind, kauft diese Verlierer und hält sie ebenso für drei bis fünf Jahre.

Die Technischen Analytiker beobachten selten Kursverläufe über drei oder fünf Jahre, wenngleich es auch hier Ausnahmen gibt und zum Teil Charts über Kursverläufe von zehn bis zwanzig Jahre untersucht werden.

Das Augenmerk der Technischen Analyse gilt Fristen von einigen Wochen oder Monaten. Die Hauptbetonung der Markttechniker liegt im kurzfristigen und im mittelfristigen Bereich.

---

[5] JOSEF LAKONISHOK, ANDREW SHLEIFER UND ROBERT W. VISHNY: Contrarian Investment, Extrapolation and Risk. *Journal of Finance* 49 (December 1994), pp. 1541-1578.

> Folglich stützen die zuvor genannten empirischen Untersuchungen die Chart-Analyse, sofern sie der Umsetzung prozyklischer Taktik dienen soll.
>
> Außerdem gibt es einige empirische Untersuchungen, welche die Bedeutung der Volatilität für die Prognose betonen.
>
> Deshalb dürfte nicht nur die Identifikation von Aufwärtstrends von der wissenschaftlichen Seite eine Stütze erfahren haben, sondern auch die Identifikation starker *Zickzacklinien* als Warnsignal.

9.4.3 Zweidimensionale Signale

Zusammenfassend läßt sich sagen, daß die empirischen Untersuchungen neues Licht auf die Chart-Analyse werfen und ein eher positiveres Bild zeichnen. Besonders kräftig scheinen zwei Taktiken zu wirken:

1. Der Portfoliomanager versucht, die Zeitpunkte für ein Engagement zu wählen (Timing), indem die Gewinner der letzten drei bis sechs Monate gekauft — obwohl deren Kurse schon gestiegen sind — und für weitere drei bis sechs Monate gehalten werden. Zu ihrer Identifikation sind Charts bestens geeignet, vor allem Durchschnittslinien.

2. Der Portfoliomanager beobachtet die Volatilität. Die Regel lautet: Steigt die Volatilität über eine bestimmte Schwelle (bei gleichzeitig schlechten volkswirtschaftlichen Rahmendaten), dann gehe in Geldmarktinstrumente und verkaufe sowohl Aktien als auch Bonds. Geht die Volatilität zurück (und sind gleichzeitig die volkswirtschaftlichen Rahmendaten versprechend), dann kaufe.

Die beiden Ansätze werden vielfach in der Praxis von den Chartisten mit zweidimensionalen Signalen umgesetzt.

Ein erstes Signal betrifft das Momentum der Kursbewegung, ist also technischer Natur, oder die Volatilität des verfolgten Instruments beziehungsweise des Marktes. Trends und geringe oder zurückgehende Volatilität sind gut für einen Kauf des Instruments; gebrochene Trends und hohe oder ansteigende Volatilität geben ein Verkaufssignal.

Das zweite Signal betrifft die Stimmung der Marktteilnehmer, die allgemeinen volkswirtschaftlichen, makroökonomischen Rahmendaten oder die Phase, in der sich die Wirtschaft befindet.

	Die Marktstimmung, die Makro-Daten und die Phase der Wirtschaft im Zyklus sind eher **gut**	Die Marktstimmung, die Makro-Daten oder die Phase der Wirtschaft im Zyklus ist eher **schlecht**
Charts zeigen einen **nicht unterbrochenen Aufwärtstrend bei geringer** oder zurückgehender **Volatilität**	IV. Quadrant **Kaufe alles bestens**	I. Quadrant 1. **Selektiere**, nur vorsichtige Käufe (bestens) bei jenen Titeln, die aufgrund ihrer Trends noch weitere Kursgewinne versprechen; 2. verkaufe sofort jene Titel, die einen Bruch des Aufwärtstrends zeigen
Charts zeigen **keinen klaren Aufwärtstrend** — oder der **Trend ist unterbrochen** — und zugleich ist die **Volatilität hoch** oder nimmt zu	III. Quadrant Vorsichtiger Aufbau von Positionen mit Limiten (Kauf in Schwäche) unter strikter **Diversifikation**	II. Quadrant **Verkaufe alles bestens**

In der Kombination beider Signale entstehen vier Felder; zwei dieser Felder liefern klare Aufforderungen zum Kauf beziehungsweise zum Verkauf.

Wer dieser Politik folgt, bewegt sich in einem gewissen Zeitabschnitt in einem der vier Quadranten:

1. Im ersten Quadranten des Tableaus — die Marktstimmung ist eher schlecht, aber einzelne Titel zeigen Aufwärtstrends — wird ein wenig diversifiziertes Portfolio gehalten. Es umfaßt nur jene wenigen Titel, die Momentum zeigen. Der Trend dieser Titel ist (noch) nicht gebrochen. Es wird zeitnah beobachtet, bei welchem der Titel sich vielleicht eine Unruhe im Trend einstellt.

2. Im zweiten Quadrant geht der Chartist in Cash: Die Rahmenbedingungen sind schlecht, frühere Trends sind unterbrochen und die Volatilität ist eher hoch oder zunehmend.

3. Im dritten Quadrant — im Prinzip gibt es im Markt gute Nachrichten, aber es zeigt sich kein klarer Trend — kauft und verkauft der Technische Analytiker über alle Titel hinweg in jeweiligen Kursschwächen und Stärken. Gleichzeitig achtet er auf hinreichende Diversifikation. Es wird versucht, die Volatilität der einzelnen Instrumente auszunutzen.

4. In einer durch den vierten Quadranten beschriebenen Situation wird alles gekauft, und da der Markt sich nach oben bewegt, werden sehr

liquide Titel mit großer Marktkapitalisierung bevorzugt — die gekauft werden können, ohne daß die Transaktion den Kurs zu stark beeinflußt.

Wie immer sind solche Regeln mit Vorsicht zu verwenden; unter 100 Situationen folgen 51 der Regel und es gibt 49 Ausnahmen. Ähnlich sind "Regeln" zu werten, mit denen die Situationen der vier Quadranten in eine zeitliche Reihenfolge im Wirtschaftszyklus gebracht werden. Ein Anfänger wird fragen, in welcher Reihenfolge die vier Quadranten durchlaufen werden. Vielleicht ist es so, daß sie im Laufe der Zeit gegen den Uhrzeigersinn durchlaufen werden. Ein ganzer Zyklus dauert etwa vier bis acht Jahre.

10. Langer Horizont

Bei einem langen Anlagehorizont bestimmen die zufälligen Ereignisse während der einzelnen Jahre das Gesamtergebnis in multiplikativer Weise. Folglich ist der Logarithmus des Anlageergebnisses durch additive Effekte geprägt, weshalb der Logarithmus des Endvermögens nach dem Zentralen Grenzwertsatz als normalverteilt gelten darf.
Entsprechend ist das Anlageergebnis als Betrag lognormalverteilt.

10. Langer Horizont	**389**
10.1 Brown'sche Bewegung	**390**
10.1.1 Stetige Renditen normalverteilt	390
10.1.2 Stationarität	393
10.1.3 Brown und Wiener	394
10.1.4 Verteilung der Gesamtrendite	397
10.1.5 Verteilung der Durchschnittsrendite	399
10.2 Etwas Mathematik	**401**
10.2.1 Zur Notation	401
10.2.2 Lemma von Itô	403
10.2.3 Sprungprozesse	405
10.3 Das Vermögen selbst	**405**
10.3.1 Median und Erwartungswert	406
10.3.2 Modus	409
10.4 Thema: Modus maximieren	**414**
10.4.1 Zusammenfassung	414
10.4.2 Asset-Allokation	416
10.4.3 Maximiere den Modus	417

Von den drei Lageparametern — dem Erwartungswert, dem Median und dem Modus — kommt dem Modus eine besondere Rolle zu. Der Modus ist jenes Ergebnis, das die höchste Eintrittswahrscheinlichkeit (diskrete Verteilung) beziehungsweise den Maximalwert der Dichtefunktion (stetige Verteilung) besitzt.

Bei einmaligem "Ziehen" darf deshalb vermutet werden, ein Ergebnis in der Nähe des Modus zu erhalten. Welche Asset-Allokation maximiert den Modus?

10.1 Brown'sche Bewegung

10.1.1 Stetige Renditen normalverteilt

Der Zufallsprozeß soll nun eingehender beschrieben werden, der von einem heutigen Startbetrag in Höhe von s_0 in T Jahren das Vermögen $\tilde{s}_T$ entstehen läßt, wobei $\tilde{s}_T$ lognormalverteilt ist — oder anders ausgedrückt: $\ln \tilde{s}_T$ ist normalverteilt.

Dabei soll der Horizont nicht wie zuvor auf *diskrete* Zeitpunkte 1, 2, ... beschränkt sein; T muß nicht unbedingt eine ganze Zahl sein. Die folgenden Betrachtungen gelten für jede, durch eine reelle Zahl ausgedrückte Länge des Anlagehorizonts; sie gelten für **stetige Zeit**.

Wir werden dabei zunächst den Zufallsprozeß der logarithmierten Vermögen betrachten, oder was dasselbe ist, den Prozeß der Gesamtrenditen in stetiger Notation. Es wird sich zeigen, daß dieser Prozeß eine Brown'sche Bewegung darstellt.

Für einen Augenblick machen wir eine Reise in die Zukunft von heute bis in T Jahren. Wir kennen zu diesem späteren Zeitpunkt die Realisation des Vermögens $\tilde{s}_T$, es sei ein konkreter Betrag s_T. Man kann dann fragen, mit welcher Rendite das Kapital insgesamt angelegt war.

Wir ziehen es vor, die Gesamtrendite in stetiger Schreibweise zu notieren. Es bezeichne $r_{0,T}$ (ohne den früher verwendeten Stern) die *stetige* Rendite für den gesamten Anlagezeitraum von 0 bis T. Diese Gesamtrendite (in stetiger Notation) ist durch

10. LANGER HORIZONT

$$s_T = s_0 \cdot \exp(r_{0,T}) \quad \text{oder}$$

$$\ln s_T = \ln s_0 + r_{0,T} .$$

bestimmt.

Um ein Zahlenbeispiel zu geben, verlagern wir den Zeitpunkt 0 auf den 31.12.1925 und greifen auf die Pictet-Daten (Kapitel 2) zurück. Eine Anlage von $s_0 = 100$ in Aktien ist nach einem Jahr auf $s_1 = 121{,}69$ gewachsen. In den folgenden Jahren wurden daraus $s_2 = 153{,}45$ sowie $s_3 = 185{,}85$ und so fort bis hin zu $s_{72} = 37307{,}63$.

Die entsprechenden Gesamtrenditen in stetiger Notation sind (wir vermeiden es, die Renditen als Prozentzahl auszudrücken):

$$r_{0,1} = \ln 121{,}69 - \ln 100 = 0{,}1963 ,$$

$$r_{0,2} = \ln 153{,}45 - \ln 100 = 0{,}4282 ,$$

$$r_{0,3} = \ln 185{,}85 - \ln 100 = 0{,}6198 ,$$

$$\ldots$$

$$r_{0,72} = \ln 37307{,}63 - \ln 100 = 5{,}9218 .$$

Soweit die Reise in die Zukunft (die wir im Beispiel in der Sylvesternacht des Jahres 1925 unternommen hatten).

Aus heutiger Sicht ist das spätere Vermögen $\tilde{s}_T$ unsicher. Folglich ist auch die stetige Rendite $\tilde{r}_{0,T}$ für diesen gesamten Zeithorizont von 0 bis T unsicher.

Anstelle der einen konkreten Wertentwicklung $s_T = s_0 \cdot \exp(r_{0,T})$ schreiben wir allgemein:

$$\tilde{s}_T = s_0 \cdot \exp(\tilde{r}_{0,T})$$

oder in logarithmischer Skala ausgedrückt

$$\ln \tilde{s}_T = \ln s_0 + \tilde{r}_{0,T} .$$

Dabei sind sowohl das Ergebnis $\tilde{s}_T$ als auch die Gesamtrendite $\tilde{r}_{0,T}$ zufällige Größen.

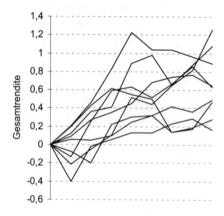

Bild 10-1: Wieder wird auf die Pictet-Daten für Aktien zurückgegriffen. Die Entwicklungen der stetigen Gesamtrendite sind jeweils für Anlagehorizonte von acht Jahren dargestellt. Die gezeigten neun Szenarien beziehen sich auf die Jahre 1926-1933, 1934-1941, ..., 1982-1989, 1990-1997. Die dargestellten neun Pfade sind mögliche Realisationen eines Random Walk. Die nicht näher dargestellte Zeitachse umfaßt acht Jahre.

> Wird die Annahme getroffen, daß die Gesamtrendite von 0 bis T Jahren — ausgedrückt in stetiger Schreibweise und bezeichnet mit $\tilde{r}_{0,T}$ — normalverteilt ist, dann ist $\ln \tilde{s}_T$, der Logarithmus des Endvermögens, ebenso normalverteilt. Folglich muß das Endvermögen $\tilde{s}_T$ lognormalverteilt sein.
>
> Die erste Standardannahme für die Wertentwicklung eines Vermögens lautet: Die **stetige Gesamtrendite** ist **normalverteilt**.

Bemerkung: Wird dieser Annahme gefolgt, dann sind einfache Renditen *nicht* normalverteilt. Die frühere Annahme, die einfachen Renditen seien gemäß der Gauss'schen Glockenkurve verteilt, wird jetzt als *approximativ* klassifiziert. Bei einem sehr kurzen Zeithorizont jedoch weisen die Renditen kleine Zahlenwerte auf: In einem Tag, in einer Woche, in einem Monat gibt es keine großen Veränderungen mit einer Kapitalanlage. Für kleine Zahlenwerte sind die einfachen Renditen ungefähr gleich den entsprechenden stetigen Renditen. Für kurze Zeithorizonte — wir sagten bis zu etwa einem Jahr

— sind daher die einfachen Renditen ungefähr so verteilt, wie die stetigen Renditen: normalverteilt.

10.1.2 Stationarität

Wohl bemerkt: Es wird die stetige Rendite dazu herangezogen, das Kapitalwachstum für den gesamten Zeitraum von heute $t = 0$ bis zum Zeitpunkt T Jahre zu beschreiben.

Der Erwartungswert oder die Streuung der stetigen Rendite könnten durchaus von der Länge des Anlagezeitraumes T abhängen. Wir kommen darauf zurück.

Außerdem wäre möglich, daß die Verteilung der Rendite auch davon abhängt, *wann* der Anlagezeitraum (der Länge T) genau beginnt. Also: Die Verteilungsparameter der Rendite für den Anlagezeitraum von $t = 0$ bis T divergieren möglicherweise von den Verteilungsparametern der Rendite für eine Anlage ab $t = a$ bis zum Zeitpunkt $a + T$.

Die letzte Möglichkeit wird durch eine Annahme ausgeschlossen.

> Eine zweite Standardannahme lautet, daß die Parameter der stetigen Rendite nicht vom Zeitpunkt abhängen, zu dem die Anlageperiode der Länge T beginnt. Diese Annahme wird als **Stationarität** bezeichnet.

Zur Beschreibung des Zufallsprozesses "Wertentwicklung" wird schließlich noch eine dritte Annahme getroffen.

Man betrachte den Zufallsprozeß über *zwei* Zeitabschnitte. Der erste reiche vom Zeitpunkt $t = a$ bis $t = b$, der zweite von $t = b$ bis $t = c$.

Wir befinden uns gerade im Zeitpunkt $t = b$. Die für den ersten Zeitabschnitt eingetretene und uns bekannte Rendite sei $r_{a,b}$. Die Frage lautet: Gibt diese Kenntnis des bisherigen Verlaufs des Wertprozesses die Möglichkeit, die Wahrscheinlichkeitsverteilung für die Rendite $\tilde{r}_{b,c}$ im zukünftigen Abschnitt von b bis c etwas genauer zu bestimmen?

Die dritte Annahme sagt: *Nein*.

Die Parameter der Verteilung von $\tilde{r}_{b,c}$ sollen *nicht* von der Realisation $r_{a,b}$ der Rendite in der Vergangenheit abhängen.

> Dritte Standardannahme: Auch unter Kenntnis der Vergangenheit kommt man nicht zu einer anderen Verteilung. Die Renditen in den

> Zeitintervallen von a bis b einerseits und von b bis c andererseits sind stochastisch **unabhängig**.

Diese Annahme bedeutet, daß Renditen kein "Gedächtnis" besitzen. Die Annahme wird auch von der Informationseffizienz gestützt. Hätte die Realisation $r_{a,b}$ einen informatorischen Wert für die Prognose von $\tilde{r}_{b,c}$, würden alle Analysten die Renditen der Vergangenheit analysieren, um damit einen informatorischen Vorteil zu gewinnen. Das ist in informationseffizienten Märkten nicht möglich.

Die drei Annahmen charakterisieren den stochastischen Prozeß der stetigen Renditen $\{\tilde{r}_{0,T}, T \geq 0\}$ als eine **Brown'sche Bewegung**.

10.1.3 Brown und Wiener

Die Brown'sche Bewegung ist die analoge Übertragung des Random Walk auf stetige Zeit. Darunter wird ein in stetiger Zeit ablaufender Zufallsprozeß verstanden — für jeden Zeitpunkt T gibt es eine Verteilung der Gesamtrendite in stetiger Notation $\tilde{r}_{0,T}$ — der diese drei Bedingungen erfüllt: Normalverteilung, Stationarität, Unabhängigkeit.

1. Standardannahme	**Normalverteilung**: Die Renditen, in stetiger Schreibweise, sind normalverteilt
2. Standardannahme	**Stationarität**: Die Verteilungsparameter der stetigen Rendite sind unabhängig davon, wann der Anlageprozeß startet
3. Standardannahme	**Unabhängigkeit**: Die zufälligen Renditen in zwei Zeitintervallen, die sich nicht überlappen, sind stochastisch unabhängig

Wenn ein stochastischer Prozeß in stetiger Zeit, zwar der die erste und die dritte, nicht unbedingt aber die zweite Annahme erfüllt, wird von einer verallgemeinerten Brown'schen Bewegung oder von einem Itô-Prozeß gesprochen. Unter einem **Wiener-Prozeß** bezeichnet man dagegen eine spezielle Brown'sche Bewegung, die den Drift 0 und die Varianz 1 besitzt. Der Wiener-Prozeß verhält sich daher zur Brown'schen Bewegung so, wie eine standardisiert normalverteilte Zufallsgröße sich zu einer normalverteilten Größe verteilt.[1]

Der Botaniker BROWN hatte den nach ihm benannten Zufallsprozeß 1827 als zittrige Bewegung von Pollen entdeckt. BROWN beobachtete auch, daß dieses Phänomen der zufälligen Bewegung wohl wenig mit der biologischen Eigenschaft von Pollen zu tun hat, denn es zeigte sich zum Beispiel auch mit Pollen, die über 100 Jahre alt waren.

Bild 10-2: ROBERT BROWN (1773-1858), stammte aus Schottland, studierte Medizin, begleitete von 1801-1803 eine Expedition mit dem Ziel, eine Kartographie der Küste Australiens zu erstellen. BROWN blieb bis 1805 in Australien, ging dann nach London und wurde später der *First Keeper* des *Botanical Departments*. Seine große Entdeckung machte er 1831, als er den Kern als wesentlichen Bestandteil der Zelle erkannte. In dem Buch, das Sie in Händen halten, ist der Botaniker jedoch für seine Beobachtung zitiert, die er 1827 unter dem Mikroskop machte: Kleine Pollen bewegen sich in einer Flüssigkeit regellos und zittrig.

---

[1] Einige URL: 1. Die bereits wärmstens empfohlene Vorführung der Brown'schen Bewegung unter: http://www.aci.net/kalliste/brown.htm, oder als Alternative die Demonstration unter http://xanadu.math.utah.edu/java/brownianmotion/1/. 2. Der ausführliche Text von J. ORLIN GRABBE über "*Chaos and Fractals in Financial Markets*" unter http://www.aci.net/kalliste/chaos2.htm. 3. Für historisch Interessierte der Aufsatz "*Additional Remarks on Active Molecules*" (1829) von ROBERT BROWN unter http://dbs.wvusd.k12.ca.us/Chem-History/Brown-1829.html. 4. Zum Lebenslauf des Botanikers: http://www.anbg.gov.au/biography/brown.robert.biog.html.

Die erste richtige Erklärung für das Phänomen hat 1877 DESAULX gegeben: *A suspended particle is constantly and randomly bombarded from all sides by molecules of the liquid. If the particle ist very small, the hits takes from one side will be stronger than the bumps from another side, causing it to jump. These small random jumps are what make up Brownian motion.*

Die erste mathematische Theorie der Brown'schen Bewegung stammt von ALBERT EINSTEIN 1905. Der Physiker berechnete die erwartete Bewegung dieser Partikel und konnte damit die Existenz von Molekülen in Größe von Atomen begründen, was heute zwar anerkanntes Wissen ist, seinerzeit aber als fraglich galt. Hierfür hat EINSTEIN den Nobelpreis für Physik erhalten.

Bild 10-3: NORBERT WIENER (1894-1964), amerikanischer Mathematiker, gilt als Begründer der Kybernetik — der Wissenschaft von der Regelung und Nachrichtenübertragung in Lebewesen und Maschinen. WIENER legte die Grundlagen der modernen Informationstheorie, leistete Beiträge zur formalen Logik und zur Systemanalyse sowie zur mathematischen und wahrscheinlichkeitstheoretischen Behandlung von Zufallsprozessen.

Unabhängig von EINSTEIN ist die Brown'sche Bewegung 1906 von dem polnischen Physiker MARIAN VON SMOLUCHOWSKI (1872-1927) und später von NORBERT WIENER (1894-1964) untersucht worden. So wird die Brown'sche Bewegung auch als *Wiener-Prozeß* bezeichnet wird, jedoch ist die allgemein geteilte Definition jene, nach der bei einem Wiener-Prozeß die Volatilität nicht konstant über die Zeit sein muß.

In der Folge kam ans Licht, daß bereits 1900 der französische Mathematiker LOUIS BACHELIER mit seiner *Thesis* eine empirische Untersuchung französischer Staatsanleihen vorgelegt und darin gezeigt hat, daß die Kursentwicklung durch einen Random Walk beschrieben werden kann. Außerdem hatte BACHELIER 1900 viele der mathematischen Eigenschaften der Brown'schen Bewegung sogar noch vor dem berühmten Aufsatz von EINSTEIN entwickelt.

10.1.4 Verteilung der Gesamtrendite

Zuvor: Der Erwartungswert der stetigen Rendite, welche das Kapitalwachstum *in einem Jahr* beschreibt, werde mit μ bezeichnet, und σ sei die Streuung. Den Erwartungswert der stetigen Rendite hatten wir bereits als *Drift* bezeichnet, also ist μ der Drift des Prozesses. Die Streuung der (auf ein Jahr als Anlagezeitraum bezogenen) stetigen Rendite haben wir bereits als *Volatilität* bezeichnet.

Der Zufallsprozeß, welcher die Wertentwicklung des Vermögens — beziehungsweise der Gesamtrendite — beschreibt, werde nun über *zwei* Jahre betrachtet. Aus dem Startbetrag s_0 wird $\tilde{s}_2$ entstehen.

Hinsichtlich der Gesamtrendite $\tilde{r}_{0,2}$ (in stetiger Schreibweise) gilt folglich $\tilde{s}_2 = s_0 \cdot \exp(\tilde{r}_{0,2})$ oder $\ln \tilde{s}_2 = \ln s_0 + \tilde{r}_{0,2}$. Wir interessieren uns für die Verteilung der Gesamtrendite $\tilde{r}_{0,2}$.

Die zufällige, stetige Rendite im ersten Jahr sei mit $\tilde{r}_{0,1}$ bezeichnet. Die Rendite $\tilde{r}_{1,2}$ im zweiten Jahr ist eine davon stochastisch unabhängige Zufallsvariable mit derselben Verteilung. Also gilt $\ln \tilde{s}_2 = \ln s_0 + \tilde{r}_{0,1} + \tilde{r}_{1,2}$.

Anders ausgedrückt,

$$\tilde{r}_{0,2} = \tilde{r}_{0,1} + \tilde{r}_{1,2}$$

Wir wissen: Sowohl $\tilde{r}_{0,1}$ als auch $\tilde{r}_{1,2}$ sind normalverteilt, sie haben den Erwartungswert μ und die Streuung σ und sie sind stochastisch voneinander unabhängig, also insbesondere nicht miteinander korreliert. Daraus kann die Verteilung der Gesamtrendite bestimmt werden.

Zunächst ist klar, daß die Gesamtrendite $\tilde{r}_{0,2} = \tilde{r}_{0,1} + \tilde{r}_{1,2}$ als Summe normalverteilter Zufallsgrößen auch wieder normalverteilt ist. Für ihren Erwartungswert gilt

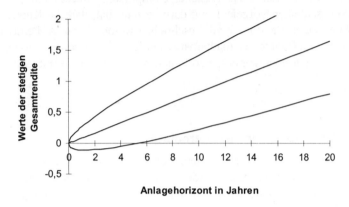

Einfaches Sigma-Band der stetigen Gesamtrendite

Bild 10-4: Erwartungswert und die Grenzen des einfachen Sigma-Bandes für die stetige Gesamtrendite einer Anlage in Aktien in Abhängigkeit des Anlagehorizonts, dargestellt für bis zu 20 Jahre.

$$E[\tilde{r}_{0,2}] = E[\tilde{r}_{0,1} + \tilde{r}_{1,2}] = \mu + \mu = 2 \cdot \mu.$$

Für die Varianz der Summe der beiden Zufallsgrößen erhalten wir

$$\begin{aligned} Var[\tilde{r}_{0,2}] &= Var[\tilde{r}_{0,1} + \tilde{r}_{1,2}] = \\ &= Var[\tilde{r}_{0,1}] + Var[\tilde{r}_{1,2}] + 2 \cdot Cov[\tilde{r}_{0,1}, \tilde{r}_{1,2}] = \\ &= \sigma^2 + \sigma^2 + 0 = 2 \cdot \sigma^2 \end{aligned}$$

Die Streuung der Gesamtrendite beträgt demnach $\sqrt{2} \cdot \sigma$. Bislang zwar nur für zwei Perioden rechnerisch gezeigt, soll das Ergebnis gleich für den allgemeinen Fall verbal formuliert werden:

Wird beim Zeitpunkt 0 beginnend ein Kapital bis zum Zeitpunkt T, also für T Jahre angelegt, dann ist die stetige **Gesamtrendite** $\tilde{r}_{0,T}$ normalverteilt. Sie hat den Erwartungswert $E[\tilde{r}_{0,T}] = T \cdot \mu$ und die Varianz $Var[\tilde{r}_{0,T}] = T \cdot \sigma^2$, also die Streuung $\sqrt{T} \cdot \sigma$.

Zur Veranschaulichung soll der Erwartungswert der stetigen Gesamtrendite in Abhängigkeit von T dargestellt werden. Das muß eine Gerade mit der Steigung μ ergeben.

Außerdem soll die Streuung dargestellt werden. Zu ihrer Veranschaulichung wird das einfache Sigma-Band für die stetige Gesamtrendite dargestellt. Als Parameter verwenden wir die aufgrund der Pictet-Daten für Aktien geschätzten Größen: einen Drift von 8,22% und eine Volatilität von 18,9%.

10.1.5 Verteilung der Durchschnittsrendite

Nun betrachten wir die *Durchschnittsrendite* (ebenso in stetiger Schreibweise). Wenn $r_{0,T}$ die Gesamtrendite bezeichnet, wählen wir $r_{0,T}^D$ als Bezeichnung für die Durchschnittsrendite, das heißt

$$s_T = s_0 \cdot \exp(r_{0,T}) = s_0 \cdot \exp(T \cdot r_{0,T}^D).$$

Selbstverständlich ist mit der Gesamtrendite auch die Durchschnittsrendite zufällig.

Da die Durchschnittsrendite sich gerade aus der Gesamtrendite dadurch errechnet, daß sie durch die Anzahl Jahre T der Anlagedauer geteilt wird, gilt:

> Die **Durchschnittsrendite**, notiert in stetiger Form, von Anlagen für eine Periode der Länge T Jahre, ist normalverteilt. Sie hat den Erwartungswert μ und die Streuung $\sigma/\sqrt{T}$.
>
> Wieder bezeichnet μ den Erwartungswert der stetigen Rendite, welche das Kapitalwachstum *in einem Jahr* beschreibt, und σ ist die Volatilität (die Streuung dieser stetigen Rendite).

Angesichts der zuvor ermittelten Parameter von 8,22% für den Erwartungswert der stetigen Rendite und 18,9% für die Volatilität, errechnen sich die in nachstehendem Bild 10-5 dargestellten Streuungen für die stetigen Durchschnittsrenditen.

- Die unterste Kurve in Bild 10-5 gibt $\mu - \sigma/\sqrt{T}$ wieder, die untere Grenze des Sigma-Bandes.

- Die oberste Kurve stellt $\mu + \sigma / \sqrt{T}$ dar. Weil die stetigen Durchschnittsrenditen normalverteilt sind, fallen ihre Realisationen mit Wahrscheinlichkeit 68,27% ≈ 2/3 in dieses Sigma-Band.

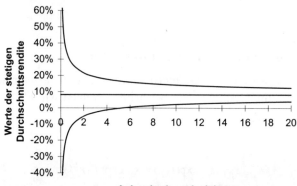

Bild 10-5: Veranschaulichung der Parameter Erwartungswert und Streuung der Durchschnittsrenditen für Anlagehorizonte bis zu 20 Jahren durch die Darstellung des einfachen Sigma-Bandes. Mit dem sechsten Anlagejahr ist die Untergrenze des einfachen Sigma-Bandes für die Durchschnittsrendite erstmalig positiv.

Die Durchschnittsrendite hat eine immer geringere Streuung, wenn der Anlagezeitraum zunimmt.

Das einfache Sigma-Band der (stetigen) Durchschnittsrendite für einen Anlagezeitraum von einem Jahr reicht beispielsweise von -10,7% bis 27,1%; für einen Anlagezeitraum von zwei Jahren reicht es von -5,2% bis 21,6%; bei drei Jahren von -2,7% bis 19,1%,..., und bei einer Anlagedauer von zwanzig Jahren reicht es von 4% bis 12,4%.

Die Tatsache, daß die Streuung der Durchschnittsrendite mit zunehmender Anlagedauer eine immer kleinere Streuung besitzt kann zu dem Mißverständnis führen, Anlagen in Aktien seien *bei längerem Horizont sicherer*.

So einfach darf dieser Schluß jedoch nicht gezogen werden. Es ist schon richtig, daß die Durchschnittsrendite bei einem Anlagehorizont von einem

Jahr mit einer Wahrscheinlichkeit von 0,6827 zwischen -10,7% und 27,1% liegt, und bei einem Anlagezeitraum von zwanzig Jahren zwischen 4% bis 12,4%. Allein, hat ein Anleger bei einer Anlagedauer von einem Jahr die Rendite von -10,7% realisiert, hatte er etwas Pech *in diesem Jahr*, aber das ist kein Omen für eventuell folgende Jahre. Hat indessen ein Anleger bei einem langen Zeithorizont von zwanzig Jahren nur eine Durchschnittsrendite von 4% realisiert, dann ist das von großem Nachteil, weil diese Rendite eben *über zwanzig Jahre* gewirkt hat und die beiden Jahrzehnte nun vorbei sind.

10.2 Etwas Mathematik

10.2.1 Zur Notation

Wir hatten den Drift mit μ bezeichnet, also den Erwartungswert der stetigen Rendite. Wenn es um ein Portfolio Aktien Schweiz geht, wurde diese Größe, mit welchen Symbolen sie auch immer bezeichnet wird, zu 8,22% geschätzt. Die von uns verwendete Schreibweise entspricht derjenigen, die in der Hälfte der Publikationen gepflegt wird. In der anderen Hälfte der Publikationen wird der Drift des stochastischen Prozesses, der die Entwicklung eines Aktien- oder Bondportfolios beschreibt, allerdings mit $\mu - \sigma^2 / 2$ bezeichnet.

Der Grund für die unterschiedlichen Bezeichnungsweisen erklärt sich so.

Wir hatten die Gesamtrendite in stetiger Notation, also $\tilde{r}_{0,t}$, als eine Brown'sche Bewegung aufgefaßt. Die Zufallsvariable "Gesamtrendite zwischen 0 und T in stetiger Notation", also $\tilde{r}_{0,T}$, hat den Erwartungswert $E[\tilde{r}_{0,t}] = t \cdot \mu$ und die Varianz $Var[\tilde{r}_{0,t}] = t \cdot \sigma^2$, mithin die Streuung $\sqrt{t} \cdot \sigma$. Die Größe σ^2 ist die Varianz der Brown'schen Bewegung.

Alternativ könnte für diesen stochastischen Prozeß $\{\tilde{r}_{0,t} \mid t \geq 0\}$ eine *Bewegungsgleichung* in der folgenden Form aufgestellt werden:

$$\tilde{r}_{0,t+\Delta t} = \tilde{r}_{0,t} + \Delta r,$$

$$\Delta r = \mu \cdot \Delta t + \sigma \cdot \tilde{\varepsilon} \cdot \sqrt{\Delta t}.$$

Hierin ist Δr als Bezeichnung für die Veränderung der stetigen Gesamtrendite, wenn sich der Horizont von t auf $t + \Delta t$ verschiebt; Δt steht für ein kleines Zeitintervall und $\tilde{\varepsilon}$ bezeichnet eine standardisiert normalverteilte Zufallsgröße, die von $\tilde{r}_{0,t}$ unabhängig ist.

Wird ein Grenzübergang vorgenommen, bei der die Länge des Zeitintervalls Δt immer kleiner gemacht wird und gegen Null strebt, dann läßt sich diese **Bewegungsgleichung für die Gesamtrendite** auch als eine stochastische Differentialgleichung schreiben:

$$r_{0,t+dt} = r_{0,t} + dr \quad \text{und}$$

$$dr = \mu \cdot dt + \sigma \cdot dz \ .$$

Hier ist dr als Veränderung der stetigen Gesamtrendite definiert; dt darf als *infinitesimal* kleines Zeitintervall interpretiert werden und der Term dz steht für eine normalverteilte Zufallsvariable mit Erwartungswert 0 und der Varianz dt (also der Streuung $\sqrt{dt}$).

Folglich darf dz auch in der Form

$$dz = \varepsilon \cdot \sqrt{dt}$$

notiert werden; dabei ist ε eine standardisiert-normalverteilte Zufallsgröße. Der Skalar $\sqrt{dt}$ bewirkt, daß dz die Streuung $\sqrt{dt}$ besitzt.

Andere Autoren betrachten eine **Bewegungsgleichung für den Prozeß der Kurse**. Es bezeichne $\tilde{s}_t$ den Kurs zum Zeitpunkt t ; aus der Perspektive des Zeitpunkts 0 ist dieser eine stochastische Größe und daher mit der Tilde versehen. Für die Kursbewegung wird dann folgendes postuliert:

$$\tilde{s}_{t+\Delta t} = \tilde{s}_t + \Delta s \ ,$$

$$\frac{\Delta s}{s_t} = \mu \cdot \Delta t + \sigma \cdot \tilde{e} \cdot \sqrt{\Delta t} \ .$$

Es wird also angenommen, daß die **relative** Kursänderung einer Brown'schen Bewegung folgt. Hierin stimmen alle Autoren überein. Der Kursprozeß selbst $,\{\tilde{s}_t \mid t \geq 0\}$, ist deshalb eine **geometrische** Brown'sche Bewegung. Auch diese Bewegungsgleichung kann wieder als stochastische Differentialgleichung geschrieben werden, sie lautet:

$$s_{t+dt} = s_t + ds \quad \text{und}$$

$$\frac{ds}{s} = \mu \cdot dt + \sigma \cdot dz \ .$$

Nun ist in einem Teil der Literatur μ als Bezeichnung für den Drift jener Brown'schen Bewegung gewählt, der die relative Kursänderung beschreibt.

Es ist jedoch nicht dasselbe ob man sagt, der Drift des Prozesses der Gesamttrendite sei μ oder der Drift der relativen Kursänderung sei μ. Wie des öfteren gezeigt, beschreibt der Logarithmus der Kurse die stetige Rendite. Es gibt einen beachtenswerten Zusammenhang zwischen dem Drift des Prozesses der Gesamttrendite (eine Brown'sche Bewegung) und dem Drift der relativen Kursänderung (auch eine Brown'sche Bewegung).

Aus einem mathematischen Satz, dem Lemma von Itô,[2] folgt: Wenn μ den Drift des Prozesses der relativen Kursänderung bezeichnet, dann besitzt der Prozeß der (stetigen) Rendite den Drift $\mu - \sigma^2 / 2$.

Es gibt demnach zwei schöne Wege für die Bezeichnung der beiden Drifts.

- Entweder — wie wir das hier tun — steht μ für den Drift des Renditeprozesses (woraus sich ergeben würde, daß der Prozeß der relativen Kursänderung einen Drift in der Größe von $\mu + \sigma^2 / 2$ aufweist).

- Oder es wird mit μ der Drift jenes Prozesses bezeichnet, der die relative Kursänderung beschreibt; dann besitzt der Prozeß der Rendite den Drift $\mu - \sigma^2 / 2$.

10.2.2 Lemma von Itô

Das Lemma von Itô trifft eine Aussage über die Parameter eines stochastischen Prozesses, der aus einer Brown'schen Bewegung durch Transformation mit einer Funktion entsteht. Es bezeichne $\{\tilde{x}_t | t \geq 0\}$ einen Prozeß und dieser habe für $\tilde{x}_{t+dt} = \tilde{x}_t + dx$ die Differentialgleichung

$$dx = a(x,t) \cdot dt + b(x,t) \cdot dz .$$

Was also passiert in einem sehr kleinen Zeitintervall der Länge dt?

- Die Änderung des Werts des Zustands des Prozesses um dx ist proportional zu $a(x,t) \cdot dt$,

---

[2] K. Itô: On Stochastic Differential Equations. *Memoirs, American Mathematical Society* 4 (1951), pp. 1-51. Eine leicht zugängliche Darstellung findet sich in dem eingangs erwähnten Buch von JOHN C. HULL "*Options, ...*" im Abschnitt 10.6.

- hinzu kommt eine Zufallsvariable $b(x,t) \cdot dz$. Sie hat den Erwartungswert 0 und die Streuung $b(x,t) \cdot \sqrt{dt}$.

Der Prozeß hat also einen Drift von $a(x,t)$ und eine Varianz von $b(x,t)^2$.

Solche Prozesse sind *verallgemeinerte* Brown'sche Bewegungen. Denn bei einer (normalen) Brown'schen Bewegung sollten der Drift und die Varianz Konstanten sein, und nicht wie hier Funktionen der Zustands und der Zeit. Eine dermaßen verallgemeinerte Brown'sche Bewegung wird als **Itô-Prozeß** bezeichnet.

Nun wird eine Funktion G betrachtet, die dem Prozeßzustand x und den jeweiligen Zeitpunkt in $y \equiv G(x,t)$ transformiert.

ITÔ war der Frage nachgegangen, welche Differentialgleichung den transformierten Prozeß $\{\tilde{y}_t | t \geq 0\}$ beschreibt. Die Antwort:

$$dy = \left(\frac{\partial G}{\partial x} \cdot a(x,t) + \frac{\partial G}{\partial t} + \frac{1}{2} \cdot \frac{\partial^2 G}{\partial x^2} \cdot b(x,t)^2 \right) \cdot dt + \frac{\partial G}{\partial x} \cdot b(x,t) \cdot dz .$$

Wenn also $\{\tilde{x}_t | t \geq 0\}$ eine verallgemeinerte Brown'sche Bewegung (Itô-Prozeß) ist mit Drift $a(x,t)$ und eine Varianz von $b(x,t)^2$, und wenn eine Transformation $y \equiv G(x,t)$ betrachtet wird, dann ist der so gewonnene Prozeß $\{\tilde{y}_t | t \geq 0\}$ wiederum eine verallgemeinerte Brown'sche Bewegung (Itô-Prozeß). Ihr Drift beträgt

$$\frac{\partial G}{\partial x} \cdot a + \frac{\partial G}{\partial t} + \frac{1}{2} \cdot \frac{\partial^2 G}{\partial x^2} \cdot b^2$$

und ihre Varianz ist

$$\left(\frac{\partial G}{\partial x} \right)^2 \cdot b^2 .$$

10.2.3 Sprungprozesse

Eine weitere Ergänzung ist die Thematik von Kurssprüngen. Ein Diffusionsprozeß wie die Brown'sche Bewegung hat zur Folge, daß sich die Renditen und damit die Kurse zu allen Zeitpunkten stetig verändern — es ist nicht so, daß der von Brown beobachtete Pollen plötzlich verschwinden und an einem anderen Ort wieder auftauchen würde.

In einem kurzen Zeitintervall ist zwar die Bewegung des Partikels "dramatisch" zittrig, und schnelle Änderungen der Bewegungen sind die Regel. **Die Bewegungen verlaufen nie diskontinuierlich und gleichwohl nie glatt.**

Jedoch sind in der Wirklichkeit unstetige Bewegungen in Form von Kurssprüngen bei Wertpapieren schon zu beobachten. Es wurde daher verschiedentlich versucht, Sprungprozesse zur Beschreibung der Kursverläufe heranzuziehen. Wir wollen das hier nicht formal ausführen und verweisen auf die Literatur.[3]

10.3 Das Vermögen selbst

Irgendwann ist die Beschreibung der stetigen Renditen hinreichend weit gebracht worden, und man möchte von den durch sie bestimmten logarithmierten Anlageergebnissen auf die Anlageergebnisse selbst kommen.

Die Anlageergebnisse selbst sind eben nicht mehr (wie die logarithmierten Anlageergebnisse) normalverteilt, sondern lognormalverteilt.

Jetzt sollen die Lageparameter Erwartungswert, Median und Modus der lognormalverteilten Anlageergebnisse für verschiedene Anlagehorizonte konkret berechnet werden.

Anfangs wird die Beziehung zwischen Median und Erwartungswert betrachtet, anschließend der Modus.

Das Ziel der Übung ist, *konkrete Zahlen für einen Anlageprozeß* zu gewinnen (dem die Daten für das Aktienportfolio Schweiz zugrunde liegen).

---

[3] 1. ROBERT C. MERTON: Lifetime Portfolio Selection under Uncertainty: The Continuous-Time Case. Review of Economics and Statistics 51 (1969), pp. 247-257. 2. ROBERT C. MERTON: Theory of Finance from the Perspective of Continuous Time. Journal of Financial and Quantiative Analysis 10 (1975), pp. 659-674. 3. Ph. Jorion: On Jump Processes in the Foreign Exchange and Stock Markets. Review of Financial Studies 1 (1988), pp. 427-445. 4. K. J. HASTINGS: Impulse Control of Portfolios with Jumps and Transaction Costs. *Communications in Statistics — Stochastic Models* 8 (1992), pp. 59-72. 5. BERNAHRD NIETERT: Dynamische Portfolio-Selektion unter Berücksichtigung von Kurssprüngen. *Zeitschrift für betriebswirtschaftliche Forschung* 51 (1999) 9, pp. 832-866.

10.3.1 Median und Erwartungswert

Um den Median des Endvermögens zu beschreiben, wurde das geometrische Mittel *aller* möglichen Realisationen der (einfachen) Rendite berechnet. Es betrug — in stetiger Schreibweise — bei Aktien 8,22%, bezogen auf ein Jahr. In der Tat:

1. Die stetige Rendite ist normalverteilt, ihr Erwartungswert, bezogen auf die Anlagedauer eines Jahres, wurde mit μ bezeichnet. Die stetige Gesamtrendite, bezogen auf eine Anlagedauer von T Jahren, beträgt folglich $\mu \cdot T$.

2. Nun ist die Normalverteilung symmetrisch, 50% der Realisationen der stetigen Rendite sind deshalb kleiner als $\mu \cdot T$, und 50% der Realisationen sind größer als $\mu \cdot T$.

3. Dementsprechend muß, wenn nun ein vom Startwert s_0 über den Horizont von T Jahren gebildetes Vermögen betrachtet wird, folgendes gelten: 50% der Realisationen des Endvermögens sind kleiner als $s_0 \cdot \exp(\mu \cdot T)$ und 50% der Realisationen des Endvermögens sind größer als $s_0 \cdot \exp(\mu \cdot T)$.

Mit anderen Worten: $M[\tilde{s}_T] = s_0 \cdot \exp(\mu \cdot T)$ ist der Median des Endvermögens. **Der Erwartungswert der stetigen Renditen beschreibt den Median des Vermögens.**

Es bezeichne μ den Drift (Erwartungswert der stetigen, auf ein Jahr bezogenen Rendite) und σ die Volatilität. Nach einem Anlagehorizont von T Jahren hat ein vom Startbetrag s_0 ausgehendes Kapital $\tilde{s}_T$ den *Median*

$$M[\tilde{s}_T] = s_0 \cdot \exp(\mu \cdot T).$$

Vom Erwartungswert des Vermögens wissen wir, daß er *größer* ist als der Median.

Für den hier unterstellten Fall, daß das Vermögen $\tilde{s}_T$ lognormalverteilt ist, läßt sich der Erwartungswert des Vermögens explizit unter Verwendung des Erwartungswerts μ der stetigen Rendite und der Volatilität σ angeben.

Das anschließend wiedergegebene Ergebnis wurde in der Statistik im Zusammenhang mit der Ermittlung der Parameter der Lognormalverteilung bewiesen.

> Es bezeichne μ den Drift (Erwartungswert der stetigen Rendite) und σ die Volatilität. Nach einem Anlagehorizont von T Jahren hat ein vom Startbetrag s_0 ausgehendes Kapital $\tilde{s}_T$ den *Erwartungswert*
>
> $$E[\tilde{s}_T] = s_0 \cdot \exp\left((\mu + \frac{\sigma^2}{2}) \cdot T\right).$$

Da der Median das "neutrale" Ergebnis wiedergibt, wird der ihn bestimmende Parameter μ, der Drift, auch als **neutrale Rendite** bezeichnet. Im Unterschied dazu ist $\mu + (\sigma^2/2)$ die **erwartete Rendite**. Beide sind in stetiger Schreibweise ausgedrückt.

Diese Formeln sollen mit Zahlen veranschaulicht werden.

- Das Beispiel unterstellt für die stetige Rendite einen Erwartungswert von $\mu = 8{,}2\%$ und eine Volatilität von $\sigma = 18{,}9\%$ — wie oben anhand der Pictet-Daten 1926 bis 1997 geschätzt worden ist.

- Aus beiden Zahlen errechnet sich die "erwartete" Rendite zu $\mu + (\sigma^2/2) = 10{,}02\%$. Diese Rendite ist als stetige Rendite ausgedrückt und beschreibt, wie sich der Erwartungswert des Vermögens errechnet.

- Aus der als stetige Rendite ausgedrückten "erwarteten" Rendite von 10,02% ergibt sich unmittelbar *rechnerisch* der Erwartungswert der einfachen Rendite zu $\exp(0{,}1002) = 0{,}1054$. Der Erwartungswert der einfachen Renditen war indirekt geschätzt worden, wobei sich 10,5% ergab — in sehr guter Übereinstimmung mit dem hier eingeschlagenen Berechnungsweg.

- Außerdem wird das Startkapital auf 100 gesetzt.

In der anschließenden Tabelle (Bild 10-6) sind für verschiedene Anlagehorizonte drei Größen wiedergegeben: 1. die Streuung der stetigen Durchschnittsrendite, 2. der Median sowie 3. der Erwartungswert des Vermögens.

Beachtenswert: Für kurze Anlagehorizonte — bis etwa 1 Jahr — ist der Unterschied zwischen Median und Erwartungswert klein, die Verteilung des Vermögens zeigt nur eine sehr geringe Schiefe. Ein ganz anderes Bild ergibt sich bei sehr langen Horizonten von 30 und mehr Jahren.

Horizont T	Streuung der stetigen Durchschnittsrendite	Median des Vermögens	Erwartungswert des Vermögens

Monat	65,5%	100,7	100,8
Quartal	37,8%	102,1	102,5
Halbjahr	26,7%	104,2	105,1
Jahr	18,9%	108,5	110,5
2 Jahre	13,4%	118	122
5	8,45%	151	165
10	5,98%	227	272
20	4,23%	516	737
30	3,45%	1.170	2.002
40	2,99%	2.658	5.438
50	2,67%	6.034	14.767
60	2,44%	13.700	40.102
70	2,26%	31.106	108.898
80 Jahre	2,11%	70.627	295.721

Bild 10-6: Für verschiedene Anlagehorizonte wird die Streuung der erwarteten Durchschnittsrendite angegeben. Sie beträgt Sigma geteilt durch die Wurzel aus dem Zeithorizont. Außerdem enthält die Tabelle den Median und den Erwartungswert des Vermögens. Die Berechnungen fußen auf einer erwarteten stetigen Rendite von 8,22% sowie auf eine Volatilität von 18,9%.

Sodann fällt auf, daß die Durchschnittsrendite für einen sehr langen Horizont eine recht kleine Streuung aufweist. Wie gesagt: Man darf aber daraus nicht schließen, Anlagen für einen sehr langen Horizont seien weniger riskant. Denn eine auch nur leicht unter ihrer Erwartung liegende Durchschnittsrendite, die so über 30, 40 oder 50 Jahre wirkt, führt auf ein dramatisch geringes Vermögen nach dieser langen Einwirkungszeit. In der Tat ist die Streuung des Vermögens, ausgedrückt in logarithmischer Skala, proportional zur Länge des Zeithorizontes. Sie bleibt folglich pro Zeiteinheit unverändert und nimmt gesamthaft betrachtet zu.

📖 Anlaß ist ein Treffen der Alumnis einer berühmten B-School, einer Business School in den USA. Peter, heute 62 Jahre alt, trifft sich mit den Absolventinnen und Absolventen seines Jahrganges. Sie hatten alle vor genau 40 Jahren ihren *Masters Degree* erworben. Das war sozusagen ihr Startkapital. Jeder schlug daraufhin den eigenen Weg ein. Nun treffen sie sich, 100 Alumnis sind erschienen. Alle sind bereit, 1% ihres jeweiligen Vermögens für die B-School zu stiften. Alle zücken das Scheckbuch, sofort kommen 10 Millionen USD zusammen. Man könnte denken, jeder hätte es auf 10 Millionen gebracht.

Peter denkt bei diesem Ergebnis, er habe im Leben materiell wohl nur Unterdurchschnittliches erreicht: Immerhin muß 10 Millionen der Mittelwert aller von den 100

Alumnis erreichten Vermögen darstellen, er selbst besitzt aber nur 2 Millionen. Er fragt seine Nachbarin zur Linken: *"Jane, how much did you make?"* Sie antwortet: *"Some 2 Million."* Peter stellt seiner Nachbarin zur Rechten dieselbe Frage. Die Antwort: *"Some 3 Million."* Auch weitere Fragen zeigen, daß einige weniger als Peter haben, andere etwas mehr als Peter erzielten. Offensichtlich liegen die Hälfte der errungenen Vermögen unter 3 Millionen, die andere Hälfte liegt oberhalb von 3 Millionen. Dennoch beträgt ihr *Mittelwert* 10 Millionen. Folglich muß es einige wenige Alumnis geben, die extrem hohe Vermögen erreicht haben. In der Tat: Bill, einer der Hundert, hat stolz erzählt, es in 40 Jahren fast zum Milliardär gebracht zu haben.

10.3.2 Modus

Für eine Lognormalverteilung ist bekannt, wie Median und Modus zusammenhängen. Der Modus ist noch etwas kleiner als der Median.

> Es bezeichne μ den Erwartungswert der stetigen Rendite und σ die Volatilität. Nach einem Anlagehorizont von T Jahren hat ein vom Startbetrag s_0 ausgehendes Kapital $\tilde{s}_T$ den *Modus*
> $$L[\tilde{s}_T] = s_0 \cdot \exp\left(\left(\mu - \sigma^2\right) \cdot T\right).$$

1. Fall: $T = 1$ Jahr.

Für einen Anlagehorizont von einem Jahr und das Aktienportfolio Schweiz (Erwartungswert der stetigen Rendite 8,22%, Volatilität 18,9%) und ein Startkapital von 100 Franken beispielsweise ergibt sich der Median zu 108,5 und der Erwartungswert zu 110,5 — beide Werte hatten wir schon errechnet. Der Modus beträgt 105,0.

Folglich müßte der Finanzplaner einem Anleger, der nach einem Szenario für die Entwicklung eines Aktienportfolios auf ein Jahr fragt, folgendes erklären:

"Die erwartete (einfache) Rendite beträgt 10,5%, also ist das erwartete Anlageergebnis 110,5 Franken. Diese Zahl jedoch sagt wenig.

Sie können sich am Median M = 109 Franken orientieren. Das ist jenes Ergebnis, welches im folgenden Sinn "neutral" liegt: Mit 50% Wahrscheinlichkeit werden Sie weniger als M haben, mit 50% Wahrscheinlichkeit werden Sie mehr als M haben.

Oder es ist vielleicht am besten, Sie orientieren sich am Modus. Der Modus beträgt L = 105 Franken. Das ist das wahrscheinlichste Anlageergebnis. Ich würde *vermuten*, Sie ziehen bei dieser Lotterie ein Ergebnis von 105 Franken."

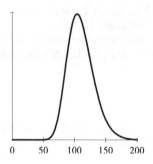

Bild 10-7: Die Dichtefunktion des Anlageergebnisses nach einem Jahr. Aufgrund des noch kurzen Anlagehorizontes wirkt die Lognormalverteilung noch nicht so schief. In der Tat liegen Modus, Median und Erwartungswert recht nahe beieinander, gemessen an der Streuung des Vermögens. L = 105, M = 109; E = 110,5.

2. Fall $T = 2$ Jahre.

Die gleiche Überlegung soll nun für einen Anlagehorizont von zwei Jahren angestellt werden. Die stetige Rendite für diesen Zeitraum insgesamt hat den Erwartungswert 16,4% und die Volatilität 26,73% — letzterer Wert ist das Wurzel-2-fache der Volatilität. Ausgehend von einem Startkapital von 100 Franken ergibt sich der Median zu 118 und der Erwartungswert zu 122 — beide Werte hatten wir schon errechnet. Der Modus beträgt 110.

Folglich müßte der Finanzplaner, einem Anleger, der nach einem Szenario für die Entwicklung eines Aktienportfolios auf zwei Jahre fragt, folgendes erklären:

1. "Die erwartete (einfache) Jahresrendite beträgt 10,5%, also ist das nach zwei Jahren erwartete Anlageergebnis $E = 100 \cdot 1{,}105 \cdot 1{,}105 = 122$ Franken. Diese Zahl jedoch sagt wenig.

2. Sie können sich alternativ am Median M = 118 Franken halten. Das ist jenes Ergebnis, welches im folgenden Sinn "neutral" liegt: Mit 50% Wahrscheinlichkeit werden Sie weniger als M haben, mit 50% Wahrscheinlichkeit werden Sie mehr als M haben.

3. Vielleicht ist es jedoch am besten, Sie orientieren sich am Modus. Der Modus beträgt nur L = 110 Franken. Das ist das wahrscheinlich-

ste Anlageergebnis. Es ist zu *vermuten*, Sie ziehen bei dieser *Lotterie* nach zwei Jahren ein Ergebnis von 110 Franken."

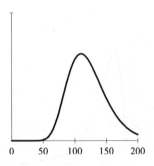

Bild 10-8: Die Dichtefunktion des Anlageergebnisses nach zwei Jahren. Die Schiefe der Lognormalverteilung ist bereits erkennbar. L = 110, M = 118, E = 122.

3. Fall $T = 10$ Jahre.

Die Überlegung soll nun auch für einen Anlagehorizont von zehn Jahren angestellt werden. Die stetige Gesamtrendite für diesen Zeitraum hat den Erwartungswert 82% und die Volatilität 59,77% — letzterer Wert ist das Wurzel-10-fache der Volatilität von 18,9%. Ausgehend von einem Startkapital von 100 Franken ergibt sich der Median zu 227 und der Erwartungswert zu 272 Franken — beide Werte hatten wir schon errechnet. Der Modus beträgt hingegen nur 159.

Folglich müßte der Finanzplaner, einem Anleger, der nach einem Szenario für die Entwicklung eines Aktienportfolios auf zehn Jahre fragt, folgendes erklären:

1. "Die erwartete (einfache) Jahresrendite beträgt 10,5%, also ist das nach zehn Jahren erwartete Anlageergebnis E = 272 Franken. Diese Zahl jedoch sagt wenig.
2. Sie können sich am Median M = 227 Franken halten. Das ist jenes Ergebnis, welches im folgenden Sinn *neutral* liegt: Mit Wahrscheinlichkeit ½ werden Sie weniger als M haben, mit Wahrscheinlichkeit ½ werden Sie mehr als M haben.
3. Vielleicht ist es jedoch am besten, Sie orientieren sich am Modus. Der Modus beträgt nur L = 159 Franken. Das ist das wahrscheinlich-

ste Anlageergebnis. Es ist zu *vermuten*, Sie ziehen bei dieser Lotterie nach zehn Jahren ein Ergebnis von 159 Franken."

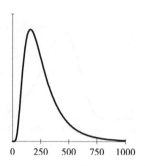

Bild 10-9: Die Dichtefunktion des Anlageergebnisses nach zehn Jahren. Die Lognormalverteilung zeigt ihre Schiefe deutlich. Auch sehr hohen Ergebnissen, etwa ausgehend von 100 Franken nach zehn Jahren 750 Franken erreicht zu haben, kommt eine gewisse, wenn auch geringe Wahrscheinlichkeit zu. Das Maximum hat die Dichtfunktion jedoch bei 159 Franken. Es gilt: L = 159; M = 227; E = 272.

📖 Dr. Laternser ist Portfoliomanager und Berater im Private-Banking: "Da kommen die Kunden und entscheiden sich für ein Portfolio, das zu 100% aus Aktien besteht. Sie erzählen etwas von einer Renditeerwartung in Höhe von 10,5% (einfach) oder 8,22% (stetig).

Nach zehn Anlagejahren denken sie dann, ihr Vermögen sollte von 100 auf 227 gestiegen sein. Alle sind enttäuscht, denn ihr Depot ist dann gerade 159 wert — bei einigen Kunden natürlich weniger, vielleicht 150, bei anderen mehr, vielleicht 170. Aber keiner hat die 227, die sie sich ausgerechnet haben.

Jetzt weiß ich, woran das liegt: Wer *einmal* das Zufallsexperiment "Zehnjahresanlage" spielt, wird vermutlich den Modus ziehen, jenes Ergebnis, welches die höchste Eintrittswahrscheinlichkeit besitzt. Der Modus einer bei 100 startenden Zehnjahresanlage ist eben nur 159."

4. Fall $T = 30$ Jahre

Das Gedankenexperiment soll schließlich für einen Anlagehorizont von 30 Jahren durchgeführt werden. Die stetige Rendite für diesen Zeitraum insgesamt hat den Erwartungswert

$$\mu \cdot T = 0{,}082 \cdot 30 = 2{,}46 = 246\%$$

und die Volatilität

$$\sigma \cdot \sqrt{T} = 0{,}189 \cdot \sqrt{30} = 1{,}04 = 104\%$$

Ausgehend von einem Startkapital von 100 Franken ergibt sich der Median zu M = 1171 und der Erwartungswert zu E = 2002 Franken — beide Werte hatten wir schon errechnet. Der Modus beträgt lediglich 400 Franken.

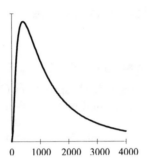

Bild 10-10: Die Dichtefunktion des Anlageergebnisses nach dreißig Jahren. Die Lognormalverteilung zeigt deutliche Rechtsschiefe. Auch sehr hohen Ergebnissen, nach dreißig Jahren etwa 4.000 Franken, ausgehend von anfänglich 100 Franken, zu erzielen, kommt eine beachtliche Wahrscheinlichkeit zu. Das Maximum hat die Dichtefunktion jedoch bei lediglich 400 Franken. Bei einer einzigen *Ziehung* würde man daher vermuten, nach dreißig Jahren eine *Kugel* in der Hand zu halten, auf der zu lesen steht: "Sie haben 400 Franken gewonnen — bei einem Einsatz von 100 und dreißig Jahren Wartezeit."

Folglich müßte der Finanzplaner erklären:

1. Die erwartete (einfache) Jahresrendite beträgt 10,5%, also ist das nach dreißig Jahren zu erwartete Anlageergebnis E = 2.002 Franken. Sie können *erwarten*, Ihren Einsatz in dreißig Jahren verzwanzigfacht zu haben. Jedoch sagt "erwarten" wenig.

2. Besser, Sie orientieren sich am Median M = 1.170 Franken halten. Das ist das neutrale Ergebnis: Mit Wahrscheinlichkeit ½ werden Sie nach dreißig Jahren weniger als M haben, mit Wahrscheinlichkeit ½ werden Sie mehr als M haben.

3. Am besten und am realistischsten jedoch fahren Sie, wenn Sie sich am Modus orientieren. Der Modus beträgt leider nur L = 400 Franken. Das ist das wahrscheinlichste Anlageergebnis. Ich würde sogar

vermuten, Sie ziehen bei dieser Lotterie nach dreißig Jahren ein Ergebnis von gerade einmal 400 Franken."

10.4 Thema: Modus maximieren

10.4.1 Zusammenfassung

"So, was hast Du nun verstanden?" sprach der GNOM zum WANDERER, der darauf antwortet: "Eigentlich sind mir zwei Punkte aufgefallen. Erstens die fundamentale Bedeutung der *stetigen Rendite* und zweitens die Unterschiede der *drei Lageparameter* bei einem längeren Anlagehorizont von zehn, zwanzig oder dreißig Jahren.

Darauf der GNOM: "Was hat Dir bei diesen beiden Punkten gefallen?"

WANDERER: "Wer Kapitalanlagen finanzmathematisch beschreibt, konzentriert sich am besten gleich auf die stetige Rendite." Der WANDERER beginnt mit einer kleinen Vorlesung:

1. "Selbstverständlich ist die stetige Rendite für zukünftige Anlageperioden zufällig. Es gibt einige Argumente, sie als normalverteilt anzusehen.

2. Üblicherweise liegt eine Stichprobe in Form historischer Kursentwicklungen vor. Der Erwartungswert der stetigen Rendite, nun mit μ bezeichnet, wird natürlich durch den Mittelwert der historischen stetigen Jahresrenditen geschätzt. Die Streuung der Stichprobe dient als Schätzwert für die Streuung (Wurzel aus der Varianz) der stetigen Rendite, die Volatilität genannt und mit σ bezeichnet wird.

3. Zum Beispiel für die Finanzmarktdaten Schweiz der 72 Jahre von 1926-1997 ergeben sich die Schätzwerte von 8,22% für den Erwartungswert der stetigen Rendite und von 18,9% für die Volatilität.

4. Selbstverständlich gilt für die Genauigkeit solcher Schätzwerte, was früher bei der Diskussion der einfachen Renditen ausgeführt worden ist. Während die Varianz mit recht geringem Fehler geschätzt werden kann, ist das Konfidenzintervall für den Erwartungswert der stetigen Rendite selbst bei einem so langen Horizont von 72 Jahren noch recht lang. Es ist von daher aussichtslos, sich darüber Gedanken zu ma-

chen, ob sich vielleicht der Erwartungswert der (stetigen) Rendite über die Zeit hinweg verändert haben könnte."

"Gut," meinte der GNOM, "was ist Dir weiter aufgefallen?"

"Bemerkenswert," so der WANDERER, "daß die Parameter der stetigen Renditen alles bestimmen.

Daß nach vielen Jahren ein Anlageergebnis lognormalverteilt ist, möchte ich jetzt nicht mehr entfalten, nachdem es so ausführlich erklärt und veranschaulicht worden ist. Deshalb nur die rhetorische Bemerkung, daß der Erwartungswert größer als der Median und dieser wieder größer als der Modus ist.

Erstaunlich ist indessen, daß sich alle drei Lageparameter schnell aus den beiden Parametern μ und σ berechnen lassen.

Man muß dazu auch nicht viel über stochastische Prozesse mit dx, dt und dz wissen, es genügt die Kenntnis der Parameter der Lognormalverteilung und die Tatsache, daß die Gesamtrendite — und folglich auch das Anlageergebnis in logarithmischer Skala — bei einem Anlagezeitraum von T Jahren normalverteilt ist mit dem Erwartungswert $\mu \cdot T$ und der Streuung $\sqrt{T} \cdot \sigma$.

Die Formeln für den Erwartungswert, den Median und die Rendite des Anlageergebnisses $\tilde{s}_T$ lauten:

$$E[\tilde{s}_T] = s_0 \cdot \exp\left((\mu + \frac{\sigma^2}{2}) \cdot T\right),$$

$$M[\tilde{s}_T] = s_0 \cdot \exp(\mu \cdot T),$$

$$L[\tilde{s}_T] = s_0 \cdot \exp\left((\mu - \sigma^2) \cdot T\right)$$

und wie gesagt sind alle drei Lageparameter durch die beiden Verteilungsparameter μ und σ der stetigen Rendite ausgedrückt."

"Treffend," rief der GNOM begeistert aus, denn er liebte Formeln. Aber dann erinnerte er sich an den abnehmenden Grenznutzen der Mathematik für die Erkenntnis im praktischen Leben und provozierte den WANDERER mit der Frage: "Was hat das alles aber mit der Wahl der Asset-Allokation zu tun?"

Der WANDERER, der bisher mit dem Ton eines Dozenten einer renommierten Wirtschaftshochschule sprach, legte auf einmal mehr Bescheidenheit in seine Stimme: "Hier brauche ich Deine Hilfe."

10.4.2 Asset-Allokation

"Klar," dozierte nun der GNOM, "daß die für Aktien hergeleiteten Formeln genauso für ein anderes Portfolio aus risikobehafteten Anlageinstrumenten gelten. Die einzige Voraussetzung ist eben, daß der **Renditeprozeß** für das (wie auch immer gebildete) Portfolio die Annahmen des Brown'schen Prozesses erfüllt: normalverteilte stetige Renditen, Stationarität und Unabhängigkeit der Geschehnisse in sich nicht überlappenden Zeitabschnitten..."

"Insbesondere gelten alle Aussagen auch für ein Portfolio, welches den Teil $(1-x)$ risikofrei zum (stetigen) Zinssatz i^* anlegt und den restlichen Teil x in das bisher betrachtete Aktienportfolio."

Der GNOM fuhr nach dieser Unterbrechung seitens des WANDERERS mit seinen Argumenten fort: "... selbstverständlich gelten alle Aussagen auch für ein Portfolio, dessen stetige Rendite den Erwartungswert $\mu(x)$ hat und dessen Volatilität $\sigma(x)$ beträgt, wobei x ein Entscheidungsparameter ist, der zum Beispiel das Exposure gegenüber Aktien wiedergeben könnte."

Der WANDERER holte sein Schulwissen hervor: "Im Rahmen der Theorie des Erwartungsnutzens leisten die drei Lageparameter herzlich wenig, wenn nun ein Finanzinvestor die Asset-Allokation x für sich wählen wollte. Denn der Erwartungsnutzen einer finalen Vermögensverteilung ist eben anders definiert und nicht mit einer einfachen Umrechnung der genannten Lageparameter berechenbar.

Eine besonders extreme Ausnahme wäre nur der risikoneutrale Investor, der einfach x so wählen würde, daß der Erwartungswert des Endvermögens möglichst groß wird."

"Ja, das ist richtig," kommentierte der GNOM, "sofern der Investor eine klare Vorstellung von seiner Risikonutzenfunktion u hat, ist es mit mathematischer Hilfe ein Leichtes, für jede Entscheidungsalternative x den Erwartungsnutzen zu berechnen.

- Wenn die Risikonutzenfunktion u so ist, daß hohe Anlageergebnisse noch begrüßt werden, wird der Anleger mit der Rechtsschiefe zufrieden sein und Nutzen daraus ziehen, daß der Aktienanleger die Chance hat, Milliardär zu werden.

- Wenn dagegen die Risikonutzenfunktion u so ist, daß geringe Anlageergebnisse rechte Nachteile darstellen, dann wird der Anleger die Rechtsschiefe gern verschenken. Er wird die Chance, Milliardär zu werden, hergeben, wenn er im Ausgleich dazu erreichen kann, daß die schlechteren der möglichen Anlageergebnisse etwas angehoben werden.

Selbstverständlich hängt die Asset-Allokation sensitiv davon ab, wie der Investor seine Risikonutzenfunktion spezifiziert..."

"...was ist, wenn der Anleger seine Risikonutzenfunktion überhaupt *nicht kennt* und sich trotz der penetranten Fragen eines Risk Rulers nicht in der Lage sieht, irgendeine Präzisierung zu geben?"

"Dann kann die Theorie des Erwartungsnutzens nicht in der Praxis angewendet werden..."

"... und was sollte einem solchen Investor, der sich nicht in die Theorie rationaler Entscheidungen pressen läßt, geraten werden?"

10.4.3 Maximiere den Modus

Der GNOM ließ seine Augen blitzen, denn er konnte diese anregende Frage in eine neue Theorie münzen: "Dann sollte ihm geraten werden, die Entscheidung x so zu treffen, daß das zu vermutende Anlageergebnis (der Modus) möglichst groß wird."

Dazu legte der GNOM eilfertig eine Rechnung vor:

1. Der Finanzinvestor kombiniert bei seiner Asset-Allokation die risikofreie Geldanlage (zu einem stetigen Zinssatz i^*) mit dem bisher schon betrachteten Aktienportfolio, das eine stetige Renditeerwartung μ und die Volatilität σ habe.

2. Die Entscheidungsvariable x bezeichne das Exposure gegenüber den Aktien. Damit hat die stetige Portfoliorendite den Erwartungswert $\mu(x) = (1-x) \cdot i^* + x \cdot \mu$ und die Streuung $\sigma(x) = x \cdot \sigma$.

3. Der Modus des Endvermögens $\tilde{s}_T$, wenn ein Anfangsbetrag s_0 für T Jahre investiert wird, beträgt $L[\tilde{s}_T] = s_0 \cdot \exp\left((\mu(x) - \sigma(x)^2) \cdot T\right)$.

4. Für ein vorgegebenes Anfangskapital und einem vorgegebenen Zeithorizont wird der Modus demnach maximiert, wenn die Funktion $f(x) \equiv \mu(x) - \sigma(x)^2$ maximiert wird. Die Maximierung soll unter den Bedingungen $\mu(x) = (1-x) \cdot i^* + x \cdot \mu$ und $\sigma(x) = x \cdot \sigma$ vorgenommen werden.

Die zu maximierende Funktion

$$f(x) \equiv (1-x) \cdot i^* + x \cdot \mu - x^2 \cdot \sigma^2$$

besitzt die Ableitung

$$f'(x) = -x \cdot i^* + \mu - 2 \cdot x \cdot \sigma^2 \;.$$

Jene Aktienquote, die den Modus L maximiert, ist durch $f'(x) = 0$ bestimmt. Sie berechnet sich demnach zu:

$$x_{L-Max} = \frac{\mu - i^*}{2 \cdot \sigma^2} \; .$$

bestimmt. Im Zähler steht die Risikoprämie auf das betrachtete Aktienportfolio. Im Nenner steht eine Zahl, die empirisch gesehen ungefähr $2 \cdot (0{,}2)^2 = 0{,}08 = 8\%$ beträgt.

> Diejenige Aktienquote x, die den Modus und damit das zu vermutende Anlageergebnis maximiert, beträgt
>
> $$\text{Aktienquote} \quad x_{L-Max} = \frac{\text{Risikoprämie}}{8\%}$$

Empirisch gesehen betrug die Risikoprämie für Schweizer Aktien in den Jahren 1926-1997 (in stetiger Notation) 4%. Diese Zahlen sprechen für eine Aktienquote von 50%. Geht man von einer etwas höheren Risikoprämie aus, etwa von 5,33%, dann führt eine Aktienquote von 2/3 auf das größtmögliche, zu vermutende Ergebnis.

"Also zwischen 50% und 66% Aktien," wiederholte der WANDERER, "wenn der Investor seine Risikonutzenfunktion nicht so recht spezifizieren kann."

Und der GNOM faßte seine neue Theorie in einem Rezept zusammen:

- "Wer erwartet, die Risikoprämie für Aktien betrage 4%, dem ist zu 50% Aktien geraten, wer sie eher höher einschätzt, dem sind 66% Aktien empfohlen.

- Da aber eine Risikoprämie in der Höhe von beispielsweise 8% eine recht gewagte und wohl eher zu hohe Schätzung wäre, wird durch eine **reine Aktienanlage nicht** das zu **vermutende Anlageergebnis** am größten.

- Und da die Risikoprämie selbst bei Einkalkulation des Schätzfehlers definitiv größer als 2,6% sein sollte, sind Portfolios mit einer Aktienquote von nur einem Drittel *nicht* geeignet, das zu vermutende Ergebnis möglichst groß zu machen."

Auch das letzte Wort mußte der GNOM behalten: "Selbstverständlich gilt die grob mit 50% oder 66% festgesetzte Aktienquote für jenen Teil des Vermögens, der auf unbestimmte Zeit angelegt werden kann, das heißt, für das freie

Vermögen. Für die Bestimmung der optimalen Aktienquote beim restlichen Vermögensteil, der schon für einen gewissen Verwendungszweck gebunden ist (reserviertes Vermögen), muß man anders vorgehen und einem Shortfall-Ansatz folgen."

11. Kaufkraftschutz

Wir greifen die Argumentation aus Kapitel 8 auf, das anzulegende Kapital gedanklich in zwei Teile zu zerlegen. Der eine Teil des Vermögens ist "frei" und wird allgemein "für die Zukunft" angelegt. Weder gibt es dafür einen spezifischen Verwendungszweck noch kann ein Anlagehorizont spezifiziert werden. Der andere Teil, das "gebundene" Vermögen, ist für Ausgaben reserviert, die später für ein konkreteres Anlageziel vorgesehen sind.

Für die Anlage des reservierten Teils des Finanzvermögens wurde der Shortfall-Ansatz als adäquat angesehen. Wir werden jetzt den Shortfall-Ansatz so kalibrieren, daß er bei einer vorsichtigen Perspektive Kaufkraftschutz bietet.

11. Kaufkraftschutz	**421**
11.1 Zeithorizont-Effekte	**422**
11.1.1 Wiederholung der fünf Hauptpunkte	422
11.1.2 Aktien für den langen Horizont?	423
11.2 Der Quantilist	**425**
11.2.1 Entscheidungsverhalten	425
11.2.2 Festzins oder Aktien?	426
11.2.3 Switchhorizont	431
11.2.4 Der Shortfall-Ansatz	434
11.2.5 Vier Beispiele	436
11.3 Asset-Allokation	**440**
11.3.1 Das Prinzip	440
11.3.2 Schutz des reservierten Vermögens	442
11.3.3 Kombination	446
11.3.4 Aktienquote für Einmalentnahme	447
11.3.5 Aktienquote bei laufender Entnahme	449
11.4 Thema: Situationsänderung	**452**

Beim Shortfall-Ansatz gibt es einen positiven Zeithorizont-Effekt: Je länger der Anlagehorizont ist, desto höher darf der Aktienanteil sein. Dies zu untersuchen, ist der Gegenstand dieses Kapitels. Tabellen werden die Frage der Praxis beantworten: Welche Aktienquote ist zu empfehlen, wenn ein Teil des Vermögens mit Kaufkraftschutz angelegt werden soll?

11.1 Zeithorizont-Effekte

11.1.1 Wiederholung der fünf Hauptpunkte

Die wichtigsten bisherigen Erkenntnisse lauten:

1. Ausgehend von dem Startkapital s_0 ist das nach T Jahren erreichbare Ergebnis $\tilde{s}_T = s_0 \cdot \exp(\tilde{r}_{0,T})$ lognormalverteilt, das heißt, $\ln \tilde{s}_T = \ln s_0 + \tilde{r}_{0,T}$ ist normalverteilt. Die erzielbare Gesamtrendite, geschrieben als stetige Rendite $\tilde{r}_{0,T}$, ist normalverteilt. Sie hat den Erwartungswert $\mu \cdot T$ und die Streuung $\sigma \cdot \sqrt{T}$.

2. Dabei ist μ der Erwartungswert der auf ein Jahr bezogenen stetigen Rendite des gewählten risikobehafteten Anlageinstruments und σ ist die Volatilität (die Streuung der stetigen, auf ein Jahr bezogenen Rendite).

3. Anstelle der Gesamtrendite wird auch die Durchschnittsrendite verwendet, ebenso in stetiger Schreibweise: $\tilde{s}_T = s_0 \cdot \exp(\tilde{r}_{0,T}) = s_0 \cdot \exp(T \cdot \tilde{r}_{0,T}^D)$ oder $\ln \tilde{s}_T = \ln s_0 + \tilde{r}_{0,T} = \ln s_0 + T \cdot \tilde{r}_{0,T}^D$. Die Durchschnittsrendite $\tilde{r}_{0,T}^D$ ist also nichts weiter als das $(1/T)$-fache der Gesamtrendite. Die Durchschnittsrendite ist ebenso normalverteilt. Sie hat den Erwartungswert μ und die Streuung $\sigma/\sqrt{T}$.

4. Das lognormalverteilte Anlageergebnis $\tilde{s}_T$ besitzt eine Rechtsschiefe, die umso ausgeprägter ist, je länger der Anlagehorizont ist. Der Modus ist kleiner als der Median, und dieser ist wiederum kleiner als der Erwartungswert.

5. Die drei Lageparameter des Anlageergebnisses lassen sich mit Hilfe der Parameter μ und σ der stetigen Rendite ausdrücken:

$$E[\tilde{s}_T] = s_0 \cdot \exp\left((\mu + \frac{\sigma^2}{2}) \cdot T\right),$$

$$M[\tilde{s}_T] = s_0 \cdot \exp(\mu \cdot T),$$

$$L[\tilde{s}_T] = s_0 \cdot \exp\left((\mu - \sigma^2) \cdot T\right).$$

Bild 11-1: ROBERT C. MERTON, geboren 1944, lehrt an der Harvard Business School. MERTON hat sehr früh die Thematik der Investition für einen sehr langen Horizont aufgegriffen. Es gibt eigentlich keine Arbeit über die Asset-Allokation im Lebenszyklus, die nicht auf seinen Vorarbeiten aufbauen würde. MERTON ist zudem einer der Pioniere der *Continuous-Time Finance* (so auch der Titel eines seiner Bücher aus dem Jahre 1990), mit der die Grundlage für die theoretische Untersuchung der Preisbildung für Optionen und andere Derivate gelegt worden ist. Der Wissenschaftler wurde 1997 (zusammen mit MYRON SCHOLES) mit dem Nobelpreis geehrt.

11.1.2 Aktien für den langen Horizont?

Einzelne Anleger sollten für sich eher damit rechnen, einen Wert in der Nähe des Modus zu erreichen, sie sollten aber *nicht* damit rechnen, den Erwartungswert $E[\tilde{s}_T]$ erreichen zu können. Natürlich ist es für einen Investor nicht sicher, den Modus zu erreichen, die Anlage ist nach wie vor riskant.

Beim letzten Punkt gibt es *Mißverständnisse*. Wer die empirischen Resultate von Aktienanlagen in den letzten 72 Jahren betrachtet, könnte sich etwa so ausdrükken:

"In den einzelnen Jahren schwankt die Rendite natürlich beträchtlich, aber auf lange Sicht, etwa auf drei Generationen (72 Jahre) erhält man im Jahresdurchschnitt seine 8 Prozent. Denn der Index ist von 100 (Jahresanfang 1926) auf 37.307 (Ende 1997) gestiegen. Das macht jährlich 8,57% aus — denn $1{,}0857^{72} = 373$. Wer diese Rendite lieber stetig ausdrückt, sagt 8,22%, denn $\ln 1{,}0857 = 0{,}0822$. Aber das ist *jedenfalls*, was man auf drei Generationen hinaus erhält."

> In Kurzform lauten solche Äußerungen: "Kurzfristig hat man zwar das Risiko mit Aktien, aber langfristig — auf drei Generationen — erhält man seine 8%." So zu denken mag *natürlich* sein, aber es ist *unbekümmert*. Die Denkweise ist mithin **naiv**.[1]
>
> Vor dem Hintergrund der Statistik als wissenschaftliches Denkgebäude ist die eben zitierte Aussage **falsch**.

Wird das Phänomen langer Anlagehorizonte in die Stochastik eingebettet, ist nur diese Aussage möglich:

- Wenn den zuvor getroffenen Annahmen der Brown'schen Bewegung gefolgt wird, dann ist die in 72 zukünftigen Jahren — sagen wir die gerade heute beginnenden 72 Jahre — erzielte Durchschnittsrendite *nicht* eine sichere Größe, sie ist zufällig.
- Sie ist normalverteilt, besitzt den Erwartungswert 8,22% und die Streuung $0{,}189/\sqrt{72} = 0{,}0223 = 2{,}23\%$.
- Interpretation: Von heute an auf 72 Jahre in Schweizer Aktien angelegt werden die Anleger eine Durchschnittsrendite erzielen, die mit Wahrscheinlichkeit 68,69% im Intervall von 5,99% bis 10,45% liegt. Mit Wahrscheinlichkeit 95,45% wird sie im zweifachen Sigma-Band zwischen 3,76% und 12,68% liegen. Wer ein Intervall möchte, in dem die Rendite noch sicherer zu liegen kommt, könnte das dreifache Sigma-Band wählen: Die Durchschnittsrendite für die kommenden 72 Jahre wird mit Wahrscheinlichkeit 99,73% zwischen 1,53% und 14,91% liegen.

Also: Wer heute investiert, 72 Jahre wartet und dann zurückblickt, könnte sich *wundern*: Es ist aufgrund unserer empirischen Erkenntnisse nicht ausgeschlossen,

---

[1] "Naiv" leitet sich von lateinisch *nativus* ab, und heißt durch Geburt entstanden, natürlich, unbekümmert von Theorien. Der Naive denkt in anschaulicher Nachahmung der Beobachtung, ohne Theoriebildung.

daß die dann über drei Jahrzehnten erzielte Durchschnittsrendite nur 1,53% betrug und damit weit unterhalb der Inflationsrate liegt Diese Aussagen und Zahlenwerte beruhen auf zwei Prämissen. 1. Die angegebenen Zahlenwerte für die Renditeerwartung und Volatilität sind die wahren Parameter, also frei von Schätzfehlern. 2. Der gefundene stochastische Prozeß wird sich so auch in der Zukunft fortsetzen.

11.2 Der Quantilist

11.2.1 Entscheidungsverhalten

Die Finanzmathematik sollte schließlich dazu führen, einem Anleger Rat zu geben. Zwei Fragen lauten:

- Welches Risikoexposure ist bei einem längeren Anlagehorizont zu wählen?
- Wie verändert sich das optimale Exposure mit dem Anlagehorizont?

Besitzt der Investor eine Risikonutzenfunktion und handelt nach dem Prinzip, den Erwartungsnutzen zu maximieren, dann ist die Antwort auf beide Fragen im Prinzip gegeben. Je nachdem, wie die Risikonutzenfunktion gewählt wurde, können die Rechnungen einfacher oder komplizierter ausfallen. Jedenfalls sind die Antworten durch die Risikonutzenfunktion bestimmt.[2]

Wir konzentrieren uns hier ganz auf den Shortfall-Ansatz, der für den reservierten Vermögensteil als angemessen gilt. Wir folgen daher jetzt nicht dem Prinzip des Erwartungsnutzens, sondern betrachten im wesentlichen wieder die Ausfallwahrscheinlichkeit in Bezug auf eine Mindestrendite — diesmal selbstverständlich in Abhängigkeit des Anlagehorizonts.

Rekapitulieren wir kurz den damaligen Ansatz. Wird die zulässige Ausfallwahrscheinlichkeit mit Q bezeichnet, dann lautete seinerzeit die Frage, für welche Entscheidung oder welche Asset-Allokation das $Q-Quantil$ (QQ) der einfachen Rendite in dem betrachteten Anlagejahr wenigstens so groß ist wie die Mindestrendite z. Investoren mit dieser "Präferenz" sollen dementsprechend als *Quantilist* bezeichnet werden.

---

[2] Die genannten Fragen hat STEPHANIE WINHART für verschiedene Klassen von Risikonutzenfunktionen untersucht: *Der Einfluß des Zeithorizonts auf die Asset Allocation in Abhängigkeit des Investment Opportunity Set und der individuellen Risikoaversion.* Bank- und finanzwirtschaftliche Forschungen, Verlag Haupt, Bern 1999.

Quantilisten treffen — ähnlich wie ausgesprochene Schwarzmaler, die sich am allerschlechtesten Szenario orientieren — ihre Entscheidung im Hinblick auf schlechte Ergebnisse.

- Der Quantilist orientiert sich am schlechtesten Ergebnis, das eintreten kann, sofern die $Q \cdot 100\%$ der allerschlechtesten Szenarios ausgeschlossen werden. Wenn beispielsweise $Q = 1\%$ gewählt wird, dann lautet die Regel: Beurteile jede zur Wahl stehende Asset-Allokation anhand des schlechtesten Ergebnisses, welches auftreten könnte, wenn die 1% der "Katastrophenfälle" nicht beachtet werden.

- Anschließend wählt der Quantilist jene der möglichen Strategien, bei der das Q-*Quantil* noch am besten ausfällt. Man könnte die Strategie des Quantilisten als "Maxi-QQ" bezeichnen.

Die Zahl Q beschreibt die Vorsicht beziehungsweise den Grad des Pessimismus des Quantilisten. Jemand, der $Q = 0{,}001$ wählt, möchte wirklich nur die sehr unwahrscheinlichsten Ergebnisse nicht in die Beurteilung einfließen lassen. Jemand, der $Q = 0{,}05$ wählt, darf vielleicht als vorsichtig bezeichnet werden. Jemand der $Q = 0{,}5$ wählt, ist neutral. Jemand der $Q > 0{,}5$ wählt, wäre ein Optimist.

Soweit wurde der Shortfall-Ansatz bereits dargestellt. Damals jedoch war der Anlagehorizont ein Jahr. Jetzt soll der Ansatz auf den Fall übertragen werden, in dem der Anlagehorizont unterschiedliche Länge haben könnte — kurz, als variabel betrachtet wird — wobei sich der konkrete Anlagehorizont in den Anwendungen aus dem beabsichtigten Verwendungszweck oder der Verpflichtung des Investors ergibt.

11.2.2 Festzins oder Aktien?

Wir wenden den Shortfall-Ansatz gleich auf die Wahl zwischen den Asset-Allokationen "Festzins" und "Aktien" an.

Für eine reine Aktienanlage und einen Anlagezeitraum von 0 bis T ist die stetige Durchschnittsrendite normal verteilt. Sie hat den Erwartungswert $\mu = 0{,}082$ sowie sie Streuung $\sigma/\sqrt{T}$, wobei $\sigma = 0{,}189$. Nur zur Erinnerung: Die stetige Gesamtrendite für den Zeitraum von 0 bis T ist ebenso normal verteilt; sie hat den Erwartungswert $\mu \cdot T$ sowie sie Streuung $\sigma \cdot \sqrt{T}$.

Die Tabelle der Normalverteilung zeigt: Es liegen 99% der Realisationen der Durchschnittsrendite oberhalb von $r_T^{QQ} = \mu - 2{,}33 \cdot \sigma/\sqrt{T}$. Soweit der Fall $Q = 1\%$. Für andere Werte von Q wird entsprechend vorgegangen, und das Q-Quantil ermittelt. Sinngemäß nennen wir r^{QQ} **Q-Quantil-Rendite**.

11. KAUFKRAFTSCHUTZ

Aus einem Anfangsbetrag s_0 entsteht bis zu T bei der Q-Quantil-Rendite (mit $Q = 1\%$) das Ergebnis

$$s_T^{QQ} = s_0 \cdot \exp(r_T^{QQ} \cdot T) = s_0 \cdot \exp((\mu - 2{,}33 \cdot \sigma / \sqrt{T}) \cdot T).$$

Das Ergebnis soll als **Q-Quantil-Betrag** bezeichnet werden, weil es sich dabei um einen Geldbetrag handelt.

Ein Zahlenbeispiel: Für $T = 20$ Jahre und $s_0 = 100$ ergibt sich für die Q-Quantil-Rendite $r_T^{QQ} = \mu - 2{,}33 \cdot \sigma / \sqrt{T} = 0{,}082 - 0{,}042 = 0{,}040$. Daraus folgt — wegen $\exp(0{,}040 \cdot 20) = 2{,}22$ — für den Q-Quantil-Betrag einer von 100 Franken, Euro oder Dollar beginnenden, zwanzigjährigen Aktienanlage 222. Das ist das schlechteste Endvermögen, sofern die 1% der allerschlechtesten Fälle ausgeklammert werden.

Ganz analog läßt sich das Q-Quantil für die Rendite beziehungsweise für das Anlageergebnis berechnen, wenn anstelle von $Q = 1\%$ ein anderer Wert Q gewählt wird. Lediglich ist die durch $0{,}01 = N(-2{,}33)$ definierte Zahl 2,33 durch jene Zahl k zu ersetzen, für die $Q = N(-k)$ gilt. Werte, die man vielleicht sogar im Kopf hat, wiederholt die Tabelle.

$Q = N(-k)$	k	T_{Switch}
40%	0,254	1,2 Jahre
30%	0,524	5,1 Jahre
20%	0,841	13,1 Jahre
15,86%	1,000	18,5 Jahre
10%	1,282	30,3 Jahre
5%	1,645	50 Jahre
2,275%	2,000	74 Jahre
1,35 Promille	3,000	166 Jahre

Bild 11-2: Ausgewählte Quantile der Normalverteilung. Die Bedeutung der in der dritten Spalte wiedergegebenen Zahlen (Switchhorizont) wird weiter unten deutlich.

Im folgenden Bild 11-3 sind die Q-Quantile der Endvermögen für die drei Q-Werte von 1,35 ‰, 2,275% und 15,86% dargestellt; anders ausgedrückt werden jene Vermögen dargestellt, die erzielt werden, wenn sich die Durchschnittsrendite über den Horizont T um *eine* Standardabweichung, um *zwei* Standardabweichungen und *drei* Standardabweichungen unter ihrem Erwartungswert realisiert.

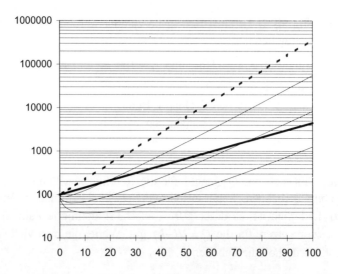

Bild 11-3: Zum Verlauf der Quantil-Resultate bei Anlagen in Schweizer Aktien über einen Anlagehorizont von bis zu 100 Jahren. Alle Werte (Vermögensbeträge) sind in logarithmischer Skala dargestellt. Die oberste, gestrichelte Gerade gibt den Median wieder, den neutralen Wert: Mit gleicher Wahrscheinlichkeit von ½ liegt das Vermögen darüber beziehungsweise darunter. Die fett durchgezogene Gerade gibt den Wertverlauf einer sicheren Anlage "Festzins" wieder (i = 3,8%). Die drei dünner gezeichneten Kurven bilden den Verlauf der Quantil-Resultate wieder für die Q-Werte von 1,35‰ (unten), 2,275% (mittlere Kurve), 15,86% (oben).

Bei der obersten der drei Kurven sind 16% der schlechtesten Fälle ausgeklammert — die zugrunde gelegte Mindestrendite ist um $\sigma/\sqrt{T} = 0,189/\sqrt{T}$ unter ihrem Erwartungswert $\mu = 8,22\%$. Bei der mittleren Kurve sind 2,275% der schlechtesten Fälle ausgeklammert (zweifaches Sigma). Bei der untersten sind 1,35‰ der schlechtesten Fälle ausgeklammert (dreifaches Sigma).

Die Darstellung zeigt:

- Wer eine pessimistische Haltung hat, beschrieben durch $Q = 0,00135$, sollte sich — wenn die Wahl nur besteht zwischen einem reinen Aktienportfolio und der sicheren Anlage — für letzteres entscheiden, selbst wenn der Anlagehorizont 100 Jahre beträgt. Es müßten schon 166 Jahre sein, um Aktien zu präferieren.

- Wer eine vorsichtige Haltung hat, $Q = 0{,}02275$, sollte sich — wenn die Wahl nur besteht zwischen einem reinen Aktienportfolio und der sicheren Anlage — für Festzins entscheiden, sofern der Anlagehorizont kürzer als 74 Jahre ist. Er sollte sich dagegen voll für Aktien entscheiden, sobald der Anlagehorizont länger als 75 Jahre ist.

- Wer eine nur schwach vorsichtige Haltung hat, einzig aufgrund des schlechtesten Ergebnisses entscheidet, wobei die 16% der schwächsten Anlageergebnisse ausgeklammert werden, sollte sich für Festzins entscheiden, sofern der Anlagehorizont kürzer als 18 Jahre ist, und für Aktien, falls der Anlagehorizont 19 Jahre oder mehr beträgt.

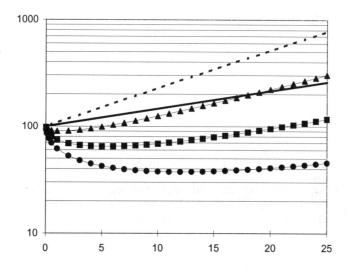

Bild 11-4: Zum Wertverlauf über einen Anlagehorizont von bis zu 25 Jahren, alle Werte in logarithmischer Skala. Die oberste, gestrichelte Gerade gibt den Modalwert einer Aktienanlage wieder. Die darunter liegende, durchgezogene Gerade zeigt den Wertverlauf der sicheren Anlage 'Festzins'. Bei der mit Dreiecken markierten Kurve sind 15,86% der schlechtesten Fälle ausgeklammert, bei der mit Quadraten markierten Kurve sind 2,275% der schlechtesten Fälle ausgeklammert, bei der untersten, mit Punkten markierten Kurve sind 1,35‰ der schlechtesten Fälle ausgeklammert.

Bild 7-3 ist ein Ausschnitt von Bild 7-2. Es zeigt dieselben Kurven, konzentriert sich aber auf Zeithorizonte bis zu 25 Jahren. Der Ausschnitt zeigt: Der schwach vorsichtige Investor ($Q = 0{,}1586$), der nur anhand der schlechtesten Wertentwicklung unter Ausschluß der 16% der aller schlechtesten Entwicklungen entscheidet, ist in einem Anlagezeitraum bis zu 25 Jahren mit Aktien in etwa gleich gestellt wie mit einer Anlage *Festzins*. Die Entscheidung fiele ihm recht schwer.

Das Kriterium ist also gerade im für private Anleger relevanten Zeitbereich wenig hilfreich. Natürlich könnte man gleichsam mit der Lupe sehen, daß der Quantil-Betrag auf Aktien für $Q = 0{,}1586$ *etwas* unterhalb der Wertentwicklung der Wertentwicklung einer reinen Geldmarktanlage liegt, sofern $T < 18$, und *etwas* darüber liegt, falls $T > 19$. Aber damit würde man die Lupe dort zum Richter machen, wo mit etwas Abstand ein Unterschied kaum zu entdecken ist.

Nun lautet die Entscheidungsaufgabe eigentlich nicht zu befinden, ob alles sicher oder alles in Aktien angelegt werden sollte.

- Um das Spektrum etwas zu erweitern, sollen wieder die schon bekannte *renditeorientierte* Allokation (2/3 Festzins, 1/3 Aktien) und die *wachstumsorientierte* Strategie (1/3 Festzins, 2/3 Aktien) in die Wahl mit einbezogen werden.

- Außerdem beschränken wir uns auf die vorsichtige Haltung: Der Investor beurteile eine jede der vier Allokationen *Festzins*, *Rendite*, *Wachstum*, *Aktien* aufgrund des jeweiligen Quantil-Betrags, wenn jeweils die 2,275% aller schlechtesten Fälle ausgeklammert werden.

Darzustellen ist der Verlauf der Quantile in Abhängigkeit vom Zeithorizont T, und zwar für die drei Allokationen *Rendite*, *Wachstum*, *Aktien*. Für die Strategie *Festzins* muß kein besonderes Quantil berechnet werden, weil das dem stetigen Zins $i = 3{,}8\%$ entsprechende Kapitalwachstum nicht mit Risiken behaftet ist.

Die Ergebnisse sind im nächsten Bild dargestellt. Jede der vier dargestellten Kurven entspricht einer der vier Asset-Allokationen. Bei den Strategien *Rendite*, *Wachstum*, *Aktien* liegen jeweils 97,3% aller Realisationen oberhalb der entsprechenden Kurve, 2,3% unterhalb.

Achtung: Der Investor fragt nicht, *wie weit oberhalb* der dargestellten Kurven Wertentwicklungen auftreten könnten. Er fragt auch nicht, welches bei einer jeder der Allokationen der Worst Case ist. Er interessiert sich bei den möglichen Allokationen für den minimalen Wert des Portfolios unter Ausschluß der 2,3% der schlechtesten Fälle.

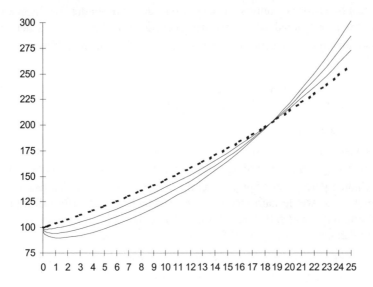

Bild 11-5: Wertentwicklung, in linearer Skala, für bis zu 25 Jahren, der vier Allokationen: *Festzins* (keine Aktien), *Rendite* (1/3 Aktien), *Wachstum* (2/3 Aktien) und *Aktien*. Dargestellt ist die Wertentwicklung des Portfolios, die sich aufgrund der geringsten Rendite errechnet, wobei jeweils die 2,3% der allerschlechtesten Fälle ausgeklammert werden. Die gestrichelte Kurve ist der Verlauf von *Festzins*. Von den anderen drei Kurven bezieht sich jene mit dem geringsten Minimum auf *Aktien*, die mit dem zweitgeringsten Minimum auf *Wachstum*. Bei 18,45 Jahren schneiden sich *alle* Kurven in einem Punkt. Bei der unterstellten Entscheidungsregel würde der Investor bei diesem kritischen Horizont *umschalten*. Ist der Horizont kürzer als 18 Jahre, wird *alles* nur sicher angelegt. Ist der Horizont länger als 19 Jahre, dann *nur* Aktien — obwohl wie gesagt, dem Investor alle Asset-Allokationen zur Auswahl stehen. Der Quantilist würde die Allokationen *Rendite* oder *Wachstum* keinesfalls wählen, obwohl sie sich ihm zur Wahl anbieten.

11.2.3 Switchhorizont

Es sei wiederholt: Investoren mit der unterstellten Präferenz des Quantilisten bewerten nicht die Chancen — sie achten nur auf die Ergebnisse in den abträglichen Fällen. Genauer: Sie urteilen aufgrund des Quantils. Die Quantil-Rendite ist gleich der Renditeerwartung abzüglich einer Größe, die *proportional* zur Streuung der Durchschnittsrendite ist. Die Proportionalitätskonstante hängt von der durch Q bestimmten Ausprägung des Pessimismus oder der Vorsicht ab.

Die Nutzenbilanz des Quantilisten sieht also so aus: Nutzen der Renditeerwartung (etwas, das proportional zu T ist) abzüglich der mit der Streuung der Durchschnittsrendite (etwas, das proportional zu $\sqrt{T}$ ist) verbundenen Disutility.

Daran ist schon zu sehen: Für kleine Horizonte überwiegt die Disutility. Aber irgendwann macht sich bemerkbar, daß $\sqrt{T}$ langsamer zunimmt als T. Es kommt dann ein Zeitpunkt, ab dem der Nutzen überwiegt.

Hierzu eine Rechnung:

1. Es bezeichne x den Anteil des Vermögens, welcher in der risikobehafteten Anlageform (Erwartungswert der stetigen Rendite μ, Volatilität σ) gehalten wird — zur Sprachvereinfachung: *Aktien*. Der Teil des Vermögens $1-x$ werde zum stetigen Zins i angelegt. Die bisher diskutierten Werte für x waren 0, 1/3, 2/3 und 1. Die empirisch gefundenen Werte für die Parameter waren $\mu = 0{,}0822$, $\sigma = 0{,}189$, $i = 0{,}038$.

2. Für eine Asset-Allokation, bei der x weder 0 noch 1 ist, muß nun noch eine Anpassung vereinbart werden, damit x während der Anlagedauer konstant bleibt. Haben die Aktien enormen Erfolg gehabt, wird ein Teil verkauft und der sicheren Anlage zugeführt — gerade soviel, daß wieder der Teil x risikobehaftet und der Teil $1-x$ des augenblicklichen Werts des Portfolios angelegt sind. Analog wird adjustiert, sollten die Aktienkurse fallen.

3. Die stetige Rendite $\tilde{r}_x$ bei dieser Strategie, ausgedrückt auf Jahresbasis, ist normalverteilt; sie hat den Erwartungswert $x \cdot \mu + (1-x) \cdot i = i + x \cdot (\mu - i)$ und die Streuung (Volatilität) $x \cdot \sigma$.

4. Bezogen auf einen Horizont von T Jahren ist die Durchschnittsrendite, ausgedrückt als stetige Rendite, ebenso normalverteilt mit dem Erwartungswert $i + x \cdot (\mu - i)$ und der Streuung $x \cdot \sigma / \sqrt{T}$.

5. Die Quantil-Rendite — beim Horizont T und bezogen auf ein Quantil Q mit dem entsprechenden, durch $Q = N(-k)$ definierten k-Wert — beträgt demnach $r_T^{QQ} = \left(i + x \cdot (\mu - i)\right) - k \cdot x \cdot \sigma / \sqrt{T}$.

6. Umgeschrieben: $r_T^{QQ} = i + x \cdot \left(\mu - i - k \cdot \sigma / \sqrt{T}\right)$.

Das zeigt: Die Quantil-Rendite ist gleich dem Zinssatz plus eine Größe, die proportional zum Aktiengewicht x und zu $\left(\mu - i - k \cdot \sigma / \sqrt{T}\right)$ ist.

Der Klammerausdruck ist für kleine Werte von T negativ, und für sehr lange Anlagehorizonte positiv.

Der Klammerausdruck wechselt sein Vorzeichen bei jenem Horizont T_{Switch}, welcher durch

11. KAUFKRAFTSCHUTZ

$$\mu - i = k \cdot \sigma / \sqrt{T_{Switch}}$$

definiert ist. Mit leichten Umformungen ergibt sich der Switchhorizont zu

$$T_{Switch} = \left[k \cdot \sigma/(\mu - i)\right]^2 .$$

Für die angegebenen Parameter μ, σ, i bedeutet das $T_{Switch} = k^2 \cdot 18{,}45$.

Hat ein Investor die Präferenz des Quantilisten, dann sind für den *Switchhorizont*

$$T_{Switch} = \left[\frac{k \cdot \sigma}{\mu - i}\right]^2 = k^2 \cdot 18{,}45$$

alle Allokationen x gleich gut.

Ist der Anlagehorizont geringer, $T < T_{Switch}$, führt jede Allokation mit einem positiven Aktienanteil auf einen Quantil-Betrag, der unterhalb dessen liegt, was mit Anlage zum Zinssatzes erreichbar ist. Der Investor wird deshalb in diesem Zeitbereich die Allokation *Festverzinslich* vorziehen.

Ist der Horizont länger, $T > T_{Switch}$, führt jede Allokation mit positivem Aktienanteil auf einen Quantil-Betrag, der über dem liegt, was mit Anlage zum Zinssatz erreichbar wäre. Der Quantil-Betrag liegt in diesem Fall um so mehr darüber, je höher die Aktienquote ist. Der Investor wird also, sofern sein Anlagehorizont T länger ist als der Switchhorizont T_{Switch}, die Allokation *Aktien* wählen — und wenn er kann, die Aktienquote durch Verschuldung noch weiter erhöhen.

📖 Maurice Meister ist von der 60-40-Regel, wie er sie nennt, überzeugt. Man solle Anlagestrategien nach dem schlechtesten Ergebnis beurteilen, sofern 40% der aller schlechtesten Fälle ausgeklammert werden. Er interessiert sich bei einer Anlageform also für jene Rendite oder jenen Endwert, der mit 60% Wahrscheinlichkeit übertroffen, und mit 40% Wahrscheinlichkeit nicht erreicht wird. Für $Q = 0{,}4$ folgt $k = 0{,}254$, und daraus der Switchhorizont $T_{Switch} = 1{,}2$. Die Empfehlung lautet: Ist Ihr Horizont kürzer als 14,3 Monate, legen Sie alles sicher an. Ist Ihr Horizont länger als 14,3 Monate, dann sollten Sie einen Lombardkredit nehmen, und alles in Aktien anlegen.

11.2.4 Der Shortfall-Ansatz

Das Entscheidungsverhalten des Quantilisten ist eng verwandt mit dem Shortfall-Ansatz. Der Quantilist interessiert sich für die Abhängigkeit der schlechten Ergebnisse vom Horizont. Grundlage ist ein gewisses Quantil Q — die noch schlechteren Ergebnisse, welche mit Wahrscheinlichkeit Q eintreten, bleiben ausgeklammert.

Beim Shortfall-Ansatz gibt der Investor sich (aufgrund seiner individuellen Situation und Umstände) zwei Größen vor.

> Zunächst eine Mindestrendite r_{min}. Die Durchschnittsrendite möge nicht kleiner als diese Mindestrendite sein. Wie zuvor ausgeführt, könnte als Mindestrendite $r_{min} = 0$ vorgeschlagen werden; sie charakterisiert die nominale Kapitalerhaltung als Zielsetzung. Oftmals wird eine Mindestrendite von $r_{min} = 3{,}05\%$ vorgeschlagen. Dieser Satz, als stetige Rendite aufgefaßt, führt auf eine jährliche Erhöhung von 3,1% — das ist gerade die durchschnittliche Inflationsrate, ausgedrückt als einfache Rendite, der letzten Jahrzehnte. Bei der Mindestrendite $r_{min} = 3{,}05\%$ sprechen wir von **Kaufkraftschutz**.

Sodann wird eine Ausfallwahrscheinlichkeit Q gewählt. Es sollen Entscheidungsalternativen (Allokationen, Anlagestrategien) betrachtet werden, bei denen die Wahrscheinlichkeit, daß die Mindestrendite r_{min} verfehlt wird, die vorgegebene Ausfallwahrscheinlichkeit nicht übersteigt.

Unter den verbleibenden Allokationen oder Anlagestrategien wird jene gewählt, welche die größten Chancen bietet (gemessen durch den Erwartungswert entweder der Rendite oder des Anlageergebnisses). Dieser dritte Punkt wird keinen großen Aufwand bedeuten. Man wählt das höchste Aktienexposure, welches gerade die eben postulierte Nebenbedingung erfüllt.

Es bezeichne $\tilde{r}_T$ die bei einem Anlagehorizont erzielte Durchschnittsrendite — eine Zufallsvariable, deren Verteilung von T abhängt, von der Asset-Allokation, und von den Parametern der Renditen der einbezogenen Assetklassen. Die Bedingung lautet dann:

$$\Pr(\tilde{r}_T < r_{min}) \leq Q.$$

Das ist die sogenannte **Shortfall-Constraint**. Nun hatten wir die Quantil-Rendite gerade so definiert: $\Pr(r_T^{QQ} < r_{min}) = Q$. Deshalb ist die Shortfall-Constraint genau dann erfüllt, wenn

$$r_T^{QQ} \geq r_{min}$$

11. KAUFKRAFTSCHUTZ

gilt.

Wir wollen die Shortfall-Constraint in der letzten Form noch etwas konkretisieren. Zunächst sollen die zur Auswahl stehenden Anlagestrategien näher bestimmt werden: Es seien Kombinationen von $x \cdot 100\%$ Aktien und $(1-x) \cdot 100\%$ Geldmarktanlagen. Die Aktienquote x wird durch entsprechende Adjustierungen während des Anlagehorizontes der Länge T konstant gehalten. Hierfür wurde bereits berechnet:

$$r_T^{BR} = i + x \cdot \left(\mu - i - k \cdot \sigma / \sqrt{T} \right)$$

Wir untersuchen die Shortfall-Constraint gerade für den Grenzfall jener Aktienquote x, bei der sie gerade noch erfüllt ist, $r_T^{BR} = r_{\min}$, was

$$i + x \cdot \left(\mu - i - k \cdot \sigma / \sqrt{T} \right) = r_{\min}$$

bedeutet — höhere Aktienquoten erfüllen die Shortfall-Constraint nicht, geringere erfüllen sie.

Wir wollen diese Gleichung nach der Aktienquote x auflösen.

Zuvor nehmen wir $i > r_{\min}$ an: Im Prinzip sollte also die Strategie *Festzins* den Target erfüllen. Sodann erinnern wir an die Bestimmungsgleichung für den Switchhorizont, es galt $(\mu - i) \cdot \sqrt{T_{Switch}} = k \cdot \sigma$. Das eingesetzt, erhalten wir:

$$i + x \cdot \left((\mu - i) - (\mu - i) \cdot \frac{\sqrt{T_{Switch}}}{\sqrt{T}} \right) = r_{\min}.$$

Die Frage lautet, ob im Hinblick auf höhere Erwartungswerte Aktien mit einbezogen dürfen, wobei nur noch verlangt wird, daß der Target mit Wahrscheinlichkeit Q erreicht wird. Nun lösen wir nach x auf:

$$\boxed{\, x = \frac{i - r_{\min}}{\mu - i} \cdot \frac{1}{\sqrt{\dfrac{T_{Switch}}{T}} - 1} \,}$$

Als erstes fällt auf, daß die so ermittelte, größtmögliche Aktienquote vom Horizont abhängt, genauer gesagt, von der Relation zwischen dem Switchhorizont und dem Anlagehorizont. Der linke Multiplikator ist positiv, der Bruch rechts ist positiv für alle Horizonte $0 < T < T_{Switch}$. Zudem nimmt der Nenner im Bruch rechts mit zunehmendem Horizont ab, der Bruch selbst also zu.

> Beim Shortfall-Ansatz nimmt die optimale Aktienquote x_T mit dem Horizont T immer weiter zu, bis der Switchhorizont T_{Switch} erreicht ist.

Um die Abhängigkeit zu konkretisieren, wollen wir zur Berechnung des Multiplikators links nur zwei Möglichkeiten betrachten: Den Target der nominalen Kapitalerhaltung $r_{min} = 0$ oder den Target der realen Kapitalerhaltung $r_{min} = 0{,}0305$. Zusammen mit den anderen Werten $\mu = 8{,}22\%$ und $i = 3{,}8\%$ errechnet sich

- der linke Multiplikator zu 0,86 (nominale Kapitalerhaltung)
- oder zu 0,17 (reale Kapitalerhaltung).

Daraus läßt sich zunächst die Relation T_1/T_{Switch} bestimmen, für die eine Aktienquote $x = 1$ optimal ist. Es folgen die Werte 0,29 und 0,73.

Wer als Target die *nominale* Kapitalerhaltung wählt, hat beim Shortfall-Ansatz das reine Aktienportfolio als optimal, sofern der Horizont 29% so lange wie der Switchhorizont ist. Ist der Anlagehorizont noch länger, wäre eine mit einem Lombardkredit finanzierte höhere Aktienquote optimal.

Wer als Target die *reale* Kapitalerhaltung (Kaufkraftschutz) wählt, betrachtet beim Shortfall-Ansatz das reine Aktienportfolio ab dann als optimal, wenn der Horizont 73% so lange ist wie der Switchhorizont. Ist der Anlagehorizont noch länger, wäre eine mit einem Lombardkredit finanzierte höhere Aktienquote optimal.

Nun soll die Abhängigkeit der Aktienquote vom Anlagehorizont T zahlenmäßig berechnet werden, und zwar für die folgende Werte von T/T_{Switch} : 0, 1/10, 2/10, ..., 9/10.

	0	0,1	0,2	0,3	0,4	0,5	0,6	0,7	0,8	0,9
Nominal	0%	40%	70%	105%	149%	208%	297%	442%	732%	1597%
Real	0%	8%	14%	21%	29%	41%	59%	87%	144%	315%

Bild 11-6: Die optimale Aktienquote beim Shortfall-Ansatz für zwei Mindestrenditen (die nominale und die reale Kapitalerhaltung), sowie für Zeithorizonte T, die in Relation zum Switchhorizont in folgender Relation stehen: $T/T_{Switch} = 0, 1/10, 2/10, ..., 9/10$.

11.2.5 Vier Beispiele

Erstes Beispiel: der Pessimist.

Ein Investor besucht die Anlageberatung einer Bank und erklärt: "Ich finde den Shortfall-Ansatz für mich gut, wobei als Target die *nominale* Kapitalerhaltung gewählt werden soll. Außerdem finde ich es richtig, wenn bei einem Anlagehorizont von $T_1 = 25$ Jahren jemand bei dieser Philosophie 100% Aktien wählt. Können Sie sagen, wieviel Prozent Aktienanteil richtig sind, wenn der Anlagehorizont kürzer als 25 Jahre ist?"

Antwort: Aus der Angabe $T_1 = 25$ folgt, da bei nominaler Kapitalerhaltung $T_1/T_{Switch} = 0{,}29$ gilt, $T_{Switch} = 86{,}8$ Jahre. Gemäß obiger Tabelle sollte der Anleger bei einem Horizont von 8,7 Jahren bereits 40% Aktien haben, bei einem Horizont von 17,4 Jahren bereits 70% Aktien.

Außerdem gibt der Consultant diese Information: "Ihr Switchhorizont beträgt $T_{Switch} = 86{,}8$. Da diese Größe gleich $k^2 \cdot 18{,}45$ ist, beträgt Ihr persönlicher k-Wert 2,17. Anders ausgedrückt, Ihr persönliches Quantil ist $Q = 1{,}5\%$. Sie beurteilen die Alternativen anhand jener Ergebnisse, bei denen 1,5% noch schlechter sind, 98,5% besser. Zwar sind Sie kein Schwarzmaler, aber Sie haben doch einen ausgeprägten Pessimismus."

Zweites Beispiel: Eher geringe Vorsicht.

Andere Personen besuchen die Anlageberatung und erklären: "Wir finden den Shortfall-Ansatz für uns gut, wobei als Target die *nominale* Kapitalerhaltung gewählt werden soll. Außerdem finden wir richtig, wenn bei einem Anlagehorizont von $T_1 = 10$ Jahren jemand bei dieser Philosophie 100% Aktien wählt. Können Sie sagen, wieviel Prozent Aktienanteil dann richtig sind, wenn der Anlagehorizont kürzer als 10 Jahre ist?"

Antwort: Aus der Angabe $T_1 = 10$ folgt, da bei nominaler Kapitalerhaltung $T_1/T_{Switch} = 0{,}29$ gilt, $T_{Switch} = 34{,}5$ Jahre. Gemäß obiger Tabelle sollte der Anleger bei einem Horizont von 3,5 Jahren bereits 40% Aktien haben, bei einem Horizont von 6,9 Jahren bereits 70% Aktien. Sollte sich herausstellen, daß der Anlagehorizont doch länger als zehn Jahre ist, sollte der Anleger sich gleich verschulden, um die Aktienquote über 1 anzuheben. So etwa bei einem Anlagehorizont von 10,4 Jahren. Hier sind schon 105% Aktien (bezogen auf eigene Mittel von 100%) angebracht. Bei einem Horizont von 13,8 Jahren sind schon 149% Aktien angebracht, und so fort.

Außerdem gibt der Consultant diese Information: "Ihr Switchhorizont beträgt $T_{Switch} = 34{,}5$ Jahre, und da diese Größe gleich $k^2 \cdot 18{,}45$ ist, beträgt Ihr persönlicher k-Wert 1,367. Anders ausgedrückt, Ihr Quantil ist $Q = 8{,}7\%$. Sie beurteilen die Alternativen anhand jener Ergebnisse, bei denen mit Wahrscheinlichkeit 8,7%

noch schlechtere Ergebnisse auftreten, und mit Wahrscheinlichkeit 91,3% noch bessere. Sie sind als nicht extrem vorsichtig zu bezeichnen, wenngleich sie sicher nicht unvorsichtig sind."

Drittes Beispiel: Ausgeprägte Vorsicht.

Nochmals besuchen Kunden die Beratung: "Wir finden den Shortfall-Ansatz für uns gut, wobei als Target die *reale* Kapitalerhaltung gewählt werden soll. Außerdem finden wir richtig, wenn bei einem Anlagehorizont von $T_1 = 25$ Jahren jemand bei dieser Philosophie 100% Aktien wählt. Können Sie uns sagen, wieviel Prozent Aktienanteil dann richtig sind, wenn der Anlagehorizont kürzer als 25 Jahre ist?"

Antwort: Aus der Angabe $T_1 = 25$ folgt, da bei realer Kapitalerhaltung $T_1/T_{Switch} = 0,73$ gilt, $T_{Switch} = 34,25$ Jahre. Gemäß obiger Tabelle sollte der Anleger bei einem Horizont von 3,4 Jahren 8% Aktien haben, bei einem Horizont von 6,8 Jahren 14%, bei einem Horizont von 10,3 Jahren 21% Aktien, bei einem Horizont von 13,7 Jahren 29% Aktien und so fort.

Außerdem gibt der Consultant diese Information: "Ihr Switchhorizont beträgt $T_{Switch} = 34,25$ Jahre, und da diese Größe gleich $k^2 \cdot 18,45$ ist, beträgt Ihr persönlicher k-Wert 1,856. Anders ausgedrückt, Ihr Quantil ist $Q = 3,2\%$. Sie beurteilen die Alternative anhand jener Ergebnisse, bei denen 3,2% noch schlechter sind, 96,8% besser. Sie haben eine vorsichtige Sicht der Dinge, aber keinen ausgeprägten Pessimismus."

Das dritte Beispiel scheint aus drei Gründen interessant zu sein.

1. Wer schon den Shortfall-Ansatz verfolgt und einen Target bei so langen Anlagehorizonten wählt, sollte eher an die *reale* Kapitalerhaltung als an die nominale Kapitalerhaltung denken.
2. Würde man Anleger befragen, erhielte man wohl durchaus die Antwort, daß bei einer Anlage auf 25 Jahre 100% Aktien *angemessen* seien.
3. Das errechnete Quantil spiegelte eine zwar *vorsichtige* Sicht der Dinge wieder, aber keinen ausgeprägten Pessimismus. Vermutlich können sich viele Personen damit identifizieren.

Deshalb scheint das dritte Beispiel repräsentative Qualität zu besitzen, und wir wollen zum Abschluß die Aktienquote genau berechnen.

Wie gehen wir vor? Ein Horizont $T = 1$ Jahr führt auf die Relation $T/T_{Switch} = 0,029$, weil $T_{Switch} = 34,25$ gilt. Ein Horizont von $T = 2$ Jahren führt auf $T/T_{Switch} = 0,058$, und so fort.

Für diese Werte wird dann

11. KAUFKRAFTSCHUTZ

$$1\Big/\!\left(\sqrt{T_{Switch}/T}-1\right) = \sqrt{T}\Big/\!\left(\sqrt{T_{Switch}}-\sqrt{T}\right)$$

berechnet und mit 0,17045 (dem Quotienten von $i-z$ und $\mu-i$) multipliziert.

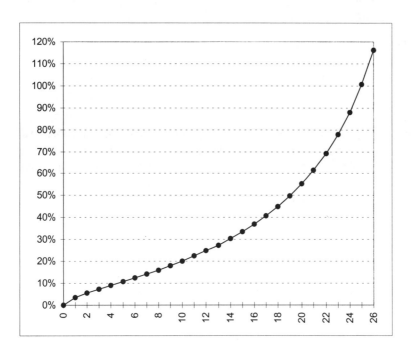

Bild 11-7: Der optimale Aktienanteil in Abhängigkeit des Anlagehorizontes für Horizonte zwischen 0 und 26 Jahren. Zugrunde gelegt ist eine Präferenz nach dem Shortfall-Ansatz. Der Anleger möchte die Wahrscheinlichkeit, daß die Kaufkraft der Mittel fällt, auf 3,2% begrenzen. Bei dieser Präferenz ist es richtig, bei einem Horizont von 25 Jahren alles in Aktien zu investieren. Die Darstellung ist bis zu 26 Jahren geführt, nur um nochmals zu betonen, daß es beim Shortfall-Ansatz bald optimal wird, sich zu verschulden. Für T=26 beträgt die optimale Aktienquote schon 116% (für 27 Jahre 136%, für 28 Jahre 162%, für 29 Jahre 198% und für 30 Jahre 252%).

Viertes Beispiel: Sehr große Vorsicht:

Ein Beirat besucht den Portfoliomanager und erklärt: "Wir verwalten das Vermögen für einen Erben, der noch ein Kind ist. Der Erbe soll später mit an Sicherheit grenzender Wahrscheinlichkeit vom Kapital leben können. Wir finden den Shortfall-Ansatz für das zu verwaltende Vermögen geeignet, wobei als Target die *reale* Kapitalerhaltung gewählt werden soll: Kaufkraftschutz. Außerdem fänden wir es richtig, wenn bei einem Anlagehorizont von $T_1 = 50$ Jahren bei dieser Philosophie

20% Aktien gewählt würden — diese Aktienquote wird von vielen Pensionskassen praktiziert. Wir wissen, daß diese Politik ausgesprochen vorsichtig ist. Auch wenn sie eine recht geringe Aktienquote bei kürzeren Anlagehorizonten zur Folge hat, wollen wir sie befolgen. Können Sie uns bitte berechnen, wieviel Prozent Aktienanteil dann richtig sind, wenn der Anlagehorizont — Zeitpunkt des größten Geldbedarfs — kürzer als die angegebenen 50 Jahre ist?"

Antwort: Aus der Formel

$$x = 0{,}20 = \frac{i-z}{\mu-i} \cdot \frac{1}{\sqrt{\frac{T_{Switch}}{T}} - 1} = 0{,}17045 \cdot \frac{1}{\sqrt{\frac{T_{Switch}}{T}} - 1}$$

folgt $T_{Switch} / T = 3{,}43$ also $T_{Switch} = 171{,}5$ Jahre. Gemäß obiger Tabelle sollte der Anleger bei einem Horizont von 17 Jahren 8% Aktien haben, bei einem Horizont von 34 Jahren 14%, bei einem Horizont von 51,5 Jahren 21% Aktien, und so fort. Bei einem Horizont, der $T = 0{,}73 \cdot T_{Switch}$ — das wären hier 125 Jahre — sollten 100% Aktien gewählt werden.

Außerdem gibt der Consultant diese Information: "Ihr Switchhorizont beträgt $T_{Switch} = 171{,}5$ Jahre, und da diese Größe gleich $k^2 \cdot 18{,}45$ ist, beträgt Ihr k-Wert 3,05. Anders ausgedrückt, Ihr Quantil ist $Q = 0{,}0013\%$. Sie beurteilen die Alternativen anhand jener Ergebnisse, bei denen nur 1,3 Promille noch schlechter sind, 99,87% besser. Sie haben eine extrem vorsichtige Sicht, die schon Pessimismus ausdrückt."

Der Beirat antwortet: "Den Zeitpunkt des Geldbedarfs haben wir auf 17 Jahre geschätzt, dann ist der Erbe volljährig und laut Testament soll das Vermögen übergeben werden. Außerdem haben wir uns entschieden, 5% in Aktien zu halten." Der Berater antwortet: Das ist zu wenig, gemessen an ihrer eigenen Vorgabe sollten bei einem Geldbedarf in 17 Jahren 8% in Aktien gehalten werden.

11.3 Asset-Allokation

11.3.1 Das Prinzip

Alles bisherige soll nun zusammengeführt werden, um die zentrale Frage zu beantworten: Wieviel Prozent Aktien sind zu empfehlen angesichts der persönlichen Situation und der individuellen Einstellung dem Risiko gegenüber?

Das Vermögen, oder der anzulegende Betrag, wird gedanklich in zwei Kategorien aufgeteilt.

1. Reserviertes (oder gebundenes) Kapital
2. Freies Kapital

Der erste Vermögensteil ist insofern reserviert, als die Person entsprechende Verpflichtungen hat oder ein spezifischer Verwendungszweck feststeht. Eine Fallunterscheidung kann angezeigt sein:

- **Variante Einmalentnahme**: Es handelt sich um einen Verwendungszweck, für den das mit dem reservierten Vermögen erzielte Anlageergebnis *zu einem gewissen Zeitpunkt* verfügbar sein muß.

- **Variante Rente**: Es handelt sich um Erträge, die *laufend wie eine Rente* zur Verfügung stehen müssen.

In beiden Varianten kann unterstellt werden, daß sich ein Zeithorizont T angeben läßt. Im ersten Fall wird das Anlageergebnis nach T Jahren benötigt, im zweiten Fall werden Erträge laufend benötigt, und zwar bis in T Jahren. Der dermaßen reservierte Teil wird nach dem *Shortfall-Ansatz* angelegt.

Um eine konkrete Asset-Allokation für das reservierte Kapital bestimmen zu können, wird als Target Return die durchschnittliche Inflationsrate gewählt.

Die Devise lautet mithin, den Erhalt der realen Kaufkraft des reservierten Kapitals nicht zu verfehlen. Als Ausfallwahrscheinlichkeit wird 3,2% gewählt. Die Wahrscheinlichkeit, daß die Anlagerendite nicht einmal die Inflationsrate schlägt, wird auf 3,2% begrenzt. Die erlaubte Ausfallwahrscheinlichkeit von 3,2% zeugt von einer zwar vorsichtigen, aber nicht pessimistischen Einstellung.

> Bei einer Ausfallwahrscheinlichkeit von 3,2% ist es bei der Variante Einmalentnahme und einem Horizont von 25 Jahren optimal, alles in Aktien anzulegen.

Der zweite Vermögensteil, das freie Kapital, wird unter der Perspektive angelegt, daß die Mittel "übrig" sind. Selbstverständlich könnte es sein, daß auch hier das Anlageergebnis einmal entnommen wird. Aber weder steht heute der Zeitpunkt fest, noch gibt es heute Hinweise auf ein spezifisches Anlageziel, welches später ermöglicht werden soll.

Für das freie Kapital wird also *nicht* nach einem Anlagehorizont gefragt — die Antworten wären höchst unklar.

- Zur Investition dieses freien Vermögensteils wird der "rationale" Ansatz gewählt, das heißt, der Investor wählt jene Asset-Allokation, die seiner persönlichen Risikotoleranz entspricht. Da, wie festgestellt, die meisten Investoren eine Risikotoleranz haben, die zwischen einem und zwei Drittel Aktien liegt, ist lediglich herauszufinden, ob der Investor *eher weniger* oder *eher mehr* risikotolerant ist.

- Ist der Investor verstorben, kann mangels einer explizit geäußerten Präferenz so verfahren werden: Werden die hinterlassenen Mittel von einem Vertrauten oder einem Gremium etwa zugunsten minderjähriger Erben — die noch keine eigene Risikotoleranz äußern können — angelegt, könnte das *freie* Vermögen zu 50% in Obligationen und zu 50% in Aktien angelegt werden, weil diese Mischung sich aus der Weltkapitalisierung der Anleihe- und Aktienmärkte ergibt. Achtung: In solchen Fällen dürfte die Hinterlassenschaft nur zu einem Teil frei sein, weil oftmals Renten an Erben auszulegen sind, wofür wiederum der Shortfall-Ansatz vorgeschlagen wird.

- Abgeraten wird von einer vollständigen Anlage des freien Vermögens in Aktien — es sei denn, der Anleger bekundet eine ausgesprochen große Risikotoleranz. Ebenso wird abgeraten, daß freie Vermögen vollständig in Anleihen anzulegen — es sei denn, der Anleger bekundet eine ausgesprochen geringe Risikotoleranz.

Durch Kombination der beiden für das reservierte und das freie Vermögen bestimmten Allokationen entsteht ein *Risk Ruler*, der zwei Anlagegrundsätze kombiniert: den Shortfall-Ansatz und den rationalen Ansatz.

11.3.2 Schutz des reservierten Vermögens

Zunächst wird die Asset-Allokation für den reservierten Teil des Vermögens spezifiziert.

Variante Einmalentnahme:

Die erste Frage an den Anleger lautet: "Stellen Sie sich Ihr heute vorhandenes liquides Vermögen vor — Sie müssen nicht sagen, wieviel es ist. Welchen Teil dieses Vermögens etwa werden Sie in einer gewissen Zeit wohl dafür benötigen, um ein Vorhaben zu verwirklichen, eine Verpflichtung zu erfüllen? Nennen Sie T, die Anzahl Jahre wenn es in etwa so weit sein wird."

Die nach dem Shortfall-Ansatz unter der angeführten Spezifikation zu wählende Asset-Allokation wurde bereits zuvor berechnet und ist in Bild 11-6 dargestellt. Die Zahlen finden sich zudem nochmals in der Tabelle (Bild 11-7) weiter unten in der mittleren Spalte.

Nun zum Kaufkraftschutz für laufend zu tätige Entnahmen, zur **Variante Rente**. Die Vorgehensweise wird an einem Beispiel erläutert:

Der Investor ist Fabrikant. Er hat einiges offshore "auf die Seite gelegt". Bald, in fünf Jahren will er den Betrieb an die Söhne abgeben und von seinem Geld leben. Er möchte sein Vermögen so strukturieren, als ob er ein Fünftel in fünf Jahren, ein weiteres Fünftel in zehn Jahren, ein Fünftel in 15 Jahren, und dann noch einmal in 20 und in 25 Jahren für den Lebensunterhalt benötigt. Er möchte alles selbst aufbrauchen — den Betrieb wird er ja übergeben, da treffen ihn ganz sicher keine Schuldgefühle gegenüber den Kindern, wie er meint: Die entsprechenden Aktienquoten sind 11%, 20%, 33%, 55% und 100% Aktien. Gleichsam wird jeweils ein Fünftel des Vermögens mit diesen Quoten angelegt.

Nach dieser Rechnung, die das Vermögen in Fünfjahresschichten zerlegt, wäre die mittlere Aktienquote aller fünf Schichten

$$(0{,}11 + 0{,}20 + 0{,}33 + 0{,}55 + 1{,}00) / 5 = 43{,}8\%.$$

Viele Personen bestreiten mit ihren Kapitaleinkünften den Lebensunterhalt.

- Angenommen, ein Anleger möchte sein Vermögen über einen Horizont von N Jahren aufbrauchen.

- Dann würde er es gedanklich vielleicht in N gleich große Teile zerlegen, und jeden Teil bis zum Zeitpunkt, zu dem er benötigt wird, nach dem Shortfall-Ansatz investieren.

- Nach unseren Tabellen würde er also $1/N$ mit einer Aktienquote von 4%, $1/N$ mit einer Aktienquote von 5%, das dritte $1/N$ mit der Aktienquote von 7% anlegen und so fort.

- Die gesuchten mittleren Aktienquoten errechnen sich also so: Für $N = 1$ sind es 4%. Für $N = 2$ ist es $(4\% + 5\%)/2$. Für $N = 3$ sind es $(4\% + 5\% + 7\%)/3$, und so fort…

Dabei ist zu bedenken, daß die Wertentwicklungen der einzelnen Jahresschichten positiv korreliert sind — denn alle investieren in dieselben Aktien.

Immerhin aber ergibt sich so eine Aktienquote, die sich begründen läßt: Jede Jahresschicht ist so angelegt, daß nur mit Wahrscheinlichkeit 3,2% das Ziel realer Kaufkrafterhaltung verfehlt wird. Gleichwohl bietet die Aktienbeimischung erhebliche Chancen.

Die optimalen Aktienquoten in Abhängigkeit von N sind in der Tabelle dargestellt. Im Laufe der Zeit rückt der Termin für die Einmalentnahme beziehungsweise für die Verrentung immer näher. Folglich sind die Aktienquoten laufend anzupassen. Die Tabelle (Bild 11-8) nennt daher die anfänglichen Aktienquoten.

Horizont	Variante Ein-malentnahme	Variante Rente
1 Jahr	4%	4%
2 Jahre	5%	4%
3 Jahre	7%	5%
4 Jahre	9%	6%
5 Jahre	11%	7%
6 Jahre	12%	8%
7 Jahre	14%	9%
8 Jahre	16%	10%
9 Jahre	18%	11%
10 Jahre	20%	12%
11 Jahre	22%	13%
12 Jahre	25%	14%
13 Jahre	27%	15%
14 Jahre	30%	16%
15 Jahre	33%	17%
16 Jahre	37%	18%
17 Jahre	41%	20%
18 Jahre	45%	21%
19 Jahre	50%	22%
20 Jahre	55%	24%
21 Jahre	62%	26%
22 Jahre	69%	28%
23 Jahre	78%	30%
24 Jahre	88%	32%
25 Jahre	100%	35%

Bild 11-8: Die optimale, anfängliche Aktienquote bei einer kaufkraftgeschützten Anlage des reservierten Vermögens. Bei Variante Einmalentnahme soll das Anlageergebnis am Ende des Horizontes zur Verfügung stehen. Bei Variante Rente wird beim links genannten Horizont N das reservierte Vermögen in N gleich große Teile, in Jahresschichten zerlegt. Die erste Jahresschicht wird kaufkraftgeschützt auf 1 Jahr angelegt. Die zweite Jahresschicht wird kaufkraftgeschützt auf zwei Jahre angelegt. Jede Jahresschicht ist mit der höchsten Aktienquote angelegt, die möglich ist, ohne die Nebenbedingung zu verletzen, daß die Rendite unter die Inflationsrate fällt. Diese Nebenbedingung muß mit 96,2% eingehalten werden. Insgesamt über alle N Schichten ergibt sich die in der rechten Spalte angegebene, mittlere Aktienquote.

11. KAUFKRAFTSCHUTZ

📖 Sandra Schnell, Witwe, ist heute 65 Jahre alt.

- Sie möchte das Vermögen so anlegen, als ob es — der Kaufkraft nach — gleichmäßig auf 20 Jahre zu verteilen wäre. Wieviel sie dann wirklich entnimmt, ist eine andere Frage. Es werden ihr 24% Aktien empfohlen.

- In zehn Jahren läßt sich Frau Schnell wieder beraten. Sie ist zu diesem Zeitpunkt 75 Jahre alt. Sie meint, vorsichtiger zu sein. Das vorhandene Vermögen soll so strukturiert werden, als ob sie es in den kommenden 10 Jahren in kaufkraftmäßig gleichen Raten benötigt — der Anlagehorizont ist nicht mehr so lange, meint sie. Es werden ihr 12% Aktien empfohlen

📖 Karl König ist 45 Jahre alt. Der Anlageberater sagt: Heute sind die Lebenserwartungen höher, und sie können durchaus auf 40 Jahre anlegen. Herrn König ist das zu weit in die Zukunft gedacht. Zwar braucht er sein Vermögen im Moment nicht, sieht keine Verpflichtungen, dennoch soll das Vermögen so angelegt werden, *als ob* es für eine Rente über die kommenden 25 Jahre zur Verfügung steht, die Kaufkraftschutz bietet. Eigentlich hat der Anleger keine Entnahmen vor, aber dennoch möchte er das Vermögen so strukturiert wissen. In einem Prospekt einer Bank hatte er einmal das Stichwort "Kaufkraftschutz für eine Generation" aufgegriffen. Darunter kann er sich etwas vorstellen. Der Rat lautet: 35% Aktien.

📖 Aristoteles Anis begann als Unternehmer einen "Aufstieg aus dem Nichts." Das von ihm hinterlassene Vermögen beträgt 100 Millionen Euro. Das scheint sehr viel zu sein, aber nur auf den ersten Blick. Denn: Ansprüche auf das Vermögen haben, wenn alle Erben gezählt werden, 10 Personen. Diese Erben haben kein Erwerbseinkommen, sondern leben von dem Vermögen ihres Vorfahren. Im Grunde ist gar nichts vorhanden, das ungebunden angelegt werden könnte.

Rechnung 1: Eine Anlagestrategie, bei der auf 25 Jahre eine kaufkraftgeschützte Entnahme möglich ist, führt auf eine Aktienquote von 35%. Daraus errechnet sich eine jährliche Erwartung von 7,5 Millionen Kapitalertrag nominal, was real 4,4 Millionen wären. Pro Erbe — angenommen sie hätten alle dieselben Quoten — sind das 440.000 pro Jahr mit Inflationsschutz. Dieser Betrag kann jedoch nicht voll ausgeschüttet werden, weil sonst die 25 Jahresschichten wirklich nach 25 Jahren aufgebraucht sind. Aufgrund dieser Überlegungen richtet der Verwalter des Vermögens schließlich eine jährliche Pension von 200.000 pro Kopf aus, die laufend so erhöht wird, daß die Kaufkraft erhalten bleibt.

Nun stellt der Verwalter noch eine Rechnung 2 an: Solle eine Rente 25 Jahre ausgelegt werden, sind — bei 200.000 Auszahlung dynamisiert — pro Person schon 5 Millionen reserviert, insgesamt also 50 Millionen. Für diesen Teil wird eine Aktienquote von 35% gewählt. Für die restliche Hälfte der 100 Millionen Vermögen wird eine Aktienquote von 50% gewählt, weil dies der Kapitalisierung der Bond- und Aktienmärkte entspricht. Insgesamt wird das Vermögen zunächst mit einer Aktienquote von 42,5% gefahren.

Der Verwalter ist unsicher, ob die Rechnung 1 oder 2 den Sachverhalt besser beschreibt. Rechnung 1 führt auf eine Aktienquote von 35%, Rechnung 2 auf eine Aktienquote von 42,5%. Er wählt die mittlere Quote und orientiert sich bis auf weiteres an 39% Aktien. Die Rechnungen wirken wie eine Haarspalterei. Aber der Verwalter kann Dritten erklären, wie er schließlich zu jenem Aktienexposure gekommen ist, mit dem er das Vermögen verwaltet.

11.3.3 Kombination

Dem Anleger werden drei Fragen gestellt:

Erste Frage:

Stellen Sie sich Ihr heute vorhandenes liquides Vermögen vor — Sie müssen nicht sagen, wieviel es ist. Welcher Teil dieses Vermögens sollte bei der Anlage reserviert und mit Kaufkraftschutz angelegt werden? Welchen Teil etwa werden Sie in einer gewissen Zeit wohl dafür benötigen, um ein Vorhaben zu verwirklichen, eine Verpflichtung zu erfüllen? Oder welchen Teil sollen wir für laufend gewünschte Entnahmen (Rückzüge) reservieren? Dieser reservierte Teil ist ihr späteres *Lunch Money* L. Es genügt, wenn Sie sagen können, ob dieser Teil ein Viertel ist (Antwort: $L = 25\%$), die Hälfte ($L = 50\%$), oder drei Viertel Ihres Vermögens ($L = 75\%$). Natürlich könnte es auch sein, daß Sie Ihr gesamtes Vermögen für einen spezifischen Zweck benötigen ($L = 100\%$).

Zweite Frage:

Nun nennen Sie die Anzahl Jahre, wenn es in etwa so weit sein wird — oder nennen Sie die Anzahl Jahre, für die Entnahmen (Rückzüge) mit Kaufkraftschutz möglich sein sollen. Selbstverständlich kann es auch sein, daß Sie überhaupt keinen konkreten Verwendungszweck spezifizieren, und dann erübrigt es sich natürlich, über einen *Horizont* nachzudenken.

Dritte Frage:

Für den Fall, daß Sie eben ihr Lunch Money L mit 0, 25%, 50% oder 75% festgelegt haben, bleibt noch etwas für die freie Anlage. Das ist das Geld, daß Sie "übrig" haben. Selbstverständlich müssen Sie es nicht hinterlassen. Sie können es selbst verbrauchen. Nur: Sie werden erst später sehen, wofür und was Sie genau machen wollen. Für diesen Teil des Geldes ist es wichtig zu wissen, wie Sie angesichts von Wertschwankungen fühlen. Machen Ihnen Anlagerisiken — beim freien Teil Ihres Vermögens — weniger aus, oder wären Sie durch Wertschwankungen doch beeinträchtigt?

Hierzu haben Sie nachstehend Fragen, die Sie entweder mit den Antworten unter A oder unter B für sich persönlich beantworten. Die jeweilige Antwort ist Geschmackssache, niemand wird Sie kritisieren.

Wenn Sie mehr Antworten unter A als unter B für sich richtig finden, sind Sie eher weniger risikotolerant: Hier werden dann 33% Aktien empfohlen. Wenn Sie mehr Antworten unter B als unter A für sich richtig finden, sind Sie eher mehr risikotolerant, hier werden 66% Aktien empfohlen. Wenn Sie unter A und B gleich viele Antworten für sich richtig finden, werden für das ungebundene Vermögen 50% Aktien empfohlen — aber dieser Fall ist in den nachstehenden Tabellen nicht eigens berücksichtigt.

Antworten A	Antworten B
Wenn ich sehe, daß der Wert meines Vermögens dauernd schwankt, würde ich besorgt sein und mich nicht wohl fühlen	Selbst beachtliche Wertschwankungen würde ich ertragen und aushalten, weil damit eine höhere Renditeerwartung verbunden ist
Wenn der Wert meiner Anlage in einem Jahr um 5% fiele, würde ich das nicht aushalten	Selbst wenn der Wert einmal um 10% fällt muß man sehen, daß es andere Jahre gibt, wo er deutlich ansteigt
Eigentlich habe ich bisher wenig Erfahrungen mit Geldanlagen gesammelt, und mein Wissen in Finanzfragen ist auch nicht groß	Ich habe schon einige Erfahrungen mit Investitionen und zumindest Grundkenntnisse darüber, wie die Welt der Finanzen funktioniert
Ich denke, Menschen in unserer Zeit sollten sich eher schützen, weil sie ohnehin die Ereignisse nicht steuern können	Man kann schon die Ereignisse im Leben etwas gestalten und sollte deshalb aktiv etwas unternehmen

11.3.4 Aktienquote für Einmalentnahme

Es ist nun ein Leichtes, die Allokationen für das Lunch Money mit der für das freie Vermögen zu kombinieren. In der nachstehenden Tabelle ist dies für die Variante Einmalentnahme und einen Anleger mit eher geringer Risikotoleranz ausgeführt.

📖 Zawo Zach ist Gastarbeiter aus Ruritanien. In acht Jahren möchte er "zurück und daheim ein Haus bauen." Das Grundstück hat er schon. Dieses Projekt darf nicht durch Börsenspekulationen gefährdet werden. Heute hat er bereits 100.000 Euro gespart, "das würde eigentlich genügen," aber natürlich "sind Zinsen auch gut." Der Anleger wird durch $L = 100\%$ und $T = 8$ Jahre beschrieben. Die optimale Allokation ist durch 16% Aktien beschrieben.

📖 Anna Ach ist Witwe. Sie hat 1 Million Euro. Sie bezieht eine Rente, und kann damit ganz gut leben. Aber man weiß nie, ob ein langer Krankenhausaufenthalt oder teure Operationen und eine Rehabilitation anstehen. So etwas kann schnell 500.000 Euro kosten, und ereignet sich vielleicht schon in drei Jahren. Die andere Hälfte der Mittel können zwar frei angelegt werden, aber man solle vorsichtig sein. Die Anlegerin wird durch $L = 50\%$, $T = 3$ Jahre und die geringere Risikotoleranz beschrieben. Die optimale Allokation: 20% Aktien.

📖 Herold von Hofhalten, alleinstehend, lebt bescheiden, ist eher konservativ und hat ein beträchtliches Vermögen. Er lebt im Ausland und möchte sich bei seiner Pensionierung in 20 Jahren ein Anwesen kaufen. Dazu würden 25% seiner Mittel genügen. Der Rest solle "gut aber vorsichtig" angelegt werden. Der Investor ist durch $L = 25\%$, $T = 20$ und die geringere Risikotoleranz beschrieben. Die dafür optimale Allokation: 39% Aktien.

Horizont T	L=100%	L=75%	L=50%	L=25%	L=0%
1 Jahr	4%	11%	18%	26%	33%
2 Jahre	5%	12%	19%	26%	33%
3 Jahre	7%	14%	20%	27%	33%
4 Jahre	9%	15%	21%	27%	33%
5 Jahre	11%	16%	22%	28%	33%
6 Jahre	12%	18%	23%	28%	33%
7 Jahre	14%	19%	24%	29%	33%
8 Jahre	16%	20%	25%	29%	33%
9 Jahre	18%	22%	26%	29%	33%
10 Jahre	20%	23%	27%	30%	33%
11 Jahre	22%	25%	28%	31%	33%
12 Jahre	25%	27%	29%	31%	33%
13 Jahre	27%	29%	30%	32%	33%
14 Jahre	30%	31%	32%	33%	33%
15 Jahre	33%	33%	33%	33%	33%
16 Jahre	37%	36%	35%	34%	33%
17 Jahre	41%	39%	37%	35%	33%
18 Jahre	45%	42%	39%	36%	33%
19 Jahre	50%	46%	42%	37%	33%
20 Jahre	55%	50%	44%	39%	33%
21 Jahre	62%	55%	48%	40%	33%
22 Jahre	69%	60%	51%	42%	33%
23 Jahre	78%	67%	56%	44%	33%
24 Jahre	88%	74%	61%	47%	33%
25 Jahre	100%	84%	67%	50%	33%
26 Jahre	116%	95%	75%	54%	33%

Bild 11-9: Kaufkraftschutz für Einmalentnahme: **Einmalige Entnahme** des Teils L des Vermögens nach T Jahren wobei der Investor für den Rest, das freie Vermögen, **wenig risikotolerant** ist. Die anfängliche Aktienquote, wenn der nach dem Shortfall-Ansatzes anzulegende Teil L beträgt — unterstellt ist die Nebenbedingung, die Kaufkraft zu erhalten, und die erlaubte Ausfallwahrscheinlichkeit beträgt 3,2% (eine vorsichtige, aber nicht pessimistische Einstellung). Der Teil $1-L$ wird bei vorsichtiger Haltung — einer eher geringeren Risikotoleranz — zu einem Drittel in Aktien angelegt.

Wenn der Anleger stärker risikotolerant ist, gilt die nachfolgende Tabelle Bild 11-10). Sie gibt den richtigen Aktienanteil an in Abhängigkeit des Anteils Lunch Money an Ihrem Vermögen und in Abhängigkeit der Anzahl Jahre, wann wohl der Verwendungszweck anstehen könnte.

📖 Das Ehepaar Müller ist um die Fünfzig. Beide arbeiten, keine Kinder. Als Vermögen haben sich 2 Million angesammelt. Beide möchten "noch ein paar Jahre arbeiten und dann aufhören." Das Vermögen soll zum wesentlichen Teil — etwa drei Viertel des Vermögens sind gemeint — verrentet werden, und die Rente soll dem Lebensunterhalt dienen; ein Viertel des Vermögens soll daneben "gut" angelegt bleiben. Also $L = 75\%$. Als Zeithorizont für die Überführung in die Rente solle in einer Alternativrechnung $T = 10$ oder $T = 15$ Jahre angenommen werden. Das Ehepaar ist eher risikotolerant. Bei einem Horizont von 10 Jahren ergeben sich 32% Aktien, bei einem Horizont von 15 Jahren 42% Aktien.

Horizont T	L=100%	L=75%	L=50%	L=25%	L=0
1 Jahr	4%	19%	35%	51%	67%
2 Jahre	5%	21%	36%	51%	67%
3 Jahre	7%	22%	37%	52%	67%
4 Jahre	9%	23%	38%	52%	67%
5 Jahre	11%	25%	39%	53%	67%
6 Jahre	12%	26%	39%	53%	67%
7 Jahre	14%	27%	40%	54%	67%
8 Jahre	16%	29%	41%	54%	67%
9 Jahre	18%	30%	42%	54%	67%
10 Jahre	20%	32%	43%	55%	67%
11 Jahre	22%	33%	44%	56%	67%
12 Jahre	25%	35%	46%	56%	67%
13 Jahre	27%	37%	47%	57%	67%
14 Jahre	30%	39%	48%	58%	67%
15 Jahre	33%	42%	50%	58%	67%
16 Jahre	37%	44%	52%	59%	67%
17 Jahre	41%	47%	54%	60%	67%
18 Jahre	45%	50%	56%	61%	67%
19 Jahre	50%	54%	58%	62%	67%
20 Jahre	55%	58%	61%	64%	67%
21 Jahre	62%	63%	64%	65%	67%
22 Jahre	69%	68%	68%	67%	67%
23 Jahre	78%	75%	72%	69%	67%
24 Jahre	88%	83%	77%	72%	67%
25 Jahre	100%	92%	84%	75%	67%
26 Jahre	116%	104%	91%	79%	67%

Bild 11-10: Kaufkraftschutz für Einmalentnahme: **Einmalige Entnahme** des Teils L des Vermögens nach T Jahren wobei der Investor für den Rest **eher risikotolerant** ist. Die optimale Aktienquote, wenn der nach dem Shortfall-Ansatzes anzulegende Teil L beträgt — unterstellt ist die Nebenbedingung, die Kaufkraft zu erhalten, und die erlaubte Ausfallwahrscheinlichkeit beträgt 3,2% (eine vorsichtige, aber nicht pessimistische Einstellung). Der Teil $1-L$ wird eher wachstumsorientiert — einer eher über dem Durchschnitt der Bevölkerung liegenden Risikotoleranz — zu zwei Dritteln in Aktien angelegt.

📖 Das Ehepaar Stein, beide sind um die 45, hat sich gerade aus dem Arbeitsleben zurückgezogen. Die Situation ist entsprechend gut. Von unserem Vermögen "brauchen wir die Hälfte erst in zehn Jahren, der Rest soll gut angelegt werden." Die Merkmale sind: $L = 50\%$, $T = 10$, eher risikotolerant. Die optimale Aktienquote beträgt 43%.

11.3.5 Aktienquote bei laufender Entnahme

Ganz analog wäre bei der Variante Rente vorzugehen.

Angenommen, eine Person möchte die Hälfte $L = 50\%$ ihres Vermögens so anlegen, daß es laufend eine, auf zwanzig Jahre kaufkraftgeschützte Entnahme ermöglicht — die Aktienquote hierfür wäre 24%. Für die andere Hälfte sei die Person eher risikotolerant: Hier sind vielleicht 66% Aktien angebracht. Für das Vermögen insgesamt ist daher als Aktienquote 45% zu empfehlen.

Ganz analog können Tabellen erstellt werden, die den Fall betreffen, daß der Teil L des Vermögens für eine Rente über N Jahre mit Kaufkraftschutz verwendet wird.

Zunächst der Fall, daß der Anleger, was den freien Teil des Vermögens betrifft, eine eher geringe Risikotoleranz zeigt. Dieser Teil wäre dann zu 33% in Aktien zu halten.

Horizont N	L=100%	L=75%	L=50%	L=25%	L=0%
1 Jahr	4%	11%	18%	26%	33%
2 Jahre	4%	12%	19%	26%	33%
3 Jahre	5%	12%	19%	26%	33%
4 Jahre	6%	13%	20%	27%	33%
5 Jahre	7%	14%	20%	27%	33%
6 Jahre	8%	14%	21%	27%	33%
7 Jahre	9%	15%	21%	27%	33%
8 Jahre	10%	16%	22%	27%	33%
9 Jahre	11%	16%	22%	28%	33%
10 Jahre	12%	17%	22%	28%	33%
11 Jahre	13%	18%	23%	28%	33%
12 Jahre	14%	19%	23%	28%	33%
13 Jahre	15%	19%	24%	29%	33%
14 Jahre	16%	20%	25%	29%	33%
15 Jahre	17%	21%	25%	29%	33%
16 Jahre	18%	22%	26%	30%	33%
17 Jahre	20%	23%	26%	30%	33%
18 Jahre	21%	24%	27%	30%	33%
19 Jahre	22%	25%	28%	31%	33%
20 Jahre	24%	26%	29%	31%	33%
21 Jahre	26%	28%	30%	31%	33%
22 Jahre	28%	29%	31%	32%	33%
23 Jahre	30%	31%	32%	33%	33%
24 Jahre	32%	33%	33%	33%	33%
25 Jahre	35%	35%	34%	34%	33%
26 Jahre	38%	37%	36%	35%	33%

Bild 11-11: Kaufkraftschutz für Verrentung: **Laufende Entnahme** des Teils L des Vermögens über N Jahre mit Kaufkraftschutz, wobei der Investor für den Rest, das freie Vermögen, **wenig risikotolerant** ist. Die anfängliche Aktienquote, wenn der nach dem Shortfall-Ansatzes anzulegende Teil L beträgt — unterstellt ist die Nebenbedingung, die Kaufkraft zu erhalten, und die erlaubte Ausfallwahrscheinlichkeit beträgt 3,2% (eine vorsichtige, aber nicht pessimistische Einstellung). Der Teil $1-L$ wird eher renditeorientiert — einer eher unter dem Durchschnitt der Bevölkerung liegenden Risikotoleranz — zu einem Drittel in Aktien angelegt.

11. KAUFKRAFTSCHUTZ

📖 Carla Carol war einen großartige Sportlerin. In ihrer Zeit hat sie alle Wettkämpfe gewonnen und viel Geld gemacht. Heute ist sie vierzig und hat 10 Millionen Dollar. Das ist sehr viel Geld.

- Jedoch: Mit dem Erfolg ist ihr Lebensstil aufwendig geworden: Reisen, Ehrenämter, Parties. "Ich brauche einfach 300.000 Dollar im Jahr". Die Faustformel sagt, daß sie das Zwanzigfache dessen, 6 Millionen, für Ihren Lebensunterhalt benötigt. Um sicher zu gehen, werden 75% der 10 Millionen Dollar als reserviertes Vermögen betrachtet (L=75%).

- Die restlichen 2,5 Millionen können frei angelegt werden. Als Horizont für eine Schichtung der 7,5 Millionen werden 25 Jahre angenommen. Dieser Teil wird mit einer Aktienquote von 35% investiert, wie sich aus der Tabelle ergibt. Für die "gut" anzulegenden 2,5 Millionen zeigt sich, daß unsere Sportlerin in finanziellen Dingen recht vorsichtig ist. "Es kommen ja keine Pokale mehr, da muß ich in jedem Fall vorsichtig sein," meint sie. Also werden hier 33% Aktien vorgeschlagen.

Insgesamt wird das Vermögen mit 34% in Aktien investiert.

Nun der Fall, daß der Anleger, was den freien Teil des Vermögens betrifft, risikotolerant ist. Dieser Teil wäre dann zu 66% in Aktien zu halten.

Dauer N	L=100%	L=75%	L=50%	L=25%	L=0%
1 Jahr	4%	19%	35%	51%	67%
2 Jahre	4%	20%	36%	51%	67%
3 Jahre	5%	21%	36%	51%	67%
4 Jahre	6%	21%	36%	52%	67%
5 Jahre	7%	22%	37%	52%	67%
6 Jahre	8%	23%	37%	52%	67%
7 Jahre	9%	23%	38%	52%	67%
8 Jahre	10%	24%	38%	52%	67%
9 Jahre	11%	25%	39%	53%	67%
10 Jahre	12%	25%	39%	53%	67%
11 Jahre	13%	26%	40%	53%	67%
12 Jahre	14%	27%	40%	53%	67%
13 Jahre	15%	28%	41%	54%	67%
14 Jahre	16%	28%	41%	54%	67%
15 Jahre	17%	29%	42%	54%	67%
16 Jahre	18%	30%	42%	55%	67%
17 Jahre	20%	31%	43%	55%	67%
18 Jahre	21%	32%	44%	55%	67%
19 Jahre	22%	34%	45%	56%	67%
20 Jahre	24%	35%	45%	56%	67%
21 Jahre	26%	36%	46%	56%	67%
22 Jahre	28%	38%	47%	57%	67%
23 Jahre	30%	39%	48%	58%	67%
24 Jahre	32%	41%	50%	58%	67%
25 Jahre	35%	43%	51%	59%	67%
26 Jahre	38%	45%	52%	60%	67%

Bild 11-12: Kaufkraftschutz für Verrentung: **Laufende Entnahme** des Teils L des Vermögens über N Jahre mit Kaufkraftschutz, wobei der Investor für den Rest, das freie Vermö-

gen, **eher risikotolerant** ist Die anfängliche Aktienquote, wenn der nach dem Shortfall-Ansatz anzulegende Teil L beträgt. Unterstellt ist die Nebenbedingung, die Kaufkraft zu erhalten, und die erlaubte Ausfallwahrscheinlichkeit beträgt 3,2% (eine vorsichtige, aber nicht pessimistische Einstellung). Der Teil $1-L$ wird wachstumsorientiert (zu zwei Dritteln in Aktien) angelegt, das einer eher über dem Durchschnitt der Bevölkerung liegenden Risikotoleranz entspricht.

📖 Noch einmal das Ehepaar Stein. Wie ausgeführt sind beide um die 45 und haben sich gerade aus dem Arbeitsleben zurückgezogen. Die Situation ist entsprechend gut. Nun aber sagen sie: Von unserem Vermögen "soll die Hälfte dazu dienen, uns vielleicht auf 25 Jahre eine Rente zu sichern, der Rest soll gut angelegt werden." Hier sind die Merkmale: $L = 50\%$, $N = 25$, eher risikotolerant. Die anfängliche optimale Aktienquote beträgt bei dieser Äußerung der finanziellen Ziele 51%.

11.4 Thema: Situationsänderung

Im Leben der Menschen kommen immer wieder Ereignisse, die eine völlige Neubeurteilung der finanziellen Situation verlangen und vielleicht auch zu einer Änderung der psychologischen Akzeptanz von Anlagerisiken führen. Meistens ist es leider so, daß die Ereignisse eine vorsichtigere Anlagepolitik für die Zukunft nahe legen. Beispielsweise kann der Tod des Mannes, der sich in einem Ehepaar immer um das Geld kümmerte und seine Freude an einem Aktienportfolio hatte, zur Folge haben, daß die Witwe aufgrund der Versorgungslage und ihrer eigenen Risikoeinstellung die Asset-Allokation zur sicheren Seite hin verändern sollte.

Die Frage stellt sich dann, ob sie das schrittweise oder in einer Transaktion sofort tun sollte.

Im Grunde hat die Person in ihrer neuen Lebenssituation eine offene risikobehaftete Position. Sie möchte die mit dem Aktienpaket verbundenen Preisrisiken verringern. Die Situation ist analog zu der einer Unternehmung, die durch den Geschäftsgang ein Risiko erhält und nun die Frage stellt, ob dieses Risiko nicht besser gehedgt werden sollte, und wenn ja, wie.

Die Antwort lautet: Hedge sofort.

Die Erkenntnis, daß eine neue Situation durch eine *sofortige Transaktion* umgesetzt werden sollte, und nicht *peu à peu* in kleinen Teilschritten, geht auf BREUER zurück.[3] Wir würden daher der Person empfehlen:

> Sofortiger Abbau der Aktien, die aufgrund der neuen Situation nicht mehr gehalten werden sollen; keine Vorgehensweise *peu à peu*.

---

[3] Literatur: 1. WOLFGANG BREUER: Wie hedgt man mit Devisen-Forwards? *Zeitschrift für betriebswirtschaftliche Forschung* 48 (1996) 3, pp. 233-250. 2. WOLFGANG BREUER: Hedging von Wechselkursrisiken mit Termingeschäften. *Zeitschrift für betriebswirtschaftliche Forschung* 48 (1996), pp. 515-529. 3. WOLFGANG KÜRSTEN: Hedgingmodelle, Unternehmensproduktion und antizipatorisch-simultanes Risikomanagement. *Zeitschrift für betriebswirtschaftliche Forschung*. Sonderheft 38 (1997), pp. 127-154.

12. Optionen

In zunehmendem Umfang suchen Anleger nach Alternativen zu einem Portfolio aus Anleihen und Aktien. Indexkontrakte und Optionen werden auch von der Privatkundschaft vermehrt berücksichtigt. Investmentbanken kombinieren derartige Instrumente zu "Strukturierten Produkten" und bieten sie den Investoren an.

12. Optionen	**455**
12.1 Terminkontrakte	**456**
12.1.1 Der Terminkurs	457
12.1.2 Indexkontrakte	460
12.1.3 Futures	462
12.2 Optionen	**464**
12.2.1 Calls und Puts	464
12.2.2 Optionswert	467
12.2.3 Zur Bewertung	472
12.2.4 Put-Call-Parität	478
12.3 Strategischer Einsatz von Optionen	**481**
12.3.1 Covered-Call-Writing	481
12.3.2 Protected-Put-Buying	483
12.3.3 Langfristig gut anlegen	484
12.3.4 Drei Aktienquoten	485
12.3.5 Neun Strategien	487
12.4 Fall: Praktikus	**490**
12.4.1 Floors	490
12.4.2 Empfehlungen	492

Da diese Produkte aus anderen Finanzinstrumenten erzeugt werden, leitet sich ihr Preis aus den Kursen der entsprechenden Underlyings ab. Dieses Kapitel möchte einige Grundlagen für Derivate legen; es kann indes nicht die sophistizierte Materie vollständig abhandeln. Das Kapitel führt über Terminkontrakte und Futures zu Optionen.

Den Kernpunkt der Überlegungen bildet die Frage, in welchen Situation Optionen eingesetzt werden sollten.

Mit Anleihen und Aktien werden dem Inhaber Zahlungen (von Zins, Tilgung und beziehungsweise Dividende) zugesichert oder in Aussicht gestellt, die der Kapitalnehmer aus Einzahlungen leisten wird, die ihm aufgrund seiner *realen* Wirtschaftstätigkeit zufliessen. Hat beispielsweise eine Unternehmung Fremdkapital aufgenommen, so werden die Zinsen und fällige Tilgungen mit dem Verkauf von Produktionserzeugnissen auf dem Absatzmarkt ermöglicht. Bei Staatsanleihen stammen die Zahlungen aus Steuern oder anderen Haushaltsmitteln. Ähnlich beziehen sich Dividenden auf den realwirtschaftlichen Erfolg der Aktiengesellschaft.

Des weiteren können Finanzinstrumente geschaffen werden, bei denen sich die an den Inhaber gehenden Zahlungen nicht direkt auf die Realwirtschaft beziehen, sondern auf andere Finanzinstrumente. Klassische Beispiele dafür sind Investmentfonds und eben Terminkontrakte, Futures und Optionen.

Mit solchen Instrumenten sind Zahlungen verbunden, die jedenfalls auf andere Finanzkontrakte zurückzuführen sind. Deshalb *leitet* sich auch der Wert der betreffenden Instrumente aus den Kursen der ihnen zugrunde liegenden Finanzkontrakte *ab*. Im Sinn dieser "Ableitung" könnten die Instrumente als **Derivate** bezeichnet werden, die ihnen zugrunde liegenden Finanzkontrakte heißen *Basiswerte* oder *Underlyings*.

12.1 Terminkontrakte

Bei einem Kassageschäft wird das Objekt des Kaufs und Verkaufs innerhalb jener Frist rechtlich übertragen, in der das Clearing und Settlement organisatorisch und technisch abgewickelt werden kann. Typischerweise handelt es sich hier um ein oder zwei Tage.

> Bei einem Termingeschäft vereinbaren die beiden Vertragsseiten die Lieferung und die Entgegennahme des Objekts zu einem Zeitpunkt, der weiter in der Zukunft liegt, etwa in drei Monaten oder in einem Jahr. Der Preis für das Termingeschäft, der Terminkurs, wird jedoch sofort, eben bei Abschluß des Vertrags, festgeschrieben. Er ist jedoch auch erst später von jener Vertragspartei zu zahlen, die sich zur Entgegennahme des Objekts verpflichtet hat. Vielleicht verlangt die Partei, welche die Lieferung verspricht und sich auf die Lieferung vorbereitet, eine kleine Hinterlegung als Garantie für die Abnahme zu den ursprünglich vereinbarten Konditionen.

Als Objekte für ein Termingeschäft eignen sich Rohstoffe, Waren, Fremdwährungen, Wertpapiere. Sie werden dann, wie eingangs erwähnt, Basiswert oder Underlying genannt. Ebenso als Basiswert eignen sich Indizes. Hierbei wird die Lieferung eines Geldbetrags vereinbart, dessen Höhe dem Wert eines Marktindexes am Verfallstermin entspricht. Der Index wird einer klar definierten Rechenvorschrift folgend laufend aus Marktkursen ermittelt, gelegentlich kommt es zu Revisionen der im Index erfaßten Wertpapiere.

12.1.1 Der Terminkurs

Der Terminkurs steht in den meisten Fällen in einer klaren Beziehung zum Kassapreis. KEYNES hat dies am Beispiel der **Zinsparität** verdeutlicht.

Angenommen, eine Person mit Referenzwährung Euro möchte 1.000 Dollar in einem Jahr liefern. Ihre Gegenpartei, die sich per Terminkontrakt heute zur späteren Entgegennahme der Dollar verpflichtet, könnte sich so absichern:

1. Die Gegenpartei nimmt sofort einen Dollarkredit auf, bei dem in einem Jahr 1.000 Dollar zur Zahlung von Zinsen und Tilgung dienen — gerade die 1.000 Dollar, die sie dann aus dem Termingeschäft erhalten sollte. Der Kreditbetrag beträgt mithin $1.000/(1+i_{USD})$ Dollar, wobei i_{USD} jener Zinssatz ist, zu dem die Gegenpartei den Dollarkredit erhält.

2. Nun wechselt die Gegenpartei den erhaltenen Kreditbetrag von $1.000/(1+i_{USD})$ Dollar sogleich in Euro auf dem Kassamarkt. Dort sei der Wechselkurs s (in direkter Notation), das heißt, derzeit kostet ein Dollar s Euro. Die Gegenpartei erhält also $s \cdot 1.000/(1+i_{USD})$ Euro.

3. Diesen Betrag legt die Gegenpartei auf ein Jahr als Euro-Festgeld an. Dafür erhalte sie den Zins i_{EUR}. In einem Jahr hat sie demnach $s \cdot (1+i_{EUR}) \cdot 1.000/(1+i_{USD})$ Euro. Diesen Betrag könnte sie, nach Abzug einer kleinen Kommission, der Person bereits heute als Gegenwert für die 1.000 Dollar bieten, die sie in einem Jahr erhält.

Für einen Dollar würde sie also in etwa $s \cdot (1+i_{EUR})/(1+i_{USD})$ Euro zusagen, und dies ist der Terminkurs.

Mit der Absicherung hätte die Gegenpartei kein Risiko.

> Der Terminkurs eines Währungsgeschäfts wird vom heutigen Kassakurs der Fremdwährung bestimmt sowie von den Zinssätzen. *Unerheblich* ist, welche Erwartungen die Person und welche Erwartungen die Gegenpartei hinsichtlich der zukünftigen Währungsparität haben, der zum späteren Zeitpunkt der Fälligkeit am Devisenmarkt herrschen wird.

📖 Erika Engels hält US-Bonds und möchte sie eigentlich verkaufen, weil, wie sie meint, der Dollar derzeit hoch sei. Andererseits beträgt die Restlaufzeit der Bonds ohnehin nur ein Jahr. Durch Abwarten der Tilgung könnten sonst fällige Transaktionskosten vermieden werden. Erika entschließt sich, den Dollarkurs für sich auf heutigem Niveau "einzufrieren".

Hierzu kauft sie von ihrer Bank 100.000 USD per Termin und verpfändet, als Sicherheit für das Termingeschäft, ihr Depot. Die heutige Währungsparität beträgt $s = 1{,}10$ Dollar für einen Euro. Der Einjahreszinssatz für Euro beträgt $i_{EUR} = 4\%$, der für Dollar ist $i_{USD} = 6\%$. Sie errechnet als Terminkurs $s \cdot (1+i_{EUR}) / (1+i_{USD}) = 1{,}079$. Auf Anfrage erklärt die Hausbank, der Terminkurs für den Ankauf von USD in einem Jahr sei 1,07.

Analog werden Terminkurse gefunden, wenn es nicht um die Lieferung und Entgegennahme eines Betrags in einer Fremdwährung geht, sondern um die Lieferung und Entgegennahme eines Wertpapiers.

Wenn eine Person beispielsweise in einem Jahr eine Aktie haben möchte, könnte ihre Gegenpartei in dem Termingeschäft sich einfach dadurch absichern, daß sie die Aktie sofort kauft, und den Kauf mit einem Kredit finanziert.

Auch hier ist der Terminkurs durch den heutigen Kurs des Wertpapiers bestimmt. Er erhöht sich noch leicht, weil die Zinsen für den Kredit zu berücksichtigen sind, eventuell auch Depotkosten für die Aufbewahrung der Aktie, und er erniedrigt sich etwas, wenn die Gegenpartei, welche die Aktie hält, in der Zwischenzeit eine Dividende beziehen kann.

Allgemein gilt für die Beziehung zwischen Kassakurs S und Terminkurs F, der sich auf eine *Lieferung in einem Jahr* bezieht (Die Umformulierung für den Fall, daß die Lieferung des Basiswerts in einer anderen Frist als von einem Jahr kontraktiert wird, ersparen wir uns):

$$F \;=\; S \cdot \frac{1+c+i}{1+y}$$

- Mit c sind die prozentualen und auf Jahr bezogenen Kosten für die Aufbewahrung des dem Termingeschäfts zugrunde liegenden Vermögensobjekts bezeichnet (**Basiswert, Underlying**), sei es eine Ware, ein Rohstoff oder ein Wertpapier; i bezeichnet den Zinssatz. Je größer die Summe der beiden Größen ist, desto teurer kommt es einem Investor, der den Basiswert in einem Jahr haben möchte, ihn sofort zu kaufen und aufzubewahren. Sind diese Größen für alle Teilnehmer im Wirtschaftsleben hoch, dürfte der Terminkurs über dem Spotkurs liegen.
- Den gegenteiligen Effekt üben Vorteile aus, die der Halter des Basiswerts während der Haltezeit erlangt. Dazu gehören bei Wertschriften Zinseinkünfte oder Dividenden. Auch der Halter einer Ware hat gewisse Vorteile, beispielsweise ist er sofort lieferbereit. Der entsprechende Effekt, die sogenannte **Convenience-Yield**, wird durch die Rate y im Nenner der Formel berücksichtigt. Ist die Convenience-Yield für alle Teilnehmer im Wirtschaftsleben vergleichsweise hoch, liegt der Terminkurs unter dem Kassakurs.

Wieder ist für den Terminkurs unerheblich, welche *Erwartungen* die Person und die Gegenseite hinsichtlich des Preises des Basiswerts haben, der zum Zeitpunkt der Fälligkeit des Termingeschäfts gelten wird.

Wichtig ist, daß der **Terminkurs nicht direkt von der Volatilität des Basiswerts abhängt**. Es wird schon so sein, daß der Preis des Basiswerts von der Volatilität beeinflußt wird, vielleicht verändern sich mit der Unsicherheit im Markt auch die Zinssätze. Wenn sich der Preis des Underlyings ändert, ändert sich auch der Kurs für den Kontrakt entsprechend der Formel. Wenn aber beispielsweise sich die Volatilität ändert, der Preis des Underlyings und die anderen Größen, die in der Formel direkt auftreten unverändert bleiben, dann ändert sich der Terminkurs nicht. Diese Eigenschaft (Frage der direkten Abhängigkeit von Volatilität des Basiswerts) bildet einen fundamentalen **Unterschied zwischen Terminkontrakten und Optionen**. Wir werden sehen, daß sich der Wert von Optionen ändert, sobald sich die Volatilität ändert — selbst wenn sich der Preis des Underlyings nicht ändern sollte.

Selbstverständlich kann die von einer Person angesprochene Gegenpartei, die Wertpapiere zu einem späteren Zeitpunkt zu liefern verspricht, auch darauf verzichten, die mit dem Termingeschäft eingegangene Position sofort abzusichern. Sie könnte auch später noch, spätestens aber eben zum Zeitpunkt der Fälligkeit die zu liefernden Wertpapiere kaufen. Man sagt, sie tätige **Deckungskäufe**.

Auch der Zeichner eines Terminkontrakts kann damit eine Position, die er als "offen" erachtet, hedgen. Gleichwohl könnte er aus spekulativen Überlegungen Terminkontrakte zeichnen.

12.1.2 Indexkontrakte

In einigen Ländern werden Termingeschäfte, bei denen das Underlying ein Wertpapier ist, gesetzlich als Wette oder als Spiel behandelt, und genießen daher nicht den rechtlichen Schutz, der für Verpflichtungen vorgesehen sind. Deshalb werden solche Terminkontrakte nur vereinzelt abgeschlossen. Eine praktisch wichtige Form von Termingeschäften sind deshalb *Indexkontrakte*, bei denen die besagte Schwierigkeit nicht besteht.

Bei einem **Indexkontrakt** fungiert als eine der beiden Vertragsseiten eine Investmentbank. Sie verspricht die Lieferung jenes Geldbetrags, der einem Börsenindex zu einem fixierten Tag in der Zukunft entspricht. Alternativ dazu ist sie bereit, die entsprechenden Finanzinstrumente zu liefern. Die andere Vertragsseite wird von Anlegern eingenommen, auch von Privatanlegern. Die Investmentbank legt so viele Indexkontrakte auf, wie Nachfrage seitens der Kunden besteht.

> Damit sich die Anleger, die sich zur Annahme der Lieferung des Werts des Indexes verpflichten, im Falle eines Börsenrückgangs nicht einfach aus ihrer Pflicht stehlen können, verlangt die Investmentbank, daß sie den Terminkurs sofort und vollständig einzahlen.

Nach der zuvor erläuterten Argumentation entspricht der Terminkurs deshalb dem heutigen Wert des Indexes zuzüglich einer Gebühr für die Verwahrung (der dem Index entsprechenden Wertpapiere), abzüglich von Dividenden (die im Index aber vielleicht garnicht berücksichtigt sind). Als Faustregel kann gesagt werden, daß sich beide Effekte aufheben und der Terminkurs stets ziemlich genau so hoch ist wie der Indexwert zum betreffenden Zeitpunkt.

Für Anleger, die den Indexkontrakt nicht bis zur Fälligkeit halten wollen, bietet die Investmentbank wieder einen Dienst als Market-Maker an oder nimmt die Kontrakte zu fairen Bewertungen zurück.

Sollte, wenn der Terminkurs ohnehin sofort zu zahlen ist, ein Anleger nicht besser die im Index enthaltenen Wertpapiere kaufen anstatt einen Indexkontrakt in das Depot zu nehmen?

Die Antwort lautet: Nicht unbedingt.

Ein Portfolio so zu führen, daß der Wertverlauf des Portfolios genau den Index nachbildet, verlangt erstens ein großes Depotvolumen und zweitens sophistizierte Techniken des Portfoliomanagements. Immerhin wird auch die Zusammensetzung des Indexes von Zeit zu Zeit geändert.

Die Alternative für den Privatanleger wäre der Kauf eines entsprechenden Indexfonds, das heißt, eines Investmentfonds, bei dem der Manager einen Index als Zielportfolio möglichst gut nachbildet (Tracking). Jedoch sind die mit Indexkontrakt verbundenen Kosten für einen Anleger oftmals geringer als jene, die direkt oder indirekt mit einem Indexfonds zu tragen sind.

> Das Anlageergebnis eines Fonds in Relation zum Index ist mit Unsicherheit behaftet. Viele Anleger wünschen sich für ihre Kapitalanlage eine Wertentwicklung, die mit dem Index Schritt hält. Bei diesem Ziel sind Indexkontrakte bestens als Anlageinstrument geeignet.[1]

Lohnt sich die Auflage von Indexkontrakten für die Investmentbank? Die Antwort lautet: Ja.

Viele Börsenindizes messen die Kursentwicklung von Aktien, berücksichtigen aber nicht Dividenden.

In der Schweiz beispielsweise gibt es einen Marktindex und einen Performance-Index. Der Swiss Market Index SMI gibt die Kurse wieder, der Swiss Performance Index SPI berücksichtigt alle Kapitalerträge, Kursänderungen, Dividenden, Bezugsrechte und dergleichen. Die handelsüblichen Indexkontrakte beziehen sich auf den SMI.[2] Deshalb wird die Investmentbank für die Auflage von Indexkontrakten praktisch durch die Dividenden entschädigt. Immerhin könnte die Investmentbank mit den erhaltenen Einzahlungen für die Kontrakte die Basiswerte kaufen, halten, und die Dividenden vereinnahmen.

📖 Karl Kistenholz hat nach Jahren mühevoller Suche nach dem besten Anlagefonds und dem besten Anlageberater aufgegeben. Sein Vermögen hält er nun zur Hälfte in Anleihen und zur Hälfte in Indexkontrakten. Wenn die Indexkontrakte auslaufen, bietet seine Bank einen gebührenfreien Umstieg in einen Nachfolgekontrakt an..

---

[1] Zudem sind alle Gewinne aus einem Indexkontrakt Kursänderungen und werden daher in vielen Ländern steuerlich anders behandelt als Gewinne aus Direktanlagen.

[2] Der SMI ist enger: Er wird nach der Marktkapitalisierung der bedeutendsten, an der Schweizer Börse kotierten Unternehmen berechnet, und ist, wie gesagt, nicht dividendenkorrigiert. Weil der Index sich nur auf etwa 20 Aktien bezieht, ist er leichter nachzubilden. Der SPI dagegen deckt praktisch sämtliche an der Schweizer Börse kotierten Unternehmen ab.

Der Anleger ist inzwischen froh über seine Entscheidung, auf Indexkontrakte zu setzen. Er fühlt sich entlastet von der Verantwortung, entweder die beste Aktie zu picken oder den besten Anlagestil zu finden. Er hat bei sich selbst beobachtet, inzwischen nicht mehr auf die Seiten mit den Kursen in seiner Tageszeitung zu achten. Informationsmaterialien darüber, was der Markt im kommenden Monat machen wird, gibt Karl Kistenholz gleich zum Altpapier. Sein Anlageberater denkt: "Ich weiß nicht, welchen Service ich dem Kunden noch bieten kann. Hoffentlich wechselt er nicht zu einem Discount-Broker."

Indexkontrakte oder **Indexzertifikate** sind Instrumente, die von einer Investmentbank einmal aufgelegt werden und dem Käufer die Lieferung des Gegenwerts eines Marktindizes zu einem späteren Zeitpunkt (Fälligkeit) versprechen. Gleichzeitig bietet sich die Investmentbank als Market-Maker für diese Instrumente an, so daß die Anleger auch nach Auflage die Instrumente kaufen und noch vor Fälligkeit verkaufen können.

Aufgrund der späteren Ankopplung des Werts des Indexkontrakts bewegen sich auch vorher die Kurse der Indexkontrakte in etwa wie der Index. Allerdings wird berücksichtigt, daß — anders als bei einem Futures — der Käufer des Instruments den Kaufpreis sofort zu zahlen hat.

Indexfonds sind Investmentfonds (unterliegen also den Gesetzen für Anlagefonds), bei denen der Portfoliomanager die Anlagepolitik verfolgt, den Index möglichst genau nachzubilden. Entsprechend der gesetzlichen Pflicht nimmt der Portfoliomanager Anteile zurück, und legt bei Bedarf neue Fondsanteile auf.

12.1.3 Futures

Zunächst sind Termingeschäfte bilaterale Verträge. Die Terminkontrakte können durchaus so ausgestaltet sein, daß sie übertragbar sind. Dann kann Handel entstehen, und im Laufe des Handels könnte ein lebendiger Terminmarkt entstehen. Von einem Futures wird gesprochen, wenn zwei Merkmale gegeben sind.

1. Die im Terminkontrakt vereinbarten Vertragsinhalte — sie betreffen das Basisobjekt, die betreffende Menge, Zeitpunkt und Ort der Lieferung — sind **standardisiert**. Zahlreiche Kontrakte mit demselben Inhalt werden abgeschlossen.

2. Der betreffende **Terminmarkt** wird **durch** eine **Börsenorganisation gestaltet**. Es gibt klare Regeln für den Handel und eine börsentägliche Abrechnung der Wertänderungen mit den jeweiligen Vertragsseiten.

Für eine Person, die einen Futures abschließt ist die Gegenpartei völlig in den Hintergrund getreten und gleichsam anonym geworden: Es ist die Börsengesellschaft. Alle Wertveränderungen werden direkt mit der Futuresbörse selbst abgerechnet — und nicht, vielleicht unter Hilfe der Börse, mit einer Gegenpartei, die außerhalb der Börse zu suchen wäre.

> Eine Person, die einen Futures abschließt, geht *short*, wenn sie die spätere Lieferung des Underlyings verspricht. Sie geht *long*, wenn sie die Entgegennahme des Underlyings zum Verfallstermin zusagt.

Die Futuresbörse verlangt von jeder Partei Einlagen als Garantie, sogenannte **Marginzahlungen**. Die Marginzahlungen sind so hoch bemessen, daß sie ausreichen, Kursverluste zu decken, die an einem Tag üblicherweise auftreten können. Eine Person, die sich an der Futuresbörse engagiert, muß aber nicht den gesamten Betrag einzahlen, der dem augenblicklichen Wert des Basisobjekts entspricht.

Damit ist es bereits mit kleineren Beträgen möglich, sich an den Fututresbörsen in erheblichem Umfang zu engagieren: Die Beträge können sich innert kürzester Frist verdoppeln oder völlig verloren gehen.

- Ist eine Person mit Futures *short* gegangen (sie hat die spätere Lieferung des Underlyings versprochen), dann muß sie, wenn die Kurse des Underlyings steigen, laufend ihre Wertverluste ausgleichen und neue Marginzahlungen leisten. Wenn die Kurse des Underlyings fallen, erhält sie dagegen börsentäglich entsprechende Gutschriften.

- Ist eine Person mit Futures *long* gegangen (sie hat die Entgegennahme des Underlyings zugesagt), dann muß sie, sofern die Kurse des Underlyings fallen, ihre Wertverluste ausgleichen und neue Marginzahlungen leisten. Solange die Kurse des Underlyings steigen, erhält sie entsprechende Gutschriften.

Futures sind für Akteure interessant, die nicht Vermögen anlegen wollen, sondern die über eigene Informationen verfügen und darauf wetten wollen, daß die entsprechenden Prognosen überdurchschnittlich oft eintreffen.

Futures eignen sich daher hervorragend für das taktische Portfoliomanagement, bei dem das **Timing** im Vordergrund steht. Sieht der Portfoliomanager ein Kaufsignal, geht er long in den Marktindex. Sieht der Portfoliomanager ein Verkaufssignal, wird das Exposure gegenüber dem Markt reduziert, indem Futures "geshortet" werden.

Ebenso eignen sich Futures für die Absicherung eines dem Marktrisiko ausgesetzten Portfolios. Möchte der Investor aus irgendwelchen Gründen — sie können beispielsweise aus seiner Abwesenheit und einer damit verbundenen Schwierigkeit bestehen, die Marktentwicklung zu beobachten und über Transaktionen zu entscheiden — das Exposure gegenüber dem Index reduzieren oder auf Null bringen, dann bietet es sich an, in entsprechende Futures short zu gehen. Die Transaktionskosten für diese Form der Absicherung sind sehr gering.

12.2 Optionen

12.2.1 Calls und Puts

Auch Optionen sehen wie Terminkontrakte die Lieferung und Entgegennahme eines Basisobjekts zu einem späteren Zeitpunkt vor. Jedoch behält die eine der beiden Vertragsseiten — der sogenannte Inhaber — das Recht zu wählen, ob der Transfer nun stattfinden soll oder nicht. Die andere Vertragsseite, der sogenannte Stillhalter, muß sich für den Transfer bereit halten für.

- Eine Option wird als Kaufoption oder als **Call** bezeichnet, wenn der Inhaber wählen kann, ob der Stillhalter das Basisobjekt nun liefern soll oder nicht.

- Eine Option wird als Verkaufsoption oder als **Put** bezeichnet, wenn der Inhaber wählen kann, ob der Stillhalter das Basisobjekt entgegen zu nehmen hat.

Falls diese Transfers vom Inhaber später tatsächlich gewünscht werden, werden sie von einer entgegen gerichteten Zahlung begleitet. Der Betrag wird

Ausübungspreis, **Exercise Price**, oder **Strike** genannt und bereits beim Abschluß des Optionsgeschäfts vereinbart.[3]

Also: Der Inhaber eines Calls kann wählen, ob er vom Stillhalter das Basisobjekt zum Ausübungspreis kaufen möchte oder nicht. Der Inhaber eines Puts kann wählen, ob der Stillhalter ihm das Basisobjekt zum Strike abzukaufen hat.

Bei einer **europäischen** Option darf das Wahlrecht nur am Ende der Laufzeit ausgeübt werden, am Tag der Fälligkeit. Bei einer **amerikanischen** Option darf das Wahlrecht an jedem Tag bis zum Ende der Laufzeit ausgeübt werden.

Wo der Inhaber wählen kann, ob er die Option ausüben oder einfach verfallen lassen möchte, wird er sich zum eigenen Vorteil verhalten. Er wird nur dann ausüben, wenn dadurch sein *Nutzen* steigt. In der Finanzwelt heißt das: Der Inhaber wird ausüben, wenn er einen *geldwerten Vorteil* erzielt. Gleichzeitig hat der Stillhalter den finanziellen Nachteil. Der Stillhalter muß bereit sein, einen für ihn ungünstigen Transfer auszuführen.

Optionen, bei denen das Underlying eine Aktie ist oder ein Index, der ein Aktienportfolio beschreibt, sind häufige Beispiele.

- Hier wird der Inhaber eines Calls ausüben, sofern der Kurs des Underlying S_T beim Fälligkeitszeitpunkt T sich als größer als der Ausübungspreis K herausstellt. Vielleicht wird der Inhaber nach der Ausübung sofort den erhaltenen Basiswert verkaufen und hat dadurch den Betrag $S_T - K$ erhalten. Eventuell wird der Stillhalter gleich anbieten, die Differenz $S_T - K$ zu zahlen, anstatt die Aktie zu liefern und den Strike zu vereinnahmen.

- Falls der Kurs des Underlyings am Ende der Laufzeit der Call-Option geringer ist als der Strike, $S_T \leq K$, wird der Inhaber wählen, den Call verfallen zu lassen.

---

[3] Der Begriff *"Option"* steht für die Gesamtgattung derartiger Wahlrechte im Zusammenhang mit Terminkontrakten. Auch der Geschäftsinhaber, der einen Teppich oder ein Kunstwerk zurücklegt, damit sich ein Kaufinteressent es noch einige Tage überlegen darf, räumt eine Option ein. In einem engeren Sinn bezieht sich die Bezeichnung *"Option"* auf jene standardisierten Kontrakte, die an einer Optionsbörse gehandelt werden. Sie haben eine Laufzeit von meistens 3 oder 6 Monaten. Optionen längerer Laufzeit werden von Unternehmen im Zusammenhang mit Optionsanleihen ausgegeben. Sie lassen sich in eine (meist gering verzinste) Anleihe und den sogenannten *Optionsschein* trennen, beide werden separat gehandelt. Außerdem legen Investmentbanken Optionen und Strukturierte Produkte auf, deren Konstruktion Optionen beinhaltet.

Für die Darstellung dieser Fallunterscheidung eignet sich ein besonderes Diagramm, das als **Payoff-Diagramm** bezeichnet wird. Es stellt das geldwerte Ergebnis in Abhängigkeit des Kurses des Basiswerts dar.

Üblicherweise sind die Kurse des Basiswerts, die zum Fälligkeitszeitpunkt herrschen *könnten*, auf der x – Achse (Abszisse) angetragen. Die Auszahlungen oder geldwerten Ergebnisse, die im allgemeinen eben vom Kurs des Underlyings abhängen, werden auf der y – Achse (Ordinate) angetragen.

Ein Hinweis: Das Payoff-Diagramm veranschaulicht *nicht* jenes Risiko, welches mit einer Anlage in den Basiswert verbunden ist. Es trifft auch keine Erwartung darüber, welchen Kurs das Underlying zum Fälligkeitszeitpunkt wohl haben wird. Das Payoff-Diagramm stellt nur die *Abhängigkeit* dar: Wenn dieser oder jener Kurs des Basiswerts eintritt, dann wird dieses oder jenes Ergebnis für den Beteiligten am Finanzkontrakt die Folge sein.

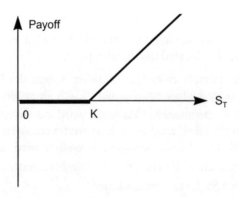

Bild 12-1: Das Payoff-Diagramm für den Inhaber eines Calls. Es ist angenommen, die Person habe den Call bereits und müsse ihn nicht erst noch kaufen und etwas dafür bezahlen. Deshalb wird die Person, wenn der Call nicht ausgeübt wird, auch nicht von einem "Verlust" sprechen. Wenn der Kurs des Underlyings am Verfallstermin den Strike K übertrifft, dann wird der Inhaber den Call ausüben. Der Payoff ist dann durch die Differenz der beiden Werte gegeben.

📖 Jörg Jonas ist noch jung und denkt, vielleicht plötzlich aufgrund der Lebensereignisse vor einem Liquiditätsbedarf zu stehen. Entsprechend vorsichtig ist er bei seinen Geldanlagen. Aktien möchte er nicht kaufen, weil sein "weniges Geld plötzlich dahinschwinden könnte." Alle Spargelder werden in Anleihen angelegt. Dennoch kauft sich Jörg ab und zu Calls auf Aktien. "So bin ich geschützt, und trotzdem bei einer Hausse dabei" lautet der Kommentar.

Die Überlegungen, wie sich der Inhaber zum Zeitpunkt des Verfalls T entscheiden wird, führt auf den Begriff des *inneren Werts* einer Option.

Beträgt augenblicklich, zum Zeitpunkt t, der Kurs des Underlying S_t, dann gilt: Der innere Wert des Calls ist gleich $S_t - K$, falls der Kurs des Basisobjekts höher ist als der Ausübungspreis, andernfalls ist er gleich 0. Analog wird bei einem Put verfahren.

> Der **innere Wert einer Option** ist jener Wert, den sie für den Inhaber hätte, wenn er sofort entscheiden könnte und müßte, ob er die Option ausüben wollte oder nicht.

Im Hinblick auf die dabei zu treffende Fallunterscheidung wird gesagt:

1. Ein Call ist **im Geld**, wenn der augenblickliche Kurs des Basisinstruments höher ist als der Ausübungspreis, wenn also der innere Wert positiv ist. Ist der augenblickliche Kurs des Underlyings sehr viel höher als der Strike, wird gesagt, die Call-Option sei *tief* im Geld.

2. Der Call ist **am Geld**, wenn beide Werte ungefähr übereinstimmen. Der innere Wert ist dann in etwa gleich Null.

3. Der Call ist **aus dem Geld**, wenn der augenblickliche Kurs des Underlyings geringer ist als der Strike. Der innere Wert ist dann eindeutig gleich Null. Ist der Kurs des Basiswerts sehr viel tiefer als der Ausübungspreis der Call-Option, dann wird gesagt, sie sei *weit* aus dem Geld.[4]

📖 Amsel Amman kauft sich immer einige Calls auf Aktien, die weit aus dem Geld sind. Sie haben einen geringen Wert, weil niemand so recht vermutet, daß sie bis zum Verfall ins Geld kommen würden. Ab und zu ist der unwahrscheinliche Fall jedoch eingetroffen und Amsel hat, in Relation zum geringen Investitionsbetrag, ansehnliche Gewinne erzielt.

12.2.2 Optionswert

Das Wahlrecht hat einen Wert für den Inhaber der Option. Als Stillhalter wird eine Person oder Bank daher nur dann fungieren, wenn die andere Vertragsseite, welche die Position des Inhabers einnehmen möchte, etwas für das

---

[4] Ähnlich wird ein Put als im Geld bezeichnet, wenn der augenblickliche Kurs des Underlyings geringer ist als der Strike. Der Put ist am Geld, wenn beide Werte ungefähr übereinstimmen. Der Put ist aus dem Geld, wenn der augenblickliche Kurs des Basisinstruments höher als der Ausübungspreis ist.

Wahlrecht bezahlt: den Wert, den die Option hat. Dieser Wert wird auch als **Optionsprämie** bezeichnet.

- Um die Asymmetrie zu betonen wird auch gesagt, die Vertragspartei, die als Stillhalter fungieren wird, *schreibe* die Option und vereinnahme dafür den Optionspreis. In der Tat: Der Stillhalter "unterschreibt", für einen ungünstigen Transfer bereit zu stehen.
- Die Vertragspartei, die als Inhaber fungieren wird, *kauft* die Option. Sie hat den Optionspreis zu entrichten.

Zum Verfallstag ist der Wert, den eine Option hat, gleich ihrem inneren Wert. Zuvor ist der Wert der Option immer höher als der innere Wert.

> Die Differenz zwischen dem Wert der Option und dem inneren Wert heißt **Aufgeld**. Da bis zum Verfallstag das Aufgeld verschwindet, wird es auch **Zeitwert der Option** genannt.

Also: Der Wert einer Option (die Optionsprämie) ist gleich dem inneren Wert der Option plus dem Zeitwert der Option (dem Aufgeld).

Das folgende Bild gibt den Wert einer Anlagestrategie wieder. Die Strategie besteht darin, einen Call zu kaufen, bis zum Verfall zu halten und dann zu entscheiden, ob der Call ausgeübt werden sollte oder nicht. Der Wert der Strategie wird wieder als Payoff-Diagramm dargestellt, das heißt, in Abhängigkeit jenes Preises S_T, den das Underlying am Verfallstermin T haben könnte.

Im Unterschied zur Darstellung von Bild 12-1 muß ein Investor, der diese Strategie wählt, die Option kaufen. Deshalb kann er auch etwas verlieren, nämlich den Preis der Option. Er ist mit C bezeichnet. Das Payoff-Diagramm bezieht sich jedoch auf Geldbeträge zum Zeitpunkt des Verfalls T während der Optionspreis bereits "heute" beim Kauf der Option zu entrichten ist. Deshalb kann, auf den Zeitpunkt T bezogen, der Investor jenen Betrag verlieren, der sich ergibt, wenn der heutige Optionspreis verzinst wird. Dieser Betrag ist mit C^* notiert.

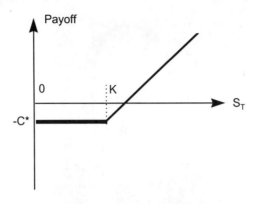

Bild 12-2: Der Payoff für die Strategie, sich zum Zeitpunkt t einen Call zu kaufen, dafür den Preis C_t zu bezahlen, dann bis zum Fälligkeitszeitpunkt T zu warten. Wenn dann der Call nicht ausgeübt wird, weil vielleicht der Kurs S_T des Basiswerts unterhalb des Ausübungspreises K liegt, hat der Anleger eben seinen Einsatz verloren: den Optionspreis. Nun beziehen sich diese Beträge auf verschiedene Zeitpunkte. Eigentlich wird eine Betrachtung angestellt, die den Fälligkeitszeitpunkt T betrifft. Jedoch wurde die Optionsprämie C_t schon vorher, im Zeitpunkt t bezahlt. Auf den Fälligkeitszeitpunkt bezogen hätte der Investor dann jenen Betrag verloren, der sich ergibt, wenn C_t verzinst wird. Diese Größe ist in der Abbildung mit C* bezeichnet. Da es sich um einen Verlust handelt, steht auch ein Minuszeichen davor.

Viele Optionen werden standardisiert und dann gehandelt. An den Optionsbörsen werden in der Regel Optionen mit verschiedenem Strike für den wichtigsten Index und die größten Aktien gehandelt. Die Laufzeit bei Auflage beträgt vielfach drei oder sechs Monate. Neben Aktien werden auch Bonds als Underlyings für Optionen gehandelt.

Daneben legen Investmentbanken Optionen (Warrants) auf, die zum Zeitpunkt der Ausgabe eine deutlich längere Laufzeit besitzen; die Investmentbanken bieten auch einen Service als Market-Maker für diese Optionen an. Die Gegenseite ist hier mithin die Investmentbank, nicht mehr die Börsenorganisation. Schließlich geben auch Unternehmen vielfach Optionsscheine im Zusammenhang mit der Kapitalaufnahme an. Bei diesen Optionsscheinen ist die jeweilige Unternehmung die Gegenseite. Die beteiligten Institutionen, der Handel und die Transaktionskosten sind demnach unterschiedlich. Dennoch haben alle Optionen dieselbe grundlegende Struktur: Das Payoff-Diagramm ist gekrümmt.

Bild 12-3: FISHER BLACK (1938-1995) hatte ursprünglich Mathematik studiert und kam früh mit dem Consulting Business in Berührung: um 1965 arbeitete er bei ARTHUR D. LITTLE in Boston. Nach einer beachtlichen Karriere an der University of Chicago und am MIT, Sloan School of Management, ist BLACK 1984 zur Investmentfirma GOLDMAN SACHS gegangen. Neben seiner weit herausragenden, gemeinsam mit MYRON SCHOLES publizierten Arbeit zur Bewertung von Optionen verdanken wir ihm Beiträge zu empirischen Tests des Capital Asset Pricing Modells und zur Dividendenpolitik. Zu zahlreichen weiteren Fragen im Finance hat BLACK klare und tiefe Aufsätze verfaßt.

Man wird entgegnen, das Payoff-Diagramm sei nicht nur gekrümmt, sondern sogar geknickt. Letzteres, der Knick, ergibt sich, sofern die Option bis zum Verfall gehalten wird. Viele an Optionen interessierte Investoren kaufen diese Instrumente und halten sie nicht bis zum Verfall. Für diese Strategien ist das Payoff-Diagramm gekrümmt, aber nicht geknickt. Für einen Käufer einer Option — sei es eine Kaufoption oder eine Verkaufsoption — ist das Payoff-Diagramm immer **konvex**.

Typischerweise kann ein Inhaber seine Option einem anderen Inhaber übertragen — der Stillhalter bleibt dabei immer derselbe. Privatpersonen können von daher ohne weiteres Optionen kaufen, das heißt die Position des Inhabers einnehmen — egal ob es sich um einen Call oder um einen Put handelt. Käufer einer Option können gewinnen oder verlieren; der maximale Verlust ist ihr Einsatz, das heißt, der bezahlte Optionspreis. Das ist eine gute Voraussetzung für die Übertragbarkeit der Rechte des Inhabers von einer Person auf eine andere.

Privatanlegern ist es jedoch nur in besonderen Fällen möglich, Optionen zu schreiben.

Auch der Schreiber einer Option kann gewinnen oder verlieren. Der maximale Gewinn, den der Stillhalter einer Option erhalten kann, ist durch den Optionspreis gegeben, den er vom Inhaber vereinnahmt hat. Dieser Betrag bleibt dem Stillhalter, sofern der Inhaber die Option nicht ausübt. Der *maximale Verlust* aus dem Schreiben einer Option kann hingegen *beträchtlich* sein.

- Beim Ausüben eines Calls verlangt der Inhaber die Herausgabe des Underlyings, welches einen sehr hohen Wert haben könnte, und bezahlt nur den Strike.

- Beim Ausüben eines Puts verlangt der Inhaber die Übernahme des Underlyings, welches einen sehr geringen Wert haben könnte, und verlangt den Strike als Geldbetrag.

Der Schreiber eines Calls — sofern er sich nicht durch Reservierung des Underlyings deckt — könnte daher einen unbeschränkt hohen Verlust haben. Der Schreiber eines Puts muß eventuell einen Verlust in Höhe des Ausübungspreises hinnehmen.

So wie im Fall der Ausübung eine Option für den Inhaber beträchtliche Gewinne möglich sein können, muß der Stillhalter mit beträchtlichen Verlusten rechnen.

Wenn Privatpersonen Optionen schreiben wollen, müssen sie deshalb glaubhaft zusichern können, die Nachteile hinnehmen zu können, die auf sie als Stillhalter im Fall der Ausübung der Option zukommen könnten.

Banken verlangen die Hinterlegung eines Betrags oder die Verpfändung des Depots, wenn ein Kunde Optionen schreiben möchte (um den Optionspreis zu vereinnahmen).

Strategien, bei denen Calls oder Puts geschrieben, vor Fälligkeit aber an andere Investoren die Position des Stillhalters übertragen werden (wofür jenen eine Prämie zu zahlen ist), haben **konvexe** Payoff-Strukturen.

📖 Myriam Meistermann, 45 Jahre alt, hat ihr Vermögen vollständig in Aktien angelegt. Sie hat einen langen Horizont und braucht keine "Absicherung nach unten." Sie meint, selbst wenn es einmal einen Kurseinbruch geben sollte, würde es anschließend wieder aufwärts gehen. Sie betont: "Ich habe Zeit". Außerdem meint sie mit Souveränität: "Ich will nicht jede Hausse bis in die letzte Spitze mitmachen".

Systematisch schreibt sie immer wieder Calls, die vielleicht um zehn bis fünfzehn Prozent aus dem Geld sind. Dafür kassiert sie kontinuierlich die Optionsprämie, die beständig ihre Rendite erhöht. Nur in einzelnen, sehr guten Börsenjahren nimmt sie nicht die Wertsteigerungen voll mit, weil sie die "Wertspitzen zuvor verkauft hat". Die Strategie heißt Covered Call Writing. Sie wird von vielen institutionellen Investoren mit langem Horizont praktiziert.

12.2.3 Zur Bewertung

Vor dreißig Jahren gab es nur intuitive Vorstellungen darüber, wie eine Option zu bewerten sei.

Einige Sachverhalte liegen auf der Hand:

1. Calls, die *weit im Geld* sind, werden wohl ausgeübt werden, wenn es soweit ist. Sie ähneln daher einem *Terminkontrakt*, bei dem der Inhaber des Calls bei Fälligkeit das Basisinstrument kaufen und den Strike bezahlen wird. Der Wert dieser Calls ist — abgesehen von Korrekturen hinsichtlich des Zinssatzes und eventueller Dividenden — durch die Differenz $S - K$ gegeben, also durch den inneren Wert. Das Aufgeld ist demgegenüber gering. Insbesondere spielt die Volatilität des Underlyings keine wesentliche Rolle. Calls, die deutlich im Geld sind, dürfen als "günstig" bezeichnet werden, weil der Zeitwert eben gering ist.[5]

2. Calls, die sehr *weit aus dem Geld* sind, werden wohl mit großer Wahrscheinlichkeit nicht ausgeübt werden. Der innere Wert ist gleich Null und das Aufgeld ist sehr gering. Diese Calls haben eine sehr geringe Optionsprämie. Sie scheinen für einen Käufer wenig zu kosten, jedoch dürfte vielfach für den Inhaber der Einsatz völlig verloren gehen. Wenn sich dagegen der Kurs des Underlyings erhöht, dann wird die Wahrscheinlichkeit, daß der Call doch noch ausgeübt werden könnte, deutlich höher. Entsprechend steigt der Optionspreis an. Als absoluter Betrag ausgedrückt, ist er immer noch "niedrig". In Relation zu dem, was der Call vor Wertsteigerung des Underlyings gekostet hat, kann der Wertanstieg jedoch beträchtlich sein.

3. Das größte Aufgeld haben Optionen, die *am Geld* sind. Hier ist völlig unklar, ob sie dereinst ausgeübt werden oder nicht, und gerade das verleiht dem mit der Option verbundenen Wahlrecht Wert.

---

[5] Ein extremer Fall ist die *Low-Ecercise-Price Call-Option*, abgekürzt mit LEPCO. Hier beträgt der Strike 1 Euro. Der LEPCO wird also definitiv ausgeübt werden, da wohl kaum der Kurs der Aktie unter einen Euro fallen dürfte. Der LEPCO ist daher mit einem Terminkauf zu vergleichen. Sein Preis sollte ziemlich genau gleich dem heutigen Kurs der Aktie sein, diskontiert entsprechend dem Zinssatz und der Laufzeit des Calls. Der Preis des LEPCO könnte noch etwas geringer sein, wenn auf die Aktie eine Dividende gezahlt wird.

Abgesehen davon waren stets die wichtigsten Einflußfaktoren bekannt: Wir wählen wieder eine Formulierung, bei der das Underlying eine Aktie ist.

1. Die Größe der Kursschwankungen des Basiswerts — die Volatilität.[6] Je größer die Volatilität ist, desto mehr ist zu erwarten, daß sich der Kurs des Underlying von seinem heutigen Wert nach oben oder nach unten verändert, und desto bedeutsamer wird das mit der Option verbundene Wahlrecht zum Zeitpunkt der Fälligkeit sein.

2. Die Restlaufzeit: Der Wert einer Option nimmt mit der Länge ihrer restlichen Laufzeit zu. Je länger der Horizont, desto größere Kursänderungen des Underlyings sind bis dahin möglich.

3. Der Ausübungspreis. Bei einem Call gilt: Je höher der Ausübungspreis ist, desto geringer ist der Wert der Option. Das versteht sich von selbst. Bei einem Put ist es umgekehrt: Je höher der Ausübungspreis eines Puts ist, desto höher ist sein Wert.

4. Der derzeitige Kurs des Underlying. Je höher er ist, desto wahrscheinlicher wird sein, daß der Inhaber einen Call später dann ausübt und desto höher ist der Wert des Calls.[7]

5. Der Zinssatz: Da der Strike im Fall der Ausübung erst später zu zahlen ist, hat der Inhaber eines Calls einen umso größeren Vorteil, je höher der Zinssatz ist.[8]

Etwa um 1960 und 1970 war es auch möglich, den Preis einer Option mit Computern zu berechnen. Es wurden damals Modelle formuliert, welche die Kursentwicklung von Aktien (als Underlying) beschrieben. Mit Hilfe von Simulationsrechnungen gelang es, den Wert von Optionen numerisch zu ermitteln.

Im Jahr 1973, kurz nach Öffnung der ersten Optionsbörse in Chicago, gelang es zur Überraschung vieler Fachleute, eine geschlossene Formel für den Wert eines Calls herzuleiten.

---

[6] Die Volatilität ist die Streuung der stetigen Rendite des Underlyings.

[7] Bei einem Put gilt: Je höher der augenblickliche Kurs des Underlying, desto geringer ist die Wahrscheinlichkeit, daß er später ausgeübt wird und desto geringer ist auch sein derzeitiger Wert.

[8] Der Inhaber eins Puts wird dagegen bedauern, daß er im Fall der Ausübung den Exercise Price erst später vereinnahmt und wird den Put deshalb bei einem geringeren Zinssatz auch niedriger bewerten.

Den Preis bestimmender Faktor und eine angenommene Veränderung	Sensitivität	Reaktion des Werts der Call-Option	Reaktion des Werts der Put-Option
Kurs des Basiswert Basis steige	Delta	↑	↓
Ausübungspreis werde höher		↓	↑
Restlaufzeit werde länger	Theta	↑	↑
Volatilität sei höher	Vega	↑	↑
Der Zinssatz steige	Rho	↑	↓
Es werde eine (höhere) Dividende gezahlt		↓	↑

Bild 12-4: Den Preis einer (europäischen) Option bestimmende Faktoren. Für sie ist eine Veränderung angenommen und durch die Pfeile gezeigt, in welcher Richtung sich der Preis der Option ändert. Außerdem sind die "griechischen Buchstaben" erwähnt, die in der Theorie dazu dienen, die Sensitivität des Optionspreises in Bezug auf diese Faktoren quantitativ zu messen. *Vega* ist kein griechischer Buchstabe, sondern der Namen des fünfhellsten Sterns am Firmament. Es handelt sich um den hellsten Sterns im Sternenbild *Lyra*, das Beobachter in den Sommermonaten auf der nördlichen Hemisphäre genau über ihren Köpfen sehen. Früher wurde die Sensitivität des Werts einer Option bezüglich der Volatilität nicht durch Vega sondern durch den griechischen Buchstaben *Lambda* bezeichnet.

Sie ist nach BLACK und SCHOLES[9] benannt, aber auch andere Forscher waren in jenen Jahren nahe an einer exakten Lösung für die Berechnung des Werts einer Option.[10]

---

[9] MYRON S. SCHOLES ist 1941 geboren und lebt in Kalifornien. Er hat an der University of Chicago und hat dort 1969 den Ph.D. erworben. Von 1983-1996 hatte er den FRANK E. BUCK Lehrstuhl für Finance an der Stanford Graduate School of Business inne. Scholes hatte sich 1996 zurückgezogen, um bei der Gründung des LTCM Hedge-Funds mitzuwirken. Im Jahr 1997 erhielt er — zusammen mit ROBERT C. MERTON von der Harvard Business School — den Nobelpreis.

[10] Zahlreiche Programme zur Auswertung der BLACK-SCHOLES-Formel werden angeboten, zum Teil können sie über das Internet in den eigenen PC geladen werden. Ein Hinweis: http://www.axone.ch/JavaCalculators.htm.

Literatur: Lehrbücher: 1. JOHN C. HULL: *Options, Futures, and other Derivatives*. Prentice Hall, Upper Saddle River, NJ, (3rd ed.) 1997. 2. J. COX UND M. RUBINSTEIN: *Options markets*. Prentice-Hall, Engelwood Cliffs 1985. 3. STEPHEN FIGLEWSKI, WILLIAM L. SILBER und MARTI G. SUBRAHMANYAM (Editors): *Financial Options — Form Theory to Practice*. Irwin Publishing, New York 1990. 4. HEINZ ZIMMERMANN: State-Preference Theorie und Asset Pricing, Physica Verlag, Heidelberg 1998.

Weiteres im Intenet: http://nobelprizes.com/nobel/economics/1997b.html

12. OPTIONEN

> Die Black-Scholes-Formel gibt den Wert C_t eines Calls wieder, der sich auf einen Call europäischer Art bezieht (Ausübung nur zum Verfallszeitpunkt T möglich), wobei das Underlying eine Aktie oder ein Aktienportfolio sein soll:
>
> $$C_t = S_t \cdot N(d) - e^{-r \cdot (T-t)} \cdot K \cdot N(d - \sigma\sqrt{(T-t)})$$

Es bezeichnet S_t den derzeitigen Kurs des Underlyings, K den Ausübungspreis, und $N(.)$ ist die Verteilungsfunktion der Standard-Normalverteilung. Das heißt, $N(d)$ ist die Wahrscheinlichkeit für Realisationen, die kleiner als d sind. Die Argumente der Verteilungsfunktion in der Formel sind definiert durch:

$$d = \frac{\ln(\frac{S_t}{K}) + (r + \frac{\sigma^2}{2}) \cdot (T-t)}{\sigma \cdot \sqrt{(T-t)}}$$

Die Größe r ist der stetige Zinssatz; er wird aus dem einfachen Zinssatz i vermöge $r \equiv \ln(1+i)$ berechnet. Der Ausdruck $e^{-r \cdot (T-t)}$ ist daher der Diskontfaktor, der für die Restlaufzeit $(T-t)$ anzuwenden ist. Schließlich bezeichnet σ die Volatilität des Underlyings, die Streuung der stetigen Rendite des Basiswerts.

Zu den Voraussetzungen: Bis zum Ende der Laufzeit der Option sollen **keine Dividenden** gezahlt werden. Außerdem wird für den Kursverlauf eine geometrische **Brown'sche Bewegung** vorausgesetzt, das heißt, die stetige Gesamtrendite auf den Basiswert soll einer **Brown'schen Bewegung** folgen. Die **Volatilität** des Underlyings soll während der Laufzeit **konstant** sein (Homoskedastizität) und auch der **Zinssatz** soll sich während der Optionslaufzeit **nicht verändern**.

Eine wichtige Frage ist, wie sich der Preis für einen Call verändert, wenn der Kurs des Underlyings variiert.

Der Preis des Calls hängt von mehreren Einflußfaktoren ab, und die hier angesprochene Sensitivität ist formal durch die partielle Ableitung von C_t nach dem Argument S_t gegeben. Sie wird mit dem griechischen Buchstaben **Delta** δ bezeichnet, und es zeigt sich, daß $\delta = N(d)$ gilt.

> Die Black-Scholes-Formel besagt: Der Wert C_t eines Calls ist gleich dem derzeitigen Kurs S_t des Underlyings, multipliziert mit dem *Delta*; davon abgezogen wird der Barwerts des Ausübungspreises $e^{-r \cdot (T-t)} \cdot K$, multipliziert mit einem Gewicht $N(d - \sigma \cdot \sqrt{(T-t)})$.

Alle Größen, mit Ausnahme der Volatilität, sind durch die Daten des Optionskontrakts oder durch den Markt (Kurs des Underlying) gegeben. Interessanterweise taucht die *Renditeerwartung* des Underlyings *nicht direkt* in der Formel auf. Jedoch hängt der Kurs des Underlyings zweifellos von dieser Renditeerwartung ab, und der *Kurs* fließt an zentraler Stelle in die Formel für den Optionspreis ein.

In der Tat findet eine Handel mit Optionen statt, und aus den Kursen wird jene Volatilität errechnet, für welche die Formel Gültigkeit hat. Diese Volatilität ist daher indirekt durch den Handel mit Optionen gegeben.

Die Volatilität, die in die Black-Scholes-Formel (zusammen mit den anderen Größen) eingesetzt jenen Kurs ergibt, der sich im Handel tatsächlich eingestellt hat, heißt **implizite Volatilität**.

Strike K	Vola 20%	Vola 25%	Vola 30%	Vola 35%
75	28,97	29,52	30,30	31,27
80	24,59	25,41	26,46	27,67
85	20,47	21,61	22,92	24,35
90	16,70	18,14	19,70	21,32
95	13,35	15,05	16,80	18,58
100	10,45	12,33	14,23	16,13
105	8,02	10,00	12,98	13,95
110	6,04	8,03	10,02	12,01
115	4,47	6,38	8,34	10,32
120	3,25	5,03	6,90	8,84
125	2,33	3,93	5,69	7,55

Bild 12-5: Die Werte eines europäischen **Calls** auf eine Aktie, dargestellt für verschiedene Werte des Strike K und verschiedene Volatilitäten. Der heutige Kurs des Underlyings ist $S = 100$, der stetige Zinssatz 5%, die Restlaufzeit beträgt 1 Jahr.

📖 Erik Evers und möchte Calls mit einer Restlaufzeit von einem Jahr kaufen. Die Calls sollen auf den Marktindex lauten. "Ich möchte ein Exposure, so als ob ich 100.000 Euro im Marktindex investiert hätte," sagt er, "gleichzeitig möchte ich aber geschützt sein, falls der Markt gegenüber seinem derzeitigen Niveau fällt." Die Beraterin antwortet: "In Finanzmärkten gibt es alles, aber wer nur Vorteile möchte, muß dafür auch bezahlen. Sie müßten, weil derzeit eine Volatilität von 30% bezahlt wird, für 14 Tausend Euro Calls kaufen. Das Geld ist dann schon einmal weg, wenn Sie die Calls bis zum Verfall halten. Damit sich die Strategie lohnt, damit sie *Break Even* gehen, müßte der Markt gegenüber heute schon einmal um 14% steigen. Erst wenn er um mehr als 14% steigt, haben sie wirklich etwas hinzu gewonnen".

Erik Evers versucht es noch einmal und sagt. "Ich denke, dieses Jahr wird der Markt explodieren. Für den Fall, daß er um über 20% steigt, möchte ich richtig dabei sein, so als ob ich heute 100.000 investieren würde. Geben Sie mir Calls mit einem Strike, der gegenüber dem heutigen Indexwert bei 120% liegt." Die Beraterin antwortet: Bei der *Vola* von 30% müßten Sie für 6.900 Euro solche Calls kaufen. Wieder sind sie nur *break even*, wenn heute in einem Jahr die Börse um wenigstens 26,9% gestiegen sein wird."

Erik Evers versucht es ein drittes Mal und sagt: "Vielleicht benötige ich nicht vollen Schutz nach unten. Ich bin auch dazu bereit, eine Marktbewegung nach unten mitzumachen, solange sie beschränkt ist. Kaufen Sie mit Calls mit einem Strike, der 80% des heutigen Indexwerts beträgt." Für solche Calls müssen Sie heute 26.460 Euro zahlen, aber das ist zum guten Teil als Anzahlung auf den Index zu sehen, denn mit großer Wahrscheinlichkeit werden Sie ausüben. Das Aufgeld beträgt nur 6,46%. Sofern der Index gegenüber seinem jetzigen Stand um diese 6,5% steigt, sind sie *break even*. Steigt er um mehr als diese 6,5%, sind sie praktisch voll dabei. Nur wenn der Markt um mehr als 20% fiele, hätten Sie Ihren gesamten Einsatz verloren, wären aber andererseits gegen noch größere Verluste geschützt.

📖 Roy Roman hat ein Finanzvermögen von derzeit 100.000 Euro. Eigentlich möchte er es vollständig in Aktien halten, scheut aber doch die Gefahr eines größeren Verlustes. Er hat sich entschieden, stets 75% seines Vermögens in Anleihen zu halten und für 25% Optionen oder Optionsscheine auf den Marktindex zu kaufen, die etwa einen Strike von 80% des derzeitigen Indexwertes haben. Hier investiert er ein Viertel seines Vermögens. Er sagt: "Auf den ersten Blick sieht so ein Call teuer aus, weil er, bezogen auf ein Indexwert von 100 je nach Volatilität zwischen 25 und 27 kostet. Aber solche Calls sind Aktienkäufe auf Raten — ich bekomme später den Index zu einem Strike von 80. Das eigentliche Aufgeld bei diesen Calls liegt je nach Volatilität zwischen 5 und 7. Das zahle ich in etwa mit den Zinsen aus den Anleihen. Ich bin praktisch voll im Markt, und dennoch habe ich einen Schutz gegen Verluste aus einem ganz großen Crash, Sollte er denn kommen, habe ich immer noch die Anleihen."

12.2.4 Put-Call-Parität

Wenn der Kurs des Calls bekannt ist, lassen sich auch schnell die Preise für Puts berechnen. Hierbei kommt die sogenannte **Put-Call-Parität** zum Tragen. Sie besagt: Ist das Underlying eine Aktie oder ein Aktienportfolio (ohne Dividenden), und werden ein Put und ein Call betrachtet — beide sollen europäische Optionen sein, denselben Strike K haben und zu demselben Zeitpunkt T fällig werden, dann gilt zu allen Zeitpunkten $t \leq T$ (das heißt, zum Fälligkeitszeitpunkt und auch schon davor):

> Der Wert des Underlyings plus dem Wert des Puts ist gleich dem Barwert des Strike plus dem Wert des Calls. Als Formel ausgedrückt:
>
> $$S_t + P_t = e^{-t \cdot (T-t)} \cdot K + C_t .$$

Das diese Parität zum Fälligkeitszeitpunkt T gilt, ist schnell mit einer grafischen Veranschaulichung der Payoff-Diagramme begründet. Also hat, zum Fälligkeitszeitpunkt, das Portfolio bestehend aus vier Positionen 1. Aktie, 2. Long Put, 3. Short Bond, 4. Short Call den Wert Null.

Ein Portfolio, das zum Zeitpunkt T den Wert Null hat, und zuvor keine Zahlungen abwirft, muß aber zu allen Zeitpunkten davor auch den Wert Null haben. Also muß die Put-Call-Parität auch zu allen Zeitpunkten vor Verfall gelten.

Strike K	Vola 20%	Vola 25%	Vola 30%	Vola 35%
75	0,32	0,86	1,64	2,61
80	0,69	1,51	2,56	3,77
85	1,32	2,46	3,78	5,20
90	2,31	3,75	5,31	6,93
100	5,57	7,46	9,35	11,25
105	7,90	9,88	11,86	13,82
110	10,67	12,66	14,66	16,65
115	13,86	15,77	17,73	19,71
120	17,40	19,17	21,05	22,98
125	21,23	22,83	24,60	26,46

Bild 12-6: Die Werte eines europäischen **Puts** auf eine Aktie, dargestellt für verschiedene Werte des Strike K und verschiedene Volatilitäten. Der heutige Kurs des Underlyings ist S = 100, der stetige Zinssatz beträgt 5%, die Restlaufzeit 1 Jahr.

📖 Anna Arnoffi hat sich darauf spezialisiert, die Volatilitäten zu beobachten, zu denen im Markt Optionen bepreist werden. Sie sagt, wenn die implizite Vola um 20% oder 25% beträgt, sei der Markt "ruhig," und sie habe schon einige Male erlebt, daß recht überraschend "turbulente Zeiten" einsetzen und auf einmal Volatilitäten von 30% und mehr bezahlt werden. In ruhigen Zeiten kauft sie Calls und Puts, die vielleicht um 20% aus dem Geld sind. Im Vergleich zu 100 Tausend Euro, die zum Index angelegt sind, zahlt sie 3 bis 5 Tausend für Calls und 700 Euro bis 1.500 Euro für Puts. "Wenn ich diese Beträge verliere, ist das nicht so schlimm."

Ab und zu ist es dann passiert, daß Calls, für den sie 3 oder 5 Tausend Euro bezahlte, innert kürzester Zeit auf 7 bis 9 Tausend Euro gestiegen waren — ohne daß sich der Index geändert hätte — nur weil sich die Volatilität erhöhte. Ebenso ist gelegentlich der Fall eingetreten, daß Puts, für den sie 700 bis 1.500 Euro bezahlte, innert kürzester Zeit auf 2.600 bis 3.800 Euro steigen — ohne daß sich der Index geändert hätte — nur weil sich die Volatilität erhöhte.

"Außerdem," meint Anna, "die plötzliche Erhöhung der Volatilität ist oft gepaart mit erheblichen Wertänderungen im Markt. Wenn es nach oben geht, vergesse ich einfach die Puts und habe mit den Calls einen schönen Gewinn: erstens weil die Vola zugenommen hat, zweitens weil der Markt nach oben gegangen ist." Wenn der Markt plötzlich einbricht, läßt sie die Calls verfallen. "Dann habe ich mit den Puts einen doppelten Gewinn."

📖 Heinz Huber hält ein Aktienportfolio im Wert von 100.000 Euro und muß für ein Jahr nach Osteuropa auf Montage. Da kann er sich nicht mehr um sein Portfolio kümmern und möchte es absichern. Er fragt seinen Broker nach Möglichkeiten der Portfolio-Insurance.

Der Broker:

1. Zuerst müssen Sie entscheiden, ob sie lediglich den Wert Ihres Depots "einfrieren" wollen. Dazu könnten Sie die gesamten Aktien verkaufen und den Erlös als Festgeld auf ein Jahr anlegen. Wenn Sie dann zurück sind, haben Sie immer noch Ihre 100 Tausend Euro und können dafür wieder Aktien kaufen. Selbstverständlich haben Sie zweimal die Gebühren für den Verkauf und den Kauf der Aktien, aber Sie erhalten auch etwas Zins für das Festgeld.

2. Wenn Sie dagegen unter Portfolio-Insurance verstehen, daß Sie weiterhin im Fall einer Aufwärtsbewegung des Marktes mit Ihren Aktien dabei sind, und nur für den Fall einer Abwärtsbewegung geschützt sind, bieten sich Puts an.

Heinz Huber entscheidet sich für diese Variante und möchte verschiedene Vorschläge. Der Broker antwortet: Am teuersten wird die Portfolio-Insurance, wenn Sie gegenüber den heutigen 100 Tausend nichts verlieren wollten. Die Volatilität beträgt derzeit 25%. Dann müßten Sie für 7.460 Euro Puts kaufen. Das ist Heinz zu viel. Darauf meint der Broker: Ich schlage Ihnen vor, daß Sie Puts kaufen, die um 15% aus dem Geld sind. Das kostet Sie 2.460 Euro. Sie würden die Puts ausüben, wenn in einem Jahr der Index um mehr als 15% gefallen wäre. Gegen ganz große Werteinbrüche wären Sie auf diese Weise geschützt, wenngleich sie Kursverluste in dem genannten Bereich tragen müßten.

Die Bedeutung der Arbeiten von BLACK, SCHOLES und anderen liegt zum Teil darin, daß die Formel numerische umfangreiche Simulationsrechnungen erspart und zu einer rechnerischen Vereinfachung führt.

Darüber hinausgehend ist die große theoretische Bedeutung der Arbeiten zu sehen: Bei ihrer Herleitung wurde in das Finance ein neues Gedankengut eingeführt, das sich inzwischen als äußerst fruchtbar herausgestellt hat. Wir nennen als Stichworte die Arbitrageüberlegungen und die Modellierung von Werten von Portfolios mit Hilfe von stochastischen Differentialgleichungen.

Die enorme praktische Bedeutung der Black-Scholes-Formel bleibt davon unbenommen. In kürzester Zeit ist die Formel zu einem Markstein der Bewertung von Optionen geworden. Sie wird sogar dann angewendet, wenn die Voraussetzungen gar nicht gegeben sind.[11] Es wurden auch nach 1973 einige Verallgemeinerungen hergeleitet.

📖 Sven Schnell doziert: "Die Renditeverteilung von Aktien zeigen sogenannte Fat Tails, daß heißt, die Wahrscheinlichkeit extremer Werte ist größer, als es der üblichen Annahme einer Normalverteilung entspricht. Ich kaufe deshalb extreme Wertausschläge nach oben, in dem ich Calls kaufe, die etwa um 25% aus dem Geld sind. Außerdem schütze ich mich gegen extreme Wertausschläge nach unten, in dem ich Puts kaufe, die um etwa 25% aus dem Geld sind. Für beide Operationen zahle ich aber nur die Preise nach BLACK und SCHOLES, weil die Formel im Markt der *Bewertungsstandard* ist, obwohl sie wegen der Fat Tails eigentlich den wahren Wert der Calls und Puts unterschätzt.

"Ja," antwortet sein Gesprächspartner, "aber gerade Optionen, die weit aus dem Geld sind, werden zu Preisen gehandelt, die oberhalb der Black-Scholes-Werte liegen. Das ist der sogenannte **Smile-Effekt**." Sven hat verstanden, daß es nicht so einfach ist, Märkte zu überlisten.

Handel in **Anleihen** ...	bestimmt die **Zinssätze**
Handel in **Aktien** ...	legt die **Risikoprämien** fest, jene Mehrrendite im Vergleich zum Zinssatz, die ein Investor erwarten kann, weil er unternehmerische Risiken trägt
Handel in **Optionen** ...	legt die **Volatilität** fest, das heißt, die Risiken, mit denen derzeit gerechnet werden muß

Bild 12-7: Märkte generieren Informationen. Der Handel mit Optionen legt implizit die Volatilität fest.

---

[11] Zum Beispiel bei amerikanischen Optionen, bei Aktien mit Dividenden als Underlying, bei Währungen als Underlying, bei nicht-konstanter Volatilität (Heteroskedastizität), bei stochastischen Zinssätzen, bei Aktien, deren Kursverläufe nicht dem Modell geometrischer Brownscher Bewegung folgen.

12.3 Strategischer Einsatz von Optionen

12.3.1 Covered-Call-Writing

Viele Anlagestile, die auf Optionen beruhen, werden von Investmentbanken bereits fertig als Produkt angeboten. Die Banken definieren die Eigenschaften, publizieren Prospekte, bemühen sich um eine Wertpapier-Kenn-Nummer und empfehlen sich als Market-Maker an, so daß die Produkte nicht notwendigerweise bis Verfall gehalten werden müssen. Diese Produkte werden als "strukturiert" bezeichnet.

Eine häufig der Kundschaft angebotenes Strukturiertes Produkt hat dieselben Zahlungseigenschaften wie eine Aktie in Kombination mit dem Verkauf eines Calls auf diese Aktie.

Das Schreiben eins Calls ist zum Beispiel dann interessant, wenn derzeit im Markt hohe Volatilitäten bezahlt werden.[12] Der Ausübungspreis des Calls ist bei einer Variante dieser Produkte um vielleicht 5%, 10% oder 15% höher gewählt als der Kurs, den die Aktie bei Auflegung des Strukturierten Produkts hat.

Wenn beispielsweise die Laufzeit ein Jahr beträgt, die Volatilität 30%, der Strike des Calls um 15% höher liegt als der Aktienkurs, dann beträgt der marktgerechte Preis des Calls 8,34% des Kurses des Underlying. Das Strukturierte Produkt kann deshalb um etwa 8% günstiger angeboten werden als die Aktie. Der Investor kauft gleichsam die Aktie mit einem Rabatt. Allerdings würde er, wenn die Kurse sehr stark steigen, nicht mehr an diesen weiteren Wertsteigerungen partizipieren, weil er den Call geschrieben hat. Falls also der Kurs der Aktie um mehr als 15% steigt, erhält der Käufer des Strukturierten Produkts den Ausübungspreis, ungeachtet um wieviel der Aktienkurs oberhalb von +15% gestiegen ist.

Die UBS AG bezeichnet denn diese Produkte denn auch als BLOC. Das Akronym steht für *"Buy Low or Cash"*. In der Tat: Wird die Option nicht ausgeübt, hat der Investor die Aktie zu einem Preis unterhalb des damaligen Kurses gekauft — ob es eine gute Idee war, die Aktie zu kaufen, ist eine an-

---

[12] Wie die Put-Call-Parität zeigt, lassen sich diese Art Strukturierter Produkte auch erzeugen, in dem eine Geldanlage mit dem Schreiben eines Puts kombiniert wird. Die Credit Suisse First Boston bezeichnet vergleichbare Produkte als TORO (Title or Return Option). Sie entsprechen einer Stillhalterstrategie in wertpapierähnlicher Form. Ein TORO kombiniert den Kauf eines Low-Exercise-Price Calls (das heißt praktisch, ein Terminkauf der Aktie) mit dem Verkauf eines Calls, der am Geld ist. Dadurch entspricht ein TORO einer Investition in die entsprechende Aktie bei gleichzeitigem Verkauf der Volatilität.

dere Frage. Wird die Option ausgeübt, erhält der Investor den Geldbetrag, und gegenüber dem Preis für das Strukturierte Produkt ist das eine ansehnliche Rendite.

Ein Investor könnte die Strategie fahren, immer wieder Calls auf seinen Aktienbestand zu schreiben. Wird der Call bei Verfall nicht ausgeübt (weil der Aktienkurs geringer als der Strike ist), hatte der Investor den Vorteil, die Prämie zu vereinnahmen. Wird der Calls ausgeübt, liefert der Investor seine Aktien an den Inhaber. Im Anschluß soll er sich in diesem Fall wieder mit Aktien eindecken und erneut beginnen, Calls zu schreiben. Diese Strategie heißt **Covered-Call-Writing** oder **CCW-Strategie**.

Selbstverständlich kann nach der Put-Call-Parität die CCW-Strategie auch so bewerkstelligt werden: Der Investor legt die Mittel festverzinslich an und schreibt Puts.

Typischerweise wird mit Optionen gearbeitet, die eine Restlaufzeit von vielleicht einem Jahr haben und einen Strike aufweisen, der vielleicht 15% über dem heutigen Kurs liegt. Der Investor verzichtet also von vornherein auf Wertsteigerungen bei den gehaltenen Aktien, die mehr als 15% betragen würden. Im Ausgleich dafür bezieht der Investor mit der CCW-Strategie stets die Prämie.

> Auf lange Sicht wird daher bei der CCW-Strategie die Rechtsschiefe der durch Aktien bewirkten Lognormalverteilung reduziert. Gleichzeitig wird jedoch der Modus angehoben, weil es Jahr für Jahr die Prämieneinnahme gibt. Die Politik ist daher für Investoren geeignet, die bereit sind, die Chance zu verkaufen "superreich" zu werden, durch Einnahme der Prämie aber die zu vermutende Rendite anheben.

Wir versuchen ein Rechenbeispiel. Der Kurs der Aktie (beziehungsweise des Aktienbestandes oder des Marktportfolios) sei 100. Die CCW-Strategie sehe vor, jährlich einen Call (oder Calls) auf diesen Gesamtbestand zu schreiben; die Volatilität betrage 20%, der Zinssatz 5% und es werden Calls geschrieben, bei denen der Strike bei 115 liegt.

Ein solcher Call besitzt einen Preis von 4,47 sowie (anfänglich, solange der Aktienkurs bei 100 bleibt) ein Delta von 0,3636. Durch das Schreiben des Calls hat sich demnach das Exposure von anfänglich 1 auf $1 - 0,3636 = 0,6364$ verringert.

Der Investor, der die CCW-Strategie als Alternative zu der Strategie betrachtet, "plain vanilla" Aktien zu halten, also mit einem Exposure von 1 einverstanden wäre, könnte demnach seinen Aktienanteil erhöhen. Entscheidet er sich, Aktien nicht für 100% sondern für 157% des ursprünglich dafür vorgesehenen Betrags zu kaufen, dann hat er beim Schreiben von Calls immer noch das gewünschte Exposure von $157\% \cdot (1 - 0{,}3636) = 100\%$. Natürlich müssen die zusätzlichen 57% Aktien eigens finanziert werden, und selbstverständlich beträgt die vereinnahmte Prämie nicht 4,47 sondern $1{,}57 \cdot 4{,}47 = 7{,}02$. Wichtig ist nur: Bei der CCW-Strategie kann das Aktienexposure etwas erhöht werden, weil es dem Delta der Calls, die geschrieben werden, wieder reduziert wird.

Plain Vanilla	100% des dafür vorgesehenen Vermögens in Aktien
CCW-Strategie	157% in Aktien, der Teil 57% fremdfinanziert
	7% Prämieneinnahme

12.3.2 Protected-Put-Buying

Ebenso könnte ein Investor die Strategie fahren, den Aktienbestand immer wieder durch den Kauf von Puts abzusichern. Wird die Verkaufsoption bei Verfall nicht ausgeübt (weil der Aktienkurs gegenüber dem Strike gestiegen ist), hatte der Investor zwar den Nachteil, die Prämie für den Put bezahlt zu haben. Wird der Put ausgeübt, erhält der Investor vom Stillhalter den Geldbetrag, der den Aktienkursrückgang kompensiert. In jedem Fall behält der Investor seinen Aktienbestand und kauft immer wieder — strategisch — Puts. Diese Strategie heißt **Protected-Put-Buying** oder **PPB-Strategie**.

Selbstverständlich kann nach der Put-Call-Parität die PPB-Strategie auch so bewerkstelligt werden: Der Investor legt die Mittel festverzinslich an und kauft immer wieder Calls.

Typischerweise wird mit Optionen gearbeitet, die eine Restlaufzeit von vielleicht einem Jahr haben und einen Strike aufweisen, der vielleicht 10% unter dem heutigen Kurs liegt. Der Investor verzichtet also von vornherein auf einen Teil seiner erwarteten Rendite, weil er regelmäßig die Puts bezahlt. Im Ausgleich dafür bezieht der Investor mit der PPB-Strategie den Schutz.

> Auf lange Sicht wird daher bei der PPB-Strategie die Rechtsschiefe der durch Aktien bewirkten Lognormalverteilung erhalten und dennoch werden die Wahrscheinlichkeiten für kleine Anlageergebnisse verringert. Alles hat seinen Preis: Gleichzeitig wird der Modus verringert, weil es Jahr für Jahr die Prämien zu zahlen gilt.

> Diese Politik ist daher für Investoren geeignet, die ihre Chance, durch das Aktienexposure "superreich" zu werden, behalten wollen, zugleich einen Schutz wünschen, dafür aber bereit sind, daß sich die zu vermutende Rendite verringert.

Ein Rechenbeispiel.

Der Kurs der Aktie (beziehungsweise des Aktienbestandes oder des Marktportfolios) sei 100. Die PPB-Strategie sehe vor, jährlich einen Put (oder Puts) auf diesen Gesamtbestand zu schreiben; die Volatilität betrage 25% — oft muß bei Kauf einer Option eine leicht höhere Volatilität bezahlt werden, als man sie beim Schreiben der Option vergütet erhält. Der stetige Zinssatz sei wieder 5% und es werden Puts gekauft, bei denen der Strike bei 90 liegt.

Ein solcher Put besitzt einen Preis von 3,75 sowie (anfänglich, solange der Aktienkurs bei 100 bleibt) ein Delta von -0,2277. Durch das Kaufen des Puts hat sich demnach das Exposure von anfänglich 1 auf $1 - 0{,}2277 = 0{,}7723$ verringert.

Der Investor, der die PPB-Strategie als Alternative zu der Strategie betrachtet, "plain vanilla" Aktien zu halten, also mit einem Exposure von 1 einverstanden wäre, könnte demnach seinen Aktienanteil etwas erhöhen. Entscheidet er sich, Aktien nicht für 100% sondern für 129,5% des ursprünglich dafür vorgesehenen Betrags zu kaufen, dann hat er beim Schreiben von Calls immer noch das gewünschte Exposure von $129{,}5\% \cdot (1 - 0{,}2277) = 100\%$. Natürlich müssen die zusätzlichen 29,5% (wir runden im folgenden auf 30%) Aktien eigens finanziert werden, und selbstverständlich beträgt die zu zahlende Prämie für die Absicherung nicht 3,75 sondern $1{,}30 \cdot 3{,}75 = 4{,}87$, das sind ungefähr 5%. Wichtig ist nur: Bei der PPB-Strategie kann das Aktienexposure etwas erhöht werden, weil es dem Delta der Puts, die gekauft werden, wieder reduziert wird.

Plain Vanilla	100% des dafür vorgesehenen Vermögens in Aktien
PPB-Strategie	130% in Aktien, der Teil 30% fremdfinanziert
	5% Auszahlungen für Prämie

12.3.3 Langfristig gut anlegen

Viele Privatinvestoren wünschen sich eine ganz einfache, übersichtliche Beratung dahingehend, wie sie ihr Geld "langfristig gut" anlegen können.

Immer wieder stehen dabei vier Fragen im Vordergrund:

1. Welches Gewicht sollte ich Aktien geben?
2. Sollte ich auch Derivate und strukturierte Produkte berücksichtigen, oder *plain vanilla* nur auf Geldmarktinstrumente und Anleihen sowie auf Aktien setzen?
3. Welche Form und welche Art von Vermögensverwaltung ist für mich richtig? Die Fragen hierzu lauten: Sollte einzelne Anleihen und Aktien oder Investmentfonds kaufen? Sollte ich Beratungskunde einer Bank werden oder ein Mandat erteilen? Was sollte ich tun, wenn ich mit dem Anlageergebnis nicht zufrieden bin?
4. Welche institutionellen Sicherheiten benötige ich beim Custodianship?

Die dritte und vierte Frage finden je nach Anlagevolumen unterschiedliche Antworten. Bei kleineren Beträgen dürften sich vor allem Investmentfonds bieten. Wer Beratungskunde wird, muß selbst die Disziplin aufbringen, nicht zu viele Risiken einzugehen, nicht der eigenen Overconfidence zu folgen und nicht zu sehr in das Trading zu verfallen. Mandate haben viele Vorteile, sind aber teurer als die reine Depotführung.

Die Privatinvestoren haben dann noch die ersten beiden Fragen.

12.3.4 Drei Aktienquoten

Die erste Frage sollte durch die Überlegungen in diesem Buch beantwortet sein. Der Privatanleger teilt sein Finanzvermögen in zwei Teile. Der eine Teil wird für jene Anlageziele reserviert, die in etwa konkret feststehen. Für diesen Teil bietet sich der Shortfall-Ansatz an, die Aktienquote zu bestimmen. Die Tabellen in Kapitel 11 können hierbei eine Hilfe bieten. Der andere Teil des Vermögens ist frei. Er wird mit jener Aktienquote angelegt, bei der sich der Privatanleger wohl fühlt, wenn er Chancen und Risiken abwägt.

Werden die früheren Argumente ganz stark vereinfacht, entsteht ein Bild, das gerade weil es grob ist, eine erste Übersicht verschafft. Das vereinfachte und grobe Bild kennt nur noch drei Aktienquoten als Empfehlung:

- 33% Aktien und 67% Anleihen, wenn der Privatinvestor eine geringe Risikotoleranz besitzt oder doch baldigen Geldbedarf hat — ein guter Teil des Finanzvermögens ist reserviert,
- 50% Aktien und 50% Anleihen, wenn der Privatinvestor eine mittlere Risikotoleranz besitzt und allenfalls etwas Geldbedarf hat

- 67% Aktien und 33% Anleihen, bei hoher Risikotoleranz beziehungsweise keinem Geldbedarf — das gesamte Finanzvermögen ist frei.

Damit sollte die erste der eingangs formulierten Fragen, die nach der Aktienquote, beantwortet sein.

Die zweite Frage lautete, ob nun *plain vanilla* in Aktien und Anleihen investiert werden sollte, oder ob aus strategischen Überlegungen immer wieder Optionen gekauft beziehungsweise geschrieben werden sollten. Die Strategien sind:

Plain-Vanilla-Strategie:

Wir müssen uns vergegenwärtigen, daß die Plain-Vanilla-Strategie bei sehr langen Horizonten eine erhebliche Rechtsschiefe der Verteilung des Vermögens mit sich bringt. Das ist gut für Investoren, die ihre Chance, superreich zu werden, behalten wollen. Diese Investoren wollen wir **Chance-Seeker** nennen.

Covered-Call-Writing:

Bei der dieser Strategie könnte der Privatinvestor systematisch, beispielsweise jedes Jahr, *Calls* auf den Aktienbestand *schreiben*. Dadurch verringert sich ein wenig das Exposure gegenüber dem Marktindex, nämlich um das Delta der Calls. Um wieder das ursprünglich gewünschte Exposure zu erhalten, würde der Investor den Aktienbestand etwas erhöhen.

Die Frage also lautet: Sollte der Investor den Aktienbestand etwas erhöhen, gleichzeitig aber Calls schreiben?

Wir haben argumentiert, daß auf diese Weise die Verteilung des Endvermögens, das nach vielen Jahren der Anlage und des immer wieder praktizierten Covered-Call-Writing entsteht, eine *geringere Rechtsschiefe* aufweist, dennoch aber einen *höheren Modus* besitzt. Der Investor wird vermutlich etwas mehr haben, aber er verzichtet auf die Chance, superreich zu sein. Ja, er willigt in sein "mittelmäßiges Schicksal" ein und versucht nur noch, das vermutliche Ergebnis etwas zu verschönern. Investoren, die sich damit komfortabel fühlen, sollen **Return-Enhancer** genannt werden.

Protected-Put-Buying:

Bei der PPB-Strategie könnte der Privatinvestor systematisch, beispielsweise jedes Jahr, *Puts kaufen*, um dadurch den Aktienbestand etwas abzusichern. Dadurch verringert sich ein wenig das Exposure gegenüber dem Marktindex, nämlich um das Delta der Puts. Um wieder das ursprünglich gewünschte Exposure zu erhalten, würde der Investor den Aktienbestand etwas erhöhen.

Die Frage also lautet: Sollte der Investor den Aktienbestand durchaus leicht erhöhen, gleichzeitig aber regelmäßig Puts kaufen?

Wir haben argumentiert, daß auf diese Weise die Verteilung des Endvermögens, das nach vielen Jahren der Anlage und des immer wieder praktizierten Protected-Put-Buying entsteht, ein geringeres Verlustpotenzial aufweist, dennoch eine große Rechtsschiefe aufweist. Das heißt, die Chancen, superreich zu werden, sind noch da; gleichzeitig ist das Verlustpotenzial reduziert. Eine solche Strategie kostet natürlich einiges. Der Modus ist geringer. Der Investor wird vermutlich einiges weniger erzielen. Aber er ist geschützt und behält die Chance, superreich zu werden. Investoren, die sich mit dieser Strategie wohl fühlen, sollen als **Protection-Buyer** bezeichnet werden.

12.3.5 Neun Strategien

Kurz und gut haben wir sowohl auf die erste wie auf die zweite Frage jeweils drei mögliche Antworten gegeben. In ihrer Kombination entstehen neun Anlagestrategien:

Welche der neun Strategien ist für Sie, liebe Leserin oder lieber Leser passend?

Zunächst bestimmen Sie, welche der drei Spalten des Tableaus für Sie passend ist.

Hierbei kommt es auf die objektive finanzielle Situation und die subjektive Risikotoleranz an. Die drei Spalten unterscheiden sich danach, ob Sie aufgrund ihrer Präferenz, ihrer Risikoeinstellung, ihrer finanziellen Situation und ihrer Anlageziele eher sich als vorsichtig einschätzen oder bald Geldbedarf haben (linke Spalte) oder sich eher als risikotolerant einschätzen und eigentlich kein Geldbedarf absehbar ist (rechte Spalte). Die mittlere Spalte ist für Personen geeignet, die zwischen den beiden extremen Situationen und Einstellungen liegen.

Auch für die Zeilen lassen sich Hinweise geben. Die Frage lautet, ob Sie sich heute und in den kommenden zehn Jahren eher in der Phase des Vermögensaufbaus befinden, in der Phase der Vermögensverwaltung, oder bereits in dem Abschnitt, in dem Sie vom Kapital und von Kapitalerträgen leben möchten?

Wie werden die 100% des Vermögens angelegt?	Geringe Risikotoleranz / baldiger Geldbedarf	Neutral in Risikoeinstellung / etwas Geldbedarf	Hohe Risikotoleranz / kein Geldbedarf
Chance-Seeker: Ich möchte die Möglichkeit behalten, Millionär zu werden	33% Aktien, 67% in Bonds	50% Aktien, 50% in Bonds	67% Aktien, 33% in Bonds
Return-Enhancer: Ich habe mein Schicksal gefunden und möchte eine hohe Rendite, habe aber die Träume aufgegeben	52% Aktien, 2% Prämieneinnahmen für Covered-Call-Writing, also etwa 50% in Bonds	78,5% Aktien, 3,5% Prämieneinnahmen für Covered-Call-Writing, also etwa 25% in Bonds	105% Aktien, 5% Prämieneinnahmen für Covered-Call-Writing, also nichts in Bonds
Protection-Buyer: Ich brauche zwar Schutz, möchte aber dennoch meine Träume nicht aufgeben	43% Aktien und für 1,5% des Vermögens Protected-Put-Buying, also etwa 44,5% in Bonds	65% Aktien und für 2,5% des Vermögens Protected-Put-Buying, also etwa 32,5% in Bonds	87% Aktien und für 3,5% des Vermögens Protected-Put-Buying, also etwa 9,5% in Bonds

Bild 12-8: Die CCW-Strategie und die PPB-Strategie wurden so kalibriert, daß sie genau den Daten der zuvor (nicht als Bilder numerierten) Tabellen in den Punkten 12.3.1 und 12.3.2 entsprechen. Alle Strategien in einer Spalte haben (anfänglich) dasselbe Exposure.

Wenn Sie jung sind, dann ist Ihre Situation und Präferenz oftmals durch zwei Aspekte gekennzeichnet.

- Einerseits wollen Sie die *Chance haben*, Multimillionär werden zu können, auch wenn das "Lottospiel" an der Börse laufend ein wenig kostet.
- Andererseits benötigen Sie gleichzeitig Protection. Es gibt oft ausgeprägte Verpflichtungen, so daß das Kapital *unbedingt abgesichert* werden muß, selbst wenn dies laufend etwas kostet.

Dann sollten sie zwar Aktien kaufen (um die Chance zu haben), gleichzeitig aber Puts kaufen oder auf sich andere Weise dagegen schützen, daß vielleicht zuviel verloren gehen könnte. Sie sind ein typischer Kandidat für die Strategie des Protected-Put-Buying (unterste Zeile).

Wenn Sie ein mittleres Alter haben und sich in der Phase des Vermögensaufbaus befinden, benötigen Sie vielleicht keinen Schutz mehr wie früher und können auf das Protected-Put-Buying verzichten.

Es ist auch zu teuer. Vielleicht wollen Sie aber durchaus noch ihre Chance behalten und nicht aufgeben, es vielleicht doch bis zum mehrfachen Millionär zu schaffen. Deshalb möchten Sie die Rechtsschiefe der Vermögensverteilung behalten; Sie schreiben keine Calls auf den Aktienbestand. Sie fahren die Plain-Vanilla-Strategie (oberste Zeile).

Sind sie vielleicht schon älter und haben Sie sich mit Ihrem Schicksal, wie es sich in den vergangenen Jahrzehnten eingestellt hat, abgefunden? Dann wollen Sie wohl *das Einkommen aus dem Vermögen etwas anheben zu Lasten der Chance*, das Vermögen noch erheblich zu steigern. Deshalb empfiehlt sich für Sie das Covered-Call-Writing (mittlere Zeile).

Wie werden die 100% des Vermögens angelegt?	Meine finanzielle Situation ist knapp	Meine finanzielle Situation liegt im Mittelfeld	Meine finanzielle Situation ist eher großzügig
Chance-Seeker: Ich bin 50 Jahre alt	33% Aktien, 67% in Bonds	50% Aktien, 50% in Bonds	67% Aktien, 33% in Bonds
Return-Enhancer: Ich bin über 60 Jahre alt	52% Aktien, 2% Prämieneinnahmen für Covered-Call-Writing, also etwa 50% in Bonds	78,5% Aktien, 3,5% Prämieneinnahmen für Covered-Call-Writing, also etwa 25% in Bonds	105% Aktien, 5% Prämieneinnahmen für Covered-Call-Writing, also nichts in Bonds
Protection-Buyer: Ich bin unter 40 Jahre alt	43% Aktien und für 1,5% des Vermögens Protected-Put-Buying, also etwa 44,5% in Bonds	65% Aktien und für 2,5% des Vermögens Protected-Put-Buying, also etwa 32,5% in Bonds	87% Aktien und für 3,5% des Vermögens Protected-Put-Buying, also etwa 9,5% in Bonds

Bild 12-9: Eine sehr vereinfachte Umsetzung der beiden Merkmale: Risikoaversion (verschiedene Spalten des Tableaus) und die Frage, ob der Investor die Chancen behalten möchte oder bereit ist, sie zu verkaufen (mittlere Zeile), beziehungsweise ob er Schutz benötigt (unterste Zeile) oder nicht.

📖 Anselm Arm ist 35 Jahre alt, arbeitet als Informatiker, ist oft im Ausland und verdient gut. Ein Familiengründung steht bevor und er möchte sein Geld "sicher" anlegen mit "Gewinnchancen". Für ihn kommt das Feld rechts unten in Frage: 80% in Aktien, immer wieder absichern durch den Kauf von Puts, 14% in Anleihen.

📖 Berta Bunziger ist Beamtin im Ruhestand. Sie war nie verheiratet, lebt in "guten" Verhältnissen und möchte aus ihrem "Ersparten" eine gutes "Zusatzeinkommen" beziehen. Für sie kommt das Feld in der Mitte in Frage: 60% Aktien, regelmäßig auf den Bestand Calls schreiben; so können mehr als 40% in Renten angelegt werden.

📖 Carlo Canossa fühlt sich als Gastarbeiter. Er ist 50 Jahre alt, die finanzielle Situation ist eher knapp, dauernd braucht die Familie "daheim" Geld. Dennoch möchte er seinen Traum von der großen Chance behalten und deshalb nicht alles "auf das Sparbuch" geben. Für ihn kommt das Feld links oben in Frage. Also: Einen Investmentfonds, der zu 30% in Aktien investiert.

12.4 Fall: Praktikus

12.4.1 Floors

Eine Gruppe Strukturierter Produkte, die sich sehr großer Beliebtheit erfreut, bietet für den möglichen Wertbereich eine untere Schranke. Sie heißt **Floor**. Deshalb wird das Produkt in einer Variante beispielsweise als GROI bezeichnet, das sich von *Garanteed Return on Investment* ableitet.

Hier sind die Komponenten:

- Auf eine Akte wird ein Call geschrieben, dessen Ausübungspreis etwas höher ist als der Kurs der Aktie bei Ausgabe des Produkts.

- Die dafür vereinnahmte Prämie wird gleich dazu verwendet, einen Put auf die Aktie zu kaufen.

Es ist klar: Je höher der Strike für den Call gewählt wird, desto geringer ist der vereinnahmte Optionspreis und desto tiefer muß der Ausübungspreis für den Put angesetzt werden.

Je knapper bei Konstruktion der Strike des Calls oberhalb des augenblicklichen Aktienkurses gewählt wird, desto höher ist die Optionsprämie, und desto höher ist dann auch der Floor.

12. OPTIONEN

📖 Urs Umlauf möchte 100.000 Euro auf ein Jahr anlegen. Er hat einen Blue Chip im Sinn, dessen Kurs gerade bei 100 Euro steht. Er kauft also 1.000 Stück dieser Aktie.

Zugleich schreibt er 1.000 Calls auf diese Aktie — und da er die Aktien hat, also gedeckt ist, wird dieses Verfahren als Covered Call Writing bezeichnet. Als Ausübungspreis wählt Urs 110 Euro. Der Zinssatz sei 5%, die Volatilität im Markt 30%. Für das Schreiben der Calls nimmt er 10.020 Euro ein.

Mit diesem Betrag kauft Urs 1.000 Puts auf die Aktie. Wählt er als Strike der Puts 100, dann kosten diese Puts 9.350 Euro. Leider bleibt ihm von der rechnerischen Differenz 10.020 - 9.350 = 670 Euro wenig, weil es auch Transaktionskosten gibt.

Immerhin bildet sich seine Position so dar:

1. Wenn in einem Jahr der Kurs der Aktie irgendwo zwischen 100 und 110 steht, dann gehört ihm das entsprechende Ergebnis. Urs wird die Puts verfallen lassen, und die Inhaber der von ihm geschrieben Calls werden diese verfallen lassen.

2. Liegt der Kurs der Aktie unterhalb von 100, wird Urs die Puts ausüben und von den entsprechenden Stillhaltern verlangen, daß sie ihm die 1.000 Aktien für den Strike von 100 abnehmen.

3. Steigt der Kurs des Blue Chips über 110, werden (für Urs leider) die Inhaber der Calls ausüben, und die Aktien für den Exercise Price der Calls, das heißt für 110 Euro, abnehmen.

Urs erzielt mithin eine Rendite, die irgendwo zwischen 0% und 10% liegen wird — in Abhängigkeit der Kursentwicklung des Blue Chips.

Bei so konstruierten Instrumenten partizipiert der Anleger in einem mittleren Bereich am Aktienkurs, erhält aber einen festen Geldbetrag, wenn der Kurs der Aktie diesen Bereich verlassend steigen oder fallen sollte.

Eine solche Geldanlage ist fast sicher — jedenfalls sind die großen, bei einem Aktienengagement sonst üblichen Wertausschläge eliminiert.

Damit ist der Kauf eines solchen Strukturierten Produkts vergleichbar mit dem Kauf einer Anleihe.

Dermaßen erzeugte Produkten bieten gegenüber eine Anleihe vor allem steuerliche Vorteile, weil dem Anleger kein Zinseinkommen zufließt. Der Investor erhält die Rendite in Form einer Kursänderung des Strukturierten Produkts.

12.4.2 Empfehlungen

Welche Empfehlungen können einem Anleger noch gegeben werden?

> Finanzmärkte verschenken nichts. Wer die mit Optionen verbundenen Vorteile haben möchte, muß dafür einen marktgerechten Preis bezahlen.

1. Wer nur deshalb Calls kaufen möchte, weil er "*bullish*" ist, sollte sich fragen, ob es nicht einfacher ist, den Aktienanteil etwas zu erhöhen. Wer nur Puts kaufen möchte, weil er "*bearish*" ist, sollte prüfen, ob es eine Reduktion des Aktienanteils nicht auch tut. Überhaupt: **Wer Optionen kauft, egal ob Calls oder Puts, bezahlt die Volatilität**. Wer Calls oder Puts kaufen möchte, ohne zu wissen, welche Volatilität gerade im Markt bezahlt wird, sollte die Finger davon lassen.

2. Immer wieder gibt es Anleger, die unbedingt Optionen kaufen wollen, auch ohne etwas davon zu verstehen. Wenn ein Anleger beispielsweise auch bei hoher Volatilität unbedingt Calls oder Puts *kaufen* möchte, könnten ihm Optionen angeraten werden, die deutlich im Geld sind. Je tiefer eine Option im Geld ist, desto mehr ähnelt sie einem Termingeschäft. Die Preise für Termingeschäfte sind jedoch nicht von der Volatilität abhängig. Der Investor muß dann trotz hoher Volatilität "nicht zuviel bezahlen". Allenfalls wäre einem Investor in Zeiten hoher Volatilität zu helfen, Optionen zu schreiben, was durch Strukturierte Produkte bewerkstelligt werden kann.

3. Auch **Portfolio-Insurance ist nicht gratis**. Zuerst muß gefragt werden, ob der Investor sein Vermögen "einfrieren" möchte. Dabei soll der derzeitige Wert konstant bleiben. Hierzu wird das Exposure gegenüber dem Markt reduziert, vielleicht sogar ganz zurückgefahren. Im Unterschied zu dieser günstigen Form der Risikoverringerung wollen viele Investoren ihr "Upside-Potential" weiter behalten und gleichzeitig das "Downside-Risk" abgesichert haben. Das ist teuer. Bevor ein Kunde damit beginnt, unüberlegt Puts auf seinen Aktienbestand zu kaufen, soll genau überlegt werden, wozu Portfolio-Insurance überhaupt gewünscht wird oder erforderlich ist.

4. Strukturierte Produkte beinhalten oft steuerliche Vorteile.

5. In "ruhigen" Zeiten (geringe Volatilität) kann es sich vielleicht anbieten, auf einen Umschlag in eine "turbulente" Phase zu spekulieren. Die entsprechende Strategie bestünde darin, sowohl Calls als auch Puts, die aus dem Geld sind zu kaufen. In ruhigen Zeiten denken nur wenige Personen an Derivate, und die Fachpresse berichtet seltener

darüber. Kaum haben sich die Märkte bewegt, kommen die Schlagzeilen: "Mit Optionen im letzten Quartal 200% verdient."

6. BLOCs oder TOROs eignen sich aus taktischen Überlegungen, wenn drei Bedingungen gleichzeitig erfüllt sind: 1. Die Vola ist hoch. 2. Der Investor wünscht ein Aktienexposure oder möchte sein Aktienexposure erhöhen. 3. Für den Markt wird — unter Schwankungen, die Vola ist hoch — von einer Seitwärtsbewegung ausgegangen. Dann sind Produkte zu empfehlen, bei denen ein Aktienkauf mit dem Schreiben einer Call-Option kombiniert wird. Der kluge Anleger überschlägt in diesem Fall mit einer Rechnung, wieviel ihm die Investmentbank für die Vola zahlt, die er mit dem Strukturierten Produkt verkauft. BLOCs eignen sich aus strategischen Gründen, wenn die CCW-Strategie eingeschlagen werden soll: Der Investor verkauft die Chance, "superreich" zu werden und hat dafür den Vorteil einer angehobenen, zu vermutenden Rendite.

13. Konklusion

Zur Wiederholung die wichtigsten Lernpunkte der vorangegangenen Kapitel. Leider ist das Portfoliomanagement, Teil des Gebiets Finance, kein einheitliches theoretisches Gebäude; eher ist es als Mappe zu apostrophieren, in der verschiedene Zeichnungen liegen. Die fünf wichtigsten "Zeichnungen" werden nochmals herausgegriffen. Sodann wenden wir uns der Praxis des Portfoliomanagements zu. Schließlich der Epilog als Diskurs zwischen GNOM und WANDERER. Es folgen die Verzeichnisse der zitierten Literatur, der im Text genannten Namen und der Sachworte. Hier nochmals die Übersicht:

13. Konklusion	**495**
13.1 Fünf Meilensteine	**496**
13.1.1 Aktien als Anlageinstrument	498
13.1.2 Klassische Portfoliotheorie	499
13.1.3 Markteffizienz und Empirie	500
13.1.4 Option Pricing	501
13.1.5 Privatinvestor	502
13.2 Praxis Portfoliomanagement	**502**
13.2.1 Drei Fehler	502
13.2.2 Empfehlungen für den Privatinvestor	506
13.2.3 Regeln für den institutionellen Investor	509
13.3 Epilog	**511**
13.3.1 Marktportfolio	511
13.3.2 Volatilität	513
13.3.3 Statistische Methode	514
13.3.4 Schluß	515
13.4 Verzeichnisse	**517**
13.4.1 Literatur	517
13.4.2 Namen	517
13.4.3 Sachworte	518

13.1 Fünf Meilensteine

Nur allzu gern wollte man in der Rückblende die zahlreichen Arbeiten zum Portfoliomanagement als Mosaiksteine apostrophieren, die sich im Laufe der Jahre zu einem einheitlichen Bild zusammen gefügt haben. Leider sind diese Metapher und der Vergleich des Gesamtergebnisses der Forschungsarbeit mit einem in sich geschlossenen Kunstwerk eher idealisierter Wunsch als Wirklichkeit. Zwar fügen sich die zahlreichen Arbeiten gruppenweise zusammen und zeichnen, in jeder Gruppe für sich, klare Botschaften. Aber die einzelnen Gruppen sind untereinander wenig stimmig. Es gibt buchstäblich Widersprüchlichkeiten und Rätsel. Als Beleg sei an einige Beispiele erinnert.

- Die Diskussion zwischen Befürwortern und Gegnern der *Informationseffizienz*, beispielsweise vermittelt den Eindruck, ist wie das Hornberger Schießen ausgegangen: Alle haben ihre Flinten laden wollen, und am Ende ist doch kein richtiger Schuß gefallen.

- Die Erörterung der Frage, ob nun *aktives* oder *passives* Portfoliomanagement überlegen sei, hat ebenso wenig eine klare Antwort gefunden.

- Weiter erschien das Capital Asset Pricing Model hinlänglich gut die Wirklichkeit zu beschreiben, sicher aber nicht so gut, daß es keinen Raum für eine Vielzahl von Modifikationen geben würde.

- Schließlich trennen auch die Mehrfaktor-Modelle Lager von Verfechtern unterschiedlicher Positionen.

- Zwei Puzzles sind erwähnt worden: Das Equity-Premium-Puzzle verweist auf den Sachverhalt, daß die hohe Differenz von Aktien- zu Bondrenditen eigentlich noch keine Erklärung gefunden hat, oder drastischer formuliert: Sie ist unerklärlich.

- Ähnlich wurde von einem Puzzle gesprochen, daß neben Aktien auch Bonds als risikobehaftete Instrumente Teil des Marktportfolios bilden.

Bei Lichte besehen liefert nur die Klassische Portfoliotheorie ein in sich geschlossenes, fast als ästhetisch gelungen zu bezeichnendes Bild. Aber sie schließt Derivate von vornherein aus, weil Optionen auf unsymmetrische Verteilungen der Anlageergebnisse führen. Die Klassische Portfoliotheorie ist auch nur mit Einschränkungen in der Lage, die Empirie theoretisch zu unterlegen.

Da *Finance* dermaßen kein einheitliches Bild ist, sondern eher als Mappe unterschiedlicher, teilweise widersprüchlicher Zeichnungen gesehen werden muß, hat sich auch das Portfoliomanagement damit zu begnügen, mal von dieser, mal von jener Strichzeichnung Gebrauch zu machen und gleichzeitig die Existenz der anderen Skizzen zu ignorieren oder zu leugnen.

13. KONKLUSION

Ein Lehrgebäude, auch das des Portfoliomanagements, spiegelt deshalb die Sicht des Wissenschaftstheoretikers KUHN wieder, daß es **Paradigmen** gibt, die sich im organisatorischen Prozeß der Wissenschaft entfalten und von Menschen ausgebaut werden.

Die in einem Wissensbereich tätigen Menschen haben eigene Interessen, die zum Teil am Streben nach Wahrheit und Erkenntnis leicht vorbeigehen. Wissenschaftler kommen durch Tagungen, durch Lehrstühle, oder durch die Herausgabe von Fachzeitschriften zu Macht und Ansehen. Diese Position gilt es zu festigen und auszubauen. Immerhin gibt es laufend Prüfsteine für ihre Lehren: Die Wirklichkeit, die Logik, die Empirie, die Zweckmäßigkeit. Kleinere Kritik kann noch mit den üblichen Machtmitteln abgewehrt werden. Wenn die Kritik überhand nimmt, entsteht ein neues Paradigma und ersetzt das alte. Soweit der Wissenschaftstheoretiker KUHN.

Bild 13-1: THOMAS S. KUHN (1922-1996), amerikanischer Historiker und Wissenschaftstheoretiker. KUHN hatte ursprünglich in Harvard theoretische Physik studiert und in diesem Fach 1949 doktoriert. Später wandelte sich sein Interesse, er half bei der Neuorientierung der Philosophie, die etwa um 1960 bis 1970 die Wissenschaftstheorie zu einem zentralen Fokus werden ließ. KUHN lehrte in Harvard, an der University of California at Berkeley, an der Princeton University und am Massachusetts Institute of Technology (MIT). Sein wohl bekanntestes Buch, *The Structure of Scientific Revolutions*, erschien 1962. (Foto © 1999 Stanley Rowin; *Obituary*, Thomas Kuhn, The Economist, 13. Juli 1996, p. 97).

Wie viele Skizzen oder Zeichnungen die Mappe *Finance* umfaßt, ist selbstverständlich nicht als ehernes Gesetz fest geschrieben. Im folgenden versuchen wir, fünf Skizzen zu unterscheiden, die in die Mappe gehören:

- Aktien als Anlage
- Klassische Portfoliotheorie
- Informationseffizienz und empirische Forschung
- Optionspreistheorie
- Privatinvestor

Vielleicht erfassen diese fünf Linien alles, was in Jahrzehnten der theoretischen und empirischen Forschung sowie durch die Beiträge der *Best Practices* aus dem Berufsfeld zur *Finance* gesammelt wurde und für den Portfoliomanager Bedeutung besitzt.

13.1.1 Aktien als Anlageinstrument

Eine der Skizzen in der Kunstmappe *Finance* zeichnet die Aktien als überlegene Instrumente für die langfristige Anlage. Wohl war SMITH der Vorreiter, als er 1924 mit seinem Buch nachwies, daß in Aktienrenditen jenen der Bonds so überlegen waren, daß Aktien als *Anlage* zu empfehlen wären. Zur empirischen Begründung hatte SMITH die Performance von Aktienanlagen und von Bonds von 1836 bis 1923 tabelliert und ausgewertet.[1]

Diese Sicht war damals keineswegs selbstverständlich; bis *dato* wurden für die Anlage Bonds als Finanzinstrumente schlechthin betrachtet, während Aktien in der damaligen Sicht sich lediglich zur Spekulation boten, aber wesenhaft für die Anlage *nicht* in Frage kamen.

SMITH ging sogar so weit zu behaupten, man könne bei Aktien versuchen, zukünftige Renditen zu prognostizieren, nämlich dann, wenn das Wachstum der Unternehmung bereits eingeleitet und klar erkennbar sei. Diese Prognose könne man gleichsam antizipieren und auf diese Weise Titel identifizieren, die unterbewertet sind — eben weil die meisten Investoren das bereits eingeleitete Wachstum nicht als *wertrelevant* akzeptieren. Die meisten Investoren jener Zeit richteten sich einzig an der gezeigten und rechnerisch bewiesenen Vergangenheit.

Kaum waren diese Ideen verstanden, kam die Wirtschaftskrise 1929. Die Anhänger der neuen Idee, man solle die Zukunft antizipieren, wurden drastisch bestraft. So ist verständlich, daß man später nicht mehr auf SMITH zurückkam, sondern den

---

[1] EDGAR LAWRENCE SMITH: *Common Stocks as Long Term Investments*. Macmillan, New York, 1929.

Ansatz der Fundamentalisten begrüßte: Zwar sei der Wert einer Unternehmung als "Zukunftswert" zu verstehen, als Barwert zukünftiger Gewinne, jedoch dürften die Gewinne nicht einfach mit irgendwelchen Wachstumsraten in die Zukunft fort geschrieben werden. Jene Gewinne, die es zu diskontieren gilt, sind aus Bilanz und aus der Gewinn- und Verlustrechnung zu entnehmen. Sie entsprechen jenen, die bereits realisiert und im Rechnungswesen angeführt worden sind.

Die Identifikation unterbewerteter Aktien durch Bestimmung des Fundamentalwerts ist das Leitthema des 1934 erschienenen Werks "Security Analysis" von GRAHAM und DODD, das zu einer Bibel der Finanzanalyse wurde.[2] Die beiden Autoren brachten die Bedeutung des Gewinns als Determinante für den Fundamentalwert auf. Aktien sollten zwar nicht einzig anhand der Substanz beurteilt werden, sondern aufgrund des Ertragswerts. Allerdings lehnten GRAHAM und DODD es ab, Wachstumschancen zu antizipieren. Der Wert begründe sich aus der gezeigten Performance. Entsprechend favorisierten sie Value-Aktien.

Das Thema "Aktien als Anlage" zieht sich durch das Portfoliomanagement wie ein roter Faden. Die Renditen werden als Random Walk, als Brown'sche Bewegung oder als Summe von Diffusionsprozeß und Sprungprozeß beschrieben. Was bleibt, ist das Rätsel, warum die mit Aktien erzielte Überrenditen so hoch sind. Es wird als Risikoprämien-Puzzle (*Equity Premium Puzzle*) bezeichnet und wurde 1985 von MEHRA und PRESCOTT entdeckt.[3]

13.1.2 Klassische Portfoliotheorie

Die Klassische Portfoliotheorie begann mit der Arbeit von MARKOWITZ 1952. Seine wichtigste Leistung war, die Rendite einer Aktie als Zufallsgröße zu beschreiben, bei der Wahrscheinlichkeitsverteilung auf zwei Parameter abzuheben, auf die Renditeerwartung und die Renditestreuung, um dann die Rendite von Portfolios mit den Rechenregeln der Wahrscheinlichkeitstheorie zu charakterisieren. Die Streuung der Rendite eines Portfolios aber ist nicht gleich der gewichteten Summe der Renditestreuungen der Komponenten, da der Kovarianzterm hinzukommt. Die Korrelation bestimmt maßgeblich die Diversifikationseffekte.

MARKOWITZ war zwar der Erste, der einen quantitativen Ansatz entwarf, mit dem die Diversifikation mathematisch untersucht werden konnte. Die Tatsache jedoch, daß auch ROY in jener Zeit zu ganz ähnlichen Resultaten kam, weist darauf hin, daß diese Ideen damals gleichsam in der Luft lagen. Damit sollen die Leistungen von MARKOWITZ nicht geschmälert werden, aber es wird das Licht auf jene Forscher gerückt, die schon zuvor die Mathematik in die Ökonomie hinein getragen

---

[2] BENJAMIN GRAHAM und DAVID L. DODD: *Security Analysis: Principles and Techniques*. McDraw-Hill, New York, zahlreiche Auflagen und Editionen.

[3] RAJNISH MEHRA und EDWARD C. PRESCOTT: The Equity Premium: A Puzzle. *Journal of Monetary Economics* 15 (March 1985) 2, pp. 145-161.

haben. Als einen der bedeutendsten Wissenschaftler, der bei der Bildung quantitativer Modellansätze zur Behandlung wirtschaftswissenschaftlicher Fragen Pionierarbeit leistete, nannten wir VON NEUMANN. Das Buch über Spieltheorie, von ihm gemeinsam mit MORGENSTERN verfaßt, hat den Einzug der Mathematik in die Ökonomie generell gefördert. Die in der Folge entstandene Kultur der Formulierung "mathematischer Modelle" und die "mathematische Optimierung" haben auch das *Finance* befruchtet.

13.1.3 Markteffizienz und Empirie

Die dritte Gruppe von Forschungen im *Finance*, die für das Portfoliomanagement große Bedeutung haben, sind die empirischen Ansätze. Natürlich war auch schon SMITH insofern Empiriker, als er seine These, Aktien eigneten sich für die langfristige Geldanlage sogar noch besser als Bonds, durch Tabellen mit faktischen Renditen unterlegte. Auch MARKOWITZ griff zu konkreten Zahlen für die Verteilungsparameter und gab sie als Daten in seine Algorithmen ein, um die wirkliche Effizienzkurve zu errechnen.

Die Empirie und die Statistik als Methode der empirischen Forschung nahmen ihren großen Aufschwung jedoch an der Frage, ob Kursbewegungen oder Renditen nun wirklich zufällig seien, oder ob es nicht vielmehr doch noch serielle Korrelationen gibt, die eine bessere Prognose der zukünftigen Entwicklung erlauben würden. Es war also die These der Informationseffizienz, die den Aufschwung der empirischen Forschung innerhalb der *Finance* provozierte, forderte und förderte. Auch die statistisch-empirische Forschung im *Finance* hat ihre Väter. WORKING hatte 1934 die Beobachtung publiziert, daß Aktienkurse sich "wie zufällig" verhielten. KENDALL hatte 1953 die Ergebnisse von WORKING bestätigt und argumentiert, der Verlauf der Aktienkurse lasse sich am besten durch einen *Random Walk* beschreiben. Weitere Publikationen in dieser empirischen Richtung stammen von dem Astrophysiker OSBORNE; hier wurde gezeigt, daß die Kurse von Aktien einer Brown'schen Bewegung gleichen.[4]

Obschon die empirische Untersuchung der These der Markteffizienz nicht zu einem Ergebnis führte, das sich mit einem Satz beschreiben ließe, muß sie für das Portfoliomanagement als äußerst fruchtbar bezeichnet werden.

---

[4] Literatur: 1. HOLBROOK WORKING: A Random Difference Series for Use in the Analysis of Time Series. *Journal of the American Statistical Association* 29 (1934), pp. 11-24. 2. HOLBROOK WORKING: The Investigation of Economic Expectations. *American Economic Review* 39 (1949) 3, pp. 150-166. 3. MAURICE G. KENDALL: The Analysis of Economic Time-Series, Part I: Prices (1953); wieder abgedruckt in PAUL H. COOTNER, editor, *The random character of stock market prices*. Cambridge MIT Press 1964. 4. M. F. M. OSBORNE: Brwonian Motion in the Stock Market. *Operations Reserach* 7 (March-April 1959), pp. 145-173. M. F. M. OSBORNE: Periodic Structure in the Brownian Movement of Stock Prices. *Operations Reserach* 10 (May-June 1962), pp. 245-279.

Die empirische Forschung hat zum Einsatz von Mehrfaktor-Modellen geführt. Mehrfaktor-Modelle, so haben wir zuvor in Kapitel 6 festgestellt, öffnen ein unüberschaubares Reich empirischer Arbeitsmöglichkeiten. Sei es, daß neue Erkenntnisse zur Bedeutung von Unternehmenskennzahlen gesucht werden, sei es, daß frühe Signale auf ihre Eignung für das Trading überprüft werden sollen. Das sich öffnende Reich fordert die Kreativität des ökonomischen Geistes, verlangt aber auch den Fleiß und die Mühe, die mit empirischer Arbeit verbunden ist. Wie schön wäre es, so sagten wir, wenn aktives Portfoliomanagement das kunstvollwillkürliche Kaufen oder Verkaufen einzelner Aktien geblieben wäre, so wie es früher war. Die Zeiten haben sich durch das Werkzeug der Multifaktor-Modelle geändert. Wir müssen ungewohnte, empirisch abgestützte Fakten zur Kenntnis nehmen.[5]

13.1.4 Option Pricing

Zweifellos ist die Theorie der Optionspreisbildung eine Krönung im Finance. Die Formel von BLACK und SCHOLES ist sofort nach ihrer Publikation 1973 weltberühmt geworden und hat die hohen mathematischen Ansprüche unterstrichen, die im Finance gestellt werden. Auch vor der Publikation der Black-Scholes-Formel war die Suche nach einer Berechnungsvorschrift oder einer geschlossenen Formel für den marktgerechten Preis einer Option eine große Herausforderung für die theoretische Forschung. SMITHSON hat die verschiedenen Versuche, den Berg zu besteigen, nachvollzogen.[6] Die ersten analytischen Ansätze und damit Vorläufer der Black-Scholes-Formel stammen von SPRENKLE 1964, BONESS 1964 und SAMUELSON 1965.[7]

Abgesehen vom praktischen und theoretischen Nutzen einer Formel haben alle diese Ansätze für das Portfoliomanagement eine neue Dimension eröffnet: Die Idee der Replikation und der Bildung von Hedge-Portfolios. Das Licht fällt daher wenigstens genauso stark auf die Arbitrage, auf die Replikation und auf die Bildung gehedgter Positionen wie auf die Formel selbst.

---

[5] JOHN H. COCHRANE: New Facts in Finance. *Working Paper 7. Juni 1999*, Graduate School of Business, University of Chicago, 1101 E 58th Street, Chicago IL 60637, 7737023059

[6] CHARLES SMITHSON: Wonderful Life. *Risk magazine* (October 1991); wieder abgedruckt in From *Black-Scholes to black holes — New Frontiers in Options*. Risk / FINEX, New York 1992, pp. 23-31.

[7] Drei Vorläufer der Black-Scholes-Formel: 1. CASE M. SPRENKLE: Warrant prices as indicators of expectations and preferences; in: *The random character of stock market prices* (PAUL H. COOTNER, ed.), MIT Press, Cambridge, Massachusetts 1964, pp. 412-474. 2. A. JAMES BONESS: Elements of a theory of stock-option value. *Journal of Political Economy* 72 (April 1964), pp. 163-175. 3. PAUL A. SAMUELSON: Rational theory of warrant pricing. *Industrial Management Review* 6 (1965), pp. 13-31.

13.1.5 Privatinvestor

Die fünfte Zeichnung in der Mappe des Portfoliomanagers widmet sich ganz dem Privatinvestor, wie er als Mensch denkt und fühlt. Stolz über theoretische Erkenntnisse könnten den Wissenschaftler zur Unbescheidenheit verleiten, normativ von der Praxis zu verlangen, nun doch endlich die Theorie zur Kenntnis zu nehmen. Doch die Praxis der Geldanlage ist wie ein großer Strom, der an den Meilensteinen wissenschaftlicher Erkenntnis einfach so vorbeifließt.

Immer mehr Forscher akzeptieren die Notwendigkeit, den Menschen der Wirklichkeit erst einmal verstehen zu müssen. Vielleicht läßt sich sein Verhalten doch im einen oder anderen erklären, und vielleicht ist es nicht so irrational, wie es noch vor einigen Jahren die überwiegende Literatur glauben machen wollte.

Zwei Arbeiten seien als Beispiele für zahlreiche andere genannt, die zusammen genommen den Privatinvestor als Forschungsgebiet etablieren. BRENNAN modelliert und erklärt das Lernen des Investors, FISHER und STATMAN gehen der praktischen Politik von Investmentfonds und von Kapitalanlagegesellschaften nach. Die **Behavioral Finance** bringt ihrerseits psychologisch begründete Befunde ein. Bald haben wir eine Portfoliotheorie zur Hand, die nicht den Menschen zu einer Theorie bekehren möchte, sondern sich stärker auf seine Seite stellt.[8]

13.2 Praxis Portfoliomanagement

13.2.1 Drei Fehler

Immer wieder waren und sind die Anleger nicht mit jenen Renditen zufrieden, die ihnen traditionelle Finanzinstitutionen bieten oder die sie mit ihrer Anlagepolitik erzielen. Die Suche nach den höheren Renditen, der vielfach bei Anlegern anzutreffende Leichtsinn und die *Overconfidence* hinsichtlich der eigenen Fähigkeiten schaffen Raum für "Geldverwalter" und "Ratgeber" im Graubereich des Finanzwesens eines Landes. Die Varianten des Spiels sind immer wieder drei.

1. Wir beginnen mit der harmlosesten Variante, durch übertriebene Aktivität und Fehler in der Taktik immer wieder kleinere Nachteile hinzunehmen, die sich kumulieren.

2. Die zweite Variante führt uns zum Leichtsinn einer überzogenen Leveragepolitik, die man nicht wahrhaben möchte.

---

[8] 1. MICHAEL J. BRENNAN: The Individual Investor: *Journal of Finanacial Reserach* XVIII (Spring 1995) 1, pp. 59-74. 2. KENNETH L. FISHER und MEIR STATMAN: Investment Advice from Mutual Companies. *Journal of Portfolio Management* (Fall 1977), pp. 9-25.

13. KONKLUSION

3. Die dritte Variante beleuchtet den Bereich des Finanzbetrugs, der immer wieder diese Form hat: es geht um ein kaschiertes Pyramidenspiel (Ponzi-Schema).

Variante 1: **Übertriebene Aktivität.**

Leider begehen viele Investoren den Fehler, übertriebene Aktivität walten zu lassen. Die Aktivität entspringt wohl einerseits dem Drang, sich um sein Geld zu "kümmern," andererseits der Informationsverarbeitung. Wir Menschen nehmen Nachrichten auf und werden plötzlich zu sicher, daß dieses oder jenes an den Märkten passieren wird. Das Phänomen der *Overconfidence* ist empirisch hoch bestätigt.

Aus diesen Gründen ändern wir die Zusammensetzung unserer Depots permanent. Würde die Hypothese der Informationseffizienz gelten, und könnten alle Transaktionen friktionslos bewerkstelligt werden, wären die laufenden Umschichtungen im Prinzip kein großer Schaden: Man verkauft einen *fair* bewerteten Titel und kauft einen *fair* bewerteten Titel.

Allerdings sind die Transaktionskosten nicht gleich Null. Transaktionskosten setzen sich nicht nur aus Gebühren und Courtagen zusammen, sondern auch aus einer Handelsspanne, die bei allen Börsen eine Folge der Tatsache sind, daß *Trader* dem Markt Liquidität verschaffen und dafür mit dem Bid-Ask-Spread kompensiert werden. Die Liquidität jedoch fordert der Privatinvestor, dem plötzlich in den Sinn kommt, er müsse unbedingt diese oder jene Aktie kaufen.

Jüngst haben BARBER und ODEAN diesen Sachverhalt in ihrem Aufsatz *Trading is Hazardous to Your Welath* nachgewiesen.[9] Sie untersuchten über 60 Tausend amerikanische Privatinvestoren, die ihr Depot bei einem Discount Broker führten. Der durchschnittliche Privatinvestor hatte eine Verzerrung gegenüber dem Marktportfolio zu Aktien mit hohem Beta, zu kleinen Gesellschaften und zu Value-Stocks und er hat das Portfolio zu 75% im Jahr gedreht. Die von 1991 bis 1996 von diesen Investoren erzielte Rendite betrug 16,4%, während der Marktindex 17,9% in dieser Zeit gebracht hätte. Jene Privatinvestoren, die am aktivsten ihr Portfolio umgeschichtet haben, kamen nur auf eine Rendite von 11,4%

Auch gibt es Instrumente, die laufend ihre Risikocharakteristika ändern und bei denen die Preisbildung verschiedenen Einflüssen unterliegt. Hierzu gehören unter anderem Optionen, Rohstoffe, Anleihen von Schuldnern in Emerging Markets und andere Instrumente. Wer Optionen oder Warrants kauft, ohne über eine genaue Kenntnis der Eigenschaften derartiger Instrumente zu verfügen, setzt sich einem unkontrolliertem Prozeß unsicherer Einflüsse aus, die gelegentlich zu Glück, viel öfters aber zu Verlusten führen. In wenig effizienten Märkten, in denen die überwiegende Zahl der Teilnehmer sophistiziert sind, in denen es viel-

---

[9] BRAD M. BARBER und TERRANCE ODEAN: Trading is Hazardous to Your Wealth: The Common Stock Investment Performance of Individual Investors. *Journal of Finance* 2000.

leicht große Handelsspannen gibt, und bei denen die Instrumente aufgrund von Einflüssen bepreist werden, die der Privatinvestor wenig überschaut, werden die nur mittelmäßig Informierten systematisch verlieren.

Variante 2: **Leverage**.

Die zweite Variante des Spiels, doch noch schnell reich zu werden, besteht in einer überzogenen Leveragepolitik. Es ist immer das gleiche Spiel: Die Geldgeber überlassen ihre Mittel einem "Investor" zur Verwaltung, der die ihm anvertrauten Mittel wesentlich riskanter anlegt als seinen Geldgebern klar ist oder als diese wahrhaben wollen.

Hierzu werden nicht nur Anlagen gesucht, die von Natur aus riskanter sind. Es wird auch durch eine Politik der Verschuldung (Leverage-Effekt) als Hebel eingesetzt, um die Renditeerwartung zu heben. Durchaus kann es sich um eine einmalige Investition handeln. Vielleicht macht der "Investor" auch keine großen Anstrengungen, neue Anlagegelder zu erhalten.

Mit Glück kann es einige Zeit gut gehen. In dieser Zeit des Sonnenscheins wird im Kreis der Geldgeber der "Guru" überschwenglich für sein Talent und sein System gelobt. In der Tat wirkt der Guru smart, beherrscht souverän alle Finanztechniken und äußert sich mit den Ausdrücken der Fachsprache. Er ist eher intelligent als populär. Irgendwann zeigt sich, daß ein hohes Risiko eben bedeutet, daß es auch einmal zu einem finanziellen Einbruch kommt.

Die Geldgeber fühlen sich geprellt, denn sie sind sich plötzlich einig, nie gewußt zu haben, daß so riskante Finanzkonstruktionen verwirklicht worden sind. Selten liegt es im Interesse der Behörden, hier nachträglich zu klären, wer welche Fehler begangen hat. Man einigt sich, nicht weiter darüber zu sprechen.[10]

Variante 3: **Ponzi-Schema**.

Die dritte Variante ist Finanzbetrug. Der "Investor" sammelt Kundengelder für die Anlage und sorgt durch eine gewisse Popularität dafür, daß der Strom neuer Anlagegelder nicht abreißt sondern eher zunimmt. Die neuen Anlagegelder fließen jedoch überhaupt nicht oder nur zu Teil in Finanzinstrumente oder Investitionsobjekte. Die neuen Gelder dienen dazu, versprochene Rückzahlungen an frühere Geldgeber zu leisten. Kurz und gut, der Investor setzt die Idee der Kettenbriefe um und überträgt sie in den Zusammenhang der Geldanlage.

---

[10] Die UBS, eine grosse Bank, hatte als Geldgeber einen Verlust von einer Milliarde, als im Oktober 1998 bekannt wurde, daß die LONG-TERM CAPITAL MANAGEMENT (LTCM) vor dem Ruin stand. Durch Fehlspekulationen und ein hohes Verschuldungsrisiko (Leverage) hatte die Finanzfirma LTCM insgesamt wohl 14 Milliarden USD verloren. Der LTCM wurde unter Federführung des Federal Reserve von großen Banken vor dem Konkurs gerettet. Eine Analyse des Vorfalls bietet GERHARD SCHEUENSTUHL: Leverage Trap. *Schweizer Bank* (1999) 1, pp. 28-32.

13. KONKLUSION

Die Jahresrechnung muß das Schema verwischen, wozu entweder über die Vermögensbestände und über Schulden nicht richtig Buch geführt wird — es wird nur eine Einzahlungs- Auszahlungsrechnung vorgelegt — oder aber es werden die wenigen vorhandenen Aktiva kraß überbewertet.

Diese Variante heißt **Ponzi-Schema**, benannt nach einem Wirtschaftsgauner, der um 1920 in Boston eben dieses Schema organisierte.[11]

Die "Rendite" zugunsten der alten Geldgeber hängt bei einem Ponzi-Schema von der Wachstumsrate ab, mit die jeweils neuen Geldgeber zuströmen. Solange Altkunden wie versprochen bedient werden, sind sie voll des Lobs und helfen — vielleicht aus Eigeninteresse, wenn sie das System durchblicken — neue Geldgeber zu finden. In der Tat wirkt der Guru populär, beherrscht alle Tricks der Öffentlichkeitsarbeit und äußert sich mit den Ausdrücken der Propaganda. Sozusagen muß er oder sie eher populär als intelligent sein, besonders wenn die Fachintelligenz Distanz erzeugt.

Irgendwann zeigt sich, daß die bisherigen Wachstumsraten im Kreis der Geldgeber sich nicht weiter stützen lassen. Oft greifen die Behörden ein, bevor ein Ponzi-Schema zusammenbricht. Dann verbünden sich die Geldgeber mit dem Guru und geben den Behörden die Schuld für das finanzielle Desaster.

In den USA gibt es eine intensive Diskussion über die dritte Variante: Das Ponzi-Schema steht als Begriff für finanziellen Betrug und Leichtsinn. Es muß nicht stören, daß unter den zahlreichen Beiträge im Internet[12] auch solche sind, die das Umlageverfahren der staatlichen Rentenversicherung immer wieder als Ponzi-Schema anprangern.

---

[11] Biographische Notiz: CHARLES PONZI ist 1882 in Italien geboren und eigentlich in guten Verhältnissen aufgewachsen, doch auch er hatte seinen Traum vom Leben: Mit 21 Jahren, 1903, ging er nach Kanada, wurde 1909 wegen Betrugs verurteilt und wegen guter Führung vorzeitig entlassen. PONZI ging dann nach Boston, wo er ROSE GUECCO heiratete, und seinen Traum tatsächlich verwirklichte — aus mitgebrachten $2,50 eine Million zu machen. Ein Trick mit einer Spekulation in vorausbezahlten Postkupons diente dazu, die eigentliche Vorgehensweise zu verbergen: Anlegern wurde 50% Zinsen für 90 Tage Geldüberlassung versprochen. Auf dem Höhepunkt des Schemas hatte PONZI überall in den USA Büros, von Maine bis New Jersey, über 40 Tausend Geldgeber, und er konnte 50% Zinsen nach 45 Tagen Anlagedauer wirklich auszahlen. Die Behörden griffen ein; er kam für drei Jahre ins Gefängnis. Bei seiner Entlassung 1934 wurde er von der Menge umjubelt und kündigte ein neues Schema an: Diesmal sollten Anleger 200% nach 45 Tagen erhalten. Daraufhin wurde PONZI arrestiert und nach Italien deportiert. Von dort ging er vor Beginn des Weltkriegs nach Brasilien, verdingte sich als Englischlehrer, wurde krank, halb gelähmt und fast blind. PONZI kam in ein Armenhaus und verstarb 1949 in der Armenabteilung des Krankenhauses von Rio de Janeiro; sein Vermögen von $75 genügte gerade für die Bestattung.

[12] Zum Beispiel htttp://www.usernet.com/users/mcknutson/

13.2.2 Empfehlungen für den Privatinvestor

Die Empfehlungen zu einer vernünftigen Geldanlage sind zuhauf. Für den Privatinvestor sollen vier genannt werden: 1. Das Wort des Vorsitzenden der amerikanischen Börsenaufsicht. 2. Den Talmud. 3. Die Weisheitsregel der griechische Antike. 4. Die *Prudent-Man-Rule*. Alle diese Empfehlungen sprechen Aspekte an, die eine vernünftige Geldanlage aufweisen muß:

1. Der Anleger muß die Investitionsobjekte kennen.
2. Der Anleger soll diversifizieren.
3. Der Anleger muß seine Situation kennen und das Maß finden.
4. Wird ein Treuhänder oder Portfoliomanager eingeschaltet, dann muß dieser Vorsicht walten lassen.

Erstens: **Der Anleger muß die Investitionsobjekte kennen.**

Angesichts der über Discount Broker und über das Internet immer leichter und direkter aufzugebenden Transaktionswünsche mahnt LEVITT, Vorsitzender der amerikanischen Börsenaufsicht SEC (*Securities and Exchange Commission*), nie ohne Kenntnisse zu investieren.

Drei "Goldene Regeln" sollten nach LEVITT befolgt werden:

1. Immer gelte es, das *Anlageinstrument* zu kennen, in das der Privatinvestor sein Geld steckt.
2. Jeder, der direkt Aufträge eingibt, sollte die *Basiskriterien* für den Kauf und Verkauf von Anleihen und von Aktien kennen.
3. Jeder Privatinvestor sollte den Grad des *Risikos* benennen können, das er im Begriff ist einzugehen.[13]

Zur Benennung des Risikos genügt es *nicht*, wenn der Privatinvestor weiß, daß Aktien "riskanter" sind als Anleihen.

Wenn ein Privatinvestor beispielsweise strukturierte Produkte kauft, sollte er wissen, ob und wie sich deren Risiko im Laufe der Zeit verändert. Wenn er alternative Anlageformen oder wenig liquide Instrumente wählt, oder Bonds aus den Emerging Markets, dann sollte er mit Worten fassen können, wie die speziellen Risiken solcher Instrumente allgemein zu beurteilen sind.

---

[13] Zu ARTHUR LEVITT vergleiche die *Neue Zürcher Zeitung*, Nr. 24 vom 30./31. Januar 1999, p. 33.

Zweitens: **Der Anleger soll diversifizieren**.

Der *Talmud*, Zusammenfassung der beiden großen Literaturwerke des Judentums, hat bereits vor über zwei Jahrtausenden die *Diversifikation* empfohlen: Der Talmud sagt, ein Drittel des Vermögens sollte in Land, ein Drittel in Geschäften angelegt und ein Drittel sollte liquide gehalten werden.[14]

Auf die heutige Welt übertragen würde das heißen:

> Lege ein Drittel Deines Vermögens in **Immobilien** an, ein zweites Drittel in **Aktien**, und ein Drittel halte in **liquider** Form oder in **Staatsanleihen**, die jederzeit verkauft werden können.

In der modernen Fachsprache wird diese Diversifikation als naiv bezeichnet, weil sie die genauen Diversifikationseffekte, die mit diesen Klassen von Anlageinstrumenten verbunden sind, nicht statistisch und quantitativ untersucht, sondern die Gewichtung — eben jeweils ein Drittel — ohne weiteres Fachwissen festsetzt. Dennoch ist dieser Rat nicht weit entfernt von dem, was heute Banken empfehlen.[15]

Ob nun naiv diversifiziert wird oder nach den Regeln der Portfoliotheorie: Diversifikation heißt, nicht in übertriebener Weise auf ein Instrument oder einige wenige Gruppen von Instrumenten zu setzen.

Leider setzen viele Privatanleger immer wieder zu sehr auf die Außenseiter in den Finanzmärkten und stellen sich ein Portfolio zusammen, daß die Basisanlagen in Relation zu den Außenseitern zu gering gewichtet.

Drittens: **Der Anleger muß seine Situation kennen und das Maß finden**.

Die griechischen Philosophen lehrten drei Grundsätze der Weisheit: 1. Sei Du selbst, 2. Wähle immer die Mitte, 3. Erkenne Dich selbst. Diese Weisheitsgrundsätze gelten auch für die Geldanlage und die Vermögensverwaltung.

Auf den Gegenstand der Vermögensverwaltung übertragen besagen die drei Prinzipien griechischer Weisheit:

1. Wähle eine Finanzstrategie, *die zu Dir paßt*, und befolge sie. Kopiere nicht unbesehen Tips, die Du irgendwo aufsammelst, die aus dem Zusammenhang gerissen wurden und für Dritte gedacht waren.

---

[14] MEIR TAMARI: *With All Your Possessions; Jewish Ethics and Economic Life*. The Free Press, New York, 1987. Zur "naiven Diversifikation" sei diese Abhandlung empfohlen: WOLFGANG BREUER: Naive Diversifikation. *Wirtschaftswissenschaftliches Studium WiSt* (Mai 1999), pp. 259-264.263.

[15] KENNETH L. FISHER UND MEIR STATMAN: *Investment Advice from Mutual Fund Companies*. Journal of Portfolio Management (Fall 1997), pp. 9-25.

2. Meide *extreme* Formen der Geldanlage, seien sie *zu* konservativ oder *zu* spekulativ. Vermeide *extreme* Prognosen der Wirtschaftslage. Weder der Optimist noch der Pessimist sehen die Realität richtig. Schlage einen Mittelweg ein.

3. *Erkenne* Deine finanzielle Situation. Was könnte passieren? Gegen welche Eventualitäten solltest Du dich schützen? Spiele nicht den großzügigen Aktieninvestor, der noch einen Lombardkredit nimmt, und beim ersten Kursrückgang alles verkaufen muß, weil er seine finanzielle Kraft nur aus der Sicht guter Tage kennt. Sei aber auch kein Tiefstapler, wenn es um die Einschätzung Deiner persönlichen Situation geht.

Besonders teuer kommen Ereignisse im Leben der Privatinvestoren zu stehen, die in überstürzter Weise eine Änderung des Finanzplans verlangen.

> Behutsame Flexibilität gegenüber möglichen Lebensereignisses und überraschenden Änderungen der finanziellen Situation sind verschaffen **Freiheit** und **Unabhängigkeit**, die vielfach für einen Anleger wichtiger sind als das letzte Quentchen Renditeerwartung.

Viertens: Ein Treuhänder muß Vorsicht und Verbundenheit zeigen.

Neben den üblichen und gesetzlichen Pflichten kommt einem Treuhänder oder Trustee die ethische Pflicht zu, die Kapitalanlagen mit Vorsicht und Umsicht zu verwalten.

Der Test hierfür wird als *prudent man test* bezeichnet.

Er geht auf ein im Jahr 1828 durch Richter PUTNAM gesprochenes Urteil zurück.

Der Vermögensverwalter, so begründete Richter PUTNAM, ... *is to observe how men of prudence, discretion, and intelligence manager their own affairs, not in regard to speculation, but in regard to the permanent disposition of their funds, considering the probable income, as well as the probable safety of the capital to be invested.*[16]

---

[16] PETER L. BERNSTEIN betont in seinem Buch *"Against The Gods — The remarkable Story of Risk"* (Wiley, New York 1996, pp. 249) daß die "unsterbliche" Regel auf den Richter SAMUEL PUTNAM zurückgeht, der in einem Urteil in Boston 1828 einen Vermögensverwalter vom Vorwurf freisprach, die Rendite sei zu gering gewesen. Gleichwohl betont BERNSTEIN, daß die Regel in einer Zeit und in einer Welt des Denkens geboren ist, die vor den Ideen der Klassischen Portfoliotheorie datiert.

> **Prudent-Man-Test** (PMT): Der mit dem Portfoliomanagement Beauftragte soll so handeln, wie ein *vorsichtiger* Vermögensverwalter entscheiden würde, der das Geld einer Person verwaltet, an die er *moralisch gebunden* ist.

Der PMT enthält mithin zwei Bedingungen:

1. die Vorsicht und
2. eine Verbindung mit dem Geldgeber, Beneficiary oder Prinzipal, die neben dem geschäftlichen Dienstverhältnis eine weitere, moralische Dimension zeigt.

Einer der erfolgreichsten Portfoliomanager und Unternehmer in Amerika, BUFFET, führt sein Imperium — den geschlossenen Anlagefonds Berkshire — nach genau diesem Grundsatz: *Look at the business you run as if it were the only asset of your family, one that must be operated for the next 50 years and can never be sold.*[17]

Nach dem PMT darf und soll der Investor ein der Situation angemessenes Risiko eingehen, solange er dabei **im vorsichtigen Bereich des Ermessensspielraumes** bleibt. Keinesfalls dürfen spekulative Risiken eingegangen werden.

13.2.3 Regeln für den institutionellen Investor

Die für Privatinvestoren genannten vier Regeln gelten auch für institutionelle Investoren. Hier sind sie nochmals in Kurzform:

1. Der Anleger muß die *Investitionsobjekte kennen*.
2. Der Anleger soll *diversifizieren*.
3. Der Anleger muß seine *Situation kennen* und das *Maß finden*.
4. Wird ein Treuhänder oder ein weiterer *Portfoliomanager* eingeschaltet, dann muß dieser Vorsicht walten lassen.

Hinzu kommen bei institutionellen Investoren Aspekte, die deshalb wichtig werden, weil der institutionelle Investor eine besondere Verpflichtung gegenüber seinen eigenen Kapitalgebern hat und Rechenschaft darüber ablegen muß, wie mit den Mitteln dieser Kunden oder Versicherten verfahren wird und wurde.

---

[17] Zu WARREN E. BUFFET vergleiche die *Business Week* vom 5. Juli 1999, p. 57 und vom 14. Juli 1999, pp. 104-107.

Außerdem lassen sich die für Privatinvestoren genannten Hinweise etwas formaler und professioneller ausführen, weil die Größenordnung der von institutionellen Investoren dazu die materielle Möglichkeit gibt.

Der Anleger muß die *Investitionsobjekte kennen*:

1. Der institutionelle Investor hat eine klare Definition der erlaubten und der unerlaubten Anlagen und Instrumente; vielfach sind gesetzliche Rahmenbedingungen einzuhalten.
2. Neben dem institutionellen Investor steht ein von ihm unabhängiger Revisor, der laufend die Einhaltung dieser Rahmenbedingungen prüft und ein Vetorecht für Transaktionen besitzt.
3. Mehrere, parallele Kontrollinstanzen erhöhen den Schutz gegen gewollte oder ungewollte Fehler. Deshalb soll auch die Ausführung der Rechnungen zur Performancemessung einem unabhängigen Dritten übertragen werden.

Kein guter Stil ist es, das Portfolio zu führen, selbst die Einhaltung von Restriktionen zu überwachen und die erzielte Performance selbst zu berechnen.

Der Anleger soll *diversifizieren*:

Geht es beim Privatinvestor vielfach um den generellen Imperativ der Diversifikation, wird der institutionelle Investor die für ihn beziehungsweise seine Kundschaft relevanten Risiken genau definieren. Ist es das Exposure gegenüber einem Währungsrisiko? Ist es die Ausfallwahrscheinlichkeit bezüglich einer Mindestrendite? Ist es der Kaufkraftschutz angesichts von Inflation? Mit einem Shortfall-Ansatz, mit Faktor-Modellen und mit der Style-Analyse wird das Exposure gegenüber diesen Risiken permanent kontrolliert.

Der Anleger muß seine *Situation kennen* und das *Maß finden*:

1. Für den institutionellen Investor ist besonders wichtig, die Verpflichtungen gegenüber den Kunden oder Versicherten planerisch zu erfassen. Der Wert, die Wertentwicklung und die Fälligkeit von Zahlungsverpflichtungen muß möglichst genau erfaßt werden.
2. Ist der Wert der *Assets* größer als der Wert dieser *Liabilities*, dann ist die Differenz, der *Surplus*, positiv. Vielfach soll auch der Surplus den Versicherten oder Kunden zugute kommen. Wie und wann soll das geschehen?
3. Der institutionelle Investor wird seine Situation und das richtige Maß für die Anlage sodann in ein Benchmark-Portfolio kleiden. Welcher Trackingerror darf eingegangen werden?
4. Es soll auch eine strukturelle Entscheidung dahingehend vorliegen, wie die Benchmark angepaßt wird, wenn sich der Surplus ändert. Eventuell muß, falls der Surplus sich aufgrund ungünstiger Marktentwicklung zurückgeht, die Anlagestrategie konservativer werden.

5. Wie und wann soll darüber durch wen entscheiden werden?

Wird ein Treuhänder oder ein weiterer *Portfoliomanager* eingeschaltet, dann muß dieser Vorsicht walten lassen:

Vielfach delegiert ein institutioneller Investor Teilaufgaben weiter.

1. So werden die Assets in Tranchen zerlegt, und typischerweise verwaltet ein institutioneller Investor nur eine der Tranchen selbst, die der anderen werden an andere Asset Manager delegiert. Welcher Stil ist dabei gewünscht?
2. Wo werden die Vermögenswerte gesichert und wer führt die Werte und Ergebnisse der einzelnen Tranchen rechnerisch zusammen (Custodianship)?
3. Schließlich stellt sich auch die Frage, wie die aktiv die Aufsicht des institutionellen Investors als Vertreter der Kunden und Versicherten in die Entscheidungen eingebunden werden.
4. Haben die entsprechenden Personen die erforderlichen Fachkenntnisse? Wie sehen die Stellenpläne aus? Wie ist die Frage der Honorierung geregelt, welche Wirkungen gehen vom Bonussystem aus?
5. In gut und klar organisierten Gebilden sind oftmals die politischen Stars gefährlich, die nur ihr eigenes Ansehen maximieren wollen. Ist die Organisation gegen informelle Versuche von Populisten und Diktatoren geschützt?

13.3 Epilog

"So, was hast Du nun verstanden?" sprach der GNOM zum WANDERER.

Der Angesprochene überlegt kurz und meint darauf: "Eigentlich sind mir drei Punkte aufgefallen. Sie haben alle etwas mit Begriffen des *Finance* zu tun. Erstens ist es das *Marktportfolio*, zweitens die *Volatilität* und drittens die *Statistische Methode*."

Darauf der GNOM mit prüfender und neugieriger Stimme: "Was ist Dir bei diesen drei Begriffen bewußt geworden?"

13.3.1 Marktportfolio

Der WANDERER: In der Klassischen Portfoliotheorie nimmt der Begriff *Marktportfolio* zweifellos die zentrale Position ein. Ohne diesen Begriff könnte weder die Kapitalmarktlinie erklärt noch könnte begründet werden, welches Portfolio ein Investor schließlich wählt. Es ist eine herausragende Leistung der beteiligten Wissenschaftler, den Begriff des Marktportfolios und die dahinter stehenden Konzepte erarbeitet zu haben.

Nur: Wer den Schritt von der Modellebene zur Realität schlagen muß, weil er in der Praxis arbeitet, hat mit diesem Begriff die größten Schwierigkeiten. Ich möchte gar nicht an die Kritik von ROLL erinnern, man könne das Marktportfolio aus grundsätzlichen Überlegungen nicht bestimmen. Es beginnt in der Praxis damit, daß das Konfidenzintervall für die Renditeerwartung groß ist, und die *Optimizer* sensibel auf die Variation gerade dieses Parameters reagieren.

BLACK hatte es so schön formuliert: *Estimating expected return is hard. Daily data hardly help. Only longer time periods help. We need decades of data for accurate estimates of average expected return. We need such a long period to estimate the average that we have little hope of seeing changes in expected return.*[18]

Kurzum: Wir kennen die Renditeerwartungen nicht. Wir sollten sie aber kennen, weil der Optimizer höchst sensitiv auf Änderungen der eingegebenen Daten für die Renditerewartungen reagiert — besonders wenn die Renditen der Assets positiv korreliert sind. BEST und GRAUER bemerken: *A surprisingly small increase in the mean of just one asset drives half the securities from the portfolio.*[19]

Anders ausgedrückt: Das Marktportfolio zu berechnen, so wie es MARKOWITZ gelehrt hat, ist eine Fiktion.

Am besten fährt der Praktiker, indem er sein Geld einfach so anlegt, wie es "Der Markt" tut, das heißt, **wie es alle anderen machen**. Wenn der Praktiker dann ein Seminar besucht, bezeichnet er das ganze scheinheilig als Marktportfolio und gibt vor, sich theoriekonform zu verhalten, ohne wirklich die Brücke zwischen Theorie und Praxis schlagen zu können.

Ganz ähnlich ist es mit dem Begriff der *Risikoaversion*.

Wer als gläubiger Schüler der Rationalität dem Prinzip des Erwartungsnutzens folgt und stets an BERNOULLI erinnert, ist sich oft nicht bewußt, wie schwierig es bei einem wirklichen Menschen — im Unterschied zum *Individuum* in einem mikroökonomischen Modell — dann ist, dessen Risikonutzenfunktion zu schätzen. Abgesehen von den behavioristischen Einwänden gegen den Erwartungsnutzen: ROY hat es in seiner frühen Arbeit 1952 so ausgedrückt: *A man who seeks advice*

---

[18] FISCHER BLACK: Estimating Expected Return. *Financial Analysts Journal* (September-October 1993), pp. 36-38

[19] MICHAEL J. BEST und ROBERT R. GRAUER: On the Sensitivity of Mean-Variance-Efficient Portfolios to Changes in Asset Means: Some Analytical and Computational Results. *Review of Financial Studies* 4 (1991) 2, pp. 315-342.

about his actions will not be grateful for the suggestion that he maxiomise expected utility.[20]

Die Unterscheidung zwischen konstanter absoluter und konstanter relativer Risikoaversion erscheint von daher Haarspalterei, feierlich in Vorlesungen von den Entscheidungstheoretikern im Elfenbeinturm zelebriert.

Am Ende muß der Portfoliomanager einen Anleger doch fragen: "Wollen Sie lieber ein Drittel Aktien oder wollen Sie zwei Drittel Aktien? Wenn Sie sich aber nicht schnell entscheiden können, bekommen Sie einfach 50% Aktien in Ihr Depot, *basta.*"

Der WANDERER hatte mit diesen Ausführungen den GNOM sichtlich beeindruckt.

Der GNOM mußte nun etwas zugeben, was er natürlich schon längst wußte: Zentrale Begriffe der Klassischen Portfoliotheorie wie Renditeerwartung, Marktportfolio, Risikoaversion helfen in der Praxis wenig. Am Ende bleiben sie in der Wirklichkeit des Portfoliomanagements nur Lippenbekenntnisse und eine Reverenz an jene Akademiker, die sich mit dem Vorführen des Formelapparats den Applaus des Seminarpublikums holen. Dem GNOM tat das innerlich weh, nachdem ihm sein Leben lang die Theorie Brot und intellektuelle Befriedigung brachte.

13.3.2 Volatilität

Der WANDERER fuhr fort:

Selbstverständlich ist mir aufgefallen, daß die Volatilität — oder die *Vola*, wie Praktiker liebevoll sagen — ein präzise definierter Begriff ist. Volatilität ist die Streuung der auf ein Jahr bezogenen und in stetiger Schreibweise notierten Rendite. Mir ist auch aufgefallen, daß sorgfältig von *Renditestreuung* gesprochen wurde, wenn es um die Rendite in *einfacher* Schreibweise ging und eben um Volatilität, wenn es um die *stetige* Rendite ging.

Diesen Unterschied möchte ich nicht allzusehr betonen. Mir geht es um das *Wesen* der Renditestreuung beziehungsweise Volatilität.

- Auf kurze Sicht ist die *Vola* das, was die Schwankungen nach oben und unten bewirkt. **Vola ist Risiko**.
- Auf lange Sicht, sagen wir, auf zwanzig oder auf vierzig Jahre, ist die Vola jedoch der Aspekt, der die enorme Rechtsschiefe der Vermögensverteilung bewirkt. **Vola ist Chance**. Ja, die *Vola* bewirkt die Chance, über einige Jahrzehnte hinweg superreich zu werden.

---

[20] ANDREW D. ROY: Safety First and the Holding of Assets. *Econometrica* 20 (1952), p. 433.

Wer jung ist, kann daher mit seinem freien Vermögen durchaus sein Schicksal fordern und die Chance ergreifen, die mit der Vola verbunden ist. Wer älter ist, hat sein Schicksal gefunden. Für denjenigen Investor ist *Vola* nur noch Risiko."

Damit hatte der WANDERER den GNOM überrascht, der zwar auch das alles wußte, sich aber nie getraut hat, so ungewöhnliche Gedanken auszusprechen. Denn auch der Wissenschaftler ist der Kritik unterworfen, und es ist leichter in Vorlesungen das Gewöhnliche und Gewohnte nachzuplappern als das Ungewöhnliche zu artikulieren.

13.3.3 Statistische Methode

"Am tiefsten," fuhr der WANDERER fort, "hat mich die Definition des Naiven beeindruckt. Naiv, so wurde gesagt, leite sich von lateinisch *nativus* ab, was heißt: durch Geburt entstanden, natürlich, unbekümmert von Theorien."

Und der WANDERER fuhr fort:

Der Naive denkt in anschaulicher Nachahmung der Beobachtung, ohne Theoriebildung. Kurzfristig, sagt der Naive, habe man zwar das Risiko mit Aktien, aber langfristig, auf drei Generationen, erhält man seine 8%. So zu denken ist *unbekümmert*. Vor dem Hintergrund der Statistik als wissenschaftliches Denkgebäude ist die eben zitierte Aussage **falsch**.

Mit der **Statistik als Methode der Erkenntnisgewinnung** werden Beobachtungen nicht einfach für bare Münze gehalten, die sich genauso in der Zukunft wiederholen müßten. Jede Beobachtung wird als Stichprobe eines Zufallsereignisses interpretiert. Die Stichproben verhelfen zu einer Kalibrierung der Verteilungsparameter, aber die Zukunft bleibt immer unsicher.

Wird das Phänomen langer Anlagehorizonte in die Stochastik eingebettet, ist nur diese Aussage möglich: Wenn den Annahmen der Brown'schen Bewegung gefolgt wird, dann ist die in 72 zukünftigen Jahren — sagen wir die gerade heute beginnenden 72 Jahre — erzielte Durchshcnittsrendite *nicht* eine sichere Größe. Sie ist zufällig, normalverteilt, sie besitzt den Erwartungswert 8,22% und die Streuung $0,189/\sqrt{72} = 0,0223 = 2,23\%$.

Interpretation:

- Von heute an auf 72 Jahre in Schweizer Aktien angelegt werden die Anleger eine Durchschnittsrendite erzielen, die mit Wahrscheinlichkeit 68,69% im Intervall von 5,99% bis 10,45% liegt — dem einfachen Sigma-Band.

- Mit Wahrscheinlichkeit 95,45% wird sie im zweifachen Sigma-Band zwischen 3,76% und 12,68% liegen.

- Wer ein Intervall möchte, in dem die Rendite noch sicherer zu liegen kommt, könnte das dreifache Sigma-Band wählen: Die Durchschnittsrendite für die kommenden 72 Jahre wird mit Wahrscheinlichkeit 99,73% zwischen 1,53% und 14,91% liegen.

Also: wer heute investiert und 72 Jahre wartet und dann zurückblickt könnte sich *wundern*: Es ist aufgrund unserer empirischen Erkenntnisse nicht ausgeschlossen, daß die dann über drei Jahrzehnten erzielte Durchschnittsrendite nur 1,53% betrug und damit weit unterhalb der Inflationsrate liegt.

13.3.4 Schluß

Der GNOM lächelte fein. Er fühlte sich erleichtert und erlöst. Endlich hatte jemand verstanden, warum Wissenschaft für die Menschheit gut ist. Sie hebt den Menschen aus der Naivität und bringt ihm eine höhere Form der Erkenntnis, bei der es einen Rahmen für Erklärungen, Argumentationen und Prognosen gibt, der schließlich zu überlegenen Handlungen im praktischen Leben führt.

So wendete sich der GNOM zum WANDERER mit dem Urteil: "Jetzt bist Du selbst zum Meister geworden."

Der WANDERER entgegnete auf diese ehrende Bemerkung nichts. Bei sich dachte er, daß er sich noch einige Jahre zuvor gefreut hätte, Meister genannt zu werden. Aber die Zeit war auch für ihn vergangen und im Laufe der Jahre sah er die Dinge nüchterner. RONALD COASE erhielt den Nobelpreis 1991, als er 81 Jahre alt war. COASE wurde gefragt, ob er sich freue, und soll geantwortet haben: Ja schon, aber so spät: fünfzig Jahre nach der Publikation, für die ich geehrt wurde.

Dennoch verstand der WANDERER, daß er nun dem GNOM Fragen stellen durfte: "Wie eigentlich hast Du Dein Geld angelegt."

Und der GNOM berichtete mit der Sprache, in der man sich an einen Freund wendet: "Früher hatte ich *alles* in Aktien angelegt — ich wollte die Chance haben, reich zu werden. Bewußt habe ich auf die *Vola* gespielt, eben weil sie auf längere Zeit die Chance gibt, reich oder sogar sehr reich zu werden. Nun, ich bin nicht reich geworden. Ich habe den Modus gezogen.

Weder habe ich viel, noch wenig. Ich habe das, was die *meisten* anderen Menschen in meinem Alter auch erreicht haben. Ich bin mir schon bewußt, daß das Erreichte deutlich unter dem Mittelwert liegt. Ab und zu berate ich eine Vermögensverwaltung und höre immer von Privatanlegern, die zehn oder fünfzig Millionen haben. Das hebt den Durchschnitt deutlich nach oben, aber die meisten Menschen liegen genau wie ich deutlich unter dem Durchschnitt.

Das ist nicht Pech. Die Statistik sagt, der Modus ist das Ergebnis mit der höchsten Eintrittswahrscheinlichkeit. Wer denkt, bei einer Geldanlage über viele Jahre den Erwartungswert zu ziehen, belügt sich selbst.

Jetzt, nach fünfundzwanzig Jahren, habe ich also mein Schicksal realisiert. Aber ich hatte wirklich die Chance gehabt, reich zu werden. Ja, einmal war sie ganz nah — mit *Private Equity*. Es war eine Firma, die sogar im Fernsehen als Musterbetrieb gelobt wurde. Kurz vor dem *IPO*, der mich als Verkäufer der Aktien an die Öffentlichkeit wohlhabend gemacht hätte, ist die Firma in Konkurs geraten.

Heute halte ich 50% in Aktien, und den Rest in Anleihen, Immobilien und Liquidität. Nicht daß ich risikoaverser geworden bin, nein das ist sicher nicht der Grund für die Rücknahme der Aktienquote. Jetzt maximiere ich den Modus."

WANDERER: "Dann folgst Du genau den wissenschaftlichen Überlegungen."

GNOM: "Ja, denn Erkenntnisse sollen unser Handeln leiten."

13.4 Verzeichnisse

13.4.1 Literatur

A

OTTO L. ADELBERGER und GERD LOCKERT: An Investigation into the Number of Factors Generating German Stock Returns, in: WOLFGANG BÜHLER, HERBERT HAX und REINHART SCHMIDT (eds.): *Empirical Reserach on the German Capital Market*, Physica-Verlag 1999, pp. 151-170.

ARMEN A. ALCHIAN: The Rate of Interest, Fisher's Rate of Return Over Cost, and Keynes' Internal Rate of Return. *American Economic Review* 45 (1955), pp. 938-943.

MAURICE ALLAIS: Le Comportement de l'Homme Rationnel davant le Risque, Critique des Postulates et Axiomes de L'Ecole Americaine. *Econometrica* 21 (1953), pp. 503-546.

KENNETH J. ARROW: The Role of Securities in the Optimal Allocation of Risk-Bearing, *Review of Economic Studies* 1964, pp. 91-96.

GORDON J. ALEXANDER, WILLIAM F. SHARPE und JEFFERY V. BAILEY: *Fundamentals of Investments*. Prentice-Hall International Edition.

B

GÜNTER BAMBERG und KLAUS SPREMANN: Implications of Constant Risk Aversion. *Zeitschrift für Operations Research* 25 (1981), pp. 205-224.

GÜNTER BAMBERG und RALF TROST: Entscheidungen unter Risiko: Empirische Evidenz und Praktikabilität. *Betriebswirtschaftliche Forschung und Praxis* 6 (1996) 6, pp. 640-662.

ROLF W. BANZ: The relationship between return and market value of common stocks. *Journal of Financial Economics* 9 (1981), pp. 3-18.

STAN BECKERS, PAUL CUMMINS und CHRIS WOODS: The Estimation of Multiple Factor Models and their Applications: The Swiss Equity Market. Finanzmarkt und Portfolio Management 7 (1993) 1, pp. 24-45

TANYA STYBLO BEDER: VAR: Seductive but Dangerous. *Financial Analysts Journal* 51 (September/October 1995), pp. 12-24.

HELMUT BEECK, LUTZ JOHANNING, BERND RUDOLPH: Value-at-Risk-Limitstrukturen zur Steuerung und Begrenzung von Marktrisiken im Aktienbereich. *OR Spektrum* 21 (1999), pp. 259-286.

DANIEL BERNOULLI: Specimen Theoriae Novae de Mensura Sortis. *Commentarii Academiae Scientiarum Imperiales Petropolitanae* 5 (1738), pp. 175-192. Englische Übersetzung von L. SOMMER: Exposition of a New Theory on the Measurement of Risk. *Econometrica* 22 (1954), pp. 23-36. Deutsche Übersetzung aus dem Lateinischen von LUTZ KRUSCHWITZ und PETER KRUSCHWITZ in: *Die Betriebswirtschaft* 56 (1996) 6, pp. 733-742.

MICHAEL J. BEST und ROBERT R. GRAUER: On the Sensitivity of Mean-Variance-Efficient Portfolios to Changes in Asset Means: Some Analytical and Computational Results. *Review of Financial Studies* 4 (1991) 2, pp. 315-342.

BRAD M. BARBER und TERRANCE ODEAN: Trading is Hazardous to Your Wealth: The Common Stock Investment Performance of Individual Investors. *Journal of Finance* 2000.

G. BEKAERT und C. HARVEY: Time-Varying World Market Integration. *Journal of Finance* 50 (1995), pp. 403-444.

A. K. BERA UND M. L. HIGGINS: ARCH models: Properties, estimation and testing. *Journal of Economic Survey* 7 (1993) 4, pp. 305-362.

PETER L. BERNSTEIN: *Capital Ideas — The Improbable Origins of Modern Wall Street*. The Free Press, New York 1992.

PETER L. BERNSTEIN (Editor), stammt: *The Portable MBA in Investment*. John Wiley & Sons, New York, 1995.

PETER L. BERNSTEIN: *Against The Gods — The remarkable Story of Risk*. Wiley, New York 1996.

MICHAEL J. BEST UND ROBERT R. GRAUER: On the Sensitivity of Mean-Variance-Efficient Portfolios to Changes in Asset Means: Some Analytical and Computational Results. *Review of Financial Studies* 4 (1991) 2, pp. 315-342.

G. O. BIERWAG, GEORGE G. KAUFMANN und ALDEN TOEVS: Duration: Its Development and Use in Bond Portfolio Management. *Financial Analysts Journal* (1983), pp. 15-35.

NICHOLAS H. BINGHAM, RÜDIGER KIESEL: *Risk-Neutral Valuation. Pricing and Hedging of Financial Derivatives*. Springer Verlag London 1998.

MICHAEL H. BIRNBAUM: Issues in Utility Measurement. *Organizational Behavior and Human Decision Processes* 52 (1992), pp. 319-330.

FISCHER BLACK: Estimating Expected Return. *Financial Analysts Journal* (September-October 1993), pp. 36-38

FISCHER BLACK: Universal Hedging: Optimizing Currency Risk and Reward in International Equity Portfolios. *Financial Analysts Journal* (July/August 1989), pp. 16-22.

FISHER BLACK: Capital Market Equilibrium with Restricted Borrowing. *Journal of Business* 45 (July 1972), pp. 444-454.

FISHER BLACK: Living up to the Model. *Risk Magazine* (March 1990).

CHRISTOPHER BLAKE, EDWIN ELTON und MARTIN J. GRUBER: The Performance of Bond Mutual Funds. *Journal of Business* 66 (1993), pp. 371-403.

MARSHALL BLUME: On the Assessment of Risk. *Journal of Finance* 26 (1971), pp. 1-10.

MARSHALL BLUME: Betas and their Regression Tendencies. *Journal of Finance* 30 (1975), pp. 785-795.

TIM BOLLERSLEV, RAY Y. CHOU und KENNETH F. KRONER: ARCH modeling in finance. *Journal of Econometrics* 52 (1992), pp. 5-59.

DOUGLAS BREEDEN: An Intertemporal Asset Pricing Model with Stochastic Consumption and Investment Opportunities. *Journal of Financial Economics* 7 (1979), pp. 265-296.

MICHAEL J. BRENNAN: Capital Market Equilibrium with Divergent Lending and Borrowing Rates. *Journal of Financial and Quantitative Analysis* 6 (1971), pp. 1197-1205.

MICHAEL J. BRENNAN: The individual investor. *Journal of Financial Reserach* XVIII (Spring 1995) 1, pp. 59-74.

MICHAEL J. BRENNAN: The Role of Learning in Dynamic Portfolio Decisions. *European Finance Review* 1 (1998), pp. 295-306

MICHAEL J. BRENNAN und EDUARDO S. SCHWARTZ: Portfolio Insurance and Financial Market Equilibrium. *Journal of Business* 62 (1989) 4, pp. 455-472.

WOLFGANG BREUER: Naive Diversifikation. *Wirtschaftswissenschaftliches Studium WiSt* (Mai 1999), pp. 259-264.

WOLFGANG BREUER: Wie hedgt man mit Devisen-Forwards? *Zeitschrift für betriebswirtschaftliche Forschung* 48 (1996) 3, pp. 233-250.

WOLFGANG BREUER: Hedging von Wechselkursrisiken mit Termingeschäften. *Zeitschrift für betriebswirtschaftliche Forschung* 48 (1996), pp. 515-529.

WILLIAM BROCK, JOSEF LAKONISHOK UND BLAKE LEBARON: Simple Technical Trading Rules and Stochastic Properties of Stock Returns. *Journal of Finance* XLVII (December 1992) 5, pp. 1731-1764.

OTTO BRUDERER und KONRAD HUMMLER (Hrsg.): *Value at Risk im Vermögensverwaltungsgeschäft*, Stämpfli Verlag Bern 1997

A. JAMES BONESS: Elements of a theory of stock-option value. *Journal of Political Economy* 72 (April 1964), pp. 163-175.

MICHAEL J. BRENNAN: The Individual Investor: *Journal of Finanacial Reserach* XVIII (Spring 1995) 1, pp. 59-74.

PATRICK L. BROCKETT und YEHUDA KAHANE: Risk, Return, Skewness and Preference. *Management Science* 38 (June 1992) 6, pp. 851-866.

WOLFGANG BÜHLER, HERMANN GÖPPL, HANS-PETER MÖLLER et al.: Die Deutsche Finanzdatenbank; in WOLFGANG BÜHLER, HERBERT HAX, REINHART SCHMIDT (eds.): Empirische Kapitalmarktforschung, *Zeitschrift für betriebswirtschaftliche Forschung*, Spezialheft 31 (1993), pp. 287-331.

C

JOHN Y. CAMPBELL, ANDREW W. LO und A. CRAIG MACKINLAY: *The Econometrics of Financial Markets*. Princeton University Press, Princeton, New Jersey, 1997.

NIKO CANNER, N. GREGORY MANKIW, und DAVID N. WEIL: An Asset Allocation Puzzle. *American Economic Review* (March 1997), pp. 181-191.

K. C. CHAN, NAI-FU CHEN und DAVID HSIEH: An Exploratory Investigation on the Firm Size Effect, *Journal of Financial Economics* 14 (September 1985), pp. 451-471.

NAI-FU CHEN, RICHARD ROLL und STEPHEN A. ROSS: Economic Forces and the Stock Market. *Journal of Business* 59 (July 1986), pp. 383-403.

VIJAY K. CHOPRA und WILLIAM T. ZIEMBA: The Effect of Errors in Means, Variances, and Covariances on Optimal Portfolio Choice. *Journal of Portfolio Management* 19 (Winter 1993), pp. 6-11.

J. A. CHRISTOPHERSON. Equity Style Classifications. *Journal of Portfolio Management* (Spring 1995), pp. 32-46.

JOHN H. COCHRANE: New Facts in Finance. *Working Paper 7. Juni 1999*, Graduate School of Business, University of Chicago, 1101 E 58th Street, Chicago IL 60637, 7737023059

GREGORY CONNOR: The Three Types of Factor Models: A Comparison of Their Explanatory Power. *Financial Analysts Journal* (May-June 1995), pp. 42-46.

THOMAS E. COPELAND und J. FRED WESTON: *Financial Theory and Corporate Policy*. Addison-Wesley, Reading, (3rd edition 1992), p. 215.

J. COX UND M. RUBINSTEIN: *Options markets*. Prentice-Hall, Englewood Cliffs 1985.

D

WERNER DEBONDT und RICHARD THALER: Does the Stock Market overreact? *Journal of Finance* 40 (1985), pp. 793-805

MARTIN DRUMMEN und HEINZ ZIMMERMANN: Portfolioeffekte des Währungsrisikos. *Finanzmarkt und Portfolio Management* 6 (1992), pp. 81-102.

MARTIN DRUMMEN und HEINZ ZIMMERMANN: The Structure of European Stock Returns. *Financial Analysts Journal* (July/August 1992), pp. 15-26.

E

ROBERT F. ENGLE: Autoregressive conditional hetroscedasticity with estimates of the variance ofunited kingdom inflation. *Econometrica* 50 (July 1982) 4, pp. 987-1007.

F

EUGENE F. FAMA: The Behavior of Stock Market Prices. *Journal of Business* 38 (January 1965), pp. 34-105.

EUGENE F. FAMA: Efficient Capital Markets: A Review of Theory and Empirical Work, *Journal of Finance* 25 (1970), pp. 383-417.

Eugene F. FAMA: Efficient Capital Markets: II, *Journal of Finance* 46 (1991) 5, pp. 1575-1617.

EUGENE F. FAMA and KENNETH R. FRENCH: The cross-section of expected stock returns. *Journal of Finance* 47 (1992), pp. 427-465.

FAMA and FRENCH: Common risk factors in the returns on stocks and bonds. *Journal of Financial Economics* 33 (1993), pp. 3-56.

FAMA and FRENCH: Size and book-to-market factors in earnings and returns. *Journal of Finance* 50 (1995), pp. 131-155.

ROBERT FERGUSON: Performance Measurement Doesn't Make Sense. *Financial Analysts Journal* 36 (1980), pp. 59-69.

ROBERT FERGUSON: The Trouble with Performance Measurement. *Journal of Portfolio Management* 12 (1986), pp. 4-9.

STEPHEN FIGLEWSKI, WILLIAM L. SILBER UND MARTI G. SUBRAHMANYAM (EDITORS): *Financial Options – From Theory to Practice.* Irwin Publishing, New York 1990.

PETER C. FISHBURN: Foundations of Decision Analysis: Along the Way. *Management Science* 35 (April 1989) 4, pp. 387-405.

KENNETH L. FISHER und MEIR STATMAN: Investment Advice from Mutual Companies. *Journal of Portfolio Management* (Fall 1977), pp. 9-25.

JACK C. FRANCIS und STEPHEN H. ARCHER: *Portfolio Analysis.* Prentice Hall, Englewood Cliffs, New Jersey 1979.

JACK C. FRANCIS und CHENG FEW LEE: Investment Horizon, Risk Proxies, Skewness, and Mutual Fund Performance: A Theoretical Analysis and Empirical Investigation. *Reserach in Finance* 4 (1983), pp. 1-19.

GÜNTER FRANKE: Kapitalmarkt und Separation. *Zeitschrift für Betriebswirtschaft* 53 (1983), pp. 239-260.

KENNETH R. FRENCH: Stock Returns and the Weekend Effect. *Journal of Financial Economics* 8 (March 1980), pp. 55-69.

IRWIN FRIEND: The Demand for Risky Assets: Some Extensions, in: H. LEVY und M. SARNAT (eds.): *Financial Decision Making under Uncertainty.* Academic Press 1977, pp. 65-82.

IRWIN FRIEND und MARSHALL E. BLUME: The Demand for Risky Assets. *American Economic Review* (1975), pp. 900-922.

G

RETO R. GALLATI: *Multifaktor-Modell für den Schweizer Aktienmarkt.* Bank- und finanzwirtschaftliche Forschungen 181, Verlag Haupt, Bern 1194

JACK GLEN und PHILIPPE JORION: Currency Hedging for International Portfolios. *Journal of Finance* 48 (1993) 5, pp. 1865-1886

BENJAMIN GRAHAM und DAVID L. DODD: *Security Analysis: Principles and Techniques.* McDraw-Hill, New York, zahlreiche Auflagen und Editionen.

DIETER GRAMLICH, BENJAMIN TOBIAS PEYLO, MARTIN STAADEN: Effiziente Portefeuilles im μ – /VaR-Raum. *Die Bank* (1999) 6, pp. 422-425.

KARL TARO GREENFELD: Life on the Edge. *Time,* 6. September 1999, pp. 57-64.

MARK GRINBLATT und SHERIDAN TITMAN: Portfolio Performance Evaluation: Old Issues and New Insights. *Review of Financial Studies* 2 (1989), pp. 393-421.

MARK GRINBLATT und SHERIDAN TITMAN: Financial Markets and Corporate Strategy, Irwin/McGraw-Hill, Boston, Massachusetts, 1998, pp. 202-205.

RICHARD GRINOLD: Are Benchmark Portfolios Efficient? *Journal of Portfolio Management* 18 (1992), pp. 34-40.

RICHARD GRINOLD, ANDREW RUDD und DAN STEFEK: Global factors: Fact or fiction? *Journal of Portfolio Management* (Fall 1989), pp.79-88.

ANDREAS GRÜNBICHLER und ZENO STAUB: Value-at-Risk: Ein Ansatz für die Risikosteuerung im Asset Management, in: *Value at Risk im Vermögensverwaltungsgeschäft* (OTTO BRUDERER und KONRAD HUMMLER, eds.), Stämpfli Verlag Bern 1997, pp. 59-85.

H

W. VAN HARLOW: Asset-Allokation in a downside risk framework. *Financial Analysts Journal* 24 (September-October 1991), pp. 28-40.

K. J. HASTINGS: Impulse Control of Portfolios with Jumps and Transaction Costs. *Communications in Statistics – Stochastic Models* 8 (1992), pp. 59-72.

ROBERT A. HAUGEN: *The New Finance — The Case Against Efficient Markets.* Prentice Hall, Upper Saddle River, NJ, 2nd edition 1999.

ISRAEL I. HERSTEIN und JOHN MILTON: An Axiomatic Approach to Measurable Utility. *Econometrica* 21 (1953), pp. 291-297.

S. HESTON und G. ROUWENHORST: Does industrial structure explain the benefits of international diversification? *Journal of Financial Economics* 36 (1994), pp. 3-27.

HOLBROOK WORKING: A Random Difference Series for Use in the Analysis of Time Series. *Journal of the American Statistical Association* 29 (1934), pp. 11-24.

HOLBROOK WORKING: The Investigation of Economic Expectations. *American Economic Review* 39 (1949) 3, pp. 150-166.

JOHN C. HULL: *Options, Futures, and other Derivatives*. Prentice Hall, Upper Saddle River, New Jersey, 3rd ed., 1997.

I

ROBERT INEICHEN: *Würfel und Wahrscheinlichkeit*. Spektrum Akademischer Verlag, Heidelberg 1996.

JONATHAN E. INGERSOLL, Jr.: *Theory of Finacial Decision Making*. Rowman & Littlefields, Bollman Place, Savage Maryland, 1987, pp.151-165.

JONATHAN E. INGERSOLL, JR.: *Theory of Financial Decision Making*. Rowman & Littlefield, Savage, Maryland, 1987.

K. ITÔ: On Stochastic Differential Equations. *Memoirs, American Mathematical Society* 4 (1951), pp. 1-51.

J

STEFAN JAEGER, MARKUS RUDOLF und HEINZ ZIMMERMANN: Efficient Shortfall Frontier. *Zeitschrift für betriebswirtschaftliche Forschung* 47 (1995) 4, pp. 355-365.

NARASIMHAN JEGADEESH und SHERIDAN TITMAN: Returns to Buying Winners and Selling Losers: Implications for Stock Market Efficiency. *Journal of Finance* 48 (1993), pp. 65-91.

MICHAEL C. JENSEN: The Performance of Mutual Funds in the Period 1945-1964. *Journal of Finance* 23 (May 1968) 2, pp. 389-416.

MICHAEL C. JENSEN: Risk, the Pricing of Capital Assets, and the Evaluation of Investment Portfolios. *Journal of Business* 42 (April 1969) 2, pp. 167-185.

CHRISTIAN JOCHUM: *Stock Market Volatility: Estimation and Causes*. Dissertation 2228 der Universität St. Gallen, 1999.

PH. JORION: On Jump Processes in the Foreign Exchange and Stock Markets. *Review of Financial Studies* 1 (1988), pp. 427-445.

K

JOCHEN V. KADUFF: *Shortfall-Risk-basierte Portfolio-Strategien*. Bank- und finanzwirtschaftliche Forschungen, Band 239. Verlag Haupt, Bern 1996.

JOCHEN V. KADUFF und KLAUS SPREMANN: Sicherheit und Diversifikation bei Shortfall-Risk. *Zeitschrift für betriebswirtschaftliche Forschung* 48 (1996) 9, pp. 779-802.

RONALD N. KAHN, JACQUES ROULET und SHAHRAM TAJBAKHSH: Three Steps to Global Asset Allocation. Journal of Portfolio Management (Fall 1996), pp. 23-31

DANIEL KAHNEMAN und AMOS TVERSKY: Prospect theory: An analysis of decisions under risk. *Econometrica* 47 (1979) 2, pp. 263-291.

K. G. KALLBERG und WILLIAM T. ZIEMBA: Comaprison of alternative utility functions in portfolio selection problems. *Management Science* 29 (1983), pp. 1257-1276.

SHINJI KATAOKA: A Stochastic Programming Model. *Econometrica* 31 (1963), pp. 181-196.

MAURICE G. KENDALL: The Analysis of Economic Time-Series, Part I: Prices (1953); wieder abgedruckt in PAUL H. COOTNER, editor, *The random character of stock market prices*. Cambridge MIT Press 1964

CHULSSON KHANG: Expectations, Prices, Coupons and Yields: Comment. *Journal of Finance*, vol. 30 (1975) 4, pp. 1137-1140.

DONGCHEOL KIM: The Errors in the Variables Problem in the Cross-Section of Expected Stock Returns, *Journal of Finance* (December 1995) 5, pp. 1605-1634.

MILES S. KIMBALL: Precautionary Saving in the Small and in the Large. *Econometrica* 58 (1990) 1, pp. 53-73.

DAVID G. KLEINBAUM, LAWRENCE L. KUPPER und KEITH E. MULLER: *Applied Regression Analysis and Other Multivariable Methods*. PWS-Kent Publishing Company, Boston 1988.

NARAYANA R. KOCHERLAKOTA: The Equity Premium: It's Still a Puzzle. *Journal of Economic Literature* XXXIV (March 1996) 1, pp. 42-71.

ROLF KOTZ und KLAUS SPREMANN: Risk-Aversion and Mixing. *Journal of Economics* 41 (1981) 2-4, pp. 307-328.

MARK KRITZMAN: *What Practitioners Need To Know ... About Return and Risk*. Financial Analysts Journal (May-June 1993), pp. 14-17.

MARK KRITZMAN: *The Portable Financial Analyst — What Practitioners Need to Know*. Probus Publishing, Chicago Illinois, 1995, auch erschienen bei Irwin Publishing.

LUTZ KRUSCHWITZ und ANDREAS LÖFFLER: Ross' APT ist gescheitert. Was nun? *Zeitschrift für betriebswirtschaftliche Forschung* 49 (1997) 7/8, pp. 644-651.

VERA ANNA KUPPER: *Asset-Liability-Management für private Investoren*. Bank- und finanzwirtschaftliche Forschungen, Band 247. Verlag Haupt, Bern 1996.

WOLFGANG KÜRSTEN: Hedingmodelle, Unternehmensproduktion und antizipatorisch-simultanes Risikomanagement. *Zeitschrift für betriebswirtschaftliche Forschung.* Sonerheft 38 (1997), pp. 127-154.

L

JOSEF LAKONISHOK, ANDREW SHLEIFER UND ROBERT W. VISHNY: Contrarian Investment, Extrapolation and Risk. *Journal of Finance* 49 (December 1994), pp. 1541-1578.

BRUCE N. LEHMANN und DAVID M. MODEST: Mutual Fund Performance Evaluation: Comparison of Benchmarks and Benchmark Comparisons. *Journal of Finance* 42 (1987), pp. 233-265.

MARTIN LEIBOWITZ: Total Portfolio Duration: A New Perspective on Asset-Allokation. Financial Analysts Journal (Spetember-October 1986), pp. 18-29, 77.

MARTIN L. LEIBOWITZ und ROY D. HENRIKSSON: Portfolio Optimization with Shortfall Constraints. A Confidence-Limit Approach to Managing Downside Risk. *Financial Analysts Journal* (March-April 1989), pp. 31-41.

MARTIN L. LEIBOWITZ und STANLEY KOGELMAN: Asset-Allokation under Shortfall Constraints. *Journal of Portfolio Management* 17 (1991), pp. 5-13.

MARTIN LEIBOWITZ und ALFRED WEINBERGER: Contingent Immunization, Part I (Risk Control Procedures) und Part II (Problem Areas). *Financial Analysts Journal* (1982), pp. 17-31 und (1983), pp. 35-50.

STEPHEN F. LEROY, Efficient capital markets and martingales, *Journal of Economic Literature* 27 (1989), pp. 1583-1621.

HAIM LEVY: Measuring Risk and Performance over Alternative Investment Horizons. *Financial Anlaysts Journal* 40 (1984), pp. 61-68.

HAIM LEVY und KOK C. LIM: Forward Exchange Bias, Hedging and the Gains from International Diversification of Investment Portfolios. *Journal of International Money and Finance* 59 (1994), pp. 159-170.

YUMING LI und WILLIAM T. ZIEMBA: Univariate and multivariate measures of risk aversion and risk premiums. *Annals of Operations Research* 45 (1993), pp. 265-296.

JOHN LINTNER: The Valuation of Risk Assets and the Selection of Risky Investments in Stock Portfolios and Capital Budgets. *Review of Economics and Statistics* 47 (February 1965), pp. 13-37.

PETER C. LIU: The effects of the fundamentalist's and chartist's expectation on market survey. *Applied Financial Economics* 6 (1996), pp. 363-366.

M

MARK J. MACHINA: Expected Utility without the Independence Axiom. *Econometrica* 50 (March 1982) 2, pp. 277-324.

JÜRGEN MAIER und RICHARD STEHLE: Berechnung von Nachsteuerrenditen für den deutschen Rentenmarkt auf Basis des REX und des REXP, *Kredit und Kapital* 32 (1999) 1, pp. 125-145.

BENOIT MANDELBROT: The Variation of certain speculative Prices. *Journal of Business* 36 (1963), pp. 394-419.

MAREK MUSIELA UND MAREK RUTHOWSKI: *Martingale Methods in Financial Modelling*. Springer Verlag Berlin 2nd Printing 1998.

HARRY M. MARKOWITZ: Portfolio Selection. *Journal of Finance* VII (March 1952) 1, pp. 77-91.

HARRY M. MARKOWITZ: *Portfolio Selection: Efficient Diversification of Investments*. Wiley & Sons, New York, 1959.

BENNETT T. MCCALLUM: Relative asymptotic bias from errors of omission and measurement, *Econometrica* 40 (1972), pp. 757-758.

DEIRDRE N. MCCLOSKEY und STEPHEN T. ZILIAK: The Standard Error of Regressions. *Journal of Economic Literature* XXXIV (March 1996), pp. 97-114.

RAJNISH MEHRA und EDWARD C. PRESCOTT: The Equity Premium: A Puzzle. *Journal of Monetary Economics* 15 (March 1985) 2, pp. 145-161.

L. MENKHOFF: The noise trading approach – questionnaire evidence from foreign exchange. *Journal of International Money and Finance* 17 (1998), pp. 547-564.

ROBERT C. MERTON: An Analytic Derivation of the Efficient Portfolio Frontier. *Journal of Financial and Quantitative Analysis* 7 (1972), pp. 1850-1872.

ROBERT C. MERTON: An Intertemporal Capital Asset Pricing Model. *Econometrica* 41 (1973), pp. 867-887.

ROBERT C. MERTON: Lifetime Portfolio Selection under Uncertainty: The Continuous-Time Case. *Review of Economics and Statistics* 51 (1969), pp. 247-257.

ROBERT C. MERTON: Theory of finance from the Perspective of Continuous Time. *Journal of Financial and Quantiative Analysis* 10 (1975), pp. 659-674.

RICHARD O. MICHAUS: The Markowitz Optimization Enigma: Is 'Optimized' Optimal? *Financial Analysts Journal* 45 (January-February 1989), pp. 31-42.

FRANCO MODIGLIANI und LEAH MODIGLIANI: Risk-Adjusted Performance. *Journal of Portfolio Management* (Winter 1997), pp. 45-54.

JAN MOSSIN: Equilibrium in a Capital Asset Market, *Econometrica* 34 (October 1966), pp. 261-276.

HORST MÜLLER: Zur Risikobereitschaft privater Geldanleger. *Kredit und Kapital* 11 (1995) 1, pp. 134-160.

N

CHRISTOPHER J. NEELEY: Technical Analysis in the Foreign Exchange Market: A Layman's Guide. *Review, Federal Reserve Bank of St. Louis,* September/October 1997, pp. 23-38.

BERNHARD NIETERT: Dynamische Portfolio-Selektion unter Berücksichtigung von Kurssprüngen. *Zeitschrift für betriebswirtschaftliche Forschung* 51 (1999) 9, pp. 832-866.

HUKUKANE NIKAIDO: *Convex Structures and Economic Theory.* Academic Press, New York, 1968, p. 38.

O

PETER OERTMANN: Firm-Size-Effekt am deutschen Aktienmarkt. *Zeitschrift für betrisbwirtschaftliche Forschung* 46 (1994), pp. 229-259.

M. F. M. OSBORNE: Brownian Motion in the Stock Market. *Operations Reserach* 7 (March-April 1959), pp. 145-173.

M. F. M. OSBORNE: Periodic Structure in the Brownian Movement of Stock Prices. *Operations Reserach* 10 (May-June 1962), pp. 245-279.

P

JOHN W. PRATT: Risk Aversion in the Small and in the Large. *Econometrica* 32 (1964), pp. 122-136.

JOHN W. PRATT und R. J. ZECKHAUSER: Proper Risk Aversion. *Econometrica* 55 (1987), pp. 143-154.

Q

R

PETER REICHLING und INGRID VETTER: Verzerrte Performance. *Die Bank* (November 1995), pp. 676-681.

MARC R. REINGANUM: A revival of the small-firm effect: Far from being dead. *Journal of Portfolio Management* 18 (1992) 3, pp. 55-62.

KLAUS RIPPER und THEO KEMPF: Bedeutung der Risikofaktoren am deutschen Aktienmarkt. *Die Bank* 12 (Dezember 1998), pp. 754-758.

RICHARD W. ROLL: A Critique of the Asset Pricing Theory's Tests: Part I: On Past and Potential Testability of the Theory. *Journal of Financial Economics* 4 (1977), pp. 129-176.

RICHARD ROLL: Ambiguity When Performance Is Measured by the Security Market Line. *Journal of Finance* 33 (September 1978) 4, pp. 1051-1069.

RICHARD ROLL: Performance Evaluation and Benchmark Errors (I), *Journal of Portfolio Management* 6 (Summer 1980) 4, pp. 5-12, sowie Teil (II), *Journal of Portfolio Management* 7 (Winter 1981) 2, pp. 17-22.

RICHARD ROLL: A possible explanation of the small firm effect. *Journal of Finance* 36 (1981), pp. 879-888.

RICHARD ROLL: Industrial structure and the comparative behavior of international stock market indexes. *Journal of Finance* 47 (1992), pp. 3-42.

RICHARD ROLL und STEPHEN A. ROSS: An Empirical Investigation of the Arbitrage Pricing Theory. *Journal of Finance* 35 (1980), pp. 1073-1103.

BARR ROSENBERG: Prediction of common stock betas. *Journal of Portfolio Management* (Winter 1985).

STEPHEN A. ROSS: The Arbitrage Theory of Capital Asset Pricing. *Journal of Economic Theory* (December 1976), pp. 343-362.

STEPHEN A. ROSS: A Simple Approach to the Valuation of Risky Streams. *Journal of Business* 51 (1978) 3, pp. 453-475.

STEPHEN ROSS: Some stronger measures of risk aversion in the small and large with applications. *Econometrica* 49 (1981), pp. 621-638.

ANDREW D. ROY: Safety First and the Holding of Assets. *Econometrica* 20 (July 1952), pp. 431-439.

MARKUS RUDOLF und HEINZ ZIMMERMANN: Diversifikationseffekte internationaler Branchenportfolios; in: JOCHEN M. KLEEBERG und HEINZ REHKUGLER (Hrsg.), *Handbuch Portfoliomanagement*. Uhlenbruch Verlag, Bad Soden / Taunus, 1998, pp. 914-929.

BERND RUDOLPH und BERNHARD WONDRAK: Modelle zur Planung von Zinsänderungsrisiken und Zinsänderungschancen. *Zeitschrift für Wirtschafts- und Sozialwissenschaften* 106 (1986), pp. 337-361.

S

PAUL A. SAMULESON: Rational theory of warrant pricing. *Industrial Management Review* 6 (1965), pp. 13-31.

PAUL A. SAMUELSON: Proof that Properly Anticipated Prices Fluctuate Randomly. *Ind. Management Review* 6 (1965), pp. 41-49.

KLAUS SCHÄFER und PETER ZIMMERMANN: Portfolio Selection und Schätzfehler bei den erwratteten Renditen: Ergebnisse für den deutschen Aktienmarkt. *Finanzmarkt und Portfolio Management* 12 (1998) 2, pp. 131-149.

GERHARD SCHEUENSTUHL: Leverage Trap. *Schweizer Bank* (1999) 1, pp. 28-32.

HANS SCHNEEWEISS: *Entscheidungskriterien bei Risiko*. Springer-Verlag, Heidelberg 1967.

JÖRG SCHULTZ und HEINZ ZIMMERMANN: Risikoanalyse schweizerischer Aktien: Stabilität und Prognose von Betas. *Finanzmarkt und Portfolio Management* 3 (1989) 3, pp. 196-209.

BERNHARD SCHWETZLER und NIKLAS DARIJTSCHUK: Performance deutscher Rentenfonds — Anmerkungen. *Zeitschrift für betriebswirtschaftliche Forschung* 51 (1999) 9, pp. 867-885.

WILLIAM F. SHARPE: A Simplified Model for Portfolio Analysis. *Management Science* (1963), pp. 277-293.

WILLIAM F. SHARPE: Capital Asset Prices: A Theory of Market Equilibrium under Conditions of Risk. *Journal of Finance* 19 (September 1964), pp. 425-442.

WILLIAM F. SHARPE: Mutual Fund Performance. *Journal of Business* 39 (1966) 1, pp. 119-138.

WILLIAM F. SHARPE: Integrated Asset Allocation. *Financial Analysts Journal* (Spetember-October 1987), pp. 25-32.

WILLIAM F. SHARPE: Determining a Fund's Effective Asset Mix. *Investment Management Review* (December 1988), PP. 59-69.

WILLIAM F. SHARPE: Asset Allocation: Management style and performance measurement. *Journal of Portfolio Management* (1992), pp. 7-19.

WILLIAM F. SHARPE und GORDON J. ALEXANDER: *Investments* 3. Auflage, Englewood Cliffs, N.J. 1985.

PAUL J. H. SHOEMAKER: The Expected Utility Model: Its Variants, Purposes, Evidence and Limitations. *Journal of Economic Literature* XX (1982) 2, pp. 529-563.

EDGAR LAWRENCE SMITH: *Common Stocks as Long Term Investments*. Macmillan, New York, 1929.

CHARLES SMITHSON: Wonderful Life. *Risk magazine* (October 1991); wieder abgedruckt in *From black-Scholes to black holes – New Frontiers in Options*. Risk / FINEX, New York 1992, pp. 23-31.

BRUNO H. SOLNIK: Why not Diversify Internationally Rather than Domestically? *Financial Analysts Journal* (July/August 1974).

BRUNO H. SOLNIK: An Equilibrium Model of International Capital Markets. *Journal of Economic Theory* 8 (1974), pp. 500-524.

BRUNO H. SOLNIK und BERNARD NOETZLIN: Optimal international asset allocation. *Journal of Portfolio Management* (Fall 1982), pp. 11-21.

BRUNO SOLNIK und FRANCOIS LONGIN: Is the correlation in international equity returns constant: 1960-1990? *Journal of International Money and Finance* 14 (1995), pp. 3-26.

BRUNO SOLNIK, CYRIL BOUCRELLE UND YAN LE FUR: International Market Correlation and volatility. *Financial Analysts Journal* (1996), pp. 17-34.

PETER S. SPIRO: The Impact of Interest Rate Changes on Stock Price Volatility. *Journal of Portfolio Management* 16 (1990), pp. 63-68.

KLAUS SPREMANN: Zur Abhängigkeit der Rendite von Entnahmen und Einlagen. *Finanzmarkt und Portfolio Management* 6 (1992) 2, pp. 179-192.

KLAUS SPREMANN: Diversifikation im Normalfall und im Streßfall. *Zeitschrift für Betriebswirtschaft* 67 (1997), pp. 865-886.

JEREMY J. SIEGEL: The equity premium: Stock and bond returns since 1802. *Financial Analysts Journal* 48 (1992) 1, pp. 28-38.

CASE M. SPRENKLE: Warrant prices as indicators of expectations and preferences; in: *The random character of stock market prices* (PAUL H. COOTNER, ed.), MIT Press, Cambridge, Massachusetts 1964, pp. 412-474.

EDGAR LAWRENCE SMITH: *Common Stocks as Long Term Investments*. Macmillan, New York, 1929.

CHARLES SMITHSON: Wonderful Life. *Risk magazine* (October 1991); wieder abgedruckt in From *Black-Scholes to black holes — New Frontiers in Options*. Risk / FINEX, New York 1992, pp. 23-31.

RICHARD STEHLE: Der Size-Effekt am deutschen Aktienmarkt. *Zeitschrift für Bankrecht und Bankwirtschaft* 3 (1997), pp. 237-260.

RICHARD STEHLE: Aktien versus Renten. In: Handbuch Altersversorgung (CRAMER, FÖRSTER, RULAND, eds.), Frankfurt (1998), pp. 815-831.

RICHARD STEHLE und ANETTE HARTMOND: Durchschnittsrenditen deutscher Aktien 1954-1988. *Kredit und Kapital* 24 (1991) 3, pp. 371-411.

RICHARD STEHLE, RAINER HUBER und JÜRGEN MAIER: Rückberechnung des Dax für die Jahre 1955 bis 1987, *Kredit und Kapital* 29 (1996) 2, pp. 277-304.

MANFRED STEINER und MARTIN WALLMEIER: Totgesagte leben länger! Zeitschrift für betriebswirtschaftliche Forschung 49 (1997) 12, pp. 1084-1088.

GILBERT STRANG: Linear Algebra and its Applications. Academic Press, New York 1980.

T

AKIRA TAKAYAMA: *Mathematical Economics*. Dryden Press, Hinsdale, Illinois 1974.

MEIR TAMARI: *With All Your Possessions; Jewish Ethics and Economic Life*. The Free Press, New York, 1987.

PETER J. TANOUS: *Investment Gurus*: New York Institute of Finance, New York NY, 1997.

PETER P. TAYLOR UND HELEN ALLEN: The use of technical analysis in the foreign exchange market. *Journal of International Money and Finance* 11 (1992), pp. 304-314.

LESTER G. TELSER: Safety First and Hedging. *Review of Economic Studies* 23 (1955), pp. 1-16.

ERIK THEISSEN und MARIO GREIFZU: Performance deutscher Rentenfonds. *Zeitschrift für betriebswirtschaftliche Forschung* 50 (1998), pp. 436-461.

JAMES TOBIN: Liquidity Preference as Behavior Towards Risk. *Review of Economic Studies* 25 (February 1958), pp. 65-86.

STEFFEN TOLLE: Zur Risikodarstellung von Finanzinstrumenten, in: *Value at Risk im Vermögensverwaltungsgeschäft* (OTTO BRUDERER und KONRAD HUMMLER, eds.), Stämpfli Verlag Bern 1997, pp. 87-107.

JACK L. TREYNOR: How to Rate Management of Investment Funds. *Harvard Business Review* 43 (January-February 1965) 1, pp. 63-75.

JACK L. TREYNOR und FISHER BLACK: How to Use Security Analysis to Improve Portfolio Selection. *Journal of Business* 46 (1973), pp. 66-86.

U

V

W

STEPHANIE WINHART: *Der Einfluß des Zeithorizonts auf die Asset Allocation in Abhängigkeit des Investment Opportunity Set und der individuellen Riiskoaversion.* Bank- und Finanzwirtschaftliche Forschungen, Haupt, Bern 1999, Kapitel 4.

HOLBROOK WORKING: A Random Difference Series for Use in the Analysis of Time Series. *Journal of the American Statistical Association* 29 (1934), pp. 11-24.

HOLBROOK WORKING: The Investigation of Economic Expectations. *American Economic Review* 39 (1949) 3, pp. 150-166.

DANIEL WYDLER: Swiss stocks, bonds and inflation 1926-1987. *The Journal of Portfolio Management*, Winter 1989, pp. 27-32.

X

Y

Z

HEINZ ZIMMERMANN: *State-Preference Theorie und Asset Pricing*, Physica Verlag, Heidelberg 1998.

13.4.2 Namen

ALCHIAN 45 • ALEXANDER 19 • ALLAIS 333 • ARROW 301, 307 •

BACHELIER 397 • BAILY 19 • BANZ 184 • BARBER 503 • BERNOULLI 36, 92, 300, 305, 318, 319, 320, 321, 324, 512 • BERNSTEIN 19 • BEST 512 • BLACK 278, 470, 474, 480, 501 • BLUME 309, 311 • BONESS 501 • BREEDEN 223 • BRENNAN 265, 502 • BREUER 453 • BROWN 395 • BUCK 474 • BUFFET 509 • BÜHLER 212 •

CAMPBELL 19 • CANNER 194 • CARDANO 363 • CHEBYSHEV 357 • COASE 72, 515 • CORNFIELD 175 •

DEMOKRIT 80 • DODD 499 •

EINSTEIN 396 • EULER 36 •

FAMA 119, 130, 184, 212, 231 • FISHER 502 • FRENCH 130, 231 • FRIEND 309, 311 •

GAUSS 98, 291 • GNOM 414, 415, 416, 417, 418, 511, 513, 514, 515, 516 • GOETZMAN 58 • GÖPPL 212 • GRAHAM 499 • GRAUER 512 •

HARLOW 338 • HULL 19, 102 • HUYGENS 92 •

INGERSOLL 19 • ITÔ 403 •

JENSEN 266 • JORION 58 •

KATAOKA 338 • KEYNES 47, 48, 457 • KENDALL 500 • KLEEBERG 19 • KOLMOGOROW 82 • KORCZAK 18 • KOSTOLANY 77 • KOOPMANS 169 • KRITZMAN 19 • KUHN 152, 497 •

LAGRANGE 152 • LEIBOWITZ 303, 338 • LEVITT 506 • LINTNER 212, 222 • LO 19 •

MACKINLAY 19 • MANDELBROT 119 • MANKIW 194 • MARKOV 88, 291, 357 • MARKOWITZ 8, 125, 127, 137, 138, 144, 145, 147, 155, 166, 216, 306, 337, 499, 500, 512 • MARSCHAK 169 • MEHRA 58, 499 • MERTON 223, 423, 474 • MILLER 8 • MODIGLIANI 280 • MÖLLER 212 • MORGENSTERN 9, 300, 332, 500 • MOSSIN 222 •

NEUMANN VON 9, 18, 300, 332, 500 • NEWTON 92 •

ODEAN 503 • OSBORNE 500 •

PARETO 149 • PEARSON 288 • PONZI 505 • PRATT 307 • PRESCOTT 58, 499 • PUTNAM 508 •

REHKUGLER 19 • RICCATI 319 • ROLL 228, 229, 274, 512 • ROOSEVELT 48 • ROSENBERG 191, 285 • ROSS 216 • ROY 147, 212, 306, 336, 338 • RUDD 191 •

SAMUELSON 364 • SCHMALENBACH 22 • SCHOLES 470, 474, 480, 501 • SCHWARTZ 98 • SHARPE 8, 19, 127, 212, 213, 222, 266, 268, 282 • SIEGEL 61 • SMITH 48, 498 • SMITHSON 501 • SMOLUCHOWSKI VON 396 • SOLNIK 156 • SPRENKLE 501 • STATMAN 502 • STEHLE 55 •

TELSER 338 • TOBIN 127, 169, 216, 337 • TREYNOR 212, 266, 278 • TUCKER 152 •

WALRAS 149 • WANDERER 414, 415, 511, 513, 514, 515, 516 • WEIL 194 • WIENER 396 • WORKING 500 •

13.4.3 Sachworte

ADJUSTIERUNG 68, 227 • AKTIEN 172 • AKTIENANLAGE 418 • AKTIENQUOTE 133 • ALEATORISCHE WAHRSCHEINLICHKEIT 81 • ANLAGEHORIZONT 303 • ANTINOMIEN 333 • ANTIZYKLIKER 185 • APRAISAL-RATIO 278 • ARBITRAGE 254 • ARBITRAGE PRICING THEORIE (APT) 216 • ARCH (AUTOREGRESSIVE CONDITIONAL HETEROSKEDASTICITY) 119 • ASSET-ALLOKATION 11, 131 • AUFGELD (OPTION) 468 • AUSFALLWAHRSCHEINLICHKEIT 104, 109, 336 • AXIOME (RATIONALEN ENTSCHEIDUNGSVERHALTENS) 332 •

BEHAVIORAL FINANCE 502 • BENCHMARK 239 • BERNOULLI-PRINZIP 332 • BETA 211 • BEWEGUNGSGLEICHUNG 402 • BLACK-VERSION DES CAPM 223 • BLOC 481 • BOTTOM-UP-APPROACH 133 • BROKER 15 • BROWN'SCHE BEWEGUNG 394, 475 •

CALL 464 • CHARTERED FINANCIAL ANALYST (CFA) 22 • CHI-QUADRAT-TEST 89 • CONVENIENCE-YIELD 459 • COVERED-CALL-WRITING (ODER CCW-STRATEGIE) 482 •

DECKUNGSKÄUFE 459 • DERIVATE 456 • DICHTE 99 • DRIFT 355 • DURATION 194 • DURCHSCHNITTSRENDITE 399 •

EFFEKTIVVERZINSUNG 43 • EFFIZIENZKURVE 146 • ECKPUNKTE 17 • EINFACHE RENDITE 29 • EINFAKTOR-MODELL 215 • EPISTEMISCHE WAHRSCHEINLICHKEIT 81 • ERKLÄRTE VARIATION 293 • ERTRAG 67, 172 • ERWARTUNGSBILDUNG 86 • ERWARTUNGSNUTZEN 320 • ERWARTUNGSWERT 91, 367, 406 • EX-POST-SML 277 •

FAKTORENSENSITIVITÄT 238, 242 • FAT-TAILS 90 • FEHLER (ERRORS) 286 • FINANZINSTRUMENTE 12 • FESTZINS 172 • FISHER-EFFEKT 64 • FLOOR 490 •

GEOMETRISCHE DURCHSCHNITTSRENDITE 33 • GESAMTRENDITE 31, 398 • GESETZ DER GROSSEN ZAHL 92 • GLEICHGEWICHTSMODELL 214 •

HARA (HYPERBOLIC ABSOLUTE RISK AVERSION) 330 • HETEROSKEDASTIZITÄT 119 • HISTOGRAMM 84 • HOLDING-PERIOD-RETURN 30 • HOMOGENE ERWARTUNGEN 168 • HOMOSKEDASTIZITÄT 119 • HYBRIDES MODEL 325 •

IMPLEMENTATIONSHORIZONT 132 • INDEXFONDS 462 • INDEXKONTRAKT 460, 462 • INDEXZERTIFIKAT 462 • INFORMATIONSEFFIZIENZ 184 • INFORMATIONSSTAND 86 • INTEGRIERT 160 • INTERNER ZINSSATZ (INTERNAL RATE OF RETURN, IRR) 40 • INVESTMENT OPPORTUNITY SET (IOS) 175, 176 • ISOELASTISCH 330 • ITÔ-PROZESS 404 •

JAHRESBASIS 31 • JENSEN'S ALPHA 274 •

KAPITALMARKTLINIE (CAPITAL MARKET LINE CML) 166 • KAPITALISIERUNG-METHODE 180 • KAUFKRAFTSCHUTZ 434 • KLASSISCHE PORTFOLIOTHEORIE 127 • KONFIDENZWAHRSCHEINLICHKEIT 109 • KONKAVITÄT 323 • KONSISTENT 113 • KORRELATIONSKOEFFIZIENT 96 • KORRELATIONSSTRUKTUR 242 • KORRELIERT 96 • KUPON-RENDITE-EFFEKT 46 • KURTOSIS 94 •

LEPTOKURTOSIS 90 • LOGARITHMUS 34, 354 • LOGNORMAL 380 • LRT (LINEAR RISK TOLERANCE) 330 •

MAKLER 15 • MAKROÖKONOMISCHE FAKTOREN 247 • MARGINZAHLUNGEN 463 • MARKOV-EIGENSCHAFT 363 • MARKTPORTFOLIO 166 • MARKTTECHNIKER 382 • MARTINGAL 363 • MEDIAN 366, 368, 376, 377, 406 • MINDESTRENDITE 336 • MM-RATIO 279 • MODELL DER LINEAREN REGRESSION 289 • MODELLBRUCH 87 • MODUS 366, 368 • MUSTERPORTFOLIOS 170 •

NAIV 424 • NATÜRLICHER LOGARITHMUS 35 • NEUTRALE RENDITE 407 •

OPTIMIZER 186 •

PARADIGMEN 497 • PARAMETER 286 • PAYOFF-DIAGRAMM 466 • PETERSBURGER SPIEL 316 • PICTET-RENDITEZAHLEN 59 • PLANUNGSZEITRAUM 132 • PLUNGING BEHAVIOR 316 • POLYNOMIALEN APPROXIMATIONEN 102 • PONZI-SCHEMA 505 • PRÄFERENZUMKEHRUNG 333 • PRODUKTREGEL 188 • PROGNOSEFEHLER 81 • PROPORTIONALITÄTSFAKTOR 221 • PROTECTED-PUT-BUYING (ODER PPB-STRATEGIE) 483 • PROTECTION-BUYER 487 • PROZYKLIKER 185 • PRUDENT MAN TEST (PMT) 509 • PUT 464 • PUT-CALL-PARITÄT 478 •

Q-QUANTIL-RENDITE 426 • Q-QUANTIL-BETRAG 427

RANDOM-WALK 355 • RECHTSSCHIEFE 90, 379 • REGRESSIONSANALYSIS 294 • RELATIVE STÄRKE 383 • RENDITE 28, 110, 376, 377, 406, 407 • RENDITEPROZESS 416 • RESIDUEN 238 • RETURN 91 • RETURN-ENHANCER 486 • RISIKO 78, 111 • RISIKOAVERSION 134, 306, 324 • RISIKONEUTRALITÄT 315 • RISIKONUTZENFUNKTION 320 • RISIKOPRÄMIE 57, 253 • RISIKOTOLERANZ 306, 330 • RISK-RETURN-DIAGRAMM 138 • RISK RULER 309 •

SAFETY-FIRST 336 • SAFETY-FIRST-PORTFOLIO 147 • SCATTERDIAGRAMM 96 • SCHIEFE (SKEWNESS) 93 • SELEKTIVITÄT 283 • SHARPE-LINTNER-VERSION (CAPM) 212 • SHORTFALL 336 • SHORTFALL-CONSTRAINT 337, 434 • SHORTFALL-GERADEN 338 • SICHERHEITSÄQUIVALENT 322 • SIGMA-BAND 100 • ST. PETERSBURGER PARADOX 318 • STATIONARITÄT 393 • STATISTISCHE METHODE 87 • STETIGE RENDITE 50, 362, 392 • STETIGE ZEIT 390 • STRATEGIEFONDS 66, 170 • STREUUNG 93, 336 • STYLE-ANALYSE 282, 283 • SURVIVAL-BIAS 58, 76 • SYSTEMATISCH 209 •

TALMUD 126, 127, 507 • TECHNISCHE ANALYSE 382 • TIME-WEIGHTED-RETURN (TWR) 33 • TOBIN-SEPARATION 169 • TOP-DOWN-APPROACH 133 • TORO 481 • TOTALE VARIATION 292 • TRACKING 250 • TRACKINGERROR 241 • TREND 383 • TREYNOR-RATIO 272 • TWO-FUND SEPARATION 153 •

ÜBERRENDITE 221 • UMSTRUKTURIERUNG 254 • UNERKLÄRTE VARIATION 293 •

VALUE-AT-RISK 111 • VARIANZDEKOMPOSITION 239 • VARIATION 239 • VERMÖGEN 380 • VERWENDUNGSZWECK 302 • VOLATILITÄT 360, 476 • VOLATILITÄTS-CLUSTER 120 •

WACHSTUM 67, 172 • WIEDERANLAGEPRÄMISSE 32 •

YIELD-TO-MATURITY (YTM) 44 •

ZEITGEWICHTETE RENDITE 33 • ZENTRALWERT 366 • ZENTRALER GRENZWERTSATZ 88 • ZERO-BETA-PORTFOLIO 222 • ZIELRENDITE 104 • ZINSESZINSEFFEKT 54 • ZINSPARITÄT 457 • ZUFALL 80 •

Gitta Jacob, Klaus Lieb, Mathias Berger

Unter Mitarbeit von Claus Normann und Andreas Jähne

Schwierige Gesprächssituationen in Psychiatrie und Psychotherapie

ELSEVIER
URBAN & FISCHER

URBAN & FISCHER München

Zuschriften und Kritik an:
Elsevier GmbH, Urban & Fischer Verlag, Hackerbrücke 6, 80335 München

Wichtiger Hinweis für den Benutzer
Die Erkenntnisse in der Medizin unterliegen laufendem Wandel durch Forschung und klinische Erfahrungen. Herausgeber und Autoren dieses Werkes haben große Sorgfalt darauf verwendet, dass die in diesem Werk gemachten therapeutischen Angaben dem derzeitigen Wissensstand entsprechen. Das entbindet den Nutzer dieses Werkes aber nicht von der Verpflichtung, anhand weiterer schriftlicher Informationsquellen zu überprüfen, ob die dort gemachten Angaben von denen in diesem Buch abweichen und seine Verordnung in eigener Verantwortung zu treffen.
Wie allgemein üblich wurden Warenzeichen bzw. Namen (z.B. bei Pharmapräparaten) nicht besonders gekennzeichnet.

Bibliografische Information der Deutschen Nationalbibliothek
Die Deutsche Nationalbibliothek verzeichnet diese Publikation in der Deutschen Nationalbibliografie; detaillierte bibliografische Daten sind im Internet über http:// www.d-nb.de abrufbar.

Alle Rechte vorbehalten
1. Auflage 2009
© Elsevier GmbH, München
Der Urban & Fischer Verlag ist ein Imprint der Elsevier GmbH.

12 13 14 15   5 4 3 2

Für Copyright in Bezug auf das verwendete Bildmaterial siehe Abbildungsnachweis.

Das Werk einschließlich aller seiner Teile ist urheberrechtlich geschützt. Jede Verwertung außerhalb der engen Grenzen des Urheberrechtsgesetzes ist ohne Zustimmung des Verlages unzulässig und strafbar. Das gilt insbesondere für Vervielfältigungen, Übersetzungen, Mikroverfilmungen und die Einspeicherung und Verarbeitung in elektronischen Systemen.

Um den Textfluss nicht zu stören, wurde bei Patienten und Berufsbezeichnungen die grammatikalisch maskuline Form gewählt. Selbstverständlich sind in diesen Fällen immer Frauen und Männer gemeint.

Planung: Elke S. Klein, München
Lektorat: Dr. Julia Bender, München; Ursula Jahn, M.A., München
Redaktion und Register: Karin Beifuss, Ohmden-Grubäcker
Herstellung: Petra Laurer, München; Kadja Gericke, Arnstorf
Satz: abavo GmbH, Buchloe; TnQ, Chennai/Indien
Druck und Bindung: Dimograf, Bielsko-Biała, Polen
Fotos/Zeichnungen: Henriette Rintelen, Velbert
Umschlaggestaltung: SpieszDesign Büro für Gestaltung, Neu-Ulm
Titelfotografie: © mauritius images / pepperprint

ISBN 978-3-437-24420-9

Aktuelle Informationen finden Sie im Internet unter www.elsevier.de und www.elsevier.com

Danksagung

Viele Kollegen haben uns bei der Strukturierung, Gestaltung und Ausarbeitung dieses Buches unterstützt. Wir danken Dr. Eva Dieckmann, Elke Jost, Dr. Swantje Matthies, Anna Maier, Frauke Melchers, Dr. Theo Piegler, Dr. Dorothee Saur, Priv.-Doz. Dr. Elisabeth Schramm, Andreas Wende und Dr. Andrea Wittich sowie dem Team der Tagesklinik der Abteilung Psychiatrie und Psychotherapie unter der Leitung von Barbara Molkenthin für viele anregende und hilfreiche Diskussionen, Ideen und Verbesserungsvorschläge. Frau Elke Klein, Frau Dr. Julia Bender und Frau Ursula Jahn vom Verlag Elsevier haben uns ermutigt und die Umsetzung aller Ideen sehr kompetent und immer freundlich und geduldig vorangetrieben. Unsere Partner und Familien mussten (wieder einmal) viel zusätzliche Belastung tolerieren. Ihnen allen gilt unser herzlicher Dank!

Freiburg und Mainz, im April 2009
Gitta Jacob, Klaus Lieb, Mathias Berger

Inhaltsverzeichnis

1	Einführung	1
2	Der Patient macht keine Fortschritte oder lässt sich nicht auf die Verfolgung eines Behandlungsziels ein	5
2.1	Der Auftrag des Patienten ist unklar	5
	Hintergrund	6
	Analyse	6
	Lösungsstrategie	7
2.2	Der Patient ist nicht im emotionalen Kontakt mit sich und dem Therapeuten	10
	Hintergrund	11
	Analyse	11
	Lösungsstrategie	13
2.3	Der Patient vermeidet	15
	Hintergrund	16
	Analyse	16
	Lösungsstrategie	17
2.4	Der Patient sagt: „Nichts hilft mir"	21
	Hintergrund	21
	Analyse	22
	Lösungsstrategie	22
2.5	Der Patient wechselt rasch in Stimmung, Verhalten und Kontakt	26
	Hintergrund	27
	Analyse	27
	Lösungsstrategie	28
2.6	Der Patient klagt extrem viel	33
	Hintergrund	33
	Analyse	34
	Lösungsstrategie	34
2.7	Der Patient klammert sich an den Therapeuten, statt selbstständiger zu werden	37
	Hintergrund	38
	Analyse	38
	Lösungsstrategie	38
2.8	Der Patient arbeitet in der Therapie unzuverlässig mit	42
	Hintergrund	42

	Analyse	43
	Lösungsstrategie	44
2.9	Der Patient lässt sich nicht auf die Regeln der Behandlung ein	47
	Hintergrund	47
	Analyse	48
	Lösungsstrategie	48
3	**Komplizierte Interaktionen mit Mitpatienten oder Personal** ...	**51**
3.1	Der Patient nimmt parallel mehrere Behandlungen in Anspruch	51
	Hintergrund	51
	Analyse	52
	Lösungsstrategie	52
3.2	Der Patient klagt über andere Behandler	54
	Hintergrund	54
	Analyse	54
	Lösungsstrategie	55
3.3	Der Patient klagt über Mitpatienten	58
	Hintergrund	58
	Analyse	58
	Lösungsstrategie	59
3.4	Zwei Patienten haben ein sexuelles Verhältnis	62
	Hintergrund	62
	Analyse	63
	Lösungsstrategie	63
4	**Der Patient sieht Probleme vorwiegend bei anderen und wenig bei sich selbst**	**65**
4.1	Der Patient fühlt sich gemobbt	65
	Hintergrund	65
	Analyse	66
	Lösungsstrategie	67
4.2	Der Patient klagt primär über Partner oder Familienangehörige	71
	Hintergrund	71
	Analyse	71
	Lösungsstrategie	72
4.3	Der Patient wertet den Therapeuten ab	73
	Hintergrund	73
	Analyse	74
	Lösungsstrategie	74

4.4	Der Patient zeigt ungünstige Interaktionsmuster, die er selbst nicht als Problem ansieht	78
	Hintergrund	78
	Analyse	79
	Lösungsstrategie	79
5	**Der Patient verschweigt wichtige Informationen**	**85**
5.1	Der Patient macht falsche Angaben	85
	Hintergrund	85
	Analyse	86
	Lösungsstrategie	87
5.2	Die Patientin verschweigt Probleme aus Scham	91
	Hintergrund	91
	Analyse	92
	Lösungsstrategie	92
6	**Die Klinik ersetzt die natürliche Umwelt des Patienten**	**95**
6.1	Der Patient ist „hospitalisiert"	95
	Hintergrund	96
	Analyse	97
	Lösungsstrategie	97
6.2	Der „Krankheitsgewinn" ist hoch	98
	Hintergrund	99
	Analyse	99
	Lösungsstrategie	100
7	**Suizidalität**	**103**
7.1	Suizidalität muss geklärt werden	103
	Hintergrund	103
	Analyse	103
	Lösungsstrategie	104
7.2	Der Patient ist suizidal und absprachefähig	107
	Hintergrund	107
	Analyse	107
	Lösungsstrategie	108
7.3	Der Patient ist suizidal und nicht absprachefähig	110
	Hintergrund	110
	Analyse	110
	Lösungsstrategie	111

7.4	Der Patient kommuniziert suizidal	112
	Hintergrund	112
	Analyse	112
	Lösungsstrategie	112
7.5	Ein Patient hat sich (in der Klinik) suizidiert	113
	Hintergrund	114
	Lösungsstrategie	114
8	**Der Patient lehnt Behandlungsmaßnahmen ab**	**117**
8.1	Der Patient möchte keine Medikamente einnehmen	117
	Hintergrund	118
	Analyse	118
	Lösungsstrategie	118
8.2	Der Patient lehnt eine notwendige stationäre Aufnahme ab	120
	Hintergrund	121
	Analyse	121
	Lösungsstrategie	121
8.3	Der Patient möchte nicht entlassen werden	122
	Hintergrund	123
	Analyse	123
	Lösungsstrategie	123
9	**Die Behandlung wird durch begrenzte Ressourcen des Patienten erschwert**	**127**
9.1	Der Patient lebt in einem sehr schwierigen Umfeld	127
	Hintergrund	127
	Analyse	128
	Lösungsstrategie	128
9.2	Der Patient hat geringe Kompetenzen	129
	Hintergrund	130
	Analyse	130
	Lösungsstrategie	130
9.3	Der Patient hat sehr wenig Selbstbewusstsein	132
	Hintergrund	133
	Analyse	133
	Lösungsstrategie	134
	Zur kognitiven Arbeit/Arbeit am Selbstkonzept	134
	Zur verhaltensorientierten Arbeit an realen sozialen Problemen	135

9.4	Die misshandelte Patientin ist zu misstrauisch, um auf die therapeutische Beziehung einzugehen	137
	Hintergrund	138
	Analyse	138
	Lösungsstrategie	139
10	**Häufige interaktionell schwierige Situationen**	**141**
10.1	Der Patient weint im Gespräch	141
	Hintergrund	141
	Analyse	143
	Lösungsstrategie	143
10.2	Der Patient redet fast ununterbrochen	146
	Hintergrund	146
	Analyse	147
	Lösungsstrategie	147
10.3	Der Therapeut ist aktiver als der Patient	149
	Hintergrund	150
	Analyse	150
	Lösungsstrategie	151
10.4	Der Therapeut erlebt sich vom Patienten verärgert	154
	Hintergrund	154
	Analyse	155
	Lösungsstrategie	156
10.5	Der Patient stellt dem Therapeuten indiskrete Fragen	160
	Hintergrund	160
	Analyse	161
	Lösungsstrategie	161
10.6	Der Patient zeigt erotisches Interesse an der Therapeutin	163
	Hintergrund	163
	Analyse	164
	Lösungsstrategie	164
10.7	Patient und Therapeut sind sehr unterschiedlich	166
	Hintergrund	167
	Analyse	167
	Lösungsstrategie	168
	Register	**171**

Autorinnen und Autoren

Prof. Dr. med. Mathias Berger
Universitätsklinikum Freiburg
Universitätsklinik für Psychiatrie und Psychosomatik
Abteilung für Psychiatrie und Psychotherapie
Hauptstr. 5
79104 Freiburg

Dr. phil. Gitta Jacob
Universitätsklinikum Freiburg
Universitätsklinik für Psychiatrie und Psychosomatik
Abteilung für Psychiatrie und Psychotherapie
Hauptstr. 5
79104 Freiburg

Dr. med. Andreas Jähne
Universitätsklinikum Freiburg
Universitätsklinik für Psychiatrie und Psychosomatik
Abteilung für Psychiatrie und Psychotherapie
Hauptstr. 5
79104 Freiburg

Prof. Dr. med. Klaus Lieb
Klinik für Psychiatrie und Psychotherapie
Klinikum der Johannes-Gutenberg-Universität Mainz
Untere Zahlbacher Str. 8
55131 Mainz

Dr. phil. Claus Normann
Universitätsklinikum Freiburg
Universitätsklinik für Psychiatrie und Psychosomatik
Abteilung für Psychiatrie und Psychotherapie
Hauptstr. 5
79104 Freiburg

KAPITEL 1

Einführung

In diesem Buch werden typische psychiatrisch-psychotherapeutische Problemsituationen behandelt, die immer wieder von Kollegen, die am Anfang ihrer psychotherapeutischen Tätigkeit stehen, als Themen in Supervisionen und Fallbesprechungen eingebracht werden. Daher richtet es sich insbesondere an Psychologen und Ärzte in der psychiatrischen, psychosomatischen und psychotherapeutischen Aus- und Weiterbildung. Auch Ärzte anderer Fachrichtungen (insb. Hausärzte und Neurologen) sowie (psychiatrische) Pflegekräfte sind häufig mit schwierigen interaktionellen Situationen mit Patienten konfrontiert und können von diesem Buch möglicherweise profitieren.

Jedes Kapitel beginnt, um die Bandbreite des jeweiligen Phänomens aufzuzeigen, mit ein bis drei Fallbeispielen, denen allgemeine Erläuterungen zum jeweiligen Problem (**Hintergrund**) sowie eine Zusammenfassung des vorgeschlagenen Vorgehens (**Analyse**) folgen. Unter der Überschrift **Lösungsstrategie** werden schließlich konkrete Handlungsvorschläge zum Umgang mit dem Problem gegeben. Sofern dies inhaltlich sinnvoll erscheint, werden die Kapitel durch Beispieldialoge zu den eingangs beschriebenen Fallbeispielen abgerundet. Mit den Titeln der Kapitel und Unterkapitel werden die behandelten Probleme so präzise wie möglich beschrieben, sodass Sie das für Sie aktuell wichtige Kapitel leicht finden sollten. Häufig werden gerade solche Fälle als schwierig empfunden, bei denen parallel mehrere Probleme auftreten. Daher wird im Text jeweils auf andere Kapitel mit verwandter Problematik verwiesen.

Diese Form des Nachschlagewerks zum Umgang mit umschriebenen Problemsituationen ist bei Lehrbüchern der Psychiatrie und Psychotherapie bisher nicht gebräuchlich. Das übliche Vorgehen besteht darin, zunächst ein genaues Behandlungskonzept zu entwickeln und die sich daraus ergebenden Interventionen anzuwenden – ggf. unter Verwendung von störungsspezifischen Behandlungsmanualen oder Inanspruchnahme von Supervision.

Dabei sind manche Therapieansätze (insb. Verfahren, die sich der kognitiven Verhaltenstherapie zuordnen lassen) insofern nomothetisch, als sie auf die Gemeinsamkeiten der an einer bestimmten Störung leidenden Patienten fokussieren und großen Wert auf die Techniken legen, die zur Linderung oder Beseitigung der jeweiligen Symptome eingesetzt werden können. Schwierige Situationen und Fragen der therapeutischen Beziehungsgestaltung werden entsprechend im Lichte dieser Techniken diskutiert. Andere Ansätze (bspw. humanistische oder psychodynamische Verfahren) sind idiographisch in dem Sinne, dass das Ziel darin besteht, jeden Patienten und seine Symptome individuell und im Kontext seiner Biographie zu verstehen und daraus ein individuelles Behandlungskonzept zu entwickeln. Auch problematische Therapiesituationen werden in diesem Sinne durch eine individuelle Konzeptualisierung gelöst.

Unseres Erachtens besteht zwischen diesen Vorgehensweisen eine Lücke, zu deren Schließung das vorliegende Buch beitragen soll: In der Behandlung psychisch erkrankter Patienten treten regelmäßig auch schwierige Situationen auf, die nicht störungsspezifisch sind und daher in kognitiv-verhaltenstherapeutischen Manualen nicht ausreichend behandelt werden. Gleichzeitig sind viele dieser Situationen aber bei vielen Patienten zu beobachten und stellen damit typische Probleme unseres Fachs dar; der hohe Aufwand eines vertieften idiographischen Verständnisses in jedem Einzelfall ist daher u. U. nicht immer nötig.

Der mögliche Umgang mit solchen Problemen wird in diesem Buch in erster Linie nicht schulenspezifisch, sondern deskriptiv, vom Phänomen ausgehend, dargestellt. Doch weil alle Autoren verhaltenstherapeutisch ausgebildet sind, ist unser Vorgehen sicherlich am stärksten von diesem Ansatz sowie seinen aktuellen Weiterentwicklungen, insb. der Schematherapie (Young et al. 2005), geprägt. Auch verwenden wir aus Praktikabilitätsgründen Begriffe der Verhaltenstherapie und verweisen nach Möglichkeit auf spezifische Ansätze, die für das jeweilige Problem elaborierte Vorgehensweisen entwickelt haben.

Einerseits ist die Didaktik dieses Vorgehens neu, andererseits wird damit ein wesentliches Thema aufgegriffen, nämlich die praktische Realisierung hilfreicher Therapiebeziehungen. So hat schon Rosenzweig (1936) Überlegungen dazu veröffentlicht, welche allgemeinen Wirkfaktoren *(common factors)* in der Psychotherapie angestrebt werden. Grawe hat 1998 zu allgemeinen Wirkfaktoren eine umfassende empirische und theoretische Analyse vorgelegt. Praktiker wie Sachse (2006) oder Young et al. (2005) präsentieren umfassende anwendungsorientierte Konzepte zur therapeutischen Beziehungsgestaltung.

Aus diesen Konzepten kristallisieren sich u. E. nachstehend genannte Eckpunkte heraus, die für die Realisierung einer hilfreichen Therapiebeziehung notwendig sind. In Situationen, die der Therapeut als schwierig einschätzt, ist es oftmals wichtig, einen oder mehrere dieser Faktoren verstärkt zu realisieren:

- **Empathie, Freundlichkeit, Validierung, Verständnis:** Der Therapeut sollte den Patienten auf der Basis einer wertschätzenden Haltung unbedingt verstehen wollen, auch und gerade seine dysfunktionalen Interaktionsweisen.
- **Konfrontation, Metakommunikation und klare Grenzen:** Der Therapeut muss den Patienten mit seinen ungünstigen Handlungs- und Interaktionsweisen konfrontieren; dazu ist häufig Metakommunikation nötig, also das *Sprechen über die Interaktion* anstelle des *Reagierens auf die Interaktion*. Je nach Situation muss der Therapeut klare Grenzen setzen – in Bezug auf das Verhalten des Patienten, auf die in der Therapie besprochenen Themen oder auch auf die Fortführung der Therapie.
- **Motivationale Klärung:** Der Therapeut sollte dem Patienten helfen, sich der Bedeutung seines Erlebens und Handelns besser bewusst zu werden, seine (ggf. konfligie-

renden) Ziele – sowohl innerhalb als auch außerhalb der Psychotherapie – zu verstehen und ihn bei seinen Entscheidungen unterstützen.
- **Gemeinsame Verantwortung:** Sowohl der Patient als auch der Therapeut tragen Verantwortung für den Verlauf der Therapie.
- **Realitätsbezug:** Der Therapeut muss dem Patienten gegenüber so ehrlich wie möglich sein, d.h. Probleme offen ansprechen, Illusionen des Patienten nicht unterstützen, die Möglichkeiten und Grenzen des Patienten und seines Umfeldes realistisch einschätzen. Das bedeutet in vielen Fällen, dass man nicht zu viel erwarten und kleine Veränderungsschritte anstreben sollte.
- **Ziel-, Veränderungs- und Lösungsorientierung:** Für den Patienten muss transparent sein, dass Psychotherapie Veränderungen zum Ziel hat; die Ziele der Therapie müssen klar sein, und Veränderungsschritte sollen sich in Richtung der Ziele bewegen. Insbesondere Grawe (1998) betont dabei die Notwendigkeit, sich dabei an den Ressourcen des Patienten zu orientieren.

Das Anliegen, praxisnah konstruktive Lösungswege für konkrete Problemsituationen aufzuzeigen, ist mit Beschränkungen verbunden. So leistet dieses Buch keine Reflexion des therapeutischen Geschehens im Lichte verschiedener Therapieschulen. Es ersetzt weder die Supervision auf der Grundlage einer Fallkonzeption, die insb. bei schwer gestörten Patienten unumgänglich sein kann, noch die therapeutische Selbsterfahrung, die dann notwendig wird, wenn ein Therapeut selbst ungünstig interagiert und dadurch ggf. immer wieder ähnliche Schwierigkeiten in der Arbeit mit Patienten erlebt. Weiterhin wird darauf verzichtet, die Art von Notfallproblemen aufzunehmen, die in Lehrbüchern unter dem Thema „Notfallpsychiatrie" behandelt wird, etwa den Umgang mit akut deliranten oder katatonen Patienten. Und schließlich beschränken wir uns auf Situationen in Einzelgesprächen. Probleme der Paar-, Familien- oder Gruppenbehandlung werden nicht erörtert.

Um den Lesefluss nicht zu stören, wurde bei Patienten und Berufsbezeichnungen zumeist die grammatikalisch maskuline Form gewählt. Selbstverständlich sind in diesen Fällen immer Frauen und Männer gemeint.

LITERATUR
Grawe K (1998) Psychologische Psychotherapie. Göttingen: Hogrefe
Rosenzweig S (1936) Some implicit common factors in diverse methods of psychotherapy: „At last the Dodo said, 'Everybody has won and all must have prizes'". Am J Orthopsychiatry 6: 412–415
Sachse R (2006) Therapeutische Beziehungsgestaltung. Göttingen: Hogrefe
Young J, Klosko J, Weishaar M (2005) Schematherapie. Paderborn: Junfermann

KAPITEL 2

Der Patient macht keine Fortschritte oder lässt sich nicht auf die Verfolgung eines Behandlungsziels ein

2.1 Der Auftrag des Patienten ist unklar

FALLBEISPIELE

Fallbeispiel 1
Herr S. ist ein 22-jähriger Patient der Tagesklinik mit den Verdachtsdiagnosen ADHS und gemischte Persönlichkeitsstörung mit narzisstischen und impulsiven Anteilen; anamnestisch ist Substanzmissbrauch bekannt. In der Einzeltherapie wirkt er immer sehr engagiert und konzentriert und kann länger über ein Thema sprechen. Allerdings bringt er fast jede Stunde ein neues Thema ein, mal möchte er die Beziehung mit seinen Eltern reflektieren, dann berichtet er von seinem Umgang mit Frauen, ein anderes Mal möchte er über sein Selbstbild und seinen geringen Selbstwert sprechen. Das Anliegen der Therapeutin, mit ihm eine berufliche Perspektive zu entwickeln, die ihm bisher völlig fehlt, und erste Schritte zu deren Umsetzung zu unternehmen, hat bei ihm fast nie Priorität.

Fallbeispiel 2
Frau D. ist eine 35-jährige Patientin, die im Rahmen einer Beziehungskrise eine ambulante Psychotherapie aufgenommen hat. Nachdem in den ersten Sitzungen akute Entlastung im Vordergrund stand, scheint die Patientin im weiteren Verlauf eher mit der Erwartung zu kommen, in der Therapiestunde freundschaftliche Gespräche über Beziehungen und Alltagsprobleme zu führen. Sie bringt dabei verschiedene Themen ein, scheint jedoch nicht das Anliegen zu haben, problematische Aspekte herauszuarbeiten oder Veränderungsziele für sich zu definieren.

Fallbeispiel 3
Frau Z., eine 40-jährige Mutter von drei Kindern, hat einen schwer alkoholkranken Partner und zeigt seit Jahren ausgeprägtes ko-abhängiges Verhalten; alle Familienangehörigen leiden in dieser Belastungssituation unter psychischen Störungen. Frau Z. hat sich ambulant wegen Angst- und Depressionssymptomen vorgestellt. Diese Behandlung ist bereits ihre sechste ambulante Psychotherapie. In den vergangenen 10 Jahren haben verschiedene Therapien ihre Situation kaum verändert. Im Verlauf zeigt sich Frau Z. sehr ambivalent: Einerseits kommt sie gerne in die Stunden, andererseits ändert sich in ihrem Leben nichts, obwohl immer wieder überdeutlich wird, dass sie zur Reduktion ihrer Probleme und der ihrer Kinder ihr ko-abhängiges Verhalten ändern müsste. Der Therapeut fühlt sich in jeder Stunde von den Berichten über die jeweils aktuellen Probleme überrollt. Therapeutische Hausaufgaben kann Frau Z. nicht erledigen, weil sich immer wieder ein anderes Thema in den Vordergrund schiebt.

Hintergrund

Zielorientierung ist ein wesentliches Merkmal von Psychotherapie; dabei können sich Behandlungsziele in Abhängigkeit von der Problematik und der Therapiemethode stark unterscheiden. Beispielsweise wäre das Ziel eines Verhaltenstherapeuten bei einer Panikbehandlung, dass der Patient wieder in die Lage kommt, vermiedene Situationen aufzusuchen; das Ziel eines Gesprächspsychotherapeuten bei einem depressiven Patienten, dass er sich seiner eigenen Bedürfnisse stärker bewusst wird; das Ziel eines Psychoanalytikers die Einsicht seines Analysanden in psychodynamische Zusammenhänge etc. Dieses Kapitel behandelt das Problem, dass in der Psychotherapie kein von Patient und Therapeut gemeinsam verfolgtes Ziel erkennbar ist.

Unklare Ziele können verschiedene Ursachen haben, die sowohl in der therapeutischen Interaktion als auch in der Person des Patienten oder seiner Problematik begründet liegen können. Die folgende Liste nennt, ohne Anspruch auf Vollständigkeit zu erheben, mögliche Ursachen:

- Aufgrund von spontaner Besserung, Lebensveränderungen o.a. ist **kein Psychotherapiebedarf mehr** vorhanden.
- Der Patient hat ein anderes **Konzept von Psychotherapie** als Sie und geht bspw. davon aus, dass es in der Therapie immer darum ginge, frei zu assoziieren.
- Der Patient **vermeidet** die Auseinandersetzung mit schwierigen Themen, z. B. aus Angst oder Überforderungserleben, und/oder sucht in der Therapie eher Stabilisierung und Zuwendung als Unterstützung bei Veränderungen (➤ Kap. 2.3).
- Die **Problematik ist komplex** und umfangreich, entweder durch ein schwieriges Umfeld mit mangelhaften Ressourcen oder durch eine schwere Störung mit vielfältigen Problemen wie z. B. einer Borderline-Persönlichkeitsstörung (➤ Kap. 9).
- Der Patient hat **problematische Interaktionsmuster,** die eine Festlegung von Zielen verhindern. Möglicherweise legt er sich ungern fest, kann sich schwer auf ein Ziel konzentrieren oder nimmt ungern die Rolle einer ratsuchenden, „schwachen" Person an (➤ Kap. 4.4).
- **Sprunghaftigkeit/Unkonzentriertheit** bildet das Kernsymptom der Störung, z. B. bei ADHS.

Analyse

Sie sollten mit dem Patienten klären, ob noch Psychotherapiebedarf besteht, und sich ggf. auf klare Ziele einigen, die unbedingt realistisch sein müssen, also im Rahmen der Erkrankung des Patienten und seiner persönlichen Lebenssituation erreichbar. Falls sich dies als schwierig erweist, sollten Sie daran arbeiten, die Problematik zu verstehen, die dem unklaren Auftrag zugrunde liegt, und Lösungen dafür zu suchen. Ein Verfahren für eine explizite individualisierte und handlungsnahe Beschreibung von Therapiezielen ist die Zielerreichungsskalierung (*Goal Attainment Scaling*, GAS; z. B. Stieglitz und Haug

1995). Ausführliche Erläuterungen zu Zielen in der Psychotherapie finden sich auch bei Kanfer et al. (1996).

Lösungsstrategie

Reflektieren Sie die bisherigen Ziele Ihrer Behandlung!
Viele Behandlungen beginnen mit einer akuten Beschwerde, deren Linderung das implizite und selbstverständliche Ziel ist. Eine dezidierte Definition von Behandlungszielen erscheint daher häufig zu Beginn der Behandlung nicht zwingend notwendig. In manchen Fällen ändert sich der akute Behandlungsanlass jedoch relativ rasch oder stellt sich im Verlauf in einem anderen Licht dar. Daher sollten Sie zunächst für sich und mit dem Patienten reflektieren, mit welchen Zielen er ursprünglich in die Behandlung gekommen ist. „Wir sprechen hier immer wieder über ganz verschiedene Themen, und ich frage mich gerade, was eigentlich das wesentliche Ziel unserer Arbeit ist. Als Sie kamen, ging ich von XY aus, jetzt scheint mir das aber nicht mehr akut. Was würden Sie denn sagen?"

Erläutern Sie die Notwendigkeit von klaren Zielen für die Therapie!
Damit informieren Sie den Patienten auch über Ihr Konzept von Psychotherapie und korrigieren ggf. unzutreffende implizite Annahmen des Patienten. Machen Sie deutlich, dass Sie ihn mit Zielen nicht unter Druck setzen wollen, sondern sich verpflichtet fühlen, für die Effektivität der Therapie zu sorgen. „Mir ist es sehr wichtig, dass wir hier in der Therapie klare Ziele verfolgen. Schließlich soll unsere Arbeit Ihnen helfen, und das lässt sich am besten daran messen, ob Sie Ihren Zielen näher kommen."

Legen Sie klare und realistische Ziele fest!
Wenn trotz der Psychoedukation zur Notwendigkeit von Zielen kein klarer Auftrag erkennbar wird, so machen Sie deutlich, dass Sie variierende oder fehlende Ziele des Patienten als für die Behandlung ungünstig erachten. „Mir fällt auf, dass wir in jeder Stunde über ein anderes Thema sprechen und dass die jeweils früheren Themen für Sie gar nicht mehr sehr relevant zu sein scheinen. Das finde ich ungünstig, denn wir sprechen so über ganz vieles, aber es ändert sich nichts. Ich möchte, dass wir klarer definieren, was mit unseren Gesprächen erreicht werden soll." Dazu können Sie auch Fragen einsetzen wie die „Zauberfrage": „Wenn Sie drei Wünsche frei hätten, was würden Sie in Ihrem Leben ändern?" oder die Frage danach, was in der Zukunft anders aussehen soll: „Woran würden Sie in einem halben Jahr merken, ob die Therapie hilft oder nicht?" Machen Sie dabei klar, was als Ziel geeignet ist, und akzeptieren Sie nur solche Ziele, die Sie für realistisch, sinnvoll und erreichbar halten. „Sie nennen jetzt lauter Ziele, die sich vor allem um Ihre Probleme in Partnerschaften und im Freizeitbereich drehen. Die Tagesklinik hat aber einen anderen Schwerpunkt – Sie sind ja hierher gekommen, weil Sie kaum Tagesstruktur haben und eigentlich nicht wissen, was beruflich aus Ihnen werden soll – wie ist es denn damit?" „Sie sagen, Sie wollen über all diese Probleme nicht mehr so viel nach-

denken müssen. Das kann ich sehr gut verstehen, aber ich frage mich, was dafür passieren müsste?"

Besprechen Sie offen den Rahmen der Möglichkeiten!
Häufig besprechen Patienten gerade deshalb viele variierende Themen, weil sie tatsächlich mit sehr vielen Problemen kämpfen. Wenn es Ihnen unrealistisch scheint, dies alles im Rahmen Ihrer Behandlung zu bearbeiten, sollten Sie dies offen besprechen. „Ich denke, es ist sinnvoll, wenn wir uns erst einmal konkret auf wenige klare Ziele einigen, die wirklich realistisch sind. Wenn Sie damit gut vorankommen, können wir ja noch einmal überlegen, ob wir uns noch mehr vornehmen können."

Behalten Sie die Ziele im Verlauf der Behandlung im Auge!
Kommen Sie in den Gesprächen immer wieder auf die Ziele zurück und demonstrieren Sie so auch im Verlauf immer wieder deren Bedeutung. „Sie erzählen jetzt von dem Problem mit der Mitpatientin vorhin, aber letzte Stunde hatten wir ja eigentlich vereinbart, dass Sie bis heute Informationen über verschiedene Berufe einholen und dann deren Vor- und Nachteile abwägen. Ich finde es sehr wichtig, damit weiterzukommen. Haben Sie Ihre Hausaufgaben gemacht?"

Verstärken Sie zielorientierte Aktivitäten des Patienten!
„Sie haben die Liste mit möglichen Berufen mitgebracht, das ist sehr gut, danke!" „Es freut mich, dass wir heute so konzentriert daran arbeiten konnten, wie Sie mit diesem Problem weiterkommen können. Ich glaube, das wird sich lohnen!"

Wenn der Patient vor allem vermeidet, besprechen Sie dies offen!
Vermeidung liegt insb. dann vor, wenn die Ziele und die Schritte dahin geklärt sind, der Patient jedoch (meist aus Angst) nicht mit der Umsetzung beginnt. Versuchen Sie gemeinsam, die Gründe für die Vermeidung zu verstehen, und suchen Sie nach Schritten, die für ihn akzeptabel sind (➤ Kap. 2.3). „Jetzt haben wir die Ziele ja klar definiert und auch die ersten Schritte dahin geplant, aber Sie schaffen es nicht, sie auch umzusetzen. Können Sie sich das erklären? Macht Ihnen möglicherweise irgendetwas Angst?"

Wenn der Patient vor allem unverbindlich und sprunghaft interagiert, besprechen Sie dies!
Diskutieren Sie mit dem Patienten, ob Ihr Eindruck zutrifft und ob sich dafür Erklärungen finden lassen. Hat er z. B. vor allem Konzentrationsprobleme im Sinne einer Aufmerksamkeitsdefizit-/Hyperaktivitätsstörung (ADHS; Heßlinger et al. 2004)? Neigt er dazu, sich selbst Steine in den Weg zu legen, um sich nicht mit seinen realistischen Grenzen zu konfrontieren (im Sinne von *self-handicapping*; ➤ Kap. 2.8)?

2.1 Der Auftrag des Patienten ist unklar

Berücksichtigen Sie Zusammenhänge mit der zugrunde liegenden Störung! So benötigen etwa Patienten mit Negativsymptomatik Ihre aktive Unterstützung für das Formulieren und Umsetzen von Zielen; bei Patienten mit einer sozialen Phobie sollte diese bei der Planung beruflicher Perspektiven berücksichtigt werden etc.

Wenn sich keine klaren Ziele finden lassen, sollten Sie mit dem Patienten besprechen, ob die Fortsetzung der Behandlung sinnvoll ist!
„Es war sicher gut für Sie, dass Sie jemanden zum Reden hatten, als Sie in dieser akuten Krise waren. Aber jetzt scheint es erfreulicherweise keinen speziellen Therapiebedarf mehr zu geben. Dann brauchen wir uns momentan ja nicht zu treffen, und Sie melden sich, falls sich daran etwas ändert."

Tab. 2.1 Beispieldialog Fallbeispiel 1 – Tagesklinik.

Th.	Sie erzählen jetzt von Ihrem Freund, aber letzte Stunde hatten wir ja eigentlich vereinbart, dass Sie bis heute Informationen über verschiedene Berufe einholen und wir deren Vor- und Nachteile abwägen. Ich finde es sehr wichtig, da weiterzukommen. Haben Sie Ihre Hausaufgaben gemacht?	Auf den wichtigsten Auftrag beziehen
Herr S.	Dazu bin ich jetzt gar nicht gekommen!	
Th.	Warum nicht? Wir hatten doch besprochen, dass das jetzt unbedingt ansteht, auch wenn es Ihnen schwer fällt.	Auf Zielen beharren
Herr S.	Ich weiß auch nicht; ich war so beschäftigt mit all diesen anderen Dingen; irgendwie war das dann ganz weg.	
Th.	Das finde ich sehr schwierig. Ich möchte, dass wir Ihre Probleme hier in den Griff bekommen. Aber dazu ist es ganz wichtig, dass Sie es auch schaffen, sich mit diesen Themen zu befassen. Wie könnten wir das hinbekommen?	Beharrlich bleiben
Herr S.	Vielleicht nehme ich mir vor, es gleich jetzt im Anschluss an die Sitzung anzufangen.	
Th.	Das finde ich eine sehr gute Idee! Und wie sorgen Sie dafür, dass Sie auch weitermachen?	Verstärken
Herr S.	Ich muss da wohl disziplinierter sein.	
Th.	Das ist eine hilfreiche Einsicht! Wir könnten hier auch besprechen, wie Ihnen das gelingen kann.	Verstärken

Tab. 2.2 Beispieldialog Fallbeispiel 2 – ambulant.

Frau D.	… stellen Sie sich vor, jetzt habe ich eine Abmahnung bekommen, weil ich wegen meinem Kind daheim geblieben bin; dabei ist mein Chef nur eifersüchtig, weil ich nichts mit ihm anfangen will …	
Th.	\<unterbricht\> Frau D., ich frage mich gerade, wo es eigentlich in unserer Arbeit hingehen soll?	Auftrag erfragen

Tab. 2.2 Beispieldialog Fallbeispiel 2 – ambulant. (Forts.)

Frau D.	Wie meinen Sie das?	
Th.	Na ja, Sie haben so viele Themen, aber mir ist nicht so ganz klar, was Sie eigentlich ändern möchten.	**Veränderung thematisieren**
Frau D.	Wie meinen Sie das denn? Glauben Sie, dass mir das nichts ausmacht?	
Th.	Nein, das wäre ein Missverständnis. Was ich meine, ist, dass es in einer Psychotherapie sehr wichtig ist, ein bestimmtes Ziel vor Augen zu haben. Wir sollten hier über die Dinge sprechen, die Sie am meisten verändern möchten. Und das habe ich bei Ihnen einfach noch nicht genau verstanden.	**Sinn eines klaren Auftrags erläutern**
Frau D.	Na, ich will schon weniger Probleme haben!	
Th.	Was soll denn konkret anders sein?	**Nach Zieldefinition suchen**
Frau D.	Na, so konkret kann ich das auch nicht sagen!	
Th.	Gut. Können wir uns das gemeinsam überlegen?	**Zieldefinition zum Thema machen**

LITERATUR
Heßlinger B, Philipsen A, Richter H (2004) Psychotherapie der ADHS im Erwachsenenalter: Ein Arbeitsbuch. Göttingen: Hogrefe

Kanfer FH, Reinecker H, Schmelzer D (1996) Selbstmanagement-Therapie. 2., überarb. Aufl. Heidelberg: Springer

Stieglitz R-D, Haug H-J (1995) Therapiezielbestimmung und -evaluation als Mittel zur Qualitätssicherung. In: Haug H-J, Stieglitz R-D (Hrsg.) Qualitätssicherung in der Psychiatrie. Stuttgart: Enke, 191–199

2.2 Der Patient ist nicht im emotionalen Kontakt mit sich und dem Therapeuten

FALLBEISPIELE

Fallbeispiel 1

Frau R., 45 Jahre, hat sich wegen massivster Ängste stationär aufnehmen lassen. Im Gespräch berichtet sie sehr distanziert über ihre Ängste, Emotionen sind nicht spürbar. Dies steht in starkem Kontrast zu dem verzweifelten Zustand, in dem sie aufgenommen wurde. Sie nimmt diese Diskrepanz ebenfalls wahr, kann sie sich jedoch nicht erklären.

Fallbeispiel 2

Herr U., 47 Jahre, kommt wegen einer Depression in ambulante Psychotherapie. Er berichtet von vielen Aktivitäten und Aufgaben, insb. beruflichen Zusatzaufgaben, die er in letzter Zeit übernommen hat. Dabei wird deutlich, dass er aktuell sehr überlastet ist. Die Belastung wird allerdings im Kontakt und in seinem Bericht emotional nicht spürbar; er bleibt stets sachlich, souverän, mit leicht ironischem Unterton.

Hintergrund

Mit dem Terminus „Kontakt" beschreiben Dorsch et al. (1994) *„einen mitmenschlich-gegenseitigen, zumeist emotional fundierten Konnex, der sich im Beieinander einstellen, aber auch ausbleiben kann."* Der Kontakt ist eine wichtige Bedingung für hilfreiche therapeutische Beziehungen, da sowohl Patient als auch Therapeut nur „im Kontakt" die Nöte und Sorgen des Patienten adäquat wahrnehmen können und der Therapeut nur dann empathisch auf den Patienten eingehen kann. Therapeutischer Kontakt hat somit zwei voneinander abhängige Facetten: Im Kontakt mit sich selbst spürt der Patient seine eigenen (meist schmerzhaften) Emotionen; im Kontakt mit dem Therapeuten öffnet er sich diesem gegenüber emotional und lässt sich von ihm emotional erreichen. Das Gelingen des therapeutischen Kontakts lässt sich beispielsweise anhand der Merkmale in ➤ Tabelle 2.3 einschätzen.

Analyse

In psychotherapeutischen Gesprächen ist ein guter Kontakt wichtig für eine erfolgreiche Therapie. Einerseits wird im Kontakt spürbar, inwieweit sich der Patient auf die therapeutische Beziehung einlässt und persönliche und relevante Dinge bespricht. Andererseits drückt sich bei vielen Patienten in der Schwierigkeit der emotionalen Kontaktaufnahme auch ein Teil des Problems aus, dessentwegen sie behandelt werden. So ist es z. B. nicht selten, dass ein Patient einerseits unter intensiven emotionalen Störungen (Ängsten, Traurigkeit, Wut) leidet und andererseits im Kontakt kaum Emotionen spürbar sind (➤ Tab. 2.4 Fallbeispiel 1). In solchen Fällen wirkt der schlechte Kontakt wie ein Schutz vor den schmerzhaften Emotionen; diese müssen jedoch in der Therapie zumindest erkennbar werden, um sich zu bessern. In der Schematherapie (Young et al. 2005) wird in

Tab. 2.3 Merkmale des therapeutischen Kontakts.

Guter Kontakt	Wenig Kontakt
Der Bericht des Patienten ist bzgl. der emotionalen Färbung im Einklang mit dem Inhalt.	Der Patient berichtet von negativen Gefühlen oder Schwierigkeiten ohne erkennbaren Affekt.
Das Gespräch ist ein intensiver Austausch, wenig Missverständnisse oder „Leerlauf".	Unklarheiten und Missverständnisse im Gespräch, „Leerlauf"-Phasen.
Ihre Emotionen schwingen entsprechend der Emotionen des Patienten (betroffen und tröstend bei Angst und Traurigkeit, Freude bei Erfolgen etc.).	Sie schwingen emotional wenig mit dem Patienten mit, empfinden wenig auch bei emotionalen Inhalten.
Inhalt des Gesprächs, Patientenemotionen und Ihre Emotionen passen zusammen.	Sie erleben dem Patienten gegenüber Emotionen wie Langeweile oder Gereiztheit, die nicht zum Inhalt des Gesprächs passen.
Sie fühlen sich mit dem Patienten verbunden.	Sie spüren keine Verbindung zum Patienten.

Tab. 2.4 Beispieldialog Fallbeispiel 1.

Th.	Sie hatten daheim so schreckliche Ängste, und jetzt ist gar nichts davon spürbar. Sie sind ganz ruhig und beherrscht hier im Gespräch. Wie erklären Sie sich das?	**Fehlenden Kontakt offen ansprechen**
Frau R.	Daheim, das war alles so schrecklich. Ich bin so froh, dass ich hier bin, das können Sie sich nicht vorstellen.	
Th.	Das glaube ich Ihnen. Gleichzeitig wirken Sie auf mich auch auf eine seltsame Art abgeschottet. So als wären Sie gar nicht richtig da. Verstehen Sie, was ich meine?	**Frage genauer erklären, da Pat. sie wohl nicht verstanden hat**
Frau R.	Ja schon, aber das ist viel besser als die Ängste.	
Th.	Das glaube ich Ihnen! Könnte es sein, dass das wie ein Schutz für Sie ist, wenn Sie sich so abschotten?	**Validieren, explorieren**
Frau R.	Das glaube ich auf jeden Fall, ja.	
Th.	Wovor schützen Sie sich denn?	**Explorieren**
Frau R.	Vor den Ängsten, denke ich.	
Th.	Das denke ich auch, ja. Funktioniert das denn gut?	**Explorieren**
Frau R.	Hier schon.	
Th.	Ja, hier schon. Aber sonst?	**Explorieren**
Frau R.	Na ja, daheim funktioniert es überhaupt nicht.	
Th.	Ja, und das ist wirklich ein Problem, oder?	**Schlechten Kontakt der Pat. mit sich selbst problematisieren**
Frau R.	Aber ich weiß auch nicht, ich kann jetzt gar nicht anders sein.	
Th.	Ich glaube, es ist wichtig, das besser zu verstehen. Ich würde das gerne hier auch zum Thema machen und Sie bitten, zu beobachten, in welchen Situationen Sie sich abschotten und wann nicht.	**Zum Therapiethema machen, Beobachtungsaufgabe geben**

diesem Zusammenhang auch von „schützenden Persönlichkeitsanteilen" gesprochen, die in der Therapie identifiziert und reduziert werden müssen (➤ Kap. 2.5).

Nicht jeder schlechte Kontakt verweist jedoch auf grundlegende Probleme des Patienten. Der Kontakt kann auch dadurch gestört sein, dass der Patient irgendetwas an der Situation oder Ihrer Person als störend empfindet oder innerlich mit einem anderem als dem gerade besprochenen Thema beschäftigt ist. Insbesondere Patienten mit wenig Therapieerfahrung überlassen die Themenwahl und Gestaltung der Situation oft weitgehend dem Therapeuten und weisen nicht immer explizit darauf hin, wenn sie das aktuelle Thema als wenig relevant erleben. Wenn Sie in einem Gespräch wenig oder keinen Kontakt wahrnehmen, sollten Sie zunächst die Ursache dafür herausfinden und anschließend an einer Verbesserung des Kontakts arbeiten.

Lösungsstrategie

Sprechen Sie den geringen Kontakt offen an!
„Sie kommen wegen so schwerer Ängste, aber hier im Gespräch spüre ich überhaupt keine Ängste bei Ihnen. Sie wirken sehr distanziert und wenig emotional. Das wundert mich etwas. Verstehen Sie, was ich meine?" Gehen Sie nicht davon aus, dass der Patient Sie sofort versteht, da er sich dieses Phänomens möglicherweise nicht bewusst ist und es nicht als problematisch erlebt. Erklären Sie ggf. genauer und anhand von Beispielen, was Sie meinen.

Suchen Sie nach einer plausiblen Erklärung für den geringen Kontakt!
Gehen Sie davon aus, dass der schlechte Kontakt einen bestimmten Grund hat und erfragen Sie diesen. „Ich habe den Eindruck, dass Sie gefühlsmäßig gar nicht richtig bei der Sache sind. Hat das einen bestimmten Grund?" Versuchen Sie, genau zu verstehen, ob der Patient sich durch Merkmale der Situation oder Ihrer Person gehemmt fühlt und was Sie ggf. ändern könnten. „Wie erleben Sie unsere Zusammenarbeit?" „Wie erleben Sie mich?" „Gibt es etwas, was Ihnen helfen würde, offener zu sein?" Ändern Sie dann das Thema, Ihre Interaktion oder die Situation so, dass sie für den Patienten hilfreicher ist, und demonstrieren Sie ihm in dieser Weise auch, dass in der Therapie seine Interessen wichtig sind.

Wenn sich keine einfache Erklärung für den schlechten Kontakt finden lässt, sollten Sie dieses Thema – zumindest implizit – zu einem Fokus in der Therapie machen und können dazu folgendermaßen vorgehen:

Achten Sie gezielt auf Momente besseren Kontakts und weisen Sie den Patienten darauf hin!
In Fällen von ausgeprägt geringem Kontakt kann es sinnvoll sein, den Kontakt im therapeutischen Gespräch kontinuierlich zu beobachten. Sobald Sie den Eindruck haben, dass – möglicherweise nur für einen kurzen Moment – ein besserer Kontakt besteht, unterbrechen Sie das Gespräch und besprechen Sie mit dem Patienten, was er in diesem Moment des besseren Kontakts erlebt hat. „Frau S., ich muss Sie mal kurz unterbrechen. Gerade als Sie anfingen, von gestern zu sprechen, hatte ich das Gefühl, dass Sie emotional etwas offener waren. Kann das sein? Verstehen Sie, was ich meine? Verstehen Sie, warum das so war?" Erwarten Sie nicht von sich selbst, dass Sie in jedem Fall genau verstehen, welche Faktoren zur Modulation des Kontakts führen, sondern fragen Sie beim Patienten nach. Damit helfen Sie ihm auch, sich sein psychisches Funktionieren stärker bewusst zu machen.

Validieren Sie ggf. die Schwierigkeit des Patienten, sich emotional zu öffnen!
Häufig liegen bei Patienten mit ausgeprägten Kontaktschwierigkeiten traumatische Lebenserfahrungen (biographisch oder aktuell) und/oder schwere emotionale Probleme vor. Emotionaler Kontakt in der therapeutischen Beziehung kann vor diesem Hintergrund bedrohlich und labilisierend wirken. Signalisieren Sie dem Patienten hierfür Ver-

Tab. 2.5 Beispieldialog Fallbeispiel 2.

Th.	Herr U., ich muss Sie mal kurz unterbrechen. Ich habe das Gefühl, Sie sind völlig überlastet, erzählen darüber aber ganz ironisch, ohne dass diese Überlastung spürbar wird. Das berührt mich etwas seltsam.	**Problem offen ansprechen**
Herr U.	Ja, ja, so bin ich, ich komme oft so rüber.	
Th.	Wissen Sie, warum Sie das so machen?	**Explorieren**
Herr U.	Na ja, man muss ja nicht immer sein Innerstes nach Außen kehren, oder?	
Th.	Nein, das muss man natürlich nicht! Haben Sie damit schon schlechte Erfahrungen gemacht?	**Vorerfahrungen explorieren**
Herr U.	Ja, vor allem mit meiner Exfreundin, da gab es ein paar Geschichten, die waren echt nicht lustig.	
Th.	Was ist denn da zum Beispiel vorgefallen?	**Nachfragen, um Vorerfahrungen genauer zu verstehen**
Herr U.	<erzählt Begebenheit, in der er Wut und Verzweiflung zum Ausdruck brachte und eine sehr verletzende Reaktion erlebte>	
Th.	Vielen Dank, jetzt kann ich viel besser verstehen, dass Sie das nie wieder erleben möchten, Emotion zu zeigen und dann so sehr verletzt zu werden!	**Validieren, vor allem auf emotionale Inhalte eingehen**
Herr U.	Sie haben es erfasst!	
Th.	Ich glaube allerdings, dass es wichtig wäre, da zu differenzieren. Aus der Geschichte gerade scheinen Sie den Schluss zu ziehen, keine Gefühle zeigen zu dürfen, weil das Gegenüber Sie sonst verletzt. Im Moment habe ich den Eindruck, Sie zeigen nicht, dass Sie sehr erschöpft und überlastet sind, obwohl es für Ihre Gesundheit sehr wichtig wäre, genau das zu tun. Dann könnten Sie auch die Erfahrung machen, dass ich nicht wie Ihre Exfreundin bin und dass es doch möglich ist, sich zu öffnen und hilfreiche Reaktionen darauf zu erhalten. Verstehen Sie, was ich meine?	**Differenzieren zwischen aktueller Situation und negativer Vorerfahrung = einerseits Validierung der Vorerfahrung, andererseits Problematisierung des geringen Kontakts**
Her U.	Na ja, irgendwie schon.	
Th.	Das ist gut! Könnten Sie versuchen, etwas zu erzählen, wie Sie sich aktuell *fühlen*?	**Verstärken und auf emotionale Inhalte fokussieren**

ständnis. „Möglicherweise haben Sie diese Schwierigkeiten, sich emotional zu öffnen, auch wegen der extrem schlimmen Ängste, die Sie in letzter Zeit erleben. Solche Ängste können auch dazu führen, dass alle Emotionen als sehr bedrohlich erlebt werden und man sich davor deshalb gut schützt."

Fördern Sie besseren Kontakt!
- Besprechen Sie mit dem Patienten, wie er die Therapie in den Momenten besseren Kontakts erlebt und betonen Sie die Vorteile. „Wie ist es für Sie, wenn Sie wie jetzt ein bisschen mehr von Ihren Gefühlen zeigen können?" Typischerweise fühlen sich Patienten in solchen Situationen eher unsicher und ängstlich, nehmen jedoch gleichzeitig wahr, dass an relevanten Themen gearbeitet wird, dass sie sich weniger allein fühlen und/oder dass die menschliche Nähe wohltuend wirkt.
- Teilen Sie dem Patienten Ihre emotionale Reaktion auf sein Verhalten mit, um Nähe zu schaffen und guten Kontakt zu verstärken. „Wenn Sie wie jetzt etwas mehr von Ihren Emotionen zeigen, fühle ich mich Ihnen viel näher, und es freut mich, dass Sie hier so offen sein können." „Wenn Sie so distanziert sind, dann kann ich Ihre Ängste und Ihre Probleme viel weniger nachvollziehen."
- Betonen Sie die emotionalen Anteile in den Äußerungen des Patienten. Diese „Verbalisierung emotionaler Gesprächsinhalte" ist insb. in der klientenzentrierten Gesprächspsychotherapie nach Rogers eine wichtige Therapiemethode. „Sie sagten gerade, ich sei wie Ihre Schwester. Vorhin haben Sie berichtet, dass Ihre Schwester Sie sehr viel kritisiert. Fühlen Sie sich innerlich angegriffen von irgendetwas, was ich gerade gesagt habe?"

Verstärken Sie besseren Kontakt!
Dies können Sie direkt tun („Ich habe den Eindruck, Sie sind etwas offener. Das freut mich sehr!") oder indirekt, indem Sie die Situation mit Freundlichkeit, Komplimenten, einer heiteren Interaktion etc. besonders freundlich gestalten. Bedenken Sie, dass der Patient den Kontakt vermutlich aus (biographisch erklärbarer) Angst vor Übergriffen, Missbrauch, Beschimpfung o. Ä. vermeidet und in der Therapie den emotionalen Kontakt zu Ihnen im Kontrast dazu als positiv und wertvoll erleben sollte (➤ Kap. 10.2).

LITERATUR
Dorsch F, Häcker H, Stapf KH (2003) Dorsch Psychologisches Wörterbuch. 14., vollst. überarb. und erw. Aufl. Göttingen: Huber

2.3 Der Patient vermeidet

FALLBEISPIELE
Fallbeispiel 1
Frau T. ist eine 42-jährige ambulante Patientin mit Panikattacken, die insb. in der Nähe von und in medizinischen Einrichtungen, z. B. Arztpraxen, Krankenhäusern u. Ä. auftreten. Sie hat bisher mit Expositionstraining gute Erfahrungen gemacht und kann bereits wieder mit ihrem Sohn zum Kinderarzt gehen. Nun plant der Therapeut eine Exposition der für sie schwierigsten Situation, das Wartezimmer der medizinischen Notaufnahme. Er sucht mit ihr gemeinsam die Auffahrt zur Notaufnahme auf, dann weigert sich die Patientin wegen zu großer Ängste jedoch, die Notaufnahme zu betreten.

Fallbeispiel 2

Herr L., ein 38-jähriger Patient mit Zwangsgedanken und verschiedenen Zwangshandlungen (Ordnungszwänge, Kontrollzwänge, Rituale zur Neutralisierung der Zwangsgedanken), kommt stationär auf die Spezialstation für Zwangsstörungen. Obwohl Exposition das klare Ziel des Aufenthalts ist, weicht er dem immer wieder aus, indem er ausführlich erläutert, warum seine Zwänge schwer exponierbar sind, indem er den Sinn der Exposition in Frage stellt und mit dem Therapeuten die Frage diskutiert, ob dieser seine Zwänge überhaupt schon ausreichend verstanden habe.

Hintergrund

Wenn Patienten einen in der Behandlung sinnvollen Schritt nicht gehen, kann dies grundsätzlich verschiedene Ursachen haben. Möglicherweise ist der Patient nicht von der Wichtigkeit dieses Schritts überzeugt, oder er sieht das entsprechende Problem nicht (mehr) im Vordergrund. Möglicherweise ist er auch von der Aufgabe überfordert und kann dies nicht zum Ausdruck bringen (➤ Kap. 2.8).

Von Vermeidung im engeren Sinn wird dann gesprochen, wenn der Patient einen wichtigen Schritt nicht geht, weil die damit verbundenen Ängste, Sorgen oder Anspannungszustände kurzfristig zu aversiv sind. Vermeidung ist ein zentrales Thema insb. (aber nicht nur) in Expositionsbehandlungen bei Angst- und Zwangsstörungen. Expositionsbehandlung ist für diese Störungen die wirksamste Behandlung; dennoch wird sie von vielen Patienten wegen der damit verbundenen hohen Belastung abgebrochen. Dabei spielt Vermeidung eine wichtige Rolle. Darüber hinaus werden von Patienten (und ebenso von gesunden Menschen!) häufig auch andere Situationen vermieden, die kurzfristig unangenehm sind, langfristig jedoch zu Gesundheit, Erfolg oder Wohlbefinden beitragen (z. B. Arbeitsversuch beginnen, Konfliktgespräch führen, Termin beim Sozialamt/Zahnarzt/Vorgesetzten etc. wahrnehmen ...).

Analyse

Grundsätzlich neigen Menschen dazu, unangenehme Dinge zu vermeiden bzw. sie nehmen sie nur dann in Angriff, wenn sie davon überzeugt sind, dass die notwendige Überwindung sinnvoll ist und sie selbst dafür verantwortlich sind. Daher ist es bei Vermeidung notwendig, den Patienten zu motivieren und gleichzeitig die Verantwortung bei ihm zu belassen. Ohne diese Verantwortungsübernahme und Motivation wird eine Entscheidung für Exposition bzw. für die Inangriffnahme unangenehmer Schritte nicht tragfähig sein. Um die Motivation des Patienten zu fördern, können Sie ihm aufzeigen, dass Vermeidung wie viele Problemverhaltensweisen kurzfristig positive Effekte zeitigt (keine Überwindung, keine unangenehmen Gefühle), ihn langfristig jedoch in seinen Symptomen bzw. Problemen verharren lässt. Im Gegenteil dazu hat Exposition bzw. die Überwindung, unangenehme Schritte zu gehen, kurzfristig negative Konsequenzen (anstrengend, unangenehm), wirkt aber langfristig positiv (➤ Abb. 2.1).

2.3 Der Patient vermeidet

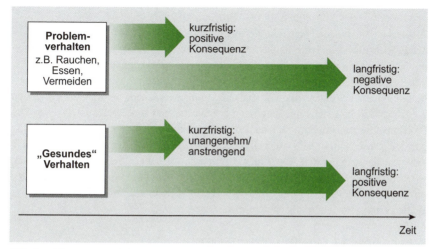

Abb. 2.1 Allgemeines Modell von Problemverhalten.

Lösungsstrategie

Klären Sie, weshalb der Patient vermeidet!
Ist er überfordert? Versteht er den Sinn der geplanten Schritte? Sind sie ihm wichtig genug? Oder steht die Angst vor kurzfristigen aversiven Konsequenzen (Angst, Anspannung) im Vordergrund?

Stellen Sie eine angemessene Planung sicher!
Die geplanten Schritte sollten sich in ihrer Schwierigkeit steigern; dabei sollte der erste Schritt nicht zu schwierig sein. Zum Einstieg kann der Patient sich bspw. in einer Imagination vorstellen, die Vermeidung zu überwinden (Exposition in sensu).

Sprechen Sie die Vermeidung offen an!
Wenn Sie den Eindruck haben, dass der Patient vermeidet, versuchen Sie nicht, ihn indirekt zur Exposition bzw. zum anstehenden Schritt zu bewegen, sondern sprechen Sie dies offen an. „Eigentlich steht für Sie jetzt ja Exposition/Schritt XY an, darüber haben wir bereits ein paar Mal gesprochen. Jetzt habe ich aber gerade den Eindruck, dass Sie das nicht wirklich anpacken wollen, sondern es viel lieber vermeiden würden!"

Validieren Sie die negativen Gefühle des Patienten!
Dadurch fühlt er sich in seiner Situation besser verstanden und menschlich unterstützt. „Ehrlich gesagt kann ich Sie gut verstehen. Diese Schritte könnten schwierig und auch unangenehm sein. Ich müsste mich dazu an Ihrer Stelle auch sehr überwinden!"

Diskutieren Sie die Konsequenzen der Vermeidung!

Besprechen Sie, welche Folgen die Vermeidung im Vergleich zum Anpacken des anstehenden Schritts haben wird. Gaukeln Sie dem Patienten dabei nicht vor, dass Exposition mit Sicherheit rasch zu Symptomfreiheit führen wird – das können Sie nicht sicher wissen, und der Patient glaubt es Ihnen wahrscheinlich ohnehin nicht. Erläutern Sie stattdessen anhand des allgemeinen Modells für Problemverhalten (> Abb. 2.1), dass sich die Exposition in erster Linie langfristig bezahlt machen wird. Das Modell zeigt, dass Problemverhaltensweisen (z. B. Rauchen, ungesundes Essen, Vermeiden etc.) kurzfristig positive Konsequenzen haben, durch die sie stabil aufrechterhalten werden. Langfristig haben sie dagegen negative Konsequenzen (Rauchen → Lungenkrebs; ungesundes Essen → Übergewicht; Vermeiden → Symptome oder Einschränkungen im Leben). Mit funktionalem Verhalten ist es oft umgekehrt: Kurzfristig kann es anstrengend oder in anderer Weise aversiv sein, langfristig ist der Gewinn dagegen hoch.

Überlassen Sie dem Patienten die Entscheidung!

Mit der Diskussion der Konsequenzen geben Sie dem Patienten alle wesentlichen Gründe an die Hand, sich gegen die Vermeidung zu entscheiden. Die Entscheidung selbst müssen Sie dem Patienten überlassen. „Nachdem wir das noch einmal alles abgewogen und besprochen haben – wie entscheiden Sie sich? Wollen Sie es anpacken?" Falls er sich dagegen entscheidet, erfragen Sie Alternativen. „Wenn Sie das nicht machen möchten, woran sollen wir dann arbeiten?" Selbstverständlich sollten Sie sich dabei nicht auf Vorschläge einlassen, die Sie selbst nicht sinnvoll finden. „Sie sagen, Sie möchten gerne noch weiter über dieses Thema sprechen. Ehrlich gesagt bin ich damit nicht einverstanden, weil ich nicht sehe, wie uns das weiterbringen kann!" Unter Umständen, z. B. wenn Exposition explizit das Ziel der Behandlung war, beenden Sie die Behandlung, ggf. mit der Vereinbarung, dass der Patient sich wieder meldet, falls sich seine Motivation ändert.

Nehmen Sie Bedenken des Patienten ernst!

Bei schwer gestörten Patienten, bspw. Patienten mit Borderline-Persönlichkeitsstörung, können von außen harmlos wirkende Stimuli schwere Symptome auslösen. Wenn der Patient solche Befürchtungen äußert, sollten Sie dies ernst nehmen und genau explorieren. Möglicherweise überfordern Sie ihn mit Ihren Planungen. Das Ernstnehmen von Bedenken gilt natürlich auch für typische Befürchtungen von Panikpatienten, die praktisch nie eintreten, wie etwa die Befürchtung, ohnmächtig zu werden. „Sie fürchten, Sie würden ohnmächtig werden. Ist Ihnen das schon einmal passiert?" „Sie haben Angst auszurasten – was genau meinen Sie damit? Woher kennen Sie das?"

Lassen Sie sich nicht auf „Schattenkämpfe" ein!

Viele Patienten vermeiden die Auseinandersetzung mit schwierigen Themen, indem sie z. B. häufig das Thema wechseln oder auf eher periphere Themen detailliert eingehen. Wenn solche Strategien eine vermeidende Funktion zu haben scheinen, sprechen Sie dies klar an. „Mir fällt auf, dass wir eigentlich schon seit einiger Zeit über die Exposition sprechen wollen, aber Sie bringen immer wieder andere Themen ein. Ich habe den Eindruck, dass Sie die Exposition lieber vermeiden möchten. Könnte das sein?"

Verstärken Sie Vermeidung möglichst wenig und Engagement möglichst stark!
Wenn die Ziele der Therapie klar sind, die Vermeidung des Patienten deutlich wird und alle damit zusammenhängenden Konsequenzen und Bedenken diskutiert sind, sollten Sie die Vermeidung nicht dadurch verstärken, dass Sie für den Patienten zur Verfügung ste-

Tab. 2.6 Beispieldialog Fallbeispiel 1.

Th.	In der letzten Stunde hat die Exposition in der Notaufnahme ja nicht funktioniert. Was denken Sie: Wie sollten wir weitermachen?	**Problem direkt ansprechen**
Frau T.	Ja, ich weiß auch nicht, ich habe da einfach so Angst.	
Th.	Ja, das ist sehr schwer für Sie und kostet Sie unendlich viel Überwindung.	**Validieren**
Frau T.	Ja, genau.	
Th.	Wie war das eigentlich beim Kinderarzt bei der letzten Exposition? War das da am Anfang auch so schwer?	**Auf bisherige (positive) Erfahrung rekurrieren**
Frau T.	Das war absolut schrecklich. Ich dachte, ich falle ganz sicher in Ohnmacht!	
Th.	Und wie ist es jetzt?	**Erfolg betonen**
Frau T.	Jetzt geht es ziemlich easy, echt erstaunlich!	
Th.	Da haben Sie wirklich einen riesigen Schritt geschafft damals! Obwohl es auch so schrecklich war am Anfang!	**Erfolg verstärken**
Frau T.	Ich weiß schon, worauf Sie hinauswollen! Ich soll doch in diese Notaufnahme gehen.	
Th.	<lacht> Stimmt! Vielleicht läuft das ja so ähnlich wie beim Kinderarzt und ist nur am Anfang so wirklich schrecklich und wird dann einfacher. Dann würde die Angst vor der Angst wahrscheinlich auch besser, so wie das beim Kinderarzt auch geklappt hat.	**Zielorientierung verstärken (auch in der Beziehung durch Humor); mittelfristig positive Perspektive aufzeigen**
Frau T.	Das ist wirkliche Überwindung!	
Th.	Stimmt, das ist richtig schwierig!	**Validieren**
Frau T.	Aber ich komme wohl nicht drum herum.	
Th.	Hmmh.	**Reflexion beim Patienten lassen**
Frau T.	Ich muss da noch mal drüber nachdenken.	
Th.	Tun Sie das. Und denken Sie auch an den Kinderarzt!	**Verantwortung beim Pat. lassen, positive Perspektive betonen**

Tab. 2.7 Beispieldialog Fallbeispiel 2.

Herr L.	Ja, ich weiß auch nicht, diese Exposition, ich glaube, das geht einfach nicht bei meinen Zwängen.	
Th.	Wir haben das ja schon mehrfach besprochen. Ich denke, in Ihrem Fall ist es sinnvoll, sich darauf zu konzentrieren, dass Sie als Exposition diejenigen Dinge machen, die Sie wegen der Zwänge sonst vermeiden, z. B. unter Bäumen spazieren gehen, Bücher lesen oder ohne Rechnen einkaufen zu gehen.	**Konkrete Verhaltensziele schildern**
Herr L.	Ja, aber ich weiß nicht, ob das den Kern der Problematik so richtig trifft …	
Th.	<unterbricht> Ja, das kann ich verstehen, letztlich können wir da vorher keine 100%-ige Sicherheit haben. Ich denke aber, es ist die einzige Möglichkeit, die wir ausprobieren können. Allerdings habe ich jetzt gerade den Eindruck, dass Sie stark vermeiden.	**Vermeidung offen ansprechen**
Herr L.	Weil ich eben nicht sicher bin …	
Th.	<unterbricht> Die Frage ist: Möchten Sie es versuchen, oder sollen wir die Behandlung lieber sein lassen?	**Motivation ansprechen, Verantwortung bei Pat.**
Herr L.	Nein, ich lege ja schon Wert auf Ihre Behandlung, nur weiß ich nicht …	
Th.	Herr L., ja, so ist das. Wir wiederholen uns beide und kommen darüber nicht recht weiter, oder?	**Metakommunikation über Interaktion**
Herr L.	Ja. <Pause> Hmmh, also vielleicht sollte ich es probieren.	
Th.	<lächelt> Wie darf ich das verstehen? Wollen Sie oder wollen Sie nicht?	**Verstärken durch Beziehung; Motivation nochmals klären**
Herr L.	Na ja, doch schon.	
Th.	Das freut mich! Was könnte denn der erste Schritt sein?	**Verstärken, Handlungsorientierung, Verantwortung bei Pat.**

hen, ohne dass er die notwendigen Schritte vollzieht. Beispielsweise können Sie das Vereinbaren des nächsten Termins daran binden, dass der Patient eine bestimmte Hausaufgabe erledigt hat. „Es scheint mir jetzt klar zu sein, was die nächsten möglichen Schritte wären. Wir haben Ihre Bedenken und Ängste besprochen und sehr gründlich die ersten kleinen Aufgaben geplant. Jetzt müssen Sie es wohl anpacken! Ich schlage vor, dass Sie mit einer der besprochenen Aufgaben beginnen und sich melden, sobald Sie diese bewältigt haben. Dann machen wir den nächsten Termin aus und besprechen, wie es weitergeht."

Lassen Sie den Patienten aktiv sein!
Alle diese Tipps haben das übergeordnete Ziel, dass der Patient in der Therapie aktiv mitarbeitet. Für Ziele, die letztlich nur mit viel Überwindung erreicht werden können, ist dies eine wichtige Voraussetzung. Wenn Sie merken, dass Sie aktiver sind als der Patient, versuchen Sie sich innerlich zurückzulehnen und den Stab an ihn zurückzugeben (➤ Kap. 10.3).

LITERATUR
Schneider S, Margraf J (1998) Agoraphobie und Panikstörung. Göttingen: Hogrefe

2.4 Der Patient sagt: „Nichts hilft mir"

FALLBEISPIELE

Fallbeispiel 1

Herr U., ein intelligenter und redegewandter, manchmal etwas überheblich wirkender 32-jähriger Patient, leidet an einer chronifizierten Zwangsstörung mit komplizierten Gedankenzwängen, Ritualhandlungen und Kontrollieren. Im Erstgespräch in der Tagesklinik erläutert er, dass keine Therapie ihm bisher etwas gebracht habe. Verhaltenstherapie habe er bereits ambulant und stationär in Anspruch genommen, aber sie funktioniere bei ihm nicht; zum Exponieren seien seine Zwänge zu kompliziert. Eine lange analytische Behandlung habe ihm ebenfalls nicht geholfen.

Fallbeispiel 2

Frau S., 38 Jahre, kommt wegen Krankheitsängsten in ambulante Psychotherapie. Sie berichtet in jeder Stunde weinend, wie schlimm die Ängste seien und dass nichts dagegen helfe. Die Therapeutin fühlt sich unter Druck, ihr Erleichterung verschaffen zu müssen, exploriert die Ängste immer wieder genau und fragt die Patientin nach besseren Phasen. Diese klagt dann über die Schwere der Ängste und ihre fehlende Beeinflussbarkeit und fragt flehentlich, was sie nur machen könne. Die Therapeutin macht ihr Vorschläge wie Entspannung, Exposition, Achtsamkeit oder Ablenkung. Sie hat jedoch den Eindruck, dass die Patientin sich damit nicht genau auseinandersetzt, sondern fast reflexhaft antwortet, dass sie schon alles probiert habe und nichts helfe. Ihr genereller Eindruck ist hingegen, dass sich die Patientin bisher mit keiner dieser Methoden gründlich auseinandergesetzt hat.

Hintergrund

Von der Psychotherapieforschung wird immer wieder gezeigt, dass praktisch alle psychotherapeutischen Methoden nur einem Teil der Patienten helfen, einem großen Teil hingegen auch nicht. Keine Methode zur Veränderung schwerer Symptome hilft dadurch, dass der Patient sie nur rezipiert. In diesem Sinne kann Psychotherapie dem Patienten an sich wenig „bringen"; vielmehr hilft sie dann, wenn sie den Patienten anregt, in seinem Leben aktiv etwas zu verändern. Dabei können solche Anregungen konkrete Vorschläge für Verhaltensänderungen sein, aber auch ein verändertes Problemverständnis, eine veränderte eigene Haltung, veränderte persönliche Werte etc. Es ist jedoch nie auszuschließen, dass eine gegebene Methode dem Patienten nicht hilft.

Der Grund dafür ist im Einzelfall nicht immer sicher festzustellen. Möglicherweise hat der Therapeut einen wesentlichen Aspekt der Problematik des Patienten noch nicht verstanden oder dem Patienten den Sinn einer bestimmten Methode nicht verständlich vermitteln können. In manchen Fällen scheint das Problem jedoch auch im zurückweisenden Umgang des Patienten mit therapeutischen Angeboten zu liegen. Dies kann vor allem dann ausgeprägt sein, wenn ein Patient Züge oder gar das vollständige Bild einer passiv-aggressiven Persönlichkeitsstörung aufweist (s. dazu auch Smith-Benjamin 2001). Diesen Patienten fällt es oft sehr schwer, eine konstruktive und offene Haltung gegenüber hilfreich gemeinten Vorschlägen einzunehmen (➤ Kap. 2.6, ➤ Kap. 4.3, ➤ Kap. 10.3). Das Vorliegen solcher Muster kann im Wesentlichen anhand des Verlaufs bisheriger Behandlungen festgestellt werden; wenn Patienten schon verschiedene grundsätzlich geeignete Angebote ohne jeden Erfolg durchlaufen haben, ist dies wahrscheinlicher als bei Patienten in Erstbehandlung nach wenigen Sitzungen bzw. kurzer Behandlungsdauer.

Analyse

Zunächst sollten Sie kritisch prüfen, ob die ablehnende Haltung des Patienten darauf zurückgeführt werden könnte, dass wesentliche Punkte bisher nicht beachtet oder berechtigte Einwände des Patienten nicht ernst genommen wurden. Wenn aufgrund des Verlaufs eher vom Vorliegen passiv-aggressiver Muster beim Patienten auszugehen ist, sollte Ihr wichtigstes Ziel darin bestehen, einerseits das Leiden und die Verzweiflung des Patienten zu validieren und gleichzeitig beim Patienten eine Haltung zu fördern, die beinhaltet, dass er sich selbst als hauptverantwortlich für die Lösung des Problems im Alltag begreift, dass er konstruktiv mitarbeitet und insgesamt in der Therapie aktiver und weniger konsumierend auftritt.

Wenn Patienten passiv-aggressive Interaktionsmuster aufweisen, lösen diese häufig ärgerliche und aggressive Reaktionen beim Gegenüber aus. Solche Gegenaggressionen sollten Sie selbst unbedingt vermeiden, indem Sie innerlich darauf vorbereitet sind, und bei entsprechenden Gelegenheiten mit dem Patienten die passiv-aggressiven Interaktionsmuster einschließlich Ihrer eigenen Empfindungen besprechen (s. auch Smith-Benjamin 2001).

Lösungsstrategie

Validieren Sie das Leiden des Patienten!
Gerade wenn der Schwerpunkt Ihrer Interventionen darin liegt, dem Patienten viel Verantwortung für seine Veränderung zuzuschreiben, sollten Sie deutlich machen, dass Sie

sein Leiden wahrnehmen. Wenn Sie dies vernachlässigen, kann der Patient leicht den Eindruck gewinnen, dass Sie ihn nicht ernst nehmen. „Das muss für Sie eine Qual sein, diese komplizierten Zwänge zu haben, und keiner kann Ihnen Linderung verschaffen!" „Das stelle ich mir sehr schlimm vor, immer wieder von diesen Ängsten überfallen zu werden!"

Zeigen Sie maximales Interesse an den Erfahrungen des Patienten!
Versuchen Sie mit dem Patienten genau nachzuvollziehen, wann das Problem stärker und wann es schwächer ist. Finden Sie die Systematik dahinter gemeinsam heraus. Machen Sie dabei nur Vorschläge, die der Patient überprüft, und denken Sie nicht „für" ihn. Damit machen Sie deutlich, dass Sie den Patienten als wichtigsten Experten für seine Problematik sehen. „Wenn Sie alleine sind und nichts Rechtes zu tun haben, scheinen die Symptome ja viel stärker zu sein. Im Verein und im Atelier ist es viel besser, obwohl Sie das manchmal ganz schön stresst. Habe ich das richtig verstanden? Woran könnte das denn liegen?"

Räumen Sie freimütig die Grenzen von (störungsspezifischer) Psychotherapie ein!
Wenn Sie dem Patienten gegenüber das (implizite oder explizite) Konzept vertreten, eine spezifische Methode sei sicherlich genau das Richtige für ihn, fördern Sie seine nichtaktive Seite. Wenn er dann den fehlenden Erfolg Ihres Vorschlags berichtet, haben Sie möglicherweise das Gefühl, „in der Falle" zu sein und sich noch mehr anstrengen zu müssen. Das gleiche gilt, wenn Sie glauben, die Lösung für die Probleme des Patienten alleine erkennen zu müssen, oder Angst davor haben, ihm keinen hilfreichen Vorschlag machen zu können. Wenn daher wie in den Fallbeispielen schon verschiedene Vorgehensweisen erfolglos ausprobiert wurden, die dem *State-of-the-Art* entsprechen, räumen Sie gewissermaßen achselzuckend und (ggf. demonstrativ) hilflos die Grenzen von Psychotherapie ein. „Das ist ein Problem in der Psychotherapie, dass es ganz viele Methoden gibt, aber nicht jede hilft jedem in gleichem Maße, und leider kann man nur selten sicher vorhersagen, was genau helfen wird. Wir haben jetzt eigentlich alles besprochen, was mir einfällt. Mehr gute Ideen habe ich auch nicht, ich weiß nicht, was Sie noch probieren können." Vor allem Ärzten fällt die Einnahme dieser Position oft sehr schwer, da sie in ihrer Rolle darauf sozialisiert sind, für jedes Problem die richtige Behandlung vorschlagen zu müssen. Dies fördert jedoch eine Verantwortungsverteilung zu Lasten des Therapeuten, die für den Patienten nicht hilfreich ist. Beharren Sie freundlich auf Ihrer Ratlosigkeit, wiederholen Sie ggf. nur nochmals, was Sie bereits besprochen haben. „Sie fragen jetzt wieder ganz verzweifelt, was Sie tun können. Ich verstehe Ihre Verzweiflung, aber ehrlich gesagt, wir haben über einige Möglichkeiten in den letzten Stunden gesprochen, aber das alles half Ihnen nicht, sagen Sie. Von mir aus sind das aber die wesentlichen Vorschläge. Wir können gern noch einmal genauer prüfen, ob Sie davon vielleicht doch profitieren könnten." Damit verpflichten Sie den Patienten, sich mit dem bisher Besprochenen noch einmal ernsthafter auseinanderzusetzen.

2 Der Patient macht keine Fortschritte

Sprechen Sie die gesunden Teile des Patienten an!
Jeder Patient, der sich in Behandlung begibt, weist in irgendeiner Form Motivation auf, etwas zur Besserung seines Zustands zu unternehmen. Patienten mit passiv-aggressiven Persönlichkeitsanteilen sind nicht selten reflektiert, intelligent und/oder über verschiedene Therapieformen informiert. Betonen Sie diese gut funktionierenden „gesunden" Seiten des Patienten, indem Sie ihn dafür loben und diese Anteile anerkennen. „Ich bin beeindruckt davon, wie viel Sie schon gegen Ihre Probleme ausprobiert haben. Sie scheinen wirklich gut über mögliche Therapien informiert zu sein und haben schon sehr viel darüber nachgedacht. Das ist natürlich eine wichtige Voraussetzung für unsere Behandlung, gerade wenn die Störung so komplex und hartnäckig ist wie bei Ihnen." „Sie scheinen aber trotz der ausgeprägten Symptome in einer Menge Situationen erstaunlich gut zurechtzukommen. Das ist wirklich eine große Leistung von Ihnen!" Auf diese Weise bringen Sie einerseits den Patienten mehr mit seinen gesunden Anteilen in Kontakt, was ihm möglicherweise die Einnahme einer konstruktiveren Haltung erleichtert. Andererseits nutzen Sie das psychologisch gut bekannte Phänomen, dass Komplimente auch sich selbst erfüllende Prophezeiungen sind – wenn Sie eine Person für ihr Engagement loben, wird sie wahrscheinlich mehr Engagement zeigen als ohne dieses Lob.

Lassen Sie den Patienten selbst folgern, was jetzt ansteht!
Um die Selbstverpflichtung zu steigern, soll der Patient selbst einschätzen, was ihm jetzt am besten helfen könnte. „Die ganzen störungsspezifischen Vorbehandlungen haben nicht geholfen, und Sie selbst haben eine sehr realistische und differenzierte Sicht der Problematik. Was denken Sie denn, was das Ziel der Behandlung hier sein könnte, wenn normale Exposition, was wir hier als erstes machen würden, nach Ihrer Erfahrung nicht in Frage kommt?" Falls der Patient ein Verfahren oder Ziele vorschlägt, an denen er bisher gescheitert ist, soll er Ihnen erklären, warum es diesmal helfen soll. „Sie meinen, doch wieder eine Exposition der Zwänge. Ich weiß nicht; das hat zweimal nicht geholfen, und Sie wurden damals in einer sehr guten Klinik behandelt. Was denken Sie, ist diesmal anders, sodass es sich trotzdem lohnen würde, es noch einmal zu probieren?" Damit übertragen Sie dem Patienten die Verantwortung für eine intensivere Mitarbeit.

Verstärken Sie jeden selbstständigen und eigenverantwortlichen Schritt des Patienten!
Mit all diesen Schritten fordern Sie den Patienten heraus, eine eigenverantwortliche, engagierte Haltung einzunehmen. Dies entspricht nicht seinen üblichen Mustern und ist daher für ihn – wie jede Verhaltensänderung – vermutlich sehr schwierig. Verstärken Sie deshalb jeden kleinen Erfolg explizit und herzlich! „Sie meinen, dass wir jetzt vielleicht schauen könnten, wie Sie mehr interessante Aktivitäten in ihr Leben bringen könnten – das finde ich eine sehr gute Überlegung von Ihnen, und ich glaube, das stimmt ganz genau! Ausgezeichnet!" „Sie haben für sich selbst überprüft, was passiert, wenn sie XY trotz der Zwänge machen? Das finde ich toll, das freut mich sehr!"

2.4 Der Patient sagt: „Nichts hilft mir"   25

Tab. 2.8 Beispieldialog Fallbeispiel 1.

Herr U.	<langer Bericht über erfolglose Vorbehandlungen> … Ich weiß, Sie machen hier auch Verhaltenstherapie, das hat bei mir bisher ja auch nichts geholfen. Dabei hatte ich, ehrlich gesagt, auch das Gefühl, dass die Therapeuten meine Zwänge gar nicht richtig verstanden haben.	
Th.	Verstehe ich Sie richtig, Sie haben in den letzten zehn Jahren all diese Therapien ausprobiert, und nichts hat geholfen? Und VT hat überhaupt nicht funktioniert?	**Fehlenden Erfolg bisheriger Behandlungen aufgreifen**
Herr U.	Na ja, ob es gar nichts half, das will ich jetzt nicht sagen … aber so richtig klar sagen, was es gebracht hat, könnte ich auch nicht!	
Th.	Hat denn von all dem Vielen, was Sie probiert haben, jemals irgendetwas geholfen? Hatten Sie jemals eine Phase, wo die Zwänge etwas besser waren?	**Verbesserungen innerhalb des schlechten Verlaufs explorieren**
Herr U.	Ja, also seltsamerweise, ich habe einen Arbeitsversuch in einer Schreinerei gemacht. In der Zeit war es echt ganz gut. Und aus der Selbsthilfegruppe hat mich mal einer mitgeschleppt in so ein Chorprojekt, das ging erstaunlicherweise auch recht gut.	
Th.	<interessiert, wach> Ach, das ist ja interessant! Exposition geht nicht, aber mit Abwechslung und Beschäftigung geht es Ihnen viel besser?!	**Hilfreiche Beiträge verstärken (auch durch Tonfall, Beziehungsangebot)**
Herr U.	Ja, sieht so aus!	
Th.	Was denken Sie denn, sollten wir in der Behandlung hier anstreben?	**Verantwortung an Patienten geben**
Herr U.	Vielleicht wäre es gut, wenn ich wieder etwas mehr Abwechslung in mein Leben bringen würde. Das schaffe ich alleine einfach nicht.	
Th.	Das klingt für mich nach einem sehr klugen und guten Ziel. Denken Sie, dass das leicht wird für Sie?	**Konstruktiven Beitrag verstärken**
Herr U.	<etwas erschrocken> Leicht? Nein, das ist sicher sehr kompliziert. Wenn ich daran denke, wie das lief in den letzten Jahren …	
Th.	<unterbricht> Da haben Sie ein sehr wahres Wort gesprochen! Es wird bestimmt schwer für Sie. Aber es ist ein Weg, der sich lohnt, oder?	**Zu erwartende Schwierigkeiten betonen; Motivation verstärken**
Herr U.	Ja, ich glaube schon.	

Löschen Sie umgekehrt passiv-konsumierendes Verhalten!
➤ Kapitel 10.3

Vermeiden Sie aggressive Reaktionen auf Ihrer Seite!
Bei ausgeprägt passiv-aggressiven Patienten entsteht bei den Therapeuten oft der Eindruck, der Patient „dürfe" oder „wolle" sich nicht ändern, was zu ungerechten, aggressiven Forderungen an den Patienten führen kann. Dies kann nicht erfolgreich sein und wird im Gegenteil das Muster des Patienten verstärken, anstatt es aufzuweichen. Dieser Gefahr sollten Sie sich bewusst sein, um nicht in diese Reaktions-„Falle" zu gehen.

Machen Sie bei passiv-aggressiven Patienten die typischen Interaktionsmuster zum Therapiethema!
Weisen Sie den Patienten darauf hin, in welcher immer wieder ähnlichen Weise er Ihre Vorschläge nicht umsetzt, und besprechen Sie mit ihm, ob er dieses Muster, von einer anderen Person (Therapeut, Chef, Partner o. Ä.) mit subjektiv nicht umsetzbaren Vorschlägen und nachfolgenden Konflikten konfrontiert zu sein, auch aus anderen Beziehungen kennt. „Jetzt kommen Sie zu mir, und ich mache Ihnen lauter Vorschläge, die für Sie nicht funktionieren. Haben Sie so etwas schon mal erlebt, z. B. bei einem anderen Therapeuten oder einem Vorgesetzten?" Falls sich dies bestätigt und die typischen Muster einer passiv-aggressiven Persönlichkeit auftreten, können Sie sich bspw. am Ansatz von Smith-Benjamin (2001) zur Behandlung dieser Problematik orientieren.

LITERATUR
Smith-Benjamin L (2001) Die interpersonelle Diagnose und Behandlung von Persönlichkeitsstörungen. München: CIP-Medien

2.5 Der Patient wechselt rasch in Stimmung, Verhalten und Kontakt

FALLBEISPIELE
Fallbeispiel 1
Frau W. ist eine 28-jährige Patientin mit bereits gebesserter Depression. In der Tagesklinik möchte sie wieder Tagesstruktur bekommen und eine Perspektive für ihre berufliche Zukunft finden. In den psychotherapeutischen Gesprächen zeigt sie sich manchmal sehr reflektiert und sieht, dass sie ihre Probleme Schritt für Schritt angehen muss. Dann wieder ist sie fast hyperaktiv, möchte alles gleichzeitig anpacken und nimmt sich unrealistisch viel auf einmal vor. In anderen Sitzungen wiederum wirkt sie verärgert, „bockig" und kaum zugänglich. Manchmal zeigt sie sich auch völlig verzweifelt und hoffnungslos. Häufig wechselt sie von einem dieser Zustände in einen anderen, bspw. reagiert sie manchmal, aber nicht immer, auf geringfügige Kritik mit starkem Ärger.

2.5 Der Patient wechselt rasch in Stimmung, Verhalten und Kontakt

Fallbeispiel 2

Frau T., eine 48-jährige Krankenschwester mit Depressionen und Ängsten, präsentiert sich im Kontakt und in der Beziehung zu Ihnen immer wieder anders. Meistens ist sie sehr zurückgezogen, nicht im Kontakt und reagiert kaum auf ihr Gesprächsangebot. Gelegentlich tritt sie jedoch auch aggressiv fordernd und anspruchsvoll auf. Selten erleben Sie sie im Kontakt entspannt und kooperativ.

Hintergrund

Das Phänomen, dass Menschen verschiedene Facetten oder „Anteile" haben, die sich in verschiedenen Situationen unterschiedlich zeigen können, wird in verschiedenen psychotherapeutischen und psychologischen Ansätzen vertieft. So unterscheidet beispielsweise die Schematherapie in ihrem sog. Modus-Konzept:
1. kindliche Anteile (Modi), die mit intensiven Affekten und unreifem Verhalten einhergehen;
2. strafende oder fordernde Elternmodi, die durch starke Selbstabwertung gekennzeichnet sind;
3. Überkompensationsmodi, in denen sich der Patient extrem stimuliert, ablenkt oder aggressiv auf andere zugeht, um mit unangenehmen Gefühlen umzugehen, sowie
4. schützende Modi, in denen sich der Patient emotional und/oder sozial zurückzieht (Jacob et al. 2007; Young et al. 2005).

Ähnlich unterscheidet die Transaktionsanalyse kindliche, Eltern- und erwachsene Ich-Anteile (Berne 1967), in der Psychoanalyse werden verschiedene Ich-Anteile mit dem Konzept des „Introjekts" charakterisiert, und Schulz von Thun (2000) arbeitet gar mit dem „inneren Team". Extreme Unterschiede zwischen den Ich-Anteilen bzw. ein „gering integriertes Ich" werden generell als Hinweis auf eine Persönlichkeitsproblematik oder -störung verstanden. Oft liegen biographisch Traumatisierungen vor, die zur Entwicklung der Persönlichkeitsproblematik beigetragen haben.

Relativ rasche Stimmungswechsel können jedoch auch bei affektiven oder Angststörungen auftreten, etwa in Form von Tagesschwankungen bei depressiven Patienten, Stimmungswechseln bei Bipolar-II-Patienten oder plötzlich auftretender Angst bei Panikpatienten. Solche Symptome einer Achse-I-Störung werden typischerweise in störungsspezifischen Therapien bearbeitet und gehören nicht zu den in diesem Kapitel behandelten Phänomenen.

Analyse

Zunächst müssen Sie entscheiden, ob die raschen Stimmungswechsel einer akuten Achse-I-Störung zuzuschreiben sind, und sich in diesem Falle auf die Behandlung dieser Störung konzentrieren. Sofern sich (oft erst im Verlauf ersichtlich) eine Persönlichkeitsproblematik als Grundlage herauskristallisiert, besteht die Gemeinsamkeit der Interventionen aller genannten Ansätze grob verallgemeinernd gesagt darin, die verschiedenen inneren „Anteile" zu identifizieren, zu verstehen und zu integrieren. Auch wenn Sie keinen der genannten psychotherapeutischen Ansätze beherrschen, können Sie daran arbeiten, die verschiedenen Seiten des Patienten zu benennen, zu charakterisieren und im Hinblick auf eine konstruktivere Problembewältigung zu steuern. Dafür ist entscheidend, dass Sie, nachdem Sie die verschiedenen Seiten des Patienten beobachtet haben, in den Gesprächen **nicht direkt auf sie reagieren** (bspw. sich von starker Dramatik erschüttern lassen oder auf Vorwürfe aggressiv reagieren), sondern auf der Ebene der Metakommunikation **darüber sprechen**. Konzentrieren Sie sich insb. darauf, einen möglichst gesunden, reflektierten oder „erwachsenen" Anteil zu charakterisieren und diesen von einem kindlichen, ängstlichen, vermeidenden, aggressiven, bockigen oder in sonstiger Art für den Patienten typischen dysfunktionalen Anteil abzugrenzen (➤ Kap. 2.2 für den Umgang mit einem Anteil, der vor allem dadurch charakterisiert ist, dass der Kontakt zum Therapeuten und zu eigenen problematischen Emotionen verhindert wird).

Lösungsstrategie

Nehmen Sie die Metaperspektive ein!
Sprechen Sie direkt über Ihre Beobachtungen und diskutieren Sie diese mit dem Patienten. Häufig ist den Patienten das Phänomen, das Sie beschreiben, zumindest in diffuser Art sehr gut bekannt, und sie können gut darüber sprechen. „Frau W., ich möchte Ihnen eine Beobachtung von mir rückmelden. Sie erscheinen mir manchmal sehr aufgedreht, haben sehr viele Ideen auf einmal, und ich habe das Gefühl, ich komme gar nicht an Sie heran. So wie jetzt gerade. Manchmal sind Sie aber auch ganz anders, ruhig und besonnen, und ich habe das Gefühl, dass wir gut zusammenarbeiten können. So wie gestern. Verstehen Sie, was ich meine?"

Identifizieren Sie gemeinsam die wichtigsten Anteile!
Geben Sie den verschiedenen Anteilen passende Namen oder Umschreibungen, die Sie immer wieder verwenden. Im Idealfall überlegt sich der Patient selbst diese Bezeichnungen. „Diesen vernünftigen Anteil, wie könnte man den denn nennen? Die erwachsene X? Und der umtriebige, wie könnte der heißen? Die aufgedrehte X?"

Betonen Sie den gesündesten Anteil, den Sie erkennen können!
Da Sie diese Methode vor allem dann anwenden, wenn die Therapie durch dysfunktionale Anteile erschwert wird, sollten Sie denjenigen Anteil, der als (maximal) gesund, reflektiert, erwachsen o. Ä. charakterisiert werden kann, so oft wie möglich in den Vordergrund heben. „Sie haben diese ängstliche Seite, die es Ihnen wirklich sehr schwer macht. Und dennoch schaffen Sie es immer wieder, eine vernünftige und klare Perspektive einzunehmen und trotz der Angst in Ihrem Alltag neue Dinge auszuprobieren. Das ist wirklich toll!" (➤ Kap. 2.4).

2.5 Der Patient wechselt rasch in Stimmung, Verhalten und Kontakt

Beziehen Sie sich immer wieder auf die verschiedenen Anteile!
Nachdem die verschiedenen Anteile charakterisiert sind, können Sie, wenn Sie sie beobachten, immer wieder darauf Bezug nehmen. „So wie Sie gerade hereingekommen sind, habe ich den Eindruck, das ist wieder ganz stark die ängstliche X heute!" „Das Thema Beruf löst ja viel Angst aus bei Ihnen; es freut mich, dass Sie trotzdem in der erwachsenen Seite bleiben können!"

Erarbeiten Sie Methoden zur Stärkung des gesunden Anteils!
Besprechen Sie mit dem Patienten, was er braucht, um diese Seite zu stärken. Grundsätzlich können hier alle Strategien und Schritte sinnvoll sein, die geeignet sind, das Wohlbefinden und die berufliche und soziale Funktionsfähigkeit zu verbessern, wobei es wichtig sein kann, die Notwendigkeit kleiner Schritte zu betonen.

Verstärken Sie Fortschritte des gesunden Anteils!
Es ist für Patienten mit dieser Problematik eine große Leistung, sich weiter zu entwickeln. Spenden Sie dafür so viel Lob wie möglich! Beziehen Sie eine klare Position für erwachsene und ausgewogene Standpunkte und bieten Sie dem Patienten so ein Modell für seinen „gesunden Anteil"!

Validieren Sie auch den dysfunktionalen Anteil!
Auch wenn Sie sich darauf konzentrieren, die erwachsene Seite voranzubringen, gibt es für die Existenz der dysfunktionalen Seite typischerweise gute Gründe, die dem Patienten das Leben bisher sehr schwer gemacht haben und die beachtet und respektiert werden sollten. Sprechen Sie mit dem Patienten darüber, woher diese Anteile kommen, und signalisieren Sie dafür Verständnis, ohne sie zu verstärken. „Diese trotzige Haltung, in der Sie manchmal sind, das hat möglicherweise viel damit zu tun, dass Sie als Kind so viel geschlagen wurden. Das war damals vielleicht die einzige Möglichkeit für Sie, sich zu schützen, und so reagieren Sie heute automatisch immer noch, wenn Sie sich angegriffen fühlen. Das ist ja sehr verständlich."

Seien Sie kreativ!
Viele Psychotherapien haben Methoden entwickelt, um die verschiedenen Anteile miteinander in Kontakt und Auseinandersetzung zu bringen, z. B. Hypnotherapie, Gestalttherapie, Psychodrama, Neurolinguistische Programmierung (NLP) etc. Geben Sie dem Patienten Symbole für die verschiedenen Anteile mit, spielen Sie Konflikte zwischen den Anteilen bspw. mit Playmobilmännchen nach, oder lassen Sie die Anteile auf verschiedenen Stühlen miteinander streiten!

Tab. 2.9 Beispieldialog Fallbeispiel 1.

Th.	Wir haben beim letzten Mal ja darüber gesprochen, wie Sie jetzt Ihren Alltag wieder besser selbst strukturieren können. Sind Sie die Dinge angegangen, die wir vereinbart haben?	
Frau W.	Ach, ich glaube, das wird super funktionieren! Aber ich würde jetzt gerne auch zum nächsten Semester ein neues Studium anfangen und möglichst gleich einen Arbeitsversuch dazu machen, vielleicht könnte ich das dann auch schon als Praktikum fürs Studium angerechnet bekommen ...	
Th.	<unterbricht> Frau W., jetzt muss ich Sie mal unterbrechen und Ihnen sagen, was ich beobachte. Sie wirken heute etwas hektisch. Ich habe das Gefühl, Sie wollen ganz viel auf einmal erreichen, was wahrscheinlich gar nicht geht, und ich komme gar nicht an Sie heran im Gespräch. Gestern waren Sie ganz anders, da konnten wir uns ja sehr klar und ruhig darüber austauschen, was Sie als erstes angehen müssen. Das kommt mir immer so vor, als wären das zwei verschiedene Teile von Ihnen, ein ganz vernünftiger und erwachsener so wie gestern, und einer, der ganz umtriebig ist und zu viel auf einmal will. Verstehen Sie, was ich meine?	**Metaebene einnehmen, eigene Beobachtungen mitteilen**
Frau W.	Ja, ich glaube schon, so bin ich eben. Manchmal ist mir das selbst etwas zu viel, aber ich merke es oft gar nicht.	
Th.	Das ist gut, dass Ihnen das auch schon aufgefallen ist und dass Sie verstehen, wovon ich spreche! Was meinen Sie damit, dass Ihnen das manchmal zuviel wird?	**Beschäftigung des Pat. mit dem Problem verstärken; den Aspekt vertiefen, dass ein Problem vorliegt**
Frau W.	Na ja, mal plane ich Sachen, und dann war es wieder viel zu viel, und dann komme ich manchmal ganz durcheinander.	
Th.	Das ist eine kluge Beobachtung, glaube ich. Ist das etwa so wie jetzt? Gestern noch Alltagsstrukturierung, jetzt auf einmal neues Studium, Arbeitsversuch und Praktikum in einem, dabei klappt daheim noch nicht mal der Haushalt?	**Reflexion des Pat. verstärken; Beschreibung auf aktuelle Problematik beziehen**
Frau W.	Na ja, Sie könnten schon recht haben. <lacht>	
Th.	Hmmh ... <lacht auch> Das ist ja fast so, als wären das zwei verschiedene Anteile von Ihnen oder zwei Seelen in einer Brust, ein Anteil ist ganz erwachsen und vernünftig, der andere eher etwas überdreht und hyperaktiv, oder?	**Durch positives Beziehungsangebot verstärken; Anteile charakterisieren**
Frau W.	Ja, so könnte man das sagen.	

2.5 Der Patient wechselt rasch in Stimmung, Verhalten und Kontakt

Tab. 2.9 Beispieldialog Fallbeispiel 1. (Forts.)

Th.	Den hyperaktiven Anteil, wie könnten wir den wohl nennen? Die überdrehte X? Oder die angespannte X? <X = Vorname der Pat.>	**Anteil benennen**
Frau W.	Na, die überdrehte vielleicht. Ich bin dann wirklich so wie in einem Hamsterrad und komme gar nicht mehr raus.	
Th.	Okay, dann nennen wir den Teil die überdrehte X! Ich finde es wichtig, dass wir versuchen, die überdrehte X ein bisschen besser zu verstehen, woher sie kommt und warum sie manchmal so stark ist und wie Sie es schaffen können, sie etwas zu beruhigen. Okay?	**Ziele bezogen auf diesen Anteil formulieren**
Frau W.	Ja, das wäre vielleicht gut.	

Tab. 2.10 Beispieldialog Fallbeispiel 2 – evtl. zur Arbeit mit den Anteilen.

Frau T.	<erregt> Die Ergotherapeutin ist furchtbar. Sie will mich nicht mehr machen lassen, was ich mir wünsche. Jetzt mache ich einfach nichts mehr dort, sitz' die Ergo einfach nur ab! Soll sie sehen, was sie damit macht!	
Th.	Sie haben sich richtig schlimm geärgert in der Ergotherapie, oder?	**Aktuelle Emotion verstehen und validieren**
Frau T.	Ja, klar! Das ist doch auch absolut unmöglich, mir hat das Seidenmalen so viel Spaß gemacht, und jetzt soll ich auf einmal Auftragsarbeiten machen!	
Th.	Haben Sie eigentlich verstanden, warum die Ergotherapeutin ihr Programm so geändert hat?	**Situationsverständnis der Pat. klären**
Frau T.	Was weiß ich, irgendwas von Belastungssteigerung hat sie gefaselt, aber so belastbar bin ich noch gar nicht!	
Th.	Das heißt, die Ergotherapeutin möchte die Belastung steigern, aber Sie haben das Gefühl, es ist zu früh?	**Problem auf den Punkt bringen**
Frau T.	So könnte man es sagen.	
Th.	Frau T., wir hatten doch vorgestern darüber gesprochen, dass Sie sich, wenn Sie sich angegriffen fühlen, oft zurückziehen und teilweise richtig bockig reagieren. Das ist sehr verständlich, weil Sie von ihrem Vater so viel bedroht und geschlagen wurden, deshalb fühlen Sie sich auch heute noch sehr schnell stark angegriffen. Erinnern Sie sich daran?	**Bezug zum dysfunktionalen Anteil herstellen, der bereits besprochen wurde; Anteil biographisch validieren**
Frau T.	Ja, klar.	
Th.	Könnte es sein, dass das mit der Ergotherapeutin jetzt eine typische Situation in der Art ist? Sie fühlen sich ganz extrem angegriffen und reagieren auch so, obwohl die Ergotherapeutin Ihnen etwas vorgeschlagen hat, was eigentlich sehr gut gemeint ist, Ihnen etwas bringen soll und nicht als Angriff gemeint ist.	**Aktuelle Situation konkret auf diesen Anteil beziehen**

Tab. 2.10 Beispieldialog Fallbeispiel 2 – evtl. zur Arbeit mit den Anteilen. (Forts.)

Frau T.	Ja, aber es ist viel zu früh!	
Th.	Das mag ja sein, dass es zu früh ist. Über die Frage haben wir ja noch gar nicht gesprochen. Darüber müssen wir noch sprechen, das ist auch ganz wichtig. Ich würde jetzt einfach erst einmal gerne Ihre Reaktion verstehen – warum Sie so heftig und angegriffen reagieren, obwohl die Ergotherapeutin etwas relativ Normales und Gutgemeintes vorgeschlagen hat.	Interaktionsmuster im Fokus lassen, solange sie sich noch zeigen; Sachproblem nicht ignorieren, aber hinten anstellen
Frau T.	Na ja, das ist schon so diese heftige und bockige Reaktion.	
Th.	Ja, das kommt mir auch so vor. Ich finde es gut, dass Sie das auch so sehen können, obwohl das Thema gerade so hochkocht! Wir hatten ja auch darüber gesprochen, dass Sie auch eine gesunde und ganz vernünftige Seite haben. Was würde die denn jetzt sagen zu der Situation?	Einsicht der Patientin verstärken; gesunden Anteil betonen und ansprechen
Frau T.	Keine Ahnung!	
Th.	Könnte es sein, dass die so was sagen würde wie: „Ich hatte gerade richtig Spaß am Seidenmalen und bin jetzt ganz überrumpelt, dass ich damit schon aufhören soll. Ich fühle mich noch nicht weit genug für Belastungstraining. Das erschreckt mich, und es frustriert mich, dass ich mit dem Seidenmalen aufhören soll?"	Gesunden Anteil durch Beispieläußerung modellieren
Frau T.	Ja, so was in der Art würde ganz gut passen, würde ich sagen.	
Th.	Das ist ja schön! Gut, dass Sie sich da jetzt auch 'reindenken können! Was würde denn die gesunde Seite für eine Reaktion vorschlagen?	Einsicht der Pat. verstärken; Lösung für konkrete Situation suchen
Frau T.	Na ja, die würde wahrscheinlich sagen, ich sollte mal mit der Ergotherapeutin reden …	
Th.	Ja, das glaube ich auch! Könnten Sie sich das vielleicht für morgen vornehmen?	Verstärken und Umsetzung forcieren; dysfunktionalen Anteil jetzt nicht mehr ansprechen
Frau T.	Na gut!	
Th.	Das freut mich!	Verstärken

LITERATUR

Berne E (1967) Spiele der Erwachsenen. Reinbek b. Hamburg: Rowohlt

Jacob GA, Dieckmann E, Lieb K (2007) Schematherapie bei schweren Persönlichkeitsstörungen. InfoNeurologiePsychiatrie 9: 46–53

Schulz von Thun F (2000) Miteinander reden 3. Das „innere Team" und situationsgerechte Kommunikation. Reinbek b. Hamburg: Rowohlt

Young JE, Klosko JS, Weishaar ME (2005) Schematherapie. Ein praxisorientiertes Handbuch. Paderborn: Junfermann

2.6 Der Patient klagt extrem viel

FALLBEISPIELE

Fallbeispiel 1
Frau M., eine 29-jährige Patientin mit diffuser Angstsymptomatik, war wegen psychischer Probleme lange krankgeschrieben und zunächst in stationärer, dann in tagesklinischer Behandlung. In der Tagesklinik macht sie gute Fortschritte; die berufliche Wiedereingliederung verläuft sehr erfolgreich. Frau M. klagt jedoch unablässig über Ängste und dissoziative Symptome, die trotz Verhaltenstherapie mit ausführlichen Analysen der Symptomatik, wiederholter Exposition und erfolgreichem begleitendem Aufbau positiver Aktivitäten persistieren. Die ermunternden Worte ihres Therapeuten zu ihrem erfreulichen Fortschritt finden bei ihr keine Resonanz.

Fallbeispiel 2
Frau A., eine 46-jährige Patientin mit gemischten depressiven und Angstsymptomen und verschiedenen Belastungsfaktoren (Alkoholprobleme des Ehemannes, finanzielle Engpässe durch Eigenheim), klagt und schimpft in den ambulanten Gesprächen ununterbrochen über ihren Mann, die Schwiegermutter sowie unterschiedliche Alltagsprobleme. Dabei scheint sie ihr Leben insgesamt gut im Griff zu haben; sie berichtet keine Funktionseinbußen und nennt keine spezifischen eigenen Veränderungswünsche.

Fallbeispiel 3
Frau X. ist bereits seit zwei Monaten in stationärer Behandlung ihrer Depression, aber nichts scheint zu helfen. In allen Gesprächen klagt sie über ihren Zustand und kann sich davon kaum ablenken. Auch im Kontakt mit Mitpatienten ist sie durchgehend gedrückt und kaum auslenkbar.

Hintergrund

Fortgesetztes Klagen des Patienten ist ein Bild, das Therapeuten mit der Zeit oft entmutigt und negative Gegenübertragungsreaktionen fördert, wenn sie es nicht reflektieren und darauf abgestimmt Veränderungen in der Therapie vornehmen. Dabei sollten unterschiedliche Faktoren als mögliche Ursachen in Betracht gezogen werden.

Einerseits kann es anzeigen, dass der Zustand des Patienten bereits über längere Zeit durchgehend schlecht ist, dass sich z. B. eine schwere stationär behandlungsbedürftige Depression über längere Zeit nicht bessert (Fallbeispiel 3).

Andererseits tritt starkes Klagen nicht selten auch bei Patienten auf, die in ihrer Lebensbewältigung durch psychische Symptome nicht (mehr) wesentlich beeinträchtigt scheinen (Fallbeispiele 1 und 2). In solchen Fällen kann es darauf hinweisen, dass der Patient zum aktuellen Zeitpunkt in der Therapie eher stabilisierungsmotiviert und weniger stark veränderungsmotiviert ist (Sachse 2004). Zur Unterscheidung, ob noch eine schwere (depressive) Erkrankung vorliegt oder eher ein wenig änderungsmotivierter Zustand, können Sie sich vor allem daran orientieren, ob Diskrepanzen zwischen den Klagen des Patienten und seiner berichteten und von Ihnen beobachteten sozialen und beruflichen Funktionsfähigkeit vorhanden sind.

Analyse

Patienten, deren Zustand sich über längere Zeit nicht bessert, sollten Ihre Besorgnis erregen. Hier muss eine angemessene Intensivierung der Behandlung vorgenommen werden (z. B. – sofern indiziert – Elektrokrampftherapie (EKT) bei Fallbeispiel 3). Im Gegensatz dazu sollten Sie bei Patienten, die in erster Linie wenig veränderungsmotiviert zu sein scheinen, die Gespräche so beeinflussen, dass sich die Klagen reduzieren. Dies verringert auch die negative Gegenübertragung und richtet die Therapie stärker auf veränderungsorientierte Ziele aus.

Lösungsstrategie

Prüfen Sie die Auslenkbarkeit und Beeinträchtigung des Patienten!
Falls der Patient auch mit positiven Gesprächsthemen (Kinder, Hobbys, Freizeit etc.) kaum auslenkbar ist und andere schwere Symptome wie Antriebslosigkeit, Konzentrations- oder Schlafstörungen vorliegen, müssen Sie das Klagen als ernsten Hinweis auf die Schwere der Erkrankung interpretieren und eine entsprechend intensive Behandlung in die Wege leiten. Psychotherapie ist in solchen Situationen vor allem stützend.
  Alle weiteren Hinweise gelten für den Fall, dass der Patient insgesamt keine schwere Symptomatik und stark beeinträchtigte Funktionsfähigkeit mehr aufweist! (➤ Kap. 2.1, ➤ Kap. 2.4)

Verstärken Sie das Klagen möglichst wenig!
Gehen Sie auf die Klagen eher wenig ein, warten Sie sie freundlich ab, ohne ein hohes Maß an Empathie und Mitgefühl auszudrücken. Dieses Vorgehen entspricht dem bei „Spontanregressionen" (➤ Kap. 10.1).

Vermeiden Sie es, anstelle und für den Patienten zu denken!
Klagende Patienten lösen im Therapeuten häufig die Reaktion aus, sich „nach vorne zu lehnen", sich besonders große Mühe zu geben, viele Lösungsvorschläge für die vom Patienten beklagten Themen zu entwickeln und dem Patienten viel Mut zu machen (➤ Kap. 10.3). Damit kann jedoch das Klagen letztlich verstärkt und ggf. intensiviert werden, selbst wenn Ihre Vorschläge adäquat sind. Wenn Sie überzeugt sind, dass Sie dem Patienten bereits angemessene Interventionen oder Lösungen vorgeschlagen haben, er sie jedoch entweder nicht akzeptiert hat oder, sofern sie erfolgreich waren, ihren Wert nicht anerkennt, so sollten Sie Ihre Haltung ändern. Zeigen Sie sich statt engagiert eher ratlos und übertragen Sie dem Patienten viel Verantwortung, indem Sie gewissermaßen achselzuckend fragen, was seiner Ansicht nach helfen könne. „Wir haben jetzt ja schon viel überlegt, was gegen diese Ängste helfen könnte. Sie sind zunehmend arbeitsfähig und in Ihrem Alltag nicht mehr so beeinträchtigt wie früher, aber trotzdem leiden Sie immer

noch sehr. Hätten Sie denn noch eine Idee, was Ihnen helfen könnte?" Beharren Sie auf solchen Fragen und lassen Sie dem Patienten viel Zeit für die Antwort (➤ Kap. 2.4).

Validieren Sie das Klagen, auch wenn Sie es nicht verstärken!
Vermitteln Sie dem Patienten auch im Rahmen eines eher konfrontativen und lösungsorientierten Vorgehens, dass Sie sein Leid wahrnehmen und Mitgefühl dafür haben. Wenn Sie das versäumen, hat der Patient leicht das Gefühl, dass Sie ihn nicht ernst nehmen. „Ich merke, dass Sie außerordentlich unzufrieden sind, das tut mir leid." „Vielleicht kommt es Ihnen etwas hart vor, dass ich immer wieder nach den Zielen frage. Aber ich finde das extrem wichtig, weil ich sehe, wie sehr Sie leiden, und weil ich möchte, dass unsere Arbeit hilfreich für Sie ist."

Orientieren Sie sich auf die Ziele des Patienten hin!
- Definieren Sie mit dem Patienten Ziele, deren Annäherung in seiner Macht liegt. Bleiben Sie dabei möglichst konkret. „Ich merke, dass Sie mit vielen Dingen sehr unzufrieden sind. Woran würden Sie und ich denn in einem halben Jahr merken, dass die Therapie hilft?"
- Wenn bereits Ziele definiert wurden, lassen Sie den Patienten erklären, inwieweit/ob er sich diesen genähert hat und warum/warum nicht. „Am Anfang hatten Sie gesagt, Sie möchten mehr Zeit für sich haben. Hat sich an dem Problem irgendetwas getan? Warum nicht, was denken Sie?"
- Wenn der Patient keine eigenen Ziele nennen kann, fordern Sie diese ein. „Sie sagen, Sie wissen es gar nicht genau. Das ist ungünstig, wir sollten doch wissen, wo es hingehen soll! Darüber müssen wir uns Gedanken machen!" (➤ Kap. 2.1). Auch damit verpflichten Sie den Patienten, aktiv über seine Veränderungsmöglichkeiten bzw. Hemmnisse nachzudenken und Verantwortung dafür zu übernehmen.

Begrenzen Sie ggf. die Therapie!
Wenn Sie den Eindruck haben, dass all diese Vorschläge nicht dazu führen, dass der Patient konstruktiver an seinen Problemen arbeitet, begrenzen Sie die Therapie im Rahmen Ihrer Möglichkeiten. Bei ambulanten Patienten ohne schwere Funktionsbeeinträchtigung ist dies oft recht gut möglich. „Frau M., ich habe darüber nachgedacht, ob unsere Arbeit Ihnen sinnvoll hilft. Was denken Sie denn?" Wenn die Patientin in erster Linie unspezifische Entlastung angibt („Es tut gut, mal über alles zu reden."), haben Sie die Freiheit, dies als nicht ausreichend zu betrachten. „Das ist natürlich positiv, dass Sie sich dadurch entlastet fühlen. Aber mir reicht es ehrlich gesagt nicht. Ich möchte, dass sich auch in Ihrem Leben etwas so verändert, dass es Ihnen besser geht. Wenn das gerade nicht ansteht, sollten wir vielleicht eine Pause einlegen." Bei stationären oder teilstationären Möglichkeiten können Sie die Therapie begrenzen, indem Sie sich auf den Settingspezifischen Auftrag konzentrieren (z. B. Belastungserprobung, Wiedereingliederung) und nur eingeschränkt psychotherapeutische Gespräche durchführen.

Tab. 2.11 Beispieldialog Fallbeispiel 1.

Th.	Die Wiedereingliederung klappt ja gut, das finde ich sehr erfreulich, dass Sie die erste Woche im Arbeitsversuch so gut bewältigt haben!	Verstärkung von Zielerreichung
Frau M.	Ja, schon, aber die Dissoziationen sind genauso schlimm wie immer.	
Th.	Da haben Sie auch jetzt in der veränderten Situation keinerlei Veränderung bemerkt?	Fehlende Veränderung klären
Frau M.	Nein, das ist genau gleich wie immer, und es ist einfach schrecklich! Ich bin ganz verzweifelt bei dem Gedanken, dass das immer so bleibt.	
Th.	Ja, das kann ich verstehen, das tut mir leid. Nun haben wir aber ja schon so viel ausprobiert gegen diese Dissoziationen: Medikamente, Exposition, Ablenkung, angenehme Dinge tun usw. ... und nichts hat geholfen. Ich habe ehrlich gesagt nicht das Gefühl, dass wir bisher ein gutes Mittel gefunden haben. Was meinen Sie?	Leid validieren; Ratlosigkeit zeigen; Realität anerkennen
Frau M.	Ja, ich weiß auch nichts, aber es ist einfach so furchtbar!	
Th.	Ja natürlich. Aber Sie wissen trotz unserer vielen Versuche auch nicht, was gegen die Dissoziation helfen könnte?	
Frau M.	Nein.	
Th.	Also dann beißen wir in den sauren Apfel und konzentrieren uns auf den Arbeitsversuch und dass Sie Ihre Berufstätigkeit wieder aufbauen? Und beobachten, ob wir doch noch etwas finden können, was Ihnen gegen die Dissoziation hilft?	Auf primäre Ziele orientieren
Frau M.	Na ja, das müssen wir ja wohl ...	
Th.	Ja, sieht so aus.	Klare Position beibehalten

Tab. 2.12 Beispieldialog Fallbeispiel 2.

Th.	Ich merke, dass Sie mit vielen Dingen sehr unzufrieden sind. Woran würden Sie denn in einem halben Jahr merken, dass die Therapie hilft?	Klagen/Unzufriedenheit benennen; auf Ziele hin orientieren
Frau A.	Ich wäre nicht so unglücklich mit meinem Leben und meinem Mann, würde er das mit dem Alkohol endlich in den Griff bekommen.	
Th.	Das ist beides etwas schwierig. Ob ihr Mann trinkt oder nicht, darauf haben wir zwei hier vermutlich wenig Einfluss, oder? Und was würde heißen, Sie wären zufriedener? Woran würde ich das merken, wenn ich von außen schauen würde?	Konkrete und realistische Antwort einfordern, damit Verantwortung für Ziele an Patienten geben

Tab. 2.12 Beispieldialog Fallbeispiel 2. (Forts.)

Frau A.	Das könnten Sie vermutlich von außen gar nicht merken.	
Th.	Wie, Sie meinen, wenn ich Sie zufriedener erleben würde, wären Sie genauso wie jetzt?	Unkonkrete Antworten hinterfragen
Frau A.	Na ja, nicht ganz so, ich wäre nicht ganz so unzufrieden mit so vielen Dingen.	
Th.	Ach so. Mit was wären Sie denn nicht mehr so unzufrieden und warum?	Auf dem Thema „Konkrete Ziele" beharren
In der Folge könnte es in diesem Gespräch entweder darum gehen, welche Dinge Frau A. in ihrem Leben ändern möchte, oder darum, dass sie sich bemüht, verstärkt auch die positive Seite der Dinge wahrzunehmen.		

LITERATUR
Sachse R (2004) Persönlichkeitsstörungen. Leitfaden für die Psychologische Psychotherapie. Göttingen: Hogrefe

2.7 Der Patient klammert sich an den Therapeuten, statt selbstständiger zu werden

FALLBEISPIELE

Fallbeispiel 1

Herr B., ein 30-jähriger Krankenpfleger mit chronischen Zwängen, Depression und Ängsten, ist in den Einzelgesprächen in der Tagesklinik stets sehr reflektiert und sieht, dass er in seinem Leben vieles anders machen müsste (Freizeitgestaltung, Arbeitsversuch, Sozialkontakte). Dabei beklagt er jedoch immer wieder, dass ihm das medizinische System nicht die Hilfe geben könne, die er bräuchte. Diese bestünde darin, dass jemand ihn bei der Lösung seiner Probleme auf Schritt und Tritt begleite. Sein Nervenarzt bezeichnet ihn als „austherapiert"; verschiedene lange Psychotherapien hätten nichts geholfen.

Fallbeispiel 2

Frau C., eine 38-jährige Patientin mit chronischer Essstörung und Zügen einer Borderline-Persönlichkeitsstörung, wirkt in der Therapie immer wieder völlig hilflos. Sie beklagt, dass sie oft nicht wisse, wie sie sich verhalten solle und zeigt Verzweiflung über ihre Symptome. Auf Veränderungsstrategien kann sie sich kaum einlassen, Hausaufgaben führt sie fast nie durch. Wenn etwas Belastendes vorgefallen ist, meldet sie sich dringlich für zusätzliche Termine und signalisiert der Therapeutin, dass ihre Unterstützung für sie äußerst wichtig sei. Da mehrere verschiedene Therapien wohl nach einem ähnlichen Muster abliefen, ist der Gesamteindruck, dass die Patientin die Therapeutin primär zur Entlastung und als Bezugsperson nutzt, jedoch nicht zur Entwicklung von Bewältigungskompetenzen und Selbstständigkeit.

Hintergrund

Patienten, die sich über lange Zeit (oft jahrelang) stark an (u. U. wechselnde) Therapeuten „klammern" und signalisieren, dass sie ohne den Therapeuten nicht leben können, tragen einen großen Wunsch nach Fürsorge und Versorgung in die Therapie, übernehmen jedoch selbst wenig Verantwortung für Veränderungen in ihrem Leben. Beides lässt die Probleme, wegen derer die Patienten in Behandlung kommen, persistieren.

Diese Patienten erfüllen meist die allgemeinen Kriterien einer Persönlichkeitsstörung. Bei den spezifischen Persönlichkeitsstörungen liegen oft hohe Ausprägungen in den Clustern B (v.a. Borderline, histrionisch) und/oder C (v.a. selbstunsicher, dependent) vor. Für Patienten mit Borderline-Persönlichkeitsstörung liegen störungsspezifische, evaluierte Therapieverfahren vor (Jacob und Lieb 2007), die auch auf das Problem der hohen Therapiebedürftigkeit gezielt eingehen. Auf alle Persönlichkeitsstörungen gehen z. B. Sachse (2004) und Smith-Benjamin (2001) ein.

Analyse

In der Therapie sollten Sie einerseits den Versorgungs- und Fürsorgewunsch validieren und sich um den Patienten besorgt und an ihm interessiert zeigen. Gleichzeitig muss dieses Muster klar angesprochen und mit dem Patienten dezidiert an einer Veränderungsperspektive gearbeitet werden. Dabei sollten Sie die Therapieziele und die Erwartungen an den Erfolg der Therapie realistischerweise nicht zu hoch stecken, wenn mehrere längerfristige Psychotherapien bisher wenig oder nicht geholfen haben.

Weiterhin ist in diesen Fällen eine genaue Psychodiagnostik, insb. Achse-II-Diagnostik, z. B. mit SKID-II oder IPDE, indiziert. Bei Borderline-Persönlichkeitsstörung können Sie sich in der Behandlung an einem der vorhandenen störungsspezifischen Therapiekonzepte orientieren, bei anderen Persönlichkeitsstörungen entsprechend an den Vorschlägen von Sachse (2004) oder Smith-Benjamin (2001).

Überschneidung mit typischen Problemen ➤ Kap. 2.1, ➤ Kap. 2.3, ➤ Kap. 2.4, ➤ Kap. 2.8, ➤ Kap. 10.3.

Lösungsstrategie

Führen Sie eine Psychodiagnostik, insb. Achse-II-Diagnostik, durch!
Je nach den Ergebnissen sollten Sie ihre Therapie an der jeweils im Vordergrund stehenden Persönlichkeitsstörung ausrichten.

Sprechen Sie das Problem offen an!
„Frau C., Sie sagen immer wieder, dass Sie ganz dringend Therapie bräuchten und nicht wüssten, was Sie ohne mich machen sollten. Gleichzeitig setzen Sie aber von den vielen

Dingen, die wir hier schon besprochen haben, praktisch gar nichts um. Ich sehe das als Problem, da das Ziel der Therapie ja ist, dass Sie selbstständiger werden im Umgang mit Ihren Problemen. Was denken Sie darüber?" Wenn Sie das nicht tun, ist es wahrscheinlich, dass Sie sich vom Patienten unter Druck gesetzt fühlen, mit Ihrer Expertise für seine Besserung zu sorgen, obwohl u. U. bereits mehrere Experten gescheitert sind. Außerdem wird der Patient dadurch veranlasst, aktiv zur Frage seiner Eigenverantwortung Stellung zu nehmen.

Entwickeln Sie ein gemeinsames Problemverständnis, das erwachsene und regressive Anteile beinhaltet!
Vermitteln Sie dem Patienten, dass Sie seine Bedürftigkeit wahrnehmen und beziehen Sie sich gleichzeitig auf seine Stärken und seine Änderungsmotivation (erwachsene Seite). „Ich habe den Eindruck, dass ein Teil von Ihnen Hilfe sucht, um seine Probleme besser zu bewältigen und besser mit dem Leben zurechtzukommen. Andererseits gibt es auch einen sehr kindlichen Teil, der am liebsten ganz versorgt werden möchte und das Gefühl hat, sich in dieser harten Welt nicht bewähren zu können." (➤ Kap. 2.5).

Validieren Sie auch die abhängige Seite!
Signalisieren Sie Verständnis für das regressive Verhalten des Patienten, indem Sie auf seine Biographie oder auf die Schwere seiner Beeinträchtigung Bezug nehmen. „Sie waren sehr überfordert als Kind. Vermutlich leiden Sie auch deshalb bis heute an dem Gefühl, dass Sie es alleine nicht schaffen können." „Ihre Zwänge sind so eine Beeinträchtigung, dass Sie das Gefühl haben, Sie hätten keine Chance dagegen und bräuchten vor allem jemanden, der Sie an die Hand nimmt und sich um Ihr Leben kümmert. Das ist verständlich."

Zeigen Sie sich besorgt und damit fürsorglich!
Eine gute Möglichkeit, gleichzeitig die Bedürftigkeit des Patienten zu validieren und dennoch Veränderungen zu forcieren, besteht darin, dem Patienten gegenüber persönlich formulierte Sorgen zu äußern, wie er sich entwickeln wird, wenn er keinen Veränderungsprozess einleitet. „Herr B., ich kann einerseits sehr gut verstehen, dass Sie sich alleine so hilflos fühlen. Gleichzeitig mache ich mir große Sorgen, wie es mit Ihrem Leben weitergehen soll, wenn Sie es nicht schaffen, Ihre Probleme anzupacken! Denn es ist nicht absehbar, dass Ihr Wunsch nach einer permanenten Begleitung in Erfüllung geht."

Betonen Sie die Vorteile der erwachsenen Seite!
Manchen Patienten fällt es sehr schwer zu erkennen, warum sie ihre versorgungsorientierte Haltung aufgeben sollten. Diskutieren Sie in solchen Fällen die Vorteile, die sich mit dem Entwickeln der erwachsenen Seite ergeben würden (mehr Selbstständigkeit; mehr Selbstverwirklichung; der Patient kann eigene Ziele verfolgen etc.) und die Nachteile beim Persistieren der kindlichen Seite (ist in seiner Bedürfniserfüllung von anderen

abhängig; schädigt Selbstwert, weil er sich inkompetent erlebt; kann im Leben wenig erreichen etc.).

Definieren Sie klare Veränderungsziele!
Diese Patienten haben oft selbst keine realistischen Vorstellungen über adäquate und günstige Veränderungsschritte; häufig erwarten sie von sich viel zu viel auf einmal. Unterstützen Sie sie daher konkret mit Ideen, was die Entwicklung der erwachsenen Seite bedeuten und beinhalten könnte. Betonen Sie immer wieder das Prinzip der kleinen Schritte!

Beharren Sie auf Veränderungen, belassen Sie die Verantwortung dafür jedoch beim Patienten!
- Auch wenn sich der Patient bereit erklärt, Veränderungsziele zu definieren, führt dies nicht automatisch tatsächlich zum Beginn eines Veränderungsprozesses. „Sie haben in den letzten Stunden Ihre Ziele formuliert, und wir haben die ersten Schritte dafür besprochen. Wo stehen Sie denn jetzt in dieser Hinsicht?"
- Machen Sie den Patienten explizit auf „Ausweichmanöver" aufmerksam. „Wenn ich wie jetzt konkrete Veränderungen anspreche, beginnen Sie oft, über Ihre Situation zu klagen, so als müssten Sie mich von Ihrer Unveränderlichkeit überzeugen. Das ist mir schon öfter aufgefallen. Verstehen Sie, was ich meine?"
- Lassen Sie sich jedoch nicht in die Rolle drängen, dass Sie dem Patienten „aufgeben", was er zu tun hat. „Nun schauen Sie mich so fragend an. Die Frage stellt sich aber an Sie, denke ich, denn es geht ja um Ihr Leben."

Bleiben Sie realistisch!
Arbeiten Sie ggf. daran, beim Patienten Illusionen hinsichtlich des Erreichbaren zu reduzieren. Dies gilt insb. für Aktivitäten, deren Ergebnis schwer vorhersehbar ist (soziale Aktivitäten, Freundschaften knüpfen, Partner finden etc.). Verstärken Sie stattdessen jeden konstruktiven Versuch und vertreten Sie das Konzept, dass man nur durch Ausprobieren das Richtige finden kann. „Sie sagen, Sie sind unsicher, was dabei herauskommt – das kann ich verstehen, das finde ich auch realistisch, denn man kann meist nicht sicher vorhersagen, wie sich solche sozialen Situationen entwickeln. Auf jeden Fall ist es großartig, dass Sie es trotz dieser Unsicherheit anpacken wollen! Nur so können Sie mehr darüber herausfinden!" Die meisten Patienten erleben dies als glaubwürdig und fühlen sich in ihren Bedenken wahrgenommen. Gleichzeitig nehmen Sie damit mögliche Misserfolge vorweg und können bereits vor ihrem realen Auftreten das Konzept vermitteln, dass Misserfolge auch wertvolle Lernerfahrungen darstellen können, von denen man sich nicht entmutigen lassen muss.

Setzen Sie realistische Grenzen!
Wenn sich in der Therapie trotz intensiver Bearbeitung dieser Thematik keinerlei Veränderungen abzeichnen, sollten Sie dies dem Patienten widerspiegeln und deutlich machen,

2.7 Der Patient klammert sich an den Therapeuten

dass Sie nicht ad infinitum so weiterarbeiten können. „Frau C., ich würde Ihnen sehr gerne helfen, aber ich sehe gar keine Veränderung zum Besseren durch unsere Arbeit. Ich frage mich immer wieder, ob es sinnvoll ist, dass wir die Therapie fortführen." Dabei müssen Sie akzeptieren, dass der Patient möglicherweise einige Zeit benötigt, um seine Haltung der Therapie gegenüber in konstruktiver Weise zu verändern und sollten die Therapie keinesfalls in einem ärgerlichen Affekt verfrüht beenden. Wenn sich jedoch über längere Zeit kein entsprechendes Umdenken zeigt, obwohl Sie dieses Thema immer wieder

Tab. 2.13 Beispieldialog Fallbeispiel 1.

Herr B.	Ich bekomme einfach nicht, was ich brauche. Ich bräuchte wirklich jemanden, der mit mir erstmal die Wohnung aufräumt, mit mir bespricht, wie ich die Möbel stelle und so weiter …	
Th.	Das kann ich gut verstehen. Sie stecken jetzt schon so lange in diesen schweren psychischen Problemen und haben all das schon ganz lange nicht mehr anpacken können. Und gleichzeitig fürchte ich, dass Ihnen kein Therapeut so ein Angebot machen würde!	Schwierigkeiten validieren; Realität anerkennen
Herr B.	Ja, das ist echt schlimm, dabei würde mir das so helfen …	
Th.	\<unterbricht\> Ja, das wäre sicher ideal. Sehen Sie denn einen Weg, so eine Unterstützung zu erhalten?	Klagen nicht verstärken; realistisches Urteil des Pat. einfordern
Herr B.	Von Therapeuten und so sicher nicht.	
Th.	\<bedauernd\> Ja, das fürchte ich auch. Gibt es so ein Angebot von irgendwelchen anderen Personen?	Validieren; weitere Realitätsprüfung
Herr B.	Nein, leider auch nicht.	
Th.	Okay. \<besorgt\> Herr B., was sollen wir denn dann machen? Das, was Sie sich wünschen, nämlich eine ganz intensive Begleitung, können Sie nicht bekommen. Dann sagen Sie, alles ist Ihnen zu schwer. Aber ich muss Ihnen sagen, ich mache mir große Sorgen, wie es mit Ihnen weitergehen soll, wenn Sie in diesem Konflikt steckenbleiben.	Sorgen um Pat. in persönlicher Art zum Ausdruck bringen
Herr B.	Ja, die Sorgen mache ich mir auch.	
Th.	Ja. \<schaut Pat. fürsorglich und fragend an\>	Verantwortung bei Pat. lassen
Herr B.	Ja, wahrscheinlich muss ich manche Dinge doch selbst anpacken. Aber das wird mit den Ängsten schon sehr schwer.	
Th.	Natürlich wird das schwer, aber wir helfen Ihnen ja auch gerne! Nur wird Sie niemand immer begleiten können!	Schwierigkeiten validieren; Unterstützung betonen
Herr B.	Ja, so ist das wohl.	

ansprechen, sollten Sie die Therapie nach Möglichkeit nicht fortführen. Wenn Sie selbst diesen Schritt vermeiden, verstärken Sie letztlich die dependente Seite des Patienten.

LITERATUR

Sachse R (2004) Persönlichkeitsstörungen. Leitfaden für die Psychologische Psychotherapie. Göttingen: Hogrefe

Smith-Benjamin L (2001) Die interpersonelle Diagnose und Behandlung von Persönlichkeitsstörungen. München: CIP-Medien

Jacob G, Lieb K (2007) Borderline-Persönlichkeitsstörung. Psychiatrie und Psychotherapie up2date 1, 61–74

2.8 Der Patient arbeitet in der Therapie unzuverlässig mit

FALLBEISPIELE

Fallbeispiel 1

Frau M., eine 23-jährige Patientin mit Panikattacken, möchte eine ambulante kognitive Verhaltenstherapie machen. Im Kontakt ist sie freundlich, aufgeschlossen, wirkt für die Therapie motiviert. Nach entsprechender Vorbereitung und Expositionsübungen in sensu wird als Hausaufgabe vereinbart, dass sie schrittweise Situationen aufsucht, in denen in der Vergangenheit Panikattacken aufgetreten sind. Wiederholt macht sie diese Hausaufgaben nicht und gibt als Begründung dafür an, dass ihr „nicht danach gewesen" sei, dass sie nicht motiviert oder mit anderen Dingen beschäftigt gewesen sei.

Fallbeispiel 2

Frau L., eine 33-jährige ambulante Patientin mit 50%-iger Berufstätigkeit, hat sich ambulant im Rahmen einer akuten Beziehungskrise vorgestellt. Rasch wird deutlich, dass sie im Verhalten gegenüber ihrem Partner sehr ambivalent ist, da sie sich nicht zwischen ihm und einem anderen Mann entscheiden kann. Dadurch entstehen immer wieder massive Konflikte. Nach Abklingen der akuten Krise bei weiterhin bestehender Ambivalenzproblematik versäumt sie mehrfach Therapiestunden. Die Therapeutin versucht, sie zur Terminabklärung telefonisch zu erreichen, sie ruft jedoch nur unzuverlässig zurück und sagt zudem öfter Termine sehr kurzfristig und aus geringfügig erscheinenden Anlässen ab (z. B. Kopfschmerzen, Arbeitsbelastung).

Hintergrund

Hier sind Fälle angesprochen, bei denen die Therapiebeziehung etabliert ist und die Ziele der Behandlung sowie die ersten Veränderungsschritte definiert sind, doch der Patient nicht an der Veränderung zu arbeiten beginnt. Wie bei der Vermeidung (➤ Kap. 2.3) ist hier das wesentliche Problem, dass der Patient nicht ausreichend motiviert ist, an den initial vereinbarten Therapiezielen zu arbeiten. Dabei sind Unzuverlässigkeit und Vermeidung keine voneinander vollständig unabhängigen Phänomene, sondern gehen häufig miteinander einher.

2.8 Der Patient arbeitet in der Therapie unzuverlässig mit

Unzuverlässigkeit in der Therapie kann unterschiedliche Ursachen haben. Möglicherweise ist das Ziel des Patienten nicht mehr aktuell, und seine mangelnde Therapieteilnahme Ausdruck dieser Tatsache (z. B. Fallbeispiel 2). Das primäre Problem kann jedoch auch darin liegen, dass der Patient unorganisiert, unkonzentriert und zerstreut ist (etwa im Sinne einer ADHS; Heßlinger et al. 2004), dass er sich zu viel vornimmt oder dass er manche Aufgaben sehr gründlich erledigt, sodass ihm nicht ausreichend Zeit für alle Vorhaben bleibt. Häufig tritt unzuverlässiges Verhalten auch bei Patienten auf, die ihre Pläne wenig konsequent in die Tat umsetzen, schwierige Situationen und Anstrengungen vermeiden und dadurch Zusagen öfter nicht einhalten. Bei all diesen Erklärungen ist die Unzuverlässigkeit kein singuläres Phänomen innerhalb der Therapie, sondern darüber hinaus Ausdruck eines Musters, das mit hoher Wahrscheinlichkeit auch in anderen Lebensbereichen des Patienten auftritt.

Analyse

Um Unzuverlässigkeit in der Therapie einzuordnen, ist es zunächst wichtig, zu klären, ob die eingangs genannten Therapieziele für den Patienten noch so relevant sind, dass er deshalb echte Veränderungen in seinem Leben anstrebt. Weiterhin müssen die Ursachen für das unzuverlässige Verhalten genau verstanden werden.

Sofern sich herauskristallisiert, dass der Patient vor allem Anstrengungen und schwierige Situationen vermeidet, sollten Sie sich die damit zusammenhängende Verstärkersituation verdeutlichen. Diese Patienten kommen häufig wegen Problemen in die Therapie, die (auch) mit ihrer Unzuverlässigkeit zusammenhängen, etwa Partnerschaftskonflikte, die durch unzuverlässiges oder häufig auch uneindeutiges Verhalten (mit-)bedingt sind. Viele Patienten beklagen berufliche Probleme und Ärger mit Kollegen, die bei genauerer Analyse auch dadurch ausgelöst und aufrechterhalten werden, dass die Patienten Zusagen nicht einhalten oder ihre Aufgaben nicht korrekt erledigen.

Gleichzeitig wird im Leben des Patienten die Unzuverlässigkeit häufig positiv verstärkt, z. B. durch die Arbeitserleichterungen, die entstehen, wenn dem Patienten Aufgaben von Kollegen abgenommen werden. Auch in Beziehungen geht wenig zuverlässiges Verhalten möglicherweise mit aufregenden Erfahrungen einher, z. B. wechselnden oder parallelen Flirts. Solche Verstärker reduzieren die Veränderungsmotivation und wirken so gegen die Therapie, deren Ziele (mehr Zuverlässigkeit, Verbindlichkeit oder Disziplin) dagegen weniger attraktiv wirken können.

Trotz dieser Verstärker stellt Unzuverlässigkeit u. E. eindeutig ein Problemverhalten dar, das voraussichtlich immer wieder zu Konflikten und Lebensproblemen führen wird (➤ Abb. 2.1). Daher sollten Sie in der Therapie Zuverlässigkeit thematisieren und deren Vorteile herausarbeiten. Wenn der Patient mehr Zuverlässigkeit anstrebt, sollte diese auch klar eingefordert und verstärkt werden. Unzuverlässigkeit sollten Sie hingegen dadurch nicht verstärken, dass Sie darüber hinweggehen, wenn der Patient sie in der Therapie zeigt.

Lösungsstrategie

Besprechen Sie das Problem mit dem Patienten!
Streben Sie keine indirekten Lösungen an, sondern thematisieren Sie das Problem eindeutig. „Ich habe den Eindruck, dass in den letzten Stunden eigentlich ganz klar geworden ist, dass Sie diese Pläne, die wir als Hausaufgaben besprochen haben, als nächstes umsetzen sollten. Aber irgendwie geht es jetzt nicht vorwärts." Klären Sie dabei auch, ob die initial genannten Ziele aktuell noch gültig sind. „Sie haben sich bei mir vor zwei Monaten vorgestellt und wollten damals sehr dringend an Ihren Beziehungsproblemen arbeiten. Jetzt hat sich das akute Geschehen von damals beruhigt, und möglicherweise ist die Therapie für Sie nicht mehr so wichtig. Das könnte ich gut nachvollziehen."

Arbeiten Sie den Grund für die Unzuverlässigkeit heraus!
Ziehen Sie dabei sowohl Unkonzentriertheit und ADHS in Betracht als auch die Möglichkeit, dass sich der Patient mehr vornimmt, als er schaffen kann oder dass er anstrengende und unangenehme Dinge vermeidet. „Wie kommt es, dass Sie so häufig Termine absagen?" „Warum schaffen Sie es nicht, diese Hausaufgaben zu machen?" Möglicherweise hat der Patient auch Angst vor der Veränderung – vor dem Verlust des sog. Krankheitsgewinns oder vor der Situation, wie sie sich nach einer Veränderung darstellen wird. „Manchmal kann einem die Vorstellung, etwas zu verändern, auch Angst einjagen, selbst wenn es eine positive Veränderung ist. Könnte das bei Ihnen der Fall sein?"

Verwenden Sie ggf. die Metapher von einem unzuverlässigen Anteil! (> Kap. 2.5)
Wenn der Patient zwischen Änderungsmotivation und Undiszipliniertheit stark hin- und hergerissen scheint, können Sie die Metapher einsetzen, dass der Patient einen erwachsenen, motivierten und einen verwöhnten, unzuverlässigen Anteil hat. „Ich habe den Eindruck, Sie haben so eine Seite, die findet, Sie müssten sich nicht anstrengen. Andererseits gibt es einen anderen Anteil in Ihnen, der versteht, dass manche Dinge sich ohne Anstrengung nicht gut voranbringen lassen." Wenn der Patient diesem Modell zustimmt, können Sie mit ihm besprechen, dass er seine Probleme vorwiegend mit dem erwachsenen Anteil lösen und dazu bspw. akzeptieren muss, dass er im Leben neben Rechten auch Pflichten hat und sich auch unangenehmen oder langweiligen Aufgaben stellen muss (Young et al. 2005). „Was sagt denn diese verwöhnte Seite dazu, dass sie Hausaufgaben machen soll? Und was ist die Meinung Ihrer erwachsenen Seite?"

Stellen Sie Ihre Bedingungen klar!
- **Wenn Sie es für unerlässlich halten, dass der Patient seine Hausaufgaben erledigt,** dann bieten Sie ihm z. B. an, einen neuen Termin zu vereinbaren, wenn er einen definierten Teil seiner Hausaufgaben erledigt hat. „Vielleicht brauchen Sie auch einfach etwas länger Zeit als immer nur eine Woche, um die Hausaufgaben umzusetzen. Ich schlage vor, dass wir jetzt noch keinen Termin ausmachen, sondern Sie melden sich,

2.8 Der Patient arbeitet in der Therapie unzuverlässig mit

Tab. 2.14 Beispieldialog Fallbeispiel 1.

Th.	Haben Sie die Hausaufgaben geschafft, die wir beim letzten Mal vereinbart hatten?	
Frau M.	Ich hatte das ja wirklich vor, aber dann ging es nicht, weil ich erst Grippe hatte, und dann war ich nicht mehr in der Stadt und konnte deshalb gar nicht in Kaufhäuser gehen …	
Th.	Frau M., nach meiner Erinnerung haben wir eindeutig besprochen, dass Sie diese Aufgaben jetzt in Angriff nehmen müssen. Aber es funktioniert schon seit einigen Wochen nicht. Verstehen Sie, warum das so ist?	**Problem offen ansprechen**
Frau M.	Na ja, wenn ich krank bin, und dann nicht dazu komme …	
Th.	<sehr freundlich!> Ja, die Krankheit ist die eine Seite, aber andererseits waren Sie ja nicht die ganze Woche krank, und in den beiden vorherigen Wochen war es ja schon ähnlich. Ich habe ehrlich gesagt den Eindruck, dass Ihre Entschuldigungen auch ein bisschen Ausreden sind, kann das sein?	**Mit Problem konfrontieren; nach Erklärung suchen**
Frau M.	Na ja, vielleicht schon ein bisschen. Es ist mir einfach so grässlich unangenehm!	
Th.	Ja, das kann ich sehr gut verstehen! Die Aufgaben werden sicher nicht einfach für Sie sein! Aber wie können wir es denn hinbekommen, dass Sie sie dennoch anpacken? Sonst werden Sie nicht weiterkommen!	**Validieren; Lösung anzielen**
Frau M.	Ja, Sie haben ja Recht. Ich weiß halt auch nicht …	
Th.	Ich hätte einen Vorschlag: Vielleicht brauchen Sie einfach auch etwas länger Zeit als die eine Woche, die normal zwischen unseren Sitzungen liegt. Lassen Sie uns doch jetzt keinen neuen Termin vereinbaren – stattdessen melden Sie sich, wenn Sie die Hausaufgabe gemacht haben, und dann machen wir einen zeitnahen Termin aus!	**Konkrete Lösung vorschlagen**
Frau M.	Ach, ich weiß nicht, ich komme ja schon gerne zu Ihnen …	
Th.	Das freut mich, ich hoffe auch, dass Sie bald wieder da sind! Ich möchte aber, dass Sie vorankommen, und damit sind die Chancen vielleicht besser! Was meinen Sie?	**Verstärken durch Betonung der guten Beziehung; in der Sache klar bleiben**
Frau M.	Na ja, vielleicht schon …	
Th.	Okay, dann machen wir es so? Und ich höre hoffentlich bald von Ihnen?	**Auf Lösung beharren**
Frau M.	Na gut.	

Tab. 2.15 Beispieldialog Fallbeispiel 2.

Th.	Frau L., ich wollte mit Ihnen darüber sprechen, wie wichtig die Therapie eigentlich für Sie ist. Sie hatten sich ja vor zwei Monaten wegen einer schweren Beziehungskrise gemeldet, aber die ist im Augenblick nicht mehr so akut, und ich habe den Eindruck, dass unsere Stunden für Sie keine besondere Bedeutung mehr haben.	**Problem direkt ansprechen**
Frau L.	Nein, das stimmt aber nicht, ich komme wirklich gern!	
Th.	Das mag sein, aber Sie kommen in den letzten Wochen sehr unzuverlässig. Da kommen wir inhaltlich nicht gut voran. Außerdem habe ich immer wieder Leerstunden, das möchte ich nicht.	**Problem konkretisieren**
Frau L.	Das tut mir ja auch sehr leid, ich wusste ja auch nicht, dass der Tag so anstrengend werden würde …	
Th.	Ich glaube Ihnen, dass ihr Leben im Moment anstrengend ist. Aber ich habe auch den Eindruck, dass Ihnen die Ziele, die wir anfangs besprochen haben, nicht mehr so am Herzen liegen. Ihre Beziehungssituation hat sich seitdem ja auch ziemlich verändert.	**Erklärung für Unzuverlässigkeit suchen**
Frau L.	Ja, das stimmt natürlich.	
Th.	Dann sollten wir uns Gedanken machen, ob wir unsere Arbeit weiterführen sollen. Wenn jetzt die Punkte, die Sie in der Therapie besprechen wollten, nicht mehr aktuell sind, können wir die Therapie beenden oder zumindest unterbrechen.	**Nach Lösung suchen**
Frau L.	Ja, das könnten wir vielleicht wirklich machen.	
Th.	Okay! Dann vereinbaren wir jetzt keinen neuen Termin, und falls Sie wieder Bedarf haben, melden Sie sich.	**Klare Lösung vorschlagen**

wenn Sie XY geschafft haben. Dann machen wir zeitnah einen neuen Termin aus, um zu besprechen, wie es weitergeht."
- **Wenn der Patient unzuverlässig zu den Terminen erscheint,** machen Sie ihm klar, dass Sie unter diesen Bedingungen nicht mit ihm weiterarbeiten können. „Ich kann das nicht akzeptieren, dass ich Ihnen Termine freihalte und Sie ganz kurzfristig absagen. Wenn das bei Ihnen im Moment nicht anders geht, sollten wir die Therapie aussetzen."

Nehmen Sie Ihre eigenen Bedingungen selbst ernst!
Zeigen Sie Konsequenz in der Umsetzung Ihrer Bedingungen, sonst erlebt der Patient ein weiteres Mal, dass seine Unzuverlässigkeit toleriert und verstärkt wird.

LITERATUR
Heßlinger B, Philipsen A, Richter H (2004) Psychotherapie der ADHS im Erwachsenenalter: Ein Arbeitsbuch. Göttingen: Hogrefe
Young JE, Klosko JS, Weishaar ME (2005) Schematherapie. Ein praxisorientiertes Handbuch. Paderborn: Junfermann

2.9 Der Patient lässt sich nicht auf die Regeln der Behandlung ein

FALLBEISPIELE

Fallbeispiel 1

Frau N., eine 25-jährige Medizinstudentin wird unter der Diagnose einer Depression auf einer offenen Psychotherapiestation behandelt. Sie nimmt ausschließlich an der Gestaltungstherapie teil; weitere Angebote, insb. Sport und Ergotherapie, lehnt sie kategorisch ab. Bei der Oberarztvisite müssen alle Anwesenden mit Ausnahme des Oberarztes und des Einzeltherapeuten den Raum verlassen.

Fallbeispiel 2

Herr F., 28 Jahre, ist wegen bekannter Schizophrenie bei langjährigem intensivem Cannabisgebrauch zum wiederholten Mal in stationärer Behandlung und von der akuten Symptomatik remittiert. Es treten immer wieder Konflikte mit ihm auf, da er sich nicht daran hält, nur im Raucherpavillon zu rauchen, sondern auch im Gelände und auf der Toilette raucht. Darüber hinaus trinkt er im Ausgang entgegen den Stationsregeln öfter Alkohol.

Fallbeispiel 3

Frau L., 26 Jahre, eine Patientin mit fraglicher schizoaffektiver Symptomatik, geringem Antrieb und komplexer Persönlichkeitsstörung, ist in tagesklinischer Behandlung. Immer wieder bleibt Sie Therapiegruppen fern und begründet dies damit, dass das mit anderen Behandlern abgesprochen sei, dass es ihr zu viel sei oder dass sie es vergessen habe. Die genannten anderen Behandler verneinen die Existenz solcher Absprachen.

Hintergrund

Das Nichteinhalten von Regeln oder die Nichtteilnahme an Therapien ist während stationärer Behandlungen ein häufiges Problem und führt in vielen Fällen zu erheblichen Spannungen innerhalb des therapeutischen Teams und zwischen den Patienten. Es kann dafür unterschiedliche Hintergründe geben:

- **Überforderung des Patienten:** Dies ist insb. der Fall bei Patienten mit noch nicht vollständig remittierter psychiatrischer Erkrankung mit Konzentrationsstörungen, Antriebsverlust, psychotischem Erleben oder Substanzkonsum. Die Nichteinhaltung von Regeln ist dann ein Ausdruck dessen, dass der Patient seinen Alltag noch nicht ausreichend gut strukturieren kann. Darüber hinaus bewahrt ihn die Nichtteilnahme ggf. vor Misserfolgen.
- **Unterforderung des Patienten:** Dies tritt insb. bei „klinikmüden" Patienten auf, die während eines längeren Aufenthalts Therapieprogramme schon mehrfach durchlaufen haben.
- **Hohes Autonomiebedürfnis oder andere Persönlichkeitseigenschaften:** Vor allem Patienten mit dramatischen Persönlichkeitszügen oder -störungen (insb. narzisstisch, histrionisch) nehmen nicht selten Positionen ein, die vom Umfeld als provozierend wahrgenommen werden.

Analyse

Zunächst müssen Sie verstehen, aus welchem Grund die Behandlungsregeln nicht eingehalten werden und den Therapieplan modifizieren, falls der Patient unter- oder überfordert sein sollte. Im Zentrum steht weiterhin das Ziel, dem Patienten den Sinn der Regeln zu vermitteln und ihre Einhaltung zu fördern. Dazu müssen Sie im Team einen klaren Konsens finden, welche Regeln zwingend eingehalten werden müssen (z. B. Therapieteilnahme, Pünktlichkeit), welche Behandlungsziele vorrangig sind (bspw. Medikamentencompliance verbessern, Rente beantragen, Schuldnerberatung organisieren oder Belastungserprobung) und welche Themen aktuell sekundär sind (z. B. Umzug, Partnerschaft, Freizeitgestaltung). Dies sollte mit dem Patienten in einer klaren Vereinbarung festgeschrieben werden. Damit regulieren Sie auch die Verstärkersituation so, dass Regeleinhaltung belohnt wird und Regelmissachtung zu Verstärkerentzug führt.

Lösungsstrategie

Legen Sie ein angemessenes Therapieprogramm fest!
Klären Sie, ob der Patient aktuell unter- oder überfordert wird, und ob Sie das Programm im Rahmen Ihrer therapeutischen Ziele in irgendeiner Hinsicht besser an die Wünsche des Patienten anpassen können.

Vermitteln Sie dem Patienten klar, dass und warum die Einhaltung von Regeln wichtig ist!
Erklären Sie dem Patienten eindeutig, dass die Einhaltung bestimmter Regeln die Voraussetzung für eine hilfreiche Therapie ist und dass Sie dauernde Regelverletzungen nicht akzeptieren. „Es ist uns extrem wichtig, dass die Patienten pünktlich und zuverlässig an den Therapien teilnehmen! Wenn Sie das nicht tun, dann können wir Sie praktisch nicht behandeln, das können wir nicht akzeptieren." Vermitteln Sie dem Patienten auch die Bedeutung der einzelnen Therapien. Dies kann jedoch nur gelingen, wenn der verantwortliche Therapeut selbst von der Wichtigkeit einer kontinuierlichen Therapieteilnahme überzeugt ist. Besprechen Sie diese Themen sachlich, ohne ärgerlich zu werden.

Schließen Sie ggf. einen schriftlichen Behandlungsvertrag!
Dieser sollte eine individuell angepasste und genau definierte Verpflichtung zur Therapieteilnahme enthalten. Auch die Konsequenzen bei Nichteinhaltung müssen eindeutig im Voraus festgelegt werden. Als wesentliche Sanktionen stehen die Unterbrechung oder Beendigung der Behandlung zur Verfügung sowie etwa das Verfassen von Verhaltensanalysen – letzteres dient dazu, die Probleme besser zu verstehen, und hat gleichzeitig den Charakter einer negativen Konsequenz.

2.9 Der Patient lässt sich nicht auf die Regeln der Behandlung ein

Stellen Sie einen Bezug zum Alltag des Patienten her!
Damit verdeutlichen Sie die Wichtigkeit dieses Themas und können vermitteln, dass Sie den Patienten nicht in erster Linie bestrafen, sondern ihm helfen wollen. „Sicher ist es kein Verbrechen, wenn Sie außerhalb des Raucherpavillons rauchen. Aber es kommt immer wieder vor, und ich habe den Eindruck, dass Sie sich einfach nicht um solche Regeln kümmern. Da mache ich mir auch Sorgen, ob Sie Ihre Behandlung ernst genug nehmen und ob Sie es z. B. schaffen werden, auch nach der Entlassung ihre Medikamente regelmäßig einzunehmen." „Wenn Sie mit dieser Haltung einen Job anfangen, dann werden Sie vermutlich schnell große Schwierigkeiten bekommen und den Job bald los sein. Wir möchten Sie darin unterstützen, dass das besser laufen kann!" Wenn Ihnen Beispiele für ähnliches Verhalten außerhalb der Behandlung bekannt sind (z. B. entsprechende berufliche Erfahrungen, geringe Medikamentencompliance etc.), ziehen Sie diese heran, und stellen Sie eine Verbindung zur aktuellen Problematik her.

Verstärken Sie zuverlässiges Verhalten!
„Heute kommen Sie schon zum zweiten Mal hintereinander pünktlich zu mir. Das finde ich gut!"

Ziehen Sie im Team an einem Strang!
Nur wenn das ganze Team einschließlich des zuständigen Ober- oder Chefarztes konsequent zu diesem Vorgehen steht, kann es erfolgreich sein.

Tab. 2.16 Beispieldialog Fallbeispiel 3.		
Th.	Frau L., die Ergotherapeutin hat berichtet, dass Sie wiederholt nicht in der Ergo waren. Woran lag das denn?	**Thema direkt ansprechen**
Frau L.	Das habe ich doch so ausgemacht mit ihr, dass ich nicht kommen muss, wenn ich Kopfschmerzen habe!	
Th.	Die Ergotherapeutin wusste von so einer Abmachung nichts.	**Konfrontieren**
Frau L.	Dann muss das ein Missverständnis gewesen sein!	
Th.	Da bin ich mir nicht so sicher. Es scheint mit Ihnen viele Missverständnisse zu geben, und meistens haben sie mit der Teilnahme an Therapien zu tun. Ehrlich gesagt habe ich den Eindruck, dass Ihnen eine regelmäßige Teilnahme an den Therapien sehr schwer fällt. Und die Missverständnisse sind dann auch ein bisschen Ausreden dafür. Was meinen Sie?	**Mit Nichtteilnahme an Therapien konfrontieren**
Frau L.	Also manchmal vielleicht schon. Aber heute war ich wirklich sicher …	
Th.	\<unterbricht\> Ich will nicht mit Ihnen streiten! Sicher gibt es manchmal auch echte Missverständnisse. Mir ist vor allem wichtig, dass Sie von der Behandlung hier nur profitieren können, wenn Sie sie auch wahrnehmen. Die Ergotherapie dient zur Belastungssteigerung, und das ist für Sie ja sehr wichtig, weil Ihre Belastbarkeit noch so gering ist, oder was meinen Sie?	**Nicht ablenken lassen; auf Ziele der Behandlung fokussieren**

Tab. 2.16 Beispieldialog Fallbeispiel 3. (Forts.)

Frau L.	Ja.	
Th.	Mir ist wichtig, dass Sie verstehen, dass ich Sie nicht bestrafen möchte, wenn Sie eine Therapie nicht mitmachen, sondern dass wir Ihnen hier helfen möchten. Das können wir aber nur, wenn Sie die Hilfe annehmen und sich auf die Behandlung so einlassen, wie wir sie gemeinsam geplant haben.	**Validieren; Sinn der Therapien ansprechen**
Frau L.	Ja, es ist nur manchmal ganz schön schwierig.	
Th.	Das glaube ich. Ich habe mit Ihrer Bezugsschwester darüber gesprochen, und wir würden gerne mit Ihnen einen Behandlungsvertrag machen. Können Sie sich das vorstellen?	**Behandlungsvertrag vorschlagen**
Frau L.	Na ja, das macht ja schon ganz schön Druck.	
Th.	Da haben Sie Recht. Ich glaube allerdings, dass der Druck wichtig ist und Ihnen helfen kann voranzukommen. Und darin wollen wir Sie möglichst intensiv unterstützen. Was meinen Sie?	**Validieren; auf Ziele fokussieren**
Frau L.	Na ja, wahrscheinlich haben Sie Recht.	
Th.	Prima!	**Verstärken**

KAPITEL 3

Komplizierte Interaktionen mit Mitpatienten oder Personal

3.1 Der Patient nimmt parallel mehrere Behandlungen in Anspruch

FALLBEISPIELE

Fallbeispiel 1

Frau M., 52 Jahre alt, sucht zur Behandlung ihrer Panikstörung ambulant einen Verhaltenstherapeuten auf. Im Verlauf der ersten Sitzungen stellt sich allmählich heraus, dass sie parallel regelmäßig Termine bei ihrer langjährigen Analytikerin wahrnimmt. Immer, wenn der Therapeut das Gefühl hat, an einem „wunden Punkt" zu sein, bringt die Patientin zum Ausdruck, dass ihre Psychoanalytikerin sie viel besser verstehe und das aktuelle Thema belanglos sei.

Fallbeispiel 2

Frau M., eine 28-jährige Borderline-Patientin, möchte eine ambulante Therapie durchführen. In der Anamnese berichtet sie, dass sie seit Jahren in einer Beratungsstelle für Personen mit sexuellem Missbrauch angebunden ist und die niederfrequenten Gespräche dort weiterführen möchte.

Fallbeispiel 3

Frau L., eine 48-jährige Patientin mit Ängsten und dependenten Persönlichkeitszügen, konsultiert parallel zu ihrer Langzeitpsychotherapie sehr häufig ihren Hausarzt, der mit ihr eine homöopathische Konstitutionstherapie gegen die Ängste durchführt. Zusätzlich besucht sie eine Heilpraktikerin, die ihre Ängste kinesiologisch behandelt. Darüber hinaus berichtet sie, dass ihre Physiotherapeutin oft gute Ideen zum Umgang mit den Ängsten für sie habe und sie sie deshalb häufig um Rat frage.

Hintergrund

Im Allgemeinen gilt in der psychotherapeutischen wie auch sonstigen medizinischen Versorgung das Prinzip, dass ein Patient sich mit demselben Problem nicht in mehrere Behandlungen begeben sollte. Als besonders ungünstig wird eingeschätzt, wenn verschiedene Behandler nicht voneinander wissen; hier können im Extremfall Doppelbehandlungen realisiert werden, die sich gegenseitig behindern.

Mit diesem Prinzip ist die Erwartung verbunden, dass die Behandlung dadurch effektiver und stringenter ist, da sich der Patient stärker verpflichtet und eine bessere Mitarbeit zu erwarten ist, wenn er sich klar für eine Behandlung entscheidet. Entsprechend lässt sich beobachten, dass Patienten, die ausgeprägtes *doctor hopping* betreiben, oft besonders schwierig sind und dass psychisch schwerkranke Patienten oft parallel oder nacheinander verschiedene psychosoziale Angebote in Anspruch nehmen, ohne dadurch substanzielle Fortschritte zu erzielen.

Allerdings gibt es Ausnahmen, bei denen die Inanspruchnahme mehrerer Behandler sinnvoll ist, so etwa die Kombination eines für die Pharmakotherapie verantwortlichen Psychiaters und eines Psychotherapeuten für depressive Patienten, die Kombination von Einzel- und Gruppentherapie in der Dialektisch-Behavioralen Therapie der Borderline-Persönlichkeitsstörung oder die gleichzeitige Behandlung durch einen Schmerztherapeuten und einen Psychiater für Patienten mit somatoformer Schmerzstörung. Auch multiprofessionelle Teams stellen eine Variante sinnvoller Behandlungskombinationen dar.

Die parallele Inanspruchnahme mehrerer Behandler wird teilweise durch die Bestimmungen des Gesundheitssystems verhindert. Insbesondere können nicht zwei Psychotherapeuten oder ambulante und stationäre Versorger zeitgleiche Behandlungen abrechnen. In vielen Fällen kann jedoch die Inanspruchnahme mehrerer Behandler dadurch nicht verhindert werden, vor allem wenn Angebote aus dem privat finanzierten und/oder komplementären Versorgungssystem in Anspruch genommen werden (Physiotherapeutin, Shiatsu-Therapeutin, Heilpraktiker, Yogalehrer etc.).

Analyse

Selbstverständlich kann es nicht toleriert werden, wenn ein Patient mehrere Behandlungen in Anspruch nimmt, die im Gesundheitssystem nicht kombiniert werden dürfen. Allerdings sollten parallele Behandlungen u. E. jedoch nicht grundsätzlich verteufelt werden, schon um den Patienten in dieser Hinsicht nicht zur Unehrlichkeit zu zwingen und die Therapiebeziehung so zu beeinträchtigen. Vielmehr sollte im Einzelfall geklärt werden,
- welche Unterstützung der Patient benötigt,
- welche Rolle Ihre Behandlung spielt und ggf.
- welche Ziele mit anderen Behandlungen verfolgt werden.

Im Behandlungsverlauf muss geprüft werden, ob in Ihrer Behandlung die vereinbarten Ziele produktiv verfolgt werden können. Dies ist dann nicht der Fall, wenn etwa der Patient andere Angebote oder Behandler aufsucht, sobald Sie einen „wunden Punkt" berühren, oder mit multiplen Inanspruchnahmen in erster Linie dependente Beziehungsmuster aufrechtzuerhalten scheint (➤ Kap. 2.7).

Lösungsstrategie

Klären Sie die Ziele und Zuständigkeiten Ihrer Behandlung!
Wenn Sie die Ziele Ihrer Behandlung – auch in Abgrenzung zu anderen Hilfsangeboten – mit dem Patienten vereinbaren, übergeben Sie ihm gleichzeitig Verantwortung dafür,

mit Ihnen an diesen Zielen zu arbeiten. „Sie haben jetzt ja mich und zusätzlich Ihre Sozialarbeiterin in der Suchtberatung. Ich möchte gerne, dass wir genau klären, wer für was zuständig ist und an welchen Themen wir hier arbeiten."

Beharren Sie auf dem Verfolgen der definierten Ziele!
Insbesondere bei Fällen wie in Fallbeispiel 1 dient das „Therapeutenhopping" oft der Vermeidung wichtiger Veränderungsschritte. Wenn Sie hier auf dem Verfolgen der vereinbarten Ziele beharren, kann sich im Verlauf klären, ob der Patient sich auf einen Veränderungsprozess einlässt oder nicht – in letzterem Fall sollten Sie die Behandlung beenden (➤ Kap. 2.3).

Besprechen Sie Störungen oder Irritationen offen mit dem Patienten!
Sprechen Sie Situationen an, in denen Sie den Eindruck haben, dass der Patient Ihre Behandlung nicht ernst nimmt, wenig verbindlich ist oder vermeidet. „Frau L., ich muss Ihnen etwas sagen, das mich irritiert. Sie haben die Fragebögen, die ich Ihnen vor einigen Wochen gegeben habe, wieder nicht ausgefüllt, weil Sie sagen, Sie hätten dazu keine Zeit. Auf der anderen Seite berichten Sie aber gerade, dass Sie vorgestern einen langen Termin mit Ihrer Kinesiologin hatten wegen der Ängste, die ja auch unser Fokus hier sind. Ich frage mich, wie ernst Sie unsere Arbeit eigentlich nehmen, wenn Sie keine Zeit in unsere Hausaufgaben stecken, dafür aber in zusätzliche Behandlungen. Verstehen Sie, was ich meine?"

Nehmen Sie Kontakt mit anderen Therapeuten auf und tauschen sich über den Patienten aus!
Nicht selten erfahren Sie von anderen Behandlern wesentliche fremdanamnestische Informationen.

Akzeptieren Sie die Grenzen des Machbaren!
Für Patienten mit ausgeprägtem „Therapeutenhopping" hat die Inanspruchnahme von Behandlungen häufig einen hohen sozialen Verstärkerwert (Fürsorge, Interesse etc.). Dieser kann höher sein als die positiven Aussichten, die mit einem selbstständigeren und „gesünderen" Leben verbunden sind. In solchen Fällen hat auch eine engagierte Behandlung wenig Aussicht auf Erfolg, und die Behandlung sollte beendet werden.

Reflektieren Sie Ihre eigene emotionale Reaktion!
Die Tatsache, dass ein Patient auch andere Therapeuten aufsucht, kann auf Therapeuten sehr kränkend wirken. Gehen Sie bewusst mit eventuell entstandenem eigenem Ärger um (➤ Kap. 10.4). Falls Sie sich deshalb insuffizient fühlen, reflektieren Sie die behandlungsbezogene Vorgeschichte des Patienten. Sofern er bereits multiple Behandlungen ohne nennenswerten Erfolg absolviert hat, hat das Aufsuchen anderer Behandler in erster Linie mit der Person des Patienten zu tun und vermutlich kaum mit Ihrer Kompetenz.

3.2 Der Patient klagt über andere Behandler

FALLBEISPIELE

Fallbeispiel 1

Frau M., eine 42-jährige depressive Patientin in stationärer Behandlung, beklagt sich bei ihrer Ärztin darüber, dass die Psychologin ihr nicht erlaube, in die Gruppe ein Getränk mitzubringen. Sie bräuchte das aber wegen ihrer Mundtrockenheit.

Fallbeispiel 2

Herr C., ein 48-jähriger Angstpatient, berichtet, dass die Behandlung in einer anderen Klinik, die er vor einiger Zeit besucht habe, sehr schlecht gewesen sei. Er habe nur auf Nachfrage Einzeltermine erhalten, man habe seine Probleme nicht ernst genommen und ihm vermittelt, er solle sich endlich zusammenreißen.

Hintergrund

Solche Situationen kommen häufig vor und können unterschiedliche Ursachen haben, die mehr oder weniger auf Seiten des Patienten und/oder Behandlers liegen. Ursächlich auf Seiten des Patienten ist bspw. die Neigung, immer wieder vor allem über andere zu klagen (➤ Kap. 2.6) oder wenig Verantwortung für sich zu übernehmen. Ursächlich auf Seiten des Behandlers sind im Extremfall klare Behandlungsfehler, in weniger extremen Fällen z. B. unbedachte Äußerungen oder ein nicht ausreichend sensibler Umgang mit dem Patienten. Meist entstehen solche Situationen aus einer Mischung von Patienten- und Behandlereigenschaften; oft spielen Missverständnisse eine Rolle.

Analyse

Im Idealfall können Sie sich selbst ein Bild davon machen, wie sich die Situation „objektiv" darstellt. Dazu sind folgende Informationen relevant:
- Wie gut kenne ich den betreffenden anderen Behandler? Im Team üblicherweise sehr gut, andere Kollegen evtl. nur vom Hörensagen oder auch gar nicht.
- Wie gut kenne ich den Patienten bereits? Wenn ich schon länger mit ihm zusammenarbeite, kann ich vermutlich gut einschätzen, ob er häufig ungerechtfertigt klagt oder nicht. Wenn ich ihn nur aus kurzen Kontakten oder erst kurze Zeit kenne, ist das weniger gut möglich.

Sofern nicht eindeutige Behandlungsfehler vorliegen, die eine deutliche Verurteilung verlangen, sollten Sie keine wertende Position einnehmen, sondern sich klar darauf konzentrieren, mit dem Patienten für das aktuell beklagte Problem eine konstruktive Lösung zu finden. Falls der Patient ein deutliches Muster zeigt, über Beschwerden Verantwortung abzugeben, sollten Sie darauf gesondert eingehen (➤ Kap. 4.4). Wenn ein Kollege deutlich ungünstig interagiert, sollten Sie diesen, sofern eine Möglichkeit dazu besteht, darauf ansprechen (z. B. im Rahmen von Teamsupervision).

Lösungsstrategie

Solidarisieren Sie sich nicht!
Vermeiden Sie Solidarisierung sowohl mit dem Patienten als auch mit dem Kollegen, sofern die Berichte des Patienten nicht sehr glaubwürdig sind und absolut eindeutig für einen schweren Behandlungsfehler sprechen (Ausnahmen: z. B. eindeutig erotische Beziehung eines früheren Behandlers mit der Patientin; früherer Behandler hat der Patientin glaubwürdige Berichte über erhebliche Kindheitstraumatisierungen nicht geglaubt und sie dadurch retraumatisiert). Bedenken Sie, dass – wie in jeder alltäglichen Situation – auch solche Situationen zwei Seiten haben, von denen Sie vom Patienten nur eine erfahren.

Validieren Sie die Gefühle des Patienten, anstatt die Schuldfrage zu diskutieren!
Fokussieren Sie auf die Gefühle des Patienten und validieren ihn dadurch. „Ich verstehe, dass Sie sich da zurückgewiesen vorkommen." „Es muss frustrierend für Sie sein, dass Sie das Gefühl hatten, die machen nicht genug für Sie."

Suchen Sie mit dem Patienten konstruktiv nach Lösungen für aktuelle Probleme!
- **Wenn der Patient über eine frühere, beendete Behandlung klagt,** sollten Sie für Ihre Behandlung im Auge behalten, dass der Patient evtl. dazu neigt, Behandlungen (retrospektiv) abzuwerten. Falls die Klage hohe Bedeutung für den Patienten hat, stellen Sie einen Bezug zu aktuellen und zukünftigen Behandlungen her, indem Sie die Möglichkeit weiterer Probleme oder Missverständnisse vorwegnehmen und die Verantwortung für das Ansprechen solcher Themen auch dem Patienten übertragen. „Ich finde es wichtig, dass wir uns überlegen, was das für unsere Zusammenarbeit bedeutet. Es scheint vorzukommen, dass Sie mit etwas nicht zufrieden sind und es nicht schaffen, das zur Sprache zu bringen. Wie können wir es schaffen, dass das in unserer Behandlung nicht so läuft?"
- **Wenn die Klage sich auf ein aktuelles Problem bezieht,** sollten Sie den Patienten in eigenverantwortlicher Problemlösung unterstützen und dabei einen Bezug zum Alltag außerhalb der Behandlung herstellen. „Es kommt ja immer wieder vor, dass wir uns ungerecht behandelt vorkommen. Wie können Sie das denn bei der Psychologin ansprechen, um es zu klären?" Dabei kann die Kenntnis der beteiligten Personen in nicht wertender Weise validierend eingehen. „Die Psychologin ist ja manchmal ein bisschen streng, und das macht es Ihnen vielleicht schwer. So etwas kommt aber im Alltag ja auch immer wieder vor." Sie sollten die Klärung nicht selbst übernehmen, da Sie sonst Gefahr laufen, in die Konfliktdynamik hineingezogen zu werden.

- **Wenn der Patient sich häufig ungerecht behandelt fühlt („querulatorischer Patient"),** sollten Sie dies einfließen lassen und das Problem wie ein problematisches Muster behandeln (➤ Kap. 4.3, ➤ Kap. 4.4) („Das ist ja bei Ihnen ein sehr häufiges Thema. Könnte es sein, dass Sie auf Ungerechtigkeiten besonders empfindlich reagieren?") und auf eine entspanntere Sichtweise hinarbeiten. („So ganz vermeiden lassen sich Ungerechtigkeiten ja nie, und manchmal sieht es ja auch jeder anders. Wenn es nicht wirklich wichtig ist, kann es sehr hilfreich sein, wenn man versucht, sich nicht so sehr aufzuregen.") Dabei ist das Konzept der Akzeptanz oft hilfreich. Akzeptanz bedeutet, die Dinge so zu nehmen, wie sie sind, ohne sie deshalb auch gut zu finden. Wenn der Patient lernt, die Realität zu akzeptieren, ist er besser gerüstet, mit ihr adäquat umzugehen. „Kennen Sie den Begriff Akzeptanz? Das bedeutet, dass man akzeptiert, dass die Dinge sind, wie sie sind, egal wie gut oder schlecht man das findet. Oft ist es sehr wichtig, eine Situation zunächst zu akzeptieren, um dann den Kopf dafür frei zu haben, wie man reagiert." Ausführliche Informationen zu Akzeptanz und Achtsamkeit in der Psychiatrie geben Heidenreich und Michalak (2006).

Halten Sie nach Möglichkeit Rücksprache mit dem betroffenen Kollegen!
Bei ausreichender Relevanz und sofern der Patient einverstanden ist, sollten Sie das Thema selbstverständlich bei dem betreffenden Kollegen ansprechen, falls Kontaktmöglichkeiten bestehen. Dadurch können Sie den Hintergrund besser verstehen, ggf. tatsächliche Missverständnisse klären und sich über den Patienten austauschen.

Tab. 3.1 Beispieldialog Fallbeispiel 1.

Schwester	Da hatten Sie das Gefühl, dass die Psychologin Sie nicht ernst nimmt mit ihren Nebenwirkungen.	Gefühle validieren
Frau M.	Ja, genau, ich halte das kaum aus in der Gruppe!	
Schwester	In der Gruppe ist es eine allgemeine Regel, dass niemand etwas zu trinken mitbringt. Andererseits wollen wir hier ja niemanden quälen! Könnten Sie sich vorstellen, noch mal kurz auf die Psychologin zuzugehen, um ihr das Problem zu erklären und gemeinsam eine Lösung zu überlegen?	Konstruktive Lösung vorschlagen
Frau M.	Die sagt dann eh wieder nur, das geht hier nicht!	
Schwester	Haben Sie mit ihr denn schon mal einzeln darüber geredet, nicht nur in der Gruppe, wo es vielleicht nicht so gut passt?	Auf konstruktiver Lösung beharren
Frau M.	Noch nicht direkt.	
Schwester	Ich denke, das wäre wirklich gut, oder was meinen Sie?	Verantwortung an den Patienten übertragen
Frau M.	Na ja, wenn Sie meinen, okay.	

3.2 Der Patient klagt über andere Behandler

Tab. 3.2 Beispieldialog Fallbeispiel 2.

Th.	Mit der Behandlung waren Sie nicht so zufrieden.	**Gefühle validieren**
Herr C.	Nein, das war wirklich ganz furchtbar, das können Sie sich wahrscheinlich gar nicht vorstellen! Und Ihr Kollege X hier auf der Aufnahmestation, das war übrigens das Gleiche in grün!	
Th.	Das heißt, das ist Ihnen schon öfter passiert, dass Sie sich schlecht behandelt vorkamen?	**Verhalten vorsichtig pathologisieren**
Herr C.	Was heißt vorkamen, das war so!	
Th.	Mit „vorkamen" meine ich, dass Sie vielleicht manchmal etwas anders interpretieren, als es eigentlich gemeint ist. Die andere Klinik, von der Sie berichten, kenne ich gar nicht und kann das nicht beurteilen. Meinen Kollegen X hier kenne ich so, dass es ihm ganz wichtig ist, seine Patienten gut zu versorgen.	**Eigene Position beibehalten, freundlich bleiben**
Herr C.	Das habe ich aber anders erlebt.	
Th.	Deshalb ist es sehr wichtig, dass wir darüber sprechen, um zu verhindern, dass das hier wieder vorkommt und Sie womöglich nicht gut profitieren, obwohl das ja das Ziel ist! Ist das hier auf unserer Station auch schon vorgekommen, dass Sie sich schlecht behandelt fühlten?	**Auf gemeinsame Ziele rekurrieren; Verhalten in Bezug zu aktueller Situation setzen**
Herr C.	Nein, hier zum Glück noch nicht.	
Th.	Das freut mich, und ich würde gerne vorbauen, dass das nicht vorkommen kann, ohne dass ich es merke, das fände ich sehr schade! Können wir ausmachen, dass Sie, wenn Sie sich schlecht behandelt vorkommen, das möglichst rasch sagen, und nicht in sich hineinfressen und hinterher womöglich frustriert sind?	**Konstruktive Lösung suchen; darauf beharren und Verantwortung an Patienten übertragen**
Herr C.	Ich weiß nicht, ob ich das dann schaffe.	
Th.	Das wäre wirklich sehr wichtig! Sonst geht es Ihnen hier wieder so wie schon mehrfach, und Sie haben womöglich nichts von unserer Behandlung! Verstehen Sie das?	**Konsequenzen aufzeigen**
Herr C.	Ja, schon.	
Th.	Das ist gut! Sagen Sie bitte Bescheid, wenn etwas nicht gut läuft für Sie?	**Bei konstruktiver Lösung bleiben**
Herr C.	Ich werde es versuchen.	
Th.	Das finde ich prima, vielen Dank!	**Jeden kleinen Schritt in die richtige Richtung explizit loben**

LITERATUR

Heidenreich T, Michalak J (2006) Achtsamkeit und Akzeptanz in der Psychotherapie. 2., korr. Aufl. Tübingen: dgvt

3.3 Der Patient klagt über Mitpatienten

FALLBEISPIELE

Fallbeispiel 1
Frau K., eine 42-jährige depressive Patientin mit passiv-aggressiven Persönlichkeitszügen in tagesklinischer Behandlung, ist immer wieder überfordert, wenn sie mit anderen Personen kooperieren muss. In solchen Situationen macht sie immer wieder negative Seitenbemerkungen über verschiedene Mitpatientinnen.

Fallbeispiel 2
Frau S., eine 55-jährige Patientin, die wegen einer Depression in stationärer Behandlung ist, wird nach Meinung des Teams von einer jüngeren Mitpatientin, Frau F., sehr „mit Beschlag belegt". Auf die Frage nach ihren Aktivitäten gibt sie an, dass sie mit Frau F. einiges unternehme, obwohl ihr das manchmal zuviel sei.

Fallbeispiel 3
Herr U., ein Patient mit narzisstischen Persönlichkeitszügen in stationärer Depressionsbehandlung, macht immer wieder abfällige Bemerkungen über verschiedene Mitpatienten. Sie haben den Eindruck, dass dies ein typisches abwertendes Interaktionsmuster des Patienten ist.

Hintergrund

Grundsätzlich gelten hier ähnliche Überlegungen wie beim Problem „Patient klagt über andere Behandler" (➤ Kap. 3.2). Konflikte mit Mitpatienten sind Beispiele für Konflikte im Alltag. Sie könnten unterschiedliche Gründe haben und immer zum Anlass genommen werden, um den Umgang mit Konflikten zu bearbeiten.

Analyse

Der Fokus sollte auf der Frage liegen, wie der Patient mit diesem Konflikt umgehen kann und was er dafür über den Umgang mit Konflikten im Alltag lernen kann. Dabei müssen Sie zunächst verstehen, welche Problematik im aktuellen Fall im Vordergrund steht. Möglicherweise sollte der Patient lernen, zwar empathisch und freundlich zu sein, sich, wenn nötig, aber auch abzugrenzen und seine eigenen Bedürfnisse ernster nehmen zu können. Möglicherweise neigt der Patient jedoch auch dazu, seine eigenen Probleme auf andere Personen zu projizieren oder andere ab- und sich dann narzisstisch aufzuwerten – dann wäre das Problem Teil eines umfassenderen Musters, das in der Therapie bearbeitet werden muss (➤ Kap. 4.4). Nicht zuletzt besteht die Möglichkeit, dass es sich tatsächlich um einen sehr komplizierten Mitpatienten handelt, dessen Verhaltensweisen Ihren Patienten nachvollziehbar überfordern.

Lösungsstrategie

Geben Sie keine eigenen Wertungen über den betroffenen Mitpatienten ab!
Das schließt deskriptive Kommentare über den Mitpatienten nicht völlig aus, negative Wertungen sollten Sie jedoch dringend vermeiden. „Verstehe ich recht, dass Sie sich schlecht gegen Frau X. durchsetzen können, weil Sie sehr schüchtern sind und Frau X. wesentlich energischer?". Eine Ausnahme ist natürlich gegeben, wenn der Mitpatient eindeutig ein nichttolerables Verhalten zeigt, z. B. Einbindung in Suizidhandlungen o. Ä.

Legen Sie den Fokus auf Verhalten, Probleme und Therapieziele Ihres Patienten!
Dies ist einerseits therapeutisch sinnvoll, andererseits ermöglicht es Ihnen, sich vom konkreten Problem etwas zu lösen und so auch direkte Kommentare über den Mitpatienten zu vermeiden. „Ich habe den Eindruck, dass Sie sich im Moment viel mehr mit den Problemen von Frau F. beschäftigen als mit Ihren eigenen. Nach dem, was Sie bisher berichtet haben, ist das ja ziemlich typisch für Sie, dass Sie sehr viel für andere tun und dabei sich selbst eher vernachlässigen. Was denken Sie, wäre das vielleicht eine Gelegenheit, da etwas dazuzulernen?".

Arbeiten Sie ggf. das Muster des Patienten als Problemverhalten heraus!
Häufig ist dieses Verhalten exemplarischer Ausdruck eines übergeordneten Problemverhaltens, bspw. von Selbstunsicherheit oder auch von narzisstisch motivierter Abwertung anderer Personen. In diesem Fall ist es sinnvoll, diesen Bezug auch herzustellen und daran zu arbeiten. „Ich habe den Eindruck, dass Sie, wenn es Ihnen nicht gut geht, dazu neigen, andere Personen abzuwerten, um sich ihnen nicht unterlegen zu fühlen. Kann das sein?".

Setzen Sie bei Bedarf klare Grenzen!
Wenn Ihnen Bemerkungen über Mitpatienten unangemessen abwertend erscheinen (z. B. „lästern", verspotten), sollten Sie klare Grenzen setzen. „Ich finde, diese Bemerkungen über Frau M. sind nicht berechtigt und bringen uns auch nicht weiter. Ich glaube, Sie tun ihr damit Unrecht." Wenn umgekehrt das vom Mitpatienten berichtete Verhalten klar unangemessen zu sein scheint, sollten Sie das mit diesem klären und hier ebenfalls Grenzen setzen.

Verweisen Sie auf Ihre Schweigepflicht!
Dies ist insb. dann notwendig, wenn der Patient Fragen zu anderen Patienten stellt oder Ihre Kommentare herausfordern möchte. „Darüber darf ich Ihnen nichts sagen; da fragen Sie ihn am besten selbst."

Suchen Sie ggf. pragmatische Lösungen!
Wenn z. B. eine 80-jährige depressive Patientin und eine 22-jährige Borderline-Patientin in einem Zweibettzimmer liegen, sind Differenzen sehr wahrscheinlich, und die Situation

Tab. 3.3 Beispieldialog Fallbeispiel 1.

Frau K.	In der Ergo vorhin kam ich eigentlich ganz gut voran, aber dann wollte natürlich unser Superstar Frau I. mir wieder ihre Vorstellungen aufs Auge drücken.	
Th.	In der Ergo-Gruppentherapie müssen Sie jetzt ja zunehmend mit anderen Patienten kooperieren. In Ihren Berichten darüber werten Sie andere Patienten, nicht nur Frau I., immer wieder ziemlich ab, so wie gerade jetzt. Wie kommt das?	Muster offen ansprechen
Frau K.	Aber das ist echt ärgerlich, wenn man gestört wird. Ich arbeite nach meinem Plan, und dann mischt die sich ein und …	
Th.	Ja, ich glaube schon, dass Sie sich ärgern! Es fällt mir einfach auf, dass Sie in solchen Situationen über die anderen Patienten abfällige Kommentare machen. Ich könnte mir vorstellen, dass es sehr schwierig für Sie ist zu kooperieren und auch die Ideen der anderen zu akzeptieren, insbesondere wenn Sie sich dadurch gebremst fühlen.	Gefühle validieren; Muster weiter explorieren
Frau K.	Ja, würde Ihnen das denn nicht so gehen?	
Th.	Ich kann verstehen, dass es unschön ist, sich gebremst zu fühlen. Aber ich finde einen Punkt sehr wichtig: Der soziale Alltag läuft nun mal oft nicht glatt, d. h. die anderen haben andere Vorstellungen und Pläne als man selber. Also muss jeder Mensch dauernd Kompromisse machen. Würden Sie dem zustimmen?	Validieren; Bezug zu Problemen im Alltag herstellen
Frau K.	Ja, schon.	
Th.	Und mein Eindruck ist, dass es Ihnen schwer fällt, die Vorstellungen der anderen anzuhören und dann Kompromisse zu machen. Das kann ich gut nachvollziehen. Kompromisse zu machen ist oft schwer. Aber ich glaube, Sie haben durch Ihren Ärger im Alltag immer wieder Probleme, über die Sie selbst insgesamt nicht glücklich sind!	Hartnäckig auf Muster Bezug nehmen; dabei weiter validieren
Frau K.	Na ja, irgendwie schon. Heißt das, ich soll jetzt klaglos zuschauen, wie Frau I. mein Projekt versaut?	
Th.	Ich glaube, Sie haben das Problem prinzipiell verstanden! Allerdings würde ich es anders formulieren: Sie können vielleicht in der Ergotherapie lernen, wie man Kompromisse aushandelt und dass es meistens einen guten Mittelweg gibt, wenn man einerseits sich selbst ein bisschen zurücknimmt und andererseits dem anderen freundlich vermittelt, was einem selbst besonders wichtig ist.	Kleinen Schritt Richtung Einsicht verstärken; Problem klarer und weniger wertend formulieren
Frau K.	Klingt, ehrlich gesagt, kompliziert.	
Th.	<lacht> Ist auch etwas kompliziert. Aber es lohnt, daran zu arbeiten, was meinen Sie?	Verstärken durch positives Beziehungsangebot; Motivation stärken
Frau K.	Na ja, vielleicht.	

3.3 Der Patient klagt über Mitpatienten

Tab. 3.4 Beispieldialog Fallbeispiel 2.

Frau S.	Nachher begleite ich dann noch Frau Y. zum Friseur, das ist wieder ein anstrengender Tag heute.	
Th.	Machen Sie das eigentlich gerne, Frau Y. noch zum Friseur zu begleiten?	**Verhalten problematisieren**
Frau S.	Es ist ihr wichtig, und ich helfe ihr gerne. Manchmal ist es nur etwas anstrengend.	
Th.	Frau S., ich glaube, dass es für Sie sehr wichtig ist, nicht nur ihrem Wunsch nachzugeben, gerne hilfreich zu sein, sondern auch zu lernen, wo Ihre Kraft an ihre Grenzen stößt, und dann mal einen Halt einzulegen.	**Auf Muster Bezug nehmen**
Frau S.	Meinen Sie, ich soll nicht mit Frau Y. zum Friseur gehen?	
Th.	Ich finde, Sie sollten sich überlegen, ob es Ihnen zu viel ist.	**Auf Ziel der Pat. Bezug nehmen; der Pat. die Entscheidung nicht abnehmen**
Frau S.	Ja, aber sie wird furchtbar enttäuscht sein, wenn ich absage.	
Th.	Verstehe ich Sie richtig, dass Sie trotzdem eigentlich lieber absagen würden?	**Auf Ziel der Pat. Bezug nehmen**
Frau S.	Na ja, ehrlich gesagt schon.	
Th.	Das finde ich gut, dass Sie das für sich so klar sehen können. Jetzt zur Enttäuschung von Frau Y.: Erstens – wissen Sie das, oder ist das eine Annahme von Ihnen? Und zweitens – liegt das in Ihrer Verantwortung, ob Frau Y. zum Friseur kommt und wie es ihr dabei geht?	**Verstärken; Muster näher explorieren; Verantwortung bei Pat. lassen**
Frau S.	Na ja, ist eine Annahme von mir, aber ich habe das schon öfter erlebt. Und ich fühle mich schon dafür verantwortlich, ehrlich gesagt.	
Th.	Wir haben das Thema ja schon öfter besprochen. Sind Sie wirklich dafür verantwortlich?	**Verstärken; Verantwortung bei Pat. lassen**
Frau S.	Nein, natürlich nicht.	
Th.	Tja, was wollen Sie also machen?	**Verantwortung an Pat. geben**
Frau S.	Sie meinen, ich soll absagen, oder?	
Th.	<sehr warmherzig> Frau S., ich finde wichtig, dass Sie das selbst entscheiden. Ich möchte nicht, dass Sie jetzt einfach meinem Vorschlag anstatt dem Vorschlag von Frau Y folgen, sondern ich möchte, dass Sie selbst für Ihr Wohlergehen Verantwortung übernehmen. Könnten Sie sich vorstellen, mit Frau Y. noch einmal das Für und Wider zu besprechen und dabei auszuloten, ob sie wirklich so enttäuscht wäre?	**Metakommunikation über dependentes Muster, dies auch in Therapiebeziehung problematisieren; durch Warmherzigkeit pos. Beziehungsangebot aufrechterhalten**
Frau S.	Na ja, das ist auf jeden Fall möglich.	**Validieren; verstärken**

ist für beide Patientinnen ungünstig. In solchen Fällen sollten Sie die Zimmersituation besser ändern, anstatt therapeutisch an der Interaktion der Patientinnen zu arbeiten, da diese Konstellation für den Alltag beider Patientinnen nicht relevant ist und die Auseinandersetzung damit vermutlich eine unnötige Belastung darstellt.

3.4 Zwei Patienten haben ein sexuelles Verhältnis

FALLBEISPIELE

Fallbeispiel 1

Die 45-jährige Patientin wird seit 7 Wochen stationär wegen einer schweren depressiven Episode behandelt, die sich nach der Trennung vom Ehemann entwickelt hat. In den letzten Tagen hellt sich ihre Stimmung plötzlich auf, der Antrieb verbessert sich, die Patientin kleidet sich modischer und heller. Sie nimmt ihren Ausgang verstärkt in Anspruch und wird häufig in engem Kontakt zu einem Mitpatienten angetroffen. Ihre bisher von ihr äußerst negativ eingeschätzte soziale Situation (Arbeitslosigkeit, Umzugswunsch) sieht sie plötzlich sehr optimistisch. Sie nimmt nur noch unregelmäßig an der Ergotherapie teil und überzieht mehrfach ihren Ausgang. Vom Therapeuten wird unter der Annahme einer Remission der Depression die Entlassungsplanung eingeleitet. Wenige Tage später kehrt sie gegen Mitternacht schwer alkoholisiert und verzweifelt aus einer zur Entlassungsvorbereitung geplanten Übernachtungsbeurlaubung zurück und berichtet, ihr neuer Freund habe sie sexuell bedrängt, was Wiedererinnerungen an traumatisierende Vergewaltigungen in ihrer Ehe wachgerufen habe.

Hintergrund

Es ist keine Seltenheit, dass sich Patienten während einer stationären Behandlung ineinander verlieben. Intime Beziehungen zwischen Patienten bei stationärer Behandlung können aus verschiedenen Gründen hochproblematisch sein. Die Patienten sind häufig nicht mehr in der Lage, sich adäquat auf die Therapien zu konzentrieren. Zugrunde liegende Problemfelder werden überdeckt; die neue Beziehung kann z. B. als außereheliches Verhältnis zur Verschlechterung der Gesamtsituation beitragen. Beim Versuch, solche Beziehungen zu verbergen, geraten die Betroffenen und Mitpatienten in Loyalitätskonflikte. Stimmung und Verhalten des Patienten werden häufig völlig von der neu entstandenen, intensiv erlebten Beziehung bestimmt. So kann es beispielsweise zu einer plötzlichen Besserung der Stimmungslage kommen; der Patient wirkt geradezu euphorisch, bricht jedoch bei Beziehungsproblemen oder einem Scheitern der neuen Verbindung genauso abrupt wieder ein. Dies kann bei Nichterkennen der zugrunde liegenden Ursachen zu einer völligen Fehleinschätzung des Krankheitsverlaufs und der Wirksamkeit therapeutischer Interventionen führen.

Analyse

Entwickelt sich eine intime Beziehung zwischen Patienten während einer stationären Behandlung, sollten folgende Fragen analysiert werden:
- Was macht den Patienten dafür empfänglich, eine solche Beziehung einzugehen? Entsteht sie auf dem Boden von Einsamkeit, von schweren Konflikten in der bestehenden Beziehung? Ist sie Ausdruck dysfunktionalen Verhaltens im Rahmen einer Persönlichkeitsstörung?
- Welche Folgen hat die neue Beziehung voraussichtlich? Wird eine bestehende Ehe gefährdet? Entsteht eine solche Dynamik auf der Station, dass auch die Behandlung anderer, nicht direkt beteiligter Patienten beeinträchtigt wird?
- Welche Bedeutung hat die neue Verbindung bezüglich der Beziehung zum Therapeuten? Ist sie mit einer offenen und vertrauensvollen therapeutischen Beziehung vereinbar?

Lösungsstrategie

Sprechen Sie die Situation frühzeitig und offen an.
Vermeiden Sie dabei, die Betroffenen bloßzustellen.

Respektieren Sie die Gefühle und Entscheidungen Ihrer erwachsenen Patienten und nehmen Sie sie ernst.
Gleichzeitig ist es aber die Aufgabe des Therapeuten, auf die Problematik einer solchen Situation aufmerksam zu machen. Wird es dem Patienten noch möglich sein, der Therapie genügend Aufmerksamkeit zu widmen? Werden tragende Beziehungen, insb. eine bestehende Partnerschaft, gefährdet? Erfahrene Therapeuten gehen davon aus, dass nur ein sehr kleiner Teil der Partnerschaften, die sich während eines stationären Aufenthalts bilden, eine längere Zukunftsperspektive hat. Sie entstehen in einer „Kunstwelt", in einer emotional aufgewühlten Situation, zwischen zwei Menschen, die oft beide eine problematische psychische Verfassung aufweisen, und halten häufig den Belastungen des Alltagslebens nicht stand. Dies sollte offen thematisiert werden.

Beziehungen zwischen Patienten können auch positive Aspekte aufweisen.
Sie brechen manchmal eine verfahrene Konstellation auf und zeigen, dass bestehende Partnerschaften möglicherweise nicht tragfähig sind, dass Alternativen dazu möglich sind. Sie können dem Patienten neues Selbstvertrauen geben, ihm demonstrieren, dass Nähe, Sexualität und Veränderung möglich sind.

Nutzen Sie die aktuell intensiv erlebte neue Beziehung in der Therapie.
Wiederholt sich eine problematische Beziehungsgestaltung? Wie können Nähe und Distanz gesteuert werden? Wie kommuniziere ich, um meine Ziele zu erreichen?

Setzen Sie Grenzen.
Ausgelebte sexuelle Beziehungen auf Station sind nicht akzeptabel. Dem Patienten sollte deutlich gemacht werden, dass seine Autonomie respektiert wird, gleichzeitig aber auch Prioritäten gesetzt werden müssen. Das bedeutet, dass die Therapie geordnet fortgeführt werden muss, dass die realen Lebensprobleme des Patienten nicht aus den Augen verloren werden dürfen. Dazu kann es sinnvoll sein, das Ausleben einer Beziehung auf die Zeit nach der Entlassung zu verschieben („Wenn Ihre neue Beziehung tragfähig ist, wird sie das auch noch in drei Wochen sein."). Wenn keine sinnvolle Therapie mehr möglich ist, kann ein Abbruch der Behandlung sinnvoll sein. Manchmal bietet es sich auch an, einen der Beteiligten auf eine andere Station zu verlegen.

KAPITEL 4

Der Patient sieht Probleme vorwiegend bei anderen und wenig bei sich selbst

4.1 Der Patient fühlt sich gemobbt

FALLBEISPIELE

Fallbeispiel 1

Frau R., die 44-jährige Sekretärin eines Notariatsbüros, ist wegen Ängsten und depressiven Symptomen häufig krankgeschrieben und in ambulanter psychotherapeutischer Behandlung. Sie klagt darüber, dass sie von ihrer vorgesetzten Sekretariatsleiterin gemobbt würde. Diese spreche nicht mehr mit ihr, verbreite eine feindselige Stimmung und verunsichere sie so sehr, dass sie sich nicht mehr zur Arbeit traue. Im therapeutischen Kontakt ist Frau R. zunächst sehr freundlich und eher submissiv, wird jedoch bei Kritik und bei arbeitsbezogenen Themen sehr rasch aggressiv und vorwurfsvoll. Bei genauer und vorsichtiger Exploration berichtet die Patientin, dass sie sich am Arbeitsplatz häufig von komplexeren Aufträgen überfordert fühle, sich jedoch nicht traue, ihre Vorgesetzte um Rat zu fragen. Sie lasse solche Aufträge dann ungeachtet ihrer Dringlichkeit unerledigt. Wenn sie krankgemeldet sei, würden diese gestapelten Aufträge oft von der genannten Kollegin abgearbeitet.

Fallbeispiel 2

Frau V., eine 50-jährige Altenpflegerin mit einer rezidivierenden schizoaffektiven Störung in stationärer Behandlung, beklagt, dass ihre Stationsleitung sie gemobbt habe. Genaueres berichtet sie nicht, es sei ihr jedoch unerträglich, dort wieder zu arbeiten. Die Sozialarbeiterin nimmt Kontakt zur Arbeitsstelle auf und erfährt, dass die Patientin kurz vor der stationären Aufnahme mehrere Abmahnungen erhalten habe. Sie sei nicht oder viel zu spät zur Arbeit erschienen, habe Absprachen nicht eingehalten und äußerst nachlässig gearbeitet und dokumentiert. In den Jahren davor sei sie eine durchschnittliche und ausreichend zuverlässige Mitarbeiterin gewesen. Die Ärztin rekonstruiert mit der Patientin, dass diese in der Zeit der Abmahnungen bereits an der aktuellen Krankheitsepisode litt.

Hintergrund

Mobbing bedeutet, dass jemand am Arbeitsplatz fortgesetzt gekränkt und schikaniert wird. Verschiedene Wissenschaftler und Autoren verwenden unterschiedliche Definitionen. Eine allgemein anerkannte Definition gibt es nicht. Im deutschsprachigen Raum ist der Ansatz von Leymann (1996) am weitesten verbreitet; danach spricht man von Mobbing, wenn eine Person über mindestens ein Jahr mindestens einmal wöchentlich in entsprechender Weise behandelt wird. Dabei muss ein systematisches

Muster feindseliger, destruktiver und unethischer Verhaltensweisen vorliegen; spannungsgeladene Situationen am Arbeitsplatz wie etwa ein böses Wort aus Verärgerung, ein durch inhaltliche oder strukturelle Arbeitsprobleme bedingter Streit zwischen Kollegen oder ein sich gegenseitiges Überbieten, um den Chef zu beeindrucken, können zwar auch eine persönliche Belastung bedingen, stellen aber kein eigentliches Mobbing dar.

Im klinischen Alltag klagen Patienten häufig über „Mobbing" am Arbeitsplatz, oft als Grund für eigene Krisen oder psychische Störungen. Nicht immer liegt jedoch Mobbing im engeren Sinne vor, auch wenn gravierende soziale Probleme am Arbeitsplatz bestehen. Als sich gemobbt erlebte Patienten empfinden sich primär als Opfer einer gegen sie gerichteten Kampagne, Intrige oder Antipathie. Das Opfererleben impliziert nicht selten, dass ein eigener Anteil an der Entstehung und eventuell auch Aufrechterhaltung arbeitsplatzbezogener Probleme nicht mehr reflektiert werden kann. Patienten, auf die dies zutrifft, fordern in der therapeutischen Beziehung oft vollständige Zustimmung und Solidarität vom Therapeuten und reagieren aggressiv, passiv-aggressiv oder grenzüberschreitend und mit einer sehr geringen Stresstoleranz, wenn sie daran Zweifel haben.

Analyse

Wann immer möglich, sollte in der Behandlung einerseits sachlich geprüft werden, ob die Probleme am Arbeitsplatz tatsächlich der Definition von Mobbing entsprechen. Sofern dies möglich und der Patient damit einverstanden ist, sollten Sie dazu auch fremdanamnestische Informationen vom Arbeitgeber oder von Kollegen einholen. Wenn tatsächlich Mobbing vorliegt, sollten Sie den Patienten unterstützen, mithilfe von Mobbingbeauftragten o. Ä. gezielte Gegenmaßnahmen zu ergreifen oder auch eine alternative Beschäftigung zu suchen.

Falls sich herausstellt, dass kein Mobbing im engeren Sinne vorliegt, sollten Sie daran arbeiten, die Interaktion am Arbeitsplatz möglichst genau zu verstehen und die Anteile aller Beteiligten herauszuarbeiten. Damit soll die häufige Fixierung des Patienten auf die Rolle des Opfers gelockert und auf die wechselseitigen Interaktionen fokussiert werden. In der Arbeit an diesem Thema können verschiedene Schwerpunkte auftreten, die sich überschneiden können:
1. problematische Interaktionsmuster des Patienten
2. Fehler am Arbeitsplatz im Rahmen der Erkrankung
3. Überforderung am Arbeitsplatz (evtl. im Rahmen einer chronischen Erkrankung)

Zu 1 Häufig ist es notwendig, den Patienten vorsichtig mit problematischen Interaktionsmustern zu konfrontieren, die Sie in der therapeutischen Beziehung beobachten und die Sie auch am Arbeitsplatz vermuten. Zu solchen (relativ zeitstabilen) Mustern gehören etwa passiv-aggressive Verhaltensweisen (unbeliebte Tätigkeiten oder anstrengende Termine „vergessen", wichtige Informationen nicht weitergeben, bei Konflikten aggressiv reagieren u. Ä.), selbstunsichere oder dependente Reaktionen (wenig Selbstständigkeit zeigen, sich wenig zutrauen, dadurch „landen" eigene Aufgaben bei Kollegen oder Vorgesetzten), ebenso wie zwanghaft-perfektionistische oder dominant-narzisstische Verhaltensmuster. Auch Borderline-typische Interaktionsmuster mit starken Stimmungsschwankungen, Wut und wechselhaften Beziehungen wirken sich ungünstig aus.

Zu 2 Manchmal müssen sich Patienten damit auseinandersetzen, dass sie sich beim (Wieder-)Auftreten der Erkrankung nicht rechtzeitig krankgemeldet haben, dass sie sich im Rahmen der Erkrankung am Arbeitsplatz auffällig und ungünstig verhalten und Vorgesetzte oder Kollegen entsprechend irritiert haben. In solchen Fällen geht es eher darum, mit dem Patienten zu erarbeiten, welche Fehler ihm aufgrund welcher Symptome am Arbeitsplatz unterlaufen, und dies in den Kontext der Erkrankung zu stellen. Des Weiteren muss geklärt werden, wie eine Wiederholung verhindert werden kann (Frühwarnprogramme etc.) und wie ggf. die „Scherben" am besten beiseite geräumt werden können.

Zu 3 In manchen Fällen stellt sich auch heraus, dass der Patient an seinem Arbeitsplatz (u. U. schon lange) überfordert ist. Dies ergibt sich leider häufig im Verlauf von rezidivierenden psychischen Störungen, die beim Patienten zu einer stetig abnehmenden Belastbarkeit führen. Dann muss in erster Linie daran gearbeitet werden, ob und wie der Patient den Arbeitsplatz halten kann (z. B. durch reduzierte Arbeitszeit) bzw. welche Alternativen zur Verfügung stehen. Die Suche nach einem anderen Arbeitsplatz wird meist ebenfalls durch die psychische Störung erschwert.

Lösungsstrategie

Prüfen Sie, ob tatsächlich Mobbing vorliegt!
Erläutern Sie dafür dem Patienten die Definition von Mobbing. Machen Sie deutlich, dass Sie ihm nicht misstrauen und seine Belastung am Arbeitsplatz nicht beschönigen wollen, sondern dass dieser Begriff häufig zu ungenau verwendet wird. „Ich würde gerne genauer verstehen, ob bei Ihnen tatsächlich Mobbing in dem Sinne vorliegt, wie es die Definition von Mobbing besagt. Von Mobbing spricht man, wenn …"

Versuchen Sie, die Situation am Arbeitsplatz möglichst genau zu verstehen!
Erfragen Sie dazu detailliert typische schwierige Situationen. Geben Sie sich nicht mit allgemeinen Schilderungen zufrieden, sondern explorieren Sie so lange, bis Sie sich die Situation genau vorstellen können. Ideal ist eine Fremdanamnese; in Kliniken können eventuell auch Sozialarbeiter mit Zustimmung des Patienten Kontakt zu Vorgesetzten, Kollegen oder etwa dem Personalrat aufnehmen. Verwenden Sie bei der Exploration nach Möglichkeit eher neutrale Formulierungen wie „Schwierigkeiten am Arbeitsplatz"

anstelle von „Mobbing", um das nicht immer gerechtfertigte Festhalten an der Opferrolle nicht zu unterstützen. „Sie haben schon öfter über diese Schwierigkeiten am Arbeitsplatz gesprochen. Ich möchte gerne ganz genau verstehen, was da immer wieder passiert. Können Sie mir mal eine solche Situation im Detail schildern?"

Validieren Sie in jedem Fall die Belastung des Patienten!
Auch wenn sich in der Exploration herausstellt, dass der Patient sich provokant oder aggressiv verhält, sollten Sie in der Regel sein Leiden in dieser Situation validieren. Damit stärken Sie die therapeutische Beziehung, der Patient fühlt sich verstanden und Sie können offener über seine Anteile an dem Problem sprechen. „Sie schildern diese Situationen, wo ein Wort das andere gibt, bis es keine gute Lösung mehr zu geben scheint. Ich kann mir vorstellen, dass das extrem belastend für Sie ist."

Wenn die ungünstigen Interaktionsmuster des Patienten im Fokus stehen:

Stellen Sie die problematischen Interaktionsmuster des Patienten in den Mittelpunkt Ihrer Arbeit!
Stützen Sie sich dabei auf die Informationen, die Ihnen der Patient oder Dritte gegeben haben, und beziehen Sie die Interaktion ein, die Sie in der Therapiebeziehung erleben. Konfrontieren Sie ihn mit seinen Verhaltensweisen, ohne ihm deshalb Vorwürfe zu machen. „Sie schildern, dass Sie sich entweder nicht trauen, etwas zu sagen, oder aber vor Angst sozusagen zubeißen. Mir scheint es in unseren Gesprächen so ähnlich zu sein. Manchmal wirken Sie sehr wenig selbstbewusst, und manchmal kommt ganz plötzlich eine sehr vorwürfliche Seite zum Vorschein."

Weisen Sie den Patienten in der Therapiesituation darauf hin, wenn er ein entsprechendes Verhalten zeigt!
Damit geben Sie ihm die Möglichkeit, seine Probleme bei ihrem Auftreten zu identifizieren, Sie können direkt die damit verbundenen Gefühle explorieren, und der Patient kann lernen, das aktivierte Verhalten zu modifizieren. „Frau R., gerade habe ich den Eindruck, dass Sie wieder sehr ärgerlich sind. Woran liegt das?"

Fokussieren Sie auf problematische Gefühle!
Hinter vielen ungünstigen Interaktionsmustern steckt Angst vor Zurückweisung, Kritik, Abwertung etc. Diese kann sowohl zu überangepassten und unsicheren als auch zu aggressiven Reaktionen führen. „In dieser Situation, wenn Sie so vehement auf Ihr Recht pochen, was fühlen Sie dann?"

Setzen Sie berichtete negative Gefühle in Relation zur Realität!
Dabei können Sie ggf. negative Gefühle biographisch validieren, aber gleichzeitig betonen, dass sie der aktuellen Realität nicht gerecht werden. „Sie haben das Gefühl, die Kollegin würde Sie zutiefst hassen und Ihnen Böses wollen. Ich könnte mir vorstellen, dass

ihr Verhalten bei Ihnen Gefühle triggert, die Sie früher als Kind hatten, als Sie so von Ihren Klassenkameraden gequält wurden. Allerdings könnte es ja sein, dass Ihre Kollegin Sie gar nicht hasst, sondern auch nur verzweifelt ist, wenn noch mehr Arbeit an ihr hängen bleibt. Immerhin hat sie Sie auch schon zu privaten Festen eingeladen, wie Sie gerade berichtet haben, das spricht ja nicht für tiefen Hass."

Erarbeiten Sie alternative Verhaltensweisen und üben Sie diese!
Häufig fehlen den Betroffenen Strategien, wie sie in sozial adäquater Weise relevante Informationen erhalten, andere um Rat oder Hilfe bitten können etc. Ein idealer Rahmen, um diese zu erarbeiten, ist eine Gruppe zum Training sozialer Kompetenzen. „Wenn Sie das Gefühl haben, Sie schaffen die Aufgabe nicht, und Sie haben große Angst davor, Ihre Kollegin zu fragen – was können Sie in so einer Situation machen, wenn Sie nicht darauf zurückgreifen wollen, die Unterlagen verschwinden zu lassen, weil dies langfristig ganz sicher mit Ärger verbunden ist?" Vertreten Sie dabei die Position, dass es manchmal notwendig ist, „über seinen Schatten zu springen" und gefürchtete Verhaltensweisen einzuüben. „Sie sagen, Ihnen fällt nur ein, dass Sie wohl doch Ihre Kollegin fragen müssen. Ich denke auch, dass das so ist!"

Verstärken Sie Fortschritte!
In solchen Kontexten stellen Verhaltensänderungen eine große Herausforderung dar. Wenn der Patient neue Schritte wagt, sollten Sie ihn dafür sehr loben.

Wenn der Patient im Rahmen der Erkrankung Fehler gemacht hat:

Entlasten Sie ihn und diskutieren Sie die Rollenerwartungen in Abhängigkeit vom Gesundheitszustand!
Wenn der Patient im Rahmen einer bereits begonnenen Erkrankungsphase am Arbeitsplatz Fehler gemacht hat, ist das für die Patienten häufig sehr beschämend. Auch wenn manches nicht mehr rückgängig zu machen ist (Abmahnungen, Kündigungen, begangene Fehler etc.), so ist es doch wichtig, den Patienten damit zu entlasten, dass er während der Krankheit nicht mit voller Verantwortung arbeiten konnte und Fehler nicht aus bösem Willen oder vermeidbarer Nachlässigkeit passiert sind. Dazu kann es hilfreich sein, die Erwartungen an einen gesunden Arbeitnehmer mit den Erwartungen an eine Person zu kontrastieren, die krank ist („Krankenrolle"). „Von einem gesunden Arbeitnehmer kann man erwarten, dass er seinen Job in jeder Hinsicht ordentlich macht. Von jemandem, der krank ist, kann man das nicht immer erwarten. Er hat aber in diesem Falle die Pflicht, sich in Behandlung zu begeben und daran mitzuwirken, dass er wieder gesund wird. Eine ganz schwierige Situation ist natürlich gegeben, wenn jemand noch arbeitet und das Umfeld annehmen muss, er sei gesund; aber in Wirklichkeit ist er krank und kann die Rollenanforderungen an Gesunde gar nicht mehr erfüllen. War das bei Ihnen so?"

4 Der Patient sieht Probleme vorwiegend bei anderen

Suchen Sie nach Möglichkeiten zur Schadensbegrenzung!
Im stationären Setting etwa können Sie oder Sozialarbeiter mit der Arbeitsstelle Kontakt aufnehmen und versuchen, die Situation zu klären und auf einen Neuanfang vorzubereiten.

Wenn der Patient überfordert ist:

Suchen Sie nach Entlastungsmöglichkeiten!
Möglicherweise ist eine Stellenreduktion, eine Teilberentung oder gar eine Vollberentung angezeigt. Ein anderer Arbeitsplatz ist ohne erhebliche Einbußen meist kaum zu finden. Insbesondere bei unbefristeten Arbeitsverhältnissen werden sich die Bemühungen meist darauf konzentrieren, den Patienten an seinem Arbeitsplatz zu halten.

Tab. 4.1 Beispieldialog Fallbeispiel 1.

Frau R.	… die Kollegin ist immer so unmöglich, da traue ich mich nicht zu fragen, wenn ich nicht weiter weiß.	
Th.	Und was passiert dann mit dem Auftrag, wenn Sie nicht weiter wissen?	Genaue Exploration
Frau R.	Ja, keine Ahnung!	
Th.	Was heißt das genauer? Lassen Sie die Akten dann einfach auf Ihrem Schreibtisch liegen?	Genaue Exploration
Frau R.	Ja, was denn sonst.	
Th.	Ich habe den Eindruck, dass das eine äußerst komplizierte Situation ist. Sie haben große Angst und trauen sich nicht nachzufragen, habe ich das richtig verstanden?	Fokus auf Emotionen
Frau R.	Genau.	
Th.	Aber dann haben Sie nur die Alternative, dass die Dinge liegen bleiben, und das gibt dann auch wieder Ärger, oder?	Konfrontation mit ungünstigem Muster
Frau R.	So ist es leider.	
Th.	Können Sie es nachvollziehen, dass Ihre Kollegin möglicherweise auch deshalb manchmal sauer auf Sie ist?	Konfrontation mit ungünstigen Reaktionen
Frau R.	Na ja, irgendwie natürlich schon. Aber was soll ich denn anders machen? Sie ist so zickig!	
Th.	Die Frage ist also, wie Sie mit ihr kommunizieren können! Ich denke, darüber sollten wir hier ausführlich sprechen, und das evtl. auch in der sozialen Kompetenzgruppe üben! Was denken Sie?	Einsicht verstärken, Veränderung anstreben

LITERATUR
Leymann H (1996) Handanleitung für den LIPT-Fragebogen – Leymann Inventory of Psychological Terror. Tübingen: dgvt

4.2 Der Patient klagt primär über Partner oder Familienangehörige

FALLBEISPIELE

Fallbeispiel 1

Frau H., eine 43-jährige Patientin mit Angst und Depression, berichtet, dass ihr größtes Problem ihr Ehemann sei, mit dem sie seit 17 Jahren zusammen sei. Er sei chronisch krank, sie würde ihn teilweise pflegen. Außerdem sei er ihr gegenüber sehr anspruchsvoll. Er weigere sich, im Haushalt zu helfen, obwohl er dazu oft gut in der Lage wäre, und verbiete ihr aus Eifersucht, alleine etwas zu unternehmen. Sie könne ihn mit seiner Krankheit jedoch nicht alleine lassen, sonst würde sie sich ewig Vorwürfe machen.

Fallbeispiel 2

Frau J., 46-jährige Ehefrau und Mutter von zwei Kindern im Teenageralter, schimpft in der Therapie immer wieder über ihren Mann. Nur wegen ihm ginge es ihr so schlecht. Er liebe sie nicht, habe auch schon eine Affäre gehabt. Außerdem habe er Alkoholprobleme, die für sie nicht mehr tragbar seien. Ihre Schwiegermutter habe zudem hohe Ansprüche an sie und mische sich ständig ein. Wenn die Therapeutin die Möglichkeit einer Trennung thematisiert, wechselt sie meist das Thema.

Fallbeispiel 3

Frau P., eine 32-jährige ledige depressive Patientin, wohnt noch im Haus ihrer Eltern. Sie klagt, dass die Mutter sich in ihr Leben einmische, unangekündigt in ihre Zimmer komme und ihr sogar Kleinigkeiten wie z. B. ihre Kleidung oder Frisur vorschreiben wolle.

Hintergrund

Psychische Probleme und Partnerzufriedenheit hängen eng zusammen, wobei die Kausalität sicher in beiden Richtungen wirkt. Psychische Probleme führen zu einer geringeren Beziehungsqualität, umgekehrt verstärkt eine geringe Partnerschaftsqualität psychische Probleme. Außerdem neigen psychisch kranke Menschen nicht selten zu einer komplizierten, d.h. komplementären, Partnerwahl, die nicht selten ebenfalls unter psychosozialen Problemen leiden.

Analyse

Aus den Klagen, die viele Patienten über ihre Partner oder Angehörigen führen, ziehen Therapeuten häufig rasch den Schluss, dass eine Trennung oder Distanzierung angebracht sei. In der Praxis zeigt sich jedoch typischerweise, insb. bei langjährigen Partnerschaften, dass die Patienten dies nicht in Erwägung ziehen oder sich dazu nicht in der Lage sehen. Das kann daran liegen, dass der Partner positive Qualitäten aufweist, über die der Patient weniger berichtet, dass sich der Patient selbst (ebenfalls) sehr schwierig verhält und ein Teil der Partnerprobleme auf sein eigenes Verhalten zurückgeführt werden muss oder dass die Klage über den Partner vor allem dazu dient, keine eigenen Schwächen und Probleme ansprechen zu müssen (➤ Kap. 2.6, ➤ Kap. 10.2). Zudem ist es nicht empfehlenswert, während einer akuten psychischen Störung weitreichende Lebensveränderungen vorzunehmen, da die Patienten die Situation nach Abklingen der Störung u. U. wieder in einem ganz anderen Licht sehen. Der Fokus Ihrer Arbeit sollte daher in erster Linie darauf liegen, sich nach einer gründlichen Abklärung der Situation, ggf. unter Einbeziehung des Partners oder der betreffenden Angehörigen, wieder vor allem denjenigen Themen zuzuwenden, deren Veränderung stärker in der Hand des Patienten liegt (falls sich herausstellt, dass die Beziehungssituation tatsächlich schädigend auf den Patienten wirkt ➤ Kap. 9.1).

Lösungsstrategie

Versuchen Sie, Partner bzw. Angehörige kennen zu lernen!
Laden Sie nach Möglichkeit den Partner zu einem Angehörigengespräch zusammen mit dem Patienten ein, um mit beiden gemeinsam über die Problematik zu sprechen. Eventuell stimmt der Eindruck, den der Patient vom Partner vermittelt, nicht mit ihrem eigenen Eindruck überein. Die Berichte von Patienten stellen immer nur einen Ausschnitt der Wirklichkeit dar, und eigene schwierige Verhaltensweisen werden häufig (nicht nur von Patienten!) heruntergespielt. So berichtet z. B. die Mutter von Frau P. (Fallbeispiel 3) mit Tränen in den Augen, dass sie immer dann in die Wohnung der Patientin komme, wenn sie sich Sorgen mache, ob sie suizidal sei. Dies war aufgrund der Vorgeschichte, in der die Patientin mehrfach in suizidaler Absicht von Zuhause verschwunden war, sehr gut nachvollziehbar.

Versuchen Sie nicht, eine Trennung zu forcieren!
Solange der Patient in der Partnerschaft verbleibt, hat er dafür, auch wenn er stark über den Partner klagt, sicherlich gute Gründe. Diese können in den Qualitäten des Partners liegen. Sie können aber auch darin liegen, dass der Patient sich unfähig fühlt, alleine zu leben oder aufgrund seiner Biographie nur schwierige, u. U. missbrauchende Beziehungen kennt und solche Beziehungen auch in Zukunft wieder sucht, da sie ihm vertraut sind (➤ Kap. 9.1). Für manche Patienten scheint die Klage über den Partner auch eine Art kathartischer Ausgleich zu sein, der hilft, weiter mit ihm zusammenzuleben. Erfahrungsgemäß führt es in diesen Fällen zu einer Verteidigung der Beziehung, wenn der Therapeut versucht, auf eine Trennung hinzuwirken.

Gehen Sie nur begrenzt auf die Klagen über den Partner ein!
Kanfer et al. (1996) haben vielleicht etwas überspitzt formuliert, dass man nur mit anwesenden Patienten arbeiten könne. Dies heißt, dass abwesende Dritte in der Therapie nicht direkt verändert werden können und daher auch nicht zu ausführlich besprochen werden sollten. „Frau J., ich verstehe ja, dass die Probleme mit Ihrem Mann für Sie äußerst

belastend sind. Trotzdem glaube ich, dass es hier wenig Sinn macht, sich darauf zu konzentrieren, solange Ihr Mann nicht anwesend ist. Ich möchte mit Ihnen daran arbeiten, was Sie tun können, um zufriedener zu sein."

Konzentrieren Sie sich darauf, der Patientin bei der Entwicklung von Autonomie und dem Verfolgen ihrer Ziele zu helfen!
In dem Fall, dass die Patientin ohne ihren Partner tatsächlich glücklicher wäre, fehlt ihr wahrscheinlich das Selbstvertrauen, ihr Leben alleine gut leben zu können. Daher ist es in jeder Hinsicht sinnvoll, an den individuellen Problemen der Patientin zu arbeiten. Möglicherweise durchschaut sie eigene ungünstige Beziehungsmuster und ihren eigenen Beitrag dazu nicht gut genug, sodass dies im Vordergrund der Arbeit stehen sollte.

Legen Sie nicht Ihre eigenen Maßstäbe an eine Partnerschaft an!
Verschiedene Menschen können sich in ihrer Partnerwahl sehr voneinander unterscheiden. Tolerieren Sie die diesbezüglichen Maßstäbe und Entscheidungen des Patienten.

LITERATUR
Kanfer FH, Reinecker H, Schmelzer D (1996) Selbstmanagement-Therapie. Heidelberg: Springer

4.3 Der Patient wertet den Therapeuten ab

FALLBEISPIELE

Fallbeispiel 1
Herr F., ein depressiver 44-jähriger Rechtsanwalt, bringt seinem ambulanten Psychotherapeuten gelegentlich Artikel über die Behandlung von Depressionen mit, mit dem Hinweis, dass das doch für dessen Fortbildung interessant sei. Im Gespräch macht er häufig einen etwas blasierten Eindruck, als würde er die Therapie innerlich belächeln. Der Therapeut fühlt sich dadurch wiederholt abgewertet.

Fallbeispiel 2
Herr S., ein 60-jähriger Architekt, der wegen einer schweren chronifizierten Depression in stationärer Behandlung ist, behandelt seine jüngere Therapeutin häufig sehr von oben herab. Er fragt sie immer wieder kritisch, wie sie ihn eigentlich zu behandeln gedenke, bewertet ihre Vorschläge als „Kinderkram" und betont, dass ihm „so etwas" noch nie geholfen habe. In der Vorgeschichte hat er bereits viele Behandlungen erfolglos ausprobiert, hausintern gilt er als „Koryphäenkiller".

Hintergrund

Ausgeprägte Abwertungen des Therapeuten sind häufig ein deutlicher Hinweis auf narzisstische Persönlichkeitszüge, u. U. verbunden mit passiv-aggressiven Zügen (➤ Kap.

2.4). Elaborierte praxisorientierte Ansätze zur Behandlung narzisstischer Patienten stellen Young et al. (2005), Sachse (2002) und Smith Benjamin (2001) vor.

Analyse

Zunächst sollten Sie natürlich selbstkritisch reflektieren, ob die Vorwürfe des Patienten berechtigt sind. Nach unserer Erfahrung tragen Patienten ohne narzisstische oder passiv-aggressive Persönlichkeitszüge selbst bei objektiv suboptimalen Therapien kaum offensive Vorwürfe vor, sondern sind in der Äußerung angemessener Kritik meist eher zurückhaltend. Idealerweise können Sie sich bei den übrigen Mitgliedern des Teams oder bei anderen Behandlern des Patienten informieren, ob diese ihn ähnlich abwertend erleben.

Sofern die Kritik oder die Vorwürfe des Patienten tatsächlich unangemessen zu sein scheinen, sollten Sie nicht nur inhaltlich auf die Kritik eingehen, sondern auch das Interaktionsmuster des Patienten explizit zum Thema der Therapie machen. Dies gilt auch, wenn der Patient selbst die Arbeit an diesem Muster nicht als Therapieziel benannt hat (➤ Kap. 4.4). Ansonsten besteht die Gefahr, dass der Patient von der Behandlung nicht profitieren kann. Außerdem ist das abwertende Verhalten höchstwahrscheinlich auch in anderen Beziehungen ein Problem. Solche Patienten sind oft insgesamt sehr schwierig, daher kann Supervision angebracht sein.

Lösungsstrategie

Lassen Sie sich nicht „ins Bockshorn jagen"!
Nicht selten neigen vor allem jüngere Therapeuten dazu, ihre eigene Kompetenz in Frage zu stellen. Versuchen Sie sich abzusichern, dass dies nicht angemessen ist. Sie haben in der Regel mehr Expertise als der Patient und können sich zusätzlich bei Kollegen oder Supervisoren beraten lassen. Persönliche Angriffe sind in den seltensten Fällen gerechtfertigt.

Nehmen Sie Ihre Emotionen wahr, aber reagieren Sie nicht emotional!
Nicht selten führen solche Angriffe zu sehr emotionalen – z. B. ärgerlichen, verunsicherten oder oppositionellen – Therapeutenreaktionen. Es ist wichtig, dass Sie diese emotionalen (Gegenübertragungs-)Reaktionen bei sich wahrnehmen, sie aber nicht ausleben. Sofern Sie dies tun, können Sie dem Patienten nicht helfen und gießen im Hinblick auf die abwertende Haltung des Patienten eher „Öl ins Feuer".

Kommunizieren Sie über das abwertende Verhalten auf der Metaebene!
Anstatt sich mit dem Patienten im Kreislauf aus Abwertung (durch den Patienten) und Reaktanz oder ähnlichen Reaktionen durch Sie zu drehen, müssen Sie sich darüber erhe-

ben und über die Interaktion des Patienten sprechen. Fordern Sie ihn dazu auf, die Wirkung dieses Verhaltens zu reflektieren. „Herr S., es gibt immer wieder, wie gerade jetzt auch, Situationen, in denen Sie mich und meine Arbeit ins Lächerliche ziehen. Können Sie sagen, warum es für Sie wichtig ist, sich so zu verhalten? Wie würden Sie sich fühlen, wenn jemand anderes Sie ähnlich abwerten würde?" (Hier können Sie ein Beispiel aus der beruflichen Situation des Patienten nennen.) Wenn der Patient reflektiert, dass seine Interaktion auf das Gegenüber verärgernd oder provozierend wirkt, bestätigen Sie dies explizit. „Genau, Sie sagen, das würde Sie ärgerlich machen, und so fühle ich mich auch." Wenn Sie Ihre eigene emotionale Reaktion rückmelden, bevor der Patient Gelegenheit hatte, diese Frage selbst zu reflektieren, laufen Sie Gefahr, dass er Sie weiter abwertet, z. B. indem er Ihnen übermäßige Empfindlichkeit vorwirft.

Versuchen Sie das abwertende Verhalten besser zu verstehen!
Möglicherweise reagiert der Patient in dieser Weise, wenn er sich überfordert, unsicher oder ängstlich fühlt. Die Abwertung anderer kann auch dazu dienen, sich selbst aufzuwerten; daher reagiert der Patient möglicherweise so, wenn er sich von Ihnen in seinem Selbstwert bedroht fühlt. „Wissen Sie, warum Sie gerade so abwertend waren?" „Warum haben Sie gerade jetzt so reagiert?"

Arbeiten Sie heraus, inwieweit dieses Verhalten ein typisches Muster des Patienten ist!
Nennen Sie dabei konkrete Beispiele, sofern Ihnen solche bekannt sind. „Ich habe den Eindruck, dass das eine Reaktionsweise ist, die bei Ihnen öfter vorkommt. Kann das sein?" Explorieren Sie dieses Muster genauer. „Was sind das denn für Gelegenheiten, bei denen Sie so reagieren?" „Die Situation hier und die Situation gestern mit der Pflege haben ja beide gemeinsam, dass jemand etwas von Ihnen möchte, was Ihnen schwer fällt. Könnte es sein, dass solche Situationen typische Auslöser für dieses abwertende Verhalten sind?"

Verwenden Sie ggf. die Metapher von einem abwertenden Persönlichkeitsanteil!
Diesen Anteil können Sie mit einem „erwachsenen" oder „freundlichen" Anteil kontrastieren. „Es kommt mir vor, als wäre ein Teil von Ihnen sehr abwertend, zuweilen ein richtiger Besserwisser. Auf der anderen Seite sind Sie oft auch sehr freundlich, angenehm und sozial, so wie jetzt, wenn wir darüber sprechen" (➤ Kap. 2.5; Young et al. 2005).

Verdeutlichen Sie die negativen Konsequenzen, die dieses Verhalten bei Interaktionspartnern auslöst!
„Wenn Sie mich so abwerten, ärgert es mich. Wollen Sie das?" „Solche Abwertungen führen beim Gegenüber oft zu Trotz und Ärger. Kennen Sie solche Reaktionen?"

4 Der Patient sieht Probleme vorwiegend bei anderen

Erarbeiten Sie Alternativen zum abwertenden Verhalten!
Dabei können Sie direkt nach Alternativen fragen, Sie können nach normalen Variationen im Verhalten des Patienten fragen oder sich auf die Metapher des gesunden Anteils beziehen. „Was könnten Sie denn alternativ machen, wenn Sie wie jetzt unsicher/ärgerlich/ängstlich sind?" „Gibt es Situationen oder Beziehungen, in denen Sie sich anders verhalten? Könnten Sie das auf andere Situationen oder Beziehungen übertragen?" „Wie würde sich Ihr erwachsener Anteil in der Situation verhalten?"

Verstärken Sie konstruktive Verhaltensänderungen!
Wenn der Patient im Verlauf in einer Situation, in der er bisher typischerweise abwertend reagiert hat, anders interagiert, verstärken Sie dies! Verstärken Sie es auch, wenn der Patient im Verlauf einer abwertenden Interaktion diese bemerkt und selbst auf die Metaebene geht. „Jetzt waren Sie gerade wieder so abwertend und haben es selbst sehr schnell bemerkt. Super!" „Heute haben Sie über Ihre Unsicherheit gesprochen und die ganze Zeit nicht dieses abwertende Muster gezeigt. Darüber freue ich mich sehr!"

Akzeptieren Sie die Grenzen des Machbaren!
Narzisstische Verhaltensmuster haben für die Betroffenen meist hohen Verstärkerwert. Die Bereitschaft, daran zu arbeiten, ist oft an Lebenssituationen gekoppelt, in denen die Betroffenen unter den Folgen ihrer Muster intensiv leiden (z. B. depressive Reaktion nach einer Trennung). Wenn sich Lebenssituation und Symptomatik wieder ändern (z. B. Remission der Depression nach Beginn einer neuen Beziehung), verliert sich die Veränderungsmotivation häufig wieder.

Tab. 4.2 Beispieldialog Fallbeispiel 1.

Th.	Herr F, mir fällt gerade etwas auf. Wir sprechen über Ihre Ängste und, obwohl Sie das Thema eingebracht haben, weil es Sie im Moment sehr beschäftigt, wirken Sie ziemlich unbeteiligt. Sie wirken auf mich sogar etwas herablassend, so als wäre es fast dumm, über dieses Thema zu sprechen. Verstehen Sie, was ich meine?	Metakommunikation; Thema offen ansprechen
Herr F.	Ja, ja, ich komme manchmal ein bisschen cool rüber. Nehmen Sie es nicht persönlich!	
Th.	Wie würde es Ihnen denn gehen, wenn jemand über ein für ihn wichtiges Thema mit Ihnen sprechen möchte und Ihnen gegenüber dann immer wieder herablassende Bemerkungen macht?	Reflexion über die damit provozierte Reaktion anstoßen
Herr F.	Na ja, das könnte der auch bleiben lassen.	
Th.	Würde Sie das ärgern?	Emotionale Reaktion betonen
Herr F.	Nach einer Weile bestimmt!	
Th.	Hmmh, genauso geht es mir auch. Ich merke, dass ich mich irgendwann zu ärgern beginne.	Eigene emotionale Reaktion benennen

Tab. 4.2 Beispieldialog Fallbeispiel 1. (Forts.)

Herr F.	So bin ich nun mal.	
Th.	Ist es denn Ihr Ziel, mich zu verärgern?	**Motivation bzgl. negativer Konsequenzen thematisieren**
Herr F.	Nein, natürlich nicht!	
Th.	Wissen Sie denn, warum Sie so interagieren? Dieses Muster scheint Ihnen ja bekannt zu sein.	**Funktionalität ansprechen**
Herr F.	So bin ich halt irgendwie.	
Th.	Ehrlich gesagt ist mein Eindruck, dass Sie nicht immer so sind. Sie haben eine sehr nette Seite, die gut im Kontakt ist; wenn Sie die zeigen, können wir gut zusammenarbeiten. Und auf der anderen Seite haben Sie diese Von-oben-herab-Seite, und ich habe den Eindruck, dass die vor allem dann auftritt, wenn wir Sachen besprechen, die für Sie besonders schwierig sind, z. B. diese Ängste, die nicht zu Ihrem professionellen und coolen Selbstbild passen. Könnte das zutreffen?	**Metapher von zwei Anteilen einsetzen; Auftretensmuster des abwertenden Anteils explorieren**
Herr F.	Na ja, da könnte schon was dran sein.	
Th.	Was würde denn die gesunde und nette Seite jetzt zu den Ängsten sagen?	**Konstruktiven Beitrag von Pat. einfordern**
Herr F.	Dass die ein richtiges Problem sind und ich echt nicht weiß, wie ich damit fertig werden soll!	
Th.	Und warum tritt dann die herablassende Seite in Erscheinung, wenn wir darüber reden?	**Auf Funktionalität zurückkommen**
Herr F.	Na ja, das ist halt irgendwie einfacher.	
Th.	Spüren Sie die Ängste und die Problem dann weniger?	**Auf Symptome beziehen**
Herr F.	Ich glaube schon.	
Th.	Das klingt sehr logisch. Finde ich sehr gut, dass wir darüber sprechen können, und Ihre Gedanken dazu sind klug.	**Mitarbeit verstärken**

LITERATUR

Sachse R (2002) Histrionische und narzisstische Persönlichkeitsstörungen. Göttingen: Hogrefe

Smith Benjamin L (2001) Die Interpersonelle Diagnose und Behandlung von Persönlichkeitsstörungen. München: CIP-Medien

Young JE, Klosko JS, Weishaa, ME (2005) Schematherapie. Ein praxisorientiertes Handbuch. Paderborn: Junfermann

4.4 Der Patient zeigt ungünstige Interaktionsmuster, die er selbst nicht als Problem ansieht

FALLBEISPIELE

Fallbeispiel 1

Herr M., 41 Jahre alt, kommt wegen einer Depression, die ausbrach, unmittelbar nachdem sich seine Freundin von ihm getrennt hatte, in stationäre Behandlung. Er erwartet von seinem Psychiater, die Depression schnell und vollständig mit Medikamenten und adjuvanter Behandlung zu beheben, und trägt diese Erwartung sehr anspruchsvoll vor. Der Psychiater hat den Eindruck, dass die Trennung für den Patienten eine schwere Kränkung darstellt, die psychotherapeutisch bearbeitet werden sollte. Der Patient lehnt jedoch vehement ab, über seine Exfreundin zu sprechen; das sei „diese Frau nicht wert". Der Psychiater vermutet, dass er einerseits die damit verbundene Scham und Kränkung selbst nicht erleben will und andererseits dem Arzt gegenüber keine persönlichen Gefühle wie Trauer oder Kummer zeigen möchte.

Fallbeispiel 2

Frau S., 44 Jahre, eine ambulante Patientin mit gemischten Angst- und Depressionssymptomen, beschreibt hinsichtlich ihrer aktuellen Lebenssituation, dass sie völlig überlastet sei, da ihre Familie im Haushalt keinen Finger rühre und sie von ihren Kollegen gemobbt würde. Im Angehörigengespräch erfährt die Therapeutin einerseits, dass der Partner viele häusliche Aufgaben übernimmt; andererseits erlebt sie, wie die Patientin ihrem Partner massive Vorwürfe macht, die auch bei genauerem Nachfragen unbegründet erscheinen. Die Patientin sieht ihre aggressiven Interaktionen jedoch nicht als Problem an, über das sie mit der Therapeutin sprechen möchte.

Hintergrund

Wenn Sie und der Patient sehr unterschiedliche Auffassungen davon haben, was die wesentlichen Probleme des Patienten sind, kann dies zwei mögliche Ursachen haben. Einerseits ist es möglich, dass Sie das Problem des Patienten noch nicht richtig erfasst haben. Möglicherweise haben Sie vorschnelle Schlüsse gezogen und nicht genau genug exploriert. Eventuell verschweigt der Patient Ihnen auch Teile des Problems, etwa weil er sich dafür schämt (➤ Kap. 5.1, ➤ Kap. 5.2).

Andererseits ist es möglich, dass der Patient ungünstige Interaktionsmuster zeigt, deren problematischen Charakter er selbst nicht in vollem Umfang wahrnimmt. Dies ist typisch für Patienten mit Persönlichkeitsstörungen. In vielen Fällen können Sie gestörte Verhaltens- und Beziehungsmuster relativ leicht ansprechen, z. B. bei sehr selbstunsicheren oder dependenten Patienten, die sich submissiv oder schüchtern verhalten und sich selbst als verantwortlich für alle Probleme und Schwierigkeiten betrachten. Schwieriger ist die Konfrontation mit ungünstigen Interaktionsmustern hingegen bei Patienten mit passiv-aggressiven, narzisstischen oder histrionischen Persönlichkeitszügen. Diese Patienten sehen die Ursache für ihre Probleme häufig in äußeren Faktoren und verhalten sich oft auch Therapeuten gegenüber anklagend, anspruchsvoll oder dramatisch. Die Konfrontation mit solchen Mustern erfordert Ihrerseits eine gewisse Standhaftigkeit. Al-

4.4 Der Patient zeigt ungünstige Interaktionsmuster, die er selbst nicht

lerdings ist sie sehr wichtig, da diese Patienten gerade aufgrund ihrer Muster u. U. mit mannigfaltigen Problemen kämpfen und darüber hinaus die ungünstige Interaktion des Patienten, wenn sie nicht thematisiert wird, den Verlauf der Therapie erheblich erschweren und einen Erfolg vereiteln kann (➤ Kap. 4.3).

Analyse

Zunächst müssen Sie klären, ob Ihnen bisher wesentliche Aspekte des Problems noch nicht bekannt waren. Möglicherweise spielen schambesetzte Themen eine Rolle (➤ Kap. 5.1). Weiterhin müssen Sie prüfen, ob der Patient situationsübergreifend ungünstige Interaktionsmuster zeigt, wie (passiv-)aggressives, dramatisierendes oder arrogantes Verhalten. Dies ist insb. in stationären Settings gut möglich, wenn mehrere Therapeuten eine Einschätzung des Patienten haben.

Sofern sich der Eindruck erhärtet, dass der Patient schwierige eigene Interaktionsmuster nicht adäquat problematisiert, sollten Sie in den therapeutischen Gesprächen auf dieses Problem eingehen. Dabei liegt das Ziel darin, den Patienten empathisch mit seinen problematischen Verhaltensweisen zu konfrontieren, ein Verständnis dieses Musters zu erarbeiten, seine Bedeutung in der aktuellen Problematik zu verstehen und mit alternativen Verhaltensweisen zu experimentieren. Dafür ist die therapeutische Beziehung ein wichtiges „Experimentierfeld". Wenn der Patient sich für eine längere Therapie motivieren lässt, können Sie z. B. eine schematherapeutische Behandlung durchführen (Young 2005).

Lösungsstrategie

Klären Sie, ob Sie Teile des Problems noch nicht verstanden haben!
Explorieren Sie genau die fraglichen Themen. Bringen Sie zum Ausdruck, wo Sie noch kein gemeinsames Problemverständnis wahrnehmen. „Frau S., Sie sagen, Ihre Familie sei so rücksichtslos. Im Angehörigengespräch habe ich das etwas anders erlebt. Woran könnte das liegen?" „Herr M., gibt es außer der Trennung noch andere Dinge, die für Sie in letzter Zeit belastend waren?" Falls sich neue relevante Informationen ergeben, beziehen Sie diese in die weitere Therapieplanung ein.

Falls sich herauskristallisiert, dass der Patient primär seine eigenen dysfunktionalen Interaktionsmuster nicht problematisiert, könnte man folgendermaßen vorgehen:

Sprechen Sie direkt an, welche Probleme Sie wahrnehmen!
Gehen Sie auf die Metaebene und konfrontieren Sie den Patienten mit dem Problem, indem Sie Ihren Eindruck genau beschreiben. Erläutern Sie die Diskrepanz zwischen seiner und Ihrer Sichtweise und bitten Sie den Patienten um seine Einschätzung. „Frau S., Sie klagen sehr über fehlende Unterstützung von Ihrer Familie, aber in unserem gemeinsa-

men Gespräch hat sich das gar nicht so stark gezeigt. Könnte es sein, dass es Ihnen öfter passiert, dass Sie in Überlastungssituationen, wenn Ihnen alles zu viel wird, andere angreifen, auch wenn diese dafür nicht unmittelbar verantwortlich sind?" „Herr M., Sie möchten rasch mit Medikamenten geheilt werden und halten die Beschäftigung mit der Trennung für unnötig. Nach allem, was ich jetzt weiß, fürchte ich, dass die Medikamente allein nicht ausreichen dürften. Deswegen würde ich vorschlagen, dass wir sicherheitshalber doch noch einmal einen Blick auf die Auswirkungen der Trennung auf Ihre momentane Situation werfen. Was meinen Sie?"

Versuchen Sie, mit dem Patienten das dahinter liegende Muster zu erarbeiten!
Es ist wichtig, das Problemverhalten auch aus dem aktuellen Kontext zu lösen und als Muster zu verstehen, das sich auch in anderen Situationen zeigen kann. Erarbeiten Sie mit dem Patienten, in welchen Situationen er ähnlich reagiert. Fassen Sie dazu das für die aktuelle Situation Erarbeitete auf mittlerem Abstraktionsniveau zusammen, um es dem Patienten zu erleichtern, andere Beispiele zu finden. „Sie haben gesagt, dass diese Trennung für Sie ganz überraschend kam und Sie sich dadurch extrem hilflos und zurückgewiesen vorkommen und sich dafür sehr schämen. Dann mögen Sie am liebsten mit niemandem darüber reden, obwohl Sie innerlich davon überhaupt nicht loskommen. Gibt es auch andere Situationen, in denen Sie sich zurückziehen und wichtige Themen nicht besprechen?" „Sie haben erklärt, dass Sie sich Ihrem Mann häufig unterlegen fühlen, und als Reaktion darauf werden Sie aggressiv. Wie ist das, wenn Sie sich in anderen Bereichen – z. B. bei der Arbeit – jemandem unterlegen fühlen?"

Stärken Sie die Motivation des Patienten!
In Therapien muss man immer damit rechnen, dass Patienten schwierige, belastende Themen erst einmal lieber umgehen wollen. Sie sollten diesen Widerstand im Gespräch ggf. ansprechen oder bereits vorwegnehmen. „Ich kann mir vorstellen, dass das für Sie ein schwieriges Thema ist. Dennoch halte ich es für sinnvoll, es mit Ihnen zu besprechen." Häufig wirkt es motivierend, wenn Sie betonen, dass Sie persönlich das Thema für wichtig halten und ihm Aufmerksamkeit schenken. „Frau S., nach dem Angehörigengespräch habe ich lange nachgedacht, und da ist mir dieser Punkt immer wieder durch den Kopf gegangen." Vergegenwärtigen Sie sich und dem Patienten, dass sich seine Situation vermutlich nur bessern kann, wenn er sich diesen Themen stellt. Wenn der Patient immer wieder ablenkt, machen Sie deutlich, dass Sie ihn nicht überrumpeln wollen, thematisieren Sie jedoch auch seinen Widerstand. „Sie lenken immer wieder ab, wenn wir zu diesem Punkt kommen. Ich möchte Sie nicht ärgern oder überrumpeln, aber es ist mir wichtig, dass wir gemeinsam einen Weg finden, um uns dem Thema zu nähern."

Validieren Sie die dysfunktionale Interaktion, auch wenn Sie deren Veränderung einfordern!
Erwecken Sie nicht den Eindruck, als würden Sie dem Patienten sein Verhalten vorwerfen, sondern versuchen Sie den emotionalen Hintergrund zu verstehen! Dazu sollten Sie

einerseits auf die Gefühle fokussieren, die dem dysfunktionalen Verhalten zugrunde liegen. Andererseits sollten Sie deutlich machen, dass alle Menschen manchmal ungünstig reagieren, wenn sie intensive negative Emotionen wie Wut, Scham oder Hilflosigkeit erleben. Damit bieten Sie dem Patienten ein Modell für die Reflexion über seine Reaktionsmuster. „Ich glaube, dass Sie ein sehr sensibler Mensch sind, der mit intensiven Emotionen reagiert und sich oft von Kritik oder Vorwürfen im Mark getroffen fühlt, selbst wenn diese gar nicht so massiv sind. Wenn man sich im Mark getroffen fühlt, dann ist es eine normale Reaktion, sich eventuell auch aggressiv oder ungerecht zu verteidigen."

Bringen Sie tabuisierte Emotionen offen ins Gespräch!
Häufig liegen problematischen Mustern tabuisierte Gefühle wie Scham, Wut oder Neid zugrunde. Es ist unerlässlich, darüber zu sprechen, daher müssen Sie das Gespräch offen auf solche Gefühle bringen, um einerseits dem Patienten als Modell zu dienen und es ihm andererseits zu erleichtern, das Thema aufzugreifen (➤ Kap. 5.1). „Was für Gefühle spielen dabei denn eine Rolle? Könnte da auch Scham oder Eifersucht mitspielen? Das sind ja Gefühle, über die man nicht gerne spricht, obwohl sie ungeheuer wichtig sind!"

Nutzen Sie die therapeutische Beziehung als Material!
Mit relativ großer Wahrscheinlichkeit zeigt der Patient seine Muster auch in Ihrer therapeutischen Beziehung oder – insb. im stationären Setting – in anderen therapeutischen Situationen, etwa gegenüber Ergotherapeuten oder Pflegekräften. Nutzen Sie solche Situationen als Ressource, da Sie Ihnen Gelegenheiten bieten, mit dem Patienten an Alternativen zu arbeiten! „Ich habe den Eindruck, in der Ergotherapie ist es manchmal ähnlich. Ihr kleiner Zwist mit der Ergotherapeutin hatte ein ähnliches Muster, oder?" „Mir fällt auf, dass Sie heute wieder ganz verschlossen wirken. Woran könnte das denn liegen? Habe ich etwas gemacht oder gesagt, was damit zusammenhängen könnte?"

Entwickeln Sie gemeinsam alternative Interaktionsweisen!
Ziel Ihrer Arbeit ist einerseits, dass der Patient seine Muster besser versteht. Andererseits soll er auch in die Lage kommen, angemessener zu handeln. Dies sollten Sie keinesfalls vernachlässigen, da Einsicht alleine nicht zwangsläufig auch zu Verhaltensänderungen führt. Alternative Handlungsweisen können Sie z. B. in Rollenspielen üben bzw. in der Therapie direkt umsetzen.

Verstärken Sie jeden Fortschritt!
Dies gilt einerseits für Fortschritte auf der Verhaltensebene. Sie sollten es aber auch im Gespräch immer wieder verstärken, wenn der Patient sich mit Themen befasst, die für ihn schwierig sind.

Akzeptieren Sie die Grenzen des Machbaren!
Seien Sie sich der Tatsache bewusst, dass solche Interaktionsmuster lang eingeschliffen sind, eine biographische Basis haben und der Patient dafür auch immer wieder verstärkt

Tab. 4.3 Beispieldialog Fallbeispiel 2.

Th.	Frau S., Sie klagen sehr über fehlende Unterstützung von Ihrer Familie, aber in unserem gemeinsamen Gespräch hat sich das gar nicht so stark gezeigt.	Konfrontation mit Diskrepanz
Frau S.	Mein Mann kann immer alles ganz toll darstellen, und jetzt stehe ich wieder als die Dumme da!	
Th.	Das habe ich jetzt nicht gemeint …	
Frau S.	<unterbricht, erregt> Doch, so stehe ich am Ende immer da!	
Th.	<etwas energisch, dabei sehr freundlich> Frau S., bitte lassen Sie mich mal kurz erklären, was ich meine.	Standfestigkeit zeigen
Frau S.	Ja?	
Th.	Danke! Ich habe nämlich wirklich lange nachgedacht nach unserem gemeinsamen Gespräch mit Ihrem Mann, wie es zu dieser Diskrepanz kommt, dass Sie ihm einerseits immer wieder Vorwürfe machen und andererseits im Dreiergespräch vieles ganz anders aussieht.	Beziehung stärken durch Betonung, wie sehr sich Th. damit beschäftigt
Frau S.	Und?	
Th.	Wahrscheinlich spielt einiges zusammen. Und ich denke, ein Aspekt, der Sie betrifft, könnte sein, dass Sie manchmal reagieren, als hätte man Sie willentlich massiv mit allem im Regen stehen lassen, auch wenn der andere das gar nicht gewollt hat. Ich glaube, dass Sie sich in solchen Momenten extrem entwertet und verlassen fühlen …	Konfrontation mit dysfunktionaler Reaktion
Frau S.	<unterbricht> Ja, gerade im Moment fühle ich mich auch sehr angegriffen, weil Sie mehr auf der Seite meines Mannes als auf meiner stehen.	
Th.	Danke, dass Sie das sagen! Haben Sie das Gefühl, ich bin nicht solidarisch mit Ihnen?	Verstärken; aktuelle Reaktion explorieren
Frau S.	Ja, allerdings!	
Th.	<sehr freundlich und engagiert> Und genau da gibt es jetzt auch wieder so eine Diskrepanz! Ich stehe nämlich absolut auf Ihrer Seite, d. h. ich würde Ihnen sehr gerne helfen. Und ich gebe mir viel Mühe, um Sie ganz genau zu verstehen! Glauben Sie das?	Aktuelle Reaktion auf dysfunktionales Muster beziehen; Th.-Engagement betonen, um Th.-Beziehung zu stärken
Frau S.	Na ja, irgendwie schon.	

Tab. 4.3 Beispieldialog Fallbeispiel 2. (Forts.)

Th.	Da bin ich froh! Aber dennoch fühlen Sie sich unverstanden, weil ich gerade sagte, dass Sie manchmal reagieren, als hätte man Sie willentlich im Stich gelassen, obwohl das vielleicht objektiv gar nicht so gemeint war?	**Verstärken, aktuelle Reaktion explorieren**
Frau S.	Ja, irgendwie schon.	
Th.	Gut, dass Sie mir da folgen können! Woran liegt das, dass Sie wiederholt dieses Gefühl haben, mitwillig im Stich gelassen zu werden?	**Verstärken, weiter explorieren**

wird (z. B. erfährt Frau S. Erleichterung durch ihr Abreagieren und bekommt von Familie und Kollegen weitere Aufgaben abgenommen). In Abhängigkeit von der äußeren (Verstärker-) Situation können Patienten ihre häufig zunächst nur labile Motivation auch rasch wieder verlieren. Selbst wenn sich ein Patient stabil darauf einlässt, an seinen Mustern zu arbeiten, müssen Sie damit rechnen, dass sich diese nur langsam verändern.

LITERATUR
Young JE, Klosko JS, Weishaa, ME (2005) Schematherapie. Ein praxisorientiertes Handbuch. Paderborn: Junfermann

KAPITEL 5
Der Patient verschweigt wichtige Informationen

5.1 Der Patient macht falsche Angaben

FALLBEISPIELE

Fallbeispiel 1

Herr F., ein 45-jähriger Kraftfahrer, stellt sich auf Druck seines Arbeitgebers in der Alkoholsprechstunde vor. Dort berichtet er, dass er nicht verstehe, warum er dies tun solle. Er trinke gerne abends zwei, drei Bier, habe seinen Konsum jedoch völlig im Griff. Dummerweise sei er in eine Polizeikontrolle geraten, bei der ein Atemalkoholgehalt von 2,5 Promille festgestellt wurde; daraufhin sei ihm der Führerschein entzogen worden. Nun könne er seinen Job nicht mehr ausüben. Der Arbeitgeber würde ihn für die Zeit des Fahrverbotes zwar in der Disposition einsetzen, verlange aber, dass er etwas gegen seinen Alkoholkonsum tue. Auf Nachfragen berichtet er, das er seinen Kollegen schon mehrmals durch Alkoholgeruch aufgefallen sei, die würden das aber alles überbewerten.

Fallbeispiel 2

Herr W., ein 22-jähriger Patient auf der Suchtstation, kommt vom Ausgang deutlich aufgewühlt zurück. Auf Nachfrage beteuert er, er habe nichts konsumiert, sondern habe nur seine Mutter besucht und ihre Einkäufe erledigt.

Hintergrund

Gezielte Falschinformationen treten in verschiedenen Zusammenhängen auf, insb. in folgenden Situationen:
- Gespräche über schambesetzte Themen (➤ Kap. 5.2)
- Verschweigen von störungsspezifischem Problemverhalten, insb. Substanzkonsum, oder falsche Gewichtsangaben bei anorektischen Patientinnen
- dissoziale Symptomatik, die insb. im Rahmen antisozialer und narzisstischer Persönlichkeitsstörungen auftreten kann (z. B. falsche Angaben über Straftaten o. ä. Problemverhalten; Übertreiben eigener Leistungen)
- Simulation oder Münchhausen-Syndrom

Da im klinischen Alltag vor allem die ersten beiden Punkte häufig vorkommen, wird in diesem (Substanzkonsum) und im nächsten Unterkapitel (Scham) schwerpunktmäßig darauf eingegangen. Zum Umgang mit dissozialer und schwerer narzisstischer Problematik bieten Bernstein et al. (2007) einen Überblick.

Analyse

Obwohl mangelnde Offenheit und falsche Angaben die therapeutische Beziehung beeinträchtigen und beim Therapeuten leicht negative Emotionen hervorrufen, sollten Sie versuchen, den Patienten zu verstehen, da dieser Sie nicht einfach zu seinem Vorteil täuschen will, sondern fast immer ein ernstzunehmendes Motiv dahinter steckt. Oft spielen z. B. Angst (vor Entzugssymptomen oder sozialen Konsequenzen) oder Scham (Selbstwertproblematik) eine Rolle, oder der Patient hat in der Vergangenheit bereits nachteilige Erfahrungen mit Behandlern, Behörden oder Angehörigen gemacht, wenn er die Wahrheit berichtet hat. Bitten Sie den Patienten, Ihnen seine Motive für die Umgehung des wahren Tatbestands zu erläutern, damit diese für Sie verständlich werden. Fördern Sie auf der Basis dieses Verständnisses die Problemeinsicht des Patienten, indem Sie selbst klar die Position vertreten, dass das Verschweigen des Problems dessen Behandlung unmöglich macht, und arbeiten Sie mit ihm heraus, wie sich dies in seinem Leben auswirkt Ein häufiges Problem bei Patienten mit Suchtproblemen ist Ambivalenz. Vor- und Nachteile des Substanzkonsums und Vor- und Nachteile der Abstinenz halten sich die Waage. Der Therapeut sollte diese Ambivalenz herausarbeiten und sie zu beeinflussen versuchen. Übertragen auf die therapeutische Beziehung kann man Ambivalenz als Balance zwischen verschiedenen Ansprüchen verstehen. Dieses dynamische System ist in ständiger Bewegung, wird von äußeren und inneren Einflüssen aus dem Gleichgewicht gebracht und erfordert eine entsprechende Beeinflussung durch den Therapeuten (➤ Abb. 5.1).

Letztlich erfordert die Bekämpfung von Sucht und allen anderen zur Unoffenheit verleitenden Problembereichen vom Patienten viel Motivation und Durchhaltevermögen. Daher sollten Sie seine Autonomie und die Eigenverantwortung für sein Handeln betonen, selbstverständlich mit der Zusicherung Ihrer Unterstützung. Grundsätzlich gilt, dass Abstinenz bzw. in seltenen Fällen auch kontrollierter Konsum ein zentrales Ziel in

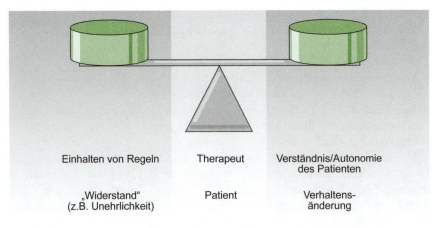

Abb. 5.1 Die therapeutische Beziehung als „Balanceakt" des Therapeuten und des Patienten.

der Behandlung von Suchtpatienten ist. Dazu gehören auch objektive Kontrollen des Konsums (Miller und Rollnick 2002; Brück und Mann 2006).

Lösungsstrategie

Vermeiden Sie Konfrontationen und Vorwürfe!
Versuchen Sie, dem Patienten „Brücken zu bauen", die es ihm leichter machen, sich selbst den Tatbestand einzugestehen bzw. Ihnen mitzuteilen. „Was waren denn Ihre Motive, zur Beratung zu kommen? Was versprechen Sie sich davon?" Wägen Sie bei Suchtkranken im Einzelfall ab, ob z. B. die genaue Konsummenge oder auch genaue anamnestische Daten so wichtig sind, dass sich dafür eine Konfrontation und eine Beeinträchtigung der Beziehung lohnen. Diese wird sicher Widerstand hervorrufen, der die weitere Psychotherapie erschwert. Vermeiden Sie Diskussionen darüber, wer Recht hat; hier können nur beide verlieren. Akzeptieren Sie die Autonomie des Patienten, und nehmen Sie seine Ängste, die Wahrheit zu sagen, ernst.

Formulieren Sie Fragen nach dem wahren Sachverhalt nicht konfrontativ! Machen Sie dennoch deutlich, dass Sie Unoffenheit problematisch finden!
Fragen Sie so, dass der Patient sich dadurch nicht angegriffen fühlt. Stellen Sie offene Fragen, hören Sie aktiv zu, bestätigen Sie ihn und fassen Sie das Gesagte zusammen. Entwickeln Sie aber auch Diskrepanzen zwischen dem Verhalten und den persönlichen Zielen des Patienten und melden Sie ihm sein persönliches Risiko zurück. „Ich nehme wahr, dass es Ihnen wichtig ist, Ihren Kindern ein guter Vater zu sein. Gleichzeitig fällt Ihnen das aber schwer, weil Sie häufig betrunken sind." Manchmal helfen Hinweise nach konsumassoziierten Problemen (z. B. Führerscheinentzug wg. Alkoholfahrten, Abmahnungen, erhöhte Leberwerte, Probleme mit Justiz und Polizei, Verletzungen, Partnerschaftsprobleme) dabei, Zugang zum Patienten zu bekommen. „Hatten Sie schon einmal Probleme wegen Ihres Trinkens?" Beziehen Sie grundsätzlich klar Stellung für eine Verhaltensänderung.

Verstärken Sie Äußerungen, in denen eine Veränderungsmotivation des Patienten zum Ausdruck kommt!
Verstärken Sie beispielsweise Äußerungen des Patienten, dass es „so nicht weitergehen könne", dass er seinen Führerschein wieder brauche, o. Ä. umgehend! „Sie merken, dass Sie jetzt etwas ändern müssen!"

Nehmen Sie die Ängste des Patienten ernst und validieren Sie sie!
„Für viele Menschen ist es schwer, über Alkohol zu sprechen. Manchen ist es peinlich, andere haben Angst vor nachteiligen Konsequenzen. Ich kann gut verstehen, dass Ihnen das Gespräch darüber unangenehm ist."

Fördern Sie die Selbstwirksamkeitserwartung des Patienten!
„Einen großen Schritt haben Sie schon getan – Sie sind hierher gekommen. Daraus entnehme ich, dass Sie etwas ändern wollen." Wenn Sie Erfahrungen bei vorherigen Lösungsversuchen (bei Sucht z. B. Entzugsbehandlungen, Abstinenzversuche) erfragen, fokussieren Sie darauf, dass der Patient in der Vergangenheit bereits erfolgreich war. „Sie haben es schon einige Male geschafft aufzuhören. Diesmal sollten wir darauf achten, was Ihnen hilft, nicht wieder anzufangen."

Betonen Sie die Selbstverantwortung des Patienten, machen Sie gleichzeitig die Regeln für Ihre Zusammenarbeit transparent!
Berufen Sie Sich auf die gemeinsam vereinbarten Therapieziele oder auf die Gründe, die den Patienten in die Therapie gebracht haben. Verdeutlichen Sie aber auch Ihre Grenzen und die Ihres therapeutischen Settings. Zeigen Sie klar auf, dass Sie mit dem Patienten an seinen Problemen arbeiten wollen, dass das aber nur bei gegenseitigem Vertrauen möglich ist. Definieren Sie Therapiegrundlagen (Offenheit, Aufgaben erledigen, Regeln/Hausordnung, Abstinenz von bestimmten oder allen Substanzen, Umgang mit Rückfällen). Der Patient muss entscheiden, ob er sich darauf einlässt oder nicht. Im Gegenzug müssen Sie für den Patienten verlässlich und berechenbar handeln.

Wägen Sie ab, ob Sie zur Diagnostik der jeweiligen Störung fremdanamnestische Informationen anstreben!
Wichtige Informationsquellen können Partner, andere Angehörige oder der Hausarzt sein. Fremdanamnesen können unumgänglich sein, wenn Sie bestimmte Informationen dringend benötigen (z. B. bei Suchterkrankungen anamnestische Komplikationen wie Krampfanfälle, Delirien etc.). Oft bedeutet eine Fremdanamnese für den Patienten aber auch eine sehr schmerzhafte Konfrontation. Daher müssen Sie abwägen, wie wichtig diese Informationen für Sie sind, letztlich entscheidet der Patient, ob er dafür sein Einverständnis gibt. Wenn der Patient Fremdanamnesen ablehnt, können Sie ein gemeinsames Gespräch anbieten und versuchen, dessen Wichtigkeit zu betonen. „Sie möchten nicht, dass ich mit Ihrer Ehefrau spreche. Ich kann das verstehen, möglicherweise ist Ihnen unangenehm, wie sie Ihre Problematik beschreibt. Ich glaube aber, dass es sehr sinnvoll ist; schließlich sind Sie auch deshalb gekommen, weil sich durch Ihren Alkoholkonsum ihr Verhältnis zueinander geändert hat." Drängen Sie den Patienten nicht zu sehr und lassen Sie die Initiative soweit wie möglich bei ihm.

Versuchen Sie, Rückfälle positiv umzubewerten!
Sprechen Sie bereits im Vorfeld darüber, dass ein Rückfall für den eigenen Therapieprozess des Patienten wichtig sein kann. Fokussieren Sie bei erfolgtem Rückfall auf mögliche bessere Lösungen. „Ein positiver Test heißt, Sie hatten einen Rückfall. Das kann für Sie schmerzlich sein, weil Sie Ihr Ziel der Abstinenz vielleicht jetzt noch nicht erreicht haben. Für uns heißt es aber auch, dass etwas Wichtiges passiert sein muss, mit dem sie nicht anders umgehen konnten. Und das haben wir bisher übersehen. Deshalb ist es wichtig,

sich diese Situation noch mal genau anzuschauen, damit Sie demnächst besser damit klarkommen."

Legen Sie Regeln für Kontrollen fest!
Legen Sie fest, wann (regelmäßig unangekündigt, mit oder ohne konkreten Verdacht) und in welcher Form der Patient (Alkomat, Urin- und Blutkontrollen; Aufsicht bei Urinabgabe) kontrolliert wird. Informieren Sie den Patienten über den Hintergrund der Kontrollen (Hausordnung, Gefährdung anderer Patienten, Selbstgefährdung). Legen Sie die Konsequenzen fest, wenn Konsum aufgedeckt wird (therapeutische Bearbeitung mit Rückfallanalyse). Im Einzelfall und abhängig vom Setting müssen aber auch die Grenzen der Toleranz klar benannt werden (Verwarnung, Therapieunterbrechung, im stationären Rahmen Entlassung bei wiederholtem Konsum). Dabei sollten Sie immer betonen, dass in jedem Fall Patient und Therapeut „im Gespräch bleiben" und alle Entscheidungen gemeinsam getroffen werden.

Besprechen Sie häufige Unehrlichkeit offen mit dem Patienten!
Versuchen Sie gemeinsam zu analysieren, wie es dazu kommt. Machen Sie dabei deutlich, dass Sie nicht ihn persönlich für einen Lügner halten, dass jedoch Substanzprobleme und andere mit Unoffenheit einhergehende Probleme regelmäßig zu Situationen führen, in denen die Wahrheit vertuscht werden soll. Um dem Patienten in solchen Situationen nicht aufzusitzen und die Therapie damit zu torpedieren, sind objektive Kontrollen notwendig. Sollten sich trotz allem Unehrlichkeiten häufen, müssen Sie klar aufzeigen, dass die Grenzen der Toleranz erreicht sind und das Arbeitsbündnis gefährdet ist. Hier muss sich der Patient entscheiden, ob er sich unter den vorgegebenen Bedingungen auf die Therapie einlassen kann oder nicht.

Seien Sie konsequent!
Dies ist in Einrichtungen der Suchthilfe und der Forensik üblicherweise selbstverständlich; andere Einrichtungen (niedergelassene Psychotherapeuten, psychotherapeutische Stationen ohne entsprechende Spezialisierung u. Ä.) zeigen nicht immer die notwendige und vereinbarte Konsequenz. Damit werden Vereinbarungen jedoch wirkungslos und die Reaktionen des Therapeuten unberechenbar.

Tab. 5.1 Beispieldialog Fallbeispiel 1.

Herr F.	Ich bin doch kein Alkoholiker!	
Th.	Sie möchten also nicht so bezeichnet werden.	**Reflexion**
Herr F.	Nein, ich glaube nicht, dass ich ein Problem mit dem Trinken habe!	
Th.	Es gab also niemals Probleme wegen ihres Trinkens?	**Überzeichnen**
Herr F.	Na ja, jetzt halt der Führerschein, und mein Chef hat auch schon mal was gemerkt. Stimmt schon, es ist etwas viel, aber ich kann doch nicht einfach aufhören. Alle meine Freunde trinken.	

Tab. 5.1 Beispieldialog Fallbeispiel 1. (Forts.)

Th.	Sie können sich nicht vorstellen, nicht mit ihren Freunden zu trinken, gleichzeitig machen Sie sich auch Sorgen über die Folgen.	**Reflexion der Ambivalenz**
Herr F.	Ja, aber ich kann mir einfach nicht vorstellen aufzuhören.	
Th.	Vielleicht stellen Sie ja auch fest, dass es sich lohnt, weiter zu trinken. Sich ändern ist schwer. Ob Sie weitermachen wie bisher oder ob Sie etwas Neues wagen, ist ganz allein ihre Entscheidung.	**Validieren, Verantwortung des Pat. betonen**

Tab. 5.2 Beispieldialog Fallbeispiel 2.

Th.	Herr W., ich glaube, Sie haben Kokain genommen.	**Konfrontation**
Herr W.	Nein.	
Th.	Was befürchten Sie, wenn es doch rauskommt?	**Fokus auf Konsequenzen**
Herr W.	Na ja, dass ich rausfliege.	
Th.	Glaub' ich Ihnen gerne, gerade weil wir vereinbart haben, dass Drogenkonsum hier tabu ist. Was würde das für Sie bedeuten?	**Zustimmung**
Herr W.	Dass ich's mal wieder nicht geschafft habe.	
Th.	Es könnte gut sein, dass Ihnen das Angst macht; vielleicht sind Sie auch enttäuscht. Aber sehen Sie, ich denke, dass man auch aus einem Rückfall etwas lernen kann, was einem hilft. Was müsste passieren, damit Sie sich trauen, ehrlich zu sein?	**Validieren, umbewerten**
Herr W.	Ich dürfte bleiben.	
Th.	Herr W., wir haben hier die Regel, dass während der Behandlung keine Drogen konsumiert werden; das können und wollen wir nicht ändern. Auf der anderen Seite möchten wir Sie dabei unterstützen, abstinent zu werden, da gehören auch Rückfälle dazu. Wenn Sie das auch wollen, könnten wir eine Vereinbarung treffen und es für diesmal bei einer Verwarnung belassen – Sie können bleiben, und wir können uns zukünftig auf Ihre Ehrlichkeit verlassen. Bei einem nächsten Rückfall müssten wir aber wohl eine Therapieunterbrechung als Konsequenz veranlassen.	**Betonung der Regeln; Partnerschaftlichkeit der therapeutischen Beziehung; indirekte Darstellung der Konsequenzen; Anbieten einer Handlungsalternative**
Herr W.	Und wenn ich dem nicht zustimme?	
Th.	Letztlich müssen Sie sich entscheiden, ob Ihre Ziele mit unserer Behandlung übereinstimmen und ob Sie unsere Regeln akzeptieren können oder ob Sie etwas anderes, z. B. eine andere Station oder eine andere Einrichtung, brauchen.	**Betonung der Autonomie; Ernstnehmen der eigenen Grenzen**

LITERATUR
Bernstein DP, Arntz A, de Vos M (2007) Schema focused therapy in forensic settings: Theoretical model and recommendations for best clinical practice. Int J Forensic Ment Health 6: 169–183
Brück R, Mann K (2006) Alkoholismusspezifische Psychotherapie. Köln: Deutscher Ärzte-Verlag
Miller WR, Rollnick S (2002) Motivational Interviewing. New York: Guilford Press

5.2 Die Patientin verschweigt Probleme aus Scham

FALLBEISPIELE

Fallbeispiel 1

Frau F. ist eine 35-jährige Patientin, die wegen einer Depression mit ausgeprägtem Grübeln in ambulante Therapie kommt. Während der Therapeut davon ausgeht, dass das Grübeln als typisches Depressionssymptom zu werten ist, beharrt die Patientin darauf, dass Grübeleien schon immer ihr größtes Problem gewesen seien. Erst nach einigen Stunden erfasst der Therapeut bei genauerem Nachfragen, dass die Patientin seit Jahren unter wechselnden Zwangssymptomen leidet (Zwangsgedanken mit aggressiven Inhalten, Kontrollzwänge), die sie bisher vor allen Menschen verborgen und in der Therapie bisher aus Scham verschwiegen hat.

Fallbeispiel 2

Frau T. ist eine attraktive 25-jährige Patientin mit Borderline-Persönlichkeitsstörung und ausgeprägtem Missbrauch verschiedener Substanzen, insb. Stimulanzien. Im Rahmen der Persönlichkeitsdiagnostik erfragt die Therapeutin impulsive Verhaltensweisen und nennt promiskuitives Verhalten als Beispiel. Die Patientin bejaht dies vage und berichtet auf explizite Nachfrage hin, dass sie auch als Prostituierte tätig sei. Dies habe sie ihrer früheren Therapeutin jedoch nie erzählt, da sie sich so sehr dafür schäme.

Hintergrund

Scham kann die Berichte von Patienten in zweierlei Hinsicht beeinflussen. Einerseits gibt es oft Problembereiche, für die sich Patienten – oft nachvollziehbar – sehr schämen (➤ Kasten).

!

Typische wichtige Themen, die aus Scham verschwiegen werden
- Zwangssymptome; insb. Zwangsgedanken mit gewalttätigen oder sexuellen Inhalten
- Sexuelle Themen, z. B. sexuelle Probleme, Arbeiten als Prostituierte, sexuelle Deviationen
- Bulimie
- Eifersucht und Neid
- Delinquentes Verhalten, z. B. Stehlen zur Emotionsregulation
- Schambesetzte biographische Informationen wie sexueller Missbrauch, Vergewaltigung, andere Verletzungen der Intimsphäre

Andererseits leiden manche Patienten auch unter starker Scham in Situationen, in denen sich psychisch gesunde Personen nicht schämen. Dies ist besonders ausgeprägt bei Patientinnen mit Borderline-Persönlichkeitsstörung, gilt jedoch auch für Personen mit sozialen Ängsten und starker Selbstunsicherheit. So berichten bspw. viele Patientinnen mit Borderline-Persönlichkeitsstörung, dass sie sich schämen, wenn sie gelobt werden, wenn sie sich etwas gönnen oder wenn sie in Gegenwart anderer essen.

Analyse

Es ist wichtig, schambesetzte Themen nicht zu vermeiden, weil sie oft ein wesentlicher Bestandteil der Problematik sind. Der Patient soll die Erfahrung machen, dass es hilfreich ist, Tabus zu brechen und an schambesetzten Themen zu arbeiten, da dies einerseits die Scham mit der Zeit reduziert und andererseits wichtige Themen (z. B. Zwangssymptome, sexuelle Probleme) sonst gar nicht bearbeitet werden könnten. Gleichzeitig muss die Scham des Patienten validiert werden. Sie sollten mit solchen Themen äußerst vorsichtig und rücksichtsvoll umgehen, damit der Patient Ihnen gegenüber das dafür notwendige Vertrauen entwickeln kann.

Lösungsstrategie

Sprechen Sie mögliche schambesetzte Themen an!
Sofern die Problematik des Patienten nahelegt, dass schambesetzte Themen oder Symptome eine Rolle spielen, fragen Sie direkt danach. Damit bieten Sie von Anfang an ein Modell dafür, sich einerseits über das Tabu hinwegzusetzen und andererseits die Probleme des Patienten wirklich ernst zu nehmen. „Sie haben angedeutet, dass Essen für Sie ein großes Problem ist. Kennen Sie auch Essanfälle?" „Sie berichten, dass Sie häufiger wechselnde Sexualpartner haben und verschiedene Drogen konsumieren, vor allem Koks. Patientinnen mit diesen Problemen arbeiten häufig auch als Prostituierte. Haben Sie das auch schon getan?"

Seien Sie dabei rücksichtsvoll und vorsichtig!
Letztlich entscheidet immer der Patient, was er Ihnen erzählen möchte. Zeigen Sie deutlich, dass Sie seine Entscheidungen respektieren und dass Sie verstehen, dass das Gespräch über schambesetzte Themen schwierig ist. „Ich frage nach den sexuellen Problemen, weil es möglicherweise eine wichtige Rolle in Ihrem Leben spielt. Selbstverständlich sollen Sie aber über nichts sprechen, über das Sie nicht sprechen mögen!" „Für viele Menschen ist es sehr schwierig, über Essanfälle zu sprechen, weil sie sich sehr dafür schämen."

5.2 Die Patientin verschweigt Probleme aus Scham

Validieren Sie die Scham!
Nehmen Sie nach Möglichkeit die Scham schon vorweg und stellen Sie diese als normal da. „Zwangsgedanken haben oft sehr aggressive oder sexuelle Inhalte, und die Betroffenen leiden dann nicht nur darunter, sondern schämen sich auch sehr dafür. Das finde ich sehr verständlich." Wenn der Patient über Scham berichtet, verstärken Sie dies und zeigen Mitgefühl. „Sie sagen, dass Sie sich sehr dafür schämen. Ich finde es gut, dass Sie trotzdem davon berichten, denn das ist ja ein sehr wichtiges Thema, auch wenn es im Moment unangenehm ist, darüber zu sprechen."

Bieten Sie dem Patienten ein Modell für den offenen Umgang mit schambesetzten Themen!
Die Erfahrung zeigt, dass die Beschäftigung mit schambesetzten Themen mit der Zeit immer einfacher wird, wenn der Patient Ihren Respekt und Ihr Verständnis spürt. Dies sollten Sie der Patientin von Anfang an vermitteln und ein Modell bieten, indem Sie solche Themen immer wieder offen und verständnisvoll besprechen.

Nehmen Sie den Dingen die Peinlichkeit!
Stellen Sie die Häufigkeit schambesetzter Themen bei bestimmten psychischen Erkrankungsformen dar und machen Sie deutlich, dass Sie damit sehr vertraut sind. Taktvoll eingesetzter Humor schwächt Scham ab, erleichtert das offene Gespräch über Tabuthemen und wirkt in der Therapiebeziehung oft verstärkend. Sie müssen dabei selbstverständlich sehr genau darauf achten, dass der Patient nicht den Eindruck gewinnt, Sie machten sich auch nur im Geringsten über ihn lustig. „Sie haben heute sehr viel über Dinge gesprochen, die bei Ihnen Scham auslösen, das finde ich mehr als tapfer von Ihnen!"

Tab. 5.3 Beispieldialog Fallbeispiel 1.

Th.	Sie sagen, Sie haben mit den Grübeleien schon länger Probleme, was meinen Sie denn damit?	
Frau F.	Na ja, absurde Themen, die mich dann immer wieder beschäftigen.	
Th.	Kennen Sie Zwangsgedanken? So nennt man Ideen und Gedanken, die einen immer wieder intensiv beschäftigen und unter starken Druck setzen, obwohl sie eigentlich absurd sind.	Direkt fragen
Frau F.	Ja, das kommt mir bekannt vor.	
Th.	Was sind denn die Inhalte von Ihren möglichen Zwangsgedanken?	Direkt fragen
Frau F.	Ach, das wechselt …	
Th.	Häufig sind die Inhalte so, dass sich die Betroffenen dafür schämen, obwohl sie ja gar nichts dafür können. Typisch sind z. B. sexuelle Themen oder aggressive Gedanken, dass man jemandem etwas antun könnte oder so.	Scham offen ansprechen und antizipieren

Tab. 5.3 Beispieldialog Fallbeispiel 1. (Forts.)

Frau F.	Ja, das kenne ich gut. Ich bin lange Zeit gar nicht in die Küche gegangen, weil ich mich so vor den Messern gefürchtet habe.	
Th.	Ja, das kann einen sehr mitnehmen. Ich finde es sehr gut, wenn Sie das offen ansprechen können, obwohl es so ein schwieriges Thema ist.	**Validieren, verstärken**
Frau F.	Ja, das ist es.	

Tab. 5.4 Beispieldialog Fallbeispiel 2.

Th.	Kennen Sie bei sich auch impulsive Verhaltensweisen? So bezeichnet man z. B. Sex mit unbekannten Partnern, Stehlen, Essanfälle u. Ä.	**Direkt schambesetzte Verhaltensweisen nennen**
Frau T.	Ja.	
Th.	Können Sie das etwas konkreter sagen? Dabei ist mir allerdings wichtig, dass Sie nur über Dinge sprechen, zu denen Sie auch etwas sagen möchten!	**Direkt fragen, Rücksicht zeigen**
Frau T.	Na ja, vor allem das mit dem Sex.	
Th.	Manche Patientinnen haben z. B. vor allem dann Sex mit unbekannten Partnern, wenn sie betrunken sind oder wenn sie sich sehr einsam fühlen. Öfters mal geht das dann auch in Prostitution über, obwohl viele das eigentlich gar nicht wollen.	**Mögliche schambesetzte Themen antizipieren und normalisieren**
Frau T.	Es ist mir sehr unangenehm, darüber zu sprechen, aber ich arbeite auch immer wieder als Prostituierte. Irgendwie will ich das eigentlich gar nicht, aber dann passiert es doch immer wieder.	
Th.	Ich bin froh, dass Sie das ansprechen, obwohl es so schwierig ist! Es ist aber sicher wichtig, noch genauer darüber zu sprechen, weil es für Sie ja sehr belastend ist, wenn Sie sich immer wieder prostituieren, obwohl Sie das nicht wollen.	**Verstärken, Bedeutung des Themas aufzeigen**

KAPITEL 6

Die Klinik ersetzt die natürliche Umwelt des Patienten

6.1 Der Patient ist „hospitalisiert"

FALLBEISPIELE

Fallbeispiel 1

Herr U., 42 Jahre, ist ein Patient mit paranoid-halluzinatorischer Schizophrenie, der seit zwei Monaten stationär behandelt wird. Mit einer neuen Medikation ist er mittlerweile bis auf eine mäßige Negativsymptomatik (leichte Verlangsamung und Antriebsstörung) gut gebessert, kann am Therapieprogramm mit Ergotherapie, Sport und Bezugspflege problemlos teilnehmen und ist mit den Mitpatienten gut im Kontakt. Sein Arzt möchte mit ihm nun die Rückkehr zum Arbeitsplatz und in seinen häuslichen Alltag vorbereiten. Dies macht ihm jedoch Angst; er fühlt sich überfordert und möchte die schrittweise Wiedereingliederung noch für eine längere Weile hinausschieben.

Fallbeispiel 2

Frau N., 23 Jahre alt, arbeitslos und ohne Ausbildung, ist nach mehreren gescheiterten Versuchen der beruflichen Rehabilitation zum wiederholten Mal mit den Diagnosen Angststörung und kombinierte Persönlichkeitsstörung in tagesklinischer Behandlung. Sie wirkt in allen Therapien wenig engagiert, kommt häufig zu spät oder lässt Therapien ohne triftige Gründe ausfallen. Klare Ziele kann sie nicht formulieren. In Gruppen- und Einzelgesprächen zeigt sie geringen Antrieb, spricht wenig und kann sich kaum konzentrieren. Im Gegensatz dazu wirkt sie im Gespräch mit Mitpatienten gelöster und aktiver. Alle vorgeschlagenen Maßnahmen zur beruflichen Rehabilitation lehnt sie als überfordernd ab; eine von der Patientin akzeptierte Alternative zu ihrer Behandlung scheint nicht in Sicht.

Fallbeispiel 3

Herr S., ein vorzeitig berenteter Privatpatient, ist 63 Jahre alt und seit seiner Verwitwung vor 7 Jahren zum dritten Mal wegen einer Depression in stationärer Behandlung. Wie bei den beiden vorherigen Aufenthalten reagierte er rasch nach der Aufnahme mit deutlicher Entlastung und einer Besserung der Symptomatik. Trotz besseren Antriebs lehnt er es jedoch ab, aktive Maßnahmen zum Aufbau sozialer Aktivitäten und zur Verbesserung seiner einsamen Situation daheim zu ergreifen, da ihn dies überfordere. Der Eindruck des Behandlungsteams ist, dass er sich in der stationären Versorgung durch den vielfältigen Sozialkontakt sehr viel wohler fühlt als daheim.

Hintergrund

Als **Hospitalismus** werden alle durch einen Krankenhausaufenthalt verursachten Schäden bezeichnet, wobei psychischer Hospitalismus im ursprünglichen Sinne eine Schädigung infolge fehlender affektiver Zuwendung (Deprivation) ist, die sich u. a. in Retardierung, Kontaktstörungen, Angst und Apathie zeigt. Solche extremen Zustände sind heute nicht mehr zu beobachten; dennoch werden Patienten gelegentlich als „hospitalisiert" beschrieben. Damit wird das nicht seltene Phänomen umschrieben, dass Patienten nach längerer stationärer Versorgung nicht auf die Entlassung hinzustreben scheinen, da sie davor Angst haben, sich mit der Situation im Krankenhaus gut arrangiert haben und sich vom Leben außerhalb der Klinik überfordert fühlen. In solchen Situationen zeigen die Betroffenen eine ausgeprägte Passivität hinsichtlich der zukünftigen Gestaltung ihres Lebens außerhalb der Klinik und scheinen die Verantwortung dafür mehr dem Behandler als sich selbst zuzuschreiben. Dieses Phänomen lässt sich nicht isoliert betrachten; es interagiert immer mit der Krankheit und Symptomatik sowie der Person des Patienten, seiner psychosozialen Situation und dem Behandlungsangebot (➤ Kap. 8.3).

Zu Krankheit und Person Hospitalisierung tritt leichter bei ausgeprägter Negativsymptomatik, chronischen Störungen und im Rahmen von Störungen auf, bei denen über lange Zeit eine schwere Antriebsstörung bestand. Dies alles trägt zu einer krankheitsbedingten Verminderung der Aktivität bei. Komplizierend sind weiterhin Persönlichkeitsstörungen (PS) oder Persönlichkeitszüge, die es dem Patienten erschweren, ein angenehmes und aktives eigenes (soziales) Leben zu führen und die Belastung durch die berufliche Tätigkeit vergrößern (vor allem PS der Cluster B und C, ➤ Kap. 2.7).

Zur psychosozialen Situation Hospitalisierung tritt häufiger auf, wenn beim Patienten eine schwierige partnerschaftliche oder familiäre Situation besteht, wenn der Patient z. B. durch Verwitwung oder Trennung vereinsamt ist, keinen Arbeitsplatz besitzt oder in anderer Weise kaum eine positive Perspektive außerhalb der Klinik sehen kann.

Zum Behandlungsangebot Hospitalisierung wird tendenziell durch ein Behandlungsangebot gefördert, das sehr umsorgend ist und wenig auf Belastungssteigerung fokussiert. Ungünstig ist es, wenn kein klares, gestuftes Konzept zur Belastungssteigerung vorliegt oder wenn die Ziele der Behandlung unklar sind.

Zusammenfassend fördern alle diejenigen Faktoren die Hospitalisierung, die dazu beitragen, dass der Verbleib in der stationären Versorgung hohen positiven Verstärkerwert für den Patienten hat, während die Aussicht auf das Leben nach der Entlassung geringen Verstärkerwert besitzt.

Analyse

Zunächst muss verstanden werden, welchen Hintergrund die Passivität des Patienten hat, d. h. welche Verstärker sie fördern. Darauf abgestimmt sollte die Verstärkersituation im Rahmen der Möglichkeiten geändert und die weiteren Ziele der Behandlung sowie die einzelnen Behandlungsschritte sollten in Richtung dieser Ziele geklärt werden. Ggf. ist es sinnvoll, das Setting zu verändern, z. B. den Patienten hausintern von einer auf akute schwere Depressionen spezialisierten Station, die den Patienten viel Umsorgung und Entlastung anbietet, in eine Tagesklinik zu verlegen, die primär auf Belastungssteigerung und berufliche und private Wiedereingliederung ausgelegt ist.

Wichtig ist dabei, die Angst des Patienten vor der Entlassung verständnisvoll zu thematisieren und deutlich zu machen, dass der Patient letztendlich, trotz aller notwendigen und ihm zustehenden Unterstützung, selbst die Verantwortung für sein Leben trägt.

Lösungsstrategie

Analysieren Sie die Verstärkersituation und nutzen Sie Veränderungsmöglichkeiten aus!
Versuchen Sie zu verstehen, welche Bedingungen den Patienten in der stationären Behandlung halten (gute Versorgung, angenehme Sozialkontakte und Beschäftigungen etc.) bzw. die Entlassung nicht nur positiv erscheinen lassen (schwierige familiäre Situation, Perspektivlosigkeit etc.). Prüfen Sie die Möglichkeiten, die Verstärkersituation innerhalb ihrer Behandlung zu verändern, z. B. in der Ergotherapie verstärkt auf Belastungserprobung anstelle freier kreativer Tätigkeit fokussieren oder auf eine Station verlegen, die stärker auf Belastungssteigerung ausgelegt ist.

Thematisieren und planen Sie die Entlassung frühzeitig!
Es ist sinnvoll, schon frühzeitig in der Behandlung die Frage der Entlassung mit dem Patienten zu thematisieren, auch wenn diese noch nicht direkt bevorsteht. So kann sich der Patient rechtzeitig damit gedanklich vertraut machen, und Sie können, wenn die Entlassung näher rückt, leichter daran anknüpfen.

Klären Sie mit dem Patienten gemeinsam die Perspektive und suchen Sie Ziele!
Teilweise sind die Ziele der Behandlung unklar; manchmal ist die Perspektive des Patienten nach der Entlassung unklar bis verzweifelt. Wenn dies der Fall ist, sollten Sie das offen ansprechen und gemeinsam klären, welche Ziele die Behandlung verfolgt und welche Aspekte der Perspektive des Patienten in den Vordergrund gerückt werden sollten. „Jetzt geht es Ihnen von der akuten Symptomatik her erfreulicherweise sehr viel besser. Wir sollten überlegen, was nun noch die weiteren Ziele der Behandlung hier sind." „Ich denke, wir sollten hier auch über Ihre Perspektive nach der Entlassung nachdenken. Sie haben berichtet, dass Sie vor der Aufnahme einige Schwierigkeiten am Arbeitsplatz und in

der Familie hatten. Was müsste sich noch ändern, damit Sie dieser Situation weniger besorgt entgegensehen?" Die festgelegten Ziele müssen realistisch, konkret und überprüfbar sein; dies kann auch offen mit dem Patienten besprochen werden. „Sie sagen, Ihre Mutter müsste sich ändern. Das ist schwierig, weil wir das nicht beeinflussen können. Gäbe es denn ein anderes Ziel, das mehr in Ihrer Macht steht, z. B. dass Sie weniger Kontakt mit Ihrer Mutter haben?" Den Zielen sollten kleine realistische Veränderungsschritte zugeordnet werden, die Sie konkret planen und begleiten können. Selbstverständlich sollte jeder Schritt in Richtung dieser Ziele von Ihnen verstärkt werden.

Sprechen Sie die Problematik ggf. klar an!
Manchmal fällt es Patienten sehr schwer, sich auf diesen Prozess einzulassen. In solchen Fällen sollten Sie sie wertschätzend mit diesem Problem konfrontieren. „Es scheint ein sehr schwieriges Thema zu sein, wie es nach der Entlassung weitergehen soll. Dennoch komme ich immer wieder darauf zurück, da es ja ein sehr wichtiges Thema ist. Ihre langfristige Perspektive ist ja draußen in Ihrem Leben, nicht hier in der Klinik." In manchen Fällen müssen Sie diesen Aspekt mit einer gewissen Hartnäckigkeit immer wieder einbringen und die reale Situation, z. B. die fehlende Bereitschaft der Krankenkasse zur Aufenthaltsverlängerung, ins Spiel bringen(falls Patienten in dieser Situation wiederholt suizidale Tendenzen äußern ➤ Kap. 2.6, ➤ Kap. 7.4).

Angst vor Veränderung validieren!
Es ist für viele Patienten erleichternd, wenn ihre Angst vor der Entlassung verstanden und validiert wird. Dazu können Sie die Angst normalisieren, indem Sie betonen, dass es vielen Patienten so geht. „Für viele Patientinnen ist es ein Riesenschritt, nach so langer Zeit wieder nach Hause zu gehen. Viele haben davor Angst. Können Sie das nachempfinden?" „Das ist eine große Veränderung, die da für Sie ansteht. Das wäre für niemanden leicht! Und wir werden alles uns Mögliche tun, damit Sie sich nach der Entlassung nicht im Stich gelassen erleben."

6.2 Der „Krankheitsgewinn" ist hoch

FALLBEISPIELE
Fallbeispiel 1
Herr S., ein 54-jähriger Patient in der Tagesklinik, klagt in allen Gesprächen über seine Depression. Im Kontakt mit Mitpatienten wirkt er im Kontrast dazu affektiv ausgeglichen. Auf diesen Kontrast angesprochen, gibt er an, dass er sich nie gut fühle und sich in der Situation mit den Mitpatienten nur mehr zusammenreiße als in den Therapien. Das Team vermutet, dass es ihm nicht besser gehen „darf", da er einen Rentenantrag gestellt hat und auf gar keinen Fall wieder arbeiten möchte. Für den Fall der Rentenbewilligung hat er bereits einen Minijob zugesagt.

Hintergrund

Die individuelle Situation kann dazu führen, dass der Patient durch die Krankheit einen hohen Gewinn hat (sog. „Krankheitsgewinn"). Verhaltenstherapeutisch gesprochen erfährt der Patient durch die Krankheit selbst viel Verstärkung, die zur Aufrechterhaltung der Störung führt. Es bestehen Überschneidungen zum Problem der Hospitalisierung (➤ Kap. 6.1). Während unter dem Stichwort „Hospitalisierung" vor allem Faktoren behandelt werden, die den stationären Aufenthalt selbst zum Verstärker machen, geht es bei „Krankheitsgewinn" eher um andere Verstärker, die allerdings ebenfalls mit dem stationären Aufenthalt assoziiert sind.

Beispiele für solche Situationen sind Patienten mit laufendem oder geplantem Rentenbegehren oder hohen Krankentagegeld- oder Krankenhaustagegeldversicherungen. Rentenanträge wegen psychischer Störungen sind sehr häufig: Nach der Statistik der Rentenversicherer (VDR) wird fast jede dritte Frührente aufgrund einer psychischen Störung eingerichtet. Dabei beginnen diese Renten durchschnittlich fast 20 Jahre vor dem Rentenalter und fast 13 Jahre vor dem tatsächlichen durchschnittlichen Rententeintritt (derzeit 60,4 Jahre). Viele Patienten haben Tagegeldversicherungen mit z. T. so hohen Tagessätzen, dass die Zahlungen einem guten Monatsgehalt gleichkommen. In manchen Fällen kann auch eine lange Krankschreibung selbst hohen Verstärkungswert haben, etwa bei sehr belastenden beruflichen Tätigkeiten.

In solchen Konstellationen, die unten Umständen – bspw. wenn der Patient Ihnen das laufende Rentenbegehren oder die Krankenhaustagegeldversicherung verschweigt – erst relativ spät in der Behandlung deutlich werden, tritt die fehlende Veränderungsmotivation des Patienten klar in Konflikt mit Ihrem Behandlungsauftrag. Nicht in allen Fällen können Sie die Verstärkersituation durch ihr Angebot so stark verändern, dass der Patient darauf eingeht. In vielen Fällen haben die Patienten realistischerweise auch die Möglichkeit, die Behandlung bei Ihnen zu beenden und sich in andere Behandlung zu begeben, wenn sie Sie als zu kritisch erleben.

Analyse

Zunächst sollten Sie versuchen, die Verstärkersituation möglichst genau zu verstehen, um einen Eindruck davon zu gewinnen, ob beim Patienten gewichtige Faktoren vorliegen, die es wahrscheinlich machen, dass er nicht motiviert ist, wieder die Rolle des Gesunden einzunehmen (➤ Tab. 6.1). Dazu können Sie den Patienten nach Vorhandensein und Höhe von Tagegeldversicherungen, dem Stand eines eventuellen Rentenantrags etc. fragen. Bedenken Sie, dass Patienten dies nicht immer offen berichten (➤ Kap. 5); auch frühere Behandler oder Angehörige können daher oft wichtige Informationen liefern.

Ihr Behandlungsziel sollte darin liegen, die Motivation zur Wiedereinnahme der sozialen Rollen zu verbessern. Falls das nicht möglich ist, sollten Sie die Behandlung zeitlich

Tab. 6.1 Typische Verstärker von Krankheit und Gesundheit.

Verstärker, die Krankheit aufrechterhalten	Verstärker, die Genesung fördern
• Krankentagegeldversicherung • Krankenhaustagegeldversicherung • Aussicht auf Berentung • Vermeiden unbeliebter Tätigkeiten durch lange Krankschreibung • Vermeiden von problembehafteten Arbeitsplätzen • Andere soziale Rollen (z. B. Partner, Elternteil), die als unbefriedigend erlebt werden	• Verdienstmöglichkeiten, die bei Krankheit verringert sind • Erhalt von Arbeitsplatz, der durch lange Krankheit als gefährdet betrachtet wird • Wiederaufnahme von als befriedigend erlebter Berufstätigkeit • Wiederaufnahme anderer sozialer Rollen (z. B. Partner, Elternteil), die als befriedigend erlebt werden

soweit wie möglich begrenzen und sich nicht für Zwecke des Patienten instrumentalisieren lassen, die Sie aus therapeutischer Sicht nicht unterstützen wollen.

Lösungsstrategie

Explorieren Sie vorsichtig die Verstärkersituation!
Um die Verstärkersituation zu verstehen, ist es oft hilfreich, relativ beiläufig Faktoren wie Krankentagegeld oder Rentenbegehren anzusprechen. Günstig ist es bspw., wenn ein Sozialarbeiter im Rahmen seiner Beratung solche Faktoren ganz selbstverständlich miterfragt. Je direkter und offensiver Sie den Patienten nach solchen Themen fragen, umso höher ist die Gefahr, dass er dem Thema ausweicht. Es kann dann z. B. vorkommen, dass der Patient Ihnen vorwirft, dass Sie ihm sein Leid nicht glauben und er deshalb kein Vertrauen in Ihre Behandlung mehr haben kann (➤ Kap. 4.3), oder mit Suizid droht (➤ Kap. 7.4).

Konfrontieren Sie ihn vorsichtig mit der Problematik!
Sie sollten dennoch versuchen, den Patienten zumindest in gewissem Umfang mit der Situation zu konfrontieren. Diese Konfrontation sollten Sie zunächst eher indirekt, validierend und vorsichtig gestalten „Sie haben da wirklich immer wieder große Probleme am Arbeitsplatz. Dazu noch diese hohe Krankentagegeldversicherung, da kann man ja schon das Gefühl bekommen: Wofür lohnt es sich eigentlich, die ganzen Mühen auf sich zu nehmen, nur um gesund zu werden und wieder in die alte Tretmühle zu müssen?".

Suchen Sie nach „Gegengewichten" zum Krankheitsgewinn!
Verbinden Sie diese Konfrontation mit der Exploration positiver Faktoren, die zur Genesung motivieren könnten. Auch wenn die Erfüllung von Pflichten häufig als lästig empfunden wird, kann ihre Bewältigung den Selbstwert stärken und das Erleben eigener Leistungsfähigkeit als befriedigend erlebt werden. Möglicherweise schwingt in der Perspektive einer sehr frühen vorzeitigen Berentung auch das negative Gefühl mit, nicht

mehr gebraucht zu werden. „Gibt es denn eigentlich auch irgendetwas, das Sie am Arbeiten angenehm finden?" „Wie finden Sie die Aussicht, evtl. schon mit Mitte Vierzig berentet zu werden?" Trauen Sie Ihrer Intuition bei der Bewertung der Antworten! Ein Patient mit einem möglicherweise nicht voll zu rechtfertigenden Rentenbegehren kann häufig gut einschätzen, wie er sich darstellen muss.

Begrenzen Sie hoffnungslose Behandlungen!
Wenn der Patient auf diese Konfrontation nicht mit einer Verbesserung der Änderungsmotivation reagiert, sollten Sie sein Behandlungsbegehren möglichst wenig durch weitere Behandlung unterstützen. Machen Sie dies deutlich und begrenzen Sie die Behandlung. „Ein wichtiges Ziel der Behandlung ist ja auch, dass Sie wieder in die Lage kommen, Ihren Beruf auszuüben. Das scheint aber gar nicht unbedingt Ihr Ziel zu sein. Daher weiß ich nicht so genau, was wir hier für eine Aufgabe haben." Vor allem sollten Sie sich vom Patienten nicht für seine Zwecke einspannen lassen, indem Sie z. B. keine Briefe verfassen, die das Rentenbegehren entgegen Ihrer Überzeugung stützen etc.

Akzeptieren Sie die Grenzen des Systems!
In vielen Fällen haben die Patienten die Möglichkeit, Ihre Behandlung zu verlassen und eine andere Behandlung aufzunehmen. Dies gilt insb. für privat versicherte Patienten. Damit sind Ihrem Einfluss systembedingt Grenzen gesetzt.

KAPITEL 7

Suizidalität

7.1 Suizidalität muss geklärt werden

FALLBEISPIELE
Fallbeispiel

Herr H., ein 54-jähriger Landwirt, wird, wie er sagt, von seiner Familie in Ihre Sprechstunde geschickt. Nach zwei lange zurückliegenden depressiven Episoden habe sich aktuell seit ca. vier Wochen erneut eine Depression entwickelt. Er verlässt kaum noch sein Haus, arbeitet nicht mehr auf dem Hof mit, spricht und isst wenig. Morgens erwacht er früh und geistert durchs Haus. Er habe keinen Lebensmut mehr.

Hintergrund

Pro Jahr versterben 10–11 000 Menschen in der Bundesrepublik durch Suizid, mehr als an Drogen, Verkehrsunfällen, Morden und AIDS-Erkrankungen zusammen. Mehr als 90 % aller Suizidenten leiden an einer psychiatrischen Erkrankung, am häufigsten an einer Depression (40–70 %). Ein hohes Gefährdungspotenzial weisen weiterhin Patienten mit Suchterkrankungen und Persönlichkeitsstörungen auf. Bis zu 10 % aller Menschen mit schweren rezidivierenden Depressionen versterben, so wird geschätzt, durch Suizid. Suizide „aus freiem Willen"; Bilanzsuizide oder Suizide als Reaktion auf eine körperliche Erkrankung mit infauster Prognose sind dagegen sehr selten.

Das Risiko, durch Suizid zu versterben, ist für Männer rund dreimal so hoch wie für Frauen. Vor allem mit dem Alter steigt die Gefahr einer Selbsttötung deutlich an. Suizide bei Kindern sind dagegen sehr selten. Erst ab dem 14. Lebensjahr nehmen Selbsttötungen deutlich zu. Suizidversuche kommen rund 10- bis 100-mal häufiger vor als Suizide. Hauptrisikogruppe sind hierbei vor allem junge Frauen. Sehr viele suizidgefährdete Patienten suchen vor einer Suizidhandlung einen Hausarzt, Psychologen oder Psychiater auf, sprechen dabei ihre Selbsttötungsabsichten jedoch nur selten direkt an.

Analyse

Im Rahmen einer fokussierten Suizidabklärung muss Folgendes geklärt werden:
- Leidet der Patient an einer psychiatrischen Erkrankung? Wenn ja, an welcher?

- Gehört der Patient zu einer Hochrisikogruppe?
- In welchem Stadium der Suizidalität befindet sich der Patient (➤ Abb. 7.1)?
- Besteht Absprachefähigkeit?

Lösungsstrategie

Fallen Sie nicht mit der Tür ins Haus!
Auch wenn Ihre Hauptaufgabe, z.B. als Dienstarzt einer psychiatrischen Klinik oder im Konsiliardienst, die Abklärung der Suizidgefährdung ist, sollte die Frage nach Selbsttötungsabsichten nicht ganz am Anfang des Gesprächs stehen. Beginnen sie mit der aktuellen Anamnese, versuchen Sie, einer psychiatrischen Diagnose näher zu kommen und klären Sie, ob der Patient einer Hochrisikogruppe angehört.

Erfragen Sie kurz und fokussiert die Kernsymptome psychiatrischer Krankheiten!
- **Depression:** „Wie war Ihre Stimmung in den letzten Tagen? Können Sie sich über etwas freuen? Wie schlafen Sie?"
- **Psychose:** „Gibt es Dinge, die Ihnen Angst machen? Fühlen Sie sich bedroht? Hören Sie manchmal Stimmen oder Geräusche, die andere nicht hören? Fühlen Sie sich gesteuert oder von außen beeinflusst?"

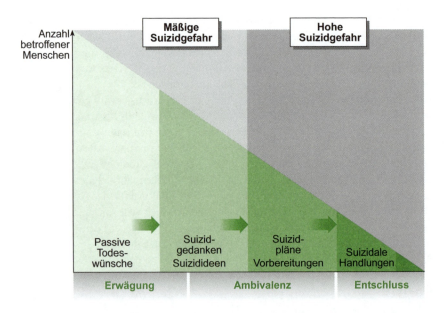

Abb. 7.1 Suizidalität ist kein fixer Zustand, sondern ein Prozess, in dem verschiedene Phasen durchlaufen werden.

- **Suchterkrankung:** „Trinken Sie Alkohol? Wie oft und wie viel? Nehmen Sie Drogen oder Beruhigungsmittel?"

Klären Sie, ob der Patient spezielle Suizidrisiken aufweist!
Die Zugehörigkeit eines Patienten zu einer Hochrisikogruppe für Suizidalität sollte den Therapeuten veranlassen, noch sensibler nach Suizidgedanken zu fragen. Das Fehlen von Risikofaktoren bedeutet jedoch keineswegs, dass ein Patient nicht gefährdet ist.
Zu den wichtigsten **Risikofaktoren** zählen:
- zurückliegender Suizidversuch
- Vorliegen einer psychiatrischen Erkrankung: schwere Depression, Abhängigkeit, Psychose

Weitere Risikofaktoren sind:
- männliches Geschlecht
- höheres Alter
- fehlender sozialer Rückhalt (alleine lebend, vereinsamt)
- schwierige soziale Umstände (Ende einer Partnerschaft, Arbeitslosigkeit)
- Absetzen einer Benzodiazepin-Medikation
- narzisstische oder Borderline-Persönlichkeitsstörung
- starke Unruhe und Schlafstörungen
- Noncompliance, Beziehungskrise mit Therapeut, Therapeutenwechsel, Urlaub des Therapeuten
- Jahrestage
- Sonntage (30 % aller Suizide werden an Sonntagen verübt)
- Beziehungskonflikte mit Angehörigen/Partnern im Behandlungsverlauf

Entlastende Faktoren:
- Religiosität, insb. starke kirchliche Bindung
- intaktes soziales Umfeld

Es empfiehlt sich, zunächst über Ruhewünsche und Suizidgedanken zu sprechen, dann aber auch nicht zu versäumen, konkretere Suizidpläne abzufragen. Es ist sehr sinnvoll, sich eine klare Fragestellung, zumindest den ersten Satz davon, zurechtzulegen. „Haben Sie schon einmal daran gedacht, sich das Leben zu nehmen?" „Sind sie selbstmordgefährdet?" „Haben Sie sich schon einmal gewünscht, nicht mehr zu leben?"

Unter Absprachefähigkeit versteht man das eigene Gefühl, sich auf den Patienten verlassen zu können!
Wenn Sie sich abends Sorgen darüber machen, ob Ihr Patient noch lebt, haben Sie die Absprachefähigkeit offensichtlich nicht richtig eingeschätzt.

Führen Sie, wenn irgend möglich, ein Gespräch mit Angehörigen oder engen Bezugspersonen!
Fragen Sie den Patienten, wer ihn am besten kennt, und bitten Sie um die Erlaubnis, mit dieser Person sprechen zu dürfen. Im Notfall, d. h. wenn der Patient Ihnen diese Erlaub-

nis nicht erteilt, Sie aber davon ausgehen, dass eine erhebliche Gefährdung vorliegt, sollten Sie Angehörige auch ohne die Erlaubnis des Patienten anrufen. Wenn Sie auf die Fremdanamnese verzichten, könnte es sein, dass Sie nicht von der Schlinge erfahren werden, die in der Garage bereits von der Decke hängt.

Haben Sie keine Angst, intensiv nach Suizidalität zu fragen!
Patienten suchen bei Ihnen Hilfe und erwarten, nach Suizidalität gefragt zu werden. Das Sprechen über suizidale Gedanken führt häufig zu Entlastung und zur Auflösung der suizidalen Isolation und Einengung. Der Patient erfährt in der Regel, dass seine Notsignale angenommen werden und dass prinzipiell Hilfsmöglichkeiten gegeben sind.

Schaffen Sie bei sich selbst die Voraussetzungen, mit Suizidalität umgehen zu können!
Überlegen Sie im Vorfeld, was Sie tun werden, wenn Sie herausfinden, dass ein Patient suizidal und nicht absprachefähig ist. Denken Sie in einer stillen Stunde darüber nach, was Ihre eigene Einstellung zu Suizidalität ist. Hat Sie ein Patient schon einmal überzeugt, dass es für ihn besser wäre, nicht mehr zu leben? Üben Sie eine Suizidabklärung zunächst im Rollenspiel. Suchen Sie schnell Supervision, wenn Probleme auftauchen.

Auch niedriggradige Suizidalität verhindert in manchen Fällen eine psychotherapeutische Behandlung, da Therapeuten gelegentlich schon zu Beginn einer Therapie ausschließlich auf dieses Thema fokussieren und Patienten ablehnen, die nicht jegliche Suizidalität vollkommen eindeutig verneinen. Dies führt zu der absurden und unethischen Situation, dass Patienten wegen eines bestimmten Symptoms (Suizidalität) eine dringend indizierte Behandlung der zugrunde liegenden Erkrankung vorenthalten wird.

Tab. 7.1 Beispieldialog zu Fallbeispiel 1.

Sie haben bei Herrn H. bereits eine schwere depressive Episode diagnostiziert und herausgefunden, dass er in der letzten Krankheitsphase versucht hat, sich zu erhängen.		
Th.	Haben Sie denn in letzter Zeit darüber nachgedacht, gar nicht mehr leben zu wollen?	
Herr H.	Also, ich wäre lieber heute als morgen unter der Erde.	
Th.	Ja, und denken Sie denn auch darüber nach, sich umzubringen?	**Konkreter nachfragen, um passive Todesgedanken von Suizidalität zu unterscheiden**
Herr H.	So geht das einfach nicht mehr weiter.	
Th.	Haben Sie denn auch schon Pläne, wie sie sich töten würden?	**Trotz ausweichender Antwort Suizidgefährdung als gegeben annehmen**
Herr H.	Ich würd' von der Brücke springen.	

Tab. 7.1 Beispieldialog zu Fallbeispiel 1. (Forts.)

Th.	Wissen Sie von welcher?	Suizidpläne konkretisieren; mögliche entlastende Faktoren explorieren
Herr H.	Die bei Neustadt.	
Th.	Waren Sie schon mal dort?	
Herr H.	Ein paar Mal schon.	
Th.	Und was hat Sie davon abgehalten zu springen?	
Herr H.	Jedes Mal kam ein Auto vorbei, und irgendwie hab ich's mich dann nicht getraut.	

Schon aus dieser kurzen Gesprächssequenz kann mit hoher Sicherheit darauf geschlossen werden, dass der Patient noch immer suizidal ist. In einem nächsten Schritt muss nun geklärt werden, welche Interventionen indiziert sind und ob Absprachefähigkeit besteht.

7.2 Der Patient ist suizidal und absprachefähig

FALLBEISPIELE
Fallbeispiel

Frau L., eine 32-jährige Verwaltungsangestellte, wird seit 3 Wochen auf einer offenen Psychotherapiestation wegen einer ersten depressiven Episode behandelt. Mehrere medikamentöse Therapieversuche scheiterten im Vorfeld wegen inakzeptabler Nebenwirkungen. Nachdem der Partner in einem Paargespräch die für die Patientin völlig überraschend Trennung angekündigt hat, kommt es zu einem schweren Einbruch. Die Patientin verlässt in den Tagen danach kaum noch das Bett, ist völlig schwingungsunfähig und nimmt an den Stationsaktivitäten nicht mehr teil. Auf Nachfrage gibt sie an, nicht mehr leben zu wollen.

Hintergrund

Suizidalität erfordert nicht in jedem Fall eine stationäre Einweisung oder die Verlegung auf eine geschlossene Station. Die meisten Patienten sind durchaus in der Lage, Suizidgedanken oder -impulse zu kontrollieren und sollten in dieser Eigenverantwortlichkeit unterstützt werden. Ein Patient, der Ihnen offen von Suizidgedanken oder -plänen berichtet oder sie deshalb aufgesucht hat, ist prinzipiell gewillt, sich von Ihnen helfen zu lassen.

Analyse

Bei einem suizidalen Patienten müssen Sie die folgenden Fragen klären.
- Besteht Absprachefähigkeit, d. h. kann mit dem Patienten eine Vereinbarung getroffen werden, dass er sich bis zu einem festgelegten Zeitpunkt nicht suizidiert (Non-Suizid-Vertrag)?

- Wie kann ein Non-Suizid-Vertrag aussehen?
- Welche flankierenden Maßnahmen können noch getroffen werden?

Lösungsstrategie

Absprachefähigkeit kann eher gefühlsmäßig als nach festen Kriterien eingeschätzt werden!
Voraussetzung dazu ist jedoch eine gute Beziehung zum Patienten. Alle Möglichkeiten, einen guten Rapport herzustellen, sollten genutzt werden:
- Nehmen Sie sich ausreichend Zeit, und nehmen Sie den Patienten ernst.
- Versuchen Sie, die Gründe des Patienten detailliert (z. B. im Sinne einer Verhaltensanalyse) zu verstehen, ohne vorschnell änderungsorientiert vorzugehen.
- Hüten Sie sich, vorschnell zu relativieren, zu bagatellisieren oder abgenützte Formeln zu verwenden. „Sie sind noch so jung, Sie haben doch noch so viel vor sich."

Schließen Sie nach Möglichkeit ein Non-Suizid-Abkommen!
Ein mündliches Non-Suizid-Versprechen oder ein schriftlicher Non-Suizid-Vertrag können für den Patienten eine Selbstverpflichtung bedeuten, die es ihm erleichtert, Suizidimpulsen zu widerstehen. Einen Non-Suizid-Vertrag schließt der Patient mit sich selber ab, was seine Autonomie und Selbstverantwortlichkeit betont. Eine entsprechende Formulierung könnte lauten: „Ich werde bis zur nächsten Therapiestunde am … am Leben bleiben, egal, was passiert und wie ich mich fühle." Uneindeutige Formulierungen (z. B. „Ich werde versuchen, am Leben zu bleiben.") sollten Sie nicht akzeptieren. Gegebenenfalls kann die Verpflichtung auch bis zum Ende der Therapiezeit abgegeben werden. Nachdem der Patient eine solche Selbstverpflichtung aufgeschrieben hat, sollten Sie ihn auffordern, das Geschriebene nochmals laut vorzulesen und dann zu unterschreiben. Das Papier sollte dem Patienten mitgegeben werden, damit er dieses Versprechen immer bei sich hat.

Ergänzende Formulierungen in solchen Verträgen könnten sein:
- Therapieverpflichtung: „Ich werde in dieser Zeit alle Möglichkeiten nutzen, in meiner Entscheidung für oder gegen das Leben weiterzukommen."
- Notfallplan: „Wenn es gar nicht mehr geht, helfe ich mir mit dem Gedanken, dass meine Kinder mich noch brauchen, oder nehme ein warmes Bad."
- Therapeutenkontakt: „Wenn ich alle meine Möglichkeiten, am Leben zu bleiben, ausgeschöpft habe, habe ich das Recht, meinen Therapeuten anzurufen." „… wird mir mein Therapeut am folgenden Werktag einen Termin geben."

Seien Sie sich bewusst, dass der Gebrauch von Non-Suizid-Verträgen nicht evidenzbasiert ist. Obwohl dieses Vorgehen weit verbreitet ist, existieren keine kontrollierten Studien, die eine Reduktion von Suiziden durch Verträge belegen. Es ist nicht sinnvoll, unselektiv Verträge mit Patienten abzuschließen oder sie zur eigenen Absicherung zu verwenden; sie haben auch keinerlei forensische Relevanz.

Versuchen Sie, Zeit zu gewinnen!
Verwickeln Sie den Patienten in einen Therapieprozess. Lassen Sie ihn z. B eine Pro-/Kontra-Liste erstellen (welche Gründe sprechen für das Weiterleben, welche dagegen). Dies dient auch dazu, Denkweise und Weltbild des Patienten näher kennen zu lernen und einen Reflexionsprozess beim Patienten wieder in Gang zu bringen.

Insbesondere wenn ein Patient mit einem Suizid etwas ganz Bestimmtes erreichen will, kann der Einsatz einer Zeitprojektion sinnvoll sein. Darin wird der Patient mit geeigneten Fragen angeleitet, sich ein genaues Bild davon zu machen, wie das Leben weitergeht, wenn er selbst nicht mehr existiert. („Wie viele Menschen werden zu Ihrer Beerdigung kommen?" „Wer wird am Grab weinen, wer nicht?"). Die Fragen sind für den Patienten z. T. sehr aversiv und verdeutlichen den aggressiven Charakter eines Suizids und seine Folgen für andere Menschen.

Ist ein Patient religiös, insb. kirchlich gebunden, sollte diese Überzeugung in die therapeutische Arbeit einbezogen werden. Dies ist auch nichtreligiösen Therapeuten möglich.

Beziehen Sie enge Bezugspersonen oder Familienmitglieder in die Arbeit mit einem suizidalen Patienten ein!
Nehmen Sie es ernst, wenn sich Bezugspersonen Sorgen um einen Patienten machen und Sie deshalb kontaktieren. Organisieren Sie eventuell mit dem Patienten zusammen Möglichkeiten, nicht alleine zu sein, ohne jedoch die Verantwortung für das Weiterleben des Patienten an die Angehörigen abzugeben und sie damit zu überfordern.

Setzen Sie Medikamente ein!
Besonders im stationären Rahmen kann eine vorübergehende Medikation mit Benzodiazepinen sinnvoll sei (z. B. Lorazepam 0,5–0,5–1 mg), die die Handlungsrelevanz von Suizidgedanken deutlich abmildern können. Diese Medikation sollte so kurz wie möglich, bestenfalls nur wenige Tage eingesetzt werden. Erkauft wird der Gebrauch von Benzodiazepinen allerdings durch das häufig langwierige Absetzen und eine möglicherweise erhöhte Suizidgefährdung beim oder wenige Tage nach dem Absetzen.

Erkennen Sie Ihre Grenzen!
Kommt ein tragfähiges und verlässliches Non-Suizid-Bündnis zwischen dem Patienten und Ihnen nicht zustande, sollten Sie rechtzeitig die Konsequenzen ziehen und solche Versuche beenden. Ein alleiniger Abbruch der Therapie durch den Therapeuten ohne weiterführende Maßnahmen ist in einer solchen Situation jedoch nicht akzeptabel und grob fahrlässig (▶ Kap. 7.3). Vermeiden Sie es auf der anderen Seite unbedingt, die Therapie auf einen Kampf um ein Non-Suizid-Versprechen zu reduzieren und damit ein vertrauensvolles therapeutisches Arbeiten unmöglich zu machen.

Zu oft nach Suizidalität zu fragen ist nicht hilfreich!
Im stationären Rahmen werden Patienten häufig mehrmals täglich von unterschiedlichen Mitarbeitern (Arzt, Oberarzt, psychologischer Einzeltherapeut, Pflege) nach Suizidalität

gefragt, im Extremfall sogar mehrfach pro Stunde („Überwachungsbogen"). Dies ist kontraproduktiv und führt zum unsinnigen ritualisierten Austausch von Floskeln. Ein Mitarbeiter, in der Regel der Einzeltherapeut, sollte im Rahmen der therapeutischen Beziehung die Verantwortung für die Einschätzung von Suizidalität übernehmen. Nach einem initialen ausführlichen Gespräch über dieses Thema ist es in der Regel ausreichend, z. B. einmal pro Woche erneut an dieses Gespräch anzuknüpfen und zu eruieren, ob neue Aspekte aufgetaucht sind. Dem Patienten sollte jedoch bewusst sein, dass er sich bei akut auftretenden Suizidgedanken jederzeit an einen Ansprechpartner (Pflege, Dienstarzt) wenden kann.

LITERATUR
Dorrmann W (2006) Suizid. Therapeutische Interventionen bei Selbsttötungsabsichten. Stuttgart: Klett-Cotta

7.3 Der Patient ist suizidal und nicht absprachefähig

FALLBEISPIELE
Fallbeispiel

Frau U. ist seit drei Monaten bei Ihnen wegen einer schweren agitierten Depression in offener stationärer Behandlung auf einer Psychotherapiestation; ihr schlechter Zustand hat sich in dieser Zeit kaum verändert. Suizidalität verneint sie regelmäßig, Sie selbst sind jedoch nicht von ihrer Absprachefähigkeit überzeugt und spüren keinen guten Kontakt. In der Vorgeschichte hat die Patientin einen Suizidversuch mit Tabletten durchgeführt. Eines Tages ruft Sie der Bruder der Patientin an und teilt Ihnen mit, dass er sich Sorgen mache, die Patientin habe am Wochenende geäußert, dass bald alles besser sei und dass es ohne sie leichter sein werde.

Hintergrund

Akute Suizidalität stellt einen lebensbedrohlichen Zustand dar, der – wie jede andere Lebensgefahr in der Medizin auch – behandelt werden muss. Ist dies nur gegen den Willen des Patienten möglich, bieten dazu die Unterbringungsgesetze der Bundesländer die rechtliche Möglichkeit. Sie sind verpflichtet, bei akuter Suizidalität einzuschreiten, alles andere wäre als unterlassene Hilfeleistung strafbar.

Analyse

Akute Suizidalität liegt vor, wenn es bei einer Suizidabklärung zu einer der folgenden Situationen kommt:
- Ein Patient kündigt klar Suizid an.
- Der Patient lässt sich zwar auf ein Non-Suizid-Bündnis ein, Sie bezweifeln jedoch dessen Tragfähigkeit.

7.3 Der Patient ist suizidal und nicht absprachefähig

- Der Patient macht keine Angaben oder leugnet Suizidalität explizit. Die äußeren Umstände lassen jedoch eindeutig auf Suizidabsichten schließen (schwerer vorausgegangener Suizidversuch bei weiter bestehender Belastungssituation, Depression mit Hoffnungslosigkeit, konkrete Suizidvorbereitungen, Angaben der Angehörigen etc.). In diesen Situationen ist eine geschlossene stationäre Behandlung indiziert.

Lösungsstrategie

Versuchen Sie zunächst, den Patienten zu einer freiwilligen Behandlung zu motivieren!
Vermitteln Sie ihm die Notwendigkeit einer intensiven Behandlung. *„Man kann ein Schiff auch nicht im Sturm auf dem Meer reparieren, man muss dies im geschützten Hafen tun."* (R. Welter-Enderlin) „Ich denke, dass wir jetzt mit unseren Möglichkeiten am Ende sind und dass Ihr Leben im Moment so gefährdet ist, dass Sie sich in stationäre Behandlung begeben sollten. Die stationäre Behandlung wird Sie entlasten. Sie müssen nicht mehr kämpfen, andere übernehmen die Verantwortung für Sie. Die Gespräche können viel intensiver geführt werden als hier."

Machen Sie sich rechtzeitig kundig, wie eine stationäre Einweisung gegen den Willen des Patienten praktisch ablaufen kann!
Befragen Sie dazu am besten einen erfahrenen Kollegen vor Ort. Unterbringungsgesetze sind Ländersache und unterscheiden sich z. T. beträchtlich. Sie sollten sich klar sein, welche psychiatrische Klinik für Ihren Bereich den Versorgungsauftrag hat und damit verpflichtet ist, eigengefährdende Patienten aufzunehmen.

Kündigen Sie dem Patienten klar und deutlich an, dass Sie ihn notfalls auch gegen seinen Willen einweisen werden!
Lassen Sie sich davon dann nicht mehr abbringen. Lassen Sie den Patienten mit einem Krankentransport direkt aus Ihrer Praxis in die Klinik bringen, notfalls unter Hinzuziehung der Polizei. Nehmen Sie Kontakt mit dem stationär weiterbehandelnden Arzt auf und geben Sie wichtige Informationen zum bisherigen Behandlungsverlauf weiter. Gehen Sie darin insb. darauf ein, weshalb Sie davon ausgehen, dass der Patient akut suizidal ist. Sollte sich der Patient in der Klinik anders darstellen, faxen Sie zu Ihrer eigenen Absicherung eine schriftliche Stellungnahme an die Klinik.

Bei stationärer Behandlung auf einer offenen Station verlegen Sie den Patienten auf eine geschlossene Station!
Geben Sie ebenfalls Ihre Einschätzung der Suizidalität deutlich weiter und dokumentieren Sie den Ablauf der Zwangsmaßnahme schriftlich in den Krankenunterlagen.

7.4 Der Patient kommuniziert suizidal

FALLBEISPIELE

Fallbeispiel 1
Eine Patientin erscheint aufgelöst im Stationszimmer. Ihre Zimmernachbarin, eine 21-jährige Patientin mit Borderline-Persönlichkeitsstörung, sei nach ihrer Therapiestunde in einem sehr aufgewühlten Zustand im Zimmer erschienen. Sie habe auf ihre Ansprache kaum reagiert und angedeutet, dass sie alles „nicht mehr aushalten" könne. Nun sei die Zimmernachbarin seit einer halben Stunde verschwunden, und sie mache sich große Sorgen.

Fallbeispiel 2
Frau U., eine 57-jährige Patientin mit chronischer Depression, befindet sich seit mehreren Wochen in Ihrer stationären Behandlung. Im Gespräch wirkt sie immer wieder sehr resigniert; eines Tages äußert sie, vielleicht sei „Schluss machen doch das Beste".

Hintergrund

Unter suizidaler Kommunikation versteht man direkte, meist jedoch indirekte Suizidankündigungen. Diese können gegenüber Angehörigen, Therapeuten oder auch Mitpatienten erfolgen, die dadurch oft sehr schwer belastet werden und häufig in Loyalitätskonflikte kommen („Soll ich mich an den Therapeuten wenden, obwohl mein Freund mir doch das Versprechen abgenommen hat, niemandem davon zu erzählen?"). Insbesondere Mitpatienten bei stationärer Behandlung müssen unbedingt davor geschützt werden.

Analyse

Suizidale Kommunikation …
- … kann ein letzter Versuch sein, vor einem geplanten Suizid Hilfe zu erhalten.
- … kann eingesetzt werden, um einen Zweck zu erfüllen (Aufmerksamkeit erregen, andere unter Druck setzen oder erpressen, eine geplante Entlassung aus stationärer Behandlung verhindern, einen Machtkampf mit einem Therapeuten austragen).
- … kann ein dysfunktionales, oft auch chronisches Symptom einer psychischen Erkrankung sein [z. B. Borderline-Störung, posttraumatische Belastungsstörung (PTBS) histrionische oder narzisstische Persönlichkeitsstörung].

Lösungsstrategie

Nehmen Sie suizidale Kommunikation immer ernst!
Kommuniziert ein Patient mit Ihnen suizidal oder erfahren Sie davon durch andere, z. B. Mitpatienten bei stationärer Behandlung, sollten Sie sofort, am selben Tag, ein Gespräch mit dem Patienten führen. Führen Sie eine intensive Suizidabklärung durch.

Wenn keine akute Suizidalität vorliegt, machen Sie die suizidale Kommunikation an sich zum Thema!
In welcher Situation und mit wem wurde suizidal kommuniziert? Sind Ziele erkennbar? Wurden diese erreicht? „Sie haben gegenüber Frau L. eine Suizidabsicht angedeutet und Sie damit in großen Schrecken versetzt. Können Sie sagen, warum Sie das gemacht haben?" Welche Folgen hatte diese Form der Kommunikation (Außenstehenden wird eine enorme Verantwortung für Leben und Tod aufgebürdet; Suizidandeutungen versetzen andere in Furcht und Schrecken)? Wäre ein Alternativverhalten denkbar gewesen? Kommt eine Wiedergutmachung in Frage?

Bei fortgesetzter suizidaler Kommunikation beschränken Sie die Suizidabklärung auf das Wesentliche; löschen Sie das Problemverhalten und geben Sie ihm möglichst wenig „Bühne"!
Neben der Durchführung ausführlicher schriftlicher Verhaltensanalysen empfiehlt sich der Abschluss eines Therapievertrags. „Ich verpflichte mich, mich bei auftretenden Suizidgedanken sofort bei meinem Therapeuten zu melden. Ich werde es unterlassen, anderen diese Gedanken mitzuteilen." Negative Konsequenzen sind darin festzulegen (Timeout, Entlassung, Verlegung auf geschlossene Station). Ausführliche psychotherapeutische Konzepte zum Umgang mit chronischer Suizidalität bietet etwa die Dialektisch-Behaviorale Therapie von Marsha Linehan (1996).

Bei Gruppentherapien sollte schon zu Beginn festgelegt werden, dass keine suizidale Kommunikation stattzufinden hat und dass alle Gruppenmitglieder verpflichtet sind, Suizidankündigungen an den Therapeuten zu melden.

LITERATUR
Linehan MM (1996) Dialektisch-Behaviorale Therapie der Borderline-Persönlichkeitsstörung. München: CIP-Medien

7.5 Ein Patient hat sich (in der Klinik) suizidiert

FALLBEISPIELE

Fallbeispiel

In einer psychiatrisch-psychotherapeutischen Klinik suizidiert sich eine 46-jährige Patientin mit wahnhafter Depression durch einen Sprung von einem auf dem Klinikgelände gelegenen Hochhaus. Eine ganze Reihe von Mitpatienten sieht oder hört das Suizidereignis; der Blutfleck ist noch Tage später zu sehen. Wenige Tage später erschießt sich ein 56-jähriger depressiver Patient während einer Wochenendbeurlaubung in seiner Wohnung. Im Rahmen dieser Ereignisse werden fünf Patienten auf die geschlossene Station verlegt und z. T. richterlich untergebracht.

Hintergrund

Die Publikation von Goethes Roman „Die Leiden des jungen Werther" löste in Europa Ende des 18. Jahrhunderts eine Suizidwelle aus, der mindestens eine zweistellige Zahl von zumeist jungen Menschen zum Opfer fiel. 1974 konnte der amerikanische Soziologe Phillips erstmals nachweisen, dass nach intensiver Zeitungsberichterstattung über Suizide prominenter Persönlichkeiten auch die Suizide in der Allgemeinbevölkerung statistisch messbar ansteigen. Nach Ausstrahlung der deutschen Fernsehserie „Tod eines Schülers" Anfang der 1980er-Jahre kam es in der Altersgruppe der 15- bis 19-jährigen Schüler zu einer Zunahme der Eisenbahnsuizide um 175 %. In den ersten drei Monaten nach dem Suizid des Politikers Uwe Barschel wurden alleine in Hamburg 13 weitere Badewannensuizide registriert.

Als begünstigend für das Zustandekommen einer Suizidserie im Sinne eines Werther-Effekts gelten die persönliche Kenntnis des Suizidenten, Wissen um seine emotionale Situation, die Kenntnis der genauen Suizidmethode, die Identifikation mit dem Suizidenten, dessen posthume Anerkennung durch Mitleid oder Heroisierung und die emotionale Labilität eines potenziellen Nachahmers. Dies macht psychiatrisch-psychotherapeutische und psychosomatische Kliniken besonders anfällig für Suizidserien, sodass nach jedem vollendeten Suizid noch über mehrere Wochen mit einem hohen Risiko für einen weiteren Suizid gerechnet werden muss.

Lösungsstrategie

Informieren Sie die Angehörigen sachlich und ausführlich!
Versuchen Sie nicht vorrangig, Ihr eigenes Handeln zu rechtfertigen. Bitten Sie die Angehörigen ein oder zwei Tage nach dem Suizidereignis zu einem ausführlichen persönlichen Gespräch.

Informieren Sie die Patienten auf einer Stationsversammlung unmittelbar nach dem Ereignis kurz und sachlich!
Dies sollte geschehen, bevor sich Gerüchte im Haus ausbreiten können. Danach sollten mit allen Patienten Einzelgespräche mit den behandelnden Therapeuten stattfinden. In diesen Einzelgesprächen sollten folgende Themen besprochen werden:
- Klären Sie über die Gefahr raptusartiger Suizide bei psychischen Erkrankungen, aber auch deren Seltenheit und Behandelbarkeit auf. Machen Sie den Patienten Mut.
- Lenken Sie den Fokus auch auf die negativen Folgen des Suizids: Leid der Angehörigen und Therapeuten, Wortbruch, Aggressivität der Suizidhandlung. Damit ermöglichen Sie eine differenzierte Wahrnehmung des Suizids.
- Identifizieren Sie besonders gefährdete Patienten, nehmen Sie mit diesen häufig Kontakt auf. Setzen Sie ggf. Ausgangsbeschränkungen und/oder sedierende/anxiolytische Medikamente ein.

Suizide von Patienten stellen für die behandelnden Therapeuten eine enorme emotionale Belastung und Traumatisierung dar!
Es ist die Aufgabe des Vorgesetzten, zeitnah ein vertrauensvolles, stützendes Gespräch zu führen. Weder in diesem Gespräch noch in der Interaktion im therapeutischen Team sollte es zu persönlichen Schuldzuweisungen („Wie konnten Sie diesem Patienten Ausgang geben?"), aber auch nicht zu einer oberflächlichen Generalabsolution kommen („Depressive bringen sich eben manchmal um; man ist erst ein richtiger Psychiater, wenn sich der erste Patient umgebracht hat.") Mögliche begünstigende Faktoren können in einem späteren Qualitätszirkel lösungs- und zukunftsorientiert diskutiert werden. Rechtliche Folgen für Therapeuten nach Suiziden sind ausgesprochen selten.

KAPITEL 8

Der Patient lehnt Behandlungsmaßnahmen ab

8.1 Der Patient möchte keine Medikamente einnehmen

FALLBEISPIELE

Fallbeispiel 1

Die 42-jährige Sozialarbeiterin leidet an einer schizoaffektiven Erkrankung und wird seit Jahren mit Amisulprid und Valproat behandelt. Darunter hat sie mehr als 20 kg zugenommen und leidet an Amenorrhoe und Libidoverlust. Die letzte manische Episode liegt drei Jahre zurück. Nach ausführlicher Diskussion über Chancen und Risiken entschließt sie sich unter kontinuierlicher psychiatrischer Betreuung, das Neuroleptikum langsam auszuschleichen. Etwa drei Monate später wird sie manisch, kurz darauf depressiv. Die Symptome remittieren nach hochdosierter medikamentöser Behandlung durch den ambulanten Facharzt. Auch unter dem jetzt eingenommenen Risperidon kommt es zu ähnlichen Nebenwirkungen. Ein Jahr später entschließt sie sich erneut, das Antipsychotikum unter ärztlicher Kontrolle abzusetzen. Erneut kommt es zu einer Manie. Unter einer niedrigdosierten Erhaltungstherapie aus Quetiapin, Risperidon und Valproat ist die Patientin jetzt seit ca. zwei Jahren stabil und entschlossen, die Medikation lebenslang einzunehmen.

Fallbeispiel 2

Herr F., ein 52-jähriger frühberenteter Lehrer mit chronischer Depression, befindet sich zum wiederholten Male in Ihrer tagesklinischen Behandlung. Trotz seiner schweren Symptomatik, die sich durch Psychotherapie nicht gebessert hat, weigert er sich beharrlich, ein Antidepressivum einzunehmen. Nach langer Überzeugungsarbeit lässt er sich auf eine Behandlung mit Sertralin ein. Allerdings möchte er keinesfalls mehr als 50 mg einnehmen, unter dieser Dosis treten weder Nebenwirkungen noch eine Besserung der Depression auf.

Fallbeispiel 3

Herr U., ein 22-jähriger Student mit der Erstmanifestation einer schizophrenen Psychose, wird von Ihnen nach dem stationären Aufenthalt in der Psychiatrischen Institutsambulanz in wöchentlichen Terminen weiterbehandelt. Manchmal wirkt er stabil und geordnet, dann wieder ist er zerfahren, wirkt misstrauisch und instabil. Sie vermuten, dass er seine Medikation nicht oder nur unregelmäßig einnimmt. Bereits während des stationären Aufenthalts war er sehr skeptisch gegenüber Medikamenten eingestellt und hatte die verordneten Medikamente nur unter Aufsicht zuverlässig eingenommen.

Hintergrund

Psychotherapeutische Interventionen sind bei schweren psychischen Erkrankungen ohne eine parallele medikamentöse Behandlung häufig nicht Erfolg versprechend. So sind z. B. schwer depressive Patienten oft derartig konzentrationsgestört und in negativen Kognitionen gefangen, dass Psychotherapie ins Leere läuft. Patienten mit akuten psychotischen Erkrankungen müssen zwingend medikamentös behandelt werden. Nach Besserung der akuten Episode tragen Patienten ohne medikamentöse Behandlung ein hohes Rückfallrisiko, bei vielen Erkrankungen bis zu 80 % im ersten Jahr. Demgegenüber steht die häufig gut nachvollziehbare Ablehnung der Medikation durch viele psychiatrische Patienten und ihre schlechte Compliance.

Eine Medikation des Patienten gegen seinen Willen ist über einen längeren Zeitraum nur im Rahmen einer gesetzlichen Betreuung und als Depotspritze möglich. Obwohl dies natürlich einen erheblichen Eingriff in die Autonomie des Patienten darstellt, kann es notwendig sein, diesen Weg zu gehen.

Analyse

Die Ablehnung von Medikation durch psychisch erkrankte Patienten kann unterschiedliche Gründe haben, auf die Sie gezielt eingehen müssen.
- Bei hohem Autonomiebedürfnis/Wunsch, es „selbst schaffen" zu wollen:
  – den Patienten zu einer eigenverantwortlichen Entscheidung anleiten
  – Klarheit und Eindeutigkeit von Seiten des Arztes
- Bei Ängsten vor Medikation (Persönlichkeitsveränderung, Nebenwirkungen, Abhängigkeit):
  – wahrheitsgemäße und situationsangemessene Aufklärung
- Bei negativen Vorerfahrungen (eigene oder des Umfelds):
  – Aufklärung, hohe pharmakologische Expertise des Behandlers
- Bei krankheitsbedingten Faktoren (Misstrauen, Ambivalenz etc.):
  – Klarheit, Verantwortung für den Patienten übernehmen

Lösungsstrategie

Ihre Empfehlung an den Patienten, eine Medikation einzunehmen, sollte klar und eindeutig sein!
Dennoch sollten Sie die Wichtigkeit von Medikamenten nicht überbetonen und sie stets nur als Teil eines umfassenderen Behandlungsplans darstellen. Eine solche Bewertung erhält die Psychotherapiemotivation des Patienten und rückt Medikamente etwas aus dem Fokus von Patientenaufmerksamkeit und Diskussionen zwischen Arzt/Psychotherapeut und Patient. „Wenn Sie sich ein Gelenk verstaucht haben, hilft eine Binde oder ein

Gips, heilen muss es von selbst. Ein Medikament wird nicht alle Ihre Probleme lösen, aber Ihnen dabei helfen, selbst besser damit fertig zu werden."

Geben Sie dem Patienten Zeit, sich zu entscheiden, und respektieren Sie seine Autonomie so weit wie möglich!
Durch Druck oder Überredung herbeigeführte Entscheidungen zur Medikamenteneinnahme sind meist kurzlebig und enden häufig schon vor der Tür der Apotheke.

Beziehen Sie ggf. Angehörige in die Entscheidung über eine Medikation ein!
Falls nahe Angehörige offene Vorbehalte gegen Medikamente haben, strebt die Chance, dass ein evtl. ambivalenter Patient dennoch Medikamente einnimmt, gegen Null. Des Weiteren kann es hilfreich sein, wenn Angehörige die regelmäßige Medikamenteneinnahme kontrollieren. Eine Vereinbarung hierzu sollte in einem gemeinsamen Gespräch zwischen Patient, Angehörigen und Therapeuten getroffen werden.

Klären Sie den Patienten situationsadäquat auf!
Bei stationärer Behandlung sollte dies außerhalb der Visite in einem ausführlichen Gespräch erfolgen. Ihre Wortwahl sollte sich nach dem Bildungsgrad und der Krankheitsschwere des Patienten richten.

Klären Sie den Patienten wahrheitsgemäß auf!
Tun Sie das nicht, werden Chatrooms im Internet sowie Nachbarn und Bekannte dies übernehmen! Stellen Sie zunächst dar, wozu ein Medikament eingesetzt werden soll (Akutbehandlung, Phasenprophylaxe): Erläutern Sie dann die Vorteile einer Medikation (z. B. Schlafinduktion). Sprechen Sie im Anschluss daran über häufige und seltene Nebenwirkungen. Je besser Sie einen Patienten auf die häufigsten Nebenwirkungen vorbereiten, umso wahrscheinlicher wird es, dass die Medikamenteneinnahme auch bei initialen Nebenwirkungen fortgeführt wird. Gehen Sie auch auf Befürchtungen ein, die viele Menschen bezüglich Psychopharmaka haben: Diese sollen nicht in erster Linie „ruhig stellen", machen üblicherweise nicht abhängig und verändern die Persönlichkeit nicht. Klären Sie darüber auf, dass Antidepressiva eine Wirklatenz von mehreren Wochen haben und eine kontinuierliche Einnahme erfordern. Gegebenenfalls kann für diesen Schritt das Erstellen einer Pro-/Kontra-Liste sinnvoll sein.

Akzeptieren Sie soweit wie möglich die Grenzen des Patienten!
Auch bei guter Aufklärung und eindeutiger Indikation kommt es immer wieder vor, dass sich Patienten gegen die Einnahme von Medikamenten entscheiden. Dies müssen Sie in den meisten Fällen letztlich akzeptieren, da die Medikation größtenteils in Eigenregie des Patienten genommen werden muss und daher ohnehin nicht unter Ihrer Kontrolle steht. Häufig überzeugt erst ein Rückfall den Patienten von der Notwendigkeit einer Medikation, auch wenn dies eine sehr schmerzhafte Lernerfahrung ist. Klären Sie für sich selbst, ob Sie bereit sind, die Entscheidung eines Patienten gegen eine eindeutig indizierte medi-

kamentöse Behandlung mitzutragen und verweisen Sie ihn ggf. an einen Kollegen oder in eine andere Klinik. Diese Überlegungen sollten Sie auch offen mit dem Patienten thematisieren. Dies kann dazu beitragen, ihm die Ernsthaftigkeit Ihrer Bedenken vor Augen zu führen.

Wenn Sie sich dafür entscheiden, im Rahmen einer gesetzlichen Betreuung gegen den Willen des Patienten eine Depotmedikation zu geben, sollten Sie dem Patienten die Gründe dafür offen und verständlich mitteilen. Viele Patienten sehen die Behandlung mit Depotmedikamenten als Bestrafung an. Versuchen Sie, sie als Ausdruck Ihrer Verantwortung dem Patienten gegenüber darzustellen.

Dokumentieren Sie die Aufklärung inhaltlich genau!
Eine mangelhafte Aufklärung hat in Deutschland, sollte der Patient durch das betreffende Medikament zu Schaden kommen, nur sehr selten gravierende rechtliche Konsequenzen. Das kann sich aber schnell ändern.

Führen Sie bei einem Patienten nur dann selbst eine medikamentöse Behandlung durch, wenn Sie dies auch beherrschen!
Machen Sie sich über sinnvolle Aufdosierungsschemata, nebenwirkungsarme Medikamente und gängige Dosierungen kundig. Zögern Sie ggf. nicht, den Patienten an einen kompetenten Kollegen zu überweisen, das Eingeständnis Ihrer eigenen Grenzen wird Ihnen der Patient wahrscheinlich hoch anrechnen.

8.2 Der Patient lehnt eine notwendige stationäre Aufnahme ab

FALLBEISPIELE

Fallbeispiel 1

Frau U. ist eine 35-jährige Patientin Ihrer Hausarztpraxis, die Zeit ihres Lebens mit schweren psychischen Problemen (Ängste, depressive Symptome, massivste Beziehungsprobleme; vor längerer Zeit ein Suizidversuch) kämpft, eine Psychotherapie nach zwei erfolglosen Versuchen jedoch kategorisch ablehnt. Sie erscheint aufgelöst in Ihrer Praxis, nachdem sich ihr Vater, der an einer schweren bipolaren Störung leidet, völlig unerwartet suizidiert hat. Sie halten die Patientin aufgrund ihrer Äußerungen und aufgrund der engen Bindung, die sie an den Vater hatte, für hochgradig eigengefährdet. Eine stationäre Akuteinweisung in eine Abteilung für Psychiatrie und Psychotherapie lehnt sie jedoch vollständig ab.

Fallbeispiel 2

Herr F., ein 56-jähriger Handwerker, ist nach dem Tod seiner Frau schwer depressiv geworden, kann den Tag kaum noch strukturieren und liegt nur noch im Bett. Seine Schwester kommt mit ihm in Ihre psychiatrische Praxis. Sie halten eine stationäre Behandlung zu seinem Schutz sowie zur Behandlung der Depression für indiziert, er kann sich das jedoch nicht vorstellen.

8.2 Der Patient lehnt eine notwendige stationäre Aufnahme ab

Hintergrund

Die Schwelle, sich in eine psychiatrische Klinik aufnehmen zu lassen, ist für viele Patienten auch bei dringender Indikation sehr hoch. Bei schweren psychischen Erkrankungen, insb. bei Suizidgefährdung, entstehen deshalb oftmals schwere Konflikte zwischen Patient und Therapeut.

Analyse

Es kann verschiedene Gründe dafür geben, warum sich ein Patient nicht stationär aufnehmen lassen möchte, die Sie beachten müssen, um ihn von der Notwendigkeit einer stationären Behandlung zu überzeugen:
- negative Erwartungen und/oder Voreingenommenheit gegenüber der Psychiatrie
- negative Vorerfahrungen (eigene, des Umfelds oder aus den Medien)
- Autonomiebedürfnis: „ich will es selber schaffen", „ich mag nicht gegängelt werden"
- äußere Gründe: Arbeitsstelle ist bei längerer Abwesenheit gefährdet, wirtschaftliche Existenz kann bei Selbstständigen auch schon bei kurzen Aufenthalten bedroht sein; Angehörige (Partner, Kinder, pflegebedürftige Verwandte) oder Haustiere können nicht lange allein gelassen werden.

Darüber hinaus müssen Sie sich im Klaren sein, wie Sie weiter verfahren möchten, wenn der Patient sich nicht freiwillig aufnehmen lässt, und wie Sie die stationäre Behandlung im Rahmen der gesamten Behandlungsperspektive einordnen.

Lösungsstrategie

Sie sollten zunächst für sich selbst klären, warum Sie einen Patienten stationär einweisen wollen!
- Welchen Plan verfolgen Sie? Ist die avisierte Klinik für diesen Patienten geeignet?
- Sind Sie bereit, den Patienten im Falle einer Ablehnung einer stationären Therapie weiterzubehandeln?

Über einen bevorstehenden Klinikaufenthalt muss ein Patient genau so gründlich aufgeklärt werden wie über eine geplante Operation!
Die Ziele des Aufenthalts müssen dem Patienten klar und realistisch vermittelt werden. „Ein stationärer Aufenthalt würde Sie im Moment davor schützen, sich etwas anzutun. Das halte ich augenblicklich für sehr wichtig." Sie dürfen einen Klinikaufenthalt nicht als „letzte Chance" darstellen. Dies hätte bei ausbleibendem Erfolg der stationären Therapie möglicherweise fatale Folgen und würde Ihre Glaubwürdigkeit für den Patienten zukünftig unterlaufen.

Beziehen Sie eine klare Position, auch hinsichtlich möglicher Alternativen!
Einerseits sollten Sie sich klar und dezidiert für eine stationäre Behandlung aussprechen. Suchen Sie jedoch bei fortgesetzter Ablehnung des Patienten nach Möglichkeit nach einem „Plan B", zu dem Sie ggf. die Angehörigen hinzuziehen. Räumen Sie dem Patienten möglichst Bedenkzeit ein. „Ich halte eine stationäre Behandlung im Moment für das Beste. Wenn das für Sie überhaupt nicht in Frage kommt, wäre ich damit einverstanden, dass wir ambulant versuchen, rasch die Antidepressiva aufzudosieren. Dann wäre es aber wichtig, dass Ihre Familie gewährleisten kann, dass rund um die Uhr jemand für Sie da sein kann und dass wir in der nächsten Woche jeden Tag kurz telefonieren."

Nehmen Sie äußere Gründe (Arbeitsplatz, Partner, Kinder etc.) ernst!
Der Patient darf nicht den Eindruck bekommen, dass Sie seine Sorgen übergehen. Validieren Sie seine Wahrnehmung, dass eine stationäre Aufnahme ein Ereignis ist, das sich niemand wünschen würde. Im nächsten Schritt kann eine kritische Realitätsüberprüfung bei der Setzung von Prioritäten hilfreich sein: „Ich verstehe völlig, dass ein Arbeitsausfall für Sie im Moment ein sehr großes Problem ist. Aber können Sie denn mit Ihren Konzentrationsstörungen überhaupt noch zuverlässig arbeiten? Und welchen Eindruck hinterlassen Sie so bei Ihren Geschäftspartnern?" „Ich verstehe, dass Sie keinesfalls in eine Klinik gehen möchten. Aber ich glaube, es ist besser, in den sauren Apfel zu beißen, als sich daheim weiter zu quälen, sodass die Probleme womöglich noch größer werden und alles noch länger dauert."

Besteht durch die Ablehnung der stationären Behandlung Eigen- oder Fremdgefährdung, müssen Sie den Patienten auch gegen seinen Willen einweisen!
➤ Kap. 7.3

8.3 Der Patient möchte nicht entlassen werden

FALLBEISPIELE

Fallbeispiel

Die 46-jährige Patientin befindet sich unter der Diagnose einer Depression seit über vier Monaten in stationärer Behandlung. Die Depression ist vollständig remittiert. Nachdem sich ein Ende des Aufenthalts abzeichnet, teilt sie dem Einzeltherapeuten mit, dass sie sich von Ihrem Ehemann getrennt habe und ausgezogen sei. Eine neue Wohnung habe sie noch nicht. Sollte sie entlassen werden („ins Nichts, auf die Straße"), sei sie sich sicher, dass die Depression wieder auftreten werde. Das könne sie nicht mehr ertragen und werde sich dann umbringen. An Therapien auf Station könne sie nicht mehr teilnehmen, da sie so sehr mit der Wohnungssuche beschäftigt sei.

Hintergrund

Stationäre Psychotherapien haben eine hohe Tendenz, Hospitalisierung zu fördern (ausführlicher zum Thema „Hospitalisierung" ➤ Kap. 6.1). In diesem Abschnitt geht es um die Situation, dass der Patient die geplante Entlassung relativ zugespitzt ablehnt. In solchen Situationen kann es vorkommen, dass Patienten direkt oder indirekt mit Suizid drohen oder sich in ausweglos erscheinende soziale Situationen bringen, sodass die geplante Entlassung nicht durchführbar erscheint. Solche verlängerten Aufenthalte verursachen hohe Kosten, sind selten produktiv und gefährden den Stationsfrieden.

Analyse

Gründe von Patienten, einen längeren Aufenthalt erreichen zu wollen, können sein:
- unvollständige Remission der Symptomatik, unterschiedliche Einschätzung der Besserung durch Patient und Therapeut
- Symptom einer Persönlichkeitsstörung (dependent, ängstlich-vermeidend, histrionisch)
- äußere Gründe (Wohnsituation, Vermeidung aversiver psychosozialer Situationen, drohende Einsamkeit im bisherigen Umfeld, Krankentagegeldversicherung)

Lösungsstrategie

Prüfen Sie genau, ob Sie die Besserung des Patienten überschätzt haben!
Dazu sollten Sie neben den Patientenaussagen auch seinen Kontakt zu Mitpatienten und ggf. im familiären Umfeld (z. B. beim Wochenendbesuch daheim) einbeziehen.

Ein Therapievertrag mit klaren Zielen, Pflichten und einem festgelegten Entlassungstermin verhindert in vielen Fällen manipulative Aufenthaltverlängerungen!
Solche Entwicklungen sind nicht selten Teil eines bereits länger andauernden Hospitalisierungsprozesses, dem frühzeitig entgegengesteuert werden sollte. Daher sollte ein solcher Vertrag so früh wie möglich abgeschlossen werden.

Äußere Gründe sollten ausreichend Beachtung finden und möglichst modifiziert werden!
Beispielsweise sollten Sie mit der Patientin die Wohnungsproblematik offen besprechen und ihre Schwierigkeiten validieren. Gleichzeitig können Sie unmissverständlich klar stellen, dass eine vorübergehende Wohnmöglichkeit nicht Teil Ihres therapeutischen Angebots sein kann. Dabei können Sie sich auch auf die Regeln des Versorgungssystems beziehen. „Ich sehe, dass Ihre Situation gerade äußerst kompliziert ist. Gleichzeitig kann

ich Ihnen nicht guten Gewissens anbieten, solange hier zu bleiben, bis Sie eine neue Wohnung haben. Selbst wenn ich das wollte, könnte ich das dem MDK (Medizinischer Dienst der Krankenversicherung) nicht glaubwürdig vermitteln." Suchen Sie gemeinsam nach einer alternativen Wohnmöglichkeit für die Patientin (z. B. andere Familienmitglieder, Freunde etc.).

Geben Sie die Verantwortung an den Patienten zurück!
Ein offener Kampf mit einem entlassungsunwilligen Patienten führt häufig zu Suiziddrohungen und kann nur verloren gehen.

Entwickeln Sie gemeinsam mit dem Team eine Strategie, z. B. nach dem Motto „good cop – bad cop"!
Solche Probleme sollten Sie in Teambesprechungen und Oberarztvisiten offen besprechen. Es sollte ein Vorgehen gesucht werden, das die Konflikte nach Möglichkeit reduziert. Bewährt hat sich etwa, dass der Oberarzt als Autoritätsperson die Entlassung durchsetzt, während die Beziehung zum Einzeltherapeuten weitgehend unbelastet bleibt. Damit treten maligne Machtkonflikte und Suizidalität seltener auf.

Tab. 8.1 Beispieldialog Fallbeispiel in der Oberarztvisite.

Oberarzt	Was sind denn Ihre Ziele für den Rest Ihres Aufenthalts?	**Versuch, klare Ziele festzulegen**
Patientin	Ich möchte eine Wohnung in X finden und endlich von meinem Mann selbstständig werden.	
Oberarzt	Ich habe gehört, Sie nehmen in letzter Zeit an gar keinen Therapien mehr teil?	
Patientin	Ich habe halt keine Zeit, bin dauernd am Organisieren und am Machen. Heute Nachmittag besichtige ich wieder eine Wohnung und kann deshalb nicht zur Musiktherapie gehen.	
Oberarzt	Es freut mich zu hören, dass Sie wieder so viel Energie haben, dass Sie so schwere Aufgaben alleine packen können. Sie haben wirklich ganz viele Fortschritte gemacht.	**Validierung**
Patientin	Wenn ich jetzt noch eine Wohnung hätte, ging es mir ganz gut.	
Oberarzt	Haben Sie nicht den Eindruck, wir stören Sie nur bei Ihrer Wohnungssuche? Ständig wollen wir was von Ihnen, wollen Sie zu Therapien schicken oder mit Ihnen reden. Aber eigentlich brauchen Sie die Klinik doch gar nicht mehr. Sie machen das gerade so gut, wir stören Sie doch eigentlich nur, oder?	**Verantwortung zurückgeben**

Tab. 8.1 Beispieldialog Fallbeispiel in der Oberarztvisite. (Forts.)

Patientin	Da haben Sie Recht. Heute Abend muss ich schon wieder um 10 hier sein, da will ich mich doch eigentlich noch mit meinem Freund treffen. Vielleicht sollte ich mich doch besser entlassen lassen.	
Oberarzt	Ich würde vorschlagen, dass wir die Entlassung in der nächsten Woche planen. Bitte nutzen Sie die verbleibende Zeit bis dahin, um mit Ihrem Therapeuten zu besprechen, wie Sie Ihre Wohnsituation unmittelbar nach der Entlassung lösen können.	**Kompromiss vorschlagen; Ziele vereinbaren**

KAPITEL 9

Die Behandlung wird durch begrenzte Ressourcen des Patienten erschwert

9.1 Der Patient lebt in einem sehr schwierigen Umfeld

FALLBEISPIELE

Fallbeispiel 1

Frau S., eine 23-jährige Patientin, stellt sich in einer akuten Krisensituation ambulant vor. Sie leide unter Angst- und posttraumatischen Belastungssymptomen, da ihr Partner, der bereits wegen Gewaltverbrechen im Gefängnis saß, sie wiederholt massiv bedroht und auch schon körperlich angegriffen habe. Er habe sie vor kurzem verlassen; sie habe Ängste, dass er wiederkomme. Im Verlauf erscheint sie nur sporadisch, meist im Rahmen erneuter Krisen, ein Therapieprozess kommt nicht in Gang. Sie nimmt den Expartner wieder auf und deckt ihn gegenüber der Polizei. Den Warnungen der Therapeutin hinsichtlich seiner Gefährlichkeit stimmt sie zu, ändert ihr Verhalten jedoch nicht.

Fallbeispiel 2

Frau M., eine 47-jährige Mutter von zwei Kindern, wird in der psychiatrischen Institutsambulanz wegen einer chronifizierten depressiven und Angstsymptomatik auf der Basis einer instabilen Persönlichkeit behandelt. Sie berichtet, dass ihr 23-jähriger Sohn, der bei ihr wohne, drogenabhängig sei und selbst deale. Dadurch komme er und teilweise auch sie selbst immer wieder mit der Polizei in Kontakt. Es sei auch schon vorgekommen, dass sie ihn gedeckt habe. Die Situation daheim scheint äußerst chaotisch zu sein. Die Patientin hat aufgrund ihrer Instabilität in der ohnehin schwierigen Situation nur wenige Ressourcen, um eine positive Veränderung herbeizuführen.

Fallbeispiel 3

Frau L., die 29-jährige Mutter eines Kleinkindes, kommt wegen Depressionen in die Tagesklinik. Sie berichtet, dass ihr Ehemann sie schlage und betrüge, aber sie könne sich kaum wehren. Abgesehen von ihrem Ehemann habe sie keine Sozialkontakte, mit anderen Müttern wisse sie nichts zu reden. Sie hat die Hauptschule ohne Abschluss verlassen und keine Berufsausbildung, außer Fernsehen kann sie keine persönlichen Interessen nennen.

Hintergrund

Das soziale Umfeld hat einen hohen Einfluss auf die psychische Befindlichkeit. Gleichzeitig ist häufig zu beobachten, dass Menschen, die ohnehin unter schweren innerpsychischen Problemen leiden, zusätzlich in sehr schwierigen sozialen Systemen leben. Zusammenhänge sind sicherlich häufig bidirektional: Ein schwieriges Umfeld führt zu psychischer Destabilisierung; fehlende psychische Stabilität erschwert einen konstruktiven und lösungsorientierten Umgang mit Problemen und insb. das Verlassen eines schädigenden Umfeldes.

Analyse

In der Behandlung geht es vor allem darum, das Bestmögliche zu erreichen und dabei die Grenzen des Machbaren zu akzeptieren. Viele Patienten entscheiden sich gegen eine einschneidende Veränderung ihrer Situation, selbst wenn diese schwierig oder sogar traumatisierend ist. Ihre Aufgabe besteht darin, die Veränderungsmotivation des Patienten einzuschätzen und zu stärken, ihn bei bestehender Motivation intensiv zu unterstützen und bei einer – trotz motivationaler Intervention (➤ Kap. 2) – fehlenden Motivation nur bei akuter Gefährdung des Patienten entsprechende Maßnahmen zu ergreifen. Keinesfalls sollten Sie bei einer aktuell bestehenden traumatisierenden Beziehung expositionsorientierte Traumatherapie oder andere „aufdeckende", d. h. zumindest vorübergehend eher labilisierende, Therapien durchführen.

Lösungsstrategie

Akzeptieren Sie die Grenzen des Machbaren!
Extrem schwierige Situationen sind meist nicht im wünschenswerten Ausmaß positiv veränderbar. Beschränkungen sind häufig knappe Finanzen oder Schulden, kranke oder straffällige Angehörige, fehlende Bildung etc. Setzen Sie sich nicht durch Ihre eigene Hilflosigkeit unter Druck, mehr positive Veränderungen zu erwarten, als der Patienten realistischerweise erreichen kann!

Streben Sie positive Änderungen im Rahmen des Machbaren an!
Versuchen Sie, die jeweils möglichen Veränderungen auszuloten und anzustoßen. Solche Veränderungen können z. B. sein, dass der Patient Kontakt zu einer Beratungsstelle (z. B. für häusliche Gewalt, Drogenprobleme oder Schuldenfragen), einer Angehörigen- oder Selbsthilfegruppe aufnimmt, dass für bestimmte Eskalationssituationen gewaltärmere Strategien mit dem Patienten gesucht bzw. bei unvermeidbarer Gewalteskalation Schutzmaßnahmen für den Patienten und andere Betroffene erarbeitet werden.

Forcieren Sie keine Trennung vom Umfeld, wenn der Patient das nicht von sich aus anstrebt!
In vielen Fällen schaffen es die Betroffenen nicht (und wünschen es oft auch gar nicht), sich aus ihrem Umfeld zu lösen. Realistischerweise stehen häufig auch keine alternativen festen Bindungen zur Verfügung. Weisen Sie den Patienten zwar klar auf die Gefährlich-

keit und die Nachteile des betreffenden Umfelds hin, versuchen Sie jedoch nicht, ihn gegen seine Motivation zum Verlassen desselben oder zu einer Trennung zu überreden, falls Sie nicht ernstlich um seine Gesundheit und sogar sein Leben fürchten. Ansonsten führt das meist nur dazu, dass der Patient sich unverstanden fühlt und sein Umfeld verteidigt. Weitaus zielführender ist die Förderung grundlegender sozialer Kompetenzen (zur Verstärkung der Motivation ➤ Kap. 2).

Führen Sie keine Traumatherapie durch, solange der Patient sich in einer traumatisierenden Situation befindet!
Grundsätzlich gilt, dass keine Behandlung von Traumafolgen möglich ist, wenn der Patient beispielsweise noch in einer aktuellen Beziehung zum Täter steht und weiterhin reale Traumatisierung stattfindet.

Dokumentieren Sie Ihre Schritte genau und holen Sie ggf. Supervision ein!
Dokumentieren Sie insb. Selbst- und Fremdgefährdung sowie Gefahren, die dem Patienten durch das Umfeld drohen und die Sie mit ihm besprochen und vor denen Sie ihn gewarnt haben. Wenn gravierende Gefahren vorzuliegen scheinen (z. B. gefährliche kriminelle Kontakte), sollten Sie unbedingt – ggf. in anonymisierter Form – Supervision oder Beratung einholen, nach Möglichkeit bei einem Experten für forensische Fragen. Auf Fälle, deren Ausmaß Sie nicht einschätzen können (z. B. Therapie als Auflage bei kriminellen Patienten, wenn Sie nicht in der Forensik arbeiten), sollten Sie sich nicht einlassen!

9.2 Der Patient hat geringe Kompetenzen

FALLBEISPIELE

Fallbeispiel 1

Herr S., ein 41-jähriger Patient mit Depression und Alkoholmissbrauch, möchte in der Tagesklinik seinen Tag wieder strukturieren und sich auf eine Wiederaufnahme der Berufstätigkeit vorbereiten. In den Gesprächen wird immer deutlicher, dass er komplexe Sachverhalte nur schwer erfasst; in der Belastungserprobung zeigt er geringe kognitive und handwerkliche Fähigkeiten. Insgesamt gewinnt der Therapeut den Eindruck, dass der Patient der Sache nicht gewachsen ist, vermutlich auch infolge seines langjährigen Alkoholkonsums.

Fallbeispiel 2

Herr K., ein 25-jähriger schizophrener Patient, möchte endlich bei seinen Eltern ausziehen und seine Angelegenheiten (Behördengänge, Schuldnerberatung etc.) selbst regeln. Wenn sein Arzt mit ihm darüber sprechen möchte, erscheint er immer wieder sehr oberflächlich und letztlich desinteressiert, hat besprochene Aufgaben nicht erledigt und scheint insgesamt die Tragweite seiner Lebenssituation nicht zu erfassen.

> **Fallbeispiel 3**
>
> Frau Q., eine 44-jährige Frührentnerin mit Depression und kombinierter Persönlichkeitsstörung (Züge von Borderline-PS, histrionischer PS, selbstunsicherer PS), möchte ihr Leben in verschiedener Hinsicht befriedigender gestalten (regelmäßiger Sport, Sozialkontakte, ehrenamtliche Arbeit als Beschäftigung etc.). Bei der Arbeit an diesen Themen fällt dem Therapeuten auf, dass es ihr an basalen Kompetenzen fehlt, um ihren Alltag zu regeln, Beziehungen adäquat zu führen und angemessene Ziele zu formulieren.

Hintergrund

Gerade Patienten mit geringeren Ressourcen benötigen Unterstützung, um ihre oft schweren Probleme besser zu lösen. Es zeigt sich jedoch häufig ein „Passungsproblem" zwischen den Bedürfnissen der Patienten und dem typischen Vorgehen von Psychotherapeuten. Während die Psychotherapie schwerpunktmäßig „sprechend" und im Behandlungszimmer des Therapeuten stattfindet, brauchen gerade Patienten mit eingeschränkten Ressourcen oft auch praktisches Üben, Unterstützung im Alltag und „aufsuchende" Hilfen. Daher sollte nach Möglichkeit – in Abhängigkeit vom Behandlungsrahmen und seinen jeweiligen Angeboten – eine Kombination verschiedener Hilfen angestrebt werden.

Analyse

Das Ziel der therapeutischen Gespräche besteht darin, das Niveau des Patienten zu erfassen sowie angepasste realistische Veränderungsziele zu formulieren und zu verfolgen. Für realistische Therapieziele kann man sich einerseits am bisherigen Funktionsniveau des Patienten orientieren, wobei Sie für die Zielplanung eher nicht davon ausgehen sollten, dass er sein bisheriges maximales Funktionsniveau in hohem Maße übertreffen kann. Andererseits ist selbstverständlich der Verlauf der Krankheit oder Problematik einzubeziehen, mit der sich der Patient in Behandlung befindet. Vor allem bei chronischen schizophrenen Erkrankungen und langjähriger Drogen- oder Alkoholabhängigkeit ist ein Absinken der Leistungsfähigkeit im Verlauf typisch, d. h. ein früheres Funktionsniveau kann oft nicht mehr erreicht werden.

Lösungsstrategie

Definieren Sie realistische Ziele!
Beziehen Sie dabei nicht ausschließlich die Wünsche des Patienten ein, sondern verlassen Sie sich auch auf Ihre Einschätzung seiner Möglichkeiten: „Herr K., Sie sprechen darüber, dass Sie eine neue Ausbildung anfangen möchten. Ich fände es sehr wichtig, zunächst einmal die ganzen unerledigten Sachen anzugehen, vor allem die unbezahlten Rechnungen zu sortieren, einen Termin mit der Schuldnerberatung zu machen und Ihre

Wohnung in Ordnung zu bringen. Wenn das alles läuft, wäre nach meiner Einschätzung die berufliche Zukunft das nächste wichtige Thema. Was denken Sie?"

Legen Sie nicht Ihre eigenen Maßstäbe an!
Verdeutlichen Sie sich, was in der Situation des Patienten als Fortschritt zu werten ist und legen Sie dies als Maßstab für die Therapie an. Dies klingt banal, doch ist das Anlegen des eigenen Maßstabs ein Automatismus, den Sie möglicherweise nicht sofort bemerken und auf den der Patient Sie vermutlich nicht hinweisen wird.

Planen Sie in kleinen Schritten!
Fordern Sie den Patienten, aber vermeiden Sie Überforderung! „Sie sagen, Sie müssten endlich Ihre Wohnung einrichten, haben es aber seit Jahren noch nicht geschafft. Dann ist es ja offensichtlich zu viel, alles auf einmal machen zu wollen. Was wäre denn ein guter erster Schritt? Vielleicht zunächst die Kisten sichten und sich einen Überblick verschaffen, was damit geschehen soll?"

Unterstützen Sie den Patienten bei jedem kleinen Schritt!
Je nach Sachverhalt kann die Unterstützung darin bestehen, dass Sie dem Patienten vorschlagen, bestimmte Dinge in einer bestimmten Reihenfolge abzuarbeiten, oder ihm helfen, Schriftwechsel zu erledigen. Für viele berufliche und soziale Situationen sind Rollenspiele sinnvoll, um aktuelles Verhalten und Kompetenz einzuschätzen und Alternativverhalten zu üben (➤ Kap. 9.3). Geben Sie möglichst aktive Unterstützung; dazu können auch ein Hausbesuch, gemeinsame Gespräche mit Angehörigen u. Ä. gehören.

Unterstützen Sie den Patienten, weitere Angebote in Anspruch zu nehmen!
Je nach Problematik kann der Patient u. U. sehr von Angeboten profitieren, die Hilfen zur Alltagsbewältigung, zur Tagesstrukturierung, zum Wohnen oder zur Rehabilitation bieten. Beispiele sind Psychiatrische Institutsambulanzen, Sozialpsychiatrische Dienste, Patientenclubs, betreute Wohnangebote etc. Informieren Sie den Patienten und regen Sie ihn an, sich bei entsprechenden Einrichtungen vorzustellen.

Beachten Sie die Bedeutung des sozialen Umfelds!
Viele Menschen mit schweren Störungen können recht gut in einem unterstützenden sozialen Umfeld funktionieren, brechen jedoch bei sozialen Problemen schwer ein. Dies gilt sowohl für den beruflichen als auch für den familiären und privaten Bereich. Unterstützen Sie den Patienten, förderliche Umweltfaktoren wertzuschätzen und zu erhalten. Nehmen Sie ggf. Kontakt zu wichtigen Sozialpartnern auf und vermitteln Sie Ihre Anerkennung für deren Leistung und Unterstützung.

Suchen Sie nach Kompromissen!
Häufig sind Kompromisse notwendig, um einen Status quo bei progredientem Krankheitsverlauf möglichst lange zu sichern (etwa einen chronisch kranken Patienten mög-

lichst lange im Beruf zu halten) oder eine unterstützende Partnerschaft zu erhalten. Vermitteln Sie dem Patienten, dass dies keine „faulen Kompromisse" sind, sondern differenzierte Überlegungen, um seine Situation so gut wie möglich zu gestalten: „Sie sagen, Sie möchten Ihren Job kündigen und sich etwas ganz anderes im kreativen Bereich suchen. Das kann ich gut verstehen, aber ich muss Ihnen auch ehrlich sagen, ich fände es sehr bedenklich, wenn Sie Ihre unbefristete Anstellung leichtfertig aufgeben würden. Sie haben dadurch sehr viele Vorteile. Ich finde, Sie sollten eher darüber nachdenken, einen Antrag auf einen Schwerbehindertenausweis oder auf Teilberentung zu stellen. Dann erhalten Sie sich Ihren Status und können in der freien Zeit suchen, ob Sie im kreativen Bereich etwas Passendes und Ihren Lebensunterhalt Sicherndes für sich finden."

9.3 Der Patient hat sehr wenig Selbstbewusstsein

FALLBEISPIELE

Fallbeispiel 1

Frau M., eine 34-jährige Sachbearbeiterin einer Behörde, hat extreme Ängste vor Kundenkontakten und in diesem Zusammenhang eine gemischte Angst- und depressive Störung entwickelt. Sie hat Angst, von Kunden abgewertet oder ausgelacht zu werden und sich im Fall von Konflikten oder Beschwerden nicht mit der Position der Behörde durchsetzen zu können. Im Kontakt wirkt sie sehr unbeholfen, unsicher und hilflos. Sie spricht wenig und abgehackt, hält keinen Blickkontakt und nestelt nervös mit den Händen. In Bezug auf ihre Schul- und Ausbildungsleistungen sowie die Ergebnisse der neuropsychologischen Testung ist sie durchschnittlich intelligent und diesbezüglich sicherlich in der Lage, ihre Tätigkeit auszufüllen.

Fallbeispiel 2

Herr F. ist ein 47-jähriger Metallarbeiter, der nach dem Tod seiner Ehefrau vor vier Jahren Alkoholprobleme und eine Depression entwickelt hat. Im Zusammenhang mit dem Alkoholkonsum traten Konflikte am Arbeitsplatz und im privaten Umfeld aus, die wiederholt mit verbalen oder tätlichen Auseinandersetzungen einhergingen. In der Diskussion um mögliche alternative Konfliktlösungsstrategien zeigt sich, dass er keinerlei Ideen hat, wie er Konflikte konstruktiver lösen könnte. Er fühlt sich in sozialen Situationen extrem hilflos. Er ordne sich entweder vollständig unter oder „raste aus", wenn er versuche, sich durchzusetzen, was wiederum zu negativen Reaktionen des Umfelds führe.

Fallbeispiel 3

Frau U. ist eine 27-jährige Verkäuferin in einem Obstladen, die sich wegen sozialer Ängste vorstellt. Situationen mit Kunden seien für sie grauenhaft, insb. wenn sie von Kunden um Beratung gebeten werde. Sie fühle sich inkompetent und ungeschickt, wisse zu wenig über ihre Waren und mache sicherlich einen sehr dummen Eindruck. Im Kontakt ist sie jedoch im Kontrast dazu freundlich und adäquat. Der Therapeut sucht sie am Arbeitsplatz auf, um sich vor Ort einen Eindruck von der Problematik zu verschaffen, und erlebt sie dort als kompetent und in keiner Weise auffällig.

Hintergrund

Viele Patienten mit psychischen Problemen haben ein äußerst geringes Selbstvertrauen und Selbstwerterleben und leiden sehr unter der Erfahrung der eigenen Unzulänglichkeit. Dies gilt grundsätzlich für alle psychischen Störungen. Wenn die Selbstunsicherheit besonders stark ausgeprägt ist, treten diagnostisch häufig eine selbstunsichere Persönlichkeitsstörung oder soziale Ängste auf, nicht selten in Kombination mit depressiven Störungen.

Teilweise zeigen hochgradig selbstunsichere Menschen im Kontrast zu ihrer Selbstwahrnehmung gute Leistungen bei ihren sozialen Aufgaben (Fallbeispiel 3); die Selbstunsicherheit zeigt sich dann primär in der Selbstbewertung und in der erlebten Anstrengung bei den erbrachten Leistungen. Häufig geht jedoch die Selbstunsicherheit mit einem unsicheren Auftreten einher, was letztlich darin resultieren kann, dass die Person ihre Aufgaben tatsächlich nicht optimal erledigt oder zu bestimmten Dingen (z. B. eigene Rechte durchsetzen) nicht in der Lage ist (Fallbeispiel 1). Teilweise ist die Selbstunsicherheit auch ein Resultat erlebter eigener (sozialer) Inkompetenz (Fallbeispiel 2). Letztlich zeigt sich klinisch in den meisten Fällen ein komplexes Gefüge: Einerseits fühlt sich der Patient extrem unzulänglich, und andererseits treten im Alltag Situationen auf, die er – auch aufgrund mangelnden Selbstvertrauens – nicht optimal bewältigt, was sich wiederum negativ auf die Selbstbewertung auswirkt und u. U. auch vom sozialen Umfeld negativ bewertet wird.

Analyse

Zunächst ist es wichtig, dass Sie sich einen möglichst klaren Eindruck von der Problematik verschaffen. Wie verhalten sich Selbstbewertung und tatsächliche Leistung zueinander? Tritt die Problematik nur in spezifischen Situationen auf und ist u. U. durch situative Faktoren erklärbar, oder ist sie generalisiert? Verhält sich der Patient tatsächlich beobachtbar auffällig? Welche negativen Folgen hat dies? Es ist sehr wichtig, eventuelle negative Bewertungen des Umfelds möglichst genau einzuschätzen, da diese die schlechte Selbstbewertung aufrechterhalten.

Therapeutisch sollten Sie in Abhängigkeit von der individuellen Problematik zwei Schwerpunkte kombinieren: Einerseits soll der Patient lernen, kognitiv-emotional nachsichtiger mit sich umzugehen und sich verstärkt positiv zu bewerten (siehe z. B. Potreck-Rose und Jacob 2006); andererseits wird auf der Verhaltensebene – ebenfalls unter Einbeziehung kognitiver Variablen – in Rollenspielen soziale Kompetenz geübt. Umfangreiche Anleitungen dazu, die über reines soziales Kompetenztraining weit hinausgehen, geben Stagnier et al. (2003). Für beides ist auch eine Gruppentherapie gut geeignet.

Lösungsstrategie

Verschaffen Sie sich einen genauen Eindruck von der Problematik!
- Schätzen Sie getrennt voneinander die Ebene der Selbstbewertung und die Ebene der sozialen Kompetenz ein und ermitteln Sie beides genau. Damit gewinnen Sie auch einen Eindruck, welchen (potenziellen) negativen sozialen (Fremd-)Bewertungen der Patient tatsächlich ausgesetzt ist. „Sie sagen, Sie fühlen sich unbeholfen im Kundenkontakt und haben den Eindruck, Sie machen das sehr schlecht. Das ist ihr Erleben. Wie sieht denn Ihr Verhalten für andere aus? Was würde ich sehen, wenn ich zuschauen würde? Sind Sie schon mal von jemand anderem für Ihr Verhalten kritisiert worden?" „Sie haben erklärt, dass Sie sich in Konfliktsituationen völlig hilflos fühlen und manchmal ausrasten. Wie sieht das aus, so ein Ausrasten?"
- Oft ist die Selbsteinschätzung wesentlich negativer als die tatsächlichen sozialen Defizite. Allerdings nehmen selbstunsichere Patienten solche Diskrepanzen selbst häufig nicht wahr und brauchen dafür Ihre eindeutige Rückmeldung. „Sie schildern, dass es manchmal vorkommt, dass Kunden mit Ihrem Tempo nicht zufrieden sind, weil Sie wegen Ihrer Gründlichkeit relativ langsam sind. Das ist für Sie völlig niederschmetternd, Sie fühlen sich wie eine völlige Niete. Dabei sind die Kunden mit dem Ergebnis wohl immer zufrieden, d. h. Ihre Selbsteinschätzung scheint sehr viel schlechter als die tatsächliche negative Rückmeldung zu sein!"

Zur kognitiven Arbeit/Arbeit am Selbstkonzept

Vermitteln Sie dem Patienten die Bedeutung einer sich selbst positiv zugewandten Haltung!
Um den eigenen Selbstwert zu verbessern, ist es wichtig, sich selbst gegenüber eine freundliche, nachsichtige und wertschätzende Haltung einzunehmen, ähnlich wie gegenüber einem Freund. Dies ist einerseits zentral für eine bessere Selbstbewertung; andererseits kann auch das Verhalten viel leichter verändert werden, wenn der Patient sich selbst Fehler verzeiht, nicht sofort ein perfektes Ergebnis erwartet und nachsichtig nicht zu viel auf einmal von sich selbst verlangt. „Wie würden Sie mit einem Freund umgehen, der ab und zu einen Fehler macht? Würden Sie ihn vollständig abwerten und eine Niete nennen? Vermutlich nicht, da Sie genau spüren, dass das nicht gut für ihn wäre und ihm auch nicht weiterhelfen würde! Sie würden eher versuchen, ihn aufzumuntern, die Fehler nicht so absolut wichtig zu nehmen und ihm Mut zu machen, oder? Genau so eine Haltung brauchen Sie auch sich selbst gegenüber!"

Arbeiten Sie mit dem Patienten an der Wahrnehmung von positiven Aspekten des Selbst!
In diesem Kontext ist es wichtig, die Aufmerksamkeit auch auf positive Facetten der eigenen Person zu lenken, um eine alternative Sichtweise und Selbstbewertung einzuüben.

Dies ist möglich mit Lobübungen (in der Gruppe), mit Tagebüchern, in denen täglich positive Dinge notiert werden etc. (Potreck-Rose und Jacob 2006).

Zur verhaltensorientierten Arbeit an realen sozialen Problemen

Trainieren Sie konkrete Situationen aus dem Leben des Patienten!
Üben Sie mit dem Patienten ganz konkret die Bewältigung real problematischer Situationen in seinem Alltag. Unter Umständen ist es sinnvoll, die Problemsituationen zu hierarchisieren und mit leichteren Übungen anzufangen. Erfragen Sie die Situationen detailliert, um sie in Rollenspielen (ggf. mit mehreren Personen) möglichst realistisch darzustellen. Die genaue Exploration und das Beharren auf realen Problemsituationen sind wichtig, da solche Übungen zunächst unangenehm sind und daher oft vermieden werden. Dennoch sind sie für den Patienten am hilfreichsten.

Bereiten Sie die Lösungen strukturiert vor!
Um dem Patienten in der oft angstbesetzten Übungssituation Sicherheit und Überblick zu geben, bereiten Sie mögliche Lösungen für die Situation vorher „trocken" vor und halten Sie sie schriftlich in Stichpunkten fest, damit er beim Üben Orientierungspunkte hat.

Bieten Sie dem Patienten Modelle an!
Sorgen Sie für Modelle, entweder durch andere Mitglieder einer Patientengruppe oder durch sich selbst. Wenn Sie selbst modellieren, seien Sie nicht zu perfekt, sondern gleichen Sie sich dem Stil des Patienten an. Heben Sie hervor, wie er agieren könnte, wenn er *etwas* kompetenter wäre.

Gehen Sie schrittweise vor und wiederholen Sie!
Beginnen Sie mit wenig komplexen Situationen. Fortschritte können nur erzielt werden, wenn der Patient nicht überfordert wird und wiederholt üben kann. Wiederholung führt zu Angstabbau. Kurze, klar umschriebene Situationen wie etwa die Fähigkeit, ein Angebot abzulehnen, können Sie in der Gruppe z. B. dadurch wiederholen, dass in rascher Folge jedes Gruppenmitglied dem Patienten irgendein Angebot macht, das er abschlagen muss. Dadurch sinkt die Angst üblicherweise stark ab, und zudem sind alle Gruppenmitglieder in die Übung eingebunden.

Verstärken Sie jeden Einsatz und alle Fortschritte!
Verstärken Sie jeden konstruktiven Schritt des Patienten. Dazu gehört der Mut, ein Thema einzubringen („Das finde ich sehr mutig, dass Sie sich da heranwagen!"), jeden Beitrag zu Lösungsvorschlägen, selbst wenn diese nicht ideal sind, zu würdigen („Gute Idee, das können wir versuchen!" oder „Das war sehr interessant, diesen Vorschlag auch zu diskutieren, vielen Dank!"), die Bereitschaft zum Rollenspiel und selbstverständlich jedes

Üben im Rollenspiel und im Alltag. Verstärkung und Ermutigung sind gerade für extrem unsichere Patienten äußerst wichtig. Nicht zuletzt kann engagiertes Verstärken und „Cheerleading" auf Patienten, die stark vermeiden, sehr aktivierend wirken.

Fördern Sie die Umsetzung im Alltag!
Gelerntes kann sich nur verfestigen, wenn es angewendet wird. Vereinbaren Sie daher mit dem Patienten konkrete Übungen im Alltag, und vergessen Sie keinesfalls, die Durchführung der Übungen nachzufragen oder mit Protokollen zu dokumentieren zu lassen.

Sorgen Sie für eine humorvolle und spielerische Atmosphäre!
Dadurch schaffen Sie eine konstruktive und relativ entspannte Lernatmosphäre, dies ist gerade bei angstbesetzten Themen wichtig.

Tab. 9.1 Beispieldialog Fallbeispiel 1.

Frau M.	Ich bekomme das auf der Arbeit halt alles überhaupt nicht hin.	
Th.	Was meinen Sie damit?	**Explorieren**
Frau M.	Na, wenn ich schon weiß, da kommt wieder jemand mit einem komplizierten Anliegen, wird mir schon völlig schlecht.	
Th.	Und dann, wenn er da ist?	**Explorieren**
Frau M.	Das ist grauenhaft. Ich habe immer das Gefühl, die denken, ich bin eine totale Niete.	
Th.	Und wie gehen Sie dann mit dem Anliegen um?	**Performanz explorieren**
Frau M.	Na ja, das muss ich dann halt bearbeiten.	
Th.	Klappt das denn?	**Performanz explorieren**
Frau M.	Ja, schon irgendwie. Ich bin halt oft sehr langsam, weil ich so nervös bin.	
Th.	Aber das heißt, Sie können das Anliegen schon bewältigen? Oder hat sich schon oft jemand beschwert?	**Negative soziale Rückmeldungen explorieren**
Frau M.	Ganz selten. Mein Chef hat voriges Jahr mal gesagt, ich wäre etwas zu gründlich, so genau müsste ich es nicht machen, dann würde ich mehr Anfragen bearbeiten können. Und manchmal habe ich das Gefühl, ich bin den Kunden zu langsam.	
Th.	Hat sich denn abgesehen vom Tempo schon mal jemand beschwert?	**Negative soziale Rückmeldungen explorieren**
Frau M.	Nein, eigentlich nicht.	

Tab. 9.1 Beispieldialog Fallbeispiel 1. (Forts.)

Th.	Das heißt, das Problem hat zwei Seiten. Auf der einen Seite gibt es Ihr innerliches Erleben. Da haben Sie das Gefühl, Sie seien eine Versagerin, sind völlig nervös und bewerten sich ganz schlecht. Auf der anderen Seite ist die Arbeit, die Sie machen, im Großen und Ganzen völlig in Ordnung. Es könnte sein, dass Sie die Dinge manchmal eher zu gründlich erleben und dadurch etwas langsam sind. Aber das scheint das einzige Problem zu sein. Ist das richtig so?	**Trennung der Ebenen „Selbstbewertung" und „Performanz"**
Frau M.	Ja.	

LITERATUR
Potreck-Rose F, Jacob G (2006) Selbstzuwendung, Selbstakzeptanz, Selbstvertrauen. Psychotherapeutische Interventionen zum Aufbau von Selbstwertgefühl. Stuttgart: Klett-Cotta

Stagnier U, Heidenreich T, Peitz M (2003) Soziale Phobien. Ein kognitiv-verhaltenstherapeutisches Behandlungsmanual. Weinheim: Beltz

9.4 Die misshandelte Patientin ist zu misstrauisch, um auf die therapeutische Beziehung einzugehen

FALLBEISPIELE

Fallbeispiel 1
Frau S., eine 24-jährige Borderline-Patientin mit langjährigem sexuellem Missbrauch im Kindesalter, kommt in die psychosomatische Rehabilitationsklinik. In Einzelgesprächen ist sie wortkarg und spricht nicht offen über sich; sie wirkt sehr misstrauisch. Manchmal verhält sie sich sehr trotzig. Die Therapeutin vermutet, dass sie über irgendetwas verärgert oder wütend ist. In solchen Situationen lehnt sie es jedoch vollständig ab, über ihre Gefühle zu sprechen.

Fallbeispiel 2
Frau M., eine 22-jährige Patientin mit schwerer Suchterkrankung, ist in einem extrem delinquenten und gewalttätigen Umfeld aufgewachsen, hat selbst als Kind massive (vor allem sexuelle) Gewalt erfahren und war bereits im Jugendgefängnis. In der Rehabilitationsklinik für Abhängigkeitserkrankte „agiert" sie sehr, sprengt mit Wutanfällen und Provokationen viele Gruppentherapien und geht mehrere sexuelle Affären mit Mitpatienten ein. Das Team vermutet, dass hinter diesen Verhaltensweisen große Verzweiflung und Beziehungswünsche stecken; die verzweifelte Seite der Patienten ist im therapeutischen Kontakt jedoch nur sehr selten zu erreichen.

9 Die Behandlung wird durch begrenzte Ressourcen erschwert

Hintergrund

Patientinnen mit schweren Missbrauchserfahrungen sind in der Regel sehr misstrauisch und/oder aggressiv. Sie weisen oft schwerste Störungen wie bspw. eine Borderline-Persönlichkeitsstörung und/oder eine antisoziale Persönlichkeitsstörung auf, und dies häufig in Verbindung mit Suchtproblemen. Biographisch ist das Misstrauen nachvollziehbar, da den Betroffenen neben dem erlebten Missbrauch positive Beziehungserfahrungen häufig fehlen. Außerdem folgten den negativen Beziehungen in der Kindheit später meist ähnlich schädliche Beziehungen, nicht selten im Milieu von Drogen und Prostitution. Leider führen gelegentlich auch eigentliche Hilfsmaßnahmen – z. B. Aufenthalte in (geschlossenen) Jugendeinrichtungen – zu ähnlichen Erfahrungen. In der Therapie benötigen diese Patientinnen vor allem positive und hilfreiche Beziehungserfahrungen. Dementsprechend legen Ansätze zur Behandlung schwerer Persönlichkeitsstörungen größten Wert auf die therapeutische Gestaltung der Beziehung (sog. *reparenting*; Sachse 2004; Smith Benjamin 2001; Young et al. 2005).

Analyse

Die Realisierung einer vertrauensvollen therapeutischen Beziehung ist im Versorgungsalltag oft schwierig. Eine ambulante Psychotherapie ist häufig aufgrund der Schwere der Störung und/oder der begrenzten Stundenzahl (vor allem bei Verhaltenstherapie) nicht ausreichend. Eine stationäre oder teilstationäre Behandlung kann nicht immer in der erforderlichen Länge und Intensität angeboten werden; darüber hinaus kommt es immer wieder zu Spannungen und Konflikten im Team, weil die Patientinnen das Misstrauen und aggressive Durchbrüche meist mehreren, wenn nicht allen Mitarbeitern gegenüber haben. Letztlich zeigt die Versorgungsrealität, dass diese Patientinnen oft wiederholte Angebote der ambulanten und stationären Psychotherapie, Alkohol- und Drogenentwöhnung, Suizidberatung etc. benötigen. Insgesamt ist die Behandlung solcher Fälle sehr anspruchsvoll; Supervision oder Intervision ist sinnvoll.

Die folgenden Vorschläge stellen keinen vollständigen Therapieplan dar, der Supervision ersetzen könnte! Sie sollen in erster Linie eine Richtschnur für die Gestaltung einer empathischen, fürsorglichen und hilfreichen therapeutischen Beziehung bei Patienten geben, die durch negative Lebenserfahrungen extrem misstrauisch sind. Die zentralen Ziele der Beziehungsgestaltung liegen darin, dass die Patientin den Therapeuten als durchgehend hilfreich und verlässlich wahrnehmen kann, dass sie sich wertgeschätzt und verstanden fühlt. Nur vor diesem Hintergrund kann es gelingen, dass die Patientin zumindest in Teilen verstehen lernt, welche Reaktionen ihre misstrauischen und eventuell aggressiven Verhaltensweisen bei anderen auslösen und wie sie Beziehungen zu anderen für sich günstiger gestalten kann.

Lösungsstrategie

Lassen Sie der Patientin Zeit für den Beziehungsaufbau!
Versuchen Sie, der Patientin im Rahmen Ihrer Möglichkeiten viele Beziehungsangebote zu machen, insb. wenn sie diese nicht einfordert oder etwa mit suizidalen Androhungen etc. zu erzwingen versucht. Ambulant können Sie zusätzlich zu den Therapiesitzungen z. B. Telefonkontakte anbieten. Stationär kann die Patientin möglicherweise wiederholt oder in Intervallen behandelt und zwischen den Behandlungen der Kontakt aufrechterhalten werden.

Akzeptieren Sie, dass die Patientin die Beziehung „testen" muss!
Auf diesen Punkt geht bspw. Sachse (2004) ausführlich ein. Nehmen Sie der Patientin das nicht übel und antizipieren Sie es! Sie können dies auch gezielt explorieren und damit gleichzeitig Akzeptanz und Verständnis vermitteln. „Stellen Sie Menschen oft auf die Probe, um deren Glaubwürdigkeit zu testen? Wie genau sieht das aus?" „Sie haben schon so viele schreckliche Beziehungen erlebt. Woran können Sie eigentlich merken, ob es jemand ausnahmsweise gut mit Ihnen meint?"

Seien Sie in der Beziehung zugewandt, echt und im Verhalten transparent!
Die Patientin hat oft erhebliche Schwierigkeiten, normale Interaktionen des Gegenübers korrekt – und nicht nur im Lichte ihres Misstrauens – einzuschätzen. Um das zu korrigieren, sollten Sie soweit wie möglich transparent machen, welche Motive Sie in der Therapie haben, und ein echter und spürbarer Interaktionspartner sein. Dazu gehört z. B., die Gründe für bestimmte Interventionen oder Fragen oder andere Verhaltensweisen zu erklären. „Ich würde heute gerne etwas überpünktlich Schluss machen, weil mein Babysitter ausgefallen ist und ich rasch nach Hause muss. Bitte nehmen Sie es mir nicht übel, wenn ich die Stunde vielleicht etwas hastig beende." „Ich frage Sie nicht nach Ihrem Trotz, um Sie zu kritisieren oder bloßzustellen, sondern weil ich vermute, dass Gefühle dahinter stehen, von denen es gut wäre, wenn wir sie besser begreifen könnten."

Setzen Sie der Patientin wertschätzend Grenzen!
Die Einnahme einer zugewandten und verständnisvollen Haltung ist nicht damit gleichzusetzen, dass das Verhalten der Patientin vorbehaltlos akzeptiert werden kann! Im Gegenteil ist es äußerst wichtig, der Patientin Grenzen zu setzen, diese zu erklären und mit ihr zu besprechen, wie sie sie besser einhalten kann. Dabei sollten Sie auf jeden Fall Verständnis für das dysfunktionale Verhalten zeigen, auch wenn Sie nicht damit einverstanden sind. Ausführlichere Erläuterungen zu dieser häufig komplexen Aufgabe gibt Young (2005). „Einerseits kann ich, wenn ich mir Ihre Kindheit vorstelle, gut verstehen, dass Sie leicht aggressiv reagieren, weil das früher das Einzige war, das überhaupt funktioniert hat. Hier in unserer Beziehung kann ich es aber nicht akzeptieren, weil das dazu führt, dass ich auch ärgerlich werde und dann schlechter mit Ihnen umgehe. Ich versichere Ihnen, ich bin nicht wie Ihre Familie früher; d. h. ich höre Ihnen genau zu, nehme Sie sehr

ernst, auch wenn Sie ruhig und freundlich mit mir sprechen. Sie sollten das bitte auszuprobieren."

Verteilen Sie die Last nach Möglichkeit auf mehrere Schultern!
Diese Patienten sind einerseits so bedürftig und andererseits für Therapeuten so anstrengend, dass eine Verteilung der Last auf mehrere Schultern sinnvoll ist. Dies gilt auch für die ambulante Behandlung – versuchen Sie z. B. als Psychotherapeut, die Patientin zusätzlich bei einem Psychiater, einer Suchtberatungsstelle oder einem Sozialdienst anzubinden. Tauschen Sie sich nach Möglichkeit mit den anderen Behandlern aus (➤ Kap. 3.1).

Interpretieren Sie schwierige Situationen nicht zu Ungunsten der Patientin!
Vielfach werden chaotische Situationen auf das Wesen der Patientin in einer Weise attribuiert, die sie dafür verantwortlich macht und in einem schlechten Licht erscheinen lässt („die Patientin spaltet schon wieder"). Bemühen Sie sich, solche Verhaltensweisen im Lichte der Beziehungserfahrungen der Patientin als Ausdruck ihrer Bedürftigkeit und Unreife zu sehen, die sie im Ursprung nicht selbst zu verantworten hat (auch wenn sie natürlich jetzt die Aufgabe hat, daran zu arbeiten und schrittweise die Verantwortung für sich selbst wahrzunehmen). Als Hilfestellung dafür empfehlen Young et al. (2005), das Gesicht der Patientin im Geiste mit dem Gesicht eines kleinen Kindes zu überblenden, wenn man als Therapeut beginnt, ärgerlich zu werden.

Fördern Sie im Team eine wertschätzende Haltung gegenüber der Patientin!
Insbesondere im stationären Rahmen ist es wichtig, dass das Team die Ressourcen der Patientin wertschätzt und ihre Geschichte als verständlichen Hintergrund ihres Verhaltens akzeptiert. Bemühen Sie sich, im Team eine zugewandte Haltung der Patientin gegenüber zu fördern, ohne ihr chaotisches oder schwieriges Verhalten zu relativieren.

Akzeptieren Sie Ihre Grenzen und die des Systems!
Die geschilderten Vorschläge können je nach Rahmenbedingungen oft nur ansatzweise umgesetzt werden. Seien Sie hinsichtlich der Grenzen der jeweiligen Situation realistisch (realisierbare Behandlungsintensität, Bereitschaft des Teams, eigene Ressourcen, Ressourcen der Patientin etc.), sonst erleben Sie Überforderungen und Enttäuschungen und langfristig einen sog. Burn-out. Wenn Sie der Patientin nur eingeschränkt helfen können, überlegen Sie, ob es möglich ist, ihr zu einer anderen oder zusätzlichen Behandlung zu verhelfen.

LITERATUR
Sachse R (2004) Persönlichkeitsstörungen. Leitfaden für die Psychologische Psychotherapie. Göttingen: Hogrefe
Smith Benjamin L (2001) Die Interpersonelle Diagnose und Behandlung von Persönlichkeitsstörungen. München: CIP-Medien
Young JE, Klosko JS, Weishaar ME (2005) Schematherapie. Ein praxisorientiertes Handbuch. Paderborn: Junfermann

KAPITEL 10
Häufige interaktionell schwierige Situationen

10.1 Der Patient weint im Gespräch

FALLBEISPIELE

Fallbeispiel 1

Frau S., eine sehr nüchterne und sachliche Bürokauffrau, hat im Alter von 67 Jahren eine Depression entwickelt. Nach einem Leben für die Arbeit, in dem sie ledig und kinderlos blieb, leidet sie seit Beginn der Rente unter chronischen Rückenschmerzen, die sie sehr quälen. In der fünften ambulanten Sitzung spricht der Therapeut sie darauf an, was für Pläne und Träume vom Leben sie als 25-Jährige hatte. Sie beginnt, von einem früheren Verlobten zu sprechen; dabei kommen ihr die Tränen.

Fallbeispiel 2

Frau M., 27 Jahre, stellt sich erstmalig in der Spezialsprechstunde für Borderline-Persönlichkeitsstörung vor. Ihren mitgebrachten Arztbriefen ist zu entnehmen, dass sie schon unter verschiedenen Diagnosen (Zwangsstörung, kombinierte Persönlichkeitsstörung, spätadoleszente Krise mit neurotischer Symptombildung) relativ erfolglos behandelt wurde. Auf die einleitende Frage nach ihrem Befinden bricht sie spontan in Tränen aus und äußert schluchzend, dass alles ganz fürchterlich sei.

Hintergrund

Die Beschäftigung mit Emotionen, insb. mit negativen Emotionen wie Angst, Verzweiflung oder Traurigkeit, ist ein zentrales Thema psychotherapeutischer Gespräche. Häufig werden durch die Gespräche Emotionen ausgelöst, d. h. nicht selten weinen Patienten in therapeutischen Gesprächen. Die damit zusammenhängenden Situationen sind sehr vielfältig und lassen sich nicht ohne Bedeutungsverlust in ein Raster pressen. Dennoch lassen sich unseres Erachtens drei grundsätzliche Kategorien unterscheiden, die jeweils verschiedene Reaktionsweisen des Therapeuten verlangen. Natürlich können im Einzelfall auch Überschneidungen auftreten. Um die jeweilige Situation einzuschätzen, sollten Behandlungssituation, akute Symptomatik, der Auslöser des Weinens und die therapeutische Beziehung einbezogen werden (> Tab. 10.1).

- **Traurigkeit und Weinen primär als Symptom einer affektiven Störung, in der Regel einer Depression:** Diese Situation tritt häufig bei akut (stationär) behandlungsbedürftigen Patienten auf. Diese Patienten weinen häufig, wenn nur relativ geringfügige Belastungen thematisiert werden und sind von der Heftigkeit ihrer emotionalen Reaktion oft selbst befremdet und peinlich berührt. Eigen- und fremdanamnestisch wird diese Sensibilität üblicherweise als untypisch geschildert, sodass sie klar als Symptom der aktuellen Störung betrachtet werden kann.

- **Weinen als angestrebter Ausdruck bislang „blockierter" Emotionen, die in der Psychotherapie „zutage gefördert" wurden:** Dies tritt häufig im Rahmen intensiver Psychotherapie bei weitgehend funktionsfähigen Patienten auf, wenn bedeutsame emotionale Themen wie Enttäuschungen, Verluste, schwierige biographische Erfahrungen o. Ä. bearbeitet werden. Häufig wird hier der Emotionsausdruck explizit angestrebt, z. B. durch den Einsatz erlebnisorientierter Methoden aus der Gestalttherapie oder aus dem Psychodrama. Dies soll es dem Patienten ermöglichen, die Bedeutung des jeweiligen Themas für sein Leben tiefer zu erfahren und sich seiner eigenen Bedürfnisse im jeweiligen Zusammenhang besser bewusst zu werden.
- **Regressives Weinen ist Folge eines Sich-kindlich/hilflos-Fühlens und soll das Gegenüber zum Helfen aktivieren. Es tritt häufig bei Patienten mit Cluster-B-Persönlichkeitsstörungen auf, kann aber auch im Rahmen von Angststörungen vorkommen:** In diesen Situationen weint der Patient spontan, ohne dass dies der aktuellen Thematik, dem Gesamtbefinden oder der therapeutischen Beziehung angemessen erscheint, etwa im Erstgespräch bei wenig bedeutsamen Themen, obwohl keine schwere depressive Symptomatik vorliegt. Der Emotionsausdruck wirkt dabei möglicherweise in einer kindlichen Weise intensiv, für einen Erwachsenen jedoch eher ungewöhnlich stark, z. B. durch heftiges Schluchzen. Weinen kann deshalb vom Gegenüber auch zielgerichtet als Aufforderung zur Entlastung empfunden werden, d. h. löst weniger spontanes warmes Mitgefühl aus. Es sollte im Gespräch geklärt werden, ob der Patient in der Tat Hilfe vom Therapeuten benötigt und keinen anderen Weg weiß, um diese zu erbitten, oder ob er gar nicht zu einer aktiven Bewältigung seines Problems bereit ist und der Therapeut ihm die Lösung quasi abnehmen soll.

Tab. 10.1 Weinen im therapeutischen Gespräch.

	Auslöser	Kontext	Therapiebeziehung
Affektives Symptom	Relativ beliebig	Akute schwere depressive Störung	Kann im Rahmen jeder unterstützenden Beziehung auftreten, unabhängig von deren Dauer
„Blockierte Emotion"	„Wunde Punkte", schmerzhafte Themen	Fokus auf schmerzhaftem Thema in der Therapie; im Alltag normale Funktionsfähigkeit	Setzt Vertrauen des Patienten in den Therapeuten und eine gute Therapiebeziehung voraus
Regressives Weinen	Relativ beliebig	Uneindeutig	Patient eher submissiv

Analyse

Die Intervention richtet sich danach, wie Sie das Weinen einordnen. Akut schwer depressive Patienten sollten getröstet und unterstützt werden; das Weinen als Konsequenz der depressiven Symptomatik kann als Symptom der Erkrankung erklärt werden. Eine Vertiefung der Emotion sollte in der Regel nicht stattfinden, da der Patient ohnehin schon sehr instabil ist.

Weint der Patient, weil eine bisher „blockierte Emotion" spürbar wird, so sollte die Emotion in erster Linie validiert und ggf. auch vertieft werden, um die Bedeutung für das Leben des Patienten spürbar zu machen.

Regressives Weinen sollte nur mit ausgeprägter Zuwendung beantwortet werden, wenn es einen berechtigten Ruf nach Unterstützung darstellt. Ist es Ausdruck eines passiven, eher auf verwöhnende Entlastung zielenden regressiven Verhaltens, sollte es nicht verstärkt werden. Hier sollte der Fokus mehr darauf ausgerichtet werden, dass der Patient sein Weinen in dem momentanen Kontext versteht und er so mehr Kontrolle über seine Emotionsregulation gewinnt.

Lösungsstrategie

Reflektieren Sie, warum der Patient weint!
Da sich die Interventionen in Abhängigkeit davon sehr unterscheiden, ist dies sehr wichtig. Sie dürfen keine Angst vor intensiven Emotionen haben, aber ein unreflektiertes Verstärken negativer Emotionen ist ebenfalls nicht angebracht.

Bei starken emotionalen Reaktionen im Rahmen affektiver Erkrankungen Weinen „normalisieren" und den Patienten trösten und unterstützen!
- Da der Patient von seinem Weinen oft selbst stark verunsichert ist, erklären Sie ihm das Weinen als Teil der Symptomatik und **normalisieren** es damit. Sie sollten ihm auch vermitteln, dass Sie diese Reaktion kennen und ihm versichern, dass sie sich mit einer Besserung der Depression von alleine wieder legen wird. „Sie sagen, dass Sie sonst nicht so viel weinen müssen. Das ist bei Depressionen sehr häufig, dass die Betroffenen viel weinen müssen, auch wenn sie das sonst nie tun. Sie werden sehen, dass sich das von ganz alleine wieder ändern wird, wenn die Depression sich bessert."
- Um den Patienten vom negativen Affekt zu entlasten, sollten Sie ihn **trösten und ablenken.** „Das ist gerade sicher sehr belastend für Sie, dass Sie häufig so intensiv reagieren und sich völlig verzweifelt fühlen. Es wäre gut, wenn wir gemeinsam etwas herausfinden, was zumindest mal eine Zeitlang die Depression in den Hintergrund treten lässt." Hier können Sie auch aktiv Ihre Kenntnis des Patienten einbringen. „Wie war denn vorhin der Besuch Ihrer Tochter?" oder „Haben Sie hier schon nette Mitpatienten kennen gelernt, von denen Sie sich etwas verstanden fühlen?" „Geht es Ihnen etwas besser, wenn Sie Musik hören oder sich körperlich belasten?"

10 Häufige interaktionell schwierige Situationen

Den Ausdruck „blockierter Emotionen" fördern!
- Beim Ausdruck „blockierter Emotionen" ist das therapeutische Ziel üblicherweise, die **Wahrnehmung der Emotion zu unterstützen**. Dazu können Sie die Emotionen des Patienten verbalisieren („Das ist ein trauriges Kapitel für Sie." „Jetzt merken Sie gerade, wie weh Ihnen das eigentlich tut."), den Emotionsausdruck positiv konnotieren („Manchmal ist es gut, genau hinzufühlen.") und dem Patienten Zuwendung zeigen (z. B. besonders zugewandte Körperhaltung, mit fürsorglicher Geste Taschentuch reichen). In solchen Situationen sollten Sie dem Patienten ausreichend Zeit lassen.
- In der Folge ist es wichtig, einen Bezug zwischen den erlebten Emotionen und dem aktuellen Leben herzustellen. Was betrauert der Patient, und wie könnte er sein Leben heute so ändern, dass seine Bedürfnisse mehr Raum haben?
- Das erfordert **eine geringe Angst vor und bejahenden Umgang mit intensiven Emotionen als therapeutische Grundhaltung.** Wenn der Patient insgesamt gut funktionsfähig ist, müssen Sie sich meist wenig Sorgen machen, dass das Erleben von Traurigkeit ihn unvertretbar stark erschüttert. In der täglichen Praxis tritt häufiger das Gegenteil auf, dass Patienten trotz des Einsatzes emotionsorientierter Methoden weniger Emotionen erleben als sinnvoll erscheint; der Widerstand dagegen löst sich nur in einer als tragend erlebten Therapiebeziehung.

Ein ausführliches Kapitel zu dieser Art von Arbeit mit Emotionen finden Sie bei Dorrmann (2006).

Regressives Weinen in der Regel nicht verstärken!
Vor allem wenn regressives Weinen und Klagen von einem Patienten sehr häufig gezeigt wird, ohne dass eine echte Not des Patienten erkennbar wird, kann es für die therapeutische Arbeit kontraproduktiv werden. Es kann vorkommen, dass es dem Patienten dadurch letztlich nicht möglich ist, die notwendige Verantwortung für die Veränderung seiner Probleme zu übernehmen. Dies sollten Sie nicht unterstützen! So könnten Sie einem erneut regredierenden Patienten kommentarlos ein Taschentuch reichen und mit neutraler Miene abwarten. Erst wenn er sich beruhigt hat, setzen Sie zur Klärung seines Verhaltens das Gespräch fort. Selbstverständlich müssen Sie sich vorher vergewissern, dass keine akute Notlage vorliegt, die den Spontanausdruck starker Emotionen rechtfertigen würde! „Ich verstehe im Moment nicht wirklich, warum Sie so weinen müssen. Ist gerade etwas Schlimmes vorgefallen, das Sie sehr belastet?"

Tab. 10.2 Beispieldialog zu Fallbeispiel 1.

Th.	Bei dem Thema merken Sie, wie sehr Sie das immer noch alles schmerzt.	**Gefühle verbalisieren**
Frau S.	Ja, stimmt leider. <weint weiter>	
Th.	<reicht der Patientin ein Taschentuch> Das tut so weh! Lassen Sie die Tränen ruhig laufen, manchmal ist das gut! <viel Zeit lassen>	**Nähe und Empathie zeigen**

Tab. 10.2 Beispieldialog zu Fallbeispiel 1. (Forts.)

Frau S.	\<schnäuzt sich\>	
Th.	Es ist gut, dass Sie sich trauen, noch einmal zurückzuschauen und zu merken, dass die Wunde noch nicht verheilt ist. In der Therapie wird das sicher ein wichtiges Thema sein, sich auch mit den Enttäuschungen auseinanderzusetzen, die es in Ihrem Leben gab.	**Bedeutung des Themas aufzeigen; Perspektive implizieren**

Tab. 10.3 Beispieldialog zu Fallbeispiel 2.

Ärztin	Guten Tag, Frau M., wir sehen uns heute zu einem zweiten diagnostischen Gespräch. Wie geht es Ihnen denn aktuell?	
Frau M.	Es geht mir wieder so schrecklich, ich weiß überhaupt nicht, wie es weitergehen soll. \<schluchzt heftig\>	
Ärztin	Gibt es denn jetzt etwas Akutes, was Sie so sehr mitnimmt? Ist gerade etwas Schlimmes passiert?	**Notlage überprüfen**
Frau M.	Nein, das ist schon lange so. \<schluchzt weiter laut\>	
Ärztin	\<reicht ihr ein Taschentuch\> Ach so.	**Wenig Empathie zeigen**
Frau M.	\<schnäuzt sich, schluchzt weiter\>	
Ärztin	\<wartet, sagt nichts, schaut Pat. neutral an\>	**Keine Verstärkung durch Fürsorge**
Frau M.	\<hört auf zu schluchzen\>	
Ärztin	\<freundlich und ruhig\> Das ist gut, dass Sie sich beruhigt haben. Können Sie jetzt versuchen, mir zu erklären, wie es Ihnen zurzeit im Alltag geht?	**Patientin loben, wenn sie das Weinen stoppt, verbunden mit konstruktivem nächstem Schritt**

LITERATUR

Dorrmann W (2006) Suizid. Therapeutische Interventionen bei Selbsttötungsabsicht. Stuttgart: Klett-Cotta

10.2 Der Patient redet fast ununterbrochen

FALLBEISPIELE

Fallbeispiel 1

Herr F., ein 42-jähriger Patient mit sozialer Phobie und Depressionen, spricht in den Sitzungen zunächst sehr wenig, wirkt extrem schüchtern und zurückhaltend. Mit der Zeit taut er auf und spricht zunehmend mehr, bis hin zu einem stark monologisierenden Interaktionsstil. Der Therapeut stellt fest, dass der Patient schlecht auf ein Thema fokussieren kann und immer wieder abschweift; allerdings kann man ihn problemlos unterbrechen und das Thema wechseln.

Fallbeispiel 2

Frau N., 38 Jahre, kommt wegen Ängsten in Therapie, redet jedoch vorwiegend über die Unzufriedenheit mit ihrem Leben und ihrer Partnerschaft. Dabei klagt sie viel und wortreich über ihren Partner, verschiedene andere Familienmitglieder, Kollegen und ihre eigene Unfähigkeit. Sie lässt sich kaum unterbrechen, nimmt der Therapeutin das Wort immer sofort wieder ab. Insgesamt hat die Therapeutin das Gefühl, dass die Patientin ihren Wortschwall braucht, um sich nicht mit ihren Gefühlen von Einsamkeit, Enttäuschung und Traurigkeit auseinanderzusetzen und gleichzeitig von der Therapeutin bedauert und entlastet zu werden.

Hintergrund

Ein ununterbrechbarer Redefluss kann in verschiedenen Zusammenhängen auftreten. Klinisch beobachten wir insb. folgende Situationen, die sich auch überlappen können:
- **Symptom der Manie,** wenn der beschleunigte Redefluss mit anderen Symptomen der Manie wie gesteigertem Antrieb und verringertem Schlafbedürfnis verbunden ist.
- **Zeichen für fehlende soziale Kompetenz oder unzureichende Strukturiertheit** (➤ Kap. 9.2). Die meisten Patienten mit geringer sozialer Kompetenz sind sehr unsicher und sprechen eher wenig. Es kommt jedoch auch vor, dass sozial inkompetente Patienten sehr viel sprechen, da sie wenig sensibel für die richtige „Dosierung" von Gesprächsbeiträgen sind. In diesen Fällen können Sie den Patienten oft leicht unterbrechen und das Gesprächsthema wechseln. Sie haben nicht den Eindruck, dass die Patienten den Wortschwall für den Schutz vor negativen Emotionen o. Ä. „brauchen", sondern dass ihnen wenig alternative interaktionelle Verhaltensweisen zur Verfügung stehen.
- **Zeichen für Überkompensation** von Unsicherheit, Schutz vor Gefühlen, Suche nach Aufmerksamkeit etc. („Abwehr" in der Psychoanalyse, „Funktionalität" in der VT). Hier haben Sie den umgekehrten Eindruck, dass die Patienten den Wortschwall „benutzen", z. B. um sich von ihren Problemen zu distanzieren, um keine intensiven Gefühle erleben zu müssen oder um „um den heißen Brei herumzureden", anstatt ihn direkt anzugehen. (➤ Kap. 2.1, ➤ Kap. 10.4).

Tab. 10.4 Starker Redefluss in Therapiegesprächen.

	Auslöser	Kontext	Therapiebeziehung
Manie	Beliebig	Akute Manie	Beliebig
Fehlende Ressourcen	Beliebig	Begrenzte soziale und/oder kognitive Ressourcen des Pat.	Pat. redet umso mehr, je positiver und warmherziger die Beziehung ist
Abwehr, Funktionalität	Ansprechen von „wunden Punkten", Konflikten oder Problemen	Persönlichkeitsstörung oder chronische, stereotype Probleme in Beziehungen	Je besser die Beziehung ist, umso mehr kommt Pat. zur Ruhe; je mehr relevante Emotionen thematisiert werden, desto weniger redet er

Analyse

Wenn ein manisches oder maniformes Zustandsbild vorliegt, müssen Sie den Patienten entsprechend psychiatrisch behandeln. Wenn überwiegend fehlende soziale Kompetenz das Hauptproblem ist, sollte der Patient in sozialen Kompetenzen trainiert werden (➤ Kap. 9.2, ➤ Kap. 9.3). Wenn der Patient vor allem „wunde Punkte" zu vermeiden scheint, sollten Sie genau diese Annahme mit ihm thematisieren und nach Möglichkeiten suchen, die „wunden Punkte" in der Therapie zu thematisieren, ohne dass sich der Patient dadurch zu stark bedroht fühlt. Darauf beziehen sich die folgenden Tipps zur Vorgehensweise.

Lösungsstrategie

Sprechen Sie den Redefluss des Patienten direkt an!
Solange er dieses Muster aufrechterhält, wird er nicht von der Therapie profitieren. Dabei können Sie analog zu den Vorschlägen in ➤ Kapitel 2.5 vorgehen, indem Sie den Redefluss konzeptualisieren als einen Teil des Patienten, der sich vor Ihrer Einflussnahme oder vor Einflussnahme und Kontakt generell zu schützen versucht. „Frau N., mir fällt immer wieder auf, dass Sie ein starkes Redebedürfnis haben und dabei viele Themen berühren. Wenn ich Sie unterbrechen möchte, gelingt das kaum. Könnte es sein, dass ein Teil von Ihnen absolut vermeiden möchte, mit mir in ein vertieftes Gespräch zu kommen, d. h. über Ihre Gefühle und Probleme zu sprechen? Könnte es sein, dass Sie sich so schützen? Was denken Sie darüber?"

Explorieren Sie dieses Phänomen mit dem Patienten genauer!
Besprechen Sie diesen Aspekt mit dem Patienten ausführlich, um sein Verständnis dafür zu verbessern. Erfragen Sie, seit wann er dieses Phänomen kennt, in welchen Situationen es auftaucht, wie er damit umgeht und welche positiven und negativen Auswirkungen es

hat. Dazu können Sie kreative Methoden einsetzen, z. B. den Patienten bitten, nur diesen Anteil von sich selbst zu spielen und dann einen explorierenden Dialog mit diesem Anteil führen. Ausführliche Hinweise dazu finden sich bei Young et al. (2005) unter der Überschrift „Arbeit mit dem Distanzierten Beschützer". Das Ziel besteht darin, dass der Patient sich an dieser Stelle besser verstehen lernt, seine Schutzmechanismen erkennt und beginnt, sie zumindest in der Therapie abzubauen.

Nutzen Sie die Therapie als Übungsfeld, um diesen „Anteil" besser zu verstehen!
Verdeutlichen Sie dem Patienten, dass dieser Anteil den Fortschritt in der Therapie stört. Wenn der Patient in der Therapiestunde in das logorrhoeische Verhalten verfällt, weisen Sie ihn darauf hin und explorieren Sie den Grund dafür. „Gerade fangen Sie wieder an, so rasch zu sprechen, und ich habe den Eindruck, dass wir keinen Kontakt mehr haben. Verstehen Sie, was das gerade ausgelöst hat?" Verstärken Sie Patienten, wenn er weniger logorrhoeisch interagiert. „Es freut mich, dass wir heute so gut zusammenarbeiten konnten und Sie Ihren Schutz nicht aufbauen mussten!"

Validieren Sie das Bedürfnis nach Schutz!
Solche Verhaltensweisen haben immer einen verständlichen Hintergrund, der deutlich gemacht werden sollte. „Es ist sehr menschlich, sich vor negativen Gefühlen zu schützen, denn diese Gefühle können sehr schmerzhaft sein." „In Ihrer Kindheit war es eine Überlebensstrategie, sich vor Gefühlen zu schützen."

Stärken Sie die Beziehung!
Betonen Sie, dass der Patient ihnen am Herzen liegt, um das Arbeitsbündnis zu stärken. Damit setzen Sie der Belastung, der die Therapiebeziehung durch solch eine Konfrontation ausgesetzt wird, etwas entgegen. „Ich spreche dieses schwierige Thema an, weil ich mir Sorgen mache und sichergehen möchte, dass unsere Arbeit Ihnen optimal hilft."

Tab. 10.5 Beispieldialog zu Fallbeispiel 2.

Frau N.	<berichtet ausführlich und unnötig detailliert den Kontext eines Panikanfalls>	
Th.	<unterbricht> Frau N., sind Sie sicher, dass ich diese Details alle wissen muss?	**Konfrontation mit Detailreichtum**
Frau N.	Ganz alles vielleicht nicht, aber eins wollte ich Ihnen unbedingt noch erzählen … <berichtet weitere Details>	

Tab. 10.5 Beispieldialog zu Fallbeispiel 2. (Forts.)

Th.	<unterbricht> Frau N., nochmals zu meiner Frage gerade. Ich möchte Sie nicht damit ärgern, sondern ich mache mir Sorgen, ob Sie von der Therapie optimal profitieren. Wenn Sie so ausführlich erzählen, kommen wir gar nicht dazu, genauer zu besprechen, warum jetzt wieder vermehrt Panik auftritt. Und ich fürchte, dass Sie dann hier nicht sehr viel Positives mitnehmen!	Konfrontation mit Interaktionsmuster; Betonung von Sorge und Beziehung
Frau N.	Hm, ja, da ist natürlich was dran. Ich möchte Ihnen das aber schon genau erzählen, sonst glaube ich, können Sie gar nicht verstehen, was alles passiert ist!	
Th.	Es ist gut, wenn wir genau verstehen, was passiert ist bei der letzten Panikattacke. Eine andere Sache ist, dass ich manchmal das Gefühl habe, Sie reden umso mehr und umso schneller, je mehr Sie unter Druck sind und sich schlecht fühlen. Dann habe ich immer wieder den Eindruck, das viele Reden ist wie ein Schutz, vielleicht ein Schutz vor negativen Gefühlen.	Inhalt der Interaktion vom Muster der Interaktion trennen; Funktionalität ansprechen
Frau N.	Na ja, irgendwie schon. Das hat jetzt auch damit zu tun, dass ich wieder Streit mit meinem Mann hatte ...	
Th.	Das heißt, Sie merken auch, dass Sie manchmal viel sprechen, wenn Sie unter Druck sind?	Funktionalität betonen
Frau N.	Ja, schon.	
Th.	Dann meinen Sie, dass ich mit meiner Vermutung richtig liege? Was für einen Effekt hat das Reden denn dann für Sie?	Verstärken; Funktionalität näher explorieren

LITERATUR

Young JE, Klosko JS, Weishaar ME (2005) Schematherapie. Ein praxisorientiertes Handbuch. Paderborn: Junfermann

10.3 Der Therapeut ist aktiver als der Patient

FALLBEISPIELE
Fallbeispiel 1

Frau Z., eine 26-jährige Patientin mit ausgeprägten hypochondrischen Befürchtungen, klagt in jeder Stunde ausgiebig über ihre Ängste. Dabei wirkt sie hilflos, weint und ist verzweifelt. Ihre Therapeutin fühlt sich unter großem Druck, ihr zu helfen und sie zu entlasten. Sie ist sehr aktiv, fragt viel nach und versucht, die Patientin zu beruhigen. Die Patientin wird dadurch in der Sitzung entlastet, hört auf zu weinen und zeigt wieder Humor und Fröhlichkeit. Die Ängste werden jedoch im Verlauf der Therapie nicht besser.

Fallbeispiel 2

Frau B., eine 50-jährige Altenpflegerin, berichtet in jeder Stunde von den immer gleichen Problemen. Ihre Therapeutin gibt sich viel Mühe, sie zu unterstützen, exploriert die Probleme genau und erarbeitet mit ihr als Hausaufgaben Lösungsstrategien, wobei sie selbst viele konstruktive Vorschläge einbringt. Dies wiederholt sich immer wieder; allerdings erledigt die Patientin die Hausaufgaben nie. Die Therapeutin hat das Gefühl, dass trotz ihres großen Engagements nichts vorangeht, da die Patientin sehr passiv bleibt. Die Patientin hingegen schätzt die Therapiestunden sehr und möchte die Behandlung keinesfalls beenden.

Hintergrund

Erfolgreiche Psychotherapien erfordern, dass sich der Patient aktiv beteiligt. Fred Kanfer hat das in seinem „Therapiegesetz" auf den Punkt gebracht: *„Wenn du in der Therapiestunde härter arbeitest als deine Klienten, machst du etwas falsch!"* (Kanfer et al. 1995).

Dabei können verschiedene Fehler vorliegen. Möglicherweise geht der Therapeut zu schnell voran, sodass sich der Patient überfordert fühlt, oder der Therapeut sieht andere Themen im Vordergrund als der Patient. Eventuell spricht der Therapeut schambesetzte Themen an, ohne dies entsprechend vorsichtig vorzubereiten (➤ Kap. 5.1). Häufig jedoch liegt das Kernproblem darin, dass der Patient zu wenig motiviert wird, eine aktive lösungsorientierte Haltung gegenüber den Problemen einzunehmen, die ihn in die Therapie geführt haben. Dies ist nicht nur dem Patienten anzulasten – häufig orientieren sich Patienten in der Behandlungserwartung an Psychotherapie an dem ihnen vertrauten System der somatischen Medizin, in dem primär der Behandler etwas unternimmt, um die Beschwerden zu bekämpfen. Dass dies auf die Psychotherapie nicht übertragbar ist, wird oft nicht klar genug kommuniziert.

Bei allen folgenden Überlegungen gilt selbstverständlich, dass Sie die Anforderungen an die Aktivität des Patienten von seinen (erkrankungsabhängigen) aktuellen Möglichkeiten abhängig machen müssen. Akut schwer depressive Patienten in stationärer Behandlung etwa mit ausgeprägten Antriebsschwierigkeiten und einem schweren somatischen Syndrom müssen in erster Linie entlastet werden; hier kann nur wenig eigene Aktivität erwartet werden. Ebenso benötigen Patienten mit schwerer psychotischer Negativsymptomatik viel Strukturierung der Therapie durch den Therapeuten.

Analyse

Wichtig ist als erstes, den Grund für die geringe Aktivität des Patienten genau zu verstehen. Wenn geklärt ist, dass in der Therapie die für den Patienten wichtigsten Themen behandelt werden und mit negativen Affekten wie Scham angemessen umgegangen wird, ist in der Folge das Ziel, dem Patienten die Hauptverantwortung für seine Veränderungen zuzuschreiben. Der Therapeut steht ihm selbstverständlich unterstützend zur Seite. Unter Umständen muss der Patient in nicht abwertender Form damit konfrontiert wer-

10.3 Der Therapeut ist aktiver als der Patient

den, dass er in die Therapie vor allem Wünsche nach Zuneigung, Umsorgung und Entlastung trägt, aber nicht genug konstruktives Eigenengagement zur Lösung seiner Probleme einbringt. Das *Cognitive Behavioral Analysis System of Psychotherapy* (McCullough 2002) etwa ist ein Therapieverfahren für die Behandlung chronischer Depressionen, das großen Wert auf die Eigenverantwortung des Patienten legt und diese systematisch fördert. Nur so kann der Patient das Gefühl und die Überzeugung von sog. Selbstwirksamkeit entwickeln.

Lösungsstrategie

Analysieren Sie die Ursachen für die Passivität des Patienten!
Prüfen Sie einerseits selbstkritisch, ob Sie den Patienten möglicherweise überfordern, nicht an den für ihn relevantesten Themen arbeiten oder problematische Affekte wie Scham nicht ausreichend beachten. Erfragen Sie dies direkt vom Patienten. „Ich habe den Eindruck, dass ich in unseren Stunden sehr aktiv bin und Sie eher eine abwartende Haltung haben. Ich frage mich, woran das liegt? Kann es sein, dass Ihnen vielleicht ganz andere Themen am Herzen liegen als das, worüber wir hier sprechen? Oder überfordere ich Sie mit meinen Vorschlägen?" Selbstverständlich müssen Sie Ihr Vorgehen anpassen, wenn sich hier Fehler zeigen. Wenn jedoch die für den Patienten wesentlichen Themen im Fokus stehen, und keine hinderlichen Affekte vorliegen, sollten Sie eine aktivere Haltung des Patienten anstreben und unterstützen. Da auch der Therapeut im Sinne einer bidirektionalen, sog. komplementären Beziehungsgestaltung das Verhalten des Patienten mitbestimmt, ist ein Erkennen und Korrigieren des Interaktionsstils des Therapeuten sehr entscheidend. In CBASP wird hierzu der Kieser-Kreis als diagnostisches Instrumentarium zu Hilfe genommen.

Entscheiden Sie sich klar dafür, sich stärker „zurückzulehnen" und mehr Aktivität des Patienten einzufordern!
Häufig genügt eine Änderung Ihrer inneren und körperlichen Haltung, die Sie gar nicht unbedingt mit dem Patienten thematisieren müssen, um die Aktivität des Patienten zu steigern. In manchen Fällen wird die Passivität des Patienten sicherlich dadurch gefördert, dass der Therapeut von sich aus eine freundlich dominante und stark aktiv-versorgende Haltung in die Therapie einbringt. Dies führt in der Regel zur Aufrechterhaltung einer passiv-submissiven Beziehungsgestaltung des Patienten. Halten Sie die „zurückgelehnte" innere Haltung auch bei den folgenden Vorschlägen ein. Bleiben Sie dabei selbstverständlich freundlich und wertschätzend! Lassen Sie dem Patienten Zeit, wenn er über seine Probleme nachdenkt, und geben Sie nicht der Versuchung nach, Gesprächspausen mit neuen Vorschlägen zu überbrücken.

Löschen Sie nichtkonstruktive Interaktionsanteile des Patienten!

Verringern Sie Ihre Äußerungen von Verständnis und Empathie, wenn die Situation eintritt, dass der Patient Ihre Unterstützung „konsumiert", ohne selbst konstruktive, änderungsorientierte Beiträge einzubringen. Dies ist z. B. der Fall, wenn die Patientinnen der obigen Fallbeispiele zum häufig wiederholten Male ihre Probleme schildern und darüber klagen, ohne sich mit der Frage auseinanderzusetzen, was sie selbst anders machen könnten. Verfolgen Sie solche Gesprächssituationen einfach schweigend mit neutralem Gesichtsausdruck und verzichten Sie auf Engagement und Interesse. Das fühlt sich für Sie möglicherweise zunächst sehr ungewohnt an, ist aber häufig ein gutes Mittel, um nichthilfreiche Redeanteile des Patienten durch Löschung zu reduzieren (➤ Kap. 10.1, regressives Weinen).

Verstärken Sie umgekehrt lösungsorientierte Beiträge des Patienten!

„Als Sie abgelenkt waren, war es besser? Das ist gut, das ist eine kluge Beobachtung von Ihnen!"

Sprechen Sie das Problem an, falls es notwendig ist!

Validieren Sie dabei auch das Leid des Patienten, damit sich dieser verstanden fühlt, obwohl Sie etwas anderes von ihm erwarten, als er gerade tut. „Frau Z., Sie klagen sehr über die letzte Woche, und ich kann gut verstehen, dass Ihnen das alles schlimm für Sie war. Ich fürchte aber, dass uns das alleine nicht weiterbringt. Sehr wichtig fände ich es, auch zu besprechen, welche der Strategien, die wir besprochen haben, Sie ausprobiert haben und wie Ihre Erfahrungen damit waren."

Nutzen Sie u. U. die Metapher von den verschiedenen Anteilen des Patienten!

Dies ist vor allem dann angebracht, wenn der Patient angibt, dass er nicht anders kann als Unterstützung einzuholen und sich auszuweinen, während Sie ihn auch anders, nämlich erwachsen und konstruktiv, kennen. Vermitteln Sie ihm dann das Konzept, dass er „erwachsene" und „kindliche" Anteile hat und dass es in der Therapie darum geht, den erwachsenen Anteil zu stärken (➤ Kap. 2.5). „Frau Z., mir fällt auf, dass Sie immer wieder ganz unterschiedlich sind. Mal wirken Sie völlig hilflos und verzweifelt, so wie gerade; da kommen Sie mir fast vor wie ein kleines hilfloses Kind. Dann wieder sind Sie eine ganz kluge und erwachsene Frau mit Humor und Distanz zu Ihren Symptomen. Ich habe das Gefühl, das sind zwei ganz verschiedene Anteile von Ihnen, ein kindlicher und ein erwachsener. Was meinen Sie dazu?" Wenn sich die Patientin auf dieses Konzept einlässt, arbeiten Sie im Folgenden mit ihr daran, wie sie den erwachsenen Anteil stärken und weiterentwickeln kann.

Begrenzen Sie ggf. die Behandlung!

Wenn der Patient die Therapie trotz dieser Arbeit an einer aktiveren Haltung seinerseits auch weiterhin in erster Linie als Entlastungsmöglichkeit nutzt, ohne dass sich etwas verändert, sollten Sie den Patienten auf das nur begrenzt verfügbare Behandlungskontingent hinweisen. Möglicherweise reichen die Ressourcen des Patienten nicht für substanzielle Veränderungen aus (> Kap. 9.2). Dann sollten Sie versuchen, ihm alternative unterstützende Hilfsangebote zu vermitteln, etwa Patientenclubs o. Ä.: „Frau B., mir fällt auf, dass wir seit einigen Stunden Ihren Zielen nicht näher kommen. Die Probleme sind immer wieder klar, die Lösungsmöglichkeiten auch, aber Sie setzen Sie irgendwie nicht um. Ich weiß nicht, ob wir es dann schaffen, in der zur Verfügung stehenden Zeit zu einer Überwindung Ihrer Beschwerden zu kommen."

Tab. 10.6 Beispieldialog zu Fallbeispiel 1.

Frau Z.	… letzte Woche war wieder ganz schrecklich, ich weiß nicht mehr weiter … \<schluchzt\>	
Th.	\<schweigt\>	Verhalten löschen
Frau Z.	… oder was meinen Sie?	
Th.	Ich denke, dass Ihnen das sehr zu schaffen macht! Ich würde gerne mit Ihnen darüber sprechen, welche Vorschläge, die wir die letzten Male besprochen haben, Sie ausprobiert haben und was Ihnen das gebracht hat!	Validieren; auf Änderung und Aktivität des Pat. orientieren
Frau Z.	Sie meinen das mit der Ablenkung und so?	
Th.	Ja, genau, das meine ich!	Verstärken durch aktive Reaktion
Frau Z.	Da habe ich, ehrlich gesagt, gar nicht dran gedacht …	
Th.	Das ist sehr schade. Ich finde wichtig, dass Sie versuchen, unsere hier erarbeiteten Lösungsvorschläge umzusetzen. Sonst sprechen wir hier zwar über Ihre Probleme, kommen einer Lösung aber nicht näher.	Problem andeuten; konstruktive Haltung betonen

Tab. 10.7 Beispieldialog zu Fallbeispiel 2.

Frau B.	… wieder den gleichen Ärger mit der Stationsleitung …	
Th.	\<unterbricht\> Darf ich fragen, ob Sie ausprobiert haben, was wir als Hausaufgabe besprochen hatten?	Passive Haltung des Pat. nicht akzeptieren
Frau B.	Was meinen Sie?	
Th.	Ich meine, dass Sie mal die Fragen aufschreiben, die Sie mit Ihrer Leitung klären müssen.	Konstruktive Haltung einfordern
Frau B.	Nee, das habe ich ganz vergessen.	
Th.	Das ist aber schade.	Klares Votum für konstruktive Haltung

Tab. 10.7 Beispieldialog zu Fallbeispiel 2. (Forts.)

Frau B.	Hmmh. Gestern war wieder ganz furchtbar …	
Th.	<unterbricht wieder> Entschuldigung, aber darf ich fragen, ob Sie unsere Lösungswege und deren Erprobung von vornherein für sinnlos halten?	Problem direkt ansprechen
Frau B.	<Pause> Nein, ich fand sie schon ziemlich gut.	
Th.	Aber wie soll sich etwas ändern, wenn Sie nicht versuchen, mal etwas anderes als bisher zu machen, auch wenn das sicher schwierig ist?	Hartnäckig am Problem bleiben; Schwierigkeiten validieren

LITERATUR
Kanfer H, Reinecker H, Schmelzer D (2004) Selbstmanagement-Therapie. Berlin: Springer
McCullough JP (2002) Patient's Manual for CBASP. New York: Guilford

10.4 Der Therapeut erlebt sich vom Patienten verärgert

FALLBEISPIELE

Fallbeispiel 1

Frau G., eine 39-jährige Patientin mit sehr dramatischem Verhalten, kommt in jede Sitzung zu spät, schimpft kaum unterbrechbar über andere Therapeuten und spricht häufig am Ende der Stunde ein sehr dringendes Thema an, sodass die Therapeutin vor der Wahl steht, das einzige, von der Patientin vorgetragene wichtige Thema der Stunde nicht zu besprechen oder den nächsten Patienten warten zu lassen. Sie merkt, dass sie sich immer mehr über die Patientin ärgert.

Fallbeispiel 2

Herr L., ein 26-jähriger Patient mit Cannabisabusus und Depression spottet in der Therapie immer wieder über seine ältere Schwester, die ihn sehr unterstützt, von der er sich jedoch auch bevormundet fühlt. Die Therapeutin hat einen jüngeren Bruder, um dessen Probleme sie sich häufig kümmert. Sie fühlt sich von Herrn L. immer wieder persönlich angegriffen, wenn dieser über seine Schwester spricht.

Hintergrund

Patienten können aus verschiedenen Gründen beim Therapeuten Gereiztheit oder Ärger auslösen. Meist steht einer der drei Bereiche im Vordergrund, wobei Überlappungen möglich sind:
- Der Patient berührt eine empfindliche Seite des Therapeuten: Er hat z. B. Ähnlichkeiten mit einem Elternteil oder Familienmitglied, zu dem eine schwierige Beziehung

besteht; d. h. der Patient repräsentiert vom Therapeuten nicht geschätzte Eigenschaften o. Ä.
- Der Patient ist akut schwer krank und ist anstrengend, weil er thematisch auf Grübelinhalte, negative Gedanken und Hoffnungslosigkeit eingeengt ist und im Gespräch auf keine positiven Aspekte eingeht.
- Das Verhalten des Patienten löst Reaktanz aus, weil sein Interaktionsverhalten dazu führt, dass die Behandlung nicht zufrieden stellend verlaufen kann. Manche Therapeuten haben geradezu den Eindruck, dass der Patient ihn und seine Arbeit boykottiert.

Es bestehen Überschneidungen zu ➤ Kap. 2.4, ➤ Kap. 2.6, ➤ Kap. 10.2.

Analyse

In der Behandlung müssen Sie zunächst klären, warum Sie negativ auf den Patienten reagieren. Wenn Ihre Reaktion von anderen Behandlern nicht geteilt wird bzw. der Patient speziell bei Ihnen eine negative Gegenübertragung auszulösen scheint, sollten Sie den Grund auf Ihrer Seite suchen, die Situation reflektieren und ggf. Supervision einholen. Wenn der Patient akut krank und in diesem Rahmen in Ängste, Grübeleien o. Ä. wie bei einem Tunnelblick eingebunden ist, sollten Sie sich dies bewusst machen und ihn durch diese Phase begleiten und stützen, auch wenn Sie es als anstrengend erleben.

Nur im letzten Fall, wenn der Patient nicht unmittelbar im Zusammenhang mit seinen initialen Beschwerden unproduktiv und die Kontrolle wollend interagiert, müssen Sie dieses Thema direkt bei ihm ansprechen. Dabei teilen Sie dem Patienten Ihre Reaktion in wertschätzender Weise mit und unterstützen ihn dabei, seine Interaktionsmuster zu verstehen und zu verändern. Dies ist notwendig, da die Therapie sonst Gefahr läuft, erfolglos zu bleiben. Darüber hinaus ist es wichtig, dieses Thema zu besprechen, da sich sonst die Gefahr verstärkt, dass Sie als Therapeut im Sinne ihrer Emotion auf den Patienten reagieren, ihn also zurückweisen, (untergründig) aggressiv reagieren etc. (negative Gegenübertragung). Dadurch würde die Therapie negativ geprägt werden. Nicht zuletzt zeigen Patienten auch in der Therapiesituation zumindest teilweise für sie typische Interaktionen. Wenn der Patient Sie dominieren möchte, ist es nicht unwahrscheinlich, dass andere Personen deshalb ähnlich negativ auf ihn reagieren. Dies sollten Sie ihm vermitteln und es mit ihm reflektieren, damit er daran arbeiten kann. In der Regel trägt der Patient in der Therapie einen Konflikt aus, den er in der Kindheit mit seinen primären Bezugspersonen erlebt hat. Dominanzstreben schützt ihn eventuell vor weiteren Misshandlungen. In der von McCollough entwickelten sog. proaktiven Übertragungsarbeit werden zu Beginn bei dem Patienten die wichtigsten negativen Prägungen durch die bedeutungsvollsten Bezugspersonen in der Kindheit erfragt. In den interpersonellen Diskriminierungsübungen wird der Patient wiederholt gebeten, das Verhalten des Therapeuten mit dem der früheren Bezugspersonen zu vergleichen, die bei ihm das Sicherheitsstreben durch Dominanz ausgelöst haben. So kann er lernen, differenziert auf unterschiedliche Personen und nicht in einer ständigen Wiederholung des primären Interaktionskonflikts durch Übertragung zu reagieren (McCollough 2002).

Lösungsstrategie

Machen Sie sich Ihre emotionale Reaktion bewusst!
Wenn Sie auch nur andeutungsweise spüren, dass Sie sich über einen Patienten ärgern, dann reflektieren Sie die Ursachen für Ihren Affekt, um für sich zu klären, ob diese auf Ihrer Seite (z. B. wenn eine Patientin Sie an Ihre Mutter erinnert, zu der Sie eine problematische Beziehung haben) oder eher auf Seiten des Patienten liegen. Falls letzteres der Fall ist, reflektieren Sie, welche Verhaltensweisen des Patienten Sie negativ berühren (z. B. ständige Verspätungen, hohe Ansprüche, Dominanzstreben etc.). Bei stationären Behandlungen ist eine Rücksprache mit Kollegen oder dem Team sinnvoll, um zu klären, ob die anderen ähnlich auf den Patienten reagieren. Selbstverständlich ist es nur dann angebracht, den Patienten mit Ihrem negativen Affekt vorsichtig zu konfrontieren, wenn Sie den Auslöser dafür vor allem in seiner Person sehen.

Wenn Sie aus persönlichen Gründen negativ auf den Patienten reagieren, holen Sie ggf. Supervision ein!
Manchmal ist es aber auch ausreichend, sich den eigenen persönlichen Hintergrund bewusst zu machen und zu reflektieren.

Wenn der Patient durch die Symptome einer akuten Erkrankung anstrengend ist, stützen Sie ihn in der akuten Phase!

Die folgenden Hinweise gelten, wenn Sie den Hintergrund Ihrer negativen Reaktion in den Interaktionsmustern des Patienten sehen:

Gehen Sie im Gespräch mit dem Patienten auf die Metaebene!
Treten Sie innerlich einen Schritt zurück, erheben Sie sich über die Situation und sprechen Sie mit dem Patienten die Besonderheiten seiner Interaktion an. „Frau L., ich möchte gerne einmal etwas Grundsätzliches zu unserem Therapiegespräch mit Ihnen bereden. Mir fällt in unseren Gesprächen jetzt schon länger auf, dass …"

Spiegeln Sie dem Patienten – ihn aber wertschätzend – sein Verhalten und Ihre Reaktion darauf!
Teilen Sie ihm – ohne ihn abzuwerten – mit, wie Sie sein Verhalten erleben und wie Sie darauf emotional reagieren. Prüfen Sie sein Verständnis für Ihre Äußerung durch direkte Rückfragen. „Frau G., Sie haben jetzt wiederholt ein paar Dinge gemacht, die für mich schwierig sind. Sie kamen bisher jedes Mal zu spät, ich muss immer lange auf Sie warten. Wenn Sie dann hier sind, sind Sie meist sehr aufgebracht, und ich habe den Eindruck,

10.4 Der Therapeut erlebt sich vom Patienten verärgert

dass Sie vor allem, Frust abladen. Mehrfach haben Sie dann ganz am Schluss etwas Wichtiges angesprochen, das wir wirklich dringend besprechen sollten, wofür dann aber keine Zeit mehr war. Das ist für mich etwas frustrierend. Ich fange an, mich darüber etwas zu ärgern. Können Sie das nachvollziehen?" „Frau L., ich möchte Ihnen einmal eine Beobachtung aus unseren Stunden mitteilen. Sie möchten immer sehr viel besprechen, das kann ich auch verstehen. Das führt aber dazu, dass wir kein Thema ausreichend besprechen können. Ich merke, dass mich das frustriert, weil ich mir Sorgen mache, dass unsere Arbeit nicht weiterkommt. Wie sehen Sie das?"

Wenn der Patient in diesem Verhalten bleibt, arbeiten Sie damit weiter!

In vielen Fällen reicht bereits der Schritt auf die Metaebene, um den Patienten aus seinem Muster zu holen und eine Reflexion darüber anzustoßen. Teilweise reagieren Patienten jedoch auch entweder mit einer Verstärkung desselben Musters (z. B. noch schneller sprechen) oder mit einem anderen dyfunktionalen Muster (z. B. Verteidigung, Vorwürfe). In diesen Fällen müssen Sie auf der Metaebene bleiben und direkt auf die aktuelle Reaktion des Patienten fokussieren. Erfragen Sie seine Gefühle, da negative Gefühle (z. B. Angst vor Zurückweisung, vor Angriffen oder Kritik) häufig eine zentrale Rolle für diese Reaktionen spielen. „Frau L., jetzt habe ich direkt den Eindruck, dass sich Ihr Sprechtempo verdoppelt, so als sollte ich darüber keinesfalls weiter sprechen. Wie geht es Ihnen gerade, wie erleben Sie diese Rückmeldung von mir?" „Frau G., so wie Sie jetzt auf meine Bemerkung zu Ihrem häufigen Zuspätkommen reagieren, fühle ich mich von Ihnen angegriffen. Ich frage mich, warum Sie so schroff reagieren? Wie erleben Sie mich, und wie fühlen Sie sich gerade?"

Fokussieren Sie auf negative Emotionen!

Solche Reaktionsweisen von Patienten stehen typischerweise im Zusammenhang mit negativen Emotionen und Kognitionen, z. B. Angst vor Kritik, Zurückweisung oder Angriffen oder den Gefühlen von Einsamkeit oder Bedeutungslosigkeit. Versuchen Sie, mit dem Patienten auf diese Ebene zu kommen und ihm zu verdeutlichen, dass seine Interaktionsstrategien das Gegenteil dessen bewirken, was er eigentlich braucht und sich wünscht. „Frau G., Sie sagen, Sie fühlen sich von mir angegriffen und kritisiert. Kann es sein, dass Sie oft gerade dann so vorwurfsvoll werden, wenn Sie selbst Angst vor Kritik haben und Sie dabei davon ausgehen, dass man Sie kränken möchte?"

Stärken Sie die Beziehung!

Solche Diskussionen belasten die Therapiebeziehung akut und können potenziell zu Konflikten führen. „Entschärfen" Sie diese Situation, indem Sie betonen, dass Ihnen der Patient und die Arbeit mit ihm persönlich am Herzen liegen. „Ich würde dieses Thema nicht ansprechen, wenn es mir nicht wichtig wäre, dass wir uns gut verstehen und wir gemeinsam gut vorankommen." „Ich spreche das an, weil ich mir Sorgen mache, ob unsere Gespräche Ihnen helfen."

Bleiben Sie klar auf Ihrem Standpunkt!
Die betroffenen Patienten leiden im Alltag oft sehr unter ihren Interaktionsmustern und deren Konsequenzen und benötigen dringend Ihre Rückmeldung. Außerdem verschafft es Ihnen Respekt und Vertrauen, wenn Sie dem Patienten gegenüber gleichzeitig standhaft und freundlich-wertschätzend bleiben. Bedenken Sie, dass die meisten Interaktionspartner im natürlichen Umfeld einerseits der Konfrontation aus dem Weg gehen und andererseits dem Patienten direkt oder indirekt negative Bewertungen vermitteln, indem sie ihn kritisieren, abwerten, schlecht über ihn reden oder auch den Kontakt mit ihm vermeiden.

Suchen Sie gemeinsam nach einem besseren Weg!
Wenn das Bedürfnis, das hinter der Reaktion des Patienten liegt, klarer wird, können Sie gemeinsam nach Wegen suchen, es besser zu erfüllen. „Wenn Sie Angst haben, dass ich Sie kränken oder abwerten will, wäre es viel günstiger, wenn Sie das direkt sagen könnten und nicht als erstes zum Gegenangriff ausholen. Dann könnte ich Sie besser verstehen und besser auf Sie eingehen."

Verwenden Sie die Therapiebeziehung als Modell für andere Beziehungen!
Besprechen Sie, wie sich diese Interaktion in anderen Beziehungen zeigt und suchen Sie nach Veränderungsmöglichkeiten. „Kennen Sie das denn auch aus anderen Situationen, dass Sie, wenn jemand etwas Kritisches anmerkt, Sie rasch Angst vor einer Demütigung spüren und aggressiv werden?"

Validieren und verstärken Sie die Mitarbeit des Patienten!
„Das finde ich ganz toll, dass wir so offen darüber sprechen können!"

Akzeptieren Sie die Grenzen des Erreichbaren!
Dies sind hartnäckige Muster, deren Veränderung viel Zeit brauchen wird. Die Veränderungsmöglichkeiten von Menschen sind begrenzt; insb. unter Stress fallen wir leicht in dysfunktionale Muster zurück. Akzeptieren Sie diese Grenzen.

Tab. 10.8 Beispieldialog zu Fallbeispiel 1.

Th.	Frau G., Ihr Zuspätkommen und dass wir deshalb kaum dazu kommen, die relevanten Themen zu besprechen, ist für mich frustrierend. Ich merke, dass ich jedes Mal, wenn ich auf Sie warten muss, mich darüber zu ärgern beginne. Können Sie das nachvollziehen?	**Offene Rückmeldung; eigene Emotionen**
Frau G.	<aufgebracht> Nein, also jetzt kommen Sie mir auch noch so. Bisher waren Sie noch die einzige, bei der ich mich einigermaßen aufgehoben gefühlt habe. Jetzt werfen Sie mir vor, wenn ich mal zu spät komme; das ist jetzt wirklich furchtbar!	

10.4 Der Therapeut erlebt sich vom Patienten verärgert

Tab. 10.8 Beispieldialog zu Fallbeispiel 1. (Forts.)

Th.	Mir ist es sehr wichtig, dass Sie sich auch weiterhin hier aufgehoben und geschätzt erleben; trotzdem möchte ich auch mal etwas mit Ihnen besprechen können, das ich nicht in Ordnung finde, ohne dass Sie wütend werden und ich am liebsten gleich wieder alle zurücknehmen würde. Wie geht es Ihnen im Moment, fühlen Sie sich wirklich von mir angegriffen?	Auf aktuelles Verhalten fokussieren; Ähnlichkeiten hervorheben
Frau G.	Ja, sehr!!	
Th.	Ich möchte Sie nicht angreifen, sondern Sie besser verstehen und mit Ihnen für Sie hilfreich zusammenarbeiten! Deshalb spreche ich dieses Thema des Zuspätkommens überhaupt nur an. Können Sie mir das glauben?	Beziehung stärken; standhaft bleiben; auf Gefühle des Pat. fokussieren
Frau G.	\<etwas ruhiger\> Na ja, wenn Sie das sagen, wird es wohl stimmen. Aber angegriffen habe ich mich trotzdem gefühlt!	
Th.	Inwiefern fühlen Sie sich angegriffen? Was befürchten Sie, was hinter meiner Bemerkung stecken könnte?	Auf Gefühle fokussieren
Frau G.	Dass Sie jetzt anfangen, mich fertig zu machen und mir Sachen aufdrücken, die ich nicht will.	
Th.	Tue ich das wirklich, wenn ich sage, dass ich nicht auf Sie warten möchte?	Befürchtung mit Realität abgleichen
Frau G.	Eigentlich nicht.	
Th.	Ich bin froh, dass wir jetzt über dieses Thema sprechen können! Kann es sein, dass Sie öfter das Gefühl haben, Ihr Gegenüber würde Sie angreifen, obwohl er oder sie möglicherweise gar nicht diese Absicht hat?	Verstärken; übergreifendes Muster benennen
Frau G.	Kann schon sein. Aber wenn Sie erlebt hätten, was ich schon erlebt habe …	
Th.	\<unterbricht\> Das glaube ich Ihnen sofort, dass es für Ihr Misstrauen einen Grund gibt! Ich finde es nur wichtig, dass wir überlegen, wie Sie besser unterscheiden können, ob Sie jemand angreift, und Sie deshalb nicht immer selbst angreifen müssen. Sonst ernten Sie immer wieder solche negativen Reaktionen, und das ist doch sehr belastend!	Validieren; Muster zusammenfassen; Ziel „differenzieren lernen" benennen

10.5 Der Patient stellt dem Therapeuten indiskrete Fragen

FALLBEISPIELE

Fallbeispiel 1

Herr L., ein 64-jähriger Arzt mit Depressionen, kommt zum ersten Gespräch mit der jungen Assistentin und mustert sie kritisch. Seine erste Frage ist, wie alt sie eigentlich sei.

Fallbeispiel 2

Frau M., eine 24-jährige Patientin mit dependenten Persönlichkeitszügen, kommt wegen sexueller Probleme in die Psychotherapie. Sie führt eine sehr eintönige und phantasielose sexuelle Beziehung. Dies hält die Therapeutin für die Ursache der Problematik und schlägt ihr daher vor, sich z. B. anhand einer Erotikbroschüre mit Möglichkeiten zur Bereicherung ihrer sexuellen Beziehung auseinanderzusetzen. Sie antwortet: „Gern, könnten Sie mir das vielleicht besorgen? Gehen Sie eigentlich in Sexshops, was kaufen Sie denn da?"

Fallbeispiel 3

Frau T. ist eine 22-jährige Patientin, die sich im Verlauf der Psychotherapie mit der Frage ihrer sexuellen Orientierung auseinandersetzt. Die Therapeutin selbst lebt in einer lesbischen Beziehung, gehört aber nicht zum Kreis der allgemein bekannten „Lesbentherapeutinnen", die ihre Adressen beim Lesbentelefon hinterlegt haben. Irgendwann fragt die Patientin sie: „Leben Sie eigentlich mit einem Mann oder einer Frau zusammen?"

Hintergrund

Grundsätzlich sind therapeutische Beziehungen oft eng und vertraut, allerdings mit einem starken Hierarchiegefälle. Das Preisgeben von persönlichen Informationen kann die Vertrautheit der Beziehung stärken, das Hierarchiegefälle etwas vermindern und insofern positiv wirken. McCollough betont, dass durch ein sog. diszipliniertes Einlassen des Therapeuten der Patient den Therapeuten als Mensch besser wahrnimmt und so auch Empathie in der Therapeut-Patient-Beziehung lernen kann. Auf der anderen Seite kann das Zurückhalten persönlicher Informationen wichtig sein, etwa um sich gegenüber grenzüberschreitendem Verhalten zu schützen und im Patienten nicht Hoffnung auf persönliche Freundschaft zu wecken. Insbesondere bei psychotischen oder manisch-depressiven Patienten muss der Therapeut sich abgrenzen, um sich davor zu schützen, dass persönliche Informationen vom Patienten in einer nächsten Krankheitsphase (z. B. manisch oder psychotisch) inadäquat oder verzerrt weitergegeben werden. Super- oder Intervision ist nützlich, um Fragen einer angemessenen sozialen Interaktion in der Therapie zu diskutieren.

Analyse

Indiskrete Fragen sind insb. für wenig erfahrene Therapeuten häufig ein Problem. Sie sollten sich darüber klar werden, welche Informationen Sie an Patienten weiterzugeben bereit sind und welche nicht. Wenn Sie spontan kein „gutes Gefühl" bei der Preisgabe der Information haben, halten Sie diese zunächst zurück, und fragen Sie den Patienten, warum er diese Frage stellt. Wenn Sie für sich den Eindruck gewinnen, dass Sie die Information nicht geben möchten, sagen Sie dies, nach Möglichkeit unter Angabe von Gründen.

Lösungsstrategie

Fragen Sie den Patienten, welche Bedeutung die Information für ihn hat!
Damit können Sie differenzieren, ob der Patient einfach nur neugierig ist oder ob die Antwort für ihn eine bestimmte Bedeutung hat. „Sie fragen, ob ich in Sexshops einkaufe. Ich frage mich, welche Bedeutung das für Sie hätte, wenn Sie das wüssten?" „Sie fragen, wie alt ich bin. Warum ist das für Sie wichtig?" „Ist es für Ihre Behandlung durch mich von Bedeutung, ob ich eine Frau oder einen Mann als Partner habe?"

Wägen Sie ab, ob Sie persönlich diese Information geben möchten oder nicht!
- **Informationen** zum Curriculum vitae wie Alter, Wohnort, beruflicher Werdegang, Qualifikationen etc. sind oft relativ unproblematisch und für den Patienten eventuell bei der Entscheidung relevant, ob er eine Behandlung durch Sie wünscht. In manchen Fällen kann es hilfreich sein, dem Patienten freimütig Informationen zu geben, damit er sich besser verstanden fühlt. „Ich habe auch Kinder, ich kann völlig nachfühlen, dass die einen blitzschnell zur Weißglut treiben können!" Darüber hinaus geben Sie mit Ihrer Reaktion dem Patienten auch ein Modell. So würde etwa das Nicht-Outen der eigenen Homosexualität gegenüber einem Patienten in der Auseinandersetzung mit seiner sexuellen Orientierung diesem wahrscheinlich ein ungünstiges Modell für verinnerlichte Homophobie bieten.
- Wenn Sie jedoch **intuitiv kein gutes Gefühl** bei der Preisgabe der Information haben, sollten Sie sich danach richten und überlegen, warum das so ist. Insbesondere sollten Sie keine Auskunft über Themen geben, die für Sie selbst problematisch oder „unbearbeitet" sind. Wenn ein Patient sehr hohes Interesse an Ihnen hat, sollten Sie explizit darauf hinweisen, dass seine Themen den Fokus Ihrer Arbeit darstellen. „In der Therapie wollen wir herausfinden, woher Ihre Muster kommen und wozu sie dienen. Vielleicht sollten wir auf konkrete Situationen warten, in denen Sie glauben, dass es für die Behandlung Ihres Problems entscheidend ist, Genaueres über mich persönlich zu erfahren."

Geben Sie die Information oder nicht, und begründen Sie dies nach Möglichkeit!
„Ich glaube, dass es nicht hilfreich ist, wenn wir uns hier mit meinen sexuellen Gewohnheiten beschäftigen. Ich sehe nicht, warum Ihnen das weiterhelfen könnte; deshalb möchte ich das als Teil meiner Privatsphäre nicht in unser Gespräch einbringen." „Sie fragen mich immer wieder nach persönlichen Dingen. Ich möchte aber, dass wir hier gemeinsam darüber sprechen, wie wir Ihre Ziele erreichen können." „Ich lebe in einer lesbischen Beziehung. Es ist mir aber sehr wichtig, dass das keinen Einfluss auf Ihre Entscheidung hinsichtlich Ihrer Orientierung hat."

Nehmen Sie Fragen nach dem Alter u. U. zum Anlass, Altersunterschiede positiv zu konnotieren!
Die Konstellation eines älteren Patienten mit einem jüngeren Therapeuten löst bei Therapeuten häufig Unsicherheit aus. Häufig ist sie jedoch nicht ungünstig, ein jüngerer Therapeut kann durch die Altersdistanz u. U. sehr unbefangen mit komplizierten Themen umgehen. „Haben Sie das Gefühl, der Altersunterschied zwischen uns ist zu groß? Ich schlage vor, wir geben uns eine Chance; manchmal ist das gerade gut, wenn man nicht zur selben Generation gehört, manche Dinge kann man dann aus anderen Blickwinkeln besprechen!"

Tab. 10.9 Beispieldialog zu Fallbeispiel 1.

Herr L.	Wie alt sind Sie eigentlich?	
Ärztin	Warum möchten Sie das wissen? Haben Sie das Gefühl, ich bin zu jung?	**Nachfragen**
Herr L.	Na ja, Sie wirken schon sehr jung. Deshalb habe ich mich gefragt, wie alt Sie sind. Ich habe nicht das Gefühl, dass Sie zu jung sind, so war das nicht gemeint!	**Pat. nimmt evtl. implizite Kritik zurück**
Ärztin	Ich werde demnächst 29, aber ich hoffe, dass Sie den Altersunterschied in unseren Gesprächen nicht als problematisch erleben. Wenn ja, wäre ich Ihnen sehr dankbar, wenn Sie mir das mitteilen würden.	**Information preisgeben**

Tab. 10.10 Beispieldialog zu Fallbeispiel 2.

Frau M.	Kaufen Sie eigentlich in Sexshops ein? Könnten Sie mir da einen Katalog besorgen?	
Th.	Hm, ich frage mich, warum Sie das wissen möchten. Was würde das für Sie für einen Unterschied machen, ob ich in Sexshops einkaufe oder nicht?	**Nachfragen**
Frau M.	Na, ich weiß auch nicht, ist doch interessant!	

Tab. 10.10	Beispieldialog zu Fallbeispiel 2. (Forts.)	
Th.	Ehrlich gesagt habe ich das Gefühl, dass uns die Frage nicht weiterbringt. Viel wichtiger finde ich, ob Sie darüber nachdenken möchten, evtl. Ihre sexuelle Beziehung zu verändern, und welche Möglichkeiten Sie da nutzen könnten. Was meinen Sie? Und ich hoffe, dass ich Ihnen dabei sinnvoll zur Seite stehen kann. Wenn Sie mich aber als nicht hilfreich erleben, bitte sagen Sie es mir.	Zu persönliche Information nicht geben und dies begründen

10.6 Der Patient zeigt erotisches Interesse an der Therapeutin

FALLBEISPIELE

Fallbeispiel 1

Herr L., ein 36-jähriger attraktiver Patient mit narzisstischen Zügen, der wegen einer Depression stationär behandelt wird, erscheint zum Erstgespräch im Büro der Psychotherapeutin. Er mustert sie anerkennend, macht ihr ein Kompliment und schlägt vor, nach der Sitzung gemeinsam einen Kaffee trinken zu gehen.

Fallbeispiel 2

Frau M., 47 Jahre, ist wegen einer Angststörung in der psychosomatischen Rehabilitationsklinik. Sie scheint großes Interesse für den etwa gleichaltrigen Gruppentherapeuten zu empfinden. Sie errötet bei seinem Auftauchen und wirkt befangen, teilweise flirtet sie auch etwas mit ihm und versucht, ihn nach der Gruppe noch in Gespräche zu verwickeln.

Fallbeispiel 3

Herr F., ein Patient mit schwerer narzisstischer Persönlichkeitsstörung, der teilweise aggressiv interagiert, verliebt sich in seine Therapeutin. Er deutet immer wieder an, dass sie füreinander bestimmt seien; nachdem die Therapeutin darauf nicht reagiert, äußert er sich sehr aggressiv über den Partner der Therapeutin.

Hintergrund

Grundsätzlich muss die therapeutische Beziehung positiv getönt sein, um ein tragfähiges Arbeitsbündnis darzustellen. In diesem Rahmen können auch erotische Anziehung und Verliebtheit auftreten. Solche Empfindungen sind an sich keine schwerwiegenden Probleme, da sie ohnehin meist vorübergehend sind. „Problematische" Verliebtheit des Patienten tritt bei professioneller Beziehungsgestaltung eher selten auf, deutlich seltener, als Anfänger vielleicht fürchten mögen.

Problematische Verliebtheit kann auftreten
- bei falschem Therapeutenverhalten, wenn der Therapeut nicht ausreichend klar und distanziert ist;
- bei Patienten mit schweren Persönlichkeitsproblemen, insb. histrionischer oder narzisstischer Persönlichkeitsstörung. Bei den betreffenden Patienten zeigt sich häufig auch in anderen Situationen grenzüberschreitendes und/oder dependentes Interaktionsverhalten.

Analyse

Grundsätzlich gilt, dass Sie Ihren Anteil an der Entwicklung der erotischen Gefühle reflektieren müssen. Geben Sie dem Patienten möglicherweise durch Ihre Interaktion Anlass, die therapeutische Beziehung als über die professionellen Grenzen hinausgehend wahrzunehmen? Sind Sie selbst in den Patienten verliebt? In solchen Fällen sollten Sie unbedingt Supervision in Anspruch nehmen. In einer Therapie darf keine erotische Beziehung entstehen. Davon abgesehen muss Verliebtheit nicht in der Therapie besprochen werden, sofern sie keine Probleme im Therapieprozess verursacht. In Situationen wie Fallbeispiel 2 ist es oft ausreichend, die erotisch getönte Interaktion bewusst nicht zu erwidern, den Patienten aktiv als Patienten anzusprechen und sein schwärmerisches Verhalten dadurch zu löschen.

Falls die erotischen Gefühle den Therapieprozess jedoch beeinträchtigen, z. B. weil der Patient immer wieder darüber spricht, weil er sich nur noch als potenzieller Partner und nicht mehr als Patient zu Ihnen in Beziehung setzt, wenn er darunter leidet oder wenn Sie sich davon bedrängt fühlen, müssen sie darauf in der Therapie eingehen. Dabei ist das zentrale Ziel, angemessene Grenzen zu setzen und eindeutig klar zu machen, dass in der therapeutischen Beziehung kein Raum für Erotik ist und dass Sie die Gefühle des Patienten nicht erwidern. Falls sich der Patient daran nicht halten kann, einen Liebeswahn entwickelt oder Sie sich von ihm bedrängt fühlen, weil er z. B. versucht, in Ihre Privatsphäre vorzudringen oder Sie stalkt, sollten Sie die Therapie beenden. Ausführliche Erläuterungen zum Umgang mit solchen Situationen finden sich bei Sachse (2002) und Smith-Benjamin (2001).

Lösungsstrategie

Löschen Sie das Verhalten, indem Sie ihm keine Beachtung schenken!
So ist es in Gruppensituationen wie im Fallbeispiel 2 häufig ausreichend, wenn Sie die erotisch getönte Interaktion unmissverständlich nicht erwidern und den Patienten betont in seiner Patientenrolle ansprechen. „Frau M., Sie haben heute noch gar nicht an unserer Sitzung teilgenommen. Wie würden Sie denn anstelle Ihres Mitpatienten reagieren?"

10.6 Der Patient zeigt erotisches Interesse an der Therapeutin

Grenzen Sie sich klar ab, nehmen Sie dabei Bezug auf die Grundregeln von Psychotherapie!
Wenn das Nichteingehen auf die erotischen Botschaften des Patienten nicht ausreicht, erläutern Sie dem Patienten in aller Klarheit, welche Aktivitäten im Kontext einer Psychotherapie nicht in Frage kommen. „Es tut mir leid, die therapeutischen Gespräche finden grundsätzlich in meinem Büro statt. Wenn Sie in Gesellschaft einen Kaffee trinken gehen möchten, könnten Sie ja evtl. einen Mitpatienten fragen."

Erläutern Sie Ihr Verhalten, sofern dies notwendig erscheint!
In den meisten Fällen wird das Löschen bzw. Ablehnen der Avancen des Patienten ausreichen, um diese zu beenden oder auf ein nicht störendes Maß zu reduzieren. Wenn das nicht der Fall ist, erläutern Sie ihren Standpunkt unmissverständlich. „Für die Therapie gelten bestimmte allgemeingültige Regeln, die für mich nicht zur Diskussion stehen. Dazu gehört z. B., dass es sich um eine rein professionelle Beziehung handelt, die in einem bestimmten Rahmen stattfindet. Beispielsweise führen wir die Gespräche in meinem Zimmer, wir unternehmen nichts Privates zusammen und bleiben beim „Sie". Daran müssen Sie sich halten, sonst können wir nicht zusammen arbeiten."

Grenzen Sie sich von Liebesbeteuerungen des Patienten ab!
Wenn der Patient Ihnen explizit seine Liebe gesteht, würdigen Sie seine Gefühle und antworten Sie ihm völlig eindeutig, dass Sie seine Gefühle nicht erwidern und auch kein Interesse an einer freundschaftlichen oder sonstigen privaten Beziehung mit ihm haben. Eindeutigkeit ist wichtig, um zu verhindern, dass der Patient weiter „Hoffnungen hegt".

Benennen Sie Ziele und Fokus der Psychotherapie!
Im Unterschied zu privaten Beziehungen wird in der Therapie nur auf die Bedürfnisse des Patienten fokussiert; der Therapeut erhält dafür eine Bezahlung.

Wenn die Weiterführung der Behandlung unmöglich wird, beenden Sie sie!
Diese Situation ist z. B. gegeben, wenn der Patient sich trotz Ihrer Abgrenzungen weiter übergriffig verhält und Sie beispielsweise stalkt oder einen Liebeswahn entwickelt, wie er im Rahmen von psychotischen Störungen auftreten kann, sodass Sie sich bedrängt oder bedroht fühlen. Falls Sie in einer Klinik oder einer anderen Institution arbeiten, ziehen Sie ggf. einen Vorgesetzten hinzu.

Tab. 10.11 Beispieldialog zu Fallbeispiel 1.

Herr L.	Darf ich Ihnen einen Vorschlag machen?
Th.	Natürlich, worum geht es?
Herr L.	Es ist so schönes Wetter, sollen wir nicht zusammen einen Kaffee trinken gehen? Da können wir doch auch gut reden.

Tab. 10.11 Beispieldialog zu Fallbeispiel 1. (Forts.)

Th.	Tut mir leid, das ist an sich ein netter Vorschlag, aber ich führe die Gespräche immer hier in meinem Büro.	Vorschlag ablehnen, auf Regel hinweisen
Herr L.	Ach, kommen Sie, seien Sie nicht so streng, so sehen Sie gar nicht aus!	
Th.	Tut mir leid, da bin ich aber streng. Es gibt ein paar Regeln, die für mich nicht zur Diskussion stehen, dazu gehört, dass ich nichts Privates mit Patienten unternehme. Kaffeetrinken gehört dazu. Dies müssen Sie akzeptieren, sonst kann ich die Therapie nicht fortsetzen. Aber Sie finden in der Gruppe sicher jemanden, der mit Ihnen einen Kaffee trinken geht!	Regel erläutern und Standpunkt bekräftigen

LITERATUR
Sachse R (2002) Histrionische und narzisstische Persönlichkeitsstörungen. Göttingen: Hogrefe
Smith Benjamin L (2001) Die Interpersonelle Diagnose und Behandlung von Persönlichkeitsstörungen. München: CIP Medien

10.7 Patient und Therapeut sind sehr unterschiedlich

FALLBEISPIELE

Fallbeispiel 1

Herr U. ist ein 64-jähriger Handwerker, der nach einem Herzinfarkt starke Krankheitsängste hat und depressiv niedergestimmt ist. Seine Therapeutin ist eine 27-jährige Psychologin in der Psychotherapie-Ausbildung. Herr U. ist sehr bodenständig und wortkarg; über Gefühle hat er in seinem Leben selten gesprochen.

Fallbeispiel 2

Frau R. ist eine 34-jährige Zwangspatientin, deren Zwänge in erster Linie um die Befürchtung kreisen, sexuell anzüglich zu sein, Männer zu erregen und sich damit zu versündigen. Sie pflegt ihr Äußeres nicht, wechselt sehr selten die Kleider, schaut Männern nie ins Gesicht und reagiert auf potenziell sexuelle Stimuli mit extremer Zwangssymptomatik. Der biographische Hintergrund liegt in einer extrem repressiven freikirchlich-religiösen Erziehung durch eine sehr verbitterte, strenge und freudlose Mutter. Die Therapeutin ist religiös wenig gebunden, zeigt großen Respekt vor dem Glauben der Patientin, ist jedoch –für die Patientin erkennbar – nicht in ähnlicher Weise religiös. Die Patientin kann sich wegen der religiösen Inhalte oft wenig von ihren Zwangsgedanken distanzieren. Sie befürchtet, dass die Therapie gegen ihren Glauben ziele und telefoniert zur Beratung über die angebotene Expositionstherapie immer wieder mit ihrem Pfarrer, der ihr sehr zur Therapie rät.

10.7 Patient und Therapeut sind sehr unterschiedlich

> **Fallbeispiel 3**
> Frau K. ist eine 26-jährige lesbische Patientin mit starker Selbstunsicherheit, die zu anderen lesbisch lebenden Frauen Kontakt sucht und eine Partnerin finden möchte. Ihre Hausärztin hat sie ohne Kenntnis ihrer sexuellen Orientierung wegen sozialer Ängste an eine ihr bekannte Psychotherapeutin überwiesen. Diese ist eine 52-jährige mehrfache Mutter, die in der katholischen Kirche aktiv ist. Sie merkt in der Selbstreflexion, dass sie Homosexualität nicht unbedingt als gleichwertige Lebensform erachtet.

Hintergrund

In Untersuchungen zur Wirksamkeit von Psychotherapie stellt sich regelmäßig heraus, dass es für den Therapieerfolg ohne Belang ist, ob Therapeut und Klient psychosoziale Ähnlichkeiten wie z. B. gleiches Geschlecht oder ähnliches Alter aufweisen. Dennoch trifft sicher auch auf Therapiebeziehungen das psychologische Phänomen zu, das – gemäß dem Sprichwort „Gleich und gleich gesellt sich gern" – Menschen, sie sich in ihrer Persönlichkeit ähneln, gemeinsam Probleme besser lösen können. Gleichzeitig lässt sich auch im Sinne von „Gegensätze ziehen sich an" klinisch beobachten, dass persönliche Unterschiede es dem Patienten erleichtern können, seine Probleme aus einer anderen Perspektive zu betrachten und u. U. bisher ungewohnt erscheinende Lösungen in Betracht zu ziehen. Dies setzt jedoch zwingend voraus, dass der Patient den Therapeuten zwar als anders, aber dennoch als seriös, wertschätzend und empathisch wahrnimmt und ihn respektiert und schätzt.

Die Rolle des Therapeuten in der Therapiebeziehung wird oft als elternartig wahrgenommen (z. B. Elternübertragung in der Psychoanalyse oder im „limited reparenting" durch den Therapeuten in der Schematherapie). Der Therapeut kann sich jedoch zum Patienten auch in anderer Art in einen positiven und hilfreichen Bezug setzen, etwa in einer Rolle, die der eines älteren oder jüngeren Geschwisters, Freundes oder hilfreichen und unterstützenden erwachsenen Kindes ähnelt.

Analyse

Das Ziel besteht darin, nach Möglichkeit trotz der persönlichen Unterschiede eine konstruktive änderungsorientierte therapeutische Beziehung aufzubauen. Wenn die persönlichen Unterschiede jedoch so entscheidend sind, dass dies unmöglich zu sein scheint, sollten Sie den Patienten ggf. in eine andere Behandlung überweisen.

Lösungsstrategie

Betonen Sie Ähnlichkeiten und Gemeinsamkeiten!
So könnten Sie z.B. mit Herrn U. (Fallbeispiel 1) Dialekt sprechen und sich im Gespräch mit ihm an seinem Wortschatz orientieren. Im Gespräch mit Frau R. (Fallbeispiel 2) können Sie beiläufig immer wieder auf Erlebnisse rekurrieren, die Sie beide bereits hatten, z. B. frühere typische Situationen in der Schule, alltägliche Probleme, „Frauenthemen" o. Ä. Damit schaffen Sie eine Nähe, die den Aufbau von Vertrauen für den Patienten erleichtert.

Sprechen Sie Unterschiede ggf. offen an!
Präsentieren Sie sich dabei humorvoll und selbstverständlich, um Unterschiede unproblematisch zu konnotieren. „Das ist vielleicht seltsam für Sie, dass ich Sie zum Thema Sexualität befrage, wo ich doch vom Alter her Ihre Tochter sein könnte, oder?" Dennoch sollten Sie dem Patienten anbieten, Probleme mit den Unterschieden zu thematisieren, falls er welche hat. „Ich bin ja froh, dass Ihr Pfarrer Ihnen auch zur Exposition rät. Reicht das für Sie denn aus, um Ihre Zweifel so gut zu besänftigen, dass Sie in der Therapie mitarbeiten können?" Es ist wichtig, dass Sie mit dem Patienten zusammen herausfinden, ob er sich auf Ihre Therapie einlassen kann oder nicht!

Bedenken Sie, dass der Patient mit persönlichen Unterschieden auch Vermeidung begründen kann!
Für jeden Menschen sind Verhaltensänderungen schwierig, Vermeidung und Widerstand sind daher gut nachvollziehbar. In den genannten Fällen müssen Sie darauf achten, dass der Patient persönliche Unterschiede nicht als Legitimation zur Vermeidung verwendet („Diese junge Frau kann mich ja sowieso nicht verstehen."). Fordern Sie in solchen Situationen eine klare Stellungnahme von ihm ein (➤ Kap. 2.3).

Tragen Sie Sorge dafür, dass der Patient verstanden wird:

Informieren Sie sich oder lassen Sie sich von kulturell informierten Kollegen beraten!
- Ideal ist etwa bei ausländischen Patienten ein Kollege gleicher Nationalität oder Sprache. Dieser wird die kulturelle Einbettung der Problematik wesentlich besser beurteilen können als Sie und kann Sie diesbezüglich beraten.

Überprüfen Sie für sich, ob Sie den Patienten empathisch annehmen können!
- Wenn Sie z.B. als überzeugte Katholikin Homosexualität problematisch finden, werden Sie homosexuellen Patienten möglicherweise mit einer latent homophoben Einstellung begegnen, die für deren Selbstbild problematisch ist. In so einem Fall sollten Sie die Behandlung nicht übernehmen.

10.7 Patient und Therapeut sind sehr unterschiedlich

Überweisen Sie den Patienten ggf. an einen Therapeuten mit besserer „Passung"!
- Für Patienten, die eng an bestimmte Religionen oder Lebensanschauungen gebunden sind, können Kliniken oder Therapeuten mit gleicher Ausrichtung sehr hilfreich sein. In Deutschland gibt es insbesondere Angebote von christlichen oder anthroposophischen Therapeuten oder Kliniken. Therapeuten, die selbst eine andere Nationalität oder auch einen Partner anderer Nationalität haben, können Patienten mit dieser Nationalität häufig besser verstehen. Die lesbische Patientin aus Fallbeispiel 3 sollten Sie an eine liberalere, evtl. selbst lesbisch lebende Kollegin überweisen. Über solche Alternativen zu Ihrer Behandlung sollten Sie den Patienten informieren und ihn ggf. dorthin überweisen.

Tab. 10.12 Beispieldialog zu Fallbeispiel 1.

Th.	Wie geht es Ihnen?	
Herr U.	Ach, so lala, was soll ich groß reden …	
Th.	Wie waren denn die letzten Tage, haben Sie ein bisschen was Nettes unternommen, wie wir es besprochen hatten?	„Aufbau positiver Aktivitäten" mit einfachen Worten besprechen
Herr U.	Ach nee, mir war nicht danach … übrigens diese komischen Protokollbögen, die Sie mir da gegeben haben, damit komme ich nicht zurecht, ich weiß auch nicht.	
Th.	So Schreibkram ist nichts für Sie?	Nichtintellektuelle Wortwahl
Herr U.	Nee!	
Th.	Gut, dass Sie das sagen, da sind die Menschen verschieden! Dann hätte ich jetzt mal einen ganz anderen Vorschlag: Was halten Sie davon, wenn wir zusammen eine Viertelstunde rausgehen, ein bisschen Bewegung, draußen ist das Wetter so schön?	Offenheit des Pat. verstärken und Intervention stärker am Typ des Pat. ausrichten (aktiv umsetzen statt verbal besprechen)

Perspektive: Während des Spaziergangs anhand konkreter Ereignisse (Blume duftet, Kind spielt drollig, Bewegung und Luft sind angenehm) auf den Wert positiver Erlebnisse für das Befinden eingehen und Übertragung auf den Alltag des Patienten besprechen.

Tab. 10.13 Beispieldialog zu Fallbeispiel 3.

Th.	Ich habe noch mal über Ihr Anliegen nachgedacht und denke, dass Ihnen eine selbst lesbisch lebende Therapeutin wahrscheinlich besser weiterhelfen könnte.	Unterschied offen ansprechen
Frau K.	Hm – ist es, weil Sie Lesbischsein nicht in Ordnung finden?	

Tab. 10.13 Beispieldialog zu Fallbeispiel 3. (Forts.)

Th.	Nein, das will ich so nicht sagen. Es ist mir einfach recht fremd, was es heißt, als lesbische Frau in unserer Gesellschaft zu leben. Und ich kenne mich auch nicht gut aus, welche Organisationen und Projekte es hier gibt, über die Sie Kontakt finden können. Könnte es für Sie nicht leichter sein, mit einer Therapeutin zusammenzuarbeiten, der das vertrauter ist?	**Wertschätzend die Bedeutung des kulturellen Unterschieds vermitteln**
Frau K.	Vielleicht – vielleicht wird sie manches besser verstehen können, ohne dass ich es mit vielen Worten erklären muss. Aber ich wusste gar nicht, dass es lesbische Therapeutinnen gibt. Wie kann ich denn eine finden?	
Th.	Im Frauenzentrum, meine ich, gibt es ein Beratungstelefon für lesbische Frauen. Dort können Sie bestimmt einen Tipp bekommen.	**Hinsichtlich Behandlungsmöglichkeiten beraten**

Register

A
ablehnende Haltung des Patienten 21–26
– Fallbeispiele 21
– Gründe 22
– Lösungsstrategie 22–26
– – Beispieldialog 25
– passiv-aggressive Interaktionsmuster 22
– Ursachensuche 22
Ablehnung von Behandlungsmaßnahmen
– der stationären Aufnahme 120–122
– entlassungsunwilliger Patient 125
– von Medikamenten 117–120
Abwertung des Therapeuten 73–77
– Angemessenheit der Kritik 74
– Fallbeispiele 73
– Gründe des Patienten 75
– Interaktionsmuster des Patienten 75
– Lösungsstrategie 72–76
– – Beispieldialog 76
– Persönlichkeitszüge des Patienten 73
– Reaktionen des Therapeuten 74
Achtsamkeit 56
Aktivitätsungleichgewicht Therapeut/Patient 149–154
– Fallbeispiele 149
– Lösungsstrategie 151–153
– – Beispieldialoge 153
– Therapiehaltung 151
– Ursachen und Hintergründe 150
Akzeptanz 56
Arbeitsplatz, Schwierigkeiten am siehe Mobbing

B
Behandlungsvertrag 48

C
CBASP 151
Complianceprobleme 117–120

D
Diskriminierungsübungen, interpersonelle 155
distanzierter Beschützer 148
doctor hopping 52

E
Entlassungsplanung 97
entlassungsunwilliger Patient 122–125
– äußere Gründe 123
– Fallbeispiel 122
– Lösungsstrategie 123–124
– – Beispieldialog 124
– persönliche Gründe 123
– Therapievertrag 123
erotisch interessierter Patient 163–166
– Beendigung der Therapie 164, 165
– Lösungsstrategie 164–165
– – Beispieldialog 165
– problematische Verliebtheit 163
– Verhalten des Therapeuten 164
Expositionsbehandlung 16

F
Falschinformationen, gezielte 85–91
– Autonomie des Patienten 87
– Fallbeispiele 85
– Lösungsstrategie 87–89
– – Beispieldialoge 89, 90
– Motive des Patienten 86
– Selbstwertproblematik 86
– Suchtproblematik 86
– typische Situationen 85
fehlender therapeutischer Kontakt 10–15
– Fallbeispiele 10
– Lösungsstrategie 13
– – Beispieldialoge 12, 14
– Ursachen 11
Fremdanamnesen als Informationsquelle 88

G
Goal Attainment Scaling (GAS) 7
grenzüberschreitendes Verhalten 164.
 siehe erotisch interessierter Patient, indiskret fragender Patient

H
hospitalisierter Patient 95–98
– Entlassungsplanung 97
– Fallbeispiele 95
– Hintergründe der Passivität 96
– Lösungsstrategie 97–98
– psychischer Hospitalismus 96

Register

Hospitalismus/Hospitalisierung 96, 123
– psychischer 96
– Verstärkersituation 96, 97

I

indiskret fragender Patient 160–163
– Fallbeispiele 160
– Lösungsstrategie 161–162
– – Beispieldialoge 162
– Vertrautheit der Therapiebeziehung 160
inneres Team 27
Interaktionen, komplizierte 51–64
– Aktivitätsungleichgewicht Therapeut/
Patient 149–154
– erotisch interessierter Patient 163–166
– Falschinformationen, gezielte 85–91
– indiskrete Fragen des Patienten 160–163
– intime Beziehungen unter Patienten
62–64
– Klagen über andere Therapeuten 54–57
– Klagen über Mitpatienten 58–62
– monologisierender Patient 146–149
– starke Persönlichkeitsunterschiede
Therapeut/Patient 166–170
– verärgerter Therapeut 154–159
– Verschweigen von Problemen,
schamhaftes 91–94
– weinende Patientin 141–145
Interaktionsmuster, komplizierte
– Abwertung des Therapeuten 73–77
– Klagen über Partner/Angehörige
71–73
intime Beziehung zwischen Patienten 62–64
– Analyse 63
– Fallbeispiel 62
– Lösungsstrategie 63–64
– Problematik 62
Introjekt 27

K

Kernsymptome psychiatrischer
Krankheiten 104
Kieser-Kreis 151
klagender Patient 33–37
– Fallbeispiele 33
– Lösungsstrategie 34–35
– – Bcispieldialoge 36
– Stabilisierungs- vs. Veränderungs-
motivation 33
– Ursachen 33

Klagen über andere Therapeuten 54–57
– Beurteilung 54
– Fallbeispiele 54
– Lösungsstrategie 55–56
– – Beispieldialog 56, 57
– Ursachen 54
Klagen über Mitpatienten 58–62
– abwertende Interaktionsmuster 58, 59
– Fallbeispiele 58
– Lösungsstrategie 59–62
– – Beispieldialoge 60, 61
– Umgang mit Konflikten 58
Klagen über Partner/Angehörige 71–73
– Angehörigengespräch 72
– Beziehungsqualität 71
– Fallbeispiele 71
– kathartischer Ausgleich 72
– Lösungsstrategie 72–73
– ungünstige Beziehungsmuster 73
klammernder Patient 37–42
– Lösungsstrategie 38–42
– – Beispieldialoge 41
– Psychodiagnostik 38
– Versorgungs- und Fürsorgewunsch 38
Klinik als natürliche Umwelt des Patienten
– hoher Krankheitsgewinn 98–101
– hospitalisierter Patient 95–98
kompetenzarmer Patient
– Fallbeispiele 129
– kombinierte Hilfen 130
– Lösungsstrategie 130–132
– Passungsprobleme 130
– realistische Therapieziele 130
– Ressourcen, erschwerte 130
Kontakt, therapeutischer *siehe* therapeutischer
Kontakt
Krankheitsgewinn 44, 98–101
– Analyse der Verstärkersituation 99, 100
– Lösungsstrategie 100–101
– Verstärker von Krankheit und
Gesundheit 99, 100

M

Medikationsentscheidungen
– Aufklärung des Patienten 119
– Depotmedikation 120
– Einstellung des Therapeuten 119
Medikationsverweigerung 117–120
– Fallbeispiele 117
– Gründe des Patienten 118

Register

- Lösungsstrategie 118–120
- Patientenautonomie 118
- therapeutischer Stellenwert der Medikation 118

Metaperspektive 28

Missbrauchserfahrungen 138

misshandelte, misstrauische Patientin 137–140
- Fallbeispiele 137
- Gestaltung der therapeutischen Beziehung 138
- – Haltung des Therapeuten 140
- – Lösungsstrategie 139–140
- – Problematik 138
- – Wahrnehmung des Therapeuten 138

Mobbing 65–70
- Definition 65, 67
- Fallbeispiele 65
- Fehler am Arbeitsplatz 67
- Krankenrolle 69
- Lösungsstrategie 67–70
- – Beispieldialog 70
- Opfererleben 66
- Opferrolle 66, 68
- problematische Interaktionsmuster 68
- Überforderung am Arbeitsplatz 67, 70

Modus-Konzept (Schematherapie) 27

monologisierender Patient 146–149
- Fallbeispiele 146
- Lösungsstrategie 147–148
- – Beispieldialog 148
- – distanzierter Beschützer 148
- Ursachen 146, 147

Motivation 80

multiple Inanspruchnahme von Therapien 51–53
- Analyse 52
- doctor hopping 52
- Fallbeispiele 51
- Hintergründe 51
- Lösungsstrategie 52–53

N

negative Gegenübertragung 155

Nichteinhalten von Therapieregeln
- Analyse 48
- Behandlungsvertrag 48
- Gründe 47
- hohes Autonomiebedürfnis 47
- Lösungsstrategie 48–49

- – Beispieldialog 49
- Überforderung 47
- Unterforderung 47

Non-Suizid-Vertrag 108

P

passiv-aggressive Interaktionsmuster 22

Passungsproblem 130

Patient
- ablehnender 21–26
- erotisches Interesse *siehe* erotisch interessierter Patient 164
- Falschinformationen, gezielte 85–91
- fehlender therapeutischer Kontakt 10–15
- hoher Krankheitsgewinn 98–101
- – Fallbeispiel 98
- – Lösungsstrategie 100–101
- hospitalisierter *siehe* hospitalisierter Patient 96
- inaktiver *siehe* Aktivitätsungleichgewicht Therapeut/Patient 149
- indiskrete Fragen *siehe auch* indiskret fragender Patient 161
- intime Beziehungen zwischen Patienten 62–64
- klagender 33–37
- – Klagen über Kollegen/Vorgesetzte *siehe auch* Mobbing 65–70
- – *siehe auch* Abwertung des Therapeuten 73–77
- – *siehe auch* Klagen über andere Therapeuten 54–57
- – *siehe auch* Klagen über Mitpatienten klagt 58–61
- – *siehe auch* Klagen über Partner/Angehörige 71–73
- – *siehe auch* ungünstige Interaktionsmuster 78–83
- klammernder 37–42
- kompetenzarmer *siehe* kompetenzarmer Patient 132
- misstrauischer *siehe* misshandelte, misstrauische Patienten 137
- multiple Inanspruchnahme von Therapien 51–53
- Nichteinhalten von Therapieregeln 47–50
- rasche Stimmungswechsel in Verhalten und Kontakt 26–32
- schwieriges soziales Umfeld 127–129

- selbstunsicherer *siehe* selbstunsicherer Patient 133
- *siehe auch* entlassungsunwilliger 122–125
- *siehe* Medikationsverweigerung 117–120
- suizidaler *siehe* Suizidalität 103
- unklarer Auftrag 5–10
- unzuverlässiger 42–46
- vermeidender 15–21
- Verschweigen von Problemen, schamhaftes 91–94
- weinender *siehe* weinende Patientin 141

Patient notwendige stationäre Aufnahme ab
- *siehe* Ablehnung der stationären Behandlung 120–122

Persönlichkeitsanteile 24, 27, 30, 31, 152
- erwachsene 27
- Identifizierung 28, 75
- inneres Team 27
- Introjekt 27
- kindliche 27
- passiv-aggressive 24
- schützende 12, 27
- Umgang mit 29
- unzuverlässige 44
- Validierung 29, 39

Persönlichkeitsunterschiede Therapeut/Patient
- Fallbeispiele 166
- Lösungsstrategie 168–170
- - Beispieldialoge 169
- Wirksamkeit von Psychotherapie 167

proaktive Übertragungsarbeit 155
Problemverhalten, allgemeines Modell 17
Psychodiagnostik 38
Psychopharmaka
- Aufklärung des Patienten 118
- Befürchtungen des Patienten 119
Psychotherapie, Grenzen 23

Q
querulatorischer Patient *siehe* klagender Patient

R
rasche Stimmungswechsel 26–32
- Analyse 27
- Erklärungsansätze 27
- Fallbeispiele 26
- Lösungsstrategie 28–29
- - Beispieldialoge 30, 31
regressives Weinen 142, 152

Ressourcen des Patienten, erschwerte 127–140
- geringe Kompetenzen 129–132
- geringes Selbstbewusstsein 132–137
- misshandlungsbedingtes Misstrauen 137–140
- schwieriges Umfeld 127–129
Rückfälle, Umgang mit 88

S
schambesetzte Themen 91, 92
- Umgang mit 93
selbstunsicherer Patient 132–137
- Fallbeispiele 132
- Fremdbewertung 134
- Hintergrundproblematik 132–133
- Lösungsstrategie 134–136
- - Arbeit am Selbstkonzept 134–135
- - Beispielsdialog 136
- - verhaltensorientierte Arbeit 135–136
- Selbstbewertung 133, 137
Selbstverantwortung 88
Selbstwirksamkeitserwartung 88
self-handicapping 8
soziales Umfeld, Einfluss 127
Stabilisierungs- vs. Veränderungsmotivation 33
stationäre Behandlung, Ablehnung 120–122
- äußere Gründe 122
- Fallbeispiele 120
- Lösungsstrategie 121–122
- persönliche Gründe 121
- Reaktion des Therapeuten 121
suizidale Kommunikation 112
- Gründe 112
- Suizidabklärung 112
suizidaler Patient
- absprachefähig
- - Non-Suizid-Vertrag 108
Suizidalität 103–115
- absprachefähiger Patient 107–110
- - Fallbeispiel 107
- - Lösungsstrategie 108–110
- - Non-Suizid-Vertrag 108
- Absprachefähigkeit 105, 107
- akute 110
- - stationäre Einweisung 111
- chronische 113
- Einbindung von Bezugspersonen 109
- Einschätzung 110
- Einstellung des Therapeuten 106

– entlastende Faktoren 105
– Fallbeispiel 103
– Fremdanamnese 106
– Gefährdungspotenzial 103
– Hintergrund 103
– Medikation 109
– nicht absprachefähiger Patient 110–111
– – Fallbeispiel 110
– – Lösungsstrategie 111
– passive Todesgedanken vs. 106
– Risikofaktoren 105
– Stadien 104
– Suizidabklärung 103–107, 112
– – Beispieldialog 106, 107
– – Lösungsstrategie 104–106
– suizidal kommunizierender Patient 112–113
– – Fallbeispiele 112
– – Gründe 112
– – Lösungsstrategie 112–113
– vollendeter Suizid 113–115
– – Aufarbeitung 113–115
– – Fallbeispiel 113
– Zeitprojektion 109

T
Therapeut
– Aktivitätsungleichgewicht im Therapiegespräch 149–154
– verärgerter 154–159
– – Analyse der Ursachen 154–156
– – Fallbeispiele 154
– – Gründe 154–155
– – Lösungsstrategie (mit Beispieldialog) 156–159
– – negative Gegenübertragung 155
Therapeutenhopping 53
– *siehe auch* multiple Inanspruchnahme von Therapien 51
therapeutische Beziehung
– als Balanceakt 86
therapeutischer Kontakt
– Bedeutung 11
– Definition 11
– fehlender *siehe* fehlender therapeutischer Kontakt 10
– Förderung 15
– Merkmale 11
Therapie als Übungsfeld 148
Therapiebedingungen 44
Therapiebegrenzung 35, 40, 101, 152

Therapiebeziehung
– Aktivitätsungleichgewicht Therapeut/Patient 149–154
– erotisch interessierter Patient 163–166
– Grenzüberschreitung
– – indiskrete Fragen 160–163
– – erotisches Interesse 163–166
– Persönlichkeitsunterschiede Therapeut/Patient 166–170
– Rolle des Therapeuten 167
Therapieregeln. *siehe* Nichteinhalten von Therapieregeln
Therapieziele, Festlegung von 52

U
Übertragungsarbeit, proaktive 155
Umfeld des Patienten, schwieriges 127–129
– Aufgabe des Therapeuten 128
– Auswirkungen 128
– Fallbeispiele 127
– Lösungsstrategie 128–129
Unehrlichkeit 89
ungünstige Interaktionsmuster des Patienten 78–83
– Analyse 79
– Fallbeispiele 78
– grundlegendes Verhaltensmuster 80
– Lösungsstrategie 78–83
– – Beispieldialog 82
– Reflexionsmodell 81
– Thematisierung in der Therapie 78
unklarer Patientenauftrag 5–10
– Fallbeispiele 5
– Lösungsstrategie 7
– – Beispieldialoge 9
– Ursachen 6
unzuverlässiger Patient 42–46
– Fallbeispiele 42
– Lösungsstrategie 44–46
– – Beispieldialoge 44, 46
– Unzuverlässigkeit vs. Vermeidung 42
– Ursachen 43
– Verstärker 43
Unzuverlässigkeit
– Gründe 44

V
Veränderungsziele, Aufstellen von 40
Vermeidungsverhalten 15–21
– Bedeutung 16

– Definition 16
– Expositionsbehandlung 16
– Fallbeispiele 15
– Konsequenzen 18
– Lösungsstrategie 17–21
– – Beispieldialoge 19, 20
– Problemverhalten, allgemeines Modell 17
– Ursachen 16
Verschweigen von Problemen, schamhaftes 91–94
– Analyse 92
– Fallbeispiele 91
– Lösungsstrategie 92–93
– – Beispieldialoge 93, 94
– schambesetzte Themen 91
Verstärker von Krankheit und Gesundheit 100
Verstärkung 24, 49, 69, 81, 87, 135
vollendeter Suizid 113–115
– Suizidserie 114
– Werther-Effekt 114

W
weinende Patientin 141–145
– Fallbeispiele 141
– Kategorien von Weinen im Therapiegespräch 141, 142
– Lösungsstrategie 143–144
– – Beispieldialoge 144, 145
Weinen im Therapiegespräch 141, 142
– affektives Symptom 141, 142
– blockierte Emotionen 142
– Interventionsmöglichkeiten 143
– regressives 142

Z
Zauberfrage 7
Zielerreichungsskalierung 6
Zielorientierung in der Psychotherapie 6, 35
– mangelnde 47–50